REGISTRO DE IMÓVEIS

HISTÓRICO DA OBRA

- 1.ª edição: mar./2015

COORDENADOR PEDRO LENZA

Letícia Araújo Faria
Doutoranda e Mestre pela Universidade Estadual Paulista (Unesp)
25ª Tabeliã de Notas da Capital de São Paulo e professora

Marcos Costa Salomão
Doutor e Mestre em Direito
Registrador de Imóveis e professor universitário

Tatiane Keunecke Brochado Lara
Mestre em Direito e Especialista em Direito Civil e Direito Imobiliário
Registradora de Imóveis (SP) e professora

Yasmine Coelho Kunrath
Doutoranda e Mestre em Ciência Jurídica (Univali)
Tabeliã de Notas em Brusque (SC)

Maria Laura Bolonha Moscardini
(organizadora)

REGISTRO DE IMÓVEIS

2025

Inclui **MATERIAL SUPLEMENTAR**
- Questões de concursos

Coleção **ESQUEMATIZADO**®

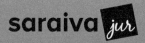
saraiva jur

- Os autores deste livro e a editora empenharam seus melhores esforços para assegurar que as informações e os procedimentos apresentados no texto estejam em acordo com os padrões aceitos à época da publicação, *e todos os dados foram atualizados até a data de fechamento do livro*. Entretanto, tendo em conta a evolução das ciências, as atualizações legislativas, as mudanças regulamentares governamentais e o constante fluxo de novas informações sobre os temas que constam do livro, recomendamos enfaticamente que os leitores consultem sempre outras fontes fidedignas, de modo a se certificarem de que as informações contidas no texto estão corretas e de que não houve alterações nas recomendações ou na legislação regulamentadora.

- Data do fechamento do livro: 21/02/2025

- Os autores e a editora se empenharam para citar adequadamente e dar o devido crédito a todos os detentores de direitos autorais de qualquer material utilizado neste livro, dispondo-se a possíveis acertos posteriores caso, inadvertida e involuntariamente, a identificação de algum deles tenha sido omitida.

- Direitos exclusivos para a língua portuguesa
  Copyright ©2025 by
  Saraiva Jur, um selo da SRV Editora Ltda.
  Uma editora integrante do GEN | Grupo Editorial Nacional
  Travessa do Ouvidor, 11
  Rio de Janeiro – RJ – 20040-040
  www.grupogen.com.br

- **Atendimento ao cliente: https://www.editoradodireito.com.br/contato**

- Reservados todos os direitos. É proibida a duplicação ou reprodução deste volume, no todo ou em parte, em quaisquer formas ou por quaisquer meios (eletrônico, mecânico, gravação, fotocópia, distribuição pela Internet ou outros), sem permissão, por escrito, da **SRV Editora Ltda**.

- Capa: Lais Soriano
  Diagramação: Adriana Aguiar

- **DADOS INTERNACIONAIS DE CATALOGAÇÃO NA PUBLICAÇÃO (CIP)**
  VAGNER RODOLFO DA SILVA – CRB-8/9410

  C691
  Registro de Imóveis / Marcos Costa Salomão ... [et al.] ; coordenado por Pedro Lenza.
  – 1. ed. – [3. Reimp]. – São Paulo : Saraiva Jur, 2025. (Coleção Esquematizado®)
  560 p.

  ISBN 978-85-5362-413-3 (Impresso)

  1. Direito. 2. Direito notarial e registral. I. Salomão, Marcos Costa. II. Faria, Letícia Araújo. III. Lara, Tatiane Keunecke Brochado. IV. Kunrath, Yasmine Coelho. V. Lenza, Pedro. VI. Título. VII. Série.

	CDD 341.411
2025-370	CDU 347.961

  Índices para catálogo sistemático:
  1. Direito notarial e registral   341.411
  2. Direito notarial e registral   347.961

METODOLOGIA ESQUEMATIZADO

Durante o ano de **1999**, portanto, **há 26 anos**, pensando, naquele primeiro momento, nos alunos que prestariam o exame da OAB, resolvemos criar uma **metodologia de estudo** que tivesse linguagem "fácil" e, ao mesmo tempo, oferecesse o conteúdo necessário à preparação para provas e concursos.

O trabalho, por sugestão de **Ada Pellegrini Grinover**, foi batizado como *Direito constitucional esquematizado*. Em nosso sentir, surgia ali uma **metodologia pioneira**, idealizada com base em nossa experiência no magistério e buscando, sempre, otimizar a preparação dos alunos.

A metodologia se materializou nos seguintes "pilares" iniciais:

- **Esquematizado:** verdadeiro método de ensino, rapidamente conquistou a preferência nacional por sua estrutura revolucionária e por utilizar uma linguagem clara, direta e objetiva.
- **Superatualizado:** doutrina, legislação e jurisprudência, em sintonia com os concursos públicos de todo o País.
- **Linguagem clara:** fácil e direta, proporciona a sensação de que o autor está "conversando" com o leitor.
- **Palavras-chave (*keywords*):** a utilização do negrito possibilita uma leitura "panorâmica" da página, facilitando a recordação e a fixação dos principais conceitos.
- **Formato:** leitura mais dinâmica e estimulante.
- **Recursos gráficos:** auxiliam o estudo e a memorização dos principais temas.
- **Provas e concursos:** ao final de cada capítulo, os assuntos são ilustrados com a apresentação de questões de provas de concursos ou elaboradas pelo próprio autor, facilitando a percepção das matérias mais cobradas, a fixação dos temas e a autoavaliação do aprendizado.

Depois de muitos anos de **aprimoramento**, o trabalho passou a atingir tanto os candidatos ao **Exame de Ordem** quanto todos aqueles que enfrentam os **concursos em geral**, sejam das **áreas jurídica** ou **não jurídica**, de **nível superior** ou mesmo os de **nível médio**, assim como **alunos de graduação** e demais **operadores do direito, como poderosa ferramenta para o desempenho de suas atividades profissionais cotidianas**.

Ada Pellegrini Grinover, sem dúvida, anteviu, naquele tempo, a evolução do *Esquematizado*. Segundo a Professora escreveu em **1999**, "a obra destina-se, declaradamente, aos candidatos às provas de concursos públicos e aos alunos de graduação, e, por isso mesmo, após cada capítulo, o autor insere questões para aplicação da parte teórica. Mas será útil também aos operadores do direito mais experientes, como fonte de consulta rápida e imediata, por oferecer grande número de informações buscadas em diversos autores, apontando as posições predominantes na doutrina, sem eximir-se de criticar algumas delas e de trazer sua própria contribuição. Da leitura amena surge um livro 'fácil', sem ser reducionista, mas que revela, ao contrário, um grande poder de síntese, difícil de encontrar mesmo em obras de autores mais maduros, sobretudo no campo do direito".

Atendendo ao apelo de "concurseiros" de todo o País, sempre com o apoio incondicional da Saraiva Jur, convidamos professores das principais matérias exigidas nos concursos públicos das *áreas jurídica* e *não jurídica* para compor a **Coleção Esquematizado®**.

Metodologia pioneira, vitoriosa, consagrada, testada e aprovada. **Professores** com larga experiência na área dos concursos públicos e com brilhante carreira profissional. Estrutura, apoio, profissionalismo e *know-how* da **Saraiva Jur**. Sem dúvida, ingredientes indispensáveis para o sucesso da nossa empreitada!

O resultado foi tão expressivo que a **Coleção Esquematizado®** se tornou **preferência nacional**, extrapolando positivamente os seus objetivos iniciais.

Para o **Registro de Imóveis**, marcando o início dessa nova perspectiva **extrajudicial** na Coleção, contamos com o trabalho extraordinário de uma seleção de verdadeiros craques: **Letícia Araújo Faria**: Doutoranda e Mestre em Direito pela Universidade Estadual Paulista (Unesp). 25.ª Tabeliã de Notas da Capital de São Paulo. Professora. Palestrante. Autora de obras e artigos jurídicos; **Marcos Costa Salomão**: Doutor e Mestre em Direito pela URI — Santo Ângelo. Registrador de Imóveis. Professor universitário; **Tatiane Keunecke Brochado Lara**: Mestre em Direito pela Must University e Especialista em Direito Civil pela Universidade Anhanguera-Uniderp e em Direito Imobiliário pela Universidade Federal de Santa Cruz do Sul/RS. Registradora de Imóveis. Professora. Palestrante. Autora de obras e artigos jurídicos; **Yasmine Coelho Kunrath**: Doutoranda e Mestre em Ciência Jurídica pela Universidade do Vale do Itajaí (Univali). Especialista em Direito Notarial e Registral pela Faculdade Damásio Educacional. Especialista em Direito Imobiliário pela Universidade Candido Mendes. Foi Registradora de Imóveis, Títulos e Documentos e Pessoas Jurídicas. Foi Tabeliã e Registradora Civil, de Títulos e Documentos e Pessoas Jurídicas no estado do Rio Grande do Sul. Tabeliã de Notas em Brusque/SC. Ministrante de cursos e palestras de Direito Notarial e Registral e Direito Imobiliário.

A obra revela-se **indispensável** não apenas para os **candidatos** que enfrentam o tão concorrido concurso público na área notarial, mas também como uma ferramenta essencial para **advogados**, **notários**, **registradores**, **magistrados** e demais **operadores do direito**.

Outro aspecto relevante é a **experiência profissional dos autores**, que escrevem não apenas com embasamento teórico, mas, sobretudo, compartilham a **experiência prática** acumulada ao longo de anos de atuação na área.

Por fim, destacamos a **projeção digital dos autores**, amplamente conhecidos e admirados em todo o Brasil, que agora apresentam um produto excepcional, certamente, com expressiva aceitação em âmbito nacional.

Estamos certos de que este livro será um valioso aliado para "encurtar" o caminho do ilustre e "guerreiro" concurseiro na busca do "sonho dourado", além de ser uma **ferramenta indispensável** para estudantes de Direito e profissionais em suas atividades diárias.

Esperamos que a **Coleção Esquematizado**® cumpra plenamente o seu propósito. Seguimos juntos nessa **parceria contínua** e estamos abertos às suas críticas e sugestões, essenciais para o nosso constante e necessário aprimoramento.

Sucesso a todos!

Pedro Lenza
Mestre e Doutor pela USP
Visiting Scholar pela Boston College Law School

pedrolenza8@gmail.com
http://instagram.com/pedrolenza
https://www.youtube.com/pedrolenza
https://www.facebook.com/pedrolenza
www.grupogen.com.br/colecao-esquematizado
(cupom: VALELENZA)

APRESENTAÇÃO

Esta obra oferece uma visão abrangente e precisa sobre o registro de imóveis no Brasil, explorando desde a origem da propriedade privada até as inovações legislativas mais recentes, como a Lei n. 14.382/2022 e a implementação do Sistema Eletrônico de Registros Públicos (SERP).

Estruturada para atender tanto estudantes quanto profissionais experientes, a obra apresenta um conteúdo que alia teoria e prática, facilitando a aplicação dos conceitos na rotina de advogados, notários e registradores.

Organizado de forma didática, o livro se destaca também como uma ferramenta indispensável para candidatos a concursos públicos, ao reunir os principais princípios registral-imobiliários e procedimentos de forma clara e objetiva, sempre com base na legislação vigente. A obra também oferece um guia prático sobre os procedimentos comuns e especiais do registro de imóveis, explicando temas fundamentais como matrícula, averbações, regularização fundiária e georreferenciamento.

Além disso, são discutidas questões específicas de imóveis rurais, direitos reais e procedimentos de dúvida registral, fornecendo uma base sólida e atualizada para a atuação no campo jurídico e notarial.

Ideal para quem busca aprofundar seus conhecimentos e se destacar na prática registral imobiliária, esta obra é um recurso indispensável para operadores do direito que lidam com o registro e a regularização de imóveis.

NOTA DOS AUTORES À 1.ª EDIÇÃO

Esta obra destaca-se como uma contribuição relevante e atualizada para o mercado jurídico, especialmente no campo do direito registral e extrajudicial. O livro proporciona uma análise abrangente e precisa do registro de imóveis no Brasil, cobrindo desde a origem histórica da propriedade até as mais recentes inovações legislativas, como a Lei n. 14.382/2022 e a implantação do Sistema Eletrônico de Registros Públicos (SERP).

Esse enfoque é especialmente oportuno em um cenário onde o mercado extrajudicial tem se expandido significativamente. A crescente preferência por procedimentos extrajudiciais, impulsionada pela busca por eficiência, economia e celeridade reflete uma mudança cultural e legislativa do Direito brasileiro e torna a obra uma ferramenta indispensável para advogados, notários, registradores e operadores do direito em geral. O aprofundamento em tópicos como regularização fundiária, georreferenciamento e procedimentos de averbações e matrículas oferece uma base sólida tanto para a prática quanto para a preparação de candidatos a concursos públicos.

Ademais, o caráter didático e prático da obra alinha-se perfeitamente com a proposta da Coleção, que visa apresentar conteúdos de forma clara e objetiva, atendendo de forma ampla às necessidades do público, desde profissionais experientes até estudantes. A organização da obra e seus temas refletem a tendência crescente de valorização do mercado imobiliário extrajudicial e a necessidade de obras que consolidem o conhecimento teórico e prático sobre o assunto.

A obra apresenta ainda uma proposta completa e detalhada, dividida em diversas partes que cobrem tanto os princípios fundamentais do registro de imóveis quanto procedimentos comuns e especiais. Isso a torna não apenas um manual prático, mas também uma referência abrangente, com grande potencial de se tornar leitura obrigatória e permanente para quem atua na área. A sua inclusão na Coleção agrega valor e amplia seu alcance, consolidando a importância do estudo dos registros públicos como um tema estratégico no direito contemporâneo.

Portanto, a aprovação da obra é uma decisão estratégica não só pela sua profundidade e atualidade, mas também pela demanda crescente do mercado extrajudicial por materiais que aliem teoria e prática. Esta obra possui todos os atributos necessários para se tornar um marco na literatura jurídica e atender de forma exemplar às necessidades dos profissionais do setor e do público já consolidado da Coleção Esquematizado®.

Letícia Faria
Marcos Costa Salomão
Tatiane Keunecke Brochado Lara
Yasmine Coelho Kunrath

SUMÁRIO

Metodologia esquematizado V
Apresentação VII
Nota dos Autores à 1.ª edição IX

1. **A HISTÓRIA DA PROPRIEDADE PRIVADA NO BRASIL** 1
   1.1. O descobrimento do território 1
   1.2. Capitanias, sesmarias e ocupações 4
   1.3. 1843 — O Registro Geral de Hypothecas 10
   1.4. A Lei de Terras de 1850 e a separação do domínio público do domínio privado 14
   1.5. 1864 — O Registro Geral da Lei n. 1.237/1864 e do Decreto n. 3.453/1865 25
   1.6. 1890 — O Registro Geral do Decreto n. 169-A/1890 e do Decreto n. 370/1890 25
   1.7. Código Civil de 1916 26
   1.8. 1917 — Registros públicos 28
   1.9. 1924 — Registro de imóveis 29
   1.10. 1939 — O registro de imóveis do Decreto n. 4.857 29
   1.11. 1973 — O registro de imóveis atual 30
   1.12. Questões .... online

2. **SISTEMAS DE REGISTROS PÚBLICOS DE IMÓVEIS** 33
   2.1. Dos sistemas de Registro de Imóveis 33
   2.2. Sistemas que se destacam ao redor do mundo 34
      2.2.1. Sistema consensual ou privatista 38
      2.2.2. Sistema publicista 39
      2.2.3. Sistema eclético 39
   2.3. Sistema de registros brasileiro 40
   2.4. Lei n. 6.015/73 — Registros Públicos 41
   2.5. Lei n. 14.382/2022 — Sistema Eletrônico dos Registros Públicos 43
      2.5.1. O Sistema Eletrônico de Registros Públicos (SERP) 45
         2.5.1.1. Algumas considerações acerca dos extratos eletrônicos 51
      2.5.2. O SERP e a função pública delegada 53
      2.5.3. Sistema de Registro Eletrônico de Imóveis (SREI) 54
         2.5.3.1. Objetivo do Sistema de Registro Eletrônico de Imóveis (SREI) 55
         2.5.3.2. Atribuições 56
         2.5.3.3. Elementos do SREI 57
         2.5.3.4. Integrantes do sistema 60
         2.5.3.5. Obrigações dos oficiais de registro de imóveis 65
         2.5.3.6. Recomendações 67
         2.5.3.7. Viabilização do SREI 67
         2.5.3.8. Coordenação Nacional das Centrais Estaduais de Serviços Eletrônicos Compartilhados 69
            2.5.3.8.1. Atribuições da Coordenação 71

                    2.5.4. Operador Nacional do Registro de Imóveis (ONR) 72
                            2.5.4.1. Atribuições de regulação do Agente Regulador do ONR 77
                            2.5.4.2. Fiscalização do ONR 79
        2.6. Questões.. online

3. **PRINCÍPIOS DO REGISTRO DE IMÓVEIS: NOÇÕES GERAIS**................................. **81**
    3.1. Princípios aplicados ao direito imobiliário registral... 81
    3.2. Princípio da segurança jurídica.. 83
            3.2.1. Destinatário da segurança jurídica 86
            3.2.2. Segurança jurídica dinâmica e estática... 91
            3.2.3. Meios de efetividade da segurança jurídica.. 96
    3.3. Princípio da publicidade.. 103
            3.3.1. Publicidade formal 108
                    3.3.1.1. Publicidade formal direta... 109
                    3.3.1.2. Publicidade formal indireta 111
                            3.3.1.2.1. Informações... 112
                            3.3.1.2.2. Das certidões... 113
                                    3.3.1.2.2.1. Certidão de inteiro teor 118
                                    3.3.1.2.2.2. Certidão de ônus reais, de ações reais e pessoais reipersecutórias 120
                                    3.3.1.2.2.3. Certidão da situação jurídica atualizada do imóvel 122
                                    3.3.1.2.2.4. Certidão em resumo 124
                                    3.3.1.2.2.5. Certidão em forma de relatório...................... 125
                                    3.3.1.2.2.6. Certidão quinzenária/vintenária/trintenária sobre o imóvel (as certidões de filiação dos imóveis).. 125
                                    3.3.1.2.2.7. Certidões para fins de usucapião 127
                                    3.3.1.2.2.8. Certidão eletrônica... 128
                                    3.3.1.2.2.9. Certidão de documento arquivado 128
                    3.3.1.2.3. Visualização eletrônica dos atos (e a matrícula *online*)...... 129
            3.3.2. Publicidade material... 130
                    3.3.2.1. Publicidade constitutiva 131
                    3.3.2.2. Publicidade declaratória... 131
                    3.3.2.3. Publicidade para mera notícia.. 132
                    3.3.2.4. Cognoscibilidade.. 132
    3.4. Princípio da unitariedade ou unicidade: a matrícula do imóvel 133
            3.4.1. A matrícula e a Lei n. 6.015/73 136
                    3.4.1.1. Recomposição de imóveis 139
            3.4.2. Requisitos da matrícula... 142
            3.4.3. Hipóteses de abertura de matrícula... 145
                    3.4.3.1. Transposição do sistema de transcrições para o sistema matricial 146
                            3.4.3.1.1. No primeiro ato de registro ou averbação a ser praticado na vigência da Lei n. 6.015/73................................... 148
                            3.4.3.1.2. Se for necessária a prática de averbação, mas não houver mais espaço no registro anterior 149
                            3.4.3.1.3. Requerimento da parte 150
                            3.4.3.1.4. De ofício 150

3.4.3.2.	Criação de novas circunscrições imobiliárias	151
3.4.3.3.	Parcelamento do solo	152
	3.4.3.3.1. Loteamento e desmembramento	159
	3.4.3.3.2. Desdobro	162
	3.4.3.3.3. Divisão	163
3.4.3.4.	Unificação e fusão	164
3.4.3.5.	Georreferenciamento	169
3.4.3.6.	Retificações e alterações da especialidade objetiva	170
3.4.3.7.	Unidades autônomas	171
	3.4.3.7.1. Incorporação imobiliária	171
	3.4.3.7.2. Condomínio edilício	174
	3.4.3.7.3. Condomínio urbano simples	175
	3.4.3.7.4. Condomínio de lotes	176
	3.4.3.7.5. Laje	178
3.4.3.8.	Frações autônomas de tempo	180
3.4.3.9.	Usucapião	182
3.4.3.10.	Terras indígenas	183
3.4.3.11.	Vias férreas	185
3.4.3.12.	Regularização fundiária	187
3.4.3.13.	Desapropriação	189
3.4.3.14.	Transporte de matrículas para escrituração em fichas	191
3.4.4.	Encerramento, cancelamento e bloqueio	192
3.4.5.	Infrações ao princípio da unicidade matricial	194
	3.4.5.1. Duplicidade de matrículas	194
	3.4.5.2. Multiplicidade de imóveis em uma matrícula	195
	3.4.5.3. Matrícula de fração ideal	195
3.4.6.	Exceções ao princípio da unicidade matricial	198
3.5. Princípio da rogação, instância, reserva de iniciativa ou da solicitação		199
3.5.1.	Rogação material e formal	201
3.5.2.	Rogação expressa, tácita, presumida e ficta	202
3.5.3.	Rogação para atos de registro em sentido estrito	203
3.5.4.	Rogação para atos de averbação	204
3.5.5.	Desistência da rogação	205
3.5.6.	Exceções à rogação: os atos praticados de ofício no registro de imóveis	206
3.6. Princípio *tempus regit actum* (o tempo rege o ato)		207
3.6.1.	Mitigações ao princípio *tempus regit actum*	210
3.7. Princípio da prioridade ou do melhor direito		211
3.7.1.	Prioridade exclusiva, excludente	211
3.7.2.	Prioridade gradual não excludente	214
3.7.3.	Prioridade e protocolo de títulos	215
	3.7.3.1. Protocolo e hipotecas	218
3.7.4.	Exceções ao princípio da prioridade	220
3.8. Princípio da cindibilidade (ou parcelaridade)		221
3.8.1.	Cindibilidade interna e externa	223
3.8.2.	Cindibilidade formal e material	224
3.8.3.	Cindibilidade e permuta	224
3.8.4.	Inadmissibilidade	227

3.9. Princípio da legalidade 228
   3.9.1. Abrangência da legalidade registral... 230
   3.9.2. Qualificação registral.. 232
      3.9.2.1. Medidas da qualificação registral 236
         3.9.2.1.1. Títulos judiciais.. 237
         3.9.2.1.2. Títulos administrativos 239
         3.9.2.1.3. Escrituras públicas 239
         3.9.2.1.4. Instrumentos particulares................................. 240
         3.9.2.1.5. Extratos eletrônicos 241
      3.9.2.2. Parâmetros da qualificação registral 242
      3.9.2.3. Títulos nulos e anuláveis 242
      3.9.2.4. Negócios jurídicos sob condição resolutiva....................... 245
      3.9.2.5. Negócios jurídicos sob condição suspensiva..................... 248
      3.9.2.6. Nota devolutiva.. 248
3.10. Princípio da continuidade (trato sucessivo, inscrição prévia do prejudicado em seu direito ou registro do título anterior).. 251
   3.10.1. Continuidade objetiva e subjetiva 255
   3.10.2. Mitigações ao princípio da continuidade.. 256
      3.10.2.1. Aquisições originárias 256
      3.10.2.2. Aquisições pelo Poder Público 257
      3.10.2.3. Arrematação: aquisição originária ou derivada?.............. 260
      3.10.2.4. Arrematações em direito de sequela.................................. 262
      3.10.2.5. Cédula de crédito imobiliário escritural............................ 263
3.11. Princípio da especialidade ou da especificidade.. 264
   3.11.1. Especialidade objetiva.. 266
      3.11.1.1. Especialidade qualitativa, quantitativa e posicional........ 269
      3.11.1.2. Caracterização do imóvel rural ou urbano 269
      3.11.1.3. Especialidade e georreferenciamento 274
   3.11.2. Especialidade subjetiva... 277
      3.11.2.1. Especialidade subjetiva e a união estável 278
      3.11.2.2. Especialidade subjetiva e a alteração de nome e sexo 280
      3.11.2.3. Especialidade subjetiva e a retificação do estado civil.... 282
      3.11.2.4. Qualificação subjetiva precária e a homonímia 283
      3.11.2.5. Estado civil da data do título ou da data do registro 284
      3.11.2.6. Nascituro 284
      3.11.2.7. Falecidos.. 285
      3.11.2.8. Estrangeiros... 285
   3.11.3. Especialidade do fato inscritível ou do fato jurídico...................... 285
   3.11.4. Mitigações ao princípio da especialidade.. 287
3.12. O princípio da inscrição ou obrigatoriedade 289
   3.12.1. Inscrição constitutiva.. 291
   3.12.2. Inscrição declarativa 292
   3.12.3. Inscrição positiva e inscrição negativa 295
   3.12.4. Inscrição superveniente convalidante 296
   3.12.5. Inscrição repristinatória 297
   3.12.6. Inscrição de mera notícia 299
   3.12.7. Inscrição prenotante.. 301
   3.12.8. Exceções ao princípio da inscrição... 302

3.13. Princípio da legitimação e fé pública registral 303
3.14. Princípio da concentração 307
3.15. Princípio da territorialidade 308
    3.15.1. Alterações na competência registral imobiliária 311
    3.15.2. Mitigações ao princípio da territorialidade 311
3.16. Princípio da disponibilidade 312
    3.16.1. Disponibilidade quanto à pessoa 312
    3.16.2. Disponibilidade quanto ao imóvel 313
    3.16.3. Disponibilidade jurídica 315
3.17. Questões .... *online*

4. REGISTRO DE IMÓVEIS 317
4.1. Natureza jurídica 320
4.2. Dos livros do registro de imóveis 329
4.3. Registro, inscrição, transcrições, averbações e anotações 336
4.4. Atribuições (art. 167) 340
    4.4.1. Negócios jurídicos translativos da propriedade e afins 340
        4.4.1.1. Compra e venda 341
            4.4.1.1.1. Promessa de compra e venda 351
        4.4.1.2. Doação 357
        4.4.1.3. Permuta 362
            4.4.1.3.1. Promessa de permuta 363
        4.4.1.4. Dação em pagamento 366
        4.4.1.5. Integralização de capital 367
        4.4.1.6. Desapropriação 368
        4.4.1.7. Imissão provisória na posse 370
        4.4.1.8. Legitimação fundiária 371
        4.4.1.9. Legitimação de posse e sua conversão em propriedade 375
        4.4.1.10. Partilha e adjudicação 378
        4.4.1.11. Arrematação 379
        4.4.1.12. Usucapião 380
    4.4.2. Os principais direitos reais 393
        4.4.2.1. Usufruto 394
        4.4.2.2. Uso 398
            4.4.2.2.1. Direito real de uso especial para fins de moradia 398
        4.4.2.3. Habitação 399
        4.4.2.4. Servidão 401
        4.4.2.5. Superfície 403
        4.4.2.6. Enfiteuse 404
        4.4.2.7. Dos direitos reais de garantia 405
            4.4.2.7.1. Penhor (arts. 1.431 a 1.472 do CC) 407
                4.4.2.7.1.1. O registro do penhor 410
                4.4.2.7.1.2. A averbação do penhor na matrícula do imóvel ... 411
            4.4.2.7.2. Hipoteca (arts. 1.473 a 1.505 do CC) 412
            4.4.2.7.3. Da anticrese (arts. 1.506 a 1.510 do CC) ... 415
            4.4.2.7.4. Alienação fiduciária em garantia 416
            4.4.2.7.5. Patrimônio rural em afetação em garantia 419

4.4.3. Outros atos, fatos e contratos inscritíveis 421
    4.4.3.1. Direitos obrigacionais com eficácia real.................................... 421
        4.4.3.1.1. Contrato de locação de prédios 422
        4.4.3.1.2. Contrato de pagamento por serviços ambientais que estipulem obrigações de natureza *propter rem*........................ 423
        4.4.3.1.3. Contrato de arrendamento... 425
    4.4.3.2. Ônus e gravames 426
        4.4.3.2.1. Penhora, arresto e sequestro 428
        4.4.3.2.2. Citações de ações reais ou pessoais reipersecutórias 431
    4.4.3.3. Outras inscrições.. 431
        4.4.3.3.1. Bem de família.. 431
        4.4.3.3.2. Convenções antenupciais e pactos patrimoniais de união estável 434
        4.4.3.3.3. Incorporação imobiliária... 435
        4.4.3.3.4. Convenção de condomínio... 435
        4.4.3.3.5. Loteamento.. 436
        4.4.3.3.6. Divisão... 437
        4.4.3.3.7. Demarcação.. 438
        4.4.3.3.8. Certidão de Regularização Fundiária (CRF)................. 438
        4.4.3.3.9. Tombamento 440
        4.4.3.3.10. Notificação para parcelamento, edificação ou utilização compulsórios 440
        4.4.3.3.11. Reserva legal... 441
        4.4.3.3.12. Servidão ambiental 443
        4.4.3.3.13. Auto de demarcação urbanística................................. 444
    4.4.3.4. Extinções e cancelamentos 445
  4.4.4. A abertura do rol de atos registráveis com a Lei n. 14.711/2023 447
4.5. Questões.. *online*

5. PROCEDIMENTO COMUM DO REGISTRO DE IMÓVEIS 449
5.1. Definição de procedimento comum registral.. 449
5.2. Atendimento preferencial em cartórios... 449
  5.2.1. A exceção à regra 450
5.3. Escrituração (arts. 172 a 181)... 451
  5.3.1. Os livros do registro de imóveis... 452
    5.3.1.1. Livro n. 1 — Protocolo 453
    5.3.1.2. Livro n. 2 — Registro Geral 454
    5.3.1.3. Livro n. 3 — Registro Auxiliar 455
    5.3.1.4. Livro n. 4 — Indicador Real 456
    5.3.1.5. Livro n. 5 — Indicador Pessoal 456
5.4. Do processo de registro (arts. 182 a 216) 457
  5.4.1. Apresentação do título 457
    5.4.1.1. Protocolo 458
    5.4.1.2. Exame e cálculo 460
  5.4.2. Qualificação registral negativa 460
  5.4.3. Qualificação registral positiva 462
  5.4.4. Providências finais 462
5.5. Pessoas e títulos... 462

		5.5.1. Pessoas (arts. 217 a 220)...	462
		5.5.2. Títulos (arts. 221 a 226)..	464
	5.6.	Prazos no registro de imóveis..	466
		5.6.1. Dos prazos gerais	466
		5.6.2. Outros prazos	468
	5.7.	Procedimento de dúvida registral...	470
	5.8.	Questões...	online
6.	**PROCEDIMENTOS ESPECIAIS DO REGISTRO DE IMÓVEIS**........................		**475**
	6.1.	Definição de procedimento especial	475
	6.2.	Retificação de registro — Lei n. 14.620/2023	475
		6.2.1. Retificação unilateral, de ofício ou de requerimento	476
		6.2.2. Retificação bilateral ou consensual	477
	6.3.	Bem de família voluntário..	478
	6.4.	Remição de imóvel hipotecado..	482
	6.5.	Registro Torrens	484
	6.6.	Estremação...	487
	6.7.	Questões...	online
7.	**IMÓVEIS RURAIS**..		**491**
	7.1.	Conceitos e definições...	491
	7.2.	Descrição do imóvel rural	494
		7.2.1 Certificação do memorial descritivo..	496
	7.3.	Imposto sobre a Propriedade Territorial Rural (ITR).............................	496
	7.4.	Fração mínima de parcelamento (FMP)	498
	7.5.	Aquisição de imóveis rurais por estrangeiros	500
		7.5.1. Das restrições	502
		7.5.2. Aquisição por pessoa física estrangeira	503
		7.5.3. Aquisição por pessoa física estrangeira não residente no Brasil	504
		7.5.4. Aquisição por pessoa jurídica estrangeira autorizada a funcionar no Brasil	505
		7.5.5. A aquisição por pessoas físicas e pessoas jurídicas...........................	507
		7.5.6. Imóveis em áreas consideradas indispensáveis à segurança nacional..........	509
		7.5.7. Aquisição por portugueses	510
	7.6.	Chácaras e sítios de recreio	511
	7.7.	Loteamentos rurais	512
	7.8.	Condomínios rurais	514
	7.9.	Direito ambiental: breves apontamentos	514
		7.9.1. Conceito..	515
		7.9.2. Objetivo	515
		7.9.3. Área de preservação permanente (APP)...............................	516
		7.9.4. Área de reserva legal	518
	7.10.	Questões..	online

Referências 521

1

A HISTÓRIA DA PROPRIEDADE PRIVADA NO BRASIL

A **história** da propriedade privada no Brasil é intrinsecamente ligada à sua **colonização** e à influência da Coroa Portuguesa. Desde os primórdios do descobrimento do território, passando pelas capitanias hereditárias e as concessões por sesmarias, até os sistemas modernos de registro imobiliário, a propriedade privada evoluiu de forma complexa.

Como será possível verificar nos itens a seguir, **na evolução da propriedade privada no Brasil, inicialmente, observa-se uma postura contratual associada à posse.** Posteriormente, a publicidade do registro imobiliário se tornou essencial, com a **posse sendo reconhecida como o caminho para a regularização formal da propriedade.**

1.1. O DESCOBRIMENTO DO TERRITÓRIO

Desde o descobrimento do território brasileiro pela Coroa Portuguesa ocorreram vários desdobramentos importantes que devem ser recordados como um pressuposto para a compreensão contemporânea.

O Brasil sempre foi um país de desigualdades sociais, e a propriedade imobiliária formal (aquela que possui uma titulação registrada no cartório de registro de imóveis) ficava restrita àqueles que conseguissem preencher os requisitos legais. **A posse é uma prática comum,** como será demonstrado ao longo desta obra.

A pesquisa retorna ao século XV, na Era dos descobrimentos, das grandes navegações. Portugal e Espanha desbravavam os oceanos em busca de novas rotas para chegar às Índias e então explorar aquele rico mercado de especiarias. Algumas dessas viagens foram decisivas para o continente chamado de América, o qual foi descoberto pelo piloto genovês Cristóvão Colombo, um aventureiro falador e com pouco crédito perante as autoridades da época.

Após várias tentativas de financiamento para sua viagem por rotas desconhecidas às Índias, Colombo conseguiu um empréstimo com Luiz de Santagel e com o cardeal Dom Pedro de Mendonça. Sonhador, ele calculou que, se a terra era redonda e o Oceano Atlântico estava entre duas costas, imaginando que a costa ocidental seria Ásia, ele chegaria à ilha do Japão, próximo das Índias, sem contornar o continente africano.

No dia 3 de agosto de 1492, Colombo partiu com três caravelas, sob as ordens dos reis católicos da Espanha e navegou até encontrar, em 11 de outubro, uma ilha, que batizou de São Salvador. Seguindo viagem, descobriu a ilha de Cuba e depois São Domingos, onde encontrou os indígenas chamados de Haité. Colombo retornou a Europa com cerca de dez desses indígenas, chegando em Lisboa no dia 6 de março de 1493. Lá, ostentou ter descoberto a ilha de Cipango. Mais tarde, Colombo fez outras três viagens ao novo mundo, descobrindo a Jamaica, Honduras e Porto Belo[1].

Entre 1492 e 1497, o navegador Vasco da Gama foi instruído com cálculos matemáticos da marinha portuguesa sobre uma possível nova rota para as Índias[2], também com o objetivo de buscar especiarias. Sua expedição partiu no dia 8 de junho de 1497 e, depois de dobrar o cabo, acompanhou a costa oriental, passando por Moçambique e Mombaça, chegando em Melinde, onde um navegador árabe passou as orientações do caminho, até então desconhecido.

A longa viagem teve sua recompensa, e Vasco da Gama permitiu à Europa que, finalmente, colocasse as mãos em tesouros lendários, desbancando Veneza dos mercados. Vasco da Gama trouxe pimenta, canela, gengibre e outras tantas raras e famosas especiarias do Oriente, que antes só chegavam à Europa por meio de navios italianos, que as revendiam ao restante do continente europeu. Dispensavam-se, agora, os grandes povos navegadores do Mar Mediterrâneo, venezianos, genoveses e catalães, pois as especiarias seriam compradas diretamente por Portugal[3].

A corte portuguesa comemorou a descoberta que transformou Portugal em um centro de negócios e com ambições ainda maiores. Uma nova expedição foi organizada por Dom Manuel, que reuniu pilotos de outras expedições, aconselhado por políticos, matemáticos e físicos. A esquadra estava formada e precisava de um capitão-mor, com habilidades militares e diplomáticas. Dom Manuel[4] escolheu um fidalgo, que lograva êxito em tudo que empreendia, mas nunca tinha viajado: Pedro Álvares Cabral.

No dia 9 de março de 1500, Cabral partiu com sua esquadra de treze navios, a pedido de Dom Manuel, com a finalidade de estabelecer relações diplomáticas e econômicas com os reis dos inúmeros portos das Índias, e chegar até as fontes primárias das especiarias que ficavam do outro lado do Oceano Índico.

Durante o percurso na costa africana, perto da região de Guiné, Cabral fez um desvio e acabou chegando ao local que conhecemos hoje por Bahia[5]. Pero Vaz de Caminha[6], que acompanhava a esquadra de Cabral, descreveu o momento do desembarque e o encontro com habitantes locais, chamados por nós, hoje, de indígenas.

---

[1] CASAL, Manuel Aires de. *Corografia brasílica ou relação histórico-geográfica do Reino do Brasil composta e dedicada a sua Majestade Fidelíssima*. São Paulo: Edições Cultura, 1943, t.,p. 2-4.
[2] CALMON, Pedro. *História do Brasil — século XVI*: as origens. Rio de Janeiro: José Olympio Editora, 1959, v. I, p. 39.
[3] ABREU, J. Capistrano de. *O descobrimento do Brasil*. Rio de Janeiro: Anuário do Brasil, 1929, p. 140.
[4] CALMON, Pedro. *História do Brasil — século XVI*: as origens. Rio de Janeiro: José Olympio Editora, 1959, v. I, p. 40.
[5] MESGRAVIS, Laima. *História do Brasil Colônia*. São Paulo: Contexto, 2017, p. 14.
[6] Conforme Calmon, Pero Vaz de Caminha foi vereador na cidade de Porto. Era um homem letrado e arguto e, por isso, foi escolhido para fazer uma narrativa escrita de toda a viagem de Cabral. CALMON, Pedro. *História do Brasil — século XVI*: as origens. Rio de Janeiro: José Olympio Editora, 1959, v. I, p. 47.

Segundo ele, após desembarcarem das naus, os exploradores encontraram homens pardos na praia. Esses homens estavam nus, portando arcos e flechas. A comunicação foi difícil devido às ondas do mar, mas Nicolau Coelho, enviado à terra, conseguiu interagir com eles, presenteando-os com um barrete vermelho e sendo presenteado com um sombreiro de penas[7].

Cabral logo percebeu a inocência dos habitantes locais e tratou de tomar posse daquelas terras antes que outro o fizesse. **Os portugueses, em seguida, realizaram uma missa em um local denominado por eles mesmos de Porto Seguro, colocando, ali, um marco português**[8].

A doutrina entende que, a partir desse momento, **todo território descoberto passou ao domínio da Coroa Portuguesa** e, portanto, a origem da propriedade imóvel no Brasil é **pública**[9], **pois todo território passou a ser considerado uma extensão do domínio português**.

Vale apontar que a **expressão "domínio público"** é muito discutida na doutrina. Hely Lopes Meirelles[10] entende que **domínio público** são os **poderes de soberania e direitos de propriedade**, sendo a soberania exercida sobre todas as coisas de interesse público, sob a forma de domínio eminente, e os direitos de propriedade sobre os bens pertencentes a administração, sob forma de domínio patrimonial.

Assim, **a legislação que vigorava em Portugal passava a vigorar, também, no Brasil**. Tupinambá Castro do Nascimento[11] explica que de 1450 a 1521 vigoraram as Ordenações Afonsinas. **Após, vigoraram as Ordenações Manuelinas e, por fim, as Ordenações Filipinas, que se aplicam mesmo após a Independência do Brasil, por força da lei brasileira de 20 de outubro de 1823.**

Os habitantes locais, chamados de índios, moravam em cabanas coletivas, cobertas com vegetação, dormiam em redes e faziam pequenas fogueiras. Alimentavam-se de raízes, milho, frutas, peixe e caça. Não conheciam metais e suas armas eram feitas de pedras. Sabiam construir pequenas canoas, que eram utilizadas para pesca. Na divisão do trabalho, os homens caçavam, pescavam e produziam armas e ocas para moradia, cabendo às mulheres o plantio e o preparo dos alimentos, bem como a tecelagem e o cuidado com as crianças[12].

Algumas tribos tinham a posse comum entre os habitantes das mesmas ocas, das coisas úteis, estando apenas individualizada a propriedade de certos móveis como armas,

---

[7] CASAL, Manuel Aires de. *Corografia brasílica ou relação histórico-geográfica do Reino do Brasil composta e dedicada a sua Majestade Fidelíssima*. São Paulo: Edições Cultura, 1943, t. I, p. 10.

[8] MESGRAVIS, Laima. *História do Brasil Colônia*. São Paulo: Contexto, 2017, p. 15.

[9] SILVA, Lígia Osorio. *Terras devolutas e latifúndio*: efeitos da Lei de 1850. Campinas: Editora da Unicamp, 1996. p. 13-14.

[10] MEIRELES, Hely Lopes. *Direito administrativo brasileiro*. 16. ed. atual. pela Constituição de 1988. São Paulo: Revista dos Tribunais, 1991, p. 420.

[11] NASCIMENTO, Tupinambá Miguel Castro do. *Introdução ao direito fundiário*. Porto Alegre: Sergio Antonio Fabris Editor, 1984, p. 8-9.

[12] MESGRAVIS, Laima. *História do Brasil Colônia*. São Paulo: Contexto, 2017, p. 15.

redes e utensílios próprios. Não havia um sentimento individual de propriedade do solo, que era possuído coletivamente por toda a tribo. Temporariamente, a cada cinco ou seis anos, a tribo abandonava as ocas e trocava de local, fixando novamente seus lares[13].

Os portugueses trocavam quinquilharias por madeira, em especial, o pau-brasil. Os indígenas cortavam as árvores e ainda entregavam alguns animais (macacos e araras) para os portugueses, que os revendiam na Europa. Mais tarde, quando os indígenas começaram a se desinteressar pelas quinquilharias, os portugueses passaram a forçá-los a trabalhar para eles. Foi assim que surgiram as primeiras rebeliões indígenas, que se tornaram mais frequentes à medida que mais e mais portugueses queriam explorar as fartas terras[14] durante o processo de colonização.

Na verdade, a Coroa não estava muito animada com a descoberta do novo território, esperava mais, motivo pelo qual entregou o território para membros da pequena nobreza com a finalidade de colonização[15]. Além disso sabia que era preciso investir na agricultura[16], o que demandava um plano maior. Porém, precisava dar alguma destinação à vasta área que era cobiçada por outros Estados rivais, em especial pelos franceses, que navegavam próximo à costa brasileira.

A burguesia mercantil[17] buscava novas oportunidades de acumulação de riqueza. Foi, então, que surgiu a ideia de dividir o território em capitanias e doá-las para pessoas abastadas que pudessem se instalar, povoar e cultivar a terra. Portugal já havia testado esse sistema em outras colônias[18] e servira bem para defender o território de ataques pelo mar. Em vez de esquadras passageiras, com gastos para viagens, a solução seria povoar e colonizar, evitando, assim, o comércio de franceses com os indígenas e dificultando a atuação dos piratas do mar norte, que possuíam interesses no contrabando da madeira[19].

1.2. CAPITANIAS, SESMARIAS E OCUPAÇÕES

Foram formados povoados, localizados no litoral, oscilando entre trinta e cem léguas de distância, eis que o interior era de difícil acesso e de menor interesse. Com isso, **os donatários** poderiam defender a costa brasileira dos franceses com maior segurança[20].

---

[13] BEVILÁQUA, Clóvis. *Direito das coisas*. Rio de Janeiro: Freitas Bastos, 1941, p. 116.
[14] MESGRAVIS, Laima. *História do Brasil Colônia*. São Paulo: Contexto, 2017, p. 17.
[15] MAESTRI, Mário. *Os senhores do litoral*: conquista portuguesa e agonia tupinambá no litoral brasileiro. 2. ed. ver. e ampl. Porto Alegre: Editora UFRGS, 1995, p. 90.
[16] PORTO, Costa. *Estudo sobre o sistema sesmarial*. Recife: Imprensa Universitária, 1965, p. 22.
[17] SILVA, Lígia Osorio. *Terras devolutas e latifúndio*: efeitos da Lei de 1850. Campinas: Editora da Unicamp, 1996, p. 23.
[18] MAESTRI, Mário. *Os senhores do litoral*: conquista portuguesa e agonia tupinambá no litoral brasileiro. 2 ed. rev. e ampl. Porto Alegre: Editora UFRGS, 1995, p. 90.
[19] PORTO, Costa. *Estudo sobre o sistema sesmarial*. Recife: Imprensa Universitária, 1965, p. 24.
[20] ABREU, J. Capistrano de. *O descobrimento do Brasil*. Rio de Janeiro: Anuário do Brasil, 1929, p. 117-119.

Os capitães também receberam as ilhas costeiras até a distância de dez léguas da costa. Apesar de serem chamados de donatárias, na realidade não houve uma doação do solo pela Coroa Portuguesa. O que o rei **cedera foram os poderes políticos, amplos, também chamados de direitos majestáticos quase, absolutos aos capitães, e esses direitos não lhes davam a propriedade do solo, mas sim o usufruto**[21], sendo transmissíveis por herança ao filho homem mais velho.

Durante a exploração da terra, **era cobrado o dízimo** ao Mestrado da Ordem de Cristo[22], e, para a Coroa, o quinto dos minerais (cobre, estanho, ouro, prata) e de outras riquezas (pérolas, coral, diamantes) eventualmente existentes na capitania[23]. Aos capitães foi autorizado o monopólio da escravização e a venda dos indígenas que estivessem nas terras, e, para acelerar a colonização, o capitão poderia arrendar parte da sua capitania para outros colonos, por ele escolhidos, fato que recebeu o nome de sesmarias.

Esses colonos eram novos imigrantes que vinham para a colônia com objetivos de prosperidade no Novo Mundo. Os capitães davam por sesmarias o direito de plantar e explorar as áreas, quase que delegando poderes aos sesmeiros que fundavam vilas e povoados, caçavam indígenas e exploravam as reservas naturais.

Conforme Lígia Osorio Silva[24], o instituto das sesmarias foi criado em Portugal no final do século XIV para resolver a crise de abastecimento. Essa legislação **visava combater a ociosidade das terras, obrigando os senhorios a cultivá-las ou arrendá-las sob pena de perda de domínio.** As **terras devolutas eram redistribuídas** para que fossem aproveitadas e respeitado o interesse coletivo.

Com a autorização para escravizar os indígenas, surgiu uma onda de conflitos e violência. Havia um choque cultural, pois os indígenas trabalhavam para suprir suas necessidades, sem a noção de acumulação de riqueza, e os portugueses queriam aumentar a produtividade das terras para obter lucro. Com a chegada de mais portugueses ao continente, começou o roubo de mulheres indígenas com a finalidade de usá-las como criadas, artesãs e objetos sexuais. Foi quando se iniciaram os ataques de ambos os lados[25].

Como os portugueses já conheciam a pólvora, abusaram da sua superioridade bélica, caçando os indígenas pelas matas e capturando-os para domesticá-los e torná-los escravos[26]. Durante alguns combates, descobriu-se o costume de antropofagia[27] dos

---

[21] PORTO, Costa. *Estudo sobre o sistema sesmarial*. Recife: Imprensa Universitária, 1965, p. 25-27.

[22] LACERDA, Manoel Linhares de. *Tratado das terras do Brasil*. Rio de Janeiro: Editora Alba Limitada, 1960, p. 114.

[23] MAESTRI, Mário. *Os senhores do litoral*: conquista portuguesa e agonia tupinambá no litoral brasileiro. 2 ed. ver. e ampl. Porto Alegre: Editora UFRGS, 1995, p. 91.

[24] SILVA, Lígia Osório. *Terras devolutas e latifúndio*: efeitos da Lei de 1850. Campinas: Editora Unicamp, 1996, p. 37.

[25] MESGRAVIS, Laima. *História do Brasil Colônia*. São Paulo: Contexto, 2017, p. 18.

[26] SANTOS, Boaventura de Souza (Org.). *Reconhecer para libertar*: os caminhos do cosmopolitismo multicultural. Rio de Janeiro: Civilização Brasileira, 2003, p. 75.

[27] "Chocou muito os europeus o costume indígena de capturar guerreiros inimigos que se destacavam pela coragem. No início, esses prisioneiros eram bem tratados, alimentados e podiam até re-

indígenas, o que logo foi divulgado na Europa, criando um ambiente negativo que culminou com uma visão de que os habitantes do Novo Mundo eram selvagens como animais e, portanto, poderiam ser maltratados e obrigados a trabalhar para os portugueses[28].

O sistema de capitanias apresentava-se sobre dois aspectos: **repartição política (jurisdição e império) e distribuição do solo entre os moradores**[29]. O segundo aspecto nos interessa, pois possui relação direta com o surgimento da propriedade imobiliária privada no Brasil. **O capitão tinha por obrigação colocar nas áreas recebidas pessoas que ele escolhia e trazia para o território e, então, doava por sesmarias a essas pessoas uma determinada área, com obrigação de cultivo.** Isso garantia a povoação, a exploração e a defesa do território[30].

Até o final do século XVII **as sesmarias eram regradas pelas Ordenações Afonsinas de 1446, alteradas pelas Ordenações Manuelinas de 1511, que foram modificadas pelas Ordenações Filipinas de 1603**. A partir do século XVII, surgiram diversas regulamentações em formas de decretos, preceitos, forais, estatutos, resoluções, portarias, cartas-patente, cartas de lei, entre outros[31].

As Ordenações determinavam que as sesmarias fossem concedidas em áreas não extensas, proporcionais ao que o sesmeiro pudesse cultivar e por tempo restrito de no máximo cinco anos. Todavia, não havia uma precisão do tamanho da área. **Caso a área doada ao sesmeiro não fosse aproveitada, ela retornaria à Coroa. Daí surge a expressão "devolutas", ou seja, a área que não é cultivada volta ao domínio público.**

Na realidade, **considerando que todo território era de domínio público e havia sido cedido o usufruto aos capitães, que cederam aos sesmeiros os seus direitos, o que retornava à Coroa não era a propriedade que ela já tinha, mas sim o domínio, que nesse caso era representado pelo usufruto**. Na prática, as autoridades coloniais encarregadas de documentar as sesmarias, desprezaram as recomendações de limitação de área e prazo e concederam áreas imensas por prazos indeterminados. Além disso, os documentos eram imprecisos[32], muitos constando limites como "o passo onde mataram a varela", ou "partindo da feitiçaria dos índios até onde se mete o rio".

---

ceber uma esposa temporária. Depois, eram levados para o terreiro no centro da aldeia, enfeitados com penas e pinturas, onde eram amarrados a um poste enquanto a tribo e convidados dançavam em volta deles e os provocavam. No momento culminante do ritual, o morubixaba (chefe guerreiro), com um tacape (espécie de bastão pesado), rachava a cabeça dos prisioneiros. Depois de ter o corpo esquartejado, seus restos eram assados em estrados e finalmente devorados pelos índios, homens e mulheres, que acreditavam que, ao comer guerreiros, estava absorvendo sua alma e sua potência" (MESGRAVIS, Laima. *História do Brasil Colônia*. São Paulo: Contexto, 2017, p. 16).

[28] MESGRAVIS, Laima. *História do Brasil Colônia*. São Paulo: Contexto, 2017, p. 16.
[29] PORTO, Costa. *Estudo sobre o sistema sesmarial*. Recife: Imprensa Universitária, 1965, p. 29.
[30] LACERDA, Manoel Linhares de. *Tratado das terras do Brasil*. Rio de Janeiro: Editora Alba Limitada, 1960, p. 113-114.
[31] SILVA, Lígia Osório. *Terras devolutas e latifúndio*: efeitos da Lei de 1850.Campinas: Editora Unicamp, 1996, p. 40.
[32] SILVA, Lígia Osório. *Terras devolutas e latifúndio*: efeitos da Lei de 1850.Campinas: Editora Unicamp, 1996, p. 37-55.

Nesses títulos de concessões, que recebiam várias denominações, existiam os forais (leis que o fundador da cidade criava acerca da polícia, tributos, juízos, privilégios, negócios etc.[33]) que previam a possibilidade de compra e venda das sesmarias entre os sesmeiros, mas somente das terras que por eles estivessem aproveitadas. Ou seja, os sesmeiros tinham obrigação de cultivar, trabalhar na terra, uma espécie de posse-trabalho, uma vez que a posse tinha uma função social. Ou o sesmeiro trabalhava nela, ou ela retornava para a Coroa Portuguesa.

Aquelas que estavam abandonadas eram devolutas. As áreas passaram a ser retalhadas e não havia proibição de receber mais de uma sesmaria. Isso fez com que alguns fidalgos adquirissem áreas imensas, que acabavam sendo negociadas com colonos imigrantes humildes. Dessas relações surgiam novos regramentos, inclusive quanto à forma de cultivo e tributação que os próprios fidalgos cobravam[34]. O cenário aproximava-se do sistema feudal europeu, no qual os mais abastados não trabalhavam, muitos morando na Europa, e exploravam o homem do campo que sonhava em adquirir uma propriedade pelo seu trabalho. Somava-se isso a tentativa frustrada de escravizar indígenas e o tráfico de escravos africanos.

No início das concessões exigia-se **o registro da carta de doação**[35] em um livro dos provedores. Na verdade, um cadastro simples, na sede da Capitania. Depois de 1549, o sesmeiro deveria cadastrar a data da doação, constante no documento, em livro próprio na Provedoria. Com o registro (cadastro), a terra passava a constituir o **patrimônio do sesmeiro**, recebendo a expressão **"use, desfrute e abuse", característicos da propriedade**.

O registro não oferecia dificuldades e buscava levantar quais terras estavam sendo doadas para evitar uma nova doação sobre a mesma área. Na prática, poucos sesmeiros faziam o registro, e, quando faziam, as descrições eram imprecisas. Os métodos de medição, demarcação e localização eram muito rudimentares, conforme ensina Costa Porto[36]: "o medidor enchia o cachimbo, acendia-o e montava a cavalo, deixando que o animal marchasse a passo. Quando o cachimbo se apagava, acabado o fumo, marcava uma légua". A baixa povoação e a abundância de terras permitiam descrever uma localização aproximada, o que poderia ser questionado eventualmente em uma demanda de divisas. Vale lembrar que, se a área fosse muito extensa, e, consequentemente não aproveitada, retornaria à Coroa, portanto, não havia grande preocupação em estabelecer os marcos.

Como forma de aumentar suas propriedades, os sesmeiros passaram a colocar novas doações em nome de membros da família e amigos. Se as capitanias precisavam ser povoadas e as áreas eram doadas pelas secretarias, o negócio era aproveitar para

---

[33] LACERDA, Manoel Linhares de. *Tratado das terras do Brasil*. Rio de Janeiro: Editora Alba Limitada, 1960, p. 117.
[34] SILVA, Lígia Osório. *Terras devolutas e latifúndio*: efeitos da Lei de 1850. Campinas: Editora Unicamp, 1996, p. 37-55.
[35] SILVA, Lígia Osório. *Terras devolutas e latifúndio*: efeitos da Lei de 1850. Campinas: Editora Unicamp, 1996, p. 37-55.
[36] PORTO, Costa. *Estudo sobre o sistema sesmarial*. Recife: Imprensa Universitária, 1965, p. 93.

acumular. Com extensas áreas e sem conseguir aproveitar a sua totalidade, aos sesmeiros era permitido manter certo número de arrendatários[37] e meeiros, que acabavam morando nas fazendas. Essas moradias, somadas, aos poucos criavam um povoado. Mesmo assim, a falta de mão de obra qualificada era um problema constante, e a ganância de muitos fazendeiros fez aumentar a importação de escravos africanos, já que os indígenas eram considerados incompetentes para o trabalho. O prestígio social de um fazendeiro era medido pelo número de escravos e pelos homens livres que trabalhavam para ele.

Como a terra era abundante e o número de imigrantes aumentava, as pessoas que se dispusessem a penetrar na mata poderiam controlar um pedaço de terra, desde que enfrentassem os indígenas e sobrevivessem à selva. Essas ocupações não eram reconhecidas pela Coroa, que as entendia como violação da propriedade real[38], e só poderiam ser regularizadas mediante uma concessão, ou seja, mediante a regularização do documento junto à capitania.

O colono pobre, sem dinheiro para comprar escravos, e cansado de trabalhar para senhores de fazendas, arriscava-se na mata, ocupando áreas sem autorização da capitania, de forma "irregular", criando agora uma situação de fato, uma posse não documentada. **Esses posseiros, que em regra eram pequenos proprietários**, deixaram-se contaminar pelo espírito de fome de terras e passaram a ocupar novas áreas, fincando mais e mais marcos à distância[39].

No ano de 1695, a Coroa Portuguesa, **procurando aumentar o controle sobre as sesmarias**, criou a obrigatoriedade do recolhimento de um **foro**[40], uma pensão por légua de terras[41], o que alterou totalmente a situação jurídica, **que até então era gratuita**. Até aquele momento, a tributação incidia apenas sobre a produção, em favor do Mestrado de Cristo, cujo rei de Portugal acumulava a função.

A partir do momento que a transferência da sesmaria foi tributada, houve o entendimento que o sesmeiro passou a ser um **enfiteuta**[42] **do Estado**, e não mais um concessionário de terras. **Além da obrigatoriedade do pagamento do foro (cláusula de foro), o sesmeiro agora precisava de autorização do governo para transmissão**

---

[37] COSTA, Emília Viotti da. *Da monarquia à República*: momentos decisivos. 9. ed. São Paulo: Editora Unesp, 2010, p. 176-177.

[38] COSTA, Emília Viotti da. *Da monarquia à República*: momentos decisivos. 9. ed. São Paulo: Editora Unesp, 2010, p. 176-177.

[39] SILVA, Lígia Osório. *Terras devolutas e latifúndio*: efeitos da Lei de 1850. Campinas: Editora Unicamp, 1996, p. 60-61.

[40] PORTUGAL. *Carta Régia de 27 de dezembro de 1695*: carta de Sua Majestade escrita ao Governador e Capitão Geral deste Estado, Dom João de Alencastro, sobre os ouvidores, criados de novo, examinarem as sesmarias que se tem dado se estão cultivadas (sesmarias — 4 x 1 légua = 2400 ha). Disponível em: http://portal.iterpa.pa.gov.br/wp-content/uploads/2021/03/CARTA-REGIA-DE-27--DE-DEZEMBRO-DE-1695.pdf. Acesso em: 15 nov. 2021.

[41] PORTO, Costa. Estudo sobre o sistema sesmarial. Recife: Imprensa Universitária, 1965, p. 91.

[42] SILVA, Lígia Osório. *Terras devolutas e latifúndio*: efeitos da Lei de 1850. Campinas: Editora Unicamp, 1996, p. 49.

da concessão, a confirmação por el-Rei[43], que também era tributada. Além disso fora criada uma limitação de área adquirida, em três léguas de comprimento por uma de largura[44].

SESMARIAS	Simples concessão pelo Estado.
ENFITEUTA	Exige foro e autorização real.

AÇÃO	CAMPO	FINALIDADE
CONDIÇÃO INICIAL	Concessionário de terras pela Coroa.	Arrendatário de terras com obrigação de pagar foro ao Estado.
ÁREA	Áreas proporcionais ao cultivo, sem precisão de tamanho.	Limitação de área: três léguas de comprimento por uma de largura.
USO DA TERRA	Obrigação de cultivar; terras não aproveitadas voltavam à Coroa (devolutas).	Obrigação de pagar foro, mas com uso vinculado à autorização do governo.
TEMPO DE CONCESSÃO	Restrito a no máximo cinco anos.	Permanente, enquanto respeitadas as condições de foro e autorização para transmissão.
TRIBUTAÇÃO	Não havia tributação na concessão original.	Pagamento de foro e tributo para transmissão da concessão.
TRANSMISSÃO DE POSSE	Não mencionada ou regulada.	Exige autorização do governo e confirmação por el-Rei, com tributação.
NATUREZA JURÍDICA	Beneficiário de terras públicas.	Sujeito a contrato enfitêutico com o Estado.

Isso gerou uma situação de desordem no sistema de propriedade rural, pois os direitos dos ocupantes não tinham amparo legal. **As posses derivadas de ocupação se multiplicaram sem controle e os posseiros juntaram grandes áreas de terra**, cujas fronteiras eram imprecisas e baseadas em elementos geográficos naturais: um rio, uma cachoeira numa ladeira[45].

As medidas causaram desconforto, não funcionaram e a informalidade aumentou, pois agora as transferências de sesmarias não eram mais registradas, reinando a informalidade. Historiadores afirmam que houve um descontrole total, e a posse passou a ser a realidade da colônia. O governo tentou intervir legalmente várias vezes obrigando o sesmeiro a medir, registrar e documentar suas áreas, mas a fiscalização não deu certo, e o problema aumentava a cada dia. **As ocupações de fato, mediante cessão de posse,**

---

[43] PORTUGAL. Carta Régia de 27 de dezembro de 1695. Carta de Sua Majestade escrita ao Governador e Capitão Geral deste Estado, Dom João de Alencastro, sobre os ouvidores, criados de novo, examinarem as sesmarias que se tem dado se estão cultivadas (sesmarias — 4 x 1 légua = 2400 ha). Disponível em: http://portal.iterpa.pa.gov.br/wp-content/uploads/2021/03/CARTA-REGIA-DE-27-DE-DEZEMBRO-DE-1695.pdf. Acesso em: 15 nov. 2021.

[44] SILVA, Lígia Osório. *Terras devolutas e latifúndio*: efeitos da Lei de 1850. Campinas: Editora Unicamp, 1996, p. 37-55.

[45] COSTA, Emília Viotti da. *Da monarquia à República*: momentos decisivos. 9. ed. São Paulo: Editora Unesp, 2010, p. 178.

agora eram a realidade em todo território, algumas com documentos e outras apenas verbais.

Em 1822, a Resolução de 17 de julho suspendeu todas as concessões de sesmarias depois de vários pedidos judiciais de reconhecimento de posse por sesmeiros. O caso célebre[46] que referencia o momento foi o pedido do sesmeiro Manoel José dos Reis à Mesa do Desembargo do Paço, solicitando a posse da área que morava com sua família há mais de 20 anos, em razão de uma nova medição que incorporou a área a uma nova concessão de sesmarias para uma terceira pessoa, estranha. Argumentou o sesmeiro Manoel que assim como a área foi novamente concedida, estando ele na posse, poderia este fato ocorrer novamente, o que geraria novas demandas. **Portanto, o sistema era falho.**

A Mesa do Desembargo resolveu suspender todas as concessões de terras, o que foi ratificado pelo príncipe regente Dom Pedro de Alcântara, que manteve Manoel e sua família na posse da área[47]. **Na Resolução que suspendeu todas as sesmarias, ficou determinado o retorno das concessões até a convocação da Assembleia Geral Constituinte, que ocorreria em Portugal.** Porém, **não houve tempo,** pois a Declaração da Independência do Brasil ocorrera em 7 de setembro daquele ano. Agora, o problema era de responsabilidade local.

Instigado a agir, Dom Pedro I confirmou a suspensão de novas concessões de sesmarias, pela Provisão de 22 de outubro de 1823, mas não revogou o sistema, nem mesmo que já estava feito. Ao contrário, decretou que as Ordenações, Leis, Regimentos, Alvarás, Decretos e Resoluções promulgadas até então, pelo Reino de Portugal, permaneciam em vigor até a organização de um novo Código. Assim, a Resolução de 17 de julho de 1822 não foi o marco final das sesmarias, mas tão-somente suspendeu a concessão de novas[48]. A prática de compra e venda de áreas continuava normalmente, na clandestinidade, iniciando um novo período chamado **"período de posses"**[49] que vai até a Lei de Terras em 1850.

1.3. 1843 — O REGISTRO GERAL DE HYPOTHECAS

O primeiro diploma legislativo a referenciar o instituto da hipoteca foi a Lei n. 317, de 21 de outubro de 1843, admitindo, em seu art. 35[50], a criação do **registro geral de**

---

[46] GONÇALVES, Albenir Itaboraí Querubini. *O regramento jurídico das sesmarias*: o cultivo como fundamento normativo do regime sesmarial no Brasil. São Paulo: Leud, 2014, p. 111-115.

[47] GONÇALVES, Albenir Itaboraí Querubini. *O regramento jurídico das sesmarias*: o cultivo como fundamento normativo do regime sesmarial no Brasil. São Paulo: Leud, 2014, p. 111-115.

[48] GONÇALVES, Albenir Itaboraí Querubini. *O regramento jurídico das sesmarias*: o cultivo como fundamento normativo do regime sesmarial no Brasil. São Paulo: Leud, 2014, p. 111-115.

[49] NASCIMENTO, Tupinambá Miguel Castro do. *Introdução ao direito fundiário*. Porto Alegre: Sergio Antonio Fabris Editor, 1984, p. 14.

[50] "Artigo 35. Fica creado um Registro geral de hypothecas, nos lugares e pelo modo que o Governo estabelecer nos seus Regulamentos" (BRASIL. Lei n. 317, de 21 de outubro de 1843. Fixando a despesa e orçando a receita para os exercícios de 1843-1844, e 1844-1845. Disponível em: https://www.planalto.gov.br/ccivil_03/leis/lim/LIM317.htm. Acesso em: 30 mar. 2024.

hipotecas, nos moldes estabelecidos pelo governo em seus regulamentos. Ou seja, o governo imperial tinha total liberdade para decidir sobre a regulamentação do sistema de registro.

Marcelo Salaroli de Oliveira sustenta que, apesar de a Lei n. 317, de 21 de outubro de 1843 citar o registro geral de hipotecas, é o Decreto n. 482, de 14 de novembro de 1846[51], que deve ser considerado a primeira norma a regulamentar a hipoteca no Brasil, justificando tal escolha no fato de que **"é apenas com este que temos os elementos para comparar o registro de hipotecas com o atual registro imobiliário"**[52] (grifos nossos).

Esse Decreto previa, além do estabelecimento dos Tabeliães em um sistema baseado em territorialidade, que o registro feito no Cartório errado, bem como aquele feito vinte dias antes do falecimento, não produziriam efeitos[53].

Quanto aos bens situados em diferentes Comarcas, o registro deveria ser feito em cada uma delas, sendo a data do primeiro registro o marco da data inicial dos efeitos legais[54].

O Decreto n. 482/1846, também estabelecia que as pessoas que desejavam registrar uma hipoteca deviam apresentar ao tabelião do Registro da Comarca onde os bens hipotecados estavam localizados o título que deu origem à hipoteca, original ou traslado autêntico, e uma cópia duplicada e fiel do mesmo título, assinada pela própria parte ou

---

[51] BRASIL. *Decreto n. 482, de 14 de novembro de 1846*. Estabelece o Regulamento para o Registro geral das hypothecas. Disponível em: https://www2.camara.leg.br/legin/fed/decret/1824-1899/decreto-482-14-novembro-1846-560540-publicacaooriginal-83591-pe.html. Acesso em: 30 mar. 2024.

[52] OLVEIRA, M. S. *Institucionalização da publicidade registral imobiliária no ordenamento jurídico brasileiro*. Dissertação de Mestrado, Faculdade de História, Direito e Serviço Social da Universidade Estadual Paulista "Júlio de Mesquita Filho", Franca, 2006. Disponível em: https://repositorio.unesp.br/server/api/core/bitstreams/81fb3444-fa3e-4f60-aa8d-72f7a426d59e/content. Acesso em: 30 mar. 2024, p. 55

[53] "Artigo 2.º As hypothecas deverão ser registradas no Cartorio do Registro geral da Comarca onde forem situados os bens hypothecados. Fica porém exceptuada desta regra a hypotheca que recahir sobre escravos, a qual deverá ser registrada, no registro da Comarca em que residir o devedor. Não produzirá effeito algum o registro feito em outros Cartorios, e igualmente o que for feito dentro dos vinte dias anteriores ao falimento" (BRASIL. Decreto n. 482, de 14 de novembro de 1846. Estabelece o Regulamento para o Registro geral das hypothecas. Disponível em: https://www2.camara.leg.br/legin/fed/decret/1824-1899/decreto-482-14-novembro-1846-560540-publicacaooriginal-83591-pe.html. Acesso em: 30 mar. 2024).

[54] "Artigo 3.º As hypothecas que comprehenderem bens situados em differentes Comarcas, serão registradas em cada huma dellas. O mesmo se praticará, quando a hypotheca, posto que limitada a huma propriedade ou fazenda, parte desta for situada em huma Comarca, e parte em outra. A data do primeiro registro que, em taes casos, se fizer em huma Comarca, marcará a epoca dos effeitos legaes da hypotheca, com tanto que o registro, nas outras Comarcas, se não demore, depois do primeiro, mais que o tempo necessario para nellas se effectuar, contando-se a distancia á razão de duas leguas por dia, do lugar do primeiro registro para o dos outros" (BRASIL. Decreto n. 482, de 14 de novembro de 1846. Estabelece o Regulamento para o Registro geral das hypothecas. Disponível em: https://www2.camara.leg.br/legin/fed/decret/1824-1899/decreto-482-14-novembro-1846-560540-publicacaooriginal-83591-pe.html. Acesso em: 30 mar. 2024).

seu procurador, e devidamente selada. As assinaturas que autenticavam os títulos apresentados pelas partes eram reconhecidas pelo tabelião do Registro[55].

Os tabeliães do Registro Geral das hipotecas eram obrigados a ter o livro de registro geral das hipotecas da Comarca, destinado ao registro exclusivo das hipotecas, o Protocolo, que serviria para os apontamentos das minutas e averbações, e o livro índice, escriturado por ordem alfabética[56].

Além disso, eles dariam certidão dos seus livros, independentemente de despacho. As certidões negativas, nas quais os tabeliães declarassem que nenhuma hipoteca existia registrada no seu Cartório, relativa a determinada pessoa ou bem, só teria validade por seis meses[57].

---

[55] "Artigo 6.º As pessoas que pretenderem registrar alguma hypotheca, deverão apresentar ao Tabellião do Registro geral da Comarca onde se acharem situados os bens hypothecados: 1.º o titulo que constituir a hypotheca, ou em original, ou em traslado authentico: 2.º copia duplicada e fiel do mesmo titulo, assignada pela propria parte, ou seu bastante procurador, e competentemente selada. Artigo 7.º Se a hypotheca puder provar-se por escripto particular, nos casos em que, pela Lei, tem força de escriptura publica, o titulo original somente poderá ser supprido por instrumento authentico extraindo do Livro de Notas em que tenha sido lançado. Artigo 8.º As assignaturas que authenticarem os titulos apresentados pelas partes, serão reconhecidas pelo Tabellião do Registro, antes de o fazer, ou por duas pessoas de credito, na sua presença, por elle reconhecidas pelas proprias, do que portará fé" (BRASIL. *Decreto n. 482, de 14 de novembro de 1846*. Estabelece o Regulamento para o Registro geral das hypothecas. Disponível em: https://www2.camara.leg.br/legin/fed/decret/1824-1899/decreto-482-14-novembro-1846-560540-publicacaooriginal-83591-pe.html. Acesso em: 30 mar. 2024).

[56] "Artigo 22. Os Tabelliães do Registro geral das hypothecas são obrigados a ter os seguintes Livros: 1.º o de registro geral das hypothecas da Comarca em que servirem, o qual será exclusivamente destinado ao registro das hypothecas dos bens situados na mesma Comarca, lançamento das averbações a ellas relativas, e annotações das certidões affirmativas, que passarem, da existencia do registro de alguma hypotheca nos seus Livros: 2.º o Protocolo, que servirá para os apontamentos das minutas e averbações, e para as annotações das certidões negativas que passarem: 3.º o Livro indice, escripturado por ordem alphabetica, e por fórma que facilite, sem equivoco, o conhecimento de todos os bens hypothecados que se acharem registrados no seu Cartorio. Todos estes Livros serão abertos, rubricados, numerados e encerrados pela Autoridade competente" (BRASIL. *Decreto n. 482, de 14 de novembro de 1846*. Estabelece o Regulamento para o Registro geral das hypothecas. Disponível em: https://www2.camara.leg.br/legin/fed/decret/1824-1899/decreto-482--14-novembro-1846-560540-publicacaooriginal-83591-pe.html. Acesso em: 30 mar. 2024).

[57] "Artigo 24. Os Tabelliães do Registro geral das hypothecas darão certidão dos seus Livros, independente de despacho, observando o determinado nos Artigos seguintes. Artigo 25. Nas certidões do registro de hypothecas que passarem, deverão os Tabelliães transcrever o teor não só do assento do mesmo registro, mas de todas as averbações e annotações a elle relativas, que existirem nos seus Livros, declarando em todas, a requerimento de quem forão passadas. Artigo 26. As certidões negativas que os ditos Tabelliães passarem, declarando que nenhuma hypotheca existe registrada no seu Cartorio, relativa a determinada pessoa, ou bens especial ou genericamente designados, só terão vigor por tempo de seis mezes, e só poderão ser passadas aos proprios donos dos bens que se acharem desembargados, ou a seus bastantes procuradores; devendo os Tabelliães que as passarem portar por fé, que são pessoas delles reconhecidas pelas proprias. E, durante o referido periodo, não poderão passar segunda certidão negativa do mesmo teor, ainda que as partes alleguem ter-se--lhes desencaminhado a primeira" (BRASIL. *Decreto n. 482, de 14 de novembro de 1846*. Estabelece o Regulamento para o Registro geral das hypothecas. Disponível em: https://www2.camara.

O Decreto também previa que as despesas do registro das hipotecas ficavam a cargo do devedor hipotecário, todavia, se fossem pagas pelo credor que promovesse o registro, ele teria o direito de pleitear o reembolso pelo devedor, e as despesas das averbações e certidões pertenceriam a quem as requeresse[58].

Júlia Rosseti Picinin Arruda Vieira aponta que tal Decreto referiu-se exclusivamente à hipoteca, sem trazer previsão legal à transcrição das transmissões imobiliárias. Segundo a autora, "uma lei prescrevendo sobre a hipoteca surgiu antes de qualquer política que visasse a corrigir a situação fundiária caótica por que passava o Brasil recém independente"[59].

A autora ainda destaca que a existência do registro de hipotecas sem um registro de transmissão da propriedade impediu que tal lei surtisse os efeitos desejados nos âmbitos jurídicos e econômicos. Posteriormente, com o aumento das relações comerciais e a valorização da propriedade imóvel, percebeu-se a lacuna legislativa existente e a necessidade de promulgar uma lei capaz de regularizar o sistema de registro de imóveis[60].

Sobre o tema, Almir Teubl Sanches[61] aponta que o Decreto n. 482/1846, apesar de buscar resguardar o crédito e não o domínio privado, ainda assim representou o embrião do sistema registral brasileiro, uma vez que foi a primeira norma a tratar sobre o registro de direitos reais sobre imóveis.

É certo que o Decreto n. 482/1846, ao regulamentar o art. 35 da Lei n. 317/1843, buscou trazer publicidade à hipoteca, em vista da crescente necessidade de proteger tal instituto e originar segurança aos negócios envolvidos. No entanto, em

---

leg.br/legin/fed/decret/1824-1899/decreto-482-14-novembro-1846-560540-publicacaooriginal-83591-pe.html. Acesso em: 30 mar. 2024).

[58] "Artigo 33. A despeza do registro das hypothecas he a cargo do devedor hypothecario: a das averbações e certidões pertencerá a quem as requerer. Será todavia paga pelo credor a despeza do registro, quando elle a promover, com direito salvo, para haver o seu embolso do devedor, e com hypotheca especial nos bens registrados. José Joaquim Fernandes Torres, do Meu Conselho, Ministro e Secretario de Estado dos Negocios da Justiça, o tenha assim entendido, e faça executar" (BRASIL. *Decreto n. 482, de 14 de novembro de 1846*. Estabelece o Regulamento para o Registro geral das hypothecas. Disponível em: https://www2.camara.leg.br/legin/fed/decret/1824-1899/decreto-482-14-novembro-1846-560540-publicacaooriginal-83591-pe.html. Acesso em: 30 mar. 2024).

[59] VIEIRA, Júlia Rosseti Picinin Arruda. *Transmissão da propriedade imóvel pelo registro do título e segurança jurídica*: um estudo de história do direito brasileiro. Dissertação de Mestrado. São Paulo: Universidade de São Paulo, 2009. Disponível em: https://www.teses.usp.br/teses/disponiveis/2/2131/tde-02022012-094543/publico/Julia_Rosseti_Picinin_Arruda_Vieira_Dissertacao.pdf. Acesso em: 30 mar. 2024, p. 39.

[60] VIEIRA, Júlia Rosseti Picinin Arruda. *Transmissão da propriedade imóvel pelo registro do título e segurança jurídica*: um estudo de história do direito brasileiro. Dissertação de Mestrado. São Paulo: Universidade de São Paulo, 2009. Disponível em: https://www.teses.usp.br/teses/disponiveis/2/2131/tde-02022012-094543/publico/Julia_Rosseti_Picinin_Arruda_Vieira_Dissertacao.pdf. Acesso em: 30 mar. 2024.

[61] SANCHES, Almir Teubl. *A questão de terras no início da República*: o Registro Torrens e sua (in)aplicação. Dissertação de Mestrado. São Paulo: Universidade de São Paulo, 2008. Disponível em: https://www.teses.usp.br/teses/disponiveis/2/2139/tde-03072009-161245/publico/A_questao_de_terras_no_inicio_da_Republica.pdf. Acesso em: 30 mar. 2024.

vista da falta de regulamentação da propriedade, o alcance a tal objetivo foi prejudicado.

Independentemente do seu marco inicial legislativo, importa que o registro de hipotecas foi reformado pela Lei n. 1.237, de 24 de setembro de 1864, que inovou ao criar o **Registro Geral, responsável não apenas pelo registro das hipotecas, mas também pela transcrição dos títulos de alienação e oneração de imóveis.** Tal registro foi designado aos tabeliães, previamente estabelecidos pelo Decreto n. 482/1846, que formatou a atividade registral, confiando-a aos tabeliães da cidade ou da vila principal da comarca[62].

1.4. A LEI DE TERRAS DE 1850 E A SEPARAÇÃO DO DOMÍNIO PÚBLICO DO DOMÍNIO PRIVADO

A **Lei de Terras**, Lei n. 601, de 18 de setembro de 1850[63], é um marco no estudo do direito imobiliário brasileiro. Ela foi a forma pela qual o governo encontrou para organizar toda a confusão fundiária e separar o que era **domínio público** e **domínio privado**.

Durante sete anos, o projeto de lei esteve no Senado, no qual sofreu várias interferências e retornou à Câmara em agosto de 1850, sendo aprovado em 10 de setembro do mesmo ano, o qual foi regulamentado pelo Decreto n. 1.318, de 30 de janeiro de 1854[64]. Preocupou-se em **separar** as áreas de **domínio público** das áreas de **domínio privado**, bem como a **legalizar as posses**, uma vez que não havia mais como expulsar os posseiros dos campos, pois geraria uma revolução social[65], exigindo, para tanto, a presença das pessoas nas áreas ocupadas, como forma de evidenciar quem eram os reais possuidores, afastando assim o domínio daqueles que administravam essas áreas do outro lado do oceano, na metrópole[66].

A Lei n. 601/1850 foi regulamentada pelo Decreto n. 1.318/1854, quando a **posse foi legitimada** e separada do domínio público, mediante documentos que foram levados aos livros da Paróquia Católica, evento este conhecido como **registro do vigário**. A

---

[62] OLVEIRA, M. S. *Institucionalização da publicidade registral imobiliária no ordenamento jurídico brasileiro.* Dissertação de Mestrado, Faculdade de História, Direito e Serviço Social da Universidade Estadual Paulista "Júlio de Mesquita Filho", Franca, 2006. Disponível em: https://repositorio.unesp.br/server/api/core/bitstreams/81fb3444-fa3e-4f60-aa8d-72f7a426d59e/content. Acesso em: 30 mar. 2024, p. 55.

[63] BRASIL. *Lei n. 601, de 18 de setembro de 1850.* Dispõe sobre as terras devolutas do Império. Disponível em: http://www.planalto.gov.br/ccivil_03/leis/l0601-1850.htm Acesso em: 15 nov. 2021.

[64] BRASIL. *Decreto n. 1.318, de 30 de janeiro de 1854.* Manda executar a Lei n. 601, de 18 de setembro de 1850. Disponível em: http://www.planalto.gov.br/ccivil_03/decreto/1851-1899/d1318.htm. Acesso em: 15 nov. 2021.

[65] FAORO, Raimundo. *Os donos do poder.* 3. ed. rev. Porto Alegre: Globo, 1976, v. II, p. 408.

[66] LACERDA, Manoel Linhares de. *Tratado das terras do Brasil.* Rio de Janeiro: Editora Alba Limitada, 1960, p. 122.

competência[67] da paróquia era da situação do imóvel. Afrânio de Carvalho[68] leciona que esse registro de posses foi um passo avançado no sentido da titulação de propriedade, pois, a partir do registro, celebravam-se novos contratos de transmissão e oneração de imóveis, *intervivos* e *mortis causas*.

Em sentido oposto, Linhares de Lacerda entende que "o registro do vigário, por si só, nada valia como documento de domínio, mas tão-somente como **documento de posse**. Não provava que o declarante fosse dono, provava que ele era possuidor"[69] (grifos nossos). Já Afrânio de Carvalho[70] sustenta que a legitimação de posse servia de posse para, mais tarde, promover a usucapião, o que difere do entendimento de Tupinambá do Nascimento, o qual sustenta que a legitimação de posse incorporou o imóvel ao domínio privado, sem usucapião[71].

Ele explica que a prescrição aquisitiva requer tanto a posse quanto o passar do tempo, conforme estabelecido por lei, e no sistema de posse, a residência regular e a produção efetiva (ou posse-produtiva) eram fundamentais para a obtenção da propriedade. A Lei n. 601/850 estabelecia um período de carência que, uma vez cumprido, pode levar à legitimação da posse e, consequentemente, à declaração de domínio.

Com a Lei de Terras, a única forma de adquirir terras públicas era mediante **compra e venda do próprio governo**[72], e não mais por doações da Coroa. Na venda de terras, o governo atuava como um mediador entre o domínio público e o novo adquirente. Desapareceu a relação pessoal que existia entre o rei e o pretendente à terra. **A aquisição de terras não era mais uma dádiva concedida pelo rei, conforme as qualidades pessoais do indivíduo.** Qualquer pessoa poderia adquirir terras, desde que tivesse capital suficiente. Quando a terra era doada pela Coroa, existiam condições para usá-la. Agora, como mercadoria, é o próprio adquirente que determina a forma do uso.

Aqueles que tinham áreas irregulares, por ocupações (posses), poderiam agora regularizar essas áreas, desde que demarcassem seus limites e recolhessem as taxas para o ato, mediante registro na Repartição Geral de Terras Públicas, que foi criada em 30 de

---

[67] Segundo Afrânio de Carvalho: "O registro de posses era feito pelos vigários das freguesias do Império, definindo-se, portanto, a competência dos registradores desde os primórdios registrais, pela situação do imóvel" (CARVALHO, Afrânio de. *Registro de imóveis*: comentários ao sistema de registro em face da Lei 6.015 de 1973, com alterações da Lei 6.216 de 1975, Lei 8.009 de 1990 e Lei 8.935 de 18.11.1994. 4. ed. Rio de Janeiro: Forense, 2001, p. 2-5).

[68] CARVALHO, Afrânio de. *Registro de imóveis*: comentários ao sistema de registro em face da Lei 6.015 de 1973, com alterações da Lei 6.216 de 1975, Lei 8.009 de 1990 e Lei 8.935 de 18.11.1994. 4. ed. Rio de Janeiro: Forense, 2001, p. 2-5.

[69] LACERDA, Manoel Linhares de. *Tratado das terras do Brasil*. Rio de Janeiro: Editora Alba Limitada, 1960, p. 179.

[70] CARVALHO, Afrânio de. *Registro de imóveis*: comentários ao sistema de registro em face da Lei 6.015 de 1973, com alterações da Lei 6.216 de 1975, Lei 8.009 de 1990 e Lei 8.935 de 18.11.1994. 4. ed. Rio de Janeiro: Forense, 2001, p. 2-5.

[71] NASCIMENTO, Tupinambá Miguel Castro do. *Introdução ao direito fundiário*. Porto Alegre: Sergio Antonio Fabris, 1984, p. 15.

[72] COSTA, Emília Viotti da. *Da monarquia à República*: momentos decisivos. 9. ed. São Paulo: Editora Unesp, 2010, p. 174.

janeiro de 1854, por meio do Decreto n. 1.318, que regulou a execução da Lei n. 601, de 18 de setembro de 1850 — Lei de Terras. Em seu 21.º artigo, a Lei de Terras autorizava o governo a estabelecer, para a sua execução, uma repartição responsável por dirigir a medição, a divisão e a descrição das terras devolutas, bem como a conservação, a fiscalização da venda e a distribuição dessas terras. **Ao estruturar os novos órgãos, o Decreto n. 1.318/1854 determinou que, para a boa execução da Lei de Terras, caberia à Repartição Geral organizar um regulamento para as medições e propor ao governo a forma como deveriam ser elaborados os títulos de revalidação das sesmarias e das posses legitimadas a partir da implementação da lei**[73].

Filipinas	Favor do Feudo (doação real, baseada em relação pessoal).
Lei de Terras	Livre mercado para lucrar (compra e venda sem privilégios pessoais).

Aspecto	Títulos de concessões (ordenações Filipinas)	Lei de Terras
Forma de aquisição	Doação da Coroa, com cadastro em livro próprio	Compra e venda diretamente do governo
Relação com a terra	Baseada na relação pessoal entre o rei e o sesmeiro	Baseada na capacidade financeira do adquirente, sem relação pessoal
Condições de uso	Uso condicionado às determinações reais; registro rudimentar e pouco fiscalizado	Uso livre, determinado pelo próprio adquirente, mediante regularização e demarcação
Registro	Registro no livro da Provedoria, com descrições imprecisas e métodos rudimentares	Registro na Repartição Geral de Terras Públicas, exigindo demarcação e recolhimento de taxas
Acesso à propriedade	Restrito às qualidades pessoais do pretendente à doação	Universal, disponível a qualquer pessoa com recursos suficientes para a compra
Caráter da terra	Dádiva da Coroa, vinculada ao favor real	Mercadoria, mediada pelo governo e baseada em transação econômica
Regularização de áreas	Não havia um processo estruturado para regularizar áreas ocupadas	Possibilidade de regularização mediante demarcação, taxas e registro

Antes, porém, deveriam apresentar documentos na Paróquia local. No exato momento em que a Lei de Terras é promulgada, a situação fundiária se apresentava em

---

[73] A Repartição Geral de Terras Públicas foi criada em 30 de janeiro de 1854, por meio do Decreto n. 1.318, que regulou a execução da Lei n. 601, de 18 de setembro de 1850, conhecida como Lei de Terras. Em seu 21.º artigo, a Lei de Terras autorizava o governo a estabelecer, para a sua execução, uma repartição responsável por dirigir a medição, a divisão e a descrição das terras devolutas, bem como a conservação, a fiscalização da venda e a distribuição dessas terras. Ao estruturar os novos órgãos, o Decreto n. 1.318, de 1854, determinou que, para a boa execução da Lei de Terras, caberia à Repartição Geral organizar um regulamento para as medições e propor ao governo a forma como deveriam ser elaborados os títulos de revalidação das sesmarias e das posses legitimadas a partir da implementação da lei (BRASIL. Arquivo Nacional MAPA — Memória da Administração Pública Brasileira. *Repartição-Geral de Terras Públicas*, 7 ago. 2019. Disponível em: http://mapa.an.gov.br/index.php/menu-de-categorias-2/337-reparticao-geral-de-terras-publicas-reparticoes--especiais-de-terras-publicas-inspetorias-gerais-de-medicao-de-terras. Acesso em: 23 de outubro de 2021).

quatro[74] situações distintas: **a) sesmeiros legítimos; b) sesmeiros não legitimados; c) posseiros em situações de fato; d) terras devolutas, sem ocupação.**

Os **sesmeiros legítimos** possuíam **titulação regular**. Suas áreas eram de domínio privado, com um título legítimo. Agora eles poderiam solicitar a Repartição de Terras Públicas, um **título definitivo de domínio privado**. Era a situação mais tranquila do território. Haviam cumprido todas as normas expedidas ao longo dos anos.

Já os **sesmeiros não legitimados**, ou irregulares, eram aqueles que receberam as sesmarias em primeira **aquisição por doação**, mas não cumpriram alguma exigência ou adquiriram por concessão de algum sesmeiro primário, o que representava o tráfego imobiliário da época, por títulos que deveriam ser registrados na sede da província.

Em ambos os casos, não haviam cumprido a exigência legal de medição e demarcação nos prazos determinados. Eles possuíam documentos, títulos legítimos, mas nem sempre registrados nos livros da Provedoria. Esses sesmeiros irregulares poderiam solicitar a revalidação da sua sesmaria, desde que as áreas estivessem cultivadas e com morada habitual pelo sesmeiro ou concessionário. Assim, após a medição e demarcação, eles receberiam o título de revalidação da sesmaria, adquirindo o domínio privado.

Por outro lado, os **posseiros em situação de fato**, ou ocupantes de fato, eram aqueles que **não tinham os documentos** exigidos pelas confusas normas do Império, **mas estavam de fato ocupando e trabalhando em áreas localizadas**. Esses posseiros poderiam requerer o título de legitimação de posse, após a medição e demarcação. A **posse** que até então era uma **situação de fato**, após a **legitimação** tornar-se-ia uma **situação de direito**[75].

Não se tratava de reconhecer um direito preexistente, mas, sim, de se reconhecer um novo direito. A partir da legitimação, era reconhecida a posse e não mais a simples ocupação. O posseiro, legitimado, adquiria o domínio privado. O grande prejuízo para o posseiro que não legitimava sua posse era a proibição de hipotecar e alienar, prevista no art, 11 da Lei de Terras[76]. A posse legítima permitia a hipoteca, porque o domínio privado havia sido reconhecido.

Por fim, as **terras devolutas, sem ocupação**, eram aquelas de **domínio público**, mas não se achavam aplicadas ao uso público, e não estavam sob nenhum domínio privado por título legítimo. Em alguns casos, ou mesmo com título legítimo, haviam perdido o prazo para medir e demarcar. As terras devolutas poderiam ser vendidas e eram objeto de usucapião.

---

[74] PORTO, Costa. *Estudo sobre o sistema sesmarial*. Recife: Imprensa Universitária, 1965, p. 177.
[75] PORTO, Costa. *Estudo sobre o sistema sesmarial*. Recife: Imprensa Universitária, 1965, p. 181-186.
[76] "Artigo 11. Os posseiros serão obrigados a tirar títulos dos terrenos que lhes ficarem pertencendo por efeito desta lei, e sem eles não poderão hypotecar os mesmos terrenos, nem aliena-los por qualquer modo" (BRASIL. *Lei n. 601, de 18 de setembro de 1850*. Dispõe sobre as terras devolutas do Império. Disponível em: http://www.planalto.gov.br/ccivil_03/leis/l0601-1850.htm. Acesso em: 15 nov. 2021).

Categoria	Descrição	Situação jurídica
Sesmeiros legítimos	Possuíam titulação regular, com domínio privado legítimo	Podiam solicitar um título definitivo de domínio privado à Repartição de Terras Públicas
Sesmeiros não legitimados	Receberam sesmarias, mas não cumpriram exigências legais ou adquiriram por tráfego imobiliário irregular	Necessitavam regularizar a situação registrando os títulos na sede da província
Posseiros em situação de fato	Ocupavam e trabalhavam em terras sem documentação exigida, mas poderiam legitimar a posse após medição e demarcação	A partir da legitimação, adquiriam domínio privado, permitindo hipoteca e formalização de direitos
Terras devolutas, sem ocupação	Domínio público, sem uso público ou domínio privado legítimo; podiam ser vendidas ou usucapidas	Permaneciam como domínio público até serem adquiridas por compra ou usucapião

Assim, a Lei de Terras procurou separar as áreas de domínio público das áreas de domínio privado. A grande questão é saber se essa regularização do domínio privado é o marco inicial da propriedade privada no Brasil. Em outras palavras, o reconhecimento desse domínio privado, gerou o direito de propriedade privada, ou apenas o domínio? Não se desconhece que, hoje, propriedade e domínio são expressões tratadas sem carinho pelo legislador que usa uma quando deveria usar a outra e vice-versa.

Vale lembrar que, em 1843, a Lei Orçamentária n. 317 criou um Registro Geral de Hipotecas (art. 35)[77], o qual foi regulamentado pelo Decreto n. 482, de 14 de novembro de 1846[78]. Esse registro ficou a cargo dos tabeliães das cidades ou das vilas principais de cada comarca, que eram designados pelos presidentes das províncias e após prestarem informações aos juízes de direito. **O Registro Geral de Hipotecas foi uma exigência dos bancos para proteger o crédito**, em razão das hipotecas ocultas que circulavam em contratos sem a devida publicidade.

Em um primeiro momento, reza a máxima que só pode dar em hipoteca quem é o proprietário, e, portanto, a propriedade imóvel já existia no Brasil desde 1843, antes, portanto, da Lei de Terras. Mas discordamos desse entendimento. **O domínio também pode ser hipotecado, e o próprio Código Civil de 1916[79] previa essa possibilidade, que foi mantida no Código Civil de 2002[80].** Ocorre que o momento, na época, era muito delicado, como bem ressalta Lígia Osório Silva, que afirma que, originalmente, a terra era concedida aos sesmeiros, que eram essencialmente arrendatários.

---

[77] BRASIL. *Lei n. 317, de 21 de outubro de 1843*. Fixando a despeza e orçando a receita para os exercicios de 1843-1844, e 1844-1845. Disponível em: http://www.planalto.gov.br/ccivil_03/leis/lim/lim317.htm. Acesso em: 15 nov. 2021.

[78] BRASIL. Câmara dos Deputados. *Decreto n. 482, de 14 de novembro de 1846*. Estabelece o Regulamento para o Registro Geral das hypothecas. Disponível em: https://www2.camara.leg.br/legin/fed/decret/1824-1899/decreto-482-14-novembro-1846-560540-publicacaooriginal-83591-pe.html. Acesso em: 15 nov. 2021.

[79] Art. 810, III e IV, do Código Civil de 1916 (BRASIL. *Lei n. 3.071, de 1.º de janeiro de 1916*. Código Civil dos Estados Unidos do Brasil. Disponível em: http://www.planalto.gov.br/ccivil_03/leis/l3071.htm. Acesso em: 15 nov. 2021).

[80] Artigo 1.473, II e III, do Código Civil de 2002 (BRASIL. *Lei n. 10.406, de 10 de janeiro de 2002*. Institui o Código Civil. Disponível em: http://www.planalto.gov.br/ccivil_03/leis/2002/l10406compilada.htm. Acesso em: 15 nov. 2021).

Teoricamente, se eles não cumprissem as condições do arrendamento, a terra poderia ser retomada. No entanto, a lei estava mudando essa forma de propriedade para uma forma burguesa e contratual. Isso dava ao proprietário o direito de usar da terra como bem entendesse e retirava do Estado o direito de retomar a terra, a menos que fosse por expropriação para o bem público legalmente verificado[81].

Se entendermos que a propriedade privada já existia quando da Lei hipotecária, então a teríamos como resolúvel, pois poderia ser retomada pelo Estado, a qualquer tempo. Por outro lado, poderíamos entender que se tratava de domínio privado, a exemplo do sistema enfitêutico existente em Portugal, onde o Estado tinha o domínio direto, e o foreiro, o domínio útil. Vale lembrar que o pagamento do foro era requisito para ter a sesmaria regular, desde a Carta Régia de 27 de dezembro de 1695, e o foro é uma característica dos bens enfitêuticos.

Antes de trabalhar a resposta, e sem tentar encaixar a situação da época aos institutos existentes, percebe-se que o quadro fundiário na colônia estava confuso, próximo do caos, e que a medida tomada pelo governo, com a publicação da Lei de Terras, foi uma tentativa de zerar o problema e reiniciar uma nova ordem. Importante salientar que, apenas em 1864, foi instituída a transcrição do título no registro público, um sistema adotado na Europa burguesa que tornava a propriedade pública perante terceiros. Analisando o histórico de legislações sobre terras e a incidência das palavras propriedade e domínio, observa-se:

- **1822** — Resolução de 17 de julho: proíbe a concessão de novas sesmarias[82];
- **1822** — Declaração da Independência do Brasil no dia 7 de setembro[83];
- **1824** — Primeira Constituição do Império. No seu art. 179, XXI, assegura o direito de propriedade em toda sua plenitude, salvo desapropriação mediante prévia indenização[84];
- **1843** — Lei n. 317: institui o Registro Geral de Hipotecas, que trata da cobrança dos selos em escritos que envolverem a "transmissão da propriedade" (art. 12, § 1.º, e Tabela A)[85];

---

[81] SILVA, Lígia Osório. *Terras devolutas e latifúndio*: efeitos da Lei de 1850. Campinas: Editora Unicamp, 1996, p. 160.

[82] BRASIL. Biblioteca Digital de Direito Registral. *Resolução 76, de 17 de julho de 1822*. Manda suspender a concessão de sesmarias futuras até a convocação da Assembléia Geral Constituinte. Disponível em: https://arisp.wordpress.com/2011/03/11/resolucao-76-de-17-de-julho-de-1822/. Acesso em: 15 nov. 2021.

[83] BRASIL. *Declaração de Independência do Brasil no dia 7 de setembro de 1822*. Disponível em: https://www.al.sp.gov.br/noticia/?07/09/2021/independencia-do-brasil-completa-199-anos-nesta-terca-feira-7-de-setembro. Acesso em: 15 nov. 2021.

[84] BRASIL. *Constituição Política do Imperio do Brazil (de 25 de março de 1824)*. Constituição Política do Império do Brasil, elaborada por um Conselho de Estado e outorgada pelo Imperador D. Pedro I, em 25.03.1824. Carta de Lei de 25 de Março de 1824. Manda observar a Constituição Política do Imperio, offerecida e jurada por Sua Magestade o Imperador. Disponível em: http://www.planalto.gov.br/ccivil_03/constituicao/constituicao24.htm. Acesso em: 15 nov. 2021.

[85] BRASIL. *Lei n. 317, de 21 de outubro de 1843*. Fixando a Despeza e orçando a receita para os exercicios de 1843-1844, e 1844-1845. Disponível em: http://www.planalto.gov.br/ccivil_03/leis/lim/lim317.htm. Acesso em: 15 nov. 2021.

■ **1846** — Decreto n. 482: regulamenta a Lei n. 317/1843, que dispõe sobre o registro de uma propriedade ou fazenda quando pertencer a mais de uma comarca (art. 3.º)[86];

■ **1850** — Lei n. 601 — Lei de Terras: dispõe sobre domínio particular no art. 3.º, § 2.º, e sobre domínio particular e público no art, 10[87];

■ **1854** — Decreto n. 1.318: regulamentou a Lei de Terras, dispõe sobre propriedade nos arts. 62 e 91, e sobre domínio nos arts. 18, 22, 23, 25, 26, 27, 59, 60 e 62[88];

■ **1864** — Lei n. 1.237: institui a Transcrição de Títulos como forma de adquirir a propriedade imobiliária entre vivos. Dispõe sobre propriedade nos arts. 2º, 6º e 13 e sobre domínio nos arts. 2º, 6º e 8º[89].

Dary Bessone[90] explica que existem correntes que defendem **propriedade e domínio** como sinônimos. Outras entendem que a propriedade teria o conceito mais amplo, aplicando-se às coisas corpóreas e incorpóreas. Já o domínio seria apenas de coisas corpóreas. Além disso, como bem ressaltou Pontes de Miranda, "as vezes a palavra propriedade é usada em lugar de domínio"[91], o que se deve ter a máxima atenção, como ensina Ricardo Arone, pois "a propriedade somente corresponde ao domínio quando se tratar de propriedade plena[92]".

Importante abarcar a lição de Teixeira de Freitas[93]**, que discute diferentes maneiras de entender o conceito de propriedade e apresenta quatro interpretações: propriedade como uma característica ou atributo inerente a um objeto; propriedade como sinônimo de um bem necessário para a vida pessoal e social; propriedade como o patrimônio de uma pessoa, que inclui todos os seus direitos**

---

[86] BRASIL. Câmara dos Deputados. *Decreto n. 482, de 14 de novembro de 1846*. Estabelece o Regulamento para o Registro Geral das hypothecas. Disponível em: https://www2.camara.leg.br/legin/fed/decret/1824-1899/decreto-482-14-novembro-1846-560540-publicacaooriginal-83591-pe.html. Acesso em: 15 nov. 2021.

[87] BRASIL. *Lei n. 601, de 18 de setembro de 1850*. Dispõe sobre as terras devolutas do Império. Disponível em: http://www.planalto.gov.br/ccivil_03/leis/l0601-1850.htm. Acesso em: 15 nov. 2021.

[88] BRASIL. *Decreto n. 1.318, de 30 de janeiro de 1854*. Manda executar a Lei n. 601, de 18 de setembro de 1850. Disponível em: http://www.planalto.gov.br/ccivil_03/decreto/1851-1899/d1318.htm. Acesso em: 15 nov. 2021.

[89] BRASIL. *Lei n. 1.237, de 24 de setembro de 1864*. Reforma a Legislação Hypothecaria, e estabelece as bases das sociedades de credito real. Disponível em: http://www.planalto.gov.br/ccivil_03/leis/lim/LIM1237.htm. Acesso em: 15 nov. 2021.

[90] BESSONE, Darcy. *Direitos reais*. São Paulo: Saraiva, 1988, p. 11.

[91] MIRANDA, Francisco Cavalcanti Pontes de. *Tratado de direito privado*: direito das coisas — propriedade — aquisição da propriedade imobiliária. Tomo XI. 2. ed. Rio de Janeiro: Borsoi, 1954, p. 30.

[92] ARONE, Ricardo. *Propriedade e domínio*: reexame sistemático das noções nucleares de direitos reais. Rio de Janeiro: Renovar, 1999, p. 85.

[93] FREITAS, Augusto Teixeira de. *Consolidação das leis civis*. 3. ed. Rio de Janeiro: B. L. Garnier, 1876, p. CVII.

reais e pessoais que têm valor monetário; propriedade como sinônimo de domínio, ou propriedade física.

O autor esclarece que apenas as duas últimas interpretações são consideradas jurídicas. Além disso, ele menciona que os publicistas se referem ao direito de cada pessoa de dispor de sua pessoa e habilidades individuais como "propriedade pessoal — moral". Eles usam a expressão "propriedade real" para se referir à verdadeira propriedade.

Propriedade e domínio estão muito próximos, e, por isso, a dificuldade de compreender a diferença entre os institutos. O domínio **antecede** o direito de propriedade no tempo. Só tem a propriedade quem tem o domínio, mas pode ter o domínio, sem ter a propriedade. Além disso, **os direitos decorrentes da propriedade podem ser destacados e entregues para outras pessoas, mas o domínio permanecerá com o dono da coisa**. O domínio é a relação do dono com a coisa, que pode estar registrada em seu nome, assumindo a roupagem de propriedade. O domínio será **pleno** quando todos os elementos da propriedade (direito de usar, fruir, dispor) estiverem nas mãos do dono, que é aquele que tem a essência, a vinculação, a projeção da sua personalidade sobre a coisa.

Lafayette[94] explica que o domínio traz consigo vários direitos, que são elementos que o compõe. Dentre eles:

- o direito de possuir, de deter fisicamente a coisa;
- o direito de usar;
- o direito aos frutos;
- o direito de transformá-la e desnaturá-la;
- o direito de dispor dela;
- o direito de substância da coisa, que compreende o direito de defendê-la, de reivindicá-la e de receber pelos danos que ela sofrer.

Segundo Lafayete[95], a essência do domínio está na **substância da coisa**. Muitos desses direitos podem ser transferidos para outra pessoa, como, por exemplo, o usufruto, mas a essência do domínio permanece. A propriedade pode ser declarada indisponível, mas a sua substância permanece com aquele que tem o domínio. Cessadas as causas que retiraram alguns poderes do domínio, todos eles retornam para a essência, para aquele que possui a substância do domínio.

Pontes de Miranda[96] critica o termo substância, chamando-o de impróprio e trata desse poder dominial de **"atração"** em vez de substância. O titular do domínio atrai todos os outros direitos que pertencem ao domínio e que podem estar destacados nas mãos de terceiros. Se alguém é dono de uma casa, mas ela é inalienável, impenhorável

---

[94] PEREIRA, Lafayette Rodrigues. *Direito das cousas*. Rio de Janeiro: B. L. Garnier Livreiro Editor, 1877, v. I, p. 73-94.

[95] PEREIRA, Lafayette Rodrigues. *Direito das cousas*. Rio de Janeiro: B. L. Garnier Livreiro Editor, 1877, v. I, p. 73-94.

[96] MIRANDA, Francisco Cavalcanti Pontes de. *Tratado de direito privado*: direito das coisas — propriedade — aquisição da propriedade imobiliária. Tomo XI. 2. ed. Rio de Janeiro: Borsoi, 1954, p.30-44.

e está gravada com usufruto em favor de um terceiro, com encargo, ainda assim o dono tem o domínio. Cessadas todas essas circunstâncias, recupera todos os direitos, pretensões e ações que não tinha. Ocorre a atração ou completação. Esse direito não é peculiar apenas do domínio, mas, também, uma mãe o tem em relação ao filho, encerra o autor.

Francisco de Paula Lacerda de Almeida[97] explica que o domínio deve ser definido sob o aspecto da relação jurídica que se estabelece entre a pessoa e a coisa e não nos direitos que a coisa confere a alguém. Os direitos são um corolário do domínio. O domínio é o **direito real** que vincula a personalidade de uma pessoa à coisa corpórea.

Nesse sentido, Pontes de Miranda[98] leciona que o domínio pode ser **pleno**, quando todas as suas qualidades estão reunidas nas mãos de uma só pessoa, e será **limitado** quando alguns direitos estiverem com terceiros. A isso Pontes de Miranda chama de **elasticidade do direito de propriedade**. Porém, mesmo o domínio sendo limitado em relação ao seu conteúdo, ele é ilimitado em relação à coisa, pois assim que cessarem todas as limitações ou restrições, os direitos são atraídos ao titular da essência do domínio, que se torna novamente pleno.

Assim, alguém pode ser o proprietário registral, mas não ter o domínio. Esse foi o sentido da Lei n. 1.237/1864, que tratou da transcrição em seu art. 8.º, § 4.º[99], alertando que "a transcrição não induz prova do domínio que fica salvo a quem for". Ou seja, mesmo que um imóvel estivesse registrado em nome de uma pessoa, sendo considerada essa proprietária formal, poderia o domínio pertencer a outra, que poderia promover a anulação do registro. Essa regra também se aplica à usucapião quando outra pessoa adquire o domínio, pede o seu reconhecimento judicial e depois leva a registro a decisão para publicizar a propriedade.

Lafayette[100] explica que a única hipótese de se perder o domínio é quando se perde o direito à substância da coisa para outra pessoa. Nesse caso, ela passa a atrair todos os outros direitos elementares, que são consolidados no domínio. Uma vez adquirido o domínio, ele é **irrevogável**, salvo por seu consentimento. Porém, o autor afirma que existe uma única espécie de revogação do domínio, quando na sua constituição ele contém uma cláusula resolutiva do mesmo domínio, expressa ou tácita. As condições resolutivas possuem efeito retroativo e, portanto, quando preenchidas, retroagem ao momento da aquisição.

É o que entendemos em relação às terras doadas por sesmarias, que possuíam condição resolutiva para a Coroa. **O sesmeiro exerce o domínio privado, sob condição resolutiva, mas a coroa tinha o domínio público.** Ocorrendo a condição, todos os

---

[97] ALMEIDA, Francisco de Paula Lacerda de. *Direito das cousas*: exposição sistemática desta parte do direito civil pátrio. Rio de Janeiro: Ribeiro dos Santos Livreiro Editor, 1908, p. 68-80.

[98] MIRANDA, Francisco Cavalcanti Pontes de. *Tratado de direito privado*: direito das coisas — propriedade — aquisição da propriedade imobiliária. Tomo XI. 2. ed. Rio de Janeiro: Borsoi, 1954, p. 30-44.

[99] BRASIL. *Lei n. 1.237, de 24 de setembro de 1864.* Reforma a Legislação Hypothecaria e estabelece as bases das sociedades de credito real. Disponível em: http://www.planalto.gov.br/ccivil_03/leis/lim/LIM1237.htm. Acesso em: 15 nov. 2021.

[100] PEREIRA, Lafayette Rodrigues. *Direito das cousas*. Rio de Janeiro: B. L. Garnier Livreiro Editor, 1877, v. I, p. 73-94.

direitos sobre a terra eram atraídos para o domínio público da Coroa. Os sesmeiros ilegítimos não possuíam domínio privado, pois estavam irregulares. Possuíam uma situação de fato sobre áreas de domínio público. **Com a Lei de Terras, poderiam revalidar suas sesmarias e adquirir o domínio privado. Os ocupantes, que não possuíam direitos, apenas uma situação de fato, poderiam legitimar suas posses com a Lei de Terras e adquirir o domínio privado.**

Observa-se que o solo brasileiro sempre foi de domínio público, permitindo o domínio privado dos sesmeiros regulares, sob condição resolutiva. A essência do domínio público só encerrou quando foi retirada a condição resolutiva de perda do domínio pelo não cultivo, e isso ocorreu após a Lei de Terras, que permitiu a emissão de títulos de propriedade plena aos sesmeiros regulares. Os sesmeiros irregulares, após validarem suas sesmarias, também receberam títulos de propriedade.

Nesse momento da emissão do título pela repartição de Terras Públicas, extinguiu-se a **condição resolutiva sobre o imóvel**, o que também encerrou o domínio público sobre o imóvel e consolidou-se o domínio privado, o qual passou a ser a fonte substancial da propriedade plena, sem reservas, agora absoluta. Surgiu o domínio particular pleno e, consequentemente, o direito de propriedade privada plena.

Em relação aos posseiros, que na verdade eram ocupantes, pois a Coroa não lhes reconhecia a posse (apenas a situação de fato), receberam o título de possessão, com o reconhecimento e legitimação da posse, podendo agora oficialmente exercer o domínio privado do solo. **O título de possessão permitia a hipoteca do solo.** Ivan Jacopetti[101] leciona que aos posseiros se reconhecia a propriedade incondicional sobre os terrenos ocupados, desde que cultivados, e desde que a área ocupada tivesse até 640 acres. Nas palavras de Ruy Cirne Lima: "Era o título de terras, mais do que lhe diz o nome, um verdadeiro modo de aquisição da propriedade imóvel"[102].

Assim, **a Lei de Terras foi a primeira norma de regularização fundiária do Brasil, reconhecendo o domínio privado daqueles que efetivamente trabalhavam na terra**. Domínio este que atraia todos os elementos que lhe pertencem e, portanto, tratava-se de propriedade plena. Aos sesmeiros que já cumpriram todas as determinações, o direito de propriedade retroagiu às datas das concessões no momento da extinção da condição resolutiva. As sesmeiros irregulares, que revalidaram suas sesmarias, o direito de propriedade também retroagiu com base nos documentos que comprovavam a cadeia dominial. Já os posseiros, que ocupavam áreas irregulares, seu domínio privado foi reconhecido a partir da sua legitimação de posse, que reconheceu o domínio privado e converteu-se em propriedade após a emissão do título correspondente.

---

[101] LAGO, Ivan Jacopetti do. *O tratamento jurídico da venda de imóvel com divergência de área na evolução do direito brasileiro*: venda ad corpus e ad mensuram. 2014. Tese (Doutorado em Direito Civil) — Faculdade de Direito, Universidade de São Paulo, São Paulo, 2014, p. 54-59. Disponível em: https://www.teses.usp.br/teses/disponiveis/2/2131/tde-02032015-153942/pt-br.php. Acesso em: 15 nov. 2021.

[102] LIMA, Ruy Cirne. *Pequena história territorial do Brasil*: sesmarias e terras devolutas. 2. ed. Porto Alegre: Livraria Sulina, 1954, p. 100.

Ruy Cirne Lima[103] discute a importância da Lei de Terras de 1850, apesar das críticas que ela possa receber. Ele argumenta que a lei é valiosa, especialmente considerando o contexto histórico em que foi implementada. A lei permitiu uma distinção mais clara entre as terras sob domínio do Estado e as terras privadas. Ele também destaca que a lei ajudou a remediar a desordem causada pelo regime de posse, que deixava a iniciativa de ocupação das terras para os colonos. Isso foi alcançado pela criação do registro paroquial de terras, que, embora não tivesse uma função cadastral como se pensava inicialmente, ainda era importante como fonte de informação e estatística.

Assim, a posse era regularizada na Paróquia da situação do imóvel, e a Repartição de Terras Públicas emitia títulos de propriedade. A partir desse momento, os negócios jurídicos poderiam ocorrer naturalmente, sem necessidade de retornar à Paróquia.

Não havia um serviço de registro de transferências ou um registro público no formato que temos hoje. A própria **escritura**[104], ao ser assinada, **transferia a propriedade**. Lysippo Garcia[105] explica que, nessa época, a transmissão da propriedade ainda era regrada por leis portuguesas, que adotavam o **sistema romano de título e tradição (modo)**. Pelo sistema romano, as partes instrumentalizavam o negócio jurídico por escrito, sendo da essência do ato a escritura pública, e depois ocorria a entrega da coisa ao adquirente, de forma pública. Todavia, o **sistema brasileiro** havia substituído a entrega efetiva do bem por uma **cláusula no título**, permitindo a clandestinidade das transferências, bem como de eventuais ônus reais.

Chamava-se esta cláusula de **"cláusula *constituti*"**, ou **"constituto possessório"**, que é uma cláusula prevista nos contratos de alienação, expressamente, na qual o alienante transfere a posse ao adquirente, sem necessidade de apreensão física da coisa. **A posse é adquirida pela convenção**[106].

Assim, o próprio contrato bastava para transferir a propriedade imóvel, pois o transmitente declarava que por esta cláusula transferia o domínio com todos seus elementos ao adquirente. O próprio contrato operava a transferência do imóvel. Sobre essa forma contratual de transferir a propriedade, Ivan Jacopetti[107] explana que, além do título e modo, era necessário averiguar se o transferente era o legítimo dono do imóvel. Essa certeza só ocorreria se o alienante tivesse adquirido a área por sesmaria, ou tivesse adquirido a área de alguém que adquiriu de um sesmeiro, ou tivesse adquirido de alguém que tinha a ocupação antes da lei de Terras, ou de alguém que tivesse adquirido por usucapião, ou, por fim, de alguém que tivesse comprado do Estado após a Lei de Terras.

---

[103] LIMA, Ruy Cirne. *Pequena história territorial do Brasil*: sesmarias e terras devolutas. Porto Alegre: Sulina, 1954, p. 66.

[104] A obrigatoriedade da escritura pública surge depois da Lei n. 840, de 15 de setembro de 1855. (BRASIL. *Lei n. 840, de 15 de setembro de 1855.* Fixando a despeza e orçando a receita para o exercício de 1856-1857. Disponível em: https://www2.camara.leg.br/legin/fed/leimp/1824-1899/lei-840-15-setembro-1855-558295-publicacaooriginal-79437-pl.html. Acesso em: 25 nov. 2021).

[105] GARCIA, Lysippo. *O registro de imóveis*: a transcrição. São Paulo: Livraria Francisco Alves, 1922, v. I, p. 87-88.

[106] PEREIRA, Lafayette Rodrigues. *Direito das cousas.* Rio de Janeiro: B. L. Garnier Livreiro Editor, 1877, v. I, p. 42-43.

[107] LAGO, Ivan Jacopetti do. *História do registro de imóveis.* São Paulo: Thomson Reuters Brasil, 2020, p. 178-179.

1.5. 1864 — O REGISTRO GERAL DA LEI N. 1.237/1864 E DO DECRETO N. 3.453/1865

Finalmente, a Lei n. 1.237, de 24 de setembro de 1864[108], instituiu o registro para a **transcrição dos títulos de transmissão de imóveis** por ato *inter vivos*, para a constituição de direitos reais e para valerem contra terceiros, mas a transcrição em si não induziria prova de domínio, ou seja, a transcrição não depurava eventual vício na formação do título.

Assim, a transcrição substituía a tradição. Na época, os juristas discutiam o modelo adotado no Brasil, que se aproximava do sistema alemão, pois a transcrição transmitia a propriedade, mas como o registro não depurava o título, afastava-se dele, aproximando do sistema francês, em que a transcrição não induzia prova absoluta da propriedade.

Todavia, a lei deixou uma falha ao excluir das transcrições as transmissões *causa mortis*, o que foi agravado pelo Decreto n. 3.453, de 26 abril de 1865[109], que estendeu isso a todos os atos judiciários[110].

Ivan Jacopetti[111] ressalta que a Lei n. 1.237/1864 foi um marco fundamental, não apenas para o direito registral imobiliário, mas também para a disciplina de direitos reais no Brasil, pois até então não existia um rol legal sobre eles, aplicando-se, até aquela data, as Ordenações Filipinas, que pouco tratavam sobre o tema, e aplicando-se, subsidiariamente, o Direito Romano Justinianeu.

1.6. 1890 — O REGISTRO GERAL DO DECRETO N. 169-A/1890 E DO DECRETO N. 370/1890

Em 1890, o Decreto n. 169-A[112] e o seu regulamento, Decreto n. 370[113], substituíram a Lei n. 1.237/1864. Foi mantido o nome de Registro Geral e acentuou-se a diferenciação

---

[108] BRASIL. *Lei n. 1.237, de 24 de setembro de 1864*. Reforma a Legislação Hypothecaria e estabelece as bases das sociedades de credito real. Disponível em: http://www.planalto.gov.br/ccivil_03/leis/lim/LIM1237.htm. Acesso em: 15 nov. 2021.

[109] BRASIL. *Decreto n. 3.453 de 26 abril de 1865*. Manda observar o Regulamento para execução da Lei n. 1.237, de 24 de setembro de 1854, que reformou a legislação hypothecaria. Disponível em: http://www.planalto.gov.br/ccivil_03/decreto/historicos/dim/DIM3453.htm. Acesso em: 15 nov. 2021.

[110] GARCIA, Lysippo. *O registro de imóveis*: a transcrição. São Paulo: Livraria Francisco Alves, 1922, v. I, p. 92-93.

[111] LAGO, Ivan Jacopetti do. *História do registro de imóveis*. São Paulo: Thomson Reuters Brasil, 2020, p. 192.

[112] BRASIL. Câmara dos Deputados. *Decreto n. 169-A, de 19 de janeiro de 1890*. Substitue as Leis n. 1.237, de 24 de setembro de 1864 e n. 3.272, de 5 de outubro de 1885. Disponível em: https://www2.camara.leg.br/legin/fed/decret/1824-1899/decreto-169-a-19-janeiro-1890-516767-publicacaooriginal-1-pe.html. Acesso em: 15 nov. 2021.

[113] BRASIL. *Decreto n. 370, de 2 de maio de 1890*. Manda observar o regulamento para execução do Decreto n. 169-A, de 19 de janeiro de 1890, que substituiu as Leis n. 1.237, de 24 de setembro de 1864, e n. 3.272, de 5 de outubro de 1885, e do Decreto n. 165-A, de 17 de janeiro de 1890, sobre operações de crédito móvel. Disponível em: http://www.planalto.gov.br/ccivil_03/decreto/1851-1899/D370.htm. Acesso em: 15 nov. 2021.

entre **direitos pessoais** e **direitos reais**. Enquanto o título não fosse transcrito, ele produzia efeitos apenas entre as partes (direito obrigacional). Após a transcrição, passava a produzir efeitos reais, gerando o direito real, oponível a todos.

> O art. 11 do referido decreto mandava incinerar os livros de transcrição de penhor de escravos, transportando-se eventuais outros registros para os livros correntes[114].

Ainda, em 1890, o Decreto n. 451-B[115] criou o **Registro Torrens**, que recebe o nome do seu autor, Robert Richard Torrens, sistema adotado na Austrália desde 1858, que prevê a matrícula[116] dos imóveis rurais com **presunção absoluta da propriedade**. Ou seja, após a inscrição surge um novo título, e o direito inscrito é inatacável. Esse registro era requerido ao registrador geral mediante apresentação de documentos específicos. Após a qualificação devida e a inscrição, era emitida uma certidão do título, em duplicata, com uma planta colorida no verso e menção aos direitos reais, e, em casos de reclamações, estas resultavam em indenizações, não em cancelamento do registro.

Não obstante, faltava ainda um Código brasileiro que tornasse mais transparente a legislação vigente. O volume de normas esparsas dificultava a aplicação do direito e diversos institutos precisavam se adaptar à realidade local. Era preciso regulamentar de maneira mais clara os contratos, em especial os imobiliários, as relações de família e o direito das sucessões.

1.7. CÓDIGO CIVIL DE 1916

O Código Civil de 1916 mudou o nome de Registro Geral para Registro de Imóveis e corrigiu as lacunas do sistema anterior, atraindo para o registro as transmissões *causa mortis* e os atos judiciais, para fins de disposição[117].

Ele manteve a necessidade de transcrição para transferência *inter vivos* do domínio, mas criou uma **presunção de propriedade** em favor do titular do registro, tendo em vista que seu art. 859 afirmava que "presume-se pertencer o direito real à pessoa, em cujo nome se inscreveu, ou transcreveu"[118].

---

[114] Ivan Jacopetti do Lago vê com tristeza o art. 11, pois, além do desrespeito pelo passado e pela história, a incineração poderia ter interesses escusos com a supressão desses registros. (LAGO, Ivan Jacopetti do. *História do registro de imóveis*. São Paulo: Thomson Reuters Brasil, 2020, p. 202).

[115] BRASIL. Câmara dos Deputados. *Decreto n. 451-B, de 31 de maio de 1890*. Estabelece o registro e transmissão de immoveis pelo systema Torrens. Disponível em: https://www2.camara.leg.br/legin/fed/decret/1824-1899/decreto-451-b-31-maio-1890-516631-publicacaooriginal-1-pe.html. Acesso em: 15 nov. 2021.

[116] GARCIA, Lysippo. *O registro de imóveis*: a transcrição. São Paulo: Livraria Francisco Alves, 1922, v. I, p. 59-61.

[117] LAGO, Ivan Jacopetti do. *História do registro de imóveis*. São Paulo: Thomson Reuters Brasil, 2020, p. 217.

[118] BRASIL. *Lei n. 3.071, de 1.º de janeiro de 1916*. Código Civil dos Estados Unidos do Brasil. Disponível em: http://www.planalto.gov.br/ccivil_03/leis/l3071.htm. Acesso em: 15 nov. 2021.

> Se alguém tentar anular um registro, cabe a quem alega provar.

Joany Mara Souza Tavares Costa e Augusto de Oliveira Monteiro[119] observam que esse Código ampliou significativamente a importância do registro de imóveis ao aumentar a variedade de documentos que deveriam ser submetidos à transcrição.

Especificamente, os autores destacam que o código estabeleceu a **transcrição do título como condição para a aquisição da propriedade imóvel**. Isso significa que, para que alguém se torne o legítimo proprietário de um imóvel, é necessário que o título referente a essa propriedade seja registrado no registro de imóveis.

> As transferências eram transcritas, os direitos reais inscritos.

Lorruane Matuszewki[120] explica que o Código, ao tratar dos atos sujeitos a registro, nomeou os assentos ora com o nome de transcrição, ora de inscrição, ora de averbação. A terminologia foi mais bem empregada pelo regulamento posterior, que manteve a transcrição para as transmissões e a inscrição para os demais direitos reais.

Ainda sobre o tema, Manoella Santos de Castro[121] aponta que o Código Civil de 1916 introduziu mudanças significativas ao sistema anterior, baseado na tradição lusitana e na Lei Hipotecária de 1864, adotando um **modelo de "título e modo"** com bases germânicas. Nesse novo sistema, o registro passou a ter efeito constitutivo da propriedade, não apenas produzindo efeitos perante terceiros.

Manoella Santos de Castro ressalta que, apesar de o registro ser constitutivo de direitos, ele também é causal no Brasil, mantendo-se ligado à causa do negócio jurídico. Isso significa que a invalidade do negócio pode levar ao cancelamento do registro, diferentemente do sistema alemão, no qual o registro tem efeito independente da causa.

Ela menciona que o Código Civil de 1916 criou um sistema de registro que gera uma presunção relativa de domínio para o titular, em contraste com o modelo alemão, que estabelece uma presunção absoluta de validade e um efeito saneador de vícios por meio do princípio da fé pública. No Código Civil de 1916, o registro imobiliário não sanaria eventuais nulidades do ato, servindo apenas para facilitar a prova da propriedade.

---

[119] COSTA, J. M. S. T.; MONTEIRO, A. O. A regularização fundiária urbana e a teoria do patrimônio morto: uma análise da experiência da REURB no território de identidade do Sisal do Estado da Bahia. *Revista de Desenvolvimento Econômico — RDE*, Salvador, ano XXIV, v. 3, n. 53, set./dez, p. 182-213, 2022.

[120] MATSZEWSKI, Lorruane. A abertura de matrícula de imóveis públicos no Brasil. In: PEDROSO, Alberto Gentil de Almeida. *Coleção Direito Imobiliário*. São Paulo: Thomson Reuters Brasil, 2020, v. VI, p. 99.

[121] CASTRO, Manuella Santos de. *Registro de imóveis na era digital*: impacto das novas tecnologias no sistema registral brasileiro. 2021. Tese (Doutorado em Direito Civil) — Faculdade de Direito, Universidade de São Paulo, São Paulo, 2021. DOI:10.11606/T.2.2021.tde-26092022-094802. Acesso em: 15 abr. 2024.

Manoella Santos de Castro [122] conclui que a intenção de Clóvis Beviláqua, ao elaborar o Código Civil, era aproximar o modelo brasileiro do modelo alemão, tornando o registro um requisito essencial para a transferência da propriedade imobiliária e encerrando a distinção entre propriedade *inter partes* e propriedade *erga omnes*.

Ademais, o Código Civil de 1916 adotou vários princípios, como a prioridade, inscrição, legalidade, especialidade, presunção, mas deixou de fora a fé pública do registro[123].

1.8. 1917 — REGISTROS PÚBLICOS

O Decreto n. 12.343, de 3 de janeiro de 1917, previa as instruções para execução provisória do registro público instituído pelo Código Civil de 1916.

Sucintamente, o decreto estabelecia como o registro público deve ser conduzido temporariamente até que seja regulado por uma lei específica. Ele menciona que o **registro público**, destinado a garantir a **autenticidade** e **validade dos atos**, ou apenas seus **efeitos em relação a terceiros**, será realizado pelos serventuários e funcionários dos cartórios e escritórios responsáveis pelo registro civil, registro de títulos e documentos, registro comercial e outras corporações, dependendo da natureza do ato a ser registrado.

Além disso, o decreto detalha como devem ser feitos os registros em diferentes contextos, como no registro civil de nascimentos, casamentos e óbitos, no registro de títulos e documentos, no registro de sociedades mercantis e no registro de imóveis.

No art. 5.º, o decreto descreve como o registro de imóveis deveria ser realizado, abrangendo diferentes tipos de documentos e decisões relacionadas à propriedade e posse de imóveis. Isso inclui a transcrição, inscrição ou averbação de documentos como títulos de transferência de propriedade, bem como a instituição de bens de família.

Além disso, o registro também engloba decisões judiciais, como as relacionadas à divisão de bens em processos de inventário, posse por usucapião e questões matrimoniais, como desquite, anulação de casamento e separação de bens. Acordos pré-nupciais entre cônjuges também estão abarcados pelo decreto, sendo sujeitos a registro, assim como procedimentos como arrematações em hasta pública e outros atos que afetam diretamente os direitos e obrigações relacionados a imóveis.

Em resumo, o decreto estabelece as diretrizes e procedimentos para o registro público de diversos tipos de atos e documentos, garantindo sua autenticidade e validade, enquanto aguardava-se uma regulamentação mais específica.

---

[122] CASTRO, Manuella Santos de. *Registro de imóveis na era digital*: impacto das novas tecnologias no sistema registral brasileiro. 2021. Tese (Doutorado em Direito Civil) — Faculdade de Direito, Universidade de São Paulo, São Paulo, 2021. DOI:10.11606/T.2.2021.tde-26092022-094802. Acesso em: 15 abr. 2024.

[123] CARVALHO, Afrânio de. *Registro de imóveis*: comentários ao sistema de registro em face da Lei 6.015, de 1973, com alterações da Lei 6.216, de 1975, Lei 8.009, de 1990, e Lei 8.935, de 18.11.1994. 4. ed. Rio de Janeiro: Forense, 2001, p. 6.

1.9. 1924 — REGISTRO DE IMÓVEIS

O Decreto n. 4.827, de 7 de fevereiro de 1924[124], regulamentado pelo Decreto n. 18.542, de 24 de dezembro de 1928[125], de autoria de Filadelfo Azevedo, reorganizou os registros públicos previstos no Código Civil, criou a inscrição preventiva e finalmente inseriu o **princípio da continuidade no direito registral imobiliário**, preservando a cadeia dominial dos imóveis.

O Decreto n. 18.542/1928 tratou sobre o registro de imóveis em seu Título V, dispondo sobre os atos de inscrição, transcrição e averbação, em que todos os registros deveriam ser praticados no cartório da situação do imóvel.

Além disso, o Decreto também abrangeu a organização e manutenção dos registros, bem como o processo de registro em si, detalhando a sua organização a partir da existência dos livros principais para diferentes tipos de registros, como protocolo, inscrição hipotecária, transcrição de transmissões, registros diversos, emissão de debêntures, indicador real e indicador pessoal, além de um livro auxiliar e talão.

Também foi abarcado no referido decreto como os registros deveriam ser mantidos, incluindo a criação de índices e a retificação de erros ou nulidades nos registros, as responsabilidades e os direitos dos oficiais de registro, dos direitos dos interessados e as despesas associadas ao registro, dentre outros temas.

Segundo Manoella Santos de Castro[126], apesar de ser uma norma curta, ela foi muito significativa para o tema retratado, sendo provavelmente a principal norma sobre registros públicos na década de 1920, marcada por dois períodos de estado de sítio. Assim, apesar das dificuldades políticas, a autora crê que o Decreto representou um avanço significativo para o sistema de registros públicos no Brasil, marcando um desenvolvimento importante na legislação da época, mesmo que o ambiente político não fosse o mais propício para reformas legislativas amplas.

1.10. 1939 — O REGISTRO DE IMÓVEIS DO DECRETO N. 4.857

O Decreto n. 4.857, de 9 de novembro de 1939, foi criticado por ser conservador e não abolir a diferença desnecessária entre transcrição e inscrição. Essa distinção confundia os atos que transferiam a propriedade dos imóveis com os que criavam ônus reais sobre eles[127].

---

[124] BRASIL. *Decreto n. 4.827, de 7 de fevereiro de 1924*. Reorganiza os registros públicos instituídos pelo Código Civil. Disponível em: http://www.planalto.gov.br/ccivil_03/decreto/historicos/dpl/DPL4827-1924.htm. Acesso em: 15 nov. 2021.

[125] BRASIL. *Decreto n. 18.542, de 24 de dezembro de 1928*. Approva o regulamento para execução dos serviços concernentes nos registros publicos estabelecidos pelo Codigo Civil. Disponível em: http://www.planalto.gov.br/ccivil_03/decreto/1910-1929/d18542.htm. Acesso em: 15 nov. 2021.

[126] CASTRO, Manuella Santos de. *Registro de imóveis na era digital*: impacto das novas tecnologias no sistema registral brasileiro. 2021. Tese (Doutorado em Direito Civil) — Faculdade de Direito, Universidade de São Paulo, São Paulo, 2021. DOI:10.11606/T.2.2021.tde-26092022-094802. Acesso em: 15 abr. 2024.

[127] CARVALHO, Afrânio de. *Registro de imóveis*: comentários ao sistema de registro em face da Lei 6.015 de 1973, com alterações da Lei 6.216, de 1975, Lei 8.009, de 1990, e Lei 8.935, de 18.11.1994. 4. ed. Rio de Janeiro: Forense, 2001.

O decreto de 1939 tentou corrigir esse problema, usando o termo transcrição para os atos de transmissão da propriedade e inscrição para os de constituição de ônus reais, como a hipoteca. No entanto, Afrânio de Carvalho[128] disserta que isso ainda era insuficiente para tornar o sistema registral mais claro e eficiente.

Tal decreto norteou a execução dos registros públicos até a entrada em vigor da Lei n. 6.015, de 31 de dezembro de 1973, que ocorreu em 1.º de janeiro de 1976[129].

1.11. 1973 — O REGISTRO DE IMÓVEIS ATUAL

Como visto, antes do atual sistema, conhecido como **fólio real**, existia o sistema de transcrições, em que os atos eram registrados por tipo, não necessariamente ligados ao imóvel. As descrições dos imóveis eram imprecisas, e os registros não tinham foco na identificação única do imóvel.

O fólio real, introduzido pela Lei n. 6.015/1973, ressalta o registro organizado por imóvel, introduzindo a **matrícula** como cadastro único e preciso do imóvel. A abertura da matrícula é pré-requisito para qualquer registro imobiliário na legislação atual. Para Manoella Santos de Castro, "o principal mérito da Lei dos Registros Públicos foi consagrar a matrícula como figura central do ofício imobiliário"[130].

> Sancionada em 31 de dezembro de 1973, a Lei n. 6.015 teve um longo período de *vacatio legis*, entrando em vigor apenas em 1.º de janeiro de 1976, de forma a consolidar a legislação sobre registros públicos no Brasil.

Maria Helena Diniz[131] analisa as implicações das normas contidas na Lei n. 6.015/1973 sobre registros públicos, destacando seu papel na modernização e no aprimoramento do sistema imobiliário brasileiro. Ela observa que essas normas trouxeram inovações importantes, como a exigência da matrícula do imóvel como condição prévia para o registro, a necessidade de uma identificação precisa das partes envolvidas e do próprio imóvel, além de melhorias no processo de retificação.

---

[128] CARVALHO, Afrânio de. *Registro de imóveis*: comentários ao sistema de registro em face da lei 6015 de 1973, com alterações Lei 6.216, de 1975, Lei 8.009, de 1990, e Lei 8.935, de 18.11.1994. 4. ed. Rio de Janeiro: Forense, 2001.

[129] COSTA, J. M. S. T.; MONTEIRO, A. O. A regularização fundiária urbana e a teoria do patrimônio morto: uma análise da experiência da REURB no território de identidade do Sisal do Estado da Bahia. *Revista de Desenvolvimento Econômico — RDE*, Salvador, ano XXIV, v. 3, n. 53, set./dez., p. 182-213, 2022.

[130] CASTRO, Manuella Santos de. *Registro de imóveis na era digital*: impacto das novas tecnologias no sistema registral brasileiro. 2021. Tese (Doutorado em Direito Civil) — Faculdade de Direito, Universidade de São Paulo, São Paulo, 2021, p. 75. DOI:10.11606/T.2.2021.tde-26092022-094802. Acesso em: 15 abr. 2024.

[131] DINIZ, M. H. *Sistemas de registros de imóveis*. 3. ed. São Paulo: Saraiva, 2000.

Ano	Lei/Decreto	Descrição e impacto
1864	Lei n. 1.237	Introduziu o registro para transcrição de títulos de transmissão de imóveis; a transcrição substituía a tradição, mas não induzia prova de domínio
1890	Decreto n. 169-A e Regulamento n. 370	Diferenciou direitos reais e pessoais; o título só produzia efeitos reais após transcrição, gerando o direito real oponível a terceiros
1916	Código Civil	Renomeou para Registro de Imóveis; ampliou a importância do registro, incluindo transmissões *causa mortis* e judiciais; criou presunção de propriedade em favor do titular
1917	Decreto n. 12.343	Previu execução provisória do registro público com normas para garantir autenticidade e validade dos atos registrados
1924	Decreto n. 4.827 (Regulamentado pelo Decreto n. 18.542/1928)	Reorganizou os registros públicos, introduziu a inscrição preventiva e o princípio da continuidade; detalhou organização dos livros de registro e processo registral
1939	Decreto n. 4.857	Manteve a distinção entre transcrição (transmissão de propriedade) e inscrição (constituição de ônus reais); vigente até a Lei n. 6.015/1973
1973	Lei n. 6.015	Introduziu o fólio real, organizando o registro por matrícula única do imóvel; modernizou o sistema com exigências de identificação precisa e melhorias no processo de retificação

Linha do tempo

- 1864: Lei n. 1.237 — Registro para transcrição (substituição da tradição).
- 1890: Decreto n. 169-A — Efeito real após transcrição.
- 1916: Código Civil — Registro de imóveis com presunção de propriedade.
- 1917: Decreto n. 12.343 — Execução provisória do registro público.
- 1924/1928: Decreto n. 4.827 — Princípio da continuidade e organização dos registros.
- 1939: Decreto n. 4.857 — Diferenciação entre transcrição e inscrição.
- 1973: Lei n. 6.015 — Matrícula única e modernização do sistema.

No que diz respeito à estrutura fundiária, Maria Helena Diniz identifica três categorias principais: terras particulares, cujos títulos foram devidamente registrados pelos proprietários; terras devolutas, pertencentes aos Estados ou à União, que ainda não foram objeto de registro, especialmente em áreas reservadas; e terras sem dono, que estão na posse de alguém com base em títulos legítimos anteriores ao Código Civil.

Em suma, a Lei n. 6.015/1973 marcou um ponto de virada na história do registro de imóveis no Brasil.

1.12. QUESTÕES

QUESTÕES DE CONCURSOS
> https://uqr.to/1z6d2

2

SISTEMAS DE REGISTROS PÚBLICOS DE IMÓVEIS

2.1. DOS SISTEMAS DE REGISTRO DE IMÓVEIS

A classificação dos sistemas de registro de imóveis é uma tarefa complexa e multifacetada, pois cada sistema tem suas próprias características e peculiaridades e está sujeito às variações internas de cada país. Portanto, a classificação dos sistemas de registro requer uma compreensão profunda dos princípios legais e das práticas de cada sistema.

Nicolás Nogueroles Peiró[1] propõe a **classificação** dos sistemas de registro baseada na **proteção que cada sistema oferece**, manifestada por meio dos princípios de oponibilidade, presunção de exatidão e fé pública, bem como da existência do princípio do trato sucessivo e, em alguns casos, do fechamento registral.

O autor sugere a divisão dos sistemas de registros em **oito categorias**. Na **primeira**, constam os registros **apenas com oponibilidade**, como na Bélgica e em Luxemburgo. Esses sistemas excluem a publicidade das sucessões *mortis causa* e representam o **modelo** puro de **registro de documentos**.

A **segunda** categoria é composta dos sistemas de registro com **oponibilidade e continuidade** dos assentos, que é o sistema adotado pela Itália, enquanto a **terceira** categoria é aquela dos sistemas de registro com **oponibilidade e trato sucessivo**, que não só implica a aquisição prévia de um titular inscrito, mas também o **fechamento registral**. Esse sistema é adotado pela França, embora o fechamento registral não esteja explicitamente previsto na lei, tendo sido uma contribuição jurisprudencial.

A **quarta** categoria é aquela formada pelos sistemas de registro com **oponibilidade** em sentido amplo e **proteção de terceiros inatacável** em casos muito **limitados**, sendo o sistema adotado pela Holanda.

Na **quinta** categoria, constam os sistemas de registro com **oponibilidade**, em sentido amplo, **trato sucessivo, fechamento e presunção de exatidão**. Este sistema é adotado, entre outros países, por Portugal dentro dos sistemas latino-germânicos, e Escócia e Irlanda dentro dos sistemas anglo-saxões.

A **sexta** categoria é formada pelos sistemas de registro com **fé pública** com **proteção** de **grau fraco**, porque existem causas de anulação das alienações anteriores, não

---

[1] PERÓ, N. N. La evolución de los sistemas registrales en Europa. In: DIP, R.; JACOMINO, S. *Doutrinas essenciais do direito registral*. 2. ed. São Paulo: Revista dos Tribunais, 2013. v. 1.

refletidas no registro, que deixam o **terceiro desprotegido**. Esse sistema é adotado pelos sistemas nórdicos, Suécia, Dinamarca e Finlândia.

Quanto à **sétima** categoria, ela é composta dos sistemas de registro com **fé pública** com uma **proteção** de **grau forte** ao proteger o **terceiro adquirente** da anulação ou resolução por **causas** que **não constem no registro**. Esse sistema é adotado por Alemanha, Áustria, Suíça, Norte da Itália, Inglaterra-Gales e Espanha.

Por fim, a **oitava** categoria é formada por sistemas de registro em que existe fé pública frente a terceiros e inscrição convalidante entre as partes, é o que a doutrina anglo-saxã chama de *"indefeasibility"*, que é a **inatacabilidade** tanto **entre partes** como **entre terceiros**. Esse modelo não é seguido por nenhum país europeu e é o vigente nos sistemas Torrens da Austrália.

Ademais, cada sistema pode ter **variações** internas dependendo do **papel** atribuído à **boa-fé**. Por exemplo, no modelo alemão e espanhol, a boa-fé é o desconhecimento, enquanto na Suíça, Áustria e Norte da Itália, a boa-fé é o não conhecer e não poder conhecer. Além disso, em alguns casos, a posição do terceiro em relação aos vícios do negócio anterior não é inatacável até que se passe um período de tempo, como é o caso da Áustria e das regiões do Norte da Itália.

2.2. SISTEMAS QUE SE DESTACAM AO REDOR DO MUNDO

Compreender os diversos sistemas de registro de imóveis ao redor do mundo é fundamental para aprimorar as práticas imobiliárias e jurídicas. Cada sistema, seja o **germânico, o brasileiro, o francês** ou outros, possui características únicas que refletem a evolução histórica, cultural e legal de suas respectivas regiões. Esses sistemas variam desde a forma como a propriedade é vista — pertencente à comunidade ou ao indivíduo — até a maneira como a transmissão da propriedade é realizada e registrada.

> A análise desses sistemas revela uma rica tapeçaria de práticas e princípios, como o **princípio da publicidade, da especialidade, do trato sucessivo e da fé pública**. Além disso, a compreensão dos sistemas permite uma visão mais clara das diferenças e semelhanças entre eles, como a forma como cada sistema lida com a validade do registro, a proteção dos direitos de terceiros e a resolução de conflitos imobiliários.

Ao estudá-los, podemos aprender valiosas lições sobre a eficácia de diferentes abordagens para o registro de imóveis. Isso pode, por sua vez, informar e melhorar as práticas em nossos próprios sistemas de registro. Portanto, o conhecimento dos sistemas de registro de imóveis ao redor do mundo é uma ferramenta valiosa para qualquer pessoa envolvida no campo imobiliário ou jurídico.

O **sistema registral germânico**, conforme analisado por Mônica Jardim[2], é um **sistema de registro de propriedades** que evoluiu ao longo da história, na qual, inicialmente, a propriedade era vista como pertencente à comunidade. Com o tempo, a

---

[2] JARDIM, M. O sistema registral germânico. In: DIP, R.; JACOMINO, S. *Doutrinas essenciais do direito registral*. 2. ed. São Paulo: Revista dos Tribunais, 2013. v. 1.

apropriação individual foi permitida, mas a transmissão da propriedade exigia um contrato real, realizado publicamente, e um ato executivo de apropriação material.

A partir do século XIII, os atos começaram a ser registrados, mas esses registros serviam apenas como prova do consentimento necessário para a validade do ato. No século XV, a inscrição no registro passou a ser considerada um elemento essencial para a aquisição do direito.

> O **sistema registral alemão atual** é regulado pelo Código Civil Alemão e pela Lei do Registro de Terras, e **atribui à inscrição um caráter constitutivo**, tornando a **publicidade parte integrante** do conceito de **direito real**. Dessa forma, o **registro** passa a ser uma **manifestação da propriedade** e dos demais **direitos reais imobiliários**, servindo como aparência da existência desses direitos em face de terceiros de boa-fé.

Mônica Jardim[3] aduz que o **registro** é confiado a **funcionários judiciais** e que as repartições registrais têm **competência territorial específica**, ou seja, o sistema é organizado de uma forma que cada repartição registral tem uma área exclusiva de jurisdição.

Além disso, trata-se de um **sistema de fólio real**, que se baseia na **descrição do imóvel** e vincula-se ao **princípio da especialidade**, que garante que cada imóvel tenha um registro único e detalhado.

O **efeito** do registro no sistema alemão não é tanto a oponibilidade ou inoponibilidade em relação a terceiros, mas o **caráter constitutivo** que atribui à inscrição[4].

A **inscrição é indispensável** para que ocorra a **constituição, transmissão ou modificação** previamente acordada. Isso representa o **princípio da inscrição** em ação no sistema germânico, garantindo que todas as mudanças na propriedade de um imóvel sejam devidamente registradas.

Sobre o funcionamento do sistema, a inscrição é, normalmente, feita diante da instância das partes, ou seja, o registro é atualizado com base nas solicitações das partes envolvidas.

É atribuído um número registral a cada ato, segundo a ordem de seu ingresso no registro, que se vincula ao princípio *prior tempore potior iure*, o qual determina que o **primeiro a registrar tem o direito mais forte**, também conhecido como **princípio da prioridade**.

Como o sistema de registro germânico tem por base o imóvel, aplica-se a ele o **princípio do trato sucessivo**, que garante que o **histórico completo** de um imóvel seja mantido no registro.

Esse sistema conta também com o ato da **qualificação registral**, que a lei alemã atribui ao **princípio da legalidade**, garantindo que os atos sejam devidamente verificados antes de serem registrados.

---

[3] JARDIM, M. O sistema registral germânico. In: DIP, R.; JACOMINO, S. *Doutrinas essenciais do direito registral*. 2. ed. São Paulo: Revista dos Tribunais, 2013. v. 1.

[4] JARDIM, M. O sistema registral germânico. In: DIP, R.; JACOMINO, S. *Doutrinas essenciais do direito registral*. 2. ed. São Paulo: Revista dos Tribunais, 2013. v. 1.

Uma vez **feita a inscrição** no registro, estabelece-se a **presunção** de que este é **exato e íntegro**, dando ao titular registral o poder de exercer o respectivo direito.

O **sistema registral imobiliário brasileiro aproximou-se muito do sistema alemão**, compartilhando algumas similaridades notáveis. Ambos os sistemas são **baseados no princípio da publicidade**, disponibilizando as informações sobre a propriedade de um imóvel ao público por meio do registro. Além disso, ambos os sistemas **utilizam da especialidade**, o que significa que cada imóvel tem um registro único e detalhado, que deve ser contínuo, garantindo que o histórico completo do imóvel seja mantido no registro.

A maior diferença entre os sistemas registrais é que o registro alemão não permite a invalidação, e o brasileiro permite, gerando apenas a presunção do domínio.

Aspecto	Sistema brasileiro	Sistema alemão
Princípio da publicidade	Disponibiliza informações sobre a propriedade ao público por meio do registro	Disponibiliza informações sobre a propriedade ao público por meio do registro
Princípio da especialidade	Cada imóvel possui um registro único e detalhado, com histórico contínuo	Cada imóvel possui um registro único e detalhado, com histórico contínuo
Presunção do domínio	O registro gera apenas presunção relativa do domínio, permitindo invalidação em casos específicos	O registro é definitivo, não permitindo invalidação
Semelhanças gerais	Baseados na publicidade e especialidade Histórico completo e detalhado dos imóveis	Baseados na publicidade e especialidade Histórico completo e detalhado dos imóveis
Diferenças principais	Registro pode ser invalidado, gerando apenas presunção relativa	Registro é definitivo, assegurando presunção absoluta do domínio

Outro sistema registral que merece destaque é o **sistema francês**. Mônica Jardim[5] afirma que, desde 1804, o direito francês consagra um **sistema de título**, em que a transferência da propriedade e a constituição de outros direitos reais ocorrem pelo mero efeito do **consentimento das partes**, de forma que a transferência da propriedade é, em princípio, ignorada pelos terceiros.

Esse sistema registral foi introduzido por etapas e passou por várias reformas, e cada uma trouxe mudanças significativas, expandindo o escopo da publicidade, introduzindo novos princípios e melhorando a precisão da publicidade.

Atualmente, a publicidade imobiliária no sistema registral **francês** possui várias características distintas. Em primeiro lugar, o **registro** é realizado em **repartições públicas**, que são dependentes do Ministério das Finanças e possuem uma **competência territorial delimitada**, conhecidas como *Bureau des hypothèques*.

---

[5] JARDIM, M. O sistema registral francês. In: DIP, R.; JACOMINO, S. *Doutrinas essenciais do direito registral*. 2. ed. São Paulo: Revista dos Tribunais, 2013. v. 1.

Em relação ao **objeto do registro**, o prédio não é considerado como uma unidade de registro. Em vez disso, o registro é feito por **pessoas**, que são o centro das atividades. Ademais, nem todos os atos relacionados a direitos reais estão sujeitos a registro, apenas aqueles especificamente indicados pela lei.

Mônica Jardim[6] afirma que o registro de hipotecas e privilégios é feito por inscrição, enquanto o registro de atos e julgamentos é feito por publicação/transcrição. A **inscrição de hipotecas e privilégios imobiliários** não é uma condição para eficácia entre as partes e é **opcional**. Portanto, quem não solicita não está sujeito a outra consequência além da inoponibilidade de seu direito perante terceiros.

O registro de atos e decisões judiciais é, em geral, obrigatório e deve ser solicitado dentro de um determinado prazo. No entanto, não se pode recusar o registro após o decurso desse prazo. O **funcionário** encarregado do registro **não faz a prévia qualificação** do ato, limitando-se a examinar os **requisitos** que lhe são **extrínsecos**.

Mais além, o **registro não gera qualquer presunção** *iuris tantum* de exatidão de seu conteúdo. A publicidade serve apenas para informar terceiros sobre atos já ocorridos e para resolver conflitos entre titulares de direitos reais concorrentes sobre o mesmo imóvel.

> Vigora, portanto, o princípio denominado de "efeito relativo da publicidade". Como a publicidade imobiliária não oferece plena segurança aos adquirentes, tal **segurança apenas é obtida**, em definitivo, pelo instituto da **prescrição aquisitiva ou da usucapião**[7]. Essas características moldam a forma como a publicidade imobiliária é realizada e entendida no sistema registral francês e refletem a complexidade desse sistema para a administração de direitos reais e a resolução de conflitos imobiliários.

Em uma análise entre os sistemas de registros de documentos e de direitos, Nicolás Nogueroles Peiró[8] discute a evolução dos registros de documentos em vários países, incluindo França, Bélgica, Itália, Luxemburgo e Holanda e destaca que a primeira linha de evolução é a expansão do número de negócios e atos que podem acessar os registros. Ele menciona que, embora a França tenha estendido a transcrição para sucessões por causa da morte e para sentenças e atos declarativos, outros países, como Bélgica e Luxemburgo, permaneceram ancorados no modelo original de exclusão das aquisições *mortis causa*.

O autor também discute a **organização do arquivo** nos registros, que é ordenado por **pessoas e não por propriedades**, e o critério é meramente cronológico. A incorporação do princípio do trato sucessivo pelos sistemas de registro pessoal é vista pelo autor como uma mudança fundamental. Ele destaca que a França, a Itália e a Holanda

---

[6] JARDIM, M. O sistema registral francês. In: DIP, R.; JACOMINO, S. *Doutrinas essenciais do direito registral*. 2. ed. São Paulo: Revista dos Tribunais, 2013. v. 1.
[7] JARDIM, M. O sistema registral francês. In: DIP, R.; JACOMINO, S. *Doutrinas essenciais do direito registral*. 2. ed. São Paulo: Revista dos Tribunais, 2013. v. 1.
[8] PERÓ, N. N. La evolución de los sistemas registrales en Europa. In: DIP, R.; JACOMINO, S. *Doutrinas essenciais do direito registral*. 2. ed. São Paulo: Revista dos Tribunais, 2013. v. 1.

ampliaram o número de negócios e atos objeto de publicidade, enquanto a Bélgica e Luxemburgo permaneceram ancorados no modelo original[9].

Em seguida, ao analisar os sistemas de registro de direitos em vários países, incluindo Alemanha, Áustria, Suíça, regiões do Norte da Itália, Finlândia, Suécia, Dinamarca, Inglaterra e País de Gales, Escócia e Irlanda, Nicolás Nogueroles Peiró[10] observa que, embora esses sistemas sejam baseados em diferentes tradições jurídicas (germânica, escandinava e anglo-saxônica), eles são bastante semelhantes.

Por fim, o autor destaca que as **maiores diferenças entre os sistemas** de registros de direitos são mostradas em relação aos **efeitos que as inscrições produzem**. A existência do princípio da fé pública ou apenas de uma presunção de exatidão entendida como legitimação serve para estabelecer a primeira diferença. A segunda diferença vem da força com que o princípio da fé pública é aplicado e a inatacabilidade da posição do terceiro.

2.2.1. SISTEMA CONSENSUAL OU PRIVATISTA

Afrânio de Carvalho[11] observa que a publicidade dos direitos imobiliários pode ser organizada de várias maneiras, dependendo da eficácia que a legislação pretende atribuir. Ele identifica **três sistemas principais de publicidade** que são utilizados em diferentes países.

O **primeiro sistema**, chamado de **consensual ou privatista**, atribui à **publicidade** o efeito de **avisar terceiros** sobre atos que são realizados apenas pelo **acordo de vontades** e que, portanto, não dependem dela para existir.

> Esse é um modelo de registro de imóveis em que o **título** — o documento legal que representa a transação — **é o elemento crucial**. Nesse sistema, o registro não é responsável pela transferência do direito de propriedade. Em vez disso, o **registro** serve para tornar **o título público e informar** que o direito agora registrado **é oponível a todos**, ou seja, pode ser invocado contra terceiros.

Esse é o **modelo adotado pelo sistema francês**. No entanto, é importante notar que, embora a propriedade seja transferida por consenso nesse sistema, isso não significa que não exista um sistema de transcrição[12]. De fato, existe um sistema de transcrição, mas ele não se refere a direitos, mas sim a documentos. Isso significa que a **publicidade** alcançada por meio do registro **não é constitutiva** (não cria direitos) **nem declarativa** (não declara direitos existentes). Em vez disso, serve **apenas para tornar os documentos relacionados à propriedade acessíveis ao público**.

---

[9] PERÓ, N. N. La evolución de los sistemas registrales. en Europa. In: DIP, R.; JACOMINO, S. *Doutrinas essenciais do direito registral*. 2. ed. São Paulo: Revista dos Tribunais, 2013. v. 1.

[10] PERÓ, N. N. La evolución de los sistemas registrales en Europa. In: DIP, R.; JACOMINO, S. *Doutrinas essenciais do direito registral*. 2. ed. São Paulo: Revista dos Tribunais, 2013. v. 1.

[11] CARVALHO, Afrânio de. *Registro de imóveis*: comentários ao sistema de registro em face da Lei 6.015 de 1973, com alterações da Lei 6.216 de 1975, Lei 8.009 de 1990 e Lei 8.935 de 18.11.1994. 4. ed. Rio de Janeiro: Forense, 2001.

[12] MELO, Marcelo Augusto Santana de. *Teoria geral do registro de imóveis*: estrutura e função. Porto Alegre: Sergio Antonio Fabris Editor, 2016, p. 94.

2.2.2. SISTEMA PUBLICISTA

Como mencionado, Afrânio de Carvalho[13] distingue três sistemas principais de publicidade que são adotados. O primeiro é chamado de consensual ou privatista. O **segundo sistema**, chamado de **publicista**, confere à **publicidade o efeito de constituir o direito**, que, antes dela, não se realiza entre as partes, mesmo que haja um acordo de vontades em torno dele.

Esse sistema também é conhecido como **sistema alemão**[14] de registro de propriedade imobiliária, no qual a **transferência de propriedade imobiliária** é realizada pelo **registro do título em um cadastro de imóveis**. Após a conclusão do contrato, o registro é realizado tendo uma **presunção absoluta** de veracidade.

> O sistema **publicista** permite **a retificação e o cancelamento do registro** apenas em **casos excepcionais** e tem como princípios fundamentais a **exatidão do registro e a proteção daqueles que confiam nele**. O principal mérito desse sistema é a **segurança que proporciona nas transações imobiliárias**. Por outro lado, o principal problema é que os **defeitos existentes no título não afetam o registro**, o que pode prejudicar o alienante inocente.

Uma **variante** desse sistema é o **espanhol**, no qual, embora o **registro seja declarativo** e a **propriedade seja transferida pelo contrato**, o terceiro de boa-fé que adquire a propriedade a título oneroso é **protegido após o registro**, graças à **fé pública registral**. Dessa forma, mesmo que o registro seja apenas declarativo, ele oferece proteção ao adquirente de boa-fé após o registro ser feito[15].

O terceiro sistema, segundo a divisão apresentada por Afrânio de Carvalho[16], é o eclético, que será mais bem explorado no próximo tópico.

2.2.3. SISTEMA ECLÉTICO

Afrânio de Carvalho[17], em sua análise, discute o **sistema eclético** de registro de imóveis e afirma que ele **combina o título com o modo de adquirir**, substituindo a tradição pela publicidade registral, que concede o **duplo efeito** de **constituir** o direito

---

[13] CARVALHO, Afrânio de. *Registro de imóveis*: comentários ao sistema de registro em face da Lei 6.015 de 1973, com alterações da Lei 6.216 de 1975, Lei 8.009 de 1990 e Lei 8.935 de 18.11.1994. 4. ed. Rio de Janeiro: Forense, 2001.

[14] NETO, José Manuel de Arruda A.; CLÁPIS, Alexandre L.; CAMBLER, Everaldo A. *Lei de Registros Públicos comentada*. 2. ed. Rio de Janeiro: Grupo GEN, 2019. E-book. Disponível em: https://app.minhabiblioteca.com.br/#/books/9788530983468/. Acesso em: 10 maio 2024.

[15] MELO, Marcelo Augusto Santana de. *Teoria geral do registro de imóveis*: estrutura e função. Porto Alegre: Sergio Antonio Fabris Editor, 2016, pág.88.

[16] CARVALHO, Afrânio de. *Registro de imóveis*: comentários ao sistema de registro em face da Lei 6.015 de 1973, com alterações da Lei 6.216 de 1975, Lei 8.009 de 1990 e Lei 8.935 de 18.11.1994. 4. ed. Rio de Janeiro: Forense, 2001.

[17] CARVALHO, Afrânio de. *Registro de imóveis*: comentários ao sistema de registro em face da Lei 6.015 de 1973, com alterações da Lei 6.216 de 1975, Lei 8.009 de 1990 e Lei 8.935 de 18.11.1994. 4. ed. Rio de Janeiro: Forense, 2001.

real e de **anunciá-lo a terceiros**. Esse é o sistema adotado no **direito brasileiro** desde a Lei Imperial de 1864.

Historicamente, houve debates na doutrina jurídica sobre a força do registro no sistema eclético. Embora houvesse tentativas de fortalecer o registro, a visão predominante era de que o registro tinha uma presunção relativa, ou seja, era considerado verdadeiro até que fosse provado o contrário.

Com a introdução da **Lei n. 13.097/2015**, qualquer coisa que **não esteja inscrita na matrícula do imóvel é rejeitada pelo sistema**. Isso beneficia o terceiro de boa-fé, ou seja, alguém que adquire a propriedade sem conhecimento de qualquer defeito no título[18].

2.3. SISTEMA DE REGISTROS BRASILEIRO

Walter Ceneviva[19], em sua obra, discute o sistema de registro de imóveis do Brasil e destaca que o **sistema brasileiro é misto**, combinando características de diferentes sistemas internacionais.

O autor identifica **duas funções principais do registro de imóveis**. A **primeira** é servir como um **cadastro da propriedade imobiliária**, fornecendo uma prova certa e irrefragável do estado da propriedade. A **segunda** função é atuar como um **espelho e indicador dos contratos relacionados à propriedade imobiliária**, trazendo-os à publicidade e facilitando o conhecimento imediato deles.

Ceneviva também menciona que o sistema de registro de imóveis no Brasil não é perfeitamente fiel a qualquer dos sistemas estrangeiros de registro, descrevendo-o como uma "verdadeira miscigenação legislativa"[20]. Ele explica que o sistema brasileiro é composto de elementos retirados de várias origens e que sua compreensão exige um estudo dos sistemas mais conhecidos.

O autor discute os sistemas de inscrição e de transcrição, explicando que, no Brasil, a opção básica é pelo sistema de inscrição, que consiste em extrair dos documentos apresentados os elementos que a lei exige para o registro. No entanto, em alguns pontos, o sistema de transcrição é encontrado.

> O **sistema de transcrição** é um método de registro de imóveis em que **os documentos** apresentados são **transcritos** integralmente para o **registro**, o que contrasta com o **sistema de inscrição** no qual apenas os **elementos essenciais** dos documentos são **extraídos** para o registro.
>
> No Brasil, o sistema de transcrição é encontrado em alguns pontos específicos, como nos loteamentos e nas incorporações em condomínio da propriedade horizontal e na possibilidade de realização da transcrição integral do título a requerimento do interessado.

Por fim, Ceneviva discute os **sistemas de registros declarativos** e **constitutivos**, explicando que, no **Brasil**, a aquisição de propriedade por ato **entre vivos** ocorre com

---

[18] SARMENTO FILHO. Eduardo Sócrates Castanheira. *Direito registral imobiliário*: teoria geral. Curitiba: Juruá, 2017. v. I, p. 54.

[19] CENEVIVA, W. *Lei dos Registros Públicos comentada*. 10. ed. São Paulo: Saraiva, 1995.

[20] CENEVIVA, W. *Lei dos Registros Públicos comentada*. 10. ed. São Paulo: Saraiva, 1995, p. 300.

efeito **constitutivo**, enquanto a aquisição pelo **direito hereditário**, com a morte, é levada ao registro para fins principalmente **declarativos**.

Ao debater sobre a importância e a complexidade do sistema de registro de imóveis no Brasil, Maria Helena Diniz[21] destaca que o registro público de imóveis é crucial não apenas no direito civil e mercantil, mas também no direito público, devido à sua conexão com a aquisição de propriedade imobiliária, servindo o sistema como uma garantia da fé pública.

O registro imobiliário, segundo a autora, é o poder legal de agentes do ofício público para realizar todas as operações relacionadas a bens imóveis e direitos a eles pertinentes. Isso inclui a promoção de atos de escrituração, garantindo aos requerentes a aquisição e o exercício do direito de propriedade e a instituição de ônus reais.

Maria Helena Diniz[22], ao analisar o **contexto nacional identifica cinco sistemas de registro**. O **primeiro** é o **sistema comum**, que é o sistema geral e obrigatório, regulado pela Lei n. 6.015/73, nos arts. 167 e seguintes. O **segundo** é o **Sistema Torrens**, que é um **sistema especial**, também regido pela Lei n. 6.015/73 (arts. 277 e seguintes), que é **facultativo e excepcional**, podendo ser requerido apenas para **imóveis rurais**.

O **terceiro** é o **sistema rural**, realizado pelo **INCRA**, conforme determinado pelo art. 46 da Lei n. 4.504/64 e pela Lei n. 5.868/72, regulamentada pelo Decreto-lei n. 72.106/73. Esse sistema é destinado ao **cadastro de imóveis rurais**, independentemente do Registro de Imóveis de sua circunscrição.

O **quarto** é o sistema especial de **imóveis rurais adquiridos por estrangeiros**, regulado pela Lei n. 5.709/71, regulamentada pelo Decreto n. 74.965/74.

Por fim, o **quinto** sistema é o de **propriedade pública** da União, Estados e Municípios, regulado pelas Leis n. 5.972/73 e 9.821/99, que tratam do procedimento para registro dos bens discriminados administrativamente ou possuídos pela União, e a Lei n. 5.868/72, regulamentada pelo Decreto-lei n. 72.106/73, que trata do levantamento cadastral de terras públicas.

Diniz[23] destaca que todas essas modalidades de registro têm uma **finalidade comum**: revestir os bens imóveis e os direitos a eles relativos de formalidades especiais, por meio da **interferência estatal, garantindo-os e controlando-os**.

Em resumo, o sistema de registro de imóveis no **Brasil** é um **sistema misto** que **combina características de diferentes sistemas internacionais**. Ele desempenha funções cruciais, servindo como um cadastro da propriedade imobiliária e como um indicador dos contratos relacionados à propriedade imobiliária.

2.4. LEI N. 6.015/73 — REGISTROS PÚBLICOS

A Lei n. 6.015/73, conhecida como Lei de Registros Públicos, é uma peça legislativa fundamental para a organização e segurança dos registros públicos no Brasil.

---

[21] DINIZ, M. H. *Sistemas de registros de imóveis*. 3. ed. São Paulo: Saraiva, 2000.
[22] DINIZ, M. H. *Sistemas de registros de imóveis*. 3. ed. São Paulo: Saraiva, 2000.
[23] DINIZ, M. H. *Sistemas de registros de imóveis*. 3. ed. São Paulo: Saraiva, 2000.

Sancionada em 31 de dezembro de 1973, essa lei federal estabelece as normas para os registros públicos no país, garantindo a autenticidade e a eficácia dos atos jurídicos.

Tal lei entrou em vigor no dia 1.º de janeiro 1976, revogando a Lei n. 4.827, de 7 de março de 1924, os Decretos n. 4.857, de 9 de novembro de 1939, 5.318, de 29 de fevereiro 1940, 5.553, de 6 de maio de 1940, e as demais disposições em contrário.

Uma de suas **principais mudanças foi a introdução do folio real** que se **concentra no registro estruturado por propriedade**, estabelecendo a matrícula como um cadastro singular e exato do imóvel.

> A Lei de Registros Públicos tem como objetivo principal garantir a autenticidade, segurança e eficácia dos atos jurídicos em relação aos registros públicos. Ela estabelece o regime para o registro civil de pessoas naturais, registro civil de pessoas jurídicas, registro de títulos e documentos e registro de imóveis.

Walter Ceneviva[24] aponta que a **União recebeu a competência exclusiva para legislar sobre registros públicos**, tendo exercido tal competência de maneira eficaz com a promulgação da Lei n. 6.015/73, um marco importante na legislação brasileira.

No entanto, o autor destaca que a lei não se limita a estabelecer o regime dos serviços de registro. Ela vai além, **incorporando normas de direito material e processual** que excedem o objetivo inicialmente previsto no art. 1.º[25], sendo tais disposições fundamentais para garantir a justiça e a equidade nas transações imobiliárias.

Dois termos que iniciam o texto da lei e merecem análise aprofundada, segundo José Horácio Cintra Gonçalves Pereira[26], é **atribuição** e **registro**, em vista da complexidade e da importância desses conceitos no contexto jurídico e administrativo.

As **atribuições** referem-se ao **conjunto de poderes e responsabilidades** conferidos pela **norma** a uma **autoridade ou entidade** para o exercício de suas funções legais.

---

[24] CENEVIVA, W. *Lei dos Registros Públicos comentada*. 10. ed. rev. e mod. São Paulo: Saraiva, 1995.

[25] "Art. 1.º Os serviços concernentes aos registros públicos, estabelecidos pela legislação civil para autenticidade, segurança e eficácia dos atos jurídicos, ficam sujeitos ao regime estabelecido nesta Lei. § 1.º Os registros referidos neste artigo são os seguintes: I — o registro civil de pessoas naturais; II — o registro civil de pessoas jurídicas; III — o registro de títulos e documentos; IV — o registro de imóveis. § 2.º Os demais registros reger-se-ão por leis próprias. § 3.º Os registros serão escriturados, publicizados e conservados em meio eletrônico, nos termos estabelecidos pela Corregedoria Nacional de Justiça do Conselho Nacional de Justiça, em especial quanto aos: I — padrões tecnológicos de escrituração, indexação, publicidade, segurança, redundância e conservação; e II — prazos de implantação nos registros públicos de que trata este artigo. § 4.º É vedado às serventias dos registros públicos recusar a recepção, a conservação ou o registro de documentos em forma eletrônica produzidos nos termos estabelecidos pela Corregedoria Nacional de Justiça do Conselho Nacional de Justiça" (BRASIL. *Lei n. 6.015, de 31 de dezembro de 1973*. Dispõe sobre os registros públicos, e dá outras providências. Disponível em: https://www.planalto.gov.br/ccivil_03/leis/l6015compilada.htm. Acesso em: 18 abr. 2024).

[26] NETO, José Manuel de Arruda A.; CLÁPIS, Alexandre L.; CAMBLER, Everaldo A. *Lei de Registros Públicos comentada*. 2. ed. Rio de Janeiro: Grupo GEN, 2019. E-book. Disponível em: https://app.minhabiblioteca.com.br/#/books/9788530983468/. Acesso em: 17 abr. 2024.

Esse conceito é fundamental para a organização e o funcionamento eficaz das instituições, pois delineia os limites e as capacidades de ação dentro do sistema legal.

Por outro lado, o **termo "registrar"**, tão presente na Lei n. 6.015/73, envolve o ato de **documentar formalmente informações** ou **eventos** para conferir-lhes **validade e autenticidade**. O registro, portanto, é um mecanismo essencial para a manutenção da ordem pública e para a garantia de direitos e obrigações, tendo como característica essencial a publicidade.

A publicidade dos registros, destacada por Miguel Maria de Serpa Lopes[27], serve como um corolário necessário para a perpetuidade dos documentos e para a prevenção de conflitos de interesse. A autenticidade, a segurança e a eficácia dos registros públicos fornecem a base para a confiança nas transações jurídicas e na proteção dos direitos individuais e coletivos.

> A Lei n. 6.015/73 desempenha um papel crucial na organização e segurança dos registros públicos no Brasil, garantindo a autenticidade e eficácia dos atos jurídicos, contribuindo para a segurança jurídica e a transparência das relações sociais e econômicas no país.

Ao longo de seus mais de 50 anos de existência, a Lei de Registros Públicos passou por várias modificações e adições legislativas, sendo tais alterações feitas para acompanhar as evoluções da sociedade brasileira, o que justifica que seja esperado que mais alterações ocorram nos próximos anos[28].

2.5. LEI N. 14.382/2022 — SISTEMA ELETRÔNICO DOS REGISTROS PÚBLICOS

A Lei n. 6.015/73 passou por alterações importantes com a conversão da Medida Provisória n. 1.085/2021 em lei. Sancionada em 27 de junho de 2022, a Lei n. 14.382/2022 introduziu alterações significativas na Lei de Registros Públicos e em outras leis, como as Leis n. 4.591, de 16 de dezembro de 1964, 6.766, de 19 de dezembro de 1979, 8.935, de 18 de novembro de 1994, 10.406, de 10 de janeiro de 2002 (Código Civil), 11.977, de 7 de julho de 2009, 13.097, de 19 de janeiro de 2015, e 13.465, de 11 de julho de 2017.

Essas alterações ocorreram porque a era digital trouxe consigo uma série de transformações em diversos setores da sociedade, e o setor de registros públicos não ficou de fora. A Lei n. 14.382/2022 é um reflexo dessa mudança, causando uma série de inovações que buscam revolucionar a maneira como se lida com os registros públicos no Brasil.

> A **principal inovação** trazida pela Lei n. 14.382/2022 é a criação do **Sistema Eletrônico dos Registros Públicos (SERP)**. O SERP tem como objetivo principal digitalizar os registros públicos, permitindo que os atos e negócios jurídicos sejam **registrados eletronicamente**. Isso significa que os cidadãos poderão ter acesso aos serviços de registro público de maneira remota, sem a necessidade de se deslocar até uma serventia física.

---

[27] LOPES, M. M. S. *Tratado dos registros públicos*. 6. ed. rev. e atual. Brasília: Brasília Jurídica, 1997. v. I.
[28] OLIVEIRA, M. A. M. Disposições gerais. In: GENTIL, Alberto. *Lei de Registros Públicos comentada*. Rio de Janeiro: Forense, 2023.

É certo que a Lei n. 14.382/2022 também trouxe consigo uma série de medidas que visam **desburocratizar e agilizar os procedimentos de registro**. Isso inclui a alteração de nome e sobrenome, a adjudicação compulsória de imóveis, entre outros, de maneira mais rápida e simples. Essas mudanças têm o potencial de **impactar positivamente o setor imobiliário**, facilitando a realização de negócios e **incentivando o desenvolvimento do mercado**.

Dentre as modificações operadas, a Lei n. 14.382/2022 alterou o art. 188 da Lei n. 6.015/73[29] estabelecendo prazos diferenciados para a qualificação registral, emissão de nota devolutiva e registro, variando conforme a complexidade do título.

Além disso, introduziu o art. 216-B[30], permitindo a **adjudicação compulsória extrajudicial de imóveis prometidos para venda ou cessão**, sem necessidade de

---

[29] "Art. 188. Protocolizado o título, proceder-se-á ao registro ou à emissão de nota devolutiva, no prazo de 10 (dez) dias, contado da data do protocolo, salvo nos casos previstos no § 1.º deste artigo e nos arts. 189, 190, 191 e 192 desta Lei. § 1.º Se não houver exigências ou falta de pagamento de custas e emolumentos, deverão ser registrados, no prazo de 5 (cinco) dias: I — as escrituras de compra e venda sem cláusulas especiais, os requerimentos de averbação de construção e de cancelamento de garantias; II — os documentos eletrônicos apresentados por meio do SERP; e III — os títulos que reingressarem na vigência da prenotação com o cumprimento integral das exigências formuladas anteriormente. § 2.º A inobservância do disposto neste artigo ensejará a aplicação das penas previstas no art. 32 da Lei n. 8.935, de 18 de novembro de 1994, nos termos estabelecidos pela Corregedoria Nacional de Justiça do Conselho Nacional de Justiça" (BRASIL. *Lei n. 6.015, de 31 de dezembro de 1973*. Dispõe sobre os registros públicos, e dá outras providências. Disponível em: https://www.planalto.gov.br/ccivil_03/leis/l6015compilada.htm. Acesso em: 18 abr. 2024).

[30] "Art. 216-B. Sem prejuízo da via jurisdicional, a adjudicação compulsória de imóvel objeto de promessa de venda ou de cessão poderá ser efetivada extrajudicialmente no serviço de registro de imóveis da situação do imóvel, nos termos deste artigo. § 1.º São legitimados a requerer a adjudicação o promitente comprador ou qualquer dos seus cessionários ou promitentes cessionários, ou seus sucessores, bem como o promitente vendedor, representados por advogado, e o pedido deverá ser instruído com os seguintes documentos: I — instrumento de promessa de compra e venda ou de cessão ou de sucessão, quando for o caso; II — prova do inadimplemento, caracterizado pela não celebração do título de transmissão da propriedade plena no prazo de 15 (quinze) dias, contado da entrega de notificação extrajudicial pelo oficial do registro de imóveis da situação do imóvel, que poderá delegar a diligência ao oficial do registro de títulos e documentos; III — ata notarial lavrada por tabelião de notas da qual constem a identificação do imóvel, o nome e a qualificação do promitente comprador ou de seus sucessores constantes do contrato de promessa, a prova do pagamento do respectivo preço e da caracterização do inadimplemento da obrigação de outorgar ou receber o título de propriedade; IV — certidões dos distribuidores forenses da comarca da situação do imóvel e do domicílio do requerente que demonstrem a inexistência de litígio envolvendo o contrato de promessa de compra e venda do imóvel objeto da adjudicação; V — comprovante de pagamento do respectivo Imposto sobre a Transmissão de Bens Imóveis (ITBI); VI — procuração com poderes específicos. § 2.º O deferimento da adjudicação independe de prévio registro dos instrumentos de promessa de compra e venda ou de cessão e da comprovação da regularidade fiscal do promitente vendedor. § 3.º À vista dos documentos a que se refere o § 1.º deste artigo, o oficial do registro de imóveis da circunscrição onde se situa o imóvel procederá ao registro do domínio em nome do promitente comprador, servindo de título a respectiva promessa de compra e venda ou de cessão ou o instrumento que comprove a sucessão" (BRASIL. *Lei n. 6.015, de 31 de dezembro de 1973*. Dispõe sobre os registros públicos, e dá outras providências. Disponível em: https://www.planalto.gov.br/ccivil_03/leis/l6015compilada.htm. Acesso em: 18 abr. 2024).

processo judicial, e incluiu o § 4.º ao art. 237-A[31], **possibilitando a abertura de matrículas para frações ideais** correspondentes às **unidades autônomas** de um **condomínio edilício** após o registro do loteamento ou da incorporação imobiliária.

A referida lei deu também uma nova redação ao § 10 do art. 213[32], redefinindo confrontantes no procedimento de retificação bilateral, excluindo "eventuais ocupantes" e simplificando o processo de retificação. Também foi modificado o § 10 do art. 216-A[33], distinguindo impugnações justificadas e injustificadas ao processo de usucapião extrajudicial e definindo procedimentos específicos para cada caso.

Sua promulgação representou um marco importante para o registro de imóveis no Brasil, em vista da sua capacidade de tornar os procedimentos de registro mais eficientes, transparentes e acessíveis a partir da sua entrada em vigor, que ocorreu em janeiro de 2023, e os próximos anos serão cruciais para avaliar o impacto dessas mudanças.

2.5.1. O SISTEMA ELETRÔNICO DE REGISTROS PÚBLICOS (SERP)

Foi retratado anteriormente que a Lei n. 14.382/2022 trouxe novidades aos Registros Públicos em geral, estabelecendo o SERP, que se aplica às relações jurídicas que envolvem oficiais dos registros públicos e usuários dos serviços de registros públicos, disciplinando os objetivos do SERP, a responsabilidade, criando regras para o fundo de implementação e custeio do SERP, entre outras disposições.

---

[31] "§ 4.º É facultada a abertura de matrícula para cada lote ou fração ideal que corresponderá a determinada unidade autônoma, após o registro do loteamento ou da incorporação imobiliária" (BRASIL. *Lei n. 6.015, de 31 de dezembro de 1973.* Dispõe sobre os registros públicos, e dá outras providências. Disponível em: https://www.planalto.gov.br/ccivil_03/leis/l6015compilada.htm. Acesso em: 18 abr. 2024).

[32] "§ 10. Entendem-se como confrontantes os proprietários e titulares de outros direitos reais e aquisitivos sobre os imóveis contíguos, observado o seguinte: I — o condomínio geral, de que trata o Capítulo VI do Título III do Livro III da Parte Especial da Lei n. 10.406, de 10 de janeiro de 2002 (Código Civil), será representado por qualquer um dos condôminos; II — o condomínio edilício, de que tratam os arts. 1.331 a 1.358 da Lei n. 10.406, de 10 de janeiro de 2002 (Código Civil), será representado pelo síndico, e o condomínio por frações autônomas, de que trata o art. 32 da Lei n. 4.591, de 16 de dezembro de 1964, pela comissão de representantes; e III — não se incluem como confrontantes: a) os detentores de direitos reais de garantia hipotecária ou pignoratícia; ou b) os titulares de crédito vincendo, cuja propriedade imobiliária esteja vinculada, temporariamente, à operação de crédito financeiro" (BRASIL. *Lei n. 6.015, de 31 de dezembro de 1973.* Dispõe sobre os registros públicos, e dá outras providências. Disponível em: https://www.planalto.gov.br/ccivil_03/leis/l6015compilada.htm. Acesso em: 18 abr. 2024).

[33] "§ 10. Em caso de impugnação justificada do pedido de reconhecimento extrajudicial de usucapião, o oficial de registro de imóveis remeterá os autos ao juízo competente da comarca da situação do imóvel, cabendo ao requerente emendar a petição inicial para adequá-la ao procedimento comum, porém, em caso de impugnação injustificada, esta não será admitida pelo registrador, cabendo ao interessado o manejo da suscitação de dúvida nos moldes do art. 198 desta Lei" (BRASIL. *Lei n. 6.015, de 31 de dezembro de 1973.* Dispõe sobre os registros públicos, e dá outras providências. Disponível em: https://www.planalto.gov.br/ccivil_03/leis/l6015compilada.htm. Acesso em: 18 abr. 2024).

Ao analisar o SERP, Ana Paula Almada[34] destaca que a prestação de serviços de forma eletrônica traz inúmeros benefícios, pois representa uma evolução do Sistema de Registro de Imóveis do país, resultando em uma diminuição significativa do tempo na prestação do serviço, menos obstáculos no trâmite do título e na comunicação com o cliente. Além disso, torna o processo mais transparente e reduz as filas no balcão de atendimento do cartório.

> O art. 3.º da Lei n. 14.382/2022[35] delineia os **objetivos do SERP**, que incluem o **registro público eletrônico de atos e negócios jurídicos**, a **interconexão e interoperabilidade das bases de dados** entre as serventias dos registros públicos, promovendo a eficiência e a comunicação entre diferentes entidades e plataformas, e o **atendimento remoto aos usuários** por meio da internet, possibilitando a realização de serviços sem a necessidade de deslocamento físico.

---

[34] GENTIL, Alberto; ALMADA, Ana Paula P. L.; GIGLIOTTI, Andrea et al. *Registros públicos*. Rio de Janeiro: Grupo GEN, 2023. *E-book*. Disponível em: https://app.minhabiblioteca.com.br/#/books/9786559648368/. Acesso em: 18 abr. 2024.

[35] "Art. 3.º O SERP tem o objetivo de viabilizar: I — o registro público eletrônico dos atos e negócios jurídicos; II — a interconexão das serventias dos registros públicos; III — a interoperabilidade das bases de dados entre as serventias dos registros públicos e entre as serventias dos registros públicos e o SERP; IV — o atendimento remoto aos usuários de todas as serventias dos registros públicos, por meio da internet; V — a recepção e o envio de documentos e títulos, a expedição de certidões e a prestação de informações, em formato eletrônico, inclusive de forma centralizada, para distribuição posterior às serventias dos registros públicos competentes; VI — a visualização eletrônica dos atos transcritos, registrados ou averbados nas serventias dos registros públicos; VII — o intercâmbio de documentos eletrônicos e de informações entre as serventias dos registros públicos e: a) os entes públicos, inclusive por meio do Sistema Integrado de Recuperação de Ativos (Sira), de que trata o Capítulo V da Lei n. 14.195, de 26 de agosto de 2021; e b) os usuários em geral, inclusive as instituições financeiras e as demais instituições autorizadas a funcionar pelo Banco Central do Brasil e os tabeliães; VIII — o armazenamento de documentos eletrônicos para dar suporte aos atos registrais; IX — a divulgação de índices e de indicadores estatísticos apurados a partir de dados fornecidos pelos oficiais dos registros públicos, observado o disposto no inciso VII do *caput* do art. 7.º desta Lei; X — a consulta: a) às indisponibilidades de bens decretadas pelo Poder Judiciário ou por entes públicos; b) às restrições e aos gravames de origem legal, convencional ou processual incidentes sobre bens móveis e imóveis registrados ou averbados nos registros públicos; e c) aos atos em que a pessoa pesquisada conste como: 1. devedora de título protestado e não pago; 2. garantidora real; 3. cedente convencional de crédito; ou 4. titular de direito sobre bem objeto de constrição processual ou administrativa; e XI — outros serviços, nos termos estabelecidos pela Corregedoria Nacional de Justiça do Conselho Nacional de Justiça. § 1.º Os oficiais dos registros públicos de que trata a Lei n. 6.015, de 31 de dezembro de 1973 (Lei de Registros Públicos), integram o SERP. § 2.º A consulta a que se refere o inciso X do *caput* deste artigo será realizada com base em indicador pessoal ou, quando compreender bem especificamente identificável, mediante critérios relativos ao bem objeto de busca. § 3.º O SERP deverá: I — observar os padrões e os requisitos de documentos, de conexão e de funcionamento estabelecidos pela Corregedoria Nacional de Justiça do Conselho Nacional de Justiça; e II — garantir a segurança da informação e a continuidade da prestação do serviço dos registros públicos. § 4.º O SERP terá operador nacional, sob a forma de pessoa jurídica de direito privado, na forma prevista nos incisos I ou III do *caput* do art. 44 da Lei n. 10.406, de 10 de janeiro de 2002 (Código Civil), na modalidade de entidade civil sem fins lucrativos, nos termos estabelecidos pela Corregedoria Nacional de Justiça do

Além disso, o SERP facilitará a recepção e o envio de documentos em formato eletrônico, a visualização eletrônica dos atos registrados e o intercâmbio de informações com entes públicos e usuários em geral, incluindo instituições financeiras e tabeliães. Com essas funções, o SERP concretiza-se como uma forma de aumentar a transparência e o acesso à informação.

O sistema também permitirá consultas a indisponibilidades de bens, restrições e gravames incidentes sobre bens móveis e imóveis, e atos em que a pessoa pesquisada conste como devedora ou titular de direitos sobre bens constritos.

Vale destacar que o **SERP** deve **observar padrões e requisitos** estabelecidos pela **Corregedoria Nacional de Justiça, garantir a segurança da informação** e a **continuidade do serviço,** e ter um **operador nacional** sob a **forma de pessoa jurídica de direito privado,** sem fins lucrativos.

Os **oficiais dos registros públicos** são **integrantes** essenciais do **SERP** e devem aderir ao sistema, promovendo sua implantação e funcionamento adequado, conforme estabelecido pelo art. 4.º da Lei n. 12.382/2022[36]. A **adesão é obrigatória,** e o descumprimento das disposições pode resultar em penalidades.

Conselho Nacional de Justiça" (BRASIL. *Lei n. 14.382, de 27 de junho de 2022.* Dispõe sobre o Sistema Eletrônico dos Registros Públicos (SERP); altera as Leis n. 4.591, de 16 de dezembro de 1964, 6.015, de 31 de dezembro de 1973 (Lei de Registros Públicos), 6.766, de 19 de dezembro de 1979, 8.935, de 18 de novembro de 1994, 10.406, de 10 de janeiro de 2002 (Código Civil), 11.977, de 7 de julho de 2009, 13.097, de 19 de janeiro de 2015, e 13.465, de 11 de julho de 2017; e revoga a Lei n. 9.042, de 9 de maio de 1995, e dispositivos das Leis n. 4.864, de 29 de novembro de 1965, 8.212, de 24 de julho de 1991, 12.441, de 11 de julho de 2011, 12.810, de 15 de maio de 2013, e 14.195, de 26 de agosto de 2021. Disponível em: https://www.planalto.gov.br/ccivil_03/_ato2019-2022/2022/lei/l14382.htm. Acesso em: 18 abr. 2024).

[36] "Art. 4.º Compete aos oficiais dos registros públicos promover a implantação e o funcionamento adequado do SERP, com a disponibilização das informações necessárias, nos termos estabelecidos pela Corregedoria Nacional de Justiça do Conselho Nacional de Justiça, especialmente das informações relativas: I — às garantias de origem legal, convencional ou processual, aos contratos de arrendamento mercantil financeiro e às cessões convencionais de crédito, constituídos no âmbito da sua competência; e II — aos dados necessários à produção de índices e de indicadores estatísticos. § 1.º É obrigatória a adesão ao SERP dos oficiais dos registros públicos de que trata a Lei n. 6.015, de 31 de dezembro de 1973 (Lei de Registros Públicos), ou dos responsáveis interinos pelo expediente. § 2.º O descumprimento do disposto neste artigo ensejará a aplicação das penas previstas no art. 32 da Lei n. 8.935, de 18 de novembro de 1994, nos termos estabelecidos pela Corregedoria Nacional de Justiça do Conselho Nacional de Justiça" (BRASIL. *Lei n. 14.382, de 27 de junho de 2022.* Dispõe sobre o Sistema Eletrônico dos Registros Públicos (SERP); altera as Leis n. 4.591, de 16 de dezembro de 1964, 6.015, de 31 de dezembro de 1973 (Lei de Registros Públicos), 6.766, de 19 de dezembro de 1979, 8.935, de 18 de novembro de 1994, 10.406, de 10 de janeiro de 2002 (Código Civil), 11.977, de 7 de julho de 2009, 13.097, de 19 de janeiro de 2015, e 13.465, de 11 de julho de 2017; e revoga a Lei n. 9.042, de 9 de maio de 1995, e dispositivos das Leis n. 4.864, de 29 de novembro de 1965, 8.212, de 24 de julho de 1991, 12.441, de 11 de julho de 2011, 12.810, de 15 de maio de 2013, e 14.195, de 26 de agosto de 2021. Disponível em: https://www.planalto.gov.br/ccivil_03/_ato2019-2022/2022/lei/l14382.htm. Acesso em: 18 abr. 2024).

> A lei também institui[37] o **Fundo para a Implementação e Custeio do Sistema Eletrônico dos Registros Públicos (FICS)**, que será **financiado** pelos **oficiais dos registros públicos**. A **Corregedoria Nacional de Justiça** terá a responsabilidade de **disciplinar a receita do FICS**, estabelecer cotas de participação, fiscalizar o recolhimento e supervisionar a aplicação dos recursos. Oficiais que desenvolverem sistemas interoperáveis poderão ser dispensados da subvenção do FICS.

Sérgio Jacomino[38], ao discutir a Lei n. 14.382/2022 e o Sistema Eletrônico de Registros Públicos (SERP), apresenta a visão de que o **SERP** deve funcionar primariamente **como um *hub***, ou seja, um **portal centralizado** que facilita o **acesso e a troca de mensagens** entre as **diversas unidades** de registros públicos e as **centrais de especialidades**, tendo como objetivo coordenar e **distribuir** as **demandas externas** para efeito de **interconexão (visão vertical)** e promover a **interoperabilidade** entre as **centrais e unidades (visão horizontal)**.

O SERP foi regulamentado pelo Provimento n. 139/2023 da CNJ, que foi revogado pelo Provimento n. 149/2023, que trata sobre o tema em seus arts. 211 a 228-H.

> O **Provimento n. 149 da CNJ** estabelece diretrizes para a integração e funcionamento do SERP, conforme a Lei n. 14.382 de 2022, informando que tal sistema deve ser integrado obrigatoriamente pelos oficiais de registros públicos, que devem fornecer as informações necessárias para sua implantação e funcionamento eficaz. O SERP deve operar seguindo os princípios da Administração Pública e dos serviços notariais e registrais, como legalidade, impessoalidade e eficiência[39].

---

[37] "Art. 5.º Fica criado o Fundo para a Implementação e Custeio do Sistema Eletrônico dos Registros Públicos (FICS), subvencionado pelos oficiais dos registros públicos, respeitado o disposto no § 9.º do art. 76 da Lei n. 13.465, de 11 de julho de 2017. § 1.º Caberá à Corregedoria Nacional de Justiça do Conselho Nacional de Justiça: I — disciplinar a instituição da receita do FICS; II — estabelecer as cotas de participação dos oficiais dos registros públicos; III — fiscalizar o recolhimento das cotas de participação dos oficiais dos registros públicos; e IV — supervisionar a aplicação dos recursos e as despesas incorridas. § 2.º Os oficiais dos registros públicos ficam dispensados de participar da subvenção do FICS na hipótese de desenvolverem e utilizarem sistemas e plataformas interoperáveis necessários para a integração plena dos serviços de suas delegações ao SERP, nos termos estabelecidos pela Corregedoria Nacional de Justiça do Conselho Nacional de Justiça" (BRASIL. *Lei n. 14.382, de 27 de junho de 2022*. Dispõe sobre o Sistema Eletrônico dos Registros Públicos (SERP); altera as Leis n. 4.591, de 16 de dezembro de 1964, 6.015, de 31 de dezembro de 1973 (Lei de Registros Públicos), 6.766, de 19 de dezembro de 1979, 8.935, de 18 de novembro de 1994, 10.406, de 10 de janeiro de 2002 (Código Civil), 11.977, de 7 de julho de 2009, 13.097, de 19 de janeiro de 2015, e 13.465, de 11 de julho de 2017; e revoga a Lei n. 9.042, de 9 de maio de 1995, e dispositivos das Leis n. 4.864, de 29 de novembro de 1965, 8.212, de 24 de julho de 1991, 12.441, de 11 de julho de 2011, 12.810, de 15 de maio de 2013, e 14.195, de 26 de agosto de 2021. Disponível em: https://www.planalto.gov.br/ccivil_03/_ato2019-2022/2022/lei/l14382.htm. Acesso em: 18 abr. 2024).

[38] JACOMINO, S. Lei 14.382/2022. SERP e a função pública delegada. *Migalhas*. Disponível em: https://www.migalhas.com.br/coluna/migalhas-notariais-e-registrais/372594/lei-14-382-22--serp--e-a-funcao-publica-delegada. Acesso em: 18 abr. 2024.

[39] "Art. 211. O Sistema Eletrônico de Registros Público (SERP), previsto na Lei n. 14.382, de 27 de junho de 2022, será integrado tecnologicamente e de forma obrigatória pelos oficiais de registros públicos de que trata a Lei n. 6.015, de 31 de dezembro de 1973, responsáveis interinos ou interventores, que disponibilizarão, nos termos estabelecidos pela Corregedoria Nacional de Justiça, as

Além disso, o provimento cria o **Operador Nacional do Sistema Eletrônico dos Registros Públicos (ONSERP)**[40], uma **entidade civil** sem fins lucrativos, responsável pela **implantação, manutenção e operação do SERP**. O ONSERP será **gerido** por um **Comitê Executivo de Gestão** e terá **sede** em Brasília. Suas **atribuições** incluem a **coordenação do SERP**, a **operação do sistema** em conformidade com as normas da Corregedoria Nacional de Justiça, a apresentação de **sugestões para a normatização técnica** e a **formulação de indicadores de eficiência**.

---

informações necessárias para a sua adequada implantação e funcionamento. Parágrafo único. O SERP reger-se-á pelos princípios que disciplinam a Administração Pública em geral e os serviços notariais e registrais, em especial, os princípios da legalidade, integridade, impessoalidade, moralidade, razoabilidade, finalidade, motivação, interesse público, eficiência, segurança, adequação, regularidade, continuidade, atualidade, generalidade, publicidade, autenticidade e cortesia na prestação dos serviços" (CNJ. *Provimento n. 149, de 30 de agosto de 2023.* Institui o Código Nacional de Normas da Corregedoria Nacional de Justiça do Conselho Nacional de Justiça — Foro Extrajudicial (CNN/CN/CNJ-Extra), que regulamenta os serviços notariais e de registro. Disponível em: https://atos.cnj.jus.br/atos/detalhar/5243. Acesso em: 18 abr. 2024).

[40] "Art. 212. Para promover a implantação, a manutenção e o funcionamento do Sistema Eletrônico de Registros Públicos (SERP), será constituído o Operador Nacional do Sistema Eletrônico dos Registros Públicos (ONSERP), sob a forma de pessoa jurídica de direito privado, prevista nos incisos I e III do art. 44 da Lei n. 10.406, de 10 de janeiro de 2002 (Código Civil), na modalidade de entidade civil sem fins lucrativos, de forma a viabilizar os objetivos constantes no art. 3.º da Lei n. 14.382, de 2022. § 1.º Integrarão o ONSERP o Operador Nacional do Sistema de Registro Eletrônico de Imóveis (ONR) e os operadores nacionais de registros públicos mencionados neste Capítulo. § 2.º A gestão do ONSERP ficará a cargo do Comitê Executivo de Gestão, composto pelos presidentes dos operadores nacionais de registros públicos, que funcionará sob a orientação e a fiscalização da Corregedoria Nacional de Justiça. § 3.º O ONSERP terá sede e foro em Brasília, Distrito Federal. § 4.º São atribuições do ONSERP: I — a implantação e coordenação do SERP, visando ao seu funcionamento uniforme, apoiando os demais operadores nacionais de registros e atuando em cooperação com a Corregedoria Nacional de Justiça e as corregedorias-gerais da Justiça; II — a operação do Sistema Eletrônico de Registros Públicos (SERP) em consonância com norma específica da Corregedoria Nacional de Justiça, organizando e desenvolvendo as suas atividades estatutárias sob permanente supervisão do agente regulador; III — a apresentação de sugestões à Corregedoria Nacional de Justiça para edição de instruções técnicas de normatização aplicáveis ao SERP, de modo a propiciar a operação segura do sistema, a interoperabilidade de dados e documentos e a longevidade de arquivos eletrônicos, como também a adaptação eletrônica dos requisitos jurídico-formais implicados nos serviços, visando garantir a autenticidade e a segurança das operações realizadas com documentos digitais; e IV — a formulação de indicadores de eficiência e a implementação de sistemas em apoio às atividades das corregedorias-gerais da Justiça e do CNJ, que permitam a inspeção remota. § 5.º O ONSERP observará: I — o cumprimento das leis, dos regulamentos, das normas externas e internas, dos convênios e dos contratos, notadamente as normas editadas pela Corregedoria Nacional de Justiça, conforme se extrai dos dispositivos da Lei n. 14.382, de 2022; II — as normas que regem o segredo de justiça, os sigilos profissional, bancário e fiscal, a autonomia do registrador e sua independência no exercício de suas atribuições, nos termos da Lei n. 8.935, de 18 de novembro de 1994; e III — as normas gerais e específicas aplicáveis à proteção de dados pessoais, conforme dispõe a Lei Geral de Proteção de Dados (Lei n. 13.709/2018) e este Código Nacional de Normas. § 6.º Como órgão técnico do ONSERP, deverá ser instituído, dentro de sua estrutura, o Comitê de Normas Técnicas (CNT/SERP), que elaborará Instruções Técnicas de Normalização (ITN) aplicáveis ao SERP, a serem homologadas pela Corregedoria Nacional de Justiça, para propiciar a operação segura do sistema, a interoperabilidade de dados e documentos e a longevidade

O ONSERP deve cumprir as leis e os regulamentos aplicáveis, respeitar os sigilos e a autonomia dos registradores, e seguir as normas de proteção de dados pessoais. Um Comitê de Normas Técnicas será estabelecido dentro do ONSERP para elaborar Instruções Técnicas de Normalização aplicáveis ao SERP, garantindo a segurança e autenticidade das operações digitais.

Quanto à **sustentação financeira** das entidades responsáveis pelos registros públicos eletrônicos no Brasil, o seu **financiamento** virá do Fundo para a Implementação e Custeio do Sistema Eletrônico dos Registros Públicos **(FIC-ONSERP)**, no qual os **oficiais dos registros públicos contribuirão** para esse fundo de forma **indireta**, por meio de **repasses** de uma parte das **rendas de outros fundos específicos**[41].

Aspecto	Descrição
Natureza jurídica	▪ Entidade civil sem fins lucrativos
Sede	▪ Brasília, Distrito Federal
Gestão	▪ Gerido por um Comitê Executivo de Gestão
Atribuições	▪ Coordenação do SERP ▪ Operação do sistema em conformidade com as normas da Corregedoria Nacional de Justiça. ▪ Apresentação de sugestões para normatização técnica ▪ Formulação de indicadores de eficiência
Normas e regulamentos	▪ Cumprimento das leis e regulamentos aplicáveis ▪ Respeito aos sigilos e à autonomia dos registradores ▪ Observância das normas de proteção de dados pessoais
Comitê de normas técnicas	▪ Estabelecido dentro do ONSERP ▪ Responsável pela elaboração de Instruções Técnicas de Normalização aplicáveis ao SERP ▪ Garante segurança e autenticidade nas operações digitais
Sustentação financeira	▪ Financiado pelo Fundo para a Implementação e Custeio do Sistema Eletrônico dos Registros Públicos (FIC-ONSERP) ▪ Oficiais dos registros públicos contribuem de forma indireta por meio de repasses

---

de arquivos eletrônicos, como também a adaptação eletrônica dos requisitos jurídico-formais implicados nos serviços, visando garantir a autenticidade e a segurança das operações realizadas com documentos informáticos, inclusive tratando das diretrizes técnicas para uso de assinaturas eletrônicas perante os registros públicos" (CNJ. Provimento n. 149, de 30 de agosto de 2023. Instituiu o Código Nacional de Normas da Corregedoria Nacional de Justiça do Conselho Nacional de Justiça — Foro Extrajudicial (CNN/CN/CNJ-Extra), que regulamenta os serviços notariais e de registro. Disponível em: https://atos.cnj.jus.br/atos/detalhar/5243. Acesso em: 18 abr. 2024).

[41] "Art. 217. Os recursos financeiros para desenvolvimento, implantação, sustentação e evolução do Sistema Eletrônico de Registros Públicos (SERP) advirão do Fundo para a Implementação e Custeio do Sistema Eletrônico dos Registros Públicos (FIC-ONSERP), criado pelo art. 5.º da Lei 14.382, de 2022. Parágrafo único. O FIC-ONSERP será subvencionado indiretamente pelos oficiais dos registros públicos, responsáveis interinos ou interventores, dos estados e do Distrito Federal, mediante repasses de percentual das rendas do FIC-RCPN, FIC-RTDPJ e FIC/SREI, em montante a ser definido em processo administrativo análogo ao destinado à definição da cota de participação desses fundos setoriais" (CNJ. *Provimento n. 149, de 30 de agosto de 2023*. Instituiu o Código Nacional de Normas da Corregedoria Nacional de Justiça do Conselho Nacional de Justiça — Foro Extrajudicial (CNN/CN/CNJ-Extra), que regulamenta os serviços notariais e de registro. Disponível em: https://atos.cnj.jus.br/atos/detalhar/5243. Acesso em: 18 abr. 2024).

2.5.1.1. Algumas considerações acerca dos extratos eletrônicos

Ao analisar o Serp, Ana Paula Almada[42] destaca que os títulos são submetidos em formato digital, eliminando a necessidade de apresentação física ou presença do interessado no cartório.

> Todo o processo do título é realizado eletronicamente, desde a protocolização até a entrega final do título registrado, acompanhado do recibo e da certidão eletrônica do ato praticado.

O art. 6.º da Lei n. 14.382/2022[43] estabeleceu diretrizes para a utilização de extratos eletrônicos para registro ou averbação, tratando da recepção, pelos oficiais dos registros públicos, de extratos eletrônicos para registro ou averbação de fatos, atos e negócios

---

[42] GENTIL, Alberto; ALMADA, Ana Paula P. L.; GIGLIOTTI, Andrea *et al. Registros públicos.* Rio de Janeiro: Grupo GEN, 2023. *E-book.* Disponível em: https://app.minhabiblioteca.com.br/#/books/9786559648368/. Acesso em: 18 abr. 2024.

[43] "Art. 6.º Os oficiais dos registros públicos, quando cabível, receberão dos interessados, por meio do SERP, os extratos eletrônicos para registro ou averbação de fatos, de atos e de negócios jurídicos, nos termos do inciso VIII do *caput* do art. 7.º desta Lei. § 1.º Na hipótese de que trata o *caput* deste artigo: I — o oficial: a) qualificará o título pelos elementos, pelas cláusulas e pelas condições constantes do extrato eletrônico; e b) disponibilizará ao requerente as informações relativas à certificação do registro em formato eletrônico; II — o requerente poderá, a seu critério, solicitar o arquivamento da íntegra do instrumento contratual que deu origem ao extrato eletrônico relativo a bens móveis; III — os extratos eletrônicos relativos a bens imóveis deverão, obrigatoriamente, ser acompanhados do arquivamento da íntegra do instrumento contratual, em cópia simples, exceto se apresentados por tabelião de notas, hipótese em que este arquivará o instrumento contratual em pasta própria. IV — os extratos eletrônicos relativos a bens imóveis produzidos pelas instituições financeiras que atuem com crédito imobiliário autorizadas a celebrar instrumentos particulares com caráter de escritura pública poderão ser apresentados ao registro eletrônico de imóveis e as referidas instituições financeiras arquivarão o instrumento contratual em pasta própria. IV — os extratos eletrônicos relativos a bens imóveis produzidos pelas instituições financeiras que atuem com crédito imobiliário autorizadas a celebrar instrumentos particulares com caráter de escritura pública, bem como os relativos a garantias de crédito rural em cédulas e títulos de crédito do agronegócio, poderão ser apresentados ao registro eletrônico de imóveis, e as referidas instituições financeiras arquivarão o instrumento contratual ou título em pasta própria. § 2.º No caso de extratos eletrônicos para registro ou averbação de atos e negócios jurídicos relativos a bens imóveis, ficará dispensada a atualização prévia da matrícula quanto aos dados objetivos ou subjetivos previstos no art. 176 da Lei n. 6.015, de 31 de dezembro de 1973 (Lei de Registros Públicos), exceto dos dados imprescindíveis para comprovar a subsunção do objeto e das partes aos dados constantes do título apresentado, ressalvado o seguinte: I — não poderá ser criada nova unidade imobiliária por fusão ou desmembramento sem observância da especialidade; e II — subordinar-se-á a dispensa de atualização à correspondência dos dados descritivos do imóvel e dos titulares entre o título e a matrícula. § 3.º Será dispensada, no âmbito do registro de imóveis, a apresentação da escritura de pacto antenupcial, desde que os dados de seu registro e o regime de bens sejam indicados no extrato eletrônico de que trata o *caput* deste artigo, com a informação sobre a existência ou não de cláusulas especiais. § 4.º O instrumento contratual a que se referem os incisos II e III do § 1.º deste artigo será apresentado por meio de documento eletrônico ou digitalizado, nos termos do inciso VIII do *caput* do art. 3.º desta Lei, acompanhado de declaração, assinada eletronicamente, de que seu conteúdo corresponde ao original firmado pelas partes" (BRASIL. *Lei n. 14.382, de 27 de junho de 2022.* Dispõe sobre o Sistema Eletrônico dos Registros Públicos (SERP); altera as Leis n. 4.591, de

jurídicos por meio do SERP. A lei detalha o processo de qualificação do título com base nos elementos do extrato eletrônico e a disponibilização das informações de certificação do registro em formato eletrônico ao requerente.

▪ **Para bens móveis:** o requerente **pode solicitar** o arquivamento da **íntegra do instrumento** contratual que originou o extrato eletrônico.

▪ **Para bens imóveis:** é **obrigatório** acompanhar os **extratos eletrônicos** com o **arquivamento da íntegra do instrumento** contratual, **exceto** quando apresentados por **tabelião de notas**, que deverá arquivar o instrumento em pasta própria. **Instituições financeiras** que atuam com **crédito imobiliário** e estão autorizadas a celebrar instrumentos particulares com caráter de escritura pública **também** devem arquivar o instrumento contratual em pasta própria.

Tipo de bem	Regras de arquivamento
Bens móveis	O requerente pode solicitar o arquivamento da íntegra do instrumento contratual que originou o extrato eletrônico
Bens imóveis	É obrigatório acompanhar os extratos eletrônicos com o arquivamento da íntegra do instrumento contratual Exceções: ▪ Quando apresentados por tabelião de notas, o instrumento deve ser arquivado em pasta própria pelo tabelião ▪ Instituições financeiras autorizadas a celebrar instrumentos particulares com caráter de escritura pública também devem arquivar o instrumento contratual em pasta própria

A lei ainda prevê a **dispensa da atualização prévia da matrícula** em relação a **dados objetivos ou subjetivos, exceto** aqueles **imprescindíveis** para comprovar a **subsunção do objeto e das partes** aos dados do título apresentado. Além disso, não será permitida a criação de nova unidade imobiliária por fusão ou desmembramento sem a observância da especialidade, e a **dispensa de atualização** está **subordinada** à **correspondência** dos dados descritivos do imóvel e dos titulares entre **o título e a matrícula**.

No âmbito do registro de imóveis, a **apresentação** da escritura de **pacto antenupcial** será **dispensada**, desde que os **dados** de seu registro e o regime de bens sejam indicados no **extrato eletrônico**, com a informação sobre a existência ou não de cláusulas especiais.

Por fim, o instrumento contratual referente a bens móveis e imóveis será apresentado por meio de **documento eletrônico ou digitalizado**, acompanhado de

---

16 de dezembro de 1964, 6.015, de 31 de dezembro de 1973 (Lei de Registros Públicos), 6.766, de 19 de dezembro de 1979, 8.935, de 18 de novembro de 1994, 10.406, de 10 de janeiro de 2002 (Código Civil), 11.977, de 7 de julho de 2009, 13.097, de 19 de janeiro de 2015, e 13.465, de 11 de julho de 2017; e revoga a Lei n. 9.042, de 9 de maio de 1995, e dispositivos das Leis n. 4.864, de 29 de novembro de 1965, 8.212, de 24 de julho de 1991, 12.441, de 11 de julho de 2011, 12.810, de 15 de maio de 2013, e 14.195, de 26 de agosto de 2021. Disponível em: https://www.planalto.gov.br/ccivil_03/_ato2019-2022/2022/lei/l14382.htm. Acesso em: 18 abr. 2024).

declaração eletrônica que ateste a **correspondência** do conteúdo **ao original** firmado pelas partes.

É perceptível o intuito do SERP em simplificar o processo de registro e averbação, promovendo maior eficiência no tratamento de atos e negócios jurídicos relacionados a bens móveis e imóveis.

2.5.2. O SERP E A FUNÇÃO PÚBLICA DELEGADA

Pouco após a Lei n. 14.382/2022 ser sancionada, Sérgio Jacomino[44] expressou sua preocupação com o texto da norma, argumentando que ela atribui ao SERP funções que são exclusivas dos registradores e, portanto, não podem ser subdelegadas. Ele destaca que os incisos do art. 3.º da lei contêm disposições que podem comprometer o perfil institucional e constitucional das atividades notariais e registrais, que são de natureza estatal e jurídica.

O autor aponta que a criação de entidades privadas, conforme mencionado no § 4.º do art. 3.º, pode afetar a estatalidade dessas atividades e sugere que a análise dos incisos do art. 3.º deve ser feita cuidadosamente, começando pelo inciso I, que trata especificamente do SERP.

Portanto, a opinião de Jacomino é que a lei, ao tentar modernizar e facilitar os serviços de registros públicos por meio do SERP, pode inadvertidamente desvirtuar a essência das atividades notariais e registrais, que são fundamentais para o estado de direito e devem permanecer sob a gestão direta do poder público, sem subdelegação a entidades privadas.

Jacomino enfatiza a necessidade de preservar a natureza jurídica estatal dessas atividades, garantindo que elas continuem a ser realizadas por registradores públicos competentes e não por um sistema eletrônico que possa ultrapassar suas funções legítimas.

Para o autor, o **SERP** deve atuar como uma **camada externa** do **sistema registral**, servindo como um **portal de serviços compartilhados** entre as diferentes especialidades de registros, ficando estabelecida como uma **plataforma acessória** para o **registro público eletrônico** dos atos e negócios jurídicos. O que não cabe ao SERP, em sua opinião, é o ato de expedir certidões, seja em formato eletrônico ou em papel. Além disso, o SERP não deve concentrar dados, títulos e informações, mesmo que temporariamente para posterior distribuição às serventias dos registros públicos competentes.

Assim, existe a preocupação de que a Lei n. 14.382/2022, ao criar o Sistema Eletrônico de Registros Públicos (SERP), pode estar atribuindo indevidamente a entidades coletivas personalizadas poderes que são exclusivos de pessoas físicas, especificamente os registradores públicos, de forma a desconsiderar que a fé pública e a autenticidade são qualidades inerentes às pessoas físicas que não podem ser transferidas para uma pessoa jurídica ou coletiva.

---

[44] JACOMINO, S. Lei 14.382/2022 — SERP e a função pública delegada. *Migalhas*. Disponível em: https://www.migalhas.com.br/coluna/migalhas-notariais-e-registrais/372594/lei-14-382-22--serp--e-a-funcao-publica-delegada. Acesso em: 18 abr. 2024.

Essa questão tem previsão na Lei n. 8.935/94, que estabelece que as **atividades notariais e de registro** são exercidas por **profissionais do direito dotados de fé pública**, e que as competências são atribuídas diretamente aos delegatários, **não a entidades jurídicas**.

> **Art. 3.º** Notário, ou tabelião, e oficial de registro, ou registrador, são profissionais do direito, dotados de fé pública, a quem é delegado o exercício da atividade notarial e de registro.

A análise que precisa ser feita é se a subdelegação de atribuições e funções a entidades privadas poder levar a problemas de responsabilidade civil, administrativa e penal, além de representar uma subversão do modelo constitucional.

2.5.3. SISTEMA DE REGISTRO ELETRÔNICO DE IMÓVEIS (SREI)

O texto inicial do Provimento n. 89 do Conselho Nacional de Justiça (CNJ) estabelece uma série de considerações que fundamentam a necessidade de modernização e aperfeiçoamento dos serviços extrajudiciais, em particular os serviços de registro de imóveis.

Primeiramente, o texto reafirma o poder de fiscalização e normatização do Poder Judiciário sobre seus órgãos, bem como a competência do Poder Judiciário e da Corregedoria Nacional de Justiça para fiscalizar e aperfeiçoar os serviços extrajudiciais, conforme estabelecido na Constituição Federal de 1988.

O texto também destaca a necessidade **constante de aperfeiçoamento dos serviços extrajudiciais** para proporcionar a **melhor prestação de serviço** ao cidadão, respeitando os princípios da **supremacia do interesse público**, da **eficiência, da continuidade do serviço público e da segurança jurídica**.

Uma das principais inovações propostas pelo Provimento n. 89 é a criação do **Sistema de Registro Eletrônico de Imóveis (SREI)** com a finalidade de promover a **troca de informações** entre os cartórios de registro de imóveis, as autoridades judiciárias, os órgãos públicos e a população. O compartilhamento de recursos, conforme explicado por Sergio Jacomino[45], visa a **eficiência e a boa administração das funções registrais**, sem implicar em centralização de dados ou perda de autonomia dos registradores.

É no mesmo sentido a fala do Ministro Dias Toffoli no acórdão 0003703-65.2020.2.00.0000, decisão que ajudou a moldar o desenvolvimento do SREI, na qual ele aduziu que o:

> [...] compartilhamento das plataformas eletrônicas não retira a autonomia e a independência de cada registrador no exercício do seu juízo de qualificação dos títulos a registrar conforme as suas competências, nem tampouco os exime da responsabilidade de guarda e conservação dos assentamentos a seu cargo. Todavia, é da natureza dos meios eletrônicos a adoção de padrões universais, para o nivelamento dos serviços. Mas eles

---

[45] JACOMINO, S. Lei 14.382/2022. SERP e a função pública delegada. *Migalhas*. Disponível em: https://www.migalhas.com.br/coluna/migalhas-notariais-e-registrais/372594/lei-14-382-22--serp--e-a-funcao-publica-delegada. Acesso em: 18 abr. 2024.

são meras ferramentas de trabalho que podem ser compartilhadas, por simples questão de racionalidade, adequação, eficiência e economicidade. É isso apenas.

PEDIDO DE PROVIDÊNCIAS. RATIFICAÇÃO DE LIMINAR. COBRANÇA DE CONTRIBUIÇÃO OU TAXAS POR SERVIÇOS PRESTADOS POR CENTRAIS CARTORÁRIAS SEM PREVISÃO LEGAL. IMPOSSIBILIDADE. 1. Presentes os requisitos do art. 25, XI, do RICNJ, caberá ao relator deferir a medida liminar urgente e acauteladora de forma motivada. 2. Não cabe a nenhuma central cartorária do País efetuar cobranças dos seus usuários, ainda que travestidas de contribuições ou taxas, pela prestação de seus serviços, sem previsão legal. A atividade extrajudicial é um serviço público, exercido em caráter privado, cujos valores dos emolumentos e das taxas cartorárias pressupõem a prévia existência de lei estadual ou distrital. 3. Liminar ratificada (CNJ, Acordão 0003703-65.2020.2.00.0000, Rel. Humberto Martins, j. 23.06.2020).

O SREI disponibiliza uma variedade de serviços digitais, incluindo a solicitação de certidões, o acesso eletrônico ao registro do imóvel, e uma funcionalidade de pesquisa patrimonial que possibilita a localização de propriedades imobiliárias registradas pelo CPF ou CNPJ. Conforme estabelecido pelo art. 76 da Lei n. 13.465/2017, é mandatório que todos os cartórios de registro de imóveis dos Estados e do Distrito Federal implementem e integrem o sistema.

Especificamente sobre a **estrutura do portal do SREI**, ela é formada pelo **Serviço de Atendimento Eletrônico Compartilhado**, além dos sistemas de **Penhora *On-line*, Ofício Eletrônico** e a **Central Nacional de Indisponibilidade de Bens**, todos sob a **gestão** do Operador Nacional do Sistema de Registro Eletrônico de Imóveis **(ONR)**.

2.5.3.1. Objetivo do Sistema de Registro Eletrônico de Imóveis (SREI)

Como visto, o Provimento n. 89 da CNJ estabelece as diretrizes para a implementação do Sistema de Registro Eletrônico de Imóveis (SREI), que tem como **objetivo principal a universalização das atividades** de registro público imobiliário[46], garantindo que **todos os cidadãos tenham acesso** igualitário a esses serviços essenciais, independentemente de onde estejam localizados.

A **governança corporativa das serventias** de registros de imóveis é outro **pilar fundamental do SREI**, visando a adoção de **práticas** de gestão e controle que promovam a **eficiência e a transparência**. Além disso, a instituição do sistema de registro eletrônico de imóveis, prevista no art. 37 da Lei n. 11.977/2009, é uma iniciativa que

---

[46] "Art. 8.º O Sistema de Registro Eletrônico de Imóveis — SREI tem como objetivo a universalização das atividades de registro público imobiliário, a adoção de governança corporativa das serventias de registros de imóveis e a instituição do sistema de registro eletrônico de imóveis previsto no art. 37 da Lei n. 11.977/2009" (CNJ. *Provimento n. 89, de 18 de dezembro de 2019*. Regulamenta o Código Nacional de Matrículas — CNM, o Sistema de Registro Eletrônico de Imóveis — SREI, o Serviço de Atendimento Eletrônico Compartilhado — SAEC, o acesso da Administração Pública Federal às informações do SREI e estabelece diretrizes para o estatuto do Operador Nacional do Sistema de Registro Eletrônico — ONR. Disponível em: https://atos.cnj.jus.br/atos/detalhar/3131. Acesso em: 18 abr. 2024).

busca integrar e modernizar os processos de registro, facilitando o acesso e a gestão dos registros imobiliários.

> **Art. 37.** Os serviços de registros públicos de que trata a Lei n. 6.015, de 31 de dezembro de 1973 (Lei de Registros Públicos) promoverão a implantação e o funcionamento adequado do Sistema Eletrônico dos Registros Públicos (SERP), nos termos da Medida Provisória n. 1.085, de 27 de dezembro de 2021.

O sistema busca **garantir a segurança da informação e a continuidade do serviço público de registro de imóveis**, promovendo a interconexão e a interoperabilidade das bases de dados entre as serventias de registro de imóveis, como descrito nos §§ 1.º e 2.º do art. 8.º.

> **Art. 8.º.** (...)
> § 1.º O SREI deve garantir a segurança da informação e a continuidade da prestação do serviço público de registro de imóveis, observando os padrões técnicos, critérios legais e regulamentares, promovendo a interconexão das serventias.
> § 2.º Na interconexão de todas as unidades do serviço de registro de imóveis, o SREI deve prever a interoperabilidade das bases de dados, permanecendo tais dados nas serventias de registro de imóveis sob a guarda e conservação dos respectivos oficiais.

A interconexão das serventias é uma medida que visa promover a interoperabilidade das bases de dados, mantendo-as sob a guarda e conservação dos oficiais de registro de imóveis, conforme o § 2.º do art. mencionado.

Em resumo, o SREI é uma iniciativa que reflete o compromisso da CNJ com a modernização e a eficiência do sistema de registro de imóveis no Brasil, promovendo a integração e a segurança dos registros imobiliários em um ambiente eletrônico inovador e acessível.

2.5.3.2. Atribuições

O art. 3.º da Lei n. 14.382/2022 traça os objetivos do SERP e automaticamente elenca algumas das atribuições do sistema, que se aplicam às relações que envolvam oficiais de registros bem como os usuários. Destacam-se os principais objetivos do SERP:

- **Registro público eletrônico:** o SERP tem como objetivo **viabilizar o registro público eletrônico** dos atos e negócios jurídicos. Isso significa que todos os registros poderão ser feitos de forma digital, proporcionando mais agilidade e segurança nas transações.
- **Interconexão entre as serventias:** o sistema permite a interconexão entre as diversas serventias dos registros públicos, **facilitando a troca de informações** entre os **diferentes órgãos** responsáveis pelo registro de documentos no Brasil.
- **Interoperabilidade de bases de dados:** o SERP também assegura a **interoperabilidade das bases de dados entre as serventias de registros públicos** e **entre essas serventias e o próprio sistema**, o que garante que informações possam ser acessadas de forma eficiente por diferentes unidades de registro.

☐ **Atendimento remoto:** o sistema possibilita o **atendimento remoto aos usuários**, por meio da internet, permitindo que as pessoas acessem serviços das serventias de registros públicos sem a necessidade de se deslocar fisicamente.

☐ **Envio e recepção de documentos eletrônicos:** o SERP facilita a **recepção e o envio de documentos e títulos de forma eletrônica**, além da **expedição de certidões** e da **prestação de informações**, de forma centralizada, para posterior distribuição às serventias competentes.

☐ **Visualização eletrônica de atos:** outro objetivo do SERP é **permitir a visualização eletrônica** dos atos que foram **transcritos, registrados ou averbados** nas serventias de registros públicos, aumentando a **transparência e o acesso à informação**.

☐ **Intercâmbio de documentos e informações:** o sistema também tem como objetivo **promover o intercâmbio de documentos eletrônicos e informações entre as serventias** de registros públicos e **outros entes públicos**, como o Sistema Integrado de Recuperação de Ativos (SIRA), e entre os usuários em geral, incluindo instituições financeiras e outros órgãos autorizados pelo Banco Central do Brasil.

☐ **Armazenamento de documentos eletrônicos:** o SERP deve garantir o **armazenamento seguro de documentos eletrônicos**, dando suporte aos atos registrais e assegurando a integridade dos dados.

☐ **Divulgação de índices e indicadores estatísticos:** o sistema também visa **divulgar índices e indicadores estatísticos** obtidos a partir dos dados fornecidos pelos oficiais dos registros públicos, contribuindo para o **acompanhamento e a análise do desempenho** dos serviços de registros públicos.

☐ **Consulta a restrições e gravames:** o SERP facilita a **consulta a informações sobre indisponibilidade** de bens decretadas por **entes públicos ou pelo Poder Judiciário**, bem como sobre **restrições e gravames incidentes sobre bens** móveis e imóveis registrados. Além disso, possibilita **consultas sobre dívidas, garantias reais e direitos sobre bens com restrições** processuais ou administrativas.

O SERP poderá oferecer outros serviços conforme forem estabelecidos pela Corregedoria Nacional de Justiça, atendendo às necessidades dos usuários e das serventias de registros públicos.

2.5.3.3. Elementos do SREI

O SREI é composto dos seguintes elementos:

☐ o registro imobiliário eletrônico;

☐ os repositórios registrais eletrônicos formados nos ofícios de registro de imóveis para o acolhimento de dados e para o armazenamento de documentos eletrônicos;

☐ os serviços destinados à recepção e ao envio de documentos e títulos em formato eletrônico para o usuário que fez a opção pelo atendimento remoto, prestados pelo SAEC e pelas centrais de serviços eletrônicos compartilhados nos estados e no Distrito Federal;

☐ os serviços de expedição de certidões e de informações, em formato eletrônico, prestados aos usuários presenciais e remotos;

■ o intercâmbio de documentos eletrônicos e de informações entre os ofícios de registro de imóveis, o Poder Judiciário e a administração pública.

Para **viabilizar a implantação** do registro imobiliário eletrônico, os ofícios de registro de imóveis devem **adotar parâmetros e rotinas operacionais específicos**, incluindo a numeração única de identificação do pedido, processamento eletrônico dos pedidos e a criação da matrícula eletrônica[47]. Tais medidas visam aumentar a eficiência, reduzir prazos e custos e melhorar a segurança e celeridade dos serviços prestados aos cidadãos.

O **SAEC (Serviço de Atendimento Eletrônico Compartilhado)**[48] é uma **plataforma centralizada** destinada ao atendimento remoto dos usuários, consolidação de

---

[47] "Art.10. Para viabilizar a implantação do registro imobiliário eletrônico, os ofícios de registro de imóveis deverão adotar os seguintes parâmetros e rotinas operacionais: I — numeração única de identificação do pedido para o atendimento presencial e remoto, que identifica a serventia, o tipo de pedido e o número do pedido na própria serventia, sem prejuízo às regras de prioridade e precedência existentes na legislação; II — o processamento do pedido apresentado presencialmente também deve ser realizado em meio eletrônico, devendo os documentos apresentados serem digitalizados e assinados no início do processo; III — estabelecimento da "primeira qualificação eletrônica" com o objetivo de permitir a migração de um registro de imóvel existente efetuado no livro em papel, seja transcrição ou matrícula, para o formato de registro eletrônico denominado matrícula eletrônica; IV — anotação, na matrícula eletrônica, da situação jurídica atualizada do imóvel (descrição do imóvel, direitos reais sobre o imóvel e restrições existentes) após cada registro e averbação; V — utilização de objetos que representam a pessoa física ou jurídica e o imóvel envolvido na transação imobiliária como alternativa aos indicadores pessoal e real; VI — registrar os eventos relevantes da operação interna do cartório, considerando como evento cada interação realizada em decorrência de um pedido, tais como, a entrada do pedido, entrada do título de suporte, recebimento e devolução de valores, comunicação de exigências, entrega da certidão, dentre outros; VII — a matrícula eletrônica deve conter dados estruturados que podem ser extraídos de forma automatizada, contendo seções relativas aos controles, atos e situação jurídica do imóvel, constituindo-se em um documento natodigital de conteúdo estruturado. Parágrafo único. O Operador Nacional do Sistema de Registro Eletrônico — ONR disponibilizará aos oficiais de registro de imóveis mecanismos de geração da numeração única de identificação do pedido" (CNJ. *Provimento n. 89, de 18 de dezembro de 2019*. Regulamenta o Código Nacional de Matrículas — CNM, o Sistema de Registro Eletrônico de Imóveis — SREI, o Serviço de Atendimento Eletrônico Compartilhado — SAEC, o acesso da Administração Pública Federal às informações do SREI e estabelece diretrizes para o estatuto do Operador Nacional do Sistema de Registro Eletrônico — ONR. Disponível em: https://atos.cnj.jus.br/atos/detalhar/3131. Acesso em: 18 abr. 2024).

[48] "Art. 15. O Serviço de Atendimento Eletrônico Compartilhado — SAEC será implementado e gerido pelo Operador Nacional do Sistema de Registro Eletrônico — ONR. Art. 16. O Serviço de Atendimento Eletrônico Compartilhado — SAEC é destinado ao atendimento remoto dos usuários de todas as serventias de registro de imóveis do País por meio da internet, à consolidação de dados estatísticos sobre dados e operação das serventias de registro de imóveis, bem como ao desenvolvimento de sistemas de apoio e interoperabilidade com outros sistemas. Parágrafo único. O SAEC constitui-se em uma plataforma eletrônica centralizada que recepciona as solicitações de serviços apresentadas pelos usuários remotos e as distribui às serventias competentes" (CNJ. *Provimento n. 89, de 18 de dezembro de 2019*. Regulamenta o Código Nacional de Matrículas — CNM, o Sistema de Registro Eletrônico de Imóveis — SREI, o Serviço de Atendimento Eletrônico Compartilhado — SAEC, o acesso da Administração Pública Federal às informações do SREI e estabelece diretrizes para o estatuto do Operador Nacional do Sistema de Registro Eletrônico — ONR. Disponível em: https://atos.cnj.jus.br/atos/detalhar/3131. Acesso em: 18 abr. 2024).

dados estatísticos, e desenvolvimento de sistemas de apoio e interoperabilidade. Ele oferece serviços eletrônicos imobiliários, como consultas de informações públicas, solicitação e acompanhamento de pedidos, e expedição de certidões[49].

Ademais, as centrais de serviços eletrônicos compartilhados, criadas em cada Estado e no Distrito Federal, têm como **função o intercâmbio de documentos eletrônicos e informações, recepção e envio de títulos eletrônicos, e expedição de certidões em formato eletrônico**[50].

Por fim, o **acesso da administração pública federal** às informações do SREI é **feito por meio** do Sistema Nacional de Gestão de Informações Territoriais **(SINTER)**, garantindo a harmonia e operacionalidade entre os sistemas. O parágrafo único do art. 28 do provimento estipula que:

> **Art. 28.** (...)
> Parágrafo único. O Operador Nacional do Sistema de Registro Eletrônico — ONR deverá estruturar, por meio do SAEC, a interconexão do SREI com o Sistema Nacional de Gestão de Informações Territoriais (SINTER).

---

[49] "Art. 18. O SAEC deverá oferecer ao usuário remoto os seguintes serviços eletrônicos imobiliários a partir de um ponto único de contato na internet: I — consulta de Informações Públicas como a relação de cartórios, circunscrição, tabela de custas e outras informações que podem ser disponibilizadas com acesso público e irrestrito; II — solicitação de pedido que será protocolado e processado pela serventia competente, que compreende: a. Informação de Registro. b. Emissão de Certidão. c. Exame e Cálculo. d. Registro. III — acompanhamento do estado do pedido já solicitado; IV — cancelamento do pedido já solicitado, desde que não tenha sido efetivado; V — regularização do pedido quando há necessidade de alteração ou complementação de títulos ou pagamentos referentes a pedido solicitado quando permitido pela legislação; VI — obtenção dos resultados do pedido, que compreende dentre outros: a. Certidão. b. Nota de Exigência. c. Nota de Exame e Cálculo. Parágrafo único. Todas as solicitações feitas pelos usuários remotos por meio do SAEC serão enviadas ao Oficial de Registro de Imóveis competente, que será o único responsável pelo processamento e atendimento" (CNJ. *Provimento n. 89, de 18 de dezembro de 2019*. Regulamenta o Código Nacional de Matrículas — CNM, o Sistema de Registro Eletrônico de Imóveis — SREI, o Serviço de Atendimento Eletrônico Compartilhado — SAEC, o acesso da Administração Pública Federal às informações do SREI e estabelece diretrizes para o estatuto do Operador Nacional do Sistema de Registro Eletrônico — ONR. Disponível em: https://atos.cnj.jus.br/atos/detalhar/3131. Acesso em: 18 abr. 2024).

[50] "Art. 25. Compete às centrais de serviços eletrônicos compartilhados, em conjunto com o SAEC e na forma do regulamento do SREI: I — o intercâmbio de documentos eletrônicos e de informações entre os ofícios de registro de imóveis, o Poder Judiciário, a administração pública e o público em geral; II — a recepção e o envio de títulos em formato eletrônico; III — a expedição de certidões e a prestação de informações em formato eletrônico. Parágrafo único. Todas as solicitações feitas por meio das centrais de serviços eletrônicos compartilhados serão enviadas ao ofício de registro de imóveis competente, que é o único responsável pelo processamento e atendimento" (CNJ. *Provimento n. 89, de 18 de dezembro de 2019*. Regulamenta o Código Nacional de Matrículas — CNM, o Sistema de Registro Eletrônico de Imóveis — SREI, o Serviço de Atendimento Eletrônico Compartilhado — SAEC, o acesso da Administração Pública Federal às informações do SREI e estabelece diretrizes para o estatuto do Operador Nacional do Sistema de Registro Eletrônico — ONR. Disponível em: https://atos.cnj.jus.br/atos/detalhar/3131. Acesso em: 18 abr. 2024).

2.5.3.4. Integrantes do sistema

O **art. 9.º do Provimento n. 89 do Conselho Nacional de Justiça (CNJ)** estabelece os integrantes do Sistema de Registro Eletrônico de Imóveis (SREI). Segundo o artigo, **o SREI será implementado e operado pelo Operador Nacional do Sistema de Registro Eletrônico (ONR).**

> **Art. 9.º** O Sistema de Registro Eletrônico de Imóveis — SREI será implementado e operado pelo Operador Nacional do Sistema de Registro Eletrônico — ONR.
>
> Parágrafo único. São integrantes do Sistema de Registro Eletrônico de Imóveis — SREI, sob coordenação do ONR:
>
> I — os oficiais de registro de imóveis de cada estado e do Distrito Federal;
>
> II — o Serviço de Atendimento Eletrônico Compartilhado — SAEC, de âmbito nacional;
>
> III — as centrais de serviços eletrônicos compartilhados, criadas pelos respectivos oficiais de registro de imóveis em cada Estado e no Distrito Federal, mediante ato normativo da Corregedoria-Geral de Justiça local.

Dentre os integrantes do SREI estão os oficiais de registro de imóveis de cada Estado e do Distrito Federal, que são os responsáveis por manter e atualizar os registros de imóveis em suas respectivas jurisdições.

Além deles, **o Serviço de Atendimento Eletrônico Compartilhado (SAEC) também é considerado integrante do SREI**, sendo o serviço de âmbito nacional que possibilita aos cartórios de registro de imóveis a realização do atendimento pela internet, ou seja, de forma virtual. A ferramenta modernizou a prestação do serviço, operando integrada com outros sistemas já em uso.

A plataforma do SAEC, acessível por meio de um canal único de atendimento, permite solicitar e obter diversos serviços de maneira remota. **A responsabilidade pela integração das unidades cartoriais é do Operador Nacional do Sistema de Registro Eletrônico de Imóveis (ONR), que é regulado pela Corregedoria Nacional de Justiça**[51].

O **objetivo do SAEC** é **conectar** todos os cartórios de registro de imóveis, proporcionando rapidez e segurança jurídica às transações imobiliárias e agilidade a atos da Justiça, como arresto, sequestro e penhoras *on-line* de bens imóveis de origem ilícita.

O SAEC é destinado ao atendimento remoto dos usuários de todas as serventias de registro de imóveis do país por meio da internet. Ele também é **responsável pela consolidação de dados estatísticos** sobre os dados e a operação das serventias de

---

[51] "Art. 15. O Serviço de Atendimento Eletrônico Compartilhado — SAEC será implementado e gerido pelo Operador Nacional do Sistema de Registro Eletrônico – ONR" (CNJ. *Provimento n. 89, de 18 de dezembro de 2019*. Regulamenta o Código Nacional de Matrículas — CNM, o Sistema de Registro Eletrônico de Imóveis — SREI, o Serviço de Atendimento Eletrônico Compartilhado — SAEC, o acesso da Administração Pública Federal às informações do SREI e estabelece diretrizes para o estatuto do Operador Nacional do Sistema de Registro Eletrônico — ONR. Disponível em: https://atos.cnj.jus.br/atos/detalhar/3131. Acesso em: 18 abr. 2024).

registro de imóveis. Além disso, o SAEC **desenvolve sistemas de apoio e promove a interoperabilidade com outros sistemas**.

Quanto às suas **competências adicionais**, elas incluem:

- o desenvolvimento de indicadores de eficiência;
- a estruturação da interconexão do Sistema de Registro Eletrônico de Imóveis (SREI) com o Sistema Nacional de Gestão de Informações Territoriais (SINTER) e outros sistemas públicos nacionais e estrangeiros;
- a promoção da interoperabilidade de seus sistemas com as Centrais de Serviços Eletrônicos Compartilhados dos Estados e do Distrito Federal.

Os arts. 18, 19 e 20 do Provimento n. 89 do Conselho Nacional de Justiça (CNJ) **estabelecem as funções, os serviços e as bases de dados** que o Serviço de Atendimento Eletrônico Compartilhado (SAEC) deve oferecer e manter.

O art. 18[52] estabelece que o **SAEC deve oferecer ao usuário remoto uma série de serviços eletrônicos imobiliários** que incluem a consulta de informações públicas, a solicitação de pedidos que serão protocolados e processados pela serventia competente, o acompanhamento do estado do pedido já solicitado, o cancelamento do pedido já solicitado, a regularização do pedido quando há necessidade de alteração ou complementação de títulos ou pagamentos referentes a pedido solicitado e a obtenção dos resultados do pedido. Todas as solicitações feitas pelos usuários remotos por meio do SAEC serão enviadas ao Oficial de Registro de Imóveis competente, que será o único responsável pelo processamento e atendimento.

O art. 19[53] **classifica os pedidos eletrônicos no âmbito do SAEC** em cinco classes: Classe Tradicional, Classe Ofício, Classe Penhora, Classe Indisponibilidade e

---

[52] "Art. 18. O SAEC deverá oferecer ao usuário remoto os seguintes serviços eletrônicos imobiliários a partir de um ponto único de contato na internet: I — consulta de Informações Públicas como a relação de cartórios, circunscrição, tabela de custas e outras informações que podem ser disponibilizadas com acesso público e irrestrito; II — solicitação de pedido que será protocolado e processado pela serventia competente, que compreende: a. Informação de Registro. b. Emissão de Certidão. c. Exame e Cálculo. d. Registro. III — acompanhamento do estado do pedido já solicitado; IV — cancelamento do pedido já solicitado, desde que não tenha sido efetivado; V — regularização do pedido quando há necessidade de alteração ou complementação de títulos ou pagamentos referentes a pedido solicitado quando permitido pela legislação; VI — obtenção dos resultados do pedido, que compreende dentre outros: a. Certidão. b. Nota de Exigência. c. Nota de Exame e Cálculo. Parágrafo único. Todas as solicitações feitas pelos usuários remotos por meio do SAEC serão enviadas ao Oficial de Registro de Imóveis competente, que será o único responsável pelo processamento e atendimento" (CNJ. *Provimento n. 89, de 18 de dezembro de 2019*. Regulamenta o Código Nacional de Matrículas — CNM, o Sistema de Registro Eletrônico de Imóveis — SREI, o Serviço de Atendimento Eletrônico Compartilhado — SAEC, o acesso da Administração Pública Federal às informações do SREI e estabelece diretrizes para o estatuto do Operador Nacional do Sistema de Registro Eletrônico — ONR. Disponível em: https://atos.cnj.jus.br/atos/detalhar/3131. Acesso em: 18 abr. 2024).

[53] "Art. 19. São classes de pedidos eletrônicos no âmbito do SAEC: I — Classe Tradicional, compreendendo os seguintes tipos de pedido eletrônico: a. Informação de registro que será utilizada para o serviço de informação sobre situação da matrícula, pacto antenupcial ou outra; b. emissão de

Consulta de Inexistência de Propriedade. Cada classe compreende diferentes tipos de pedidos eletrônicos que serão utilizados para diferentes serviços.

E o art. 20[54] estabelece que o **SAEC deve manter três bases de dados**: a **Base Estatística**, que contém os dados estatísticos sobre a operação das serventias de registro de imóveis; a **Base de Indisponibilidade de Bens**, que contém, de forma atualizada, os pedidos de indisponibilidade de bens encaminhados às serventias possivelmente relacionadas ao pedido; e a **Base de CPF/CNPJ**, que contém o número do cadastro na Receita Federal do titular do direito real imobiliário.

Atualmente, a plataforma oferece uma variedade de consultas e serviços, incluindo certidão digital, visualização de matrícula, pesquisa qualificada, pesquisa prévia, protocolo eletrônico de títulos (e-Protocolo), ofício eletrônico, monitor registral, acompanhamento registral *on-line*, penhora eletrônica de imóveis (Penhora *On-line*) e regularização fundiária[55].

---

certidão que será utilizada para o serviço de emissão de certidão; c. exame e cálculo que serão utilizados para o serviço de exame e cálculo; d. Registro que será utilizada para o serviço de registro. II — Classe Ofício, com o tipo de pedido Ofício Eletrônico, que será utilizada para o serviço de tratamento de ofício eletrônico; III — Classe Penhora, compreendendo os seguintes tipos de pedido eletrônico, todos para serem utilizados no serviço de penhora de imóvel: a. consulta de penhora. b. inclusão de penhora. c. exclusão de penhora. IV — Classe Indisponibilidade, compreendendo os seguintes tipos de pedido eletrônico, todos para serem utilizados no serviço de indisponibilidade de bens imóveis: a) consulta de indisponibilidade. b) inclusão de indisponibilidade. c) exclusão de indisponibilidade. V — Consulta de Inexistência de Propriedade, com o tipo de pedido Consulta de Inexistência de Propriedade, para ser utilizado no serviço de consulta de inexistência de propriedade a partir do CPF, notadamente pelos agentes financeiros imobiliários" (CNJ. *Provimento n. 89, de 18 de dezembro de 2019*. Regulamenta o Código Nacional de Matrículas — CNM, o Sistema de Registro Eletrônico de Imóveis — SREI, o Serviço de Atendimento Eletrônico Compartilhado — SAEC, o acesso da Administração Pública Federal às informações do SREI e estabelece diretrizes para o estatuto do Operador Nacional do Sistema de Registro Eletrônico — ONR. Disponível em: https://atos.cnj.jus.br/atos/detalhar/3131. Acesso em: 18 abr. 2024).

[54] "Art. 20. O SAEC deverá manter as seguintes bases de dados: I — Base Estatística contendo os dados estatísticos sobre a operação das serventias de registro de imóveis, objetivando a consolidação de dados de tais serventias; II — Base de Indisponibilidade de Bens contendo, de forma atualizada, os pedidos de indisponibilidade de bens encaminhados às serventias possivelmente relacionadas ao pedido, possibilitando a consulta quando do exame de um registro; III — Base de CPF/CNPJ contendo o número do cadastro na Receita Federal do titular do direito real imobiliário, objetivando a otimização da identificação de propriedade" (CNJ. *Provimento n. 89, de 18 de dezembro de 2019*. Regulamenta o Código Nacional de Matrículas — CNM, o Sistema de Registro Eletrônico de Imóveis — SREI, o Serviço de Atendimento Eletrônico Compartilhado — SAEC, o acesso da Administração Pública Federal às informações do SREI e estabelece diretrizes para o estatuto do Operador Nacional do Sistema de Registro Eletrônico — ONR. Disponível em: https://atos.cnj.jus.br/atos/detalhar/3131. Acesso em: 18 abr. 2024).

[55] LOURENÇO, M. Cartórios de registro de imóveis concluem integração ao SAEC, que completa dois anos de existência. *Agência CNJ de Notícias*. 21 set. 2023. Disponível em: https://www.cnj.jus.br/cartorios-de-registro-de-imoveis-concluem-integracao-ao-saec-que-completa-dois-anos--de-existencia/. Acesso em: 9 maio 2024.

É certo que ainda há funcionalidades a serem desenvolvidas pelo ONR para o cumprimento integral dos serviços eletrônicos pelos Registros de Imóveis, conforme previsto no Código Nacional de Normas do Foro Extrajudicial.

Por fim, **o terceiro integrante do SREI são as centrais de serviços eletrônicos compartilhados**, que são criadas pelos respectivos oficiais de registro de imóveis em cada Estado e no Distrito Federal, mediante ato normativo da Corregedoria-Geral de Justiça local. Haverá uma única central em cada um dos Estados e no Distrito Federal, e caso não seja possível ou conveniente a criação e manutenção de serviços próprios, o tráfego eletrônico será realizado por meio de uma central de serviço eletrônico compartilhado que funcione em outro Estado ou no Distrito Federal ou exclusivamente pelo Serviço de Atendimento Eletrônico Compartilhado (SAEC)[56].

O Provimento n. 89 do CNJ[57] estabelece as competências das centrais de serviços eletrônicos compartilhados, em conjunto com o SAEC e na forma do regulamento do Sistema de Registro Eletrônico de Imóveis (SREI).

Essas competências incluem:

- o intercâmbio de documentos eletrônicos e de informações entre os ofícios de registro de imóveis, o Poder Judiciário, a administração pública e o público em geral;
- a recepção e o envio de títulos em formato eletrônico;
- a expedição de certidões e a prestação de informações em formato eletrônico.

---

[56] "Art. 24. As centrais de serviços eletrônicos compartilhados são criadas pelos respectivos oficiais de registro de imóveis, mediante ato normativo da Corregedoria-Geral de Justiça local. § 1.º Haverá uma única central de serviços eletrônicos compartilhados em cada um dos Estados e no Distrito Federal; § 2.º Onde não seja possível ou conveniente a criação e manutenção de serviços próprios, o tráfego eletrônico far-se-á mediante central de serviço eletrônico compartilhado que funcione em outro Estado ou no Distrito Federal ou exclusivamente pelo SAEC. § 3.º O SAEC exerce a coordenação e o monitoramento das centrais de serviços eletrônicos compartilhados com a finalidade de universalização do acesso ao tráfego eletrônico e para que se prestem os mesmos serviços em todo o País, velando pela interoperabilidade do sistema" (CNJ. *Provimento n. 89, de 18 de dezembro de 2019*. Regulamenta o Código Nacional de Matrículas — CNM, o Sistema de Registro Eletrônico de Imóveis — SREI, o Serviço de Atendimento Eletrônico Compartilhado — SAEC, o acesso da Administração Pública Federal às informações do SREI e estabelece diretrizes para o estatuto do Operador Nacional do Sistema de Registro Eletrônico — ONR. Disponível em: https://atos.cnj.jus.br/atos/detalhar/3131. Acesso em: 18 abr. 2024).

[57] "Art. 25. Compete às centrais de serviços eletrônicos compartilhados, em conjunto com o SAEC e na forma do regulamento do SREI: I — o intercâmbio de documentos eletrônicos e de informações entre os ofícios de registro de imóveis, o Poder Judiciário, a administração pública e o público em geral; II — a recepção e o envio de títulos em formato eletrônico; III — a expedição de certidões e a prestação de informações em formato eletrônico. Parágrafo único. Todas as solicitações feitas por meio das centrais de serviços eletrônicos compartilhados serão enviadas ao ofício de registro de imóveis competente, que é o único responsável pelo processamento e atendimento" (CNJ. *Provimento n. 89, de 18 de dezembro de 2019*. Regulamenta o Código Nacional de Matrículas — CNM, o Sistema de Registro Eletrônico de Imóveis — SREI, o Serviço de Atendimento Eletrônico Compartilhado — SAEC, o acesso da Administração Pública Federal às informações do SREI e estabelece diretrizes para o estatuto do Operador Nacional do Sistema de Registro Eletrônico — ONR. Disponível em: https://atos.cnj.jus.br/atos/detalhar/3131. Acesso em: 18 abr. 2024).

Todas as solicitações feitas por meio das centrais serão enviadas ao ofício de registro de imóveis competente, que é o único responsável pelo processamento e atendimento.

As centrais de serviços eletrônicos compartilhados **conterão indicadores somente para os ofícios de registro de imóveis que as integrem** e em todas as operações das centrais de serviços eletrônicos compartilhados serão respeitados os direitos à privacidade, à proteção dos dados pessoais e ao sigilo das comunicações privadas e, se houver, dos registros.

Deverão ser observados, no âmbito das operações desenvolvidas pelas centrais, **os padrões e requisitos de documentos, de conexão e de funcionamento, da Infraestrutura de Chaves Públicas Brasileira — ICP e da arquitetura dos Padrões de Interoperabilidade de Governo Eletrônico (e-Ping).**

Portanto, conclui-se que o SREI é composto de uma rede de entidades e serviços que trabalham juntos para facilitar o registro eletrônico de imóveis. A coordenação eficaz entre esses integrantes é crucial para garantir a eficiência, a segurança e a confiabilidade do sistema.

Sistema	Integrantes	Funcionalidades	Sistemas e competências
SREI	▫ Operador Nacional do Sistema de Registro Eletrônico (ONR) ▫ Oficiais de Registro de Imóveis (estaduais e DF) ▫ Serviço de Atendimento Eletrônico Compartilhado (SAEC) ▫ Centrais de Serviços Eletrônicos Compartilhados	▫ Registro eletrônico de imóveis ▫ Interconexão com sistemas públicos e privados ▫ Modernização e centralização dos registros imobiliários	▫ Operação e coordenação pelo ONR ▫ Interoperabilidade com sistemas nacionais e estrangeiros ▫ Garantia de segurança jurídica e eficiência nos processos imobiliários
SAEC	▫ Parte do SREI, gerenciado pelo ONR	▫ Atendimento remoto via internet ▫ Certidão digital, visualização de matrícula, protocolo eletrônico e regularização fundiária ▫ Consolidação de dados estatísticos e interoperabilidade com sistemas	▫ Manutenção de bases de dados (estatísticas, indisponibilidade de bens, CPF/CNPJ) ▫ Desenvolvimento de indicadores de eficiência ▫ Promoção da interoperabilidade com sistemas como SINTER e centrais estaduais
ONR	▫ Gerenciador do SREI	▫ Implantar e operar o SREI ▫ Coordenar operações do SAEC e centrais estaduais ▫ Fornecer dados para combate a crimes como lavagem de dinheiro	▫ Supervisão pela Corregedoria Nacional de Justiça ▫ Regulação e implementação de normas aplicáveis ▫ Desenvolvimento de novas funcionalidades e sistemas de apoio para corregedorias
Centrais compartilhadas	▫ Criadas pelos Oficiais de Registro nos Estados e DF	▫ Intercâmbio de documentos e informações entre registros e órgãos públicos ▫ Expedição de certidões e envio de títulos eletrônicos	▫ Manutenção de padrões de privacidade, segurança e interoperabilidade ▫ Respeito à independência das centrais estaduais e ao sigilo de informações

2.5.3.5. Obrigações dos oficiais de registro de imóveis

Os oficiais de registro de imóveis, como integrantes do SREI, devem cumprir com suas obrigações, que foram esclarecidas nos arts. 10 e 11 do Provimento n. 89 do CNJ.

> **Art. 10.** Para viabilizar a implantação do registro imobiliário eletrônico, os ofícios de registro de imóveis deverão adotar os seguintes parâmetros e rotinas operacionais:
>
> I — numeração única de identificação do pedido para o atendimento presencial e remoto, que identifica a serventia, o tipo de pedido e o número do pedido na própria serventia, sem prejuízo às regras de prioridade e precedência existentes na legislação;
>
> II — o processamento do pedido apresentado presencialmente também deve ser realizado em meio eletrônico, devendo os documentos apresentados serem digitalizados e assinados no início do processo;
>
> III — estabelecimento da "primeira qualificação eletrônica" com o objetivo de permitir a migração de um registro de imóvel existente efetuado no livro em papel, seja transcrição ou matrícula, para o formato de registro eletrônico denominado matrícula eletrônica;
>
> IV — anotação, na matrícula eletrônica, da situação jurídica atualizada do imóvel (descrição do imóvel, direitos reais sobre o imóvel e restrições existentes) após cada registro e averbação;
>
> V — utilização de objetos que representam a pessoa física ou jurídica e o imóvel envolvido na transação imobiliária como alternativa aos indicadores pessoal e real;
>
> VI — registrar os eventos relevantes da operação interna do cartório, considerando como evento cada interação realizada em decorrência de um pedido, tais como, a entrada do pedido, entrada do título de suporte, recebimento e devolução de valores, comunicação de exigências, entrega da certidão, dentre outros;
>
> VII — a matrícula eletrônica deve conter dados estruturados que podem ser extraídos de forma automatizada, contendo seções relativas aos controles, atos e situação jurídica do imóvel, constituindo-se em um documento natodigital de conteúdo estruturado.
>
> Parágrafo único. O Operador Nacional do Sistema de Registro Eletrônico — ONR disponibilizará aos oficiais de registro de imóveis mecanismos de geração da numeração única de identificação do pedido.

> **Art. 11.** Os oficiais de registro de imóveis continuam com a obrigação de manter em segurança e sob seu exclusivo controle, indefinida e permanentemente, os livros, classificadores, documentos e dados eletrônicos, respondendo por sua guarda e conservação, inclusive após a implementação do registro imobiliário eletrônico.

O art. 10 estabelece as diretrizes para a implementação do **registro imobiliário eletrônico** e detalha os **parâmetros e rotinas operacionais** que devem ser adotados pelos ofícios de registro de imóveis. **Primeiramente,** é necessário ter uma **numeração única** para identificar **cada pedido,** seja ele feito presencialmente ou remotamente. Essa numeração deve identificar a serventia, o tipo de pedido e o número do pedido na própria serventia, respeitando as regras de prioridade e precedência existentes na legislação.

Além disso, **os pedidos feitos presencialmente também devem ser processados eletronicamente**, ou seja, os documentos apresentados devem ser digitalizados e assinados no início do processo. É importante estabelecer a "**primeira qualificação eletrônica**", o que permite a migração de um registro de imóvel existente, seja transcrição ou matrícula, do livro em papel para o formato de registro eletrônico, chamado matrícula eletrônica.

A matrícula eletrônica deve ter anotada a situação jurídica atualizada do imóvel após cada registro e averbação e é necessário registrar os eventos relevantes da operação interna do cartório, **sendo que cada interação realizada em decorrência de um pedido é considerada um evento**. A matrícula eletrônica **deve conter dados estruturados** que podem ser extraídos de forma automatizada.

O parágrafo único menciona que o **Operador Nacional do Sistema de Registro Eletrônico (ONR) fornecerá mecanismos para gerar a numeração única de identificação do pedido**.

Por outro lado, o art. 11 enfatiza que os oficiais de registro de imóveis ainda têm a **obrigação de manter em segurança e sob seu controle exclusivo, indefinida e permanentemente, os livros, classificadores, documentos e dados eletrônicos**. Eles são responsáveis por sua guarda e conservação, mesmo após a implementação do registro imobiliário eletrônico.

Além das obrigações, o Provimento n. 89 do CNJ também apresenta **restrições para os ofícios de registro de imóveis em relação ao manuseio de documentos e informações eletrônicas**[58]. É proibido receber ou enviar documentos eletrônicos por *e-mail* ou serviços postais ou de entrega. Além disso, é vedado postar ou baixar documentos eletrônicos e informações em *sites* que não sejam os das respectivas centrais de serviços eletrônicos compartilhados ou do SAEC. Por fim, é proibido prestar os serviços eletrônicos referidos neste provimento, diretamente ou por terceiros, fora do Sistema de Registro Eletrônico de Imóveis — SREI.

O art. 34 destaca o **papel das Corregedorias-Gerais de Justiça dos Estados e do Distrito Federal na fiscalização**:

> **Art. 34.** As Corregedorias-Gerais de Justiça dos Estados e do Distrito Federal fiscalizarão a efetiva vinculação dos oficiais de registro de imóveis ao SREI e a observância das normas previstas neste provimento, expedindo as normas complementares que se fizerem necessárias, bem como deverão promover a revogação das normas locais que contrariarem as regras e diretrizes constantes do presente provimento.

---

[58] "Art. 33. Aos ofícios de registro de imóveis é vedado: I — recepcionar ou expedir documentos eletrônicos por *e-mail* ou serviços postais ou de entrega; II — postar ou baixar (*download*) documentos eletrônicos e informações em *sites* que não sejam os das respectivas centrais de serviços eletrônicos compartilhados ou do SAEC; III — prestar os serviços eletrônicos referidos neste provimento, diretamente ou por terceiros, fora do Sistema de Registro Eletrônico de Imóveis — SREI" (CNJ. *Provimento n. 89, de 18 de dezembro de 2019*. Regulamenta o Código Nacional de Matrículas — CNM, o Sistema de Registro Eletrônico de Imóveis — SREI, o Serviço de Atendimento Eletrônico Compartilhado — SAEC, o acesso da Administração Pública Federal às informações do SREI e estabelece diretrizes para o estatuto do Operador Nacional do Sistema de Registro Eletrônico — ONR. Disponível em: https://atos.cnj.jus.br/atos/detalhar/3131. Acesso em: 18 abr. 2024).

A implementação do Sistema de Registro Eletrônico de Imóveis (SREI) representa um avanço significativo, permitindo a migração de registros de imóveis existentes para um formato eletrônico. No entanto, mesmo com a implementação do SREI, os oficiais de registro de imóveis continuam com a responsabilidade de manter em segurança e sob seu controle exclusivo todos os livros, classificadores, documentos e dados eletrônicos.

2.5.3.6. Recomendações

O art. 13 do Provimento n. 89 do CNJ abarca algumas **recomendações relacionadas à criação, atualização, manutenção e guarda permanente dos repositórios registrais eletrônicos.**

Ele destaca a **importância** da **especificação técnica** do modelo de sistema digital para a implantação de sistemas de registro de imóveis eletrônico. Esta especificação deve seguir a Recomendação n. 14, de 2 de julho de 2014, da Corregedoria Nacional de Justiça. Assim, **qualquer sistema de registro de imóveis eletrônico deve ser projetado e implementado de acordo com as diretrizes técnicas estabelecidas por essa recomendação.**

Também são citadas as Recomendações para Digitalização de Documentos Arquivísticos Permanentes de 2010, emitidas pelo Conselho Nacional de Arquivos — Conarq. Essas recomendações fornecem **orientações sobre como os documentos arquivísticos permanentes devem ser digitalizados** para garantir sua preservação e acessibilidade a longo prazo. Além disso, outras recomendações que sucederem as de 2010 também devem ser observadas.

Por fim, é necessário observar os atos normativos editados pela Corregedoria Nacional de Justiça e pelas Corregedorias-Gerais de Justiça dos estados e do Distrito Federal.

Assim, foram estabelecidas as **diretrizes para a gestão dos repositórios registrais eletrônicos**, enfatizando a **importância de seguir as especificações técnicas e recomendações relevantes**, bem como de **cumprir os atos normativos emitidos pelas autoridades judiciais competentes.**

2.5.3.7. Viabilização do SREI

Como visto no tópico 2.4.3.5, relativo às obrigações dos oficiais de registro de imóveis, o art. 10 do Provimento n. 89 do CNJ trata dos parâmetros e rotinas que os oficiais devem adotar para a viabilização do SREI.

No caso, são mencionados **sete itens essenciais para a viabilização do sistema**. O **primeiro** estabelece a necessidade de uma **numeração única** de identificação para cada pedido, seja ele feito presencialmente ou remotamente. Essa numeração deve **identificar a serventia, o tipo de pedido e o número do pedido na própria serventia**. Isso é feito sem prejuízo às regras de prioridade e precedência existentes na legislação. Isso garante a rastreabilidade e a organização dos pedidos.

O **segundo item** enfatiza que **o processamento do pedido apresentado presencialmente também deve ser realizado em meio eletrônico**. Isso significa que os documentos apresentados devem ser digitalizados e assinados no início do processo, garantindo a eficiência do processo e a integridade dos documentos.

O **terceiro item destaca a importância do estabelecimento da "primeira qualificação eletrônica"**. Isso permite a **migração de um registro de imóvel existente**, seja transcrição ou matrícula, do livro em papel para o **formato de registro eletrônico**, chamado **matrícula eletrônica**. Esse é um passo crucial para a digitalização dos registros imobiliários.

O **quarto item** estabelece que **a matrícula eletrônica deve ter anotada a situação jurídica atualizada do imóvel após cada registro e averbação**, o que inclui a descrição do imóvel, os direitos reais sobre o imóvel e as restrições existentes, e garante a precisão e a atualização das informações do imóvel.

O **quinto item sugere a utilização de objetos que representam a pessoa física ou jurídica e o imóvel envolvido na transação imobiliária como alternativa aos indicadores pessoal e real**. Isso proporciona uma representação mais intuitiva e eficiente das partes envolvidas na transação imobiliária.

O **sexto item enfatiza a necessidade de registrar os eventos relevantes da operação interna do cartório**. Como explicado anteriormente, cada interação realizada em decorrência de um pedido é considerada um evento, incluindo-se a entrada do pedido, entrada do título de suporte, recebimento e devolução de valores, comunicação de exigências, entrega da certidão, entre outros, proporcionando transparência e rastreabilidade ao processo.

Por fim, **o sétimo item estabelece que a matrícula eletrônica deve conter dados estruturados que podem ser extraídos de forma automatizada.** Isso inclui seções relativas aos controles, atos e situação jurídica do imóvel. Isso garante a eficiência na recuperação de informações e a interoperabilidade dos dados.

Item	Descrição	Objetivo/Benefício
1. Numeração única de identificação	Identificação única para cada pedido (presencial ou remoto), incluindo serventia, tipo e número do pedido	Garante rastreabilidade e organização dos pedidos
2. Processamento eletrônico	Digitalização e assinatura eletrônica de documentos apresentados presencialmente	Assegura eficiência e integridade dos documentos
3. Primeira qualificação eletrônica	Migração de registros (transcrição ou matrícula) em papel para o formato de matrícula eletrônica	Crucial para a digitalização dos registros imobiliários
4. Atualização da matrícula eletrônica	Matrícula eletrônica com situação jurídica atualizada, incluindo descrição, direitos reais e restrições do imóvel	Garante precisão e atualização das informações do imóvel
5. Representação de partes e objetos	Utilização de objetos para representar pessoa física/jurídica e imóvel, como alternativa aos indicadores pessoais/reais	Proporciona representação intuitiva e eficiente das partes envolvidas
6. Registro de eventos internos	Registro de eventos relevantes no cartório (entrada do pedido, recebimento de valores, entrega de certidões etc.)	Assegura transparência e rastreabilidade ao processo
7. Dados estruturados na matrícula	Matrícula eletrônica com dados estruturados e extraíveis de forma automatizada (controles, atos, situação jurídica)	Garante eficiência na recuperação de informações e interoperabilidade dos dados

2.5.3.8. Coordenação Nacional das Centrais Estaduais de Serviços Eletrônicos Compartilhados

A **Coordenação Nacional das Centrais de Serviços Eletrônicos Compartilhados do Registro de Imóveis é um órgão permanente, de caráter técnico, vinculado ao Instituto de Registro Imobiliário do Brasil (IRIB)**, que representa **nacionalmente** os oficiais de Registro de Imóveis. A criação desse órgão **visa universalizar o acesso ao tráfego eletrônico de dados e títulos e estabelecer padrões de interoperabilidade para a integração do Sistema de Registro Eletrônico de Imóveis (SREI) do país.**

Em 6 de abril de 2016, várias associações e colégios registrais de diferentes Estados firmaram um Termo de Compromisso[59] para a implantação da Coordenação Nacional das Centrais de Serviços Eletrônicos Compartilhados do Registro de Imóveis.

Essa iniciativa atende ao Provimento n. 47/2015, da Corregedoria Nacional de Justiça, que criou a obrigatoriedade de haver, em cada Estado e no Distrito Federal, Centrais de Serviços Eletrônicos Compartilhados. O Provimento ressalva que, nos Estados em que não for possível ou conveniente a manutenção de serviços próprios, deverá ser utilizada central de serviços eletrônicos previamente existente em outro estado ou no Distrito Federal, respeitando a independência de cada central[60].

No referido Termo de Compromisso, foram detalhadas as **responsabilidades e a estrutura da Coordenação Nacional das Centrais de Serviços Eletrônicos Compartilhados do Registro de Imóveis**, que abrange todas as centrais estaduais e do Distrito Federal, incluindo aquelas que já existem e as que possam ser criadas no futuro, garantindo uma cobertura abrangente e uniforme em todo o país.

A **Coordenação Nacional conta com um Comitê Gestor, que é a instância máxima de caráter deliberativo e normativo.** Este Comitê é composto do **Presidente do IRIB**, um **representante indicado pela ANOREG-BR**, um **representante indicado pelo IRIB e um representante de cada uma das demais centrais de serviços eletrônicos compartilhados regulamentadas pelas corregedorias locais.**

O **Comitê Gestor** tem várias responsabilidades, sendo encarregado de **gerir o critério de interoperabilidade do sistema de registro eletrônico** de imóveis a ser integrado pelas Centrais de Serviços Eletrônicos Compartilhados, de **definir a política de segurança da informação**, atendendo requisitos de **confidencialidade, integridade, disponibilidade, autenticidade** e os perfis de acesso aos dados registrais, cadastrais e fiscais.

O Comitê também **auxilia na implementação, monitoramento e avaliação** do sistema de registro eletrônico de imóveis do país. Ele é **responsável por editar o "Manual do Sistema Brasileiro de Registro Eletrônico de Imóveis" (SREI) e pode convidar representantes das Centrais de Serviços Eletrônicos das outras especialidades**, do Poder Público e da sociedade organizada para participar de suas reuniões.

---

[59] COORDENAÇÃO NACIONAL DAS CENTRAIS ESTADUAIS DE SERVIÇOS ELETRÔNICOS COMPARTILHADOS. **Termo de compromisso**. Disponível em: https://irib.org.br/arquivos-2016/termo-compromisso.pdf. Acesso em: 9 maio 2024.

[60] IRIB. **Coordenação Nacional das Centrais de Serviços Eletrônicos Compartilhados**. Disponível em: https://www.irib.org.br/registro-eletronico/centrais-registros. Acesso em: 9 maio 2024.

A **Coordenação Nacional também é responsável por expedir normas de caráter técnico**, com os requisitos de modelagem dos arquivos para fins de integração entre as diferentes centrais de serviços eletrônicos compartilhados, e também deve estabelecer a documentação para fins de comunicação entre as diferentes centrais dos Estados e do Distrito Federal, visando garantir a interoperabilidade entre os sistemas.

Ela deve promover estudos para avaliar a viabilidade de acesso 24 horas por dia, 7 dias por semana, por sistema de Webservice ou equivalente a todas as Centrais Estaduais. Além disso, a Coordenação avalia a possibilidade de recebimento de relatórios periódicos de desempenho de todas as solicitações e demais informações sobre a prestação de serviços.

A **Coordenação Nacional também promove estudos para avaliar a viabilidade** de encaminhamento pela Central Nacional de Indisponibilidade de Bens Imóveis (CNIB) de informações de consulta e registro de indisponibilidades no Brasil.

O ponto chave do termo de compromisso citado alhures é apresentar soluções para uniformizar os procedimentos, o acesso e os formatos de arquivos e arquiteturas dos sistemas para o trânsito de dados, documentos registrais, e títulos eletrônicos, resultando na melhoria da prestação de serviço em âmbito nacional, mantendo a independência de cada uma das centrais estaduais e do Distrito Federal.

Percebe-se, portanto, o intuito da Coordenação Nacional em executar as ações necessárias a fim de universalizar o sistema de registro eletrônico de imóveis, coincidindo com o compromisso dos participantes em trabalhar juntos para melhorar e modernizar o referido sistema.

Competências da Coordenação Nacional das Centrais Estaduais de Serviços Eletrônicos Compartilhados	
Área de atuação	Competências
Representação e organização	▪ Representar nacionalmente os oficiais de registro de imóveis, por meio do IRIB ▪ Abranger todas as centrais estaduais e do Distrito Federal, existentes ou futuras
Interoperabilidade e padronização	▪ Estabelecer padrões de interoperabilidade para integrar o Sistema de Registro Eletrônico de Imóveis (SREI) ▪ Uniformizar procedimentos, acesso, formatos de arquivos e arquiteturas de sistemas
Segurança e governança	▪ Definir política de segurança da informação (confidencialidade, integridade, disponibilidade, autenticidade) ▪ Gerir critérios de acesso aos dados registrais, cadastrais e fiscais
Normatização técnica	▪ Expedir normas técnicas para modelagem de arquivos e comunicação entre centrais ▪ Garantir integração técnica entre centrais estaduais e do Distrito Federal
Estudos e avaliações	▪ Avaliar viabilidade de acesso 24/7 às centrais via Webservice. ▪ Promover estudos sobre relatórios de desempenho e serviços ▪ Estudar viabilidade de uso da CNIB para registro e consulta de indisponibilidades
Implementação e monitoramento	▪ Editar o **Manual do Sistema Brasileiro de Registro Eletrônico de Imóveis** ▪ Implementar, monitorar e avaliar o SREI
Comitê gestor	▪ Atuar como instância máxima deliberativa e normativa ▪ Composto dos representantes do IRIB, ANOREG-BR, centrais estaduais e corregedorias locais ▪ Convidar representantes do Poder Público e sociedade para reuniões

2.5.3.8.1. Atribuições da Coordenação

A **Coordenação Nacional das Centrais de Serviços Eletrônicos Compartilhados do Registro de Imóveis possui várias atribuições**. Ela é encarregada de expedir normas de caráter técnico, que estabelecem os requisitos de modelagem dos arquivos para fins de integração entre as diferentes centrais de serviços eletrônicos compartilhados.

Além disso, a **Coordenação deve estabelecer a documentação necessária para a comunicação** entre as diferentes centrais dos Estados e do Distrito Federal, garantindo a interoperabilidade entre os sistemas.

A Coordenação também é **responsável por criar um fórum permanente**. Esse fórum é composto de representantes do IRIB, das centrais estaduais, das empresas fornecedoras de serviços de informática e, eventualmente, do Poder Público.

Outra responsabilidade da Coordenação é **integrar todas as Centrais Estaduais**, ou seja, fazer com que todas as Centrais Estaduais adotem padronizações que permitam a mesma forma de comunicação em todos os Estados e no Distrito Federal.

A Coordenação também é **encarregada de promover estudos para avaliar a viabilidade de acesso 24 horas, nos sete dias da semana, por sistema de Webservice ou equivalente a todas as Centrais Estaduais**. Além disso, deve-se avaliar a possibilidade de recebimento de relatórios periódicos de desempenho de todas as solicitações e demais informações sobre a prestação de serviços.

Por fim, a Coordenação deve promover **estudos para avaliar a viabilidade de encaminhamento pela Central Nacional de Indisponibilidade de Bens Imóveis (CNIB) de informações de consulta e registro de indisponibilidades no Brasil**.

Essas atribuições visam garantir que o sistema de registro de imóveis funcione de maneira eficiente e eficaz, proporcionando benefícios significativos para os profissionais do setor e para o público em geral[61].

Área de atuação	Competências
Representação Nacional	▪ Representar nacionalmente os oficiais de Registro de Imóveis por meio do IRIB
Universalização e interoperabilidade	▪ Universalizar o acesso ao tráfego eletrônico de dados e títulos ▪ Estabelecer padrões de interoperabilidade para integração do SREI
Normatização técnica	▪ Expedir normas técnicas e requisitos de modelagem de arquivos para integração entre centrais ▪ Garantir interoperabilidade entre sistemas estaduais e federais
Segurança da informação	▪ Definir políticas de segurança da informação: confidencialidade, integridade, disponibilidade, autenticidade e perfis de acesso
Implementação e avaliação	▪ Implementar, monitorar e avaliar o Sistema de Registro Eletrônico de Imóveis (SREI) ▪ Editar o **Manual do Sistema Brasileiro de Registro Eletrônico de Imóveis**

---

[61] IRIB. **Coordenação Nacional das Centrais de Serviços Eletrônicos Compartilhados**. Disponível em: https://www.irib.org.br/registro-eletronico/centrais-registros. Acesso em: 9 maio 2024.

Estudos e inovações	▪ Promover estudos para acesso 24/7 às centrais por Webservice ▪ Avaliar relatórios de desempenho e dados estatísticos ▪ Estudar viabilidade de integração com CNIB
Comitê gestor	▪ Instância máxima deliberativa e normativa ▪ Composto dos representantes do IRIB, ANOREG-BR e das centrais estaduais ▪ Coordenar critérios de interoperabilidade e segurança
Harmonização de procedimentos	▪ Uniformizar procedimentos, formatos de arquivos e sistemas ▪ Melhorar a prestação de serviços mantendo a independência das centrais estaduais e do DF

2.5.4. OPERADOR NACIONAL DO REGISTRO DE IMÓVEIS (ONR)

A **Lei Federal n. 13.465/2017 instituiu o Operador Nacional do Serviço Eletrônico de Imóveis**, conhecido como ONR, com a finalidade de implantar e operar o SREI — Sistema de Registro Eletrônico de Imóveis no Brasil.

A **Corregedoria Nacional de Justiça é o Agente Regulador do ONR**, que tem um papel importante para aumentar a segurança jurídica das operações imobiliárias, facilitar o crédito imobiliário e, consequentemente, estimular a movimentação de riquezas e o crescimento econômico. Sua estrutura é composta de uma Secretaria Executiva, uma Câmara de Regulação e um Conselho Consultivo.

Quanto ao Estatuto do ONR, ele deve ser aprovado pelos oficiais de registros de imóveis de todo o território nacional, reunidos em assembleia geral. A assembleia geral será previamente convocada pelas entidades representativas dos oficiais de registros de imóveis, de caráter nacional, alcançando os filiados e não filiados, e deve ser realizada no prazo de 30 dias da convocação, sob supervisão da Corregedoria Nacional de Justiça.

Existem **diretrizes que o Estatuto do ONR deve observar**[62]. **Primeiramente, a pessoa jurídica (natureza jurídica do ONR), constituída exclusivamente pelos**

---

[62] "Art. 31. O Estatuto do ONR deverá observar as seguintes diretrizes: I — A pessoa jurídica, constituída exclusivamente pelos oficiais de registros de imóveis, na forma prevista no art. 44 do Código Civil na modalidade de entidade civil sem fins lucrativos, deverá ser mantida e administrada conforme deliberação da assembleia geral dos oficiais de registro de imóveis, somente podendo fazer parte de seu quadro diretivo os delegatários que estejam em pleno exercício da atividade; II — Deverá constar dentre as atribuições do ONR: a) implantação e coordenação do SREI, visando o seu funcionamento uniforme, apoiando os oficiais de registro de imóveis e atuando em cooperação com a Corregedoria Nacional de Justiça e as Corregedorias-Gerais de Justiça; b) implantação e operação do Serviço de Atendimento Eletrônico Compartilhado — SAEC, como previsto em Recomendação da Corregedoria Nacional de Justiça, com a finalidade de prestar serviços e criar opção de acesso remoto aos serviços prestados pelas unidades registrais de todo País em um único ponto na Internet; c) coordenação e monitoramento das operações das centrais de serviços eletrônicos compartilhados, através do SAEC, para garantir a interoperabilidade dos sistemas e a universalização do acesso às informações e aos serviços eletrônicos; d) apresentação de sugestões à Corregedoria Nacional de Justiça para edição de instruções técnicas de normalização aplicáveis ao SREI para propiciar a operação segura do sistema, a interoperabilidade de dados e documentos e a longevidade de arquivos eletrônicos, como também a adaptação eletrônica dos requisitos jurídico-formais implicados nos serviços, visando garantir a autenticidade e segurança das operações

oficiais de registros de imóveis, na forma prevista no art. 44 do Código Civil na modalidade de entidade civil sem fins lucrativos, deverá ser mantida e administrada conforme deliberação da assembleia geral dos oficiais de registro de imóveis.

> Somente os delegatários que estejam em pleno exercício da atividade podem fazer parte de seu quadro diretivo.

O Estatuto do ONR deve incluir **várias atribuições**, como:

- a implantação e a coordenação do SREI, a implantação e operação do Serviço de Atendimento Eletrônico Compartilhado (SAEC);
- a coordenação e o monitoramento das operações das centrais de serviços eletrônicos compartilhados;
- a apresentação de sugestões à Corregedoria Nacional de Justiça para edição de instruções técnicas de normalização aplicáveis ao SREI;
- o fornecimento de elementos aos órgãos públicos competentes para auxiliar a instrução de processos que visam o combate ao crime organizado e à lavagem de dinheiro;
- à identificação e à indisponibilidade de ativos de origem ilícita, a viabilização de consulta unificada das informações relativas ao crédito imobiliário;
- ao acesso às informações referentes às garantias constituídas sobre imóveis;
- a formulação de indicadores de eficiência e implementação de sistemas em apoio às atividades das Corregedorias-Gerais de Justiça e da Corregedoria Nacional de Justiça.

---

realizadas com documentos informáticos; e) fornecimento de elementos aos órgãos públicos competentes para auxiliar a instrução de processos que visam o combate ao crime organizado, à lavagem de dinheiro, à identificação e à indisponibilidade de ativos de origem ilícita; f) viabilização de consulta unificada das informações relativas ao crédito imobiliário, ao acesso às informações referentes às garantias constituídas sobre imóveis; g) formulação de indicadores de eficiência e implementação de sistemas em apoio às atividades das Corregedorias-Gerais de Justiça e da Corregedoria Nacional de Justiça, que permitam inspeções remotas das serventias. III — Deverá constar previsão de observância: a) dos princípios da legalidade, integridade, impessoalidade, moralidade, publicidade, representatividade, eficiência, razoabilidade, finalidade, motivação e interesse público, realizando e apoiando o Conselho Nacional de Justiça nas ações necessárias ao desenvolvimento jurídico e tecnológico da atividade registral. b) das normas que regem o segredo de justiça, os sigilos profissional, bancário e fiscal, bem como a proteção de dados pessoais e do conteúdo de comunicações privadas, além das disposições legais e regulamentares. c) do cumprimento das leis, regulamentos, normas externas e internas, convênios e contratos, notadamente as normas editadas pela Corregedoria Nacional de Justiça, seu agente regulador, como previsto no art. 76, § 4.º, da Lei n. 13.465/2017. d) da proibição de obtenção de quaisquer benefícios ou vantagens individuais por seus gestores em decorrência da participação em processos decisórios" (CNJ. *Provimento n, 89, de 18 de dezembro de 2019*. Regulamenta o Código Nacional de Matrículas — CNM, o Sistema de Registro Eletrônico de Imóveis — SREI, o Serviço de Atendimento Eletrônico Compartilhado — SAEC, o acesso da Administração Pública Federal às informações do SREI e estabelece diretrizes para o estatuto do Operador Nacional do Sistema de Registro Eletrônico — ONR. Disponível em: https://atos.cnj.jus.br/atos/detalhar/3131. Acesso em: 18 abr. 2024).

O Estatuto do ONR também deve **prever a observância de vários princípios e normas**, como os princípios da legalidade, integridade, impessoalidade, moralidade, publicidade, representatividade, eficiência, razoabilidade, finalidade, motivação e interesse público, as normas que regem o segredo de justiça, os sigilos profissional, bancário e fiscal, bem como a proteção de dados pessoais e do conteúdo de comunicações privadas, além das disposições legais e regulamentares, o cumprimento das leis, regulamentos, normas externas e internas, convênios e contratos, e a proibição de obtenção de quaisquer benefícios ou vantagens individuais por seus gestores em decorrência da participação em processos decisórios.

Por fim, é determinado que o Estatuto aprovado pela Assembleia-Geral e suas posteriores modificações deverão ser submetidos à Corregedoria Nacional de Justiça para homologação no exercício de sua função de agente regulador.

A **CONR, Coordenadoria de Gestão dos Serviços Notariais e de Registro, atua como secretaria executiva do Agente Regulador do ONR**. A estrutura do Agente Regulador do ONR é regulamentada pelo Provimento n. 150, de 11 de setembro de 2023.

Assim, o **Agente Regulador opera por meio de três órgãos internos**: a Secretaria Executiva, a Câmara de Regulação e o Conselho Consultivo. Cada um desses órgãos desempenha um papel na supervisão e na regulação dos Operadores Nacionais dos Registros Públicos.

A **Secretaria Executiva**, conforme estabelecido no art. 220-F[63] do Provimento n. 150 do CNJ, tem várias **atribuições importantes**. Ela é responsável por **receber e processar os procedimentos administrativos de competência do Agente Regulador**. Além disso, ela elabora a pauta das reuniões e secretaria os trabalhos de competência da Câmara de Regulação e do Conselho Consultivo, formalizando a convocação e lavrando as atas das reuniões.

A **Secretaria Executiva também secretaria os trabalhos de fiscalização do Agente Regulador**, de competência da Corregedoria Nacional de Justiça, quando for o caso, lavrando as respectivas atas. Além disso, ela realiza outras atividades que lhe

---

[63] "Art. 220-F. São atribuições da Secretaria Executiva do Agente Regulador do ONSERP, ONR, ON-RCPN e ON-RTDPJ: I — receber e processar os procedimentos administrativos de competência do Agente Regulador; II — elaborar a pauta das reuniões e secretariar os trabalhos de competência da Câmara de Regulação e do Conselho Consultivo, formalizando a convocação, a pedido dos respectivos coordenadores desses órgãos internos, e lavrando as atas das reuniões; III — secretariar os trabalhos de fiscalização do Agente Regulador do ONSERP, ONR, ON-RCPN e ON-RTDPJ, de competência da Corregedoria Nacional de Justiça, quando for o caso, lavrando as respectivas atas; IV — outras atividades que lhe sejam atribuídas pela Câmara de Regulação, pelo Conselho Consultivo, ou pelo Regimento Interno do Agente Regulador. Parágrafo único. A Coordenadoria de Gestão de Serviços Notariais e de Registro da Corregedoria Nacional de Justiça — CONR funcionará como Secretaria Executiva do Agente Regulador" (CNJ. *Provimento n. 89, de 18 de dezembro de 2019*. Regulamenta o Código Nacional de Matrículas — CNM, o Sistema de Registro Eletrônico de Imóveis — SREI, o Serviço de Atendimento Eletrônico Compartilhado — SAEC, o acesso da Administração Pública Federal às informações do SREI e estabelece diretrizes para o estatuto do Operador Nacional do Sistema de Registro Eletrônico — ONR. Disponível em: https://atos.cnj.jus.br/atos/detalhar/3131. Acesso em: 18 abr. 2024).

sejam atribuídas pela Câmara de Regulação, pelo Conselho Consultivo, ou pelo Regimento Interno do Agente Regulador. A **Coordenadoria de Gestão de Serviços Notariais e de Registro da Corregedoria Nacional de Justiça — CONR funcionará como Secretaria Executiva do Agente Regulador.**

Já a **Câmara de Regulação**, conforme estabelecido no art. 220-G[64], será integrada por sete membros, designados pelo Corregedor Nacional de Justiça. **A coordenação da Câmara de Regulação competirá a um Juiz Auxiliar da Corregedoria designado pelo Corregedor Nacional de Justiça.** Serão designados dois suplentes que se revezarão, quando possível, para atuar nos impedimentos dos membros titulares, inclusive naqueles ocasionados por necessidade de serviço.

Por fim, o **Conselho Consultivo**, conforme estabelecido no art. 220-J[65], será integrado por 11 membros designados pelo Corregedor Nacional de Justiça. A coordenação do Conselho Consultivo competirá a um Juiz Auxiliar da Corregedoria designado pelo Corregedor Nacional de Justiça.

As designações recairão, preferencialmente, sobre nomes com notório saber nas áreas do direito registral imobiliário, civil das pessoas naturais, de título e documentos e civil das pessoas jurídicas, notas e protestos, da administração pública, da gestão estratégica, da tecnologia da informação e da proteção de dados.

---

[64] "Art. 220-G. A Câmara de Regulação do Agente Regulador será integrada por 7 (sete) membros, designados pelo Corregedor Nacional de Justiça. § 1.º A coordenação da Câmara de Regulação competirá a um Juiz Auxiliar da Corregedoria designado pelo Corregedor Nacional de Justiça. § 2.º Serão designados dois suplentes que se revezarão, quando possível, para atuar nos impedimentos dos membros titulares, inclusive naqueles ocasionados por necessidade de serviço" (CNJ. *Provimento n. 89, de 18 de dezembro de 2019*. Regulamenta o Código Nacional de Matrículas — CNM, o Sistema de Registro Eletrônico de Imóveis — SREI, o Serviço de Atendimento Eletrônico Compartilhado — SAEC, o acesso da Administração Pública Federal às informações do SREI e estabelece diretrizes para o estatuto do Operador Nacional do Sistema de Registro Eletrônico — ONR. Disponível em: https://atos.cnj.jus.br/atos/detalhar/3131. Acesso em: 18 abr. 2024).

[65] "Art. 220-J. O Conselho Consultivo do Agente Regulador será integrado por 11 (onze) membros designados pelo Corregedor Nacional de Justiça. § 1.º A coordenação do Conselho Consultivo competirá a um Juiz Auxiliar da Corregedoria designado pelo Corregedor Nacional de Justiça. § 2.º As designações recairão, preferencialmente, sobre nomes com notório saber nas áreas do direito registral imobiliário, civil das pessoas naturais, de título e documentos e civil das pessoas jurídicas, notas e protestos, da administração pública, da gestão estratégica, da tecnologia da informação e da proteção de dados. § 3.º Na forma do Regimento Interno do Agente Regulador, a função do Conselho será planejar e propor diretrizes para o funcionamento do SERP, ONSERP, ONR, ON-RCPN e ON-RTDPJ, além de promover estudos, sugerir estratégias e formular propostas em geral, a fim de que sejam apreciadas pela Câmara de Regulação, sempre visando aos fins estatutários" (CNJ. *Provimento n. 89, de 18 de dezembro de 2019*. Regulamenta o Código Nacional de Matrículas — CNM, o Sistema de Registro Eletrônico de Imóveis — SREI, o Serviço de Atendimento Eletrônico Compartilhado — SAEC, o acesso da Administração Pública Federal às informações do SREI e estabelece diretrizes para o estatuto do Operador Nacional do Sistema de Registro Eletrônico — ONR. Disponível em: https://atos.cnj.jus.br/atos/detalhar/3131. Acesso em: 18 abr. 2024).

Na forma do Regimento Interno do Agente Regulador, **a função do Conselho será planejar e propor diretrizes para o funcionamento do SERP, ONSERP, ONR, ON-RCPN e ON-RTDPJ, além de promover estudos, sugerir estratégias e formular propostas em geral, a fim de que sejam apreciadas pela Câmara de Regulação, sempre visando aos fins estatutários.**

Apresentação inicial do Operador Nacional do Registro de Imóveis (ONR)	
Órgão/Entidade	Competências
ONR (Operador Nacional do Registro de Imóveis)	▪ Implantar e operar o Sistema de Registro Eletrônico de Imóveis (SREI) ▪ Coordenar e monitorar operações do Serviço de Atendimento Eletrônico Compartilhado (SAEC) e das centrais estaduais ▪ Fornecer dados para combate ao crime organizado e lavagem de dinheiro ▪ Viabilizar consulta unificada de informações sobre crédito imobiliário e garantias de imóveis
Assembleia Geral	▪ Aprovar o Estatuto do ONR ▪ Composta dos oficiais de registro de imóveis em pleno exercício ▪ Supervisão pela Corregedoria Nacional de Justiça ▪ Estabelece diretrizes para administração e manutenção do ONR como entidade sem fins lucrativos
Estatuto do ONR	▪ Delimita as funções e princípios do ONR, incluindo legalidade, eficiência, proteção de dados e integridade ▪ Proíbe benefícios ou vantagens individuais por parte de seus gestores ▪ Inclui obrigações de cumprimento de normas e leis regulatórias ▪ Homologado pela Corregedoria Nacional de Justiça
Agente Regulador (Corregedoria Nacional de Justiça)	▪ Regulação e supervisão do ONR ▪ Homologação do Estatuto do ONR e suas alterações ▪ Responsável por fiscalizar as operações do ONR ▪ Regulado pelo Provimento n. 150/2023
Secretaria Executiva	▪ Receber e processar procedimentos administrativos do Agente Regulador ▪ Elaborar pautas e secretariar reuniões da Câmara de Regulação e Conselho Consultivo ▪ Lavrar atas de reuniões e fiscalizações ▪ Coordenadoria de Gestão de Serviços Notariais e de Registro (CONR) atua como Secretaria Executiva
Câmara de Regulação	▪ Integrada por sete membros designados pelo Corregedor Nacional de Justiça ▪ Coordenada por um Juiz Auxiliar da Corregedoria ▪ Atua na regulação e supervisão das operações do ONR e outras instâncias relacionadas
Conselho Consultivo	▪ Composto de 11 membros com notório saber em direito registral e áreas correlatas ▪ Coordenado de um Juiz Auxiliar da Corregedoria ▪ Planeja e propõe diretrizes para o funcionamento de sistemas como SERP, ONSERP, ON-RCPN e ON-RTDPJ ▪ Formula estratégias e realiza estudos sobre o registro eletrônico

Apresentação do Operador Nacional do Registro de Imóveis (ONR)	
Órgão/Entidade	Competências
ONR (Operador Nacional do Registro de Imóveis)	▪ Implantar e operar o Sistema de Registro Eletrônico de Imóveis (SREI) ▪ Coordenar e monitorar as operações das centrais de serviços eletrônicos compartilhados ▪ Implantar e operar o Serviço de Atendimento Eletrônico Compartilhado (SAEC) ▪ Fornecer elementos para combate ao crime organizado e lavagem de dinheiro
Assembleia Geral	▪ Aprovar o Estatuto do ONR ▪ Composta exclusivamente de oficiais de registros de imóveis em pleno exercício ▪ Convocada por entidades representativas, sob supervisão da Corregedoria Nacional de Justiça
Estatuto do ONR	▪ Deve observar princípios como legalidade, eficiência, moralidade, proteção de dados e segredo de justiça ▪ Deliberação exclusiva dos oficiais de registros de imóveis ▪ Proibida obtenção de vantagens individuais por gestores ▪ Homologado pela Corregedoria Nacional de Justiça
Agente Regulador (Corregedoria Nacional de Justiça)	▪ Supervisão e homologação do Estatuto do ONR ▪ Fiscalização das operações do ONR ▪ Regulação por meio do Provimento n. 150/2023
Secretaria Executiva	▪ Receber e processar procedimentos administrativos do Agente Regulador ▪ Elaborar pautas, convocar e secretariar reuniões da Câmara de Regulação e Conselho Consultivo ▪ Lavrar atas de reuniões e fiscalizações
Câmara de Regulação	▪ Composta de sete membros designados pelo Corregedor Nacional de Justiça ▪ Coordenada por um Juiz Auxiliar da Corregedoria ▪ Regulação e supervisão das operações do ONR e suas instâncias
Conselho Consultivo	▪ Composto de 11 membros designados pelo Corregedor Nacional de Justiça ▪ Coordenado por um Juiz Auxiliar da Corregedoria ▪ Planejar e propor diretrizes para o funcionamento do SERP, ONSERP, ONR, ON-RCPN e ON-RTDPJ ▪ Realizar estudos e formular estratégias relacionadas ao direito registral e gestão

2.5.4.1. Atribuições de regulação do Agente Regulador do ONR

As **atribuições do Agente Regulador do ONR** também são regulamentadas pelo Provimento n. 150, de 11 de setembro de 2023, inserindo as normas no Provimento n. 149/23 — arts. 220-A a 220-K, que **detalha as responsabilidades e a estrutura do Agente Regulador dos Operadores Nacionais dos Registros Públicos (ONSERP, ONR, ON-RCPN e ON-RTDPJ).**

O Agente Regulador tem **várias atribuições de regulação**[66], todas observando os princípios regentes do Sistema Eletrônico dos Registros Públicos. Entre suas

---

[66] "Art. 220-C. Competem ao Agente Regulador, observados os princípios regentes do Sistema Eletrônico dos Registros Públicos, as seguintes atribuições de regulação: I — regular as atividades relacionadas à implementação e à operação do SERP por meio de diretrizes direcionadas ao ON-

responsabilidades estão a regulação das atividades relacionadas à implementação e à operação do SERP, a proposição de diretrizes para o funcionamento do ONSERP, a formulação de propostas ao planejamento estratégico do ONSERP, ONR, ON-RCPN e ON-RTDPJ, a aprovação das diretrizes nacionais e o monitoramento da execução do planejamento estratégico desses órgãos.

Além disso, o Agente Regulador deve **zelar pelo cumprimento do estatuto** do ONSERP, ONR, ON-RCPN e ON-RTDPJ, e pelo alcance de suas finalidades. Ele também é responsável por **homologar as Instruções Técnicas de Normalização (ITN)** aplicáveis a esses órgãos, bem como revisá-las ou revogá-las, conforme necessário.

O Agente Regulador também **participa da elaboração dos indicadores estatísticos** pertinentes à atividade registral, sempre zelando pela aplicação da Lei Geral de Proteção de Dados Pessoais e regras do Título VI do Livro I do presente Código de Normas.

Outras responsabilidades do Agente Regulador incluem a **regulação das atividades do ONSERP, ONR, ON-RCPN e ON-RTDPJ, quando necessário**, por meio de diretrizes propostas pela Câmara de Regulação, após audiência com os representantes dos Operadores. Ele também deve zelar pela **implantação SERP e pelo contínuo aperfeiçoamento de seu funcionamento**, aprovar as alterações estatutárias do ONSERP, ONR, ON-RCPN e ON-RTDPJ, elaborar e aprovar o Regimento Interno do Agente

---

SERP; II — propor diretrizes para o funcionamento do ONSERP; III — formular propostas ao planejamento estratégico do ONSERP, ONR, ON-RCPN e ON-RTDPJ, sempre visando atingir os seus fins estatutários; IV — aprovar as diretrizes nacionais e monitorar a execução do planejamento estratégico do ONSERP, ONR, ON-RCPN e ON-RTDPJ; V — zelar pelo cumprimento do estatuto do ONSERP, ONR, ON-RCPN e ON-RTDPJ, e pelo alcance de suas finalidades para as quais foram instituídos; VI — homologar as Instruções Técnicas de Normalização (ITN) aplicáveis ao ONSERP, ONR, ON-RCPN e ON-RTDPJ, propostas pela direção de cada operador, bem como revisá-las ou revogá-las a qualquer tempo, conforme regulamentação própria; VII — participar da elaboração dos indicadores estatísticos pertinentes à atividade registral, zelando sempre pela aplicação da Lei Geral de Proteção de Dados Pessoais e regras do Título VI do Livro I do presente Código de Normas. VIII — regular as atividades do ONSERP, ONR, ON-RCPN e ON-RTDPJ, quando necessário, por meio de diretrizes propostas pela Câmara de Regulação, após audiência com os representantes do Operadores, sempre com o objetivo de zelar pelo cumprimento dos seus fins estatutários e para o estrito cumprimento das finalidades legais dos referidos Operadores Nacionais dos Registros Públicos; IX — zelar pela implantação do SERP e pelo contínuo aperfeiçoamento de seu funcionamento; X — aprovar as alterações estatutárias do ONSERP, ONR, ON-RCPN e ON-RTDPJ; XI — elaborar e aprovar o Regimento Interno do Agente Regulador; e XII — responder consultas concernentes à adequada interpretação do Estatuto do ONSERP, ONR, ON-RCPN e ON-RTDPJ. § 1.º Das decisões do Agente Regulador, não caberá recurso administrativo. § 2.º Os órgãos internos do Agente Regulador poderão, a qualquer tempo, solicitar informes aos operadores nacionais ou convidar seus dirigentes a participar de reuniões ordinárias ou extraordinárias" (CNJ. *Provimento n. 150, de 11 de setembro de 2023*. Altera o Código Nacional de Normas da Corregedoria Nacional de Justiça do Conselho Nacional de Justiça — Foro Extrajudicial (CNN/CN/CNJ-Extra), instituído pelo Provimento n. 149, de 30 de agosto de 2023, para estabelecer regras para o processo de adjudicação compulsória pela via extrajudicial, nos termos do art. 216-B da Lei n. 6.015, de 31 de dezembro de 1973; e dá outras providências. Disponível em: https://atos.cnj.jus.br/atos/detalhar/5258. Acesso em: 18 abr. 2024).

Regulador, e responder consultas concernentes à adequada interpretação do Estatuto do ONSERP, ONR, ON-RCPN e ON-RTDPJ.

Das decisões do Agente Regulador, não caberá recurso administrativo. Além disso, os órgãos internos do Agente Regulador poderão, a qualquer tempo, solicitar informes aos operadores nacionais ou convidar seus dirigentes a participar de reuniões ordinárias ou extraordinárias.

2.5.4.2. Fiscalização do ONR

A Corregedoria Nacional de Justiça, atuando como Agente Regulador, na fiscalização do Operador Nacional do Sistema de Registro Eletrônico tem responsabilidades que estão estabelecidas no Provimento n. 149 do CNJ, na subseção que trata da fiscalização do ONR.

O art. 220-D[67] estabelece que a fiscalização do ONR será exercida diretamente pela Corregedoria Nacional de Justiça, que atua como Agente Regulador desses Operadores Nacionais dos Registros Públicos. A Corregedoria tem duas responsabilidades principais:

- **Fiscalizar a gestão administrativa e financeira desses operadores:** o objetivo é sempre assegurar a sustentabilidade desses órgãos e o cumprimento de seus fins estatutários, cuidando para que esses órgãos operem de maneira eficiente e eficaz, cumprindo suas responsabilidades legais e estatutárias.
- **Exercer a atividade correcional:** isso é feito por meio de visitas, inspeções, correições ordinárias e extraordinárias, inclusive intervenções previstas na Lei Federal n. 8.935/94. O objetivo é assegurar o estrito respeito às finalidades do ONR e que esses órgãos operem de acordo com seus objetivos e cumpram todas as leis e os regulamentos aplicáveis.

No exercício de funções de planejamento, fiscalização e controle, o Agente Regulador poderá atuar de ofício, ou seja, ele tem a autoridade para iniciar ações de fiscalização e controle por conta própria, sem necessidade de solicitação ou reclamação externa.

---

[67] "Art. 220-D. A fiscalização do ONSERP, ONR, ON-RCPN e ON-RTDPJ será exercida diretamente pela Corregedoria Nacional de Justiça, Agente Regulador dos referidos Operadores Nacionais dos Registros Públicos, a qual caberá: I — fiscalizar a gestão administrativa e financeira, buscando sempre assegurar a sua sustentabilidade e o cumprimento de seus fins estatutários; II — exercer a atividade correcional, por meio de visitas, inspeções, correições ordinárias e extraordinárias, inclusive intervenções previstas na Lei Federal n. 8.935/1994, com vistas a assegurar o estrito respeito às finalidades do ONSERP, ONR, ON-RCPN e ON-RTDPJ" (CNJ. *Provimento n. 150, de 11 de setembro de 2023*. Altera o Código Nacional de Normas da Corregedoria Nacional de Justiça do Conselho Nacional de Justiça — Foro Extrajudicial (CNN/CN/CNJ-Extra), instituído pelo Provimento n. 149, de 30 de agosto de 2023, para estabelecer regras para o processo de adjudicação compulsória pela via extrajudicial, nos termos do art. 216-B da Lei n. 6.015, de 31 de dezembro de 1973; e dá outras providências. Disponível em: https://atos.cnj.jus.br/atos/detalhar/5258. Acesso em: 18 abr. 2024).

2.6. QUESTÕES

3

PRINCÍPIOS DO REGISTRO DE IMÓVEIS: NOÇÕES GERAIS

3.1. PRINCÍPIOS APLICADOS AO DIREITO IMOBILIÁRIO REGISTRAL

Os **princípios**, de uma forma ampla, **estruturam e norteiam todo o sistema jurídico**. A Lei de Introdução às Normas do Direito Brasileiro (LINDB) dispõe que o juiz deve decidir o caso concreto de acordo com os princípios gerais do direito quando a lei for omissa, além de consultar a analogia e os costumes. Para Norberto Bobbio, só se pode falar em lacuna quando o caso não está regulado por nenhuma norma expressa, nem específica, nem geral, nem generalíssima, ou seja, além de não existir norma, também o princípio geral, que poderia se encaixar, não é expresso, pois, se o princípio geral fosse expresso, não haveria diferença entre julgar o caso com base numa norma específica ou no princípio[1].

Dessa forma, há grandes **discussões** doutrinárias acerca dos **princípios** e das **regras**. As **regras são as razões definitivas da norma**, impondo que se faça exatamente o que elas exigem (ou que não se faça o que elas proíbem). Já os **princípios** são as razões *prima facie*, **atuando como razões diretas para as próprias regras**, e determinam que seja feito algo na maior medida possível, dentro das possibilidades jurídicas existentes. Havendo **colisão entre os princípios**, observa-se qual princípio tem mais peso no caso concreto, sem a necessidade de declarar o outro princípio como inválido, apenas com a **aplicação da regra da ponderação**[2].

O vocábulo princípio indica a origem, o começo, a primeira parte, a primazia, superioridade, o que vem do príncipe, o principal e, mais importante[3], sendo aquilo que precede o conhecimento. Eles não têm vida própria, mas estão estruturados de forma que toda obrigatoriedade jurídica repousa neles, cabendo ao juiz descobri-los no caso concreto, atribuindo-lhes força e vida[4].

Não se trata, portanto, de princípios gerais de direito nacional, mas sim dos fundamentos da cultura humana, baseados nas noções de liberdade, justiça, equidade, moral,

---

[1] BOBBIO, Norberto. *Teoria do ordenamento jurídico*. 10. ed. Trad. Maria Celeste Cordeiro Leite Santos. Brasília: Editora Universidade de Brasília, 1999, p. 160.
[2] NEVES, Marcelo. *Entre Hidra e Hércules*: princípios e regras constitucionais como diferença paradoxal do sistema jurídico. São Paulo: Editora WMF Martins Fontes, 2013, p. 63-71.
[3] DIP, Ricardo. *Registro de imóveis (princípios)*: registros sobre registros. Tomo I. Campinas: Editora Primvs, 2017, p. 14.
[4] DINIZ, Maria Helena. *As lacunas do direito*. 10. ed. São Paulo: Saraiva Educação, 2019, p. 233.

sociologia e legislação comparada, estruturas que formam a base da civilização[5]. Emanados do Direito Romano, estão sistematizados em três axiomas: não lesar ninguém, dar a cada um o que é seu e viver honestamente[6].

Para Norberto Bobbio[7], os princípios gerais do Direito são normas fundamentais do sistema jurídico, generalíssimas, as mais gerais. São, portanto, espécies de normas:

> Para sustentar que os princípios gerais são normas, os argumentos são dois, e ambos válidos: antes de mais nada, se são normas aquelas das quais os princípios gerais são extraídos, através de um procedimento de generalização sucessiva, não se vê por que não devam ser normas também eles: se abstraio da espécie animal obtenho sempre animais, e não flores ou estrelas. Em segundo lugar, a função para qual são extraídos e empregados é a mesma cumprida por todas as normas, isto é, a função de regular um caso.[...] Ao lado dos princípios gerais expressos há os não expressos, ou seja, aqueles que se podem tirar por abstração de normas específicas ou pelo menos não muito gerais: são princípios, ou normas generalíssimas, formuladas pelo intérprete, que busca colher, comparando normas aparentemente diversas entre si, aquilo a que comumente se chama de espírito do sistema[8].

Além dos Princípios Gerais do Direito, cada Estado tem seus princípios constitucionais, e cada ramo do direito tem os seus próprios princípios. Isso ocorre, também, com o Direito Registral Imobiliário, com os princípios do registro de imóveis.

Não há unanimidade quanto à enumeração dos princípios do Registro de Imóveis. Todavia, é possível apontar os princípios mais discutidos e mencionados na doutrina e na jurisprudência, o que serve de norte para o nosso estudo.

De regra, **é no momento da qualificação registral do título que os princípios serão evocados pelo registrador e aplicados ao caso concreto**. A leitura do título é organizada nos princípios e regras que norteiam o sistema. Ao passar os olhos, o registrador já identifica os diplomas legais evidentes no título e, ao confrontar com a matrícula ou transcrição, aplica mentalmente os princípios. Após, **debruça-se sobre o exame de compatibilidade entre título e o seu acervo, analisando as bases do negócio jurídico, mirando na segurança jurídica das partes** e da sociedade. O título, então, está qualificado, o filtro foi aplicado e, sendo deferido, o seu registro será lavrado. Todavia, se o registrador entender que a segurança jurídica está em risco, lavrará nota devolutiva, mesmo que a contragosto.

Os princípios do Registro de Imóveis são, portanto, fundamentos de aplicação prática. É no cotidiano laboral que o registrador verifica a compatibilidade de um título com todos os princípios e regras que compõem o sistema registral imobiliário. Um

---

[5] BEVILÁQUA, Clóvis. *Código Civil dos Estados Unidos do Brasil*. 6. ed. Rio de Janeiro: Francisco Alves, 1940, v. I, p. 112-113.
[6] ROSENVALD, Nelson; FARIAS, Cristiano Chaves de. *Curso de direito civil*: parte geral e LINDB. 13. ed. rev. ampl. e atual. São Paulo: Atlas, 2015, v. I, p. 82.
[7] BOBBIO, Norberto. *Teoria do ordenamento jurídico*. 10. ed. Trad. Maria Celeste Cordeiro Leite Santos. Brasília: Editora Universidade de Brasília, 1999, p. 158-159.
[8] BOBBIO, Norberto. *Teoria do ordenamento jurídico*. 10. ed. Trad. Maria Celeste Cordeiro Leite Santos. Brasília: Editora Universidade de Brasília, 1999, p. 158-159.

princípio pode, nessa senda, servir como parâmetro para a impossibilidade de registro de um título ingressado na serventia. **São ferramentas para o registro**, construídos ao longo da história da instituição registral imobiliária e que servem para um humanismo registral e para o bem comum daqueles que convivem na sociedade política, nos dizeres de Ricardo Dip[9].

A sequência dos princípios a serem abordados segue uma lógica prática, simbolizando o caminho do título no registro de imóveis. Assim, o registrador está lá, em estado inerte, e de um lado está sentada a segurança jurídica e do outro lado está a publicidade. Atrás dele, um móvel com as matrículas e os livros de transcrições. Uma pessoa interessada roga ao registrador que receba o título, e ele aplicará a lei vigente naquele momento. O título é protocolado, podendo ser cindido ou não, e passará pelo filtro da legalidade, onde será analisada **a disponibilidade, continuidade e especialidade. Após, ele será inscrito e produzirá os efeitos desejados, concentrando na matrícula todas as ocorrências que interessem à sociedade,** fazendo surgir **a fé pública registral** e protegendo aqueles terceiros de boa-fé que tenham confiado na informação registral para aquisições e onerações.

3.2. PRINCÍPIO DA SEGURANÇA JURÍDICA

A segurança jurídica é a finalidade suprema de toda atividade notarial e registral. Talvez o correto seria chamá-la de **megaprincípio**, pois todos os demais princípios convergem para ela. Ela é a luz que ilumina os demais princípios e não poderá ser confrontada por eles, caso ocorra algum conflito aparente entre os princípios. **É a segurança jurídica que garante estabilidade e proteção aos negócios jurídicos imobiliários, sendo um fato gerador de paz social, promocional da confiança nas instituições e pessoas**[10].

Segurança jurídica é a paz e a tranquilidade sentidas e vividas pelos homens em relação a seus direitos, bens e negócios. É expressão de uma vida com dignidade, pois não há dignidade sem paz. E os notários e registradores são os profissionais do direito incumbidos de dar efetividade a esse direito.

Além de seus efeitos sociais práticos, **o princípio da segurança jurídica é aplicado no direito registral de forma ampla e abstrata**, pois serve para orientar a formulação, alteração, interpretação e implementação de suas normas, o que não exime a sua aplicação específica ao registro de imóveis como instituição[11].

Tal princípio tem caráter de axioma do sistema notarial e registral, tendo sido consagrado pela Lei n. 8.935/94, em seu art. 1.º, como uma parte fundamental do sistema ao determinar que:

---

[9] DIP, Ricardo Henry Marques. *Registro de imóveis*: princípios. Tomo III. Editorial Lepanto: São Paulo, 2019, p. 218-220.

[10] KUNRATH, Yasmine Coelho. Direito fundamental à segurança jurídica: elementos de construção e efetividade sob a perspectiva notarial e registral. 2017. Dissertação (Mestrado). UNIVALI, Itajaí/SC, 2017, p. 75

[11] PEDROSO, A. G. A. (Org.). *Princípios do registro de imóveis brasileiro*. São Paulo: Thomson Reuters Brasil, 2020.

> **Art. 1.º** Serviços notariais e de registro são os de organização técnica e administrativa destinados a garantir a publicidade, autenticidade, segurança e eficácia dos atos jurídicos.

Aspecto	Descrição
Conceito geral	Garantia de estabilidade, proteção e confiança nos negócios jurídicos e direitos
Finalidade suprema	É o objetivo máximo das atividades notariais e registrais, orientando e integrando os demais princípios
Natureza	Megaprincípio, luz que guia e não pode ser confrontado por outros princípios
Efeitos sociais	Promove a paz social, a confiança nas instituições e a dignidade humana, sendo essencial para a convivência harmoniosa
Aplicação no direito registral	Orienta formulação, alteração, interpretação e implementação de normas de forma ampla e abstrata, com aplicação específica ao registro de imóveis
Fundamento legal	Consagrado no art. 1.º da Lei n. 8.935/94, que determina a segurança como uma das finalidades dos serviços notariais e de registro
Frase-chave	"Segurança jurídica é a paz e a tranquilidade sentidas pelos homens em relação a seus direitos, bens e negócios"
Caráter prático	Garante publicidade, autenticidade, segurança e eficácia aos atos jurídicos, conforme estabelecido pela legislação

Para George Takeda, **"a premissa básica para servir de axioma número um deve ser um enunciado que, se negada a sua validade, de plano tornaria inviável o sistema"**[12]. Assim é a segurança jurídica nas notas e nos registros, e, especialmente, no registro de imóveis. Sua invalidade tornaria inviável (e desnecessário) o sistema registral imobiliário.

Como instituição, **o Registro de Imóveis busca garantir a publicidade, a autenticidade, a segurança e a eficácia** sobre os direitos reais imobiliários e os direitos pessoais imobiliários com transcendência real. Todos esses atributos relacionam-se à **segurança jurídica**, que se torna, por consequência, a **própria finalidade do registro de imóveis**[13].

Ao abordar o princípio da segurança jurídica, devem ser destacados vários aspectos, como cognoscibilidade e confiabilidade. A informação registral imobiliária deve ser de **possível conhecimento** a quem tiver interesse, eis que os direitos reais são oponíveis contra todos. O registro deve ser **confiável**, deve observar regras preestabelecidas, criadas por agentes com legitimidade para tanto.

---

[12] TAKEDA, George. Princípio da eficiência em face da segurança jurídica no serviço notarial e registral. In: AHUALLI, Tania Mara; BENACCHIO, Marcelo. (Coords.). *Direito notarial e registral*: homenagem às varas de registros públicos da Comarca de São Paulo. São Paulo: Quartier Latin, 2016, p. 108.

[13] KERN, Marinho Dembinski; COSTA JUNIOR, Francisco José de Almeida Prado Ferraz. *Princípios do registro de imóveis brasileiro*. São Paulo: Thomson Reuters Brasil, 2020, v. II, p. 33-75. (Coleção de Direito imobiliário).

Há, ainda, relativa **calculabilidade vinculada à segurança jurídica**. A atuação prévia de um mesmo registrador cria uma expectativa de manutenção de seu entendimento sobre determinada questão idêntica já registrada, na qual os particulares baseiam seus atos (calculabilidade).

Em um cenário específico, **se o Registrador, após repetidas aprovações equivocadas, nega um novo título semelhante, surge a questão: há violação ao princípio da segurança jurídica?** A jurisprudência do Conselho Superior da Magistratura de São Paulo tende a **negar**, enfatizando que **erros passados não justificam novos**[14].

É crucial considerar o princípio da legalidade (estrita, no caso dos registros), que exige conformidade com a legislação para uma qualificação positiva. **Apesar de a repetição de equívocos criar uma impressão de legalidade, a segurança jurídica não protege apenas a confiança individual, mas também analisa a cognoscibilidade e calculabilidade para a sociedade em geral.** Manter erros indefinidamente pode distorcer a percepção de legalidade para mais pessoas, incentivando práticas incorretas.[15]

Há, ainda, que considerar no contexto eventual mudança de titularidade nas serventias extrajudiciais e a independência funcional dos registradores. Cada registrador possui certa margem de liberdade para interpretar o mandamento legal, de acordo com sua prudência, não devendo estar vinculado a entendimentos anteriores, especialmente aqueles ilegais.

A **qualificação registral**, nas palavras de Ricardo Dip[16], "é uma ação pessoal — e, porque típica da virtude da prudência, uma ação concluída em consciência (consciência moral) e de que se faz responsável o registrador".

Eventuais excessos serão atacados por meio do procedimento de dúvida, meio facultativo à disposição do interessado para obter uma nova qualificação do título feita pelo superior hierárquico do registrador, o juiz corregedor (da vara de registros públicos ou da direção do foro, conforme estabelecido em lei estadual).

Quanto à **eficácia do princípio da segurança jurídica** no contexto do registro de imóveis, Marinho Dembinski Kern e Francisco José de Almeida Prado Ferraz Costa Junior[17] levantam a seguinte questão: **ele possui eficácia direta, podendo ser invocado imediatamente, ou apenas eficácia indireta, fundamentando o sistema registral por meio de outras normas?**

De modo prático, poderia um registrador de imóveis efetivar uma qualificação negativa fundado exclusivamente no princípio da segurança jurídica?

---

[14] Apelação Cível n. 1006203-25.2018.8.26.0100, Relator: Exmo. Corregedor Geral da Justiça, Desembargador Geraldo Francisco Pinheiro Franco, julgada em 18.12.2018, acórdão publicado no *DJe*, 3.7.2019.

[15] KERN, Marinho Dembinski; COSTA JUNIOR, Francisco José de Almeida Prado Ferraz. *Princípios do registro de imóveis brasileiro*. São Paulo: Thomson Reuters Brasil, 2020, v. II, p. 33-75. (Coleção de Direito imobiliário).

[16] DIP, Ricardo Henry Marques. *Registro de imóveis*: princípios. Tomo I.

[17] KERN, Marinho Dembinski; COSTA JUNIOR, Francisco José de Almeida Prado Ferraz. *Princípios do registro de imóveis brasileiro*. São Paulo: Thomson Reuters Brasil, 2020, v. II, p. 33-75. (Coleção de Direito imobiliário).

Como **princípio jurídico**, a segurança jurídica tem eficácia tanto direta quanto indireta. Na esfera registral, ela age **predominantemente** de forma **indireta**, interagindo com outros princípios e normas para realizar sua finalidade. No entanto, **não se pode ignorar sua eficácia direta**, conforme previsto na Constituição Federal e por ser uma decorrência necessária do Estado Democrático de Direito.

Ao aplicar **diretamente** o princípio, contudo, é crucial considerar que tanto o Oficial de Registro quanto os particulares estão submetidos ao princípio da legalidade, sendo **essencial a interpretação sistemática** e **racional das normas** para evitar distorções no uso estrito do princípio da segurança jurídica.

Em muitos casos, a aplicação direta pode ocorrer por meio de medidas cautelosas do registrador, que pode buscar esclarecimentos prévios a fim de evitar prejuízos futuros ao sistema registral como um todo.

Observa-se também a aplicação direta em casos de **indícios de falsidade** nos títulos apresentados para qualificação registral. Mesmo sem norma análoga ao registro de títulos e documentos, o registro de imóveis pode **solicitar esclarecimentos para evitar prejuízos e preservar a fé pública registral**. Em síntese, o princípio da segurança jurídica tem eficácia direta e indireta, sendo essencial considerar as precauções mencionadas.

Aspecto	Descrição
Conceitos-chave	▫ Cognoscibilidade: informações registradas devem ser acessíveis a todos os interessados ▫ Confiabilidade: o registro deve ter regras preestabelecidas, assegurando consistência e previsibilidade ▫ Calculabilidade: expectativa de manutenção de entendimentos anteriores sobre questões idênticas
Princípio da legalidade	▫ O registro deve estar estritamente conforme a legislação ▫ Repetição de equívocos não legitima erros passados, conforme jurisprudência do Conselho Superior da Magistratura de São Paulo
Independência funcional	▫ Cada registrador possui liberdade prudencial para interpretar a lei, especialmente em casos em que entendimentos anteriores foram ilegais ▫ Alterações de titularidade das serventias não vinculam novos registradores a práticas equivocadas
Qualificação registral	▫ É uma ação pessoal, pautada pela prudência e pela responsabilidade moral do registrador, conforme Ricardo Dip ▫ Eventuais excessos podem ser questionados por meio do procedimento de dúvida perante o juiz corregedor
Eficácia do princípio	▫ Indireta: atua como base para outras normas e princípios, orientando o sistema registral ▫ Direta: pode ser aplicada para preservar a fé pública registral e evitar prejuízos, especialmente em casos de indícios de falsidade em títulos
Aplicação prática	▫ Medidas cautelosas, como esclarecimentos prévios, são essenciais para evitar distorções e prejuízos ao sistema registral ▫ Preserva a fé pública registral e a confiança social na segurança jurídica

3.2.1. DESTINATÁRIO DA SEGURANÇA JURÍDICA

A segurança jurídica, como um **princípio essencial da atividade registral e notarial**, não apenas permeia, mas também orienta diversos setores da sociedade. Sua importância é evidenciada na **promoção de estabilidade, confiança e efetividade nas relações patrimoniais**.

A amplitude dos destinatários desse princípio é justificada por essa sua natureza crucial para o sistema jurídico. Marcelo Augusto Santana de Melo destaca que "os princípios registrários e a formalidade foram criados em benefício dos cidadãos e somente devem se sobrepor ao direito de propriedade garantido pela Constituição Federal quando a segurança jurídica estiver ameaçada"[18].

Proporcionando **certeza e confiabilidade**, a segurança jurídica é um elemento essencial para diversos segmentos da sociedade. Entre os beneficiários desse princípio, destacam-se os proprietários e titulares de direitos reais. Para eles, a segurança jurídica significa a **garantia de que seus direitos serão reconhecidos e respeitados, assegurados pela precisão das informações constantes no registro, refletindo fielmente a situação jurídica do imóvel**.

O **registro de imóveis oferece segurança jurídica** ao titular do direito registrado, pois **apenas** ao seu titular será **permitida a disposição do direito**. Assim, caso alguém queira alienar algo que não é seu, o registrador denegará o registro dessa alienação e a propriedade do titular tabular estará assegurada.

Contudo, essa proteção pode ser relativizada, porque pode-se anular o registro por máculas. Daí se dizer que o registro imobiliário goza de **presunção relativa de veracidade**. É o que explanam os **arts. 1.245, § 2.º, do Código Civil e 252 da Lei n. 6.015/73**.

> Art. 1.245. (...)
>
> § 2.º Enquanto não se promover, por meio de ação própria, a decretação de invalidade do registro, e o respectivo cancelamento, o adquirente continua a ser havido como dono do imóvel.
>
> Art. 252. O registro, enquanto não cancelado, produz todos os efeitos legais ainda que, por outra maneira, se prove que o título está desfeito, anulado, extinto ou rescindido.

Ainda, conforme dispõe o art. 1.245, § 1.º, do Código Civil, é o registro que deve informar quem é o legítimo titular do imóvel que se pretende adquirir, qual direito deve ser protegido. **Daí a máxima: "só é dono quem registra"**.

> Art. 1.245. (...)
>
> § 1.º Enquanto não se registrar o título translativo, o alienante continua a ser havido como dono do imóvel.

Aquele que não levar seu título ao registro na matrícula do imóvel não terá a proteção que o sistema registral imobiliário está apto a oferecer.

Os **adquirentes e terceiros de boa-fé** também são destinatários deste princípio. A **Lei n. 13.097/2015 atribuiu maior segurança jurídica aos negócios jurídicos imobiliários e ao mercado**, protegendo os adquirentes e os terceiros de boa-fé, conforme a redação do art. 54:

---

[18] MELO, M. A. S. Papel do registro de imóveis na regularização fundiária. In: DIP, R.; JACOMINO, S. (Orgs.). *Registro imobiliário*: temas atuais. 2. ed. São Paulo: Revista dos Tribunais, 2013, v. 2, p. 717. (Coleção Doutrinas essenciais).

Art. 54. Os negócios jurídicos que tenham por fim constituir, transferir ou modificar direitos reais sobre imóveis são eficazes em relação a atos jurídicos precedentes, nas hipóteses em que não tenham sido registradas ou averbadas na matrícula do imóvel as seguintes informações:

I — registro de citação de ações reais ou pessoais reipersecutórias;

II — averbação, por solicitação do interessado, de constrição judicial, do ajuizamento de ação de execução ou de fase de cumprimento de sentença, procedendo-se nos termos previstos do art. 615-A da Lei n. 5.869, de 11 de janeiro de 1973 — Código de Processo Civil;

III — averbação de restrição administrativa ou convencional ao gozo de direitos registrados, de indisponibilidade ou de outros ônus quando previstos em lei; e

IV — averbação, mediante decisão judicial, da existência de outro tipo de ação cujos resultados ou responsabilidade patrimonial possam reduzir seu proprietário à insolvência, nos termos do inciso II do art. 593 da Lei n. 5.869, de 11 de janeiro de 1973 — Código de Processo Civil.

Parágrafo único. **Não poderão ser opostas** situações jurídicas **não constantes da matrícula** no Registro de Imóveis, inclusive para fins de evicção, ao terceiro de boa-fé que adquirir ou receber em garantia direitos reais sobre o imóvel, ressalvados o disposto nos arts. 129 e 130 da Lei n. 11.101, de 9 de fevereiro de 2005, e as hipóteses de aquisição e extinção da propriedade que independam de registro de título de imóvel.

A Lei n. 13.097/2015 procurou ampliar a segurança jurídica em relação aos adquirentes e aos terceiros de boa-fé, favorecendo, assim, o tráfico imobiliário. De certa forma, o Código Civil já estendia essa proteção ao terceiro de boa-fé conforme observamos no art. 167 em relação ao negócio jurídico nulo por simulação e no art. 1.827 em relação à *venda non domino*[19] por herdeiro aparente. Nesses casos, havendo aquisição onerosa por um terceiro de boa-fé, o registro deve ser mantido[20].

Aspecto	Descrição
Destinatários protegidos	▪ Adquirentes e terceiros de boa-fé
Finalidade	▪ Ampliar a segurança jurídica nos negócios jurídicos imobiliários e favorecer o tráfico imobiliário
Eficácia dos negócios jurídicos	▪ São eficazes contra atos jurídicos precedentes não registrados ou averbados na matrícula do imóvel
Atos jurídicos excluídos sem registro	▪ Citação de ações reais ou pessoais reipersecutórias ▪ Constrição judicial ou ação de execução ▪ Restrição administrativa, convencional ou indisponibilidade ▪ Outros atos judiciais que possam reduzir o proprietário à insolvência

---

[19] Venda a *non domino* é aquela hipótese em que um suposto proprietário vende um bem que não é seu, o que a lei considera como ineficaz (TARTUCE, Flávio. *Direito civil*: direito das coisas. 13. ed. Rio de Janeiro: Forense, 2021, p. 189).

[20] ROSENVALD, Nelson; BRAGA NETO, Felipe. *Código Civil comentado.* Salvador: Juspodvm, 2020, p. 188.

Parágrafo único (art. 54)	◼ Situações não constantes na matrícula não podem ser opostas ao terceiro de boa-fé, salvo exceções previstas na Lei n. 11.101/2005 (arts. 129 e 130) e em hipóteses de aquisição ou extinção da propriedade que independem de registro
Relação com o Código Civil	◼ Proteção já existente para terceiros de boa-fé em casos de: ◼ Negócios jurídicos nulos por simulação (art. 167) ◼ Venda *non domino* por herdeiro aparente (art. 1.827)
Manutenção do registro	◼ Em aquisições onerosas por terceiros de boa-fé, o registro deve ser mantido, promovendo estabilidade e proteção

É importante saber quem é o terceiro de boa-fé a que as leis se referem[21]: se A vende para B e esse negócio está eivado de vício, ele poderá ser anulado na forma da lei. B não é um terceiro de boa-fé, ele é o adquirente de boa-fé. Porém, caso B venda o imóvel para C, e este tomou toda cautela devida ao consultar a vida do imóvel no registro de imóveis, ele é um terceiro de boa-fé. Terceiro, porque estranho à relação anterior entre A e B. No exemplo, A é o vendedor, B é o adquirente de boa-fé e C é o terceiro de boa-fé.

Contudo, frisamos que paira **divergência acerca deste tema.**

Ivan Jacopetti do lago explica[22] que o terceiro é aquele que não adquiriu o bem ou direito diretamente daquele que teve sua situação jurídica violada. O adquirente imediato, ainda que estivesse de boa-fé, não está protegido pelos efeitos do registro. **Apenas quem não estiver ligado diretamente ao negócio viciado poderá gozar de proteção.**

Entre o adquirente e o terceiro-adquirente existem diferenças. Ambos são protegidos, mas o terceiro de boa-fé parece receber uma maior proteção do ordenamento, pois está mais distante do vício, que pertencia à relação anterior. No exemplo citado, se B dispensou algumas certidões negativas na compra e venda, relativas a A, assumiu o risco do negócio. Ao vender para C, isso não aparecerá, pois o registro já está realizado em nome de B e a dispensa consta apenas do título. C poderá adotar todas as cautelas necessárias do negócio, exigindo certidões negativas de B, mas não de A, que não integra mais a relação. Portanto, C, cauteloso, é um terceiro de boa-fé. Por outro lado, isso não significa que B adquiriu de A de má-fé. Apenas ele não tomou todas as cautelas necessárias, o que poderá levar à perda da propriedade, se ainda estiver na sua titularidade quando o vício for questionado.

---

[21] Marcelo Krug Fachin Torres explica que terceiros, na linguagem técnico-registral, são aqueles protegidos a partir do preenchimento dos pressupostos e, consequentemente, do funcionamento do princípio da fé pública registral em seu benefício, mas destaca que existe uma divergência na doutrina portuguesa em relação ao seu conceito. Segundo Marcelo, a concepção adotada no país refere o terceiro como aquele que adquiriu de um transmitente comum, direitos incompatíveis entre si. Em sentido contrário, os defensores de um conceito amplo de terceiro, lecionam que ele (terceiro) tem a seu favor um direito que não pode ser afetado pela produção de efeitos de um ato que não foi levado a registro, e que é incompatível com aquele seu direito (TORRES, Marcelo Krug Fachin. *Assentos registrais provisórios*. Rio de Janeiro: Lumen Juris, 2021, p. 118).

[22] LAGO, Ivan Jacopetti do. A Lei 13.097 de 2015 e sua contribuição para a governança fundiária. *Revista de Direito Imobiliário*, São Paulo, v. 39, n. 81, p. 155-184, jul./dez. 2016. Disponível em: https://www.lexml.gov.br/urn/urn:lex:br:rede.virtual.bibliotecas:artigo.revista:2016;1001086474. Acesso em: 15 nov. 2021.

Aspecto	Adquirente	Terceiro-Adquirente
Relação com o Vendedor	Direta (primeira relação jurídica)	Indireta (segunda relação jurídica)
Distância do Vício	Próximo ao vício	Distante do vício
Precauções Necessárias	Certidões negativas do vendedor original (A)	Certidões negativas do atual vendedor (B)
Proteção Jurídica	Proteção menor, pois assume mais riscos	Proteção maior, pois a boa-fé é presumida

Assim, a importância da segurança jurídica está clara quando o sistema de registro de imóveis é **confiável**, e existe a **certeza da titularidade da propriedade,** pois isso **baliza as transações imobiliárias** e em especial o **crédito imobiliário.** Se o sistema de registro de imóveis não for confiável, aumentam-se as disputas judiciais, em razão das fraudes, e o crédito torna-se mais caro, gerando menos investimentos no mercado[23].

Assim, a segurança jurídica não apenas beneficia os proprietários e titulares de direitos reais, mas também se estende a outros importantes setores da sociedade.

Para as instituições financeiras, a segurança jurídica é vital, pois ela respalda as transações de crédito imobiliário. Um sistema de registro de imóveis confiável proporciona a certeza da titularidade da propriedade, reduzindo significativamente o risco de litígios e fraudes. Isso, por sua vez, contribui para a mitigação de custos operacionais e permite a concessão de crédito a taxas mais favoráveis, incentivando o investimento no mercado imobiliário.

O poder público também se beneficia da segurança jurídica nos registros de imóveis, ao passo que um sistema confiável contribui para o ordenamento territorial, facilitando o planejamento urbano e a fiscalização.

Além disso, a segurança jurídica alivia a carga do poder judiciário ao reduzir o número de litígios relacionados a imóveis. Um sistema de registro confiável minimiza a necessidade de resolução de conflitos em tribunal, permitindo que o judiciário concentre seus esforços em casos mais complexos e urgentes. Ainda, ao proporcionar informações claras e confiáveis, a segurança jurídica facilita a tomada de decisões judiciais mais rápidas e eficientes.

Setor social	Importância da segurança jurídica	Mnemônico
Instituições financeiras	▫ Reduz risco de litígios e fraudes ▫ Garante certeza da titularidade da propriedade ▫ Mitiga custos operacionais ▫ Permite crédito a taxas favoráveis ▫ Estimula investimentos no mercado imobiliário	C.R.E.D.: ▫ C: Certeza jurídica ▫ R: Redução de custos ▫ E: *Enhanced* taxas ▫ D: Desenvolvimento
Poder público	▫ Contribui para o ordenamento territorial ▫ Facilita o planejamento urbano ▫ Melhora a fiscalização ▫ Reduz sobrecarga do Poder Judiciário ▫ Otimiza decisões judiciais e governamentais ▫ Organiza informações de forma clara	P.L.A.N.O.: ▫ P: Planejamento ▫ L: Legislação clara ▫ A: Apoio logístico ▫ N: Normalização ▫ O: Ordenamento

---

[23] ROSENFIELD, Denis Lerrer. *Reflexões sobre o direito à propriedade.* Rio de Janeiro: Elsevier, 2008, p. 90.

Poder Judiciário	◘ Diminui número de litígios relacionados a imóveis ◘ Facilita decisões judiciais rápidas e eficientes ◘ Proporciona clareza na resolução de conflitos ◘ Otimiza alocação de recursos em casos complexos ◘ Alivia a carga do Judiciário para focar em questões prioritárias ◘ Legitimidade das decisões fundamentadas em informações confiáveis	L.E.G.A.L.: ◘ L: Litigação mínima ◘ E: Exatidão jurídica ◘ G: Gestão eficiente ◘ A: Apoio sistêmico ◘ L: Legitimidade

Sob essa perspectiva, levanta-se a seguinte questão: **pode-se dizer que a sociedade como um todo é destinatária do princípio da segurança jurídica?** Marinho Dembinski Kern e Francisco José de Almeida Prado Ferraz Costa Junior[24] enfatizam que os principais **beneficiários** do princípio da segurança jurídica no âmbito do direito registral imobiliário são o **indivíduo e a sociedade como um todo.**

Embora o Poder Judiciário e o Registrador Imobiliário sejam os destinatários das normas jurídicas destinadas a oferecer segurança jurídica, eles não são os beneficiários diretos dessa segurança proporcionada por sua atuação. A atividade do registro de imóveis é meio que visa beneficiar os particulares e a sociedade em geral.

Portanto, a **segurança jurídica não apenas resguarda os direitos individuais dos proprietários e titulares de direitos reais, mas também promove um ambiente propício para o desenvolvimento econômico e social, impactando positivamente instituições financeiras, o poder público e o poder judiciário, e desempenhando papéis fundamentais na construção e manutenção de uma sociedade juridicamente segura.**

3.2.2. SEGURANÇA JURÍDICA DINÂMICA E ESTÁTICA

Leonardo Brandelli[25] leciona que a **segurança jurídica** pode ser vista sob o aspecto do **direito objetivo** e sob o aspecto do **direito subjetivo**. sob a ótica do **direito objetivo**, o ordenamento jurídico deve ser **estável, acessível, interpretativo e seguro** (o que não significa ser imutável, pois ele deve evoluir — mas de forma lenta, racional e previsível). Sob a ótica do **direito subjetivo**, a segurança jurídica deve **manter e proteger o titular do direito contra ataques que possa sofrer.**

A tutela dos direitos subjetivos pode ser vista tanto pela ótica da segurança jurídica estática quanto pela segurança jurídica dinâmica.

A **segurança jurídica estática** tem seu foco no direito em estado de repouso (na **publicidade**) e a **segurança jurídica dinâmica** foca no direito em movimento, no tráfico imobiliário (na **aparência**). Ou seja, a segurança jurídica estática é o registro e ninguém poderá ser privado do seu direito inscrito sem a sua participação, seja ela pelo

---

[24] KERN, Marinho Dembinski; COSTA JUNIOR, Francisco José de Almeida Prado Ferraz. *Princípios do registro de imóveis brasileiro*. São Paulo: Thomson Reuters Brasil, 2020, v. II, p. 33-75. (Coleção de Direito imobiliário).

[25] BRANDELLI, Leonardo. *Registro de imóveis*: eficácia material. Rio de Janeiro: Forense, 2016, p. 5-16.

seu consentimento, por meio da manifestação de vontade, ou mediante determinação judicial em processo que participou e teve oportunidade de contraditório. **Pela segurança estática, o titular é o destinatário da proteção.**

Já a **segurança jurídica dinâmica**, preserva o negócio jurídico realizado quando o adquirente tomou todas as cautelas necessárias e assim mesmo foi afetado por circunstâncias outras que ele não era obrigado a conhecer. **Protege-se, assim, o terceiro de boa-fé que confiou em uma informação publicizada (confiou no registro, confiou na segurança jurídica estática). Na dinâmica, o titular da segurança jurídica é o terceiro, a sociedade e o mercado. Quem confiou no registro, estará por ele protegido.**

Os sistemas jurídicos podem incorporar ambas as proteções, uma vez que a distinção entre **segurança jurídica estática e dinâmica não é necessariamente excludente**, e os sistemas jurídicos muitas vezes buscam **equilibrar ambas as perspectivas**.

Marinho Dembinski Kern e Francisco José de Almeida Prado Ferraz Costa Junior[26] destacam que todo sistema registral imobiliário busca proteger a **segurança jurídica estática** ao possibilitar retificações e anulações de registros que padeçam de vícios ou incorreções. No nosso sistema, tal possibilidade é dada pelos **art. 1.247 do Código Civil e 216 da Lei n. 6.015/73**. Com isso, resguarda-se o direito do verdadeiro titular, que poderá ter seu direito assegurado mesmo em caso de divergência entre a verdade real, extrarregistral, e as informações constantes do registro.

Ricardo Dip[27] reforça a ideia de que a **segurança jurídica estática é o *status* jurídico publicado**, ou seja, é aquilo que está registrado e está público gerando efeitos. Já a **segurança jurídica dinâmica é a confiança que a sociedade tem para firmar negócios**, olhando o registro (segurança estática), ou seja, é a segurança do tráfico, da circulação da riqueza na sociedade e perante o crédito. Durante a formalização do título, o adquirente está no degrau da segurança jurídica dinâmica, confiando na estática. Após o registro, o titular da segurança jurídica dinâmica passa a fruir dos benefícios da segurança jurídica estática, pois agora seu direito está público, gerando efeitos. Por isso, a segurança jurídica dinâmica não pode ser considerada de forma separada da segurança jurídica estática.

Daí chamar-se a **segurança jurídica de estática**, referindo-se ao **direito inscrito no registro de imóveis**, e **dinâmica**, referindo-se aos **contratos que se baseiam na segurança estática**. Ou seja, a segurança jurídica deve ocorrer em relação aos meios (negócios) e em relação ao resultado (registro). Ela é a garantia de que as pessoas, seus bens e seus direitos não serão atacados e, caso sejam, a sociedade vai lhe proteger[28].

Mesmo sendo um princípio basilar, a **segurança jurídica ofertada pelo registro de imóveis no Brasil não cria um caráter absoluto** apenas pelo fato de o registro do direito de propriedade estar na matrícula do imóvel. O sistema brasileiro **permite a**

---

[26] KERN, Marinho Dembinski; COSTA JUNIOR, Francisco José de Almeida Prado Ferraz. *Princípios do registro de imóveis brasileiro*. São Paulo: Thomson Reuters Brasil, 2020, v. II, p. 33-75. (Coleção de Direito imobiliário).

[27] DIP, Ricardo. *Registro de Imóveis (princípios)*. Tomo II. Descalvado: Editora Primvs, 2017, p. 31.

[28] DIP, Ricardo. *Registro de Imóveis (princípios)*. Tomo II. Descalvado: Editora Primvs, 2017, p. 27.

anulação judicial do registro, considerando que a inscrição possui **presunção relativa de veracidade**, até a declaração de nulidade, como visto.

Aspecto	Segurança jurídica estática	Segurança jurídica dinâmica
Foco	◘ Direito em estado de repouso (registro e publicidade)	◘ Direito em movimento (tráfico imobiliário e aparência)
Destinatário da proteção	◘ O titular do direito inscrito no registro	◘ O terceiro de boa-fé, a sociedade e o mercado que confiam no registro
Natureza	◘ Baseada na estabilidade do *status* jurídico publicado (registro)	◘ Baseada na confiança nos negócios jurídicos firmados com base no registro
Fundamento jurídico	◘ Art. 1.247 do Código Civil e art. 216 da Lei n. 6.015/73 permitem retificações e anulações de registros viciados	◘ Preservação de negócios jurídicos realizados com cautelas necessárias, protegendo o terceiro de boa-fé
Proteção ofertada	◘ Ninguém pode ser privado do direito inscrito sem sua participação, seja por consentimento ou determinação judicial com contraditório	◘ Protege o negócio jurídico realizado por adquirente de boa-fé que confiou na publicidade do registro, mesmo diante de circunstâncias que ele não podia conhecer
Exemplos práticos	◘ Garantia de que o titular do registro tenha seu direito protegido contra ataques ou alterações sem sua ciência ou consentimento	◘ Proteção de um terceiro adquirente que confiou no registro para efetivar um contrato, sem obrigação de conhecer vícios anteriores ao registro
Interdependência	◘ Representa o *status* jurídico publicado e público, que gera efeitos	◘ Depende da segurança jurídica estática para existir; é a confiança na circulação de riquezas baseada na estabilidade do registro
Integração	◘ Garantia do resultado (registro)	◘ Garantia dos meios (negócios jurídicos)
Limites no Brasil	◘ Presunção relativa de veracidade do registro, sujeito à anulação judicial em caso de nulidade comprovada	◘ Não separa-se da segurança estática; ambas são partes complementares da segurança jurídica no sistema registral

No **Brasil**, parte-se da premissa de que o registro **presume** que o **direito** nele inscrito **é verdadeiro, mas poderá ser anulado judicialmente**, se provado o contrário. Essa prova compete a quem alegar a nulidade.

Em alguns outros sistemas registrais, como é o caso da **Alemanha**, o registro **produz efeitos mais amplos de confiabilidade, desprendendo-se do título que lhe deu origem**. Após o registro, o título está saneado, e o registro é praticamente intocável. Por isso, se diz que o sistema de registro, nesse caso, **é abstrato**, pois ele vive por si só, diferentemente do sistema brasileiro que é causal e está vinculado ao título que lhe deu origem. Assim, no Brasil, se o negócio jurídico possui vícios, o registro poderá ser atingido.

Na **Alemanha,** vigora o princípio da **separação entre o negócio obrigacional e o negócio real**[29], sendo imposta uma ficção jurídica de distinção entre os negócios jurídicos obrigacional (causa) e real (o negócio jurídico de disposição).

Há uma independência entre o **efeito real** e o **negócio causal** ou obrigacional (*Verpflichtungs-geschäft*). Neste, é manifestada a vontade de atribuir e adquirir

---

[29] JARDIM, Mónica. *Efeitos secundários do registo predial*: terceiros para efeitos do registo predial. Grupo Almedina (Portugal), 2021, p. 166.

determinado direito real sobre o imóvel. O efeito real, por sua vez, é obtido a partir de um processo que envolve o negócio de disposição ou real (*Verfügungsgeschäft*) e a inscrição no livro fundiário. Tal negócio de disposição configura verdadeiro acordo executivo das obrigações firmadas em sede de negócio obrigacional[30].

O **negócio obrigacional** apenas tem **efeito entre as partes**, enquanto o **negócio jurídico de disposição tem eficácia *erga omnes*** e de transferência do direito real. **Essa rigorosa distinção constitui o princípio da separação** (*Trennungsprinzip*). Distinção que, na prática, não reflete na existência de contratos e títulos materialmente separados — mas um só que contém as distintas disposições[31].

Há uma **distinção conceitual e jurídica, mas não econômica**.

O **negócio obrigacional** apenas **vincula as partes**, criando obrigações entre elas. O **negócio real** tem por objeto um direito real e visa **produzir uma modificação real**. O primeiro obriga as partes à celebração do negócio real, mas seus efeitos ocorrem exclusivamente *inter partes*[32].

No **Brasil**, o **negócio jurídico real é ínsito ao obrigacional,** ou é decorrência dele.

Além de negócios juridicamente distintos, com efeitos jurídicos diferenciados, cria-se uma abstração entre eles. Tal configura o princípio da abstração do negócio real em face do negócio obrigacional, a partir do controle de legalidade exercido pelo responsável pelo registro[33].

O **princípio da abstração** é, assim, **decorrência do princípio da separação** e estabelece que, no registro, se abstraia a causa e apenas se registre o negócio real, que não pode ser afetado por vícios que possam atingir o negócio jurídico obrigacional.

O negócio jurídico de disposição se mantém válido, em princípio, ainda que o negócio obrigacional seja atingido por algum vício. Cria-se uma independência entre eles, de modo que a validade de um não depende da validade do outro[34].

No **Brasil, a adoção do princípio da fé pública registral cria uma espécie de abstração**, com as devidas proporções, pois não se pode opor o vício ao terceiro adquirente de boa-fé, como visto, um dos destinatários da segurança jurídica. **Trata-se, aqui, de uma abstração com diferentes contornos daquele oriundo do direito alemão.**

Naquele país, importa frisar, apesar dos mecanismos de proteção contra invalidades ora citados, que privilegiam em grande medida a segurança jurídica oferecida pelo sistema registral, **não há uma inatacabilidade absoluta do registro**.

---

[30] JARDIM, Mónica. *Efeitos secundários do registo predial*: terceiros para efeitos do registo predial. Grupo Almedina (Portugal), 2021, p. 184.

[31] ZANINI, Leonardo Estevam de Assis. Fundamentos do direito imobiliário na Alemanha. *Revista CEJ*, Brasília, ano XXV, n. 82, p. 114-122, jul./dez. 2021.

[32] JARDIM, Mónica. *Efeitos secundários do registo predial*: terceiros para efeitos do registo predial. Grupo Almedina (Portugal), 2021, p. 185.

[33] JARDIM, Mónica. *Efeitos secundários do registo predial*: terceiros para efeitos do registo predial. Grupo Almedina (Portugal), 2021, p. 166.

[34] ZANINI, Leonardo Estevam de Assis. Fundamentos do direito imobiliário na Alemanha. *Revista CEJ*, Brasília, ano XXV, n. 82, p. 114-122, jul./dez. 2021.

Algumas causas de nulidade ou ineficácia do negócio obrigacional podem, ao mesmo tempo, ser causas de invalidade ou ineficácia do negócio real. Assim, havendo vícios no negócio obrigacional que não afetem também a validade do negócio real, este restará mantido e a inscrição registral permanecerá intacta. No entanto, nesse caso, a mutação jurídico real ocorreu sem justa causa, de modo que o prejudicado terá ação contra o adquirente por enriquecimento sem causa, exigindo-lhe uma retransmissão da propriedade. Se a propriedade já estiver transmitida a terceiro por ato oneroso, o prejudicado ainda assim terá ação contra o primeiro adquirente para reaver o que recebeu do terceiro, Contudo, caso tal transmissão a terceiro tenha ocorrido de modo gratuito, o prejudicado terá ação diretamente contra ele, a fim de exigir a retransmissão do direito e a restituição do bem[35].

Há, inclusive, autores que defendem a absoluta permeabilidade entre os negócios obrigacional e real do direito alemão[36]. No entanto, a regra na **Alemanha** é de que "o Registo é íntegro e exacto em benefício do titular registal, pelo simples facto de ter a posição de titular segundo o Registo — **princípio da legitimação**", o conteúdo do registro é tido por pleno, exato e completo, **algo que costuma ser chamado de presunção absoluta no Brasil**. Mas essa presunção está, também no sistema registral alemão, sujeita a uma prova em contrário, se se provar que o acordo nunca ocorreu ou fora nulo, por exemplo. Nesses casos, o direito do titular registral poderá ser eliminado por uma ação de retificação do registro. No Código Civil alemão, portanto, a verdade dos assentos é meramente presumida[37].

Aspecto	Brasil	Alemanha
Natureza do sistema	▪ Sistema causal: o registro está vinculado ao título que lhe deu origem	▪ Sistema abstrato: o registro vive por si só, independente do título que o originou
Presunção do registro	▪ Presunção relativa de veracidade: o registro pode ser anulado judicialmente com prova em contrário	▪ Presunção de plenitude e exatidão: o registro é íntegro e exato, mas pode ser retificado se houver prova de invalidade
Princípio norteador	▪ Princípio da causalidade: o registro pode ser afetado por vícios do negócio jurídico obrigacional	▪ Princípio da abstração: o registro não é afetado por vícios do negócio jurídico obrigacional
Negócios jurídicos	▪ Negócio jurídico real é ínsito ao obrigacional	▪ Distinção entre negócios obrigacional (*Verpflichtungsgeschäft*) e real (*Verfügungsgeschäft*), conforme o princípio da separação (*Trennungsprinzip*)
Vínculo entre negócios	▪ O negócio real decorre do negócio obrigacional	▪ O negócio real é independente do negócio obrigacional; a validade de um não depende da validade do outro

---

[35] JARDIM, Mónica. *Efeitos secundários do registo predial*: terceiros para efeitos do registo predial. Grupo Almedina (Portugal), 2021, p. 186.

[36] JARDIM, Mónica. *Efeitos secundários do registo predial*: terceiros para efeitos do registo predial. Grupo Almedina (Portugal), 2021, p. 185.

[37] JARDIM, Mónica. *Efeitos secundários do registo predial*: terceiros para efeitos do registo predial. Grupo Almedina (Portugal), 2021, p. 190.

Efeitos jurídicos	▪ Negócio jurídico obrigacional e real têm efeitos *erga omnes*, mas o registro é presumido verdadeiro até prova em contrário	▪ O negócio obrigacional vincula as partes (*inter partes*), enquanto o real tem efeitos *erga omnes* e transfere o direito real
Proteção ao terceiro	▪ Proteção relativa ao terceiro de boa-fé com base no princípio da fé pública registral	▪ Proteção mais ampla ao terceiro de boa-fé, com base na presunção de exatidão e integridade do registro
Anulação do registro	▪ Possível, considerando a presunção relativa de veracidade do registro	▪ Possível, mas o registro é mantido íntegro até que se prove sua invalidade ou ineficácia por ação judicial específica
Enriquecimento sem causa	▪ Não há mecanismo específico relacionado ao registro	▪ Em caso de mutação jurídico-real sem justa causa, o prejudicado pode propor ação contra o adquirente ou terceiros

3.2.3. MEIOS DE EFETIVIDADE DA SEGURANÇA JURÍDICA

Além de eficaz, o princípio da segurança jurídica deve ser efetivo, isto é, deve gerar efeitos práticos que possam ser verificáveis na vida cotidiana de seus destinatários.

Nesse contexto, a adoção de mecanismos registrais específicos desempenha um papel significativo na construção de um ambiente jurídico sólido e confiável no âmbito imobiliário, de forma que nesse tópico exploramos os meios pelos quais a **segurança jurídica pode ser efetivada pelo registro de imóveis.**

O primeiro dos mecanismos que ora são apresentados é a **presunção que decorre da publicidade do conteúdo registrado.**

Leonardo Brandelli[38] destaca **a unanimidade da doutrina ao afirmar a eficácia relativa do registro imobiliário,** mesmo no que concerne ao terceiro adquirente de boa-fé. Tal perspectiva estabelece uma **presunção *juris tantum*** em favor daquele em cujo nome o imóvel está registrado. O estudo do tema evoluiu para considerar essa presunção relativa, **sujeita à destruição por prova em contrário.**

Assim, os artigos do Código Civil brasileiro são interpretados no sentido de que **o registro imobiliário gera uma presunção relativa do direito inscrito,** aplicável tanto às partes envolvidas quanto a terceiros, independentemente de boa ou má-fé.

Tal interpretação autoriza **alguns autores** a dizer ser o **sistema brasileiro um sistema de registro de direitos fraco,** que admite riscos à segurança, pois, apesar da intenção de publicizar as situações jurídicas, a **proteção ao terceiro que confia nas informações registradas é rasa,** em vista da **possibilidade de surgirem fatores ocultos,** como **direitos trabalhistas** ou **fiscais desconhecidos,** ou **anulabilidades não detectáveis,** representando **ameaças à segurança** dos direitos dos terceiros adquirentes[39].

---

[38] BRANDELLI, Leonardo. *Registro de imóveis*: eficácia material. Rio de Janeiro: Forense, 2016, p. 215-253.

[39] BRANDELLI, Leonardo. *Registro de imóveis*: eficácia material. Rio de Janeiro: Forense, 2016, p. 254.

Características	Descrição
Definição	Sistema que apresenta riscos à segurança jurídica, mesmo com a intenção de publicizar situações jurídicas
Proteção ao terceiro de boa-fé	Rasa e insuficiente; admite vulnerabilidades que podem comprometer a confiança nas informações registradas
Principais riscos	◘ Direitos trabalhistas ou fiscais ocultos ◘ Anulabilidades não detectáveis
Impacto na segurança dos direitos	Representa ameaças à segurança dos terceiros adquirentes, dificultando a plena proteção jurídica dos envolvidos

No entanto, Brandelli aponta para o fato de que a proteção do terceiro adquirente de boa-fé não decorre exclusivamente da publicidade registral, mas também do princípio mais amplo da **tutela da aparência jurídica**. Contrapondo-se às discussões centradas na eficácia da publicidade e nos procedimentos formais-registrais, o autor acredita que a solução para o problema não reside unicamente nesses elementos[40].

Nos sistemas em que a presunção decorrente da publicidade registral é *juris tantum*, a proteção ao terceiro adquirente de boa-fé resulta do princípio da tutela da aparência jurídica. Esse princípio, fundamentado nos **pilares da tutela da confiança**, da segurança jurídica e do Estado de Direito, assegura resguardo ao terceiro que adquiriu um direito registrado. Essa proteção ocorre em virtude da **confiança gerada pela publicidade, e não diretamente pelo efeito da publicidade em si**.

Assim, sendo o **princípio da tutela da aparência um dos meios de efetivação da segurança jurídica no registro de imóveis**, é importante entender a sua aceitação no Brasil. Leonando Brandelli[41] afirma que tal princípio está **intrinsecamente ligado à existência do princípio do Estado de Direito e sua ligação com a democracia**.

O Código Civil traz **previsões sobre a tutela da aparência** ao positivar o caso do herdeiro aparente no **art. 1.827**[42], **do casamento aparente no art. 1.563**[43] **e do credor aparente no art. 309**[44].

---

[40] BRANDELLI, Leonardo. *Registro de imóveis*: eficácia material. Rio de Janeiro: Forense, 2016, p. 259-263.

[41] BRANDELLI, Leonardo. *Registro de imóveis*: eficácia material. Rio de Janeiro: Forense, 2016, p. 270-273.

[42] "Art. 1.827. O herdeiro pode demandar os bens da herança, mesmo em poder de terceiros, sem prejuízo da responsabilidade do possuidor originário pelo valor dos bens alienados". BRASIL. Lei n. 10.406, de 10 de janeiro de 2002. Institui o Código Civil. Disponível em: http://www.planalto.gov.br/ccivil_03/leis/2002/l10406compilada.htm. Acesso em: 15 nov. 2021.

[43] "Art. 1.563. A sentença que decretar a nulidade do casamento retroagirá à data da sua celebração, sem prejudicar a aquisição de direitos, a título oneroso, por terceiros de boa-fé, nem a resultante de sentença transitada em julgado". (BRASIL. Lei n. 10.406, de 10 de janeiro de 2002. Institui o Código Civil. Disponível em: http://www.planalto.gov.br/ccivil_03/leis/2002/l10406compilada.htm. Acesso em: 15 nov. 2021.

[44] "Art. 309. O pagamento feito de boa-fé ao credor putativo é válido, ainda provado depois que não era credor". BRASIL. Lei n. 10.406, de 10 de janeiro de 2002. Institui o Código Civil. Disponível em: http://www.planalto.gov.br/ccivil_03/leis/2002/l10406compilada.htm. Acesso em: 15 nov. 2021.

Ao tratar do tema sob a perspectiva da doutrina e da jurisprudência, o autor afirma que a **aparência jurídica adquire relevância jurídica** em algumas situações no direito brasileiro, **sendo recepcionada como realidade no mundo jurídico**. Um exemplo a ser citado é justamente a proteção ao terceiro registral de boa-fé em relação ao proprietário aparente, aquele que consta da tábua registral como titular da propriedade sobre determinado bem imóvel, sem que efetivamente o seja[45].

Desse modo, **os terceiros têm confiança na situação publicizada,** a qual foi estabelecida sob o pretexto de inexistirem falhas e, portanto, aparenta estar correta. Entretanto, **se a situação em questão não corresponder à realidade e não restar comprovado que os terceiros tinham conhecimento do vício, estes poderão ser tutelados pela aparência.**

É o caso do **Recurso Especial 1.698.175 — ES (2017/0234287-6), no qual o STJ reconheceu que a alienação de um imóvel com restrição de venda, realizada por meio de uma pessoa com procuração, é válida, desde que seja reconhecida a boa-fé dos terceiros adquirentes, uma vez que, sendo impossível que o adquirente identifique qualquer pendência sobre o bem imóvel, deve prevalecer a teoria da aparência.**

> RECURSO ESPECIAL. DIREITO CIVIL E PROCESSUAL CIVIL. AÇÃO DECLARATÓRIA C.C. INDENIZATÓRIA. NULIDADE DE NEGÓCIO JURÍDICO. ALEGAÇÃO DE NEGATIVA DE PRESTAÇÃO JURISDICIONAL. NÃO OCORRÊNCIA. TERCEIROS ADQUIRENTES. BOA-FÉ. TEORIA DA APARÊNCIA. APLICABILIDADE. REVISÃO DO JULGADO. IMPOSSIBILIDADE. INCIDÊNCIA DO ENUNCIADO N. 7/STJ.
> 1. Inexistência de maltrato ao art. 1.022, incisos I e II, do Código de Processo Civil, quando o acórdão recorrido, ainda que de forma sucinta, aprecia com clareza as questões essenciais ao julgamento da lide.
> 2. A jurisprudência do Superior Tribunal de Justiça é no sentido de que é possível a aplicação da teoria da aparência para afastar suposto vício em negociação realizada por pessoa que se apresenta como habilitada para tanto, desde que o terceiro tenha firmado o ato de boa-fé.
> 3. O Tribunal de origem, a partir do exame dos elementos de prova e da interpretação das cláusulas contratuais, reconheceu a boa-fé dos adquirentes e, considerou válido o negócio jurídico celebrado.
> 4. A revisão do julgado exigiria reexame de matéria fática e interpretação do ajuste celebrado, o que é vedado em recurso especial.
> 5. Recurso especial conhecido e desprovido. (REsp n. 1.698.175/ES, relator Ministro Paulo de Tarso Sanseverino, *Dje,* 16.8.2019.)

Em outro caso, o **Tribunal de Justiça de São Paulo** manteve a sentença que julgou procedente a ação anulatória de escritura pública por entender que, no caso concreto, **restou comprovada a ausência de boa-fé dos adquirentes, ensejando a anulação do registro realizado em vista da realidade jurídica.**

---

[45] BRANDELLI, Leonardo. *Registro de imóveis*: eficácia material. Rio de Janeiro: Forense, 2016, p. 273-319.

Anulatória de escritura pública de compra e venda de imóvel Simulação — de venda por interposta pessoa para beneficiar companheira em detrimento da meação e dos herdeiros — Procedência Negócio realizado sob a égide do Código Civil de 2002 Prescrição não configurada Reconhecimento da nulidade que se sujeita à aplicação do art. 205 do Código Civil — Contagem do prazo que se inicia da abertura da sucessão Ilegitimidade ativa da coautora afastada, pela aplicação da teoria da asserção — Elementos de convicção decorrentes do conjunto probatório que permitem reconhecer a simulação do ato entre as rés, nos termos do art. 167, § 1.º, I, do Código Civil — Sentença mantida — Recurso desprovido (Apelação Cível 0605256-91.2008.8.26.0001; Rel. Moreira Viegas, 5.ª Câmara de Direito Privado, j. 20.2.2013).

Tal questão vincula-se ao **art. 1.247 do Código Civil**[46] ao prever que, caso o conteúdo do registro não corresponda à realidade, o indivíduo interessado tem o direito de solicitar a retificação ou anulação, posto que, sendo a presunção gerada pelo registro relativa, **o fato de a informação constar no registro não faz dela uma realidade jurídica**[47].

> Art. 1.247. Se o teor do registro não exprimir a verdade, poderá o interessado reclamar que se retifique ou anule.

Enquanto na **presunção relativa** à realidade jurídica modifica o registro, moldando-o a ela, **caso o registro gerasse uma presunção absoluta, ele que alteraria a realidade jurídica**.

Importa mencionar que, enquanto o registro não estiver em conformidade com a realidade jurídica, ele continuará a produzir sua eficácia de presunção relativa, de forma que, se a retificação ou cancelamento do registro equivocado não ocorrer, há o risco de o direito continuar surtindo seus efeitos e, caso isso ocorra, e esse direito for adquirido por um terceiro de boa-fé, "que confiou nas informações publicizadas registralmente antes que fossem corrigidas, esse terceiro será tutelado em sua aquisição, repise-se, não por efeito da publicidade, mas por efeito da aparência gerada pela publicidade"[48].

Outro meio pelo qual a segurança jurídica é efetivada pelo registro de imóveis é a usucapião tabular ou *secundum tabulas,* conforme diferencia parte da doutrina.

---

[46] "Art. 1.247. Se o teor do registro não exprimir a verdade, poderá o interessado reclamar que se retifique ou anule." BRASIL. Lei n. 10.406, de 10 de janeiro de 2002. Institui o Código Civil. Disponível em: http://www.planalto.gov.br/ccivil_03/leis/2002/l10406compilada.htm. Acesso em: 15 nov. 2021.

[47] BRANDELLI, Leonardo. *Registro de imóveis*: eficácia material. Rio de Janeiro: Forense, 2016, p. 302.

[48] BRANDELLI, Leonardo. *Registro de imóveis*: eficácia material. Rio de Janeiro: Forense, 2016, p. 302.

Para aumentar a segurança do adquirente e do terceiro de boa-fé, **a lei de registros públicos (art, 214[49]) e o Código Civil (art. 1.242[50])** possuem um mecanismo de defesa, denominado pela doutrina majoritária de **usucapião tabular**, ou seja, **se promovida ação para anular um registro e houver um adquirente ou um terceiro de boa-fé, e ele já houver preenchido os requisitos da usucapião**, ou **se passados cinco anos do registro e houver estabelecido moradia ou realizado investimentos de valor econômico e social, não perderá o imóvel, sendo-lhe mantido o direito de propriedade**.

Assim, a informação registral, somada aos requisitos dispostos nos dispositivos acima citados, permite **maior segurança jurídica** ao titular do direito registrado, **tornando seu direito inatacável por causas outras**.

Importa mencionar que parte da doutrina diferencia os conceitos de usucapião tabular e usucapião *secundum tabulas*, dizendo ser este o existente no Brasil.

Leonardo Brandelli[51], apoiado na doutrina espanhola, sustenta que a **usucapião tabular decorre tão-somente da existência do registro, sem que seja exigido algum outro requisito,** seja posse, boa-fé ou qualquer outro. No Brasil, o que se tem é uma usucapião *secundum tabulas*, em que o registro é um elemento importante, mas não o único a admitir a usucapião.

Ainda, o autor diferencia a hipótese de usucapião, prevista no art. 1.242, parágrafo único, do Código Civil daquela tratada no art. 214, § 5.º, da Lei de Registros Públicos. Esta configura verdadeiro saneamento dos vícios do registro pelo decurso do tempo, pois serve para sanar vícios originados da aquisição a título derivado, e pode ser alegada como exceção de usucapião em causas que pretendam a anulação, a nulidade ou a declaração de inexistência do negócio que originou o registro[52].

Aspecto	Usucapião tabular	Usucapião *secundum tabulas*
Definição	Decorre exclusivamente da existência do registro	Decorre do registro somado a outros requisitos, como posse e boa-fé
Natureza	É autônoma em relação a outros elementos além do registro	Integra o registro com a realidade fática (posse) e requisitos adicionais previstos em lei

---

[49] "Art. 214. As nulidades de pleno direito do registro, uma vez provadas, invalidam-no, independentemente de ação direta." BRASIL. Lei n. 6.015, de 31 de dezembro de 1973. Dispõe sobre os registros públicos, e dá outras providências. Disponível em: http://www.planalto.gov.br/ccivil_03/leis/l6015compilada.htm. Acesso em: 15 nov. 2021.

[50] "Art. 1.242. Adquire também a propriedade do imóvel aquele que, contínua e incontestadamente, com justo título e boa-fé, o possuir por dez anos. Parágrafo único. Será de cinco anos o prazo previsto neste artigo se o imóvel houver sido adquirido, onerosamente, com base no registro constante do respectivo cartório, cancelada posteriormente, desde que os possuidores nele tiverem estabelecido a sua moradia, ou realizado investimentos de interesse social e econômico." BRASIL. Lei n. 10.406, de 10 de janeiro de 2002. Institui o Código Civil. Disponível em: http://www.planalto.gov.br/ccivil_03/leis/2002/l10406compilada.htm. Acesso em: 15 nov. 2021.

[51] BRANDELLI, Leonardo. *Usucapião administrativa*: de acordo com o novo Código de Processo Civil. São Paulo: Saraiva, 2016.

[52] BRANDELLI, Leonardo. *Usucapião administrativa*: de acordo com o novo Código de Processo Civil. São Paulo: Saraiva, 2016.

Requisitos	Exige apenas a existência do registro	Exige registro, posse, boa-fé e outros requisitos previstos no art. 1.242, parágrafo único, do Código Civil
Prevalência	Não é adotada no Brasil, mas é aplicada em outros países, como na doutrina espanhola	É a forma adotada no Brasil, conforme dispositivos legais vigentes
Finalidade	Garante a propriedade com base exclusivamente no registro, sem vinculação à posse ou outros requisitos.	Protege o titular do registro que também cumpre os requisitos legais (tempo, moradia, investimento econômico)
Hipótese de aplicação	Não exige relação entre o registro e a posse ou boa-fé, conferindo segurança jurídica baseada apenas na publicidade registral	Reforça a segurança jurídica ao sanar vícios do registro e proteger adquirentes ou terceiros de boa-fé
Exemplo legal no Brasil	Não possui equivalência direta no ordenamento jurídico brasileiro	Art. 1.242 do Código Civil e Art. 214, § 5.º, da Lei n. 6.015/73 (Lei de Registros Públicos)
Vínculo com o registro	O registro é suficiente para fundamentar o direito de propriedade	O registro é um elemento essencial, mas complementado por posse e boa-fé
Saneamento de vícios	Não diretamente relacionado a saneamento de vícios	Configura saneamento de vícios originados da aquisição derivada, pelo decurso do tempo

Outros mecanismos fortalecem a efetividade da segurança jurídica oferecida pelo Registro de Imóveis. **É o caso da técnica registral, dos requisitos formais do registro e da segurança física dos livros físicos e dados.**

Pela **técnica registral**, o registrador de imóveis, profissional do Direito que é, aplica todo o seu conhecimento jurídico e experiência na **qualificação registral**, atuando conforme o direito, evitando e prevenindo litígios e oferecendo segurança jurídica aos titulares de direitos e à coletividade.

Os **requisitos formais** do registro também somam à segurança jurídica efetivada aos destinatários. Tanto os elementos do registro em si, da matrícula, quanto o procedimento previsto para atos registrais são **componentes que preenchem lacunas e completam o sistema registral imobiliário.** É impensável, por exemplo, haver segurança jurídica se a pessoa que titulariza o direito relativo ao imóvel não está plenamente caracterizada, ou se o imóvel não se encontra integralmente descrito de modo a diferenciá-lo dos demais imóveis.

No **rito procedimental ordinário**, que se inicia com o protocolo do título na serventia competente, já há segurança jurídica garantida, pois o **protocolo define a prioridade do título e assegura que aquele direito protocolado tenha preferência em relação a direitos conflitantes** prenotados posteriormente — e até excluindo a possibilidade de inscrição destes, em alguns casos.

A **qualificação registral**, passo seguinte no procedimento, é o **ápice de garantia da segurança jurídica** pelo registro de imóveis. Como já mencionado, o registrador verifica se existem máculas no título (escritura pública, instrumento particular, documentos de origem judicial ou administrativa), analisa o suporte registral (matrícula ou transcrição) para verificar se contém todos os elementos necessários e faz a **análise de compatibilidade entre o conteúdo do título e o que consta da matrícula ou da transcrição** (se quem aliena possui plena disponibilidade ou se o imóvel registral é o mesmo que está sendo vendido, por exemplo).

É precisamente nesse momento que o registrador evitará que alguém venda imóvel que não é seu, protegendo o direito do titular registral. É aqui que o registrador protegerá o direito de um herdeiro em relação à sua herança, evitando que apenas um dos herdeiros venda sozinho bem que não é integralmente seu.

Em **alguns ritos procedimentais especiais, o registrador deve observar a necessidade de notificar terceiros que possam ser potencialmente prejudicados** pelo ato registral sob exame, pela notificação propriamente dita ou pela publicação de editais.

Assim, **o devido processo legal,** garantia constitucionalmente prevista, também deve ser **observado no registro de imóveis,** que deve seguir rigorosamente os ritos legalmente previstos, pois dele decorrem direitos. Isso protege, como demonstrado, o direito à segurança jurídica de todos os envolvidos e de terceiros que possam eventualmente ser prejudicados.

Pela **segurança física (documentária)** dos livros e arquivos e pela **guarda e conservação dos dados,** o registro de imóveis também promove a segurança jurídica. Guardar o suporte da informação é tão importante quanto a própria informação, e nos registros essa guarda é perpétua. Não à toa, a **guarda e conservação dos livros e arquivos é dever do oficial de registro,** cuja falta é punível administrativamente, nos termos da Lei n. 8.935/94.

Afirma Ricardo Dip[53] que a segurança documentária é uma **parte potencial da segurança jurídica (que não esgota esta última).** Segurança jurídica é, em concreto, realizar o justo em cada caso, que não se esgota na existência documental.

Importa destacar: a segurança jurídica não é apenas a segurança física, do documento, do arquivo. Assim fosse, registros imobiliários poderiam ser facilmente substituídos por uma nuvem ou pelo *blockchain*.

É muito além, como demonstrado. São **diversos os meios pelos quais o sistema registral imobiliário brasileiro assegura a segurança jurídica** para os titulares de direitos e para a coletividade como um todo. Assim, há confiança, há circulação de riquezas, há crescimento econômico.

Mecanismo	Descrição
Técnica registral	▫ O registrador, como profissional do direito, aplica conhecimento jurídico para qualificar o título, prevenir litígios e oferecer segurança jurídica ▫ Atua como garantia contra vendas fraudulentas ou ilegais (ex.: herdeiro único vendendo bem comum)
Requisitos formais	▫ Elementos essenciais do registro (caracterização do titular e descrição detalhada do imóvel) garantem precisão e diferenciação dos imóveis ▫ Preenchimento das lacunas do sistema registral imobiliário
Protocolo do título	▫ Garante a prioridade registral: o primeiro título protocolado tem preferência em relação a direitos conflitantes posteriormente prenotados ▫ Exclui inscrições conflitantes em casos específicos

---

[53] DIP, Ricardo Henry Marques. *Registro de imóveis*: princípios. Tomo III. Editorial Lepanto: São Paulo, 2019, p. 219-220.

Qualificação registral	▪ Verificação de máculas no título, análise do suporte registral (matrícula/transcrição) e compatibilidade entre título e registro ▪ Evita conflitos de propriedade e protege direitos de titulares registralmente inscritos
Ritos procedimentais	▪ Observância de notificações ou editais para terceiros potencialmente prejudicados pelo ato registral ▪ Respeito ao devido processo legal e ritos previstos em lei, assegurando proteção a direitos dos envolvidos e terceiros
Segurança física	▪ Guarda e conservação perpétua de livros, arquivos e dados registralmente relevantes ▪ Garantia de preservação da informação documental como parte essencial da segurança jurídica
Impacto na sociedade	▪ Promove confiança, circulação de riquezas e crescimento econômico, ampliando a segurança jurídica para titulares e a coletividade

3.3. PRINCÍPIO DA PUBLICIDADE

A **publicidade** em si é um princípio amplo que passeia por vários ramos do Direito e está previsto no art. 5.º, XXXIII, da CF/88 e no art. 37 da CF/88, **como um requisito de eficácia e moralidade administrativa**[54].

> Art. 5.º (...)
> XXXIII — todos têm direito a receber dos órgãos públicos informações de seu interesse particular, ou de interesse coletivo ou geral, que serão prestadas no prazo da lei, sob pena de responsabilidade, ressalvadas aquelas cujo sigilo seja imprescindível à segurança da sociedade e do Estado.

> Art. 37. A administração pública direta e indireta de qualquer dos Poderes da União, dos Estados, do Distrito Federal e dos Municípios obedecerá aos princípios de legalidade, impessoalidade, moralidade, publicidade e eficiência (...).

A publicidade exige a mais ampla divulgação dos atos praticados pela Administração Pública, salvo as hipóteses de sigilo previstas em lei[55]. Tudo o que é público pode ser visto, conferido, e, portanto, controlado pelos interessados.

Trata-se de um termo amplo, aplicável a diversos ramos do conhecimento — como o comercial, informativo, jurídico etc. Neste último, é inerente a diversos ramos do Direito, e aqui nos interessa a sua aplicação ao registro imobiliário e os efeitos decorrentes dele.

A publicidade jurídica envolve a exteriorização de uma situação relevante para o Direito.

---

[54] MEIRELLES, Hely Lopes. *Direito administrativo brasileiro.* 16. ed. atual. pela Constituição de 1988. São Paulo: Revista dos Tribunais, 1991, p. 81.
[55] DI PIETRO, Maria Sylvia Zanella. *Direito administrativo.* 33. ed. Rio de Janeiro: Forense, 2020, p. 100.

A **publicidade jurídica no âmbito registral**, nas palavras de Walter Ceneviva[56], cumpre **uma tríplice missão**:

1. Transmitir a terceiros a informação do direito correspondente ao conteúdo do registro; 2. Sacrifica parcialmente a privacidade e a intimidade das pessoas que constam do registro (informando seus bens e direitos) em contraposição às garantias que decorrem do registro; 3. Serve a fins estatísticos, de interesse público, e para a fiscalização pública.

Missão	Descrição
1. Informação a terceiros	Transmitir a terceiros a informação do direito correspondente ao conteúdo do registro
2. Limitação de privacidade	Sacrifica parcialmente a privacidade e a intimidade das pessoas que constam do registro, informando seus bens e direitos em contraposição às garantias do registro
3. Fins estatísticos e fiscalização	Serve a fins estatísticos, de interesse público, e para a fiscalização pública

Leonardo Brandelli[57] explica que a **publicidade registral imobiliária** é a atividade destinada a dar conhecimento de certa situação para alguém e, ao mesmo tempo, **tornar acessível a toda coletividade certas informações**. A isso dá-se o nome de **cognoscibilidade**, ou seja, **a possibilidade de todos terem acesso às informações que estão públicas no registro de imóveis e, portanto, são oponíveis *erga omnes*.**

O fim último da **cognoscibilidade é a segurança jurídica** do direito que está inscrito (segurança estática) e a segurança jurídica do tráfico imobiliário (segurança dinâmica). Portanto, a publicidade é o oposto da clandestinidade e sempre que uma situação jurídica tiver a potencialidade de afetar terceiros que não integram a relação, haverá necessidade de publicizar essa situação, para que esses terceiros tomem conhecimento e, assim, recebam os efeitos dela decorrentes[58].

Lysippo Garcia[59] entende que a propriedade é um direito cujo conhecimento a todos interessa, por uma questão de ordem pública, uma ideia também compreendida por Ricardo Dip, ao afirmar que, com a publicidade do registro, alcança-se o bem comum, o bem de toda a sociedade, a *res publica*[60]. Assim, o sistema de registro imobiliário é público para que todos saibam o seu conteúdo e para identificar o marco inicial na produção de certos efeitos, pois nos negócios jurídicos imobiliários existem duas relações

---

[56] CENEVIVA, Walter. *Lei dos Registros Públicos comentada*. 20. ed. São Paulo: Saraiva, 2010. p. 10-111.

[57] BRANDELLI, Leonardo. *Registro de imóveis*: eficácia material. Rio de Janeiro: Forense, 2016, p. 80.

[58] BRANDELLI, Leonardo. *Registro de imóveis*: eficácia material. Rio de Janeiro: Forense, 2016, p. 87.

[59] GARCIA, Lysippo. *O registro de imóveis*: a transcrição. São Paulo: Livraria Francisco Alves, 1922, v. I, p. 26.

[60] DIP, Ricardo. *Registro de imóveis (princípios)*. Tomo II. Descalvado: Editora Primvs, 2017, p. 109.

distintas que interessam a todos: a relação do proprietário e os que contratam com ele, e a relação do proprietário e toda sociedade[61].

Essa publicidade é dependente de qualificação registral, ou seja, o exame de legalidade realizado pelo registrador, de modo que só será dada publicidade aos títulos jurídicos conformes ao Direito e atendentes de toda a principiologia registral.

Nicolau Balbino Filho[62] leciona que "a **publicidade é a alma** dos registros públicos. É a oportunidade que o legislador quer dar ao povo de conhecer tudo o que lhe interessa a respeito de determinados atos. Deixa-o a par de todo o movimento de pessoas e bens".

É que, notadamente em relação aos direitos reais, por serem direitos escolhidos pelo legislador para serem oponíveis à toda a coletividade, devem ser por ela conhecidos. **A sociedade deve conhecer o conteúdo do direito real (de forma real ou ficta, bastando a possibilidade de conhecê-lo) para que possa respeitá-lo. Isso configura a oponibilidade:** uma vez inscrito o ato ou fato jurídico, não pode ser alegado seu desconhecimento.

Como ensina Marcelo Augusto Santana de Melo[63], "as situações jurídicas publicizadas no registro de imóveis são de transcendência real", ora constituindo o direito real, ora permitindo a disponibilidade. **Nos negócios jurídicos *inter vivos*, o registro constitui o direito real. Na sucessão hereditária e nas aquisições originárias, o registro permite a disposição da propriedade.**

Contudo, a publicidade registral imobiliária também cumpre uma função ambiental. Em caso analisado pelo Tribunal de Justiça do Estado de São Paulo, ficou determinado que, **em respeito ao princípio da publicidade**, da segurança jurídica e da proteção do meio ambiente, **as questões ambientais relativas ao imóvel deveriam ser averbadas em sua matrícula, mesmo que não houvesse previsão legal a esse respeito.**

> Apelação — Ação de Usucapião — Terreno localizado em área de manancial e objeto de restrições ambientais — Fazenda Pública que busca seja determinada a averbação destas na matrícula do imóvel — Possibilidade — A despeito da ausência de previsão legal nesse sentido, a interpretação da Lei de Registros Públicos à luz do art. 225 da Constituição Federal conduz ao acolhimento do pedido — Medida que prestigia, ao mesmo tempo, a publicidade, a segurança jurídica e a proteção ao meio ambiente — Precedentes — Recurso provido (Apelação Cível 9000031-53.2003.8.26.0100; Relator (a): Souza Nery; Órgão Julgador: 2.ª Câmara Reservada ao Meio Ambiente; Data do Julgamento: 21.3.2013).

---

[61] GARCIA, Lysippo. *O registro de imóveis*: a transcrição. São Paulo: Livraria Francisco Alves, 1922, v. I, p. 25.
[62] BALBINO FILHO, Nicolau. *Registro de imóveis*: doutrina, prática e jurisprudência. 16. ed. rev. e atual. São Paulo: Saraiva, 2012, p. 42.
[63] MELO, Marcelo Augusto Santana de. *Teoria geral do registro de imóveis*: estrutura e função. Porto Alegre: Sergio Antonio Fabris Editor, 2016, p. 118.

Em que pese cumpra importantes funções, não se trata de um princípio irrestrito (assim como nem na seara administrativa o é), **existem mitigações** em sede de ponderação com outros princípios de estatura equivalente que acabam prevalecendo em algumas situações.

É o caso de sua mitigação quando busca proteger a dignidade da pessoa humana, como ocorre no Provimento n. 73 do CNJ[64], que trata sobre a preservação da intimidade de pessoa transexual, permitindo a alteração do gênero e do prenome no registro civil de pessoas naturais independentemente de determinação judicial ou laudos médicos.

O provimento baseia-se no resultado da ADI 4.275/DF[65], que acolheu o Parecer Consultivo da Corte Interamericana de Direito Humanos após consulta da República da Costa Rica, que analisou a publicação dos Princípios de Yogyakarta sobre a identidade de gênero[66].

Importa mencionar que, apesar de o Provimento n. 73 não trazer restrições à emissão de certidões pelo registrador de imóveis nesses casos, há quem entenda que deve ser observado também na seara imobiliária. É que a normativa mencionada restringe expressamente a publicidade apenas nas certidões do RCPN, não havendo previsão de restrição também da publicidade registral imobiliária.

Além disso, discute-se a correta providência a ser tomada em caso de averbação da alteração do prenome e gênero na matrícula do imóvel. Trata-se de questão dura a ser enfrentada, para a qual **não há resposta unânime**.

Há quem entenda que, logo após **a averbação, procede-se ao seu encerramento, transportando todos os atos vigentes para uma nova matrícula**, na qual não se mencionará que houve a alteração, **emitindo-se, então, uma certidão desta nova matrícula**. Sobre a possibilidade de **certidão da matrícula anterior, para fins de conhecimento da história vintenária do imóvel, necessária seria a autorização judicial**.

Também é aventada a possibilidade de **averbação de retificação**, com vistas à alteração do prenome e das qualificações inerentes ao gênero, como se antes as informações tivessem sido inseridas com erro. Daí a crítica que se faz a esse outro procedimento, pois não houve erro, omissão ou obscuridade na informação primeira, mas uma realidade que mudou.

---

[64] Provimento n. 73, art. 5.º. A alteração de que trata o presente provimento tem natureza sigilosa, razão pela qual a informação a seu respeito não pode constar das certidões dos assentos, salvo por solicitação da pessoa requerente ou por determinação judicial, hipóteses em que a certidão deverá dispor sobre todo o conteúdo registral.

[65] BRASIL. Supremo Tribunal Federal. ADI 4.275/DF, Rel. Min. Marco Aurélio, Plenário, *DJ*, 1.3.2018. Disponível em: https://redir.stf.jus.br/paginadorpub/paginador.jsp?docTP=TP&docID=749297200. Acesso em: 15 nov. 2021.

[66] SALOMÃO, Marcos Costa. O direito do transexual a alteração do prenome e do gênero no registro civil das pessoas naturais após o julgamento da ADI 4275. *XXVII Encontro Nacional do CONPEDI*. GT Gênero, Sexualidades e Direito II. Salvador, 2018, p. 23.

Aspecto	Descrição
Publicidade registral imobiliária	Apesar de o Provimento n. 73 não restringir expressamente a publicidade registral imobiliária, há entendimento de que deve ser observado também nessa seara. A normativa restringe apenas certidões do RCPN
Averbação de alteração de prenome e gênero	Discute-se a providência correta: ◘ Encerramento da matrícula original e transporte dos atos vigentes para nova matrícula, sem menção à alteração. Certidão da matrícula anterior requer autorização judicial ◘ Alternativa: averbação de retificação como se fosse erro anterior, embora criticada por tratar-se de mudança de realidade e não erro

Outra hipótese de **mitigação da publicidade encontra-se na Lei Geral de Proteção de Dados (LGPD), Lei n. 13.079/18**, cujo objeto passou à estatura de proteção constitucional com a Emenda 115 no ano de 2022, por meio da inclusão do inciso LXXIX no art. 5.º da CF/88[67]. Trata-se, atualmente, de um direito fundamental a ser protegido e efetivado no Estado brasileiro.

> **LXXIX** — é assegurado, nos termos da lei, o direito à proteção dos dados pessoais, inclusive nos meios digitais.

A Lei Geral de Proteção de Dados dispõs expressamente sobre a sua **aplicabilidade aos serviços notariais e registrais**, estando **equiparados às pessoas jurídicas de direito público (art. 23, § 4.º)**, de modo que deverão compatibilizar o exercício de sua função pública com a proteção dispensada pela norma aos dados das pessoas naturais.

> **Art. 23.** O tratamento de dados pessoais pelas pessoas jurídicas de direito público referidas no parágrafo único do art. 1.º da Lei n. 12.527, de 18 de novembro de 2011 (Lei de Acesso à Informação), deverá ser realizado para o atendimento de sua finalidade pública, na persecução do interesse público, com o objetivo de executar as competências legais ou cumprir as atribuições legais do serviço público, desde que: (...)
>
> **§ 4.º** Os serviços notariais e de registro exercidos em caráter privado, por delegação do Poder Público, terão o mesmo tratamento dispensado às pessoas jurídicas referidas no *caput* deste artigo, nos termos desta Lei.

Ocorre que a **proteção de dados se choca com a publicidade**, elemento estruturante dos registros, públicos por essência. O art. 17 da Lei de Registros Públicos, por exemplo, dispõe que o registrador deve fornecer certidões a qualquer interessado, independentemente da exposição do motivo.

> **Art. 17.** Qualquer pessoa poderá requerer certidão do registro sem informar ao oficial ou ao funcionário o motivo ou interesse do pedido.

---

[67] LXXIX — é assegurado, nos termos da lei, o direito à proteção dos dados pessoais, inclusive nos meios digitais. (Incluído pela Emenda Constitucional n. 115, de 2022).

Para compatibilizar a questão, deve o registrador proceder à ponderação na análise do caso concreto. A técnica de ponderação, exposta por Robert Alexy[68], ensina que quanto maior o grau de descumprimento ou interferência em um princípio, maior deve ser a importância do cumprimento do outro princípio. Alexy leciona que a ponderação pode ser dividida em três níveis: no primeiro nível, observa-se o grau de descumprimento ou interferência de um princípio; no segundo nível, observa-se a importância do cumprimento do princípio oposto; e no terceiro nível, identifica-se se a importância do cumprimento justifica o descumprimento ou interferência do outro princípio. A partir daí, é possível o registrador decidir sobre a emissão ou a negativa da certidão solicitada.

Trazendo regras mais precisas a essa ponderação, o Conselho Nacional de Justiça publicou o Provimento n. 134, de 24.8.2022[69], que regulamentou a aplicação da Lei de Proteção de Dados nos registros públicos e nos serviços notariais e de protesto. O texto foi posteriormente incluído no Provimento n. 149, de 30.8.2023[70], que instituiu o Código Nacional de Normas da Corregedoria Nacional de Justiça do Conselho Nacional de Justiça do Foro Extrajudicial, a partir do art. 79.

Em suma, **não há uma completa exclusão da publicidade dos dados pessoais nos registros e nas notas**. A LGPD e suas normas correspondentes trazem uma nova forma de tratar a publicidade, deixando expresso que, além de todos os direitos que tutelam, os notários e registradores também são responsáveis por efetivar o direito fundamental à proteção dos dados pessoais dentro de suas atividades.

A fim de melhor compreender os caracteres da publicidade no registro de imóveis, passamos ao estudo de suas classificações mais importantes.

3.3.1. PUBLICIDADE FORMAL

A doutrina divide a publicidade em formal e material. Considera-se publicidade **formal a forma de acesso ao conteúdo registral**, geralmente por meio da **emissão de certidões** daquilo que se encontra registrado, e **publicidade material diz respeito ao efeito jurídico produzido pela inscrição**.

Toda vez que o registrador escreve nos seus livros, ele está inscrevendo algum direito relevante, o qual torna-se público e, a partir dessa inscrição, gera efeitos **(publicidade material)**. Essa inscrição, por ser pública, poderá ser objeto de uma certidão ou outro meio de exposição **(publicidade formal)**.

---

[68] ALEXY, Robert. *Teoria discursiva do direito*. 2. ed. organização, tradução e estudo introdutório de Alexandre Travessoni Gomes Trivisonno. Rio de Janeiro: Forense Universitária, 2015, p. 154.

[69] BRASIL. Conselho Nacional de Justiça. *Provimento n. 134, de 24 de agosto de 2022*. Estabelece medidas a serem adotadas pelas serventias extrajudiciais em âmbito nacional para o processo de adequação à Lei Geral de Proteção de Dados Pessoais. Disponível em: https://atos.cnj.jus.br/atos/detalhar/4707. Acesso em: 16 jan. 2024.

[70] BRASIL. Conselho Nacional de Justiça. *Provimento n. 149, de 30 de agosto de 2023*. Institui o Código Nacional de Normas da Corregedoria Nacional de Justiça do Conselho Nacional de Justiça — Foro Extrajudicial (CNN/ CN/CNJ-Extra), que regulamenta os serviços notariais e de registro. Disponível em: https://atos.cnj.jus.br/atos/detalhar/5243. Acesso em: 16 jan. 2024.

Quanto à **publicidade formal, que corresponde aos métodos pelos quais o** *status* **jurídico é comunicado ao público**, Marinho Dembinski Kern e Fransciso José de Almeida Prado Ferraz Costa Junior[71] destacam que, apesar dos Serviços de Registro possuírem um acervo de livros e documentos sob a guarda do registrador, **o acesso a essas informações não é, costumeiramente, feito direto pelo usuário. Assim, pode-se dizer que, do ponto de vista formal, a publicidade é, em princípio, indireta, ou seja, mediada por certidões.**

3.3.1.1. Publicidade formal direta

A **publicidade formal direta** é aquela pela qual o interessado possui **acesso direto, imediato, sem interpostos meios, aos próprios livros, fichas, registros e acervos**.

Com o Decreto n. 4.857/39, a publicidade poderia ser tanto direta quanto indireta. O registrador, segundo dispunha o art. 19[72], poderia mostrar os livros de registro às partes.

Atualmente, a regra geral é que a publicidade formal ocorra de forma indireta. Há, inclusive, jurisprudência administrativa da Corregedoria paulista[73] dizendo estar vedada a publicidade mediante consulta visual, sem extração de cópia, no registro de imóveis. É que **consolidou-se, com a Lei n. 6.015/73, o sistema de publicidade indireta, que se dá mediante certidões e informações. Não há mais, como outrora havia, previsão legal para a exibição dos próprios livros e fichas.**

Entretanto, **existem casos nos quais a publicidade formal se dará de forma direta**, que significa o exame direto dos livros, o próprio interessado manuseia os livros e documentos constantes do acervo registral.

Em razão do dever de guarda e conservação dos livros e de todo o acervo registral imobiliário (art. 46 da Lei n. 8.935/94) — que, em regra, devem ser arquivados em caráter perpétuo, a publicidade formal direta é apenas excepcional.

> **Art. 46.** Os livros, fichas, documentos, papéis, microfilmes e sistemas de computação deverão permanecer sempre sob a guarda e responsabilidade do titular de serviço notarial ou de registro, que zelará por sua ordem, segurança e conservação.
>
> **Parágrafo único.** Se houver necessidade de serem periciados, o exame deverá ocorrer na própria sede do serviço, em dia e hora adrede designados, com ciência do titular e autorização do juízo competente.

---

[71] KERN, Marinho Dembinski; COSTA JUNIOR, Francisco José de Almeida Prado Ferraz. *Princípios do registro de imóveis brasileiro*. São Paulo: Thomson Reuters Brasil, 2020, v. II. p. 275-283. (Coleção de Direito imobiliário).

[72] Decreto n. 4.857/39, art. 19. Os oficiais, bem como as repartições encarregadas dos registros serão obrigados: 1.º, a passar as certidões requeridas; 2.º, a **mostrar às partes**, sem prejuízo da regularidade do serviço, os livros de registro, dando-lhes, com urbanidade, os esclarecimentos verbais que pedirem.

[73] TJSP, Corregedoria-Geral da Justiça do Estado de São Paulo, Processo: 42.249/2005. Localidade: São José do Rio Preto. Data de Julgamento: 26.1.2006. Relator: Vicente de Abreu Amadei.

Além disso, Miguel Maria de Serpa Lopes **destaca que a publicidade formal direta pode resultar em grandes inconvenientes, como o abuso de curiosidades infundadas e até mesmo na realização de alterações nos registros**. Para o autor, a publicidade formal direta, se aplicada levianamente, pode surtir um efeito de inspeção que é restrito apenas às autoridades judiciárias e fiscais[74].

Uma norma que excepciona a publicidade formal indireta é a atual lei do parcelamento do solo urbano, Lei n. 6.766/79, que prevê a possibilidade de qualquer pessoa examinar os documentos do procedimento de loteamento arquivados em pasta própria no registro de imóveis. **O art. 24 da referida lei aduz que o conjunto de documentos inerentes ao processo de loteamento, bem como os contratos de depositados em Cartório, poderão ser examinados por qualquer pessoa, independentemente do pagamento de emolumentos**. Frise-se: não há análise direta da matrícula pelo interessado, mas tão-somente do conjunto de documentos que compõem o memorial do loteamento e os contratos respectivos.

Ainda, **há possibilidade de acesso direto ao acervo prevista para a hipótese de perícia em livros do cartório** prevista no parágrafo único do **art. 46 da Lei n. 8.935/94**. Tal disposição normativa preconiza que o exame deve ocorrer **na sede do cartório, em dia e hora previamente designados, com ciência do titular da serventia e autorização do juízo**.

Interessante anotar ainda a possibilidade de manuseio dos livros do registro no bojo da pesquisa acadêmica, aberta por jurisprudência administrativa no estado de São Paulo[75]. Assim, em razão do interesse histórico da pesquisa acadêmica, foi autorizada a publicidade direta, ou seja, o manuseio de livros e arquivos por terceiros que não o titular e seus prepostos.

Para o futuro, com os registros puramente eletrônicos, imaginamos que a publicidade formal direta poderá ter seu âmbito ampliado nos registros de imóveis brasileiros, com algo próximo do que ocorre atualmente com a visualização eletrônica das matrículas, que será vista adiante neste livro.

A visualização eletrônica da matrícula não é, ainda, forma de publicidade direta, eis que é mera reprodução, em meio digital, do assento, obrigatoriamente físico até o presente momento. Quando os assentos registrais imobiliários forem escriturados e armazenados exclusivamente em formato digital, a depender do meio em que a visualização será disponibilizada aos usuários, poderemos ter mais um meio admitido de publicidade direta — com acesso direto ao assento eletrônico. Os benefícios e a própria necessidade de tal prática devem ainda ser cautelosamente pesquisados e debatidos pela comunidade jurídica.

Importa lembrar, por fim, de que publicidade direta não se confunde com publicidade irrestrita — e deve também ser compatibilizada com os ditames atuais exigidos pela proteção à intimidade e aos dados pessoais, com as devidas mitigações e ocultamentos que se fizerem necessários.

---

[74] LOPES, Miguel Maria Serpa. *Tratado dos registros públicos*. 5. ed. Rio de Janeiro: Livraria Freitas Bastos, 1962, v. I, p. 106-107.

[75] TJSP, Corregedoria-Geral da Justiça do Estado de São Paulo, Processo: 24.481/2012, j. 4.7.2012.

3.3.1.2. Publicidade formal indireta

Como informado anteriormente, a publicidade formal ocorre, na grande maioria das vezes, de forma **indireta**, ou seja, por meio de certidões, informações ou visualização eletrônica.

A publicidade formal indireta é aquela que ocorre por interpostos meios que não o contato direto dos olhos do interessado com o assento ou documento integrante do acervo. Poderá se dar por uma certidão, como regra, uma informação verbal, uma visualização eletrônica do ato, e até mesmo mediante uma cópia reprográfica (autorizada no bojo da incorporação imobiliária, pelo art. 32, § 4.º, da Lei n. 591/64, por exemplo).

O interessado não tem contato direto com os livros do registro de imóveis. Deve requerer ao registrador a emissão da certidão (ou a obtenção da informação por qualquer outro interposto meio), e o registrador, após consultar o seu acervo, emitirá a certidão do ato que se encontra lavrado no seu ofício.

Novamente, que não se confunda publicidade indireta com publicidade restrita, diminuída, parcial. A publicidade indireta é aquela por meio da qual a informação registral é obtida por meio interposto, ainda que a integralidade da informação seja disponibilizada. É o que ocorre com a certidão em inteiro teor, por exemplo, que contém todo o conteúdo do assento, que é disponibilizado por meio interposto.

A fé pública do registrador, neste ponto, permite a certeza de que aquilo que é expresso na certidão corresponde exatamente ao que consta do registro. Assim, há a garantia de que a certidão de registro reflete fielmente o que está registrado no cartório, sem espaço para interpretações além desses limites.

Contudo, tendo em vista as limitações à publicidade que decorrem do arcabouço legal, fato é que a publicidade indireta permite filtrar com maior facilidade dados cobertos por sigilo, preservando a intimidade dos envolvidos. **A publicidade indireta, mediada por certidões, é, portanto, fundamental para garantir a conservação adequada do acervo e proteger informações sensíveis**[76].

Nesta obra, são destacadas as três formas da publicidade formal indireta: informações, certidões e visualização eletrônica de atos.

Tipo de publicidade	Definição	Características principais
Publicidade formal direta	Acesso direto, imediato, sem intermediários, aos livros, fichas, registros e acervos do cartório	▫ Excepcional na prática atual devido à proteção de dados e conservação do acervo ▫ Permitida em casos como: pesquisa acadêmica, perícia judicial ou por exigências normativas específicas (ex.: Lei n. 6.766/79). ▫ Possibilidade de ampliação futura com registros exclusivamente eletrônicos

---

[76] KERN, Marinho Dembinski; COSTA JUNIOR, Francisco José de Almeida Prado Ferraz. *Princípios do registro de imóveis brasileiro*. São Paulo: Thomson Reuters Brasil, 2020. v. II, p. 275-283. (Coleção de Direito imobiliário).

Publicidade formal indireta	Ocorre por interpostos meios, como certidões, informações ou visualização eletrônica	■ Forma predominante de publicidade formal atualmente ■ Realizada por meio de certidões integrais ou parciais, informações verbais ou cópias reprográficas ■ Garantida pela fé pública do registrador, assegurando correspondência fiel ao registro ■ Protege dados sensíveis e preserva o acervo registral físico
Publicidade material	Diz respeito ao efeito jurídico que a inscrição produz, tornando o direito inscrito público e eficaz	■ A inscrição confere publicidade ao direito registrado, tornando-o oponível a terceiros ■ Garante segurança jurídica ao assegurar que o direito é conhecido publicamente ■ Base para atos jurídicos com fé pública

3.3.1.2.1. Informações

Uma das formas pelas quais pode ser acessado o conteúdo do registro, de modo **indireto** é a **informação verbal**.

Trata-se de **simples notícia**, passada pelo titular da serventia ou escrevente ao interessado no ato jurídico correspondente ao registro[77], e está **prevista no art. 16, item 2.º, da Lei de Registros Públicos**, o qual preconiza que:

> Art. 16. Os oficiais e os encarregados das repartições em que se façam os registros são obrigados: (...)
> 2.º a fornecer às partes as informações solicitadas.

A informação poderá ser prestada mediante simples pedido verbal da parte interessada, que possui determinado interesse no conteúdo registral, e deverá observar as mesmas cautelas próprias da mitigação à publicidade. Não havendo qualquer impedimento legal, o registrador poderá fornecer a qualquer pessoa as informações constantes do registro.

Contudo, por força da informalidade que cerca a informação verbal e do possível comprometimento à privacidade causado pela entrega oral dos dados em ambientes públicos, **será cabível apenas para o fornecimento de informações pontuais constantes do registro** (como a confirmação se um imóvel é de propriedade de determinada pessoa, por exemplo), **não gerando os mesmos efeitos de uma certificação.**

Em relação à LGPD, algumas restrições nesse meio de publicidade também devem ser observadas. O art. 127 do Provimento n. 149 do CNJ[78] prevê que qualquer

---

[77] CENEVIVA, Walter. *Lei dos Registros Públicos comentada*. 7. ed. São Paulo: Saraiva, p. 26.
[78] Art. 127. O fornecimento, pelo registrador, por qualquer meio, de informações sobre o registro não veiculadas por certidão dependerá da segura identificação do solicitante e da indicação da sua finalidade, exceto nos casos em que o solicitante figure no registro em questão. BRASIL. Conselho Nacional de Justiça. Provimento n. 149, de 30 de agosto de 2023. Institui o Código Nacional de

informação só poderá ser fornecida mediante identificação do solicitante e indicação de finalidade**, salvo nos casos em que o próprio requerente conste do registro cuja informação é solicitada.

3.3.1.2.2. Das certidões

Certidão é uma reprodução extraída de um original, podendo ser uma reprodução total ou parcial de um documento, papel, registro, peça etc.

A Constituição Federal, em seu art. 5.º, inciso XXXIV[79], prevê como direito fundamental a obtenção de certidões em repartições públicas, para defesa dos direitos e esclarecimento de situações de interesse pessoal.

Na seara registral, o registrador tem o dever de certificar as informações que constam do registro, sendo esta **a principal modalidade de publicidade formal indireta.**

Tal dever está previsto no art. 16[80] da Lei de Registros Públicos, que estabelece a obrigação dos oficiais e encarregados das repartições de registros de lavrar certidão quando requeridos, **garantindo que os interessados tenham acesso à informação registrada.**

O registrador, por meio da certidão, dá publicidade ao conteúdo registral, e o faz com sua fé pública, garantia ao destinatário de que aquela reprodução corresponde exatamente ao conteúdo original. Não se confunde com uma cópia reprográfica, por exemplo, que extraída por qualquer pessoa pode ter sido adulterada e informações omitidas, que não tem em seu favor a garantia da correspondência entre original e reprodução.

Qualquer pessoa pode solicitar certidão ao registro de imóveis, independentemente de exposição do motivo (em regra).

Nesse sentido, o art. 17 amplia o acesso às certidões, permitindo que qualquer pessoa as solicite sem a necessidade de informar o motivo ou interesse do pedido, impedindo o registrador de negar acesso do sujeito aos dados registrais sob o pretexto de inexistência de interesse do requerente[81]. Esse princípio visa garantir a universalidade do acesso à informação registrada, sem burocracias desnecessárias.

Normas da Corregedoria Nacional de Justiça do Conselho Nacional de Justiça — Foro Extrajudicial (CNN/CN/CNJ-Extra), que regulamenta os serviços notariais e de registro. Disponível em: https://atos.cnj.jus.br/atos/detalhar/5243. Acesso em: 16 jan. 2024.

[79] "XXXIV — são a todos assegurados, independentemente do pagamento de taxas: b) a obtenção de certidões em repartições públicas, para defesa de direitos e esclarecimento de situações de interesse pessoal." BRASIL. [Constituição (1988)]. *Constituição da República Federativa do Brasil de 1988*. Brasília, DF: Presidência da República, [2021]. Disponível em: http://www.planalto.gov.br/ccivil_03/Constituicao/Constituicao.htm. Acesso em: 15 nov. 2021.

[80] "Art. 16. Os oficiais e os encarregados das repartições em que se façam os registros são obrigados: 1.º a lavrar certidão do que lhes for requerido; 2.º a fornecer às partes as informações solicitadas." BRASIL. Lei n. 6.015, de 31 de dezembro de 1973. Dispõe sobre os registros públicos, e dá outras providências. Disponível em: http://www.planalto.gov.br/ccivil_03/leis/l6015compilada.htm. Acesso em: 15 nov. 2023.

[81] NETO, C. M. Da Publicidade. In: PEDROSO, A. G. A. (Org.). *Lei de Registros Públicos comentada*. Rio de Janeiro: Forense, 2023, cap. 4, p. 27-38.

> **Art. 17.** Qualquer pessoa pode requerer certidão do registro sem informar ao oficial ou ao funcionário o motivo ou interesse do pedido;
>
> § 1.º O acesso ou o envio de informações aos registros públicos, quando realizados por meio da internet, deverão ser assinados com o uso de assinatura avançada ou qualificada de que trata o art. 4.º da Lei n. 14.063, de 23 de setembro de 2020, nos termos estabelecidos pela Corregedoria Nacional de Justiça do Conselho Nacional de Justiça;
>
> § 2.º Ato da Corregedoria Nacional de Justiça do Conselho Nacional de Justiça poderá estabelecer hipóteses de uso de assinatura avançada em atos que envolvam imóveis.

Ainda, de acordo com o que dispõe o § 6.º do art. 19 da Lei de Registros Públicos[82], assim que for implantado o SERP — Sistema Eletrônico de Registros Públicos, o interessado poderá solicitar a certidão eletrônica em qualquer serventia, seja da mesma especialidade ou não. **Atualmente, as certidões do registro de imóveis já podem ser solicitadas em qualquer cartório registral imobiliário do país.**

> **Art. 19. (...)**
>
> § 6.º O interessado poderá solicitar a qualquer serventia certidões eletrônicas relativas a atos registrados em outra serventia, por meio do Sistema Eletrônico dos Registros Públicos (SERP), nos termos estabelecidos pela Corregedoria Nacional de Justiça do Conselho Nacional de Justiça.

Contudo, promovendo um cotejo de referida norma com os ditames da **LGPD, o Provimento n. 149 do CNJ estabelece algumas regras para a emissão de certidões pelos tabelionatos e pelos registros**. Em geral, estabelece que o notário ou registrador deverá observar o conteúdo obrigatório da certidão estabelecido em lei, atendendo aos critérios da adequação, proporcionalidade e finalidade da comprovação do conteúdo sobre o qual a certidão é expedida.

> **Art. 99.** Na emissão de certidão o notário ou o registrador deverá observar o conteúdo obrigatório estabelecido em legislação específica, adequado e proporcional à finalidade de comprovação de fato, ato ou relação jurídica.
>
> **Parágrafo único.** Cabe ao registrador ou notário, na emissão de certidões, apurar a adequação, necessidade e proporcionalidade de particular conteúdo em relação à finalidade da certidão, quando este não for explicitamente exigido ou quando for apenas autorizado pela legislação específica.

No âmbito do registro de imóveis, os pedidos de certidão de registros, averbações, matrículas, transcrições, inscrições específicas ou de documentos arquivados (cujo arquivamento pelo cartório deu-se em cumprimento de mandamento legal)

---

[82] "Art. 19. § 6.º O interessado poderá solicitar a qualquer serventia certidões eletrônicas relativas a atos registrados em outra serventia, por meio do Sistema Eletrônico dos Registros Públicos (SERP), nos termos estabelecidos pela Corregedoria Nacional de Justiça do Conselho Nacional de Justiça. (Incluído pela Lei n. 14.382, de 2022). BRASIL. Lei n. 6.015, de 31 de dezembro de 1973. Dispõe sobre os registros públicos, e dá outras providências. Disponível em: http://www.planalto.gov.br/ccivil_03/leis/l6015compilada.htm. Acesso em: 19 jan. 2023.

dependerão de identificação do requerente, mas independem de indicação de finalidade (art. 123, Provimento n. 149[83]). Aqui, a normativa explicitou a regra legal constante do supracitado art. 17 da Lei de Registros Públicos.

No caso de certidão de documentos arquivados no cartório para os quais não haja previsão legal específica para o arquivo, o requerente deverá estar identificado e indicar a finalidade de requerer a certidão.

Também dependerão de identificação do requerente e indicação da finalidade os pedidos de certidão, busca e de informações apresentados em bloco. Nesse caso, verificada tentativa de tratamento de dados em desacordo com as finalidades do registro de imóveis e os princípios da **LGPD, o oficial poderá recusar o fornecimento da certidão, mediante nota fundamentada, o que poderá ser revisto pelo juiz competente.**

Não podem ser emitidas, por sua vez, certidões que contenham dados pessoais extraídos de duas ou mais matrículas, dois ou mais registros auxiliares, duas ou mais transcrições ou inscrições, ou da combinação destes, exceto em caso de se tratar de uma certidão prevista em lei ou norma (certidões de cadeia sucessória, de propriedade e afins), conforme disposto no art. 124 do Provimento n. 149.

> **Art. 124.** Ressalvadas as hipóteses que tenham previsão legal ou normativa expressa, como as certidões de filiação de imóveis, ou de propriedade com negativa de ônus e alienações, ou outras compatíveis com as finalidades dos registros de imóveis e com os princípios da Lei Geral de Proteção de Dados (LGPD), não serão expedidas certidões cujo conteúdo envolva informações sobre dados pessoais extraídos de mais de uma matrícula, assentamento do registro auxiliar, transcrição ou inscrição.

---

[83] Art. 123. Dependem de identificação do requerente e independem de indicação da finalidade os pedidos de certidão de registros em sentido estrito, averbações, matrículas, transcrições ou inscrições específicas, expedidas em qualquer modalidade.
§ 1.º Também dependem de identificação do requerente e independem de indicação da finalidade os pedidos de certidão de documentos arquivados no cartório, desde que haja previsão legal ou normativa específica de seu arquivamento no registro.
§ 2.º Pedidos de certidão de documentos arquivados em cartório para a qual não haja previsão legal específica de expedição dependem de identificação do requerente e indicação da finalidade, aplicando-se a regra do § 4.º deste artigo.
§ 3.º Pedidos de certidão, de busca e de informações apresentados em bloco, ainda que instruídos com a numeração dos atos a serem certificados, dependem de identificação do requerente e indicação da finalidade.
§ 4.º Na hipótese do parágrafo anterior, caracterizada tentativa de tratamento de dados em desacordo com as finalidades do Registro de Imóveis e com os princípios da Lei Geral de Proteção de Dados Pessoais (LGPD), poderá o oficial recusar o fornecimento em nota fundamentada do que caberá revisão pelo juízo competente. BRASIL. Conselho Nacional de Justiça. Provimento n. 149, de 30 de agosto de 2023. Institui o Código Nacional de Normas da Corregedoria Nacional de Justiça do Conselho Nacional de Justiça — Foro Extrajudicial (CNN/CN/CNJ-Extra), que regulamenta os serviços notariais e de registro. Disponível em: https://atos.cnj.jus.br/atos/detalhar/5243. Acesso em: 16 jan. 2024.

A certidão registral imobiliária mais adequada aos ditames da LGPD é, a nosso ver, a certidão da situação jurídica atualizada do imóvel, que será vista adiante. É que, nesta certidão, apenas as informações atuais e juridicamente relevantes são incluídas, não sendo expostos dados pessoais de antigos credores, antigos proprietários, eventuais alterações da vida pessoal que tenham refletido no imóvel etc.

O art. 18[84] da Lei de Registros Públicos destaca que, salvo exceções, as certidões podem ser expedidas independentemente de despacho judicial. Essa disposição agiliza o processo de obtenção de certidões, contribuindo para a celeridade nos procedimentos cartorários. Além disso, **assevera que a emissão de certidões é ato do registrador** e que estes devem obrigatoriamente mencionar o livro do registro ou do documento arquivado no cartório.

O art. 19[85] da Lei de Registros Públicos trata das espécies de certidões, que serão mais bem explicadas adiante, estabelecendo que elas podem ser lavradas em inteiro teor, resumo ou relatório, conforme quesitos.

Em seu parágrafo 5.º[86], dispõe mencionado artigo que as certidões devem ser fornecidas eletronicamente, adotando-se tecnologia que permita a sua impressão pelo usuário e a identificação segura de sua autenticidade, conforme critérios a serem estabelecidos pela Corregedoria Nacional. Com o uso de tais alternativas tecnológicas para conferência da autenticidade, ficará dispensada a materialização da certidão eletrônica pelo oficial de registro. Assim, a certidão expedida em meio digital terá efeitos que lhe são próprios em qualquer meio, seja no próprio meio digital, seja no meio físico após impressão.

Atualmente, as certidões digitais emitidas pelo SAEC já dispõem de mecanismos para verificação da validade da certidão, como o QR Code e a consulta do código *hash* pelo sítio eletrônico do Serviço de Atendimento Eletrônico Compartilhado.

O prazo geral para emissão de certidões é de cinco dias úteis e, caso seja solicitada certidão de algum imóvel que conste como objeto de um título protocolado,

---

[84] "Art. 18. Ressalvado o disposto nos arts. 45, 57, § 7º, e 95, parágrafo único, a certidão será lavrada independentemente de despacho judicial, devendo mencionar o livro de registro ou o documento arquivado no cartório." BRASIL. Lei n. 6.015, de 31 de dezembro de 1973. Dispõe sobre os registros públicos, e dá outras providências. Disponível em: http://www.planalto.gov.br/ccivil_03/leis/l6015compilada.htm. Acesso em: 15 nov. 2023.

[85] "Art. 19. A certidão será lavrada em inteiro teor, em resumo, ou em relatório, conforme quesitos, e devidamente autenticada pelo oficial ou seus substitutos legais, não podendo ser retardada por mais de 5 (cinco) dias." BRASIL. Lei n. 6.015, de 31 de dezembro de 1973. Dispõe sobre os registros públicos, e dá outras providências. Disponível em: http://www.planalto.gov.br/ccivil_03/leis/l6015compilada.htm. Acesso em: 15 nov. 2023.

[86] "Art. 19. § 5.º As certidões extraídas dos registros públicos deverão, observado o disposto no § 1.º deste artigo, ser fornecidas eletronicamente, com uso de tecnologia que permita a sua impressão pelo usuário e a identificação segura de sua autenticidade, conforme critérios estabelecidos pela Corregedoria Nacional de Justiça do Conselho Nacional de Justiça, dispensada a materialização das certidões pelo oficial de registro. (Redação dada pela Lei n. 14.382, de 2022). BRASIL. Lei n. 6.015, de 31 de dezembro de 1973. Dispõe sobre os registros públicos, e dá outras providências. Disponível em: http://www.planalto.gov.br/ccivil_03/leis/l6015compilada.htm. Acesso em: 19 jan. 2024.

mas ainda não registrado porque está sob qualificação, deverá o registrador mencionar que existe um título apontado em relação àquele imóvel, mas carente de registro ou averbação.

Tal prazo será reduzido para quatro (4) horas, em caso de certidão de inteiro teor da matrícula ou do livro de registro auxiliar (Livro 3), em meio eletrônico, caso requerida dentro do horário de expediente do cartório e desde que fornecido pelo usuário o respectivo número (registro/matrícula). Tal previsão está contida nos incisos do § 10 do art. 19 da Lei n. 6.015/73.

Em sede normativa, o art. 327 do Provimento n. 149 do CNJ estabelece que o prazo para emissão de certidão de inteiro teor digital solicitada durante o horário de expediente, com indicação do número da matrícula ou do registro no Livro 3 seria de 2 horas, salvo no caso de atos manuscritos. Tal disposição é anterior à Lei n. 14.382/2022 e paira divergência sobre sua aplicabilidade. **A nós, parece que, tratando-se de norma hierarquicamente inferior à lei (ato normativo — provimento), aplica-se o prazo de 4 horas acima mencionado (art. 19, § 10).**

No mesmo dispositivo legal, consta que o prazo de emissão será de um (1) dia útil em caso de certidão da situação jurídica atualizada do imóvel, que será vista adiante.

Em casos específicos de dificuldade de comunicação eletrônica, a Corregedoria-Geral da Justiça Estadual poderá autorizar, de modo excepcional e com expressa comunicação ao público, a aplicação de prazos maiores para emissão das certidões do registro de imóveis do que esses elencados.

Em complemento ao artigo anterior, o art. 20[87] estabelece as medidas a serem tomadas em casos de recusa ou retardamento na expedição da certidão, determinando que o interessado pode reclamar à autoridade competente, que poderá aplicar penalidades disciplinares, garantindo que os prazos sejam respeitados.

Por fim, o **art. 21**[88] trata das alterações posteriores ao ato cuja certidão é solicitada. **O oficial é obrigado a mencionar qualquer alteração, sob pena de responsabilidade civil e penal, com a ressalva de disposições específicas em outros artigos de lei.** No registro de imóveis, tal disposição é seguida também para os casos de títulos já

---

[87] "Art. 20. No caso de recusa ou retardamento na expedição da certidão, o interessado poderá reclamar à autoridade competente, que aplicará, se for o caso, a pena disciplinar cabível. Parágrafo único. Para a verificação do retardamento, o oficial, logo que receber alguma petição, fornecerá à parte uma nota de entrega devidamente autenticada" (BRASIL. Lei n. 6.015, de 31 de dezembro de 1973. Dispõe sobre os registros públicos, e dá outras providências. Disponível em: http://www.planalto.gov.br/ccivil_03/leis/l6015compilada.htm. Acesso em: 15 nov. 2023).

[88] "Art. 21. Sempre que houver qualquer alteração posterior ao ato cuja certidão é pedida, deve o Oficial mencioná-la, obrigatoriamente, não obstante as especificações do pedido, sob pena de responsabilidade civil e penal, ressalvado o disposto nos arts. 45 e 95. Parágrafo único. A alteração a que se refere este artigo deverá ser anotada na própria certidão, contendo a inscrição de que "a presente certidão envolve elementos de averbação à margem do termo." BRASIL. Lei n. 6.015, de 31 de dezembro de 1973. Dispõe sobre os registros públicos, e dá outras providências. Disponível em: http://www.planalto.gov.br/ccivil_03/leis/l6015compilada.htm. Acesso em: 15 nov. 2023).

protocolados e no curso do processo de registro, pois, caso o procedimento reste exitoso, o registro deve retroagir à data do protocolo (art. 1.246 do Código Civil[89]).

Esses dispositivos da Lei de Registros Públicos buscam equilibrar o acesso à informação, a segurança jurídica e a celeridade nos procedimentos, refletindo a seriedade necessária ao sistema de registros públicos brasileiro.

Aspecto	Descrição	Normas e prazos
Conceito de certidão	Reprodução total ou parcial de um documento ou registro, com garantia de correspondência ao original	▪ Fé pública do registrador assegura validade. ▪ Não confunde com cópia reprográfica
Direito à certidão	Previsto como direito fundamental na Constituição Federal (art. 5.º, inciso XXXIV)	▪ Qualquer pessoa pode solicitar sem informar motivo (art. 17 da Lei de Registros Públicos)
Publicidade formal indireta	Certidão como principal meio de publicidade registral, mediada pelo registrador	▪ Identificação do requerente obrigatória (art. 123, Provimento n. 149 do CNJ)
Certidões digitais	Emitidas eletronicamente, com mecanismos de validação como QR Code e *hash*	▪ Tecnologia prevista pela Lei n. 14.382/2022 e SAEC
Prazos para emissão	▪ Prazo geral de 5 dias úteis ▪ Prazos reduzidos em casos específicos	▪ Certidão eletrônica de inteiro teor: 4 horas (art. 19, § 10, Lei n. 6.015/73) ▪ Situação jurídica atualizada: 1 dia útil
Restrições e exceções	Dados pessoais de múltiplas matrículas ou registros não podem ser combinados sem previsão legal	▪ Certidão de cadeia sucessória ou propriedade admitidas quando previstas em lei (art. 124, Provimento n. 149)
Recusa e retardamento	Interessado pode reclamar à autoridade competente em caso de descumprimento dos prazos	▪ Penalidades disciplinares previstas (art. 20, Lei de Registros Públicos)

3.3.1.2.2.1. Certidão de inteiro teor

A **certidão de inteiro teor é a certidão completa,** *verbum ad verbum* e, conforme estabelecido pela Lei n. 6.015/73, desempenha um papel crucial no contexto do registro de imóveis, contribuindo para a transparência e segurança jurídica nas transações imobiliárias.

Trata-se daquela que reproduz integralmente o conteúdo objeto do pedido — matrícula, transcrição, inscrição, registro, averbação. A mais comum é a certidão de inteiro teor da matrícula, sobre a qual nos debruçamos a seguir.

O § 1.º do art. 19[90] **da Lei de Registros Públicos ressalta que a certidão de inteiro teor pode ser extraída por meio reprográfico ou eletrônico**, refletindo a

---

[89] "Art. 1.246. O registro é eficaz desde o momento em que se apresentar o título ao oficial do registro, e este o prenotar no protocolo." BRASIL. Lei n. 10.406, de 10 de janeiro de 2002. Institui o Código Civil. Disponível em: https://www.planalto.gov.br/ccivil_03/leis/2002/l10406compilada.htm. Acesso em: 19 jan. 2024.

[90] "§ 1.º A certidão de inteiro teor será extraída por meio reprográfico ou eletrônico." BRASIL. Lei n. 6.015 de 31 de dezembro de 1973. Dispõe sobre os registros públicos, e dá outras providências. Disponível em: http://www.planalto.gov.br/ccivil_03/leis/l6015compilada.htm. Acesso em: 15 nov. 2023.

modernização dos procedimentos no ambiente registral e contribuindo para a eficiência dos serviços prestados.

No § 11[91] é enfatizado que a certidão de inteiro teor da matrícula abrange a **reprodução de todo o seu conteúdo, sendo suficiente para comprovar propriedade, direitos, ônus reais e restrições sobre o imóvel**. Essa medida **dispensa certificações específicas** pelo oficial, simplificando procedimentos e conferindo maior autonomia aos interessados na obtenção de informações sobre seus imóveis.

Sobre esse ponto, pairam **divergências** entre doutrinadores e a prática registral imobiliária nos diferentes locais do país. A fim de melhor compreender a questão, importante mencionar brevemente o sistema registral imobiliário anterior à Lei n. 6.015/73.

Pelo **sistema anterior, os registros das transmissões eram feitos no Livro 3 — de transcrição das transmissões**, e os ônus eram registrados em livros distintos. Uma hipoteca, por exemplo, seria registrada no Livro 2 — de inscrição de hipotecas, e uma servidão constaria do Livro 4 — de registros diversos. **Quando uma certidão de imóvel era expedida pelo registrador imobiliário, e lhe era solicitada certificação a respeito de ônus, ações pessoais reipersecutórias e ações reais, ele deveria consultar todo o seu acervo de livros a fim de saber se pairava ou não algum ônus registrado sobre aquele determinado imóvel, tendo como ponto de partida os indexadores pessoais** (isso é ainda hoje observado quando se requer a expedição de uma certidão de imóvel que ainda conste de transcrição).

E como o sistema anterior ainda remanesce nos repositórios dos registros imobiliários ainda nos dias atuais, nesses casos específicos (emissão de certidão de transcrições) tal procedimento ainda deve ser observado.

Ocorre que, com a Lei n. 6.015/73, o imóvel passou a um repositório único, a matrícula, e todas as transmissões, ônus e afins passaram a ser registrados ou averbados em um mesmo local. Assim, para emissão de uma certidão do imóvel atualmente, contendo informações sobre ônus e ações, basta a certidão de inteiro teor da matrícula que ela conterá todas essas informações que já estão reunidas em um único local.

Apesar disso, manteve-se, em muitos locais, a exigência de emissão de uma certidão de inteiro teor e de outra certificando eventuais ônus e ações que pairassem sobre o imóvel. Tal prática é a que se buscou evitar com a alteração da Lei n. 6.015/73 pela Lei n. 14.382/2022, ao prever, no **art. 19, § 11,** que a certidão de inteiro teor da matrícula no registro de imóveis contém a reprodução de todo seu conteúdo e é suficiente para fins de comprovação de propriedade, direitos, ônus reais e restrições sobre o imóvel, independentemente de certificação específica pelo oficial.

---

[91] "§ 11. No âmbito do registro de imóveis, a certidão de inteiro teor da matrícula conterá a reprodução de todo seu conteúdo e será suficiente para fins de comprovação de propriedade, direitos, ônus reais e restrições sobre o imóvel, independentemente de certificação específica pelo oficial." (BRASIL. Lei n. 6.015, de 31 de dezembro de 1973. Dispõe sobre os registros públicos, e dá outras providências. Disponível em: http://www.planalto.gov.br/ccivil_03/leis/l6015compilada.htm. Acesso em: 15 nov. 2023).

Contudo, ainda **remanesce discussão** sobre o ponto. **É que a Lei n. 7.433/85**, que dispõe sobre os requisitos para lavratura de escrituras públicas, bem como o seu Decreto Regulamentador n. 93.240/86, ainda **dispõem, que, para a lavratura de escrituras relativas a imóveis, o Tabelião deverá exigir a apresentação da certidão de ações reais e pessoais reipersecutórias, relativas ao imóvel, e a de ônus reais, expedidas pelo Registro de Imóveis competente (art. 1.º, IV, Decreto n. 93.240/86**[92]). Dessa forma, há entendimento, com o qual **não concordamos**, pela manutenção da exigência específica da certidão de ações reais, pessoais reipersecutórias, e de ônus reais.

Importante asseverar, por fim, que a **certidão de inteiro teor** da matrícula deverá incluir, **além da informação completa constante dela**, eventuais dados sobre **prenotações vigentes** em relação ao mesmo imóvel. Logicamente, tal informação será obtida a partir de dados constantes do Livro 1 — Protocolo e do sistema de controle de títulos contraditórios adotado pela serventia registral.

Tal se justifica em razão do que dispõe o art. 1.246 do Código Civil:

> **Art. 1.246.** O registro é eficaz desde o momento em que se apresentar o título ao oficial do registro, e este o prenotar no protocolo.

Isto significa que há retroatividade dos efeitos do registro para o momento do protocolo do título, e uma certidão expedida após essa data que não contemple a informação da prenotação poderá não conter o inteiro teor em relação àquele imóvel, sobre o qual esteja pendendo uma transmissão ou oneração, por exemplo.

Em suma, a certidão de inteiro teor, regulamentada pelos dispositivos da Lei n. 6.015/73, desempenha um papel fundamental na transparência, eficiência e segurança das operações no registro de imóveis, e sua existência promove a confiabilidade necessária para as partes envolvidas e facilita o desenvolvimento do mercado imobiliário. Quanto mais informações juridicamente relevantes concentradas na matrícula, mais extensa a publicidade da situação jurídica do imóvel, mais completa a certidão de inteiro teor e mais seguras as pessoas que nela confiarão para adquirir um imóvel.

3.3.1.2.2.2. Certidão de ônus reais, de ações reais e pessoais reipersecutórias

A certidão de ônus reais e de ações reais ou pessoais reipersecutórias fornece informações sobre a presença ou ausência de encargos, gravames (como hipoteca, penhora, servidão, enfiteuse etc.) ou processos judiciais (sejam reais ou pessoais reipersecutórios) registrados na matrícula do imóvel.

---

[92] "Art 1.º Para a lavratura de atos notariais, relativos a imóveis, serão apresentados os seguintes documentos e certidões: IV — a certidão de ações reais e pessoais reipersecutórias, relativas ao imóvel, e a de ônus reais, expedidas pelo Registro de Imóveis competente, cujo prazo de validade, para este fim, será de 30 (trinta) dias." BRASIL. *Decreto n. 93.240, de 9 de setembro de 1986*. Regulamenta a Lei n. 7.433, de 18 de dezembro de 1985, que "dispõe sobre os requisitos para a lavratura de escrituras públicas, e dá outras providências". Disponível em: https://www.planalto.gov.br/ccivil_03/decreto/Antigos/D93240.htm. Acesso em: 15 nov. 2023.

Tal certidão encontra **previsão expressa na Lei n. 7.433, de 18 de dezembro de 1985**, que dispõe sobre os requisitos para a lavratura de escrituras públicas, e em seu decreto regulamentador, o Decreto n. 93.240, de 9 de setembro de 1986. Assim, consta do referido texto normativo:

> **Art. 1.º** Para a lavratura de atos notariais, relativos a imóveis, serão apresentados os seguintes documentos e certidões: (...)
>
> IV — a certidão de ações reais e pessoais reipersecutórias, relativas ao imóvel, e a de ônus reais, expedidas pelo Registro de Imóveis competente, **cujo prazo de validade, para este fim, será de 30 (trinta) dias.**

A respeito da manutenção prática dessa espécie de certidão quando se pretenda investigar ônus e ações em relação a um imóvel matriculado, remetemos o leitor ao item anterior.

É incontroverso, contudo, que **ainda será necessária nos casos de imóveis ainda não transportados para o sistema matricial**, ou seja, que ainda esteja registrado no sistema de transcrições. Relevante, portanto, caracterizar a mais comumente denominada certidão de ônus e ações.

De início, **tal certidão busca informar acerca de atos acautelatórios previamente registrados e averbados na matrícula**, que podem vir a prejudicar futuras aquisições ou onerações, bem como dar informação sobre os ônus que deverão ser obrigatoriamente respeitados por futuros adquirentes e credores.

Ônus real é o gravame que limita o uso e o gozo da propriedade e é oponível *erga omnes.* É o caso da hipoteca, anticrese, servidão, usufruto etc. Está limitado ao valor da coisa e desaparece, se a coisa desaparecer. Contudo, não se extingue com a mudança da titularidade da coisa — e o adquirente deve continuar a respeitar o ônus real que esteja gravando a coisa. Daí a relevância de sua publicização.

Ação real é a ação judicial que tem por objeto a tutela de um direito real. A ação de usucapião, a reivindicatória e a demarcatória são exemplos de ações de natureza real.

Ação pessoal reipersecutória, por sua vez, é aquela ação judicial de natureza eminentemente obrigacional, mas que repercute em uma situação jurídica real, que se direciona a um imóvel. Exemplo é a ação pauliana e a ação de revogação de doação de bem imóvel.

Conceito	Definição	Exemplos
Ônus real	Gravame que limita o uso e gozo da propriedade, oponível *erga omnes*, não se extinguindo com a mudança de titularidade; está limitado ao valor da coisa e desaparece se a coisa desaparecer	Hipoteca, anticrese, servidão, usufruto
Ação real	Ação judicial que tutela um direito real sobre uma coisa	Ação de usucapião, reivindicatória, demarcatória
Ação pessoal reipersecutória	Ação judicial de natureza obrigacional que repercute em uma situação jurídica real, direcionada a um imóvel	Ação pauliana, ação de revogação de doação de bem imóvel

A Lei de Registros Públicos, especificamente no art. 167, I, item 21, contempla a possibilidade de registrar nas matrículas as citações referentes a ações reais e pessoais reipersecutórias. Esse registro, realizado de maneira voluntária pelo interessado, tem o propósito de **resguardá-lo contra possíveis mudanças jurídicas futuras relacionadas ao *status* do bem imóvel**. Além disso, seu **caráter publicitário** visa informar a potenciais adquirentes sobre a existência de litígios envolvendo a titularidade do imóvel matriculado[93]. **Ainda, de acordo com o Código de Processo Civil, sua presença no registro público torna fraude à execução a eventual alienação ou oneração do imóvel, nos termos do art. 792, I.**

> **Art. 792.** A alienação ou a oneração de bem é considerada fraude à execução:
>
> **I** — quando sobre o bem pender ação fundada em direito real ou com pretensão reipersecutória, desde que a pendência do processo tenha sido averbada no respectivo registro público, se houver.

Com a efetiva transição para o sistema matricial inaugurado pela Lei n. 6.015/73, tal certidão tende a cair em desuso. Como mencionado anteriormente, a matrícula deve ser o repositório de todos os atos jurídicos relativos ao imóvel, inclusive ônus, citações de ações e demais inscrições preventivas. Bastará a certidão em inteiro teor para que as informações da matrícula estejam completamente publicizadas.

Nessa transição, importa mencionar, inclusive os ônus e as ações inscritos pelo sistema registral anterior deverão ser incluídos na matrícula, por meio da averbação transporte prevista no art. 230 da Lei de Registros Públicos.

> **Art. 230.** Se na certidão constar ônus, o oficial fará a matrícula, e, logo em seguida ao registro, **averbará a existência do ônus**, sua natureza e valor, certificando o fato no título que devolver à parte, o que o correrá, também, quando o ônus estiver lançado no próprio cartório.

3.3.1.2.2.3. Certidão da situação jurídica atualizada do imóvel

Novidade no ordenamento jurídico brasileiro, a **certidão da situação jurídica do imóvel deve compreender as informações referentes à descrição do imóvel, número de contribuinte, proprietário, direitos, ônus e restrições, tanto judiciais quanto administrativas vigentes.** Essas informações são cruciais para uma compreensão abrangente do *status* legal do imóvel, incluindo incidentes específicos sobre ele e seus respectivos titulares. Além disso, a certidão deve conter outros detalhes necessários para comprovação da propriedade atual e para a transmissão e constituição de outros direitos reais.

Tal certidão está **prevista no § 9.º do art. 19 da Lei de Registros Públicos, inserido pela Lei n. 14.382/2022**, que estabelece:

---

[93] SANTA HELENA, B. A. Z. Os riscos ocultos nas transmissões imobiliárias e o princípio da concentração. **civilistica.com**, v. 6, n. 1, p. 1-25, 2017.

> **Art. 19. (...)**
> **§ 9.º** A certidão da situação jurídica atualizada do imóvel compreende as informações vigentes de sua descrição, número de contribuinte, proprietário, direitos, ônus e restrições, judiciais e administrativas, incidentes sobre o imóvel e o respectivo titular, além das demais informações necessárias à comprovação da propriedade e à transmissão e à constituição de outros direitos reais.

Como o dispositivo supracitado ressalta e a própria denominação deixa transparecer, **apenas informações vigentes do imóvel constarão da certidão de situação jurídica atualizada**. Antigos proprietários, ônus não mais vigentes, registros e averbações previamente cancelados não serão publicizados.

E tal premissa está plenamente em consonância com a LGPD, pois dados pessoais atualmente irrelevantes serão omitidos dessa espécie de certidão. Segundo o artigo 125 do Provimento n. 149 do CNJ:

> **Art. 125.** As certidões de imóveis que já forem objeto de matrícula eletrônica, após a "primeira qualificação eletrônica", serão expedidas, independentemente de indicação de finalidade, em formato nato-digital estruturado, contendo a situação jurídica atual do imóvel, ou seja, a sua descrição, a titularidade e os ônus reais não cancelados.

Com isso, pode-se perceber que tal certidão será, em breve, a principal certidão expedida pelos registros de imóveis brasileiros.

O § 10 do art. 19 da Lei de Registros Públicos, incluído pela Lei n. 14.382/2022, **estipula prazos máximos para a emissão das certidões do registro de imóveis**, sendo de **um dia útil para a certidão da situação jurídica atualizada do imóvel**. Essa medida visa assegurar uma resposta rápida e eficiente aos requerentes, promovendo agilidade nos processos relacionados à obtenção de informações sobre a situação jurídica de um determinado imóvel.

> **Art. 19. (...)**
> **§ 10.** As certidões do registro de imóveis, inclusive aquelas de que trata o § 6.º deste artigo, serão emitidas nos seguintes prazos máximos, contados a partir do pagamento dos emolumentos:
> I — 4 (quatro) horas, para a certidão de inteiro teor da matrícula ou do livro auxiliar, em meio eletrônico, requerida no horário de expediente, desde que fornecido pelo usuário o respectivo número;
> II — 1 (um) dia, para a certidão da situação jurídica atualizada do imóvel; e
> III — 5 (cinco) dias, para a certidão de transcrições e para os demais casos.

Assim, a certidão da situação jurídica do imóvel não apenas consolida os aspectos legais e administrativos relevantes, mas também facilita a tomada de decisões seguras por parte dos envolvidos em transações imobiliárias, uma vez que facilitará a leitura e a compreensão das informações registrais relativas ao imóvel.

Aspecto	Descrição	Detalhes jurídicos e prazos
Conceito	Documento que reúne informações atualizadas sobre a descrição do imóvel, número de contribuinte, proprietário, direitos, ônus e restrições vigentes	▪ Inclui detalhes necessários à comprovação da propriedade, transmissão e constituição de direitos reais
Regime jurídico	Prevista no art. 19, § 9.º, da Lei de Registros Públicos (Lei n. 6.015/73), alterado pela Lei n. 14.382/2022	▪ Informações vigentes apenas; dados históricos, como antigos proprietários ou ônus cancelados, não são incluídos ▪ Alinhado à LGPD, omitindo dados pessoais irrelevantes
Formato	Certidão em formato nato-digital estruturado para imóveis com matrícula eletrônica	▪ Regulado pelo Provimento n. 149 do CNJ (art. 125). ▪ Inclui descrição, titularidade e ônus reais não cancelados
Prazo para emissão	Um dia útil	▪ Estabelecido no art. 19, §10, da Lei n. 6.015/73, promovendo agilidade nos processos.
Finalidade	Facilitar a leitura e a compreensão das informações registrais do imóvel	▪ Suporte seguro para transações imobiliárias e tomada de decisões fundamentadas

3.3.1.2.2.4. Certidão em resumo

A **certidão em resumo, também chamada de certidão em breve relato**, é aquela que visa "reeditar meramente informações essenciais dos dados registrais"[94].

Trata-se do extrato do registro ou da averbação que **publiciza as informações principais** deles constantes, incluindo número, livro, data, registro anterior, título instrumental e data, título causal, objeto e o ato em si.

De acordo com Narciso Orlandi Neto[95], **tal certidão é raramente utilizada para matrículas, mas pode ser utilizada para dar publicidade a atos específicos constantes delas, como registros e averbações específicos**.

Possui maior utilidade prática nas transcrições, inscrições e averbações escrituradas nos livros anteriores à Lei n. 6.015/73. A "certidão de propriedade", por exemplo, geralmente é expedida em extrato (em resumo)[96].

Ana Paula Almada[97] afirma que tal prática evoluiu para a certidão qualificada, que vai além do resumo, pois reproduz apenas os direitos ativos do imóvel. Essa abordagem é especialmente útil quando o usuário do serviço não está interessado na história passada do bem, mas sim na sua situação atual.

---

[94] NETO, C. M. Da publicidade. In: PEDROSO, A. G. A. (Org.). *Lei de Registros Públicos comentada*. Rio de Janeiro: Forense, 2023, p. 34.
[95] ORLANDI NETO, Narciso. *Registro de imóveis*. Portuguese edition, p. 272. *E-book*.
[96] ORLANDI NETO, Narciso. *Registro de imóveis*. Portuguese edition, p. 272. *E-book*.
[97] ALMADA, A. P. P. L. Registro de imóveis. In: GENTIL, Alberto. *Registros públicos*. Rio de Janeiro: Grupo GEN, 2022. *E-book*. Disponível em: https://app.minhabiblioteca.com.br/#/books/9786559644773/. Acesso em: 15 dez. 2023.

Nesse sentido, **a certidão qualificada seria simplificada e formatada de maneira a facilitar a compreensão do destinatário, focando nos aspectos atuais e relevantes do imóvel**. Essa progressão demonstra uma adaptação do serviço para atender às demandas específicas dos usuários, proporcionando informações de forma mais precisa e direcionada[98].

Ao que nos parece, contudo, tal utilidade da certidão em resumo ressaltada pela autora será atendida pela nova certidão da situação jurídica atualizada do imóvel, vista anteriormente.

3.3.1.2.2.5. Certidão em forma de relatório

As certidões em forma de relatório são aquelas que relatam, que narram determinada circunstância, conforme requerido pelo interessado. Não há um padrão para sua emissão, dependendo dos quesitos postos pelo interessado que acompanham o requerimento. Pode ser o caso, por exemplo, de um pedido de certidão acerca de eventual condição em registro de compra e venda, ou de registro de loteamento em certo imóvel[99].

A certidão em forma de relatório é produzida conforme a solicitação específica do usuário e demanda especial atenção, visto que o registro de imóveis não pode emitir um documento que indique um proprietário para um imóvel e, simultaneamente, deixe de mencionar outro, ou que não inclua informações sobre ônus. Portanto, a solicitação do usuário poderá ser atendida desde que não vise ocultar qualquer informação atualizada sobre o imóvel[100].

A emissão de tais certidões encontra ainda outros limites. **Os quesitos não podem exigir a interpretação de determinados atos inscritos, ou questionar sua legalidade e eficácia, por exemplo.** O oficial deverá poder certificar de forma objetiva o que consta do registro, sem emissão de opiniões, inclusive sobre cancelamentos indiretos e nulidades[101].

3.3.1.2.2.6. Certidão quinzenária/vintenária/trintenária sobre o imóvel (as certidões de filiação dos imóveis)

A certidão quinzenária, vintenária ou trintenária do imóvel está relacionada ao período sobre o qual serão buscadas informações relativas a um imóvel e também pode ser denominada como certidão de filiação ou de cadeia filiatória. Se, ao requerente da certidão, interessa a situação jurídica dos últimos 15 anos do imóvel,

---

[98] ALMADA, A. P. P. L. Registro de imóveis. In: GENTIL, Alberto. *Registros públicos*. Rio de Janeiro: Grupo GEN, 2022. *E-book*. Disponível em: https://app.minhabiblioteca.com.br/#/books/9786559644773/. Acesso em: 15 dez. 2023.
[99] ORLANDI NETO, Narciso. *Registro de imóveis*. Portuguese edition, p. 272. *E-book*.
[100] ALMADA, A. P. P. L. Registro de imóveis. In: GENTIL, Alberto. *Registros públicos*. Rio de Janeiro: Grupo GEN, 2022. *E-book*. Disponível em: https://app.minhabiblioteca.com.br/#/books/9786559644773/. Acesso em: 15 dez. 2023.
[101] ORLANDI NETO, Narciso. *Registro de imóveis*. Portuguese edition, p. 272. *E-book*.

deverá solicitar uma certidão quinzenária. Se lhe interessam os últimos 20 anos, será vintenária. Se 30 anos, trintenária.

Tais certidões abarcam o **histórico de um imóvel** com base nesse período de tempo específico e **apresentam cronologicamente** todos os atos averbados e registrados no imóvel em questão nos últimos anos, **a partir do atual e de forma retroativa**.

A mais conhecida é a certidão vintenária. Para sua elaboração, inicia-se a partir da matrícula atual do bem, percorrendo-se seus registros anteriores até completar o período de duas décadas de registros. **A relevância do intervalo de 20 anos remonta ao período em que o prazo máximo para usucapião era de 20 anos, durante a vigência do Código Civil anterior.** Contudo, atualmente, o prazo máximo para a prescrição aquisitiva é de 15 anos. Portanto, requisitar uma certidão referente aos últimos 15 anos proporciona a mesma segurança jurídica que a versão de 20 anos[102].

Frise-se que pode ocorrer de uma certidão quinzenária ser composta de apenas uma matrícula, quando esta já conte com pelo menos 15 anos de existência. **Bastará verificar a data em que a matrícula foi aberta para saber sua idade e a data de seu aniversário.**

Pode ocorrer, também, de uma certidão quinzenária ser composta de várias matrículas ou por uma matrícula e uma transcrição. Todas as informações de cada uma delas deverão fazer parte da certidão histórica. **Deve ser ressaltado que o Provimento n. 149 do CNJ veda que sejam emitidas certidões cujo conteúdo envolva informações sobre dados pessoais extraídos de mais de uma matrícula, assentamento do registro auxiliar, transcrição ou inscrição.** Aqui, a normativa estabelece uma **exceção**. Sendo o caso de certidão de filiação, para a qual existe previsão legal/normativa de expedição, as certidões poderão abranger os dados constantes de mais de uma matrícula, assentamento do registro auxiliar, transcrição ou inscrição (art. 124)[103].

Pode ocorrer, ainda, de uma certidão de cadeia filiatória precisar de matrículas/transcrições constantes de mais de um ofício registral. Isso ocorrerá no caso de desmembramento territorial de circunscrições, em que a matrícula foi aberta a menos tempo do que o período de busca solicitado. **Nesse caso, o oficial deverá certificar que a certidão filiatória deverá ser complementada pelo registro anterior** (matrícula ou transcrição anterior) pertencente a outro cartório.

Tal espécie de certidão possuía relevância para dar **maior segurança a adquirentes e credores**, que buscam eventuais riscos na aquisição ou oneração do imóvel a partir dos nomes dos titulares dos últimos anos. Atualmente, **a concentração dos atos na matrícula e as disposições da Lei n. 13.097/2015** criam um ambiente seguro

---

[102] ALMADA, A. P. P. L. Registro de imóveis. In: GENTIL, Alberto. *Registros públicos*. Rio de Janeiro: Grupo GEN, 2022. *E-book*. Disponível em: https://app.minhabiblioteca.com.br/#/books/9786559644773/. Acesso em: 15 dez. 2023.

[103] "Art. 124. Ressalvadas as hipóteses que tenham previsão legal ou normativa expressa, como as certidões de filiação de imóveis, ou de propriedade com negativa de ônus e alienações, ou outras compatíveis com as finalidades dos registros de imóveis e com os princípios da Lei Geral de Proteção de Dados (LGPD) não serão expedidas certidões cujo conteúdo envolva informações sobre dados pessoais extraídos de mais de uma matrícula, assentamento do registro auxiliar, transcrição ou inscrição."

para aqueles que confiam nas informações registradas e averbadas, sem dependência de buscas externas.

O **prazo das buscas**, conforme já adiantado, refere-se ao prazo máximo existente no ordenamento jurídico brasileiro para **aquisição da propriedade do imóvel, independentemente de justo título e boa-fé (usucapião extraordinária)**. Com o decurso do tempo, ocorre o vencimento indireto de eventuais nulidades e anulabilidades do registro, isto é, **mesmo que o adquirente possa perder a propriedade pelo título, não perderá a propriedade em razão de outra causa jurídica, a usucapião extraordinária**[104].

Tipo de certidão	Descrição	Detalhes e regras
Certidão quinzenária	Abrange os últimos 15 anos de histórico do imóvel	▫ Ideal para o período atual de prescrição aquisitiva (15 anos) ▫ Pode envolver uma ou várias matrículas/transcrições
Certidão vintenária	Abrange os últimos 20 anos de histórico do imóvel	▫ A mais conhecida, remanescente do prazo de usucapião do CC anterior ▫ Inicia na matrícula atual e retrocede por 20 anos
Certidão trintenária	Abrange os últimos 30 anos de histórico do imóvel	▫ Utilizada para intervalos mais amplos, raramente requisitada ▫ Deve incluir todas as informações do período especificado
Características gerais	Apresentam o histórico de atos averbados e registrados no imóvel em ordem cronológica, retroativa ao período solicitado	▫ Podem envolver mais de uma matrícula/transcrição e até diferentes circunscrições registrárias ▫ Previsão legal para abranger múltiplos registros (art. 124, Prov. 149 do CNJ)
Relevância e segurança jurídica	Garantem maior segurança para adquirentes e credores ao apontar riscos em aquisições ou onerações	▫ A concentração dos atos na matrícula e a Lei n. 13.097/2015 reduzem a necessidade de buscas externas

3.3.1.2.2.7. Certidões para fins de usucapião

Para fins de usucapião, a **certidão quinzenária**, como visto, poderá bastar, a fim de que o anterior titular do domínio seja citado ou preste anuência, no caso da usucapião extrajudicial. **Se não há segurança quanto à existência de registro anterior, deverá ser solicitada busca ao cartório da situação atual do imóvel e aos cartórios anteriores, caso tenha havido desmembramento da circunscrição.**

Importante mencionar que, tanto no procedimento judicial, quanto no extrajudicial de usucapião, é essencial realizar a citação/notificação para obter anuência do titular do domínio, a fim de evitar nulidades do procedimento. Portanto, o requerente das buscas deve fornecer informações abrangentes para facilitar a localização do registro durante o processo, incluindo antigos endereços e demais informações. Devem ser esgotados os esforços.

---

[104] ORLANDI NETO, Narciso. *Registro de imóveis*. Portuguese edition, p. 271. *E-book*.

A publicidade de situações jurídicas anteriores pode auxiliar a fazer prova de outros elementos que cercam a posse cuja usucapião é pretendida, como, por exemplo, a inexistência de propriedade de outros bens imóveis, a aquisição da posse justa e o justo título, de modo que outras espécies de certidões podem se fazer necessárias.

3.3.1.2.2.8. Certidão eletrônica

A certidão eletrônica refere-se a uma forma de expedição, e não a uma espécie de certidão propriamente.

É uma inovação significativa no âmbito dos Registros Públicos, respaldada pela Lei n. 14.382/2022, que atualizou alguns dispositivos da Lei n. 6.015/73. **O art. 19, § 5.º, ressalta que as certidões extraídas dos registros públicos devem ser fornecidas eletronicamente.** Isso ocorre por meio de tecnologia que possibilite a impressão pelo usuário e a identificação segura de sua autenticidade, seguindo critérios estabelecidos pela Corregedoria Nacional de Justiça do Conselho Nacional de Justiça. Essa medida dispensa a necessidade de materialização das certidões pelo oficial de registro, evidenciando a transição para um ambiente mais ágil e moderno.

> Art. 19. (...)
> § 5.º As certidões extraídas dos registros públicos deverão, observado o disposto no § 1.º deste artigo, ser fornecidas eletronicamente, com uso de tecnologia que permita a sua impressão pelo usuário e a identificação segura de sua autenticidade, conforme critérios estabelecidos pela Corregedoria Nacional de Justiça do Conselho Nacional de Justiça, dispensada a materialização das certidões pelo oficial de registro.

O § 6.º da supracitada lei destaca que o interessado tem o direito de solicitar certidões eletrônicas relativas a atos registrados em outra serventia por meio do Sistema Eletrônico dos Registros Públicos (SERP), possibilitando a obtenção de informações de forma remota e rápida.

> § 6.º O interessado poderá solicitar a qualquer serventia certidões eletrônicas relativas a atos registrados em outra serventia, por meio do Sistema Eletrônico dos Registros Públicos (SERP), nos termos estabelecidos pela Corregedoria Nacional de Justiça do Conselho Nacional de Justiça.

Adicionalmente, o § 7.º confere validade e fé pública tanto à certidão impressa quanto à certidão eletrônica, reforçando a confiabilidade desses documentos no contexto legal.

> § 7.º A certidão impressa nos termos do § 5.º e a certidão eletrônica lavrada nos termos do § 6.º deste artigo terão validade e fé pública.

3.3.1.2.2.9. Certidão de documento arquivado

Constituída por meio de reprodução fiel, seja por cópia reprográfica ou impressão após digitalização, **essa certidão contempla documentos arquivados na serventia,** inclusive documentos utilizados para instruir registros, como plantas, memoriais ou até mesmo partes de processos relacionados a loteamentos e condomínios[105].

Em relação à proteção de dados constantes de tais documentos, o Provimento n. 149 do CNJ estabelece uma distinção em relação aos requisitos a serem observados para que seja solicitada e deferida a emissão de certidão de documento arquivado.

Assim, **dependerão de identificação do requerente e independerão de indicação da finalidade** quando haja previsão legal ou normativa específica de arquivamento do documento cuja certidão é pedida no registro (art. 123, § 1.º).

Por outro lado, os pedidos de certidão de documentos arquivados no cartório para os quais não haja previsão legal específica de expedição dependerão de identificação do requerente e indicação da finalidade (art. 123, § 2.º), o que denota maior restrição à emissão de certidões dessa natureza, cuja expedição não está prevista em lei. **O oficial poderá, inclusive, denegar o pedido em nota fundamentada, caso fique caracterizada tentativa de tratamento de dados em desacordo com as finalidades do Registro de Imóveis e com os princípios da Lei Geral de Proteção de Dados Pessoais (LGPD).**

3.3.1.2.3. *Visualização eletrônica dos atos (e a matrícula online)*

O § 8.º do art. 19 da Lei de Registros Públicos destaca que os registros públicos disponibilizarão, por meio do SERP, a visualização eletrônica dos atos registrados, praticados ou averbados, ampliando o acesso à informação.

A viabilização da visualização eletrônica é, inclusive, um dos objetivos do SERP, conforme estabelece o art. 3.º, VI, da Lei n. 14.382/2022. Trata-se, no nosso entender, de uma **terceira forma de publicidade indireta proporcionada pelo registro de imóveis.** Como visto, o acesso aos registros se dará de forma indireta, por meio de informações, certidões e por visualização eletrônica.

No registro de imóveis, a iniciativa surgiu no início da informatização dos serviços, quando alguns registradores permitiram o acesso direto de usuários às imagens das matrículas de sua serventia, para simples consulta, que podia ser feita em *totens* situados nas dependências das serventias[106]. Posteriormente, entidades de classe como a ARISP ampliaram o serviço, estendendo a possibilidade de tais consultas a todas as serventias do estado de São Paulo, com o respaldo e a oficialização das Corregedorias[107]. E a iniciativa foi adotada também em outros estados. Atualmente, a visualização eletrônica dos atos está legalmente inserida no dispositivo supramencionado — que ampliará a nova publicidade aos demais ofícios registrais, após regulamentação.

A visualização eletrônica da matrícula, faceta registral imobiliária dessa nova forma de publicidade, já está disponibilizada no SAEC, serviço denominado "matrícula *online*". **Trata-se da visualização na tela do computador ou similar da imagem da matrícula de imóvel existente em cartório brasileiro. Não possui efeitos de certidão,**

---

[105] ALMADA, A. P. P. L. Registro de imóveis. In: GENTIL, Alberto. *Registros públicos*. Rio de Janeiro: Grupo GEN, 2022. E-book. Disponível em: https://app.minhabiblioteca.com.br/#/books/9786559644773/. Acesso em: 15 dez. 2023.

[106] ORLANDI NETO, Narciso. *Registro de imóveis*. Portuguese edition, p. 261. E-book.

[107] ORLANDI NETO, Narciso. *Registro de imóveis*. Portuguese edition, p. 261. E-book.

e servirá para fins meramente informativos. Além do mais, possui valor mais módico de emolumentos em relação a uma certidão e pode ser acessada qualquer dia e horário. **Não goza da mesma segurança de uma certidão**, eis que não tem a eficácia probante que lhe é própria, nem assegura que títulos prenotados e em curso de registro ou averbação sejam sinalizados. **Cumpre apenas o papel de dar publicidade ao que consta já registrado e averbado no corpo da matrícula.**

3.3.2. PUBLICIDADE MATERIAL

Sob o ponto de vista material, a publicidade refere-se aos efeitos que a legislação atribui ao quanto está inscrito no ofício predial[108].

O registrador, em sua atividade diária, "capta, percepciona, compreende, interpreta, elege... e inscreve para publicar"[109], e dessa publicação surgem os efeitos jurídicos almejados pelos interessados ou estabelecidos pela lei. Assim, **a publicidade material indica os efeitos jurídicos do registro imobiliário no plano do direito substantivo, relacionando-se à constituição, declaração, modificação ou extinção de direitos.**

Segundo dicção do art. 172 da Lei n. 6.015/73, os registros e as averbações são realizados visando **efeitos constitutivos**, de transmissão e extinção, efeitos perante terceiros e disponibilidade.

No mesmo dispositivo, resta claro que o que é **a partir do registro/averbação** de títulos que contenham atos constitutivos, declaratórios, translativos e extintivos de direitos reais sobre imóveis **que serão obtidos os desejados efeitos — constituição, declaração, transmissão, extinção, com eficácia *erga omnes* e gerando disponibilidade.**

> **Art. 172.** No Registro de Imóveis serão feitos, nos termos desta Lei, o registro e a averbação dos títulos ou atos constitutivos, declaratórios, translativos e extintos de direitos reais sobre imóveis reconhecidos em lei, *inter vivos* ou *mortis causa* quer para sua constituição, transferência e extinção, quer para sua validade em relação a terceiros, quer para a sua disponibilidade.

O efeito mínimo a ser alcançado é o declarativo[110], mas a lei prevê hipóteses de efeito constitutivo, quando o direito obrigacional alcança o *status* de direito real e a oponibilidade *erga omnes*.

Leonardo Brandelli[111] assevera que o **direito real surge a partir de um acordo jurídico específico que estabelece um direito de criar esse direito real.** Esse direito é formalizado por um título e tornado efetivo por meio de um registro. A divulgação

---

[108] CARVALHO, Afrânio de. *Registro de imóveis*. 4. ed. Rio de Janeiro: Forense, 1997, p. 295.
[109] DIP, Ricardo. *Registro de imóveis (princípios)*. Tomo II. Descalvado: Editora Primus, 2017, p. 143.
[110] BRANDELLI, Leonardo. *Registro de imóveis*: eficácia material. Rio de Janeiro: Forense, 2016, p. 86.
[111] BRANDELLI, Leonardo. *Registro de imóveis*: eficácia material. Rio de Janeiro: Forense, 2016, p. 86.

pública desse acordo é o que desencadeia os efeitos legais necessários para a criação do direito real. Portanto, sem o registro, o direito real não se estabelece.

E há, além desses efeitos materiais próximos da publicidade, o efeito substantivo último da atuação registral: o assecuratório. Por meio das inscrições imobiliárias, constituem-se, declaram-se, extinguem-se direitos, com a segurança jurídica ofertada pelo sistema registral. Aqui, como bem destaca Ricardo Dip[112], deve-se observar a "relevância social do registrador, que, ao cumprir seu ofício, com idoneidade jurídica e honradez moral, custodia bens — pessoais e patrimoniais — que são indispensáveis para a realização do bem comum".

3.3.2.1. Publicidade constitutiva

Estudaremos com maior profundidade os efeitos declaratório e constitutivo quando abordarmos o princípio da inscrição, pois parece-nos mais adequado enquadrá-los como efeitos do registro e não como efeitos da publicidade, à luz dos ensinamentos de Marcelo Augusto Santana de Melo[113], "o momento adequado para analisar os efeitos gerados pela publicidade é o da análise da inscrição do título".

Publicidade constitutiva é aquela publicidade que tem por efeito substantivo a constituição de direitos. E essa é a regra no Registro de Imóveis brasileiro, de modo que há uma preponderância das inscrições constitutivas[114].

Imperioso mencionar Serpa Lopes[115], que expressamente faz a distinção entre publicidade constitutiva e publicidade declaratória. Para ele, a publicidade constitutiva é aquela "substancialmente necessária à constituição de um determinado direito ou à sua evidência". Em se tratando de aquisição de direitos reais imobiliários, ocorre em casos como a hipoteca e a transmissão do domínio na compra e venda de imóveis. **Sem a publicidade, quando constitutiva, o negócio jurídico não se perfectibiliza, não se integra**[116].

3.3.2.2. Publicidade declaratória

Excepcionalmente, a publicidade dada pelo registro de imóveis será declaratória, isto é, **terá como efeito jurídico material a declaração de direitos e situações previamente constituídas, por outra causa que não o registro.** Nos dizeres de Serpa Lopes[117], a publicidade é declarativa "quando concerne a fatos precedentes ou a precedentes negócios jurídicos já perfeitos", sendo que a falta do registro dá lugar apenas a certas

---

[112] DIP, Ricardo. *Registro de imóveis (princípios)*. Tomo II. Descalvado: Editora Primvs, 2017, p. 112.

[113] MELO, Marcelo Augusto Santana de. *Teoria geral do registro de imóveis*: estrutura e função. Porto Alegre: Sergio Antonio Fabris Editor, 2016, p. 120.

[114] CARVALHO, Afrânio de. *Registro de imóveis*. 4. ed. Rio de Janeiro: Forense, 1997, p. 146.

[115] SERPA LOPES, Miguel Maria de. *Tratado dos registros públicos*. 6. ed. Brasília: Brasília Jurídica, 1997. v. I, p. 19.

[116] SERPA LOPES, Miguel Maria de. *Tratado dos registros públicos*. 6. ed. Brasília: Brasília Jurídica, 1997. v. I. p. 20.

[117] SERPA LOPES, Miguel Maria de. *Tratado dos registros públicos*. 6. ed. Brasília: Brasília Jurídica, 1997. v. I, p. 20.

e restritas consequências, mas o ato jurídico ainda está constituído. Ou seja, **nessas situações (excepcionais no direito brasileiro), o direito real se constitui, é transmitido e se extingue à margem do registro, independentemente deste**. A função do registro, nesses casos, será a de declarar tal situação jurídica.

Exemplo de publicidade declaratória é aquela advinda do registro de aquisições imobiliárias *causa mortis*, que tem por efeito apenas declarar a transmissão que já ocorreu no momento da morte (princípio da *saisine*), **e permitir a disponibilidade do imóvel nesses termos transmitido**.

3.3.2.3. Publicidade para mera notícia

Pode ocorrer ainda, no sistema registral imobiliário brasileiro, **situações jurídicas admitidas a registro, mas que não assumem uma feição real pela sua inscrição, que não geram efeitos constitutivos nem declaratórios**. Assim, a publicidade material do registro de imóveis pode, também, ter efeito meramente **enunciativo, de mera notícia**. Nesse aspecto, a publicidade informará a todos determinada situação jurídica concernente ao imóvel ou ao seu titular, prevenindo-os de eventuais riscos e surpresas.

3.3.2.4. Cognoscibilidade

Cognoscibilidade é propiciar a possibilidade de conhecimento[118]. Refere-se à **capacidade de conhecimento ou compreensão** que os interessados e terceiros devem ter **sobre os fatos jurídicos** relativos a um determinado bem imóvel, com base nas informações registradas nos documentos públicos. Em outras palavras, **a cognoscibilidade está relacionada à possibilidade de obter conhecimento acerca da situação jurídica de um imóvel por meio da análise dos registros públicos**.

O princípio da publicidade torna uma determinada situação conhecida pelo público em geral, o que significa que essa situação é passível de ser conhecida por todos que tenham interesse. No entanto, isso não garante que o conhecimento efetivo será alcançado. O conhecimento real depende da vontade ativa do indivíduo a quem a informação é dirigida, que geralmente é um público indeterminado[119]. **Assim sendo, dizer que a publicidade possibilita a cognoscibilidade significa que ela oferece a oportunidade de obter o conhecimento, mas não assegura que esse conhecimento será efetivamente adquirido**[120]. Portanto, a cognoscibilidade está associada à publicidade e transparência das informações e desempenha um papel fundamental na segurança jurídica, uma vez que permite que potenciais adquirentes, credores e outros interessados obtenham informações precisas e confiáveis sobre a situação legal de um imóvel antes de realizar transações ou assumir obrigações relacionadas a ele.

---

[118] DIP, Ricardo. *Registro de imóveis (princípios)*. Tomo II. Descalvado: Editora Primvs, 2017, p. 111.

[119] BRANDELLI, Leonardo. *Registro de imóveis*: eficácia material. Rio de Janeiro: Forense, 2016, p. 80.

[120] BRANDELLI, Leonardo. *Registro de imóveis*: eficácia material. Rio de Janeiro: Forense, 2016, p. 80.

DIREITOS CIVIL E PROCESSUAL CIVIL. RECURSO ESPECIAL. RAZÕES DE REFORMA. TÓPICO ESPECÍFICO NA PETIÇÃO. DISPENSABILIDADE. EMBARGOS DE TERCEIRO. ADQUIRENTES NÃO CITADOS PARA AÇÃO ANULATÓRIA DO TÍTULO QUE DEU ORIGEM À TRANSFERÊNCIA DO IMÓVEL. INEXISTÊNCIA DE REGISTRO DA AÇÃO NO REGISTRO DO IMÓVEL. EFEITOS NÃO OPONÍVEIS *ERGA OMNES*. RECURSO PROVIDO.

I — Não tendo sido os adquirentes de boa-fé citados para ação anulatória que tinha por objetivo desconstituir o título que lhes permitiu adquirir o bem, não podem eles sofrer os efeitos da sentença nela produzida, porque não foram partes naquela.

II — Os atos processuais relativos a uma ação pessoal reipercussória (art. 167, *i*, 21 da Lei n. 6.015/73) devem ser registrados no álbum imobiliário, sob pena de não ser oponíveis *erga omnes*.

III — a simples publicação de atos jurisdicionais no órgão do estado não é suficiente para dar-lhes publicidade com eficácia contra terceiros.

IV — A publicidade se dá, em regra, pela inscrição (*rectius, registro*) no registro de imóveis e, em casos excepcionais, pela publicação de editais (somente editais e não outros atos do processo) no órgão oficial. Ademais, a publicidade do processo não gera presunção da ciência de terceiros dos atos nele praticados. O referido princípio não tem por finalidade dar eficácia *erga omnes*, mas sim facultar o acesso dos interessados ao que no processo se contém.

V — Dispensa-se constar da petição recursal tópico específico contendo as "razões de reforma", se se extrai dos argumentos do recorrente os motivos de sua insurgência. (REsp 60.661/MG, rel. Min. Sálvio de Figueiredo Teixeira, *Dje,* 12.5.1997).

3.4. PRINCÍPIO DA UNITARIEDADE OU UNICIDADE: A MATRÍCULA DO IMÓVEL

O princípio da unitariedade é a norma abstrata que iluminará o caminho do Livro 2 — Registro Geral, em que serão realizados **todos** os registros e averbações que a lei permite, relativos a imóveis certos e determinados.

O princípio da unitariedade da matrícula ou da unicidade matricial estabelece que cada imóvel deve ter uma matrícula, bem como cada matrícula deve ter apenas um imóvel. **Trata-se da máxima: uma matrícula, um só imóvel. Um imóvel, uma só matrícula.** No registro de imóveis, o imóvel matriculado será o espelho, a imagem do imóvel natural, descrevendo seu aspecto corpóreo e jurídico. Imóvel uno, matrícula una[121].

Mencionado princípio originou-se com a Lei de Registros Públicos — Lei n. 6.015/73, que criou o sistema do fólio real. Antes, na vigência do sistema de transcrições, era possível que uma mesma Transcrição contivesse a transmissão de mais de um imóvel — ou parte (fração ideal) dele. No antigo sistema, era a transmissão, e não o imóvel, o centro a partir do qual gravitava o sistema registral.

Com a inauguração das matrículas, o imóvel certo e determinado passa a ser o centro de gravidade do registro imobiliário. O controle da propriedade privada ocorre pela descrição do imóvel, que é o centro do sistema. Cada imóvel terá uma matrícula

---

[121] DIP, Ricardo. *Registro de imóveis (princípios).* Tomo III. São Paulo: Editorial Lepanto, 2019, p. 195.

própria e, nessa matrícula, serão narrados todos os atos juridicamente importantes que lhe digam respeito, produzindo efeitos perante toda sociedade.

A **Lei de Registros Públicos estabelece que "cada imóvel terá matrícula própria"** (art. 176, § 1.º, I). E essa matrícula será a identidade jurídica do imóvel — e será como um filme da vida jurídica deste, pois todas as histórias serão ali contadas: como surgiu o imóvel, quem foram os seus proprietários, casamentos, mortes, heranças.

O princípio da unitariedade consta expressamente do Provimento n. 149 do CNJ — Conselho Nacional de Justiça, que reza, em seu art. 337:

> Art. 337. Cada imóvel deverá corresponder a uma única matrícula (o imóvel não pode ser matriculado mais de uma vez), e cada matrícula a um único imóvel (não é possível que a matrícula se refira a mais de um imóvel), na forma do inciso I do § 1.º do art. 176 da Lei n. 6.015, de 31 de dezembro de 1973.

Do mencionado princípio, são três as decorrências práticas:

- **O mesmo imóvel só pode ser objeto de uma matrícula.**
- **Uma matrícula deve descrever o imóvel em sua integralidade.**
- **Uma matrícula só pode descrever um imóvel.**

Para Serpa Lopes[122], a unitariedade é "uma das principais peças de segurança do Registro Imobiliário, um dispositivo moralizador, um anteparo contra possíveis fraudes à função do registro imobiliário como meio de prova do domínio". **Isso porque está vedado que um imóvel esteja descrito em mais de uma matrícula.** Se tal regra não existisse, estaria aberto um caminho para vendas e onerações paralelas, em fraude à segurança que é oferecida pelo sistema registral imobiliário. Imagine a situação de duas matrículas do mesmo imóvel com proprietários distintos em cada uma delas.

Desse modo, um imóvel só poderá estar descrito em uma única matrícula.

Caso se verifique que, por algum erro, um mesmo imóvel seja objeto de mais de uma matrícula, algumas medidas devem ser adotadas pelo oficial, que deverá representar ao juiz competente propondo o bloqueio administrativo de todas. Nova matrícula somente poderá ser aberta após retificação (art. 337, § 1.º, Provimento n. 149/CNJ). Ainda, **uma matrícula deve descrever o imóvel em sua integralidade**, não se admite matrícula de parte — ou fração ideal de um imóvel (o que, conforme vimos, era comum no sistema anterior de transcrições). Foi o imóvel o centro gravitacional escolhido pelo sistema de registro de imóveis brasileiro, ele é o principal indexador, a partir do qual todas as demais informações poderão ser obtidas. E o imóvel é o objeto único de direitos, ainda que vários e distintos sejam os direitos incidentes sobre ele. **Não pode, assim, um único objeto de direitos ser fracionado.**

Caso, na prática, se verifique que o imóvel esteja descrito por partes, em matrículas ou transcrições diversas, o oficial deverá obter uma nova descrição unificada, unindo as

---

[122] LOPES, Miguel Maria de Serpa. *Tratado dos registros públicos*. Brasília: Brasília Jurídica, 1997. v. III, p. 409.

partes em uma só matrícula, conforme prevê o art. 337, § 2.º, do Provimento n. 149/CNJ. Salvo os casos em que a normativa estadual regulamente de modo diverso.

No início da transposição do sistema de transcrições para o sistema de matrículas, foi bastante comum que matrículas fossem abertas tendo por objeto fração ideal de imóvel, seguindo exatamente a descrição constante da Transcrição. Imagine que um mesmo imóvel, com o falecimento dos pais, foi partilhado a cinco filhos. Cada um desses filhos obteve o seu título — uma certidão de pagamento do quinhão, por exemplo — e foi ao Registro de Imóveis antes da vigência da Lei n. 6.015. Cada um desses filhos obteve um registro próprio, distinto dos demais, em uma transcrição separada (o que era a maneira correta de escrituração à época).

Para abrir matrícula, na vigência da Lei n. 6.015, seria preciso que o registrador buscasse as cinco transcrições, descrevesse o imóvel inteiro, e constasse como proprietários os cinco filhos herdeiros, mas isso em muitos casos não ocorreu. Seja por desconhecimento, seja por faltarem partes registradas (imagine que, na mesma situação, apenas dois filhos tenham registrado as suas certidões de pagamento de quinhão).

Em tais situações, deve ser observado o **procedimento de recomposição de matrículas**, pelo qual o oficial deve percorrer todos os registros anteriores até obter a integralidade do imóvel. Obtida a integralidade, deverá abrir a matrícula para 100% do imóvel. No campo proprietários, constarão os adquirentes das transcrições com situação registral de propriedade ainda vigente. Excepcionalmente, a Consolidação Normativa Notarial e Registral do estado do Rio Grande do Sul admite que seja aberta matrícula de fração ideal de imóvel quando não for possível recompor o todo[123]. Existem, mesmo, algumas situações práticas em que não será possível encontrar o todo, e tal regra vem a solucionar esse imbróglio registral e evitar que mais irregularidades ocorram e se perpetuem.

Uma terceira decorrência do princípio da unitariedade é a vedação a que mais de um imóvel conste da mesma matrícula. Como visto, o objeto de direito é único. Assim, cada objeto de direito deve ter sua matrícula própria, na qual se concentrarão todos os atos, direitos e deveres que lhe são inerentes. **Trata-se de uma regra de organização do sistema.**

Caso verifique que há mais de um imóvel na mesma matrícula, o oficial deverá abrir matrículas próprias para cada um deles, nos termos do que prevê o art. 337, § 3.º, do Provimento n. 149/CNJ, ainda que todos os elementos de especialidade objetiva e/ou subjetiva para abertura de matrícula não estejam preenchidos em sua integralidade, e, sendo esse o caso, representando ao juízo competente para bloqueio administrativo de todas as matrículas abertas.

Tal situação ocorre mais comumente, na prática, no momento da trasladação da transcrição para a matrícula. Como visto, o indexador outrora era a transmissão, e podia ocorrer que uma única transmissão contivesse mais de um imóvel. Nesse caso, mais de um imóvel poderia ser encontrado descrito na mesma transcrição. E algumas matrículas

---

[123] CNNR-RS. "Art. 478. A matrícula, na impossibilidade eventual de abranger todo o imóvel, será efetivada pelos elementos constantes no registro imediatamente anterior, ainda que se trate de fração ideal."

foram abertas em continuidade a essa sistemática de escrituração, ao arrepio do que dispõe o princípio da unicidade.

Imóvel, para fins registrais, é aquela "unidade territorial com continuidade de área, contornos definidos e individualizada de outras glebas"[124]. Assim, entendemos que a definição de imóvel para fins registrais não se confunde com a definição de imóvel para fins cadastrais (um mesmo cadastro pode conter mais de um imóvel, do mesmo proprietário, ainda que não haja contiguidade). Assim, o imóvel, no Registro de Imóveis, deve ser aquela porção de terra contínua, sem interseções, única. Tal definição está de acordo, inclusive, com as normas técnicas para o georreferenciamento, que será visto nesta obra.

Uma observação importante é que a própria Lei n. 6.015/73 **excepciona o princípio da unitariedade** ao determinar no art. 169, II, que os registros relativos a imóveis situados em comarcas ou **circunscrições limítrofes** serão feitos em todas elas. **Trata-se de abertura de matrícula do mesmo imóvel, na totalidade, nas duas circunscrições do registro imobiliário.**

Existem também **outras exceções** admitidas pelo sistema registral brasileiro. **É o caso, por exemplo, da abertura de matrícula para os imóveis públicos oriundos de um loteamento.** Algumas normativas estaduais admitem que seja aberta matrícula única para todas as áreas verdes, praças e vias públicas. A rigor, é hipótese de mais de um imóvel na mesma matrícula.

Na multipropriedade, há doutrina que entende que haveria também uma exceção ao princípio da unitariedade matricial, eis que uma mesma unidade imobiliária, na sua dimensão espacial, estaria descrita em várias matrículas, cada qual relativa a uma fração de tempo (art. 176, § 10, Lei n. 6.015/73).

> Art. 176. (...)
>
> § 10. Quando o imóvel se destinar ao regime da multipropriedade, além da matrícula do imóvel, haverá uma matrícula para cada fração de tempo, na qual se registrarão e averbarão os atos referentes à respectiva fração de tempo, ressalvado o disposto no § 11 deste artigo.

Contudo, se for adicionada a dimensão temporal à definição espacial, pode-se entender que não se trata de exceção. Um imóvel seria, então, a porção de terra contínua individualizada no tempo e no espaço.

Unicidade, pois, é princípio que rege a segurança e a escrituração das matrículas, próximo tópico a ser abordado nesta obra.

3.4.1. A MATRÍCULA E A LEI N. 6.015/73

A matrícula, ou matriz, foi implantada no Brasil pela Lei n. 6.015/73, que entrou em vigor em 1º de janeiro de 1976. A extensa *vacacio legis* tentou preparar os operadores do direito para uma das maiores transformações já ocorridas no sistema imobiliário nacional. Na prática, o sistema tabular, no qual cada imóvel recebe uma matrícula, foi

---

[124] DIP, Ricardo. Da unitariedade matricial. *RDI*, n. 17/18, jan./dez., 1986.

inicialmente violado com a abertura de matrículas de frações ideais, despedaçando a propriedade em várias matrículas, todas elas com a mesma descrição originária, porém, referindo-se ao proprietário daquela cota. Em outros casos, onde uma determinada transcrição continha dois imóveis, objeto de um negócio jurídico só, ao serem transportados os dados, abria-se uma única matrícula para os dois imóveis, em vez de uma matrícula para cada imóvel.

A Lei n. 6.015/73 alterou o sistema. Não se registrava mais o negócio jurídico em si, transcrevendo-o, mas sim registrava-se agora o direito, na matrícula de um imóvel. Nesse período, a matrícula foi chamada de fólio real, ou seja, a "folha da coisa" (*folium* = folha + *res* = coisa). Ricardo Dip[125] ensina que o fólio real, que representa um imóvel, está intimamente ligado à ideia de território, de lugar.

Historicamente, a origem das cidades foi pelo ajuntamento de casas, e não de pessoas, e as cidades eram muradas para que tudo ali dentro fosse protegido das ameaças externas, um reflexo do "contrato social" celebrado entre as pessoas em busca da proteção que apenas a vida em sociedade pode oferecer. Com a evolução e o crescimento das sociedades, deveria haver um sistema próprio de arquivos, registros etc. que também organizava o território e os imóveis nele contidos. Figuradamente, o fólio real é a muralha espiritualizada, é a folha do território, em que se protege o imóvel e os direitos das pessoas que possuem relação com ele, evitando a anarquia, o caos, a injustiça do mais forte sobre o mais fraco e o abuso do poder público.

A matrícula procura atrair a representação jurídica do imóvel, como forma de publicizar tudo que lhe diz respeito. Para Nicolau Balbino Filho, a matrícula é "o ingresso de um imóvel na vida tabular do registro"[126]. Trata-se do "documento de identificação" de um imóvel, que, como um filme que conta uma história, narra toda a vida jurídica daquela porção de terra delimitada e especializada. Ali, em geral, descobrimos a origem do imóvel, desde quando era uma área rural, até ser urbanizada e tornar-se um loteamento a servir de moradia a inúmeras famílias. Das matrículas dos lotes, descobrimos quem foi o primeiro comprador, quando se casou, quando veio a falecer e quem foram os seus herdeiros. Daí dizermos se tratar do **filme da vida jurídica de um imóvel**.

Evidente que a abertura de matrícula não ocorreu de forma automática no momento da mudança legislativa. Isso seria impraticável à época. A lei de registros determinou, assim, a sua abertura quando fosse necessário registrar um título referente ao imóvel. As averbações necessárias permaneciam no livro das transcrições. Caso não houvesse mais espaço para averbações no livro, então, o registrador deveria abrir a matrícula. **Vale lembrar quais eram os livros do sistema anterior, vigentes quando entrou em vigor a Lei n. 6.015/73 (estabelecidos pelo Decreto n. 4.857/39 e seus antecessores, bem como os acrescidos posteriormente a 1939):**

■ Livro n. 1 — protocolo;
■ Livro n. 2 — inscrição hipotecária;

---

[125] DIP, Ricardo. *Registro de imóveis (princípios)*. Tomo III. São Paulo: Editorial Lepanto, 2019, p. 175.
[126] BALBINO FILHO, Nicolau. *Registro de imóveis*: doutrina, prática e jurisprudência. 16. ed. rev. e atual. São Paulo: Saraiva, 2012, p. 118.

- Livro n. 3 — transcrição das transmissões (compra e venda, doação, sucessão etc.);
- Livro n. 4 — registros diversos (promessas de compra e venda, aforamento etc.);
- Livro n. 5 — emissão de debêntures;
- Livro n. 6 — indicador real;
- Livro n. 7 — indicador pessoal;
- Livro n. 8 — registro especial (convenções de condomínio, loteamentos etc.);
- Livro n. 9 — registro de cédulas de crédito rural (Incluído pelo Decreto n. 64.608, de 1969);
- Livro n. 10 — registro de cédulas de crédito industrial (Incluído pelo Decreto n. 64.608, de 1969).

Marinho Dembinski Kern[127] ressalta que, no **sistema anterior, o fólio era pessoal, ou seja, o cerne do sistema era a pessoa e, portanto, poderiam ocorrer transcrições de uma parte ideal do imóvel, bem como existiam transcrições de um adquirente com vários imóveis**. Além disso, havia uma diversidade de direitos lançados em vários livros, o que dificultava a compreensão sobre o verdadeiro *status* jurídico do imóvel. Eram necessárias buscas no indicador pessoal e no indicador real a fim de que se encontrassem todos os registros relativamente a um mesmo imóvel — suas transmissões, seus ônus, direitos reais incidentes etc. constantes de todos os livros contidos na serventia.

Afrânio de Carvalho[128] explica que, no livro das Transcrições, havia uma folha coletiva, com vários imóveis e seus dados destacados em colunas, consignando os atos nelas por extrato (um resumo dos elementos mais importantes extraídos do título). Os assentos, ensina Maria Helena Diniz[129], eram indexados pelo indicador pessoal e não no imóvel.

Após a Lei n. 6.015/73, surge o Livro 2 — Registro Geral, composto de todas as matrículas dos imóveis daquela circunscrição, que receberão por forma narrativa os registros e averbações em ordem cronológica, de acordo com a apresentação de títulos no protocolo. **A matrícula, em si, não transfere a propriedade.** Ela apenas **caracteriza e confronta o imóvel**, recebendo logo abaixo os registros e averbações. Não é possível registrar ou averbar algo no Livro 2 se antes não estiver descrita a matrícula do imóvel.

A matrícula não é um ato de registro, ela é um ato de inscrição[130], expressão genérica, na qual o registrador transporta os elementos da anterior transcrição para o Livro 2 (se essa for a hipótese de abertura de matrícula), abrindo a matrícula e realizando, logo abaixo, de forma narrativa e cronológica, os registros e as averbações.

---

[127] KERN, Marinho Dembinski; COSTA JUNIOR, Francisco José de Almeida Prado Ferraz. *Princípios do registro de imóveis brasileiro*. São Paulo: Thomson Reuters Brasil, 2020, v. II, p. 161. (Coleção de Direito Imobiliário).

[128] CARVALHO, Afrânio de. *Registro de imóveis*: comentários ao sistema de registro em face da Lei 6.015, de 1973, com alterações da Lei 6.216, de 1975, Lei 8.009, de 1990 e Lei 8.935, de 18.11.1994. 4. ed. Rio de Janeiro: Forense, 2001, p. 354.

[129] DINIZ, Maria Helena. *Sistemas de registro de imóveis*. 11. ed. São Paulo: Saraiva, 2014, p. 88.

[130] CARVALHO, Afrânio de. *Registro de imóveis*: comentários ao sistema de registro em face da Lei 6.015, de 1973, com alterações da Lei 6.216, de 1975, Lei 8.009, de 1990 e Lei 8.935, de 18.11.1994. 4. ed. Rio de Janeiro: Forense, 2001, p. 356.

Sobre o que pode e o que não pode ser incluído na matrícula, no campo destinado a registros e averbações, a lei determinou que o Livro 2 será o Registro Geral dos direitos reais ou obrigacionais de eficácia real.

Leonardo Brandelli[131] diferencia **obrigações com eficácia real de obrigações reais (*propter rem*),** de forma que **as obrigações com eficácia real são aquelas que não perdem o seu caráter pessoal,** ou seja, não são direitos reais, mas são dotadas de uma eficácia *erga omnes*, opondo-se a toda coletividade após o registro, **enquanto as obrigações reais (*propter rem*) são acessórias a um direito real, impondo-se a quem seja o titular do direito real.**

Percebe-se uma **constante extensão do conteúdo** que pode ser incluído na matrícula, seja por ato de registro, seja por ato de averbação, conforme disposto no **inciso I do art. 167 da Lei de Registros Públicos, que fora incluído pela Lei n. 14.711, de 2023:**

> **48.** de outros negócios jurídicos de transmissão do direito real de propriedade sobre imóveis ou de instituição de direitos reais sobre imóveis, ressalvadas as hipóteses de averbação previstas em lei e respeitada a forma exigida por lei para o negócio jurídico, a exemplo do art. 108 da Lei n. 10.406, de 10 de janeiro de 2002 (Código Civil).

E o disposto no art. 246, conforme redação dada pela Lei n. 14.382, de 2022:

> **Art. 246.** Além dos casos expressamente indicados no inciso II do *caput* do art. 167 desta Lei, serão averbadas na matrícula as sub-rogações e outras ocorrências que, por qualquer modo, alterem o registro ou repercutam nos direitos relativos ao imóvel.

Há **críticas** a esse alargamento, uma vez que determinada informação, uma vez incluída na matrícula, passa a ser presumidamente conhecida por todos em razão da publicidade dos registros. E a oponibilidade *erga omnes* seria uma característica exclusiva dos direitos reais, os direitos escolhidos pelo legislador para serem oponíveis a toda a coletividade, pela sua importância. Não poderiam, assim, outros direitos, não escolhidos pelo legislador para ter tal estatura, serem beneficiados pelos mesmos efeitos de um direito real registralmente constituído.

3.4.1.1. Recomposição de imóveis

Como visto, quando da **abertura de uma matrícula com origem em uma transcrição**, é necessário verificar se o imóvel está transcrito em sua **integralidade**. Se não estiver, "deverá ser feita a busca nos indicadores para recomposição do todo"[132]. Também é necessária a recomposição em outros casos, como na **abertura de matrícula de**

---

[131] BRANDELLI, Leonardo. *Registro de imóveis*: eficácia material. Rio de Janeiro: Forense, 2016, p. 86
[132] ALMADA, A. P. L. Registro de Imóveis. In: GENTIL, Alberto. **Registros Públicos**. [Rio de Janeiro]: Grupo GEN, 2022. E-book. ISBN 9786559644773. Disponível em: https://app.minhabiblioteca.com.br/#/books/9786559644773/. Acesso em: 19 dez. 2023.

fração ou parte ideal. Deparando-se o registrador com tais situações, deve buscar o procedimento de **recomposição de imóveis**.

Conforme o mencionado art. 337, § 2.º, do Provimento n. 149 do CNJ (explicado anteriormente), **a nova descrição unificada** deverá ser obtida, **se necessário**, por meio de **retificação**, ressalvadas as hipóteses em que há regulamentação diversa de tais situações pela Corregedoria estadual.

Importante mencionar que esse procedimento **não é uma unificação ou fusão** — institutos diversos que abordaremos —, mas, sim, de recomposição. A unificação e a fusão criam um novo imóvel decorrente de outros. **A recomposição de matrículas organiza a unitariedade do fólio real, criando uma correspondência entre a unitariedade da matrícula e a unidade físico-jurídica do imóvel.**

Aspecto	Unificação/Fusão de imóveis	Recomposição de matrícula
Definição	Processo que resulta na criação de um novo imóvel a partir de dois ou mais imóveis	Procedimento que organiza e ajusta a matrícula para refletir a unidade físico-jurídica do imóvel
Resultado	Gera uma nova matrícula para o imóvel unificado ou fundido	Reorganiza a matrícula existente para corrigir inconsistências ou garantir sua unitariedade
Objetivo principal	Alterar a estrutura física e jurídica dos imóveis envolvidos, criando um novo bem	Harmonizar a matrícula ao imóvel existente, sem criar um novo bem
Enfoque	Foco na transformação e criação de um novo imóvel	Foco na organização e correspondência entre matrícula e imóvel
Natureza do imóvel	Um novo imóvel é constituído, alterando sua individualização no fólio real	Não altera a individualização do imóvel, apenas ajusta sua representação no fólio real
Exemplo prático	Fusão de dois terrenos vizinhos em um único terreno maior	Correção de matrículas para refletir adequadamente os limites físicos de um único imóvel

Na prática, o ato de recomposição poderá ser praticado **a requerimento de qualquer um dos condôminos**, pois não se trata de alteração, mas sim de recomposição da situação jurídica de um mesmo imóvel.

O registrador poderá, para tanto, exigir certidões das transcrições e matrículas fracionadas, quando pertencentes a outro ofício, ou examinar o seu próprio acervo, a fim de encontrar todas as partes ideais do imóvel registradas. Frise-se que tal **procedimento poderá ser praticado também pelo registrador, independentemente de pedido específico**, quando recebido algum título para registro, e este perceber que deve ser realizada a recomposição antes do registro do título apontado. Nesse caso, após protocolado o título e no momento da qualificação, o registrador explicará a situação em nota devolutiva, solicitando as certidões faltantes, se for o caso. Caso o registrador entenda que é possível recompor as matrículas sem necessidade de solicitar mais documentos ao interessado, emitirá parecer e fará de ofício a recomposição, registrando logo em seguida o título apresentado.

Com todas as certidões das frações em mãos, se for o caso, o registrador formará um expediente interno e emitirá um parecer, descrevendo toda a história do imóvel e, ao final, mencionará os atos realizados. Deverá **averbar nas matrículas anteriores** que se trata de um **único imóvel** e que, atendendo ao **princípio da unicidade matricial**, previsto no art. 176, § 1.º, inciso I, da Lei n. 6.015/73[133], **encerra a matrícula transportando seus dados para uma nova matrícula**. Havendo transcrição ainda aberta, procederá também à devida averbação nela.

Etapa	Descrição	Responsável
1. Requerimento ou identificação	O ato pode ser iniciado a requerimento de um condômino ou de ofício pelo registrador	Qualquer condômino ou registrador
2. Verificação de certidões	O registrador solicita certidões de transcrições e matrículas fracionadas (de outro ofício ou de seu próprio acervo)	Registrador
3. Protocolo do título	Quando a recomposição for identificada ao receber um título, este será protocolado	Registrador
4. Nota devolutiva (se necessário)	Caso necessário, o registrador emite nota devolutiva explicando a necessidade de documentos adicionais	Registrador
5. Análise do título	O registrador analisa se a recomposição pode ser feita com os documentos disponíveis	Registrador
6. Parecer do registrador	O registrador emite parecer descrevendo a história do imóvel e os atos realizados	Registrador
7. Encerramento e averbação	▪ Averba nas matrículas anteriores que se trata de um único imóvel ▪ Encerra as matrículas, transportando os dados para uma nova matrícula ▪ Averba na transcrição, se ainda aberta	Registrador
8. Registro do título	Após a recomposição, registra-se o título apresentado	Registrador

Caso a necessidade de recomposição seja constatada no curso de processo para registro de um título, em nome da desburocratização, entendemos que o registrador não deve solicitar documentos de outros condôminos na recomposição, evitando onerar o apresentante do título. Essas exigências ficarão para o momento oportuno em que o proprietário com dados faltantes solicitar algum registro de tais situações pelas corregedorias-gerais de Justiça. Em algumas situações, no entanto, será impossível recompor o todo. Em um caso prático julgado pelo TJSP, ficou determinado que "não sendo possível apurar a exata descrição do bem nem a recomposição das partes ideais, inviável a abertura de matrícula"[134].

No Estado do Rio Grande do Sul, a solução foi outra. Na Consolidação Normativa Notarial e Registral, ficou estabelecido que:

---

[133] "Art. 176. O Livro n. 2 — Registro Geral — será destinado, à matrícula dos imóveis e ao registro ou averbação dos atos relacionados no art. 167 e não atribuídos ao Livro n. 3; § 1.º A escrituração do Livro n. 2 obedecerá às seguintes normas: I — Cada imóvel terá matrícula própria, que será aberta por ocasião do primeiro ato de registro ou de averbação caso a transcrição possua todos os requisitos elencados para a abertura de matrícula." BRASIL. *Lei n. 6.015, de 31 de dezembro de 1973*. Dispõe sobre os registros públicos, e dá outras providências. Disponível em: http://www.planalto.gov.br/ccivil_03/leis/l6015compilada.htm. Acesso em: 15 nov. 2021.

[134] TJSP, Apelação Cível n. 022983-0/6, Santa Cruz do Rio Pardo, rel. Antônio Carlos Alves Braga, *DJU*, 23.6.1995.

> **Art. 478.** A matrícula, na impossibilidade eventual de abranger todo o imóvel, será efetivada pelos elementos constantes no registro imediatamente anterior, ainda que se trate de fração ideal.

Aqui, vislumbra-se uma exceção ao princípio da unitariedade, restrita aos registros de imóveis gaúchos.

3.4.2. REQUISITOS DA MATRÍCULA

O art. 176 da Lei n. 6.015/73 descreve detalhadamente as diretrizes relativas ao Livro n. 2 — Registro Geral, focalizando especificamente na matrícula de imóveis e no registro ou na averbação de atos não atribuídos ao Livro n. 3. Esse dispositivo legal estabelece **normas rigorosas para a escrituração do Livro n. 2**, com um enfoque especial nos **elementos essenciais** para a matrícula e o registro de imóveis.

> No que tange à matrícula, o § 1.º do art. 176 estipula que **cada imóvel** deve possuir sua **própria matrícula**, a ser **aberta** no **momento do primeiro ato de registro ou averbação**, desde que a **transcrição** contenha **todos os requisitos necessários**.

Desses elementos, deve ser transportada em primeiro lugar a **descrição do imóvel**, com todos os requisitos previstos no art. 176[135] da Lei de Registros Públicos, em regra

---

[135] LRP. "Art. 176. O Livro n. 2 — Registro Geral — será destinado, à matrícula dos imóveis e ao registro ou averbação dos atos relacionados no art. 167 e não atribuídos ao Livro n. 3. (Renumerado do art. 173 com nova redação pela Lei n. 6.216, de 1975).

§ 1.º A escrituração do Livro n. 2 obedecerá às seguintes normas: (Renumerado do parágrafo único, pela Lei n. 6.688, de 1979).

I — cada imóvel terá matrícula própria, que será aberta por ocasião do primeiro ato de registro ou de averbação caso a transcrição possua todos os requisitos elencados para a abertura de matrícula; (Redação dada pela Lei n. 14.382, de 2022)

II — são requisitos da matrícula:

1) o número de ordem, que seguirá ao infinito;

2) a data;

3) a identificação do imóvel, que será feita com indicação: (Redação dada pela Lei n. 10.267, de 2001)

    a) se rural, do código do imóvel, dos dados constantes do CCIR, da denominação e de suas características, confrontações, localização e área; (Incluída pela Lei n. 10.267, de 2001)

    b) se urbano, de suas características e confrontações, localização, área, logradouro, número e de sua designação cadastral, se houver. (Incluída pela Lei n. 10.267, de 2001)

4) o nome, domicílio e nacionalidade do proprietário, bem como:

    a) tratando-se de pessoa física, o estado civil, a profissão, o número de inscrição no Cadastro de Pessoas Físicas do Ministério da Fazenda ou do Registro Geral da cédula de identidade, ou à falta deste, sua filiação;

    b) tratando-se de pessoa jurídica, a sede social e o número de inscrição no Cadastro Geral de Contribuintes do Ministério da Fazenda;

5) o número do registro anterior;

6) tratando-se de imóvel em regime de multipropriedade, a indicação da existência de matrículas, nos termos do § 10 deste artigo"; (Incluído pela Lei n. 13.777, de 2018) (Vigência).

(se **rural**, conterá o **código do imóvel**, dos dados constantes do **CCIR**, a **denominação** e de suas **características, confrontações, localização e área**; se **urbano**, conterá as suas **características** e **confrontações, localização, área, logradouro, número** e sua **designação cadastral**, se houver). Esses elementos é que são os responsáveis por **individualizar o imóvel**, e devem ser suficientes para **distingui-lo de todos os demais imóveis daquela circunscrição**.

Logo após, serão transportados os dados do **proprietário** atual, com as **suas qualificações**, especialmente o **nome, domicílio e nacionalidade** do proprietário, bem como, tratando-se de **pessoa física**, o **estado civil**, a **profissão**, o **número de inscrição** no **Cadastro de Pessoas Físicas** do Ministério da Fazenda **ou** do **Registro Geral** da cédula de identidade **ou, na falta deste, sua filiação**; e tratando-se de **pessoa jurídica**, a **sede social** e o **número de inscrição no Cadastro Geral de Contribuintes** do Ministério da Fazenda.

A inclusão desses elementos será indispensável para proteger os direitos da pessoa que detém os direitos sobre o imóvel, e controlar a disponibilidade destes.

Quando se tratar de **abertura de matrícula a partir de uma Transcrição**, deve ser buscada a última Transmissão e incluídos os dados do "adquirente" desse registro constante. Já nos casos de **abertura de matrícula a partir de uma matrícula anterior**, o campo Proprietários da Matrícula Nova deverá ser preenchido com os dados do adquirente constantes do último registro aquisitivo. Além desses elementos, constará obrigatoriamente da matrícula o seu **número de ordem** (que individualiza o imóvel dentro daquele cartório, numeração que vai do 1 ao infinito), a **data de abertura** da matrícula, o número do **registro anterior** (que poderá ser o número da Transcrição da Transmissão e eventualmente da Transcrição ou Inscrição de ônus pendentes, ou o número da matrícula e último registro aquisitivo). Tratando-se de imóvel em **regime de multipropriedade**, a indicação da **existência de matrículas para cada uma das frações de tempo** que ele compõe.

O número de ordem "é **único** e acompanha a matrícula desde sua abertura até o seu encerramento. Mesmo encerrada ou cancelada a matrícula, seu número **não poderá ser reaproveitado**"[136].

Quanto à **data**, ela consiste na **especificação exata do dia, mês e ano em que a matrícula foi realizada**. Essa informação é de suma importância, uma vez que, ao efetuar a matrícula, é imperativo transferir e incluir todos os dados presentes no registro anterior, juntamente com quaisquer encargos, ônus e gravames que incidam sobre a propriedade na data de abertura da matrícula[137].

Com relação ao **registro anterior**, conforme art. 176 da Lei n 6.015/73, **toda matrícula deve mencionar a sua origem em relação ao registro anterior**.

---

[136] RIBEIRO, M. P. A. Das atribuições. In: PEDROSO, A. G. A. (Org.). *Lei de Registros Públicos comentada*. Rio de Janeiro: Forense, 2023, p. 549.

[137] CLÁPIS, Alexandre L. Da escrituração. In: NETO, José Manuel de Arruda A.; CLÁPIS, Alexandre L.; CAMBLER, Everaldo A (Coord.). *Lei de Registros Públicos comentada*. 2. ed. Rio de Janeiro: Grupo GEN, 2019. *E-book*. Disponível em: https://app.minhabiblioteca.com.br/#/books/9788530983468/. Acesso em: 16 dez. 2023.

Excepcionalmente, quando se abre **matrícula sem origem registral** em transcrição anterior, será mencionada outra circunstância que lhe deu origem, como, por exemplo, nos casos de **regularização fundiária** (art. 50, II, da Lei n. 13.465/17), **ou usucapião extrajudicial** (art. 20 do Provimento n. 65 do CNJ).

A respeito de eventuais **ônus vigentes**, a abertura de matrícula não liberta o imóvel deles. Desse modo, devem ser **transportados**, no primeiro ato a ser averbado na matrícula, **todos os ônus que não tenham sido expressamente cancelados**[138]. A essa averbação se dá o nome de **averbação transporte**. Se for mais de um ônus vigente, não há consenso sobre a forma correta de escrituração, se todos em um mesmo ato de averbação, se cada ônus em uma averbação própria. Por amor à publicidade e à segurança jurídica, entendemos que cada ônus deverá constar de uma averbação distinta, pois isso facilita a visualização para quem está lendo a matrícula e privilegia a segurança (aqueles ônus não passarão despercebidos).

Além disso, deverá constar da abertura da matrícula o **CNM — Código Nacional de Matrícula, numeração única** para as **matrículas em todo o território nacional**, um conjunto de 16 números que incluem informações sobre o CNS — Código Nacional da Serventia, o número do livro, o número de ordem interno da matrícula no cartório, além de 2 dígitos verificadores[139].

A respeito do preenchimento integral dos requisitos mencionados para abertura de matrículas, há posicionamentos divergentes na prática. Alguns registradores entendem que, para abrir matrícula, os requisitos do art. 176 da Lei n. 6.015/73 devem estar

---

[138] LRP. "Art. 230. Se na certidão constar ônus, o oficial fará a matrícula, e, logo em seguida ao registro, averbará a existência do ônus, sua natureza e valor, certificando o fato no título que devolver à parte, o que o correrá, também, quando o ônus estiver lançado no próprio cartório.

[139] Provimento n. 149/CNJ, art. 330. O Código Nacional de Matrícula (CNM), de que trata o art. 235-A da Lei n. 6.015/73, corresponderá a uma numeração única para as matrículas do registro de imóveis, em âmbito nacional, e será constituído de 16 (dezesseis) dígitos, em quatro campos obrigatórios, observada a estrutura CCCCCC.L.NNNNNNN-DD, na forma seguinte:

I — o primeiro campo (CCCCCC) será constituído de seis dígitos e indicará o Código Nacional da Serventia (CNS), atribuído pelo Conselho Nacional de Justiça (CNJ), determinando o ofício de registro de imóveis onde o imóvel está matriculado;

II — o segundo campo (L), separado do primeiro por um ponto, será constituído de um dígito e indicará tratar-se de matrícula no Livro 2 — Registro Geral, mediante o algarismo 2, ou de matrícula no Livro n. 3 — Registro Auxiliar, mediante o algarismo 3;

III — o terceiro campo (NNNNNNN), separado do segundo por um ponto, será constituído de sete dígitos e determinará o número de ordem da matrícula no Livro n. 2 ou no Livro n. 3, na forma do item 1 do inciso II do § 1.º do art. 176 da Lei n. 6.015, de 31 de dezembro de 1973; e

IV — o quarto campo (DD), separado do terceiro por um hífen, será constituído de dois dígitos verificadores, gerados pela aplicação de algoritmo próprio.

§ 1.º Se o número de ordem da matrícula tratado no item 1 do inciso II do § 1.º do art. 176 da Lei n. 6.015, de 31 de dezembro de 1973,) estiver constituído por menos de sete dígitos, serão atribuídos zeros à esquerda até que se completem os algarismos necessários para o terceiro campo.

§ 2.º Para a constituição do quarto campo, será aplicado o algoritmo Módulo 97 Base 10, conforme Norma ISO 7064:2003, ou outro que vier a ser definido mediante portaria da Corregedoria Nacional de Justiça.

plenamente preenchidos já na transcrição, pensamento este sustentado pela permissão da lei em manter as averbações nesses livros. Nesse caso, seriam necessárias averbações complementares dos dados exigidos pela Lei n. 6.015 nas Transcrições (já que a Lei à época não tinha os mesmos requisitos de hoje) para permitir a abertura de matrícula com todas as informações legalmente exigidas.

Por outro lado, há registradores que lecionam pela abertura de matrícula mesmo com ausência dos requisitos legais, mas desde que as informações faltantes sejam averbadas logo após a abertura da matrícula.

Uma terceira corrente, minoritária, entende ser possível abrir a matrícula mesmo com os elementos faltantes, sem necessidade de averbar logo em seguida, ficando a critério do proprietário o momento oportuno de averbar esses dados, pois a matrícula é apenas o transporte dos elementos da transcrição para o Livro 2, Registro Geral.

Com a Lei n. 14.382/2022, foi adotado, pela Lei de Registros Públicos, entendimento para equalizar as exigências legais e a segurança jurídica com a desburocratização. Em que pese o inciso I do § 1.º do art. 176 disponha que a matrícula deve ser aberta na ocasião do primeiro registro ou da primeira averbação, caso a transcrição "**possua todos os requisitos** elencados para a abertura de matrícula", dispõe também que a matrícula poderá ser aberta a requerimento ou de ofício, "**ainda que ausentes alguns elementos de especialidade objetiva ou subjetiva**", mas desde que "haja **segurança quanto à localização e à identificação do imóvel**, a critério do oficial" (art. 176, § 15).

3.4.3. HIPÓTESES DE ABERTURA DE MATRÍCULA

De regra, a matrícula origina-se de uma **transcrição**, mas também poderá ser aberta em virtude de uma **ordem judicial** (na usucapião de um imóvel que não possui matrícula, nem transcrição, por exemplo), **de ofício pelo registrador** (no caso de usucapião extrajudicial de imóvel não matriculado e não transcrito), a **pedido administrativo**[140] do Município, Estado, União ou Distrito Federal (em razão de parcelamento[141] ou unificação do solo), **dentre outros**.

Afrânio de Carvalho defende que a oportunidade de abertura de matrícula deve ser franqueada com maior largueza, pois o objetivo da lei é matricular todos os imóveis particulares[142]. Esse é o melhor entendimento, pois o sistema antigo de

---

[140] Lei n. 6.015/73 art. 195-A e art. 195-B. BRASIL. *Lei n. 6.015, de 31 de dezembro de 1973*. Dispõe sobre os registros públicos, e dá outras providências. Disponível em: http://www.planalto.gov.br/ccivil_03/leis/l6015compilada.htm. Acesso em: 15 nov. 2021.

[141] Lei n. 6.766/79 trata do parcelamento do solo urbano. BRASIL. *Lei n. 6.766, de 19 de dezembro de 1979*. Dispõe sobre o parcelamento do solo urbano e dá outras providências. Disponível em: http://www.planalto.gov.br/ccivil_03/leis/l6766.htm. Acesso em: 15 nov. 2021.

A Lei n. 4.591/64 trata da venda de unidades autônomas em incorporação imobiliária. BRASIL. *Lei n. 4.591, de 16 de dezembro de 1964*. Dispõe sobre o condomínio em edificações e as incorporações imobiliárias. Disponível em: http://www.planalto.gov.br/ccivil_03/leis/l4591.htm. Acesso em: 15 nov. 2021.

[142] CARVALHO, Afrânio de. *Registro de imóveis*: comentários ao sistema de registro em face da Lei 6.015, de 1973, com alterações da Lei 6.216, de 1975, Lei 8.009, de 1990 e Lei 8.935, de 18.11.1994. 4. ed. Rio de Janeiro: Forense, 2001, p. 356.

transcrições está superado, sem perder seu valor dominial e histórico, devendo o registrador **facilitar a abertura de novas matrículas** em seu ofício, mas **sempre respeitando a unicidade matricial e os elementos mínimos de especialidade objetiva e subjetiva** (conforme visto).

3.4.3.1. Transposição do sistema de transcrições para o sistema matricial

Como visto, antes da matrícula, o imóvel estava descrito no corpo de uma transcrição de um título, no Livro 3 — das Transcrições das Transmissões, na coluna direcionada à descrição do imóvel. É de lá que vieram transportadas as informações da história dominial do imóvel para a matrícula, após a lei atualmente vigente entrar em vigor.

Moacyr Petrocelli de Ávila Ribeiro[143] destaca que, idealmente, a implantação do sistema matricial deveria ocorrer de forma imediata quando da entrada em vigor da Lei n. 6.015/73, no entanto, assim não o fez o legislador em vista das dificuldades que os registradores encontrariam (e ainda encontram) no transpasse de informações do precário sistema de transcrições, que inviabilizariam a atualização do sistema de uma única vez.

Assim, a lei adotou uma **sistemática de migração gradual**. E essa migração entre o sistema anterior (de Transcrições) e atual (de matrículas) é a mais comum hipótese de abertura de matrícula até os dias atuais.

Quando a matrícula é oriunda de uma transcrição, essa não será cancelada, nem perde a sua eficácia real[144], pois o ato aquisitivo está naquele livro, ocorrendo apenas o transporte dos seus elementos para o Livro 2, no qual se abrirá a matrícula e se mencionará a origem. O que há, por óbvio, é o **encerramento da escrituração no Livro de Transcrições**, eis que todas as averbações (que antes podiam ser praticadas nesse livro), agora serão escrituradas na matrícula aberta. **Uma vez averbada a abertura de matrícula na coluna própria da Transcrição, nenhum outro ato poderá ser praticado mais.**

No momento de abrir uma matrícula com origem em uma transcrição, é necessário estar atento, uma vez que, no sistema de transcrições, os atos relacionados ao imóvel eram realizados em diversos livros. Assim, antes de abrir a matrícula, é necessário **verificar se o imóvel foi transcrito em sua integralidade (ou se será necessária a recomposição)** e analisar os indicadores e remissões presentes na transcrição que indicam **ônus, restrições e demais anotações** que devam fazer parte da nova matrícula[145], por averbação transporte.

---

[143] RIBEIRO, M. P. A. Das atribuições. In: PEDROSO, A. G. A. (Org.). *Lei de Registros Públicos comentada*. Rio de Janeiro: Forense, 2023, p. 545.

[144] CARVALHO, Afrânio de. *Registro de imóveis*: comentários ao sistema de registro em face da Lei 6.015, de 1973, com alterações da Lei 6.216, de 1975, Lei 8.009, de 1990 e Lei 8.935 de 18.11.1994. 4. ed. Rio de Janeiro: Forense, 2001, p. 355.

[145] ALMADA, A. P. L. Registro de imóveis. In: GENTIL, Alberto. *Registros públicos.* Rio de Janeiro: Grupo GEN, 2022. *E-book.* Disponível em: https://app.minhabiblioteca.com.br/#/books/9786559644773/. Acesso em: 19 dez. 2023.

Para trazer o estudo para a prática, analisaremos o seguinte exemplo: deparamo-nos com a apresentação de um formal de partilha originado de um inventário, em que foi partilhado um imóvel que conste de uma Transcrição. Contudo, o imóvel transcrito revela-se incompleto para efeitos de matrícula. Nessas circunstâncias, a abertura da matrícula torna-se inviável devido à falta de requisitos, e o registro da partilha não poderá ser efetuado até que todos os elementos faltantes sejam complementados (por documentos e/ou averbações na Transcrição).

O Conselho Superior da Magistratura do Estado de São Paulo tratou de um caso relacionado à recusa de abertura de matrícula devido à descrição insuficiente do imóvel apresentado no formal de partilha. Tanto o registro anterior (transcrição) quanto o título (formal de partilha) não traziam os elementos mínimos exigidos para a matrícula, tornando imprescindível a **prévia retificação do imóvel** para possibilitar a abertura segura da matrícula, em consonância com o princípio da **especialidade objetiva**[146].

Ao contrastar com as transcrições decorrentes da legislação anterior, consideradas precárias, ressaltou-se a necessidade de atender às exigências da lei vigente para garantir a segurança necessária e destacou-se a importância da matrícula como elemento central no sistema de registro de imóveis, surgindo com a Lei n. 6.015/73 para proporcionar a individuação do prédio.

A situação descrita ainda pode ser mais complexa, como no caso de a transcrição do proprietário ser limitada a "X, brasileiro, casado", sem a inclusão de um documento de identificação ou o nome do cônjuge. Quando o formal de partilha do inventário é apresentado para registro, a resposta recebida é devolutiva. Surge então a questão: como o registrador identificará que o falecido é o mesmo "X, brasileiro, casado" que consta da Transcrição? Quanto mais precária a identificação da pessoa, menos elementos de segurança, e maior o risco à segurança jurídica. Muitos homônimos podem ter idêntica qualificação, especialmente quando esta se limita a nacionalidade e estado civil. Nessa hipótese, a prática indica que o registrador busque outros elementos que se destinem a provar que aquela identificação precária diz respeito àquela determinada pessoa — pode ser solicitada a apresentação do título original do registro, no qual conste o carimbo, ou a assinatura da pessoa a quem se refira, a fim de comparar com a assinatura em um documento de identidade, por exemplo. Não havendo prova cabal, a via judiciária deverá ser buscada para produção de outras provas e assim restar o registro **retificado** para inclusão de dados de **especialidade subjetiva** suficientes para efetiva identificação da pessoa. Com a retificação averbada na Transcrição, estará admitida a abertura da matrícula e poderá ser registrada a partilha.

De todo modo, **a matrícula será aberta a partir de uma Transcrição** quando tiver de ser praticado o **primeiro ato de registro (obrigatoriamente) ou o primeiro ato de averbação (obrigatoriamente,** caso a **Transcrição** contenha **todos os requisitos mínimos** para abertura da matrícula — **se não tiver,** a averbação **poderá** ser feita na transcrição anterior). A matrícula também poderá ser aberta em outras hipóteses, conforme será visto a seguir.

---

[146] Conselho Superior da Magistratura do Estado de São Paulo, Apelação Cível n. 517-6/1, rel. Des. Gilberto Passos de Freitas, Bragança Paulista, *DOJ*, 30.6.2006.

3.4.3.1.1. No primeiro ato de registro ou averbação a ser praticado na vigência da Lei n. 6.015/73

A Lei n. 6.015/73 determinou a abertura de matrícula por ocasião do primeiro registro após a sua entrada em vigor (Lei n. 6.015/73, art. 176, § 1.º, I, e art. 228).

> **Art. 176.** (...)
> I — cada imóvel terá matrícula própria, que será aberta por ocasião do primeiro ato de registro ou de averbação caso a transcrição possua todos os requisitos elencados para a abertura de matrícula.

> **Art. 228.** A matrícula será efetuada por ocasião do primeiro registro a ser lançado na vigência desta Lei, mediante os elementos constantes do título apresentado e do registro anterior nele mencionado.

Afrânio de Carvalho[147] explicava que a palavra registro foi utilizada pela lei em sentido amplo de primeiro ato, seja registro ou averbação. Para o autor, tão logo apresentado o primeiro título referente ao imóvel transcrito, deverá ser aberta a matrícula, pois essa é a finalidade da lei, embora a própria norma permita averbações nas transcrições, conforme o art. 169, I[148], e o art. 295[149].

E esse foi o posicionamento adotado pelo legislador na reforma da Lei de Registros Públicos pela Lei n. 14.382/2022. Pelo menos naquelas situações em que a transcrição possua todos os requisitos elencados para a abertura de matrícula. Estando o registro anterior apto, a matrícula também será aberta quando for necessária a prática de ato de averbação.

Assim, é **obrigatória a abertura prévia da matrícula** quando a) tiver de ser praticado **ato de registro**; b) tiver de ser praticado **ato de averbação, caso a transcrição possua todos os requisitos elencados para a abertura de matrícula**, conforme dispõe o art. 176, § 1.º, I, da Lei n. 6.015/73. **Leia-se: não podem ser praticados atos de registro nas transcrições, nem atos de averbação caso a matrícula esteja apta para ser aberta.**

---

[147] CARVALHO, Afrânio de. *Registro de imóveis*: comentários ao sistema de registro em face da Lei 6.015, de 1973, com alterações da Lei 6.216, de 1975, Lei 8.009, de 1990 e Lei 8.935, de 18.11.1994. 4. ed. Rio de Janeiro: Forense, 2001, p. 356.

[148] "I — as averbações serão efetuadas na matrícula ou à margem do registro a que se referirem, ainda que o imóvel tenha passado a pertencer a outra circunscrição, observado o disposto no inciso I do § 1.º e no § 18 do art. 176 desta Lei." BRASIL. *Lei n. 6.015, de 31 de dezembro de 1973*. Dispõe sobre os registros públicos, e dá outras providências. Disponível em: http://www.planalto.gov.br/ccivil_03/leis/l6015compilada.htm. Acesso em: 15 nov. 2021.

[149] "Art. 295. O encerramento dos livros em uso, antes da vigência da presente Lei, não exclui a validade dos atos neles registrados, nem impede que, neles, se façam as averbações e anotações posteriores." BRASIL. *Lei n. 6.015, de 31 de dezembro de 1973*. Dispõe sobre os registros públicos, e dá outras providências. Disponível em: http://www.planalto.gov.br/ccivil_03/leis/l6015compilada.htm. Acesso em: 15 nov. 2021.

Entendemos que o legislador foi infeliz ao manter a primeira parte do inciso I do art. 169 da Lei de Registros Públicos[150]: "as averbações serão efetuadas na matrícula ou à margem do registro a que se referirem, ainda que o imóvel tenha passado a pertencer a outra circunscrição…". Ao usar a expressão "serão efetuadas", parece criar regra obrigatória que pode levar a confusões interpretativas na prática.

Contudo, se analisado o dispositivo mais a fundo, deve-se observar que são impostas ressalvas: "observado o disposto no inciso I do § 1.º e no § 18 do art. 176 desta Lei", justamente a hipótese "b" acima de obrigatoriedade de matrícula, e a possibilidade que se façam na circunscrição de origem, à margem do título, as averbações necessárias, quando se tratar de transcrição que não possua todos os requisitos para a abertura de matrícula.

Assim, caso a **transcrição não contenha todos os elementos indispensáveis à abertura de matrícula, a averbação poderá ser praticada nela**. Pelo menos em relação às averbações que complementem os dados de especialidade objetiva e subjetiva para tornar apto o ato de abertura de matrícula.

Fora esses estritos casos, não entendemos pertinente continuar a praticar atos nas transcrições. Não há sentido em manter as transcrições vivas se o sistema caminha para o fólio real.

Esse foi, inclusive, o entendimento adotado pela Corregedoria do CNJ no ano de 2017, que estabeleceu, dentre outras metas a serem observadas pelas Corregedorias Gerais da Justiça dos estados e do Distrito Federal, a meta 19: "Determinar e fiscalizar o encerramento das transcrições com a consequente abertura da matrícula de imóveis".

3.4.3.1.2. *Se for necessária a prática de averbação, mas não houver mais espaço no registro anterior*

Interessante notar que a Lei n. 14.382/2022 não revogou expressamente o **art. 295 da Lei n. 6.015/73**, em seu parágrafo único[151], que prevê a **possibilidade de abertura da matrícula quando não houver espaço disponível nas margens das transcrições**[152]. De acordo com tal regra, plenamente vigente quando a abertura de matrícula para prática de ato de averbação era excepcional, caso a necessidade de efetuar a averbação ou anotação estivesse designada para o Livro n. 2 do Registro de Imóvel e não houvesse disponibilidade nos registros prévios constantes nos Livros de Transcrição das

---

[150] "I — as averbações **serão efetuadas** na matrícula ou à margem do registro a que se referirem, ainda que o imóvel tenha passado a pertencer a outra circunscrição, observado o disposto no inciso I do § 1.º e no § 18 do art. 176 desta Lei;"

[151] "Parágrafo único. Se a averbação ou anotação dever ser feita no Livro n. 2 do Registro de Imóvel, pela presente Lei, e não houver espaço nos anteriores Livros de Transcrição das Transmissões, será aberta a matrícula do imóvel." BRASIL. *Lei n. 6.015, de 31 de dezembro de 1973*. Dispõe sobre os registros públicos, e dá outras providências. Disponível em: http://www.planalto.gov.br/ccivil_03/leis/l6015compilada.htm. Acesso em: 15 nov. 2021.

[152] RIBEIRO, M. P. A. Das atribuições. In: PEDROSO, A. G. A. (Org.). *Lei de Registros Públicos comentada*. Rio de Janeiro: Forense, 2023, p. 545.

Transmissões, estando eles extensos e de difícil leitura, então seria realizada a abertura da matrícula do respectivo imóvel e nela praticado o ato de averbação.

Com as mudanças legalmente estabelecidas, essa regra ficará com pouca aplicação prática, pois agora é expressamente permitida a abertura da matrícula para prática de ato de averbação (Lei n. 6.015/73, art. 176, parágrafo primeiro, inciso I e art. 228).

Vislumbra-se, contudo, a sua **utilidade quando se faça necessário justificar a abertura de matrícula sem que estejam presentes todos os elementos de especialidade objetiva e subjetiva**. Aqui, a ausência de espaço na transcrição pode forçar a abertura de matrícula sem a presença desses requisitos mínimos, pois eles seriam incluídos no sistema registral por meio de averbação na Transcrição. E se não há espaço na Transcrição, a matrícula terá de ser aberta apenas com as informações registralmente disponíveis.

3.4.3.1.3. Requerimento da parte

A abertura de matrícula também pode ocorrer nos termos do art. 176, § 14, da Lei de Registros Públicos, que dispõe que **é possível a abertura de matrícula na circunscrição onde estiver situado o imóvel** (atendida a territorialidade, portanto), **mediante requerimento do interessado**. Nesse caso, há uma utilidade para a parte interessada em que a matrícula seja aberta: para facilitar um procedimento de usucapião em que o imóvel ainda conste da circunscrição anterior, para permitir o procedimento de adjudicação compulsória extrajudicial, dentre outros.

Note-se que a lei fala em **interessado (que não obrigatoriamente será o proprietário do imóvel)**, que pode ser um terceiro adquirente, usucapiente, inventariante etc. É importante mencionar, ainda, que nessa hipótese de abertura de matrícula, a Lei abre uma brecha para a **mitigação dos princípios da especialidade objetiva e subjetiva**, conforme consta do § 15:

> § 15 Ainda que ausentes alguns elementos de especialidade objetiva ou subjetiva, desde que haja segurança quanto à localização e à identificação do imóvel, a critério do oficial, e que constem os dados do registro anterior, a matrícula poderá ser aberta nos termos do § 14 deste artigo.

Assim, havendo segurança quanto à localização e identificação do imóvel nos dados presentes no registro anterior, a matrícula poderá ser aberta. Caberá à prudência do registrador avaliar a segurança necessária para a prática do ato. Se o oficial entender que os elementos de especialidade objetiva ou subjetiva presentes não bastarem para conferir segurança quanto à localização e identificação do imóvel, será exigida a retificação perante a circunscrição de situação do imóvel (art. 176, § 16, Lei n. 6.015/73).

3.4.3.1.4. De ofício

A Lei n. 14.382/22 também trouxe a possibilidade de **abertura de matrícula de ofício, por conveniência do serviço**, ao incluir o § 14 ao art. 176 da Lei n. 6.015/73.

> Art. 176. (...)
> § 14. É facultada a abertura da matrícula na circunscrição onde estiver situado o imóvel, a requerimento do interessado ou de ofício, por conveniência do serviço.

Um exemplo é o caso de abertura de matrícula para os lotes de um loteamento registrado, ou das unidades autônomas de uma incorporação imobiliária após o registro. Todavia, sabe-se que existe um passivo de matrículas não abertas de loteamentos passados, registrados ou apenas implantados. Em razão disso, a Lei de Registros foi alterada pela Lei n. 13.465/2017[153] e recebeu o **art. 195-A**, que permite ao **município** requerer ao registrador a **abertura de matrícula de área pública oriunda de parcelamento do solo implantado, ainda que não registrado**.

> **Art. 195.** Se o imóvel não estiver matriculado ou registrado em nome do outorgante, o oficial exigirá a prévia matrícula e o registro do título anterior, qualquer que seja a sua natureza, para manter a continuidade do registro.

Outros exemplos constam do Provimento n. 149/CNJ, que traz diversas hipóteses de abertura de matrícula de ofício pelo registrador a fim de corrigir irregularidades na escrituração de matrículas antigas.

3.4.3.2. Criação de novas circunscrições imobiliárias

Outra situação ocorre em relação à **criação de novos cartórios de registros de imóveis**, uma situação cada vez mais frequente. Ao ser instalada nova serventia, e provida por concurso, fica o registrador empossado com a **competência para lavrar os atos relativos aos imóveis daquela circunscrição**, mas o cartório que respondia antes por aquela circunscrição territorial continuará responsável por todo acervo utilizado até aquela data[154].

Para que o novo registrador pratique atos, será necessário **solicitar uma certidão daquele imóvel no cartório antigo** (que pode se referir a uma transcrição ou até mesmo uma matrícula), comprobatório do registro existente, e uma **certidão de ônus**, que pode ser positiva ou negativa. Se for positiva, ao abrir a matrícula no cartório da nova circunscrição, o registrador **averbará o ônus, por transporte**, como primeiro ato, conforme previsto na Lei n. 6.015/73, art. 230, e **levar ao novo cartório para abertura de matrícula**.

> **Art. 230.** Se na certidão constar ônus, o oficial fará a matrícula, e, logo em seguida ao registro, averbará a existência do ônus, sua natureza e valor, certificando o fato no título que devolver à parte, o que o correrá, também, quando o ônus estiver lançado no próprio cartório.

---

[153] BRASIL. *Lei n. 13.465, de 11 de julho de 2017*. Dispõe sobre a regularização fundiária rural e urbana, sobre a liquidação de créditos concedidos aos assentados da reforma agrária e sobre a regularização fundiária no âmbito da Amazônia Legal; institui mecanismos para aprimorar a eficiência dos procedimentos de alienação de imóveis da União. Disponível em: http://www.planalto.gov.br/ccivil_03/_ato2015-2018/2017/lei/l13465.htm. Acesso em: 15 nov. 2021.

[154] Lei n. 6.015/73. "Art. 27. Quando a lei criar novo cartório, e enquanto este não for instalado, os registros continuarão a ser feitos no cartório que sofreu o desmembramento, não sendo necessário repeti-los no novo ofício. Parágrafo único. O arquivo do antigo cartório continuará a pertencer-lhe."

Logo em seguida, a **abertura da nova matrícula na nova circunscrição**, o registrador comunicará o registrador do cartório anterior para que proceda ao **encerramento do assento**, o qual permanecerá **válido** e dele poderão ser emitidas certidões normalmente.

Destaca-se que o **encerramento** é um **ato formal** que significa que o **imóvel está matriculado em outro fólio, com nova numeração**. É diferente do **cancelamento da matrícula**, ato judicial, que não permite a inscrição de novos atos. O assento encerrado poderá, excepcionalmente, ser reaberto para alguma retificação necessária, procedendo-se a novo encerramento.

Aspecto	Encerramento	Cancelamento
Definição	Ato formal indicando que o imóvel foi matriculado em outro fólio, com nova numeração	Ato judicial que torna a matrícula inválida, impedindo novos atos de registro
Possibilidade de novos atos	Permite a reabertura excepcional para retificação, seguido de novo encerramento	Não permite a inscrição de novos atos
Natureza	Administrativa, geralmente realizada por solicitação ou necessidade registral	Judicial, dependente de decisão do Poder Judiciário
Efeito sobre a matrícula	A matrícula é substituída por outra com nova numeração	A matrícula é anulada e permanece sem efeito

Aqui reside o cuidado da abertura de matrícula em nova circunscrição, de **todo o imóvel**, e não apenas de fração dele.

3.4.3.3. Parcelamento do solo

O registrador de imóveis deve conhecer as normas que regulam o parcelamento do solo urbano com maestria. O desconhecimento pode acarretar penalidades nas esferas administrativa, civil e até mesmo criminal. O atual caos urbano em que o Brasil está mergulhado poderia ser ainda pior, se não tivesse o efetivo controle do registro de imóveis que, muitas vezes, discorda inclusive das autorizações municipais.

Quanto à legislação relativa ao parcelamento do solo, Pontes de Miranda[155] explica que, no Brasil, a ausência de norma específica sobre loteamentos na década de 1930 trouxe sérios problemas sociais, muitos deles em decorrência da desonestidade das empresas loteadoras. O Código de Beviláqua previa, no art. 1.088, o direito de arrependimento pelas partes contratantes na compra e venda de imóveis em prestações, até o momento da assinatura da escritura pública definitiva e a sanção máxima, além da perda das arras, eram as perdas e danos. Isso gerava insegurança jurídica aos compradores de lotes que, muitas vezes, ficavam desamparados. Com isso, em junho de 1936, a Câmara dos Deputados recebeu para análise um projeto de lei sobre compra e venda de imóveis em prestações.

---

[155] MIRANDA, Francisco Cavalcanti Pontes de. *Tratado de direito predial*. 3. ed. Rio de Janeiro: José Konfino Editor, 1948, p. 44.

O deputado Waldemar Martins Ferreira[156] idealizou o projeto de lei que revolucionou o procedimento de parcelamento do solo urbano e condicionou os proprietários loteadores ao interesse social. A base do projeto apresentado à Comissão de Constituição e Justiça da Câmara, no dia 9 de junho de 1936, descrevia a situação da época:

> Surgem, constantemente, reclamos de uma legislação reguladora dos contratos de compromissos de venda de imóveis em lotes, a prazo, mediante pagamento do preço em prestações periódicas e sucessivas. Lançam-se, em todos os pontos do país, empresas destinadas a explorar esse gênero de negócio, cuja comercialização é evidente, mas que, por enquanto, se choca com os princípios em que se abeberou o código de comerciantes. [...] Tem isso sucedido por vários motivos. Pela precariedade dos títulos de domínio dos vendedores, não examinados conveniente e cuidadosamente. Pela existência de ônus reais gravando a propriedade loteada e, em dado momento, pósta em regime de execução judicial. Penhora dos lotes compromissados em ações movidas por terceiros contra proprietários. Pelo fechamento das vias de comunicação. Por outras medidas tendentes a desalojar de suas posses os que as beneficiaram. Não confere o contrato de compromisso de compra e venda nenhum direito real. **Sendo o instrumento público exigível para a prova do contrato de compra e venda de imóvel de valor superior a um conto de réis, qualquer das partes permite o art. 1.088 do Código Civil arrepender-se, antes de o assinar, ressarcindo a outra a perdas e danos resultantes do arrependimento**. Converteu-se esse dispositivo em fonte amarga de decepções e justificados desesperos. Urge secá-la para que se consagre, efetivamente, a norma salutar do art. 1.126 daquele código, em razão da qual a compra e venda, quando pura, considerar-se-á obrigatória e perfeita, desde que as partes se acordarem no objeto e no preço. Com o intuito de proporcionar aos compradores de terras e terrenos a certeza, ainda assim relativa, de, cumpridas todas as obrigações, por eles assumidas, adquirirem a propriedade delas, por via judicial e mercê de uma adjudicação (grifos nossos).

Após completar os devidos trâmites na Câmara, o projeto seguiu para o Senado, onde recebeu emendas, mas não chegou ao fim do seu percurso, pois o Congresso Nacional foi fechado em virtude do golpe de Estado promovido por Getúlio Vargas[157], no dia 10 de novembro de 1937. Mesmo assim, o projeto foi publicado pelo Presidente como **Decreto-lei n. 58, no dia 10 de dezembro de 1937**[158], um mês após o golpe de Estado, sendo que a sua vigência começou na mesma data. A partir de então, os loteadores teriam que apresentar uma série de **certidões negativas** e um **contrato padrão de compromisso de compra e venda**, o qual, **após** a sua **inscrição no registro de imóveis**, gerava um **direito real de aquisição, sendo irretratável**. Assim, a legislação de

---

[156] FERREIRA, Waldemar Martins. *O loteamento e a venda de terrenos em prestações*. São Paulo: Revista dos Tribunais, 1938, p. 15.

[157] BRASIL. Câmara dos Deputados. *Parlamento brasileiro foi fechado ou dissolvido 18 vezes*, 27 set. 2018. Disponível em: https://www.camara.leg.br/noticias/545319-parlamento-brasileiro-foi--fechado-ou-dissolvido-18-vezes/. Acesso em: 24 set. 2021.

[158] BRASIL. *Decreto-lei n. 58, de 10 de dezembro de 1937*. Dispõe sôbre o loteamento e a venda de terrenos para pagamento em prestações. Disponível em: http://www.planalto.gov.br/ccivil_03/decreto-lei/1937-1946/del058.htm. Acesso em: 15 nov. 2021.

parcelamento do solo limitou as ações dos loteadores, impondo limites e restrições ao contratar. **Os serviços de registro de imóveis ficaram responsáveis pela legalidade e publicidade dos empreendimentos, após a sua aprovação pelo município.** Os contratos particulares de promessa de compra e venda foram prestigiados pela legislação, **protegendo o comprador**, normalmente a parte mais vulnerável do negócio jurídico. **As vias de comunicação e os espaços livres constantes do memorial e da planta, após a inscrição, tornavam-se inalienáveis.**

Isso constava no art. 3.º do Decreto-lei n. 57/66[159]. **Atualmente, o art. 22 da Lei n. 6.766/79**[160] **prevê que as áreas são transferidas ao município por força de lei.**

Já a Lei n. 6.015/73, alterada pela Lei n. 12.424/2011[161], prevê em seu art. 195-A, § 3.º[162] a **regularização em nome do município de áreas públicas**, não se exigindo a **formalização da doação** para transferir ao domínio público, áreas oriundas de loteamentos realizados na vigência do Decreto-lei n. 58/37[163].

---

[159] "Art. 3.º Enquanto não for iniciada a cobrança judicial, os débitos inscritos e a Dívida Ativa, com exceção dos que tenham sido objeto de recurso ao 3.º Conselho de Contribuintes, serão incluídos, pelo total, na guia de arrecadação do ITR dos exercícios subsequentes, para liquidação conjunta do montante." BRASIL. *Decreto-lei n. 57, de 18 de novembro de 1966*. Altera dispositivos sôbre lançamento e cobrança do Impôsto sôbre a Propriedade Territorial Rural, institui normas sôbre arrecadação da Dívida Ativa correspondente, e dá outras providências. Disponível em: http://www.planalto.gov.br/ccivil_03/decreto-lei/del0057.htm. Acesso em: 15 nov. 2021.

[160] "Art. 22. Desde a data de registro do loteamento, passam a integrar o domínio do Município as vias e praças, os espaços livres e as áreas destinadas a edifícios públicos e outros equipamentos urbanos, constantes do projeto e do memorial descritivo. Parágrafo único. Na hipótese de parcelamento do solo implantado e não registrado, o Município poderá requerer, por meio da apresentação de planta de parcelamento elaborada pelo loteador ou aprovada pelo Município e de declaração de que o parcelamento se encontra implantado, o registro das áreas destinadas a uso público, que passarão dessa forma a integrar o seu domínio." BRASIL. *Lei n. 6.766, de 19 de dezembro de 1979*. Dispõe sobre o Parcelamento do Solo Urbano e dá outras Providências. Disponível em: http://www.planalto.gov.br/ccivil_03/leis/l6766.htm. Acesso em: 15 nov. 2021.

[161] BRASIL. *Lei n. 12.424, de 16 de junho de 2011*. Altera a Lei n. 11.977, de 7 de julho de 2009, que dispõe sobre o Programa Minha Casa, Minha Vida — PMCMV e a regularização fundiária de assentamentos localizados em áreas urbanas, as Leis n. 10.188, de 12 de fevereiro de 2001, 6.015, de 31 de dezembro de 1973, 6.766, de 19 de dezembro de 1979, 4.591, de 16 de dezembro de 1964, 8.212, de 24 de julho de 1991, e 10.406, de 10 de janeiro de 2002 — Código Civil; revoga dispositivos da Medida Provisória n. 2.197-43, de 24 de agosto de 2001; e dá outras providências. Disponível em: http://www.planalto.gov.br/ccivil_03/_ato2011-2014/2011/lei/l12424.htm. Acesso em: 15 nov. 2021.

[162] "§ 3.º Não será exigido, para transferência de domínio, formalização da doação de áreas públicas pelo loteador nos casos de parcelamentos urbanos realizados na vigência do Decreto-lei n. 58, de 10 de dezembro de 1937." BRASIL. *Lei n. 6.015 de 31 de dezembro de 1973*. Dispõe sobre os registros públicos, e dá outras providências. Disponível em: http://www.planalto.gov.br/ccivil_03/leis/l6015compilada.htm. Acesso em: 15 nov. 2023.

[163] BRASIL. *Decreto-lei n. 58, de 10 de dezembro de 1937*. Dispõe sôbre o loteamento e a venda de terrenos para pagamento em prestações. Disponível em: http://www.planalto.gov.br/ccivil_03/decreto-lei/1937-1946/del058.htm. Acesso em: 15 nov. 2021.

A legislação evoluiu. Veio o Decreto n. 3.079/38[164], depois o Decreto-lei n. 271/67[165] e finalmente a **Lei n. 6.766/79**[166], a qual tratou apenas do parcelamento do solo urbano e está em vigor até hoje.

No art. 55 da Lei n. 6.766/79[167] consta que "revogam-se as disposições em contrário". Isso é objeto de debate na doutrina em razão da falta de especificação em relação às normas anteriores. É importante lembrar que a Constituição Federal[168] determinou, em seu art. 30, I, II e VIII, que compete aos municípios a formulação de leis relacionadas a assuntos de interesse local. Adicionalmente, tem a incumbência de complementar a legislação federal e estadual e é responsável por fomentar o adequado ordenamento territorial por meio do planejamento e controle do uso, parcelamento e ocupação do solo urbano. Destaca-se que são importantes, também, para o estudo do solo urbano a **Lei n. 10.257/2001**[169] **(Estatuto das Cidades)** e a **Lei n. 13.089/2015**[170] **(Estatuto da Metrópole)**.

O registrador deve sempre ter o cuidado de conhecer as **normas municipais** para uma atuação mais eficiente, conforme art. 1.º, parágrafo único, da Lei n. 6.766/79[171], o qual destaca que os Estados, o Distrito Federal e os Municípios têm a prerrogativa de instituir **normas complementares concernentes ao parcelamento do solo municipal**, visando ajustar o estipulado às **particularidades regionais e locais**.

---

[164] BRASIL. *Decreto n. 3.079, de 15 de setembro de 1938*. Regulamenta o Decreto-lei n. 58, de 10 de dezembro de 1937, que dispõe sobre o loteamento e a venda de terrenos para pagamento em prestações. Disponível em: http://www.planalto.gov.br/ccivil_03/decreto/1930-1949/d3079.htm. Acesso em: 23 jan. 2023.

[165] BRASIL. Decreto-lei n. 271, de 28 de fevereiro de 1967. Dispõe sôbre loteamento urbano, responsabilidade do loteador concessão de uso e espaço aéreo e dá outras providências. Disponível em: https://www.planalto.gov.br/ccivil_03/decreto-lei/Del0271.htm. Acesso em: 23 jan. 2023.

[166] BRASIL. Lei n. 6.766, de 19 de dezembro de 1979. Dispõe sobre o Parcelamento do Solo Urbano e dá outras Providências. Disponível em: http://www.planalto.gov.br/ccivil_03/leis/l6766.htm. Acesso em: 15 nov. 2021.

[167] BRASIL. Lei n. 6.766, de 19 de dezembro de 1979. Dispõe sobre o Parcelamento do Solo Urbano e dá outras Providências. Disponível em: http://www.planalto.gov.br/ccivil_03/leis/l6766.htm. Acesso em: 15 nov. 2021.

[168] BRASIL. [Constituição (1988)]. Constituição da República Federativa do Brasil de 1988. Brasília, DF: Presidência da República, [2021]. Disponível em: http://www.planalto.gov.br/ccivil_03/Constituicao/Constituiçao.htm. Acesso em: 15 nov. 2021.

[169] BRASIL. *Lei n. 10.257, de 10 de julho de 2001*. Regulamenta os arts. 182 e 183 da Constituição Federal, estabelece diretrizes gerais da política urbana e dá outras providências. Disponível em: http://www.planalto.gov.br/ccivil_03/leis/leis_2001/l10257.htm. Acesso em: 22 nov. 2021.

[170] BRASIL. *Lei n. 13.089, de 12 de janeiro de 2015*. Institui o Estatuto da Metrópole, altera a Lei n. 10.257, de 10 de julho de 2001, e dá outras providências. Disponível em: https://www.planalto.gov.br/ccivil_03/_ato2015-2018/2015/lei/l13089.htm. Acesso em: 23 jan. 2023.

[171] "Art. 1.º O parcelamento do solo para fins urbanos será regido por esta Lei. Parágrafo único. Os Estados, o Distrito Federal e os Municípios poderão estabelecer normas complementares relativas ao parcelamento do solo municipal para adequar o previsto nesta Lei às peculiaridades regionais e locais." BRASIL. *Lei n. 6.766, de 19 de dezembro de 1979*. Dispõe sobre o Parcelamento do Solo Urbano e dá outras Providências. Disponível em: http://www.planalto.gov.br/ccivil_03/leis/l6766.htm. Acesso em: 15 nov. 2023.

Luiz Edson Fachin[172] ressalta que, apesar de o município ter a faculdade de complementar a legislação federal, não poderá afrontá-la, mesmo que alegando peculiaridades locais, as quais não constituem motivos, em hipótese alguma, para afastar a incidência da lei. Segundo Wanderli Acillo Gaetti[173], a legislação que trata do parcelamento do solo urbano (Lei n. 6.766/79) foi alterada pela Lei n. 9.785/99, a qual introduziu significativas modificações para fins urbanos, alterando substancialmente o papel das Prefeituras na análise de projetos de parcelamento. Ele destaca que o parcelamento urbano deve ser aberto, com apenas muros individuais nos lotes, sem controle de acesso, e com um sistema de segurança público restrito a cada lote, cujos espaços são públicos. O autor destaca que, durante a implantação desse tipo de parcelamento, partes da gleba original se tornam bens públicos do município. Os empreendedores são responsáveis pelo projeto, implantação da infraestrutura e doam esses elementos à Prefeitura no momento da gestão. A manutenção e as despesas com a infraestrutura ficam a cargo do município, assim como as áreas verdes e infraestruturas funcionais, que se tornam públicas após a doação.

Nesse processo, a propriedade anterior, a gleba, deixa de existir, e o proprietário passa a ter direitos sobre os lotes resultantes, transferindo partes da propriedade ao município. Apesar de a lei não conceituar o parcelamento do solo, Nicolau Balbino Filho[174] destaca que o seu **conceito** segue o sentido de **fracionar e proporcionar uma divisão da gleba em unidades independentes juridicamente**, o que possibilita a sua individualidade para a edificação, de forma a desaparecer um terreno em prol do surgimento de outros.

O **objetivo** do parcelamento, conforme enfatizado por Wanderli Acillo Gaetti[175], é a **ocupação equilibrada para o desenvolvimento de atividades urbanas, com controle do uso e aproveitamento do solo**. O **município é responsável pelo gerenciamento urbanístico do parcelamento do solo**, seguindo as diretrizes estabelecidas no **plano diretor municipal**.

A Lei de Parcelamento do Solo Urbano estabelece uma **restrição ao exercício do direito de propriedade, centrada no direito fundamental de dispor**. Essa restrição se manifesta quando o titular deseja realizar o parcelamento de sua gleba para fins de edificação em uma zona urbana. Nesse cenário, o proprietário encontra-se obrigado a atender a **diversos requisitos**, que abrangem aspectos tanto **urbanísticos** quanto **jurídicos**,

---

[172] FACHIN, Luiz Edson. *Questões do direito civil brasileiro contemporâneo*. Rio de Janeiro: Renovar, 2008, p. 71.
[173] GAETTI, W. A. Condomínio de lotes: viabilidade, benefícios e restrições. In: DIP, Ricardo; JACOMINO, Sérgio. (Orgs.). *Registro imobiliário*: temas atuais. 2. ed. São Paulo: Revista dos Tribunais, 2013, v. 2, p. 688-690. (Coleção Doutrinas essenciais).
[174] BALBINO FILHO, Nicolau. *Registro de Imóveis:* doutrina, prática e jurisprudência. 6. ed. São Paulo: Atlas, 1987, p. 263.
[175] GAETTI, W. A. Condomínio de lotes: viabilidade, benefícios e restrições. In: DIP, Ricardo; JACOMINO, Sérgio. (Orgs.). *Registro imobiliário*: temas atuais. 2. ed. São Paulo: Revista dos Tribunais, 2013, v. 2, p. 688-690. (Coleção Doutrinas essenciais).

de forma que a legislação impõe condições por meio das quais a faculdade de disposição é regulamentada[176].

Importa destacar que **a questão da titularidade do imóvel não é de competência municipal, mas sim do oficial de registro de imóveis**. O Município não interfere na administração das alterações e transmissões do direito de propriedade, sendo essa responsabilidade exclusiva do oficial de registro de imóveis. Gaetti[177] destaca a importância de distinguir entre a capacidade da municipalidade e dos oficiais de registro de imóveis para apreciar e resolver questões tabulares, sendo o Poder Judiciário, na figura do oficial de registro, o responsável pela administração das alterações no direito de propriedade.

Quanto às **possibilidades de parcelamento**, o art. 2.º da Lei n. 6.766/79[178] apresenta duas possibilidades: **por loteamento** ou **por desmembramento**. Vicente Celeste Amadei e Vicente de Abreu Amadei destacam que a "**distinção reside no critério do sistema viário existente: sem interferência no sistema viário existente, há o desmembramento de gleba em lotes; com interferência, seja qual for (abertura, prolongamento, modificação ou ampliação de vias), há loteamento**"[179].

Nicolau Balbino Filho conceitua **gleba** como "**uma área de terras que ainda não sofreu parcelamento para fins urbanos**"[180]. Adilson Abreu Dallari[181] enfatiza que a concepção de gleba exclui categoricamente áreas que tenham passado por loteamento ou desmembramento. De acordo com o sentido comum e ordinário atribuído à palavra gleba, ela indica o **terreno bruto**, ou seja, a uma extensão de terra não ocupada previamente. O autor ressalta que, uma área que já tenha sido alvo de fragmentação ou ocupação intensiva por meio da subdivisão em diversas unidades autônomas, as quais, em um momento subsequente e por razões circunstanciais, foram reunidas novamente, não pode ser interpretada como uma gleba.

---

[176] CARVALHO, A. Loteamento e seu registro. In: DIP, Ricardo; JACOMINO, Sérgio. (Orgs.). *Registro imobiliário*: temas atuais. 2. ed. São Paulo: Revista dos Tribunais, 2013, v. 2, p. 773. (Coleção Doutrinas essenciais).

[177] GAETTI, W. A. Condomínio de lotes: viabilidade, benefícios e restrições. In: DIP, Ricardo; JACOMINO, Sérgio. (Orgs.). *Registro imobiliário*: temas atuais. 2. ed. São Paulo: Revista dos Tribunais, 2013, v. 2, p. 690. (Coleção Doutrinas essenciais).

[178] "Art. 2.º O parcelamento do solo urbano poderá ser feito mediante loteamento ou desmembramento, observadas as disposições desta Lei e as das legislações estaduais e municipais pertinentes." BRASIL. *Lei n. 6.766, de 19 de dezembro de 1979*. Dispõe sobre o Parcelamento do Solo Urbano e dá outras Providências. Disponível em: http://www.planalto.gov.br/ccivil_03/leis/l6766.htm. Acesso em: 15 nov. 2023.

[179] AMADEI, V. C.; AMADEI, V. A. Desdobro de lote. In: AHUALLI, T. M.; BENACCHIO, M. (Coord.). *Direito notarial e registral*: homenagem às Varas de Registros Públicos da Comarca de São Paulo. São Paulo: Quartier Latin, 2016, p. 369.

[180] BALBINO FILHO, Nicolau. *Registro de imóveis*: doutrina, prática e jurisprudência. 6. ed. São Paulo: Atlas, 1987, p. 264.

[181] DALLARI, A. A. Parcelamento do solo — desmembramento — concurso voluntário. In: DIP, Ricardo; JACOMINO, Sérgio. (Orgs.). *Registro imobiliário*: temas atuais. 2. ed. São Paulo: Revista dos Tribunais, 2013, v. 2, p. 768. (Coleção Doutrinas essenciais).

Já o conceito de **lote**, conforme estipulado no § 4.º do art. 2.º da Lei n. 6.766/79, caracteriza-se como o **terreno dotado de infraestrutura básica, cujas dimensões atendam aos índices urbanísticos definidos pelo plano diretor ou pela lei municipal correspondente à zona em que se encontra**.

Ainda voltando o presente estudo à semântica dos termos, Nicolau Balbino Filho expõe que desmembramento, divisão, desdobramento, fracionamento e parcelamento são sinônimos cujo significado é a parte extraída de uma porção maior ou de um imóvel maior, no entanto, como será apresentado adiante, existem diferenças importantes entre desmembramento, desdobro e divisão. Ademais, o art. 2.º, § 5.º, da Lei n. 6.766/79 estabelece os fundamentos da **infraestrutura básica** nos parcelamentos do solo urbano. De acordo com essa disposição legal, a infraestrutura essencial compreende os **equipamentos urbanos** necessários para garantir o funcionamento adequado das áreas urbanas parceladas. Esses elementos abrangem o **escoamento das águas pluviais**, a **iluminação pública**, o **esgotamento sanitário**, o **abastecimento de água potável**, a **energia elétrica pública e domiciliar**, além das **vias de circulação**.

Enquanto o escoamento adequado das águas pluviais visa prevenir problemas como alagamentos e contribuir para a preservação ambiental, a iluminação pública desempenha um papel crucial na segurança e visibilidade das áreas públicas. O esgotamento sanitário trata da coleta e tratamento de esgoto, promovendo a saúde pública e a proteção do meio ambiente, e o abastecimento de água potável é indispensável para atender às necessidades básicas dos moradores. A energia elétrica, tanto pública quanto domiciliar, é essencial para suprir demandas energéticas.

Por fim, as vias de circulação, como ruas e avenidas, constituem parte integrante dessa infraestrutura, proporcionando a mobilidade urbana necessária. Esses elementos são considerados elementos-chave para o desenvolvimento ordenado e sustentável das áreas urbanas, assegurando a funcionalidade adequada do espaço urbano e promovendo um crescimento urbano coerente e alinhado às necessidades da sociedade.

No que diz respeito ao **Plano Diretor**, ele é **obrigatório** para **municípios com mais de 20 mil habitantes**, de acordo com o art. 182, § 1.º, da CF/88. Esse instrumento, aprovado pela Câmara Municipal, representa a base da **política de desenvolvimento e expansão urbana**, buscando ordenar o pleno desenvolvimento das funções sociais da cidade e assegurar o bem-estar de seus habitantes.

O art. 40 da Lei n. 10.257/2001[182] reforça a importância do plano diretor como elemento essencial no processo de planejamento municipal. Este deve abranger o território

---

[182] "Art. 40. O plano diretor, aprovado por lei municipal, é o instrumento básico da política de desenvolvimento e expansão urbana. § 1.º O plano diretor é parte integrante do processo de planejamento municipal, devendo o plano plurianual, as diretrizes orçamentárias e o orçamento anual incorporar as diretrizes e as prioridades nele contidas. § 2.º O plano diretor deverá englobar o território do Município como um todo. § 3.º A lei que instituir o plano diretor deverá ser revista, pelo menos, a cada dez anos. § 4.º No processo de elaboração do plano diretor e na fiscalização de sua implementação, os Poderes Legislativo e Executivo municipais garantirão:

do município como um todo e ser **revisado, no mínimo, a cada dez anos**, integrando-se ao plano plurianual, diretrizes orçamentárias e orçamento anual, incorporando suas diretrizes e prioridades.

Ao tratar das **zonas habitacionais de interesse social (ZHIS)**, o art. 2.º, § 6.º, da Lei n. 6.766/79 estabelece requisitos mínimos para a infraestrutura básica desses parcelamentos. Nessas áreas, a infraestrutura básica deve incluir **vias de circulação, escoamento das águas pluviais, rede para abastecimento de água potável e soluções para esgotamento sanitário e energia elétrica domiciliar.**

3.4.3.3.1. Loteamento e desmembramento

Conforme citado anteriormente, o art. 2.º da Lei n. 6.766/79 evidencia a possibilidade de parcelamento do solo por meio de loteamento ou desmembramento.

No caso do **loteamento**, trata-se da **subdivisão de uma gleba em lotes** destinados à edificação, incluindo a **abertura de novas vias de circulação, logradouros públicos ou o prolongamento, modificação ou ampliação das vias já existentes**. Por sua vez, o **desmembramento** refere-se à **subdivisão de uma gleba em lotes** destinados à edificação, com a condição de aproveitar o sistema viário já existente, **sem a necessidade de abrir novas vias, logradouros públicos, prolongamento, modificação ou ampliação dos existentes.**

No **loteamento**, destaca-se o **interesse público** na realização de objetivos comunitários, enquanto no **desmembramento**, o **interesse é predominantemente particular**, uma vez que os fins comunitários já foram atendidos[183].

Afrânio de Carvalho complementa que ambos os processos visam à edificação, sendo o loteamento realizado fora do sistema viário da cidade, enquanto o desmembramento ocorre dentro desse sistema. Enquanto o loteamento tem como objetivo a futura urbanização da gleba, envolvendo a transferência gratuita de parte desta ao Município para logradouros, o desmembramento pressupõe a existência presente de urbanização e logradouros no local[184].

I — a promoção de audiências públicas e debates com a participação da população e de associações representativas dos vários segmentos da comunidade;

II — a publicidade quanto aos documentos e informações produzidos;

III — o acesso de qualquer interessado aos documentos e informações produzidos". BRASIL. *Lei n. 13.089, de 12 de janeiro de 2015.* Institui o Estatuto da Metrópole, altera a Lei n. 10.257, de 10 de julho de 2001, e dá outras providências. Disponível em: https://www.planalto.gov.br/ccivil_03/_ato2015-2018/2015/lei/l13089.htm. Acesso em: 23 jan. 2023.

[183] CARVALHO, A. Loteamento e seu registro. In: DIP, Ricardo; JACOMINO, Sérgio. (Orgs.). *Registro imobiliário*: temas atuais. 2. ed. São Paulo: Revista dos Tribunais, 2013, v. 2, p. 774. (Coleção Doutrinas essenciais).

[184] CARVALHO, A. Loteamento e seu registro. In: DIP, Ricardo; JACOMINO, Sérgio. (Orgs.). *Registro imobiliário*: temas atuais. 2. ed. São Paulo: Revista dos Tribunais, 2013, v. 2, p. 774. (Coleção Doutrinas essenciais).

Aspecto	Loteamento	Desmembramento
Definição	Subdivisão de uma gleba em lotes destinados à edificação, incluindo a criação ou modificação de vias públicas	Subdivisão de uma gleba em lotes destinados à edificação, aproveitando o sistema viário já existente
Sistema viário	Envolve a abertura, prolongamento, modificação ou ampliação de vias públicas	Não requer abertura ou modificação do sistema viário existente
Interesse predominante	Público, com foco na realização de objetivos comunitários	Particular, com fins comunitários previamente atendidos
Localização	Geralmente realizado fora do sistema viário urbano	Ocorre dentro do sistema viário já existente
Objetivo	Visa à futura urbanização da gleba, transferindo gratuitamente parte dela ao município para logradouros	Presume a urbanização existente e busca aproveitar os logradouros já presentes
Característica urbana	Envolve planejamento e ampliação da infraestrutura urbana	Mantém a infraestrutura existente, sem necessidade de expansão

Para uma compreensão mais clara, vamos imaginar um loteamento em uma área, resultando em 20 quadras, formando um bairro, dependendo do tamanho da cidade. O engenheiro calculou que cada quadra comportaria 10 terrenos, totalizando 200 novos terrenos no mercado imobiliário.

Entretanto, o loteador opta por não disponibilizar todos os lotes imediatamente, pois precisa realizar investimentos na infraestrutura de todas as quadras. Dessa forma, ele realiza o loteamento nas 20 quadras, mas decide delimitar terrenos para venda em apenas 10 delas. As outras 10 quadras permanecem sem lotes à venda, preservando sua integridade.

Posteriormente, quando o loteador decidir criar lotes nas outras dez quadras, isso é chamado de desmembramento. Nesse caso, o sistema viário já está estabelecido, e o loteador apenas fatia o solo para criar novas oportunidades de compra.

É evidente, portanto, que no **loteamento** são **criadas novas ruas** ou ocorre a **ampliação, modificação ou prolongamento das existentes**, muitas vezes conectando-se a loteamentos anteriores. Durante esse procedimento, a gleba é subdividida, e porções dela são **cedidas ao município para integrar o sistema viário**, conforme estabelecido pelo art. 22 da Lei n. 6.766/79.

Este artigo estipula que, **a partir do registro do loteamento**, as vias, praças, espaços livres e áreas destinadas a edifícios públicos e outros equipamentos urbanos passam a fazer parte do **domínio municipal**. Em casos de **parcelamento do solo implantado e não registrado**, o **município** pode **solicitar o registro das áreas destinadas a uso público** mediante a apresentação de uma **planta elaborada pelo loteador ou aprovada pelo município**, acompanhada de uma **declaração que ateste a implantação do parcelamento**. Esse registro resultará na integração dessas áreas ao domínio municipal, conforme estabelecido pela Lei n. 12.424, de 2011.

Ademais, a legislação estabelece **requisitos** para os loteamentos, como a **área mínima dos lotes, frente mínima** e **faixas não edificáveis**. Em áreas próximas a rodovias, a **faixa não edificável pode ser reduzida por lei municipal, respeitando limites mínimos**, conforme especificado no art. 4.º, inciso III. Para edificações já existentes **até novembro de 2019**, essa exigência **pode ser dispensada**, conforme prevê o art. 4.º, § 5.º.

Nos loteamentos próximos a **águas dormentes e ferrovias**, permanece a exigência de **faixas não edificáveis de 15 metros**. Recentemente, o **Superior Tribunal de Justiça**[185] decidiu que, em áreas urbanas consolidadas, **deve ser aplicado o Código Florestal**, resolvendo uma colisão entre a Lei n. 6.766/79 e a Lei n. 12.651/12, como indicam os art. 4.º, inciso III-A, e 4.º, inciso I, respectivamente. Essa decisão reforça a importância de harmonizar as normas para promover um desenvolvimento urbano sustentável.

Afrânio de Carvalho[186] destaca a importância dada aos requisitos urbanísticos no processo de loteamento, ressaltando que o loteador deve inicialmente dirigir-se à Prefeitura Municipal com a planta da gleba. A apresentação prévia permite que a Municipalidade oriente o traçado do loteamento de acordo com o plano diretor da cidade e as diretrizes dos órgãos sanitários e florestais, priorizando assim o interesse público.

O autor[187] destaca que em municípios com menos de 50.000 habitantes, a lei municipal pode dispensar a prévia fixação de diretrizes, mas, nos demais casos, cabe à Prefeitura delineá-las para o projeto de loteamento, que é submetido à sua aprovação após estar pronto.

A **intervenção da Prefeitura** ocorre em duas fases: **consultiva**, antes da elaboração do projeto, e **aprobativa**, após a conclusão deste, podendo em alguns casos depender da anuência do Estado, como em áreas de mananciais, proteção do patrimônio cultural e divisas de município.

Após a aprovação, o loteador não pode alterar a destinação das vias, praças livres e áreas destinadas a edifícios públicos, conforme estabelecido pelo art. 17 da Lei n. 6.766/79[188]. Embora o capítulo dedicado ao loteamento não preveja diretamente a modificação deste, essa possibilidade é admitida em capítulo subsequente, com a condição de acordo entre o loteador e os adquirentes afetados, além da aprovação da Prefeitura Municipal.

Assim, a lei aborda os requisitos jurídicos do loteamento, concentrando-se na transferência da gleba a vários compradores. Além disso, considera a possibilidade de presença de elementos do contrato definitivo de venda, estabelecendo regras para o

---

[185] BRASIL. Superior Tribunal de Justiça. *REsp. 1.770.760/SC*, rel. Min. Benedito Gonçalves. Disponível em: https://www.jusbrasil.com.br/jurisprudencia/stj/1205151427/inteiro-teor-1205151457. Acesso em: 2 fev. 2023.

[186] CARVALHO, A. Loteamento e seu registro. In: DIP, Ricardo; JACOMINO, Sérgio. (Orgs.). *Registro imobiliário*: temas atuais. 2. ed. São Paulo: Revista dos Tribunais, 2013, v. 2, p. 774. (Coleção Doutrinas essenciais).

[187] CARVALHO, A. Loteamento e seu registro. In: DIP, Ricardo; JACOMINO, Sérgio. (Orgs.). *Registro imobiliário*: temas atuais. 2. ed. São Paulo: Revista dos Tribunais, 2013, v. 2, p. 774. (Coleção Doutrinas essenciais).

[188] "Art. 17. Os espaços livres de uso comum, as vias e praças, as áreas destinadas a edifícios públicos e outros equipamentos urbanos, constantes do projeto e do memorial descritivo, não poderão ter sua destinação alterada pelo loteador, desde a aprovação do loteamento, salvo as hipóteses de caducidade da licença ou desistência do loteador, sendo, neste caso, observadas as exigências do art. 23 desta Lei." BRASIL. Lei n. 6.766, de 19 de dezembro de 1979. Dispõe sobre o Parcelamento do Solo Urbano e dá outras Providências. Disponível em: http://www.planalto.gov.br/ccivil_03/leis/l6766.htm. Acesso em: 15 nov. 2023.

pré-contrato, sendo que o principal objetivo da legislação é proteger o adquirente do lote, garantindo que as relações jurídicas respeitem as exigências mínimas dos contratantes, especialmente daqueles em posição econômica inferior[189].

3.4.3.3.2. Desdobro

O parcelamento do solo pode se dar por meio de loteamento, desmembramento ou desdobro, também conhecido como fracionamento. A Lei n. 6.766/79 aborda especificamente o loteamento e o desmembramento, deixando o desdobro a cargo dos municípios ou, na ausência destes, dos Códigos de Normas dos Tribunais de Justiça.

> O desdobro ou fracionamento consiste na divisão de um lote em dois ou mais, respeitando a metragem mínima estipulada pelo município ou autorizada em áreas maiores. Por ser um **procedimento mais simples** e que **não se enquadra na Lei n. 6.766/79**, muitas pessoas o preferem. **Basta apresentar uma planta, um memorial com ART e obter a aprovação do município para que o desdobro seja registrado no cartório de imóveis mediante um requerimento do proprietário.**

Segundo Vicente Celeste Amadei e Vicente de Abreu Amadei[190], a ausência de previsão legal para o desdobro na Lei n. 6.766/79 gerou questionamentos, especialmente no que diz respeito ao registro imobiliário e à segregação das matrículas dos prédios resultantes. Surgiram indagações sobre a possibilidade de aprovar o desdobro de lotes em loteamentos já aprovados sem configurar uma alteração de loteamento.

Inicialmente, estabeleceu-se a compreensão de que o desdobro de lote, embora existisse urbanisticamente conforme normas municipais, não se enquadrava como instituto de direito civil ou registrário, mas sim como um conceito do direito urbanístico local. Esse entendimento levou em consideração a autonomia municipal na ordenação dos espaços urbanos, conforme previsto na Constituição Federal (art. 30, I e VIII), mesmo diante do silêncio da Lei n. 6.766/79 sobre o tema.

Os autores[191] destacam que a possibilidade de segregar a unidade imobiliária e seu domínio a partir de um desdobro de lote aprovado municipalmente foi reconhecida, mas ainda era necessário incorporar essa informação ao registro imobiliário, de forma que a dúvida residia em classificar o desdobro como desmembramento, sujeito ao registro especial do art. 18 da Lei n. 6.766/79, ou como uma mera averbação, dispensando o rigor excessivo desse registro especial.

---

[189] CARVALHO, A. Loteamento e seu registro. In: DIP, Ricardo; JACOMINO, Sérgio. (Orgs.). *Registro imobiliário*: temas atuais. 2. ed. São Paulo: Revista dos Tribunais, 2013, v. 2, p. 775. (Coleção Doutrinas essenciais).

[190] AMADEI, V. C.; AMADEI, V. A. Desdobro de lote. In: AHUALLI, T. M.; BENACCHIO, M. (Coord.). *Direito notarial e registral*: homenagem às Varas de Registros Públicos da Comarca de São Paulo. São Paulo: Quartier Latin, 2016, p. 370-371.

[191] AMADEI, V. C.; AMADEI, V. A. Desdobro de lote. In: AHUALLI, T. M.; BENACCHIO, M. (Coord.). *Direito notarial e registral*: homenagem às Varas de Registros Públicos da Comarca de São Paulo. São Paulo: Quartier Latin, 2016, p. 370-371.

Assim, a solução adotada foi a **simples averbação do desdobro de lote, respaldada pelo art. 167, II, n. 4, da Lei n. 6.015/73**, afastando a aplicação do registro especial previsto no art. 18 da Lei n. 6.766/79. Essa abordagem refletiu a **desnecessidade de um rigor documental e formal exagerado para a mera inscrição de desdobro de lote**, diferenciando-o de empreendimentos imobiliários de parcelamento do solo urbano, que são o foco principal da Lei n. 6.766/79 em termos de aspectos urbanísticos e proteção social aos adquirentes de lotes.

Essa orientação pragmática, conforme lecionam Vicente Celeste Amadei e Vicente de Abreu Amadei[192], fundamentada na análise social e finalística da Lei do Parcelamento do Solo Urbano, delimitou a aplicação da Lei n. 6.766/79, especialmente em relação à exigência de registro especial, a casos específicos de loteamentos e desmembramentos qualificáveis como empreendimentos imobiliários de urbanização ou de significativo impacto social. Além disso, estendeu-se para abranger os chamados desmembramentos de pequeno porte, indo além do escopo inicial que envolvia apenas o desdobro de lote.

3.4.3.3.3. Divisão

Tendo em vista que o **condomínio** constitui "forma anormal de propriedade, de caráter transitório"[193], o *caput* do art. 1.320 do Código Civil preconiza que **"a todo tempo será lícito ao condômino exigir a divisão da coisa comum, respondendo o quinhão de cada um pela sua parte nas despesas da divisão"**[194]. Assim, a divisão é providência recorrentemente desejada por aqueles que titularizam bens em copropriedade.

> A **transitoriedade** se configura como uma característica inerente ao condomínio voluntário, uma vez que o direito de propriedade naturalmente tende a ser exclusivo. Consequentemente, o **condômino** tem a **faculdade** de, **a qualquer momento** e sem justificativa, solicitar a divisão da coisa comum (CC, art. 1.320, *caput*), se divisível, ou a sua venda (CC, art. 1.322), se indivisível, resultando em ambas as situações na extinção da comunhão. Esse direito é efetivamente **potestativo**, não requerendo deliberação para decidir sobre sua extinção, sendo **suficiente a manifestação da vontade de um dos consortes** nesse sentido.

No que concerne ao processo de divisão da coisa comum, o art. 1.321 do Código Civil estipula a **aplicação, no que couber, das normas relativas à partilha de herança**. Nesse contexto, a divisão pode ser realizada de maneira **consensual ou litigiosa**, esta última ocorrendo quando o juiz é encarregado de resolver os conflitos relativos à divisão. Uma interpretação tradicional no direito brasileiro sustenta que a divisão do condomínio não configura uma constituição de propriedade, mas sim uma **declaração**, uma vez que, **cada fração ideal se transforma em uma parte concreta da coisa e**

---

[192] AMADEI, V. C.; AMADEI, V. A. Desdobro de lote. In: AHUALLI, T. M.; BENACCHIO, M. (Coord.). *Direito notarial e registral*: homenagem às Varas de Registros Públicos da Comarca de São Paulo. São Paulo: Quartier Latin, 2016, p. 370-371.

[193] LOUREIRO, F. E. In: PELUSO, C. (Coord.). *Código Civil comentado*: doutrina e jurisprudência. Barueri: Malone, 2020, p. 1293.

[194] LOUREIRO, F. E. In: PELUSO, C. (Coord.). *Código Civil comentado*: doutrina e jurisprudência. Barueri: Malone, 2020, p. 1293.

passa-se a considerar que cada ex-condômino é o **proprietário exclusivo** daquela parte material desde a formalização do título de aquisição, como se o condomínio nunca tivesse existido[195].

Acerca do condomínio que recai sobre bens divisíveis, ressalte-se que o **STJ** possui entendimento no sentido de que:

> [...] **em sendo divisível a coisa comum, não pode o condômino exigir sua alienação.** No caso, o condomínio resolve-se com a divisão (Código Beviláqua, art. 629). Ofende o art. 629 do CC/16 a decisão que — em reconhecendo ser divisível o bem sob condomínio — determina sua venda. (STJ, REsp n. 791.147/SP, rel. Min. Humberto Gomes de Barros, j. 27.2.2007)[196].

Cristiano Chaves de Farias e Nelson Rosenvald[197] abordam a **extinção parcial da compropriedade** e destacam que é factível, desde que todos os **titulares** sejam **maiores e capazes**. A ação divisória envolve **todos os condôminos** em **litisconsórcio necessário**, e a divisão será efetivada com base na concordância geral sobre o plano de distribuição. Destaca-se que a **usucapião** pode ocorrer se um condômino tiver **posse exclusiva sobre a totalidade da coisa por um período considerável**.

Os autores dissertam sobre a indivisibilidade de certos bens e destacam que, nesses casos, a pretensão divisória é inviabilizada, uma vez que **bens indivisíveis, jurídica ou materialmente**, não podem ser fracionados sem alteração de sua substância. Caso os consortes não cheguem a um acordo sobre a **adjudicação da coisa**, qualquer condômino pode exigir a **venda judicial** para repartição do preço.

Ademais, importante analisar a hipótese em que a divisão for igual no valor, mas desigual na quantidade (tamanho da área). Verifica-se que é possível que um título que contenha **uma divisão igual em valores (qualitativamente igual) e desigual em tamanhos (quantitativamente desigual)** possui aptidão para ingressar no fólio real. Nesse caso, havendo equivalência em valores e diferença em quantidade, **não haverá transmissão de propriedade** e, por conseguinte, **não há incidência de imposto de transmissão**.

3.4.3.4. Unificação e fusão

Assim como o estudo de desdobro, desmembramento e loteamento são importantes para entender os procedimentos de divisão de imóveis, também são importantes os **procedimentos de união de dois imóveis**.

Francisco José de Almeida Prado Ferraz Costa Junior[198] aborda um ponto relevante relacionado aos atos de agregação imobiliária, especificamente na fusão ou unificação

---

[195] TEPEDINO, G. et al. *Fundamentos do direito civil*. São Paulo: Forense, p. 233-234.
[196] BRASIL. Superior Tribunal de Justiça. *REsp 791.147/SP*, rel. Min. Humberto Gomes de Barros, j. 27.2.2007.
[197] FARIAS, C. C.; ROSENVALD, N. *Curso de direito civil*: direitos reais. 17. ed. Salvador: Juspodivm, 2021, p. 806/810.
[198] COSTA JUNIOR, Francisco José de Almeida Prado Ferraz. Princípio da unitariedade da matrícula. In: KERN, Marinho Dembinski; COSTA JUNIOR, Francisco José de Almeida Prado Ferraz.

de imóveis. Ele destaca que tais ações representam uma **reestruturação geodésica do registro, não permitindo inovações no conteúdo do direito de propriedade.**

A unificação e fusão de imóveis e matrículas são processos relacionados ao registro de propriedades imobiliárias, podendo ocorrer por diferentes razões. A Lei n. 6.015/73 permite a **fusão de dois imóveis em uma única matrícula** quando se tratar de **imóveis contíguos** e do **mesmo proprietário.** Se os imóveis não estiverem matriculados, sendo ainda objeto de **transcrição**, o ato lavrado será de **unificação**, com o **encerramento delas** e **abertura de uma matrícula**, mencionando a origem. Se os imóveis estiverem em **sistemas diferentes**, um está matriculado e o outro transcrito, o ato também será de **unificação**, procedendo-se da mesma forma.

> Unitariedade matricial (hipoteca). Imprescindível abertura de matrícula única para os lotes, sobre os quais edificado um prédio: Indispensável, pois, a rerratificação da escritura em foco para constarem os lotes unificados, com a nova descrição do terreno unificado em que foi erguido o prédio residencial, viabilizando, deste modo, a abertura de matrícula única para a nova unidade imobiliária (decorrente daquela unificação de lotes com construção de prédio residencial), para o posterior registro da hipoteca, sem o que não há respeito ao princípio da unitariedade da matrícula, que decorre do sistema jurídico de fólio real imposto pela Lei n. 6.015/73 (art. 176, § 1.º, I e II, n. 3)" (Conselho Superior da Magistratura do Estado de São Paulo, Apelação Cível n. 510-6/0, rel. Des. Gilberto Passos de Freitas, Campinas, *DOJ,* 3.7.2006)[199].

Por outro lado, estando ambos os imóveis matriculados, o ato será uma **averbação de fusão**[200] **nas matrículas primitivas, encerrando-as** e, logo em seguida será **aberta matrícula nova** para o imóvel, mencionando-se a origem.

Sobre o encerramento da matrícula primitiva, é importante ter em mente que a Lei n. 6.015/73 diz, por equívoco, no seu art. 133, II e III, que a matrícula será cancelada, quando deveria prever o encerramento, pois a matrícula só é cancelada por determinação judicial, cabendo ao registrador apenas o seu encerramento.

Para a unificação ou fusão de dois ou mais imóveis, existem requisitos de ordem física e requisitos de ordem jurídica que devem ser atendidos. Sobre os **requisitos de ordem física**, o principal é a demonstração de que os imóveis são **contíguos**, ou seja, estão lado a lado[201].

Princípios do registro de imóveis brasileiro. São Paulo: Thomson Reuters Brasil, 2020, v. II. (Coleção de Direito imobiliário).

[199] Conselho Superior da Magistratura do Estado de São Paulo, Apelação Cível n. 510-6/0, rel. Des. Gilberto Passos de Freitas, Campinas, *DOJ,* 3.7.2006.

[200] "Art. 234. Quando dois ou mais imóveis contíguos pertencentes ao mesmo proprietário, constarem de matrículas autônomas, pode ele requerer a fusão destas em uma só, de novo número, encerrando-se as primitivas." BRASIL. *Lei n. 6.015, de 31 de dezembro de 1973.* Dispõe sobre os registros públicos, e dá outras providências. Disponível em: http://www.planalto.gov.br/ccivil_03/leis/l6015compilada.htm. Acesso em: 15 nov. 2021.

[201] ALMADA, A. P. L. Registro de imóveis. In: GENTIL, Alberto. *Registros públicos.* Rio de Janeiro: Grupo GEN, 2022. *E-book.* Disponível em: https://app.minhabiblioteca.com.br/#/books/9786559644773/. Acesso em: 23 dez. 2023.

Algumas Prefeituras Municipais estabelecem a obrigatoriedade da **aprovação urbanística** para a unificação, simplificando a tarefa do Oficial. Entretanto, quando a legislação municipal não impuser tal exigência ou quando se tratar de um imóvel rural, cabe ao Oficial requerer, mesmo assim, os trabalhos técnicos assinados por profissionais responsáveis. Essa medida visa permitir uma análise minuciosa da descrição dos imóveis destinados à unificação, incluindo a verificação da contiguidade, da especialidade objetiva na descrição dos imóveis a serem unificados e a compatibilidade entre as descrições dos imóveis (podendo haver disparidades, como um imóvel com ângulos em graus e outro em azimute, exigindo uma adequação para garantir uma orientação similar)[202].

Quanto aos **requisitos de ordem jurídica**, o principal é que os imóveis pertençam ao **mesmo proprietário** para fusão ou unificação, sendo que existe uma pequena divergência em relação aos códigos de normas do país. Não raro, os proprietários de dois imóveis contíguos querem edificar um prédio e, para tanto, pretendem transformar os dois terrenos em um só. Porém, não são condôminos, então precisam permutar áreas. Aqui está a divergência. Alguns Códigos de Normas entendem que somente é possível a fusão/unificação se em ambas as matrículas os proprietários forem titulares do mesmo percentual (no caso, como são dois proprietários, 50% em cada matrícula). Noutros Estados, o Código de Normas é omisso, o que permite a fusão ou unificação possuindo percentuais diversos.

Situação anômala foi trazida pela Lei n. 12.424/2011[203], que alterou o art. 235 da Lei de Registros, permitindo unificar **dois imóveis contíguos, urbanos, fruto de desapropriação para implantação de programas habitacionais**[204] **ou de regularização fundiária**, mesmo que somente com a **imissão na posse deferida**.

---

[202] ALMADA, A. P. L. Registro de Imóveis. In: GENTIL, Alberto. *Registros públicos.* Rio de Janeiro: Grupo GEN, 2022. E-book. Disponível em: https://app.minhabiblioteca.com.br/#/books/9786559644773/. Acesso em: 23 dez. 2023.

[203] "Art. 235. Podem, ainda, ser unificados, com abertura de matrícula única:

I — dois ou mais imóveis constantes de transcrições anteriores a esta Lei, à margem das quais será averbada a abertura da matrícula que os unificar;

II — dois ou mais imóveis, registrados por ambos os sistemas, caso em que, nas transcrições, será feita a averbação prevista no item anterior, as matrículas serão encerradas na forma do artigo anterior;

III — 2 (dois) ou mais imóveis contíguos objeto de imissão provisória na posse registrada em nome da União, dos Estados, do Distrito Federal, dos Municípios ou de suas entidades delegadas ou contratadas e sua respectiva cessão e promessa de cessão". BRASIL. *Lei n. 12.424, de 16 de junho de 2011.* Altera a Lei n. 11.977, de 7 de julho de 2009, que dispõe sobre o Programa Minha Casa, Minha Vida — PMCMV e a regularização fundiária de assentamentos localizados em áreas urbanas, as Leis n. 10.188, de 12 de fevereiro de 2001, 6.015, de 31 de dezembro de 1973, 6.766, de 19 de dezembro de 1979, 4.591, de 16 de dezembro de 1964, 8.212, de 24 de julho de 1991, e 10.406, de 10 de janeiro de 2002 — Código Civil; revoga dispositivos da Medida Provisória n. 2.197-43, de 24 de agosto de 2001; e dá outras providências. Disponível em: http://www.planalto.gov.br/ccivil_03/_ato2011-2014/2011/lei/l12424.htm. Acesso em: 15 nov. 2023.

[204] Lei n. 6.015/73, art. 235: "§ 2.º A hipótese de que trata o inciso III somente poderá ser utilizada nos casos de imóveis inseridos em área urbana ou de expansão urbana e com a finalidade de implementar programas habitacionais ou de regularização fundiária, o que deverá ser informado no requerimento de unificação." BRASIL. *Lei n. 6.015, de 31 de dezembro de 1973.* Dispõe sobre os

> **Art. 235.** Podem, ainda, ser unificados, com abertura de matrícula única:
>
> I — dois ou mais imóveis constantes de transcrições anteriores a esta Lei, à margem das quais será averbada a abertura da matrícula que os unificar;
>
> II — dois ou mais imóveis, registrados por ambos os sistemas, caso em que, nas transcrições, será feita a averbação prevista no item anterior, as matrículas serão encerradas na forma do artigo anterior;
>
> III — 2 (dois) ou mais imóveis contíguos objeto de imissão provisória na posse registrada em nome da União, dos Estados, do Distrito Federal, dos Municípios ou de suas entidades delegadas ou contratadas e sua respectiva cessão e promessa de cessão.

Trata-se da hipótese de **unificar um imóvel de propriedade pública**[205] com um imóvel de posse, uma das raras possibilidades de registro de posse na matrícula do imóvel. O Decreto-lei n. 3.365/41[206] trata da desapropriação para fins de utilidade pública e prevê que a **imissão na posse**, deferida pelo juiz de direito, é **objeto de registro no registro de imóveis**. A Lei de Registros foi alterada para receber a novidade em seus arts. 36, 167, I, e 176, § 8.º.

No **Decreto de desapropriação** deve constar a **especialização do imóvel**, ou seja, a sua descrição pormenorizada para que ele seja **destacado da matrícula primitiva** e seja objeto de uma **matrícula nova**. É essa **matrícula nova** que mencionará a **posse do desapropriante**, que será objeto de **fusão** com **outra matrícula de propriedade do município**.

Nos casos de desapropriação, **o ideal é averbar na matrícula do imóvel o decreto expropriatório**, como forma de **publicizar a situação perante terceiros**. Após o decreto de desapropriação, poderão ocorrer duas situações: um acordo entre o município e o desapropriado ou a judicialização pelo desapropriante, que poderá pedir ao juiz a imissão na posse[207]. Havendo **acordo** na desapropriação, esta poderá ser feita por **termo administrativo**[208], ou por **escritura pública de desapropriação**

---

registros públicos, e dá outras providências. Disponível em: http://www.planalto.gov.br/ccivil_03/leis/l6015compilada.htm. Acesso em: 15 nov. 2021.

[205] Lei n. 6.015/73, art. 235: "§ 3.º Na hipótese de que trata o inciso III, a unificação das matrículas poderá abranger um ou mais imóveis de domínio público que sejam contíguos à área objeto da imissão provisória na posse". BRASIL. *Lei n. 6.015, de 31 de dezembro de 1973.* Dispõe sobre os registros públicos, e dá outras providências. Disponível em: http://www.planalto.gov.br/ccivil_03/leis/l6015compilada.htm. Acesso em: 15 nov. 2021.

[206] BRASIL. *Decreto-lei n. 3.365, de 21 de junho de 1941.* Dispõe sobre desapropriações por utilidade pública. Disponível em: http://www.planalto.gov.br/ccivil_03/decreto-lei/del3365.htm. Acesso em: 15 nov. 2021.

[207] Decreto-lei n. 3.365/41, art. 15, § 4.º.

[208] Decreto-lei n. 3.365/41. "Art. 34-A. Se houver concordância, **reduzida a termo**, do expropriado, a decisão concessiva da imissão provisória na posse implicará a aquisição da propriedade pelo expropriante com o consequente registro da propriedade na matrícula do imóvel" (grifo nosso). BRASIL. *Decreto-lei n. 3.365, de 21 de junho de 1941.* Dispõe sobre desapropriações por utilidade pública. Disponível em: http://www.planalto.gov.br/ccivil_03/decreto-lei/del3365.htm. Acesso em: 15 nov. 2021.

amigável[209]. **Não havendo acordo, o juiz poderá deferir a imissão na posse que será averbada na matrícula do imóvel**. Após essa averbação, deve-se **averbar o destaque da área desapropriada** para **abertura de nova matrícula**, a qual poderá, então, ser unificada com outra matrícula de propriedade do município. Não existe risco de retrocessão[210] nesses casos.

Outro requisito de ordem jurídica é que haja **homogeneidade de ônus entre os imóveis objeto de fusão ou unificação**, o que significa que eles devem ser uniformes quanto aos ônus reais eventualmente constituídos. Alexandre Laizo Clápis exemplifica o caso ao dizer que "um imóvel hipotecado só poderia ser fundido com outro objeto da mesma hipoteca. Se forem hipotecas distintas, ou se apenas um imóvel estiver hipotecado, não será possível proceder à fusão ou unificação"[211].

A homogeneidade de ônus não se limita apenas à hipoteca, sendo que outros gravames como penhora e indisponibilidade também inviabilizam a fusão, uma vez que alteram a caracterização do objeto onerado. Na prática, é de suma importância que o interessado na fusão ou na unificação de imóveis apresente um requerimento detalhado, assinado pelo proprietário e com firma reconhecida no qual seja evidenciado de maneira clara e didática o cumprimento dos requisitos legais[212].

Ainda sobre o tema de fusão ou unificação de imóveis, é importante destacar a **impossibilidade de realizar tais ato em imóveis situados em circunscrições distintas**. Alexandre Laizo Clápis[213] destaca que tal inviabilidade advém do fato de que, por estarem os imóveis situados em circunscrições distintas, eles representam coisas autônomas dentro da esfera registrária.

---

[209] A doutrina discute se a escritura pública de desapropriação amigável possui natureza jurídica de aquisição derivada da propriedade ou originária, em razão do decreto de desapropriação.

[210] Decreto-lei n. 3.365/41, art. 5.º, "§ 3.º Ao imóvel desapropriado para implantação de parcelamento popular, destinado às classes de menor renda, não se dará outra utilização nem haverá retrocessão." BRASIL. *Decreto-lei n. 3.365, de 21 de junho de 1941*. Dispõe sobre desapropriações por utilidade pública. Disponível em: http://www.planalto.gov.br/ccivil_03/decreto-lei/del3365.htm. Acesso em: 15 nov. 2021.

[211] CLÁPIS, A. L. Do registro de imóveis. In: NETO, José Manuel de Arruda A.; CLÁPIS, Alexandre L.; CAMBLER, Everaldo A. *Lei de Registros Públicos comentada*. 2. ed. Rio de Janeiro: Grupo GEN, 2019. E-book. Disponível em: https://app.minhabiblioteca.com.br/#/books/9788530983468/. Acesso em: 23 dez. 2023.

[212] CLÁPIS, A. L. Do registro de imóveis. In: NETO, José Manuel de Arruda A.; CLÁPIS, Alexandre L.; CAMBLER, Everaldo A. *Lei de Registros Públicos comentada*. 2. ed. Rio de Janeiro: Grupo GEN, 2019. E-book. Disponível em: https://app.minhabiblioteca.com.br/#/books/9788530983468/. Acesso em: 23 dez. 2023.

[213] CLÁPIS, A. L. Do registro de imóveis. In: NETO, José Manuel de Arruda A.; CLÁPIS, Alexandre L.; CAMBLER, Everaldo A. *Lei de Registros Públicos comentada*. 2. ed. Rio de Janeiro: Grupo GEN, 2019. E-book. Disponível em: https://app.minhabiblioteca.com.br/#/books/9788530983468/. Acesso em: 23 dez. 2023.

3.4.3.5. Georreferenciamento

A **Lei n. 10.267/01** alterou o art. 176[214] da Lei de Registros Públicos inserindo a **obrigatoriedade de georreferenciamento para identificação de imóveis rurais** quando ele for dividido ou transferido. Segundo a legislação, a descrição do imóvel será realizada por **profissional habilitado e com ART**, que fará o **memorial descritivo com as coordenadas dos vértices definidores dos limites dos imóveis rurais, georreferenciadas ao Sistema Geodésico Brasileiro e com precisão posicional a ser fixada pelo INCRA**. Tal identificação é obrigatória para a efetivação do registro.

Com o georreferenciamento, o Instituto Nacional de Colonização e Reforma Agrária (INCRA) atualiza o cadastro imobiliário rural do país, o qual sempre foi impreciso e de largas discussões judiciais pela demarcação de divisas. A precariedade das descrições constantes nas transcrições, em razão do sistema caótico criado pelas concessões de sesmarias e período de posses, ainda deixa marcas no sistema registral imobiliário.

A Lei do Geo foi regulamentada pelo **Decreto n. 4.449/2002**[215], o qual criou **prazos** para a exigência da medição. A insatisfação dos proprietários de imóveis rurais levou a edição de novos decretos, alterando os prazos, sob a alegação dos custos e incertezas documentais, salvo na usucapião judicial, o qual prevê aplicação imediata da norma.

Ao realizar a medição total da área com as coordenadas georreferenciadas para descrever detalhadamente o imóvel, podem surgir diferenças as quais necessitam de **retificação**. Se a diferença não alterar as medidas perimetrais descritas na matrícula ou transcrição, será aplicado o procedimento previsto no art. 213, I, combinado com art. 176, § 13.º, ambos da Lei de Registros Públicos e Resolução n. 41 do CNJ[216].

Todavia, havendo alteração das medidas perimetrais, que resulte ou não alteração de área, o oficial deverá proceder com base no art. 213, II, da lei de registros públicos, exigindo a assinatura dos confrontantes. A alteração de medida perimetral, com ou sem aumento de área, poderá invadir área de outro proprietário, resultando em sobreposição e, logicamente, em problemas para o registrador.

Em um caso prático, a Corregedoria Geral da Justiça de São Paulo verificou a impossibilidade da retificação administrativa por ser a descrição do imóvel extremamente precária, inviabilizando a averbação da retificação de georreferenciamento que

---

[214] BRASIL. *Lei n. 10.267, de 28 de agosto de 2001*. Altera dispositivos das Leis n. 4.947, de 6 de abril de 1966, 5.868, de 12 de dezembro de 1972, 6.015, de 31 de dezembro de 1973, 6.739, de 5 de dezembro de 1979, 9.393, de 19 de dezembro de 1996, e dá outras providências. Disponível em: http://www.planalto.gov.br/ccivil_03/leis/leis_2001/l10267.htm. Acesso em: 15 nov. 2021.

[215] Decreto n. 4.449/2002, art. 3.º. BRASIL. *Decreto n. 4.449, de 30 de outubro de 2002*. Regulamenta a Lei n. 10.267, de 28 de agosto de 2001, que altera dispositivos das Leis n. 4.947, de 6 de abril de 1966; 5.868, de 12 de dezembro de 1972; 6.015, de 31 de dezembro de 1973; 6.739, de 5 de dezembro de 1979; e 9.393, de 19 de dezembro de 1996, e dá outras providências. Disponível em: http://www.planalto.gov.br/ccivil_03/decreto/2002/d4449.htm. Acesso em: 15 nov. 2021.

[216] BRASIL. Conselho Nacional de Justiça. *Recomendação n. 41, de 2 de julho de 2019*. Dispõe sobre a dispensa dos Cartórios de Registro de Imóveis da anuência dos confrontantes na forma dos §§ 3.º e 4.º do art. 176 da Lei n. 6.015, de 31 de dezembro de 1973, alterada pela Lei n. 13.838, de 4 de junho de 2019. Disponível em: https://www.26notas.com.br/blog/?p=14920. Acesso em: 15 nov. 2021.

só poderia ser realizada judicialmente, uma vez que, devido a sua precariedade, a matrícula impossibilitou concluir que área georreferenciada correspondia ao que está registrado e identificar de forma correta e segura todos os confrontantes. O órgão julgador destacou que:

> Registro de Imóveis. Averbação. Georreferenciamento. Descrição tabular precária. Impossibilidade de verificar que a área georreferenciada corresponde ao que está registrado e identificar todos os confrontantes. Retificação administrativa que não se mostra viável. Remessa à via jurisdicional. Correta recusa do Oficial de Registro de Imóveis, bem confirmada pela Corregedoria Permanente. Parecer pela manutenção da sentença, negando-se provimento ao recurso (...) sempre se supõe que a descrição do imóvel, já existente na matrícula ou na transcrição, tenha elementos adequados que permitam verificar, na situação concreta, que a área georreferenciada é a que consta no registro, e que a inserção das coordenadas de georreferenciamento não implicará danos a terceiros, atual ou potencialmente, por não alterar, de forma alguma, a conformidade física do imóvel (Corregedoria Geral da Justiça de São Paulo, Recurso Administrativo 1010219-86.2019.8.26.0132, Catanduva, rel. Ricardo Mair Anafe, *DJU*, 15.9.2021).

3.4.3.6. Retificações e alterações da especialidade objetiva

Conforme destaca Venício Salles[217], no âmbito da Lei de Registros Públicos, as demandas retificatórias surgiam em virtude do reconhecimento de erro evidente, bem como em decorrência de incorreções relacionadas à descrição do imóvel, especificamente sob a perspectiva da **especialidade objetiva**. Este último elemento, parte fundamental da sistemática registral, envolve a **precisão na identificação e descrição do imóvel registrado**.

A retificação decorrente de erro evidente constituía uma modalidade que permitia correções diretas, seja por iniciativa própria ou por solicitação dos interessados. Essa corrigenda destinava-se a superar erros, equívocos ou omissões de fácil visualização, atuando sobre imperfeições passíveis de detecção imediata mediante análise de documentos preexistentes.

O termo "erro evidente", embora não tenha sido exaustivamente debatido, não gerou grandes controvérsias na prática, conforme observa Venício Salles[218]. O autor destaca que a expressão "erro evidente" estava mais associada à forma de demonstração do erro do que às suas circunstâncias intrínsecas, indicando que a adjetivação "evidente" era crucial para a compreensão legal do conceito. O erro, conforme delineado, poderia manifestar-se em qualquer ponto topográfico do assento registral, inclusive nos elementos essenciais da descrição imobiliária relacionados à especialidade objetiva.

A correção direta proporcionada pela retificação por erro evidente demandava comprovação suficiente e apta para elucidar e corrigir o equívoco. O procedimento associado a essa retificação não admitia a produção de novas provas, sendo dependente da

---

[217] SALLES, Venício. *Direito registral imobiliário*. 2. ed. rev. São Paulo: Saraiva, 2007, p. 20-21.
[218] SALLES, Venício. *Direito registral imobiliário*. 2. ed. rev. São Paulo: Saraiva, 2007, p. 20-21.

apresentação de documentos preexistentes, evidenciando assim a necessidade de autotutela nos atos de consistência administrativa.

A ausência de delimitação legal mais precisa sobre aplicação da retificação contribuiu para pequenas diferenças de tratamento na prática, de forma que a **Lei n. 10.931/2004** representou um avanço nesse sentido. Tal lei trouxe significativas transformações aos procedimentos retificatórios, promovendo uma maior consistência e agilidade. Em suas considerações, Venício Salles[219] destaca que a nova lei conferiu um sentido mais objetivo às correções de ofício, ampliando simultaneamente o escopo das retificações administrativas e judiciais. A reestruturação conceitual e estrutural do sistema retificatório representa uma mudança significativa, refletindo a opção do legislador por um padrão coerente com a Lei de Registros Públicos.

O novo texto legal optou por uma abordagem mais adequada, abandonando o modelo original, que apresentava previsões de conteúdo genérico. A enumeração das hipóteses de correção retificatória, em consonância com a tradição registrária, esclarece e reduz o campo de interpretação, representando um avanço legislativo. Os arts. 212 a 214, sob a nova redação, ilustram essa mudança estrutural ao enumerar as situações que possibilitam a retificação registral.

Uma alteração relevante é a possibilidade do interessado formular a pretensão retificatória diretamente junto ao Registro de Imóveis, além das opções judiciais existentes. Esse caminho procedimental adicional abrange todas as hipóteses previstas no novo regramento, independentemente da complexidade do pedido retificatório.

A "**retificação unilateral**" foi mantida no novo texto legal, permitindo o ajuste e a correção do assento registral **sem a necessidade de chamamento dos lindeiros ou confrontantes**, quando não há violação de seus direitos. Além disso, Venício Salles[220] destaca a introdução da "**retificação consensual**" como uma abordagem mais apropriada, substituindo a imprecisamente denominada retificação de área.

3.4.3.7. Unidades autônomas

A matrícula pode ensejar **empreendimentos imobiliários complexos**, criando **novas matrículas por unidades autônomas** tais como a incorporação, condomínio edilício, condomínio de lotes, multipropriedade (nesse caso, por frações de tempo de uso) e a laje que serve, também, para regularização imobiliária, que estudaremos a seguir.

3.4.3.7.1. Incorporação imobiliária

A incorporação imobiliária é caracterizada pela **organização do empreendimento e venda de frações ideais de terreno vinculadas a futuras unidades autônomas**. Esse processo envolve a responsabilidade do incorporador em promover a **construção** efetiva do edifício, seguida pelo **registro da instituição do condomínio edilício** e pela **transmissão dos direitos aos adquirentes das unidades autônomas**[221].

---

[219] SALLES, Venício. *Direito registral imobiliário*. 2. ed. rev. São Paulo: Saraiva, 2007, p. 22.

[220] SALLES, Venício. *Direito registral imobiliário*. 2. ed. rev. São Paulo: Saraiva, 2007, p. 22.

[221] BRANDELLI, L. et. al. *Condomínio e incorporação imobiliária*. São Paulo: Revista dos Tribunais, 2020. v. VII.

A definição legal, conforme descrita no parágrafo único do art. 28 da Lei n. 4.591/64[222], destaca a atividade de promover e realizar a construção, total ou parcial, de edificações com unidades autônomas.

Marinho Dembinski Kern[223] destaca que o propósito central da incorporação é evidenciar a seriedade do empreendimento, realizando investigações de viabilidade sob diferentes aspectos, incluindo aprovações, trabalhos técnicos e análise da situação econômico-financeira do incorporador, e a Lei n. 4.591/64, especialmente no art. 32, estabelece as condições para alienação ou ônus das frações ideais de terreno após o registro do memorial de incorporação.

A natureza jurídica do negócio, como salientado, é sinalagmática, envolvendo obrigações recíprocas entre o incorporador e o adquirente. Esse **contrato de consumo**, regido pelo Código de Defesa do Consumidor, assume uma importância significativa, especialmente considerando a **proteção ao adquirente** e a **responsabilidade do incorporador pelos danos decorrentes da inexecução ou má execução do contrato**.

É relevante ressaltar que, como cedido, embora regido pela Lei n. 4.591/64, o contrato de incorporação também admite a incidência do Código de Defesa do Consumidor, de forma que os princípios gerais do direito, buscando justiça contratual, equivalência das prestações e boa-fé objetiva, são elementos importantes a serem considerados. Nesse sentido, a jurisprudência do Superior Tribunal de Justiça:

> CIVIL E PROCESSUAL CIVIL. AGRAVO INTERNO NO RECURSO ESPECIAL. COMPROMISSO DE COMPRA E VENDA IMOBILIÁRIO. RESCISÃO CONTRATUAL. INADIMPLEMENTO. INAPLICABILIDADE DO CDC. REEXAME DO CONTRATO E DO CONJUNTO FÁTICO-PROBATÓRIO DOS AUTOS. INADMISSIBILIDADE. INCIDÊNCIA DAS SÚMULAS N. 5 E 7 DO STJ. ACÓRDÃO RECORRIDO CONFORME A JURISPRUDÊNCIA DESTA CORTE. SÚMULA N. 83 DO STJ. DECISÃO MANTIDA.
>
> 1. No caso, o Tribunal *a quo* assentou que a primeira agravante integrou a cadeia de fornecimento, motivo por que reconheceu sua legitimidade passiva para a demanda. Para entender de modo contrário, seria imprescindível nova análise do conjunto fático-probatório dos autos, medida vedada pelas Súmulas n. 5 e 7 do STJ.
>
> 2. Para alterar a conclusão do Tribunal de origem, acolhendo a pretensão de caracterizar o inadimplemento dos compradores e, por consequência, atrair a incidência da Lei n. 9.514/97, em detrimento das disposições do CDC, seria imprescindível nova análise da matéria fática, inviável em recurso especial.
>
> 3. **"Em que pese o contrato de incorporação ser regido pela Lei n. 4.591/64, admite-se a incidência do Código de Defesa do Consumidor, devendo ser observados os princípios gerais do direito que buscam a justiça contratual, a equivalência das prestações e a boa-fé objetiva, vedando-se o locupletamento ilícito. 3. O incorporador,**

---

[222] BRASIL. *Lei n. 4.591, de 16 de dezembro de 1964*. Dispõe sôbre o condomínio em edificações e as incorporações imobiliárias. Disponível em: https://www.planalto.gov.br/ccivil_03/leis/l4591.htm. Acesso em: 15 nov. 2023.

[223] KERN, Marinho Dembinski. *Condomínio de lotes e loteamentos fechados*. São Paulo, 2019, p. 32.

como impulsionador do empreendimento imobiliário em condomínio, atrai para si a responsabilidade pelos danos que possam resultar da inexecução ou da má execução do contrato de incorporação, incluindo-se aí os danos advindos de construção defeituosa" (AgRg no Resp 1006765/ES, rel. Min. Ricardo Villas Bôas Cueva, Terceira Turma, *Dje*, 12.5.2014)" (AgInt no AREsp 1240516/SC, rel. Min. Maria Isabel Gallotti, Quarta Turma, j. 26.3.2019, *Dje*, 29.3.2019).

4. Inadmissível o recurso especial quando o entendimento adotado pelo Tribunal de origem coincide com a jurisprudência do STJ (Súmula n. 83/STJ).

5. Agravo interno a que se nega provimento.

(AgInt no REsp n. 1.948.020/SP, rel. Min. Antonio Carlos Ferreira, Quarta Turma, j. 4.4.2022, *Dje*, 8.4.2022.)

O registro da incorporação imobiliária, um processo complexo, envolve etapas como o registro provisório, sujeitando as frações do terreno a um **regime condominial especial** e o cumprimento de prazos e procedimentos, conforme estabelecido em normas como a NSCGJSP 57.5.2 e o art. 32, § 6.º, Lei n. 4.591/64, é crucial para garantir a eficácia do registro e a legalidade do processo.

Em um caso prático, contido na Apelação Cível n. 9000021-81.2013.8.26.0577, houve a venda de um imóvel a 62 condôminos, dentre eles uma construtora. O registrador obstou o ingresso da escritura de compra e venda, pois entendeu que o registro implicaria burla à Lei n. 4.591/64, por falta de registro da incorporação imobiliária. Em sua decisão sobre o tema, o Conselho Superior da Magistratura de São Paulo destacou que entre os condôminos não havia objetivo em comum e era pequeno o tamanho das frações ideais alienadas, o que, somado às demais provas existentes, evidenciou que se tratava de um empreendimento imobiliário ofertado a público e não de mero condomínio civil. Assim, o órgão julgador entendeu que:

REGISTRO DE IMÓVEIS — ESCRITURA DE VENDA E COMPRA DE FRAÇÕES IDEAIS DO TERRENO — SESSENTA E DOIS (62) ADQUIRENTES, SENDO UM DELES UMA CONSTRUTORA — INEXISTÊNCIA DE VÍNCULO OU OBJETIVO COMUM ENTRE OS COMPRADORES — SITUAÇÃO CONCRETA QUE DEMONSTRA INCORPORAÇÃO IMOBILIÁRIA CAMUFLADA — NECESSIDADE DO REGISTRO DA INCORPORAÇÃO — DÚVIDA JULGADA PROCEDENTE — RECURSO NÃO PROVIDO (...) as circunstâncias objetivas constantes dos autos demonstram que não se está diante do condomínio previsto no art. 1.314 do Código Civil, mas sim de verdadeira incorporação imobiliária camuflada, existindo, portanto, a necessidade do registro da incorporação (Conselho Superior da Magistratura do Estado de São Paulo, Apelação Cível 9000021-81.2013.8.26.0577, São José dos Campos, rel. José Carlos Gonçalves Xavier de Aquino, *DJU*, 9.11.2015).

Portanto, a incorporação imobiliária emerge como um requisito essencial para a concretização de condomínios edilícios. **Quando um empreendedor almeja introduzir no mercado um empreendimento com essa característica e negociar as unidades autônomas antes ou durante a construção, o registro da incorporação imobiliária torna-se imperativo, sendo que a ausência desse registro não apenas impossibilita tal negociação, mas também representa um aspecto legal fundamental para garantir a transparência, a segurança jurídica e a regularidade do processo.**

3.4.3.7.2. Condomínio edilício

O condomínio edilício é um ato jurídico que, segundo Leonardo Brandelli[224], possui **eficácia ultraobrigacional condicionada ao registro no Registro de Imóveis**.

Assim, a **instituição do condomínio edilício**, regida pelos arts. 1.331 e seguintes do Código Civil, institui o **regime de propriedade horizontal** a partir da possibilidade de criação de **unidades imobiliárias autônomas, vinculadas a uma fração ideal de terreno e com acesso de cada unidade à via pública**, ao mesmo tempo em que estipula as **áreas de uso comum** do empreendimento.

Ao contrário da copropriedade, que não é essencial ao suporte fático da norma, a **coexistência de partes divisas (áreas de propriedade exclusiva) e indivisas (áreas comuns)** é crucial para a existência do condomínio edilício. Essa coexistência estabelece a conexão entre as unidades autônomas, caracterizando o condomínio como uma mistura de condomínio e não condomínio.

A criação das unidades autônomas e áreas comuns ocorre por meio do **registro do ato jurídico instituidor**, e o condomínio edilício pode surgir por vontade expressa, seja por **ato jurídico entre vivos, testamentário ou por decisão jurisdicional**.

A **forma escrita** é exigida para o ato de instituição do condomínio, mas, diferentemente de outros atos jurídicos, **não é necessário que seja público, podendo ser realizado por via particular**. A aplicação do art. 108 do Código Civil não se estende ao ato de instituição, pois a propriedade horizontal apenas altera o regime jurídico da propriedade, não transferindo ou extinguindo direitos reais.

Quanto aos requisitos, Leonardo Brandelli[225] os difere entre requisitos em relação aos instituidores e em relação ao imóvel.

No que diz respeito aos instituidores, o autor destaca que somente os titulares de direitos reais que permitam a instituição da propriedade horizontal têm legitimidade para requerer o condomínio. **A unanimidade dos proprietários é necessária, salvo decisão judicial em contrário**. Cônjuges, em caso de comunhão, requerem a manifestação de ambos. O compromissário comprador, detentor de direito real de aquisição, pode instituir o condomínio para implementar programas habitacionais ou de regularização fundiária.

Sobre o imóvel, tem-se como requisito essencial a **divisibilidade material e jurídica do imóvel em sua utilização**, podendo instituir o condomínio mesmo que a propriedade seja indivisível. A descrição detalhada do imóvel no instrumento de instituição é crucial, devendo coincidir com a matrícula no Registro Imobiliário.

Ademais, o condomínio edilício deve ser erigido sobre um **terreno único e total**, não abrangendo parte dele. Por tal motivo, fusão, unificação ou desdobro do solo são possíveis soluções em caso de empreendimento que corresponda à parte de um imóvel.

---

[224] BRANDELLI, L. et. al. *Condomínio e incorporação imobiliária*. São Paulo: Revista dos Tribunais, 2020. v. VII.

[225] BRANDELLI, L. et. al. *Condomínio e incorporação imobiliária*. São Paulo: Revista dos Tribunais, 2020. v. VII.

Por fim, a descrição do condomínio deve incluir indicações genéricas, descrição das unidades autônomas, áreas comuns e vagas de garagem. Cada unidade autônoma deve ter uma fração ideal, e a destinação deve coincidir com o projeto aprovado.

Importante destacar que, no contexto da **instituição de condomínio precedida por incorporação imobiliária**, quando há um registro prévio dessa incorporação para a alienação de futuras unidades autônomas, não é necessário repetir todos os requisitos de identificação do empreendimento, uma vez que esses requisitos já estão contemplados na incorporação.

Leonardo Brandelli[226] destaca que, de acordo com o item 219.1 do Capítulo XX das NSCGJSP, o registro da instituição, nesse caso, requer apenas um **pedido que enumere as unidades, faça referência à documentação arquivada durante o registro da incorporação e inclua o certificado de conclusão da edificação, dispensando a necessidade de consentimento de todos os condôminos**. Nota-se uma alteração nos requisitos subjetivos do instrumento, permitindo que o incorporador ou qualquer condômino solicite a instituição de forma independente, sem exigir a participação de todos os demais condôminos.

3.4.3.7.3. Condomínio urbano simples

Diante das limitações enfrentadas pelo Estado brasileiro, marcadas pela escassez de recursos e planejamento, tornou-se evidente a dificuldade em superar o déficit habitacional. Incapaz de construir novas moradias para atender às famílias em situações irregulares e clandestinas, o governo buscou uma mudança estratégica, voltada para a regularização de núcleos urbanos informais consolidados. Em 22 de dezembro de 2016, a MP n. 759, publicada pelo governo Michel Temer, tratou novamente da regularização fundiária no país.

A exposição de motivos apresentada ao Presidente da República destacou a importância dos dispositivos constitucionais que asseguram o direito à moradia, ressaltando a necessidade de atender aos direitos sociais estabelecidos no art. 6.º da Constituição Federal de 1988. O crescimento desordenado dos grandes centros urbanos e a explosão demográfica foram reconhecidos como causadores de problemas estruturais, afetando o ordenamento territorial, mobilidade, meio ambiente e saúde pública.

A criação da Reurb, aplicável a núcleos urbanos informais consolidados em imóveis públicos ou privados destinados à moradia, foi efetivada pela **conversão da MP n. 759 na Lei n. 13.465/2017**, regulamentada pelo Decreto n. 9.310/2018. Essa medida introduziu uma nova forma de propriedade, o direito de laje, permitindo a aquisição originária de imóveis públicos por meio da legitimação fundiária.

O condomínio urbano simples foi inserido no ordenamento jurídico e passou a ser permitido o registro da legitimação de posse na matrícula do imóvel convertendo-se em propriedade automaticamente após o prazo legal. Esse modelo facilita a aquisição de propriedade, mediante coordenação do município que recebe poderes para titular

---

[226] BRANDELLI, L. et. al. *Condomínio e incorporação imobiliária*. São Paulo: Revista dos Tribunais, 2020. v. VII.

ocupantes de núcleos urbanos, mesmo que oriundos de loteamentos clandestinos ou irregulares. O objetivo é regularizar.

O **Condomínio Urbano Simples** representa uma **modalidade simplificada de condomínio edilício**, adequada a situações em que ocorre a **multiplicidade de construções de casas ou cômodos sobre um mesmo terreno**. Sua natureza jurídica é considerada uma espécie simplificada do gênero condomínio edilício, **dispensando a necessidade de convenção de condomínio** e **atribuindo a administração a todos os condôminos, de comum acordo**.

Originado como resposta à demanda por moradia regular para a população mais carente, especialmente em situações de lotes de dimensões reduzidas, o Condomínio Urbano Simples **possibilita a edificação de múltiplas construções em um mesmo lote**, respeitando os parâmetros urbanísticos locais.

No entanto, o Decreto n. 9.310/2018 estabelece limitações, excluindo situações contempladas pelo direito de laje, condomínios edilícios, condomínios de lotes com sistema viário interno e condomínios com unidades autônomas de acessos independentes. A falta de critérios claros para diferenciar o Condomínio Urbano Simples do Condomínio Edilício, aliada à utilização das expressões "casas ou cômodos," pode gerar interpretações diversas.

A nova figura condominial é vista como uma alternativa para regularizar imóveis em situação de irregularidade, como casas geminadas, proporcionando uma solução jurídica-registral para diversas configurações habitacionais.

De acordo com o art. 61 da Lei n. 13.465/2017, quando um mesmo imóvel contiver construções de casas ou cômodos, poderá ser instituído, inclusive para fins de Reurb, condomínio urbano simples. Esse condomínio será regido por essa Lei, aplicando-se, no que couber, o disposto na legislação civil, conforme o parágrafo único desse artigo, tal como os arts. 1.331 a 1.358 da Lei n. 10.406/2002.

A **instituição do condomínio urbano simples**, conforme o art. 62, será **registrada na matrícula do respectivo imóvel**, identificando as partes comuns ao nível do solo, as partes comuns internas à edificação (se houver) e as respectivas unidades autônomas. Dispensa-se a apresentação de convenção de condomínio. Após o registro, deve ser **aberta uma matrícula para cada unidade autônoma, à qual caberá uma fração ideal do solo e das outras partes comuns, se houver, representada na forma de percentual**.

O art. 63, no caso da **Reurb-S**, estabelece que a **averbação das edificações poderá ser efetivada mediante simples comunicação**, que deverá incluir **informações sobre a área construída e o número da unidade imobiliária**. Nesse processo, não é necessário apresentar Habite-se nem certidões negativas de tributos e contribuições previdenciárias.

3.4.3.7.4. Condomínio de lotes

O **art. 1.358-A do Código Civil** introduzido pela Lei n. 13.465/2017 estabelece regras para o condomínio de lotes. Esse artigo define que, em terrenos, podem existir partes designadas como **lotes**, sendo **propriedade exclusiva ou comum dos** condôminos. A **fração ideal** de cada condômino pode ser **proporcional à área do solo, ao potencial construtivo** ou a **critérios indicados no ato de instituição.**

O dispositivo também faz referência à aplicação, no condomínio de lotes, das normas sobre condomínio edilício e do regime jurídico das incorporações imobiliárias, equiparando o empreendedor ao incorporador quanto aos aspectos civis e registrários. Além disso, estabelece que, para fins de incorporação imobiliária, a **implantação da infraestrutura do condomínio de lotes fica a cargo do empreendedor.**

Segundo Christiano Cassettari[227], loteamento e condomínio edilício são institutos diferentes, e, por esse motivo, quando loteadores fecham loteamento e dão a ele o nome de condomínio de casas, vários problemas ocorrem, como, por exemplo, a cobrança da taxa condominial, que, nesse caso, não poderia ser feita. A solução que acaba sendo utilizada é a criação de uma associação para realizá-la, porém muitas discórdias e discussões judiciais ocorrem.

Por esse motivo, de acordo com a interpretação do citado autor, o dispositivo acabou estabelecendo que pode haver, em terrenos, partes designadas de lotes que são propriedade exclusiva e partes que são propriedade comum dos condôminos.

Quando isso acontece, a fração ideal de cada condômino poderá ser proporcional à área do solo de cada unidade autônoma, ao respectivo potencial construtivo ou a outros critérios indicados no ato de instituição. Para fins de incorporação imobiliária, a implantação de toda a infraestrutura do condomínio de lotes ficará a cargo do empreendedor.

Ademais, a Lei n. 13.465, de 2017, em seu art. 78, fez modificações na Lei n. 6.766/79, que versa sobre parcelamento do solo, inserindo nela dois comandos legais relacionados aos condomínios de lotes.

O art. 2.º, § 7.º, trata da **possibilidade de o lote ser constituído como imóvel autônomo ou unidade integrante de condomínio de lotes**. Já o art. 4.º, § 4.º, aborda questões urbanísticas do condomínio de lotes, como limitações administrativas e direitos reais em benefício do poder público.

Marinho Dembinski Kern[228] critica a técnica legislativa ao inserir regras sobre condomínio de lotes, argumentando que o regulamento básico deveria estar no Código Civil e na Lei n. 6.766/79. Ele destaca que o § 7.º do art. 2.º justifica-se topograficamente, enquanto o § 4.º do art. 4.º prejudica a sistematização ao tratar de questões urbanísticas que deveriam estar no regulamento do condomínio, especificamente no art. 1.358-A do Código Civil.

O autor ressalta a importância de o registrador imobiliário extrair do corpo legislativo o regime jurídico aplicável ao condomínio de lotes para qualificar os títulos. Ele sugere que a inserção de regras de condomínio de lotes em legislação de parcelamento do solo indica que esses condomínios são condomínios edilícios, combinando propriedade exclusiva e comum e concorda que **a diferença entre o condomínio edilício**

---

[227] CASSETTARI, Christiano. Da propriedade imobiliária. In: SALOMÃO, Marcos Costa; CASSETTARI, Christiano. *Registro de imóveis*. São Paulo: Foco, 2022, p. 152-174.

[228] KERN, Marinho Dembinski. *Condomínio de lotes e loteamentos fechados*. São Paulo: IRIB, 2019, p. 24-26.

clássico e o condomínio de lotes está na vinculação das frações ideais às construções, gerando a necessidade inconveniente de alterar a especificação condominial em caso de modificação nas construções[229].

3.4.3.7.5. Laje

O direito real de laje, introduzido no ordenamento jurídico brasileiro pela Lei n. 13.465/17, representa uma **nova modalidade de propriedade** no país. Diferentemente de uma nova forma de aquisição de propriedade, **esse direito configura-se como a propriedade em si, estabelecendo-se sobre a superfície (superior ou inferior) de uma construção, originando uma unidade autônoma distinta da construção original, sem direitos sobre o solo.**

Cada nova unidade de laje recebe uma matrícula própria, dissociada da matrícula do imóvel que permitiu a laje, mantendo o princípio da unicidade registral. Isso confirma que se trata de uma forma autônoma de propriedade, não se configurando como um direito real sobre a propriedade alheia. Para compreender melhor essa inovação, é crucial considerar o contexto social anterior à introdução do direito de laje.

No cenário prévio, as famílias brasileiras tinham o hábito de construir de forma afetiva, muitas vezes de maneira informal. Autorizava-se que filhos construíssem sobre as residências dos pais e, posteriormente, quando se independiam, alugavam ou vendiam as novas moradias, sem, no entanto, obterem direitos sobre o solo. Esse cenário não era contemplado pelo Código Civil, que previa apenas o direito de superfície, não perpétuo como o direito de laje é atualmente.

O legislador, ao inserir o Direito de Laje no Código Civil (Lei n. 13.465/2017, arts. 1.510-A a 1.510-E), oficializou essa nova forma de propriedade. Os artigos destacam que **o proprietário de uma construção-base pode ceder a superfície superior ou inferior para a criação de uma unidade autônoma de laje**. Além disso, **proíbe prejudicar a segurança e estética do edifício**, estabelece a **partilha de despesas** entre o proprietário da construção-base e o titular da laje e estipula **direitos de preferência em caso de alienação**.

É importante notar que **a ruína da construção-base implica na extinção do direito real de laje, exceto se estiver instituído sobre o subsolo ou se a reconstrução da construção-base ocorrer dentro de cinco anos**. A Lei n. 14.382/2022 corrigiu uma falha redacional relacionada a esse prazo de reconstrução.

A exposição de motivos da MP n. 759/2016, convertida na Lei n. 13.465/2017, destaca a criação do direito real de laje como uma resposta à realidade brasileira, visando regularizar edificações sobrepostas, especialmente em favelas. Apesar de ter sido inicialmente introduzido como parte da regularização fundiária, o direito de laje ganhou autonomia no Código Civil, aplicável em diversas relações jurídicas, desde que observadas as posturas municipais.

A doutrina discute se o novo direito real de laje é um direito de propriedade autônomo ou um direito sobre a propriedade alheia. A defesa do instituto como um novo

---

[229] KERN, Marinho Dembinski. *Condomínio de lotes e loteamentos fechados*. São Paulo: IRIB, 2019, p. 24-26.

direito de propriedade sobre a coisa própria[230], autônomo, sustenta que a laje possui matrícula própria, sem vinculação alguma com a construção base, podendo ser usucapida, alienada, onerada, inventariada, penhorada, bipartida, entre outras possibilidades.

Por outro lado, há quem sustente que a laje é um direito real sobre a coisa alheia, argumentando, apesar de ter matrícula própria e possuir os direitos de usar, gozar e dispor, não possui direito de reivindicar[231], o qual não constou no art. 1.510-A, § 3.º, diferentemente do que consta no art. 1.228 quando trata da propriedade plena. Além disso, como bem observa Flávio Tartuce[232], o legislador inseriu o direito de laje no Título XI do Livro III — Direito das Coisas, após os direitos reais de garantia que estão no título X, o que parece deslocado do sistema.

Aspecto	Direito de propriedade autônomo	Direito real sobre a coisa alheia
Definição	Entendimento de que a laje é uma propriedade autônoma, com matrícula própria e independência total	Entendimento de que a laje é um direito real vinculado à propriedade base, com limitações
Características principais	Pode ser usucapida, alienada, onerada, inventariada, penhorada e bipartida, sem vínculo com a construção base	Possui matrícula própria e direitos de uso, gozo e disposição, mas sem direito de reivindicação
Matrícula própria	Indicada como evidência de autonomia, desvinculando a laje da construção base	Reconhecida, mas argumenta-se que não caracteriza autonomia plena sobre o imóvel
Direitos atribuídos	Engloba todos os direitos de propriedade plena	Exclui o direito de reivindicação, destacado no art. 1.510-A, § 3.º, do Código Civil
Inserção no sistema jurídico	Considerada como uma propriedade autônoma, mas questionada devido à colocação no Título XI do Livro III	Argumenta que a posição no sistema reforça sua classificação como um direito sobre coisa alheia
Base argumentativa	A laje é tratada como "coisa própria", desvinculada da propriedade base, com plenos poderes dominiais	A ausência de direito de reivindicação e a vinculação à propriedade base indicam limitação

No nosso entender, o direito real de laje é um **direito autônomo**, um **direito de propriedade sobre a coisa própria**, criado para regularizar a propriedade imóvel no Brasil, mas, também, permitindo a realização de negócios jurídicos próprios. O conceito de propriedade evolui conforme a sociedade evolui em suas relações pessoais, cabendo ao legislador adaptar a norma à realidade.

Dentro da ideia da Lei n. 13.465/2017[233], **ao processar a REURB, poderá o município reconhecer o direito de laje, expedindo CRF**, indicando a laje como o direito

---

[230] OLIVEIRA, Carlos Eduardo Elias de. *Direito real de laje à luz da Lei n. 13.465/2017*: nova lei, nova hermenêutica. Brasília: Núcleo de Estudos e Pesquisas/CONLEG/Senado, 2017. (Texto para Discussão n. 238). Disponível em: www.senado.leg.br/estudos. Acesso em: 21 nov. 2021.
[231] TARTUCE, Flávio. *Direito civil*: direito das coisas. 13. ed. Rio de Janeiro: Forense, 2021, p. 580.
[232] TARTUCE, Flávio. *Direito civil*: direito das coisas. 13. ed. Rio de Janeiro: Forense, 2021, p. 574-575.
[233] BRASIL. *Lei n. 13.465, de 11 de julho de 2017*. Dispõe sobre a regularização fundiária rural e urbana, sobre a liquidação de créditos concedidos aos assentados da reforma agrária e sobre a regu-

adquirido, podendo ser reconhecida **sobre imóveis públicos ou privados**, e será objeto de **matrícula própria** no registro de imóveis. A laje é retirada do mundo dos fatos e alcança a propriedade formal, permitindo dignidade às pessoas.

3.4.3.8. Frações autônomas de tempo

Ana Paula Almada[234] evidencia que novas leis surgiram como resposta às necessidades do mercado, buscando fornecer embasamento jurídico a negócios já existentes. Dentre os exemplos citados pela autora, está a Lei n. 13.777/2018, que dispõe sobre o regime jurídico da multipropriedade e seu registro.

A multipropriedade, regulamentada pela Lei n. 13.777/2018, constitui um regime de condomínio em que a propriedade imobiliária é compartilhada em frações ideais de tempo. Nesse arranjo, cada proprietário detém uma fração de tempo específica, conferindo-lhe o direito exclusivo de uso e gozo da totalidade do imóvel, a ser exercido de maneira alternada pelos coproprietários. Essa modalidade implica em um parcelamento temporal do bem.

Alexandre Laizo Clápis[235] esclarece que o condomínio surge quando há fracionamento das faculdades do direito de propriedade, transferindo-as a terceiros em cotas ou frações. Isso pode ocorrer sobre toda a propriedade ou apenas sobre uma de suas faculdades, como o usufruto. O condômino, portanto, possui posse ou direito simultâneo sobre a mesma coisa com outras pessoas. A natureza jurídica da multipropriedade é reconhecida pelo STJ como um **direito real sobre coisa própria** e, portanto, representa uma forma peculiar de propriedade, com sua base legal consolidada no ordenamento jurídico. Sobre o tema, a jurisprudência:

> Processual civil e civil. Recurso especial. Embargos de terceiro. Multipropriedade imobiliária (*time-sharing*). Natureza jurídica de direito real. Unidades fixas de tempo. Uso exclusivo e perpétuo durante certo período anual. Parte ideal do multiproprietário. Penhora. Insubsistência. Recurso especial conhecido e provido. "É insubsistente a penhora sobre a integralidade do imóvel submetido ao regime de multipropriedade na hipótese em que a parte embargante é titular de fração ideal por conta de cessão de direitos em que figurou como cessionária". REsp n. 1.546.165/SP, rel. Min. Ricardo Villas Bôas Cueva, relator para acórdão Min. João Otávio de Noronha, Terceira Turma, j. 26.4.2016, *Dje*, 6.9.2016.

---

larização fundiária no âmbito da Amazônia Legal; institui mecanismos para aprimorar a eficiência dos procedimentos de alienação de imóveis da União; [...]. Disponível em: http://www.planalto.gov.br/ccivil_03/_ato2015-2018/2017/lei/l13465.htm. Acesso em: 15 nov. 2021.

[234] ALMADA, A. P. P. L. Registro de imóveis. In: GENTIL, Alberto. *Registros públicos*. Rio de Janeiro: Grupo GEN, 2022. E-book. Disponível em: https://app.minhabiblioteca.com.br/#/books/9786559644773/. Acesso em: 6 jan. 2024.

[235] CLÁPIS, A. L. Do registro de imóveis. In: NETO, José Manuel de Arruda A.; CLÁPIS, Alexandre L.; CAMBLER, Everaldo A. *Lei de Registros Públicos comentada*. 2. ed. Rio de Janeiro: Grupo GEN, 2019. E-book. Disponível em: https://app.minhabiblioteca.com.br/#/books/9788530983468/. Acesso em: 23 dez. 2023.

Destaca-se que a multipropriedade **não se extingue automaticamente se todas as frações de tempo pertencerem ao mesmo multiproprietário**, conforme estipula o parágrafo único do art. 1.358-C da Lei n. 13.777/2018.

O art. 1.358-D destaca a **indivisibilidade do imóvel** objeto da multipropriedade que **inclui suas instalações, equipamentos e mobiliário destinados ao uso e gozo**. **O caráter indivisível se estende às frações de tempo**, conforme estipulado pelo art. 1.358-E, estabelecendo **períodos mínimos de sete dias**. Tais períodos podem ser **fixos** (mesmo período de cada ano), **flutuantes** (a definição do intervalo ocorrerá regularmente, por meio de um processo objetivo que assegure a igualdade entre todos os multiproprietários, e deve ser divulgada antecipadamente) ou **mistos**.

Ademais, todos os multiproprietários possuem direito a uma **quantidade mínima de dias**, com a possibilidade de aquisição de frações maiores.

Alexandre Laizo Clápis[236] destaca que a instituição da multipropriedade segue as mesmas vias do condomínio geral ou edilício. A convenção, análoga à do Condomínio Edilício, estabelece as regras de utilização. A lei também prevê **direito de preferência** na transmissão das frações de tempo, **desde que conste no instrumento de instituição**.

A lei dispõe, em seu art. 1.358-G, sobre a convenção de condomínio em multipropriedade, e estabelece que, além das cláusulas decididas pelos multiproprietários, a convenção de condomínio em multipropriedade deve abordar vários aspectos essenciais. Isso inclui a definição dos poderes e deveres dos multiproprietários, especialmente em relação às instalações, equipamentos e mobiliário do imóvel, além das responsabilidades referentes à manutenção ordinária e extraordinária, conservação, limpeza e pagamento da contribuição condominial. Além disso, a convenção deve determinar o **número máximo de pessoas autorizadas a ocupar simultaneamente o imóvel** durante cada período específico da fração de tempo e devem ser estabelecidas as **regras para o acesso do administrador condominial** ao imóvel, garantindo o cumprimento de deveres relacionados à manutenção, conservação e limpeza.

O documento deve abordar a **criação de um fundo de reserva destinado à reposição e manutenção de equipamentos, instalações e mobiliário**. Adicionalmente, a convenção deve estabelecer o **regime a ser seguido em casos de perda ou destruição parcial ou total do imóvel**, incluindo a participação nos riscos ou no valor do seguro, indenização ou parte restante. Por fim, as **multas** aplicáveis ao multiproprietário em situações de descumprimento de deveres também devem ser claramente definidas.

Também é possível estabelecer o limite máximo de frações de tempo detidas por uma mesma pessoa física ou jurídica, ressalvando que, em caso de venda das frações, o limite só é aplicável após a alienação.

---

[236] CLÁPIS, A. L. Do registro de imóveis. In: NETO, José Manuel de Arruda A.; CLÁPIS, Alexandre L.; CAMBLER, Everaldo A. *Lei de Registros Públicos comentada*. 2. ed. Rio de Janeiro: Grupo GEN, 2019. E-book. Disponível em: https://app.minhabiblioteca.com.br/#/books/9788530983468/. Acesso em: 23 dez. 2023.

3.4.3.9. Usucapião

A usucapião é uma forma clássica de **aquisição originária da propriedade imóvel**. Ana Paula Almada[237] destaca se tratar de um meio de aquisição a partir da **posse** e, dessa forma, ainda que o imóvel a ser usucapido esteja registrado em nome de outrem, essa pessoa, no máximo, será parte demandada no processo judicial ou extrajudicial de usucapião, no entanto, não será o cedente do direito reconhecido. Assim, a autora entende que o imóvel "renasce" sob o nome do autor da usucapião.

Em relação ao **objeto** da usucapião, Leonardo Brandeli[238] explica que as coisas **imóveis** podem ser usucapidas, **salvo aquelas fora de comércio, como os bens públicos, os bens de família, os bens inalienáveis por disposição legal ou decisão judicial**. Por outro lado, Brandelli explana que o imóvel rural, mesmo que abaixo da fração mínima de parcelamento, pode ser usucapido, bem como um lote em parcelamento de solo clandestino. **Por fim, os direitos reais que estejam sujeitos à posse podem ser usucapidos, tais como: o usufruto, as servidões, o uso, a habitação, a laje etc.**

O **procedimento de usucapião** sempre ocorreu na **via judicial**, mediante ação que declarasse a existência do novo direito. **A sentença servia, e serve, de título para ser levada ao registro de imóveis.**

Quanto ao seu registro, Luis Paulo Cotrim Guimarães[239] destaca que **a sentença que declare qualquer das formas de prescrição aquisitiva será registrada publicamente**, conforme estabelecido no item 28 do inciso I do art. 167 da Lei de Registros Públicos. Portanto, as decisões judiciais representam os instrumentos que viabilizam o registro público imobiliário das ações que buscam a declaração judicial de usucapião de bens imóveis.

O fenômeno da **desjudicialização**, presente nos últimos anos, alcançou a usucapião, tendo antes passado pela retificação, pelo inventário, pelo divórcio e pela execução da alienação fiduciária. A ideia é que alguns procedimentos, quando não exista lide, podem ser levados ao registrador imobiliário que, no Brasil, possui a função de guardião da propriedade.

O atual **Código de Processo Civil**[240], publicado em 16 de março de 2015, comprometido com a desjudicialização, criou, no seu **art. 1.071**, a figura **facultativa** da **usucapião extrajudicial**, inserindo o **art. 216-A na Lei de Registros Públicos** e atribuindo ao registrador a coordenação do procedimento. A falta de detalhes do dispositivo levou

---

[237] ALMADA, A. P. P. L. Registro de Imóveis. In: GENTIL, Alberto. *Registros públicos*. Rio de Janeiro: Grupo GEN, 2022. *E-book*. Disponível em: https://app.minhabiblioteca.com.br/#/books/9786559644773/. Acesso em: 6 jan. 2024.

[238] BRANDELLI, Leonardo. *Usucapião administrativa*: de acordo com o novo Código de Processo Civil. São Paulo: Saraiva, 2016, p. 33-34.

[239] GUIMARÃES, P. C. Das atribuições. In: NETO, José Manuel de Arruda A.; CLÁPIS, Alexandre L.; CAMBLER, Everaldo A. *Lei de Registros Públicos comentada*. 2. ed. Rio de Janeiro: Grupo GEN, 2019. *E-book*. Disponível em: https://app.minhabiblioteca.com.br/#/books/9788530983468/. Acesso em: 6 jan. 2024.

[240] BRASIL. *Lei n. 13.105, de 16 de março de 2015*. Código de Processo Civil. Disponível em: http://www.planalto.gov.br/ccivil_03/_ato2015-2018/2015/lei/l13105.htm. Acesso em: 15 nov. 2021.

o CNJ a publicar o **Provimento n. 65 em 15 de dezembro de 2017**[241], visando estruturar o procedimento que **ocorre no registro de imóveis da circunscrição que está localizado o imóvel**.

O **procedimento da usucapião extrajudicial**, que serve para adquirir o direito de propriedade e outros direitos reais, tem início com um **requerimento assinado por advogado** ao registrador de imóveis, com os **mesmos requisitos da petição inicial**, previstos no art. 319 do CPC. No requerimento serão indicados a modalidade da usucapião, a origem e as características da posse e, se houve sucessão, o número da matrícula, transcrição ou a informação de que não existe registro. Junto com o requerimento, será apresentada uma **ata notarial de posse, lavrada pelo tabelião da circunscrição do imóvel**, uma **planta** do imóvel, um **memorial descritivo**, o **justo título** (se houver), **certidões negativas judiciais**, demonstrando a **inexistência de ações** que impeçam o procedimento, **certidões demonstrando a natureza do imóvel** (se urbano ou rural), dentre outros requisitos específicos de acordo com o caso concreto e a modalidade escolhida.

De regra, devem os confrontantes manifestar anuência ao pedido, salvo se o imóvel estiver perfeitamente individualizado no registro de imóveis, bem como os titulares de direitos que constam nas matrículas, se houver. Havendo algum falecido, serão intimados os herdeiros e meeiro. Serão intimados, também, a **União, Estado e Município** e, após, será **publicado edital** para conhecimento de terceiros interessados. O procedimento ocorre com publicidade total, existindo um pouco de subjetividade para o registrador trabalhar com as provas e os fatos que surgirem durante o expediente. O protocolo ficará aberto durante todo o expediente, limitando a entrada de títulos contraditórios. Ao final, o registrador poderá deferir o pedido, mediante parecer fundamentado, o qual será o título para registro na matrícula do imóvel ou que resultará na **abertura de nova matrícula**. Havendo indeferimento, o interessado poderá suscitar dúvida ao juiz competente.

3.4.3.10. Terras indígenas

O art. 246 da Lei n. 6.015/73, alterado pela Lei n. 14.382/2022, abre o leque das averbações na matrícula do imóvel ao considerar possível averbar outras ocorrências que, por qualquer modo, alterem o registro ou repercutam nos direitos relativos ao imóvel. Dentre as situações abarcadas pelo artigo, está a terra indígena.

Caleb Matheus Ribeiro de Miranda[242] aborda **três modalidades** de terras relacionadas aos povos indígenas. A primeira refere-se às **terras de domínio indígena**, adquiridas nos termos da legislação civil, seja pelo indígena individualmente ou pela comunidade indígena.

---

[241] BRASIL. Conselho Nacional de Justiça. *Provimento n. 65, de 14 de dezembro de 2017.* Estabelece diretrizes para o procedimento da usucapião extrajudicial nos serviços notariais e de registro de imóveis. Disponível em: https://atos.cnj.jus.br/files/provimento/provimento_65_14122017_19032018152531.pdf. Acesso em: 15 nov. 2021.

[242] CALEB, M. R. M. Da averbação e do cancelamento. In: PEDROSO, A. G. A. (Org.). *Lei de Registros Públicos comentada.* Rio de Janeiro: Forense, 2023.

A segunda modalidade diz respeito às **áreas reservadas**, que são destinadas pela União à posse e ocupação pelos indígenas, independentemente de serem tradicionalmente ocupadas pelas comunidades, podendo estar em qualquer parte do território nacional. Dentro das áreas reservadas, o autor identifica três modalidades: **reserva indígena**, destinada a servir como habitat para um grupo indígena com meios suficientes para subsistência; **parque indígena**, voltado para a proteção da flora, fauna e belezas naturais; e **colônia agrícola indígena**, uma área destinada à exploração agropecuária onde convivem tribos aculturadas e membros da comunidade nacional, administrada pela Funai.

A terceira modalidade são as **terras tradicionalmente ocupadas pelos indígenas**. Estas são historicamente mantidas sob ocupação dos povos nativos do território brasileiro e **consideradas bens da União**. A **demarcação** dessas terras é um **dever da União**, e o **usufruto** das riquezas do solo, rios e lagos nelas existentes é **exclusivo dos indígenas**.

Modalidade	Descrição	Características principais
Terras de domínio indígena	Terras adquiridas por indígenas ou comunidades indígenas nos termos da legislação civil	Propriedade privada dos indígenas, regidas pelas normas de direito privado
Áreas reservadas	Destinadas pela União à posse e ocupação pelos indígenas, independentemente de ocupação tradicional	Dividem-se em: Reserva Indígena: habitat com recursos para subsistência Parque Indígena: Proteção ambiental Colônia agrícola indígena: exploração agropecuária, administrada pela Funai
Terras tradicionalmente ocupadas	Historicamente ocupadas pelos povos nativos, consideradas bens da União	Demarcação é dever da União; usufruto exclusivo dos recursos naturais pelos indígenas

O § 2.º do art. 246 estabelece que, **no caso de terra indígena com demarcação homologada, a União será responsável pelo registro da área em seu nome**. Já o § 3.º, também adicionado pela Lei n. 10.267, de 2001, determina que, se constatada a **existência de domínio privado nos limites da terra indígena** durante o processo demarcatório, a União requererá ao Oficial de Registro a **averbação** dessa circunstância na matrícula correspondente.

Conforme exposto por Francisco Eduardo Loureiro[243], uma vez **finalizada e homologada a demarcação da terra indígena**, ela se torna pública e, consequentemente, é **registrada em nome da União Federal**, entretanto, esse registro não configura a constituição da propriedade, pois o art. 1.227 do Código Civil se aplica exclusivamente aos imóveis particulares. A finalidade desse registro em nome da União é **preservar a segurança jurídica** e **assinalar a eventual perda da propriedade por parte de particulares**.

---

[243] LOUREIRO, F. E. Da averbação e do cancelamento. In: NETO, José Manuel de Arruda A.; CLÁPIS, Alexandre L.; CAMBLER, Everaldo A. *Lei de Registros Públicos comentada*. 2. ed. Rio de Janeiro: Grupo GEN, 2019. E-book. Disponível em: https://app.minhabiblioteca.com.br/#/books/9788530983468/. Acesso em: 8 jan. 2024.

É possível que o **imóvel demarcado esteja previamente registrado em nome de particulares**. Para evitar a duplicidade de registros, torna-se necessário efetuar a **averbação** na matrícula do imóvel, registrando essa circunstância. **Em resumo, o processo de demarcação desencadeia dois procedimentos distintos: o registro em nome da União, o que pode envolver a abertura de uma nova matrícula, se necessário, e a averbação desse fato na matrícula do imóvel registrado em nome de particulares.**

Por fim, o § 4.º estipula que as providências mencionadas nos §§ 2.º e 3.º devem ser efetuadas pelo cartório em **até trinta dias**, a contar do recebimento da solicitação de registro e averbação. O não cumprimento desse prazo sujeita o Oficial de Registro a uma **multa diária de R$ 1.000,00 (mil reais)**, sem prejuízo da responsabilidade civil e penal. Essas disposições visam assegurar a eficiência e a legalidade no processo de registro imobiliário, especialmente em casos específicos como demarcação de terras indígenas.

Caleb Matheus Ribeiro de Miranda[244] critica a imposição da multa ao afirmar que a criação de uma hierarquia de normas sujeitas a multa não se compatibiliza com a responsabilidade subjetiva prevista na Lei dos Notários e Registradores. Para ele, a imposição de multas cria uma responsabilização objetiva que não se alinha com o sistema legal vigente.

3.4.3.11. Vias férreas

Com base nos ensinamentos de Serpa Lopes, que leciona serem as estradas de ferro **um complexo de terrenos, pontes, estações, materiais fixos e rodantes, dentre outros, que formam uma unidade econômica e jurídica**, Eduardo Righi[245] destaca a abrangência dos bens que compõem esse sistema, **não se limitando apenas aos trilhos e ao solo** onde estão assentados, englobando todo o conjunto que forma a unidade jurídica das vias férreas.

O art. 171 da Lei n. 6.015/73 faz menção às vias férreas e determina que os atos relativos a estas devem ser **registrados na circunscrição imobiliária onde se situa o imóvel**.

Righi[246] destaca que, após as privatizações das ferrovias estatais nos anos 90, os atos relativos a vias férreas passaram a incluir não apenas as empresas estatais, mas também as privadas ou mistas que exploram serviços ferroviários. Isso envolve negócios jurídicos referentes à propriedade imobiliária, como venda, incorporação da

---

[244] CALEB, M. R. M. Da averbação e do cancelamento. In: PEDROSO, A. G. A. (Org.). *Lei de Registros Públicos comentada*. Rio de Janeiro: Forense, 2023.

[245] RIGHI, E. Das atribuições. In: NETO, José Manuel de Arruda A.; CLÁPIS, Alexandre L.; CAMBLER, Everaldo A. *Lei de Registros Públicos comentada*. 2. ed. Rio de Janeiro: Grupo GEN, 2019. E-book. Disponível em: https://app.minhabiblioteca.com.br/#/books/9788530983468/. Acesso em: 8 jan. 2024.

[246] RIGHI, E. Das atribuições. In: NETO, José Manuel de Arruda A.; CLÁPIS, Alexandre L.; CAMBLER, Everaldo A. *Lei de Registros Públicos comentada*. 2. ed. Rio de Janeiro: Grupo GEN, 2019. E-book. Disponível em: https://app.minhabiblioteca.com.br/#/books/9788530983468/. Acesso em: 8 jan. 2024.

companhia a outra sociedade, mesmo que esses atos não se refiram diretamente aos imóveis onde estão localizados os equipamentos ferroviários.

As vias férreas **costumavam ser uma exceção ao princípio de registro imobiliário no cartório da situação do imóvel**, considerando-se sua unidade jurídica, apesar da dispersão geográfica. O autor[247] argumenta que os bens ferroviários são um "todo explorável" e não pertencem separadamente, justificando o **registro no cartório correspondente à estação inicial da linha**.

Uma mudança significativa ocorreu com a Lei n. 13.465/2017, que alterou a abordagem territorial do registro de atos relativos a vias férreas. A atual redação do artigo introduziu uma abordagem mais alinhada com os princípios registrais. **Agora, determina-se que o registro dos atos relacionados às vias férreas deve ocorrer no cartório da situação do imóvel, o que implica uma divisão registrária da via férrea ao longo dos locais por onde ela passa.** Essa modificação visa aprimorar a eficiência do sistema ao considerar a localização específica dos bens imóveis, atendendo ao **princípio da territorialidade**[248].

Aspecto	Antes da Lei n. 13.465/2017	Depois da Lei n. 13.465/2017
Princípio registral	Exceção ao princípio da territorialidade, considerando a unidade jurídica das vias férreas	Registro alinhado ao princípio da territorialidade, no cartório da situação do imóvel
Critério de registro	Registro concentrado no cartório correspondente à estação inicial da linha férrea	Registro dividido entre os cartórios das localidades por onde a via férrea passa
Justificativa	Bens ferroviários tratados como um "todo explorável", com unidade jurídica e operacional	Consideração da localização específica dos bens imóveis, atendendo à territorialidade
Efeito prático	Centralização do registro, mas com dispersão física dos bens em diferentes localidades	Descentralização do registro, promovendo maior eficiência e clareza no sistema registral

O parágrafo único do mencionado dispositivo, conforme mencionado por Ana Paula Almada[249], reforça essa orientação, fornecendo diretrizes adicionais para o registro ao longo da extensão da via férrea. Essa alteração legislativa representa uma evolução significativa no sentido de adequar as práticas registrais à realidade das vias férreas, otimizando a precisão e a abrangência do registro imobiliário nesse contexto específico.

---

[247] RIGHI, E. Das atribuições. In: NETO, José Manuel de Arruda A.; CLÁPIS, Alexandre L.; CAMBLER, Everaldo A. *Lei de Registros Públicos comentada*. 2. ed. Rio de Janeiro: Grupo GEN, 2019. E-book. Disponível em: https://app.minhabiblioteca.com.br/#/books/9788530983468/. Acesso em: 8 jan. 2024.

[248] ALMADA, A. P. L. Registro de imóveis. In: GENTIL, Alberto. *Registros públicos*. Rio de Janeiro: Grupo GEN, 2022. E-book. Disponível em: https://app.minhabiblioteca.com.br/#/books/9786559644773/. Acesso em: 19 dez. 2023.

[249] ALMADA, A. P. L. Registro de imóveis. In: GENTIL, Alberto. *Registros públicos*. Rio de Janeiro: Grupo GEN, 2022. E-book. Disponível em: https://app.minhabiblioteca.com.br/#/books/9786559644773/. Acesso em: 19 dez. 2023.

3.4.3.12. Regularização fundiária

A **Lei n. 13.465/2017**, além de inovar com o novo direito real de laje, uma nova forma de propriedade imóvel, também trouxe no seu contexto **novas formas de aquisição de direitos reais**, entre eles, uma nova forma de aquisição da propriedade não prevista no Código Civil.

O **procedimento de REURB (regularização fundiária urbana)** foi uma forma que o legislador encontrou para acertar as questões que se encontravam irregulares. Pelo procedimento, poderão alguns interessados requererem a instauração do procedimento, conforme art. 14 da Lei n. 13.465/2017[250], que se refere aos **sujeitos legitimados** para requerer a Regularização Fundiária Urbana (REURB).

Os sujeitos autorizados a requerer a REURB incluem **entidades públicas** como União, Estados, Distrito Federal e Municípios, tanto diretamente como por meio de suas entidades da administração pública indireta. Além disso, os **beneficiários, individualmente ou em grupos**, têm o direito de solicitar a REURB, seja de maneira direta ou por meio de cooperativas habitacionais, associações de moradores, fundações, organizações sociais, organizações da sociedade civil de interesse público ou outras associações civis voltadas para atividades nas áreas de desenvolvimento urbano ou regularização fundiária urbana.

Foram incluídos como sujeito apto a requerer a REURB os **proprietários de imóveis, terrenos, loteadores ou incorporadores** e a **Defensoria Pública**. Além disso, o **Ministério Público**, como defensor da ordem jurídica e interesses sociais, está listado como um dos entes legitimados para requerer a REURB.

A regra é que **o município deve promover, de ofício, a REURB** de acordo com a **análise criteriosa do núcleo urbano** que pode ter se originado de um **loteamento clandestino ou irregular**, bem como de **vendas informais de frações do solo, ou até mesmo de áreas invadidas, nunca reclamadas**. Dentre as vendas irregulares destacam-se, no Brasil, a formação de sítios de recreio em áreas rurais, por contratos particulares ou inventários de imóveis rurais, em que os herdeiros adquirem, por sucessão, áreas inferiores à fração mínima de parcelamento, permanecendo em condomínio.

Mesmo identificado o núcleo urbano informal, nem sempre o município possui interesse em promover o procedimento de regularização, pois poderá ter de **arcar com a despesa de infraestrutura, quando se tratar de REURB-Social**, conforme art. 33 da Lei n. 13.465/2017.

É visível que a REURB pode trazer custos elevados ao município, o que poderá tornar inviável o procedimento, salvo se houver ajuda do Estado ou da União. **Recente**

---

[250] BRASIL. *Lei n. 13.465, de 11 de julho de 2017*. Dispõe sobre a regularização fundiária rural e urbana, sobre a liquidação de créditos concedidos aos assentados da reforma agrária e sobre a regularização fundiária no âmbito da Amazônia Legal; institui mecanismos para aprimorar a eficiência dos procedimentos de alienação de imóveis da União; [...]. Disponível em: http://www.planalto.gov.br/ccivil_03/_ato2015-2018/2017/lei/l13465.htm. Acesso em: 15 nov. 2021.

alteração na Lei n. 13.465/2017, promovida pela Lei n. 14.118/2021[251], permitiu que os legitimados promovam as suas expensas as obras de infraestrutura. Não se trata de, simplesmente, repassar a responsabilidade aos ocupantes, na maioria carentes, mas existem casos possíveis de cooperação, o que facilitará a emissão do título de propriedade, acelerando o procedimento.

Havendo inércia em iniciar o procedimento de regularização, ela **poderá ser requerida pelos legitimados** do art. 14, sendo processada administrativamente na forma do art. 28. Instaurado o procedimento de REURB, segue-se o rito do art. 31 da Lei n. 13.465/2017.

O município fará buscas de matrículas dos proprietários e intimará os confrontantes e titulares de direitos reais, dispensada essa hipótese (art. 31, § 9.º) se houver o prévio procedimento de demarcação urbanística, previsto nos arts. 19 a 22 da Lei n. 13.465/2017, na qual já ocorre esse procedimento.

Se houver **demarcação urbanística**, ela será **averbada** no registro de imóveis. O art. 22 estabelece os passos a serem seguidos após o prazo sem impugnação ou superada a oposição ao procedimento. Nesse contexto, destaca-se que **o auto de demarcação urbanística será encaminhado ao registro de imóveis e averbado nas matrículas que alcançar**.

Na averbação deve constar a **área total** e o **perímetro do núcleo urbano informal** a ser regularizado, as **matrículas atingidas** pelo auto de demarcação urbanística, com a **área abrangida em cada uma delas**, e a identificação de áreas cuja origem não tenha sido claramente identificada devido a imprecisões nos registros anteriores.

No caso de imóveis ainda não matriculados, exige-se a abertura de matrícula prévia à averbação. Essa matrícula deve refletir a situação registrada do imóvel, dispensando a retificação do memorial descritivo e a apuração de área remanescente. Em situações em que o auto de demarcação urbanística incide sobre imóveis com registros anteriores em outra circunscrição, o oficial do registro de imóveis solicitará certidões atualizadas desse registro de forma automática, sem necessidade de requerimento por parte dos interessados. Quando a demarcação urbanística abranger imóveis situados em mais de uma circunscrição, a lei prevê a comunicação entre elas, garantindo a devida averbação nas respectivas matrículas alcançadas e, caso a área abrangida pelo auto supere a registrada nos documentos anteriores, ainda assim será realizada a demarcação urbanística.

A Lei n. 13.465/2017 flexibilizou o processo, **dispensando a retificação da área não abrangida** pelo auto de demarcação urbanística, deixando a **apuração de remanescente sob a responsabilidade do proprietário do imóvel atingido**, simplificando o procedimento e conferindo maior responsabilidade ao proprietário na gestão das áreas não afetadas pela demarcação urbanística.

---

[251] *Lei n. 14.118, de 12 de janeiro de 2021*. Institui o Programa Casa Verde e Amarela; altera as Leis n. 8.036, de 11 de maio de 1990, 8.100, de 5 de dezembro de 1990, 8.677, de 13 de julho de 1993, 11.124, de 16 de junho de 2005, 11.977, de 7 de julho de 2009, 12.024, de 27 de agosto de 2009, 13.465, de 11 de julho de 2017, e 6.766, de 19 de dezembro de 1979; e revoga a Lei n. 13.439, de 27 de abril de 2017. Disponível em: http://www.planalto.gov.br/ccivil_03/_ato2019-2022/2021/Lei/L14118.htm. Acesso em: 22 nov. 2021.

Durante o processamento da REURB, havendo ou não demarcação urbanística, o município procede com o cadastro e segue com a **identificação de todo o núcleo de moradores**. Diante disso, vai elaborar um projeto de regularização, na forma do art. 35 da Lei n. 13.465/2017 e do Decreto n. 9.310/2018. Encerrada essa fase, será proferida a **decisão de conclusão da REURB**, na forma do art. 40 da Lei n. 13.465/2017. Sendo deferida a regularização, será emitido o **título para ser levado ao registro de imóveis**, denominado **CRF (Certidão de Regularização Fundiária)**.

A CRF, ato administrativo discricionário, indicará qual o direito concedido ao ocupante e será encaminhada ao registro de imóveis junto com o projeto de regularização do núcleo. O art. 15 da Lei n. 13.465/2017 exemplifica os instrumentos jurídicos que podem ser utilizados, tratando-se de escolha do município, por ser ato discricionário, alguns com maior importância ao registro de imóveis.

Como se percebe, são vários institutos que podem ser adotados, mas alguns possuem uma maior proximidade com o registro de imóveis, proporcionando a regularização direita do imóvel, após o registro da CRF. Dentre estes, sem dúvida a **legitimação fundiária** é a grande novidade, pois se trata de **uma forma de aquisição originária da propriedade imóvel (residencial e não residencial), seja ela pública ou privada, em situação consolidada existente até 22 de dezembro de 2016**. Trata-se de uma nova forma de aquisição da propriedade imóvel.

3.4.3.13. Desapropriação

Leonardo Brandelli[252] aborda a questão da unificação, fusão ou desdobro de imóveis por indivíduos que não sejam os proprietários registrados e destaca que, em princípio, a regra estabelece que somente o titular da propriedade pode realizar tais operações, com a participação dos detentores de direitos reais menores no caso de desmembramento do domínio. No entanto, existem exceções, como no caso da desapropriação.

A Lei n. 12.424/2011[253]**, que alterou o art. 235 da Lei de Registros**[254]**, permitiu unificar dois imóveis contíguos, urbanos, fruto de desapropriação para implantação de programas habitacionais**[255] **ou de regularização fundiária, mesmo que**

---

[252] BRANDELLI, L. et. al. *Condomínio e incorporação imobiliária*. São Paulo: Revista dos Tribunais, 2020. v. VII.

[253] BRASIL. *Lei n. 12.424, de 16 de junho de 2011*. Altera a Lei n. 11.977, de 7 de julho de 2009, que dispõe sobre o Programa Minha Casa, Minha Vida — PMCMV e a regularização fundiária de assentamentos localizados em áreas urbanas, as Leis n. 10.188, de 12 de fevereiro de 2001, 6.015, de 31 de dezembro de 1973, 6.766, de 19 de dezembro de 1979, 4.591, de 16 de dezembro de 1964, 8.212, de 24 de julho de 1991, e 10.406, de 10 de janeiro de 2002 — Código Civil; revoga dispositivos da Medida Provisória n. 2.197-43, de 24 de agosto de 2001; e dá outras providências. Disponível em: http://www.planalto.gov.br/ccivil_03/_ato2011-2014/2011/lei/l12424.htm. Acesso em: 15 nov. 2021.

[254] Lei n. 6.015/73, art. 235, inciso III — 2 (dois) ou mais imóveis contíguos objeto de imissão provisória na posse registrada em nome da União, Estado, Município ou Distrito Federal.

[255] Lei n. 6.015/73, art. 235: "§ 2.º A hipótese de que trata o inciso III somente poderá ser utilizada nos casos de imóveis inseridos em área urbana ou de expansão urbana e com a finalidade de implementar programas habitacionais ou de regularização fundiária, o que deverá ser informado no re-

somente com a imissão na posse deferida. Trata-se da hipótese de unificar um imóvel de propriedade pública[256] com um imóvel de posse, uma das raras possibilidades de registro de posse na matrícula do imóvel. O Decreto-lei n. 3.365/41[257] trata da desapropriação para fins de utilidade pública e prevê que **a imissão na posse, deferida pelo juiz de direito, é objeto de registro no registro de imóveis**. A Lei de Registros foi alterada para receber a novidade, em seus arts. 36, 167, I, 176, § 8.º.

Em vista que a situação dominial tornar-se irreversível e a controvérsia concentrar-se apenas na justa indenização, Brandelli[258] argumenta que é lógico permitir a unificação com base na posse, mesmo antes da propriedade do ente público ser registrada *erga omnes*, o que ocorrerá após o registro formal da desapropriação. Além disso, destaca que essa permissão não se limita apenas aos imóveis sobre os quais houve imissão possessória, mas também abrange aqueles contíguos que já são de propriedade do ente público desapropriante.

No Decreto de desapropriação deve constar a especialização do imóvel, ou seja, a sua descrição pormenorizada para que ele seja destacado da matrícula primitiva e seja objeto de uma matrícula nova. É essa matrícula nova que mencionará a posse do desapropriante, que será objeto de fusão com outra matrícula de propriedade do município. Nos casos de desapropriação, **o ideal é averbar na matrícula do imóvel o decreto expropriatório**, como forma de publicizar a situação perante terceiros. Após o decreto de desapropriação, poderão ocorrer duas situações: um **acordo** entre o município e o desapropriado ou a **judicialização** pelo desapropriante, que poderá pedir ao juiz a imissão na posse[259]. Havendo acordo na desapropriação, esta poderá ser feita por **termo administrativo**[260], ou por **escritura pública de desapropriação amigável**. Não havendo acordo, o juiz poderá deferir a **imissão na posse** que será **registrada na matrícula do imóvel**. Após esse registro, deve-se **averbar o destaque da área**

---

querimento de unificação". BRASIL. *Lei n. 6.015, de 31 de dezembro de 1973*. Dispõe sobre os registros públicos, e dá outras providências. Disponível em: http://www.planalto.gov.br/ccivil_03/leis/l6015compilada.htm. Acesso em: 15 nov. 2021.

[256] Lei n. 6.015/73, art. 235: "§ 3.º Na hipótese de que trata o inciso III, a unificação das matrículas poderá abranger um ou mais imóveis de domínio público que sejam contíguos à área objeto da imissão provisória na posse". BRASIL. *Lei n. 6.015, de 31 de dezembro de 1973*. Dispõe sobre os registros públicos, e dá outras providências. Disponível em: http://www.planalto.gov.br/ccivil_03/leis/l6015compilada.htm. Acesso em: 15 nov. 2021.

[257] BRASIL. *Decreto-lei n. 3.365, de 21 de junho de 1941*. Dispõe sobre desapropriações por utilidade pública. Disponível em: http://www.planalto.gov.br/ccivil_03/decreto-lei/del3365.htm. Acesso em: 15 nov. 2021.

[258] BRANDELLI, L. et. al. *Condomínio e incorporação imobiliária*. São Paulo: Revista dos Tribunais, 2020. v. VII.

[259] Decreto-lei n. 3.365/41, art. 15, § 4.º.

[260] Decreto-lei n. 3.365/41. "Art. 34-A. Se houver concordância, **reduzida a termo**, do expropriado, a decisão concessiva da imissão provisória na posse implicará a aquisição da propriedade pelo expropriante com o consequente registro da propriedade na matrícula do imóvel" (grifo nosso). BRASIL. *Decreto-lei n. 3.365, de 21 de junho de 1941*. Dispõe sobre desapropriações por utilidade pública. Disponível em: http://www.planalto.gov.br/ccivil_03/decreto-lei/del3365.htm. Acesso em: 15 nov. 2021.

desapropriada para abertura de nova matrícula, a qual poderá, então, ser unificada com outra matrícula de propriedade do município. Não existe risco de retrocessão[261] nesses casos.

Comumente os municípios não precisam de matrícula para o seu património, que está sob domínio público. Eventualmente, necessitam abrir matrícula para algum fim específico. De regra, quando ocorre um procedimento de loteamento urbano, o município recebe áreas públicas para fins de arruamento, equipamentos comunitários e equipamentos urbanos. Neses casos, o registrador deverá abrir de ofício as matrículas. Todavia, sabe-se que existe um passivo de matrículas não abertas de loteamentos passados, registrados ou apenas implantados. Em razão disso, a lei de registros foi alterada pela Lei n. 13.465/2017[262] e recebeu o art. 195-A, que permite ao município requerer ao registrador a abertura de matrícula de área pública oriunda de parcelamento do solo implantado, ainda que não registrado.

3.4.3.14. Transporte de matrículas para escrituração em fichas

Alexandre Laizo Clápis[263] destaca que a Lei n. 6.015/73 concede ao registrador **opções para a escrituração: a tradicional, utilizando livro encadernado, folhas soltas ou fichas**. Os registradores brasileiros optaram, em sua grande maioria, pelo sistema de fichas, abandonando o sistema de livros encadernados. Essa é uma faculdade que a lei de registros públicos prevê em seu art. 173, parágrafo único, como uma possibilidade, ou seja, facultativamente, podendo os livros 2, 3, 4 e 5 ser substituídos por fichas.

Na **modalidade tradicional**, a escrituração segue as normas dos arts. 172 e subsequentes. O número da matrícula é inserido no topo de cada folha, conforme as exigências do art. 176, § 1.º, I e II, enquanto os atos de registros e averbações são lançados na ordem cronológica nas áreas restantes da folha e no verso.

Clápis[264] ressalta que esse método não permite reservar folhas em branco para inscrições futuras, obrigando o registrador a utilizar a folha imediatamente seguinte para

---

[261] Decreto-lei n. 3.365/41, art. 5.º: "§ 3.º. Ao imóvel desapropriado para implantação de parcelamento popular, destinado às classes de menor renda, não se dará outra utilização nem haverá retrocessão". BRASIL. *Decreto-lei n. 3.365, de 21 de junho de 1941.* Dispõe sobre desapropriações por utilidade pública. Disponível em: http://www.planalto.gov.br/ccivil_03/decreto-lei/del3365.htm. Acesso em: 15 nov. 2021.

[262] BRASIL. *Lei n. 13.465, de 11 de julho de 2017.* Dispõe sobre a regularização fundiária rural e urbana, sobre a liquidação de créditos concedidos aos assentados da reforma agrária e sobre a regularização fundiária no âmbito da Amazônia Legal; institui mecanismos para aprimorar a eficiência dos procedimentos de alienação de imóveis da União; [...]. Disponível em: http://www.planalto.gov.br/ccivil_03/_ato2015-2018/2017/lei/l13465.htm. Acesso em: 15 nov. 2021.

[263] CLÁPIS, Alexandre L. Da escrituração. In: NETO, José Manuel de Arruda A.; CLÁPIS, Alexandre L.; CAMBLER, Everaldo A (Coord.). *Lei de Registros Públicos comentada.* 2. ed. Rio de Janeiro: Grupo GEN, 2019. *E-book.* Disponível em: https://app.minhabiblioteca.com.br/#/books/9788530983468/. Acesso em: 16 dez. 2023.

[264] CLÁPIS, Alexandre L. Da escrituração. In: NETO, José Manuel de Arruda A.; CLÁPIS, Alexandre L.; CAMBLER, Everaldo A (Coord.). *Lei de Registros Públicos comentada.* 2. ed. Rio de Janeiro: Grupo GEN, 2019. *E-book.* Disponível em: https://app.minhabiblioteca.com.br/#/books/9788530983468/. Acesso em: 16 dez. 2023.

uma nova matrícula. Caso o espaço seja insuficiente, os atos podem ser transferidos para a primeira folha em branco seguinte, com remissões recíprocas para facilitar as pesquisas.

O autor[265] destaca, no entanto, que a prática cartorária evidencia a **maior praticidade no uso de fichas**, especialmente na extração de certidões. A escrituração em fichas do Livro n. 2 — Registro Geral — simplifica buscas diárias, evitando a manipulação de vários livros. Quando o espaço na frente da ficha se esgota, o verso é utilizado, com a indicação "continua no verso". Se uma nova ficha for necessária para a mesma matrícula, a expressão "continua na ficha n. __" é registrada no verso da ficha anterior.

3.4.4. ENCERRAMENTO, CANCELAMENTO E BLOQUEIO

Como já vimos, a matrícula pode ser **encerrada** quando der origem a outras ou passar pelo procedimento de recomposição. O encerramento compete ao registrador **sem necessidade de autorização judicial**, pois é ato da sua competência, podendo realizar a requerimento do interessando, ou de ofício, desde que fundamentado na lei. **O encerramento não invalida os atos passados**, pois apenas reorganiza o sistema tabular. Da matrícula encerrada, emitem-se certidões normalmente.

O **cancelamento**, por sua vez, é um **ato judicial**. Aqui ocorre a necessidade de expurgar do sistema a tábua, pois ela **surge com algum vício**. Poderá ser requerida pelo interessado ou, em alguns casos, pelo próprio registrador, como no caso de duplicidade de matrículas com direitos contraditórios. **Não se confunde cancelamento de matrícula com cancelamento de registro ou com cancelamento do título.** A matrícula deve ser **cancelada** quando a sua abertura possuía um **vício**, que pode ser nela, no registro anterior a ela (em uma transcrição ou em outra matrícula) ou no título que deu origem ao registro anterior, que resultou na abertura de matrícula posterior. Também poderá ser cancelada quando aberta equivocadamente e não for caso de encerramento pelo registrador. O cancelamento da matrícula ocorre por **averbação** e **não devem mais ser fornecidas certidões**, salvo por determinação judicial. A lei não exige o trânsito em julgado da decisão.

Já o **cancelamento do registro** (arts. 214 e 250) ocorre por decisão judicial transitada em julgado (quando ocorre algum vício), a requerimento unânime das partes que participaram do ato registrado (manifestação de vontade bilateral ou plurilateral), a requerimento do interessado, apresentando o documento hábil (manifestação de vontade unilateral) ou a requerimento da fazenda quando da reversão de imóvel ao patrimônio público. Por fim, o cancelamento do título ocorre quando da **anulação do negócio jurídico** (nulidade ou anulabilidade). Se o título estava registrado, deve ser anulado, também[266], o registro.

---

[265] CLÁPIS, Alexandre L. Da escrituração. In: NETO, José Manuel de Arruda A.; CLÁPIS, Alexandre L.; CAMBLER, Everaldo A (Coord.). *Lei de Registros Públicos comentada*. 2. ed. Rio de Janeiro: Grupo GEN, 2019. *E-book*. Disponível em: https://app.minhabiblioteca.com.br/#/books/9788530983468/. Acesso em: 16 dez. 2023.

[266] "Art. 252. O registro, enquanto não cancelado, produz todos os efeitos legais ainda que, por outra maneira, se prove que o título está desfeito, anulado, extinto ou rescindido. BRASIL. *Lei n. 6.015,*

> **Atenção:** Não confunda **cancelamento de matrícula** com **cancelamento de registro**.

A **anulação** de um registro opera-se de forma diferente da **ineficácia** do registro. Araken de Assis[267], diferenciando fraude contra credores de fraude à execução, explica que a fraude contra credores provoca a anulação do registro, restituindo-se o *status* anterior, ou seja, retornando a propriedade ao transmitente. Já na fraude à execução, ocorre a ineficácia do registro, não desconstituindo o negócio jurídico e, ocorrendo a alienação do bem, será registrado o título (carta de arrematação ou adjudicação) sem o cancelamento do registro fraudulento, sendo uma exceção ao princípio da continuidade.

Já o **bloqueio**[268] da matrícula ocorre quando o juiz entender que novos registros poderão causar **danos de difícil reparação, ficando o registrador impedido de lavrar qualquer ato**, salvo com autorização judicial. Fica permitida aos interessados a **prenotação** de seus títulos, os quais ficarão com prazos suspensos até a solução final do bloqueio.

Por fim, podemos sintetizar que a matrícula é o espelho do imóvel, localizada no *caput* da ficha do Livro 2, em que recebe os registros e as averbações necessários para concentrar o máximo de direitos e outras ocorrências que devem ser publicizadas para gerar os efeitos necessários. Analisar uma matrícula é estudar a história jurídica do imóvel, sua origem e características próprias. A Lei n. 6.015/73 implantou a matrícula no sistema brasileiro, mas manteve válidas as transcrições, muitas ainda em uso.

Encerramento	O **encerramento** de matrículas é ato que compete ao registrador e que tem por finalidade a organização da situação tabular, motivo pelo qual dispensa autorização judicial: poderá fazê-lo **de ofício**, com fundamento na lei, ou **a requerimento** de pessoa interessada. Por não haver irregularidade, é possível a emissão de certidões Exemplo: fusão de duas matrículas autônomas ou pelas alienações parciais, o imóvel original houver sido transferido inteiramente a outros proprietários
Cancelamento	O **cancelamento** é um ato que possui reserva jurisdicional, pois decorre da constatação de um vício existente na matrícula, necessitando assim de autorização judicial: solicitado **pelo registrador** quando constatar vícios a serem sanados na prática do seu ofício, ou **a requerimento** de interessado; por haver um vício a ser sanado, não é possível a emissão de certidões, sob pena de promoção de uma insegurança registral Exemplo: quando constatada a duplicidade de matrículas com direitos contraditórios
Bloqueio	O **bloqueio** ocorre com a finalidade de evitar registros que causem difícil reparação, motivo pelo qual, sendo ato judicial, impede que o registrador lavre qualquer ato, muito embora seja possível a prenotação, cujos prazos ficarão suspensos Exemplo: medida liminar em processo judicial devido à invalidade de um registro

---

de 31 de dezembro de 1973. Dispõe sobre os registros públicos, e dá outras providências. Disponível em: http://www.planalto.gov.br/ccivil_03/leis/l6015compilada.htm. Acesso em: 15 nov. 2021.

[267] ASSIS, Araken de. Fraude contra execução no registro de imóveis. In: DIP, Ricardo (Coord.). *Direito registral e o novo Código de Processo Civil*. Rio de Janeiro: Forense, 2016, p. 44-46.

[268] Lei n. 6.015, art. 214, § 3.º e § 4.º. BRASIL. *Lei n. 6.015, de 31 de dezembro de 1973*. Dispõe sobre os registros públicos, e dá outras providências. Disponível em: http://www.planalto.gov.br/ccivil_03/leis/l6015compilada.htm. Acesso em: 15 nov. 2021.

3.4.5. INFRAÇÕES AO PRINCÍPIO DA UNICIDADE MATRICIAL

Tão logo a Lei n. 6.015/73 foi publicada, em 31 de dezembro de 1973, percebeu-se a grande mudança no sistema registral brasileiro, pois o sistema de transcrições cederia seu espaço para o novo sistema de matrículas e as novas regras exigiam que cada imóvel fosse transportado da transcrição que ele era mencionado para uma matrícula.

Com a entrada em vigor da Lei de Registros, em 1976, a realidade se apresentou de maneira diversa do que a norma sonhava e ocorreram infrações ao princípio da unitariedade. Quando a transcrição se referia a um imóvel e tinha apenas um proprietário, ficava fácil, pois era só transportar o imóvel para a matrícula e a ausência de requisitos era suprida por documentos apresentados junto com o requerimento. Porém, quando existiam várias transcrições referindo-se a um único imóvel, ou se uma transcrição tivesse dois ou mais imóveis, manter a unicidade matricial era uma tarefa difícil. A seguir, analisaremos três hipóteses de infração.

3.4.5.1. Duplicidade de matrículas

A **duplicidade** ocorre quando há a existência de **duas matrículas distintas para o mesmo imóvel**, constituindo uma irregularidade no registro que pode acarretar sérias consequências, principalmente em relação à inconsistência dominial. A presença de duas matrículas para um único imóvel pode gerar insegurança jurídica, uma vez que os atos podem ser realizados em uma matrícula ou na outra, criando uma situação difícil de ser controlada.

> Para realizar o **cancelamento** de uma das matrículas em caso de duplicidade, Clápis[269] destaca a **necessidade de um mandado judicial**. Esse mandado deve preferencialmente ser expedido na via contenciosa (jurisdicional). Independentemente do motivo que leve ao cancelamento, é ressaltado que a determinação judicial deve conter a certificação do trânsito em julgado da sentença ou decisão interlocutória.

É importante notar que o procedimento registrário **não admite o cancelamento com base em ordens judiciais pendentes de recursos**, ou seja, aquelas que ainda podem ser modificadas total ou parcialmente em instâncias superiores. Essa restrição tem como objetivo garantir que apenas informações já consumadas ingressem no fólio real, evitando equívocos e oferecendo segurança aos interessados.

É necessário destacar que, diante da ocorrência de registros duplicados, é responsabilidade do Oficial Registrador informar prontamente o Juiz Corregedor Permanente. Esse comunicado tem o objetivo de solicitar, de maneira cautelar, o bloqueio de ambas as matrículas, a fim de interromper, mesmo que temporariamente, a efetuação de

---

[269] CLÁPIS, A. L. Do registro de imóveis. In: NETO, José Manuel de Arruda A.; CLÁPIS, Alexandre L.; CAMBLER, Everaldo A. *Lei de Registros Públicos comentada*. 2. ed. Rio de Janeiro: Grupo GEN, 2019. *E-book*. Disponível em: https://app.minhabiblioteca.com.br/#/books/9788530983468/. Acesso em: 23 dez. 2023.

registros duplicados. Isso visa evitar prejuízos a terceiros por meio de novas transações e proporcionar a divulgação desse fato nas certidões[270]. Quanto à duplicidade de matrículas, segue a orientação jurisprudencial.

> Registro de imóveis. Procedimento administrativo. Duplicidade de matrículas com igual origem tabular, atribuindo a propriedade dos imóveis a pessoas distintas. Determinação de bloqueio, pelo MM. Juiz Corregedor Permanente, visando impedir danos de difícil reparação. Remessa dos interessados às vias ordinárias. Solução que melhor se adequa ao caso concreto. Recurso não provido (CGJSP, Recurso Administrativo 1021527-69.2016.8.26.0506, *DJ*, 19.3.2019).

3.4.5.2. Multiplicidade de imóveis em uma matrícula

A **multiplicidade de imóveis em uma única matrícula** configura uma infração ao princípio da unicidade, existindo diversos motivos que podem ter contribuído para essa falha registral. Ana Paula Almeida aponta que um dos motivos comuns é a transição do sistema antigo (fólio pessoal) para o sistema atual (folio real), no qual, devido à base do sistema antigo ser o título e não o imóvel, matrículas conjuntas eram abertas sem considerar devidamente a nova técnica adotada. Idealmente, se uma transcrição tivesse dois ou mais imóveis, seria **aberta uma matrícula para cada imóvel**, mencionando-se em cada uma, como registro anterior, a mesma transcrição.

Caso não fosse feito conforme apontado, a solução para corrigir esse tipo de erro registral é a **realização de uma retificação**, que pode ser de ofício, considerando a clara inadequação à sistemática estabelecida pela Lei n. 6.015/73. O procedimento envolve a **averbação de retificação** na matrícula equivocada, informando o encerramento desta devido à existência de dois ou mais imóveis, em desrespeito ao princípio da unitariedade matricial. Simultaneamente, são abertas novas matrículas, individualizando cada imóvel, e os atos de registro e averbação são transportados conforme a decisão do Oficial Registrador.

Ana Paula Almada ressalta a importância de agir com cautela na correção desses erros, evitando impor ônus aos usuários que não tiveram participação no equívoco. A aplicação do art. 213 da Lei de Registros Públicos fundamenta legalmente a correção desses erros evidentes, cometidos pelo oficial, sem prejudicar os interessados.

3.4.5.3. Matrícula de fração ideal

A **matrícula de fração ideal de imóveis** configura uma falha reversa no princípio da unicidade, posto que, nesse caso, a matrícula **não contém sequer um imóvel completo**, constando apenas parte ideal da propriedade de um dos condôminos. De acordo

---

[270] ALMADA, A. P. L. Registro de Imóveis. In: GENTIL, Alberto. *Registros públicos*. Rio de Janeiro: Grupo GEN, 2022. *E-book*. Disponível em: https://app.minhabiblioteca.com.br/#/books/9786559644773/. Acesso em: 19 dez. 2023.

com Francisco José de Almeida Prado Ferraz Costa Junior[271], a primeira implicação decorrente do princípio da unicidade matricial é que a abertura de matrícula para uma parte ideal do imóvel é considerada irregular.

Caso uma transcrição tivesse dois ou mais proprietários, em condomínio sobre um único imóvel, deveria ser aberta uma matrícula para o imóvel com a menção de todos os proprietários. Jamais deveria ser aberta a matrícula da parte de um condômino, apenas, pois o sistema gravitaria, agora, em torno do imóvel e não da pessoa. Assim, matrículas de frações ideais seriam espúrias ao novo sistema e deveriam ser repudiadas pelo registrador de imóveis. Porém, em situações como quando a transcrição estava em condomínio, ou existiam várias transcrições referindo-se a um único imóvel, como no caso de herança, quando cada herdeiro recebeu seu formal de partilha, surgiram as primeiras dúvidas: no caso de uma transcrição com mais de um proprietário, deve-se abrir matrícula atraindo todos os proprietários para ela, ou abrir matrícula apenas da parte ideal de quem solicitou o transporte? E no caso de várias transcrições, referindo-se à apenas um imóvel (herança), deve-se abrir matrícula de todo o imóvel, atraindo para a matrícula todos os proprietários dele, mesmo que constantes em transcrições diversas, ou abrir uma matrícula para cada parte ideal, descrita em uma transcrição?

O objetivo da norma é que cada imóvel tivesse matrícula própria. Nos negócios jurídicos transcritos, a confrontação do imóvel representava um todo, que poderia ter vários proprietários, de partes ou frações, não existindo parte ou fração individualizada, com confrontações próprias. Então, sempre a matrícula deveria ser aberta mencionando todo o imóvel e atraindo para ela todas as pessoas que titulam algum direito, bem como os ônus referentes à propriedade. Mas não foi o que ocorreu. As matrículas foram abertas em partes, mencionando apenas frações de um imóvel maior. No cabeçalho do Livro 2, descrevia-se o imóvel como um todo, enorme, e logo depois colocava-se uma vírgula e mencionava-se, "somente a área de ...". Em outros casos fazia-se o contrário, abria-se a matrícula mencionando a "fração de terras com área de..." e logo depois se escrevia "dentro de um todo maior ..." e, então, se descrevia a totalidade do imóvel. Casos mais graves foram identificados quando um proprietário de uma fração matriculada faleceu deixando filhos, e abriram-se várias novas matrículas para registrar os formais de partilha dos herdeiros.

Exemplificando, se um imóvel possuía um mil hectares e possuía um casal de proprietários com cinco filhos, quando do falecimento, os herdeiros adquiriram suas frações do imóvel, sendo elas transcritas no Livro das Transmissões. Uma transcrição para cada formal de partilha gerando um condomínio sobre o imóvel. Depois, de forma equivocada, cada condômino abria uma matrícula para sua fração, ficando o imóvel retalhado em cinco. Ocorrendo o falecimento de um desses cinco que deixou três herdeiros, os

---

[271] COSTA JUNIOR, Francisco José de Almeida Prado Ferraz. Princípio da unitariedade da matrícula. In: KERN, Marinho Dembinski; COSTA JUNIOR, Francisco José de Almeida Prado Ferraz. *Princípios do registro de imóveis brasileiro*. São Paulo: Thomson Reuters Brasil, 2020, v. II. (Coleção de Direito imobiliário).

registros dos formais ocorriam na matrícula da fração, mas depois eram abertas novas matrículas de frações para cada um desses herdeiros. Dessa forma, um único imóvel poderia estar fracionado em dez matrículas, sendo que nenhuma apresentava a descrição da fração, mas sim a descrição do todo maior.

Para resolver esse problema, Francisco José de Almeida Prado Ferraz Costa Junior[272] sugere realizar o **descerramento da matriz predial do imóvel** como um todo, por meio da recomposição do condomínio. Esse procedimento inclui a **identificação dos comunheiros e de suas frações aritméticas**.

O Conselho Superior da Magistratura de São Paulo, na Apelação Cível n. 029141-0/5, determinou que a transcrição de parte ideal de imóvel gera a necessidade de composição do condomínio e abertura de matrícula que abranja a integralidade do imóvel, e especificou que:

> [...] um dos princípios básicos do direito registrário é o da unitariedade, pelo qual se exige que a matriz abranja a integralidade do imóvel e que a cada imóvel corresponda uma única matrícula (art. 176, § 1.º, I, da Lei n. 6.015/73). Não mais compadece o atual sistema, fundado no fólio real, com o descerramento de matrícula de parte ideal de prédio. A composição do todo exige rastreamento das ocorrências havidas com cada uma das partes ideais, pelo sistema registrário anterior, até remontar ao tronco ou origem do condomínio[273].

É necessário que o registrador conduza pesquisas no Indicador Pessoal, buscando os registros dos demais herdeiros, e no Indicador Real, procurando indicações correspondentes ao mesmo imóvel. Dessa forma, será possível obter 100% da propriedade para abrir a matrícula, restabelecendo a integralidade do imóvel[274]. As matrículas abertas em desrespeito ao princípio da unitariedade devem ser encerradas por erro evidente, conforme previsto no art. 213, I, *a*, da Lei n. 6.015/73.

---

[272] COSTA JUNIOR, Francisco José de Almeida Prado Ferraz. Princípio da unitariedade da matrícula. In: KERN, Marinho Dembinski; COSTA JUNIOR, Francisco José de Almeida Prado Ferraz. *Princípios do registro de imóveis brasileiro*. São Paulo: Thomson Reuters Brasil, 2020, v. II. (Coleção de Direito imobiliário).

[273] Registro de Imóveis — Dúvida — Transcrição de parte ideal de imóvel, que não autoriza abertura de matrícula de igual teor — Necessidade de composição do condomínio e abertura de matrícula que abranja a integralidade do imóvel — Princípio da unitariedade — Inteligência dos arts. 225, § 2.º, e 252 da Lei n. 6.015/73 — Descrição do imóvel deve ser coincidente com aquela constante do registro anterior — Irregularidades relativas a antigas transcrições não podem ser levadas em consideração, se existe posterior registro a produzir todos os efeitos, até que seja cancelado — Registro viável — Recurso provido (Conselho Superior da Magistratura do Estado de São Paulo, Apelação Cível n. 029141-0/5, Mogi das Cruzes, rel. Márcio Martins Bonilha, *DJU*, 31.5.1996).

[274] ALMADA, A. P. L. Registro de Imóveis. In: GENTIL, Alberto. *Registros públicos*. Rio de Janeiro: Grupo GEN, 2022. E-book. Disponível em: https://app.minhabiblioteca.com.br/#/books/9786559644773/. Acesso em: 19 dez. 2023.

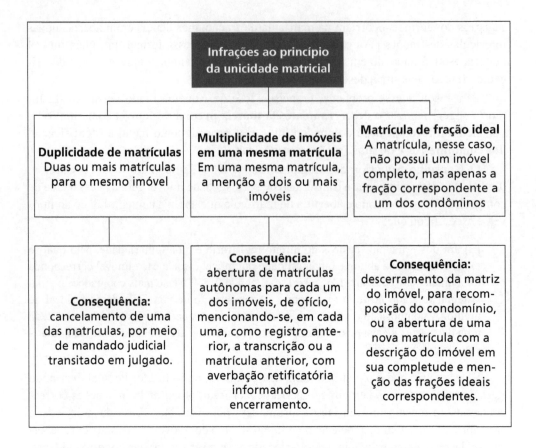

3.4.6. EXCEÇÕES AO PRINCÍPIO DA UNICIDADE MATRICIAL

Francisco José de Almeida Prado Ferraz Costa Junior[275] destaca que o princípio da unitariedade matricial, embora seja um princípio, não é absoluto, admitindo exceções pontuais. Ele menciona, como primeira exceção, a **propriedade horizontal**, seja na forma de condomínio edilício ou de lotes, onde são abertas matrículas para as unidades autônomas, mantendo-se uma matrícula principal para o terreno compartilhado.

Outra exceção apontada pelo autor é o caso das **frações autônomas de tempo ou multipropriedade**, regulamentado pelo art. 1.358-C do Código Civil. Aqui, cada proprietário de um mesmo imóvel é titular de uma fração de tempo, exercendo o uso e gozo exclusivo do imóvel de forma alternada. O registro desse tipo de propriedade implica a abertura de várias matrículas, uma para cada fração de tempo, seguindo as Normas de Serviço da Corregedoria Geral da Justiça.

---

[275] COSTA JUNIOR, Francisco José de Almeida Prado Ferraz. Princípio da unitariedade da matrícula. In: KERN, Marinho Dembinski; COSTA JUNIOR, Francisco José de Almeida Prado Ferraz. *Princípios do registro de imóveis brasileiro*. São Paulo: Thomson Reuters Brasil, 2020, v. II. (Coleção de Direito imobiliário).

No entanto, Ferraz Costa[276] ressalta que **não há exceção ao princípio da unitariedade matricial no caso do direito real de laje**. Ele explica que esse direito representa uma verdadeira propriedade superficiária sobre uma porção específica do espaço aéreo ou subsolo, resultante do desmembramento da propriedade sobre o terreno. Assim, o autor esclarece que, ao contrário do que possa parecer inicialmente, o direito real de laje não constitui uma exceção ao princípio da unitariedade matricial, corroborando a análise detalhada do instituto no contexto do princípio da especialidade.

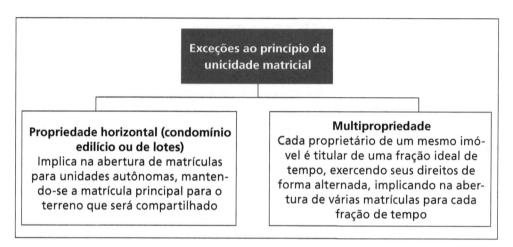

3.5. PRINCÍPIO DA ROGAÇÃO, INSTÂNCIA, RESERVA DE INICIATIVA OU DA SOLICITAÇÃO

A **rogação** é o pedido que o interessado faz ao registrador para que inscreva nos seus livros determinado ato, produzindo os efeitos correspondentes.

> Rogar (do latim *rogo, rogare*)[277] é pedir com insistência, suplicar, pedir por favor. A rogação registral também recebe o nome de *princípio da instância*, que corresponde ao pedido insistente, forte, assíduo, ou princípio da reserva de iniciativa, pois compete ao interessado requerer ao ato. Portanto, **o processo de registro inicia com um pedido do interessado**, com voluntariedade, apesar do art. 169 da Lei n. 6.015/73 dizer que são obrigatórios os atos de registro e averbação enumerados no art. 167.

Venício Salles[278] enxerga o princípio da instância como uma salvaguarda diante de alterações nos dados registrais, estabelecendo que o ato de registro deve ser mantido

---

[276] COSTA JUNIOR, Francisco José de Almeida Prado Ferraz. Princípio da unitariedade da matrícula. In: KERN, Marinho Dembinski; COSTA JUNIOR, Francisco José de Almeida Prado Ferraz. *Princípios do registro de imóveis brasileiro*. São Paulo: Thomson Reuters Brasil, 2020, v. II. (Coleção de Direito imobiliário).

[277] DIP, Ricardo. *Registro de imóveis (princípios)*. Tomo III. São Paulo: Editorial Lepanto, 2019, p. 9-11.

[278] SALLES, Venício. *Direito registral imobiliário*. 2. ed. rev. São Paulo: Saraiva, 2007.

intacto até que haja um pedido formalizado de revisão pelo detentor do direito. Essa abordagem ressalta a importância de preservar a estabilidade dos registros, permitindo sua revisão apenas mediante solicitação da parte interessada, o que serve como um freio a investidas, inclusive por parte do Poder Público.

A Lei de Registros Públicos trata da rogação na sua parte geral (art. 13)[279], permitindo o requerimento escrito ou verbal dos interessados, mas no capítulo que trata do registro de imóveis, a norma permite que **qualquer pessoa poderá provocar o registro ou averbação** (art. 217)[280].

Apesar de aparentemente conflitantes, ao mencionar que os registros e averbações são obrigatórios, podendo ser requeridos pelos interessados, mas provocados por qualquer pessoa, o que se busca é a legitimidade de quem está no título, e não quem apresenta o título. **O que a lei permite é que qualquer pessoa possa levar o título a registro**[281]**, mas não é qualquer pessoa que pode figurar no título**[282].

Walter Ceneviva[283] entende que a expressão "qualquer pessoa" é inequívoca, não podendo o oficial questionar nem mesmo a capacidade do apresentante do título. Com maior cautela, Martin Woff[284] ressalta que basta a simples apresentação de documentos à registro para que o registrador esteja obrigado ao protocolo, sem prejuízo de que, posteriormente, na qualificação, defira ou não o registro. Dessa forma, **qualquer pessoa poderá apresentar ao registro um título**, que será protocolado, mas o pedido somente será deferido pelo registrador se a pessoa que consta no título for realmente interessada no ato. Não sendo interessado, o registrador emitirá nota devolutiva, para que seja sanado o vício, mantendo o número de protocolo e a prioridade, pelo prazo legal.

Caleb Matheus Ribeiro de Miranda destaca que "interessado é aquele que pode ser afetado juridicamente pela ausência do registro, legitimando-se ao pedido, dentre outros, o compromissário comprador, o herdeiro e o comprador, ainda que o título não esteja registrado, desde que apresentado junto ao requerimento"[285].

---

[279] "Art. 13. Salvo as anotações e as averbações obrigatórias, os atos de registro serão praticados: I — Por ordem judicial; II — a requerimento verbal ou escrito dos interessados; III — a requerimento do Ministério Público". BRASIL. *Lei n. 6.015, de 31 de dezembro de 1973*. Dispõe sobre os registros públicos, e dá outras providências. Disponível em: http://www.planalto.gov.br/ccivil_03/leis/l6015compilada.htm. Acesso em: 15 nov. 2023.

[280] "Art. 217. O registro e a averbação poderão ser provocados por qualquer pessoa, incumbindo-lhe as despesas respectivas." BRASIL. *Lei n. 6.015, de 31 de dezembro de 1973*. Dispõe sobre os registros públicos, e dá outras providências. Disponível em: http://www.planalto.gov.br/ccivil_03/leis/l6015compilada.htm. Acesso em: 15 nov. 2023.

[281] DIP, Ricardo. *Registro de imóveis (princípios)*. Tomo III. São Paulo: Editorial Lepanto, 2019, p. 18.

[282] AUGUSTO, Eduardo Agostinho Arruda. *Registro de imóveis, retificação e georreferenciamento*: fundamento e prática. São Paulo: Saraiva, 2013, p. 230.

[283] CENEVIVA, Walter. *Lei dos Registros Públicos comentada*. 15. ed. São Paulo: Saraiva, 2003, p. 442.

[284] WOLFF, Martin. Derecho de cosas. In: ENNECCERUS, Ludwig; KIPP, Theodor; WOFF, Martin. *Tratado de direito civil*. 2. ed. Trad. Blas Pérez González e José Alguer. Barcelona: Bosh, 1951, v. I, p. 160.

[285] CALEB, M. R. M. Da averbação e do cancelamento. In: PEDROSO, A. G. A. (Org.). *Lei de registros públicos comentada*. Rio de Janeiro: Forense, 2023, p. 870.

A Apelação Cível n. 1018356-90.2018.8.26.0100 refere-se a um caso em que o recurso foi interposto contra uma decisão que julgou procedente a dúvida em relação ao registro de uma escritura pública de compra e venda de um imóvel urbano. O Oficial de Registro havia recusado o registro alegando a ausência de um título hábil para a abertura de matrícula, tendo a apelante argumentado que a escritura pública de compra e venda foi outorgada diretamente em favor da viúva e herdeiros do compromissário comprador, com base em um alvará expedido em ação de inventário. Além disso, mencionou que a instituição de bem de família, apesar de prevista na escritura, não foi objeto de requerimento de registro.

O Conselho Superior de Magistratura de São Paulo, ao analisar o caso, considerou o princípio da rogação, tendo destacado que a inscrição do contrato de compromisso de compra e venda conferiu direito real ao compromissário comprador, sendo que a presunção da existência e titularidade dos direitos reais é mantida até o cancelamento do registro. Observou também que, em virtude da autorização judicial concedida em um processo de inventário, a exigência de prévio registro da partilha do imóvel foi dispensada e considerou a possibilidade de cisão do título, destacando que, embora a escritura previsse a instituição de bem de família, a falta de requerimento de registro desse item não foi objeto do recurso. Portanto, a cisão permitiria o registro da compra e venda sem a necessidade de incluir a instituição de bem de família.

Importante evidenciar que o prestígio jurídico e a aplicação desse princípio foram atenuados ao longo do tempo. À luz dos ensinamentos de Salles[286], isso se deve, em parte, à maior susceptibilidade do sistema registral a alterações em função de interesses coletivos, impulsionados pela função social da propriedade. Nesse contexto, a busca por uma melhor organização das cidades pode, de certa forma, resultar no sacrifício de interesses individuais que colidem com o interesse geral.

Entretanto, Francisco José de Almeida Prado Ferraz Costa Junior[287] destaca que tal princípio desempenha um papel crucial no contexto do registro imobiliário e está intrinsecamente alinhado com as diretrizes fundamentais desse processo, de forma que a sua observância rigorosa é imperativa, exceto em situações expressamente previstas por normas legais ou regulamentares.

3.5.1. ROGAÇÃO MATERIAL E FORMAL

A acepção trata de dois conceitos relacionados ao processo de registro de documentos, em especial ao registro de títulos no âmbito dos registros públicos, como no registro de imóveis. Para entender melhor é necessário explicar o que significa "rogação material" e "rogação formal".

Rogação material se refere à **ação de solicitar o registro de um título por parte da pessoa legitimada para isso**, ou seja, aquela **pessoa que tem o direito ou a**

---

[286] SALLES, Venício. *Direito registral imobiliário*. 2. ed. rev. São Paulo: Saraiva, 2007.
[287] COSTA JUNIOR, Francisco José de Almeida Prado Ferraz. Princípio da unitariedade da matrícula. In: KERN, Marinho Dembinski; COSTA JUNIOR, Francisco José de Almeida Prado Ferraz. *Princípios do registro de imóveis brasileiro*. São Paulo: Thomson Reuters Brasil, 2020, v. II, p. 107. (Coleção de Direito imobiliário).

autoridade para pedir que o ato seja registrado. Por exemplo, no caso do registro de um imóvel, o legítimo interessado pode ser o proprietário do bem ou seu representante legal. A rogação material, portanto, está ligada à autoridade ou capacidade da pessoa para pedir o registro de forma substancial.

Já a **rogação formal** se refere ao **ato físico e formal de levar o título até o cartório para que ele seja registrado**. A rogação formal pode ser feita por **qualquer pessoa**, não necessariamente aquela que tem o direito de solicitar o registro (o legitimado). Ou seja, mesmo que uma pessoa não tenha direito sobre o título ou o bem, ela pode, em um sentido formal, levar o documento até o cartório e fazer o pedido de registro. No entanto, a aceitação ou o deferimento do registro dependerá da análise do cartório, que verificará se a pessoa que está fazendo a solicitação tem legitimidade para tal.

Em resumo, a rogação material refere-se à legitimidade do interessado para pedir o registro, enquanto a rogação formal é o ato físico de levar o título ao cartório, que pode ser realizado por qualquer pessoa, independentemente de ser o legítimo interessado. A rogação formal trata do procedimento, enquanto a material trata da legitimidade do pedido.

Rogação material	Ação de solicitar o registro de um título por pessoa legitimada; trata-se da legitimidade em solicitar o registro
Rogação formal	Ato físico e formal de levar o título ao registro de imóveis por qualquer pessoa; trata-se da ação de levar o título em cartório

3.5.2. ROGAÇÃO EXPRESSA, TÁCITA, PRESUMIDA E FICTA

Em alguns casos específicos, a lei exige requerimento escrito, com firma reconhecida do interessado, para que seja realizada a averbação. É o caso do art. 246, § 1.º, da Lei n. 6.015/73[288], que trata dos documentos necessários para as averbações previstas nos itens 4 e 5 do inciso II do art. 167.

O dispositivo exige três documentos essenciais: requerimento dos interessados com firma reconhecida, documentos dos interessados com firma reconhecida e documento comprobatório fornecido pela autoridade competente.

O autor Francisco Eduardo Loureiro[289] questiona a formalidade excessiva, especialmente em relação ao reconhecimento de firma, considerando que o princípio de instância ou rogação pode ser atendido com um requerimento verbal ou escrito, sem

---

[288] "Art. 246. § 1.º As averbações a que se referem os itens 4 e 5 do inciso II do art. 167 serão feitas a requerimento dos interessados, com firma reconhecida, instruído com documento dos interessados, com firma reconhecida, instruído com documento comprobatório pela autoridade competente. A alteração do nome só poderá ser averbada quando devidamente comprovada por certidão do Registro Civil". BRASIL. *Lei n. 6.015, de 31 de dezembro de 1973*. Dispõe sobre os registros públicos, e dá outras providências. Disponível em: http://www.planalto.gov.br/ccivil_03/leis/l6015compilada.htm. Acesso em: 15 nov. 2023.

[289] LOUREIRO, F. E. Da averbação e do cancelamento. In: NETO, José Manuel de Arruda A.; CLÁPIS, Alexandre L.; CAMBLER, Everaldo A. *Lei de Registros Públicos comentada*. 2. ed. Rio de Janeiro: Grupo GEN, 2019. E-book. Disponível em: https://app.minhabiblioteca.com.br/#/books/9788530983468/. Acesso em: 8 jan. 2024.

maior formalidade. Ele argumenta que a exigência de firma reconhecida pressupõe um requerimento escrito, sendo uma formalidade desnecessária.

A Corregedoria Geral da Justiça de São Paulo, no Processo n. 10.182/2015, destacou o princípio da rogação e a necessidade de ser realizada de forma expressa ao destacar que "se o recorrente desejar registrar a cláusula de vigência (com base no art. 167, I, 3, da Lei n. 6.015/73) deverá, em atenção ao princípio da rogação ou instância, requerê-lo de forma expressa e submeter o título à nova prenotação"[290]. Além de **escrito ou verbal**, o requerimento também pode ser **tácito**[291], quando a pessoa apenas apresenta o título inscritível ao registrador, o que torna implícito o pedido[292].

3.5.3. ROGAÇÃO PARA ATOS DE REGISTRO EM SENTIDO ESTRITO

Moacyr Petrocelli de Ávila Ribeiro[293] discute o sistema registral brasileiro destacando sua **natureza de título e modo**. Ele explica que a transmissão da propriedade imobiliária não ocorre apenas com a formalização do acordo de vontades, sendo necessário um elemento adicional. Para bens imóveis, esse elemento é o registro.

O autor destaca que **o sistema brasileiro é causal**, vinculando o registro à validade do título que o originou, e defende a ideia de que qualquer pessoa portadora do título, devidamente identificada, tem legitimidade para apresentá-lo para registro. Ele argumenta que o oficial registrador atua como mensageiro das partes e não deve questionar a capacidade do apresentante, deixando a verificação para as partes envolvidas.

Quanto à natureza do requerimento para prática de ato de registro em sentido estrito, o autor a enxerga como uma declaração unilateral de vontade dirigida ao oficial registrador e evidencia a liberdade formal desse ato, podendo ser expresso de forma escrita, oral ou tácita, desde que acompanhado do título inscritível.

Francisco José de Almeida Prado Ferraz Costa Junior[294] faz considerações semelhantes sobre a rogação para ato de registro em sentido estrito, também enxergando o

---

[290] "REGISTRO DE IMÓVEIS — Ausência da via original — Prejudicialidade — Exame, em tese, das exigências, a fim de nortear futuras prenotações — Averbação de contrato de locação de bem imóvel com fundamento no art. 167, II, n. 16, da Lei n. 6.015/73 — Inadmissibilidade — Inexistência de cláusula de preferência — Princípio da especialidade também não observado — Indisponibilidade que não obsta a averbação do contrato de locação — Recurso não conhecido" (Corregedoria Geral da Justiça do Estado de São Paulo, Processo n. 10.182/2015, rel. Elliot Akel, São Carlos, *DOJ*, 3.2.2015).

[291] CARVALHO, Afrânio de. *Registro de imóveis*: comentários ao sistema de registro em face da Lei 6.015, de 1973, com alterações da Lei 6.216, de 1975, Lei 8.009, de 1990 e Lei 8.935, de 18.11.1994. 4. ed. Rio de Janeiro: Forense, 2001, p. 270.

[292] MIRANDA, Francisco Cavalcanti Pontes de. *Tratado de direito privado*. Rio de Janeiro: Editora Borsoi, 1956, v. 11, p. 332.

[293] RIBEIRO, M. P. A. Das atribuições. In: PEDROSO, A. G. A. (Org.). *Lei de Registros Públicos comentada*. Rio de Janeiro: Forense, 2023, p. 718.

[294] COSTA JUNIOR, Francisco José de Almeida Prado Ferraz. Princípio da unitariedade da matrícula. In: KERN, Marinho Dembinski; COSTA JUNIOR, Francisco José de Almeida Prado Ferraz. *Princípios do registro de imóveis brasileiro*. São Paulo: Thomson Reuters Brasil, 2020, v. II, p. 115-122. (Coleção de Direito imobiliário).

requerimento para a prática de ato de registro como uma declaração unilateral de vontade dirigida ao Oficial. Esse ato é considerado um negócio jurídico de forma livre, podendo manifestar-se de maneira expressa, por escrito, verbalmente ou por gestos, bem como de forma tácita ou presumida, como no caso da remessa de uma escritura pública pelo correio.

Apesar da liberdade quanto à forma, é ressaltado que a exteriorização desse requerimento demanda a apresentação do título inscritível. Quando o título abrange mais de um imóvel, o autor[295] destaca a possibilidade de a Serventia Predial exigir que o apresentante indique expressamente em quais imóveis deseja registrar o título. Essa exigência é justificada pela necessidade de evitar presunções por parte do Oficial, pois este não pode agir por suposição, sendo crucial um requerimento expresso do interessado. Essa precaução visa impedir registros indevidos e proteger o Oficial de eventual responsabilidade, inclusive a devolução em décuplo do valor pago.

3.5.4. ROGAÇÃO PARA ATOS DE AVERBAÇÃO

Moacyr Petrocelli de Ávila Ribeiro[296] aborda a questão da rogação para atos de averbação, destacando que, inicialmente, a averbação foi concebida como um ato acessório ao registro, destinado a modificar, complementar, reduzir ou cancelar o conteúdo de um ato registral anterior. No entanto, ressalta que modificações legislativas acabaram por desconfigurar, em alguns casos, a finalidade original da averbação, equiparando-a, em alguns aspectos, aos atos de registro em sentido estrito.

O autor destaca a importância da averbação que, muitas vezes, produz efeitos jurídicos semelhantes aos dos registros tradicionais. Ele enfatiza que **a legitimação para requerer uma averbação deve ser aferida caso a caso**, levando em consideração o interesse jurídico na alteração do registro. É necessário verificar se o requerente possui um **legítimo interesse** na averbação, sendo, em princípio, o titular de um direito já constituído no fólio real. No entanto, há a possibilidade de existirem situações em que o titular original não seja o requerente, como no caso de falecimento ou alienação do imóvel para terceiros.

Ávila Ribeiro[297] aborda as formalidades necessárias para as averbações, mencionando que, geralmente, devem ser requeridas por meio de documento escrito com firma reconhecida e instruídas com documentos oficiais comprobatórios. Ele discute a interpretação do art. 246, § 1.º, da LRP, que, embora restrinja as formalidades a certas averbações, é entendido por alguns como uma cláusula geral aplicável a todos os requerimentos de averbação.

---

[295] COSTA JUNIOR, Francisco José de Almeida Prado Ferraz. Princípio da unitariedade da matrícula. In: KERN, Marinho Dembinski; COSTA JUNIOR, Francisco José de Almeida Prado Ferraz. *Princípios do registro de imóveis brasileiro*. São Paulo: Thomson Reuters Brasil, 2020, v. II, p. 115-122. (Coleção de Direito imobiliário).

[296] RIBEIRO, M. P. A. Das atribuições. In: PEDROSO, A. G. A. (Org.). *Lei de Registros Públicos comentada*. Rio de Janeiro: Forense, 2023, p. 720.

[297] RIBEIRO, M. P. A. Das atribuições. In: PEDROSO, A. G. A. (Org.). *Lei de registros públicos comentada*. Rio de Janeiro: Forense, 2023, p. 720.

Ao abordar a questão da rogação para ato de averbação, Francisco José de Almeida Prado Ferraz Costa Junior[298] destaca a exigência de redução à forma escrita nos requerimentos relacionados a esses atos.

No que diz respeito à instrumentalização dos requerimentos de averbação, o autor menciona a decisão no Processo n. 0034382-64.2010.8.26.0100[299], que considerou prescindível o reconhecimento de firma do subscritor do requerimento, desde que este, devidamente identificado, assine perante o Registrador ou seu preposto. Essa decisão foi posteriormente incorporada às Normas de Serviço da Corregedoria Geral da Justiça, no Capítulo XX, item 120. Além disso, é mencionado que, quando o interessado é representado por advogado, o reconhecimento da firma do mandante no instrumento de mandato é suficiente, sendo dispensável o reconhecimento da firma do mandatário, desde que este possua poderes específicos. Assim, o autor sugere uma abordagem menos rigorosa no que diz respeito à formalidade dos requerimentos de averbação, indicando a importância de considerar as circunstâncias específicas de cada caso, como a presença do interessado ou do advogado no ato.

Em conclusão, destaca-se a importância de compreender a diversidade de situações que envolvem a prática de averbações, respeitando a legislação específica e as normas regulamentares para cada caso.

3.5.5. DESISTÊNCIA DA ROGAÇÃO

Ricardo Dip entende que, **após a apresentação do título e antes da inscrição, pode haver a desistência por parte do apresentante**[300]. Ao explicar o tema, Moacyr Petrocelli de Ávila Ribeiro[301] destaca a **natureza processual** desse procedimento e ressalta que, assim como no processo judicial, a iniciativa de dar andamento ao processo registral cabe ao interessado, que solicita ao oficial registrador a realização dos atos

---

[298] COSTA JUNIOR, Francisco José de Almeida Prado Ferraz. Princípio da unitariedade da matrícula. In: KERN, Marinho Dembinski; COSTA JUNIOR, Francisco José de Almeida Prado Ferraz. *Princípios do registro de imóveis brasileiro.* São Paulo: Thomson Reuters Brasil, 2020, v. II, p. 115-122. (Coleção de Direito Imobiliário).

[299] "a) para as averbações previstas no art. 167, II, 4 e 5, da Lei n. 6015/73, não se exigirá o reconhecimento de firma do subscritor do requerimento quando este comparecer pessoalmente na Serventia de Imóveis portando a via original de documento de identidade oficial e o assinar na frente do preposto do Oficial, que atestará, com base na fé pública que possui, que a averbação está sendo requerida por pessoa comprovadamente identificada e providenciará que cópia do documento de identidade apresentado pelo requerente seja microfilmada junto ao título apresentado; b) representado o interessado por advogado, basta o reconhecimento da firma do mandante no instrumento de mandato, sendo prescidível a do mandatário, desde que possua poderes específicos (CG 1.485/99); e c) quando o requerimento for apresentado por terceiros, o reconhecimento da firma do subscritor é de rigor, ainda que o terceiro/portador apresente a via original do documento de identidade daquele". (1.ª Vara de Registros Públicos de São Paulo, Processo n. 0034382-64.2010.8.26-0100, rel. Gustavo Henrique Bretas Marzagão, São Paulo, *DJ*, 16.12.2010).

[300] DIP, Ricardo. *Registro de Imóveis (princípios).* Tomo III. São Paulo: Editorial Lepanto, 2019, p. 18.

[301] RIBEIRO, M. P. A. Das atribuições. In: PEDROSO, A. G. A. (Org.). *Lei de Registros Públicos comentada.* Rio de Janeiro: Forense, 2023, p. 727.

pertinentes e que pode, até um certo momento do procedimento extrajudicial, desistir de sua pretensão.

> Para formalizar essa desistência, o **requerimento** deve ser apresentado por escrito ao Ofício Predial, sendo arquivado na serventia. Em circunstâncias normais, o registrador deve atender ao pedido, restituindo o título original e, se aplicável, reembolsando os valores previamente pagos pelo interessado como depósito prévio.

É ressaltado por Ávila Ribeiro[302] que, **após a conclusão** dos atos registrais propriamente ditos, ocorre uma **preclusão lógica**, **impedindo a desistência** da inscrição predial. No entanto, destaca-se a **possibilidade de cancelamento do registro**, conforme previsto na Lei de Registros Públicos[303]. Além disso, em casos de negócios jurídicos sujeitos a distrato, é viável realizar uma nova inscrição predial, revertendo o *status quo ante* do fólio real.

Também é possível a **desistência parcial do registro**[304]. Mesmo quando um único título é apresentado para o registro de múltiplas unidades imobiliárias, é permitido ao interessado requerer o registro de apenas uma delas ou desistir do registro de uma unidade após a pretensão inicial de registro integral. Esse **princípio de cindibilidade do título**, fortalecido pelo sistema do fólio real introduzido pela Lei n. 6.015/73, permite a separação de registros, **desde que haja manifestação de vontade específica por parte do interessado**. Contudo, ressalta-se que nem todos os negócios jurídicos podem ser cindidos, especialmente aqueles que envolvem atos principais e acessórios com interdependência natural.

Francisco José de Almeida Prado Ferraz Costa Junior[305] destaca que **não é possível realizar modificações no requerimento com efeitos ampliativos**, ou seja, alguém protocolou um título referente a dois imóveis e solicitou a inscrição apenas para um deles, não é possível, posteriormente, ampliar o objeto de inscrição sob o mesmo número de protocolo, sob o risco de violar o princípio da prioridade, sendo necessário, portanto, que a segunda solicitação de inscrição tramite sob um novo número de ordem.

3.5.6. EXCEÇÕES À ROGAÇÃO: OS ATOS PRATICADOS DE OFÍCIO NO REGISTRO DE IMÓVEIS

Em determinados casos, como exceção ao sistema, a lei permite que o registrador proceda **de ofício**, realizando um ato em seus livros, quebrando a regra da provocação.

---

[302] RIBEIRO, M. P. A. Das atribuições. In: PEDROSO, A. G. A. (Org.). *Lei de Registros Públicos comentada*. Rio de Janeiro: Forense, 2023, p. 728.

[303] RIBEIRO, M. P. A. Das atribuições. In: PEDROSO, A. G. A. (Org.). *Lei de Registros Públicos comentada*. Rio de Janeiro: Forense, 2023, p. 728.

[304] RIBEIRO, M. P. A. Das atribuições. In: PEDROSO, A. G. A. (Org.). *Lei de Registros Públicos comentada*. Rio de Janeiro: Forense, 2023, p. 728.

[305] COSTA JUNIOR, Francisco José de Almeida Prado Ferraz. Princípio da unitariedade da matrícula. In: KERN, Marinho Dembinski; COSTA JUNIOR, Francisco José de Almeida Prado Ferraz. *Princípios do registro de imóveis brasileiro*. São Paulo: Thomson Reuters Brasil, 2020, v. II, p. 114. (Coleção de Direito imobiliário).

Venício Salles[306] destaca que o princípio da instância admite exceções especialmente quando as alterações decorrem de ajustes internos do sistema, oriundos do autocontrole interno ou da aplicação do sistema de autotutela administrativa. É o caso da **retificação** prevista no art. 213, I, da Lei n. 6.015/73, bem como os casos de **abertura de matrícula** quando do primeiro registro de imóvel ainda objeto de transcrição, averbação de encerramento de matrícula quando o imóvel é desmembrado em outros tantos, casos de abertura de novas matrículas em procedimento especial de loteamento, hipóteses específicas de suscitação de dúvida, transporte de ônus quando da abertura de matrícula, entre outros. Em todos os casos, **deve haver uma norma expressa autorizando o oficial proceder de ofício.**

Outro exemplo é o art. 110 da Lei n. 6.015/73, que prevê em seu *caput,* que o Oficial tem a prerrogativa de retificar registros, averbações ou anotações por iniciativa própria. Mitigando o princípio da rogação[307].

Ponto polêmico refere-se ao **cancelamento de ofício** das hipotecas convencionais registradas há mais de 30 anos, chamadas de peremptas. O art. 1.485 do Código Civil determina que após esse prazo surge a necessidade de novo título e novo registro, o qual é corroborado pelo art. 238 da Lei n. 6.015/73. Assim, após 30 anos, a hipoteca está extinta, o crédito persiste sem a garantia, mas o registro ainda está na matrícula. A dúvida é se o registrador pode cancelar de ofício a referida hipoteca, ou pode aceitar simples requerimento do devedor, sem consentimento do credor, ou depende de autorização judicial.

Afrânio de Carvalho[308], citando Pontes de Miranda, lembra que é essencial a necessidade de autorização legal para o registrador promover a baixa. Sem que a lei permita o ato de ofício, não pode o registrador fazê-lo, sob pena de responsabilidade civil e administrativa. Recentemente, alguns Códigos de Normas e a Consolidações Normativas dos Estados vem permitindo requerimento unilateral do devedor solicitando a baixa da hipoteca perempta, em alguns casos apresentando certidão negativa judicial que demonstre não existir processo entre credor e devedor.

3.6. PRINCÍPIO *TEMPUS REGIT ACTUM* (O TEMPO REGE O ATO)

Como já estudado, no Brasil, o sistema de transmissão de propriedade intervivos ocorre pelo **sistema título e modo (registro)**. O título requer na sua formação o respeito aos elementos de validade, previstos no art. 104 do Código Civil, além dos elementos próprios de cada negócio jurídico.

---

[306] SALLES, Venício. *Direito registral imobiliário.* 2. ed. rev. São Paulo: Saraiva, 2007.

[307] BOSELLI, K.; RIBEIRO, I. A.; MRÓZ, D. Registro civil das pessoas naturais. In: GENTIL, Alberto. *Registros públicos.* Rio de Janeiro: Grupo GEN, 2022. *E-book.* Disponível em: https://app.minhabiblioteca.com.br/#/books/9786559644773/. Acesso em: 18 jan. 2024.

[308] CARVALHO, Afrânio de. *Registro de imóveis*: comentários ao sistema de registro em face da Lei 6.015, de 1973, com alterações da Lei 6.216, de 1975, Lei 8.009, de 1990 e Lei 8.935, de 18.11.1994. 4. ed. Rio de Janeiro: Forense, 2001, p. 275.

Christiano Cassetari[309] explica que o plano da existência do negócio jurídico, que antecede ao plano da validade, é reconhecido pela doutrina, existindo uma separação clara entre o ato de formação, que visa a formação do direito pessoal, e o ato de inscrição do título, que gera o direito real[310].

Esses dois atos têm momentos de formação diferentes, cabendo ao registrados verificar, **no momento da inscrição, se o título cumpre todos os requisitos necessários**. Se no ato de inscrição está vigente uma lei que prevê um requisito que não era necessário na época do ato de formação, deve tal requisito ser cumprido mesmo assim, uma vez que o "registro é sujeito à lei vigente à época da apresentação do título para registro"[311].

É com o registro que surgem os efeitos esperados do negócio jurídico. Pontes de Miranda[312] destaca que a eficácia do negócio jurídico de transferência está diretamente ligada à sua transcrição. Segundo ele, o acordo de transferência carece de eficácia real na ausência da transcrição. Durante o período que antecede a transcrição, o acordo de transferência, considerado um negócio jurídico no âmbito do direito das coisas, permanece passível de ser desfeito mediante a vontade das partes.

Francesco Messineo[313] explica que o título pronto possui eficácia relativa e, após o registro, adquire a eficácia plena. É com o registro que ocorre o *modus* de transmissão da propriedade e esse efeito constitutivo irradia em relação a terceiros[314] (*erga omnes*).

> Apesar de o negócio jurídico adquirir formação quando da instrumentalização do título, pelas leis vigentes naquele momento, **ao ser apresentado para registro será aplicada a lei que estiver em vigor no momento do protocolo**. O princípio *tempus regist actum* determina que, ao plano da eficácia, devem ser aplicadas as normas incidentes quando o título é apresentado ao registro.

O Código Civil possui uma regra de direito intertemporal, falando sobre o plano da eficácia. Trata-se do art. 2.035[315], que prevê que a legitimidade dos negócios jurídicos estabelecidos antes da implementação do Código Civil segue as disposições das leis anteriores. Contudo, os efeitos gerados após a vigência do referido Código estão sujeitos às suas normas, a menos que as partes tenham previamente estipulado uma forma específica de execução.

---

[309] CASSETARI, Christiano. *Elementos de direito civil*. 7. ed. São Paulo: Saraiva Educação, 2019, p. 139.
[310] SERRA, M. G.; SERRA, M. H. Princípios do registro de imóveis. In: CASSETTARI, C. (Org.). *Registro de imóveis*. Indaiatuba: Editora Foco, 2020, p. 81-97.
[311] SERRA, M. G.; SERRA, M. H. Princípios do registro de imóveis. In: CASSETTARI, C. (Org.). *Registro de imóveis*. Indaiatuba: Editora Foco, 2020, p. 90.
[312] MIRANDA, Francisco Cavalcante Pontes de. *Tratado de direito privado*: parte geral. Tomo V. 2. ed. Rio de Janeiro: Borsoi, 1955, p. 34.
[313] MESSINEO, Francesco. *Manual de derecho civil y comercial*. Tomo III. Traduzido para o espanhol por Santiago Sentis Melendo. Buenos Aires: EJEA, 1954, p. 569.
[314] FREITAS, Augusto Teixeira de. *Consolidação das leis civis*. 3. ed. Rio de Janeiro: B. L. Garnier, 1876, p. 350-351.
[315] BRASIL. *Lei n. 10.406, de 10 de janeiro de 2002*. Institui o Código Civil. Disponível em: http://www.planalto.gov.br/ccivil_03/leis/2002/l10406compilada.htm. Acesso em: 15 nov. 2023.

Sérgio Jacomino[316] demonstra que a jurisprudência registral já visitou o tema inúmeras vezes, restando como cristalino que a lei do momento do registro é a lei que deve ser aplicada ao negócio jurídico já instrumentalizado. Não há violação ao art. 6.º da LINDB[317], pois o negócio jurídico imobiliário *intervivos* é válido, mas só atinge sua eficácia plena com o registro.

Como exemplo, pode ser citado o Processo n. 1059789-79.2015.8.26.0100[318], no qual o Conselho Superior da Magistratura de São Paulo analisou um caso envolvendo alienação fiduciária de um bem imóvel e um contrato de locação. O fiduciante, que transferiu o bem como garantia, entrou em mora, não cumprindo suas obrigações contratuais, tendo sido prenotado um pedido de intimação para purgação da mora que aguardava análise. Posteriormente, um contrato de locação do mesmo imóvel foi apresentado para registro. O oficial do registro interpretou que, devido à mora do fiduciante, este já não tinha disponibilidade sobre o imóvel, impossibilitando a realização do contrato de locação.

O princípio do *tempus regit actum* foi invocado, indicando que as condições no momento da apresentação do título para registro são decisivas. Mesmo que o contrato de locação tenha sido firmado quando o fiduciante ainda tinha disponibilidade sobre o bem, o registro está sujeito às condições existentes na apresentação.

O CSMSP concluiu que, como o pedido de intimação para purgação da mora já estava prenotado quando o contrato de locação foi apresentado, a disponibilidade do fiduciante sobre o bem estava comprometida. O contrato de locação não poderia ser registrado até que a mora fosse purgada. Portanto, o recurso foi negado, mantendo a decisão de impedir o registro do contrato de locação até a resolução da situação de mora.

Importa mencionar que a prática de não levar um título a registro, por desconhecimento ou por vontade própria, pode ocasionar uma série de problemas em razão das constantes alterações legislativas que o país vive.

Soma-se a isso que, além da legislação federal que rege a matéria, as corregedorias gerais de justiça dos tribunais estaduais, bem como o CNJ, constantemente publicam novas normas administrativas, determinando novos procedimentos e exigências aos registradores imobiliários. Exemplos claros são as normas que se referem a imóveis

---

[316] JACOMINO, Sérgio. Requisitos formais do registro e a parêmia *tempus regit actum*. Registro de títulos lavrados na vigência da lei anterior: hipóteses de exceção. In: AHUALLI, Tania Mara; BENACCHIO, Marcelo. (Coord.). *Direito notarial e registral*: homenagem às varas de registros públicos da Comarca de São Paulo. São Paulo: Quartier Latin, 2016, p. 322.

[317] BRASIL. *Decreto-lei n. 4.657, de 4 de setembro de 1942*. Lei de Introdução às Normas do Direito Brasileiro. Disponível em: http://www.planalto.gov.br/ccivil_03/decreto-lei/del4657compilado.htm. Acesso em: 15 nov. 2021.

[318] "REGISTRO DE IMÓVEIS — Alienação fiduciária de bem imóvel — Mora do fiduciante — Pedido de intimação para purgação da mora, prenotado — Circunstância que impede o registro de contrato de locação, cujo protocolo é posterior — Fiduciante que, a partir da mora, não pode dispor sobre o bem — *Tempus regit actum* — Recurso desprovido" (Conselho Superior da Magistratura do Estado de São Paulo, Apelação Cível n. 1059789-79.2015.8.26.0100, São Paulo, rel. Manoel de Queiroz Pereira Calças, *DJU*, 20.9.2016).

georreferenciados[319], ou aos requisitos da escrituração[320] em relação aos crimes de lavagem de dinheiro.

Rodrigo Pacheco Fernandes[321] alerta que, havendo mudança da norma após o título já estar prenotado, mas não registrado, será mantida a lei do protocolo, ainda que estabeleça novos requisitos ou vede a prática do ato, pois **a inscrição protocolar cria direito adquirido de alcançar o registro**, aplicando-se o princípio da prioridade.

3.6.1. MITIGAÇÕES AO PRINCÍPIO *TEMPUS REGIT ACTUM*

Um ponto específico que merece uma maior atenção foi quando da entrada em vigor da Lei n. 6.015/73, em 1.º de janeiro de 1976, que inseriu o sistema de matrículas no Brasil e determinou os requisitos para sua abertura no art. 176, quando do primeiro registro na vigência da lei. Na época, muitos títulos lavrados ainda não estavam registrados e, quando apresentados ao registro, foram submetidos aos novos requisitos, os quais não existiam no sistema de transcrições.

O impasse gerou desconforto social, e o legislador alterou a Lei n. 6.015/73 através da Lei n. 6.688, de 17 de setembro de 1979, criando uma regra de exceção ao inserir o § 2.º no art. 176, que determinou que, para as **matrículas e registros das escrituras e partilhas lavradas ou homologadas na vigência do Decreto n. 4.857**, as exigências desse artigo não seriam consideradas, sendo necessário que tais atos estivessem em conformidade com as disposições da legislação anterior[322]. Com isso, passaram a ser recepcionados os títulos lavrados anteriormente à entrada em vigor da Lei n. 6.015/73, mesmo que desprovidos dos requisitos atuais. A alteração alcança os títulos *mortis causa* e as escrituras[323].

---

[319] BRASIL. *Lei n. 10.267, de 28 de agosto de 2001.* Altera dispositivos das Lei n. 4.947, de 6 de abril de 1966, 5.868, de 12 de dezembro de 1972, 6.015, de 31 de dezembro de 1973, 6.739, de 5 de dezembro de 1979, 9.393, de 19 de dezembro de 1996, e dá outras providências. Disponível em: http://www.planalto.gov.br/ccivil_03/leis/leis_2001/l10267.htm. Acesso em: 15 nov. 2021.

[320] BRASIL. *Provimento n. 88, de 1.º outubro de 2019.* Dispõe sobre a política, os procedimentos e os controles a serem adotados pelos notários e registradores visando à prevenção dos crimes de lavagem de dinheiro, previstos na Lei n. 9.613, de 3 de março de 1998, e do financiamento do terrorismo, previsto na Lei n. 13.260, de 16 de março de 2016, e dá outras providências. Disponível em: https://www.26notas.com.br/blog/?p=15020. Acesso em: 15 nov. 2021.

[321] FERNANDES, Rodrigo Pacheco. Direito intertemporal processual e o registro imobiliário. In: DIP, Ricardo (Coord.). *Direito registral e o novo Código de Processo Civil.* Rio de Janeiro: Forense, 2016, p. 163.

[322] BRASIL. *Lei n. 6.688, de 17 de setembro de 1979.* Introduz alterações na Lei dos Registros Públicos, quanto às escrituras e partilhas, lavradas ou homologadas na vigência do Decreto n. 4.857, de 9 de novembro de 1939. Disponível em: http://www.planalto.gov.br/ccivil_03/leis/L6688.htm. Acesso em: 15 nov. 2021.

[323] JACOMINO, Sérgio. Requisitos formais do registro e a parêmia *tempus regit actum*. Registro de títulos lavrados na vigência da lei anterior: hipóteses de exceção. In: AHUALLI, Tania Mara; BENACCHIO, Marcelo. (Coord.). *Direito notarial e registral*: homenagem às varas de registros públicos da Comarca de São Paulo. São Paulo: Quartier Latin, 2016, p. 327.

3.7. PRINCÍPIO DA PRIORIDADE OU DO MELHOR DIREITO

O **princípio da prioridade,** previsto no art. 186 da Lei n. 6.015/73[324], determina que **a ordem de apresentação cronológica dos títulos no cartório de registro de imóveis garante a preferência do direito.** Assim, esse princípio é "a solução registral ante o conflito de direitos (tanto reais, quanto, às vezes, obrigacionais) sobre um mesmo imóvel"[325].

> O primeiro no tempo é o mais poderoso, o melhor direito (*prior tempore, potior iure*).

O art. 11 da Lei n. 6.015/73 estipula que os oficiais devem adotar o melhor regime interno para garantir às partes a ordem de precedência na apresentação de seus títulos, estabelecendo um número de ordem geral. Marinho Dembinski Kern[326] destaca a necessidade de manter um sistema de fila organizada, possivelmente por meio de senhas, assegurando que aqueles que chegam primeiro tenham atendimento prioritário para o protocolo de seus títulos, posto que **a prenotação ocorre seguindo rigorosamente a ordem de apresentação** deles.

Um sistema desordenado poderia resultar em prejuízo aos direitos materiais das partes, especialmente em casos de títulos contraditórios, de forma que a fila é considerada crucial, pois permite que o Livro 1 (Protocolo) reflita a ordem de chegada e apresentação dos títulos pelos usuários, garantindo prioridade material e procedimental àqueles que chegaram primeiro ao Cartório.

3.7.1. PRIORIDADE EXCLUSIVA, EXCLUDENTE

Quando **dois títulos** relacionados ao **mesmo imóvel** são **apresentados no mesmo dia,** o registrador deve verificar se eles conferem direitos contraditórios ou se são compatíveis. Se os direitos são contraditórios, **a prioridade é concedida àquele que foi registrado primeiro no livro.**

Francisco José Rezende dos Santos[327] discute o princípio da prioridade no Registro de Imóveis, enfocando sua aplicação quando se trata de direitos incompatíveis entre si. Ele destaca que esse princípio não apenas estabelece uma ordem de preferência para os direitos registrados, mas também pode proibir o registro de títulos que envolva direitos

---

[324] "Art. 186. O número de ordem determinará a prioridade do título, e está a preferência nos direitos reais, ainda que apresentados pela mesma pessoa mais de um título simultaneamente". BRASIL. *Lei n. 6.015, de 31 de dezembro de 1973.* Dispõe sobre os registros públicos, e dá outras providências. Disponível em: http://www.planalto.gov.br/ccivil_03/leis/l6015compilada.htm. Acesso em: 15 nov. 2023.

[325] SANTOS, F. J. R. Princípio da prioridade. In: DIP, R.; JACOMINO, S. *Doutrinas essenciais*: direitos registrais. 2. ed. São Paulo: Revista dos Tribunais, 2013. 7 v. p. 772.

[326] KERN, Marinho Dembinski; COSTA JUNIOR, Francisco José de Almeida Prado Ferraz. *Princípios do registro de imóveis brasileiro.* São Paulo: Thomson Reuters Brasil, 2020, v. II, p. 125-126. (Coleção de Direito imobiliário).

[327] SANTOS, F. J. R. Princípio da prioridade. In: DIP, R.; JACOMINO, S. *Doutrinas essenciais*: direitos registrais. 2. ed. São Paulo: Revista dos Tribunais, 2013. 7 v. p. 773.

antagônicos. Em outras palavras, quando os direitos apresentados são contraditórios ou reciprocamente excludentes, **o título registrado primeiro prevalece**, excluindo o posterior. Quando os direitos são reciprocamente excludentes, a prioridade assegura o primeiro, excluindo o segundo[328]. Aí a prioridade surge e pune[329] o retardatário, beneficiando o apresentante diligente. Nesse sentido, trabalha o art. 190[330], que estabelece que não é permitido o registro, no mesmo dia, de títulos que criem direitos reais conflitantes sobre o mesmo imóvel. Ou seja, se dois ou mais documentos forem apresentados em um único dia e resultarem em direitos reais contraditórios para o mesmo imóvel, o registrador não deverá efetuar os registros.

Interessante destacar a observação feita por Ivan Jacopetti do Lago, segundo o qual a regra do art. 190, que visa evitar dúvidas sobre a preferência de direitos reais, tornou-se obsoleta em um sistema moderno de registro baseado no fólio real. Anteriormente, essa previsão fazia sentido quando os registros eram cronologicamente escriturados em folhas distintas. Com a adoção do fólio real, a proibição de registrar dois direitos no mesmo dia perde sua justificação, pois a precedência é determinada pelo número de ordem do protocolo[331]. Assim, apontados, no mesmo dia, dois títulos referindo-se ao mesmo imóvel, deve o registrador observar se eles carregam direitos contraditórios ou compatíveis. Sendo contraditório, ensina Afrânio de Carvalho[332] que a prioridade é exclusiva daquele que chegou primeiro ao livro. Para serem considerados contraditórios, orienta Marinho Dembinki Kern[333], os títulos devem se referir ao mesmo imóvel, **os outorgados devem ser diversos e o conteúdo deve gerar oposição entre si**, não importando se é total, parcial, absoluto ou relativo, o que vai definir se um deles será excluído ou registrado com graduação inferior ao primeiro.

De forma didática, se os direitos dizem respeito a imóveis diferentes, não há problema, pois não há incompatibilidade entre os registros nem discussão sobre

---

[328] SANTOS, F. J. R. Princípio da Prioridade. In: DIP, R.; JACOMINO, S. *Doutrinas essenciais*: direitos registrais. 2. ed. São Paulo: Revista dos Tribunais, 2013. 7 v. p. 773.

[329] CARVALHO, Afrânio de. *Registro de imóveis*: comentários ao sistema de registro em face da Lei 6.015, de 1973, com alterações da Lei 6.216, de 1975, Lei 8.009, de 1990 e Lei 8.935, de 18.11.1994. 4. ed. Rio de Janeiro: Forense, 2001, p. 181.

[330] "Art. 190. Não serão registrados, no mesmo dia, títulos pelos quais se constituam direitos reais contraditórios sobre o mesmo imóvel." BRASIL. *Lei n. 6.015, de 31 de dezembro de 1973*. Dispõe sobre os registros públicos, e dá outras providências. Disponível em: http://www.planalto.gov.br/ccivil_03/leis/l6015compilada.htm. Acesso em: 15 nov. 2023.

[331] LAGO, I. J. Da ordem de serviço. In: PEDROSO, A. G. A. (Org.). *Lei de Registros Públicos comentada*. Rio de Janeiro: Forense, 2023, p. 622.

[332] CARVALHO, Afrânio de. *Registro de imóveis*: comentários ao sistema de registro em face da Lei 6.015, de 1973, com alterações da Lei 6.216, de 1975, Lei 8.009, de 1990 e Lei 8.935, de 18.11.1994. 4. ed. Rio de Janeiro: Forense, 2001, p. 182.

[333] KERN, Marinho Dembinski; COSTA JUNIOR, Francisco José de Almeida Prado Ferraz. *Princípios do registro de imóveis brasileiro*. São Paulo: Thomson Reuters Brasil, 2020, v. II, p. 128-129. (Coleção de Direito imobiliário).

preferência, uma vez que cada registro afeta apenas o imóvel específico a que se refere, sem interferir nos demais[334].

Entretanto, a situação muda quando os direitos se referem ao mesmo imóvel. Nesse caso, é crucial que os registros sejam cuidadosamente analisados, pois qualquer um deles pode influenciar os demais. Se for o caso, é necessário observar se os outorgados são diferentes, pois, caso contrário, não há prejuízo real, já que a mesma pessoa seria titular de ambos os direitos.

Além disso, é crucial que exista algum grau de contradição entre os direitos registrados. A presença dessa oposição é fundamental para aplicar o princípio da prioridade. Não importa o quão intensa seja essa contradição, pois qualquer oposição aciona o princípio. No entanto, a intensidade é relevante para determinar o resultado da aplicação do princípio: se o direito posterior será excluído ou se será registrado com grau inferior[335].

Um exemplo dado por Francisco José Rezende dos Santos[336] **é o caso de duas pessoas comprarem o mesmo imóvel, sendo que o registro do título do primeiro comprador exclui a possibilidade de registro do segundo comprador para o mesmo imóvel.**

Um caso prático, a Apelação Cível **1015670-19.2021.8.26.0554**[337] tratou de uma situação envolvendo um instrumento particular de compra e venda e de alienação fiduciária em garantia. A compradora e fiduciante teve um decreto de indisponibilidade judicialmente decretado sobre seu patrimônio. Esse obstáculo já existia ao tempo da prenotação, ou seja, quando o documento foi protocolado para registro.

O Conselho Superior de Magistratura de São Paulo entendeu que, nesse caso, a data da celebração dos negócios jurídicos torna-se irrelevante, aplicando o princípio *prior in tempore, potior in iure*.

O julgamento também afirmou que não há direito adquirido à transmissão do domínio e à alienação fiduciária antes do registro, pois o registro tem natureza

---

[334] KERN, Marinho Dembinski; COSTA JUNIOR, Francisco José de Almeida Prado Ferraz. *Princípios do registro de imóveis brasileiro*. São Paulo: Thomson Reuters Brasil, 2020, v. II, p. 128-129. (Coleção de Direito imobiliário).

[335] KERN, Marinho Dembinski; COSTA JUNIOR, Francisco José de Almeida Prado Ferraz. *Princípios do registro de imóveis brasileiro*. São Paulo: Thomson Reuters Brasil, 2020, v. II, p. 128-129. (Coleção de Direito imobiliário).

[336] SANTOS, F. J. R. Princípio da prioridade. In: DIP, R.; JACOMINO, S. *Doutrinas essenciais*: direitos registrais. 2. ed. São Paulo: Revista dos Tribunais, 2013. 7 v. p. 773.

[337] Registro de Imóveis — Dúvida — Instrumento particular de compra e venda e de alienação fiduciária em garantia — Indisponibilidade judicialmente decretada sobre o patrimônio da compradora e fiduciante — Óbice existente ao tempo da prenotação. Irrelevância, neste caso, da data da celebração dos negócios jurídicos? *Prior in tempore, potior in iure*? Impossibilidade de ambos os registros? Inviabilidade da cisão do título? Inexistência de direito adquirido à transmissão do domínio e à alienação fiduciária em garantia, antes do registro, que tem natureza constitutiva? Inaplicabilidade, ao caso, das regras que permitem a inscrição de atos coativos (*e.g.* penhoras)? Irrelevância de questões extrarregistrárias. Óbice mantido. Apelação a que se nega provimento (Conselho Superior da Magistratura do Estado de São Paulo, Apelação Cível n. 1015670-19.2021.8.26.0554, Santo André, rel. Fernando Antônio Torres Garcia, *DJU*, 12.5.2022).

constitutiva. O princípio da prioridade registral é fundamental, evitando conflitos entre títulos contraditórios referentes ao mesmo imóvel.

A decisão conclui que a apelante não tem direito adquirido, e a invocação de questões extrarregistrais, como o direito à moradia, não altera o óbice ao registro. Assim, foi negado provimento ao apelo, mantendo a decisão de recusar os registros solicitados.

3.7.2. PRIORIDADE GRADUAL NÃO EXCLUDENTE

O papel desempenhado pelo princípio da prioridade varia de acordo com a natureza dos direitos apresentados no registro de imóveis. Se os direitos são incompatíveis, como visto anteriormente, o título registrado em primeiro lugar determina a exclusão do título posterior. Por outro lado, **se os direitos não são contraditórios**, a prioridade concede uma graduação inferior ao título registrado posteriormente, conferindo **preferência ao titular do primeiro**[338].

Assim, o ponto de vista de Francisco José Rezende dos Santos[339] destaca a flexibilidade do princípio da prioridade no registro de imóveis, adaptando-se às diferentes situações apresentadas pelos direitos em disputa, seja assegurando exclusão ou conferindo uma graduação inferior, dependendo da natureza dos direitos envolvidos.

> Em situações em que os direitos não são reciprocamente excludentes, a prioridade assegura o primeiro, concedendo uma graduação inferior ao segundo[340].

O art. 191[341] da Lei n. 6.015/73 determina que, quando vários títulos são apresentados no mesmo dia, **a prioridade de registro será dada aos títulos que foram prenotados no Protocolo com números de ordem mais baixos**. Em casos de apresentações simultâneas, os títulos com prenotação mais antiga terão prioridade, e o registro dos documentos apresentados posteriormente será adiado por pelo menos um dia útil. Esse adiamento assegura que os registros sejam feitos de acordo com a ordem de prenotação, garantindo a prioridade correta.

> Assim, sendo **direitos compatíveis**, ocorre a graduação dos direitos, servindo a prioridade para estipular a ordem de registro ao primeiro, tratando-se de **preferência do registro de quem protocolou antes**.

---

[338] SANTOS, F. J. R. Princípio da prioridade. In: DIP, R.; JACOMINO, S. *Doutrinas essenciais*: direitos registrais. 2. ed. São Paulo: Revista dos Tribunais, 2013. 7 v. p. 773.

[339] SANTOS, F. J. R. Princípio da prioridade. In: DIP, R.; JACOMINO, S. *Doutrinas essenciais*: direitos registrais. 2. ed. São Paulo: Revista dos Tribunais, 2013. 7 v. p. 773.

[340] SANTOS, F. J. R. Princípio da prioridade. In: DIP, R.; JACOMINO, S. *Doutrinas essenciais*: direitos registrais. 2. ed. São Paulo: Revista dos Tribunais, 2013. 7 v. p. 773.

[341] "Art. 191. Prevalecerão, para efeito de prioridade de registro, quando apresentados no mesmo dia, os títulos prenotados no Protocolo sob número de ordem mais baixo, protelando-se o registro dos apresentados posteriormente, pelo prazo correspondente a, pelo menos, um dia útil". BRASIL. *Lei n. 6.015, de 31 de dezembro de 1973*. Dispõe sobre os registros públicos, e dá outras providências. Disponível em: http://www.planalto.gov.br/ccivil_03/leis/l6015compilada.htm. Acesso em: 15 nov. 2023.

Quanto à prioridade gradual ou eficácia preferencial do princípio da prioridade, Francisco José Rezende dos Santos argumenta que esse princípio se manifesta quando se tratam de direitos reais que podem coexistir sobre um mesmo imóvel, mas com uma ordem hierárquica de preferência entre eles[342].

O exemplo dado pelo autor é o caso de **várias hipotecas sobre um mesmo imóvel**. Nesse caso, a solução proporcionada pelo princípio da prioridade baseia-se na **data de entrada** dos respectivos títulos no Cartório de Registro de Imóveis. A ordem de registro, determinada por essa data, resulta em efeitos diferentes, conferindo melhor preferência ao direito real cujo título tenha sido registrado com antecedência[343].

Nicolau Balbino Filho[344] cita, como exemplo, a possibilidade de prenotação de títulos envolvendo hipoteca, servidão e usufruto sobre o mesmo imóvel. Por serem **direitos autônomos e independentes** entre si, são **compatíveis**, havendo uma superioridade de classe em relação ao direito que foi protocolado em primeiro lugar, o qual não exclui os demais. Todavia, ocorrendo dupla venda do mesmo transmitente, a primeira excluirá a segunda, pois os direitos são incompatíveis e excludentes.

Assim, imaginemos que A vendeu um imóvel rural para B, assinando-lhe a correspondente escritura pública de compra e venda. Todavia, B não levou a escritura para registro. Meses depois, A oferece o imóvel, vendido, em hipoteca por Cédula de Crédito Rural, a qual foi levada para registro. Protocolada a escritura de hipoteca, aponta no balcão a escritura de compra e venda, a qual recebe número posterior de protocolo. Registrada a hipoteca, a escritura recebe nota devolutiva, pois o bem hipotecado nessa modalidade carece de anuência do credor para venda (art. 59 do Decreto-lei n. 167/67)[345].

3.7.3. PRIORIDADE E PROTOCOLO DE TÍTULOS

De regra, os títulos apresentados no registro de imóveis devem ser inscritos no **Livro 1 de Protocolo**. Esse ato de inscrição é chamado de **apontamento, prenotação** ou **protocolização**, que nada mais é do que inscrever o título no livro de protocolo, **atribuindo-lhe um número de ordem e gerando a prioridade para análise e a preferência** em relação a direitos contraditórios. Esse número de ordem **será reproduzido no próprio título,** junto com a data da prenotação, à luz do art. 183 da Lei n. 6.015/73[346].

---

[342] SANTOS, F. J. R. Princípio da prioridade. In: DIP, R.; JACOMINO, S. *Doutrinas essenciais*: direitos registrais. 2. ed. São Paulo: Revista dos Tribunais, 2013. 7 v. p. 774.

[343] SANTOS, F. J. R. Princípio da prioridade. In: DIP, R.; JACOMINO, S. *Doutrinas essenciais*: direitos registrais. 2. ed. São Paulo: Revista dos Tribunais, 2013. 7 v. p. 774.

[344] BALBINO FILHO, Nicolau. *Direito imobiliário registral*. São Paulo: Saraiva, 2001, p. 176.

[345] BRASIL. *Decreto-lei n. 167, de 14 de fevereiro de 1967*. Dispõe sôbre títulos de crédito rural e dá outras providências. Disponível em: http://www.planalto.gov.br/ccivil_03/decreto-lei/del0167.htm. Acesso em: 15 nov. 2021.

[346] "Art. 183. Reproduzir-se-á, em cada título, o número de ordem respectivo e a data de sua prenotação". BRASIL. *Lei n. 6.015, de 31 de dezembro de 1973*. Dispõe sobre os registros públicos, e dá outras providências. Disponível em: http://www.planalto.gov.br/ccivil_03/leis/l6015compilada.htm. Acesso em: 15 nov. 2023.

O protocolo é o livro de entrada no registro de imóveis. Os títulos são recepcionados nele, com número de ordem até o infinito. O art. 174 da Lei n. 6.015/73 determina que o Livro 1 de Protocolo é designado para **registrar todos os títulos apresentados diariamente, com exceção do título que é apresentado para mero exame e cálculo**, conforme prevê o art. 12[347] dessa mesma lei. Nesse caso em específico, não haverá apontamento no protocolo ou prioridade registral[348].

Francisco José Rezende dos Santos[349] ressalta que **a entrada dos títulos no Livro de Protocolo marca o início da oponibilidade aos terceiros e da publicidade**, indicando efetivamente a prevalência do direito real. Mesmo que haja incorreções ou irregularidades que, à primeira vista, impediriam o registro efetivo, **todos os títulos apresentados com o objetivo de obter o registro devem ser protocolizados**, exceto quando a parte demonstra desinteresse no registro e apresenta o título apenas para exame ou cálculo de emolumentos.

O oficial não pode barrar o título apresentado e negar-se o protocolo, alegando exigência fiscal ou dúvida, salvo se houver previsão legal para cobrança de emolumentos por esse ato. Vale destacar que Ricardo Dip[350] defende que **nem todos os títulos serão prenotados**, pois, quando recepcionados no balcão, normalmente o oficial faz uma qualificação abreviada, em que poderá indeferir o apontamento com base, por exemplo, na competência territorial ou material absoluta.

Realizado o protocolo, o oficial **entregará uma nota** ao apresentante e passará a **qualificar o título** para decidir se ele está apto à inscrição (registro ou averbação) na matrícula. Havendo, no mesmo dia, o apontamento de outro título, referindo-se ao mesmo imóvel, o oficial deverá analisar se é caso de exclusão de um dos títulos ou de prorrogar o registro do que foi apresentado depois, enquanto aguarda se o primeiro será registrado.

A protocolização do título produz[351] dois efeitos importantes: i) a **prioridade na qualificação**, que resultará na preferência do registro do melhor direito quando existirem títulos contraditórios; e ii) a **clausura provisória do registro**, ou seja, a proibição de inscrição de novos títulos, apresentados posteriormente, enquanto o título prioritário estiver prenotado.

Considera-se o lançamento do título no protocolo como marco inicial da contagem do prazo da prenotação, existindo cinco formas possíveis de contar tal prazo: a)

---

[347] "Art. 12. Nenhuma exigência fiscal, ou dúvida, obstará a apresentação de um título e o seu lançamento do Protocolo com o respectivo número de ordem, nos casos em que da precedência decorra prioridade de direitos para o apresentante. Parágrafo único. Independem de apontamento no Protocolo os títulos apresentados apenas para exame e cálculo dos respectivos emolumentos". BRASIL. *Lei n. 6.015, de 31 de dezembro de 1973.* Dispõe sobre os registros públicos, e dá outras providências. Disponível em: http://www.planalto.gov.br/ccivil_03/leis/l6015compilada.htm. Acesso em: 15 nov. 2023.

[348] OLIVEIRA, M. A. M. Da ordem de serviço. In: PEDROSO, A. G. A. (Org.). *Lei de Registros Públicos comentada.* Rio de Janeiro: Forense, 2023, p. 20.

[349] SANTOS, F. J. R. Princípio da prioridade. In: DIP, R.; JACOMINO, S. *Doutrinas essenciais*: direitos registrais. 2. ed. São Paulo: Revista dos Tribunais, 2013. 7 v. p. 775.

[350] DIP, Ricardo. *Registro de imóveis (princípios).* Tomo III. São Paulo: Editorial Lepanto, 2019, p. 88.

[351] DIP, Ricardo. *Registro de imóveis (princípios).* Tomo III. São Paulo: Editorial Lepanto, 2019, p. 89.

o prazo inicia a partir do protocolo, incluindo esse dia, e encerra no dia correspondente, sem considerar se é sábado, domingo ou feriado; b) a contagem segue as diretrizes do Código Civil, excluindo o dia da prenotação e prorrogando-o para o próximo dia útil, se cair em sábado, domingo ou feriado (conforme o art. 132 do Código Civil); c) a contagem é conforme o Código de Processo Civil, que atualmente considera apenas os dias úteis (de acordo com o art. 219 do Código de Processo Civil); d) aplica-se a regra do art. 205 da Lei n. 6.015/73, indicando que, o dia da prenotação não é incluído no prazo, que começa a ser contado no dia seguinte. No entanto, independentemente do dia em que o prazo se encerra, a prenotação perde automaticamente seus efeitos, sem prorrogação do prazo final; e) a visão de Ricardo Dip destaca a prenotação como um prazo de caducidade especial, iniciando no dia da protocolização e prorrogando-se para o próximo dia útil em caso de domingo ou feriado. Essa abordagem não se submete aos arts. 219 e 220 do Código de Processo Civil, mas sim ao art. 221 do mesmo Código[352].

Marinho Dembinski Kern[353] destaca que, em São Paulo, conforme as Normas de Serviço da Corregedoria Geral da Justiça do Estado, prevalece a quarta forma de contagem do prazo, ou seja, na contagem do prazo, **o primeiro dia é excluído**, e **o último dia é incluído**, **sem adiamento** dos efeitos além da data final, mesmo se esta recair em sábado, domingo ou feriado.

Para o autor, a contagem do prazo deveria seguir o Código Civil. Ele argumenta que, embora o princípio da prioridade tenha uma dimensão procedimental, sua faceta mais crucial é a resolução de conflitos entre direitos reais, o que justifica a aplicação do Código Civil. Nessa perspectiva, o dia da prenotação não seria computado e, se o prazo terminasse em sábado, domingo ou feriado, seria prorrogado para o próximo dia útil.

Com o protocolo abre-se o prazo para se proceder o registro ou a averbação, sendo parte do prazo utilizado na qualificação. O art. 205 da Lei n. 6.015/73 aponta a regra geral[354] de **20 dias para o registro**, que é **eficaz desde o protocolo**, ou seja, lavrado o registro (*lato senso*), ele é eficaz desde a data do protocolo, retroagindo a ele os seus efeitos, na forma do art. 1.246 do Código Civil[355].

---

[352] KERN, Marinho Dembinski; COSTA JUNIOR, Francisco José de Almeida Prado Ferraz. *Princípios do registro de imóveis brasileiro*. São Paulo: Thomson Reuters Brasil, 2020, v. II, p. 134-135. (Coleção de Direito imobiliário).

[353] KERN, Marinho Dembinski; COSTA JUNIOR, Francisco José de Almeida Prado Ferraz. *Princípios do registro de imóveis brasileiro*. São Paulo: Thomson Reuters Brasil, 2020, v. II, p. 134-135. (Coleção de Direito imobiliário).

[354] Leis esparsas trazem outros prazos e, tais como suscitação de dúvida (art. 198 da Lei n. 6.015/73), segunda hipoteca (art. 189 da Lei n. 6.015/73), loteamento (art. 18 da Lei n. 6.766/79), retificação bilateral (art. 213, II, da Lei n. 6.015/73), regularização fundiária (art. 205, parágrafo único da Lei n. 6.015/73), bem de família voluntário (art. 260 da Lei n. 6.015/73), usucapião extrajudicial (art. 9.º do Provimento n. 65 do CNJ) e indisponibilidade de bens, todos os títulos prenotados posteriormente ficam suspensos (Provimento n. 39 do CNJ).

[355] "Art. 1.246. O registro é eficaz desde o momento em que se apresentar o título ao oficial do registro, e este o prenotar no protocolo". BRASIL. *Lei n. 10.406, de 10 de janeiro de 2002*. Institui o Código Civil. Disponível em: https://www.planalto.gov.br/ccivil_03/leis/2002/l10406compilada.htm. Acesso em: 15 nov. 2023.

Caso o registrador entenda que não é possível registrar, emitirá **nota devolutiva**, fundamentada para que o interessado atenda às exigências. Passado o prazo legal previsto para o protocolo, cessam, **automaticamente**, os efeitos do protocolo, conforme o art. 205 da Lei de Registros[356]. Em outras palavras, se o solicitante não agir para efetivar o registro no prazo de 20 dias após a prenotação, essa prenotação perderá sua validade.

Não obstante, o parágrafo único especifica uma exceção para os procedimentos de regularização fundiária de interesse social, estipulando que, nesse contexto, os efeitos da prenotação cessarão após 40 dias do seu lançamento no protocolo. Isso amplia o prazo para casos específicos relacionados à regularização fundiária de interesse social.

Vale destacar que o ordenamento jurídico brasileiro não prevê a figura da reserva de prioridade, também chamada de reserva de posto, reserva de direito posicional, reserva de preferência ou reserva de lugar registral, como no direito argentino[357]. O instituto permite anotar de forma preventiva que está sendo elaborada uma escritura pública sobre aquele imóvel, e o efeito dessa prioridade registral antecipada é paralisar outras inscrições no fólio real.

Sobre o tema, Afrânio de Carvalho[358] defende como possível a reserva de prioridade no direito brasileiro, entretanto, Marinho Dembinski Kern[359] **não é favorável ao instituto por enxergar que** ele pode abrir margem para abusos que paralisariam a matrícula por um período de tempo determinado, bem como pode criar instabilidade no sistema ao permitir registros e averbações condicionais.

Por fim, vale destacar que **somente o registrador**, o seu **substituto legal** ou **escrevente autorizado** podem escriturar no livro protocolo, que deverá ser encerrado diariamente, mencionando o número de títulos apontados.

3.7.3.1. Protocolo e hipotecas

Francisco José Rezende dos Santos[360] introduz o conceito de **preferência hipotecária** como uma qualidade do direito real que representa um valor jurídico e econômico

---

[356] "Art. 205. Cessarão automaticamente os efeitos da prenotação se, decorridos 20 (vinte) dias da data do seu lançamento no Protocolo, o título não tiver sido registrado por omissão do interessado em atender às exigências legais. Parágrafo único. Nos procedimentos de regularização fundiária de interesse social, os efeitos da prenotação cessarão decorridos 40 (quarenta) dias de seu lançamento no Protocolo". BRASIL. Lei n. 6.015, de 31 de dezembro de 1973. Dispõe sobre os registros públicos, e dá outras providências. Disponível em: http://www.planalto.gov.br/ccivil_03/leis/l6015compilada.htm. Acesso em: 15 nov. 2023.

[357] DIP, Ricardo. *Registro de imóveis (princípios)*. Tomo III. São Paulo: Editorial Lepanto, 2019, p. 154.

[358] CARVALHO, Afrânio de. *Registro de imóveis*: comentários ao sistema de registro em face da Lei 6.015, de 1973, com alterações da Lei 6.216, de 1975, Lei 8.009, de 1990 e Lei 8.935, de 18.11.1994. 4. ed. Rio de Janeiro: Forense, 2001, p. 183.

[359] KERN, Marinho Dembinski; COSTA JUNIOR, Francisco José de Almeida Prado Ferraz. *Princípios do registro de imóveis brasileiro*. São Paulo: Thomson Reuters Brasil, 2020, v. II, p. 149. (Coleção de Direito imobiliário).

[360] SANTOS, F. J. R. Princípio da prioridade. In: DIP, R.; JACOMINO, S. *Doutrinas essenciais*: direitos registrais. 2. ed. São Paulo: Revista dos Tribunais, 2013. 7 v. p. 774.

em relação a outros direitos que incidem sobre o mesmo imóvel. Essa preferência hipotecária estabelece uma ordem de escala ou hierarquia entre os direitos, destacando a importância dessa característica na ponderação entre diferentes direitos reais. Em geral, a ordem de prenotação estabelece a prioridade dos direitos reais sobre um determinado imóvel. No entanto, no contexto das hipotecas, existe uma regulamentação específica que confere ao número de protocolização e subsequente registro um direito especial, conferindo preferência entre as diversas hipotecas[361].

Essa norma encontra-se expressa no parágrafo único do art. 1.493[362] do Código Civil, que estipula que "o número de ordem determina a prioridade, e esta a preferência entre as hipotecas". Tal princípio é conhecido na doutrina como **grau da hipoteca**, e, que **a hipoteca registrada para um credor tem preferência na execução do crédito em relação às hipotecas registradas posteriormente** sobre o mesmo imóvel, criando gradações de preferência em cada registro, identificadas nos documentos como hipoteca de 1.º grau, 2.º grau e assim por diante[363].

Contudo, é importante notar que essa regra possui uma **exceção**, prevista nos arts. 1.495 do Código Civil e 189 da Lei n. 6.015/73. Apresentado título com garantia hipotecária, em que se menciona a existência de outra hipoteca, em grau menor, mas não registrada, será o título protocolado, e aguardará por 30 dias a apresentação do título de hipoteca com grau menor. Nesses termos, o art. 189 da Lei n. 6.015/73[364], o qual determina que, no caso de ser apresentado um título de segunda hipoteca e já existir uma hipoteca anterior, o oficial responsável pelo registro deve realizar uma prenotação do título, que é um registro temporário, e aguardar um período de 30 dias. Durante esse intervalo, os envolvidos na primeira hipoteca têm a oportunidade de promover a inscrição dela. Se, ao final desse prazo, nenhuma ação for tomada para registrar a hipoteca anterior, o título da segunda hipoteca será então inscrito e receberá preferência sobre o anterior.

Em resumo, o artigo estabelece um mecanismo para lidar com a **prioridade entre hipotecas**, proporcionando uma janela de 30 dias para a inscrição da hipoteca anterior antes que a segunda seja efetivamente registrada.

---

[361] ALMADA, A. P. P. L. Registro de imóveis. In: GENTIL, Alberto. *Registros públicos*. Rio de Janeiro: Grupo GEN, 2022. *E-book*. Disponível em: https://app.minhabiblioteca.com.br/#/books/9786559644773/. Acesso em: 15 dez. 2023.

[362] BRASIL. *Lei n. 10.406, de 10 de janeiro de 2002*. Institui o Código Civil. Disponível em: http://www.planalto.gov.br/ccivil_03/leis/2002/l10406compilada.htm. Acesso em: 15 nov. 2021.

[363] ALMADA, A. P. P. L. Registro de imóveis. In: GENTIL, Alberto. *Registros públicos*. Rio de Janeiro: Grupo GEN, 2022. *E-book*. Disponível em: https://app.minhabiblioteca.com.br/#/books/9786559644773/. Acesso em: 15 dez. 2023.

[364] "Art. 189. Apresentado título de segunda hipoteca, com referência expressa à existência de outra anterior, o oficial, depois de prenotá-lo, aguardará durante 30 (trinta) dias que os interessados na primeira promovam a inscrição. Esgotado esse prazo, que correrá da data da prenotação, sem que seja apresentado o título anterior, o segundo será inscrito e obterá preferência sobre aquele". BRASIL. *Lei n. 6.015, de 31 de dezembro de 1973*. Dispõe sobre os registros públicos, e dá outras providências. Disponível em: http://www.planalto.gov.br/ccivil_03/leis/l6015compilada.htm. Acesso em: 15 nov. 2021.

Ana Paula Almada[365] observa que, caso ocorra tal situação, a hipoteca será atribuída ao grau correspondente à ordem mencionada na matrícula, e não à classificação indicada no título. Em outras palavras, se o título especificava que se tratava de uma hipoteca de 2.º grau, mas na matrícula não havia nenhum registro de hipoteca, e após o prazo estabelecido pelo art. 189 da Lei 6.015/73, a hipoteca de grau inferior não foi protocolizada, o registro será efetuado como hipoteca de 1.º grau, independentemente da indicação divergente no título.

Afrânio de Carvalho argumenta que a regra quebra o **princípio da prioridade**, pois o título da primeira hipoteca foi apresentado e protocolado antes da segunda, criando um "prazo de graça" ao credor retardatário. Para o autor, caso a primeira hipoteca seja apresentada dentro do prazo de graça de 30 dias, o protocolo da segunda hipoteca será cancelado[366], sendo esse título novamente protocolado.

Outra exceção legal ao princípio da prioridade, porém muito mais rara, e também referente às hipotecas, está prevista no art. 192 da Lei n. 6.015/73 e reforçada pelo art. 1.494 do Código Civil, em que o legislador ventila a possibilidade de duas escrituras de hipotecas, lavradas no mesmo dia, serem apresentadas também no mesmo dia ao registrador de imóveis. Nesse caso, se elas contiverem o **horário em que foram lavradas**, valerá a que foi lavrada primeiro. Trata-se de uma **prioridade de horário**, ferindo de morte o princípio da prioridade registral. A situação fica ainda mais delicada se considerarmos a diferença de fuso horário no Brasil, um país de extensão territorial.

3.7.4. EXCEÇÕES AO PRINCÍPIO DA PRIORIDADE

O **princípio da prioridade** é uma regra essencial para determinar qual direito prevalece quando há títulos contraditórios sobre o mesmo imóvel. Ele não apenas orienta como resolver conflitos, mas também estabelece procedimentos para uma solução organizada diante dessa possibilidade de confronto. Entretanto, existem exceções, como visto no tópico anterior. Além das questões que envolvem hipoteca, Marinho Dembinski Kern[367] menciona uma exceção ao princípio da prioridade contida no Código de Processo Civil, que determina a **preferência entre penhoras com base na data de realização**, e não na data de averbação. Além disso, ele aponta que certos créditos, como as dívidas trabalhistas, têm precedência sobre direitos reais já registrados, representando exceções ao princípio da prioridade.

Ainda, o **título apresentado exclusivamente para mero exame e cálculo**, conforme estabelecido pelo art. 12, parágrafo único, da Lei n. 6.015/73, constitui uma exceção

---

[365] ALMADA, A. P. P. L. Registro de imóveis. In: GENTIL, Alberto. *Registros públicos*. Rio de Janeiro: Grupo GEN, 2022. *E-book*. Disponível em: https://app.minhabiblioteca.com.br/#/books/9786559644773/. Acesso em: 15 dez. 2023.

[366] CARVALHO, Afrânio de. *Registro de imóveis*: comentários ao sistema de registro em face da Lei 6.015 de 1973, com alterações da Lei 6.216 de 1975, Lei 8.009 de 1990 e Lei 8.935 de 18.11.1994. 4. ed. Rio de Janeiro: Forense, 2001.

[367] KERN, Marinho Dembinski; COSTA JUNIOR, Francisco José de Almeida Prado Ferraz. *Princípios do registro de imóveis brasileiro*. São Paulo: Thomson Reuters Brasil, 2020, v. II, p. 124. (Coleção de Direito imobiliário).

ao princípio da prioridade. De acordo com esse dispositivo legal, os títulos apresentados unicamente para exame e cálculo dos respectivos emolumentos **não necessitam de apontamento no Protocolo**.

Essa exceção implica que, em situações específicas em que um título é submetido apenas para análise preliminar e cálculo de custos, ele **não goza da mesma prioridade de direitos conferida aos demais títulos**. A finalidade dessa forma de apresentação é obter uma avaliação expressa, por meio de uma nota escrita, informando se o título está apto ou não para o registro, indicando as exigências necessárias e informando o valor devido a título de emolumentos. Embora a Lei n. 6.015/73 isente o lançamento desses títulos no Livro 1, as Corregedorias Estaduais geralmente incluem em suas normativas um Livro de Recepção de Títulos, que tem como finalidade o registro dos documentos apresentados exclusivamente para exame e cálculo[368].

3.8. PRINCÍPIO DA CINDIBILIDADE (OU PARCELARIDADE)

O **princípio da cindibilidade** do título possui forte presença da jurisprudência administrativa em razão das dúvidas apresentadas pelos registradores imobiliários aos juízes corregedores. O tema é polêmico, haja vista as infinitas possibilidades de agregar a um título diversos institutos jurídicos.

Diversos direitos podem ser expressos por um título, envolvendo as mesmas partes, e esses direitos podem ter interdependência ou não entre si. Monete Hipólito Serra e Márcio Guerra Serra[369] apresentam como exemplo de direitos com interdependência uma transação de compra e venda com pacto adjeto de hipoteca, na qual os direitos são complementares, sendo um indispensável para a existência do outro. No entanto, alguns títulos podem conter vários direitos que podem ser individualizados, ou seja, existir independentemente dos outros direitos no título sem alteração essencial.

> A **cindibilidade** é a **possibilidade de dividir os fatos jurídicos descritos em um título**, levando a registro apenas alguns deles, desde que não afete a unicidade negocial. A evolução histórica desse princípio passa pelo contrato de permuta, estendendo-se, hoje, a diversos negócios jurídicos.

Ademar Fioranelli[370] define a cindibilidade como a **separação do que pode ser aproveitado no título a ser registrado**, distinguindo aquilo que é passível de registro e o que não é. Em suas palavras, a cindibilidade implica extrair do título apenas o que permite a inscrição, mesmo que apresente algum tipo de falha. Um exemplo seria no caso da apresentação de uma **escritura pública de compra e venda** em que foram

---

[368] KERN, Marinho Dembinski; COSTA JUNIOR, Francisco José de Almeida Prado Ferraz. *Princípios do registro de imóveis brasileiro*. São Paulo: Thomson Reuters Brasil, 2020, v. II, p. 125. (Coleção de Direito imobiliário).

[369] SERRA, M. G.; SERRA, M. H. Princípios do registro de imóveis. In: CASSETTARI, C. (Org.). *Registro de imóveis*. Indaiatuba: Editora Foco, 2020, p. 81-97.

[370] FIORANELLI, A. A cindibilidade dos títulos: exemplos práticos. In: AHUALLI, Tania Mara; BENACCHIO, Marcelo. (Coord.). *Direito notarial e registral*: homenagem às varas de registros públicos da Comarca de São Paulo. São Paulo: Quartier Latin, 2016, p. 403.

adquiridos três imóveis, mas somente há intenção de registrar um, o que deverá ocorrer por pedido expresso. Diferentemente é a apresentação de uma compra e venda com garantia hipotecária, na qual se solicita apenas o registro da aquisição. Nesse caso, deverá o registrador negar o pedido.

Além da escolha da parte de registrar apenas parte dos direitos, pode ocorrer que a análise do título indique que parte desses direitos está apta para o registro de imóveis, enquanto outra parte apresenta problemas que impediriam seu registro naquele momento. Nesse caso, o princípio da cindibilidade permite que a parte opte por registrar os direitos que foram qualificados positivamente, enquanto busca soluções para os problemas apresentados nos demais[371].

A regra é que **ela sempre deve ser rogada**, pedida ao oficial, e **nunca será um ato de ofício**. O pedido de cindibilidade, ou cisão, deverá ser anotado no título que teve o seu registro parcial, bem como no Livro 1 de Protocolo e pedido deve ficar arquivado em pasta própria.

Ao aplicar o princípio da cindibilidade, o registrador deve deixar claro no título que apenas parte dos direitos foi registrada, especificando-os, uma vez que o registro integral é a regra, e, ao lidar com uma exceção, todos os cuidados devem ser tomados para evitar possíveis equívocos por parte de terceiros[372].

O pedido pode ocorrer logo na apresentação, mas nada impede que seja solicitado após o exame de cálculo de emolumentos ou após a qualificação do título. Havendo qualificação positiva de alguns fatos jurídicos do título, e negativa quanto a outros, o registrador emitirá nota devolutiva explicando, e, então, a parte interessada poderá requerer a cindibilidade.

O Tribunal de Justiça do Estado de São Paulo tratou da cindibilidade ao decidir sobre o Processo n. 0008818-68.2012.8.26.0438. No caso em questão, a parte apelou contra a decisão do Oficial do Registro de Imóveis que negou o registro de uma escritura pública de doação de imóveis. O Tribunal de Justiça, ao analisar o caso, reconheceu que a falta de justa causa compromete apenas a validade das cláusulas restritivas, não da doação como um todo. De acordo à decisão, o princípio da cindibilidade permitiu o registro da escritura de doação, desconsiderando as cláusulas de impenhorabilidade e incomunicabilidade. O tribunal destacou que a invalidade se restringia às cláusulas, não afetando a validade do ato de doação em si[373].

Um tema discutido é a possibilidade de requerer a cindibilidade do título, depois de autorizado o procedimento de registro pelo próprio interessado. O título é apontado,

---

[371] SERRA, M. G.; SERRA, M. H. Princípios do registro de imóveis. In: CASSETTARI, C. (Org.). *Registro de imóveis*. Indaiatuba: Editora Foco, 2020, p. 81-97.

[372] SERRA, M. G.; SERRA, M. H. Princípios do registro de imóveis. In: CASSETTARI, C. (Org.). *Registro de imóveis*. Indaiatuba: Editora Foco, 2020, p. 81-97.

[373] "Registro de Imóveis — Dúvida julgada procedente — Negativa de registro de escritura pública de doação — Imposição imotivada de cláusulas restritivas — Inteligência dos art. 1.848, *caput*, e 2.042 do Código Civil — Nulidade — Cindibilidade do título — Desconsideração das limitações — Recurso provido." TJSP; Apelação Cível 0008818-68.2012.8.26.0438; Relator(a): José Renato Nalini; Órgão Julgador: Conselho Superior da Magistratura; Foro de Penápolis — Vara do Juizado Especial Cível e Criminal; j. 6.11.2013; data de registro 18.11.2013.

examinado, pago os emolumentos e, antes do seu registro o interessado desiste, pedindo a cindibilidade.

Sobre o tema, o art. 206 da Lei de Registros determina que, caso o documento, uma vez prenotado, não possa ser oficialmente registrado, ou se o requerente optar por não prosseguir com o registro, o montante referente às despesas será reembolsado, com a dedução do valor correspondente às pesquisas e reserva[374]. Assim, por força de lei, **até o momento do registro, é possível requerer a desistência do registro e, consequentemente, é possível requerer a sua desistência parcial**, para fins de cindibilidade, desde que não gere prejuízos ao funcionamento normal do serviço, posição essa também defendida por Ricardo Dip[375].

Por consequência, **após a assinatura do registrador no registro, não é mais possível desistir dele**. No passado, quando os registros eram realizados em máquinas de escrever, sobre as fichas do Livro 2, iniciado o procedimento datilográfico, que possuía um tempo natural de execução, também não era mais aceita a desistência, sob pena de a ficha ficar incompleta, pois era vedado apagar o que já estava escrito.

Ressalta-se que o registrador sempre deve agir com cautela quando requerida a cindibilidade, qualquer que seja o momento após a protocolização, pois a falta de normas expressas sobre o princípio gera incertezas, e o registro não vive para esse fim.

3.8.1. CINDIBILIDADE INTERNA E EXTERNA

A cindibilidade relaciona-se ao instituto dos contratos coligados. Francisco José de Almeida Prado Ferraz Costa Junior[376] destaca a **coligação** de contratos como a **reunião de diversos negócios que mantêm sua autonomia qualitativa**, sendo possível identificar diferentes formas de coligação. O autor explora a cindibilidade do título formal (*instrumentum*) em contraposição ao título material (*negotium*).

Na **coligação externa**, que é meramente instrumental e não envolve interdependência entre os negócios, o autor destaca a possibilidade de cisão do título formal, exemplificando com casos em que apenas uma parte de um lote em uma escritura de compra e venda foi registrada. Em contraste, na **coligação com interdependência**, em que os contratos estão ligados por cláusulas que influenciam um ao outro, a cindibilidade pode envolver o título material, especialmente quando há reciprocidade na interdependência. O autor[377] destaca a posição de juristas como J. Modesto Passos e

---

[374] BRASIL. *Lei n. 6.015, de 31 de dezembro de 1973*. Dispõe sobre os registros públicos, e dá outras providências. Disponível em: http://www.planalto.gov.br/ccivil_03/leis/l6015compilada.htm. Acesso em: 15 nov. 2021.

[375] DIP, Ricardo. *Registro de imóveis (princípios)*. Tomo III. São Paulo: Editorial Lepanto, 2019, p. 18.

[376] KERN, Marinho Dembinski; COSTA JUNIOR, Francisco José de Almeida Prado Ferraz. *Princípios do registro de imóveis brasileiro*. São Paulo: Thomson Reuters Brasil, 2020, v. II, p. 115-122. (Coleção de Direito imobiliário).

[377] KERN, Marinho Dembinski; COSTA JUNIOR, Francisco José de Almeida Prado Ferraz. *Princípios do registro de imóveis brasileiro*. São Paulo: Thomson Reuters Brasil, 2020, v. II, p. 115-122. (Coleção de Direito imobiliário).

Ademar Fioranelli, que consideram a cindibilidade limitada ao título formal em casos de interdependência.

Além disso, o autor aborda a possibilidade teórica da dependência unilateral, na qual apenas um contrato subordina seus efeitos ao outro, permitindo a cindibilidade para inscrever apenas o contrato principal. No entanto, ressalta que a recíproca não é verdadeira, já que a irregistrabilidade do principal impede a inscrição do acessório.

O autor[378] também menciona a união alternativa como uma forma de coligação interna de contratos, na qual apenas um dos negócios produzirá efeitos, dependendo da verificação de alguma condição. Nesse caso, a cindibilidade não se aplica, pois somente um dos negócios será inscritível.

3.8.2. CINDIBILIDADE FORMAL E MATERIAL

Como visto anteriormente, existem duas espécies de coligação: a coligação externa, meramente instrumental, e a coligação com interdependência, na qual os contratos estão ligados por uma cláusula que influencia um ao outro. No caso da **coligação externa**, Ferraz Costa Junior destaca que ela **comporta a cisão do título formal** (*instrumentum*), permitindo a separação de partes do documento sem afetar o título material (*negotium*).

Quanto à **coligação com interdependência**, o autor enfatiza que, se a interdependência for recíproca, um contrato é a causa do outro, formando uma unidade econômica. Nesse contexto, a cindibilidade, se admitida, incidiria sobre o título material, ideia considerada inaceitável por alguns juristas, que sustentam que a cindibilidade deve limitar-se ao título formal (instrumento), não sendo aplicável ao título material (negócio) em casos de interdependência, como doação com reserva de usufruto e compra e venda acoplada à hipoteca ou à alienação fiduciária.

3.8.3. CINDIBILIDADE E PERMUTA

O **contrato de permuta**, troca ou escambo[379], é um contrato no qual as partes se obrigam a dar uma coisa por outra, não sendo esta em dinheiro, pois se fosse dinheiro, seria compra e venda. Trata-se de um contrato primitivo que foi substituído pela venda quando a inteligência humana criou a moeda. Mesmo assim, o contrato de permuta permanece ativo em todos os sistemas, assemelhando-se, no que for possível, ao contrato de compra e venda.

O contrato de permuta está previsto no art. 533 do Código Civil, aplicando-se, de regra, às disposições do contrato de compra e venda. A permuta entre ascendentes e descendentes, que envolva valores desiguais, é ato anulável se não constar o consentimento dos outros descendentes ou do cônjuge do alienante. Se o alienante

---

[378] KERN, Marinho Dembinski; COSTA JUNIOR, Francisco José de Almeida Prado Ferraz. *Princípios do registro de imóveis brasileiro*. São Paulo: Thomson Reuters Brasil, 2020, v. II, p. 115-122. (Coleção de Direito imobiliário).

[379] BEVILÁQUA, Clóvis. *Direito das obrigações*. 3. ed. rev. e acrescentada. Rio de Janeiro: Editora Freitas Bastos, 1931, p. 297-298.

não for casado, mas estiver em união estável, necessário o consentimento do companheiro[380].

Antes de adentrarmos a questão registral, vale lembrar a discussão existente na permuta de bens de valores desiguais, em que existe uma torna, volta ou reposição em dinheiro. Nesse caso, permaneceria o contrato nominado como permuta ou seria adotado como compra e venda?

J. M. Carvalho Santos[381] defende que, ocorrendo a troca entre bens, com reposição em dinheiro, deve ser analisado se a reposição é maior ou menor que o valor da coisa que está indo junto para o outro permutante. Se a torna em dinheiro for maior que a coisa, predomina o dinheiro, e estamos diante de uma compra e venda. Nesse mesmo sentido, Roberto de Ruggiero[382] argumenta que a compra e venda e a permuta, sob o aspecto jurídico, são contratos muito íntimos, decidindo-se a natureza jurídica do contrato conforme o elemento que prevalecer mais sobre o outro.

A problemática sobre a apresentação do contrato de permuta no registro de imóveis é antiga. Lysippo Garcia[383] lecionava que o Regulamento n. 370, de 2 de maio de 1890[384], reproduzindo a disposição do art. 281 do Regulamento de 1865[385], previa que o registro do contrato de permuta seria objeto de duas transcrições, e isso gerou dúvidas à época.

Seria possível transcrever apenas uma parte do contrato? Se fosse possível essa transcrição de apenas uma das partes, os efeitos aproveitariam a quem não transcreveu a sua parte?

Na época, Lysippo[386] explicava que, na França, a transcrição ocorria por cópia integral do título e, portanto, os efeitos aproveitam a todos, o que não ocorria no Brasil, pois a lei de 1864[387] adotou a transcrição por extrato. Assim, as permutas

---

[380] CASSETARI, Christiano. *Elementos de direito civil*. 7. ed. São Paulo: Saraiva Educação, 2019, p. 294.

[381] SANTOS, J. M. Carvalho. *Código Civil brasileiro interpretado, principalmente do ponto de vista prático*. 7. ed. Rio de Janeiro: Editora Freitas Bastos, 1958, v. XVI, p. 279.

[382] RUGGIERO, Roberto de. *Instituições de direito civil*. Trad. da 6. ed. italiana com notas remissivas aos Códigos Civis brasileiro e português por Ary dos Santos. São Paulo: Saraiva, 1958, v. III, p. 323-324.

[383] GARCIA, Lysippo. *O registro de imóveis*: a transcrição. São Paulo: Livraria Francisco Alves, 1922, v. I, p. 204.

[384] BRASIL. *Decreto n. 370, de 2 de maio de 1890.* Manda observar o regulamento para execução do Decreto n. 169-A, de 19 de janeiro de 1890, que substituiu as Leis n. 1.237, de 24 de setembro de 1864 e n. 3.272, de 5 de outubro de 1885, e do Decreto n. 165-A, de 17 de janeiro de 1890, sobre operações de crédito móvel. Disponível em: http://www.planalto.gov.br/ccivil_03/decreto/1851-1899/D370.htm. Acesso em: 15 nov. 2021.

[385] BRASIL. *Decreto n. 3.453, de 26 abril de 1865.* Manda observar o Regulamento para execução da Lei n. 1.237, de 24 de setembro de 1854, que reformou a legislação hypothecaria. Disponível em: http://www.planalto.gov.br/ccivil_03/decreto/historicos/dim/DIM3453.htm. Acesso em: 15 nov. 2021.

[386] GARCIA, Lysippo. *O registro de imóveis*: a transcrição. São Paulo: Livraria Francisco Alves, 1922, v. I, p. 206.

[387] BRASIL. *Lei n. 1.237, de 24 de setembro de 1864.* Reforma a Legislação Hypothecaria, e estabelece as bases das sociedades de credito real. Disponível em: http://www.planalto.gov.br/ccivil_03/leis/lim/LIM1237.htm. Acesso em: 15 nov. 2021.

eram instrumentalizadas por duas escrituras, em que os contratantes figuram em cada uma delas, cada um por sua vez, como transmitente e adquirente e, ao ser apresentada no registro de imóveis, recebiam dois números de protocolo e duas transcrições sucessivas. Com base nisso, o autor demonstrou que não se poderia transmitir apenas um dos prédios, sem que se fizesse do outro, pois os prédios representavam o preço que cada parte estava obrigada no contrato, e o preço é um elemento fundamental nesse negócio jurídico. Porém, ao se deparar com a possibilidade de os imóveis pertencerem a circunscrições distintas, Lysippo[388] reconhecia a possibilidade de registro de apenas uma das escrituras, excepcionalmente.

Com a publicação da Lei n. 6.015, de 1973 o cenário foi alterado. A permuta recebeu novo tratamento, agora as escrituras recebem apenas um número de protocolo, senão vejamos:

> **Art. 187.** Em caso de permuta, e pertencendo os imóveis à mesma circunscrição, serão feitos os registros nas matrículas correspondentes sob um único número de protocolo[389].

Sérgio Jacomino[390] explica que a nova norma foi recepcionada pela doutrina com o mesmo entendimento de não permitir a cindibilidade, e foi defendida assim por Jehter Sottano, Valmir Pontes, Afrânio de Carvalho, Miguel Maria de Serpa Lopes e Washington de Barros Monteiro, com voz dissonante de Ademar Fioranelli, a qual prevaleceu na jurisprudência nacional.

Ademar Fioranelli[391] explica que **nada obsta o registro de um dos imóveis**, se o outro não pode ser registrado por receber qualificação negativa. Não seria lógico também que um dos permutantes tenha que suportar as despesas do outro, caso ele não queira promover o registro, lembrando, ainda, que os imóveis podem pertencer a circunscrições ou comarcas diversas.

O autor também entende que **a cindibilidade pode ser aplicada no registro de divisão de imóvel** que, apesar de ser ato jurídico único, pelo qual se extingue a propriedade comum, não pode ser exigido o registro do título em sua integralidade. Fioranelli propõe que, prenotado um dos títulos apresentados pelo permutante, seja a prenotação prorrogada para recepcionar os registros dos demais imóveis, mantendo assim a

---

[388] GARCIA, Lysippo. *O registro de imóveis*: a transcrição. São Paulo: Livraria Francisco Alves, 1922, v. I, p. 208.

[389] BRASIL. *Lei n. 6.015, de 31 de dezembro de 1973.* Dispõe sobre os registros públicos, e dá outras providências. Disponível em: http://www.planalto.gov.br/ccivil_03/leis/l6015compilada.htm. Acesso em: 15 nov. 2021.

[390] JACOMINO, Sérgio. Comentário ao art. 187 da LRP. In: ALVIM NETO, José Manuel de Arruda; CLÁPIS, Alexandre Laizo; CAMBLER, Everaldo Augusto. (Coord.). *Lei de Registros Públicos comentada*. Rio de Janeiro: Forense, 2014, p. 1002.

[391] FIORANELLI, Ademar. A cindibilidade dos títulos: exemplos práticos. In: AHUALLI, Tânia Mara; BENACCHIO, Marcelo. (Coord.); SANTOS, Queila Roca Carmona dos. (Org.). *Direito notarial e registral*: homenagem às varas de Registros Públicos da Comarca de São Paulo. São Paulo: Quartier Latin, 2016, p. 411-412.

preferência e evitando a apresentação de títulos contraditórios, apesar de não existir previsão na Lei de Registros Públicos[392].

Ricardo Dip decidiu no processo de Apelação Cível 1004930-06.2015.8.26.0362[393] que **o contrato de permuta mantém a autonomia jurídica dos títulos**, permitindo sua cindibilidade formal e material. Ele destacou em sua decisão que a permuta, sendo um contrato consensual, não exige a tradição (entrega física) para seu aperfeiçoamento, uma vez que o acordo de vontades já é suficiente, incluindo a intenção da tradição.

Dip ressaltou que, embora haja debate sobre se a evicção e o vício redibitório poderiam implicar no desfazimento obrigatório da permuta, não se aceita que um dos contratantes, unilateralmente, possa resolver o contrato ao recusar o registro. Ele argumentou que a Lei n. 6.015/73 indica a necessidade de registros autônomos para qualificações registrais distintas, reforçando a autonomia dos títulos no contexto da permuta.

Em resumo, a decisão destacou a importância da autonomia jurídica dos títulos de permuta, mesmo diante de possíveis problemas como evicção e vício redibitório, e ressaltou a necessidade de respeitar o consenso negocial entre as partes, não permitindo que a recusa de registro acarrete unilateralmente na resolução do contrato.

3.8.4. INADMISSIBILIDADE

Os tribunais estaduais vêm permitindo, como exceção, a cindibilidade do título, posto que alguns negócios jurídicos não aceitam cindibilidade, por exemplo, compra e venda de bem imóvel com alienação fiduciária, doação de imóvel com reserva de usufruto. São casos em que o negócio jurídico é um só, não permitindo a cisão.

Ademar Fioranello[394] aborda a questão da cindibilidade em relação ao instituto do **bem de família**, notadamente nos casos em que a instituição desse bem ocorre simultaneamente à transmissão da propriedade. Segundo o autor e com base no art. 265 da Lei n. 6.105/73, nos casos de empréstimo com vistas às núpcias, os atos de transmissão e instituição do bem de família são considerados inseparáveis, exigindo registros simultâneos.

Nesse contexto específico, o registro da aquisição pelo instituidor junto ao proprietário anterior precede o registro da instituição do bem de família na matrícula do

---

[392] FIORANELLI, Ademar. A cindibilidade dos títulos: exemplos práticos. In: AHUALLI, Tânia Mara; BENACCHIO, Marcelo. (Coord.); SANTOS, Queila Roca Carmona dos. (Org.). *Direito notarial e registral*: homenagem às varas de Registros Públicos da Comarca de São Paulo. São Paulo: Quartier Latin, 2016, p. 413.

[393] "PERMUTA. REGISTRO. DÚVIDA. IMÓVEIS SITUADOS EM CIRCUNSCRIÇÕES DIVERSAS. POSSIBILIDADE DA INSCRIÇÃO AUTÔNOMA DE UMA DAS AQUISIÇÕES. Provimento do recurso". TJSP; Apelação Cível 1004930-06.2015.8.26.0362; Relator(a): Ricardo Dip (Pres. da Seção de Direito Público); Órgão Julgador: Conselho Superior da Magistratura; Foro de Mogi Guaçu — 1.ª Vara Cível; j. 22.11.2016; data de registro 6.3.2017.

[394] FIORANELLI, A. A cindibilidade dos títulos: exemplos práticos. In: AHUALLI, Tania Mara; BENACCHIO, Marcelo. (Coord.). *Direito notarial e registral*: homenagem às varas de registros públicos da comarca de São Paulo. São Paulo: Quartier Latin, 2016, p. 406.

imóvel. Além disso, salienta-se a obrigatoriedade do registro da escritura pública do bem de família no Livro Três, conforme o art. 263 da Lei n. 6.015/73.

A discussão de Fioranelli[395] vincula-se ao princípio da cindibilidade, envolvendo a possibilidade de separação de partes de um título para registro. No caso específico mencionado pelo autor, a legislação impõe a **inseparabilidade dos atos de transmissão e instituição do bem de família**. Isso evidencia a inadmissibilidade da cindibilidade em determinados casos, onde a lei exige registros simultâneos para garantir a integralidade e a correta formalização dos atos envolvidos.

3.9. PRINCÍPIO DA LEGALIDADE

O **princípio da legalidade** nasceu com o Estado de Direito, sendo uma garantia aos direitos individuais[396]. Por esse princípio constitucional, "qualquer regra que crie dever de ação positiva (fazer) ou negativa (deixar de fazer, abster-se) tem de ser regra de lei, com as formalidades que a CF/88 exige"[397]. Assim, toda atividade fica sujeita à lei, conforme previsão constitucional expressa no art. 5.º, II, segundo a qual "ninguém será obrigado a fazer ou deixar de fazer alguma coisa senão em virtude da lei"[398].

No Direito Imobiliário Registral, o princípio está vinculado diretamente à atividade intelectual do registrador, o qual deve observá-lo durante a qualificação dos títulos que tentam adentrar o registro de imóveis.

Ivan Jacopetti do Lago[399] menciona que o Decreto n. 4.857/39, em seu art. 215, previa expressamente esse princípio, estabelecendo que o oficial deveria verificar a legalidade e validade do título antes de proceder ao seu registro.

A menção explícita ao princípio da legalidade foi removida do texto da Lei n. 6.015/73 pela Lei n. 6.216/75, entretanto a redação atual do art. 198, *caput,* da Lei n. 6.015/73, mesmo sem mencionar explicitamente o princípio da legalidade, **confere ao registrador a autoridade para formular exigências** que a parte interessada deve satisfazer. Assim, o registrador, amparado pelo princípio da legalidade, **tem o dever de garantir que todos os requisitos legais sejam atendidos antes de efetivar o registro**, promovendo a segurança jurídica e a regularidade dos atos registrais.

---

[395] FIORANELLI, A. A cindibilidade dos títulos: exemplos práticos. In: AHUALLI, Tania Mara; BENACCHIO, Marcelo. (Coord.). *Direito notarial e registral*: homenagem às varas de registros públicos da Comarca de São Paulo. São Paulo: Quartier Latin, 2016, p. 406.

[396] DI PIETRO, Maria Sylvia Zanela. *Direito administrativo*. 33. ed. Rio de Janeiro: Forense, 2020, p. 93.

[397] MIRANDA, Francisco Cavalcanti Pontes de. *Comentários à Constituição de 1946*. 3. ed. rev. e aum. Tomo IV. Rio de Janeiro: Borsoi, 1960, p. 321.

[398] SILVA, José Afonso da. *Curso de direito constitucional positivo*. 42. ed. rev. e atual. São Paulo: Malheiros, 2019, p. 423.

[399] LAGO, I. J. Capítulo III — Do registro de imóveis. In: PEDROSO, A. G. A. (Org.). *Lei de Registros Públicos comentada*. Rio de Janeiro: Forense, 2023, p. 611-717.

Portanto, mesmo diante de eventuais modificações na redação legal, o princípio da legalidade permanece como um alicerce essencial no campo registral, orientando a atuação dos registradores na análise e aceitação dos títulos apresentados para registro.

O autor Marinho Dembinski Kern[400] destaca que esse princípio se manifesta na exigência de que **apenas os fatos e atos jurídicos em conformidade com a legislação podem ser registrados** nos livros cartoriais. A simples apresentação de um título ao Cartório não garante automaticamente o seu registro, sendo fundamental que o documento atenda a todas as exigências legais.

O princípio da legalidade impõe ao Registrador a responsabilidade de realizar um **exame prévio de todos os títulos apresentados**, verificando se estão de acordo com a legislação vigente. Somente quando essa verificação resulta positiva é que o Registrador deve proceder com os registros e averbações. Caso contrário, o ato é recusado, sendo emitida uma nota de devolução que aponta as exigências necessárias e as razões da impossibilidade momentânea ou definitiva do registro.

Assim, o princípio da legalidade não apenas assegura a conformidade dos registros com a legislação, mas também contribui para a segurança jurídica, tanto de forma estática quanto dinâmica, garantindo a validade e a eficácia dos direitos reais e promovendo a confiança no tráfico jurídico.

Kern[401] evidencia que o registro de imóveis não se limita a ser um mero arquivo de documentos ou um simples repositório de negócios jurídicos. Sua função vai além, buscando ser exato, correto e em conformidade com a lei, a fim de publicar apenas informações fidedignas. O direito registral brasileiro, com esse propósito, promove a observância rigorosa do princípio da legalidade, estabelecendo um filtro para garantir que apenas atos e fatos jurídicos conformes ao direito ingressem no Registro.

A Lei de Registros Públicos enumera os títulos no art. 221[402]. Segundo a Lei de Registros Públicos (Lei n. 6.015/73), **a relação de títulos aptos para registro é**

---

[400] KERN, Marinho Dembinski; COSTA JUNIOR, Francisco José de Almeida Prado Ferraz. *Princípios do registro de imóveis brasileiro*. São Paulo: Thomson Reuters Brasil, 2020, v. II, p. 195-274. (Coleção de Direito imobiliário).

[401] KERN, Marinho Dembinski; COSTA JUNIOR, Francisco José de Almeida Prado Ferraz. *Princípios do registro de imóveis brasileiro*. São Paulo: Thomson Reuters Brasil, 2020, v. II, p. 195-274. (Coleção de Direito imobiliário).

[402] "Art. 221. Somente são admitidos registro: I — escrituras públicas, inclusive as lavradas em consulados brasileiros; II — escritos particulares autorizados em lei, assinados pelas partes e testemunhas, com as firmas reconhecidas, dispensado o reconhecimento quando se tratar de atos praticados por entidades vinculadas ao Sistema Financeiro da Habitação; III — atos autênticos de países estrangeiros, com força de instrumento público, legalizados e traduzidos na forma da lei, e registrados no cartório do Registro de Títulos e Documentos, assim como sentenças proferidas por tribunais estrangeiros após homologação pelo Supremo Tribunal Federal; IV — cartas de sentença, formais de partilha, certidões e mandados extraídos de autos de processo; V — contratos ou termos administrativos, assinados com a União, Estados, Municípios ou o Distrito Federal, no âmbito de programas de regularização fundiária e de programas habitacionais de interesse social, dispensado o reconhecimento de firma". BRASIL. *Lei n. 6.015, de 31 de dezembro de 1973*. Dispõe sobre os registros públicos, e dá outras providências. Disponível em: http://www.planalto.gov.br/ccivil_03/leis/l6015compilada.htm. Acesso em: 15 nov. 2023.

taxativa, ou seja, ela enumera de forma fechada os tipos de documentos aceitos. **Qualquer documento que não esteja expressamente previsto na lei não será considerado hábil para produzir efeitos no âmbito imobiliário.**

Tal artigo estabelece as condições para o registro de diversos tipos de documentos em cartório, sendo admitidos registros de escrituras públicas, inclusive aquelas lavradas em consulados brasileiros. Além disso, **escritos particulares autorizados por lei** podem ser registrados, desde que assinados pelas partes e testemunhas, com as firmas reconhecidas, dispensando o reconhecimento quando se tratar de atos ligados ao Sistema Financeiro da Habitação.

O artigo também permite o registro de atos autênticos de países estrangeiros, desde que possuam força de instrumento público, sejam legalizados, traduzidos conforme a lei e registrados no cartório do Registro de Títulos e Documentos. A norma inclui, entre esses atos, as sentenças estrangeiras homologadas pelo Supremo Tribunal Federal.

Entretanto, a Constituição Federal de 1988 alterou essa competência, dispondo, em seu art. 105, I, *i*, que cabe ao Superior Tribunal de Justiça a homologação de sentenças estrangeiras. Dessa forma, embora a redação da Lei n. 6.015/1973 ainda mencione o STF, a atribuição atualmente pertence ao STJ, conforme determinação constitucional.

Além disso, documentos como **cartas de sentença**, **formais de partilha**, **certidões** e **mandados** extraídos de autos de processo podem ser registrados. Por fim, **contratos ou termos administrativos** assinados com a União, Estados, Municípios ou o Distrito Federal, no âmbito de programas de regularização fundiária e habitacionais de interesse social, são admitidos para registro, com a dispensa do reconhecimento de firma.

Márcio Guerra Serra e Monete Hipólito Serra[403] aduzem que o princípio da legalidade se desdobra em dois aspectos. O primeiro aspecto enfatizado pelos autores refere-se à **taxatividade** dos direitos passíveis de inscrição no registro de imóveis. Nesse sentido, destacam que o legislador não concede às partes a autonomia de decidir quais direitos desejam registrar, pois a lei estabelece de forma clara e precisa quais são esses direitos. Assim, a entrada na serventia imobiliária de direitos não expressamente previstos na lei é vedada, reforçando a obrigatoriedade da inscrição dos direitos elencados de maneira explícita na legislação, conforme estabelecido no art. 169 da Lei n. 6.015/73.

No segundo aspecto do princípio da legalidade abordado pelos autores, destaca-se o **controle de legalidade** exercido pelo registrador sobre os títulos passíveis de ingresso na serventia imobiliária. Esse controle, caracterizado como um poder-dever do registrador, é aplicado de maneira abrangente a todos os títulos, independentemente de sua origem ou forma. Ele engloba tanto os aspectos formais quanto os materiais do título, e sua efetivação ocorre por meio da qualificação registral.

3.9.1. ABRANGÊNCIA DA LEGALIDADE REGISTRAL

Marinho Dembinski Kern[404] vincula a legalidade registral à três funções: a jurídica, a social e a econômica. No âmbito da **função jurídica**, o autor destaca a vocação do Registro de Imóveis para dar publicidade à propriedade e aos direitos reais imobiliários.

---

[403] SERRA, M. G.; SERRA, M. H. Registro de imóveis. In: CASSETTARI, C. (Org.). *Registro de imóveis*. Indaiatuba: Editora Foco, 2020.

[404] KERN, Marinho Dembinski; COSTA JUNIOR, Francisco José de Almeida Prado Ferraz. *Princípios do registro de imóveis brasileiro*. São Paulo: Thomson Reuters Brasil, 2020, v. II, p. 195-274. (Coleção de Direito imobiliário).

Essa função proporciona amplo conhecimento da situação jurídica do imóvel e desempenha um papel crucial na constituição dos direitos reais, servindo como um portal que separa o plano obrigacional do plano real nas operações *intervivos*. A publicidade e a natureza constitutiva do registro são fundamentais para a segurança jurídica dos negócios imobiliários.

O princípio da legalidade, segundo Kern[405], é indispensável para garantir a correspondência entre o que é registrado e a realidade jurídica. A legalidade atua como um filtro essencial, impedindo o ingresso indiscriminado de títulos no Registro de Imóveis. Isso evita que o registro se torne um repositório de informações falsas, preservando sua confiabilidade e prevenindo a criação de um ambiente propício para litígios judiciais.

O autor destaca que, embora algumas pessoas possam perceber o princípio da legalidade como um obstáculo burocrático, sua aplicação é essencial para garantir a eficácia jurídica desejada.

Sobre o tema, Ana Paula Almada[406] destaca o desafio enfrentado pelo Oficial Registrador em equilibrar os princípios da legalidade e da razoabilidade no exercício de suas funções. Para ela, o conhecimento jurídico aliado à experiência diária são fundamentais para fornecer um serviço seguro e eficiente.

Além da função jurídica, Kern[407] aborda a **função social** do Registro de Imóveis. Ele destaca o papel crucial desempenhado nos processos de regularização fundiária, contribuindo para garantir o direito fundamental à moradia conforme estabelecido na Constituição Federal. A efetiva titulação da propriedade, proporcionada pelo Registro, traz benefícios legais e facilita o acesso ao crédito, concretizando a função social do Registro de Imóveis.

O autor enfatiza que o princípio da legalidade não se opõe à função social do Registro, mas, ao contrário, contribui para valorizar as titularidades registradas, assegurando vantagens creditícias.

Por fim, quanto à **função econômica**, Kern[408] ressalta que o registro de imóveis brasileiro, embora possa ser aprimorado, representa uma instituição capaz de reduzir os custos de transação. Ele destaca que a obtenção de informações exatas, seguras e fidedignas, juntamente com a proteção do titular tabular e a fé pública registral, são possíveis graças à atuação do princípio da legalidade.

---

[405] KERN, Marinho Dembinski; COSTA JUNIOR, Francisco José de Almeida Prado Ferraz. *Princípios do registro de imóveis brasileiro*. São Paulo: Thomson Reuters Brasil, 2020, v. II, p. 195-274. (Coleção de Direito imobiliário).

[406] ALMADA, A. P. P. L. Registro de imóveis. In: GENTIL, Alberto. *Registros públicos*. Rio de Janeiro: Grupo GEN, 2022. *E-book*. Disponível em: https://app.minhabiblioteca.com.br/#/books/9786559644773/. Acesso em: 15 dez. 2023.

[407] KERN, Marinho Dembinski; COSTA JUNIOR, Francisco José de Almeida Prado Ferraz. *Princípios do registro de imóveis brasileiro*. São Paulo: Thomson Reuters Brasil, 2020, v. II, p. 195-274. (Coleção de Direito imobiliário).

[408] KERN, Marinho Dembinski; COSTA JUNIOR, Francisco José de Almeida Prado Ferraz. *Princípios do registro de imóveis brasileiro*. São Paulo: Thomson Reuters Brasil, 2020, v. II, p. 195-274. (Coleção de Direito imobiliário).

O princípio atua como uma barreira na entrada do registro, impedindo o ingresso de títulos defeituosos e permitindo a produção de efeitos fortes, como a fé pública registral. Sem o princípio da legalidade, as informações registrais seriam falhas, elevando os custos dos agentes e comprometendo a segurança jurídica.

3.9.2. QUALIFICAÇÃO REGISTRAL

A **qualificação registral** é o **processo pelo qual um oficial de registro analisa e avalia os documentos apresentados para registro**, a fim de determinar se eles atendem aos requisitos legais para ingressar no registro público. Esse procedimento ocorre em registros de imóveis, onde documentos como escrituras, contratos e outros atos relacionados a propriedades são submetidos ao oficial do registro.

Durante a qualificação registral, o oficial examina se o documento apresentado está **de acordo com as normas legais**, se contém **informações essenciais** e **se atende aos requisitos formais** para ser registrado. Essa análise busca garantir a regularidade e a legalidade dos atos registrados, contribuindo para a segurança jurídica e a confiança nas transações imobiliárias e em outros registros públicos.

Marcelo Rodrigues[409] destaca que a qualificação registral tem como base o **princípio da juridicidade ou legitimidade**. O núcleo desse princípio visa garantir que a validade do negócio jurídico, que será objeto de inscrição, esteja sob a disposição do alienante.

O autor destaca a importância de garantir a correspondência entre a situação jurídica expressada no acordo de vontade jurídico-obrigacional e os direitos e elementos constantes do registro, e ressalta o papel do oficial do registro, que tem o **poder-dever de impedir o registro de títulos que não atendam aos requisitos legais**, independentemente de sua origem.

> Isso não é uma simples faculdade, mas um verdadeiro poder-dever do delegado do registro público, cuja responsabilidade é zelar pela regularidade do serviço e prevenir futuras demandas.

O Conselho Superior de Magistratura de São Paulo já destacou, em diversos casos, ser a qualificação registral um ato necessário para garantir o princípio da legalidade, de forma a verificar se os requisitos formais foram observados. Um exemplo é a Apelação Cível n. 0000348-12.2013.8.26.0471[410], na qual ficou determinado que era dever do

---

[409] RODRIGUES, M. *Tratado de registros públicos e direito notarial*. 4. ed. São Paulo: Juspodivm, 2022.

[410] "REGISTRO DE IMÓVEIS — DÚVIDA — INSTRUMENTO PARTICULAR DE ALIENAÇÃO FIDUCIÁRIA EM GARANTIA — IRRESIGNAÇÃO PARCIAL E CUMPRIMENTO DE PARTE DAS EXIGÊNCIAS NO CURSO DO PROCEDIMENTO — CONDUTA QUE TORNA PREJUDICADA A DÚVIDA — INVIABILIDADE DO REGISTRO SE ASSIM NÃO FOSSE, DEVIDO À NECESSIDADE DE AVERBAR A BENFEITORIA MENCIONADA NO TÍTULO OU RETIFICÁ-LO PARA EXCLUÍ-LA, EM OBSERVÂNCIA AO PRINCÍPIO DA ESPECIALIDADE, E DE ADEQUAR AS CLÁUSULAS CONTRATUAIS AOS REQUISITOS OBRIGATÓRIOS PREVISTOS NA LEI N. 9.514/97, EM OBSERVÂNCIA AO PRINCÍPIO DA LEGA-

registrador, no caso, examinar o contrato de alienação fiduciária e verificar se foram observados os requisitos formais previstos no art. 24 da Lei n. 9.514/97, uma vez que são obrigatórios, sendo a qualificação realizada para o controle da legalidade do ato espelhado no título.

Marinho Dembinski Kern[411] aborda a qualificação registral como um **controle prévio de legalidade** realizado pelo Oficial de Registro de Imóveis para verificar se o título ou documento apresentado pode ser inscrito, conferindo-lhe os benefícios previstos pela legislação, especialmente o ingresso no plano dos direitos reais. O resultado desse exame pode ser positivo, indicando a legalidade e regularidade do título, ou negativo, revelando a presença de vícios sanáveis, defeitos documentais ou vícios insanáveis.

A qualificação dos títulos, conforme exposto, é realizada mediante exame e verificação de seus requisitos de validade intrínsecos. O oficial deve examinar se os títulos indicados no Livro Protocolo atendem às exigências legais, e qualquer dúvida quanto à satisfação dessas exigências deve ser encaminhada ao juízo competente a pedido do interessado.

Marcelo Martins Berthe[412] ressalta a atividade de qualificação registral como uma das mais desafiadoras e nobres atribuições do registrador imobiliário. O autor evidencia a autonomia e a indelegabilidade dessa função, enfatizando que a análise da registrabilidade de um título, seja ele judicial ou extrajudicial, público ou particular, vai além da mera consideração formal, sendo imprescindível o exame do conteúdo do título, visando verificar sua legalidade e a conformidade com os princípios da continuidade e da especialidade.

A atividade de qualificação registral, segundo Berthe[413], não se limita a uma análise superficial do documento apresentado, mas envolve uma investigação mais profunda para garantir que o título seja legal, esteja em conformidade com os princípios registrais essenciais e seja, por fim, passível de inscrição no registro imobiliário. O registrador imobiliário, ao desempenhar essa função, assume o papel de guardião da segurança jurídica, sendo a garantia fundamental para o desenvolvimento econômico e a pacificação social.

LIDADE. RECURSO NÃO CONHECIDO." CSMSP; Apelação Cível 0000348-12.2013.8.26.0471; Relator(a): Elliot Akel; Órgão Julgador: Conselho Superior da Magistratura; Foro de Porto Feliz; j. 16.10.2014; data de registro: 22.1.2015.

[411] KERN, Marinho Dembinski; COSTA JUNIOR, Francisco José de Almeida Prado Ferraz. *Princípios do registro de imóveis brasileiro*. São Paulo: Thomson Reuters Brasil, 2020, v. II, p. 195-274. (Coleção de Direito imobiliário).

[412] BERTHE, M. M. Da inscrição. In: NETO, José Manuel de Arruda A.; CLÁPIS, Alexandre L.; CAMBLER, Everaldo A. *Lei de Registros Públicos comentada*. 2. ed. São Paulo: Grupo GEN, 2019. E-book. Disponível em: https://app.minhabiblioteca.com.br/#/books/9788530983468/. Acesso em: 13 fev. 2024.

[413] BERTHE, M. M. Da inscrição. In: NETO, José Manuel de Arruda A.; CLÁPIS, Alexandre L.; CAMBLER, Everaldo A. *Lei de Registros Públicos comentada*. 2. ed. São Paulo: Grupo GEN, 2019. E-book. Disponível em: https://app.minhabiblioteca.com.br/#/books/9788530983468/. Acesso em: 13 fev. 2024.

Marcelo Rodrigues[414] ressalta que a qualificação deve ser realizada com prudência, discernimento e bom senso, sendo um ato pessoal e intransferível do titular da delegação. Se resultar em exigência, esta deve ser formulada de maneira precisa, objetiva e racional, abrangendo todas as circunstâncias que podem impedir o acatamento do título protocolado, evitando questionamentos parcelados.

No caso de uma **qualificação positiva**, o Registrador pratica os atos necessários na matrícula, uma vez que o título está apto ao fólio real. Por outro lado, em caso de **qualificação negativa** devido a vícios sanáveis ou defeitos documentais, o Oficial emite uma nota devolutiva, apontando os óbices ao registro e indicando como solucioná-los. Durante a vigência da prenotação, a parte pode cumprir as exigências para reingressar o título sob o mesmo número de prenotação, entretanto, após o trintídio de validade da prenotação, se o título for reapresentado, será feita uma nova prenotação.

O estudo intelectual do título em conjunto com os assentos existentes no ofício consome longo tempo do registrador[415] que, mediante retrospecto mental e inspeção ocular, recapitula as possíveis irregularidades para embargá-las. O ato intelectivo registral funciona como um filtro, impedindo a passagem de títulos que tentam romper a malha da lei. Como filtro, deve o registrador evitar demandas futuras, sem criar novas, sendo difícil precisar quais os limites da qualificação registral, o que ocorre nos títulos anuláveis, que possuem tempo legal para serem invalidados, sob pena de atingirem o degrau da validade plena. O prazo para anulação deve ser contado a partir do registro, e não da lavratura do ato, o que torna duvidosa a qualificação negativa fundada na anulabilidade.

Na presença de **vícios insanáveis**, a qualificação é negativa, e uma nota devolutiva indica a impossibilidade de praticar o ato. O apresentante pode solicitar a revisão da qualificação por meio do procedimento de dúvida, no qual o Juiz Corregedor Permanente reanalisará o título. Kern[416] destaca que, em situações específicas, como a apresentação de títulos irregistráveis, o Oficial recusa a prática do ato indicando a ausência de previsão legal, e a solução para superar o vício insanável envolve um novo negócio jurídico válido.

Outra hipótese de resultado é a **qualificação negativa parcial**, na qual o Registrador identifica defeitos que impedem o registro apenas em relação a determinados aspectos do título. Nesses casos, o princípio da cindibilidade permite que a parte válida, se independente, possa lograr o registro, desde que o interessado requeira a cisão do título por escrito.

---

[414] RODRIGUES, M. *Tratado de registros públicos e direito notarial*. 4. ed. São Paulo: Juspodivm, 2022.

[415] CARVALHO, Afrânio de. *Registro de imóveis*: comentários ao sistema de registro em face da Lei 6.015, de 1973, com alterações da Lei 6.216, de 1975, Lei 8.009, de 1990 e Lei 8.935, de 18.11.1994. 4. ed. Rio de Janeiro: Forense, 2001, p. 226.

[416] KERN, Marinho Dembinski; COSTA JUNIOR, Francisco José de Almeida Prado Ferraz. *Princípios do registro de imóveis brasileiro*. São Paulo: Thomson Reuters Brasil, 2020, v. II, p. 195-274. (Coleção de Direito imobiliário).

Ana Paula Almada[417] argumenta contra a devolução de títulos por questões de insegurança ou receio, ressaltando a importância de não impor exigências excessivas ou detalhadas, especialmente quando se trata de falhas mínimas no título que não interferem no direito expresso ou em partes essenciais do negócio. A autora destaca a necessidade de cautela ao fazer exigências, considerando que pequenos erros podem ser corrigidos com a apresentação de documentos adicionais, evitando a devolução do título.

Nesse contexto, a autora argumenta que, mesmo diante de erros como o número de CPF digitado incorretamente, o prejuízo decorrente da não realização do registro é muito maior do que a correção do erro em si. Ela destaca a importância de considerar a razoabilidade como princípio, evitando transformar o registro de imóveis em um órgão especializado em devolução de títulos. Em vez disso, enfatiza o papel do registro em garantir a segurança e publicidade das transações imobiliárias.

Quanto à natureza jurídica da qualificação registral, a doutrina diverge se judicial, se de jurisdição voluntária ou meramente administrativa. Tito Fulgêncio[418], ao analisar a inscrição da hipoteca no Código Civil de 1916, lecionava[419] que o oficial não é o juiz do título, mas ele pode ter dúvida quanto à legalidade e indeferir o registro, prevenindo, assim, a multiplicação de demandas de cancelamento de inscrições, evitando títulos inválidos. Affonso Fraga[420] também entende que a recusa do oficial não é ato de jurisdição e, portanto, não é uma instância de julgamento. Se a parte não se conformar, recorrerá ao juiz e da decisão dele, então, cabe apelação ao Tribunal.

Sob outra ótima, Ricardo Dip[421] entende que a qualificação é muito mais do que examinar ou verificar, sendo um juízo prudencial, uma operação intelectiva de modo reflexivo e abstrato, que resulta numa decisão, que pode ser positiva, de inscrever o título no fólio real, ou negativa, de impedir o seu acesso aos efeitos desejados. A ideia é corroborada por Flauzilino Araújo dos Santos[422], que defende a qualificação registral como uma apreciação técnica imparcial, com um juízo de aprovação ou de desqualificação do negócio jurídico, mas leciona que a tendência moderna é considerar uma função singular, especial ou *sui generis*.

---

[417] ALMADA, A. P. P. L. Registro de imóveis. In: GENTIL, Alberto. *Registros públicos*. Rio de Janeiro: Grupo GEN, 2022. *E-book*. Disponível em: https://app.minhabiblioteca.com.br/#/books/9786559644773/. Acesso em: 15 dez. 2023.

[418] FULGÊNCIO, Tito. *Direito real de hypoteca*. São Paulo: Livraria Acadêmica, 1928, p. 322.

[419] O Código Civil de 1916 previa o exame de legalidade da hipoteca no art. 834. "Quando o oficial tiver dúvida sobre a legalidade da inscrição requerida, declará-la-á por escrito ao requerente, depois de mencionar, em forma de prenotação, o pedido no respectivo livro". BRASIL. *Lei n. 3.071, de 1.º de janeiro de 1916*. Código Civil dos Estados Unidos do Brasil. Disponível em: http://www.planalto.gov.br/ccivil_03/leis/l3071.htm. Acesso em: 15 nov. 2021.

[420] FRAGA, Affonso. *Direitos reaes de garantia*: penhor, antichrese e hypotheca. São Paulo: Editoria Livraria Acadêmica, 1933, p. 820.

[421] DIP, Ricardo. *Registro de imóveis*: vários estudos. Porto Alegre: Sergio Antonio Fabris Editor, 2005, p. 168.

[422] SANTOS, Flauzilino Araújo dos. Princípio da legalidade e registro de imóveis. In: DIP, Ricardo; JACOMINO, Sérgio. (Org.). *Registro imobiliário*: temas atuais. 2. ed. São Paulo: Revista dos Tribunais, 2013, v. 2, p. 312-315. (Coleção Doutrinas essenciais).

Nessa mesma linha, Marinho D. Kern[423] sustenta que a qualificação registral é especial ou *sui generis*, pois diferencia-se dos serviços públicos em geral pois é exercido com independência[424] pelo registrador. Todavia, ressalta o autor, não se pode falar em função judicial, eis que não resolve conflitos e nem sua decisão tem caráter de definitividade. Não sendo judicial, poderia se imaginar o seu enquadramento como atividade administrativa, o que também não ocorre, pois preponderam interesses privados (direitos reais). Assim, sua natureza especial possui uma mescla dessas características, ora judicial, ora de jurisdição voluntária ou com traços administrativos.

3.9.2.1. Medidas da qualificação registral

Ana Paula Almada[425] aborda diversas características da qualificação registral, oferecendo uma visão detalhada sobre o papel do Oficial Registrador nesse processo. Ela destaca o **princípio da instância**, enfatizando que o registrador deve ser provocado pelo interessado para exercer sua função de qualificador. Além disso, a autora ressalta a obrigatoriedade da qualificação, afirmando que **o Oficial Registrador não pode se recusar a protocolar o título**. Mesmo diante de precedentes ou leis contrárias, ele tem o dever de realizar uma qualificação exaustiva, uma vez que **o usuário tem o direito de receber uma qualificação negativa por escrito e de forma fundamentada**.

A característica personalíssima da qualificação é mencionada, indicando que a delegação é atribuída ao Oficial Registrador, mas a responsabilidade pelo ato é sempre dele. Mesmo ao contratar prepostos, a decisão final sobre a qualificação é do Oficial, conforme estabelecido pelo art. 22 da Lei n. 8.935/94.

Almada[426] destaca ainda a **integralidade da qualificação**, que deve abranger o título por completo, mesmo que seja necessário celebrar outro título para concretizar o ato. O usuário tem o direito de receber, de forma escrita e fundamentada, todas as exigências do título. Essas características, segundo a autora, delineiam o papel essencial do Oficial Registrador na garantia da legalidade e segurança jurídica nos registros imobiliários.

Em complementação, João Pedro Lamana Paiva[427] aborda a importância do controle de registrabilidade, destacando duas formas desse controle: o preventivo, sob responsabilidade do registrador; e o repressivo, sob jurisdição do juiz.

---

[423] KERN, Marinho Dembinski; COSTA JUNIOR, Francisco José de Almeida Prado Ferraz. *Princípios do registro de imóveis brasileiro*. São Paulo: Thomson Reuters Brasil, 2020, v. II, p. 195. (Coleção de Direito imobiliário).

[424] DIP, Ricardo. *Registro de imóveis (princípios)*: registros sobre registros. Tomo I. Campinas: Editora Primvs, 2017, p. 25-42.

[425] ALMADA, A. P. P. L. Registro de imóveis. In: GENTIL, Alberto. *Registros públicos*. Rio de Janeiro: Grupo GEN, 2022. E-book. Disponível em: https://app.minhabiblioteca.com.br/#/books/9786559644773/. Acesso em: 15 dez. 2023.

[426] ALMADA, A. P. P. L. Registro de imóveis. In: GENTIL, Alberto. *Registros públicos*. Rio de Janeiro: Grupo GEN, 2022. E-book. Disponível em: https://app.minhabiblioteca.com.br/#/books/9786559644773/. Acesso em: 15 dez. 2023.

[427] PAIVA, J. P. L. Nulidade do título e seus efeitos no registro imobiliário. In: AHUALLI, Tania Mara; BENACCHIO, Marcelo. (Coord.). *Direito notarial e registral*: homenagem às varas de re-

O **controle preventivo** é efetuado pelo registrador antes do ato de registro ou da recusa em realizá-lo. Ele ocorre na esfera administrativa e consiste em um exame jurídico que visa identificar possíveis hipóteses de nulidade em um título apresentado para registro. O registrador decide conceder ou negar o registro com base nesse exame.

Por outro lado, o **controle repressivo**, dividido em concentrado e difuso, ocorre após o ato de registro ou a negativa de realizá-lo. O controle concentrado é realizado por órgão da vida administrativa do registro, enquanto o controle difuso ocorre por meio de órgão de jurisdição contenciosa, como um magistrado. Esse exame jurídico aprecia pontualmente hipóteses de nulidade do título apresentado, e a decisão do magistrado pode determinar que o registrador realize, mantenha ou cancele o registro com base na validade do título.

3.9.2.1.1. Títulos judiciais

Todo e qualquer título, independentemente de sua origem, deve passar pelo processo de qualificação registral para verificar sua aptidão ao registro imobiliário. Esse procedimento abrange escrituras públicas, atos particulares e títulos judiciais.

Os títulos cuja origem é judicial, ou seja, aqueles oriundos de atos judiciais, sempre serão classificados, quanto à sua forma, como títulos públicos.

> **A origem judicial de um título não exime o registrador do poder-dever de realizar a qualificação**, e a falta ou incompletude desse processo pode acarretar responsabilizações para o registrador. No entanto, o controle de legalidade sobre os títulos judiciais não deve invadir a esfera jurisdicional, **limitando-se à verificação das formalidades extrínsecas do título**, sem avaliar o mérito da decisão judicial[428].

O registrador não contesta o mérito das decisões, pois as partes envolvidas têm meios legais para recorrer de decisões judiciais equivocadas, mas tem o dever de verificar a congruência do que é ordenado ao registro com o processo respectivo, as formalidades documentais e os obstáculos próprios do registro.

Márcio Guerra Serra e Monete Hipólito Serra[429] afirmam que o registrador não é responsável pelos atos emanados das decisões judiciais, seguindo o entendimento de que a exibição de um título de origem judicial não isenta os requisitos registrários. Desta feita, o poder-dever do registrador inclui a **verificação da competência da autoridade judiciária**, a **conformidade com o processo** respectivo, a **presença das formalidades** documentais e a análise de **obstáculos registrários**. Os autores[430] ressaltam que a vedação ao registro não interfere na validade e eficácia da decisão judicial, sendo apenas uma **verificação de conformidade com as exigências do registro imobiliário**.

---

gistros públicos da Comarca de São Paulo. São Paulo: Quartier Latin, 2016, p. 343-366.

[428] SERRA, M. G.; SERRA, M. H. Registro de imóveis. In: CASSETTARI, C. (Org.). *Registro de imóveis*. Indaiatuba: Editora Foco, 2020.

[429] SERRA, M. G.; SERRA, M. H. Registro de imóveis. In: CASSETTARI, C. (Org.). *Registro de imóveis*. Indaiatuba: Editora Foco, 2020.

[430] SERRA, M. G.; SERRA, M. H. Registro de imóveis. In: CASSETTARI, C. (org.). *Registro de imóveis*. Indaiatuba: Editora Foco, 2020.

No mesmo sentido, Flauzilino Araújo dos Santos[431] comenta que o Conselho Superior da Magistratura de São Paulo (CSM/SP) já possui entendimento consolidado de que os títulos judiciais devem ser qualificados pelo registrador, pois a simples origem judicial não implica a isenção dos requisitos registrários, como, por exemplo, os constantes no art. 239 da Lei de Registros Públicos[432]. Em outra passagem, o registrador paulista explana que a qualificação registral possui uma perspectiva ampla, na qual devem ser analisados os requisitos intrínsecos do título apresentado, em especial, os requisitos de validade, legitimidade dos interessados e regularidade formal dos documentos, mas ressalta que não compete ao registrador apreciar a constitucionalidade da norma legal, que é matéria de competência do Poder Judiciário[433].

Um exemplo prático é a Apelação Cível n. 0001717-77.2013.8.26.0071[434], na qual o Conselho Superior da Magistratura de São Paulo deu provimento ao recurso da apelante, julgou improcedente a dúvida e determinou o registro por identificar que a qualificação do Oficial recaiu sobre o mérito do título judicial transitada em julgado.

Vale destacar a diferenciação feita por Marcelo Martins Berthe[435] entre título judicial e ordem judicial. Segundo o autor, tanto os títulos judiciais quanto os extrajudiciais estão sujeitos ao mesmo crivo de qualificação registral, submetendo-se ao exame de legalidade estrita. Por outro lado, as ordens judiciais, apesar de derivarem do Poder Judiciário, não são consideradas títulos judiciais verdadeiros, pois não provocam mutações jurídico-reais passíveis de registro. O registro de um título implica em efeitos causais, como a constituição de direitos reais ou a transmissão de propriedade, o que não ocorre com as ordens judiciais.

---

[431] SANTOS, Flauzilino Araújo dos. Princípio da legalidade e registro de imóveis. In: DIP, Ricardo; JACOMINO, Sérgio. (Org.). *Registro imobiliário*: temas atuais. 2. ed. São Paulo: Revista dos Tribunais, 2013, v. 2, p. 1017. (Coleção Doutrinas essenciais).

[432] "Art. 239. As penhoras, arrestos e sequestros de imóveis serão registrados depois de pagas as custas do registro pela parte interessada, em cumprimento de mandado ou à vista de certidão do escrivão, de que constem, além dos requisitos exigidos para o registro, os nomes do juiz, do depositário, das partes e a natureza do processo. Parágrafo único. A certidão será lavrada pelo escrivão do feito, com a declaração do fim especial a que se destina, após a entrega, em cartório, do mandado devidamente cumprido." BRASIL. *Lei n. 6.015, de 31 de dezembro de 1973*. Dispõe sobre os registros públicos, e dá outras providências. Disponível em: http://www.planalto.gov.br/ccivil_03/leis/l6015compilada.htm. Acesso em: 15 nov. 2021.

[433] SANTOS, Flauzilino Araújo dos. Princípio da legalidade e registro de imóveis. In: DIP, Ricardo; JACOMINO, Sérgio. (Org.). *Registro imobiliário*: temas atuais. 2. ed. São Paulo: Revista dos Tribunais, 2013, v. 2, p. 320. (Coleção Doutrinas essenciais).

[434] "Registro de Imóveis — Dúvida julgada procedente — Formal de partilha — Inobservância do princípio da continuidade — Inocorrência — Qualificação registral que não pode discutir o mérito da decisão judicial — Recurso provido." CSMSP; Apelação Cível 0001717-77.2013.8.26.0071; Relator(a): José Renato Nalini; Órgão Julgador: Conselho Superior da Magistratura; Foro de Bauru; j. 8.4.2014.

[435] BERTHE, M. M. Da inscrição. In: NETO, José Manuel de Arruda A.; CLÁPIS, Alexandre L.; CAMBLER, Everaldo A. *Lei de Registros Públicos comentada*. 2. ed. São Paulo: Grupo GEN, 2019. E-book. Disponível em: https://app.minhabiblioteca.com.br/#/books/9788530983468/. Acesso em: 13 fev. 2024.

3.9.2.1.2. Títulos administrativos

Ocorreram alterações relevantes no art. 221 da Lei de Registros Públicos (LRP), especialmente quanto a dois novos incisos que impactam o **registro de contratos e termos administrativos**. O inciso V amplia o escopo ao permitir o registro de tais documentos assinados com a União, Estados, Municípios ou o Distrito Federal no contexto de programas de regularização fundiária e habitacionais de interesse social, **dispensando o reconhecimento de firma**.

Márcio Guerra Serra e Monete Hipólito Serra[436] acreditam ser essa mudança muito significativa para os programas de regularização fundiária, nos quais os contratos administrativos frequentemente envolvem direitos reais sobre imóveis. Antes dessa modificação, a escritura pública era considerada essencial, mas, agora, para esse contexto específico, o reconhecimento de firma foi dispensado, simplificando procedimentos.

O inciso VI do art. 221 permite o registro de contratos ou termos administrativos assinados com os legitimados do Decreto-lei n. 3.365/41 no âmbito das desapropriações extrajudiciais. Essa alteração facultou à administração a elaboração do título de desapropriação extrajudicial sem a obrigatoriedade da forma de escritura pública. A iniciativa visa simplificar procedimentos, mas os autores alertam para o potencial de conflitos e insegurança jurídica, dependendo de como essa faculdade for utilizada pelo poder público envolvido na regularização fundiária.

Quanto à necessidade de arquivamento dos títulos admitidos no registro de imóveis, Márcio Guerra Serra e Monete Hipólito Serra[437] esclarecem que os títulos de natureza particular, apresentados em uma só via, serão arquivados em cartório, possibilitando ao oficial fornecer certidão a pedido. Em estados que adotam o sistema de microfilmagem, nos cartórios que o utilizam, o arquivamento dos documentos particulares originais torna-se dispensável, pois ficam registrados em microfilme. Essa disposição visa a modernização e eficiência no tratamento documental, simplificando os procedimentos cartorários.

3.9.2.1.3. Escrituras públicas

O rol dos títulos admitidos no registro de imóveis, conforme estabelecido pelo art. 221 da Lei n. 6.015/73, começa com as **escrituras públicas, incluindo aquelas lavradas em consulados brasileiros**. No caso destas últimas, mesmo produzidas no exterior, não são consideradas estrangeiras, possuindo a mesma validade das lavradas nos tabelionatos brasileiros.

Marcelo Martins Berthe[438] aborda a evolução da escritura pública notarial como um título hábil para instrumentalizar diversos atos jurídicos, antes restritos ao âmbito

---

[436] SERRA, M. G.; SERRA, M. H. Registro de imóveis. In: CASSETTARI, C. (Org.). *Registro de imóveis*. Indaiatuba: Editora Foco, 2020.

[437] SERRA, M. G.; SERRA, M. H. Registro de imóveis. In: CASSETTARI, C. (Org.). *Registro de imóveis*. Indaiatuba: Editora Foco, 2020.

[438] BERTHE, M. M. Da inscrição. In: NETO, José Manuel de Arruda A.; CLÁPIS, Alexandre L.; CAMBLER, Everaldo A. *Lei de Registros Públicos comentada*. 2. ed. São Paulo: Grupo GEN, 2019. E-book. Disponível em: https://app.minhabiblioteca.com.br/#/books/9788530983468/. Acesso em: 13 fev. 2024.

judicial. Destaca-se a mudança significativa em relação a procedimentos como inventário, partilha de bens, separação judicial consensual e divórcio, que, anteriormente, dependiam de uma sentença judicial para serem considerados títulos causais do registro imobiliário.

Com a promulgação de um novo diploma legislativo sobre o tema, o autor ressalta que a escritura pública notarial, ao captar a vontade das partes envolvidas, tornou-se um instrumento apto para ser levado diretamente a registro, dispensando a homologação do Estado-juiz. Esse instrumento, ao ser levado ao registro imobiliário, passa a produzir todos os efeitos legais necessários, concretizando as mutações jurídico-reais de acordo com o conteúdo especificado no título extrajudicial.

A abordagem do autor destaca a importância da escritura pública notarial como um instrumento eficaz na simplificação e desburocratização de processos que anteriormente demandavam procedimentos judiciais mais complexos. A ênfase na autonomia da vontade das partes, aliada à validade e eficácia direta da escritura pública notarial no registro imobiliário, reflete uma mudança relevante no panorama jurídico, conferindo maior agilidade e praticidade a determinados atos, sem comprometer a segurança jurídica.

Márcio Guerra Serra e Monete Hipólito Serra[439] destacam que, de acordo com o Código Civil brasileiro (art. 108), a regra geral é a exigência de escritura pública para a validade de negócios jurídicos relacionados a direitos reais sobre imóveis de valor superior a trinta vezes o maior salário mínimo vigente no país. Para admitir atos por outros títulos no registro de imóveis, é necessária previsão expressa na lei, autorizando a instrumentalização de forma diversa.

Ressalta-se a Lei n. 5.709/71 como uma norma especial que, embora não dispense a escritura pública, a exige de forma peculiar, sendo essencial para a aquisição de imóveis rurais por estrangeiros. Da mesma forma, a escritura pública é indispensável no caso do pacto antenupcial, conforme previsto no art. 1.653 do Código Civil.

3.9.2.1.4. *Instrumentos particulares*

As exceções permitidas pelo art. 221 da Lei n. 6.015/73 abrem espaço para **escritos particulares autorizados em lei** assinados pelas partes e testemunhas, com firmas reconhecidas, dispensando o reconhecimento em atos do Sistema Financeiro de Habitação.

Ana Paula Almada[440] destaca que a interpretação do dispositivo foi alterada pela entrada em vigor do Código Civil de 2002, que disciplinou sobre os instrumentos particulares no art. 221, mencionando que um instrumento particular, elaborado e assinado, ou simplesmente assinado por alguém com plena capacidade de gestão de seus bens, serve como evidência das obrigações acordadas, independentemente do seu valor.

---

[439] SERRA, M. G.; SERRA, M. H. Registro de imóveis. In: CASSETTARI, C. (Org.). *Registro de imóveis*. Indaiatuba: Editora Foco, 2020.

[440] ALMADA, A. P. P. L. Registro de imóveis. In: GENTIL, Alberto. *Registros públicos*. Rio de Janeiro: Grupo GEN, 2022. *E-book*. Disponível em: https://app.minhabiblioteca.com.br/#/books/9786559644773/. Acesso em: 15 dez. 2023.

Contudo, os efeitos desse instrumento, assim como os da cessão, não têm validade em relação a terceiros até que sejam devidamente registrados no registro público.

3.9.2.1.5. Extratos eletrônicos

Moacyr Petrocelli de Ávila Ribeiro[441] aborda a introdução dos extratos eletrônicos no contexto do registro de imóveis pela Lei n. 14.382/2022[442], buscando simplificar a tramitação dos títulos. Ele destaca que, apesar da falta de uma regulamentação mais detalhada, esses extratos **não representam novos títulos formais**, mas uma subcategoria passível de inscrição nos registros públicos.

---

[441] RIBEIRO, M. P. A. Das atribuições. In: PEDROSO, A. G. A. (Org.). *Lei de Registros Públicos comentada*. Rio de Janeiro: Forense, 2023, p. 769-771.

[442] "Art. 6.º Os oficiais dos registros públicos, quando cabível, receberão dos interessados, por meio do SERP, os extratos eletrônicos para registro ou averbação de fatos, de atos e de negócios jurídicos, nos termos do inciso VIII do *caput* do art. 7.º desta Lei. § 1.º Na hipótese de que trata o *caput* deste artigo: I — o oficial: a) qualificará o título pelos elementos, pelas cláusulas e pelas condições constantes do extrato eletrônico; e b) disponibilizará ao requerente as informações relativas à certificação do registro em formato eletrônico; II — o requerente poderá, a seu critério, solicitar o arquivamento da íntegra do instrumento contratual que deu origem ao extrato eletrônico relativo a bens móveis; III — os extratos eletrônicos relativos a bens imóveis deverão, obrigatoriamente, ser acompanhados do arquivamento da íntegra do instrumento contratual, em cópia simples, exceto se apresentados por tabelião de notas, hipótese em que este arquivará o instrumento contratual em pasta própria; IV — os extratos eletrônicos relativos a bens imóveis produzidos pelas instituições financeiras que atuem com crédito imobiliário autorizadas a celebrar instrumentos particulares com caráter de escritura pública poderão ser apresentados ao registro eletrônico de imóveis e as referidas instituições financeiras arquivarão o instrumento contratual em pasta própria. § 22 No caso de extratos eletrônicos para registro ou averbação de atos e negócios jurídicos relativos a bens imóveis, ficará dispensada a atualização prévia da matrícula quanto aos dados objetivos ou subjetivos previstos no art. 176 da Lei n. 6.015, de 31 de dezembro de 1973 (Lei de Registros Públicos), exceto dos dados imprescindíveis para comprovar a subsunção do objeto e das partes aos dados constantes do título apresentado, ressalvado o seguinte: I — não poderá ser criada nova unidade imobiliária por fusão ou desmembramento sem observância da especialidade: e II — subordinar-se-á a dispensa de atualização à correspondência dos dados descritivos do Imóvel e dos titulares entre o título e a matrícula. § 3.º Será dispensada, no âmbito do registro de imóveis, a apresentação da escritura de pacto antenupcial, desde que os dados de seu registro e o regime de bens sejam indicados no extrato eletrônico de que trata o *caput* deste artigo, com a informação sobre a existência ou não de cláusulas especiais. § 4.º O instrumento contratual a que se referem os incisos II e III do 1.º deste artigo será apresentado por meio de documento eletrônico ou digitalizado, nos termos do inciso VIII do *caput* do art. 3.º desta Lei, acompanhado de declaração, assinada eletronicamente, de que seu conteúdo corresponde ao original firmado pelas partes." BRASIL. *Lei n. 14.382, de 27 de junho de 2022*. Dispõe sobre o Sistema Eletrônico dos Registros Públicos (SERP); altera as Leis n. 4.591, de 16 de dezembro de 1964, 6.015, de 31 de dezembro de 1973 (Lei de Registros Públicos), 6.766, de 19 de dezembro de 1979, 8.935, de 18 de novembro de 1994, 10.406, de 10 de janeiro de 2002 (Código Civil), 11.977, de 7 de julho de 2009, 13.097, de 19 de janeiro de 2015, e 13.465, de 11 de julho de 2017; e revoga a Lei n. 9.042, de 9 de maio de 1995, e dispositivos das Leis n. 4.864, de 29 de novembro de 1965, 8.212, de 24 de julho de 1991, 12.441, de 11 de julho de 2011, 12.810, de 15 de maio de 2013, e 14.195, de 26 de agosto de 2021. Disponível em: https://www.planalto.gov.br/ccivil_03/_ato2019-2022/2022/lei/l14382.htm. Acesso em: 13 fev. 2024.

O autor compara os extratos eletrônicos a um "título formal de segundo grau" ou de sobreposição, pois não substituem os títulos conhecidos, mas possibilitam sua apresentação de forma resumida e eletrônica, contendo as informações essenciais requeridas por lei. Os extratos são vistos como uma "instrumentalidade ao quadrado", sendo o meio pelo qual o título formal é veiculado de maneira concisa.

O autor adverte que a previsão dos extratos eletrônicos não tem a capacidade de substituir o sistema tradicional de transmissão da propriedade pelo título e modo, conforme estabelecido no Código Civil (art. 1.227[443]).

3.9.2.2. Parâmetros da qualificação registral

O autor Flauzilino Araújo dos Santos[444] destaca a importância do controle de legalidade na qualificação registral e evidencia a orientação de Serpa Lopes, enfatizando que toda interpretação em matéria de registro de imóveis deve tender para facilitar e não para dificultar o acesso dos títulos ao registro.

O autor salienta a necessidade de evitar improvisações, conjecturas e suposições na qualificação registral, destacando a importância de observar os princípios do direito administrativo, como impessoalidade, moralidade, finalidade, eficiência, motivação e razoabilidade[445].

Além do controle das formas extrínsecas do título, a qualificação deve envolver a apreciação da validade dos atos contidos no documento, subordinando-os a preceitos de ordem pública. Ao verificar o título, é importante analisar a legitimidade dos interessados, a correção da forma extrínseca dos títulos e a verificação das condições intrínsecas, como estado civil, capacidade civil, disponibilidade de bens, entre outros[446].

3.9.2.3. Títulos nulos e anuláveis

Especificamente sobre os títulos anuláveis, o Código Civil prevê que a anulabilidade não tem efeito antes de julgada por **sentença**[447], nem se pronuncia de ofício (art. 177). Existe a necessidade do devido processo legal, com direito ao contraditório, depois que

---

[443] "Art. 1.227. Os direitos reais sobre imóveis constituídos, ou transmitidos por atos entre vivos, só se adquirem com o registro no Cartório de Registro de Imóveis dos referidos títulos (arts. 1.245 a 1.247), salvo os casos expressos neste Código". BRASIL. *Lei n. 10.406, de 10 de janeiro de 2002*. Institui o Código Civil. Disponível em: http://www.planalto.gov.br/ccivil_03/leis/2002/l10406compilada.htm. Acesso em: 15 fev. 2024.

[444] SANTOS, Flauzilino Araújo dos. Princípio da legalidade e registro de imóveis. In: DIP, Ricardo; JACOMINO, Sérgio. (Org.). *Registro imobiliário*: temas atuais. 2. ed. São Paulo: Revista dos Tribunais, 2013, v. 2, p. 1017. (Coleção Doutrinas essenciais).

[445] SANTOS, Flauzilino Araújo dos. Princípio da legalidade e registro de imóveis. In: DIP, Ricardo; JACOMINO, Sérgio. (Org.). *Registro imobiliário*: temas atuais. 2. ed. São Paulo: Revista dos Tribunais, 2013, v. 2, p. 1017. (Coleção Doutrinas essenciais).

[446] SANTOS, Flauzilino Araújo dos. Princípio da legalidade e registro de imóveis. In: DIP, Ricardo; JACOMINO, Sérgio. (Org.). *Registro imobiliário*: temas atuais. 2. ed. São Paulo: Revista dos Tribunais, 2013, v. 2, p. 1017. (Coleção Doutrinas essenciais).

[447] MELO, Marcos Bernardes de. *Teoria do fato jurídico*: plano da validade. 15. ed. São Paulo: Saraiva Educação, 2019, p. 312.

uma das partes se insurge em relação ao negócio jurídico. Assim, parece-nos exagerado imaginar que o registrador, após a qualificação registral, pronuncie de ofício a anulabilidade mediante nota devolutiva.

> **Art. 177.** A anulabilidade não tem efeito antes de julgada por sentença, nem se pronuncia de ofício; só os interessados a podem alegar, e aproveita exclusivamente aos que alegarem, salvo no caso de solidariedade ou indivisibilidade.

Além disso, o negócio jurídico anulável pode ser confirmado pelas partes (art. 172 do Código Civil[448]) e será ele anulável durante um prazo determinado em **lei** (art. 179 do Código Civil[449]), a contar da **conclusão do ato**. Aqui reside a questão mais sensível: quando ocorre a conclusão do ato? No momento da elaboração da escritura ou do registro?

Flávio Tartuce[450], apoiado na doutrina de Zeno Veloso, defende que o prazo decadencial começa a contar a partir da lavratura da escritura pública, momento em que é auferida a validade do negócio jurídico, tese também defendida por Humberto Theodoro Jr. e Paulo Lôbo. Porém, o STJ[451] manifestou-se de maneira contrária, em sede de ação pauliana, apontando o momento do registro como o termo inicial do prazo para anulação do negócio jurídico, linha também defendida na VI Jornada de Direito Civil[452].

Por falta de norma expressa orientando os registradores, e em razão da sua atividade analítica durante a qualificação do título, existem entendimentos diversos em relação à não registrabilidade do título por anulabilidade, diferentemente do que ocorre quando se trata de título nulo, o qual é devolvido com nota fundamentada.

Não parece correto aplicar um tudo ou nada, ou registra ou não registra, devendo o registrador aferir se é caso de devolução na situação concreta que lhe for apresentada. Caso opte pelo registro, que nos parece mais correto a depender do caso, não deverá

---

[448] "Art. 172. O negócio anulável pode ser confirmado pelas partes, salvo direito de terceiro." BRASIL. *Lei n. 10.406, de 10 de janeiro de 2002*. Institui o Código Civil. Disponível em: http://www.planalto.gov.br/ccivil_03/leis/2002/l10406compilada.htm. Acesso em: 15 fev. 2024.

[449] "Art. 179. Quando a lei dispuser que determinado ato é anulável, sem estabelecer prazo para pleitear-se a anulação, será este de dois anos, a contar da data da conclusão do ato." BRASIL. *Lei n. 10.406, de 10 de janeiro de 2002*. Institui o Código Civil. Disponível em: http://www.planalto.gov.br/ccivil_03/leis/2002/l10406compilada.htm. Acesso em: 15 fev. 2024.

[450] TARTUCE, Flávio. *Direito civil*: lei de Introdução e parte geral. 17. ed. Rio de Janeiro: Forense, 2021, p. 529.

[451] BRASIL. Superior Tribunal de Justiça. 3.ª Turma. *AgRg no Resp 743.890/SP*, rel. Min. Nancy Andrighi, j. 20.9.2005, *DJ*, 3.10.2005, p. 250. Disponível em: https://stj.jusbrasil.com.br/jurisprudencia/7194102/agravo-regimental-no-recurso-especial-agrg-no-resp-743890-sp-2005--0065402-1-stj/relatorio-e-voto-12940843. Acesso em: 15 nov. 2021.

[452] Enunciado 538. "No que diz respeito a terceiros eventualmente prejudicados, o prazo decadencial de que trata o art. 179 do Código Civil não se conta da celebração do negócio jurídico, mas da ciência que dele tiverem." BRASIL. Conselho da Justiça Federal. VI Jornada de Direito Civil. *Enunciado 538*. Disponível em: https://www.cjf.jus.br/enunciados/enunciado/149. Acesso em: 15 nov. 2021.

mencionar que se trata de ato anulável no corpo do registro, pois caso o fizesse, teria que, posteriormente, averbar uma suposta convalidação pelo tempo, o que foge totalmente ao sistema pátrio.

O registro de um título não lhe garante presunção absoluta de validade, pois a inscrição não é saneadora. O sistema brasileiro prevê a anulação do registro, conforme se depreende dos arts. 1.245, § 2.º[453], e 1.247 do Código Civil[454]. Portanto, o registro de título anulável não está imune aos ataques de terceiros prejudicados, desde que o façam no **prazo decadencial**. Todavia, apesar da lei não impedir o registro de títulos anuláveis, a prática demonstra uma ressalva em relação a isso. Afrânio de Carvalho[455] demonstra que as anulabilidades ostensivas podem ser questionadas pelo oficial, e a jurisprudência já vem demonstrando que está dentro do juízo de qualificação. O oficial poder levantar toda e qualquer dúvida que ache pertinente, desde que fundamente em nota devolutiva.

Assim é o caso da compra e venda de ascendente para descendente, prevista no art. 496 do Código Civil[456]. Poderá o oficial questionar a falta de consentimento dos demais descendentes, se houver como demonstrar a existência destes. Todavia, isso não implica em dizer que registrador está com a razão, haja vista que, na VI Jornada de Direito Civil, foi aprovado o Enunciado n. 545 CJF[457], restou determinado que o período para requerer a anulação da venda de um ascendente para um descendente, sem o consentimento dos demais descendentes e/ou cônjuge do vendedor, é de **2 (dois) anos**. Esse prazo é computado a partir do momento em que a pessoa toma conhecimento da transação. Em casos de transferência imobiliária, presume-se absolutamente que esse conhecimento ocorre a partir da data de registro do imóvel. Logo, sem o registro do título anulável de compra e venda de ascendente para descendente, não começa a contar o prazo decadencial para anulação. A situação ainda fica mais curiosa se o ascendente for solteiro, mas viver em união estável, declarada na escritura[458], em que a companheira

---

[453] "Art. 1.245. § 2.º Enquanto não se promover, por meio de ação própria, a decretação de invalidade do registro, e o respectivo cancelamento, o adquirente continua a ser havido como dono do imóvel." BRASIL. *Lei n. 10.406, de 10 de janeiro de 2002*. Institui o Código Civil. Disponível em: http://www.planalto.gov.br/ccivil_03/leis/2002/l10406compilada.htm. Acesso em: 15 nov. 2021.

[454] "Art. 1.247. Se o teor do registro não exprimir a verdade, poderá o interessado reclamar que se retifique ou anule." BRASIL. *Lei n. 10.406, de 10 de janeiro de 2002*. Institui o Código Civil. Disponível em: http://www.planalto.gov.br/ccivil_03/leis/2002/l10406compilada.htm. Acesso em: 15 nov. 2021.

[455] CARVALHO, Afrânio de. *Registro de imóveis*: comentários ao sistema de registro em face da Lei 6.015, de 1973, com alterações da Lei 6.216, de 1975, Lei 8.009, de 1990 e Lei 8.935, de 18.11.1994. 4. ed. Rio de Janeiro: Forense, 2001, p. 231.

[456] "Art. 496. É anulável a venda de ascendente a descendente, salvo se os outros descendentes e o cônjuge do alienante expressamente houverem consentido." BRASIL. *Lei n. 10.406, de 10 de janeiro de 2002*. Institui o Código Civil. Disponível em: http://www.planalto.gov.br/ccivil_03/leis/2002/l10406compilada.htm. Acesso em: 15 nov. 2021.

[457] BRASIL. Conselho da Justiça Federal. VI Jornada de Direito Civil. *Enunciado 545*. Disponível em: https://www.cjf.jus.br/enunciados/enunciado/181. Acesso em: 15 nov. 2021.

[458] Provimento n. 61 do CNJ determina que os solteiros, viúvos e divorciados devem declarar se estão em união estável. BRASIL. *Provimento n. 61, de 17 de outubro de 2017*. Dispõe sobre a obrigato-

não comparece ao ato. Se é necessário o consentimento do cônjuge, também seria da companheira?

Flávio Tartuce[459] sustenta que, por se tratar de norma restritiva de direitos, não se aplica a analogia à união estável, dispensando-se a vênia convivencial, mas ressalva que a questão não é pacífica. Por outro lado, Cristiano Cassetari[460] entende que, com o julgamento da inconstitucionalidade do art. 1.790 do Código Civil, o companheiro tornou-se herdeiro necessário e, portanto, deve comparecer no ato autorizando a venda.

Quanto ao **título nulo**, como cedido anteriormente, ele não deve ser registrado, devendo ser devolvido com nota fundamentada. No entanto, caso a inscrição ocorra, cabe ao juiz declarar a nulidade, conforme previsto no art. 250, I, da Lei n. 6.015/73.

O art. 248 detalha que o cancelamento deve ser efetuado mediante **averbação**, assinada pelo oficial, seu substituto legal ou escrevente autorizado. Essa averbação deve declarar o motivo que determinou o cancelamento, bem como o título em virtude do qual foi realizado.

O registro, enquanto não cancelado, continua a produzir todos os efeitos legais, mesmo que, por outra maneira, se prove que o título está desfeito, anulado, extinto ou rescindido, à luz do art. 252. Por fim, o art. 259 ressalta que o cancelamento não pode ser efetuado em virtude de sentença sujeita a recurso. Esses dispositivos legais visam garantir a integridade e a legalidade dos registros no âmbito do registro de imóveis. Dessa forma, percebe-se que o **princípio da legalidade** atribui ao registrador imensa responsabilidade na qualificação dos títulos apresentados para registro, não só pelos efeitos entre as partes do negócio jurídico, mas, também, pelos efeitos em relação a terceiros que confiam no registro. A qualificação registral é o instrumento da legalidade e a base da segurança jurídica.

3.9.2.4. Negócios jurídicos sob condição resolutiva

Mônica Bonetti Couto[461] aborda as nuances das cláusulas suspensivas e resolutivas, conceituando-as e destacando as consequências jurídicas de cada uma. No que diz respeito à **cláusula resolutiva**, a autora destaca que essa condição opera a eficácia do negócio jurídico desde logo, sendo puro e simples. O evento **futuro e incerto** previsto na cláusula resolutiva retira a eficácia do negócio, resolvendo a obrigação.

---

riedade de informação do número do Cadastro de Pessoa Física (CPF), do Cadastro Nacional de Pessoa Jurídica (CNPJ) e dos dados necessários à completa qualificação das partes nos feitos distribuídos ao Poder Judiciário e aos serviços extrajudiciais em todo o território nacional. Disponível em: https://atos.cnj.jus.br/atos/detalhar/2523. Acesso em: 15 nov. 2021.

[459] TARTUCE, Flávio. *Direito civil*: teoria geral dos contratos e contratos em espécie. 16. ed. Rio de Janeiro: Forense, 2021, p. 340.

[460] CASSETARI, Christiano. *Elementos de Direito Civil*. 7. ed. São Paulo: Saraiva Educação, 2019, p. 285.

[461] COUTO, M. B. Das atribuições. In: NETO, José Manuel de Arruda A.; CLÁPIS, Alexandre L.; CAMBLER, Everaldo A. *Lei de Registros Públicos comentada*. 2. ed. Rio de Janeiro: Grupo GEN, 2019. E-book. Disponível em: https://app.minhabiblioteca.com.br/#/books/9788530983468/. Acesso em: 13 fev. 2024.

> A aquisição do direito ocorre com à relação jurídica, e o desfazimento se dá com o implemento da condição resolutiva, retornando tudo ao *status quo*.

Os arts. 127[462] e 128[463] do Código Civil tratam do funcionamento dessa cláusula, indicando que, enquanto não realizada a condição resolutiva, o negócio jurídico permanece vigente. Além disso, caso a condição resolutiva incida sobre um negócio de execução continuada ou periódica, seus efeitos não atingem atos já praticados compatíveis com a condição e conformes aos ditames da boa-fé.

Francisco Eduardo Loureiro[464], ao discorrer sobre a problemática dos cancelamentos de registros em razão do implemento de condição resolutiva, informa que o debate gira em torno da retroatividade da condição resolutiva, não sendo essa uma questão de natureza registrária, mas sim de direito civil. Segundo o autor, a tendência não é adotar o efeito retroativo como regra geral, mas como uma construção jurídica que depende da vontade das partes envolvidas. Ele destaca que a condição terá efeito **retroativo** quando assim for convencionado pelos interessados. Contudo, Loureiro[465] destaca a necessidade de preservar os efeitos já consumados em negócios de execução diferida e continuada, bem como os atos de mera administração.

Quanto aos atos de alienação e oneração, o implemento da condição destruirá as consequências produzidas no período intermediário, seguindo a disposição específica para a propriedade resolúvel. A revogação retroativa, segundo o Código Civil, atinge não apenas a propriedade, mas todos os direitos reais constituídos pelo proprietário resolúvel, como servidão, usufruto, hipoteca, penhor, entre outros.

É importante incluir a cláusula resolutiva no próprio negócio e registrá-la no momento da celebração do contrato no registro imobiliário. Segundo Francisco Eduardo Loureiro[466], a propriedade resolúvel tem como característica fundamental a previsão da extinção no próprio título que a constitui.

---

[462] "Art. 127. Se for resolutiva a condição, enquanto esta se não realizar, vigorará o negócio jurídico, podendo exercer-se desde a conclusão deste o direito por ele estabelecido." BRASIL. *Lei n. 10.406, de 10 de janeiro de 2002*. Institui o Código Civil. Disponível em: http://www.planalto.gov.br/ccivil_03/leis/2002/l10406compilada.htm. Acesso em: 15 fev. 2024.

[463] "Art. 128. Sobrevindo a condição resolutiva, extingue-se, para todos os efeitos, o direito a que ela se opõe; mas, se aposta a um negócio de execução continuada ou periódica, a sua realização, salvo disposição em contrário, não tem eficácia quanto aos atos já praticados, desde que compatíveis com a natureza da condição pendente e conforme aos ditames de boa-fé." BRASIL. *Lei n. 10.406, de 10 de janeiro de 2002*. Institui o Código Civil. Disponível em: http://www.planalto.gov.br/ccivil_03/leis/2002/l10406compilada.htm. Acesso em: 15 fev. 2024.

[464] LOUREIRO, F. E. Da averbação e do cancelamento. In: NETO, José Manuel de Arruda A.; CLÁPIS, Alexandre L.; CAMBLER, Everaldo A. *Lei de Registros Públicos comentada*. 2. ed. Rio de Janeiro: Grupo GEN, 2019. E-book. Disponível em: https://app.minhabiblioteca.com.br/#/books/9788530983468/. Acesso em: 13 fev. 2024.

[465] LOUREIRO, F. E. Da averbação e do cancelamento. In: NETO, José Manuel de Arruda A.; CLÁPIS, Alexandre L.; CAMBLER, Everaldo A. *Lei de Registros Públicos comentada*. 2. ed. Rio de Janeiro: Grupo GEN, 2019. E-book. Disponível em: https://app.minhabiblioteca.com.br/#/books/9788530983468/. Acesso em: 13 fev. 2024.

[466] LOUREIRO, F. E. Da averbação e do cancelamento. In: NETO, José Manuel de Arruda A.; CLÁPIS, Alexandre L.; CAMBLER, Everaldo A. *Lei de Registros Públicos comentada*. 2. ed. Rio

Ao abordar a resolução do contrato por inadimplemento e seus efeitos em relação a terceiros, Francisco Eduardo Loureiro[467] menciona a aplicação do art. 1.359 do Código Civil, que estabelece que a resolução, quando inserida no contrato por cláusula resolutória, produz efeitos reais quanto à contraparte e também em relação ao terceiro subadquirente.

Entretanto, no caso de cláusula resolutiva **tácita**, o autor explica que a solução é diferente, pois desfaz o negócio apenas entre as partes, sendo inoponível a **terceiros de boa-fé**. Nesse contexto, aplica-se o art. 1.360 do Código Civil, que trata do possuidor que adquiriu a propriedade por título anterior à sua resolução. Essa pessoa é considerada proprietária perfeita, cabendo àquela em cujo benefício ocorreu a resolução ação contra aquele cuja propriedade se resolveu para haver a própria coisa ou o seu valor. Assim, quando ocorre o implemento da condição resolutiva, seus efeitos retroagem ao tempo da aquisição, conforme previsto nos arts. 1.359[468] e 1.360[469] do Código Civil.

No âmbito do sistema registral, Mônica Bonetti Couto[470] destaca que, ao verificar o evento que constitui a condição, não é necessário realizar um novo registro em nome daquele em favor do qual a condição opera. Em vez disso, é suficiente o cancelamento do registro da propriedade resolúvel e dos atos dela resultantes. Com esse procedimento, automaticamente restaura-se o registro primitivo. Nesse contexto, ela menciona a observação de Serpa Lopes, destacando que, ao ocorrer a resolução de um negócio com a verificação da condição, não há uma mudança de direitos, mas sim o cancelamento de todas as inscrições resultantes do ato resolutivo, restaurando a situação primitiva. Essa operação é realizada em função da força retroativa da condição e de sua natureza eminentemente resolutiva.

---

de Janeiro: Grupo GEN, 2019. *E-book*. Disponível em: https://app.minhabiblioteca.com.br/#/books/9788530983468/. Acesso em: 13 fev. 2024.

[467] LOUREIRO, F. E. Da averbação e do cancelamento. In: NETO, José Manuel de Arruda A.; CLÁPIS, Alexandre L.; CAMBLER, Everaldo A. *Lei de Registros Públicos comentada*. 2. ed. Rio de Janeiro: Grupo GEN, 2019. *E-book*. Disponível em: https://app.minhabiblioteca.com.br/#/books/9788530983468/. Acesso em: 13 fev. 2024.

[468] "Art. 1.359. Resolvida a propriedade pelo implemento da condição ou pelo advento do termo, entendem-se também resolvidos os direitos reais concedidos na sua pendência, e o proprietário, em cujo favor se opera a resolução, pode reivindicar a coisa do poder de quem a possua ou detenha." BRASIL. *Lei n. 10.406, de 10 de janeiro de 2002*. Institui o Código Civil. Disponível em: http://www.planalto.gov.br/ccivil_03/leis/2002/l10406compilada.htm. Acesso em: 15 fev. 2024.

[469] "Art. 1.360. Se a propriedade se resolver por outra causa superveniente, o possuidor, que a tiver adquirido por título anterior à sua resolução, será considerado proprietário perfeito, restando à pessoa, em cujo benefício houve a resolução, ação contra aquele cuja propriedade se resolveu para haver a própria coisa ou o seu valor." BRASIL. *Lei n. 10.406, de 10 de janeiro de 2002*. Institui o Código Civil. Disponível em: http://www.planalto.gov.br/ccivil_03/leis/2002/l10406compilada.htm. Acesso em: 15 fev. 2024.

[470] COUTO, M. B. Das atribuições. In: NETO, José Manuel de Arruda A.; CLÁPIS, Alexandre L.; CAMBLER, Everaldo A. *Lei de Registros Públicos comentada*. 2. ed. Rio de Janeiro: Grupo GEN, 2019. *E-book*. Disponível em: https://app.minhabiblioteca.com.br/#/books/9788530983468/. Acesso em: 13 fev. 2024.

3.9.2.5. Negócios jurídicos sob condição suspensiva

Mônica Bonetti Couto[471] aborda a cláusula suspensiva e explica que essa condição suspende a eficácia do ato jurídico até a ocorrência do evento estipulado, conforme o art. 125 do Código Civil[472]. Durante esse período, o negócio jurídico existe, mas é inexequível, representando uma mera expectativa de direito.

A eficácia do negócio é retroativa à data de celebração quando a condição se realiza. Os atos praticados durante a pendência da condição e incompatíveis com esta são inválidos, conforme o art. 126 do Código Civil[473]. Tal artigo trata da situação em que alguém vende ou doa algo com uma condição a ser cumprida no futuro. Enquanto essa condição não é satisfeita, a pessoa que dispôs ainda pode fazer outras transações relacionadas ao mesmo objeto. No entanto, se, ao realizar a condição futura, as novas transações forem incompatíveis com essa condição, elas perdem a validade. Ou seja, o artigo assegura que as novas transações não interferirão no acordo inicial, desde que estejam de acordo com a condição futura quando esta for cumprida.

Mônica Bonetti Couto[474] observa que as condições têm impacto no registro de imóveis, influenciando a transferência de domínio e os princípios que regem a transcrição do contrato. No caso da cláusula suspensiva, se registrada no mesmo dia do contrato, os efeitos retroagem à data do contrato entre as partes e em relação a terceiros. Se registrada posteriormente, os efeitos perante terceiros só ocorrem a partir da data da transcrição.

3.9.2.6. Nota devolutiva

Marinho Dembinski Kern[475] aborda a qualificação negativa no contexto de títulos nulos e anuláveis, destacando duas categorias de defeitos que podem ser objetos desse tipo de qualificação: defeitos **sanáveis** e defeitos **insanáveis**. O autor destaca

---

[471] COUTO, M. B. Das atribuições. In: NETO, José Manuel de Arruda A.; CLÁPIS, Alexandre L.; CAMBLER, Everaldo A. *Lei de Registros Públicos comentada*. 2. ed. Rio de Janeiro: Grupo GEN, 2019. *E-book*. Disponível em: https://app.minhabiblioteca.com.br/#/books/9788530983468/. Acesso em: 13 fev. 2024.

[472] "Art. 125. Subordinando-se a eficácia do negócio jurídico à condição suspensiva, enquanto esta se não verificar, não se terá adquirido o direito, a que ele visa." BRASIL. *Lei n. 10.406, de 10 de janeiro de 2002*. Institui o Código Civil. Disponível em: http://www.planalto.gov.br/ccivil_03/leis/2002/l10406compilada.htm. Acesso em: 15 fev. 2024.

[473] "Art. 126. Se alguém dispuser de uma coisa sob condição suspensiva, e, pendente esta, fizer quanto àquela novas disposições, estas não terão valor, realizada a condição, se com ela forem incompatíveis." BRASIL. *Lei n. 10.406, de 10 de janeiro de 2002*. Institui o Código Civil. Disponível em: http://www.planalto.gov.br/ccivil_03/leis/2002/l10406compilada.htm. Acesso em: 15 fev. 2024.

[474] COUTO, M. B. Das atribuições. In: NETO, José Manuel de Arruda A.; CLÁPIS, Alexandre L.; CAMBLER, Everaldo A. *Lei de Registros Públicos comentada*. 2. ed. Rio de Janeiro: Grupo GEN, 2019. *E-book*. Disponível em: https://app.minhabiblioteca.com.br/#/books/9788530983468/. Acesso em: 13 fev. 2024.

[475] KERN, Marinho Dembinski; COSTA JUNIOR, Francisco José de Almeida Prado Ferraz. *Princípios do registro de imóveis brasileiro*. São Paulo: Thomson Reuters Brasil, 2020, v. II, p. 195-274. (Coleção de Direito imobiliário).

a relevância prática dessa distinção, apesar de não estar expressamente contemplada na legislação brasileira.

Defeitos sanáveis são aqueles que admitem correção, retificação ou complementação necessária. Nessa categoria, incluem-se anulabilidades, ineficácias, deficiências ou incorreções de elementos essenciais no título, bem como falhas na documentação indispensável. Exemplos mencionados são a ausência de vênia conjugal, falta de formalidade na escritura pública, ausência ou incorreção de elementos na qualificação das partes ou dados descritivos do imóvel, cláusulas ilegais, ausência de guia do imposto de transmissão e ausência de certidão de casamento quando necessário. Por outro lado, defeitos insanáveis englobam situações em que não é possível uma simples retificação ou correção. Incluem casos de direitos irregistráveis, inexistência do ato jurídico e sua nulidade. Exemplos citados são a apresentação de contratos meramente obrigacionais, sem previsão legal para registro, a apresentação de um título cujo original de uma escritura pública não está no livro de notas e atos praticados por um menor absolutamente incapaz sem a devida representação.

Kern[476] destaca que essas situações demandam não apenas correção, mas modificações substanciais no negócio jurídico, implicando novo negócio e novo título. A impossibilidade de simplesmente corrigir ou retificar o título anteriormente prenotado requer a celebração de um novo negócio, que, ao ser apresentado, não pode reingressar sob o mesmo número de prenotação do título anterior. Isso implica a necessidade de uma nova prenotação.

O autor também ressalta as semelhanças entre as duas categorias de **qualificação negativa**, como a manifestação por escrito por meio de nota devolutiva, o prazo de validade da prenotação para apresentação de novos documentos e requalificação do instrumento, e a possibilidade de suscitação de dúvida. Contudo, ele destaca as diferenças práticas, especialmente no que diz respeito ao texto da nota devolutiva, que deve indicar a solução para correção no caso de defeitos sanáveis, enquanto nos casos de defeitos insanáveis, não é indicada uma solução, apenas a negativa incondicionada de registro.

A legislação brasileira, mais precisamente a Lei n. 6.015/73, não detalha minuciosamente a nota devolutiva, deixando essa regulamentação para as Normas de Serviço ou Códigos de Normas emitidos pelas Corregedorias estaduais. Contudo, alguns elementos são considerados obrigatórios, como a identificação do cartório, natureza do título, nome do apresentante, número da prenotação, as exigências, data, prazo de validade da prenotação, menção à possibilidade de recorrer à dúvida registral e a identificação do responsável pela qualificação, incluindo sua assinatura.

Quanto ao conteúdo da nota devolutiva, Ivan Jacopetti do Lago[477] informa que a redação dada pela Lei n. 14.382/22 disciplinou as exigências e formalidades a serem seguidas na formulação das notas devolutivas para que sejam claras, objetivas e

---

[476] KERN, Marinho Dembinski; COSTA JUNIOR, Francisco José de Almeida Prado Ferraz. *Princípios do registro de imóveis brasileiro*. São Paulo: Thomson Reuters Brasil, 2020, v. II, p. 195-274. (Coleção de Direito imobiliário).

[477] LAGO, I. J. Capítulo III — Do registro de imóveis. In: PEDROSO, A. G. A. (Org.). *Lei de Registros Públicos comentada*. Rio de Janeiro: Forense, 2023, p. 611-717.

compreensíveis. O autor destaca a importância de uma qualificação integral, evitando a chamada qualificação homeopática, que consiste em apresentar novas exigências a cada reapresentação do título, causando prejuízos e descrédito à atividade registral. Outro ponto a ser evitado são as notas inexpressivas, que não indicam as razões e fundamentações da decisão.

Os elementos atinentes ao conteúdo da nota devolutiva estão interligados: a fundamentação fática e jurídica, o defeito em si e o modo de resolução. Kern[478] destaca a importância da **fundamentação jurídica**, que não necessariamente precisa indicar um artigo de lei, mas deve apresentar argumentos que justifiquem a conduta do Registrador, permitindo ao usuário contestar e impugnar a decisão.

A nota devolutiva, ao indicar uma conduta a ser adotada pelo usuário, pressupõe a existência de um defeito a ser sanado. Entretanto, nem todos os defeitos são passíveis de correção, e a nota de exigência só incluirá a indicação do modo de resolver se o defeito for sanável. Caso seja insanável, a nota indicará apenas a impossibilidade de realizar o ato pretendido, uma negativa incondicionada.

O art. 198 da Lei n. 6.015/73 trata do procedimento de dúvida no registro de imóveis, estabelecendo as regras a serem seguidas quando o oficial registral identificar alguma exigência a ser cumprida pelo interessado. Em casos nos quais o oficial identifica alguma irregularidade ou necessidade de esclarecimento, ele deve comunicar essa exigência por escrito, de forma clara e objetiva, dentro do prazo previsto no art. 188 da mesma lei.

O procedimento da dúvida, conforme o § 1.º do artigo, segue uma sequência específica. Primeiramente, no **Protocolo**, o oficial faz uma anotação à margem da prenotação, indicando a ocorrência da **dúvida**. Após certificar a prenotação e a suscitação da dúvida no título, o oficial rubrica todas as suas folhas. Em seguida, o oficial deve dar ciência dos termos da dúvida ao apresentante, fornecendo-lhe uma cópia da suscitação e notificando-o para impugná-la perante o juízo competente, dentro do **prazo de 15 dias**. Esse procedimento visa assegurar o contraditório e a ampla defesa ao interessado, permitindo que ele conteste a dúvida apresentada pelo oficial.

Caso o interessado não se conforme ou não consiga cumprir a exigência, o artigo prevê a possibilidade de requerer que o título e a declaração de dúvida sejam remetidos ao juízo competente para decidir sobre a questão.

No que diz respeito à penalidade pelo descumprimento das regras estabelecidas, o § 2.º do art. 198 menciona que a inobservância do disposto nesse artigo resultará na aplicação das penas previstas no art. 32 da Lei n. 8.935/94[479], conforme estabelecido pela

---

[478] KERN, Marinho Dembinski; COSTA JUNIOR, Francisco José de Almeida Prado Ferraz. *Princípios do registro de imóveis brasileiro*. São Paulo: Thomson Reuters Brasil, 2020, v. II, p. 195-274. (Coleção de Direito imobiliário).

[479] "Art. 32. Os notários e os oficiais de registro estão sujeitos, pelas infrações que praticarem, assegurado amplo direito de defesa, às seguintes penas: I — repreensão; II — multa; III — suspensão por noventa dias, prorrogável por mais trinta; IV — perda da delegação." BRASIL. *Lei n. 8.935, de 18 de novembro de 1994*. Regulamenta o art. 236 da Constituição Federal, dispondo sobre serviços notariais e de registro (Lei dos Cartórios). Disponível em: https://www.planalto.gov.br/ccivil_03/leis/l8935.htm. Acesso em: 15 fev. 2024).

Corregedoria Nacional de Justiça do Conselho Nacional de Justiça. Essas penalidades visam garantir a observância das normas e a adequada condução do procedimento registral, fortalecendo a segurança jurídica nos registros de imóveis.

3.10. PRINCÍPIO DA CONTINUIDADE (TRATO SUCESSIVO, INSCRIÇÃO PRÉVIA DO PREJUDICADO EM SEU DIREITO OU REGISTRO DO TÍTULO ANTERIOR)

Conhecido no Brasil como princípio da continuidade, é conhecido no direito alemão como inscrição prévia do prejudicado[480] e recebe na Espanha a denominação de trato sucessivo, o qual deveria, segundo Ricardo Dip[481], ser chamado de princípio do trato consecutivo[482], o qual representa uma cadeia ininterrupta de inscrições que refletem o histórico jurídico do imóvel.

Afrânio de Carvalho[483] afirma que, por esse princípio, deve existir uma **cadeia de titulares do imóvel**, em que somente será realizada nova inscrição se constar na matrícula que o outorgante é titular de direitos. Assim, as sucessivas transmissões respeitam a titularidade anterior, gerando esse efeito de continuidade ininterrupta.

> Cada inscrição é um elo de uma corrente ininterrupta de assentos e, por isso, a continuidade era conhecida como **registro do título anterior**.

No mesmo sentido, Álvaro Melo Filho[484] aduz que o princípio da continuidade no registro imobiliário exige que cada assento registral esteja vinculado ao anterior, estabelecendo uma sucessão histórica contínua das titularidades jurídicas de cada imóvel. Isso implica em uma conexão causal ininterrupta na transmissão dos direitos imobiliários.

O autor destaca um exemplo em que, ao ocorrer uma sequência de transações imobiliárias, como a compra de um imóvel por B que pertencia anteriormente a A, seguida pela venda desse mesmo imóvel para C, as partes envolvidas muitas vezes optam por registrar apenas a última operação. Ou seja, a transferência de propriedade de B para C é registrada, sem considerar a intervenção de A, cujo nome ainda consta como proprietário registrado do imóvel. Contudo, o princípio da continuidade estabelece que nenhum registro pode ser realizado sem a prévia inscrição do título anterior. Portanto, as partes envolvidas, nesse caso, A, B e C, são obrigadas a registrar as suas respectivas

---

[480] CARVALHO, Afrânio de. *Registro de imóveis*: comentários ao sistema de registro em face da Lei 6.015, de 1973, com alterações da Lei 6.216, de 1975, Lei 8.009, de 1990 e Lei 8.935, de 18.11.1994. 4. ed. Rio de Janeiro: Forense, 2001, p. 253.

[481] DIP, Ricardo. *Registro de imóveis (princípios):* registros sobre registros. Tomo I. Campinas: Editora Primvs, 2017, p. 183-185.

[482] Para Ricardo Dip, consecutivo é mais apropriado que sucessivo, pois sucessivo pode ter sido interrompido, mas consecutivo é algo ininterrupto.

[483] CARVALHO, Afrânio de. *Registro de imóveis*: comentários ao sistema de registro em face da Lei 6.015, de 1973, com alterações da Lei 6.216, de 1975, Lei 8.009, de 1990 e Lei 8.935, de 18.11.1994. 4. ed. Rio de Janeiro: Forense, 2001, p. 253.

[484] MELO FILHO, A. *Princípios do Direito registral imobiliário*. In: DIP, Ricardo; JACOMINO, Sérgio. (Org.). *Registro imobiliário*: temas atuais. 2. ed. São Paulo: Revista dos tribunais, 2013, v. 2, p. 88-89. (Coleção Doutrinas essenciais).

transferências, assegurando a conformidade com esse princípio que preserva a integridade do histórico de titularidades imobiliárias.

Tabosa de Almeida[485] afirma que o respeito ao princípio da continuidade é fundamental para estabelecer a confiança no sistema de registro imobiliário, e complementa ao dizer que garantir a aderência a esse princípio é crucial para refletir com precisão a realidade jurídica.

Francisco José de Almeida Prado Ferraz Costa Junior[486] aborda o princípio da continuidade e destaca que esse princípio é uma disposição de ordem formal que desempenha um papel crucial na moralização da circulação da propriedade imobiliária. Ao condicionar a inscrição de um negócio que envolve a transferência de propriedade à verificação de que o disponente é o titular do direito transmitido, esse controle formal permite fiscalizar a disponibilidade jurídica e proibir a alienação e oneração por quem não seja o legítimo proprietário. Contudo, o autor ressalta que essa fiscalização se limita à verificação da disponibilidade dominial no plano registral. Assim, se o devedor possui propriedade usucapida, mas esta não está regularizada no registro, a penhora recai apenas sobre seu direito e ação, não afetando a propriedade em si.

É interessante destacar que o princípio da continuidade, responsável por formar uma cadeia pública de transmissões, nem sempre esteve presente no nosso ordenamento como está hoje. Quando foi criado o sistema de transcrições pela Lei n. 1.237, de 1864, ficou estabelecida a obrigatoriedade do registro para as transmissões entre vivos e a constituição de ônus reais[487], mas foram excluídas do sistema as transmissões *causa mortis* e os atos judiciais[488]. Assim, ficaram fora da obrigatoriedade do registro os formais de partilhas e legados, as arrematações a adjudicações em hasta pública, as sentenças proferidas em ações divisórias e as sentenças de adjudicação de imóveis em pagamento de dívidas do casal em inventário[489].

Esses títulos criaram novos pontos de partida, formando cadeias dominiais ilegítimas. O Código Civil de 1916 manteve a transcrição dos títulos translativos da propriedade imóvel *intervivos*[490]. A discussão sobre a transferência da propriedade objeto de

---

[485] ALMEIDA, T. Das inexatidões registrais e sua retificação. In: DIP, Ricardo; JACOMINO, Sérgio. (Org.). *Registro imobiliário*: temas atuais. 2. ed. São Paulo: Revista dos Tribunais, 2013, v. 6, p. 1119-1120. (Coleção Doutrinas essenciais).

[486] KERN, Marinho Dembinski; COSTA JUNIOR, Francisco José de Almeida Prado Ferraz. *Princípios do registro de imóveis brasileiro*. São Paulo: Thomson Reuters Brasil, 2020, v. II, p. 183-193. (Coleção de Direito imobiliário).

[487] GARCIA, Lysippo. *O registro de imóveis*: a transcrição. São Paulo: Livraria Francisco Alves, 1922, v. I, p. 96-97.

[488] BRASIL. *Decreto n. 3.453, de 26 abril de 1865*. Manda observar o Regulamento para execução da Lei n. 1.237, de 24 de setembro de 1854, que reformou a legislação hypothecaria. Disponível em: http://www.planalto.gov.br/ccivil_03/decreto/historicos/dim/DIM3453.htm. Acesso em: 15 nov. 2021.

[489] CARVALHO, Afrânio de. *Registro de imóveis*: comentários ao sistema de registro em face da Lei 6.015, de 1973, com alterações da Lei 6.216, de 1975, Lei 8.009, de 1990 e Lei 8.935, de 18.11.1994. 4. ed. Rio de Janeiro: Forense, 2001, p. 255.

[490] "Art. 531. Estão sujeitos a transcrição no respectivo registro, os títulos translativos da propriedade imóvel, por ato entre vivos." BRASIL. *Lei n. 3.071, de 1.º de janeiro de 1916*. Código Civil dos Estados Unidos do Brasil. Disponível em: http://www.planalto.gov.br/ccivil_03/leis/l3071.htm. Acesso em: 15 nov. 2021.

herança foi solucionada mediante uma conciliação[491] entre os textos do próprio Código, em que se assegurou a transmissão pela *droit de saisine*[492], mas manteve o direito de dispor da herança condicionado ao registro. Finalmente, com o Decreto-lei n. 18.542/28[493], ficou expresso que nenhum título poderia ser transcrito sem que o título anterior primeiramente estivesse. O princípio da continuidade restou solidificado.

A Lei n. 6.015/73[494] e o Código Civil[495] determinam a necessidade do registro do título para a transmissão da propriedade entre vivos (registro constitutivo) e mantém nas transmissões *causa mortis* o registro declaratório para fins de disposição.

Dentre os vários artigos que tratam da continuidade nos registros, o art. 195[496] destaca que, caso o imóvel não esteja matriculado ou registrado em nome do outorgante, o oficial exige a prévia matrícula e registro do título anterior para manter a continuidade do registro.

O art. 196[497] complementa ao indicar que a matrícula será realizada com base nos elementos presentes no título apresentado e no registro anterior constante do próprio cartório. Já o art. 197[498] estipula que, quando o título anterior estiver registrado em outro cartório, o novo título deve ser apresentado junto com uma certidão atualizada que comprove o registro anterior, além de indicar a existência ou inexistência de ônus.

---

[491] CARVALHO, Afrânio de. *Registro de imóveis*: comentários ao sistema de registro em face da Lei 6.015, de 1973, com alterações da Lei 6.216, de 1975, Lei 8.009, de 1990 e Lei 8.935, de 18.11.1994. 4. ed. Rio de Janeiro: Forense, 2001, p. 68.

[492] "Art. 1.572. Aberta a sucessão, o domínio e a posse da herança transmitem-se, desde logo, aos herdeiros legítimos e testamentários". (BRASIL. *Lei n. 3.071, de 1.º de janeiro de 1916*. Código Civil dos Estados Unidos do Brasil. Disponível em: http://www.planalto.gov.br/ccivil_03/leis/l3071.htm. Acesso em: 15 nov. 2021.

[493] BRASIL. Decreto n. 18.542, de 24 de dezembro de 1928. Approva o regulamento para execução dos serviços concernentes nos registros públicos estabelecidos pelo Código Civil. Disponível em: http://www.planalto.gov.br/ccivil_03/decreto/1910-1929/d18542.htm. Acesso em: 15 nov. 2021.

[494] BRASIL. *Lei n. 6.015 de 31 de dezembro de 1973*. Dispõe sobre os registros públicos, e dá outras providências. Disponível em: http://www.planalto.gov.br/ccivil_03/leis/l6015compilada.htm. Acesso em: 15 nov. 2021.

[495] BRASIL. *Lei n. 10.406, de 10 de janeiro de 2002*. Institui o Código Civil. Disponível em: http://www.planalto.gov.br/ccivil_03/leis/2002/l10406compilada.htm. Acesso em: 15 nov. 2021.

[496] "Art. 195. Se o imóvel não estiver matriculado ou registrado em nome do outorgante, o oficial exigirá a prévia matrícula e o registro do título anterior, qualquer que seja a sua natureza, para manter a continuidade do registro." BRASIL. *Lei n. 6.015, de 31 de dezembro de 1973*. Dispõe sobre os registros públicos, e dá outras providências. Disponível em: http://www.planalto.gov.br/ccivil_03/leis/l6015compilada.htm. Acesso em: 15 fev. 2024.

[497] "Art. 196. A matrícula será feita à vista dos elementos constantes do título apresentado e do registro anterior que constar do próprio cartório." BRASIL. *Lei n. 6.015, de 31 de dezembro de 1973*. Dispõe sobre os registros públicos, e dá outras providências. Disponível em: http://www.planalto.gov.br/ccivil_03/leis/l6015compilada.htm. Acesso em: 15 fev. 2024.

[498] "Art. 197. Quando o título anterior estiver registrado em outro cartório, o novo título será apresentado juntamente com certidão atualizada, comprobatória do registro anterior, e da existência ou inexistência de ônus." BRASIL. *Lei n. 6.015 de 31 de dezembro de 1973*. Dispõe sobre os registros públicos, e dá outras providências. Disponível em: http://www.planalto.gov.br/ccivil_03/leis/l6015compilada.htm. Acesso em: 15 fev. 2024.

No contexto de escrituras, atos relacionados a imóveis, cartas de sentença e formais de partilha, o art. 222[499] enfatiza a obrigação do tabelião ou escrivão de fazer referência à matrícula ou registro anterior, incluindo seu número e cartório. O art. 228[500] aborda a efetuação da matrícula durante o primeiro registro realizado sob a vigência da lei, utilizando os elementos presentes no título e referenciando o registro anterior mencionado neste.

Por fim, o art. 237[501] ressalta que, mesmo que o imóvel esteja matriculado, não será realizado o registro que dependa da apresentação de título anterior, visando preservar a continuidade do registro.

No que diz respeito à relação entre o princípio da continuidade e o princípio do *tempus regit actum*, Francisco José de Almeida Prado Ferraz Costa Junior[502] levanta a questão de se o princípio da continuidade deve ser aferido segundo a situação vigente à época da confecção do título ou no momento de sua apresentação para registro. A jurisprudência, segundo o autor, é clara ao afirmar que o princípio da continuidade é atendido quando os requisitos são preenchidos no **momento do registro**. Portanto, seria contrário ao princípio da continuidade registrar uma escritura de venda e compra outorgada por um espólio se, no momento da apresentação do título para registro, o imóvel já estiver registrado em nome dos herdeiros, ferindo assim a continuidade do registro.

Observando os dispositivos da lei de registros, percebe-se que a continuidade deve se referir ao imóvel (o imóvel descrito no título deve ser o mesmo descrito no registro) e aos titulares de direitos (as pessoas do título devem ser as mesmas do registro). Isso é importante quando se apresenta o título com descrição do imóvel atualizada, mas sem menção na matrícula, ou quando apresentada, por exemplo, uma cessão de promessa de compra e venda, sem que esteja registrada promessa originária[503] feita com o

---

[499] "Art. 222. Em todas as escrituras e em todos os atos relativos a imóveis, bem como nas cartas de sentença e formais de partilha, o tabelião ou escrivão deve fazer referência à matrícula ou ao registro anterior, seu número e cartório." BRASIL. *Lei n. 6.015, de 31 de dezembro de 1973.* Dispõe sobre os registros públicos, e dá outras providências. Disponível em: http://www.planalto.gov.br/ccivil_03/leis/l6015compilada.htm. Acesso em: 15 fev. 2024.

[500] "Art. 228. A matrícula será efetuada por ocasião do primeiro registro a ser lançado na vigência desta Lei, mediante os elementos constantes do título apresentado e do registro anterior nele mencionado." BRASIL. *Lei n. 6.015, de 31 de dezembro de 1973.* Dispõe sobre os registros públicos, e dá outras providências. Disponível em: http://www.planalto.gov.br/ccivil_03/leis/l6015compilada.htm. Acesso em: 15 fev. 2024.

[501] "Art. 237. Ainda que o imóvel esteja matriculado, não se fará registro que dependa da apresentação de título anterior, a fim de que se preserve a continuidade do registro." BRASIL. *Lei n. 6.015, de 31 de dezembro de 1973.* Dispõe sobre os registros públicos, e dá outras providências. Disponível em: http://www.planalto.gov.br/ccivil_03/leis/l6015compilada.htm. Acesso em: 15 fev. 2024.

[502] KERN, Marinho Dembinski; COSTA JUNIOR, Francisco José de Almeida Prado Ferraz. *Princípios do registro de imóveis brasileiro.* São Paulo: Thomson Reuters Brasil, 2020, v. II, p. 183-193. (Coleção de Direito imobiliário).

[503] A Súmula n. 239 do STJ dispensa o registro da promessa para fins de adjudicação compulsória, porém, sem o registro, a promessa gera apenas direito obrigacional e não o direito real. BRASIL. Superior Tribunal de Justiça. *Súmula 239.* O direito à adjudicação compulsória não se condiciona ao registro do compromisso de compra e venda no cartório de imóveis. Disponível em: https://www.stj.jus.br/docs_internet/revista/eletronica/stj-revista-sumulas-2011_18_capSumula239.pdf. Acesso em: 15 nov. 2021.

proprietário. Há de se observar a continuidade como um encaixe entre os dados do título e os direitos que o registrador protege.

3.10.1. CONTINUIDADE OBJETIVA E SUBJETIVA

A fim de explicar o tópico em questão, é necessário que o princípio da especialidade também seja objeto de análise.

O princípio da especialidade é um dos fundamentos essenciais do direito registral e se desdobra em duas modalidades: especialidade subjetiva e especialidade objetiva. A **especialidade subjetiva**, prevista no art. 176, § 1.º, II, 4, da Lei de Registros Públicos (LRP), exige que as **pessoas** mencionadas na matrícula do imóvel sejam claramente identificadas, ou seja, devem ser indivíduos específicos, sem qualquer tipo de ambiguidade ou generalização. Isso significa que, ao registrar um imóvel, é necessário identificar de maneira precisa quem são as partes envolvidas, como o proprietário, comprador, credor, entre outros.

Por sua vez, a **especialidade objetiva**, expressa no art. 176, § 1.º, II, 3, da LRP, refere-se à descrição detalhada e precisa do **imóvel**. A matrícula do imóvel deve conter informações claras e completas sobre as suas características, como localização, limites, área, entre outros elementos que permitam a sua individualização. Isso assegura que o imóvel registrado não se confunda com nenhum outro, evitando problemas de sobreposição ou erros na identificação do bem.

Além disso, o princípio da continuidade também desempenha um papel fundamental no processo registral. Ele estabelece que deve haver uma **sequência** ininterrupta de titularidades dos direitos sobre o imóvel, o que é conhecido como **continuidade subjetiva**. Isso implica que a titularidade do imóvel deve ser encadeada de maneira lógica e contínua, de modo que o registro de um novo direito sobre o imóvel seja sempre realizado de acordo com os registros anteriores, sem lacunas ou contradições.

A **continuidade objetiva**, por outro lado, exige que o objeto registrado — ou seja, o imóvel — seja o mesmo descrito no título apresentado para registro. Assim, deve haver uma correspondência entre o bem descrito na matrícula e aquele sobre o qual se pretende fazer o novo registro. Isso garante que o título apresentado para registro seja pertinente ao **imóvel específico** e não a outro de características semelhantes.

Segundo Afrânio de Carvalho[504], o princípio da continuidade está intimamente relacionado com o princípio da especialidade, uma vez que a continuidade dos registros só pode ser garantida se os elementos subjetivos (as pessoas envolvidas) e objetivos (o imóvel) forem devidamente identificados e descritos de forma clara e precisa. Dessa forma, a especialidade contribui para a regularidade e a confiabilidade do sistema de registros, assegurando que não haja confusão entre os imóveis e seus respectivos direitos, além de garantir que a sucessão dos direitos sobre o imóvel se dê de maneira coerente e sem interrupções.

---

[504] CARVALHO, Afrânio de. *Registro de imóveis*: comentários ao sistema de registro em face da Lei 6.015, de 1973, com alterações da Lei 6.216, de 1975, Lei 8.009, de 1990 e Lei 8.935, de 18.11.1994. 4. ed. Rio de Janeiro: Forense, 2001.

3.10.2. MITIGAÇÕES AO PRINCÍPIO DA CONTINUIDADE

Mesmo sendo um dos pilares da segurança jurídica, o princípio da continuidade comporta exceções, como as **aquisições originárias**, a **cédula de crédito imobiliário** e os **imóveis da União**.

Além desses, as **cessões de direitos hereditários** não são passíveis de registro em razão da falta[505] de previsão legal no art. 167, I, da Lei de Registros Públicos. Sabe-se que a cessão pode ser de cota parte da herança ou de bem específico[506], mas ambas não devem ser apresentadas no inventário para ao final receber o título apto a registro, que é o formal de partilha. Eduardo Sócrates explica sobre a possibilidade de o registrador, excepcionalmente, receber a escritura de cessão de direitos hereditários de bem específico como uma escritura de compra e venda, quando o cessionário esquece de apresentar a escritura no inventário e os herdeiros acabam registrando aquele bem em seu nome. Mais tarde, o cessionário apresenta a cessão ao registro e pede que ela seja acolhida como uma compra e venda[507], sendo uma exceção ao sistema, mas amparada pelo ordenamento[508] e pela jurisprudência administrativa.

3.10.2.1. Aquisições originárias

As aquisições originárias, as quais o registrador deve conhecer durante o exercício da atividade, tais como como a **usucapião**, a **desapropriação**[509], a **acessão**, a **adjudicação**[510], a **arrematação**[511] e a **legitimação fundiária**[512], representam exceções ao princípio da continuidade.

---

[505] CARVALHO, Afrânio de. *Registro de imóveis*: comentários ao sistema de registro em face da Lei 6.015, de 1973, com alterações da Lei 6.216, de 1975, Lei 8.009, de 1990 e Lei 8.935, de 18.11.1994. 4. ed. Rio de Janeiro: Forense, 2001, p. 29.

[506] Em alguns Estados, é possível a cessão de bem específico por escritura pública de direitos hereditários, desde que assinada por todos os herdeiros e meeira(o) e recolhido o tributo correspondente (ITBI na cessão onerosa, ITCMD na cessão gratuita).

[507] SARMENTO FILHO, Eduardo Sócrates Castanheira. *Direito registral imobiliário:* sujeitos, imóveis e direitos inscritíveis de acordo com o novo Código de Processo Civil e a Lei 13.465/17. Curitiba: Juruá, 2018, p. 66.

[508] Código Civil. Art. 112. Nas declarações de vontades se atenderá mais a intenção nelas consubstanciada do que ao sentido literal da linguagem. BRASIL. *Lei n. 10.406, de 10 de janeiro de 2002.* Institui o Código Civil. Disponível em: http://www.planalto.gov.br/ccivil_03/leis/2002/l10406compilada.htm. Acesso em: 15 nov. 2021.

[509] Se a desapropriação for amigável, instrumentalizada por escritura pública, existe entendimento que se trata de aquisição derivada.

[510] Apesar do STJ já ter decidido que a adjudicação judicial e a arrematação são aquisições originárias, existem tribunais que entendem com aquisições derivadas.

[511] Josué Modesto Passos entende que a arrematação se trata de aquisição derivada. PASSOS, Josué Modesto. *Arrematação no registro de imóveis:* continuidade do registro e natureza da aquisição. 2. ed. São Paulo: Revista dos Tribunais, 2015.

[512] "Art. 23. A legitimação fundiária constitui forma originária de aquisição do direito real de propriedade conferido por ato do poder público, exclusivamente no âmbito da Reurb, àquele que detiver em área pública ou possuir em área privada, como sua, unidade imobiliária com destinação urbana, integrante de núcleo urbano informal consolidado existente em 22 de dezembro de 2016." BRASIL. *Lei n. 13.465, de 11 de julho de 2017.* Dispõe sobre a regularização fundiária rural e ur-

Márcio Guerra Serra e Monete Hipólito Serra[513] explicam que o princípio da continuidade não é pertinente quando se trata de aquisições originárias, posto que o próprio nome sugere que essas aquisições são **títulos iniciais**, de forma que não é necessário seguir uma sequência ininterrupta de registros quando lidamos com aquisições originárias, pois essas surgem de forma independente, não vinculadas a transações anteriores.

Quanto à **usucapião**, Francisco José de Almeida Prado Ferraz Costa Junior[514] destaca que, segundo o Conselho Superior da Magistratura de São Paulo, a aquisição originária torna desnecessária a fiscalização do Oficial de Registro de Imóveis sobre a citação do proprietário tabular em casos de usucapião. O autor cita como exemplo a Apelação Cível n. 1024562-15.2017.8.26.0405[515], na qual ficou determinada que o caráter originário da aquisição por usucapião obsta questionamentos acerca da continuidade registral.

Quanto à **desapropriação**, inicialmente tratada como modo derivado de aquisição, passou-se a entendê-la como causa de aquisição originária. Contudo, essa visão foi ajustada em um caso específico, em que a falta de publicidade adequada da desapropriação levou à necessidade de observar o princípio da continuidade[516].

Francisco José de Almeida Prado Ferraz Costa Junior[517] destaca que a arrematação já foi considerada modo originário de aquisição, dispensando o princípio da continuidade. No entanto, essa visão foi contestada, argumentando que a arrematação é, na verdade, um modo derivado de aquisição, exigindo a observância do princípio da continuidade.

3.10.2.2. Aquisições pelo Poder Público

Ao contrário dos registros privados, o ingresso de bens públicos no registro de imóveis não está sujeito ao princípio da continuidade.

---

bana, sobre a liquidação de créditos concedidos aos assentados da reforma agrária e sobre a regularização fundiária no âmbito da Amazônia Legal; institui mecanismos para aprimorar a eficiência dos procedimentos de alienação de imóveis da União; [...]. Disponível em: http://www.planalto.gov.br/ccivil_03/_ato2015-2018/2017/lei/l13465.htm. Acesso em: 15 nov. 2021).

[513] SERRA, M. G.; SERRA, M. H. Registro de imóveis. In: CASSETTARI, C. (Org.). *Registro de imóveis*. Indaiatuba: Editora Foco, 2020.

[514] KERN, Marinho Dembinski; COSTA JUNIOR, Francisco José de Almeida Prado Ferraz. *Princípios do registro de imóveis brasileiro*. São Paulo: Thomson Reuters Brasil, 2020, v. II, p. 183-193. (Coleção de Direito imobiliário).

[515] "REGISTRO DE IMÓVEIS. Usucapião. Ausência de citação do titular do domínio. Questão processual que escapa à análise do registrador. Vício que não macula o mandado de registro, até que desfeita, por iniciativa do prejudicado, a coisa julgada material. Registro devido. Caráter originário da aquisição por usucapião obsta questionamentos acerca da continuidade registral. Recurso provido, com determinações." CSMSP; Apelação Cível 1024562-15.2017.8.26.0405; Relator(a): Geraldo Francisco Pinheiro Franco; Órgão Julgador: Conselho Superior da Magistratura; Foro de Osasco; j. 12.11.2018; data de registro: 14.12.2018.

[516] KERN, Marinho Dembinski; COSTA JUNIOR, Francisco José de Almeida Prado Ferraz. *Princípios do registro de imóveis brasileiro*. São Paulo: Thomson Reuters Brasil, 2020, v. II, p. 183-193. (Coleção de Direito imobiliário).

[517] KERN, Marinho Dembinski; COSTA JUNIOR, Francisco José de Almeida Prado Ferraz. *Princípios do registro de imóveis brasileiro*. São Paulo: Thomson Reuters Brasil, 2020, v. II, p. 183-193. (Coleção de Direito imobiliário).

Ivan Jacopetti do Lago[518] ressalta que a justificativa para essa exceção está na origem pública da propriedade imobiliária no Brasil, decorrente do direito de conquista durante o descobrimento e colonização. Essa origem confere à propriedade pública uma posição eminente em relação ao domínio privado, permitindo que transmissões de imóveis entre entidades públicas ocorram independentemente de registro. O Poder Público, ao adquirir ou manter a propriedade, pode fazê-lo legitimamente à margem do registro.

> Antes da Lei n. 13.465/2017, a legislação não previa um procedimento específico para o ingresso de bens públicos no registro, o que poderia gerar complicações em diversas situações. Com as alterações feitas pela supracitada lei, os arts. 195-A e 195-B da Lei n. 6.015/73 passaram a tratar do procedimento para abertura de matrícula de imóveis públicos em registros de imóveis.

Com base no art. 195-A[519], os municípios podem solicitar ao registro de imóveis a abertura da matrícula de bens públicos, incluindo terrenos inteiros ou partes de

---

[518] LAGO, I. J. Capítulo III — Do registro de imóveis. In: PEDROSO, A. G. A. (Org.). *Lei de Registros Públicos comentada*. Rio de Janeiro: Forense, 2023, p. 611-717.

[519] "Art. 195-A. O Município poderá solicitar ao cartório de registro de imóveis competente a abertura de matrícula de parte ou da totalidade de imóveis públicos oriundos de parcelamento do solo urbano implantado, ainda que não inscrito ou registrado, por meio de requerimento acompanhado dos seguintes documentos: I — planta e memorial descritivo do imóvel público a ser matriculado, dos quais constem a sua descrição, com medidas perimetrais, área total, localização, confrontantes e coordenadas preferencialmente georreferenciadas dos vértices definidores de seus limites; II — comprovação de intimação dos confrontantes para que informem, no prazo de 15 (quinze) dias, se os limites definidos na planta e no memorial descritivo do imóvel público a ser matriculado se sobrepõem às suas respectivas áreas, se for o caso; III — as respostas à intimação prevista no inciso II, quando houver; e IV — planta de parcelamento ou do imóvel público a ser registrado, assinada pelo loteador ou elaborada e assinada por agente público da prefeitura, acompanhada de declaração de que o parcelamento encontra-se implantado, na hipótese de este não ter sido inscrito ou registrado. § 1.º Apresentados pelo Município os documentos relacionados no *caput*, o registro de imóveis deverá proceder ao registro dos imóveis públicos decorrentes do parcelamento do solo urbano na matrícula ou transcrição da gleba objeto de parcelamento. § 2.º Na abertura de matrícula de imóvel público oriundo de parcelamento do solo urbano, havendo divergência nas medidas perimetrais de que resulte, ou não, alteração de área, a situação de fato implantada do bem deverá prevalecer sobre a situação constante do registro ou da planta de parcelamento, respeitados os limites dos particulares lindeiros. § 3.º Não será exigido, para transferência de domínio, formalização da doação de áreas públicas pelo loteador nos casos de parcelamentos urbanos realizados na vigência do Decreto-lei n. 58, de 10 de dezembro de 1937. § 4.º Recebido o requerimento e verificado o atendimento aos requisitos previstos neste artigo, o oficial do registro de imóveis abrirá a matrícula em nome do Município. § 5.º A abertura de matrícula de que trata o *caput* independe do regime jurídico do bem público. § 6.º Na hipótese de haver área remanescente, a sua apuração poderá ocorrer em momento posterior. § 7.º O procedimento definido neste artigo poderá ser adotado para abertura de matrícula de glebas municipais adquiridas por lei ou por outros meios legalmente admitidos, inclusive para as terras devolutas transferidas ao Município em razão de legislação estadual ou federal, dispensado o procedimento discriminatório administrativo ou judicial. § 8.º O disposto neste artigo

terrenos. No caso de partes, é necessário que elas consistam em polígonos fechados, atendendo ao princípio da unitariedade matricial. O remanescente pode ser apurado em momento posterior (§ 6.º).

Os imóveis a serem matriculados podem ter diversas origens, como parcelamento do solo urbano implantado, glebas municipais adquiridas por lei, terras devolutas transferidas por lei ao município pelo estado ou pela União, entre outros.

Para isso, é necessário um requerimento acompanhado de documentos, como planta e memorial descritivo, comprovação de intimação dos confrontantes, respostas à intimação e planta de parcelamento ou do imóvel público.

O procedimento exige a apresentação desses documentos pelo município, e, se estiverem em conformidade, o registro de imóveis deve proceder ao registro dos imóveis públicos na matrícula ou transcrição da gleba objeto do parcelamento. Destaca-se que, na abertura de matrícula, a situação de fato implantada do bem público deve prevalecer sobre o registro ou a planta de parcelamento, em caso de divergência nas medidas perimetrais.

O art. 195-A prevê ainda que não será exigida formalização da doação de áreas públicas pelo loteador nos casos de parcelamentos urbanos realizados na vigência do Decreto-lei n. 58, de 10 de dezembro de 1937. A abertura da matrícula é independente do regime jurídico do bem público, podendo a apuração da área remanescente ocorrer posteriormente.

Já o art. 195-B[520] estende esse procedimento à União, Estados, Distrito Federal e Municípios, permitindo que solicitem a abertura de matrícula de imóveis urbanos sem

---

aplica-se, em especial, às áreas de uso público utilizadas pelo sistema viário do parcelamento urbano irregular." BRASIL. *Lei n. 6.015, de 31 de dezembro de 1973*. Dispõe sobre os registros públicos, e dá outras providências. Disponível em: http://www.planalto.gov.br/ccivil_03/leis/l6015compilada.htm. Acesso em: 15 fev. 2024.

[520] "Art. 195-B. A União, os Estados, o Distrito Federal e os Municípios poderão solicitar ao registro de imóveis competente a abertura de matrícula de parte ou da totalidade de imóveis urbanos sem registro anterior, cujo domínio lhe tenha sido assegurado pela legislação, por meio de requerimento acompanhado dos documentos previstos nos incisos I, II e III do *caput* do art. 195-A. § 1.º Recebido o requerimento na forma prevista no *caput* deste artigo, o oficial do registro de imóveis abrirá a matrícula em nome do requerente, observado o disposto nos §§ 5.º e 6.º do art. 195-A. § 2.º Sem prejuízo da possibilidade de requerer a abertura de matrícula para seus bens, nos termos do *caput*, o Município poderá, em acordo com o Estado, requerer, em nome deste, a abertura de matrícula de imóveis urbanos estaduais situados nos limites do respectivo território municipal no registro de imóveis competente. § 3.º O procedimento de que trata este artigo poderá ser adotado pela União para o registro de imóveis rurais de sua propriedade, observado o disposto nos §§ 3.º, 4.º, 5.º, 6.º e 7.º do art. 176 desta Lei. § 4.º Para a abertura de matrícula em nome da União com base neste artigo, a comprovação de que trata o inciso II do *caput* do art. 195-A será realizada, no que couber, mediante o procedimento de notificação previsto nos arts. 12-A e 12-B do Decreto-lei n. 9.760, de 5 de setembro de 1946, com ressalva quanto ao prazo para apresentação de eventuais impugnações, que será de quinze dias, na hipótese de notificação pessoal, e de trinta dias, na hipótese de notificação por edital. BRASIL. *Lei n. 6.015, de 31 de dezembro de 1973*. Dispõe sobre os registros públicos, e dá outras providências. Disponível em: http://www.planalto.gov.br/ccivil_03/leis/l6015compilada.htm. Acesso em: 15 fev. 2024.

registro anterior, cujo domínio seja assegurado pela legislação. O requerimento deve ser acompanhado de documentos semelhantes aos do art. 195-A. O registro de imóveis abrirá a matrícula em nome do requerente após o recebimento do pedido, seguindo as disposições dos §§ 5.º e 6.º do art. 195-A. O procedimento também pode ser adotado pela União para o registro de imóveis rurais de sua propriedade, observando regras específicas.

Ademais, a Lei n. 5.972/73 prevê[521] que a União possa requerer abertura de matrícula de bens discriminados administrativamente, ou ocupados por órgãos federais, ou unidade militar por mais de 20 anos, mediante requerimento instruído com decreto e certidão da Secretaria de Patrimônio da União, independentemente de registro anterior.

Também, o Decreto-lei n. 9.760/46[522] prevê a demarcação administrativa de terrenos federais para regularização fundiária de interesse social sem necessidade de observação ao princípio da continuidade.

3.10.2.3. Arrematação: aquisição originária ou derivada?

A arrematação é um dos meios pelos quais um imóvel pode ser transferido de um proprietário para outro no âmbito de um processo judicial, sendo comumente associada a execuções fiscais ou penhoras. No entanto, a arrematação desperta um debate importante no campo do direito registral imobiliário: se ela configura uma forma de **aquisição derivada** da propriedade, ou seja, a transferência do imóvel não se dá de maneira originária, mas sim com base em um direito preexistente, o qual provém de um título judicial. Esse título, comumente denominado **carta de arrematação**, é o documento que formaliza a transferência da propriedade do imóvel, mas sua viabilidade registrária no registro de imóveis está atrelada ao cumprimento de requisitos formais e ao respeito a princípios fundamentais como o da continuidade.

A natureza derivada da arrematação implica que a aquisição do imóvel não se dá de forma direta ou autônoma, mas por meio da sucessão do direito de propriedade do devedor. Esse aspecto diferencia a arrematação de formas de aquisição originária da propriedade em que a propriedade é transferida sem necessidade de uma relação jurídica prévia entre as partes. O desafio, portanto, reside em entender como essa transferência de direito, realizada por meio de uma decisão judicial, se alinha com os princípios do registro de imóveis, principalmente no que tange ao princípio da continuidade, que exige que a titularidade do imóvel siga uma sequência lógica e ininterrupta, garantindo que o registro reflita com precisão as informações sobre o bem e seus proprietários. Nesse contexto, surgem questionamentos importantes sobre as condições necessárias para que

---

[521] BRASIL. *Lei n. 5.972, de 11 de dezembro de 1973*. Regula o procedimento para o registro da propriedade de bens imóveis discriminados administrativamente ou possuídos pela União. Disponível em: http://www.planalto.gov.br/ccivil_03/leis/L5972.htm. Acesso em: 15 nov. 2021.

[522] BRASIL. *Decreto-lei n. 9.760, de 5 de setembro de 1946*. Dispõe sôbre os bens imóveis da União e dá outras providências. Disponível em: http://www.planalto.gov.br/ccivil_03/decreto-lei/del9760.htm. Acesso em: 15 nov. 2021.

a arrematação seja efetivamente registrada e reconhecido como um modo legítimo de aquisição da propriedade.

A arrematação é um modo de aquisição derivada da propriedade, ou seja, ela não transfere o direito de propriedade de forma originária, mas sim como uma continuidade de um **direito preexistente**. No contexto de processos judiciais, a arrematação ocorre quando um bem é adquirido em **leilão**, em decorrência de uma **execução**, na qual o imóvel, originalmente pertencente a um devedor, passa para o arrematante. Esse procedimento exige que a transferência do imóvel seja registrada no cartório de registro de imóveis, mas para que o registro seja possível, é necessário que o título siga certas condições formais e principiológicas.

De acordo com o princípio da continuidade, o registro de um imóvel deve manter um encadeamento lógico e ininterrupto das titularidades anteriores e atuais do bem. Em outras palavras, o registro de um novo titular deve corresponder à sequência dos registros anteriores, sem lacunas ou contradições. Esse princípio impede, por exemplo, o registro de uma carta de arrematação ou adjudicação quando o imóvel não está formalmente registrado em nome do réu da ação, ou seja, do proprietário que figurava no polo passivo da lide, pois sem essa correspondência, a continuidade do direito não é observada.

Diversos precedentes do Conselho Superior da Magistratura de São Paulo (CSM/SP) reforçam a impossibilidade de registrar cartas de arrematação ou adjudicação quando o imóvel não está registrado em nome dos envolvidos na ação judicial, como ilustrado pelos seguintes exemplos:

■ **Apelação Cível 1017551-34.2021.8.26.0068 (CSM/SP):** o Conselho Superior da Magistratura de São Paulo considerou que a carta de arrematação é um título judicial que se submete à qualificação registral. A desqualificação do título ocorreu por não observar o princípio da continuidade, ou seja, não havia correspondência entre o imóvel e o titular do registro, impedindo o registro da arrematação.

■ **Apelação Cível 1020648-60.2019.8.26.0602 (CSM/SP):** nesse caso, o CSM/SP destacou que a carta de arrematação, sendo um modo derivado de aquisição da propriedade, deve observar o princípio da continuidade. A decisão também reforçou que é indispensável o recolhimento do **Imposto de Transmissão de Bens Imóveis** (ITBI), garantindo a regularidade da operação.

■ **Apelação Cível 1007324-58.2017.8.26.0477 (CSM/SP):** em um caso relacionado a um imóvel em regime de condomínio, o Conselho Superior da Magistratura de São Paulo esclareceu que a ausência de participação de um dos condôminos na ação judicial comprometeria o registro da arrematação, pois não poderia haver a efetivação de uma transferência de propriedade que afetasse terceiros sem o devido processo legal e o contraditório.

É importante destacar que a alienação forçada de bens no âmbito de um processo judicial é uma forma de transmissão derivada da propriedade, pois o arrematante não se torna proprietário originariamente, mas sim adquire o direito de propriedade em sucessão ao antigo titular, no caso, o devedor. No entanto, essa transferência está vinculada ao direito preexistente do proprietário do imóvel, o que significa que, sem a existência desse direito originário, a arrematação não seria possível.

Em relação à adjudicação judicial, que é a apropriação de um bem pelo credor para garantir o cumprimento da sentença, o vínculo entre o direito adjudicado e o direito preexistente também é claro. A adjudicação só pode ocorrer porque existe um direito prévio do devedor sobre o bem. Esse direito é transferido ao credor por meio da adjudicação, mas, tal como a arrematação, a adjudicação também se submete ao princípio da continuidade, e a transferência do bem deve ser realizada respeitando as formalidades e garantindo que todos os direitos dos envolvidos sejam observados.

Além disso, a coisa julgada imposta pelo art. 506 do Código de Processo Civil (CPC) impõe que terceiros estranhos à relação processual não possam ser prejudicados. Mesmo que se argumentasse teoricamente que a adjudicação é um modo originário de aquisição de propriedade, a decisão judicial que constitui o direito adjudicado não pode afetar o direito de um proprietário que não tenha sido instado a participar da ação, pois isso violaria o princípio constitucional do contraditório e da ampla defesa. Portanto, a solução viável para garantir a regularidade do processo de adjudicação e arrematação é a intimação de todos os envolvidos, como o promitente vendedor ou os titulares do domínio do imóvel, para que tomem ciência do cumprimento da sentença ou da execução, em conformidade com o art. 799, IV, do Código de Processo Civil, garantindo que os direitos de todas as partes sejam respeitados e que o registro ocorra dentro dos parâmetros legais. Dessa forma, como regra geral, as cartas de arrematação não são exceções à qualificação registral quanto ao princípio da continuidade.

3.10.2.4. Arrematações em direito de sequela

Francisco José de Almeida Prado Ferraz Costa Junior[523] enfatiza que o princípio formal da continuidade, ao se orientar teleologicamente para o princípio de direito material da disponibilidade, demanda uma interpretação substancial, indo além de uma abordagem meramente burocrática.

Quando se fala em arrematações em direito de sequela, refere-se ao cenário em que um bem é arrematado em um leilão ou venda judicial, mas o **direito de sequela** permite que o credor siga ou busque o bem, mesmo após sua transferência a um terceiro adquirente. Isso significa que, em determinadas circunstâncias, o antigo proprietário ou credor pode ainda ter direitos sobre o bem arrematado, garantindo a continuidade do direito em relação ao objeto mesmo após a mudança de titularidade.

---

[523] KERN, Marinho Dembinski; COSTA JUNIOR, Francisco José de Almeida Prado Ferraz. *Princípios do registro de imóveis brasileiro*. São Paulo: Thomson Reuters Brasil, 2020, v. II, p. 183-193. (Coleção de Direito imobiliário).

Nesse contexto, destaca-se uma decisão do Conselho Superior da Magistratura de São Paulo, Apelação Cível n. 82.313-0/9[524], que considerou em conformidade com o princípio da continuidade a pretensão de inscrição de penhora em uma ação de execução hipotecária. Essa ação era movida contra o devedor hipotecário, e o imóvel objeto da garantia tinha sido alienado a terceiro que não fazia parte do processo, fundamentando-se no direito de sequela.

A questão principal no caso é a violação do princípio da continuidade devido à alienação do imóvel a terceiro. O credor hipotecário alegava o direito de sequela, o qual permite perseguir o bem mesmo após sua alienação. A situação envolve a ineficácia da alienação em relação ao credor hipotecário, destacando a distinção entre débito e responsabilidade.

O entendimento exarado na referida decisão é que a responsabilidade patrimonial secundária pode atingir terceiros que não são parte no processo de execução, mas que suportam suas consequências. O direito de sequela é apontado como um instrumento que permite a sujeição de bens de terceiros à execução, respeitando a hipoteca e o direito do credor de penhora e excussão do imóvel, independentemente de quem o detenha.

O julgado destaca a ineficácia da alienação feita em fraude à execução e reforça a ideia de que o direito registrário deve se adequar às diversas figuras de extensão da responsabilidade patrimonial a bens de terceiros no processo de execução, bem como enfatiza que o trato sucessivo não deve ser analisado apenas pelo ângulo formal, mas também substantivo, considerando a natureza dos direitos inscritos e a genealogia dos titulares.

3.10.2.5. Cédula de crédito imobiliário escritural

Outra exceção ao princípio da continuidade é a cédula de crédito imobiliário, objeto da Lei n. 10.931/2004, na qual a emissão da cédula é **averbada** na matrícula e, após averbação, passa a circular livremente, sem que sejam levados para o fólio real os endossos desse título. No momento do cancelamento, haverá uma declaração do ente custodiante informando quem é o credor atual, o qual emitirá o documento de quitação.

O § 2.º do art. 22 da Lei n. 10.931/2004[525] estabelece que a cessão de crédito garantido por direito real, quando representado por cédula de crédito imobiliário emitida sob

---

[524] "Registro de Imóveis — Mandado de penhora — Título judicial que se submete à qualificação registrária — Princípio da continuidade — violação — Não ocorrência — Imóvel alienado a terceiro — Ineficácia em relação ao credor hipotecário — Distinção entre débito e responsabilidade — Inteligência do direito de sequela e do art. 592 do Código de Processo Civil — Sujeição de bens de terceiros à execução e o princípio da continuidade — registro viável — Recurso provido." CSMSP; Apelação Cível 82.313-0/9; Relator(a): Luiz Tâmbara; Órgão Julgador: Conselho Superior da Magistratura; Foro de Serra Negra; j. 25.6.2002; data de registro: 12.8.2002.

[525] "Art. 22, § 2.º A cessão de crédito garantido por direito real, quando representado por CCI emitida sob a forma escritural, está dispensada de averbação no Registro de Imóveis, aplicando-se, no que esta Lei não contrarie, o disposto nos arts. 286 e seguintes da Lei n. 10.406, de 10 de janeiro de 2002 — Código Civil brasileiro." BRASIL. *Lei n. 10.931, de 2 de agosto de 2004*. Dispõe sobre o

a forma escritural, está dispensada de averbação no registro de imóveis. Isso significa que, ao contrário de outras formas de transmissão de direitos reais sobre imóveis, a cessão de crédito por meio de CCI escritural não precisa ser registrada no cartório de imóveis.

Essa dispensa de averbação é uma exceção ao princípio da continuidade, que geralmente exige o registro de todos os atos que interfiram na cadeia de titularidade de um imóvel. A cédula de crédito imobiliário escritural, nesse contexto, representa uma simplificação do processo, conferindo agilidade às operações de cessão de crédito imobiliário.

3.11. PRINCÍPIO DA ESPECIALIDADE OU DA ESPECIFICIDADE

Segundo Marcelo Augusto Santana de Melo[526], o **princípio da especialidade** foi emprestado dos direitos reais de garantia quando se referia à especialização da hipoteca e está ligado à clareza que todos os atos devem ter para receberem a publicidade registral. O vocábulo especialidade refere-se a algo especial (oposto do geral), sendo algo próprio, exclusivo, distinto. Nesse sentido, algo é especial quando se distingue dos outros da mesma espécie, possuindo característica própria, individualizada[527]. O princípio da especialidade registral é basicamente o mesmo[528] princípio da especialidade do direito real, ou seja, na necessidade de recair sobre coisa certa e determinada, diferenciando-se, assim, do direito das obrigações[529].

> O princípio da especialidade prevê a obrigatoriedade da descrição detalhada dos elementos do imóvel, das pessoas que titulam direitos, bem como do negócio jurídico que foi inscrito.

A especialidade sempre foi uma característica das garantias. O credor quer ter **certeza da garantia**, caso precise executá-la[530]. O Código Civil de 1916 determinava a

---

patrimônio de afetação de incorporações imobiliárias, Letra de Crédito Imobiliário, Cédula de Crédito Imobiliário, Cédula de Crédito Bancário, altera o Decreto-lei n. 911, de 1.º de outubro de 1969, as Leis n. 4.591, de 16 de dezembro de 1964, n. 4.728, de 14 de julho de 1965, e n. 10.406, de 10 de janeiro de 2002, e dá outras providências. Disponível em: http://www.planalto.gov.br/ccivil_03/_ato2004-2006/2004/lei/l10.931.htm. Acesso em: 15 fev. 2024.

[526] MELO, Marcelo Augusto Santana de. *Teoria geral do registro de imóveis*: estrutura e função. Porto Alegre: Sergio Antonio Fabris Editor, 2016, p. 176.

[527] DIP, Ricardo. *Registro de imóveis (princípios)*. Tomo II. Descalvado: Editora Primus, 2017, p. 9.

[528] AUGUSTO, Eduardo Agostinho Arruda. *Registro de imóveis, retificação e georreferenciamento*: fundamento e prática. São Paulo: Saraiva, 2013, p. 229.

[529] TEPEDINO, Gustavo; MONTEIRO FILHO, Carlos Edison do Rêgo; RENTERIA, Pablo. *Fundamentos do direito civil*. Rio de Janeiro: Forense, 2020, p. 10.

[530] Antes do Código Civil de 1916, a especialidade era um requisito da hipoteca e estava prevista no art. 4°, §§ 1° e 5°, do Decreto n. 169-A, de 19 de janeiro de 1890. BRASIL. *Decreto n. 169-A, de 19 de janeiro de 1890*. Substitue as Leis n. 1.237, de 24 de setembro de 1864 e n. 3.272, de 5 de outubro de 1885. Disponível em: https://www2.camara.leg.br/legin/fed/decret/1824-1899/decreto-169--a-19-janeiro-1890-516767-publicacaooriginal-1-pe.html. Acesso em: 15 nov. 2021.

obrigatoriedade da especialização sobre a hipoteca, o penhor e a anticrese, como requisito de validade. No Código Civil de 2002, o texto foi replicado, com alterações[531], no art. 1.424[532], o qual impõe que os contratos de penhor, anticrese ou hipoteca devem declarar, sob pena de não terem eficácia, o valor do crédito ou sua estimação, o prazo para pagamento, a taxa de juros, se aplicável, e as especificações detalhadas do bem dado em garantia. Essa disposição reforça a importância da transparência e clareza nas informações contratuais, assegurando a eficácia das garantias e a proteção dos interesses das partes envolvidas.

A eficácia que a lei se refere ocorre após o registro do título no registro de imóveis, produzindo efeitos *erga omnes*, pois a inscrição é constitutiva. No Código Civil anterior, a previsão era de não valer contra terceiros, mas Beviláqua defendia que a ausência desses elementos não tornaria o contrato nulo, porém também não geraria direito real. Affonso Fraga[533], criticando o entendimento de Clóvis Beviláqua[534], defendia que a falta desses elementos caracterizava uma restrição de eficácia, apesar do Código anterior prever a invalidade. O Código Civil de 2002 alterou o plano do negócio jurídico, confirmando a tese de Fraga.

Na Lei n. 6.015/73[535], a especialidade registrária encontra-se expressa em vários dispositivos, devendo o oficial observar isso no título e publicizar no registro. A doutrina[536] divide o princípio da especialidade em **objetiva** (dados do imóvel), **subjetiva** (informações das pessoas) e do **fato inscritível** (requisitos do título). O art. 176 é a expressão[537] do princípio da especialidade, pois prevê os requisitos das matrículas e dos registros. Outros artigos da Lei de Registros também exigem a obediência ao princípio da especialidade: arts. 225, 239, 241 e 242. Faltando algum desses elementos no ato lavrado, será feita uma averbação complementando ou retificando. Para Narciso Orlandi Neto[538],

---

[531] No Código Civil de 1916, o art. 761 era requisito de validade. Agora no Código Civil de 2002 é requisito de eficácia.

[532] "Art. 1.424. Os contratos de penhor, anticrese ou hipoteca declararão, sob pena de não terem eficácia: I — o valor do crédito, sua estimação, ou valor máximo; II — o prazo fixado para pagamento; III — a taxa dos juros, se houver; IV — o bem dado em garantia com as suas especificações." BRASIL. *Lei n. 10.406, de 10 de janeiro de 2002*. Institui o Código Civil. Disponível em: http://www.planalto.gov.br/ccivil_03/leis/2002/l10406compilada.htm. Acesso em: 15 nov. 2023.

[533] FRAGA, Affonso. *Direitos reaes de garantia*: penhor, antichrese e hypotheca. São Paulo: Editoria Livraria Acadêmica, 1933, p. 100.

[534] BEVILÁQUA, Clóvis. *Código Civil dos Estados Unidos do Brasil*. 6. ed. Rio de Janeiro: Francisco Alves, 1940, v. I, p. 351.

[535] BRASIL. *Lei n. 6.015, de 31 de dezembro de 1973*. Dispõe sobre os registros públicos, e dá outras providências. Disponível em: http://www.planalto.gov.br/ccivil_03/leis/l6015compilada.htm. Acesso em: 15 nov. 2021.

[536] DIP, Ricardo. *Registro de Imóveis (princípios)*. Tomo II. Descalvado: Editora Primus, 2017, p. 14.

[537] ORLANDI NETO, Narciso. *Retificação no registro de imóveis*. São Paulo: Editora Oliveira Mendes, 1997, p. 66.

[538] ORLANDI NETO, Narciso. *Retificação no registro de imóveis*. São Paulo: Editora Oliveira Mendes, 1997, p. 68.

o art. 225 da Lei de Registros une os princípios da especialidade e da continuidade quando considera irregulares os títulos que a caracterização do imóvel não coincida com o título anterior. Daí a afirmação de Afrânio de Carvalho[539] de que a continuidade se apoia na especialidade.

> A espinha dorsal da especialidade está no art. 176 da Lei n. 6.015/73[540], mas, conforme já estudado no princípio **O tempo rege o ato**, o próprio art. 176 prevê uma exceção, no seu § 2.º, em relação aos títulos lavrados ou homologados na vigência do Decreto n. 4.857, de 9 de novembro de 1939[541], os quais não devem observar as exigências atuais.

A matrícula, como já vimos, deverá ser aberta por ocasião do primeiro registro na vigência da Lei n. 6.015/73, originando-se, normalmente, de uma transcrição. Já foi mencionado o problema das transcrições antigas, com descrições precárias e a dificuldade de abertura do fólio real por ausência de requisitos de especialidade (art. 176). Ao analisar isso, Eduardo Agostinho Arruda Augusto[542] leciona que a descrição precária do imóvel não gera o bloqueio da matrícula para a maioria dos atos registrais, permitindo o registro de compra e venda, hipoteca, penhora, doação desde que se refiram ao imóvel todo, mesmo que em frações ideais. Todavia, o autor ressalta que não é possível praticar atos que envolvam a descrição tabular do imóvel, tais como desdobro, unificação, servidão, reserva legal, enquanto não retificada a matrícula.

Por fim, ressalta-se que o princípio da especialidade busca tornar a publicidade mais cristalina com o máximo de informações relevantes que possam colaborar com a segurança jurídica, que é o fim maior do registro de imóveis.

3.11.1. ESPECIALIDADE OBJETIVA

O princípio da especialidade objetiva, que trata do imóvel objeto da inscrição, é considerado um dos requisitos mais significativos da transcrição no registro de imóveis e desempenha um papel crucial ao proporcionar **certeza sobre o domínio**, sendo, portanto, um aspecto essencial na fiscalização do registro imobiliário[543].

---

[539] CARVALHO, Afrânio de. *Registro de imóveis*: comentários ao sistema de registro em face da Lei 6.015, de 1973, com alterações da Lei 6.216, de 1975, Lei 8.009, de 1990 e Lei 8.935, de 18.11.1994. 4. ed. Rio de Janeiro: Forense, 2001, p. 253.

[540] BRASIL. *Lei n. 6.015, de 31 de dezembro de 1973*. Dispõe sobre os registros públicos, e dá outras providências. Disponível em: http://www.planalto.gov.br/ccivil_03/leis/l6015compilada.htm. Acesso em: 15 nov. 2021.

[541] BRASIL. *Decreto n. 4.857, de 9 de novembro de 1939*. Dispõe sobre a execução dos serviços concernentes aos registros públicos estabelecidos pelo Código Civil. Disponível em: http://www.planalto.gov.br/ccivil_03/decreto/1930-1949/d4857.htm. Acesso em: 15 nov. 2021.

[542] AUGUSTO, Eduardo Agostinho Arruda. *Registro de imóveis, retificação e georreferenciamento*: fundamento e prática. São Paulo: Saraiva, 2013, p. 257.

[543] KERN, Marinho Dembinski; COSTA JUNIOR, Francisco José de Almeida Prado Ferraz. *Princípios do registro de imóveis brasileiro*. São Paulo: Thomson Reuters Brasil, 2020, v. II, p. 171-182. (Coleção de Direito imobiliário).

A Lei n. 6.015/73, ao adotar o sistema de fólio real em oposição ao sistema de fólio pessoal, atribuiu ainda mais importância ao princípio da especialidade objetiva. Como vimos anteriormente, no sistema de fólio pessoal, o registro estava centrado nos negócios jurídicos, mas, com a mudança, cada imóvel passou a ter uma folha distinta, concentrando todas as inscrições relacionadas a ele. Francisco José de Almeida Prado Ferraz Costa Junior destaca que esse enfoque no imóvel favoreceu o desenvolvimento do princípio da especialidade objetiva, promovendo uma base cadastral mais robusta e uma descrição precisa dos prédios.

O art. 176, § 1.º[544], da Lei de Registros Públicos reforça a importância da especialização registral, especialmente a alínea 3 do inciso II, que determina os requisitos estabelecidos para a matrícula, como o número de ordem, a data e a identificação do imóvel, seguindo a lógica do princípio da especialidade objetiva.

> A especificação dos dados, como código do imóvel, características, confrontações, localização e área (no caso de imóveis rurais) ou características, confrontações, localização, área, logradouro, número e designação cadastral (no caso de imóveis urbanos), contribui para uma descrição minuciosa e individualizada, assegurando a especialização do registro.

Um exemplo do princípio da especialidade objetiva na prática é do Recurso Administrativo n. 1084452-82.2021.8.26.0100[545], no qual a Corregedoria Geral da Justiça de São Paulo decidiu sobre um pedido de retificação de registro imobiliário para incluir novas numerações na descrição do imóvel, contestando a decisão que negou a retificação.

A decisão concluiu que não era possível averbar a alteração de numeração conforme pretendido pela recorrente, pois havia indícios de alteração do próprio imóvel. A aplicação do princípio da especialidade objetiva nessa decisão significa que a descrição do imóvel no registro deve refletir sua **identidade única e precisa**. Se houver indícios de alterações significativas, como uma possível mudança na área construída, a retificação não pode ser autorizada sem uma análise aprofundada. Portanto, a decisão negou a retificação das numerações porque havia suspeitas de que não se tratava apenas de uma

---

[544] "Art. 176. O Livro n. 2 — Registro Geral — será destinado à matrícula dos imóveis e ao registro ou averbação dos atos relacionados no art. 167 e não atribuídos ao Livro n. 3. § 1.º A escrituração do Livro n. 2 obedecerá às seguintes normas: 3) a identificação do imóvel, que será feita com indicação: a — se rural, do código do imóvel, dos dados constantes do CCIR, da denominação e de suas características, confrontações, localização e área; b — se urbano, de suas características e confrontações, localização, área, logradouro, número e de sua designação cadastral, se houver." BRASIL. *Lei n. 6.015, de 31 de dezembro de 1973*. Dispõe sobre os registros públicos, e dá outras providências. Disponível em: http://www.planalto.gov.br/ccivil_03/leis/l6015compilada.htm. Acesso em: 15 fev. 2024.

[545] "PEDIDO DE PROVIDÊNCIAS. Apelação recebida como recurso administrativo. Retificação de registro. Descrição do imóvel na matrícula de acordo com as transcrições que lhe deram origem. Hipótese que não é de mera alteração de numeração e não se amolda ao disposto no art. 167, II, item 4, da Lei n. 6.015/73. Elementos que indicam alteração do próprio imóvel. Necessidade de observância." CGJSP; Recurso Administrativo: 1084452-82.2021.8.26.0100; Relator(a): Fernando Antônio Torres Garcia; Órgão Julgador: Corregedoria Geral da Justiça de São Paulo; Foro de São Paulo; j. 4.3.2022.

mudança na numeração do prédio, mas sim de uma alteração substancial no próprio imóvel, e a preservação do princípio da especialidade objetiva é fundamental para garantir a clareza e individualização dos registros imobiliários.

Uma questão enfrentada pelos registradores são matrículas que sofrem destaques, quando uma parte da área é levada para outra matrícula em razão de desapropriação, ficando o restante da área na matrícula primitiva ou desmembramentos, procedimento de divisão do imóvel resultando na abertura de nova matrícula para as partes divididas ou apenas para aquela que se tem interesse, permanecendo o restante na matrícula primitiva, de áreas sem descrição do remanescente.

A matrícula primitiva é retalhada por meio de divisões e parcelamentos que, na época, não se preocuparam em descrever o que sobrou, mas apenas naquilo que formaria um novo imóvel em nova matrícula. Nesses casos, a especialidade objetiva foi ferida de morte, pois parte do imóvel foi levado para outra matrícula, e o que sobra na matrícula primitiva (ou matrícula mãe) não possui descrição exata. Nessa linha, Ricardo Dip[546] alerta que a especialidade objetiva busca reduzir o perigo das sobreposições de áreas e das ablaqueações ou registros flutuantes, que são as incertezas e indeterminações nas descrições do imóvel.

Narciso Orlandi Neto[547] explica que, após várias alienações parciais, as grandes glebas ficam sem caracterização no registro de imóveis, sendo possível saber qual o remanescente em metros quadrados (controle de disponibilidade quantitativa), pois o registrador vai deduzindo as áreas alienadas da área total da matrícula, mas não se sabe a localização.

Em outros casos, ainda piores, poderá existir diferença de área maior ou menor, em descompasso com a realidade física do imóvel. Para o autor, nesses casos de ausência de descrição do remanescente, deverá haver apuração do remanescente[548] com descrição de área certa antes do registro de nova alienação. No mesmo sentido, Eduardo Agostinho Arruda Augusto[549] entende que matrícula sem descrição do remanescente está tecnicamente bloqueada por falta de elemento essencial (a descrição, prevista no art. 176, § 1.º, II, 3, da Lei n. 6.015/73). Por isso o registrador deve ter a cautela de sempre exigir a descrição do remanescente, salvo nas hipóteses legais, como é o caso, por exemplo, dos §§ 7.º e 8.º do art. 176 da Lei n. 6.015/73, que dispensa essa exigência.

Francisco José de Almeida Prado Ferraz Costa Junior[550] aponta que a violação do princípio da especialidade objetiva, em alguns casos, vai além de uma irregularidade

---

[546] DIP, Ricardo. *Registro de imóveis (princípios)*. Tomo II. Descalvado: Editora Primvs, 2017, p. 31.

[547] ORLANDI NETO, Narciso. *Retificação no registro de imóveis*. São Paulo: Editora Oliveira Mendes, 1997, p. 134.

[548] Procedimento previsto no art. 213, II, § 7º da Lei n. 6.015/73. BRASIL. *Lei n. 6.015, de 31 de dezembro de 1973*. Dispõe sobre os registros públicos, e dá outras providências. Disponível em: http://www.planalto.gov.br/ccivil_03/leis/l6015compilada.htm. Acesso em: 15 nov. 2021.

[549] AUGUSTO, Eduardo Agostinho Arruda. *Registro de imóveis, retificação e georreferenciamento*: fundamento e prática. São Paulo: Saraiva, 2013, p. 258.

[550] KERN, Marinho Dembinski; COSTA JUNIOR, Francisco José de Almeida Prado Ferraz. *Princípios do registro de imóveis brasileiro*. São Paulo: Thomson Reuters Brasil, 2020, v. II, p. 171-182. (Coleção de Direito imobiliário).

formal, refletindo a ilicitude de direito material. Empreendedores podem recorrer a expedientes fraudulentos, como a utilização indevida do condomínio *pro diviso*, para contornar as exigências legais de parcelamento do solo. Nesse contexto, o autor destaca que a jurisprudência administrativa tem papel fundamental, recusando o registro sempre que houver evidências de parcelamento irregular, fraude ou ofensa à legislação vigente, sendo que essa abordagem reflete a compreensão de que a qualificação registral é uma análise lógica, considerando a compatibilidade entre os assentamentos registrários e os títulos causais, em conformidade com as normas cogentes em vigor.

3.11.1.1. Especialidade qualitativa, quantitativa e posicional

O princípio da especialidade objetiva engloba três dimensões essenciais: a **extensão do imóvel**, a figura do **prédio** e sua **localização** na superfície terrestre. Cada uma dessas dimensões, denominadas como especialidade **quantitativa**, **qualitativa** e de **lugar circunscritivo**, contribui para a certeza do domínio no registro imobiliário.

Historicamente, o controle da especialidade em atos de segregação imobiliária, como o fracionamento do solo, evoluiu ao longo do tempo. Até a década de 1980, o controle era predominantemente quantitativo, sem a devida consideração da especialidade qualitativa. No entanto, a partir desse período, houve uma mudança, e passou-se a exigir uma análise mais apurada da especialidade objetiva, garantindo uma descrição precisa do imóvel e condicionando novos parcelamentos à prévia apuração do remanescente.

A dimensão qualitativa e de lugar circunscritivo do princípio da especialidade estão interligadas[551]. Uma descrição precisa do polígono, aliada a uma segura amarração, pode tornar dispensável a indicação detalhada dos confrontantes. No entanto, as normas em vigor atualmente não dispensam a enumeração dos confrontantes, servindo como valiosa informação para situações futuras e eventual retificação bilateral.

A preocupação com a sobreposição nos parcelamentos do solo levou ao desenvolvimento do princípio da especialidade de lugar. A obrigatoriedade da descrição georreferenciada dos imóveis rurais, introduzida pela Lei n. 10.267/2001, contribuiu para reduzir esse risco e enfrentar os desafios do registro imobiliário brasileiro em relação à especialidade objetiva.

3.11.1.2. Caracterização do imóvel rural ou urbano

Ponto sensível da matéria é a caracterização dos imóveis rurais e urbanos, elemento essencial da matrícula[552]. A doutrina sempre discutiu o critério adotado, da localização

---

[551] KERN, Marinho Dembinski; COSTA JUNIOR, Francisco José de Almeida Prado Ferraz. *Princípios do registro de imóveis brasileiro*. São Paulo: Thomson Reuters Brasil, 2020, v. II, p. 171-182. (Coleção de Direito imobiliário).

[552] Lei n. 6.015/73, art. 176, II, n. 3. BRASIL. *Lei n. 6.015, de 31 de dezembro de 1973*. Dispõe sobre os registros públicos, e dá outras providências. Disponível em: http://www.planalto.gov.br/ccivil_03/leis/l6015compilada.htm. Acesso em: 15 nov. 2021.

— Código Tributário Nacional (CTN), art. 29[553] e 32[554], ou da destinação (Decreto-lei n. 57/66, art. 15[555]; Estatuto da Terra, art. 4.º, I[556], e Lei n. 8.629/93, art. 4.º, I[557]).

O STJ manteve o critério da **localização**[558]. O STF já havia se manifestado no RE 140.773-5/210-SP, que resultou na Resolução n. 9/2005 do Senado Federal[559].

Para o registrador de imóveis, o que já estiver na matrícula ou na transcrição é mantido, salvo por requerimento do interessado com documentos comprobatórios. Aqui, o ponto sensível é a alteração do imóvel de rural para urbano. A Lei n. 6.766/79 prevê a necessidade de audiência prévia do INCRA quando houver descaracterização do imóvel rural para imóvel urbano.

---

[553] "Art. 29. O impôsto, de competência da União, sobre a propriedade territorial rural tem como fato gerador a propriedade, o domínio útil ou a posse de imóvel por natureza, como definido na lei civil, localizado fora da zona urbana do Município." BRASIL. *Lei n. 5.172, de 25 de outubro de 1966.* Dispõe sobre o Sistema Tributário Nacional e institui normas gerais de direito tributário aplicáveis à União, Estados e Municípios. Disponível em: http://www.planalto.gov.br/ccivil_03/leis/l5172compilado.htm. Acesso em: 15 fev. 2024.

[554] "Art. 32. O imposto, de competência dos Municípios, sobre a propriedade predial e territorial urbana tem como fato gerador a propriedade, o domínio útil ou a posse de bem imóvel por natureza ou por acessão física, como definido na lei civil, localizado na zona urbana do Município." BRASIL. *Lei n. 5.172, de 25 de outubro de 1966.* Dispõe sobre o Sistema Tributário Nacional e institui normas gerais de direito tributário aplicáveis à União, Estados e Municípios. Disponível em: http://www.planalto.gov.br/ccivil_03/leis/l5172compilado.htm. Acesso em: 15 fev. 2024.

[555] "Art. 15. O disposto no art. 32 da Lei n. 5.172, de 25 de outubro de 1966, não abrange o imóvel de que, comprovadamente, seja utilizado em exploração extrativa vegetal, agrícola, pecuária ou agro-industrial, incidindo assim, sôbre o mesmo, o ITR e demais tributos com o mesmo cobrados." BRASIL. *Decreto-lei n. 57, de 18 de novembro de 1966.* Altera dispositivos sobre lançamento e cobrança do impôsto sôbre a propriedade territorial rural, institui normas sobre arrecadação da dívida ativa correspondente, e dá outras providências. Disponível em: http://www.planalto.gov.br/ccivil_03/decreto-lei/del0057.htm. Acesso em: 15 nov. 2023.

[556] BRASIL. *Lei n. 4.504, de 30 de novembro de 1964.* Dispõe sobre o Estatuto da Terra, e dá outras providências. Disponível em: http://www.planalto.gov.br/ccivil_03/leis/l4504.htm. Acesso em: 15 nov. 2021.

[557] BRASIL. *Lei n. 8.629, de 25 de fevereiro de 1993.* Dispõe sobre a regulamentação dos dispositivos constitucionais relativos à reforma agrária, previstos no Capítulo III, Título VII, da Constituição Federal. Disponível em: http://www.planalto.gov.br/ccivil_03/leis/l8629.htm. Acesso em: 15 nov. 2021.

[558] BRASIL. Superior Tribunal de Justiça. 2.ª Turma. *REsp 1.170.055/TO*, j. 8.6.2010, rel. Min. Eliana Calmon, *DJe*, 24.6.2010. Disponível em: https://stj.jusbrasil.com.br/jurisprudencia/14754334/recurso-especial-resp-1170055-to-2009-0240111-2/inteiro-teor-14754335. Acesso em: 15 nov. 2021.

[559] BRASIL. Senado Federal. *Resolução n. 9/2005.* Suspende a execução da Lei Municipal n. 2.200, de 3 de junho de 1983, que acrescentou o § 4.º do art. 27 da Lei Municipal n. 1.444, de 13 de dezembro de 1966, ambas do Município de Sorocaba, no Estado de São Paulo, e, em parte, a execução do art. 12 da Lei Federal n. 5.868, de 12 de dezembro de 1972, no ponto em que revogou o art. 15 do Decreto-Lei Federal n. 57, de 18 de novembro de 1966. Disponível em: https://www.senado.leg.br/publicacoes/anais/pdf/Resolucoes/2005.pdf. Acesso em: 15 nov. 2021.

Além disso, o art. 53[560] também prevê ser necessário o envolvimento do Órgão Metropolitano, se existir, na localização do município, e a aprovação da prefeitura municipal ou do Distrito Federal, quando aplicável, conforme as exigências da legislação pertinente. Portanto, sempre foi uma exigência do registrador o descadastramento da área rural, antes da **averbação** no registro de imóveis. Todavia, a Instrução Normativa n. 17-B do INCRA[561], que regulava essa matéria, foi revogada, e logo depois foi emitida a Nota Técnica INCRA/DFC n. 2/2016 para explicar as razões da revogação, na qual nas conclusões e recomendações constou o item 4, *d*[562], segundo o qual a audiência do INCRA não implica mais no descadastramento da área rural antes da averbação no registro de imóveis, como era exigido anteriormente pela Instrução Normativa n. 17-B, mas sim na realização das operações cadastrais conforme os procedimentos estabelecidos nas normativas vigentes.

Dessa forma, acompanhado de documento municipal comprobatório de que o imóvel se localiza em solo urbano, o registrador averbará a alteração na matrícula, devendo, posteriormente, o interessado atualizar o cadastro no INCRA.

Sobre a delimitação da área urbana, a Lei n. 6.766/79[563] determina o que é solo **urbano**, o **perímetro urbano**, a **área de expansão urbana** e a **área de urbanização específica**. A Constituição da República, no art. 30, VIII[564], atribuiu ao município a competência de promover o adequado ordenamento territorial, mediante planejamento e controle do uso, do parcelamento e ocupação do solo urbano. Portanto, compete ao **município** determinar as áreas urbanas.

---

[560] "Art. 53. Todas as alterações de uso do solo rural para fins urbanos dependerão de prévia audiência do Instituto Nacional de Colonização e Reforma Agrária — INCRA, do Órgão Metropolitano, se houver, onde se localiza o Município, e da aprovação da Prefeitura municipal, ou do Distrito Federal quando for o caso, segundo as exigências da legislação pertinente." BRASIL. *Lei n. 6.766, de 19 de dezembro de 1979*. Dispõe sobre o Parcelamento do Solo Urbano e dá outras providências. Disponível em: http://www.planalto.gov.br/ccivil_03/leis/l6766.htm. Acesso em: 15 nov. 2024.

[561] BRASIL. INCRA. *Instrução Normativa 17-B, de 22 de dezembro de 1980*. Dispõe sobre o parcelamento de imóveis rurais. Disponível em: https://urbanismo.mppr.mp.br/arquivos/File/I17b_221280.pdf. Acesso em: 15 nov. 2021.

[562] "d) a prévia audiência do INCRA para alteração de uso do solo rural para fins urbanos, a que se refere o art. 53 da Lei 6.766/79, deve ser interpretado como realização das operações cadastrais pertinentes, nos termos do Capítulo VI da Instrução normativa INCRA n. 82/2015, após a prática dos atos registrais respectivos." BRASIL. *Nota Técnica INCRA/DFC n. 02/2016*. Discrimina as atribuições do Incra referente aos parcelamentos de solo rural. Disponível em: https://www.colegioregistralrs.org.br/noticias/nota-tecnica-incra-df-dfc-no-2-2016-referente-aos-parcelamentos-de-solo-rural/. Acesso em: 15 nov. 2021.

[563] BRASIL. *Lei n. 6.766, de 19 de dezembro de 1979*. Dispõe sobre o parcelamento do solo urbano e dá outras providências. Disponível em: http://www.planalto.gov.br/ccivil_03/leis/l6766.htm. Acesso em: 15 nov. 2021.

[564] "Art. 30. Compete aos Municípios: VIII – promover, no que couber, adequado ordenamento territorial, mediante planejamento e controle do uso, do parcelamento e da ocupação do solo urbano." BRASIL. [Constituição (1988)]. *Constituição da República Federativa do Brasil de 1988*. Brasília, DF: Presidência da República, [2021]. Disponível em: http://www.planalto.gov.br/ccivil_03/Constituicao/Constituicao.htm. Acesso em: 15 nov. 2021.

A Lei n. 13.465/2017, que trata da REURB, prevê o reconhecimento de **núcleos urbanos informais** consolidados mesmo que na zona rural. Segundo o art. 11[565] da referida lei, o núcleo urbano informal trata-se de áreas urbanas que não seguiram os procedimentos legais ou não foram oficialmente reconhecidas, seja por falta de documentação adequada ou por não terem cumprido os requisitos exigidos na época de sua formação. Já o **núcleo urbano informal** consolidado diferencia-se por se tratar de uma área urbana informal que, ao longo do tempo, desenvolveu características que tornam complicada a reversão para um estado legal ou formal, levando em conta diversos aspectos urbanísticos e sociais, como o tempo de ocupação da região, a natureza das construções existentes, a disposição das vias de circulação, a presença de equipamentos públicos, entre outras circunstâncias relevantes avaliadas pelo município.

Existe também a possibilidade de um imóvel rural, menor que a fração mínima de parcelamento, estar integrado à zona urbana do município. Tal hipótese tem previsão no art. 8.º, § 4.º, da Lei n. 5.868/72[566]. O *caput* do referido artigo afirma que nenhum imóvel rural pode ser desmembrado ou dividido em áreas menores que o módulo calculado para o imóvel ou a fração mínima de parcelamento, sendo aplicada a menor dessas áreas. O § 4.º, IV, do art. 8.º apresenta uma situação específica, em que a proibição de desmembramento ou divisão de imóveis rurais não se aplica, que é o caso de imóveis rurais que tenham sido incorporados à zona urbana do município. As exceções desse parágrafo são estabelecidas para lidar com casos específicos em que a flexibilização da regra de desmembramento é considerada adequada, atendendo a diferentes necessidades, como regularização fundiária, apoio à agricultura familiar e integração de áreas rurais às zonas urbanas dos municípios.

Existe outra questão delicada quando o imóvel rural possui parte pertencendo ao perímetro urbano ou à zona de expansão urbana, localizando-se grande parte na zona

---

[565] "Art. 11. Para fins desta Lei, consideram-se: I — núcleo urbano: assentamento humano, com uso e características urbanas, constituído por unidades imobiliárias de área inferior à fração mínima de parcelamento prevista na Lei n. 5.868, de 12 de dezembro de 1972, independentemente da propriedade do solo, ainda que situado em área qualificada ou inscrita como rural; II — núcleo urbano informal: aquele clandestino, irregular ou no qual não foi possível realizar, por qualquer modo, a titulação de seus ocupantes, ainda que atendida a legislação vigente à época de sua implantação ou regularização; III — núcleo urbano informal consolidado: aquele de difícil reversão, considerados o tempo da ocupação, a natureza das edificações, a localização das vias de circulação e a presença de equipamentos públicos, entre outras circunstâncias a serem avaliadas pelo Município." BRASIL. *Lei n. 13.465, de 11 de julho de 2017*. Dispõe sobre a regularização fundiária rural e urbana, sobre a liquidação de créditos concedidos aos assentados da reforma agrária e sobre a regularização fundiária no âmbito da Amazônia Legal; institui mecanismos para aprimorar a eficiência dos procedimentos de alienação de imóveis da União; [...]. Disponível em: http://www.planalto.gov.br/ccivil_03/_ato2015-2018/2017/lei/l13465.htm. Acesso em: 15 nov. 2023.

[566] "Art. 8.º. Para fins de transmissão, a qualquer título, na forma do art. 65 da Lei n. 4.504, de 30 de novembro de 1964, nenhum imóvel rural poderá ser desmembrado ou dividido em área de tamanho inferior à do módulo calculado para o imóvel ou da fração mínima de parcelamento fixado no § 1.º deste artigo, prevalecendo a de menor área. § 4o O disposto neste artigo não se aplica: IV — ao imóvel rural que tenha sido incorporado à zona urbana do Município." BRASIL. *Lei n. 5.868, de 12 de dezembro de 1972*. Cria o Sistema Nacional de Cadastro Rural, e dá outras providências. Disponível em: http://www.planalto.gov.br/ccivil_03/leis/l5868.htm. Acesso em: 15 nov. 2023.

rural. A Lei n. 6.015/73 prevê no art. 176, II, § 3.º[567] como requisito da matrícula a sua caracterização como urbano ou rural. Em alguns municípios se permite a divisão do imóvel, permanecendo o imóvel rural e matrícula própria, respeitada a fração mínima de parcelamento e abre-se uma nova matrícula para a área urbana, sendo uma gleba urbana. Em outros municípios, esse processo somente pode ocorrer se for realizado um loteamento e em outros municípios admite-se o desdobro. Existem ainda casos, mais raros, em que é permitida a averbação do perímetro urbano em parte da matrícula rural.

Sendo matrícula de imóvel urbano ou rural, em ambos os casos, o registrador deverá observar a legislação que se refere ao **tamanho mínimo** do imóvel, para rurais determinada pelo **INCRA**, e para urbanos determinada pelo **município**. A observância dessas regras é de suma importância par fins de divisão do imóvel. O cuidado maior refere-se à divisão de imóveis rurais[568], cuja relação à fração mínima de parcelamento deve ser observada sob pena de **nulidade** (art. 8.º da Lei n. 5.858/72[569]), salvo as exceções previstas no Decreto n. 62.504/68[570] e na Lei n. 5.868/72 (art. 8.º, § 4.º).

Vale lembrar que a aquisição *causa mortis* pelos herdeiros, de áreas inferiores à fração mínima de parcelamento, não impede o registro dos formais de partilha, que permanecerão em condomínio, vedada a divisão conforme art. 65 do Estatuto da Terra[571].

---

[567] "§ 3o Nos casos de desmembramento, parcelamento ou remembramento de imóveis rurais, a identificação prevista na alínea a do item 3 do inciso II do § 1o será obtida a partir de memorial descritivo, assinado por profissional habilitado e com a devida Anotação de Responsabilidade Técnica — ART, contendo as coordenadas dos vértices definidores dos limites dos imóveis rurais, georreferenciadas ao Sistema Geodésico Brasileiro e com precisão posicional a ser fixada pelo INCRA, garantida a isenção de custos financeiros aos proprietários de imóveis rurais cuja somatória da área não exceda a quatro módulos fiscais." BRASIL. *Lei n. 6.015, de 31 de dezembro de 1973*. Dispõe sobre os registros públicos, e dá outras providências. Disponível em: http://www.planalto.gov.br/ccivil_03/leis/l6015compilada.htm. Acesso em: 15 nov. 2023.

[568] Com a revogação da Instrução Normativa do INCRA, n. 17-B, de ser observada a Nota Técnica INCRA/DFC n. 2 de 2016.

[569] BRASIL. *Lei n. 5.868, de 12 de dezembro de 1972*. Cria o Sistema Nacional de Cadastro Rural, e dá outras providências. Disponível em: http://www.planalto.gov.br/ccivil_03/leis/l5868.htm. Acesso em: 15 nov. 2021.

[570] BRASIL. *Decreto n. 62.504, de 8 de abril de 1968*. Regulamenta o art. 65 da Lei n. 4.504, de 30 de novembro de 1964, o art. 11 e parágrafos do Decreto-lei n. 57, de 18 de novembro de 1966, e dá outras providências. Disponível em: http://www.planalto.gov.br/ccivil_03/decreto/antigos/d62504.htm. Acesso em: 15 nov. 2021.

[571] "Art. 65. O imóvel rural não é divisível em áreas de dimensão inferior à constitutiva do módulo de propriedade rural. § 1° Em caso de sucessão causa mortis e nas partilhas judiciais ou amigáveis, não se poderão dividir imóveis em áreas inferiores às da dimensão do módulo de propriedade rural. § 2.º Os herdeiros ou os legatários, que adquirirem por sucessão o domínio de imóveis rurais, não poderão dividi-los em outros de dimensão inferior ao módulo de propriedade rural. § 3.º No caso de um ou mais herdeiros ou legatários desejar explorar as terras assim havidas, o Instituto Brasileiro de Reforma Agrária poderá prover no sentido de o requerente ou requerentes obterem financiamentos que lhes facultem o numerário para indenizar os demais condôminos. § 4° O financiamento referido no parágrafo anterior só poderá ser concedido mediante prova de que o requerente não possui recursos para adquirir o respectivo lote. § 5.º Não se aplica o disposto no *caput*

Tal artigo trata da divisibilidade de imóveis rurais, estabelecendo que esses não podem ser divididos em áreas de tamanho menor que o **módulo de propriedade rural**. O § 1.º reforça essa proibição, especificamente em casos de sucessão *causa mortis* e partilhas judiciais ou amigáveis, impedindo que os imóveis sejam divididos em áreas menores que o módulo de propriedade rural. O § 3.º abre uma exceção ao permitir que herdeiros ou legatários que desejem explorar as terras possam obter financiamento do Instituto Brasileiro de Reforma Agrária, visando fornecer recursos para indenizar os demais condôminos, sendo que o § 4.º condiciona o financiamento à comprovação de que o requerente não possui recursos próprios para adquirir o lote.

O § 5.º traz uma exceção específica, afirmando que as restrições do *caput* não se aplicam aos parcelamentos de imóveis rurais em dimensão inferior ao módulo, quando promovidos pelo Poder Público em programas de apoio à atividade agrícola familiar, desde que os beneficiários não possuam outro imóvel rural ou urbano. Por fim, o § 6.º proíbe o desmembramento ou divisão de imóveis rurais adquiridos na forma do § 5.º, reforçando a ideia de preservar a integralidade dessas áreas.

3.11.1.3. Especialidade e georreferenciamento

Um ponto importante sobre a especialidade objetiva é o dever de **georreferenciar** os imóveis rurais.

A Lei n. 10.267/2001 alterou o art. 176[572] da Lei de Registros Públicos, inserindo a obrigatoriedade de georreferenciamento para **identificação de imóveis rurais** quando ele for dividido ou transferido. Segundo tal alteração, o art. 176, § 3.º[573], estabelece as

---

deste artigo aos parcelamentos de imóveis rurais em dimensão inferior à do módulo, fixada pelo órgão fundiário federal, quando promovidos pelo Poder Público, em programas oficiais de apoio à atividade agrícola familiar, cujos beneficiários sejam agricultores que não possuam outro imóvel rural ou urbano. § 6.º Nenhum imóvel rural adquirido na forma do § 5o deste artigo poderá ser desmembrado ou dividido". (BRASIL. *Lei n. 4.504, de 30 de novembro de 1964*. Dispõe sobre o Estatuto da Terra, e dá outras providências. Disponível em: http://www.planalto.gov.br/ccivil_03/leis/l4504.htm. Acesso em: 15 nov. 2023).

[572] BRASIL. *Lei n. 10.267, de 28 de agosto de 2001*. Altera dispositivos das Leis n. 4.947, de 6 de abril de 1966, 5.868, de 12 de dezembro de 1972, 6.015, de 31 de dezembro de 1973, 6.739, de 5 de dezembro de 1979, 9.393, de 19 de dezembro de 1996, e dá outras providências. Disponível em: http://www.planalto.gov.br/ccivil_03/leis/leis_2001/l10267.htm. Acesso em: 15 nov. 2021.

[573] "Art. 176, § 3.º. Nos casos de desmembramento, parcelamento ou remembramento de imóveis rurais, a identificação prevista na alínea *a* do item 3 do inciso II do § 1.º será obtida a partir de memorial descritivo, assinado por profissional habilitado e com a devida Anotação de Responsabilidade Técnica — ART, contendo as coordenadas dos vértices definidores dos limites dos imóveis rurais, georreferenciadas ao Sistema Geodésico Brasileiro e com precisão posicional a ser fixada pelo INCRA, garantida a isenção de custos financeiros aos proprietários de imóveis rurais cuja somatória da área não exceda a quatro módulos fiscais. § 4.º A identificação de que trata o § 3.º tornar-se-á obrigatória para efetivação de registro, em qualquer situação de transferência de imóvel rural, nos prazos fixados por ato do Poder Executivo. § 5.º Nas hipóteses do § 3.º, caberá ao INCRA certificar que a poligonal objeto do memorial descritivo não se sobrepõe a nenhuma outra constante de seu cadastro georreferenciado e que o memorial atende às exigências técnicas, con-

diretrizes para a identificação de imóveis rurais nos casos de desmembramento, parcelamento ou remembramento. Nesses contextos, a identificação é obtida por meio de um **memorial descritivo** assinado por profissional habilitado, incluindo a **Anotação de Responsabilidade Técnica** (ART). O memorial deve conter as coordenadas dos vértices definidores dos limites dos imóveis rurais, georreferenciadas ao Sistema Geodésico Brasileiro, com a precisão posicional determinada pelo INCRA. A legislação ainda assegura a isenção de custos financeiros para proprietários de imóveis rurais cuja soma da área não ultrapasse **quatro módulos fiscais**.

No que se refere ao § 4.º, ele determina que a identificação estabelecida no § 3.º torna-se **obrigatória** para a efetivação de registro em qualquer situação de **transferência de imóvel rural**, sendo necessário observar os prazos fixados por ato do Poder Executivo.

Já o § 5.º atribui ao INCRA a responsabilidade de certificar que a poligonal descrita no memorial não se sobrepõe a nenhuma outra constante de seu cadastro georreferenciado. Além disso, o órgão deve verificar se o memorial atende às exigências técnicas estabelecidas por ato normativo próprio. Essas disposições visam garantir a integridade e a precisão das informações georreferenciadas dos imóveis rurais, promovendo a segurança jurídica nas transações imobiliárias e a correta gestão do território rural brasileiro.

Com o georreferenciamento, o Instituto Nacional de Colonização e Reforma Agrária (INCRA) atualiza o cadastro imobiliário rural do país, o qual sempre foi impreciso e de largas discussões judiciais pela demarcação de divisas. A precariedade das descrições constantes nas transcrições, em razão do sistema caótico criado pelas concessões de sesmarias e período de posses, ainda deixa marcas no sistema registral imobiliário.

A Lei do Geo foi regulamentada pelo Decreto n. 4.449/2002[574], o qual criou prazos para a exigência da medição. A insatisfação dos proprietários de imóveis rurais levou à edição de novos decretos, alterando os prazos, sob a alegação dos custos e incertezas documentais, salvo na usucapião judicial, o qual prevê aplicação imediata da norma[575].

Ao realizar a medição total da área com as coordenadas georreferenciadas para descrever detalhadamente o imóvel, podem surgir diferenças as quais necessitam de retificação. Se a diferença não alterar as medidas perimetrais descritas na matrícula ou

---

forme ato normativo próprio." BRASIL. *Lei n. 6.015, de 31 de dezembro de 1973*. Dispõe sobre os registros públicos, e dá outras providências. Disponível em: http://www.planalto.gov.br/ccivil_03/leis/l6015compilada.htm. Acesso em: 15 nov. 2023.

[574] Decreto n. 4.449/2002, art. 3.º. BRASIL. *Decreto n. 4.449, de 30 de outubro de 2002*. Regulamenta a Lei n. 10.267, de 28 de agosto de 2001, que altera dispositivos das Leis n. 4.947, de 6 de abril de 1966; 5.868, de 12 de dezembro de 1972; 6.015, de 31 de dezembro de 1973; 6.739, de 5 de dezembro de 1979; e 9.393, de 19 de dezembro de 1996, e dá outras providências. Disponível em: http://www.planalto.gov.br/ccivil_03/decreto/2002/d4449.htm. Acesso em: 15 nov. 2021.

[575] A obrigação do georreferenciamento nesse caso não é para o deferimento judicial do pedido de usucapião, mas sim um requisito do registro.

transcrição, será aplicado o procedimento previsto no art. 213, I, combinado com art. 176, § 13.º, ambos da Lei de Registros Públicos e Resolução n. 41 do CNJ[576].

O art. 213, I[577], da Lei de Registros Públicos estabelece as situações em que o oficial do registro pode proceder à retificação de ofício ou a requerimento do interessado. Dentre essas situações, destaca-se a alínea *d*, que prevê a retificação para indicação de rumos, ângulos de deflexão ou inserção de coordenadas georreferenciadas, desde que não haja alteração nas medidas perimetrais.

Já o art. 176, § 13.º[578], dispõe que, para a identificação prevista nos §§ 3.º e 4.º desse mesmo artigo, é dispensada a anuência dos confrontantes, sendo suficiente a declaração do requerente de que respeitou os limites e as confrontações. Essa identificação refere-se àquelas provenientes de desmembramento, parcelamento ou remembramento de imóveis rurais, especialmente nos casos de inserção de coordenadas georreferenciadas.

Por fim, a Recomendação n. 41 do CNJ[579], por sua vez, traz uma sugestão aos registradores de imóveis em relação às retificações provenientes de georreferenciamento, como estabelecido na Lei Federal n. 10.267/2001. A recomendação sugere dispensar a anuência dos confrontantes nos casos de desmembramento, parcelamento ou remembramento de imóveis rurais, conforme o disposto nos §§ 3.º e 4.º do art. 176, combinados com o § 13.º, alterado pela Lei n. 13.838/2019. Todavia, tal resolução prevê que, havendo alteração das medidas perimetrais, que resulte ou não alteração de área, o oficial deverá proceder com base no art. 213, II, da Lei de Registros Públicos, exigindo a **assinatura dos confrontantes**. A alteração de medida perimetral, com ou sem aumento de área, poderá invadir área de outro proprietário, resultando em sobreposição e, logicamente, problemas para o registrador.

---

[576] BRASIL. Conselho Nacional de Justiça. *Recomendação n. 41, de 2 de julho de 2019.* Dispõe sobre a dispensa dos Cartórios de Registo de Imóveis da anuência dos confrontantes na forma dos §§ 3.º e 4.º do art. 176 da Lei 6.015, de 31 de dezembro de 1973, alterada pela Lei n. 13.838, de 4 de junho de 2019. Disponível em: https://www.26notas.com.br/blog/?p=14920. Acesso em: 15 nov. 2021.

[577] "Art. 213. O oficial retificará o registro ou a averbação: I — de ofício ou a requerimento do interessado nos casos de: d) retificação que vise a indicação de rumos, ângulos de deflexão ou inserção de coordenadas georreferenciadas, em que não haja alteração das medidas perimetrais." BRASIL. *Lei n. 6.015, de 31 de dezembro de 1973.* Dispõe sobre os registros públicos, e dá outras providências. Disponível em: http://www.planalto.gov.br/ccivil_03/leis/l6015compilada.htm. Acesso em: 15 nov. 2023.

[578] "Art. 176. O Livro n. 2 — Registro Geral — será destinado, à matrícula dos imóveis e ao registro ou averbação dos atos relacionados no art. 167 e não atribuídos ao Livro n. 3. § 13. Para a identificação de que tratam os §§ 3.º e 4.º deste artigo, é dispensada a anuência dos confrontantes, bastando para tanto a declaração do requerente de que respeitou os limites e as confrontações." BRASIL. *Lei n. 6.015, de 31 de dezembro de 1973.* Dispõe sobre os registros públicos, e dá outras providências. Disponível em: http://www.planalto.gov.br/ccivil_03/leis/l6015compilada.htm. Acesso em: 15 nov. 2023.

[579] BRASIL. Conselho Nacional de Justiça. Recomendação n. 41, de 2 de julho de 2019. Dispõe sobre a dispensa dos Cartórios de Registo de Imóveis da anuência dos confrontantes na forma dos §§ 3.º e 4.º do art. 176 da Lei n. 6.015, de 31 de dezembro de 1973, alterada pela Lei n. 13.838, de 4 de junho de 2019. Disponível em: https://www.26notas.com.br/blog/?p=14920. Acesso em: 15 nov. 2021.

3.11.2. ESPECIALIDADE SUBJETIVA

O princípio da especialidade subjetiva, conforme discutido por Francisco José de Almeida Prado Ferras Costa Junior[580], concentra-se na necessidade de individualizar com segurança o **sujeito ativo** de uma relação jurídico-real.

> Essa dimensão do princípio visa garantir que, ao especializar o bem objeto da relação, o sujeito ativo seja identificado de maneira clara e precisa.

O art. 176, § 1.º, II, item 4, da Lei n. 6.015/73[581] está relacionado ao princípio da especialidade subjetiva ao determinar a inclusão de informações específicas sobre o **proprietário** na matrícula do imóvel.

Quando se trata de **pessoa natural**, a observância do princípio da especialidade envolve a referência ao nome civil completo, sem abreviaturas, além de detalhes como nacionalidade, estado civil, profissão, residência, domicílio, número de inscrição no Cadastro das Pessoas Físicas (CPF), número do Registro Geral (RG) ou, na falta deste, filiação, e, se casado, o nome e qualificação do cônjuge e o regime de bens no casamento. A ausência desses elementos no registro anterior pode ser complementada com documentos oficiais pelos interessados. Em casos de necessidade de provas, a inclusão dos elementos identificadores só ocorrerá mediante retificação do título ou do registro.

Para **pessoas jurídicas**, além do nome empresarial, são mencionados a sede social, o número de inscrição no Cadastro Nacional de Pessoa Jurídica (CNPJ), o Número de Identificação do Registro de Empresa (NIRE) e outros dados conforme a legislação aplicável. Em situações de omissões ou necessidade de segurança, é possível suprir as lacunas de dados de qualificação pessoal por meio de extração de informações de outra inscrição da serventia ou apresentação de documentos idôneos.

Os pontos sensíveis referem-se às pessoas que estão em união estável sem escritura pública, ou pessoas casadas no registro, mas separadas de fato e em união estável, sem divórcio e sem partilha de bens, ou ainda problemas que envolvam casamentos sem o pacto antenupcial, por uma falha da época que houve mudança nos regimes de bens, ou matrículas nas quais figuram como titulares de direitos entes despersonalizados como espólios, condomínios edilícios e nascituros. A falta do Cadastro de Pessoa Física (CPF),

---

[580] KERN, Marinho Dembinski; COSTA JUNIOR, Francisco José de Almeida Prado Ferraz. *Princípios do registro de imóveis brasileiro*. São Paulo: Thomson Reuters Brasil, 2020, v. II, p. 171-182. (Coleção de Direito imobiliário).

[581] "Art. 176. O Livro n. 2 — Registro Geral — será destinado, à matrícula dos imóveis e ao registro ou averbação dos atos relacionados no art. 167 e não atribuídos ao Livro n. 3. § 1.º A escrituração do Livro n. 2 obedecerá às seguintes normas: II — são requisitos da matrícula: 4) o nome, domicílio e nacionalidade do proprietário, bem como: a) tratando-se de pessoa física, o estado civil, a profissão, o número de inscrição no Cadastro de Pessoas Físicas do Ministério da Fazenda ou do Registro Geral da cédula de identidade, ou à falta deste, sua filiação; b) tratando-se de pessoa jurídica, a sede social e o número de inscrição no Cadastro Geral de Contribuintes do Ministério da Fazenda". BRASIL. *Lei n. 6.015, de 31 de dezembro de 1973*. Dispõe sobre os registros públicos, e dá outras providências. Disponível em: http://www.planalto.gov.br/ccivil_03/leis/l6015compilada.htm. Acesso em: 15 fev. 2024.

antigamente CIC, nas transcrições também gera problemas quando os herdeiros pedem a abertura de matrícula para fins de inventário, pela difícil identificação.

Um exemplo da aplicação prática do princípio da especialidade subjetiva é o processo n. 49.482/2010[582], no qual a Corregedoria Geral da Justiça de São Paulo destacou que houve bloqueio das matrículas devido à divergência entre a qualificação dos titulares do domínio indicada nas escrituras públicas e aquela registrada nas matrículas. A falta de apresentação da certidão de casamento dos outorgantes vendedores e a ausência de informações sobre o regime de bens adotado foram mencionadas como irregularidades.

A decisão ressalta que, no registro de imóveis, prevalece o princípio da continuidade, que exige um encadeamento lógico entre os registros, de modo que a pessoa que figura como titular em um registro seja aquela que transfere o direito em registros subsequentes.

A análise aponta que a irregularidade compromete a continuidade e a especialidade subjetiva, pois a identificação dos titulares não condiz com o registrado. Dessa forma, o bloqueio de matrícula é considerado uma medida acautelatória adequada para proteger os interesses de terceiros de boa-fé que poderiam adquirir o imóvel no futuro.

O parecer também menciona a precariedade da documentação relativa à descrição do imóvel, contrariando o princípio da especialidade objetiva. A decisão argumenta que o bloqueio é proporcional e visa evitar danos de difícil reparação, sem determinar o cancelamento do registro.

Percebe-se que a referida decisão está alinhada com os princípios da especialidade objetiva e subjetiva, enfatizando a importância da precisão e continuidade nos registros imobiliários para garantir a segurança jurídica das transações.

3.11.2.1. Especialidade subjetiva e a união estável

Ao abordar a questão da união estável no contexto do Registro de Imóveis, Ana Paula Almada[583] destaca que, devido à informalidade com que essa relação se estabelece, por muitos anos, não era comum incluir na qualificação pessoal dos registros a informação de que o titular vivia em união estável.

A Lei n. 6.015/73, até o momento, não sofreu alterações para exigir a inclusão da união estável como parte da especialidade subjetiva nos registros imobiliários.

---

[582] "REGISTRO DE IMÓVEIS — Bloqueio de matrícula determinado em primeiro grau com fundamento em inobservância do princípio da especialidade objetiva e subjetiva — Medida de natureza acautelatória que se apresenta adequada *in casu* para a proteção do interesse de eventuais futuros adquirentes terceiros de boa fé — Recurso não provido." CGJSP; Processo 49.482/2010; Relator(a): Antonio Carlos Munhoz Soares; Órgão Julgador: Corregedoria Geral da Justiça de São Paulo; Foro de Poá; j. 5.10.2010.

[583] ALMADA, A. P. P. L. Registro de imóveis. In: GENTIL, Alberto. *Registros públicos*. Rio de Janeiro: Grupo GEN, 2022. E-book. Disponível em: https://app.minhabiblioteca.com.br/#/books/9786559644773/. Acesso em: 15 dez. 2023.

> Antigamente, devido à natureza não oficial da união estável, as partes eram qualificadas nos registros com seus estados civis originais, sem mencionar a existência dessa união. Nos últimos anos, especialmente após o Código Civil de 2002, decisões administrativas e provimentos das Corregedorias Estaduais passaram a permitir o acesso à informação sobre a existência de união estável nos títulos e registros imobiliários[584]. Essa medida visa prevenir litígios e proteger os direitos dos envolvidos.

O Superior Tribunal de Justiça tratou sobre a temática da união estável no registro de imóveis no julgamento do recurso especial — REsp 1.424.275-MT[585], no qual foi abordada a situação em que um bem imóvel adquirido durante a união estável é alienado por um dos companheiros sem o consentimento do outro. O contexto parte da premissa da Lei n. 9.278/96, que estabelece que os bens adquiridos durante a união estável pertencem a ambos os conviventes em condomínio, salvo estipulação contrária em contrato escrito.

A decisão destacou a importância da publicidade conferida à união estável para a invalidação da alienação. Isso significa que a venda do imóvel pode ser anulada se houver a **averbação** do **contrato de convivência** ou da **decisão** que declara a união no Registro Imobiliário em que os bens comuns estão cadastrados. Essa publicidade é essencial para garantir a segurança jurídica nos negócios e proteger terceiros de boa-fé.

Ademais, a decisão considerou a aplicação dos princípios do casamento, como a proteção da família, à união estável. No entanto, destacou a necessidade de equilíbrio entre a proteção dos direitos do companheiro prejudicado e a segurança jurídica,

---

[584] ALMADA, A. P. P. L. Registro de imóveis. In: GENTIL, Alberto. *Registros públicos*. Rio de Janeiro: Grupo GEN, 2022. E-book. Disponível em: https://app.minhabiblioteca.com.br/#/books/9786559644773/. Acesso em: 15 dez. 2023.

[585] "RECURSO ESPECIAL. DIREITO PATRIMONIAL DE FAMÍLIA. UNIÃO ESTÁVEL. ALIENAÇÃO DE BEM IMÓVEL ADQUIRIDO NA CONSTÂNCIA DA UNIÃO. NECESSIDADE DE CONSENTIMENTO DO COMPANHEIRO. EFEITOS SOBRE O NEGÓCIO CELEBRADO COM TERCEIRO DE BOA-FÉ. 1. A necessidade de autorização de ambos os companheiros para a validade da alienação de bens imóveis adquiridos no curso da união estável é consectário do regime da comunhão parcial de bens, estendido à união estável pelo art. 1.725 do CCB, além do reconhecimento da existência de condomínio natural entre os conviventes sobre os bens adquiridos na constância da união, na forma do art. 5.º da Lei n. 9.278/96, Precedente. 2. Reconhecimento da incidência da regra do art. 1.647, I, do CCB sobre as uniões estáveis, adequando-se, todavia, os efeitos do seu desrespeito às nuanças próprias da ausência de exigências formais para a constituição dessa entidade familiar. 3. Necessidade de preservação dos efeitos, em nome da segurança jurídica, dos atos jurídicos praticados de boa-fé, que é presumida em nosso sistema jurídico. 4. A invalidação da alienação de imóvel comum, realizada sem o consentimento do companheiro, dependerá da publicidade conferida a união estável mediante a averbação de contrato de convivência ou da decisão declaratória da existência união estável no Ofício do Registro de Imóveis em que cadastrados os bens comuns, ou pela demonstração de má-fé do adquirente. 5. Hipótese dos autos em que não há qualquer registro no álbum imobiliário em que inscrito o imóvel objeto de alienação em relação a co-propriedade ou mesmo à existência de união estável, devendo-se preservar os interesses do adquirente de boa-fé, conforme reconhecido pelas instâncias de origem. 6. RECURSO ESPECIAL A QUE SE NEGA PROVIMENTO." STJ; REsp n. 1.424.275/MT; Relator(a): Ministro Paulo de Tarso Sanseverino, Terceira Turma; Órgão Julgador: Superior Tribunal de Justiça; j. 4.12.2014, *DJe*, 16.12.2014.

especialmente quando há interesses de terceiros de boa-fé. A falta de publicidade ou a ausência de má-fé do adquirente pode presumir sua boa-fé, dificultando a invalidação do negócio.

Por fim, a decisão ressaltou que o companheiro prejudicado pela alienação do bem comum tem direito ao valor obtido com essa alienação, e esse direito deve ser discutido em uma ação própria, na qual será analisada a partilha do patrimônio do casal.

3.11.2.2. Especialidade subjetiva e a alteração de nome e sexo

O princípio da especialidade subjetiva, no contexto do registro imobiliário, está relacionado à correta **identificação dos titulares** dos direitos sobre os imóveis. Entende-se que cada pessoa deve ser identificada de forma única e específica nos registros, visando evitar confusões e garantir a segurança jurídica. No entanto, quando há a alteração de nome e gênero, conforme previsto no Provimento n. 149/2023 do CNJ, essa questão ganha relevância.

A alteração do prenome e a mudança do gênero no Registro Civil de Pessoas Naturais (RCPN), conforme autorizado pelo art. 516 do referido provimento[586], é um procedimento pautado pela **autonomia da pessoa** requerente, maior de 18 anos, que pode solicitar a alteração e a averbação do prenome e do gênero, a fim de adequá-los à **identidade autopercebida**.

A questão da abertura de matrícula no registro de imóveis para pessoas que passaram por alteração de nome e sexo no contexto de pessoas transgêneras envolve um debate jurídico complexo, que toca diretamente nos princípios do direito registral, como os da **especialidade** e da **continuidade**, além dos direitos fundamentais à identidade de gênero. Esse debate envolve, de um lado, a defesa da adaptação dos registros públicos para refletir a identidade de gênero da pessoa, e, de outro, a resistência à alteração dos registros, especialmente no que diz respeito ao registro de imóveis, por entender que isso poderia gerar insegurança jurídica quanto à titularidade dos bens.

A corrente que defende a **abertura de matrícula** no registro de imóveis para pessoas transgêneras argumenta que a alteração de nome e sexo é um direito fundamental da pessoa, garantido pela Constituição, que assegura o direito à dignidade da pessoa humana (art. 1.º, III) e à igualdade (art. 5.º). A alteração nos registros, incluindo o registro de imóveis, deve refletir a identidade da pessoa conforme sua autodeclaração, em

---

[586] "Art. 516. Toda pessoa maior de 18 anos de idade completos habilitada à prática de todos os atos da vida civil poderá requerer ao ofício do registro civil das pessoas naturais (RCPN) a alteração e a averbação do prenome e do gênero, a fim de adequá-los à identidade autopercebida. § 1.º A alteração referida no *caput* deste artigo poderá abranger a inclusão ou a exclusão de agnomes indicativos de gênero ou de descendência. § 2.º A alteração referida no *caput* não compreende a alteração dos nomes de família e não pode ensejar a identidade de prenome com outro membro da família. § 3.º A alteração referida no *caput* poderá ser desconstituída na via administrativa, mediante autorização do juiz corregedor permanente, ou na via judicial." BRASIL. Conselho Nacional de Justiça. *Provimento n. 149, de 30 de agosto de 2023*. Institui o Código Nacional de Normas da Corregedoria Nacional de Justiça do Conselho Nacional de Justiça — Foro Extrajudicial (CNN/ CN/CNJ--Extra), que regulamenta os serviços notariais e de registro. Disponível em: https://atos.cnj.jus.br/atos/detalhar/5243. Acesso em: 15 fev. 2024.

conformidade com a sua identidade de gênero. Dessa forma, a mudança de nome e sexo no registro civil deve ser também refletida nos registros imobiliários, de modo a garantir a atualização dos dados da pessoa, sem que isso implique em quebra da continuidade do registro do imóvel.

Nesse contexto, o princípio da continuidade (que exige que a titularidade do imóvel seja sempre registrada de forma sequencial e ininterrupta) não seria violado pela alteração, desde que a mudança no nome do titular corresponda a uma única pessoa, com vínculo claro e direto com o imóvel em questão. A matrícula do imóvel, assim como outros registros públicos, deveria refletir a realidade da pessoa em sua totalidade, ou seja, com a alteração do nome e do sexo, sem comprometer a identificação do imóvel ou o histórico de sua titularidade.

Haveria, portanto, a rogação para que a matrícula anterior fosse encerrada, transportando os direitos vigentes, e que fosse aberta nova matrícula com o nome e sexo alterado, conforme retificação realizada no Registro Civil das Pessoas Naturais. Importante salientar que seria caso excepcional de restrição da publicidade, uma vez que não haverá, na matrícula aberta, qualquer referência a essa alteração. Apenas como exigência da escrituração, seria realizada a remissão ao número da matrícula anterior, garantindo o trato sucessivo e o respeito à continuidade registral.

Por outro lado, a corrente contrária à alteração dos registros imobiliários defende que o registrador pode resistir à atualização da matrícula, considerando que a alteração do nome não altera a origem do direito sobre o bem, que permanece vinculado ao nome da pessoa no momento da aquisição do imóvel. Para os opositores dessa alteração, o sistema de registro de imóveis deve garantir que a cadeia de titularidade do imóvel seja ininterrupta, refletindo, portanto, o histórico contínuo da propriedade desde a sua origem até o momento atual. A mudança de nome ou de sexo não implicaria, portanto, em uma alteração da cadeia de titularidade, mas, sim, em uma atualização de dados pessoais. Possibilitam, portanto, que seja realizada a averbação para atualização dos dados pessoais, sem, entretanto, abrir nova cadeia filiatória para o imóvel.

Além disso, há a preocupação de que a alteração nos registros de imóveis possa gerar complicações, como a necessidade de reexame da cadeia de titularidade do imóvel, especialmente em processos de transmissão de bens, o que geraria insegurança jurídica para as partes envolvidas. Em alguns casos, a alteração do nome nos registros imobiliários poderia levar a questionamentos sobre a validade de atos de transferência de propriedade e outros processos jurídicos relacionados ao imóvel.

É crucial observar que a alteração realizada no RCPN tem natureza **sigilosa**, e as informações não constam nas certidões dos assentos, a menos que solicitado pela pessoa requerente ou determinação judicial.

No contexto do registro imobiliário, o princípio da especialidade subjetiva prevê, no art. 246 da Lei n. 6.015/73[587] que, além dos casos expressamente indicados nos no

---

[587] "Art. 246. Além dos casos expressamente indicados no inciso II do *caput* do art. 167 desta Lei, serão averbadas na matrícula as sub-rogações e outras ocorrências que, por qualquer modo, alterem o registro ou repercutam nos direitos relativos ao imóvel. § 1.º As averbações a que se referem os itens 4 e 5 do inciso II do art. 167 serão as feitas a requerimento dos interessados, com firma reconhecida, instruído com documento dos interessados, com firma reconhecida, instruído com

inciso II, do art. 167, serão averbadas na matrícula as sub-rogações e outras ocorrências que, por qualquer modo, alterem o registro ou repercutam nos direitos relativos ao imóvel. Essa abrangência permite a inclusão de diversas situações que impactem no registro ou nos direitos vinculados ao imóvel.

Destaca-se, ainda, o § 1.º desse artigo, que reforça que as averbações referentes aos itens 4 e 5 do inciso II, do art. 167, devem ser feitas a requerimento dos interessados, instruídas com documento comprobatório fornecido pela autoridade competente. A alteração do nome só poderá ser **averbada** quando devidamente comprovada por **certidão do Registro Civil**. Portanto, no caso da alteração de nome e gênero, é importante observar que essas mudanças podem influenciar o registro imobiliário e, de acordo com a legislação, devem ser averbadas seguindo os procedimentos estabelecidos nos artigos mencionados, garantindo assim a adequada documentação e segurança jurídica no Registro de Imóveis. Quanto à abertura e encerramento da matrícula, a solução mais apropriada dependerá de um equilíbrio entre a proteção dos direitos da pessoa transgênera e a manutenção da segurança e da continuidade do sistema registral, com a adoção de medidas que evitem confusão quanto à titularidade dos bens.

3.11.2.3. Especialidade subjetiva e a retificação do estado civil

Sempre que há a alteração do estado civil do proprietário de bem imóvel, é importante a retificação para que o registro volte a refletir a realidade. O art. 213 da Lei n. 6.015/73 trata das situações em que o oficial do Registro de Imóveis pode realizar a **retificação do registro** ou **averbação**. Especificamente, o inciso I, g, aborda a possibilidade de retificação nos casos de "inserção ou modificação dos dados de qualificação pessoal das partes, comprovada por documentos oficiais, ou mediante despacho judicial quando houver necessidade de produção de outras provas"[588].

---

documento comprobatório fornecido pela autoridade competente. A alteração do nome só poderá ser averbada quando devidamente comprovada por certidão do Registro Civil. § 1.º-A No caso das averbações de que trata o § 1.º deste artigo, o oficial poderá providenciar, preferencialmente por meio eletrônico, a requerimento e às custas do interessado, os documentos comprobatórios necessários perante as autoridades competentes. § 2.º Tratando-se de terra indígena com demarcação homologada, a União promoverá o registro da área em seu nome. § 3.º Constatada, durante o processo demarcatório, a existência de domínio privado nos limites da terra indígena, a União requererá ao Oficial de Registro a averbação, na respectiva matrícula, dessa circunstância. § 4.º As providências a que se referem os §§ 2.º e 3.º deste artigo deverão ser efetivadas pelo cartório, no prazo de trinta dias, contado a partir do recebimento da solicitação de registro e averbação, sob pena de aplicação de multa diária no valor de R$ 1.000,00 (mil reais), sem prejuízo da responsabilidade civil e penal do Oficial de Registro." BRASIL. *Lei n. 6.015, de 31 de dezembro de 1973*. Dispõe sobre os registros públicos, e dá outras providências. Disponível em: http://www.planalto.gov.br/ccivil_03/leis/l6015compilada.htm. Acesso em: 15 fev. 2024.

[588] "Art. 213. O oficial retificará o registro ou a averbação: I — de ofício ou a requerimento do interessado nos casos de: g) inserção ou modificação dos dados de qualificação pessoal das partes, comprovada por documentos oficiais, ou mediante despacho judicial quando houver necessidade de produção de outras provas." BRASIL. *Lei n. 6.015, de 31 de dezembro de 1973*. Dispõe sobre os registros públicos, e dá outras providências. Disponível em: http://www.planalto.gov.br/ccivil_03/leis/l6015compilada.htm. Acesso em: 15 fev. 2024.

Essa disposição legal está relacionada ao princípio da especialidade subjetiva, que estabelece a necessidade de identificação precisa das partes envolvidas nos registros imobiliários.

No contexto da alteração do estado civil do proprietário do imóvel, o dispositivo retratado permite a retificação do registro quando há necessidade de inserção ou modificação dos dados de qualificação pessoal das partes. Isso inclui situações em que o estado civil registrado não condiz com a realidade, sendo possível realizar a correção mediante apresentação de documentos oficiais que comprovem a alteração, como certidões de casamento, divórcio ou óbito.

Essa disposição legal concede ao oficial do Registro de Imóveis a autonomia para efetuar a **retificação de ofício** ou a **requerimento do interessado**, desde que a retificação envolva dados de qualificação pessoal das partes e seja respaldada por documentos oficiais. Em casos mais complexos, nos quais a comprovação exigir outras provas, o despacho judicial pode ser necessário para respaldar a retificação.

Ana Paula Almada[589] discute a complexidade da retificação do estado civil, enfatizando a dificuldade de provar, com absoluta segurança, a inexistência de casamento, especialmente em registros mais antigos. Além disso, ela destaca a importância de considerar o impacto da correção do estado civil, especialmente quando se declara ser casado no ato de aquisição de um imóvel.

A análise da autora reforça a necessidade de avaliação minuciosa dos casos, considerando a segurança jurídica e a inexistência de prejuízo a terceiros.

3.11.2.4. Qualificação subjetiva precária e a homonímia

A homonímia é um fenômeno linguístico que ocorre quando duas ou mais palavras têm a mesma forma, mas significados diferentes. No contexto do registro de imóveis, a **homonímia** pode representar um **risco** para a segurança jurídica do sistema. Isso porque a especialidade, um dos princípios fundamentais desse tipo de registro, exige que cada imóvel seja claramente identificado e individualizado, assim como o seu proprietário.

Se houver pessoas homonímias, ou seja, se duas pessoas foram registradas com o mesmo nome, prenome e sobrenome, isso pode gerar confusões e colocar em xeque a precisão das informações registradas. Tal situação era bastante comum no passado, quando era prática habitual as pessoas adquirirem propriedades com uma qualificação pessoal sucinta, incluindo apenas o nome e alguns elementos básicos, prática essa que contraria diretamente o princípio da especialidade.

Ana Paula Almada[590] ressalta que, em alguns casos, a retificação da qualificação pessoal dos titulares pode ser desafiadora, especialmente quando há demora na apresentação do título a registro ou perda de contato entre as partes. Para complementar a

---

[589] ALMADA, A. P. P. L. Registro de imóveis. In: GENTIL, Alberto. *Registros públicos*. Rio de Janeiro: Grupo GEN, 2022. *E-book*. Disponível em: https://app.minhabiblioteca.com.br/#/books/9786559644773/. Acesso em: 15 dez. 2023.

[590] ALMADA, A. P. P. L. Registro de imóveis. In: GENTIL, Alberto. *Registros públicos*. Rio de Janeiro: Grupo GEN, 2022. *E-book*. Disponível em: https://app.minhabiblioteca.com.br/#/books/9786559644773/. Acesso em: 15 dez. 2023.

qualificação pessoal, a autora sugere diversos meios de prova, como a apresentação do título aquisitivo original com carimbo ou etiqueta do registro, prova do lançamento do imóvel no imposto de renda, carnês do IPTU, entre outros. A autora destaca a importância de analisar esses documentos em conjunto com os documentos de identificação pessoal, garantindo compatibilidade entre eles.

Esses documentos auxiliam na preparação de um processo de retificação do registro, sendo que Ana Paula Almada[591] destaca a possibilidade de retificação diretamente no **Registro de Imóveis** em casos que dependam de **provas preexistentes**. No entanto, se houver necessidade de **produção de outras prova**, o pedido deve ser processado pela **via judicial**, conforme previsto no art. 213, I, *g*, da Lei n. 6.015/73.

3.11.2.5. Estado civil da data do título ou da data do registro

Ana Paula Almada[592] aborda a questão do estado civil no contexto do registro imobiliário, destacando a importância de qualificar a pessoa com base em seu estado civil na data da **celebração do título**. Eventuais alterações ao longo do tempo, como casamentos, divórcios ou óbitos, devem ser devidamente registradas por meio de averbações, acompanhadas das certidões correspondentes.

A alteração do estado civil, especialmente ao averbar um casamento, trata-se de uma alteração complexa. Ela torna necessária a verificação sobre qual era o estado civil dos nubentes no momento do casamento, considerando que uma pessoa pode ter adquirido um imóvel como solteira, casada, divorciada, casada novamente, entre outras situações. Ademais, é importante considerar a data de expedição da certidão de nascimento ou casamento apresentada[593]. Em alguns casos, são apresentadas certidões emitidas na data do fato para fazer determinada prova, o que pode não refletir o estado civil atual. Ana Paula Almada[594] recomenda a apresentação de certidões mais recentes e sugere o contato com o Oficial do Registro Civil de Pessoas Naturais competente para confirmar a atualidade das informações contidas na certidão.

3.11.2.6. Nascituro

Existem preocupações específicas sobre como identificar de forma suficiente o nascituro para garantir a efetividade do princípio da especialidade subjetiva e o direito dele.

---

[591] ALMADA, A. P. P. L. Registro de imóveis. In: GENTIL, Alberto. *Registros públicos*. Rio de Janeiro: Grupo GEN, 2022. E-book. Disponível em: https://app.minhabiblioteca.com.br/#/books/9786559644773/. Acesso em: 15 dez. 2023.

[592] ALMADA, A. P. P. L. Registro de imóveis. In: GENTIL, Alberto. *Registros públicos*. Rio de Janeiro: Grupo GEN, 2022. E-book. Disponível em: https://app.minhabiblioteca.com.br/#/books/9786559644773/. Acesso em: 15 dez. 2023.

[593] ALMADA, A. P. P. L. Registro de imóveis. In: GENTIL, Alberto. *Registros públicos*. Rio de Janeiro: Grupo GEN, 2022. E-book. Disponível em: https://app.minhabiblioteca.com.br/#/books/9786559644773/. Acesso em: 15 dez. 2023.

[594] ALMADA, A. P. P. L. Registro de imóveis. In: GENTIL, Alberto. *Registros públicos*. Rio de Janeiro: Grupo GEN, 2022. E-book. Disponível em: https://app.minhabiblioteca.com.br/#/books/9786559644773/. Acesso em: 15 dez. 2023.

Ao abordar essas preocupações, Ana Paula Almada[595] refere-se a uma antiga decisão do Conselho Superior da Magistratura Paulista como uma fonte de orientação. O caso mencionado envolveu um formal de partilha em que um imóvel foi dividido entre herdeiros e um nascituro. O título não continha a identificação adequada do nascituro, sendo qualificado negativamente por falta de especialidade subjetiva. A decisão do Conselho Superior da Magistratura Paulista destacou a minimização de formalidades, indicando que não seria necessária a retificação do formal de partilha, mas sim a apresentação de documentos que comprovassem a identidade do herdeiro nascituro.

O posicionamento adotado na decisão coincide com a visão da autora para resolver casos de doações a nascituros. Ela sugere que o título deve ser claro, incluindo informações que permitam a identificação do nascituro após o nascimento, como **nome e qualificação dos pais**, e data aproximada da **concepção**.

3.11.2.7. Falecidos

É importante ressaltar que as alterações no título só poderão ser realizadas pelas partes originais envolvidas na celebração, seguindo o princípio da especialidade. Assim, mesmo diante do falecimento de uma ou mais partes envolvidas no negócio, estas devem ser devidamente representadas no procedimento por meio do **espólio**, com a atuação do inventariante ou administrador provisório, quando aplicável.

3.11.2.8. Estrangeiros

O estrangeiro deve seguir as normas brasileiras para aquisição ou ônus sobre bens imóveis, mesmo que não haja uma regulamentação semelhante em seu país de origem. Nesse contexto, é essencial que o estrangeiro seja devidamente identificado, apresentando documentos oficiais de seu país, devidamente **traduzidos** e **consularizados** (nos casos de países não signatários da Convenção de Haia) ou **traduzidos** e **apostilados**, ambos registrados no **Oficial de Registro de Títulos e Documentos** competente, conforme estabelecido pelo art. 129, item 6.º, da Lei n. 6.015/73.

No que diz respeito à identificação de estrangeiros, Ana Paula Almada[596] destaca que é aceito o **passaporte válido** como documento de identidade. Além disso, a autora aborda a importância da análise da nacionalidade em transações envolvendo aquisição ou disposição de imóveis rurais, considerando as **restrições legais** presentes na Lei Federal n. 5.709/71 para negócios jurídicos realizados por estrangeiros.

3.11.3. ESPECIALIDADE DO FATO INSCRITÍVEL OU DO FATO JURÍDICO

O princípio da especialidade do fato inscritível é fundamental no contexto da aquisição derivada de propriedade *intervivos* no Brasil. Francisco José de Almeida Prado

---

[595] ALMADA, A. P. P. L. Registro de imóveis. In: GENTIL, Alberto. *Registros públicos*. Rio de Janeiro: Grupo GEN, 2022. E-book. Disponível em: https://app.minhabiblioteca.com.br/#/books/9786559644773/. Acesso em: 15 dez. 2023.

[596] ALMADA, A. P. P. L. Registro de imóveis. In: GENTIL, Alberto. *Registros públicos*. Rio de Janeiro: Grupo GEN, 2022. E-book. Disponível em: https://app.minhabiblioteca.com.br/#/books/9786559644773/. Acesso em: 15 dez. 2023.

Ferras Costa Junior[597] leciona que não basta apenas o modo de aquisição, ou seja, o registro, mas também a existência de um título que serve como base jurídica para essa aquisição, já que não há um contrato de direito real autônomo translativo de propriedade no ordenamento jurídico brasileiro.

> A especialidade do fato inscritível refere-se à forma do título apresentado, valor do contrato, da coisa, da dívida, condições e outros elementos que o registrador entender como importantes.

A especialidade do título abrange tanto o título em seu sentido **formal**, referindo-se ao documento ou veículo de exteriorização, quanto o título em sentido **material**, que é o fato jurídico *lato sensu* que serve como causa para a aquisição do direito. Enquanto o objeto da publicidade é o *status* jurídico do imóvel, a inscrição se concentra no título material incorporado a um título formal.

O art. 176, III, da Lei n. 6.015/73 está intrinsecamente relacionado ao princípio da especialidade do fato jurídico ao estabelecer os requisitos essenciais, como a data do registro, o título da transmissão ou do ônus, a forma do título, sua procedência e caracterização e detalhes financeiros, incluindo o valor do contrato, da coisa ou da dívida, prazo, condições e especificações adicionais, como os juros, se aplicáveis. Esses requisitos contribuem para uma compreensão abrangente das condições envolvidas na operação registrada.

Francisco José de Almeida Prado Ferras Costa Junior[598] aduz que a especialidade do fato inscritível ganha destaque nos direitos reais de garantia, como o exemplo da hipoteca. Em tais casos, é crucial informar precisamente o valor da dívida garantida, prazo de pagamento, taxa de juros e outros dados relevantes para proteger os futuros adquirentes sujeitos aos efeitos da sequela. Aqui uma breve discussão surge em relação à inscrição de obrigações pessoais na matrícula do imóvel. De regra, a doutrina combate qualquer entendimento de atrair para a matrícula do imóvel direitos que não sejam reais ou obrigacionais com eficácia real. Todavia, existem casos concretos que alcançam a inscrição e, nesse momento, merecem ser especializados. É o caso da doação de bens de pai para filho, com a obrigação de o filho cuidar do pai. Parte da doutrina entende que essa obrigação não deve ir para a matrícula e outra parte sustenta que deve ser inscrita no corpo do registro[599]. Em alguns casos específicos, a lei elenca os requisitos que ela quer no registro, o que caracteriza a especialidade do fato inscritível.

---

[597] KERN, Marinho Dembinski; COSTA JUNIOR, Francisco José de Almeida Prado Ferraz. *Princípios do registro de imóveis brasileiro*. São Paulo: Thomson Reuters Brasil, 2020, v. II, p. 171-182. (Coleção de Direito imobiliário).

[598] KERN, Marinho Dembinski; COSTA JUNIOR, Francisco José de Almeida Prado Ferraz. *Princípios do registro de imóveis brasileiro*. São Paulo: Thomson Reuters Brasil, 2020, v. II, p. 171-182. (Coleção de Direito imobiliário).

[599] OLIVEIRA, Carlos Eduardo Elias de. Doação com encargo e a eficácia contra terceiros no registro de imóveis. *Jusbrasil*. Disponível em: https://direitocivilbrasileiro.jusbrasil.com.br/artigos/1103126690/doacao-com-encargo-e-a-eficacia-contra-terceiros-e-o-registro-de-imoveis. Acesso em: 15 nov. 2021.

3.11.4. MITIGAÇÕES AO PRINCÍPIO DA ESPECIALIDADE

O princípio da especialidade, conforme apresentado por Francisco José de Almeida Prado Ferras Costa Junior[600], não representa um comando absoluto, mas busca sua máxima aplicação considerando as circunstâncias específicas de cada caso, ponderando os interesses envolvidos. O autor destaca que a jurisprudência tem admitido exceções ao rigor da matrícula, permitindo o descerramento em situações de transcrição relativamente lacunosa. No entanto, essa flexibilização está condicionada a alguns requisitos, como a correspondência integral do imóvel da matrícula com o mencionado na transcrição, a inexistência de risco de sobreposição registrária com outros prédios e a identificação segura do imóvel por lastro geográfico.

A complementação das lacunas na matrícula pode ocorrer unilateralmente, conforme previsto no art. 213, I, da Lei de Registros Públicos. Isso é viável quando a área pode ser apurada por cálculos aritméticos e as medidas perimetrais ausentes podem ser obtidas das descrições dos imóveis confinantes.

Quanto à precariedade na descrição de imóveis e seu impacto no acesso a registros, Ana Paula Almada[601] destaca que, títulos relacionados a imóveis com descrições imprecisas ou insuficientes nem sempre resultarão em qualificação negativa. A viabilidade do registro dependerá de fatores como a referência ao imóvel completo, já descrito na matrícula ou transcrição, a coincidência entre as descrições constantes nos títulos e nos registros, e a ausência de intenção de modificar a base tabular.

A permissão para registro nessas condições foi incorporada à Lei n. 6.015/73 por meio da Lei n. 14.382/2022, especificamente no art. 176, § 15[602]. Tal dispositivo estabelece que, mesmo na ausência de alguns elementos de especialidade objetiva ou subjetiva, a matrícula pode ser aberta, desde que haja **segurança** quanto à localização e identificação do imóvel, a critério do oficial, e que constem os dados do registro anterior.

José Renato de Freitas Nalini[603] aborda a flexibilização do princípio da especialidade, enfatizando a capacidade do registrador de interpretar normas vigentes para efetivar

---

[600] KERN, Marinho Dembinski; COSTA JUNIOR, Francisco José de Almeida Prado Ferraz. *Princípios do registro de imóveis brasileiro*. São Paulo: Thomson Reuters Brasil, 2020, v. II, p. 171-182. (Coleção de Direito imobiliário).

[601] ALMADA, A. P. P. L. Registro de imóveis. In: GENTIL, Alberto. *Registros públicos*. Rio de Janeiro: Grupo GEN, 2022. *E-book*. Disponível em: https://app.minhabiblioteca.com.br/#/books/9786559644773/. Acesso em: 15 dez. 2023.

[602] "§ 15. Ainda que ausentes alguns elementos de especialidade objetiva ou subjetiva, desde que haja segurança quanto à localização e à identificação do imóvel, a critério do oficial, e que constem os dados do registro anterior, a matrícula poderá ser aberta nos termos do § 14 deste artigo." BRASIL. *Lei n. 6.015, de 31 de dezembro de 1973*. Dispõe sobre os registros públicos, e dá outras providências. Disponível em: http://www.planalto.gov.br/ccivil_03/leis/l6015compilada.htm. Acesso em: 15 fev. 2024.

[603] NALINI, J. R. F. Flexibilização do princípio da especialidade no registro imobiliário. In: AHUALLI, Tania Mara; BENACCHIO, Marcelo. (Coord.). *Direito notarial e registral*: homenagem às varas de registros públicos da Comarca de São Paulo. São Paulo: Quartier Latin, 2016, p. 343-366.

o ato de registro. A flexibilização, segundo ele, refere-se ao afrouxamento de leis ou normas, permitindo ao registrador uma interpretação mais adaptada ao momento histórico e ao caso concreto.

O autor destaca que o princípio da especialidade objetiva não se resume à verificação de requisitos técnicos de uma descrição imobiliária, mas exige uma interpretação sistemática, considerando informações disponíveis nos registros anteriores e registros confinantes. A legislação, incluindo normativas estaduais, também tem demonstrado uma tendência a facilitar o acesso ao registro imobiliário.

José Renato de Freitas Nalini[604] ressalta a importância da ponderação como ferramenta hermenêutica para solucionar conflitos normativos e realizar casos complexos. Ele destaca que é possível flexibilizar a aplicação de normas dentro de um critério prudente, visando à efetivação do registro.

Em relação à abertura de matrículas oriunda de descrições imprecisas, o autor destaca a importância de utilizar informações disponíveis nos registros anteriores, como plantas de loteamentos e dados constantes de assentos anteriores para aperfeiçoar a descrição tabular. No entanto, Ana Paula Almada[605] evidencia que tal entendimento deve ser aplicado com cuidado, uma vez que, a depender do grau de precariedade, a abertura da matrícula poderá causar insegurança caso o imóvel matriculado seja totalmente desempossado de informações sobre localização, área, medidas lineares e confrontantes.

Ao tratar da matéria, a autora cita como exemplo a Apelação Cível n. 9000023-58.2008.8.26.0405[606], na qual o Conselho Superior da Magistratura de São Paulo entendeu que a quebra total do princípio da especialidade objetiva resulta na desqualificação do título, tendo destacado o risco de sobreposição de imóveis. No referido caso, foi julgado um procedimento para impedir o registro buscado pelo apelante, que inicialmente era um pedido de providências convertido em dúvida devido à recusa do registro após solicitação. A recusa baseou-se na sobreposição de áreas e na documentação irregular, fatores que inviabilizaram o registro, tendo a decisão mantido a sentença.

---

[604] NALINI, J. R. F. Flexibilização do princípio da especialidade no registro imobiliário. In: AHUALLI, Tania Mara; BENACCHIO, Marcelo. (Coord.). *Direito notarial e registral*: homenagem às varas de registros públicos da Comarca de São Paulo. São Paulo: Quartier Latin, 2016, p. 343-366.

[605] ALMADA, A. P. P. L. Registro de imóveis. In: GENTIL, Alberto. *Registros públicos*. Rio de Janeiro: Grupo GEN, 2022. *E-book*. Disponível em: https://app.minhabiblioteca.com.br/#/books/9786559644773/. Acesso em: 15 dez. 2023.

[606] "REGISTRO DE IMÓVEIS — procedimento julgado para impedir o registro pretendido pelo apelante — pedido de providências que, por força de requerimento de registro e posterior recusa, transmudou-se em dúvida — instrumentalidade do processo que, com mais razão, deve ser admitida em procedimento administrativo — sobreposição de áreas e documentação irregular que impedem o registro — quebra dos princípios da especialidade e da unitariedade da matrícula — sentença mantida." CSMSP; Apelação Cível 9000023-58.2008.8.26.0405; Relator(a): Elliot Akel; Órgão Julgador: Conselho Superior da Magistratura; Foro de Osasco; j. 11.2.2014.

Quanto à flexibilização da especialidade objetiva em matrículas já abertas, José Renato de Freitas Nalini[607] argumenta que a continuidade do registro não deve ser obstada, a menos que a descrição do imóvel seja completamente vaga, podendo resultar em prejuízo a terceiros.

O autor também menciona situações em que a interpretação do princípio da especialidade subjetiva foi flexibilizada. Apesar das exigências normativas, destaca casos em que a inscrição de pessoas físicas falecidas no CPF foi dispensada, considerando a impossibilidade prática da interessada requerer a inscrição. Segundo o autor, a rigidez na aplicação desse princípio, quando injustificada, pode surtir um efeito rebote e comprometer a segurança jurídica.

3.12. O PRINCÍPIO DA INSCRIÇÃO OU OBRIGATORIEDADE

Inscrição vem do verbo latino *inscriptum*, que significa "escrito", "gravado", "registrado", servindo de meio para dar conhecimento de algo. A inscrição nada mais é que um **sinal** (aqui, leia-se o ato de registrar, averbar, prenotar ou anotar) de comunicação da humanidade, ou seja, uma **marcação** com um significado próprio[608].

> A inscrição é o ato realizado pelo registrador nos seus livros, ou seja, após o recebimento do título ocorre a prenotação (inscrição prenotante) e a sua qualificação (ato intelectual), e então o direito será inscrito (registrado ou averbado), em livro próprio, de regra, por extrato[609], com as devidas anotações nos indicadores.

A inscrição do título no **Livro 1, protocolo**, gera a **prioridade** (de análise) e a **preferência** (do direito). Portanto, toda vez que o registrador entender como possível, dentro da legalidade, escrever em livro próprio algo de interesse de toda sociedade, estaremos diante do princípio da inscrição. Nesse sentido, Afrânio de Carvalho[610] ensina que todo o assento feito em livro do registro imobiliário insere-se no conceito amplo de inscrição, a qual pode ser **autônoma (registro)** ou **dependente (averbação)**. Inscrevem-se os direitos que recaem sobre os imóveis, bem como os fatos a eles correspondentes.

A doutrina chama de registro *lato sensu* os atos de registro e averbação. Considera registro *stricto sensu*, de forma **taxativa**, os **atos registráveis** previstos no art. 167, I, da Lei n. 6.015/73. A taxatividade não é exclusiva da Lei de Registros Públicos, podendo outras normas preverem registros próprios.

---

[607] NALINI, J. R. F. Flexibilização do princípio da especialidade no registro imobiliário. In: AHUALLI, Tania Mara; BENACCHIO, Marcelo. (Coord.). *Direito notarial e registral*: homenagem às varas de registros públicos da Comarca de São Paulo. São Paulo: Quartier Latin, 2016, p. 343-366.

[608] DIP, Ricardo. *Registro de imóveis (princípios)*: registros sobre registros. Tomo I. Campinas: Editora Primvs, 2017, p. 77.

[609] De regra, o registrador resume os elementos do título ao lavrar o registro ou averbação. Excepcionalmente poderá ocorrer a transcrição integral do título.

[610] CARVALHO, Afrânio de. *Registro de imóveis*: comentários ao sistema de registro em face da Lei 6.015, de 1973, com alterações da Lei 6.216, de 1975, Lei 8.009, de 1990 e Lei 8.935, de 18.11.1994. 4. ed. Rio de Janeiro: Forense, 2001, p. 141.

Quanto à **averbação**, existe uma **flexibilidade** maior, pois a Lei n. 6.015/73[611] enumera diversos atos no art. 167, II, mas deixa a porta aberta quando fala no art. 246 que serão, também, averbadas "outras ocorrências que, por qualquer modo, alterem o registro".

Aspecto	Registro	Averbação
Conceito	Assento autônomo feito em livro de registro imobiliário	Assento dependente que altera ou complementa o registro existente
Previsão legal	Taxativamente previsto no art. 167, I, da Lei n. 6.015/73	Enumerado no art. 167, II, da Lei n. 6.015/73, com abertura para "outras ocorrências" previstas no art. 246
Natureza	Atos essenciais para constituição, transmissão ou extinção de direitos reais sobre imóveis	Atos que modificam, corrigem, ampliam ou extinguem informações contidas no registro, ou que alterem o registro de qualquer forma
Flexibilidade	Estritamente delimitado pela legislação específica ou por outras normas que prevejam registros próprios	Maior flexibilidade, permitindo averbação de ocorrências diversas, desde que alterem o registro por qualquer modo
Exemplo de aplicação	▪ Registro de compra e venda ▪ Instituição de usufruto ▪ Hipoteca	▪ Averbação de alteração no estado civil do proprietário ▪ Alteração de endereço ▪ Cancelamento de hipoteca

Já o art. 168 da Lei de Registros Públicos tenta condensar expressões da legislação anterior, *in verbis*:

> **Art. 168.** Na designação genérica de registro, consideram-se englobadas a inscrição e a transcrição a que se referem as leis civis[612].

Marinho Dembinski Kerb[613] ensina que as expressões "transcrição" e "inscrição" eram utilizadas de maneira equivocada na legislação anterior, pois "transcrição" refere-se à cópia do título e a "inscrição" refere-se à técnica de escrituração em que se extrai os elementos mais importantes do título, mencionando-se no próprio registro que não se tratava de cópia integral. Essa era a técnica utilizada para o ato registral de alteração da propriedade. A Lei n. 6.015/73 tentou sanar esse problema.

Mesmo assim, algumas lacunas ficaram em relação à natureza jurídica de cada ato registral imobiliário. A abertura de matrícula também deve ser considerada uma

---

[611] BRASIL. *Lei n. 6.015, de 31 de dezembro de 1973*. Dispõe sobre os registros públicos, e dá outras providências. Disponível em: http://www.planalto.gov.br/ccivil_03/leis/l6015compilada.htm. Acesso em: 15 nov. 2021.

[612] BRASIL. *Lei n. 6.015, de 31 de dezembro de 1973*. Dispõe sobre os registros públicos, e dá outras providências. Disponível em: http://www.planalto.gov.br/ccivil_03/leis/l6015compilada.htm. Acesso em: 15 nov. 2021.

[613] KERN, Marinho Dembinski. Princípio da inscrição. In: KERN, Marinho Dembinski; COSTA JUNIOR, Francisco José de Almeida Prado Ferraz. *Princípios do registro de imóveis brasileiro*. São Paulo: Thomson Reuters Brasil, 2020, v. II, p. 92. (Coleção de Direito imobiliário).

inscrição[614], pois é ela que inaugura o fólio real. A abertura de matrícula, quando oriunda de uma transcrição ou sendo a primeira tábula do imóvel não transcrito, é uma inscrição inaugural. Já a abertura de matrícula proveniente de outra matrícula é uma inscrição decorrente.

Na matrícula serão praticados os atos de registro e averbação (ambos são considerados registro *lato sensu*). Assim, a inscrição é todo o ato praticado pelo registrador em seus livros, desde o protocolo, a matrícula, o registro, a averbação e as anotações. No estudo das possíveis espécies de inscrições, a doutrina estuda a inscrição constitutiva, inscrição declarativa pura ou integrativa, inscrição declarativa preventiva, inscrição positiva e inscrição negativa, convalidante, inscrição repristinatória, inscrição prenotante, inscrição repristinatória e inscrição noticiosa. O registrador deve compreender os diferentes efeitos gerados por cada espécie.

3.12.1. INSCRIÇÃO CONSTITUTIVA

No sistema brasileiro, a inscrição constitutiva é determinante para dar eficácia aos negócios jurídicos intervivos. Em outras palavras, a constituição, transmissão e extinção de direitos reais, *intervivos*, só ocorre após o registro do título no cartório de registro de imóveis. É o momento em que nasce a mutação jurídico-real. É quando o direito real se desloca de uma pessoa para outra e se exterioriza contra todos[615]. Nesse contexto, o Código Civil brasileiro estabelece, em seu art. 1.227[616], que a aquisição dos direitos reais sobre imóveis, decorrentes de constituição ou transmissão por atos entre vivos, somente se concretiza mediante o devido registro no Cartório de Registro de Imóveis dos títulos pertinentes, exceto nos casos explicitamente previstos na legislação. Portanto, o direito real, ensina Marinho, nasce da conjugação de dois elementos: **título** e **inscrição** (também chamada de modo ou tradição solene). A instrumentalização do negócio jurídico é insuficiente para a transmissão da propriedade imóvel e dos direitos reais *intervivos*, sendo obrigatório o registro. O caminho natural do título é o registro. É lá que ocorrerá a transformação do direito obrigacional em direito real.

Todavia, o título, após ser protocolado, poderá ser devolvido pelo oficial do registro de imóveis quando este não se revestir dos elementos necessários para a sua inscrição ou ocorrer alguma outra causa impeditiva, à luz do art. 198 da Lei n. 6.015/73[617]. Assim,

---

[614] CARVALHO, Afrânio de. *Registro de imóveis*: comentários ao sistema de registro em face da Lei 6.015, de 1973, com alterações da Lei 6.216, de 1975, Lei 8.009, de 1990 e Lei 8.935, de 18.11.1994. 4. ed. Rio de Janeiro: Forense, 2001, p. 144.

[615] CARVALHO, Afrânio de. *Registro de imóveis*: comentários ao sistema de registro em face da Lei 6.015, de 1973, com alterações da Lei 6.216, de 1975, Lei 8.009, de 1990 e Lei 8.935, de 18.11.1994. 4. ed. Rio de Janeiro: Forense, 2001, p. 137.

[616] "Art. 1.227. Os direitos reais sobre imóveis constituídos, ou transmitidos por atos entre vivos, só se adquirem com o registro no Cartório de Registro de Imóveis dos referidos títulos (arts. 1.245 a 1.247), salvo os casos expressos neste Código." BRASIL. *Lei n. 10.406, de 10 de janeiro de 2002*. Institui o Código Civil. Disponível em: http://www.planalto.gov.br/ccivil_03/leis/2002/l10406compilada.htm. Acesso em: 15 fev. 2024.

[617] "Art. 198. Se houver exigência a ser satisfeita, ela será indicada pelo oficial por escrito, dentro do prazo previsto no art. 188 desta Lei e de uma só vez, articuladamente, de forma clara e objetiva,

o título é recepcionado, protocolado, qualificado e receberá a nota devolutiva, aguardando que o interessado, no prazo legal, corrija o vício apontado.

> Enquanto não inscrito, enquanto não registrado, não existe o direito real. Ou seja, o título, que passou por toda análise de validade quando da sua confecção, possui uma possibilidade de direito real, que se constituirá após a sua inscrição.

A inscrição constitutiva é a versão moderna da tradição dos romanos[618], em que ocorria a transmissão da posse e, consequentemente, junto, a transmissão da propriedade. No sistema romano, a propriedade não se transmitia com base no simples acordo de vontade, era necessário algo mais[619], um *modus* (modo). Dentre os modos, havia a tradição (*traditio*). Ao longo dos anos, a tradição recebeu diversos formatos, tornando-se uma ficção, *traditio ficta*[620], com maior ou menor solenidade[621]. Assim, a inscrição constitutiva é aquela que **constitui um direito real**, gerando uma mutação jurídico-real.

3.12.2. INSCRIÇÃO DECLARATIVA

Outra espécie de inscrição é a declarativa. O vocábulo "declaração" vem do latim *declaratio*, que significa o pronunciamento de um conteúdo para torná-lo claro, iluminado[622]. Trata-se de uma inscrição com o propósito de aproximar a situação registral com a **realidade externa do imóvel**. O direito já existe, já se constituiu, mas precisa ficar **público** para toda sociedade.

> A inscrição é declarativa do título e não do direito, pois este já se constituiu.

São exemplos de inscrições declarativas, ou seja, que se constituem antes do registro, a **usucapião** e a **sucessão *mortis causa***. A inscrição declarativa torna públicos direitos que existiam antes dela, ou torna públicos os riscos e as ameaças aos direitos inscritos[623].

---

    com data, identificação e assinatura do oficial ou preposto responsável." BRASIL. *Lei n. 6.015, de 31 de dezembro de 1973*. Dispõe sobre os registros públicos, e dá outras providências. Disponível em: http://www.planalto.gov.br/ccivil_03/leis/l6015compilada.htm. Acesso em: 15 fev. 2024.

[618] CARVALHO, Afrânio de. *Registro de imóveis*: comentários ao sistema de registro em face da Lei 6.015, de 1973, com alterações da Lei 6.216, de 1975, Lei 8.009, de 1990 e Lei 8.935, de 18.11.1994. 4. ed. Rio de Janeiro: Forense, 2001, p. 137.

[619] KERN, Marinho Dembinski. Princípio da inscrição. In: KERN, Marinho Dembinski; COSTA JUNIOR, Francisco José de Almeida Prado Ferraz. *Princípios do registro de imóveis brasileiro*. São Paulo: Thomson Reuters Brasil, 2020, v. II, p. 77. (Coleção de Direito imobiliário).

[620] Um exemplo é o constituto possessório, muito utilizado na redação notarial atual.

[621] DIP, Ricardo. *Registro de imóveis (princípios)*: registros sobre registros. Tomo I. Campinas: Editora Primvs, 2017, p. 96.

[622] DIP, Ricardo. *Registro de imóveis (princípios)*: registros sobre registros. Tomo I. Campinas: Editora Primvs, 2017, p. 88.

[623] CARVALHO, Afrânio de. *Registro de imóveis*: comentários ao sistema de registro em face da Lei 6.015, de 1973, com alterações da Lei 6.216, de 1975, Lei 8.009, de 1990 e Lei 8.935, de 18.11.1994. 4. ed. Rio de Janeiro: Forense, 2001, p. 146.

Na usucapião, a propriedade se constitui quando ocorrem todos os requisitos exigidos pela lei. O registro apenas vai declarar o que já é uma realidade. Assim, também, é a sucessão *mortis causa*. Pelo princípio da *saisine*, a herança já se transmitiu aos herdeiros, como um todo unitário. Após a partilha, ela será registrada apenas para fins declarativos. Em ambos os casos, já existe a propriedade, porém limitada, sem o direito de dispor, o que se alcança com o registro.

O tema em questão é abordado pelo art. 172 da Lei n. 6.015/73, o qual discute sobre o registro e a averbação. Esse dispositivo trata dos títulos ou atos que envolvem a constituição, transferência, extinção, validade perante terceiros e disponibilidade dos direitos reais sobre imóveis, reconhecidos legalmente, tanto nos casos de atos *intervivos* ou *mortis causa*[624].

Afrânio de Carvalho[625] leciona que a inscrição declarativa também pode ser **preventiva**, servindo para divulgar riscos e ameaças sobre os direitos já inscritos, visando chamar a atenção de toda sociedade. Ela não impede negócios jurídicos que a desprezem, mas eles podem ser anulados mais tarde. As inscrições declaratórias preventivas podem ser **constritivas** (penhora, arresto, sequestro), bem como **citatórias** (ações reais ou pessoais reipersecutórias) e são provisórias[626], podendo ser canceladas ou transformadas em inscrição definitiva.

Aspecto	Descrição
Propósito	Aproximar a situação registral com a realidade externa do imóvel, tornando público o direito ou os riscos existentes
Natureza do direito	O direito já existe antes do registro, mas o registro o torna público para toda sociedade
Exemplos	▪ Usucapião ▪ Sucessão *mortis causa*
Função declarativa	▪ Tornar públicos direitos preexistentes ▪ Divulgar riscos e ameaças aos direitos inscritos
Função preventiva	Divulgar riscos e ameaças sobre direitos inscritos, chamando atenção da sociedade
Impacto nos negócios jurídicos	Não impede negócios jurídicos que ignorem a inscrição, mas estes podem ser anulados mais tarde

---

[624] "Art. 172. No Registro de Imóveis serão feitos, nos termos desta Lei, o registro e a averbação dos títulos ou atos constitutivos, declaratórios, translativos e extintos de direitos reais sobre imóveis reconhecidos em lei, *intervivos* ou *mortis causa* quer para sua constituição, transferência e extinção, quer para sua validade em relação a terceiros, quer para a sua disponibilidade." BRASIL. *Lei n. 6.015, de 31 de dezembro de 1973*. Dispõe sobre os registros públicos, e dá outras providências. Disponível em: http://www.planalto.gov.br/ccivil_03/leis/l6015compilada.htm. Acesso em: 15 fev. 2024.

[625] CARVALHO, Afrânio de. *Registro de imóveis*: comentários ao sistema de registro em face da Lei 6.015, de 1973, com alterações da Lei 6.216, de 1975, Lei 8.009, de 1990 e Lei 8.935, de 18.11.1994. 4. ed. Rio de Janeiro: Forense, 2001, p. 147.

[626] CARVALHO, Afrânio de. *Registro de imóveis*: comentários ao sistema de registro em face da Lei 6.015, de 1973, com alterações da Lei 6.216, de 1975, Lei 8.009, de 1990 e Lei 8.935, de 18.11.1994. 4. ed. Rio de Janeiro: Forense, 2001, p. 147.

Tipos de inscrição preventiva	▫ Constritivas: penhora, arresto, sequestro ▫ Citatórias: ações reais ou pessoais reipersecutórias
Características	▫ Provisórias ▫ Podem ser canceladas ou transformadas em inscrições definitivas

Para Marinho Dembinski Kern[627], a Lei n. 13.097/2015 trouxe no seu art. 54, em especial no inciso IV, novas possibilidades de inscrições preventivas serem averbadas na matrícula do imóvel, por decisão judicial, quando ocorrerem fatos que possam levar o proprietário à insolvência. E, realmente, a Lei n. 13.097/2015 procurou concentrar, por meio do seu art. 54, na matrícula do imóvel todas as ocorrências que possam de qualquer forma afetar o tráfico imobiliário, alertando que a falta de registro ou de averbação dos atos mencionados não podem ser opostos a terceiros de boa-fé que consultaram a matrícula do imóvel.

Tal artigo[628], ao tratar da eficácia dos negócios jurídicos relacionados à constituição, transferência ou modificação de direitos reais sobre imóveis, estabelece que tais negócios são válidos em relação a atos jurídicos anteriores, desde que não tenham sido registradas ou averbadas na matrícula do imóvel as seguintes informações:

O primeiro ponto (inciso I) refere-se ao registro de **citação de ações reais** ou **pessoais reipersecutórias**. Em outras palavras, quando há citação em ações judiciais

---

[627] KERN, Marinho Dembinski. Princípio da inscrição. In: KERN, Marinho Dembinski; COSTA JUNIOR, Francisco José de Almeida Prado Ferraz. *Princípios do registro de imóveis brasileiro.* São Paulo: Thomson Reuters Brasil, 2020, v. II, p. 97. (Coleção de Direito imobiliário).

[628] "Art. 54. Os negócios jurídicos que tenham por fim constituir, transferir ou modificar direitos reais sobre imóveis são eficazes em relação a atos jurídicos precedentes, nas hipóteses em que não tenham sido registradas ou averbadas na matrícula do imóvel as seguintes informações: I — registro de citação de ações reais ou pessoais reipersecutórias; II — averbação, por solicitação do interessado, de constrição judicial, de que a execução foi admitida pelo juiz ou de fase de cumprimento de sentença, procedendo-se nos termos previstos no art. 828 da Lei n. 13.105, de 16 de março de 2015 (Código de Processo Civil); III — averbação de restrição administrativa ou convencional ao gozo de direitos registrados, de indisponibilidade ou de outros ônus quando previstos em lei; e IV — averbação, mediante decisão judicial, da existência de outro tipo de ação cujos resultados ou responsabilidade patrimonial possam reduzir seu proprietário à insolvência, nos termos do inciso IV do *caput* do art. 792 da Lei n. 13.105, de 16 de março de 2015 (Código de Processo Civil). § 1.º Não poderão ser opostas situações jurídicas não constantes da matrícula no registro de imóveis, inclusive para fins de evicção, ao terceiro de boa-fé que adquirir ou receber em garantia direitos reais sobre o imóvel, ressalvados o disposto nos arts. 129 e 130 da Lei n. 11.101, de 9 de fevereiro de 2005, e as hipóteses de aquisição e extinção da propriedade que independam de registro de título de imóvel. § 2.º Para a validade ou eficácia dos negócios jurídicos a que se refere o *caput* deste artigo ou para a caracterização da boa-fé do terceiro adquirente de imóvel ou beneficiário de direito real, não serão exigidas: I — a obtenção prévia de quaisquer documentos ou certidões além daqueles requeridos nos termos do § 2.º do art. 1.º da Lei n. 7.433, de 18 de dezembro de 1985; e II — a apresentação de certidões forenses ou de distribuidores judiciais." BRASIL. *Lei n. 13.097, de 19 de janeiro de 2015.* Reduz a zero as alíquotas da Contribuição para o PIS/PASEP, da COFINS, da Contribuição para o PIS/Pasep-Importação e da Cofins-Importação incidentes sobre a receita de vendas e na importação de partes utilizadas em aerogeradores; [...]. Disponível em: http://www.planalto.gov.br/ccivil_03/_ato2015-2018/2015/lei/l13097.htm. Acesso em: 15 nov. 2023.

relacionadas ao imóvel, essa informação deve constar na matrícula para que os negócios jurídicos sejam eficazes em relação a atos anteriores.

O segundo ponto (inciso II) aborda a necessidade de averbação de **constrição judicial**, do ajuizamento de ação de execução ou de fase de cumprimento de sentença. Caso exista alguma constrição judicial, como penhora, essa informação precisa ser averbada para garantir a eficácia do negócio jurídico em relação a atos jurídicos precedentes.

O terceiro ponto (inciso III) trata da averbação de **restrição administrativa**, convencional ao gozo de direitos registrados, de indisponibilidade ou de outros ônus previstos em lei. Ou seja, se houver restrições administrativas ou ônus sobre o imóvel, essas informações devem constar na matrícula para que os negócios jurídicos sejam eficazes em relação a atos anteriores.

O quarto ponto (inciso IV) destaca a necessidade de averbação, mediante **decisão judicial**, da existência de outro tipo de ação que possa reduzir o proprietário à insolvência. Se uma decisão judicial indicar que uma ação pode levar o proprietário à insolvência, essa informação deve ser averbada para garantir a eficácia do negócio jurídico em relação a atos anteriores.

O parágrafo primeiro ressalta que situações jurídicas não constantes na matrícula não podem ser opostas a terceiros de boa-fé que adquirirem direitos reais sobre o imóvel, exceto em situações específicas previstas na legislação. Essa disposição visa proteger terceiros de boa-fé na aquisição de direitos sobre o imóvel.

O parágrafo segundo, incluído pela Lei n. 14.382/2022, estabelece que, para a validade ou eficácia dos negócios jurídicos abordados no artigo, não serão exigidas a obtenção prévia de documentos além daqueles requeridos nos termos da Lei n. 7.433/85 e a apresentação de certidões forenses ou de distribuidores judiciais. Essa alteração visa simplificar os requisitos para esses negócios jurídicos.

Ao analisar os dispositivos, Marinho leciona que a falta de inscrição declarativa preventiva das hipóteses previstas no art. 54 da Lei n. 13.097/2015 leva à impossibilidade de oposição dessas situações a terceiros de boa-fé, como é o caso da necessidade de inscrição da penhora na fraude à execução[629]. E é nesse sentido o discurso que a Lei n. 13.097/2015 inseriu no sistema registral brasileiro o princípio da concentração e, consequentemente, a fé pública registral, pois aquilo que o registrador certifica é o que está na matrícula, e o que não está na matrícula não pode ser oposto a terceiros de boa-fé.

3.12.3. INSCRIÇÃO POSITIVA E INSCRIÇÃO NEGATIVA

A inscrição constitutiva e a inscrição declarativa podem ser positivas ou negativas. Será **constitutiva positiva** ao instituir o direito real pretendido e será **constitutiva negativa (ou desconstitutiva)** ao cancelar o direito real da matrícula. A inscrição constitutiva positiva leva para a matrícula o direito ou a ameaça ao direito (pode ser por registro ou averbação). Já a inscrição constitutiva negativa ocorre por averbação,

---

[629] BRASIL. Superior Tribunal de Justiça. *Súmula 375*. O reconhecimento da fraude à execução depende do registro da penhora do bem alienado ou da prova de má-fé do terceiro adquirente. Disponível em: https://www.stj.jus.br/docs_internet/revista/eletronica/stj-revista-sumulas-2013_33_capSumula375.pdf. Acesso em: 15 nov. 2021.

extinguindo o ônus, cláusulas ou condições sobre o imóvel, ou mesmo deslocando a propriedade de volta, como na hipótese da morte do donatário antes do doador, quando há clausula de reversão[630].

Leciona Afrânio de Carvalho[631] que o cancelamento é o desfazimento jurídico da inscrição e pode ocorrer por título unilateral, oriundo de apenas uma das partes.

> Enquanto a inscrição positiva cria o direito, a negativa o destrói[632].

Também, a inscrição declarativa preventiva poderá ser positiva ou negativa. Será positiva quando inscrever na matrícula do imóvel ameaças aos direitos lá inscritos, como, por exemplo, as elencadas no art. 54 da Lei n. 13.097/2015. Todavia, será declarativa negativa quando a ameaça cessar, e o pedido de cancelamento for apresentado e protocolado no ofício imobiliário.

Parece-nos difícil conceber que a inscrição declarativa preventiva não possua eficácia constitutiva, pois a sua ausência no fólio real impedirá a oposição contra terceiros de boa-fé.

Demonstra-se mais apropriada a ideia de que a inscrição possui diversas cargas predominantes de efeitos, mas sem excluir uns aos outros. Nesse sentido, leciona Ricardo Dip[633] que a inscrição declarativa é predominantemente de fins declaratórios, mas não exclui o seu caráter de notícia[634] e, sendo uma inscrição constitutiva, ela também noticia e declara[635].

3.12.4. INSCRIÇÃO SUPERVENIENTE CONVALIDANTE

A inscrição **convalidante** é aquela que ocorre após uma outra inscrição e visa sanear vícios daquela. Aplica-se ao registro de atos anuláveis, buscando confirmar o que as partes determinaram em outro momento, mas lhe faltavam elementos previstos na norma, que continha como sanção a anulabilidade.

---

[630] Código Civil, art. 547. BRASIL. *Lei n. 10.406, de 10 de janeiro de 2002*. Institui o Código Civil. Disponível em: http://www.planalto.gov.br/ccivil_03/leis/2002/l10406compilada.htm. Acesso em: 15 nov. 2021.

[631] CARVALHO, Afrânio de. *Registro de imóveis*: comentários ao sistema de registro em face da Lei 6.015, de 1973, com alterações da Lei 6.216, de 1975, Lei 8.009, de 1990 e Lei 8.935, de 18.11.1994. 4. ed. Rio de Janeiro: Forense, 2001, p. 154.

[632] CARVALHO, Afrânio de. *Registro de imóveis*: comentários ao sistema de registro em face da Lei 6.015, de 1973, com alterações da Lei 6.216, de 1975, Lei 8.009, de 1990 e Lei 8.935, de 18.11.1994. 4. ed. Rio de Janeiro: Forense, 2001, p. 154.

[633] DIP, Ricardo. *Registro de imóveis (princípios)*: registros sobre registros. Tomo I. Campinas: Editora Primvs, 2017, p. 90.

[634] DIP, Ricardo. *Registro de imóveis (princípios)*: registros sobre registros. Tomo I. Campinas: Editora Primvs, 2017, p. 95.

[635] DIP, Ricardo. *Registro de imóveis (princípios)*: registros sobre registros. Tomo I. Campinas: Editora Primvs, 2017, p. 95.

Ricardo Dip[636] chama essa inscrição de **direito registrário de escolha**, pois as partes optam em confirmar o direito inscrito em vez de pleitear a anulação. São casos clássicos de inscrições anuláveis a compra e venda de ascendente para descendente (art. 496 do Código Civil), a celebração de negócio jurídico consigo mesmo sem previsão legal (art. 117 do Código Civil), entre outros[637].

A inscrição convalidante amparar-se-á, também, no art. 246 da Lei de Registros, mediante averbação instruída com documentos comprobatórios e no art. 172 do Código Civil. Não há necessidade de o oficial mencionar que o ato anterior é anulável e agora está sanado, nem deve, pois a averbação convalidante não inibe eventual demanda judicial questionando todos os atos, já que no Brasil o registro é passível de anulação. Assim, recebido o requerimento para inscrição convalidante, bastará o oficial inscrever na matrícula a complementação das informações do ato anterior, mencionando que lhe foi requerido.

Outra possibilidade de inscrição convalidante, ensina Ricardo Dip[638], é aquela proveniente de retificação oficiosa prevista no art. 213, I, da Lei n. 6.015/73[639]. Aqui, o oficial registrador percebe que houve uma falha na transposição de dados do título para o registro e corrige de ofício. Admite-se, também, a provocação por requerimento, visando suprir a ausência de algum dado registral. Observa-se que, nesse caso de ausência de dados, a norma nem sempre prevê a invalidade do registro, mas tão-somente a seu *status* irregular (por exemplo, não constar o número do CPF da esposa do adquirente no registro de compra e venda). A inscrição convalidante vai preencher os elementos faltantes do registro mediante averbação de retificação.

Parece-nos possível falar em inscrição convalidante quando se tratar de abertura de matrícula em duplicidade. Far-se-á a averbação de encerramento da matrícula posterior, mencionando a outra, ou quando se tratar de abertura de fração ideal de imóvel em várias matrículas, a averbação do encerramento de todas, fazendo a recomposição do todo maior com abertura de novo fólio real.

3.12.5. INSCRIÇÃO REPRISTINATÓRIA

Uma preocupação recorrente ocorre em relação aos efeitos do cancelamento de um cancelamento (inscrição negativa). Haverá, ou não, **efeitos repristinatórios** do registro anterior?

---

[636] DIP, Ricardo. *Registro de imóveis (princípios)*: registros sobre registros. Tomo I. Campinas: Editora Primvs, 2017, p. 98.
[637] BRASIL. *Lei n. 10.406, de 10 de janeiro de 2002*. Institui o Código Civil. Disponível em: http://www.planalto.gov.br/ccivil_03/leis/2002/l10406compilada.htm. Acesso em: 15 nov. 2021.
[638] DIP, Ricardo. *Registro de imóveis (princípios)*: registros sobre registros. Tomo I. Campinas: Editora Primvs, 2017, p. 99.
[639] BRASIL. *Lei n. 6.015, de 31 de dezembro de 1973*. Dispõe sobre os registros públicos, e dá outras providências. Disponível em: http://www.planalto.gov.br/ccivil_03/leis/l6015compilada.htm. Acesso em: 15 nov. 2021.

Afrânio de Carvalho[640] leciona que a Lei n. 6.015/73[641] autorizou o cancelamento total e parcial de um registro (art. 249) e que o segundo cancelamento, total ou parcial, restaura a inscrição anterior, o que é previsto pelo próprio Código Civil no seu art. 182[642]. Esse também é o entendimento Marinho Dembinski Kern[643], lecionando que, se não for admitido o efeito repristinatório do registro anterior, o segundo cancelamento não produzirá efeitos. Diferentemente é o posicionamento de Ricardo Dip[644], que condiciona o efeito repristinatório quando o segundo cancelamento é oriundo de nulidade[645], assim declarada judicialmente. Para ele, se o segundo cancelamento for oriundo de vontade das partes, mediante requerimento, não há que se falar em efeito repristinatório, pois afetaria o tráfico imobiliário e a segurança jurídica dinâmica. Nesse caso, após o segundo cancelamento, haveria, então, uma limitação dos efeitos repristinatórios, sem eficácia *ex tunc*.

Percebe-se que os três autores concordam que o segundo cancelamento, se judicial, produzirá efeitos repristinatórios *ex tunc*. A dúvida existe se o registro anterior será ressuscitado, e a partir de quando, caso um requerimento aporte no registro de imóveis solicitando o cancelamento do cancelamento. Podemos visualizar essa situação prática nos casos de cancelamento de alienação fiduciária de bem imóvel. Não raro, o credor intima o devedor para pagar a mora e, quando não ocorre, consolida a propriedade fiduciária em seu nome. Concomitantemente, ocorre o cancelamento do registro da garantia (alienação fiduciária). Dias depois, credor e devedor entram em acordo e chega ao registro de imóveis um requerimento, pedindo o cancelamento da consolidação da propriedade e, concomitantemente, o cancelamento do cancelamento da alienação fiduciária em garantia, com restabelecimento da situação anterior. Esse é o ponto.

É inaceitável que as partes possam restabelecer a situação anterior por mero requerimento. Isso, com certeza, causará um ferimento profundo à segurança jurídica dinâmica, assim como não se demonstra apropriado inscrever o cancelamento do cancelamento, tumultuando a matrícula do imóvel, sem que o ato seja validado judicialmente.

---

[640] CARVALHO, Afrânio de. *Registro de imóveis*: comentários ao sistema de registro em face da Lei 6.015, de 1973, com alterações da Lei 6.216, de 1975, Lei 8.009, de 1990 e Lei 8.935, de 18.11.1994. 4. ed. Rio de Janeiro: Forense, 2001, p. 159.

[641] BRASIL. *Lei n. 6.015, de 31 de dezembro de 1973*. Dispõe sobre os registros públicos, e dá outras providências. Disponível em: http://www.planalto.gov.br/ccivil_03/leis/l6015compilada.htm. Acesso em: 15 nov. 2021.

[642] "Art. 182. Anulado o negócio jurídico, restituir-se-ão as partes ao estado em que antes dele se achavam, e, não sendo possível restituí-las, serão indenizadas com o equivalente." BRASIL. *Lei n. 10.406, de 10 de janeiro de 2002*. Institui o Código Civil. Disponível em: http://www.planalto.gov.br/ccivil_03/leis/2002/l10406compilada.htm. Acesso em: 15 nov. 2023.

[643] KERN, Marinho Dembinski; COSTA JUNIOR, Francisco José de Almeida Prado Ferraz. *Princípios do registro de imóveis brasileiro*. São Paulo: Thomson Reuters Brasil, 2020, v. II, p. 99. (Coleção de Direito imobiliário).

[644] DIP, Ricardo. *Registro de imóveis (princípios)*: registros sobre registros. Tomo I. Campinas: Editora Primvs, 2017, p. 101-102.

[645] Ricardo Dip sustenta que a nulidade pode ser material (no próprio título) ou formal (no ato de averbação).

Nesse sentido, concordamos com o entendimento de Marinho Dembiski Kern[646] no sentido de negar a inscrição, salvo a ocorrência de alguma nulidade ou erro justificável. Todavia, ressalta-se que a negativa deve ocorrer por nota devolutiva fundamentada, após o devido protocolo, facultando às partes o procedimento de dúvida. Caso o juiz entenda como possível a realização do segundo cancelamento, deverá determinar expressamente o efeito repristinatório alcançado.

3.12.6. INSCRIÇÃO DE MERA NOTÍCIA

A averbação de mera notícia é cada vez mais usual no direito pátrio. A Lei n. 13.465/2017 elencou a averbação de mera notícia das edificações para dispensar a apresentação de Habite-se e certidões negativas de tributos e contribuições previdenciárias[647].

Não é comum a norma prever expressamente a inscrição de mera notícia no fólio real. A construção da ideia de inscrição de mera notícia é uma adaptação criada pela doutrina para certos atos que não se encaixavam no sistema e possui ligação direta com a concentração de dados na matrícula.

É o caso do contrato de arrendamento rural, que não possui previsão legal para ser registrado ou averbado, mas alguns Estados[648] permitem a sua inscrição como forma de publicizar a existência da relação jurídica sobre aquele imóvel.

Existem duas questões importantes em relação a inscrição de mera notícia. A primeira é entender quais os efeitos decorrentes dessa inscrição, e a segunda é determinar quais os limites dessa inscrição.

A doutrina procura amparar a inscrição de notícia no art. 246 da Lei n. 6.015/73[649], que, como já foi ressaltado, deixou a porta aberta para um juízo subjetivo do registrador.

---

[646] KERN, Marinho Dembinski; COSTA JUNIOR, Francisco José de Almeida Prado Ferraz. *Princípios do registro de imóveis brasileiro*. São Paulo: Thomson Reuters Brasil, 2020, v. II, p. 100. (Coleção de Direito imobiliário).

[647] "Art. 63. No caso da Reurb-S, a averbação das edificações poderá ser efetivada a partir de mera notícia, a requerimento do interessado, da qual constem a área construída e o número da unidade imobiliária, dispensada a apresentação de Habite-se e de certidões negativas de tributos e contribuições previdenciárias." BRASIL. *Lei n. 13.465, de 11 de julho de 2017*. Dispõe sobre a regularização fundiária rural e urbana, sobre a liquidação de créditos concedidos aos assentados da reforma agrária e sobre a regularização fundiária no âmbito da Amazônia Legal; institui mecanismos para aprimorar a eficiência dos procedimentos de alienação de imóveis da União; [...]. Disponível em: http://www.planalto.gov.br/ccivil_03/_ato2015-2018/2017/lei/l13465.htm. Acesso em: 15 nov. 2023.

[648] A II Jornada — Prevenção e Solução Extrajudicial de Litígios realizada pelo CJF aprovou o Enunciado n. 119, nestes termos: "Os contratos agrários de arrendamento rural e de parceria rural poderão ser averbados nas matrículas imobiliárias para fins de publicidade". BRASIL. Conselho da Justiça Federal. II Jornada — Prevenção e Solução Extrajudicial de Litígios. *Enunciado n. 119*. Disponível em: https://www.cjf.jus.br/cjf/corregedoria-da-justica-federal/centro-de-estudos-judiciarios-1/eventos/ead-1/copy2_of_%20II-jornada-prevencao-%20solucao%20extrajudicial-%20litigiostos-Articulacao-Centros-inteligencia%20. Acesso em: 15 nov. 2021.

[649] "Art. 246. Além dos casos expressamente indicados no inciso II do *caput* do art. 167 desta Lei, serão averbadas na matrícula as sub-rogações e outras ocorrências que, por qualquer modo, alterem o registro ou repercutam nos direitos relativos ao imóvel." BRASIL. *Lei n. 6.015, de 31 de dezembro de 1973*. Dispõe sobre os registros públicos, e dá outras providências. Disponível em: http://www.planalto.gov.br/ccivil_03/leis/l6015compilada.htm. Acesso em: 15 nov. 2023.

A norma traz um caráter subjetivo: "outras ocorrências que, por qualquer modo, alterem o registro ou repercutam nos direitos relativos ao imóvel". A Lei n. 13.097/2015[650] especificou quais atos deveriam ser averbados na matrícula do imóvel, punindo com a falta de eficácia aqueles que mantinham as informações longe do registro. A dúvida criada é sobre a natureza jurídica dessas averbações: seriam elas **declarativas** ou de **mera notícia**?

A averbação de mera notícia era muito utilizada quando os mandados judiciais de penhora aportavam no registro de imóveis e eram devolvidos por insuficiência de dados (especialização do fato inscritível). O juiz considerava realizada a penhora, mas o registrador não permitia o seu registro em razão da falta de elementos necessários previstos em lei. Assim, a saída encontrada foi noticiar que existia uma penhora, mas que ela não estava registrada. O **efeito era mais moral do que jurídico**, pois ninguém poderia alegar desconhecimento da constrição que estava noticiada na matrícula. Porém, a solução gerava outro problema: caso fosse protocolado no registro de imóveis uma penhora da União, tornando indisponível o bem, mas não fosse possível o seu registro, teria a averbação de mera notícia poder de torná-lo indisponível? Com certeza, depois dessa averbação, o registrador respeitará os efeitos declarativos, não mero noticiosos.

A averbação de mera notícia também é utilizada para inscrever a união estável no fólio real. A base legal utilizada está no art. 167, II, 5, da Lei n. 6.015/73, que prevê a averbação do nome por casamento ou divórcio e ainda "outras circunstâncias que, de qualquer modo, tenham influência no registro ou nas pessoas nele interessadas". Sabemos que essa averbação não produz os mesmos efeitos[651] do casamento, mas serve de alerta a todos que consultarem a matrícula do imóvel.

Ricardo Dip[652] leciona que a averbação de mera notícia não tem eficácia alguma sobre o fato jurídico inscrito, mas pode emanar, eventualmente, oponibilidade mínima ao *status* publicado, afastando a boa-fé de terceiros. O autor entende que as **averbações premonitórias** são de mera notícia, o que é contestado por Marinho Dembinski Kern[653], argumentando que essas averbações produzem efeitos de oponibilidade contra terceiros

---

[650] BRASIL. *Lei n. 13.097, de 19 de janeiro de 2015*. Reduz a zero as alíquotas da Contribuição para o PIS/PASEP, da COFINS, da Contribuição para o PIS/Pasep-Importação e da Cofins-Importação incidentes sobre a receita de vendas e na importação de partes utilizadas em aerogeradores; [...]. Disponível em: http://www.planalto.gov.br/ccivil_03/_ato2015-2018/2015/lei/l13097.htm. Acesso em: 15 nov. 2021.

[651] A Resolução n. 35 do CNJ prevê a necessidade de reconhecimento dos herdeiros do falecido em relação à companheira, independentemente da existência de contrato de convivência ou união estável, salvo a declarada judicialmente. BRASIL. Conselho Nacional de Justiça. *Resolução n. 35, de 24 de abril de 2007*. Disciplina a lavratura dos atos notariais relacionados a inventário, partilha, separação consensual, divórcio consensual e extinção consensual de união estável por via administrativa. (Redação dada pela Resolução n. 326, de 26.6.2020). Disponível em: https://atos.cnj.jus.br/atos/detalhar/179. Acesso em: 15 nov. 2021.

[652] DIP, Ricardo. *Registro de imóveis (princípios)*: registros sobre registros. Tomo I. Campinas: Editora Primvs, 2017, p. 88.

[653] KERN, Marinho Dembinski; COSTA JUNIOR, Francisco José de Almeida Prado Ferraz. *Princípios do registro de imóveis brasileiro*. São Paulo: Thomson Reuters Brasil, 2020, v. II, p. 101. (Coleção de Direito imobiliário).

e que não podem ser consideradas de mera notícia, mas sim declarativas preventivas, pois permitem o questionamento da alienação do bem em razão da inscrição.

O entendimento de Marinho D. Kern parece-me o mais próximo da sistemática registral brasileira. A inscrição de mera notícia serve, em raros casos, para concentrar na matrícula do imóvel informações importantes, não todas, mas apenas aquelas que realmente possam colaborar com a segurança jurídica, sem arranhá-la.

A averbação de mera notícia tornou-se um achado para muitos profissionais do direito. O título ingressa na serventia e recebe uma nota devolutiva. Então, o requerente pede a averbação de notícia da existência do título, que não se sabe se alcançará o registro. Nega-se a averbação e surge a dúvida inversa ao juiz corregedor com reclamação do registrador. Conclui-se, sem dúvida, que o uso demasiado da averbação de notícia é um risco à segurança jurídica.

3.12.7. INSCRIÇÃO PRENOTANTE

A inscrição prenotante ou **eficácia prenotativa**, como leciona Ricardo Dip[654], é o efeito alcançado pelo simples fato de protocolar um título no registro de imóveis, independentemente do sucesso alcançado, caso seja deferido o registro.

> A prenotação no Livro 1 de Protocolo demarca um direito posicional, surgindo a **prioridade de examinar o título** antes dos próximos que serão protocolados. Em um segundo momento, cria, também, uma prioridade jurídica em relação aos direitos que serão inscritos.

A questão é que certos títulos são protocolados apenas para sinalizar que algo está acontecendo no mundo jurídico e que, no futuro, isso poderá ser cobrado. É o caso clássico do registro de ações reais ou pessoais reipersecutórias (art. 167, I, n. 21, da Lei n. 6.015/73) sobre imóveis. Para Ricardo Dip, o simples protocolo já alcançou o fim pretendido[655], e o registro não torna o bem indisponível. Assim, poderá a matrícula sofrer a inscrição de alienação do imóvel, mas sempre ficará aquela citação lá, registrada, aguardando o termo final do processo judicial. Assim, também, ocorre com a usucapião extrajudicial, que o protocolo é prorrogado até o desfecho final do pedido. Quando do seu resultado, poderão os efeitos da inscrição prenotante repercutir nos registros posteriormente praticados, afetando-os diretamente.

Existe um debate sobre a possibilidade de averbar na matrícula do imóvel que está em andamento o pedido de usucapião extrajudicial. Essa averbação seria uma inscrição prenotante, a qual não tornaria o imóvel indisponível, mas alertaria a toda sociedade sobre a tramitação do pedido. Por outro lado, poderíamos concluir que tal averbação não é necessária, pois qualquer pedido de certidão da referida matrícula deverá constar a informação de título prenotado.

---

[654] DIP, Ricardo. Registro de Imóveis (princípios). Registros Sobre Registros. Tomo I. Campinas: Editora Primvs, 2017, p. 102.
[655] DIP, Ricardo. Registro de Imóveis (princípios). Registros Sobre Registros. Tomo I. Campinas: Editora Primvs, 2017, p. 105.

3.12.8. EXCEÇÕES AO PRINCÍPIO DA INSCRIÇÃO

Os bens públicos, consagrados como patrimônio do coletivo, ostentam peculiaridades que os colocam em um plano diferenciado no que tange à necessidade de inscrição. Em virtude de sua inalienabilidade, ou seja, da impossibilidade de serem transferidos para entidades privadas, a relevância do registro perde sua urgência. Além disso, a impenhorabilidade desses bens, característica que veda a utilização dos bens públicos como garantia em processos de execução, contribui para a prescindibilidade do registro e, por fim, a imprescritibilidade assegura que os bens públicos permaneçam sob a esfera do Estado indefinidamente.

Portanto, os bens públicos correspondem a uma **exceção ao princípio da inscrição**, em vista da sua própria natureza singular. A inalienabilidade, impenhorabilidade e imprescritibilidade conferem uma robusta proteção intrínseca, relegando a um segundo plano a necessidade de registro obrigatório nos moldes aplicados a propriedades privadas. Essa dinâmica específica ressalta a importância de considerar as particularidades de cada categoria de propriedade ao articular os princípios fundamentais do registro imobiliário.

Ademais, ao analisar a Lei n. 14.620/2023 e a imissão provisória na posse, Carlos Eduardo Elias de Oliveira[656] argumenta que, no caso da desapropriação, a imissão na posse marca a aquisição originária da propriedade pelo ente desapropriante. Segundo ele, o registro posterior no Cartório de Imóveis não tem eficácia constitutiva, mas apenas declaratória. Isso implica em uma exceção ao princípio da inscrição, que normalmente estabelece que os direitos reais nascem com o registro na matrícula do imóvel.

O autor destaca que, no momento em que o ente desapropriante obtém a imissão provisória na posse, já se torna proprietário do bem e titular do direito real de propriedade. Não há necessidade de reconhecimento judicial posterior, e o registro seria, portanto, uma formalidade, não uma condição para a aquisição do direito real. Argumenta que, do ponto de vista técnico, a inclusão dos "direitos oriundos da imissão provisória na posse" ao art. 1.225 do Código Civil (CC), dispositivo que lista os direitos reais no Brasil, como um novo direito real no Código Civil é inadequada. Ele sugere que esses direitos não são reais autônomos, mas sim uma expressão do direito real de propriedade.

Essa interpretação, segundo o autor, permitiria a aplicação das regras relativas ao direito real de propriedade previstas no Código Civil, sem a necessidade de disposições específicas para esses direitos oriundos da imissão provisória. Portanto, a exceção ao princípio da inscrição, de acordo com a conclusão do autor, é que, no caso da desapropriação, a imissão provisória na posse implica a aquisição originária do direito real de propriedade, dispensando a necessidade de reconhecimento judicial posterior ou registro imediato para a eficácia da aquisição.

---

[656] OLIVEIRA, C. E. E. Novo direito real com a Lei n. 14.620/23: uma atecnia utilitarista diante da imissão provisória na posse. *Migalhas*, 17 jul. 2023. Disponível em: https://www.migalhas.com.br/coluna/migalhas-notariais-e-registrais/390037/novo-direito-real-com-a-lei-14-620-23. Acesso em: 27 mar. 2024.

3.13. PRINCÍPIO DA LEGITIMAÇÃO E FÉ PÚBLICA REGISTRAL

Realizado o registro, após a devida qualificação do registrador, o sistema busca proteger toda a sociedade, pois a inscrição é pública e está produzindo efeitos. Presume-se que o registro está correto, válido, legítimo e, portanto, existiria aqui uma fé pública registral. No entanto, o tema aceita debates, tendo o Supremo Tribunal Federal estabelecido no julgamento do Recurso Extraordinário 85.223/MG que, ao contrário do sistema germânico, que fundamenta os princípios da presunção e fé pública no registro, o Código Civil brasileiro adotou apenas o primeiro desses postulados. Assim, a presunção pode ser anulada mediante prova contrária, demonstrando, por exemplo, que a transcrição foi realizada com base em uma venda *a non domino*.

> Registro de imóveis. Transcrição. No Brasil, ao contrário do sistema germânico, que assentou os princípios de presunção e fé pública no registro, o Código Civil não adotou simultaneamente esses dois postulados, mas apenas o primeiro deles, de sorte que a presunção pode ser destruída por prova contrária, que demonstre que a transcrição foi feita, *v.g.*, com base em venda *a non domino*. Recurso extraordinário conhecido pela letra "d" do permissivo constitucional e provido (RE 85.223, rel. Soares Munoz, Primeira Turma, j. 9.10.1979, *DJ*, 26.10.1979).

Assim, o ordenamento jurídico brasileiro prevê a anulação do registro, um ato judicial de extrema repercussão, com efeitos drásticos em todo o sistema.

De acordo com as explicações de Denis Lerrer Rosenfield[657] sobre os efeitos de uma anulação, a inexistência de um registro imobiliário confiável conduz a um ambiente de insegurança jurídica, resultando na invalidação de contratos. Isso, por sua vez, impacta negativamente a vida econômica, minando um dos principais alicerces. A proliferação de fraudes, o encarecimento do crédito, o aumento dos juros e a redução dos investimentos são algumas das consequências. As operações tornam-se mais dispendiosas devido aos riscos ampliados, a confiança nas instituições diminui, e os agentes econômicos adotam posturas mais cautelosas, se não reticentes, em relação aos seus investimentos.

A anulação de um registro sempre será a última fronteira. Em breve histórico, relembra-se que a Lei n. 1.237, de 1864[658], já dizia no art. 8.º, § 4.º, que: "A transcrição não induz a prova do domínio que fica salvo a quem for". Ou seja, a transcrição, quando instituída no Brasil, não garantia a propriedade, podendo ser questionada. No Código Civil de 1916[659], o art. 859 diminuiu o problema, criando uma presunção favorável àquele que registrou em seu nome:

---

[657] ROSENFIELD, Denis Lerrer. *Reflexões sobre o direito à propriedade*. Rio de Janeiro: Elsevier, 2008, p. 94.
[658] BRASIL. *Lei n. 1.237, de 24 de setembro de 1864*. Reforma a Legislação Hypothecaria, e estabelece as bases das sociedades de credito real. Disponível em: http://www.planalto.gov.br/ccivil_03/leis/lim/LIM1237.htm. Acesso em: 15 nov. 2021.
[659] BRASIL. *Lei n. 3.071, de 1.º de janeiro de 1916*. Código Civil dos Estados Unidos do Brasil. Disponível em: http://www.planalto.gov.br/ccivil_03/leis/l3071.htm. Acesso em: 15 nov. 2021.

> **Art. 859.** Presume-se pertencer o direito real à pessoa, em cujo nome se inscreveu ou transcreveu.

Ou seja, presume-se de forma relativa que o registro está correto. Daí o princípio da presunção relativa, ou da legitimação, sem ocorrência de fé pública, porque pode ser anulado.

Clóvis Bevilaqua[660] argumentou que, durante a discussão do projeto do Código, houve esforço de algumas pessoas para manter o sistema anterior de que a transcrição não induzia ao domínio, mas vingou a ideia de que o registro constitui uma prova suficiente, ainda que pudesse, de outras formas, ser cancelado. O jurista pontuou que, na época, a transcrição não é absoluta, mas prova a transmissão do domínio e permite que o oficial de registro examine os títulos para legalizar a transmissão da propriedade e, com a sua publicidade no livro próprio, permite que a sociedade conheça as **mutações da propriedade imobiliária**.

Mais tarde, a Lei n. 6.015/73[661] passou a prever o cancelamento do registro, conforme arts. 214[662], 250, I[663], e 252[664], o que sempre foi alvo de discussões em relação aos terceiros de boa-fé que confiavam no registro público. O art. 214 da Lei n. 6.015/73 estabelece que as nulidades de pleno direito do registro, quando comprovadas, invalidam-no automaticamente, sem a necessidade de uma ação judicial direta. O § 1.º destaca que a declaração de nulidade ocorrerá após ouvir as partes afetadas. O § 2.º indica que da decisão no § 1.º cabe apelação ou agravo, conforme o caso. O § 3.º permite que o juiz, se

---

[660] BEVILÁQUA, Clóvis. *Código Civil dos Estados Unidos do Brasil*. 6. ed. Rio de Janeiro: Francisco Alves, 1940, v. I, p. 68.

[661] BRASIL. *Lei n. 6.015, de 31 de dezembro de 1973*. Dispõe sobre os registros públicos, e dá outras providências. Disponível em: http://www.planalto.gov.br/ccivil_03/leis/l6015compilada.htm. Acesso em: 15 nov. 2021.

[662] "Art. 214. As nulidades de pleno direito do registro, uma vez provadas, invalidam-no, independentemente de ação direta. § 1.º A nulidade será decretada depois de ouvidos os atingidos. § 2.º Da decisão tomada no caso do § 1.º caberá apelação ou agravo conforme o caso. § 3.º Se o juiz entender que a superveniência de novos registros poderá causar danos de difícil reparação poderá determinar de ofício, a qualquer momento, ainda que sem oitiva das partes, o bloqueio da matrícula do imóvel. § 4.º Bloqueada a matrícula, o oficial não poderá mais nela praticar qualquer ato, salvo com autorização judicial, permitindo-se, todavia, aos interessados a prenotação de seus títulos, que ficarão com o prazo prorrogado até a solução do bloqueio. § 5.º A nulidade não será decretada se atingir terceiro de boa-fé que já tiver preenchido as condições de usucapião do imóvel." BRASIL. *Lei n. 6.015, de 31 de dezembro de 1973*. Dispõe sobre os registros públicos, e dá outras providências. Disponível em: http://www.planalto.gov.br/ccivil_03/leis/l6015compilada.htm. Acesso em: 15 nov. 2023.

[663] "Art. 250. Far-se-á o cancelamento: I — em cumprimento de decisão judicial transitada em julgado." BRASIL. *Lei n. 6.015, de 31 de dezembro de 1973*. Dispõe sobre os registros públicos, e dá outras providências. Disponível em: http://www.planalto.gov.br/ccivil_03/leis/l6015compilada.htm. Acesso em: 15 nov. 2023.

[664] "Art. 252. O registro, enquanto não cancelado, produz todos os efeitos legais ainda que, por outra maneira, se prove que o título está desfeito, anulado, extinto ou rescindido." BRASIL. *Lei n. 6.015, de 31 de dezembro de 1973*. Dispõe sobre os registros públicos, e dá outras providências. Disponível em: http://www.planalto.gov.br/ccivil_03/leis/l6015compilada.htm. Acesso em: 15 nov. 2023.

entender que novos registros podem causar danos irreparáveis, determine o bloqueio da matrícula do imóvel, mesmo sem ouvir as partes. O § 4.º estabelece que, uma vez bloqueada a matrícula, o oficial não pode realizar nenhum ato sem autorização judicial, permitindo a prenotação de títulos pelos interessados, com prazo prorrogado até a resolução do bloqueio. Por fim, o § 5.º ressalta que a nulidade não será decretada se atingir um terceiro de boa-fé que já preencheu as condições de usucapião do imóvel.

Já o art. 250, incluído pela Lei n. 6.216/75, aborda o cancelamento do registro, indicando que este ocorrerá em cumprimento de decisão judicial transitada em julgado. Por fim, o art. 252 destaca que o registro, enquanto não cancelado, produzirá todos os efeitos legais, mesmo que se prove, por outro meio, que o título está desfeito, anulado, extinto ou rescindido.

O Código Civil de 2002 tratou do cancelamento do registro no art. 1.245, § 2.º[665], ao dispor que, até que seja efetuada, por meio de uma ação específica, a declaração de invalidade do registro e sua subsequente anulação, o adquirente permanece reconhecido como proprietário do imóvel, e no art. 1.247[666], o qual determina que, caso o conteúdo do registro não corresponda à realidade, a parte interessada tem o direito de solicitar a correção ou anulação.

Além disso, o Código Civil passou, timidamente, a proteger o terceiro de boa-fé no art. 167, § 2.º[667], que prevê a preservação dos direitos de terceiros de boa-fé em relação aos envolvidos no negócio jurídico simulado, e no art. 1.268[668], que determina que a transferência de posse, chamada tradição, feita por alguém que não é o proprietário, não transfere a propriedade, a menos que a coisa seja oferecida ao público, em leilão ou estabelecimento comercial, e o adquirente de boa-fé acredite que o vendedor é o verdadeiro dono.

---

[665] "§ 2.º Enquanto não se promover, por meio de ação própria, a decretação de invalidade do registro, e o respectivo cancelamento, o adquirente continua a ser havido como dono do imóvel." BRASIL. *Lei n. 10.406, de 10 de janeiro de 2002*. Institui o Código Civil. Disponível em: http://www.planalto.gov.br/ccivil_03/leis/2002/l10406compilada.htm. Acesso em: 15 fev. 2024.

[666] "Art. 1.247. Se o teor do registro não exprimir a verdade, poderá o interessado reclamar que se retifique ou anule." BRASIL. *Lei n. 10.406, de 10 de janeiro de 2002*. Institui o Código Civil. Disponível em: http://www.planalto.gov.br/ccivil_03/leis/2002/l10406compilada.htm. Acesso em: 15 fev. 2024.

[667] "§ 2.º Ressalvam-se os direitos de terceiros de boa-fé em face dos contraentes do negócio jurídico simulado." BRASIL. *Lei n. 10.406, de 10 de janeiro de 2002*. Institui o Código Civil. Disponível em: http://www.planalto.gov.br/ccivil_03/leis/2002/l10406compilada.htm. Acesso em: 15 fev. 2024.

[668] "Art. 1.268. Feita por quem não seja proprietário, a tradição não aliena a propriedade, exceto se a coisa, oferecida ao público, em leilão ou estabelecimento comercial, for transferida em circunstâncias tais que, ao adquirente de boa-fé, como a qualquer pessoa, o alienante se afigurar dono. § 1.º Se o adquirente estiver de boa-fé e o alienante adquirir depois a propriedade, considera-se realizada a transferência desde o momento em que ocorreu a tradição. § 2.º Não transfere a propriedade a tradição, quando tiver por título um negócio jurídico nulo." BRASIL. *Lei n. 10.406, de 10 de janeiro de 2002*. Institui o Código Civil. Disponível em: http://www.planalto.gov.br/ccivil_03/leis/2002/l10406compilada.htm. Acesso em: 15 fev. 2024.

Apesar das previsões citadas, ainda não se gera uma fé pública registral, mantendo apenas a presunção de legitimidade do registro. No seu art. 1.242, parágrafo único[669], tentando proteger o adquirente, criou a possibilidade de usucapião do imóvel de quem teve o seu registro cancelado, desde que preenchidos os requisitos legais. Em 2004, a Lei n. 6.015/73 foi alterada, e o art. 214 recebeu o § 5.º, fortalecendo a usucapião tabular.

Finalmente, em 2015, a Lei n. 13.097/2015 impactou fortemente o sistema registral brasileiro, impedindo a oposição de situações não constantes na matrícula aos adquirentes de boa-fé que tomaram a cautela de consultar a matrícula do imóvel. Porém, tão logo entrou em vigor o CPC, Lei n. 13.105/2015[670], surgiram algumas vozes isoladas bradando que a Lei da Concentração havia caído por terra em razão do art. 792, IV[671], o qual estabelece que a alienação ou oneração de um bem é considerada fraude à execução nos casos em que, no momento da transferência ou ônus, estava em andamento uma ação judicial contra o devedor que pudesse levá-lo à insolvência. Em outras palavras, se, no momento da venda ou gravame do bem, existia um processo legal contra o devedor que tinha o potencial de torná-lo insolvente, essa transação é considerada fraudulenta em relação à execução, ou seja, prejudicial aos interesses dos credores na recuperação de seus créditos.

Alegava-se, com esse dispositivo, que não existia mais a atração para a matrícula de todas as situações perigosas, inimigas da segurança jurídica, e que, novamente, o sistema estava inseguro. Com certeza, são os inimigos da paz social que bradam esses verbetes e levantam a bandeira da instabilidade, querendo colocar o sistema em xeque. Porém, o STJ[672] resolveu a polêmica ao entender que, para haver o reconhecimento de fraude à execução na venda do imóvel, é necessária a averbação da existência da ação na matrícula, senão, vejamos: no que concerne ao requisito do registro da penhora ou da pendência de ação ou, então, da má-fé do adquirente, o reconhecimento da ineficácia da alienação originária, porque realizada em fraude à execução, não contamina, automaticamente, as alienações posteriores. Nessas situações, existindo registro da ação ou da penhora à margem da matrícula do bem imóvel alienado a terceiro, haverá presunção absoluta do conhecimento do adquirente sucessivo e, portanto, da ocorrência de fraude. Diversamente, se inexistente o registro do ato constritivo ou da ação, incumbe ao exequente/embargado a prova da má-fé do adquirente sucessivo. Dessa forma, os efeitos da inscrição são os **frutos da concentração**, que tem por finalidade inscrever na matrícula

---

[669] "Parágrafo único. Se o possuidor não tiver título, o prazo da usucapião será de vinte anos." BRASIL. *Lei n. 10.406, de 10 de janeiro de 2002*. Institui o Código Civil. Disponível em: http://www.planalto.gov.br/ccivil_03/leis/2002/l10406compilada.htm. Acesso em: 15 fev. 2024.

[670] BRASIL. *Lei n. 13.105, de 16 de março de 2015*. Código de Processo Civil. Disponível em: http://www.planalto.gov.br/ccivil_03/_ato2015-2018/2015/lei/l13105.htm. Acesso em: 15 nov. 2021.

[671] "Art. 792. A alienação ou a oneração de bem é considerada fraude à execução: IV — quando, ao tempo da alienação ou da oneração, tramitava contra o devedor ação capaz de reduzi-lo à insolvência." BRASIL. *Lei n. 13.105, de 16 de março de 2015*. Código de Processo Civil. Disponível em: http://www.planalto.gov.br/ccivil_03/_ato2015-2018/2015/lei/l13105.htm. Acesso em: 15 fev. 2024.

[672] BRASIL. Superior Tribunal de Justiça. *REsp 1863999-sp (2020/0048011-4)*, rel. Min. Nancy Andrighi, j. 3.8.2021. Disponível em: https://stj.jusbrasil.com.br/jurisprudencia/1273385305/recurso--especial-resp-1863999-sp-2020-0048011-4/inteiro-teor-1273385316. Acesso em: 15 nov. 2021.

do imóvel todas as ocorrências que podem afetar a segurança jurídica, princípio maior que deve ser protegido e que reflete em todos os outros. A presunção continua relativa, pois os dispositivos que permitem a anulação estão em vigor, mas a fé pública registral está presente, protegendo aos de boa-fé.

3.14. PRINCÍPIO DA CONCENTRAÇÃO

A concentração é um princípio recente, fruto de estudos e debates dos operadores do sistema para alcançar o máximo de segurança jurídica. Seus primeiros defensores foram João Pedro Lamana Paiva e Décio Antônio Érpen[673] por volta do ano 2000.

> O princípio da concentração sugere que o registro imobiliário tenha a capacidade de atrair e reunir todas as informações importantes que afetam a situação jurídica de um imóvel. Isso significa que o Registro de Imóveis seria como um arquivo completo contendo todas as informações relevantes sobre o imóvel, evitando a necessidade de procurar esses dados em outros lugares[674].

De forma suscinta, tal princípio tem como objetivo possibilitar que eventos que alterem o registro de um imóvel sejam averbados na matrícula. Esses eventos incluem não apenas transações comuns, mas também títulos de natureza judicial ou administrativa. A ideia é promover uma publicidade abrangente, permitindo que todas as alterações relevantes se tornem de conhecimento público. Isso visa preservar e garantir os interesses do comprador e de terceiros de boa-fé.

Para alguns, a concentração não é considerada um princípio em si, mas sim um caminho para atingir o princípio da fé pública registral. Outros declaram que tal princípio se assemelha ao "princípio do espelho" do direito inglês, que sugere que o registro deve refletir fielmente o imóvel, e vice-versa.

Como princípio, encontra-se na esfera da abstração, cabendo ao registrador a sua aplicação ao caso concreto em razão da ausência de regra normativa expressa. A subjetividade do seu caráter encontra de um lado a segurança jurídica, que ilumina todos os demais princípios e, do outro, a liberdade do tráfico imobiliário, que não pode sofrer ranhuras com informações irrelevantes. O critério de relevância compete ao registrador, conhecedor da sua circunscrição e protetor dos direitos reais e pessoais com eficácia real.

Ana Paula Almada[675] destaca a evolução do princípio da concentração ao longo do tempo, inicialmente mais restritivo, especialmente em relação à **taxatividade** dos direitos sujeitos a registro. A compreensão crescente, porém, ressalta a importância da

---

[673] ERPEN, Décio Antônio; PAIVA, João Pedro Lamana. A autonomia registral e o princípio da concentração. *Revista de Direito Imobiliário*, São Paulo, v. 49, p. 46-52, jul./dez. 2000.

[674] KERN, Marinho Dembinski; COSTA JUNIOR, Francisco José de Almeida Prado Ferraz. *Princípios do registro de imóveis brasileiro*. São Paulo: Thomson Reuters Brasil, 2020, v. II. p. 332-337. (Coleção de Direito imobiliário).

[675] ALMADA, A. P. P. L. Registro de imóveis. In: GENTIL, Alberto. *Registros públicos*. Rio de Janeiro: Grupo GEN, 2022. *E-book*. Disponível em: https://app.minhabiblioteca.com.br/#/books/9786559644773/. Acesso em: 15 dez. 2023.

publicidade dos fatos relacionados ao proprietário e ao imóvel para a sociedade. Essa abordagem desburocratiza o processo de negociação imobiliária, tornando mais seguro o tráfego de propriedades, uma vez que a certidão de matrícula passa a concentrar uma gama mais ampla de informações.

Destaca-se que inscrição e concentração se completam. Só poderá ocorrer a concentração, efetivamente, se houver inscrição do ato, e a inscrição é o resultado final da concentração. A Lei n. 6.015/73 diz, no seu art. 169[676], que todos os atos previstos no art. 167 são "obrigatórios", mas não prevê sanção pelo seu descumprimento. Já a Lei n. 13.09720/15, no seu art. 54[677], ao especificar quais situações são de cunho relevante para fins de averbação, alertou que a ausência desses dados na matrícula impede o seu questionamento por quem tinha o dever de inscrever o ato.

3.15. PRINCÍPIO DA TERRITORIALIDADE

Moacyr Petrocelli de Ávila Ribeiro[678] informa que o art. 169 estabelece o princípio da territorialidade no registro de imóveis. Esse princípio determina que os atos que afetam a situação jurídica da parcela imobiliária devem ocorrer na circunscrição competente.

---

[676] "Art. 169. Todos os atos enumerados no art. 167 desta Lei são obrigatórios e serão efetuados na serventia da situação do imóvel, observado o seguinte: I — as averbações serão efetuadas na matrícula ou à margem do registro a que se referirem, ainda que o imóvel tenha passado a pertencer a outra circunscrição, observado o disposto no inciso I do § 1.º e no § 18 do art. 176 desta Lei; II — para o imóvel situado em duas ou mais circunscrições, serão abertas matrículas em ambas as serventias dos registros públicos; e IV — aberta matrícula na serventia da situação do imóvel, o oficial comunicará o fato à serventia de origem, para o encerramento, de ofício, da matrícula anterior." BRASIL. *Lei n. 6.015, de 31 de dezembro de 1973.* Dispõe sobre os registros públicos, e dá outras providências. Disponível em: http://www.planalto.gov.br/ccivil_03/leis/l6015compilada.htm. Acesso em: 15 nov. 2023.

[677] "Art. 54. Os negócios jurídicos que tenham por fim constituir, transferir ou modificar direitos reais sobre imóveis são eficazes em relação a atos jurídicos precedentes, nas hipóteses em que não tenham sido registradas ou averbadas na matrícula do imóvel as seguintes informações: I — registro de citação de ações reais ou pessoais reipersecutórias; II — averbação, por solicitação do interessado, de constrição judicial, de que a execução foi admitida pelo juiz ou de fase de cumprimento de sentença, procedendo-se nos termos previstos no art. 828 da Lei n. 13.105, de 16 de março de 2015 (Código de Processo Civil); III — averbação de restrição administrativa ou convencional ao gozo de direitos registrados, de indisponibilidade ou de outros ônus quando previstos em lei; e IV — averbação, mediante decisão judicial, da existência de outro tipo de ação cujos resultados ou responsabilidade patrimonial possam reduzir seu proprietário à insolvência, nos termos do inciso IV do *caput* do art. 792 da Lei n. 13.105, de 16 de março de 2015 (Código de Processo Civil)." BRASIL. *Lei n. 13.097, de 19 de janeiro de 2015.* Reduz a zero as alíquotas da Contribuição para o PIS/PASEP, da COFINS, da Contribuição para o PIS/Pasep-Importação e da Cofins-Importação incidentes sobre a receita de vendas e na importação de partes utilizadas em aerogeradores; [...]. Disponível em: http://www.planalto.gov.br/ccivil_03/_ato2015-2018/2015/lei/l13097.htm. Acesso em: 15 nov. 2024.

[678] RIBEIRO, M. P. A. Das atribuições. In: PEDROSO, A. G. A. (Org.). *Lei de Registros Públicos comentada.* Rio de Janeiro: Forense, 2023, p. 769-771.

O art. 169[679], alterado pela Lei n. 14.382/2022, estabelece diretrizes para os atos relacionados ao registro de imóveis no Brasil e determina que todos os atos enumerados no art. 167 da lei são considerados obrigatórios e devem ser realizados na serventia onde o imóvel está localizado. Em caso de alterações nos registros (averbações) elas podem ser efetuadas na matrícula do imóvel ou à margem do registro correspondente, mesmo que o imóvel tenha passado a pertencer a outra circunscrição.

O artigo prevê que no caso de um imóvel situado em duas ou mais circunscrições, é necessário abrir matrículas em ambas as serventias dos registros públicos que cobrem essas circunscrições. Também ficou determinado que após abrir uma matrícula na serventia da situação do imóvel, o oficial de registro deve comunicar o fato à serventia de origem para encerrar, de ofício, a matrícula anterior. Esse procedimento visa manter a ordem e a atualização dos registros imobiliários.

O § 1.º determina que, quando se trata do registro de loteamento e desmembramento que abrange imóveis em diferentes circunscrições, as matrículas das unidades imobiliárias devem ser abertas na serventia do registro de imóveis da circunscrição em que a unidade está localizada, com a realização de averbações remissivas.

Já o § 2.º aduz que as informações sobre alterações de denominação de logradouro e numeração predial serão enviadas pelo Município à serventia do registro de imóveis da circunscrição onde o imóvel está situado, por meio do Sistema Eletrônico de Registro Predial (SERP).

Por fim, o § 3.º estabelece regras para a abertura de matrículas quando um imóvel está em mais de uma circunscrição, incluindo remissões recíprocas, prática dos atos de registro e averbação apenas na serventia onde está situada a maior área, e

---

[679] "Art. 169. Todos os atos enumerados no art. 167 desta Lei são obrigatórios e serão efetuados na serventia da situação do imóvel, observado o seguinte: I — as averbações serão efetuadas na matrícula ou à margem do registro a que se referirem, ainda que o imóvel tenha passado a pertencer a outra circunscrição, observado o disposto no inciso I do § 1.º e no § 18 do art. 176 desta Lei; II — para o imóvel situado em duas ou mais circunscrições, serão abertas matrículas em ambas as serventias dos registros públicos; e IV — aberta matrícula na serventia da situação do imóvel, o oficial comunicará o fato à serventia de origem, para o encerramento, de ofício, da matrícula anterior. § 1.º O registro do loteamento e do desmembramento que abranger imóvel localizado em mais de uma circunscrição imobiliária observará o disposto no inciso II do *caput* deste artigo, e as matrículas das unidades imobiliárias deverão ser abertas na serventia do registro de imóveis da circunscrição em que estiver situada a unidade imobiliária, procedendo-se às averbações remissivas. § 2.º As informações relativas às alterações de denominação de logradouro e de numeração predial serão enviadas pelo Município à serventia do registro de imóveis da circunscrição onde estiver situado o imóvel, por meio do SERP, e as informações de alteração de numeração predial poderão ser arquivadas para uso oportuno e a pedido do interessado. § 3.º Na hipótese prevista no inciso II do *caput* deste artigo, as matrículas serão abertas: I — com remissões recíprocas; II — com a prática dos atos de registro e de averbação apenas no registro de imóveis da circunscrição em que estiver situada a maior área, averbando-se, sem conteúdo financeiro, a circunstância na outra serventia; e III — se a área for idêntica em ambas as circunscrições, adotar-se-á o mesmo procedimento e proceder-se-á aos registros e às averbações na serventia de escolha do interessado, averbada a circunstância na outra serventia, sem conteúdo financeiro." BRASIL. *Lei n. 6.015, de 31 de dezembro de 1973*. Dispõe sobre os registros públicos, e dá outras providências. Disponível em: http://www.planalto.gov.br/ccivil_03/leis/l6015compilada.htm. Acesso em: 15 nov. 2023.

procedimentos específicos quando as áreas são idênticas em ambas as circunscrições, permitindo ao interessado escolher a serventia.

Ao analisar as alterações feitas pela Lei n. 14.382/2022, Moacyr Petrocelli de Ávila Ribeiro[680] destaca que essas mudanças incluem a eliminação da possibilidade de averbação à margem do registro na circunscrição anterior, a necessidade de abertura de nova matrícula mesmo para atos de mera averbação, e a ampliação das regras para casos de loteamentos ou desmembramentos que se estendem por mais de uma circunscrição.

O autor também ressalta a relevância do conceito de "circunscrição" no princípio da territorialidade, definido pela **delimitação geográfica** estabelecida oficialmente pela lei e enfatiza que a competência territorial absoluta é fundamental para reforçar a fé pública registral, facilitando a publicidade e a pesquisa da informação registral.

Ana Paula Almada[681] destaca a importância do princípio da territorialidade para a publicidade, pois permite que os interessados saibam em qual cartório buscar informações sobre um determinado bem. A autora também destaca a relação entre o princípio da territorialidade e o da continuidade, especialmente quando há mudança na circunscrição de um imóvel.

Se um título foi celebrado quando o imóvel pertencia a uma circunscrição, mas, no momento do registro, já pertence a outra, o título deve ser desqualificado para abrir uma nova matrícula no cartório competente, mantendo a continuidade das informações[682]. O art. 229 da Lei n. 6.015/73[683] é citado para respaldar essa prática, indicando que, em caso de registro anterior em outra circunscrição, a nova matrícula será aberta com base nos elementos do título apresentado e na certidão atualizada do registro anterior, que ficará arquivada no cartório.

Em conclusão, o princípio da territorialidade não apenas assegura a ordem e a atualização dos registros, mas também desempenha um papel crucial na promoção da segurança jurídica, confiança e transparência no mercado imobiliário. A delimitação geográfica estabelecida oficialmente pela lei, aliada à competência territorial, não apenas simplifica a pesquisa e a publicidade da informação registral, mas também contribui para a eficiência do sistema como um todo. Assim, o princípio da territorialidade emerge como um alicerce indispensável para a construção de um ambiente jurídico sólido e confiável no contexto do registro de imóveis no Brasil.

---

[680] RIBEIRO, M. P. A. Das atribuições. In: PEDROSO, A. G. A. (Org.). *Lei de Registros Públicos comentada*. Rio de Janeiro: Forense, 2023, p. 769-771.

[681] ALMADA, A. P. P. L. Registro de imóveis. In: GENTIL, Alberto. *Registros públicos*. Rio de Janeiro: Grupo GEN, 2022. *E-book*. Disponível em: https://app.minhabiblioteca.com.br/#/books/9786559644773/. Acesso em: 15 dez. 2023.

[682] ALMADA, A. P. P. L. Registro de imóveis. In: GENTIL, Alberto. *Registros públicos*. Rio de Janeiro: Grupo GEN, 2022. *E-book*. Disponível em: https://app.minhabiblioteca.com.br/#/books/9786559644773/. Acesso em: 15 dez. 2023.

[683] "Art. 229. Se o registro anterior foi efetuado em outra circunscrição, a matrícula será aberta com os elementos constantes do título apresentado e da certidão atualizada daquele registro, a qual ficará arquivada em cartório." BRASIL. *Lei n. 6.015, de 31 de dezembro de 1973*. Dispõe sobre os registros públicos, e dá outras providências. Disponível em: http://www.planalto.gov.br/ccivil_03/leis/l6015compilada.htm. Acesso em: 15 nov. 2023.

3.15.1. ALTERAÇÕES NA COMPETÊNCIA REGISTRAL IMOBILIÁRIA

Ao analisar o princípio da territorialidade, Moacyr Petrocelli de Ávila Ribeiro[684] explora a evolução do sistema de registro de imóveis no Brasil, enfocando na Lei n. 6.015/73, que consolidou esse sistema como um "registro de direitos". Ele destaca a importância da matrícula como unidade básica para concentração dos atos de registro, afastando-se da abordagem anterior centrada em indicadores pessoais. O autor destaca a alteração significativa promovida pelo art. 227[685] da lei, que instituiu o fólio real como regra para o registro predial, mudando a sistemática anterior e enfatizando o imóvel como base para os registros.

Ribeiro[686] ressalta a diferença entre a competência territorial no registro de imóveis, que é absoluta, e a competência relativa em outros registros, como títulos e documentos, em que a escolha do cartório pode ser facultativa.

A **competência territorial absoluta** é imprescindível para fortalecer a fé pública registral, facilitando a publicidade de negócios e atos imobiliários. Sua natureza absoluta é crucial para garantir que a outorga de direitos reais, que vincula a todos, seja realizada por agentes independentes das partes na transação.

Percebe-se, portanto, que as alterações na competência registral imobiliária revelam uma transformação significativa no sistema brasileiro de registro de imóveis, com a matrícula assumindo papel central, modernizando o sistema e fortalecendo a segurança jurídica ao centralizar nos imóveis. O sistema adotado enfatiza a necessidade fundamental da competência territorial absoluta para reforçar a fé pública registral, facilitando a publicidade e pesquisa da informação registral.

3.15.2. MITIGAÇÕES AO PRINCÍPIO DA TERRITORIALIDADE

O art. 169 estabelece o princípio da territorialidade ao determinar, em seu *caput*, que os atos listados no art. 167 devem ser realizados no cartório da localização do imóvel. Isso representa a consolidação da regra geral de responsabilidade pelo registro, no entanto, ainda existe uma exceção.

Caio Hilton de Freitas Teixeira[687] acredita que há uma exceção omitida, que é a escritura de emissão de debêntures (art. 167, I, 16), registrada no cartório correspondente à sede da companhia, conforme definido em seus estatutos, e não na circunscrição dos seus bens imóveis.

---

[684] RIBEIRO, M. P. A. Das atribuições. In: PEDROSO, A. G. A. (Org.). *Lei de Registros Públicos comentada*. Rio de Janeiro: Forense, 2023, p. 769-771.

[685] "Art. 227. Todo imóvel objeto de título a ser registrado deve estar matriculado no Livro n. 2 — Registro Geral — obedecido o disposto no art. 176." BRASIL. *Lei n. 6.015, de 31 de dezembro de 1973*. Dispõe sobre os registros públicos, e dá outras providências. Disponível em: http://www.planalto.gov.br/ccivil_03/leis/l6015compilada.htm. Acesso em: 15 nov. 2023.

[686] RIBEIRO, M. P. A. Das atribuições. In: PEDROSO, A. G. A. (Org.). *Lei de Registros Públicos comentada*. Rio de Janeiro: Forense, 2023, p. 769-771.

[687] TEIXEIRA, C. H. F. Registro de atos relativos a ferrovias: uma questão em aberto. In: DIP, Ricardo; JACOMINO, Sérgio. (Org.). *Registro imobiliário*: temas atuais. 2. ed. São Paulo: Revista dos Tribunais, 2013, v. 6, p. 281-286. (Coleção Doutrinas essenciais).

3.16. PRINCÍPIO DA DISPONIBILIDADE

O princípio da disponibilidade, segundo Álvaro Melo Filho[688], está relacionado à ideia de que ninguém pode transferir mais direitos do que possui, expresso pelo ditado latino *nemo dat quod non habet*.

> *Nemo dat quod non habet* significa "ninguém pode dar o que não possui". Essa expressão jurídica reflete o princípio de que uma pessoa não pode transferir para outra mais direitos ou propriedades do que ela própria possui. Em outras palavras, uma pessoa só pode transmitir ou ceder aquilo que realmente é seu.

Marcelo Augusto Santana de Melo[689] aduz que o princípio da disponibilidade é um corolário do **princípio da continuidade ou trato sucessivo** no contexto do registro de imóveis.

3.16.1. DISPONIBILIDADE QUANTO À PESSOA

Libaneo Sérpias[690] informa que o princípio da disponibilidade está previsto no art. 1.228 do Código Civil[691], que estabelece os direitos e as limitações do proprietário sobre sua propriedade. Segundo o texto, o proprietário tem a prerrogativa de usar, gozar e dispor da coisa, além do direito de reavê-la de quem injustamente a possua ou detenha. Contudo, o exercício desse direito deve observar as finalidades econômicas e sociais, conforme estabelecido em lei especial, visando a preservação da flora, fauna, belezas

---

[688] MELO FILHO, A. Princípios do direito registral imobiliário. In: DIP, Ricardo; JACOMINO, Sérgio. (Org.). *Registro imobiliário*: temas atuais. 2. ed. São Paulo: Revista dos Tribunais, 2013, v. 2, p. 65-100. (Coleção Doutrinas essenciais).

[689] MELO, M. A. S. Papel do registro de imóveis na regularização fundiária. In: DIP, Ricardo; JACOMINO, Sérgio. (Org.). *Registro imobiliário*: temas atuais. 2. ed. São Paulo: Revista dos Tribunais, 2013, v. 2, p. 701-767. (Coleção Doutrinas essenciais).

[690] SÉRPIAS, L. *Manual prático de direito imobiliário*. 5. ed. Leme: Editora Rumo Jurídico, 2023.

[691] "Art. 1.228. O proprietário tem a faculdade de usar, gozar e dispor da coisa, e o direito de reavê-la do poder de quem quer que injustamente a possua ou detenha. § 1.º O direito de propriedade deve ser exercido em consonância com as suas finalidades econômicas e sociais e de modo que sejam preservados, de conformidade com o estabelecido em lei especial, a flora, a fauna, as belezas naturais, o equilíbrio ecológico e o patrimônio histórico e artístico, bem como evitada a poluição do ar e das águas. § 2.º São defesos os atos que não trazem ao proprietário qualquer comodidade, ou utilidade, e sejam animados pela intenção de prejudicar outrem. § 3.º O proprietário pode ser privado da coisa, nos casos de desapropriação, por necessidade ou utilidade pública ou interesse social, bem como no de requisição, em caso de perigo público iminente. § 4.º O proprietário também pode ser privado da coisa se o imóvel reivindicado consistir em extensa área, na posse ininterrupta e de boa-fé, por mais de cinco anos, de considerável número de pessoas, e estas nela houverem realizado, em conjunto ou separadamente, obras e serviços considerados pelo juiz de interesse social e econômico relevante. § 5.º No caso do parágrafo antecedente, o juiz fixará a justa indenização devida ao proprietário; pago o preço, valerá a sentença como título para o registro do imóvel em nome dos possuidores. BRASIL. *Lei n. 10.406, de 10 de janeiro de 2002*. Institui o Código Civil. Disponível em: http://www.planalto.gov.br/ccivil_03/leis/2002/l10406compilada.htm. Acesso em: 15 fev. 2024.

naturais, equilíbrio ecológico, patrimônio histórico e artístico, além da prevenção da poluição do ar e das águas.

O § 2.º proíbe atos que não proporcionem comodidade ou utilidade ao proprietário e que sejam motivados pela intenção de prejudicar terceiros. Em situações específicas, o proprietário pode ser privado da propriedade, como nos casos de desapropriação por necessidade ou utilidade pública, interesse social, requisição em caso de perigo público iminente, ou quando o imóvel reivindicado consistir em extensa área ocupada ininterruptamente e de boa-fé por mais de cinco anos, por um considerável número de pessoas. Nesse último caso, o juiz determinará uma justa indenização ao proprietário, e, após o pagamento, a sentença servirá como título para o registro do imóvel em nome dos possuidores.

Assim, a disponibilidade refere-se à capacidade legal que um indivíduo ou entidade possui sobre a propriedade, permitindo-lhe alienar, onerar, ou de alguma forma, dispor desse bem de acordo com as normas legais. Em outras palavras, a disponibilidade representa a autorização legal para que uma pessoa exerça controle sobre o imóvel.

Em exemplo prático, a Corregedoria Geral da Justiça de São Paulo, no Recurso Administrativo n. 0004380-64.2018.8.26.0510[692], que abordava alegada duplicidade de matrículas e sobreposição de áreas em um imóvel, trouxe à tona a questão da disponibilidade.

Como cedido, o princípio da disponibilidade assegura que apenas o proprietário legítimo tem o direito de dispor do seu imóvel, realizando atos como alienação, oneração ou transferência de propriedade. Na decisão, a análise da suposta duplicidade de matrículas e sobreposição de áreas respeitou esse princípio, uma vez que buscou verificar se a disponibilidade do imóvel foi afetada por registros irregulares ou fraudes.

A conclusão da decisão destacou que, diante da complexidade da situação e da falta de evidências concretas apresentadas pelo recorrente, a questão não pode ser resolvida administrativamente. A decisão apontou para a necessidade de acionar as vias judiciais para uma análise mais aprofundada, assegurando o devido processo legal e o contraditório.

Assim, a vinculação da referida decisão ao princípio da disponibilidade reside na preocupação em garantir que o direito de propriedade seja respeitado, que os atos de transferência sejam válidos e que qualquer interferência na disponibilidade do imóvel seja devidamente justificada e fundamentada.

3.16.2. DISPONIBILIDADE QUANTO AO IMÓVEL

Em razão do princípio da disponibilidade, Álvaro Melo Filho[693] aborda a essencialidade de avaliar se um imóvel está disponível, ou seja, se encontra-se em condições de

---

[692] "RECURSO ADMINISTRATIVO — Alegada duplicidade de matrículas e sobreposição de áreas — Ausência de provas — Inexistência de nulidade de pleno direito — Remessa dos interessados às vias ordinárias — Parecer pelo desprovimento do recurso." CGJSP; Recurso Administrativo: 0004380-64.2018.8.26.0510; Relator(a): Fernando Antônio Torres Garcia; Órgão Julgador: Corregedoria Geral da Justiça de São Paulo; Foro de São Paulo; j. 23.2.2022.

[693] MELO FILHO, A. Princípios do direito registral imobiliário. In: DIP, Ricardo; JACOMINO, Sérgio. (Org.). *Registro imobiliário*: temas atuais. 2. ed. São Paulo: Revista dos Tribunais, 2013, v. 2, p. 65-100. (Coleção Doutrinas essenciais).

ser alienado ou onerado. Essa avaliação abrange tanto a perspectiva física quanto a jurídica. Em termos físicos, o autor exemplifica a situação em que alguém é proprietário de um terreno urbano de 5.000m², tendo alienado 3.500m², o que implica na falta de disponibilidade para registrar uma escritura de venda referente a uma área de 2.800m² do mesmo imóvel.

O autor ilustra essa situação com jurisprudência, destacando um caso em que a disponibilidade do imóvel foi questionada em relação a uma venda específica. Trata-se da Apelação Cível n. 262.486[694], na qual o cerne da questão envolve a disponibilidade de um imóvel de 421 alqueires, dividido por compromissos de venda em duas partes iguais de 210,5 alqueires cada. O apelante, por meio de cessão de direitos, adquiriu uma dessas partes, havendo uma posterior retificação que ajustou a área para 235,33 alqueires.

O Conselho Superior da Magistratura negou provimento ao recurso e exarou entendimento de que, apesar de a escritura descrever minuciosamente o imóvel, a transcrição anterior no Registro de Imóveis de Itaporanga, que indicava uma área de 421 alqueires, não permitia o registro da escritura que mencionava 235,33 alqueires, posto que a outra compra e venda previa uma propriedade de 210,5 alqueires.

Em entendimento similar, Marcelo Augusto Santana de Melo[695] estabelece que, ao transferir a propriedade de um bem, é necessário respeitar a exata propriedade do alienante, especialmente em termos quantitativos. Isso significa que, ao realizar a transferência, é crucial respeitar as proporções exatas de propriedade do alienante. Por exemplo, se a matrícula indica que uma pessoa é proprietária de 50% de um imóvel, ao alienar esse imóvel, ela deve transferir precisamente essa parte ideal correspondente a seus direitos.

Anteriormente, essa análise era restrita aos aspectos quantitativos, envolvendo apenas o cálculo aritmético da área total do imóvel. Contudo, após a Lei n. 6.015/73, essa abordagem evoluiu para uma análise qualitativa ou geodésica, levando em consideração características como medidas lineares, área total e confrontações. Isso destaca a importância de uma análise detalhada e abrangente para garantir a conformidade com o princípio da disponibilidade no registro de imóveis[696].

---

[694] "DISPONIBILIDADE — Imóvel de 421 alqueires, segundo a transcrição anterior, à margem da qual está inscrito um compromisso de 210,5 alqueires — Impossibilidade do ingresso de uma outra escritura que expressa a venda de 235,33 alqueires — Irrelevância do excesso decorrer de retificação acordada com o proprietário, ou de ter sido, a venda, realizada *ad corpus* ou *ad mensuram*. FRACIONAMENTO — Área remanescente — Título que descreve minuciosamente o imóvel seu objeto, tornando prescindível a descrição da parte remanescente — A descrição da área remanescente não constitui exigência legal, embora constante do Provimento do Juízo." (Conselho Superior da Magistratura do Estado de São Paulo, Apelação Cível n. 262.486, Itaporanga, rel. Acácio Rebouças, *DJU*, 15.8.1977).

[695] MELO, M. A. S. Papel do registro de imóveis na regularização fundiária. In: DIP, Ricardo; JACOMINO, Sérgio. (Org.). *Registro imobiliário*: temas atuais. 2. ed. São Paulo: Revista dos Tribunais, 2013, v. 2, p. 701-767. (Coleção Doutrinas essenciais).

[696] MELO, M. A. S. Papel do registro de imóveis na regularização fundiária. In: DIP, Ricardo; JACOMINO, Sérgio. (Org.). *Registro imobiliário*: temas atuais. 2. ed. São Paulo: Revista dos Tribunais, 2013, v. 2, p. 701-767. (Coleção Doutrinas essenciais).

3.16.3. DISPONIBILIDADE JURÍDICA

A disponibilidade no contexto registral determina que ninguém pode transferir mais direitos do que efetivamente possui sobre um imóvel. Isso significa que a capacidade de dispor de um bem está condicionada à existência de um direito legítimo sobre ele.

No âmbito imobiliário, por exemplo, a disponibilidade jurídica implica que o proprietário de um imóvel tem o direito de vendê-lo, alugá-lo ou transferi-lo, desde que esteja em conformidade com as leis e normas aplicáveis. Restrições legais, como cláusulas de inalienabilidade, podem limitar essa disponibilidade, exigindo que o proprietário cumpra determinadas condições antes de realizar certas transações.

Álvaro Melo Filho[697] aborda o princípio da disponibilidade no contexto jurídico, dando como exemplo alguém que recebe um imóvel por doação com a cláusula de inalienabilidade. Nesse caso, a pessoa não pode dispor do imóvel para venda a terceiros, e, se tentar fazê-lo, o título não poderá ser registrado. Assim, o autor destaca a necessidade de observar o princípio da disponibilidade tanto no aspecto físico quanto no jurídico, garantindo que apenas aquilo que está efetivamente disponível seja objeto de transferência ou alienação, em consonância com o princípio fundamental de que ninguém pode dar aquilo que não possui.

3.17. QUESTÕES

---

[697] MELO FILHO, A. Princípios do direito registral imobiliário. In: DIP, Ricardo; JACOMINO, Sérgio. (Org.). *Registro imobiliário*: temas atuais. 2. ed. São Paulo: Revista dos Tribunais, 2013, v. 2, p. 65-100. (Coleção Doutrinas essenciais).

4
REGISTRO DE IMÓVEIS

Neste capítulo, vamos estudar o registro de imóveis brasileiro e seus procedimentos próprios. O registrador imobiliário exerce **função de proteção do direito de propriedade e dos demais direitos reais** que incidem sobre ela, servindo como um **filtro da legalidade sobre os títulos apresentados** para registro.

A função é desempenhada em diversos países, cada um com peculiaridades próprias, mas, no Brasil, vem tomando destaque em razão da tentativa de **desjudicializar** o sistema que, nas últimas décadas, passou pelo fenômeno da judicialização em massa. As próprias faculdades de Direito sempre trilharam um caminho direcionado ao juiz de direito, inserindo nas suas grades de ensino várias disciplinas de processo civil, esquecendo que o mundo extrajudicial sempre esteve presente. Aqui, será demonstrado, de forma técnica, como funciona o sistema registral imobiliário brasileiro.

José Manuel de Arruda Alvim Neto[1] destaca a importância fundamental do registro imobiliário nas sociedades mais desenvolvidas, ressaltando sua relevância para a **organização da propriedade imobiliária** em um país. O autor enfatiza que o registro imobiliário proporciona um ambiente de **segurança jurídica**, refletindo **transparência na situação imobiliária** ao documentar a **titularidade** de bens imóveis, descrever suas **características** e acompanhar sua **evolução**. O autor destaca a **bifrontalidade da segurança** proporcionada pelo registro: não apenas para o **tráfego de bens**, mas também para a segurança dos **titulares dos direitos reais**, como o proprietário.

O sistema de registro imobiliário, embora sirva ao direito privado, é uma atividade pública exercida em caráter privado, conforme estabelecido pelo art. 236[2] da Constituição Federal de 1988 (CF/88).

---

[1] ALVIM NETO, José Manuel de Arruda; CLÁPIS, Alexandre L.; CAMBLER, Everaldo A. *Lei de Registros Públicos comentada*. 2. ed. Rio de Janeiro: GEN, 2019. *E-book*. Disponível em: https://app.minhabiblioteca.com.br/#/books/9788530983468/. Acesso em: 29 fev. 2024.

[2] "Art. 236. Os serviços notariais e de registro são exercidos em caráter privado, por delegação do poder público. § 1.º Lei regulará as atividades, disciplinará a responsabilidade civil e criminal dos notários, dos oficiais de registro e de seus prepostos, e definirá a fiscalização de seus atos pelo Poder Judiciário. § 2.º Lei federal estabelecerá normas gerais para fixação de emolumentos relativos aos atos praticados pelos serviços notariais e de registro. § 3.º O ingresso na atividade notarial e de registro depende de concurso público de provas e títulos, não se permitindo que qualquer serventia fique vaga, sem abertura de concurso de provimento ou de remoção, por mais de seis meses" (BRASIL. *Constituição da República Federativa do Brasil de 1988*. Brasília, DF: Presi-

Ricardo Dip[3] aborda o **direito registral imobiliário** em sua acepção normativa, definindo-o como a **parte do direito que regulamenta o procedimento de inscrição de títulos relacionados a imóveis e estabelece as formas e efeitos da publicidade das situações jurídicas imobiliárias**. O autor destaca a importância de compreender a norma jurídica como medida, fonte, regra diretiva e princípio formal, ressaltando a distinção entre direito natural, proveniente por natureza, e direito positivo, proveniente por convenção.

Quanto à denominação "direito registral imobiliário", Dip analisa várias terminologias, como "direito registral", "direito imobiliário", "direito hipotecário", "direito do registro da propriedade", "registro de imóveis" e "registro predial". Ele explora as implicações e limitações de cada termo, considerando aspectos normativos e orgânicos, e a discussão gerada pelo autor reflete a complexidade da nomenclatura e a necessidade de escolher termos que expressem adequadamente o objeto e o escopo da ciência correspondente ao registro imobiliário.

Ricardo Dip[4] também aborda o registro imobiliário como **uma instituição que funciona como um sistema de publicidade estável e provocada de situações jurídicas prediais**. Essa publicidade é efetuada por meio da inscrição de fatos jurídicos, com o propósito formal de garantir certos interesses da comunidade.

Nesse aspecto, o registro imobiliário foca na necessidade de garantir a **segurança estática do domínio e dos direitos reais** menores sobre imóveis, bem como a **segurança dinâmica do comércio e do crédito predial**.

> A filosofia por trás da instituição registral está vinculada à ideia de segurança jurídica. A **segurança jurídica**, nesse contexto, refere-se à **organização social, ordem eficaz e justa**, e está ligada ao conhecimento do conteúdo e das fontes positivas dos direitos e obrigações em uma sociedade política específica[5].

Dip[6] argumenta que a busca pela justiça não exclui a necessidade de segurança e certeza jurídicas. A sociedade civil aspira à estabilidade, segurança e certeza de que suas liberdades e direitos não serão comprometidos por intervenções desordenadas ou inovações irrefletidas, existindo uma interdependência entre justiça e segurança.

José Manuel de Arruda Alvim Neto[7] destaca a comunhão entre o Código Civil (CC) e a Lei de Registros Públicos (LRP), argumentando que a LRP é essencial ao tráfego

---

dência da República, [2023]. Disponível em: http://www.planalto.gov.br/ccivil_03/Constituicao/Constituiçao.htm. Acesso em: 15 nov. 2023).

[3] DIP, Ricardo. Do conceito de direito registral imobiliário. *In*: DIP, Ricardo (org.). *Registro imobiliário*: vários estudos. Porto Alegre: IRIB, 2005, p. 35-55.

[4] DIP, Ricardo. O registro de imóveis brasileiro e o processo constituinte de 1988. *In*: DIP, Ricardo (org.). *Registro imobiliário*: vários estudos. Porto Alegre: IRIB, 2005, p. 57-88.

[5] DIP, Ricardo. O registro de imóveis brasileiro e o processo constituinte de 1988. *In*: DIP, Ricardo (org.). *Registro imobiliário*: vários estudos. Porto Alegre: IRIB, 2005, p. 57-88.

[6] DIP, Ricardo. O registro de imóveis brasileiro e o processo constituinte de 1988. *In*: DIP, Ricardo (org.). *Registro imobiliário*: vários estudos. Porto Alegre: IRIB, 2005, p. 57-88.

[7] ALVIM NETO, José Manuel de Arruda; CLÁPIS, Alexandre L.; CAMBLER, Everaldo A. *Lei de Registros Públicos comentada*. 2. ed. Rio de Janeiro: GEN, 2019. E-book. Disponível em: https://app.minhabiblioteca.com.br/#/books/9788530983468/. Acesso em: 29 fev. 2024.

jurídico imobiliário em conjunto com o CC e demais leis de caráter civil. Ele enfatiza a unidade entre os princípios dos direitos reais do CC e o registro de imóveis, onde o CC exerce sua influência sobre este último.

Ao abordar as disposições legais relacionadas ao registro de imóveis, Eduardo Pacheco Ribeiro de Souza[8] destaca a aplicação dos arts. 167 a 288 da Lei n. 6.015/73, que tratam especificamente do registro de imóveis, e menciona os arts. 1.º a 28 e 289 a 299 da mesma lei, referentes a disposições gerais e finais/transitórias, respectivamente.

Para o autor, o registro imobiliário desempenha um papel crucial ao servir como **um repositório fiel da propriedade imóvel, abrangendo atos e negócios jurídicos relacionados a ela**. Essa função visa proporcionar **publicidade à situação jurídica dos bens imóveis**, promovendo, assim, a **segurança jurídica**. Para além de seu caráter jurídico, o registro imobiliário também desempenha **funções econômicas e sociais**, contribuindo para o desenvolvimento econômico ao fornecer um meio seguro para a concessão de crédito e auxiliando no cumprimento da função social da propriedade, atuando na fiscalização do cumprimento das regras de direito urbanístico e ambiental.

Os atos de registro abrangem a **matrícula** do imóvel, que, na visão do autor, é uma inovação significativa trazida pela Lei n. 6.015/73 por determinar a caracterização e a confrontação do imóvel, tornando-o o **núcleo do registro**.

Eduardo Pacheco Ribeiro de Souza[9] enfatiza os **efeitos do registo imobiliário**, os quais podem ser categorizados entre efeitos **constitutivos** (o registro é uma formalidade essencial e indispensável para a **aquisição do direito**, seguindo o **princípio da inscrição** presente no art. 1.245 do CC[10]), efeitos **comprobatórios** (o registro atua como **prova da existência e veracidade do ato** ao qual se refere) e efeitos **publicitários** (o registro deve ser acessível a todos, garantindo o **conhecimento geral**).

Na perspectiva de Nicolau Balbino Filho[11], os atos realizados no âmbito do registro de imóveis, quando conduzidos conforme a legislação nacional, desencadeiam uma série de efeitos significativos. Primeiramente, destaca-se que o registro se configura como **um meio legítimo de adquirir imóveis**, e esse procedimento, ao ser realizado de acordo com as normas vigentes, confere validade perante terceiros, consolidando a propriedade de maneira segura e reconhecida.

---

[8] SOUZA, Eduardo Pacheco Ribeiro de. *Noções fundamentais de direito registral e notarial*. São Paulo: Saraiva, 2022. E-book. Disponível em: https://app.minhabiblioteca.com.br/#/books/9786553620087/. Acesso em: 5 mar. 2024.

[9] SOUZA, Eduardo Pacheco Ribeiro de. *Noções fundamentais de direito registral e notarial*. São Paulo: Saraiva, 2022. E-book. Disponível em: https://app.minhabiblioteca.com.br/#/books/9786553620087/. Acesso em: 5 mar. 2024.

[10] "Art. 1.245. Transfere-se entre vivos a propriedade mediante o registro do título translativo no registro de imóveis. § 1.º Enquanto não se registrar o título translativo, o alienante continua a ser havido como dono do imóvel. § 2.º Enquanto não se promover, por meio de ação própria, a decretação de invalidade do registro, e o respectivo cancelamento, o adquirente continua a ser havido como dono do imóvel" (BRASIL. *Lei n. 10.406, de 10 de janeiro de 2002*. Institui o Código Civil. Disponível em: http://www.planalto.gov.br/ccivil_03/leis/2002/l10406compilada.htm. Acesso em: 15 fev. 2024).

[11] BALBINO FILHO, Nicolau. *Registro de imóveis*: doutrina, prática e jurisprudência. 16. ed. rev. e atual. São Paulo: Saraiva, 2012, p. 55-58.

Além disso, Balbino Filho ressalta que o registro de imóveis não se limita apenas à aquisição, sendo também **um meio eficaz de constituir e transferir direitos reais sobre imóveis pertencentes a terceiros**. Essa abrangência engloba tanto os direitos de gozo quanto os de garantia, proporcionando uma ferramenta abrangente para a regulação e formalização desses direitos.

Outro efeito destacado pelo autor é a capacidade do registro em determinar a **extinção de um determinado direito real**. Esse processo ocorre por meio da devida **averbação** na folha da matrícula ou na margem do registro correspondente, conferindo transparência e atualização no *status* jurídico do imóvel.

Por fim, Nicolau Balbino Filho[12] enfatiza que o registro de imóveis desempenha um papel crucial na oferta de **prova concreta da existência do domínio e dos direitos reais sobre os imóveis**. Essa função probatória é essencial para a segurança jurídica, garantindo a transparência e autenticidade das relações imobiliárias, embora ressalvando os direitos de terceiros que eventualmente possam existir.

4.1. NATUREZA JURÍDICA

O registrador de imóveis é o responsável pela manutenção, conservação e proteção dos direitos reais. Em alguns países, ele é chamado de conservador da propriedade. O termo "oficial" é genérico, servindo tanto para notários como registradores. Apesar de ser largamente utilizado para referir-se ao oficial de registro, o CC ainda se refere ao tabelião como "oficial" no art. 1.864, I; e no art. 1.873, quando trata de testamentos. A designação mais técnica e moderna é "registrador imobiliário" ou "registrador de imóveis", apesar de muito se utilizar a consagrada expressão "oficial do registro de imóveis". Algumas pessoas tentam unificar as designações chamando de "oficial registrador de imóveis" ou "oficial registrador imobiliário".

A Lei n. 8.935/94 trata da nomenclatura no seu art. 3.º[13], o qual estabelece, de forma clara e concisa, as características e atribuições dos profissionais conhecidos como notários (ou tabeliães) e oficiais de registro (ou registradores). Ambos são identificados como **profissionais do direito**, o que significa que estão **inseridos no campo jurídico** e são **qualificados para lidar com questões legais e documentação jurídica**.

Uma característica fundamental destacada pelo artigo é que esses profissionais são **dotados de fé pública**. A fé pública confere a eles uma **posição de confiança e autoridade, sendo reconhecidos como agentes imparciais e imbuídos de credibilidade para atuar na formalização e autenticação de atos jurídicos**. Essa qualidade é crucial para assegurar a **integridade** e **autenticidade** dos documentos e atos que passam por seus registros e notificações.

---

[12] BALBINO FILHO, Nicolau. *Registro de imóveis*: doutrina, prática e jurisprudência. 16. ed. rev. e atual. São Paulo: Saraiva, 2012, p. 55-58.

[13] "Art. 3.º Notário, ou tabelião, e oficial de registro, ou registrador, são profissionais do direito, dotados de fé pública, a quem é delegado o exercício da atividade notarial e de registro" (BRASIL. *Lei n. 8.935, de 18 de novembro de 1994*. Regulamenta o art. 236 da Constituição Federal, dispondo sobre serviços notariais e de registro. Disponível em: http://www.planalto.gov.br/ccivil_03/leis/l8935.htm. Acesso em: 15 nov. 2023).

Além disso, o texto enfatiza que a atividade notarial e de registro é delegada a esses profissionais. Isso implica que eles **recebem uma delegação de poder do Estado para desempenhar suas funções**, e essa delegação é respaldada pela confiança na sua competência e integridade.

O registrador **presta um serviço público** e, portanto, a expressão "cartório" muitas vezes é substituída pela expressão "serviço de registro"[14]. Para compreender o serviço de registro de imóveis no Brasil, é necessário localizar a atividade na CF/88. É o **art. 236** que ilumina o caminho, determinando que **"os serviços notariais e de registros são exercidos em caráter privado, por delegação do poder público"**[15]. Essa delegação implica que o Estado confere a particulares a responsabilidade de exercer esses serviços em seu nome.

Importa explicar a confusão que algumas pessoas fazem quando dizem que os oficiais (notários e registradores) são funcionários públicos. Não são. **Eles recebem uma delegação (instrumento administrativo pelo qual o Estado descentraliza suas funções) para exercer de forma privada um serviço público.**

> Quando a CF/88 fala em caráter privado, significa que os oficiais devem contratar seus funcionários pelo regime celetista, vinculando seu contrato de trabalho à pessoa do titular, delegatário, pois é ele o responsável.

Vale lembrar que os **cartórios não são pessoas jurídicas**[16], mas **possuem um Cadastro Nacional da Pessoa Jurídica (CNPJ) para fins de prestar informações a órgãos do governo**, como a Receita Federal do Brasil (RFB), mediante a Declaração de Operações Imobiliárias (DOI)[17].

Portanto, a palavra "cartório" refere-se ao local, ao prédio e não a uma pessoa jurídica. É o oficial que contrata, que adquire o material de expediente, o maquinário necessário para a execução do serviço, recolhendo os tributos como pessoa física — Instituto Nacional do Seguro Social (INSS), Imposto de Renda (IR), Selos[18].

---

[14] "Art. 4.º Os serviços notariais e de registro serão prestados, de modo eficiente e adequado, em dias e horários estabelecidos pelo juízo competente, atendidas as peculiaridades locais, em local de fácil acesso ao público e que ofereça segurança para o arquivamento de livros e documentos" (BRASIL. *Lei n. 8.935, de 18 de novembro de 1994*. Regulamenta o art. 236 da Constituição Federal, dispondo sobre serviços notariais e de registro. Disponível em: http://www.planalto.gov.br/ccivil_03/leis/l8935.htm. Acesso em: 15 nov. 2021).

[15] BRASIL. *Constituição da República Federativa do Brasil de 1988*. Brasília, DF: Presidência da República, 1988. Disponível em: http://www.planalto.gov.br/ccivil_03/Constituicao/Constituicao.htm. Acesso em: 15 nov. 2021.

[16] Jurisprudência em Teses n. 80: "Os serviços de registros públicos, cartorários e notariais, não detêm personalidade jurídica, de modo que o titular do cartório à época dos fatos é o responsável pelos atos decorrentes da atividade desempenhada" (STJ, 2.ª Seção, AgInt nos EDv nos EAREsp n. 846.180/GO, Rel. Min. Antonio Carlos Ferreira, j. 8-2-2017, *DJe* 13-2-2017).

[17] Sobre declarações de operações imobiliárias *vide* a Instrução Normativa n. 1.112, de 28 de dezembro de 2010, da Secretaria da RFB.

[18] Cada Estado possui normas próprias quanto ao recolhimento de selos de fiscalização ao Poder Judiciário e, eventualmente, a outras entidades.

Quanto ao Imposto sobre Serviços de Qualquer Natureza (ISSQN)[19], existia uma divergência sobre seu recolhimento, ora sendo enquadrado pelos municípios como um valor fixo, ora enquadrado como um percentual da receita bruta, a qual foi solucionada pelo Superior Tribunal de Justiça (STJ)[20]. Alguns municípios permitem o repasse ao usuário, outros não.

O art. 236 da CF/88 fala ainda que "**lei regulará as atividades, disciplinará a responsabilidade civil e criminal dos notários, dos oficiais de registro e de seus prepostos, e definirá a fiscalização de seus atos pelo poder Judiciário**"[21]. Trata-se da **Lei n. 8.935/94**[22], que deve ser observada por todos aqueles que trabalham na atividade.

A Constituição previa que tal lei disciplinaria tanto a responsabilidade civil quanto a criminal desses profissionais, estabelecendo normas e padrões para garantir a legalidade e a integridade dos atos praticados por eles.

A questão foi retratada nos **arts. 22, 23 e 24** da referida lei, os quais determinam as disposições fundamentais relacionadas à **responsabilidade civil e criminal dos notários e oficiais de registro**.

O art. 22[23] estabelece que notários e oficiais de registro **são civilmente responsáveis por eventuais prejuízos causados a terceiros, seja por culpa ou dolo**. Essa responsabilidade abrange não apenas os atos praticados pessoalmente pelos notários e registradores, mas **também os atos realizados por substitutos por eles designados ou por escreventes autorizados**. Importante ressaltar que é **assegurado o direito de regresso**, ou seja, a possibilidade de reaver os valores pagos em eventual indenização, caso o responsável pela causa seja outro.

---

[19] Conforme ADI n. 3.089 do STF, a atividade notarial e registral é tributável (STF, ADI n. 3.089/DF, Rel. Min. Carlos Britto, Tribunal Pleno, 13-2-2008). No REsp n. 1.187.464/RS ficou definido que a atividade notarial e registral é similar à atividade empresarial e, portanto, lucrativa (STJ, 2.ª Turma, REsp n. 1.187.464/RS, j. 1.º-6-2010, Rel. Min. Herman Benjamin, *DJe* 1.º-7-2010).

[20] Jurisprudência em Teses n. 80: "Não se aplica à prestação de serviços de registros públicos cartorários e notariais o regime especial de alíquota fixa do ISS previsto no § 1.º do art. 9.º do DL n. 406/68" (STJ, 1.ª Turma, AgInt no REsp n. 1.630.011/RJ, Rel. Min. Regina Helena Costa, j. 21-3-2017, *DJe* 30-3-2017).

[21] BRASIL. *Constituição da República Federativa do Brasil de 1988*. Brasília, DF: Presidência da República, 1988. Disponível em: http://www.planalto.gov.br/ccivil_03/Constituicao/Constituicao.htm. Acesso em: 15 nov. 2021.

[22] BRASIL. *Lei n. 8.935, de 18 de novembro de 1994*. Regulamenta o art. 236 da Constituição Federal, dispondo sobre serviços notariais e de registro. Disponível em: http://www.planalto.gov.br/ccivil_03/leis/l8935.htm. Acesso em: 15 nov. 2021.

[23] "Art. 22. Os notários e oficiais de registro são civilmente responsáveis por todos os prejuízos que causarem a terceiros, por culpa ou dolo, pessoalmente, pelos substitutos que designarem ou escreventes que autorizarem, assegurado o direito de regresso. Parágrafo único. Prescreve em três anos a pretensão de reparação civil, contado o prazo da data de lavratura do ato registral ou notarial" (BRASIL. *Lei n. 8.935, de 18 de novembro de 1994*. Regulamenta o art. 236 da Constituição Federal, dispondo sobre serviços notariais e de registro. Disponível em: http://www.planalto.gov.br/ccivil_03/leis/l8935.htm. Acesso em: 15 mar. 2024).

O parágrafo único estabelece o **prazo prescricional de três anos** para a pretensão de reparação civil. Esse prazo começa a contar **a partir da data de lavratura do ato registral ou notarial** que deu origem ao prejuízo. Em outras palavras, a parte prejudicada tem até três anos para buscar reparação por danos decorrentes de atos praticados por notários e oficiais de registro.

Já o art. 23[24] destaca que **a responsabilidade civil é independente da responsabilidade criminal**, de forma que o fato de haver uma ação penal não exclui a possibilidade de a parte prejudicada buscar reparação civil, e vice-versa.

E, por fim, o art. 24 aborda a **responsabilidade criminal individualizada**, aplicando-se, quando pertinente, a legislação referente aos **crimes contra a administração pública**.

> **Art. 24.** A responsabilidade criminal será individualizada, aplicando-se, no que couber, a legislação relativa aos crimes contra a administração pública.
>
> **Parágrafo único.** A individualização prevista no *caput* não exime os notários e os oficiais de registro de sua responsabilidade civil.

Quanto à responsabilidade civil, o **Supremo Tribunal Federal (STF)** alterou a sua compreensão sobre o tema em 2019, quando analisou o Recurso Extraordinário (RE) n. 842.846/SC, definindo que **a responsabilidade civil do Estado será objetiva pelos danos que os tabeliães e registradores causarem a terceiros, assentado o direito de regresso contra o responsável, nos casos de dolo ou culpa, sob pena de improbidade administrativa**.

> DIREITO ADMINISTRATIVO. RECURSO EXTRAORDINÁRIO. REPERCUSSÃO GERAL. DANO MATERIAL. ATOS E OMISSÕES DANOSAS DE NOTÁRIOS E REGISTRADORES. TEMA N. 777. ATIVIDADE DELEGADA. RESPONSABILIDADE CIVIL DO DELEGATÁRIO E DO ESTADO EM DECORRÊNCIA DE DANOS CAUSADOS A TERCEIROS POR TABELIÃES E OFICIAIS DE REGISTRO NO EXERCÍCIO DE SUAS FUNÇÕES. SERVENTIAS EXTRAJUDICIAIS. ART. 236, § 1.º, DA CONSTITUIÇÃO DA REPÚBLICA. RESPONSABILIDADE OBJETIVA DO ESTADO PELOS ATOS DE TABELIÃES E REGISTRADORES OFICIAIS QUE, NO EXERCÍCIO DE SUAS FUNÇÕES, CAUSEM DANOS A TERCEIROS, ASSEGURADO O DIREITO DE REGRESSO CONTRA O RESPONSÁVEL NOS CASOS DE DOLO OU CULPA. POSSIBILIDADE. 1. Os serviços notariais e de registro são exercidos em caráter privado, por delegação do poder público. Tabeliães e registradores oficiais são particulares em colaboração com o poder público que exercem suas atividades *in nomine* do Estado, com lastro em delegação prescrita expressamente no tecido constitucional (art. 236 da CRFB/88). 2. Os tabeliães e registradores oficiais exercem função munida de fé pública, que destina-se a conferir autenticidade, publicidade, segurança e eficácia às declarações de vontade. 3. O ingresso na atividade notarial e de registro depende de concurso público

---

[24] "Art. 23. A responsabilidade civil independe da criminal" (BRASIL. *Lei n. 8.935, de 18 de novembro de 1994*. Regulamenta o art. 236 da Constituição Federal, dispondo sobre serviços notariais e de registro. Disponível em: http://www.planalto.gov.br/ccivil_03/leis/l8935.htm. Acesso em: 15 mar. 2024).

e os atos de seus agentes estão sujeitos à fiscalização do Poder Judiciário, consoante expressa determinação constitucional (art. 236 da CRFB/88). Por exercerem um feixe de competências estatais, os titulares de serventias extrajudiciais qualificam-se como agentes públicos. 4. O Estado responde, objetivamente, pelos atos dos tabeliães e registradores oficiais que, no exercício de suas funções, causem dano a terceiros, assentado o dever de regresso contra o responsável, nos casos de dolo ou culpa, sob pena de improbidade administrativa. Precedentes: RE n. 209.354 AgR, Rel. Min. Carlos Velloso, 2.ª Turma, *DJe* 16-4-1999; RE n. 518.894 AgR, Rel. Min. Ayres Britto, 2.ª Turma, *DJe* 22-9-2011; RE n. 551.156 AgR, Rel. Min. Ellen Gracie, 2.ª Turma, *DJe* 10-3-2009; AI n. 846.317 AgR, Rel. Min. Cármen Lúcia, 2.ª Turma, *DJe* 28-11-2013; e RE n. 788.009 AgR, Rel. Min. Dias Toffoli, 1.ª Turma, j. 19-8-2014, *DJe* 13-10-2014. 5. Os serviços notariais e de registro, mercê de exercidos em caráter privado, por delegação do poder público (art. 236 da CF/88), não se submetem à disciplina que rege as pessoas jurídicas de direito privado prestadoras de serviços públicos. É que esta alternativa interpretativa, além de inobservar a sistemática da aplicabilidade das normas constitucionais, contraria a literalidade do texto da Carta da República, conforme a dicção do art. 37, § 6.º, que se refere a "pessoas jurídicas" prestadoras de serviços públicos, ao passo que notários e tabeliães respondem civilmente enquanto pessoas naturais delegatárias de serviço público, consoante disposto no art. 22 da Lei n. 8.935/94. 6. A própria Constituição determina que "lei regulará as atividades, disciplinará a responsabilidade civil e criminal dos notários, dos oficiais de registro e de seus prepostos, e definirá a fiscalização de seus atos pelo Poder Judiciário" (art. 236 da CRFB/88), não competindo a esta Corte realizar uma interpretação analógica e extensiva, a fim de equiparar o regime jurídico da responsabilidade civil de notários e registradores oficiais ao das pessoas jurídicas de direito privado prestadoras de serviços públicos (art. 37, § 6.º, da CRFB/88). 7. A responsabilização objetiva depende de expressa previsão normativa e não admite interpretação extensiva ou ampliativa, posto regra excepcional, impassível de presunção. 8. A Lei n. 8.935/94 regulamenta o art. 236 da Constituição Federal e fixa o estatuto dos serviços notariais e de registro, predicando no seu art. 22 que "os notários e oficiais de registro são civilmente responsáveis por todos os prejuízos que causarem a terceiros, por culpa ou dolo, pessoalmente, pelos substitutos que designarem ou escreventes que autorizarem, assegurado o direito de regresso. (Redação dada pela Lei n. 13.286, de 2016.)", o que configura inequívoca responsabilidade civil subjetiva dos notários e oficiais de registro, legalmente assentada. 9. O art. 28 da Lei de Registros Públicos (Lei n. 6.015/73) contém comando expresso quanto à responsabilidade subjetiva de oficiais de registro, bem como o art. 38 da Lei n. 9.492/97, que fixa a responsabilidade subjetiva dos tabeliães de protesto de títulos por seus próprios atos e os de seus prepostos. 10. Deveras, a atividade dos registradores de protesto é análoga à dos notários e demais registradores, inexistindo discrímen que autorize tratamento diferenciado para somente uma determinada atividade da classe notarial. 11. Repercussão geral constitucional que assenta a tese objetiva de que: o Estado responde, objetivamente, pelos atos dos tabeliães e registradores oficiais que, no exercício de suas funções, causem dano a terceiros, assentado o dever de regresso contra o responsável, nos casos de dolo ou culpa, sob pena de improbidade administrativa. 12. *In casu*, tratando-se de dano causado por registrador oficial no exercício de sua função, incide a responsabilidade objetiva do estado de Santa Catarina, assentado o dever de regresso contra o responsável, nos casos de dolo ou culpa, sob pena de improbidade administrativa. 13. Recurso extraordinário conhecido e desprovido para reconhecer que o Estado responde, objetivamente, pelos atos dos tabeliães e registradores oficiais que, no exercício de suas funções, causem dano a terceiros, assentado o dever de regresso contra o responsável, nos casos de dolo ou culpa, sob pena de improbidade administrativa. Tese: "O Estado responde, objetivamente, pelos atos dos tabeliães e registradores oficiais que, no exercício de suas funções, causem dano a terceiros, assentado o dever de regresso contra o responsável, nos casos de dolo ou culpa, sob pena de improbidade administrativa" (RE n. 842.846, Rel. Min. Luiz Fux, *DJ* 27-2-2019).

Já a **fiscalização** da atividade notarial e registral ocorre **pelo Poder Judiciário** por meio de juízes corregedores[25] das comarcas, cabendo recurso de suas decisões ao tribunal a que se acham vinculados.

Os arts. 37 e 38 da Lei n. 8.935/94 tratam da fiscalização judiciária dos atos notariais e de registro, estabelecendo que ela será **exercida pelo juízo competente, definido no âmbito estadual e do Distrito Federal**. A fiscalização pode ser acionada sempre que necessário, seja por iniciativa do próprio juízo ou mediante representação de qualquer interessado. Essa representação pode ocorrer quando há a inobservância de obrigações legais por parte de notários, oficiais de registro ou seus prepostos. Ao identificar a existência de um crime de ação pública, o juiz encaminhará ao Ministério Público as cópias e documentos necessários para a proposição da denúncia, assegurando a responsabilização criminal, quando cabível.

> **Art. 37.** A fiscalização judiciária dos atos notariais e de registro, mencionados nos arts. 6.º a 13, será exercida pelo juízo competente, assim definido na órbita estadual e do Distrito Federal, sempre que necessário, ou mediante representação de qualquer interessado, quando da inobservância de obrigação legal por parte de notário ou de oficial de registro, ou de seus prepostos.
> **Parágrafo único.** Quando, em autos ou papéis de que conhecer, o juiz verificar a existência de crime de ação pública, remeterá ao Ministério Público as cópias e os documentos necessários ao oferecimento da denúncia.

> **Art. 38.** O juízo competente zelará para que os serviços notariais e de registro sejam prestados com rapidez, qualidade satisfatória e de modo eficiente, podendo sugerir à autoridade competente a elaboração de planos de adequada e melhor prestação desses serviços, observados, também, critérios populacionais e socioeconômicos, publicados regularmente pela Fundação Instituto Brasileiro de Geografia e Estatística.

Além disso, **o Conselho Nacional de Justiça (CNJ) também pode exercer essa fiscalização**, conforme art. 103-B, § 4.º, III, da CF/88.

> **Art. 103-B.** [...]
> § 4.º [...]
> III — receber e conhecer das reclamações contra membros ou órgãos do Poder Judiciário, inclusive contra seus serviços auxiliares, serventias e órgãos prestadores de serviços notariais e de registro que atuem por delegação do poder público ou oficiali-

---

[25] Dependendo do Estado, pode ser chamado de juiz corregedor, juiz diretor do foro com atribuição de corregedor ou juiz da vara dos registros públicos.

> zados, sem prejuízo da competência disciplinar e correcional dos tribunais, podendo avocar processos disciplinares em curso, determinar a remoção ou a disponibilidade e aplicar outras sanções administrativas, assegurada ampla defesa.

Em regra, os **Estados** possuem **códigos de normas ou consolidações normativas** regulando a atividade. Não obstante, em razão da competência para fiscalizar a atividade, o Poder Judiciário expede normas que regulam temas específicos, tais como **provimentos, resoluções, portarias etc**.

A CF/88 ainda determina que "**lei federal estabelecerá normas gerais para a fixação de emolumentos relativos aos atos praticados pelos serviços notariais e de registro**". Trata-se da **Lei n. 10.169/2000**[26], que determina as **regras gerais**, pertencendo aos **Estados** a competência para legislar sobre **questões locais**[27].

Os emolumentos são a receita bruta arrecadada pelo oficial, incluindo selos de fiscalização (a depender do Estado), e com eles o oficial manterá a atividade, cobrindo as despesas do serviço e realizando investimentos, tudo mediante escrituração em livro-caixa. Quitadas as despesas e recolhidos os tributos, o oficial chegará à receita líquida do serviço. Sobre esse valor, será tributado 27,5% de IR[28]. Não há 13.º salário, adicional de férias ou vantagens ao oficial. Muito pelo contrário, o oficial deve pagar isso aos seus colaboradores[29], conforme reza a Consolidação das Leis Trabalhistas (CLT). A **aposentadoria** dos notários e registradores está **vinculada ao INSS**[30].

---

[26] BRASIL. *Lei n. 10.169, de 29 de dezembro de 2000*. Regula o § 2º do art. 236 da Constituição Federal, mediante o estabelecimento de normas gerais para a fixação de emolumentos relativos aos atos praticados pelos serviços notariais e de registro. Disponível em: http://www.planalto.gov.br/ccivil_03/leis/l10169.htm. Acesso em: 15 nov. 2021.

[27] Emolumentos possuem caráter de taxa (STF, ADI n. 1.378-MC, Rel. Min. Celso de Mello, j. 30-11-1995, Plenário, *DJ* 30-5-1997).

[28] BRASIL. *Decreto n. 9.580, de 22 de novembro de 2018*. Regulamenta a tributação, a fiscalização, a arrecadação e a administração do Imposto sobre a Renda e Proventos de Qualquer Natureza. Disponível em: http://www.planalto.gov.br/ccivil_03/_ato2015-2018/2018/decreto/D9580.htm. Acesso em: 15 nov. 2021.

[29] "Art. 20. Os notários e os oficiais de registro poderão, para o desempenho de suas funções, contratar escreventes, dentre eles escolhendo os substitutos, e auxiliares como empregados, com remuneração livremente ajustada e sob o regime da legislação do trabalho. § 1.º Em cada serviço notarial ou de registro haverá tantos substitutos, escreventes e auxiliares quantos forem necessários, a critério de cada notário ou oficial de registro. § 2.º Os notários e os oficiais de registro encaminharão ao juízo competente os nomes dos substitutos. § 3.º Os escreventes poderão praticar somente os atos que o notário ou oficial de registro autorizar. § 4.º Os substitutos poderão, simultaneamente com o notário ou o oficial de registro, praticar todos os atos que lhe sejam próprios exceto, nos tabelionatos de notas, lavrar testamentos. § 5.º Dentre os substitutos, um deles será designado pelo notário ou oficial de registro para responder pelo respectivo serviço nas ausências e nos impedimentos do titular" (BRASIL. *Lei n. 8.935, de 18 de novembro de 1994*. Regulamenta o art. 236 da Constituição Federal, dispondo sobre serviços notariais e de registro. Disponível em: http://www.planalto.gov.br/ccivil_03/leis/l8935.htm. Acesso em: 15 nov. 2021).

[30] "Art. 40. Os notários, oficiais de registro, escreventes e auxiliares são vinculados à previdência social, de âmbito federal, e têm assegurada a contagem recíproca de tempo de serviço em sistemas diversos" (BRASIL. *Lei n. 8.935, de 18 de novembro de 1994*. Regulamenta o art. 236 da Consti-

Por fim, o art. 236 da CF/88 traz, no seu § 3.º, que:

> o ingresso na atividade notarial e de registro depende de concurso público[31] de provas e títulos, não se permitindo que qualquer serventia fique vaga, sem abertura de concurso de provimento ou remoção, por mais de seis meses.

É mediante o concurso público que se chega à delegação do serviço, bem como se alcança a remoção de uma serventia para outra. **A Resolução n. 81 do CNJ**[32] **regulamenta os concursos de provimento e remoção em todo o país**, atribuindo grande importância aos títulos dos candidatos. Ou seja, para ser registrador ou notário é necessário manter-se atualizado estudando, além de buscar títulos na carreira.

Em relação às **serventias vagas sem um titular concursado**, que estão na lista dos tribunais para preenchimento por concurso público, elas são **administradas por interinos nomeados pelo Poder Judiciário**[33]. A Lei n. 8.935/94 prevê que o **substituto mais antigo** assumirá o serviço quando o serviço for declarado vago.

> **Art. 39.** [...]
> § 2.º Extinta a delegação a notário ou a oficial de registro, a autoridade competente declarará vago o respectivo serviço, designará o substituto mais antigo para responder pelo expediente e abrirá concurso.

Na ausência de substituto, o juiz responsável nomeará **outro titular** da sua confiança, preferencialmente que possua a mesma especialidade. Aquele que assume a serventia vaga é chamado de interino[34], seja ele titular em outra serventia ou não. **Os interinos são nomeados pelo juiz responsável pelo serviço, arrecadam os emolumentos da mesma forma que os titulares, porém sua remuneração está limitada ao teto constitucional. O excedente deve ser depositado ao Poder Judiciário.**

O **STF** entendeu que **o substituto nomeado interino não deve exercer a função por mais de seis meses**, sendo essa nomeação incompatível com a CF/88. Assim, passado esse período, poderá o Poder Judiciário **nomear um titular concursado de outro serviço**.

---

tuição Federal, dispondo sobre serviços notariais e de registro. Disponível em: http://www.planalto.gov.br/ccivil_03/leis/l8935.htm. Acesso em: 15 nov. 2021).

[31] Jurisprudência em Teses n. 80: "O substituto do titular de serventia extrajudicial não possui direito adquirido à efetivação na titularidade de cartório se a vacância do cargo ocorreu após a vigência da Constituição Federal de 1988, que passou a exigir a realização de concurso público para o ingresso na atividade notarial e de registro" (STJ, 2.ª Turma, AgRg no RMS n. 44.635/PR, Rel. Min. Assusete Magalhães, j. 1.º-3-2016, *DJe* 14-3-2016).

[32] BRASIL. Conselho Nacional de Justiça. *Resolução n. 81, de 9 de junho de 2009*. Dispõe sobre os concursos públicos de provas e títulos, para a outorga das delegações de notas e de registro, e minuta de edital. Disponível em: https://atos.cnj.jus.br/atos/detalhar/104. Acesso em: 15 nov. 2021.

[33] Regulam essa matéria o Provimento n. 77/2018 e a Recomendação n. 39/2019, ambas do CNJ.

[34] Provimentos n. 45, 76 e 77 do CNJ.

AÇÃO DIRETA DE INCONSTITUCIONALIDADE. ARTS. 20; 39, II; E 48 DA LEI N. 8.935/94. OFICIAIS REGISTRADORES E NOTÁRIOS. INDICAÇÃO DE SUBSTITUTOS. CONTINUIDADE DO SERVIÇO. CONCURSO PÚBLICO. COMPATIBILIZAÇÃO. APOSENTADORIA COMPULSÓRIA. CARTÓRIOS OFICIALIZADOS. REGIME JURÍDICO. AÇÃO CONHECIDA E JULGADA PARCIALMENTE PROCEDENTE. 1. A Lei n. 8.935/94, na qual estão os dispositivos ora impugnados, veio para regulamentar a atividade notarial e registral, como norma geral exigida pelo art. 236, §§ 1.º e 2.º, da Constituição. 2. Quando o art. 20 da Lei n. 8.935/94 admite a substituição do notário ou registrador por preposto indicado pelo titular, naturalmente o faz para ajustar as situações de fato que normalmente ocorrem, sem ofensa à exigência de concurso público para ingresso na carreira. O oficial do registro ou notário, como qualquer ser humano, pode precisar afastar-se do trabalho, por breves períodos, seja por motivo de saúde, ou para realizar uma diligência fora da sede do cartório, ou mesmo para resolver algum problema particular inadiável. E o serviço registral ou notarial não pode ser descontinuado, daí a necessidade de que exista um agente que, atuando por conta e risco do titular e sob a orientação deste, possa assumir precariamente a função nessas contingências, até que este último retome a sua função. 3. Porém, a Lei n. 8.935/94, no artigo ora discutido (art. 20, *caput*), ao não estipular prazo máximo para a substituição, pode, de fato, passar a falsa impressão de que o preposto poderia assumir o serviço por tempo indefinido, em longas ausências do titular ou mesmo na falta de um titular, por conta e risco seus, aí, sim, violando a exigência de concurso público para a investidura na função (que deve ser aberto, no máximo, 6 (seis) meses após a vacância, conforme art. 236, § 3.º, da CF). 4. O art. 20 da Lei n. 8.935/94 é constitucional, sendo, todavia, inconstitucional a interpretação que extraia desse dispositivo a possibilidade de que prepostos, indicados pelo titular ou mesmo pelos tribunais de justiça, possam exercer substituições ininterruptas por períodos maiores de que 6 (seis) meses. Para essas longas substituições, a solução é mesmo aquela apontada pelo autor da ação: o "substituto" deve ser outro notário ou registrador, observadas as leis locais de organização do serviço notarial e registral, e sem prejuízo da abertura do concurso público respectivo. Apenas assim se pode compatibilizar o princípio da continuidade do serviço notarial e registral com a regra constitucional que impõe o concurso público como requisito indispensável para o ingresso na função (CF, art. 236, § 3.º). Fica ressalvada, no entanto, para casos em que não houver titulares interessados na substituição, a possibilidade de que os tribunais de justiça possam indicar substitutos *ad hoc*, sem prejuízo da imediata abertura de concurso para o preenchimento da(s) vaga(s). 5. A Lei n. 8.935/94 não tem qualquer relevância para a aplicabilidade ou não da aposentadoria compulsória aos notários e registradores, pois tal disciplina decorre diretamente da Constituição. A jurisprudência do Supremo Tribunal Federal considera que, a partir da publicação da EC n. 20/98, não se aplica mais aos notários e registradores a aposentadoria compulsória (ADI n. 2.602-MG, Red. p/ acórdão Min. Eros Grau). 6. O art. 48 da Lei n. 8.935/94 é norma de direito intertemporal, cujo objetivo foi harmonizar os diferentes regimes jurídicos que remanesceram para os cartórios a partir de 1988, conforme art. 32 do ADCT. Ao reconhecer essa diversidade de regimes e criar opção para que servidores públicos que trabalhavam em cartórios privados pudessem ser contratados, pelo regime trabalhista comum (CLT), cessando o vínculo com o Estado, a norma em nada ofende a Constituição. 7. A eventual aplicação abusiva do dispositivo legal deve se resolver pelos meios ordinários de fiscalização e controle da administração pública, não por controle abstrato de constitucionalidade. 8. Ação conhecida e julgada parcialmente procedente, apenas para dar interpretação conforme ao art. 20 da Lei n. 8.935/94 (ADI n. 1.183/DF, Rel. Min. Nunes Marques, j. 7-6-2021. *Informativo* 1.020 do STF).

4.2. DOS LIVROS DO REGISTRO DE IMÓVEIS

O registro de imóveis é o local onde se concentram todas as informações referentes ao imóvel e às pessoas que possuem direitos sobre ele. **Os títulos são apresentados ao registrador que deve protocolar, salvo requerimento expresso para apenas exame e cálculo, no Livro n. 1, denominado Protocolo.** Ao inscrever o título no Livro n. 1, ainda não se sabe se ele será registrado ou averbado. O Protocolo assegura a **prioridade do direito**, e a **preferência, caso colida com outros títulos no mesmo dia**.

Após o Protocolo, o registrador **analisará o título**, ato denominado **qualificação registral**, e depois **decidirá** se está apto a ingressar nos livros do serviço. O título poderá ser registrado ou averbado. Caso entenda que não preencheu os requisitos, lavrará **nota devolutiva, justificando** porque recusou. Se a parte não se conformar, poderá pedir ao registrador que **suscite dúvida**[35], a qual será **dirimida pelo juiz de direito responsável**.

No registro de imóveis, **cada imóvel deve ser descrito em matrícula**[36] **própria**, onde serão **lançados todos os registros e averbações de forma narrativa e em ordem cronológica**, tornando pública toda a sua história.

> As matrículas descrevem o imóvel, criando um sistema que gravita em torno do próprio imóvel, diferentemente das transcrições do sistema anterior, quando o sistema gravitava em razão dos nomes das pessoas.

Nas matrículas são realizados registros de direitos e averbações de alterações ou ocorrências[37] **desses registros ou da própria matrícula.** As transcrições que ainda não foram encerradas permanecem ativas, aguardando o momento oportuno de seu encerramento e, consequentemente, a abertura de uma nova matrícula para aquele imóvel.

O registro de imóveis tem a **função de dar publicidade e eficácia aos atos relativos a imóveis, constituindo, extinguindo ou declarando os direitos reais ou pessoais com eficácia real**. Em alguns casos, o legislador resolve **proteger relações obrigacionais contra terceiros**, possibilitando a **inscrição do contrato na matrícula do imóvel**. Surge assim uma **obrigação pessoal com eficácia real, *erga omnes***. É o caso do **registro da cláusula de vigência do contrato de locação de imóvel** (art. 167, I, n. 3, da Lei n. 6.015/73) bem como da **averbação do direito de preferência** na matrícula do imóvel (art. 167, II, n. 16, da Lei n. 6.015/73). Trata-se de um direito pessoal com eficácia real[38].

---

[35] Arts. 198 e seguintes da Lei n. 6.015/73.

[36] Os requisitos da matrícula estão no art. 176 da Lei n. 6.015/73.

[37] "Art. 246. Além dos casos expressamente indicados no inciso II do *caput* do art. 167 desta Lei, serão averbadas na matrícula as sub-rogações e outras ocorrências que, por qualquer modo, alterem o registro ou repercutam nos direitos relativos ao imóvel" (BRASIL. *Lei n. 6.015, de 31 de dezembro de 1973*. Dispõe sobre os registros públicos, e dá outras providências. Disponível em: http://www.planalto.gov.br/ccivil_03/leis/l6015compilada.htm. Acesso em: 15 nov. 2021).

[38] VENOSA, Sílvio de Salvo. *Lei do Inquilinato comentada*: doutrina e prática. 15. ed. São Paulo: Atlas, 2020, p. 58.

Leonardo Brandelli[39] entende que o **os direitos reais são *numerus clausus*.** Segundo o autor, essa restrição ocorre porque, ao **afetarem terceiros não participantes da relação jurídica que os originou**, é necessária a existência de normas imperativas para garantir a proteção desses terceiros. Essas normas limitam a liberdade de criação e configuração desses direitos, evitando a proliferação de fenômenos e técnicas que poderiam resultar em desordem. Brandelli destaca que a situação dos **direitos meramente obrigacionais** é diferente, pois **sua eficácia é restrita às partes envolvidas**, permitindo uma maior liberdade de autorregulação em seu interesse.

Por outro lado, Flávio Tartuce[40] entende que o rol de direitos reais previsto no art. 1.225 do CC é exemplificativo e cita julgados do STJ reconhecendo o direito real sobre a multipropriedade, bem como o fato de que a alienação fiduciária não pertence ao rol do CC, mas consta no art. 17 da Lei n. 9.514/97 como direito real. **Haveria, portanto uma tipicidade (os direitos reais dependem de lei), mas não uma taxatividade, pois o rol do art. 1.225 do CC seria apenas exemplificativo.**

É nesse sentido que sinalizam os arts. 172 da Lei n. 6.015/73 e 1.227 do CC.

O art. 172[41] estabelece que no registro de imóveis serão realizados, conforme os termos da lei, **o registro e a averbação de títulos ou atos relacionados aos direitos reais sobre imóveis**. Esses atos podem ser **constitutivos**, **declaratórios**, **translativos** e **extintos**. A norma abrange tanto os registros de imóveis realizados em vida (*inter vivos*) quanto os que ocorrem após a morte (*mortis causa*). Os registros englobam a **constituição**, **transferência** e **extinção** dos direitos reais sobre os imóveis, bem como sua **validade em relação a terceiros** e a **disponibilidade** destes.

Já o art. 1.227[42] do CC/2002 estabelece que **os direitos reais sobre imóveis, constituídos ou transmitidos por atos entre vivos, só serão adquiridos mediante o registro no cartório de registro de imóveis dos respectivos títulos**. Essa disposição aplica-se aos casos não expressos em outros dispositivos do CC. Portanto, a aquisição desses direitos, seja por constituição ou transmissão em vida, está condicionada à efetivação do registro no cartório de registro de imóveis.

---

[39] BRANDELLI, Leonardo. *Registro de imóveis*: eficácia material. Rio de Janeiro: Forense, 2016, p. 5.

[40] TARTUCE, Flávio. *Direito civil*: direito das coisas. 13. ed. Rio de Janeiro: Forense, 2021, p. 9-16.

[41] "**Art. 172.** No registro de imóveis serão feitos, nos termos desta Lei, o registro e a averbação dos títulos ou atos constitutivos, declaratórios, translativos e extintos de direitos reais sobre imóveis reconhecidos em lei, *inter vivos* ou *mortis causa* quer para sua constituição, transferência e extinção, quer para sua validade em relação a terceiros, quer para a sua disponibilidade. (Renumerado do art. 168, § 1.º, para artigo autônomo com nova redação pela Lei n. 6.216, de 1975.)" (BRASIL. *Lei n. 6.015, de 31 de dezembro de 1973*. Dispõe sobre os registros públicos, e dá outras providências. Disponível em: http://www.planalto.gov.br/ccivil_03/leis/l6015compilada.htm. Acesso em: 15 nov. 2021).

[42] "Art. 1.227. Os direitos reais sobre imóveis constituídos, ou transmitidos por atos entre vivos, só se adquirem com o registro no cartório de registro de imóveis dos referidos títulos (arts. 1.245 a 1.247), salvo os casos expressos neste Código" (BRASIL. *Lei n. 10.406, de 10 de janeiro de 2002*. Institui o Código Civil. Disponível em: http://www.planalto.gov.br/ccivil_03/leis/2002/l10406compilada.htm. Acesso em: 15 nov. 2021).

Com a inscrição, alguns negócios jurídicos se constituem no registro de imóveis, e outros apenas recebem a publicidade devida, pois se constituíram em outro momento, necessitando do registro para assegurar a continuidade e disponibilidade. É o caso da compra e venda imobiliária, que se constitui com o registro na matrícula do imóvel.

Dessa forma, o registro é constitutivo do direito real e confere eficácia *erga omnes*. Não há nenhuma sanção prevista caso não seja feito o registro, o que ocorre é a não aquisição do direito real sobre aquele imóvel.

Já para os atos *mortis causa*, o registro tem efeito declaratório e não constitutivo, como é o caso da sucessão, onde os herdeiros adquirem a herança pela *saisine* e não pelo registro. Nesse caso, o registro da partilha (judicial ou extrajudicial) é apenas para **preservar a continuidade das transmissões de forma declarativa e assegurar o direito de dispor do bem**. Convém lembrar que a **usucapião** também não se constitui pelo registro de título, assim como a **penhora judicial**.

Quanto às atribuições do registro de imóveis, o **art. 167 da LRP** traz as **hipóteses de registro**, que antes constituía um rol taxativo. Contudo, a **Lei n. 14.711/2023** acrescentou o **item 48** ao art. 167, I, da Lei n. 6.015/73[43], tornando **o rol dos atos de registro meramente exemplificativo, com a possibilidade de registro de outros negócios jurídicos de transmissão do direito real de propriedade sobre imóveis ou de instituição de direitos reais sobre imóveis, que não os previstos expressamente no referido artigo.**

A **Lei n. 13.097/2015**[44], reforçando o sistema criado pela Lei n. 6.015/73, determina que sejam **inscritas e concentradas na matrícula do imóvel todas as informações relevantes** para a sociedade, aumentando a segurança jurídica das transações imobiliárias.

Dessa forma, no registro de imóveis **os imóveis são matriculados, e na matrícula são registrados direitos previstos em lei, bem como averbadas as alterações, complementações e ocorrências desses registros e dos dados das matrículas. Nas transcrições**, ainda existentes e ativas, **podem ser realizadas averbações**, devendo ser **aberta a matrícula** do imóvel quando **não houver mais espaço**[45] **para averbar** ou quando for necessário lavrar um **registro**. Os títulos que chegam ao registro de imóveis são

---

[43] "Art. 167. No registro de imóveis, além da matrícula, serão feitos: I — o registro: [...] 48. de outros negócios jurídicos de transmissão do direito real de propriedade sobre imóveis ou de instituição de direitos reais sobre imóveis, ressalvadas as hipóteses de averbação previstas em lei e respeitada a forma exigida por lei para o negócio jurídico, a exemplo do art. 108 da Lei n. 10.406, de 10 de janeiro de 2002 (Código Civil)" (BRASIL. *Lei n. 6.015, de 31 de dezembro de 1973*. Dispõe sobre os registros públicos, e dá outras providências. Disponível em: http://www.planalto.gov.br/ccivil_03/leis/l6015compilada.htm. Acesso em: 15 fev. 2023).

[44] BRASIL. *Lei n. 13.097, de 19 de janeiro de 2015*. Reduz a zero as alíquotas da Contribuição para o PIS/Pasep, da Cofins, da Contribuição para o PIS/Pasep-Importação e da Cofins-Importação incidentes sobre a receita de vendas e na importação de partes utilizadas em aerogeradores; [...]. Disponível em: https://www.planalto.gov.br/ccivil_03/_ato2015-2018/2015/lei/l13097.htm. Acesso em: 15 nov. 2021.

[45] Art. 295 da Lei n. 6.015/73.

protocolados no Livro n. 1, Protocolo, e, depois de feito o registro ou averbação, anota-se no Livro Protocolo que o ato foi realizado.

Além de ser o local onde se concentram todos os direitos e informações relevantes sobre os imóveis, o registro de imóveis também é competente para **registros de outros atos, que não dizem respeito diretamente com algum imóvel matriculado**, mas são registros **previstos expressamente em lei**. Nesse caso, atribui-se esses registros ao **Livro n. 3, Registro Auxiliar**, conforme art. 178 da Lei n. 6.015/73[46], que estabelece as modalidades de registros que serão efetuados no referido livro, as quais abrangem diversas áreas e transações específicas relacionadas a imóveis e direitos.

O primeiro ponto trata da **emissão de debêntures, títulos de dívida de empresas**, sendo possível o registro eventual e definitivo na matrícula do imóvel, da **hipoteca, anticrese ou penhor relacionados a essas emissões**. Esses registros devem ser organizados pela ordem do registro, estabelecendo prioridade entre as séries de obrigações emitidas pela sociedade.

O segundo ponto refere-se às **cédulas de crédito industrial**, com a possibilidade de registro da **hipoteca cedular**, enquanto o terceiro ponto abrange as **convenções de condomínio**, incluindo condomínio edilício, condomínio geral voluntário e condomínio em multipropriedade, sendo esses registros essenciais para formalizar as regras e direitos dos condôminos.

O quarto ponto destaca o registro do **penhor de máquinas e aparelhos utilizados na indústria, quando instalados e em funcionamento, com ou sem seus respectivos pertences**. Já o quinto ponto menciona as **convenções antenupciais**, que são registradas para definir o regime de bens durante o matrimônio.

O sexto ponto trata dos **contratos de penhor rural**, envolvendo garantias sobre bens agrícolas. E, por fim, o sétimo ponto diz respeito aos **títulos registrados no seu inteiro teor, a pedido do interessado, sem prejuízo do ato praticado no Livro n. 2**.

Depois de lavrados os atos, matrículas, registros e averbações, o registrador mencionará isso nos seus fichários, chamados de **indicadores**, sendo um deles acessível pelo imóvel (lote, gleba etc.), denominado Livro n. 4, e outro pela pessoa (física ou jurídica), denominado Livro n. 5.

Os arts. 179 e 180 da Lei n. 6.015/73 estabelecem as diretrizes para a organização de registros públicos, especificamente nos Livros n. 4 e 5, conhecidos como "Indicador Real" e "Indicador Pessoal", respectivamente.

---

[46] "Art. 178. Registrar-se-ão no Livro n. 3 — Registro Auxiliar: I — a emissão de debêntures, sem prejuízo do registro eventual e definitivo, na matrícula do imóvel, da hipoteca, anticrese ou penhor que abonarem especialmente tais emissões, firmando-se pela ordem do registro a prioridade entre as séries de obrigações emitidas pela sociedade; II — as cédulas de crédito industrial, sem prejuízo do registro da hipoteca cédula; III — as convenções de condomínio edilício, condomínio geral voluntário e condomínio em multipropriedade; IV — o penhor de máquinas e de aparelhos utilizados na indústria, instalados e em funcionamento, com os respectivos pertences ou sem eles; V — as convenções antenupciais; VI — os contratos de penhor rural; VII — os títulos que, a requerimento do interessado, forem registrados no seu inteiro teor, sem prejuízo do ato, praticado no Livro n. 2" (BRASIL. *Lei n. 6.015, de 31 de dezembro de 1973*. Dispõe sobre os registros públicos, e dá outras providências. Disponível em: http://www.planalto.gov.br/ccivil_03/leis/l6015compilada.htm. Acesso em: 15 nov. 2021).

> **Art. 179.** O Livro n. 4 — Indicador Real — será o repositório de todos os imóveis que figurarem nos demais livros, devendo conter sua identificação, referência aos números de ordem dos outros livros e anotações necessárias.
>
> **§ 1.º** Se não for utilizado o sistema de fichas, o Livro n. 4 conterá, ainda, o número de ordem, que seguirá indefinidamente, nos livros da mesma espécie.
>
> **§ 2.º** Adotado o sistema previsto no parágrafo precedente, os oficiais deverão ter, para auxiliar a consulta, um livro-índice ou fichas pelas ruas, quando se tratar de imóveis urbanos, e pelos nomes e situações, quando rurais.

> **Art. 180.** O Livro n. 5 — Indicador Pessoal — dividido alfabeticamente, será o repositório dos nomes de todas as pessoas que, individual ou coletivamente, ativa ou passivamente, direta ou indiretamente, figurarem nos demais livros, fazendo-se referência aos respectivos números de ordem.
>
> **Parágrafo único.** Se não for utilizado o sistema de fichas, o Livro n. 5 conterá, ainda, o número de ordem de cada letra do alfabeto, que seguirá indefinidamente, nos livros da mesma espécie. Os oficiais poderão adotar, para auxiliar as buscas, um livro-índice ou fichas em ordem alfabética.

O **Livro n. 4**, denominado **Indicador Real**, desempenha o papel de **repositório central para todas as informações sobre imóveis presentes nos demais livros do registro**. Esse livro deve conter a identificação dos imóveis, referências aos números de ordem em outros livros e quaisquer anotações necessárias. Se não for adotado um sistema de fichas, o Livro n. 4 também incluirá um número de ordem indefinido para facilitar a organização. Caso seja usado o sistema de fichas, os oficiais devem manter um livro-índice ou fichas organizadas por ruas para imóveis urbanos e por nomes e situações para imóveis rurais, a fim de auxiliar na consulta e localização de informações.

Já o **Livro n. 5**, denominado **Indicador Pessoal**, é **estruturado alfabeticamente e funciona como um repositório para os nomes de todas as pessoas que aparecem nos demais livros de registros públicos**. Esse livro faz referência aos números de ordem correspondentes nos registros. Caso não seja utilizado um sistema de fichas, o Livro n. 5 incluirá um número de ordem para cada letra do alfabeto, que seguirá indefinidamente nos livros da mesma espécie. Os oficiais podem, para facilitar buscas, adotar um livro-índice ou fichas organizadas em ordem alfabética.

Atualmente, o sistema é informatizado, possibilitando buscas rápidas pelos dados informados, mas ainda existem os fichários físicos antigos, os quais são de suma importância para a história da propriedade imobiliária no país.

Quanto à conservação dos livros, fichas e documentos, a regra é que não devem sair do registro de imóveis, salvo por determinação judicial. Qualquer diligência judicial ou extrajudicial será realizada no próprio serviço[47].

Os arts. 22 a 27 da Lei n. 6.015/73 estabelecem disposições relacionadas aos procedimentos, responsabilidades e arquivamento de documentos em cartórios de registro.

---

[47] Lei n. 6.015/73, arts. 22 a 27; e Lei n. 8.935/94, arts. 30, I e 46.

De acordo com esses artigos, os livros de registro e suas substituições só podem sair do cartório com autorização judicial (art. 22[48]). Todas as diligências que exigem apresentação de livros, fichas ou documentos devem ocorrer no próprio cartório (art. 23[49]). Os oficiais são responsáveis por manter a segurança e a ordem dos livros e documentos (art. 24[50]). Os papéis relacionados ao serviço de registro devem ser arquivados de forma organizada, permitindo o uso de tecnologias como microfilmagem (art. 25[51]). Os livros e papéis pertencentes ao arquivo do cartório permanecem indefinidamente no local (art. 26[52]), e, em casos de criação de novo cartório, os registros continuarão sendo feitos no antigo cartório até a instalação do novo, sem necessidade de repetição, sendo o arquivo do antigo mantido por ele (art. 27, parágrafo único[53]). Essas regras visam assegurar a ordem, segurança e continuidade dos serviços de registro em cartórios.

No mesmo sentido, a Lei n. 8.935/94 prevê, em seus arts. 30, I[54], e 46[55], os deveres relacionados à **organização**, **guarda** e **responsabilidade** dos notários e oficiais de

---

[48] "Art. 22. Os livros de registro, bem como as fichas que os substituam, somente sairão do respectivo cartório mediante autorização judicial" (BRASIL. *Lei n. 6.015, de 31 de dezembro de 1973*. Dispõe sobre os registros públicos, e dá outras providências. Disponível em: http://www.planalto.gov.br/ccivil_03/leis/l6015compilada.htm. Acesso em: 15 mar. 2024).

[49] "Art. 23. Todas as diligências judiciais e extrajudiciais que exigirem a apresentação de qualquer livro, ficha substitutiva de livro ou documento, efetuar-se-ão no próprio cartório" (BRASIL. *Lei n. 6.015, de 31 de dezembro de 1973*. Dispõe sobre os registros públicos, e dá outras providências. Disponível em: http://www.planalto.gov.br/ccivil_03/leis/l6015compilada.htm. Acesso em: 15 mar. 2024).

[50] "Art. 24. Os oficiais devem manter em segurança, permanentemente, os livros e documentos e respondem pela sua ordem e conservação" (BRASIL. *Lei n. 6.015, de 31 de dezembro de 1973*. Dispõe sobre os registros públicos, e dá outras providências. Disponível em: http://www.planalto.gov.br/ccivil_03/leis/l6015compilada.htm. Acesso em: 15 mar. 2024).

[51] "Art. 25. Os papéis referentes ao serviço do registro serão arquivados em cartório mediante a utilização de processos racionais que facilitem as buscas, facultada a utilização de microfilmagem e de outros meios de reprodução autorizados em lei" (BRASIL. *Lei n. 6.015, de 31 de dezembro de 1973*. Dispõe sobre os registros públicos, e dá outras providências. Disponível em: http://www.planalto.gov.br/ccivil_03/leis/l6015compilada.htm. Acesso em: 15 mar. 2024).

[52] "Art. 26. Os livros e papéis pertencentes ao arquivo do cartório ali permanecerão indefinidamente" (BRASIL. *Lei n. 6.015, de 31 de dezembro de 1973*. Dispõe sobre os registros públicos, e dá outras providências. Disponível em: http://www.planalto.gov.br/ccivil_03/leis/l6015compilada.htm. Acesso em: 15 mar. 2024).

[53] "Art. 27. Quando a lei criar novo cartório, e enquanto este não for instalado, os registros continuarão a ser feitos no cartório que sofreu o desmembramento, não sendo necessário repeti-los no novo ofício" (BRASIL. *Lei n. 6.015, de 31 de dezembro de 1973*. Dispõe sobre os registros públicos, e dá outras providências. Disponível em: http://www.planalto.gov.br/ccivil_03/leis/l6015compilada.htm. Acesso em: 15 mar. 2024).

[54] "Art. 30. São deveres dos notários e dos oficiais de registro: I — manter em ordem os livros, papéis e documentos de sua serventia, guardando-os em locais seguros" (BRASIL. *Lei n. 8.935, de 18 de novembro de 1994*. Regulamenta o art. 236 da Constituição Federal, dispondo sobre serviços notariais e de registro. Disponível em: https://www.planalto.gov.br/ccivil_03/leis/l8935.htm. Acesso em: 15 mar. 2024).

[55] "Art. 46. Os livros, fichas, documentos, papéis, microfilmes e sistemas de computação deverão permanecer sempre sob a guarda e responsabilidade do titular de serviço notarial ou de registro,

registro em relação aos documentos, livros, fichas e demais registros sob sua custódia. Esses profissionais têm a obrigação de manter em ordem todos os materiais pertencentes à serventia. Caso seja necessário realizar **perícias**, o exame deve ocorrer **na sede do serviço**, em data e horário previamente designados, com a ciência do titular e autorização do juízo competente.

Assim, os registradores respondem pela ordem, segurança e conservação do acervo, que permanecerá na sede do cartório **indefinidamente**, mesmo que criado outro ofício mediante desmembramento. Em 2012, o CNJ publicou o **Provimento n. 23/2012**[56], regulamentado a **restauração de livros e duplicidade de matrículas**, e em 2015 publicou o **Provimento n. 50/2015**[57], autorizando os oficiais a **descartarem** documentos antigos mediante requisitos próprios, seguindo uma **tabela de prazos**. **Semestralmente**, o juiz competente deverá ser informado do descarte.

Por fim, mas não menos importante, apesar de a LRP não mencionar, existe um outro livro, denominado **Livro de Registro de Aquisição de Terras Rurais por Pessoas Físicas ou Jurídicas Estrangeiras**, previsto em legislação própria[58], o qual realiza o **controle da quantidade de áreas rurais adquiridas por estrangeiros**, com restrições de tamanho, impondo aos registradores alguns deveres. Esse registro **não dispensa o registro realizado no Livro n. 2, Registro Geral**, ou seja, registra-se a compra e venda na matrícula e no Livro de Aquisição de Imóveis Rurais por Estrangeiros. **Quanto à aquisição de imóvel rural por estrangeiro em processo de usucapião, o STJ já se manifestou que se aplicam as mesmas restrições.**

Livro	Nome	Função/Finalidade
Livro n. 1	Protocolo	▪ Registro inicial de títulos apresentados. ▪ Assegura a prioridade e a preferência dos direitos, em caso de colisão de títulos no mesmo dia. ▪ Determina a ordem dos atos.
Livro n. 2	Registro Geral	▪ Concentra todos os direitos e informações relevantes sobre imóveis. ▪ Registra atos relacionados diretamente ao imóvel matriculado, como compra e venda, hipotecas e averbações.

---

que zelará por sua ordem, segurança e conservação" (BRASIL. *Lei n. 8.935, de 18 de novembro de 1994*. Regulamenta o art. 236 da Constituição Federal, dispondo sobre serviços notariais e de registro. Disponível em: https://www.planalto.gov.br/ccivil_03/leis/l8935.htm. Acesso em: 15 mar. 2024).

[56] BRASIL. Conselho Nacional de Justiça. *Provimento n. 23, de 24 de outubro de 2012*. Dispõe sobre a restauração de livros extraviados ou danificados no serviço extrajudicial de notas e de registro. Disponível em: https://atos.cnj.jus.br/files/original133822202011305fc4f5ce54ab7.pdf. Acesso em: 15 nov. 2021.

[57] BRASIL. Conselho Nacional de Justiça. *Provimento n. 50, de 28 de setembro de 2015*. Dispõe sobre a conservação de documentos nos cartórios extrajudiciais. Disponível em: https://atos.cnj.jus.br/files/compilado192844202411286748c46cd0caf.pdf. Acesso em: 15 nov. 2021.

[58] Lei n. 5.709/71, art. 10; e Decreto n. 74.965/74, art. 15; Instrução Normativa do INCRA n. 88; e Provimento n. 43/2015 do CNJ, quando se tratar de arrendamento.

Livro n. 3	Registro Auxiliar	▪ Registra atos não diretamente vinculados a um imóvel matriculado, como: 1. Emissão de debêntures. 2. Cédulas de crédito industrial. 3. Convenções de condomínio. 4. Penhor de máquinas industriais. 5. Convenções antenupciais. 6. Contratos de penhor rural. 7. Títulos registrados no inteiro teor.
Livro n. 4	Indicador Real	▪ Reúne informações sobre imóveis registrados nos demais livros. ▪ Auxilia na localização e organização de registros, incluindo identificação de lotes, glebas e matrículas.
Livro n. 5	Indicador Pessoal	▪ Indexa nomes de pessoas físicas ou jurídicas vinculadas aos registros nos demais livros. ▪ Estruturado alfabeticamente para facilitar buscas e consultas.
Livro de Aquisição de Terras Rurais por Estrangeiros	Registro de Terras Rurais por Estrangeiros	▪ Controle das áreas rurais adquiridas por estrangeiros. ▪ Registra aquisições conforme restrições de tamanho impostas por lei. ▪ Complementa o registro no Livro n. 2.

4.3. REGISTRO, INSCRIÇÃO, TRANSCRIÇÕES, AVERBAÇÕES E ANOTAÇÕES

Segundo Ana Paula Almada[59], com a vigência da Lei n. 6.015/73, os atos que antes eram de transcrição, inscrição e averbação passaram a ser divididos em apenas dois: registro e averbação. No entanto, para os imóveis que ainda estão nas transcrições, pois não tiveram a matrícula aberta, são praticados apenas atos de averbação, à luz do art. 228 da supracitada lei.

> **Art. 228.** A matrícula será efetuada por ocasião do primeiro registro a ser lançado na vigência desta Lei, mediante os elementos constantes do título apresentado e do registro anterior nele mencionado.

A autora explica que a palavra "**registro**" pode ser usada para expressar o **sistema de registro** como um todo, sendo **nesse caso sinônimo de inscrição, transcrição e averbação**. No entanto, também pode ser definida de forma mais técnica, quando se pretende indicar as **espécies de atos** que podem ser inscritos, diferenciando os efeitos, na distinção entre **ato de registro** e **ato de averbação**.

> O termo "registro" pode se referir tanto à inscrição quanto à transcrição de um título. **A inscrição é o processo de extrair dos títulos os dados fundamentais**, como os direitos envolvidos, os imóveis pertinentes e as pessoas com interesse no ato ou negócio jurídico. **Já a transcrição é o depósito integral do título no registro**[60].

---

[59] ALMADA, Ana Paula P. L. Registro de imóveis. *In*: GENTIL, Alberto. *Registros públicos*. Rio de Janeiro: GEN, 2022. E-book. Disponível em: https://app.minhabiblioteca.com.br/#/books/9786559644773/. Acesso em: 15 dez. 2023.

[60] COUTO, Mônica Bonetti. Título V — Do registro de imóveis. *In*: ALVIM NETO, José Manuel de Arruda; CLÁPIS, Alexandre L.; CAMBLER, Everaldo A. *Lei de Registros Públicos comentada*.

Mônica Bonetti Couto[61] destaca que, **no Brasil, o sistema de inscrição é a regra**. No entanto, em algumas circunstâncias, como nos loteamentos e incorporações de condomínio edilício, adota-se o sistema de transcrição. Isso também ocorre quando a transcrição integral do título é solicitada pelo interessado.

Walter Ceneviva[62] discute a terminologia usada no contexto do registro de imóveis e observa, assim como Mônica Bonetti Couto, que o termo "**registro**" é frequentemente usado como uma **designação genérica que engloba tanto a "inscrição" quanto a "transcrição"**.

Ceneviva[63] argumenta que a unificação da nomenclatura seria benéfica e destaca que o termo "registro" se afasta da tradição brasileira. Ele sugere que "inscrição" seria uma escolha de termo preferível.

Ademais, o autor observa que o rol do inciso I do art. 167 da Lei n. 6.015/73 é **exemplificativo**, pois não inclui todos os atos que podem ser registrados ou averbados.

Sobre o tema, a jurisprudência entende que o art. 167, II, da LRP indica quais são os fatos que devem ser **averbados**, ou seja, anotados na matrícula do imóvel, para informar que houve alguma **mudança** no registro ou nos direitos sobre ele.

Esses fatos não são os únicos que podem ser averbados, pois o art. 246[64] da mesma lei permite que sejam anotados **outros acontecimentos que também afetem o registro ou os direitos**. Isso mostra que a lei não é rígida e abre espaço para outras situações que precisem ser averbadas. Porém, isso não significa que qualquer coisa possa ser averbada, pois **o objetivo da averbação é registrar as alterações que já ocorreram, e não criar novas obrigações para os futuros donos do imóvel**[65].

Em resumo, Walter Ceneviva[66] apresenta três pontos principais. O primeiro é a **possibilidade de fazer outros registros além dos listados na lei**. O segundo é a

---

2. ed. Rio de Janeiro: GEN, 2019. *E-book*. Disponível em: https://app.minhabiblioteca.com.br/#/books/9788530983468/. Acesso em: 19 mar. 2024.

[61] COUTO, Mônica Bonetti. Título V — Do registro de imóveis. *In*: ALVIM NETO, José Manuel de Arruda; CLÁPIS, Alexandre L.; CAMBLER, Everaldo A. *Lei de Registros Públicos comentada*. 2. ed. Rio de Janeiro: GEN, 2019. *E-book*. Disponível em: https://app.minhabiblioteca.com.br/#/books/9788530983468/. Acesso em: 19 mar. 2024.

[62] CENEVIVA, Walter. *Lei dos Registros Públicos comentada*. 10. ed. São Paulo: Saraiva, 1995.

[63] CENEVIVA, Walter. *Lei dos Registros Públicos comentada*. 10. ed. São Paulo: Saraiva, 1995.

[64] "Art. 246. Além dos casos expressamente indicados no inciso II do *caput* do art. 167 desta Lei, serão averbadas na matrícula as sub-rogações e outras ocorrências que, por qualquer modo, alterem o registro ou repercutam nos direitos relativos ao imóvel" (BRASIL. *Lei n. 6.015, de 31 de dezembro de 1973*. Dispõe sobre os registros públicos, e dá outras providências. Disponível em: http://www.planalto.gov.br/ccivil_03/leis/l6015compilada.htm. Acesso em: 15 mar. 2024).

[65] "Registro de imóveis — As hipóteses de averbação, embora não estejam exaustivamente capituladas no art. 167, II, da Lei de Registros Públicos, estão restritas a situações que efetivamente alterem o registro ou repercutam nos direitos inscritos — Inviabilidade de averbação de uma imposição de obrigação de fazer ao futuro adquirente do imóvel — Ausente eficácia modificativa do registro com a prática do ato pretendido — Indeferimento do pedido — Recurso não provido" (CGJSP, Recurso Administrativo n. 1057614-05.2021.8.26.0100, Rel. Fernando Antônio Torres Garcia, Foro de São Paulo, j. 20-10-2022).

[66] CENEVIVA, Walter. *Lei dos Registros Públicos comentada*. 10. ed. São Paulo: Saraiva, 1995.

proibição de inserir qualquer assentamento que não esteja de acordo com a regra geral do art. 172[67] no cartório imobiliário. Por fim, o terceiro é a **preferência pela unificação da nomenclatura para os atos do registro (transcrição, inscrição etc.)**, pois o art. 168[68] tem amplitude generalizadora.

Ana Paula Almada[69] enfatiza que, em regra, os **atos de registro** têm o objetivo de **constituir**, **declarar** ou **transmitir** o direito real, enquanto os atos de **averbação** têm uma **função acessória**, de gerar **modificação** no direito real registrado. Ela também menciona que a Lei n. 6.015/73 definiu a atual técnica de registro, estabelecendo quais atos devem ser realizados por meio de registro e quais atos devem ser realizados por averbação.

Antonino Moura Borges[70] explica que o termo "inscrição" tem origem no verbo latino *inscribere*, que significa escrever ou registrar algo, e os atos de registro são realizados sob a responsabilidade do oficial do registro de imóveis da respectiva jurisdição.

O autor evidencia que a lei estabelece a **obrigatoriedade** da inscrição do registro para **garantir a eficácia e o privilégio do direito**, o que significa que a inscrição é necessária para **validar legalmente certos direitos e dar prioridade a esses direitos em relação a outros**[71].

Celso Maziteli Neto[72] enfatiza a importância da matrícula do imóvel, que é mencionada como o primeiro dos atos a ser inscrito no serviço de registro imobiliário. Ele explica que **a matrícula é o elemento básico de individualização do bem imóvel**, sendo o instrumento no qual se desdobrará todo o histórico transacional e de oneração deste.

Além da inscrição e da transcrição, Mônica Bonetti Couto[73] menciona a **averbação**, que é um **ato acessório** resultante de qualquer **alteração** no registro. A importância da

---

[67] "Art. 172. No registro de imóveis serão feitos, nos termos desta Lei, o registro e a averbação dos títulos ou atos constitutivos, declaratórios, translativos e extintos de direitos reais sobre imóveis reconhecidos em lei, *inter vivos* ou *mortis causa* quer para sua constituição, transferência e extinção, quer para sua validade em relação a terceiros, quer para a sua disponibilidade" (BRASIL. *Lei n. 6.015, de 31 de dezembro de 1973*. Dispõe sobre os registros públicos, e dá outras providências. Disponível em: http://www.planalto.gov.br/ccivil_03/leis/l6015compilada.htm. Acesso em: 15 mar. 2024).

[68] "Art. 168. Na designação genérica de registro, consideram-se englobadas a inscrição e a transcrição a que se referem as leis civis" (BRASIL. *Lei n. 6.015, de 31 de dezembro de 1973*. Dispõe sobre os registros públicos, e dá outras providências. Disponível em: http://www.planalto.gov.br/ccivil_03/leis/l6015compilada.htm. Acesso em: 15 mar. 2024).

[69] ALMADA, Ana Paula P. L. Registro de imóveis. *In*: GENTIL, Alberto. *Registros públicos*. Rio de Janeiro: GEN, 2022. E-book. Disponível em: https://app.minhabiblioteca.com.br/#/books/9786559644773/. Acesso em: 15 dez. 2023.

[70] BORGES, Antonino Moura. *Registro de imóveis comentado*. Leme: Edijur, 2007.

[71] BORGES, Antonino Moura. *Registro de imóveis comentado*. Leme: Edijur, 2007.

[72] MAZITELI NETO, Celso. *Das atribuições*. *In*: PEDROSO, Alberto Gentil de Almeida (org.). *Lei de Registros Públicos comentada*. Rio de Janeiro: Forense, 2023. cap. 5, p. 232-503.

[73] COUTO, Mônica Bonetti. Título V — Do registro de imóveis. *In*: ALVIM NETO, José Manuel de Arruda; CLÁPIS, Alexandre L.; CAMBLER, Everaldo A. *Lei de Registros Públicos comentada*. 2. ed. Rio de Janeiro: GEN, 2019. E-book. Disponível em: https://app.minhabiblioteca.com.br/#/books/9788530983468/. Acesso em: 19 mar. 2024.

averbação reside na necessidade de **dar publicidade à modificação na situação jurídica** do bem ou do direito real, ou em relação ao titular deste.

Sobre o tema, Antonino Moura Borges[74] explica que a inscrição e a averbação são termos jurídicos atribuídos a lançamentos secundários ou incidentes que se referem a certos direitos reais ou atos jurídicos ou judiciais de efeitos reais. Ele observa que a inscrição e a averbação têm objetivos e finalidades equivalentes, pois servem para dar o direito de prioridade perante terceiros, em vista da publicidade que garantem.

O autor destaca que a averbação não é um ato constitutivo de domínio, mas uma ocorrência ou alteração deste, o que justifica sua **natureza incidente**. Ele propõe que o termo "averbação" se aplique aos atos de origem judicial ou extrajudicial que afetam a evolução da matrícula e os atos subsequentes, e menciona que a averbação, quando decorre de ordem judicial, normalmente executa uma sentença definitiva ou uma decisão interlocutória, a depender do caso.

Celso Maziteli Neto[75] destaca que o art. 167 da Lei n. 6.015/73 não define as diferenças entre esses dois atos, enumerando as hipóteses de registro em sentido estrito e exemplificando situações de averbação.

Walter Ceneviva[76] destaca que qualquer ocorrência que altere o registro deve ser averbada, independentemente de estar ou não incluída nas hipóteses do art. 167, II, da Lei n. 6.015/73, e enfatiza que a averbação, embora seja um ato acessório em relação ao registro, deve ser tratada com a mesma atenção pelo serventuário.

O autor[77] também ensina que a "pertinência com um registro dado e alteração dos elementos dele constantes são elementos justificadores da averbação", sendo que **o que "não modifique direito não é objeto do assentamento imobiliário"**; e traz alguns exemplos: "Exemplo bem característico é o dos protestos, notificações e interpelações judiciais, que não são averbáveis à margem de registro existente".

Walter Ceneviva[78] explica que a averbação é feita a requerimento escrito da parte interessada, e menciona que a averbação, quando requerida pela parte ou em cumprimento de um mandado judicial, está **subordinada à existência de um registro na serventia** e, em certos casos, à satisfação de pressupostos legais.

Em conclusão, o sistema de registro de imóveis envolve vários atos e procedimentos. Cada um desses atos tem um propósito específico e desempenha um papel crucial na garantia da segurança jurídica das transações imobiliárias, especialmente a partir da publicidade. Embora existam debates sobre a terminologia e a nomenclatura usadas, o importante é entender a função e o propósito de cada ato.

---

[74] BORGES, Antonino Moura. *Registro de imóveis comentado*. Leme: Edijur, 2007.

[75] MAZITELI NETO, Celso. *Das atribuições. In*: PEDROSO, Alberto Gentil de Almeida (org.). *Lei de Registros Públicos comentada*. Rio de Janeiro: Forense, 2023. cap. 5, p. 232-503.

[76] CENEVIVA, Walter. *Lei dos Registros Públicos comentada*. 10. ed. São Paulo: Saraiva, 1995.

[77] CENEVIVA, Walter. *Lei dos Registros Públicos comentada*. 10. ed. São Paulo: Saraiva, 1995. p. 316.

[78] CENEVIVA, Walter. *Lei dos Registros Públicos comentada*. 10. ed. São Paulo: Saraiva, 1995.

4.4. ATRIBUIÇÕES (ART. 167)

Ao relacionar as responsabilidades do registro de imóveis, Mônica Bonetti Couto[79] menciona que o sistema de registro imobiliário foi criado considerando a importância dos bens envolvidos e tendo como objetivo garantir que as transações envolvendo bens imóveis sejam seguras e transparentes.

Vimos anteriormente que, em relação às atribuições do registro de imóveis, **o art. 167 da LRP lista as hipóteses de registro**, que, com a **Lei n. 14.711/2023**, deixou de ser restritiva e passou a ser **exemplificativa**. Isso significa que agora é permitido o **registro de outros tipos de negócios jurídicos que envolvam a transferência de direitos reais de propriedade sobre imóveis ou a criação de direitos reais sobre imóveis, mesmo que esses não estejam expressamente mencionados no art. 167**.

Conforme destacou Walter Ceneviva, o registro de imóveis tem a função primordial de "**constituir o repositório fiel da propriedade imóvel e dos negócios jurídicos a ela referentes**"[80], cabendo ao registrador o recebimento, exame e aferição da registrabilidade dos papéis apresentados, para, na sequência, aceitar seu registro e transposição para um ou mais livros do cartório, ou não.

4.4.1. NEGÓCIOS JURÍDICOS TRANSLATIVOS DA PROPRIEDADE E AFINS

Os negócios jurídicos translativos da propriedade são aqueles que envolvem a transferência de direitos reais sobre imóveis por atos *inter vivos*.

O art. 172 da LRP estabelece que o registro e a averbação dos títulos ou atos constitutivos, declaratórios, translativos e extintivos de direitos reais sobre imóveis serão feitos no registro de imóveis. Portanto, para que a transferência de direitos reais sobre imóveis seja **válida em relação a terceiros**, é necessário que ela seja devidamente registrada.

A importância do registro desses negócios jurídicos translativos da propriedade no registro de imóveis é que ele proporciona **segurança jurídica às partes envolvidas e a terceiros**. Por meio do registro, é possível verificar a **existência e a extensão dos direitos reais sobre um imóvel**, bem como a **identidade do seu titular**. Além disso, o registro também é essencial para a **disponibilidade** desses direitos, ou seja, para que eles possam ser livremente **negociados**.

O tema também está presente no CC. **O art. 1.245 do CC**[81] **estabelece que a transferência da propriedade de um imóvel entre pessoas vivas ocorre por meio do**

---

[79] COUTO, Mônica Bonetti. Título V — Do registro de imóveis. *In*: ALVIM NETO, José Manuel de Arruda; CLÁPIS, Alexandre L.; CAMBLER, Everaldo A. *Lei de Registros Públicos comentada*. 2. ed. Rio de Janeiro: GEN, 2019. E-book. Disponível em: https://app.minhabiblioteca.com.br/#/books/9788530983468/. Acesso em: 19 mar. 2024.

[80] CENEVIVA, Walter. *Lei dos Registros Públicos comentada*. 10. ed. São Paulo: Saraiva, 1995, p. 303.

[81] "Art. 1.245. Transfere-se entre vivos a propriedade mediante o registro do título translativo no registro de imóveis. § 1.º Enquanto não se registrar o título translativo, o alienante continua a ser havido como dono do imóvel" (BRASIL. *Lei n. 10.406, de 10 de janeiro de 2002*. Institui o Código Civil. Disponível em: http://www.planalto.gov.br/ccivil_03/leis/2002/l10406compilada.htm. Acesso em: 15 nov. 2021).

registro do título translativo no registro de imóveis. Em outras palavras, para que a mudança de propriedade seja efetivada legalmente, é necessário registrar o documento que formaliza essa transferência no cartório de registro competente.

O § 1.º do mesmo artigo complementa que, **enquanto o título translativo não for registrado, o vendedor ainda será considerado o proprietário do imóvel**, de forma que, mesmo que as partes tenham acordado a transferência de propriedade, a mudança efetiva só ocorre perante a lei com o registro do título no cartório.

> Enquanto não for feito o registo, o vendedor mantém-se como o dono legal do imóvel.

Em complementação, o art. 1.246[82] prevê que **o registro é considerado eficaz a partir do momento em que o título translativo é apresentado ao oficial do registro**, o que significa que a transferência da propriedade é considerada efetiva a partir do momento em que se apresenta o título translativo para registro, e não a partir do momento em que o registro é concluído.

4.4.1.1. Compra e venda

A compra e venda, conforme estabelecido no art. 481 do CC[83], é um contrato em que o vendedor se compromete a **transferir a propriedade** de um bem, seja ele móvel ou imóvel, para o comprador. Essa transferência ocorre mediante o pagamento de um determinado preço em **dinheiro**.

Esse tipo de contrato é conhecido como **translativo**, pois envolve a transferência de propriedade. No caso de propriedades imóveis, a forma usual de transferência da propriedade imóvel se dá com o registro do título translativo no registro de imóveis.

No entanto, é importante notar que o contrato de compra e venda, por si só, gera apenas **direito obrigacional**, criando uma obrigação entre as partes, mas não sem eficácia real. Em outras palavras, no Brasil, a obrigação não gera eficácia real, ou seja, não altera o *status* da propriedade.

Ademar Fioranelli[84] destaca que a compra e venda é o negócio jurídico mais frequente, com uma função social importante como instrumento de circulação de bens, estando intrinsecamente ligada ao registro imobiliário.

A característica mais marcante da compra e venda, segundo o autor, é a **transferência da propriedade**. No entanto, ele esclarece que, no sistema jurídico brasileiro, o

---

[82] "Art. 1.246. O registro é eficaz desde o momento em que se apresentar o título ao oficial do registro, e este o prenotar no protocolo" (BRASIL. *Lei n. 10.406, de 10 de janeiro de 2002*. Institui o Código Civil. Disponível em: http://www.planalto.gov.br/ccivil_03/leis/2002/l10406compilada.htm. Acesso em: 15 nov. 2021).

[83] "Art. 481. Pelo contrato de compra e venda, um dos contratantes se obriga a transferir o domínio de certa coisa, e o outro, a pagar-lhe certo preço em dinheiro" (BRASIL. *Lei n. 10.406, de 10 de janeiro de 2002*. Institui o Código Civil. Disponível em: http://www.planalto.gov.br/ccivil_03/leis/2002/l10406compilada.htm. Acesso em: 24 maio 2024).

[84] FIORANELLI, Ademar. Da compra e venda no registro imobiliário. *In*: DIP, Ricardo; JACOMINO, Sérgio. *Doutrinas essenciais do direito registral*. 2. ed. São Paulo: Revista dos Tribunais, 2013. v. 3.

contrato de compra e venda de imóvel, por si só, não transfere a propriedade do bem. A transferência da propriedade, ou seja, o direito real, decorre do registro do contrato no registro de imóveis. Esse registro tem **força constitutiva**, ou seja, cria o direito de propriedade com eficácia *erga omnes* (contra todos).

> Sem o registro, o contrato de compra e venda vale apenas como uma relação contratual entre as partes envolvidas.

Em relação à teoria contratualista, o Fioranelli[85] menciona que a compra e venda se destaca dos demais contratos típicos por sua diversidade e características próprias. Ele sugere que a compra e venda tem peculiaridades inerentes que evoluíram ao longo do tempo e do espaço.

Essa modalidade de negócio jurídico possui elementos essenciais do contrato para ser firmado, como aqueles presentes no art. 104 do CC[86]. Primeiramente, tem-se as partes envolvidas, que são o comprador e o vendedor. Ambas as partes devem ser **capazes**, ou seja, devem possuir a capacidade geral e especial para celebrar tal ato. A **capacidade geral** está relacionada com as condições descritas nos arts. 3.º e 4.º[87] do CC, enquanto a **capacidade especial**, também conhecida como legitimação, é necessária para a celebração de certos atos.

No caso de pessoas casadas, por exemplo, é necessário obter a autorização do cônjuge, conhecida como vênia conjugal, para vender bens imóveis. No entanto, essa autorização é dispensada se os cônjuges se casaram sob o regime de separação absoluta.

O segundo elemento essencial é a **coisa**, que é o objeto da compra e venda. A coisa deve ser **lícita**, **possível**, **determinada** ou **determinável**. Além disso, deve ser **alienável**, ou seja, deve estar disponível para venda, o que não é o caso do bem gravado com cláusula de inalienabilidade e o bem público, por exemplo.

Outro exemplo de bem inalienável é aquele previsto nos arts. 1.711[88] e seguintes do CC, o bem de família voluntário, uma instituição jurídica que permite aos cônjuges ou

---

[85] FIORANELLI, Ademar. Da compra e venda no registro imobiliário. *In*: DIP, Ricardo; JACOMINO, Sérgio. *Doutrinas essenciais do direito registral*. 2. ed. São Paulo: Revista dos Tribunais, 2013. v. 3.

[86] "Art. 104. A validade do negócio jurídico requer: I — agente capaz; II — objeto lícito, possível, determinado ou determinável; III — forma prescrita ou não defesa em lei" (BRASIL. *Lei n. 10.406, de 10 de janeiro de 2002*. Institui o Código Civil. Disponível em: http://www.planalto.gov.br/ccivil_03/leis/2002/l10406compilada.htm. Acesso em: 24 maio 2024).

[87] "Art. 3.º São absolutamente incapazes de exercer pessoalmente os atos da vida civil os menores de 16 (dezesseis) anos. Art. 4.º. São incapazes, relativamente a certos atos ou à maneira de os exercer: I — os maiores de dezesseis e menores de dezoito anos; II — os ébrios habituais e os viciados em tóxico; III — aqueles que, por causa transitória ou permanente, não puderem exprimir sua vontade; IV — os pródigos. Parágrafo único. A capacidade dos indígenas será regulada por legislação especial" (BRASIL. *Lei n. 10.406, de 10 de janeiro de 2002*. Institui o Código Civil. Disponível em: http://www.planalto.gov.br/ccivil_03/leis/2002/l10406compilada.htm. Acesso em: 24 maio 2024).

[88] "Art. 1.711. Podem os cônjuges, ou a entidade familiar, mediante escritura pública ou testamento, destinar parte de seu patrimônio para instituir bem de família, desde que não ultrapasse um terço do patrimônio líquido existente ao tempo da instituição, mantidas as regras sobre a impenhorabi-

à entidade familiar, por meio de escritura pública ou testamento, destinar parte de seu patrimônio para a formação de um bem de família que é protegido de execução por dívidas, com exceção daquelas que são provenientes de tributos relativos ao prédio ou despesas de condomínio.

> O bem de família não pode ser alienado sem o consentimento dos interessados e seus representantes legais, o que o torna um bem inalienável.

Em caso de impossibilidade de manutenção do bem de família nas condições em que foi instituído, o juiz pode, a pedido dos interessados, extinguir o bem de família ou autorizar a substituição dos bens que o constituem por outros, após ouvir o instituidor e o Ministério Público.

O terceiro elemento essencial da compra e venda é o **preço**. Serpa Lopes[89] afirma que o preço deve atender a certos requisitos e deve ser acordado mutuamente pelas partes contratantes.

Além disso, **o preço não deve ser fixado de maneira frívola ou incerta**, devendo haver uma quantia específica acordada que seja realista e justa para ambas as partes. Finalmente, o autor enfatiza que a determinação do preço deve ser feita pelas próprias partes contratantes no momento da escritura, ou seja, o preço deve ser estabelecido e acordado no momento em que o contrato é formalizado, garantindo assim a clareza e a certeza para todas as partes envolvidas.

De acordo com os arts. 486 e 487 do CC[90], **o preço pode ser cotado em moeda estrangeira, em ouro ou em bolsa, desde que seja convertido posteriormente para a moeda nacional**. Isso também se aplica a contratos de exportação, onde o preço pode ser fixado em moeda estrangeira.

No entanto, é importante notar que essas regras **não entram em conflito com os arts. 315 e 318 do CC**[91]. O último estabelece que as convenções de pagamento em ouro ou moeda estrangeira são nulas, pois o art. 315 determina que as dívidas em dinheiro devem ser pagas em moeda nacional corrente devido ao princípio do nominalismo.

---

lidade do imóvel residencial estabelecida em lei especial" (BRASIL. *Lei n. 10.406, de 10 de janeiro de 2002*. Institui o Código Civil. Disponível em: http://www.planalto.gov.br/ccivil_03/leis/2002/l10406compilada.htm. Acesso em: 24 maio 2024).

[89] LOPES, Miguel Maria de Serpa. *Tratado dos registros públicos*. 3. ed. Rio de Janeiro: Freitas Bastos, 1955. v. 3, p. 322-323.

[90] "Art. 486. Também se poderá deixar a fixação do preço à taxa de mercado ou de bolsa, em certo e determinado dia e lugar. Art. 487. É lícito às partes fixar o preço em função de índices ou parâmetros, desde que suscetíveis de objetiva determinação" (BRASIL. *Lei n. 10.406, de 10 de janeiro de 2002*. Institui o Código Civil. Disponível em: http://www.planalto.gov.br/ccivil_03/leis/2002/l10406compilada.htm. Acesso em: 24 maio 2024).

[91] "Art. 315. As dívidas em dinheiro deverão ser pagas no vencimento, em moeda corrente e pelo valor nominal, salvo o disposto nos artigos subsequentes. Art. 318. São nulas as convenções de pagamento em ouro ou em moeda estrangeira, bem como para compensar a diferença entre o valor desta e o da moeda nacional, excetuados os casos previstos na legislação especial" (BRASIL. *Lei n. 10.406, de 10 de janeiro de 2002*. Institui o Código Civil. Disponível em: http://www.planalto.gov.br/ccivil_03/leis/2002/l10406compilada.htm. Acesso em: 24 maio 2024).

Portanto, embora o preço em um contrato de compra e venda possa ser fixado em ouro ou em moeda estrangeira, o pagamento deve ser feito em moeda corrente no momento da transação.

Se não houver uma convenção sobre o preço no contrato, o art. 488[92] do CC fornece uma solução. Ele determina que o preço deve ser adotado com base no **tabelamento oficial**, no **preço habitual** do vendedor ou no **termo médio** fixado pelo juiz. Essas soluções devem ser aplicadas na ordem mencionada. O tabelamento oficial não pode ser ignorado pelo contrato, pois é uma questão de ordem pública.

Além disso, o preço não pode ser fixado por apenas uma das partes. Uma cláusula que permite que uma parte pague o que quiser torna o contrato **nulo**, conforme estabelecido pelo art. 489 do CC[93]. No entanto, a fixação do preço pode ser deixada a critério de um terceiro de confiança das partes. Isso é conhecido como **preço de avaliação**.

Relacionando tal elemento ao registro de imóveis, importa destacar que Ademar Fioranelli, em seu texto, discute **a relação entre a quitação, a escritura pública registrada e a transferência de domínio**. Ele argumenta que, se o contrato de compra e venda for realizado de forma pura, sem condição resolutiva expressa, caso não sejam cumpridas as obrigações de pagamento do preço, **o vendedor não pode pleitear a anulação da escritura lavrada e devidamente registrada**.

O vendedor, se desejasse, **poderia ter usado o pacto comissório (obrigacional)** ou ter instrumentalizado o contrato de venda com um pacto adjeto de hipoteca. Ao não fazer isso, o vendedor renuncia a uma garantia real que deve ser expressamente acordada.

Fioranelli cita decisão do Conselho Superior de Magistratura de São Paulo (CSMSP), que se manifestou sobre a questão na Apelação Cível n. 269.965[94], **afirmando que, no caso concreto, o contrato de compra e venda é obrigatório e perfeito desde a consumação do acordo quanto ao objeto e ao preço. O eventual inadimplemento do saldo do preço não constitui motivo jurídico desconstitutivo ou invalidante do negócio consumado.**

---

[92] "Art. 488. Convencionada a venda sem fixação de preço ou de critérios para a sua determinação, se não houver tabelamento oficial, entende-se que as partes se sujeitaram ao preço corrente nas vendas habituais do vendedor. Parágrafo único. Na falta de acordo, por ter havido diversidade de preço, prevalecerá o termo médio" (BRASIL. *Lei n. 10.406, de 10 de janeiro de 2002*. Institui o Código Civil. Disponível em: http://www.planalto.gov.br/ccivil_03/leis/2002/l10406compilada.htm. Acesso em: 24 maio 2024).

[93] "Art. 489. Nulo é o contrato de compra e venda, quando se deixa ao arbítrio exclusivo de uma das partes a fixação do preço" (BRASIL. *Lei n. 10.406, de 10 de janeiro de 2002*. Institui o Código Civil. Disponível em: http://www.planalto.gov.br/ccivil_03/leis/2002/l10406compilada.htm. Acesso em: 24 maio 2024).

[94] "Venda e compra, cujo preço é parcelado, não se confunde com compromisso de venda e compra. O contrato de compra e venda puro é perfeito e obrigatório desde a consumação do contrato quanto ao objeto e ao preço. O pagamento não é senão execução de contrato perfeito. Hipótese em que o registro fora recusado porque da transcrição anterior constava a existência de notas promissórias cujo pagamento não fora provado. (Registro de Imóveis — Dúvidas — Decisões do CSM de São Paulo — Org. Narciso Orlandi Neto — ementa n. 166 — Des. Andrade Junqueira)" (CSMSP, Apelação Cível n. 269.965, Itu, j. 29-6-1978).

Por fim, o quarto e último elemento essencial do contrato de compra e venda é a **vontade**. Isso significa que o contrato deve ser isento de vícios e se aperfeiçoa com a simples vontade das partes.

Elemento	Descrição	Detalhes
Transferência de Propriedade	A transferência ocorre com o registro do contrato no registro de imóveis, criando o direito de propriedade com eficácia *erga omnes*.	▪ O contrato, por si só, não transfere a propriedade. ▪ Registro tem força constitutiva (criação do direito real).
Capacidade das Partes	Ambas as partes devem ser capazes, possuindo capacidade geral e especial para celebrar o contrato.	▪ Capacidade geral: condições dos arts. 3.º e 4.º do CC. ▪ Capacidade especial (legitimação): necessária para certos atos específicos.
Coisa	Objeto da compra e venda.	▪ Deve ser lícita, possível, determinada ou determinável. ▪ Deve ser alienável, ou seja, disponível para venda.
Preço	Deve ser acordado mutuamente entre as partes.	▪ Requisitos precisam ser atendidos para a validade. ▪ Valor estabelecido de forma clara e precisa.
Vontade	Contrato deve ser isento de vícios e resulta da livre manifestação de vontade das partes.	▪ Elemento subjetivo essencial. ▪ Aperfeiçoa o contrato mediante o consentimento das partes.

Orlando Gomes[95] discute a **liberdade de contratar**. Ele concebe a liberdade de contratar, em primeiro lugar, como o poder de autorregulação de interesses, ou seja, é a capacidade do indivíduo de decidir se deseja ou não entrar em um contrato. Em seguida, apresenta-se como o direito de livre discussão de condições de contrato, o que permite que as partes envolvidas negociem abertamente os termos e condições que melhor atendam aos seus interesses. E, por fim, a liberdade de contratar representa também o direito de liberdade de estruturar o conteúdo do contrato, de forma a dar às partes o direito de escolher o tipo de contrato que melhor se adapta à situação.

Na Apelação Cível n. 3002501-95.2013.8.26.0590[96], referente a um caso de compra e venda onde a vendedora foi representada pelo próprio comprador, **debateu-se se essa situação constituía uma nulidade que impediria o registro da escritura de compra e venda do imóvel**.

O CSMSP, no entanto, decidiu que essa situação **não constitui uma nulidade que impediria o registro da escritura**. Argumentou-se que, de acordo com o art. 117[97] do

---

[95] GOMES, Orlando. *Direitos reais*. 4. ed. Rio de Janeiro: Forense, 1973.

[96] "Registro de imóveis — Dúvida — Escritura de compra e venda de imóvel — Vendedor representado pelo próprio comprador — Nulidade relativa — Inviabilidade de reconhecimento de ofício — Recurso provido" (CSMSP, Apelação Cível n. 3002501-95.2013.8.26.0590, São Vicente, j. 7-10-2014).

[97] "Art. 117. Salvo se o permitir a lei ou o representado, é anulável o negócio jurídico que o representante, no seu interesse ou por conta de outrem, celebrar consigo mesmo. Parágrafo único. Para esse efeito, tem-se como celebrado pelo representante o negócio realizado por aquele em quem os poderes houverem sido subestabelecidos" (BRASIL. *Lei n. 10.406, de 10 de janeiro de 2002*. Institui o Código Civil. Disponível em: http://www.planalto.gov.br/ccivil_03/leis/2002/l10406compilada.htm. Acesso em: 24 maio 2024).

CC/2002, é **anulável** o negócio jurídico em que o representante, no seu interesse ou por conta de outrem, celebrar consigo mesmo. **No entanto, essa é uma nulidade relativa, que não pode ser pronunciada de ofício pelo juiz, nem pelo registrador.**

Além disso, a vendedora outorgou uma procuração ao comprador para que ele pudesse vender o imóvel. **Essa procuração foi dada em caráter irrevogável e irretratável, sem prestação de contas.** Portanto, a vendedora deu ao comprador o poder de dispor do imóvel como se fosse dele.

Assim, o Conselho concluiu que, uma vez que a vendedora autorizou a venda do imóvel dessa maneira, a escritura de compra e venda celebrada pelo comprador em seu próprio nome é válida. Portanto, eles deram provimento ao recurso, permitindo o registro da escritura de compra e venda.

A natureza jurídica do contrato de compra e venda é bastante complexa e possui várias características. É **bilateral** ou **sinalagmático**, o que significa que estabelece direitos e deveres para ambas as partes. É **oneroso**, pois deve haver um preço presente no contrato, e é **comutativo**, pois as prestações são equivalentes e já conhecidas.

No entanto, o contrato de compra e venda pode ser **aleatório**, o que significa que é baseado na sorte ou no risco. Existem dois tipos de contratos de compra e venda aleatórios: a **venda da esperança** (*emptio spei*) e a **venda da esperança com coisa esperada** (*emptio rei speratae*). No primeiro, a contraprestação é devida mesmo se a prestação não existir, como na compra e venda de uma safra futura. No segundo, parte-se da premissa de que a coisa existirá, mas em qualquer quantidade. O contrato é resolvido se a coisa não existir, já que o risco se refere à quantidade.

O contrato de compra e venda é **consensual**, pois se aperfeiçoa com a simples vontade das partes. É **típico**, pois seu regramento vem previsto em lei. Quanto à solenidade, o contrato de compra e venda pode ser **solene** ou **não solene**.

Característica	Descrição
Bilateral ou Sinalagmático	Estabelece direitos e deveres para ambas as partes contratantes.
Oneroso	Exige a presença de um preço no contrato, representando uma contraprestação financeira.
Comutativo	As prestações são equivalentes e já conhecidas pelas partes no momento da celebração do contrato.
Aleatório	Baseado na sorte ou no risco, dependendo de condições incertas.
Consensual	Aperfeiçoa-se com a simples vontade das partes, não exigindo formalidade para sua validade.
Típico	Previsto em lei, possuindo regramento específico no ordenamento jurídico.
Solene ou Não Solene	Pode exigir formalidades legais (solene) ou não (não solene), dependendo do objeto ou da situação.

Os efeitos do contrato de compra e venda são diversos e têm implicações significativas para ambas as partes envolvidas. Primeiramente, há o aspecto do risco. No contexto de um contrato de compra e venda, **o risco está associado tanto ao bem quanto ao preço**. O princípio de *res perit domino* é aplicado, o que significa que a coisa perece para seu dono. Portanto, **o risco relativo ao bem é do vendedor, enquanto o risco relativo ao preço é do comprador.**

Em segundo lugar, há despesas associadas ao transporte do bem (também conhecido como tradição) e à escritura e registro. **De acordo com o art. 490[98] do CC, essas despesas são divididas entre o vendedor e o comprador. O vendedor é responsável pela tradição, enquanto o comprador é responsável pelo registro e escritura.**

Por último, mas não menos importante, está o **registro**. Para que o contrato de compra e venda tenha efeito perante terceiros, é necessário que seja registrado. Se o contrato for relativo a um bem imóvel, deve ser registrado no cartório de registro de imóveis, conforme estabelecido no art. 1.245 do CC[99].

Segundo tal artigo, **a propriedade de um imóvel é transferida quando o título translativo é registrado no registro de imóveis**, e, até que o título translativo seja registrado, a pessoa que vendeu o imóvel continua sendo considerada legalmente a proprietária do imóvel. Além disso, o artigo aduz que, mesmo que haja uma questão sobre a validade do registro, a pessoa que adquiriu o imóvel continua sendo considerada a proprietária do imóvel até que uma ação judicial determine a invalidade do registro e ordene seu cancelamento.

Ademais, existem restrições importantes no contrato de compra e venda, como é o caso da **venda de ascendente para descendente**, que é **anulável**, conforme estabelecido no art. 496 do CC[100]. Isso significa que a venda de bens de pais, avós, bisavós etc., para filhos, netos, bisnetos etc., pode ser anulada, a menos que seja autorizada pelos outros descendentes mais próximos e pelo cônjuge do alienante.

Destaca-se que o cônjuge, assim como o descendente, é considerado um herdeiro necessário e, portanto, também deve dar sua autorização. Além disso, com a inconstitucionalidade do art. 1.790 do CC julgada pelo STF, todos os direitos sucessórios do cônjuge devem ser estendidos ao companheiro, tornando-o um herdeiro necessário. Portanto, o companheiro também deve autorizar a venda de ascendente para descendente, a menos que o regime da união estável seja o da separação absoluta de bens.

Outra restrição é no caso da **venda entre cônjuges ou companheiros**, que só é permitida em relação a bens excluídos da comunhão, conforme estabelecido no art. 499 do CC. Se essa regra não for observada, o contrato será **nulo**.

---

[98] "Art. 490. Salvo cláusula em contrário, ficarão as despesas de escritura e registro a cargo do comprador, e a cargo do vendedor as da tradição" (BRASIL. *Lei n. 10.406, de 10 de janeiro de 2002*. Institui o Código Civil. Disponível em: http://www.planalto.gov.br/ccivil_03/leis/2002/l10406compilada.htm. Acesso em: 24 maio 2024).

[99] "Art. 1.245. Transfere-se entre vivos a propriedade mediante o registro do título translativo no registro de imóveis. § 1.º Enquanto não se registrar o título translativo, o alienante continua a ser havido como dono do imóvel. § 2.º Enquanto não se promover, por meio de ação própria, a decretação de invalidade do registro, e o respectivo cancelamento, o adquirente continua a ser havido como dono do imóvel" (BRASIL. *Lei n. 10.406, de 10 de janeiro de 2002*. Institui o Código Civil. Disponível em: http://www.planalto.gov.br/ccivil_03/leis/2002/l10406compilada.htm. Acesso em: 24 maio 2024).

[100] "Art. 496. É anulável a venda de ascendente a descendente, salvo se os outros descendentes e o cônjuge do alienante expressamente houverem consentido. Parágrafo único. Em ambos os casos, dispensa-se o consentimento do cônjuge se o regime de bens for o da separação obrigatória" (BRASIL. *Lei n. 10.406, de 10 de janeiro de 2002*. Institui o Código Civil. Disponível em: http://www.planalto.gov.br/ccivil_03/leis/2002/l10406compilada.htm. Acesso em: 24 maio 2024).

> **Art. 499.** É lícita a compra e venda entre cônjuges, com relação a bens excluídos da comunhão.

Uma terceira proibição é a compra por pessoa encarregada de **zelar pelo interesse do vendedor**, conforme estabelecido no art. 497 do CC. Isso significa que tutores, curadores, testamenteiros, administradores, servidores públicos, juízes, secretários de tribunais, arbitradores, peritos, outros serventuários ou auxiliares da justiça, leiloeiros e seus prepostos não podem comprar os bens confiados à sua guarda ou administração, mesmo que em hasta pública.

> **Art. 497.** Sob pena de nulidade, não podem ser comprados, ainda que em hasta pública:
> I — pelos tutores, curadores, testamenteiros e administradores, os bens confiados à sua guarda ou administração;
> II — pelos servidores públicos, em geral, os bens ou direitos da pessoa jurídica a que servirem, ou que estejam sob sua administração direta ou indireta;
> III — pelos juízes, secretários de tribunais, arbitradores, peritos e outros serventuários ou auxiliares da justiça, os bens ou direitos sobre que se litigar em tribunal, juízo ou conselho, no lugar onde servirem, ou a que se estender a sua autoridade;
> IV — pelos leiloeiros e seus prepostos, os bens de cuja venda estejam encarregados.

Por último, a **venda de parte indivisa em condomínio** exige **direito de preferência**, conforme estabelecido no art. 504 do CC:

> **Art. 504.** Não pode um condômino em coisa indivisível vender a sua parte a estranhos, se outro consorte a quiser, tanto por tanto. O condômino, a quem não se der conhecimento da venda, poderá, depositando o preço, haver para si a parte vendida a estranhos, se o requerer no prazo de cento e oitenta dias, sob pena de decadência.
> **Parágrafo único.** Sendo muitos os condôminos, preferirá o que tiver benfeitorias de maior valor e, na falta de benfeitorias, o de quinhão maior. Se as partes forem iguais, haverão a parte vendida os comproprietários, que a quiserem, depositando previamente o preço.

Restrição	Descrição	Base Legal
Venda de ascendente para descendente	Necessita do consentimento dos demais descendentes, sob pena de anulabilidade.	Art. 496 do CC
Venda entre cônjuges ou companheiros	Permitida apenas em relação a bens excluídos da comunhão de bens.	Art. 499 do CC
Compra por pessoa encarregada de zelar pelo interesse do vendedor	Proibida para tutores, curadores, testamenteiros, administradores, servidores públicos, juízes, peritos e outros responsáveis por bens em sua guarda.	Art. 497 do CC
Venda de parte indivisa em condomínio	Exige respeito ao direito de preferência dos demais condôminos.	Art. 504 do CC

Isso significa que, em um condomínio *pro indiviso*, que é aquele que não pode ser dividido, é necessário dar preferência aos condôminos existentes. No entanto, em um condomínio *pro diviso*, que é aquele que comporta divisão, essa preferência não é exigida.

Especificamente sobre bens imóveis, existem diferentes tipos de vendas cada uma com suas próprias características e implicações legais. A **venda *ad corpus*** ou de **corpo inteiro**, conforme estabelecido no art. 500, § 3.º, do CC, é aquela feita como coisa certa e determinada com relação a bens imóveis. Nesse caso, não interessa o tamanho da área, motivo pelo qual não se pode exigir complementação ou devolução do excesso de uma área.

> **Art. 500.** Se, na venda de um imóvel, se estipular o preço por medida de extensão, ou se determinar a respectiva área, e esta não corresponder, em qualquer dos casos, às dimensões dadas, o comprador terá o direito de exigir o complemento da área, e, não sendo isso possível, o de reclamar a resolução do contrato ou abatimento proporcional ao preço.
>
> [...]
>
> § 3.º Não haverá complemento de área, nem devolução de excesso, se o imóvel for vendido como coisa certa e discriminada, tendo sido apenas enunciativa a referência às suas dimensões, ainda que não conste, de modo expresso, ter sido a venda *ad corpus*.

Caio Mário da Silva Pereira[101] aduz que a **venda *ad corpus*** é um tipo de venda onde o objeto do contrato é uma propriedade caracterizada por suas confrontações, características de individuação, cercas etc., e não uma área específica.

Ele afirma que, **nessa modalidade de venda, o comprador não pode reclamar se a propriedade tem mais ou menos área do que o esperado**, uma vez que o objeto do contrato não é uma área específica, mas sim a propriedade como um todo, com todas as suas características individuais.

Portanto, o que importa para o contrato não é o tamanho exato da propriedade em hectares, mas sim as características individuais da propriedade que a tornam única.

A **venda *ad mensuram*** ou **por medida**, conforme o art. 500, *caput*, §§ 1.º e 2.º, do CC[102], é feita por medida de extensão (metro quadrado, alqueire, hectare). É tolerável uma variação de área de 1/20 (ou 5%) do imóvel. Se a área for inferior, haverá um vício redibitório especial, cabendo ações edilícias, com regras específicas. A primeira ação que deve ser proposta é a **ação *ex empto*** ou ***ex vendito***, que serve para a complementação de área. Se isso não for possível, a parte poderá escolher entre a **ação redibitória** e **estimatória**, sendo o prazo para tais ações de **1 ano** a contar do **registro do imóvel**.

---

[101] PEREIRA, Caio Mário da Silva. *Instituições de direito civil*. Rio de Janeiro: Forense, 1981. v. 4.

[102] "§ 1.º Presume-se que a referência às dimensões foi simplesmente enunciativa, quando a diferença encontrada não exceder de um vigésimo da área total enunciada, ressalvado ao comprador o direito de provar que, em tais circunstâncias, não teria realizado o negócio. § 2.º Se em vez de falta houver excesso, e o vendedor provar que tinha motivos para ignorar a medida exata da área vendida, caberá ao comprador, à sua escolha, completar o valor correspondente ao preço ou devolver o excesso" (BRASIL. *Lei n. 10.406, de 10 de janeiro de 2002*. Institui o Código Civil. Disponível em: http://www.planalto.gov.br/ccivil_03/leis/2002/l10406compilada.htm. Acesso em: 24 maio 2024).

Havendo excesso de área, o prejuízo será do vendedor, que pode pedir a diferença do preço ou a devolução do excesso.

Aspecto	Venda *ad corpus*	Venda *ad mensuram*
Objeto do Contrato	A propriedade como um todo, com base nas suas características de individuação (confrontações, cercas etc.), sem considerar uma área específica.	Venda baseada na medida de extensão do imóvel (metro quadrado, alqueire, hectare).
Tolerância de Área	Não há tolerância para variações, pois a área específica não é objeto do contrato.	Permitida variação de até 1/20 (ou 5%) da área total.
Reclamações do Comprador	O comprador não pode reclamar por diferença na área, pois o objeto é a propriedade como um todo.	O comprador pode propor ação *ex empto* ou *ex vendito* para complementação de área ou, caso impossível, ação redibitória ou estimatória.
Prazo para Reclamação	Não se aplica, pois não há direito à reclamação sobre a área.	1 ano a contar do registro do imóvel para propor ações.
Excesso de Área	Não gera efeitos, pois a área não é critério contratual.	O vendedor arca com o prejuízo do excesso, podendo solicitar diferença de preço ou devolução do excesso.
Base Legal	Não explicitada no art. 500 do CC, pois trata de venda global da propriedade.	Art. 500, *caput*, §§ 1.º e 2.º, do CC.

Já a **venda conjunta**, conforme o art. 503 do CC[103], é aquela em que o defeito oculto de uma das coisas não autoriza a rejeição de todas. Por exemplo, imagine um contrato de compra e venda de 3 lotes de terreno. Se um dos lotes tiver um defeito oculto, isso não autoriza a rejeição de todos os lotes.

É importante lembrar que existe uma **cláusula especial** que pode ser utilizada na compra e venda, chamada **retrovenda**. A retrovenda é uma cláusula que pode ser incluída em contratos de compra e venda de imóveis e permite que o vendedor **recupere a propriedade** vendida em um determinado período, devolvendo ao comprador o valor pago, além de reembolsar quaisquer despesas que o comprador tenha tido com o imóvel, como melhorias necessárias.

A retrovenda só pode ser aplicada em casos de **bens imóveis**, não sendo aplicável a outros tipos de bens. No caso, o comprador adquire uma propriedade resolúvel, ou seja, uma propriedade que pode ser extinta se uma condição resolutiva for cumprida. Nesse caso, a condição é o exercício do direito de retrovenda pelo vendedor.

O prazo máximo para o exercício do direito de retrovenda é de **3 anos**. No entanto, pode ser estipulado um prazo menor no contrato. **Esse direito de resgate é transmissível tanto durante a vida do vendedor quanto pode ser transferido para seus herdeiros após sua morte.**

---

[103] "Art. 503. Nas coisas vendidas conjuntamente, o defeito oculto de uma não autoriza a rejeição de todas" (BRASIL. *Lei n. 10.406, de 10 de janeiro de 2002*. Institui o Código Civil. Disponível em: http://www.planalto.gov.br/ccivil_03/leis/2002/l10406compilada.htm. Acesso em: 24 maio 2024).

Sobre o prazo, na Apelação Cível n. 1003007-96.2021.8.26.0664[104], o CSMSP **pontuou que foi estabelecida uma cláusula de retrovenda com prazo de cinco anos, em desacordo com a norma cogente constante do art. 505 do CC**. O recurso foi negado com base nessas duas questões. Portanto, sem a adequação do prazo da retrovenda ao limite legal, o Conselho evidenciou o óbice ao registro do título em vista da insegurança que a cláusula provocaria nas relações patrimoniais.

Se o imóvel for destruído por um evento fortuito ou de força maior, o direito de resgate é extinto, e qualquer fruto ou rendimento gerado pelo imóvel durante o período de retrovenda pertence ao comprador.

Se o comprador se recusar a devolver o imóvel quando o vendedor exercer seu direito de retrovenda, o vendedor pode iniciar uma ação reivindicatória, depositando o preço do imóvel.

Se mais de uma pessoa tiver o direito de retrato sobre o mesmo imóvel e apenas uma delas exercer esse direito, o comprador pode intimar as outras para concordarem com o retrato, e o pacto prevalecerá em favor de quem fizer o depósito integral.

Quanto ao registro da compra e venda, o art. 167, I, n. 29, da Lei n. 6.015/73 determina que o contrato deve ser registrado na matrícula do imóvel, e o art. 188 do mesmo diploma informa que, após protocolizado o título, deve ser realizado o registro no prazo legal, sendo que seu § 1.º estabelece um prazo mais curto para o registro de certos documentos, se não houver exigências pendentes ou falta de pagamento de custas e emolumentos.

Nesses casos, em que se inclui o contrato de compra e venda sem cláusulas especiais, o prazo para registro é de cinco dias.

Assim, percebe-se que o contrato de compra e venda é um instrumento jurídico essencial para a transferência de propriedade, que ocorre mediante o pagamento de um preço acordado. No entanto, no Brasil, a propriedade de um imóvel só é transferida quando o título translativo é registrado no registro de imóveis. **Esse contrato possui várias características e elementos essenciais, incluindo as partes envolvidas, a coisa (objeto do contrato), o preço e a vontade das partes, além de várias restrições e regras específicas que devem ser observadas.** Portanto, é crucial que as partes envolvidas em um contrato de compra e venda estejam cientes de todas essas nuances e requisitos para garantir a validade e eficácia do contrato.

4.4.1.1.1. *Promessa de compra e venda*

A **promessa de compra e venda** é um instrumento jurídico muito importante no direito imobiliário brasileiro. Ela é regulada pelos artigos do CC, que estabelece direitos e obrigações tanto para o promitente vendedor quanto para o promitente comprador.

---

[104] "Registro de imóveis — Dúvida — Carta de adjudicação — Ordens de indisponibilidade que obstam o registro da alienação voluntária — Acordo de dação em pagamento homologado judicialmente que não desnatura a voluntariedade da alienação — Cláusula de retrovenda com prazo de cinco anos em afronta à norma cogente constante do art. 505 do Código Civil — Óbices mantidos — Dúvida procedente — Recurso a que se nega provimento" (CSMSP, Apelação Cível n. 1003007-96.2021.8.26.0664, Votuporanga, j. 2-12-2021).

Nicolau Balbino Filho[105] **conceitua o contrato de promessa ou compromisso de compra e venda como um contrato preliminar** em que as partes envolvidas concordam em celebrar um contrato principal ou definitivo no futuro, desde que certas obrigações estipuladas no contrato preliminar sejam cumpridas.

Por exemplo, imagine que João deseja comprar uma casa. Antes de finalizar a compra, ele pode assinar um contrato de promessa de compra e venda com o vendedor. Esse contrato pode estipular que João concorda em comprar a casa por um determinado preço, desde que a casa passe por uma inspeção satisfatória. Se a inspeção for bem-sucedida, então João e o vendedor podem prosseguir para celebrar o contrato definitivo de compra e venda.

Portanto, o contrato de promessa ou compromisso de compra e venda serve como uma espécie de "**acordo de intenções**", estabelecendo as bases para um contrato definitivo futuro, desde que as condições acordadas sejam cumpridas. É uma ferramenta útil para garantir que ambas as partes estejam de acordo com os termos antes de se comprometerem com um contrato definitivo.

O contrato preliminar está positivado no CC em seus arts. 462 e 463. O art. 462[106] estabelece que **um contrato preliminar deve conter todos os requisitos essenciais ao contrato definitivo que será celebrado posteriormente, exceto quanto à forma**. Assim, todas as condições importantes que serão aplicadas no contrato final devem ser acordadas e incluídas no contrato preliminar. **No entanto, a forma do contrato preliminar não precisa ser a mesma do contrato definitivo.**

Já o art. 463[107] diz que **uma vez concluído o contrato preliminar, e desde que não haja uma cláusula de arrependimento nele, qualquer uma das partes tem o direito de exigir a celebração do contrato definitivo**. A parte que deseja prosseguir para o contrato definitivo pode definir um prazo para a outra parte para efetivar o contrato definitivo. No entanto, se houver uma cláusula de arrependimento no contrato preliminar, isso dá a ambas as partes a opção de se retirar do contrato antes de passar para o contrato definitivo.

Antonio Moura Borges[108] evidencia que a promessa de compra e venda é um instrumento jurídico valioso que facilita a realização de negócios e a circulação de riquezas. Ela permite maior flexibilidade aos contratantes, pois não exige formalidades rígidas.

---

[105] BALBINO FILHO, Nicolau. *Registro de imóveis*. 6. ed. São Paulo: Atlas, 1987.

[106] "Art. 462. O contrato preliminar, exceto quanto à forma, deve conter todos os requisitos essenciais ao contrato a ser celebrado" (BRASIL. *Lei n. 10.406, de 10 de janeiro de 2002*. Institui o Código Civil. Disponível em: http://www.planalto.gov.br/ccivil_03/leis/2002/l10406compilada.htm. Acesso em: 24 maio 2024).

[107] "Art. 463. Concluído o contrato preliminar, com observância do disposto no artigo antecedente, e desde que dele não conste cláusula de arrependimento, qualquer das partes terá o direito de exigir a celebração do definitivo, assinando prazo à outra para que o efetive. Parágrafo único. O contrato preliminar deverá ser levado ao registro competente" (BRASIL. *Lei n. 10.406, de 10 de janeiro de 2002*. Institui o Código Civil. Disponível em: http://www.planalto.gov.br/ccivil_03/leis/2002/l10406compilada.htm. Acesso em: 24 maio 2024).

[108] BORGES, Antonino Moura. *Registro de imóveis comentado*. 4. ed. Campo Grande: Contemplar, 2014.

Hoje, é permitido aos contratantes registrar a promessa de compra e venda de imóveis para fins de publicidade, desde que contenham todos os requisitos necessários de um contrato definitivo.

Aqui, importa destacar a necessidade da **anuência do cônjuge**, nos termos do art. 1.647 do CC[109], que afirma que nenhum dos cônjuges pode, sem autorização do outro, alienar ou gravar de ônus real os bens imóveis, exceto no regime da separação absoluta.

Um exemplo prático caso não haja a anuência do cônjuge ocorreu na Apelação Cível n. 1000050-19.2019.8.26.0236[110], do CSMSP.

O caso envolve um compromisso de compra e venda de um imóvel no qual o promitente vendedor é casado sob o regime da comunhão parcial de bens. O imóvel em questão foi adquirido antes do casamento e é resultado de um desmembramento de outro imóvel.

A questão central do caso foi a **necessidade de anuência do cônjuge** do promitente vendedor para a venda do imóvel. De acordo com o art. 1.647, I, do CC/2002, nenhum dos cônjuges pode alienar ou gravar de ônus real os bens imóveis sem autorização do outro, exceto no regime da separação absoluta.

A decisão do tribunal foi que, mesmo que o imóvel tenha sido adquirido antes do casamento e não faça parte da comunhão patrimonial do casal, a anuência do cônjuge do alienante é um requisito fundamental para a validade do ato. Sem essa anuência, o ato não pode ser registrado.

Portanto, o recurso interposto foi negado, os obstáculos apresentados pelo registrador foram mantidos e o registro do instrumento particular de compromisso de compra e venda do imóvel foi recusado.

O art. 1.417 estabelece que, mediante a promessa de compra e venda, o promitente comprador adquire um direito real à aquisição do imóvel, de forma que, uma vez celebrado o contrato de promessa de compra e venda (seja por instrumento público ou particular) **e registrado no cartório de registro de imóveis, o promitente comprador tem o direito de se tornar o proprietário do imóvel**, desde que cumpra com as obrigações estabelecidas no contrato.

> **Art. 1.417.** Mediante promessa de compra e venda, em que se não pactuou arrependimento, celebrada por instrumento público ou particular, e registrada no cartório de registro de imóveis, adquire o promitente comprador direito real à aquisição do imóvel.

---

[109] "Art. 1.647. Ressalvado o disposto no art. 1.648, nenhum dos cônjuges pode, sem autorização do outro, exceto no regime da separação absoluta: I — alienar ou gravar de ônus real os bens imóveis" (BRASIL. *Lei n. 10.406, de 10 de janeiro de 2002*. Institui o Código Civil. Disponível em: http://www.planalto.gov.br/ccivil_03/leis/2002/l10406compilada.htm. Acesso em: 24 maio 2024).

[110] "Registro de imóveis — Dúvida — Instrumento particular de compromisso de compra e venda de imóvel — Promitente vendedor casado no regime da comunhão parcial de bens — Imóvel decorrente de desmembramento de outro adquirido antes do casamento — Necessidade da anuência conjugal ou de suprimento judicial — Regra do art. 1.647, I, do CC que não se vincula ao fato de o imóvel alienado ser comum ou particular do cônjuge, mas sim à tutela da entidade familiar — Óbices apresentados pelo registrador mantidos — Recurso não provido" (CSMSP, Apelação Cível n. 1000050-19.2019.8.26.0236, Ibitinga, j. 6-2-2020).

Já o art. 1.418 dá ao promitente comprador o direito de **exigir a outorga da escritura definitiva** de compra e venda. Dessa forma, se o promitente vendedor ou terceiros a quem os direitos deste forem cedidos se recusarem a outorgar a escritura definitiva conforme o disposto no contrato preliminar, o promitente comprador pode recorrer ao Judiciário para requerer a adjudicação do imóvel.

> **Art. 1.418.** O promitente comprador, titular de direito real, pode exigir do promitente vendedor, ou de terceiros, a quem os direitos deste forem cedidos, a outorga da escritura definitiva de compra e venda, conforme o disposto no instrumento preliminar; e, se houver recusa, requerer ao juiz a adjudicação do imóvel.

Leonardo Brandelli[111], em sua análise do compromisso de compra e venda no CC/2002, **questiona se a distinção feita por Orlando Gomes entre a promessa de compra e venda e o compromisso de compra e venda ainda é válida.**

Para Brandelli, **é possível e correto manter a distinção** entre promessa de compra e venda e compromisso de compra e venda, sob o argumento de que a **promessa pura de compra e venda, que cria a obrigação de expressar uma nova manifestação de vontade futura em um novo contrato, ainda é possível de existir.** No entanto, essa promessa não é passível de execução compulsória, pois é um ato personalíssimo. Cabe salientar que o STJ tem entendimento diverso e, conforme a Súmula 239, o direito à adjudicação compulsória não depende do registro do compromisso de compra e venda no cartório de imóveis.

Por outro lado, o **compromisso de compra e venda**, mesmo que também seja chamado de promessa, tem um tratamento diferente. **É um contrato que existirá quando todos os elementos volitivos necessários ao cumprimento do pré-contrato já estiverem nele contidos, permitindo a adjudicação compulsória.**

Quanto à forma da promessa de compra e venda, Brandelli[112] argumenta que pode ser lavrada por **instrumento particular,** independentemente do valor do imóvel, com base no art. 1.417 do CC.

No entanto, Antonio Moura Borges[113] aconselha a optar pela escritura pública definitiva, pois ela é essencial para a validade dos negócios jurídicos sobre imóveis cujo valor seja superior a 30 vezes o salário mínimo vigente.

Eduardo Tristão[114] argumenta que o **compromisso de compra e venda deve ser considerado uma modalidade especial de compra e venda.** No momento da celebração do contrato, as partes têm a intenção de adquirir o bem e receber o preço, assim como em um contrato de compra e venda tradicional.

---

[111] BRANDELLI, Leonardo. Compromisso de compra e venda no Código Civil de 2002. *In*: PAIVA, João Pedro Lamana *et al*. *Novo direito imobiliário e registral*. São Paulo: Quartier Latin, 2008.

[112] BRANDELLI, Leonardo. Compromisso de compra e venda no Código Civil de 2002. *In*: PAIVA, João Pedro Lamana *et al*. *Novo direito imobiliário e registral*. São Paulo: Quartier Latin, 2008.

[113] BORGES, Antonino Moura. *Registro de imóveis comentado*. 4. ed. Campo Grande: Contemplar, 2014.

[114] TRISTÃO, Eduardo. Compromisso de compra e venda. *In*: DIP, Ricardo; JACOMINO, Sérgio. *Doutrinas essenciais do direito registral*. 2. ed. São Paulo: Revista dos Tribunais, 2013. v. 3.

O autor destaca que essa concepção tem implicações práticas importantes. Como uma modalidade especial de compra e venda, a capacidade das partes e a legitimidade para alienar devem ser consideradas no momento da celebração do compromisso, assim como a questão dos vícios de vontade no compromisso de compra e venda também devem ser examinados a partir do momento de sua formação.

Quanto à configuração da promessa de compra e venda como direito real, Leonardo Brandelli[115] expõe não ter como escapar desse entendimento, pois quando o CC estabelece o rol taxativo dos direitos reais, ele expressamente inclui o direito do compromissário comprador, com o contrato registrado.

> Segundo o art. 1.225, o direito do promitente comprador do imóvel é um direito real, o que confere ao promitente comprador a garantia de que ele poderá se tornar o proprietário do imóvel, desde que cumpra com as obrigações estabelecidas no contrato.

Na atualidade, a tendência é tratar o direito real do compromissário comprador de maneira cada vez mais semelhante ao do titular do direito de propriedade. Tanto é que a posição contratual do compromissário comprador com um contrato registrado é mais forte do que a de um simples comprador sem um contrato registrado[116].

Antonio Moura Borges[117] aponta os requisitos legais para que a promessa de compra e venda dê origem ao direito real de aquisição. Ele destaca que o compromisso de compra e venda **não deve ser pactuado com cláusula de arrependimento**, deve ser **registrado** no cartório de registro de imóveis e pode ser elaborado tanto por **escritura pública** quanto por **contrato particular**.

Isso porque o CC **reconhece o direito do promitente comprador como um direito real, desde que o contrato não contenha uma cláusula de arrependimento e esteja registrado no cartório de registro de imóveis**. No entanto, se os requisitos mencionados não forem cumpridos, o direito do promitente comprador será considerado um direito obrigacional, e não um direito real[118].

A cláusula de arrependimento é uma disposição contratual que permite a uma ou ambas as partes se retirarem do contrato sem sofrerem consequências legais. No entanto, para que o direito do promitente comprador seja considerado um direito real, essa cláusula não deve estar expressamente autorizada no contrato.

Outra questão levantada por Leonardo Brandelli[119] é a eventual necessidade do registro da promessa de compra e venda para que possa haver a **adjudicação compulsória**. Ele

---

[115] BRANDELLI, Leonardo. Compromisso de compra e venda no Código Civil de 2002. *In*: PAIVA, João Pedro Lamana *et al*. *Novo direito imobiliário e registral*. São Paulo: Quartier Latin, 2008.

[116] TRISTÃO, Eduardo. Compromisso de compra e venda. *In*: DIP, Ricardo; JACOMINO, Sérgio. *Doutrinas essenciais do direito registral*. 2. ed. São Paulo: Revista dos Tribunais, 2013. v. 3.

[117] BORGES, Antonino Moura. *Registro de imóveis comentado*. 4. ed. Campo Grande: Contemplar, 2014.

[118] BDINE JR., Hamid Charaf. Compromisso de compra e venda em face do Código Civil de 2002. *In*: DIP, Ricardo; JACOMINO, Sérgio. *Doutrinas essenciais do direito registral*. 2. ed. São Paulo: Revista dos Tribunais, 2013. v. 3.

[119] BRANDELLI, Leonardo. Compromisso de compra e venda no Código Civil de 2002. *In*: PAIVA, João Pedro Lamana *et al*. *Novo direito imobiliário e registral*. São Paulo: Quartier Latin, 2008.

argumenta que a execução da obrigação de fazer continua sendo perfeitamente possível para os contratos de promessa de compra e venda não registrados.

Sobre o tema, como visto anteriormente, o compromissário comprador é a pessoa que se comprometeu a comprar um imóvel. Esse direito não é o mesmo que o direito de propriedade, é um direito real que se cria e dá ao seu titular a possibilidade de adquirir a propriedade, que só é transferida definitivamente ao comprador quando o compromisso é substituído pela escritura definitiva, ou por decisão judicial levada ao registro de imóveis.

Exemplo prático está na decisão da apelação cível julgada pelo CSMSP. **A questão central da decisão é a impossibilidade de registrar a transmissão de propriedade de um imóvel com base apenas em uma escritura pública de promessa de compra e venda, mesmo que o preço tenha sido totalmente quitado. Segundo a decisão, é necessária uma escritura pública definitiva para a transmissão da propriedade.**

> REGISTRO DE IMÓVEIS. Escritura pública de promessa de compra e venda de unidade imobiliária. Impossibilidade do registro com efeito translativo da propriedade, ainda que quitado o preço. Necessidade de escritura pública definitiva. Inteligência dos arts. 108, 1.245. 1.417 e 1.418 do Código Civil. Aplicação do art. 26, § 6.º, da Lei n. 6.766/79, que se restringe a loteamentos. Óbice mantido. Dúvida procedente. Recurso não provido (Apelação Cível n. 1007897-24.2021.8.26.0100, CSMSP, j. 30-7-2021).

A apelante argumentou que a escritura pública de promessa de compra e venda quitada deveria servir como título para a transmissão da propriedade, dispensando uma nova escritura pública definitiva. Ela se baseou no art. 26, § 6.º, da Lei n. 6.766/79 para apoiar sua alegação. No entanto, **a decisão refutou esse argumento, afirmando que a aplicação desse artigo se restringe a loteamentos.**

A decisão se baseia na interpretação dos arts. 108, 1.245, 1.417 e 1.418 do CC/2002, bem como do art. 26, § 6.º, da Lei de Parcelamento do Solo Urbano (Lei n. 6.766/79). **De acordo com esses artigos, a promessa de compra e venda, mesmo que quitada, não constitui um título hábil para a transferência do domínio do imóvel.** Assim, a decisão manteve a negativa de registro da escritura pública de promessa de compra e venda como título para a transmissão da propriedade.

Se o contrato de promessa de compra e venda estiver registrado no cartório de registro de imóveis, a lei confere ao comprador o direito de adjudicação compulsória, expresso no art. 1.418 do CC.

A adjudicação compulsória é um mecanismo que permite ao comprador exigir judicialmente que o vendedor conclua a venda, caso este se recuse a fazê-lo.

Na Apelação Cível n. 1010491-71.2014.8.26.0224, houve a possibilidade de registro da carta de adjudicação uma vez que a ação foi movida contra os proprietários registrados do imóvel, o que basta, não acontecendo a quebra do princípio da continuidade pela não citação dos cedentes.

> Registro de imóveis — Dúvida — Irresignação parcial — Inadmissibilidade — Possibilidade, contudo, do exame em tese das exigências impugnadas a fim de orientar eventuais novas qualificações — Carta de adjudicação — Título não imune à qualificação registral — Desnecessidade da inclusão dos cedentes no polo passivo da ação de adjudicação

compulsória, bastando a daquele que consta da matrícula como proprietário — Precedente do Superior Tribunal de Justiça — Inteligência do art. 1.418 do Código Civil — Quebra do princípio da continuidade inocorrente — Dúvida prejudicada — Recurso não conhecido (Apelação Cível n. 1010491-71.2014.8.26.0224, CSMSP, j. 7-10-2015).

Segundo o STJ, a ação de adjudicação compulsória, que é de natureza pessoal, pode ser movida diretamente contra o proprietário registrado. Isso ocorre porque o cedente possui apenas o **direito real de aquisição**, uma vez que seu compromisso está devidamente registrado. Ele não é detentor do domínio, que, na matrícula, continua sendo do primeiro promitente vendedor.

Aspecto	Descrição
Base Legal	Art. 1.418 do CC.
Definição	Mecanismo que permite ao comprador exigir judicialmente que o vendedor conclua a venda, caso este se recuse a fazê-lo.
Requisito Principal	Contrato de promessa de compra e venda deve estar registrado no cartório de registro de imóveis.
Natureza da Ação	De natureza pessoal, movida contra o proprietário registrado.
Direito do Cedente	Possui direito real de aquisição devido ao compromisso devidamente registrado, mas não detém o domínio do imóvel.
Domínio Registrado	Permanece em nome do primeiro promitente vendedor até que a adjudicação compulsória seja efetivada.

Assim, o CSMSP decidiu que, embora a ação de adjudicação compulsória seja de natureza pessoal e normalmente deva ser dirigida contra quem realizou o negócio (ou seja, o cedente), nesse caso, a ação poderia ser ajuizada diretamente contra o proprietário. Portanto, a decisão concluiu que a ação de adjudicação compulsória poderia ser ajuizada diretamente contra o proprietário, e que a sentença substitutiva da vontade, em ação ajuizada contra o titular do domínio, não viola o direito de nenhum dos envolvidos nas alienações nem o princípio da continuidade.

Cabe destacar que, antes da emissão da escritura pública definitiva, o vendedor continua sendo o proprietário legal do imóvel, embora o imóvel esteja sob o ônus real do compromisso registrado.

4.4.1.2. Doação

A doação, conforme definida no art. 538 do CC, é um contrato em que o doador, por **liberalidade**, transfere bens ou vantagens de seu patrimônio para o donatário, que os aceita.

Art. 538. Considera-se doação o contrato em que uma pessoa, por liberalidade, transfere do seu patrimônio bens ou vantagens para o de outra.

A natureza do contrato de doação pode ser **unilateral** ou **bilateral**. Em sua forma mais comum, a doação é um contrato unilateral, onde apenas o doador tem a obrigação de transferir a propriedade. No entanto, a doação pode assumir uma forma bilateral no caso da **doação modal**, onde um ônus é imposto ao donatário para que o contrato produza seus efeitos.

Alguns autores argumentam que **a doação modal não é verdadeiramente bilateral, mas sim um contrato bilateral imperfeito**. Isso ocorre porque o encargo imposto ao donatário não é uma obrigação propriamente dita, mas um requisito para aperfeiçoar o contrato.

Elvino Silva Filho[120] menciona que na **doação modal**, com encargo de pagamento de uma renda ao doador ou a terceira pessoa, **além do registro** consequente à transmissão do domínio, **deve ser feita uma averbação relativa à imposição do encargo**.

Além disso, a doação pode ser classificada como **gratuita** ou **onerosa**. A doação é geralmente gratuita, beneficiando apenas o donatário. No entanto, no caso de uma doação modal ou remuneratória, o contrato é oneroso, proporcionando vantagens para ambas as partes. As doações onerosas estão sujeitas às regras dos vícios redibitórios, conforme o art. 441 do CC.

> **Art. 441.** A coisa recebida em virtude de contrato comutativo pode ser enjeitada por vícios ou defeitos ocultos, que a tornem imprópria ao uso a que é destinada, ou lhe diminuam o valor.
> **Parágrafo único.** É aplicável a disposição deste artigo às doações onerosas.

Ela pode ser feita por **escritura pública** ou **instrumento particular**, e uma doação verbal é válida se envolver bens móveis de pequeno valor e for seguida imediatamente pela tradição, ou seja, a transferência de posse, à luz do art. 541.

> **Art. 541.** A doação far-se-á por escritura pública ou instrumento particular.
> **Parágrafo único.** A doação verbal será válida, se, versando sobre bens móveis e de pequeno valor, se lhe seguir *incontinenti* a tradição.

Aspecto	Descrição
Definição	Contrato em que o doador, por liberalidade, transfere bens ou vantagens de seu patrimônio para o donatário, que os aceita (art. 538 do CC).
Natureza do Contrato	▪ Unilateral: apenas o doador assume obrigações. ▪ Bilateral: impõe obrigações para ambas as partes, como na doação modal.
Classificação	▪ Gratuita: Beneficia exclusivamente o donatário. ▪ Onerosa: impõe encargos ao donatário, como na doação modal ou remuneratória.
Doação Modal	O contrato só produz efeitos se o donatário cumprir o ônus imposto pelo doador.
Formalidade	▪ Escritura pública ou instrumento particular para doações em geral. ▪ Doação verbal válida para bens móveis de pequeno valor, desde que seguida de tradição (art. 541).
Exemplo de Validade	A doação verbal é permitida apenas para bens móveis de pequeno valor e com entrega imediata.

---

[120] SILVA FILHO, Elvino. Efeitos da doação no registro de imóveis. *In*: DIP, Ricardo; JACOMINO, Sérgio. *Doutrinas essenciais do direito registral*. 2. ed. São Paulo: Revista dos Tribunais, 2013. v. 3.

Ao discutir a natureza jurídica da doação, Elvino Silva Filho[121] esclarece que ela **não transfere automaticamente a propriedade dos bens doados**, visto que contrato de doação é apenas o título, a causa da transferência, mas não é suficiente por si só para efetuar a transmissão. **Portanto, a doação é um contrato que transfere o domínio, mas seus efeitos são obrigacionais.** O doador se compromete a transferir bens de seu patrimônio para o donatário, mas este último só adquire a propriedade com o registro, caso a doação seja de bem imóvel.

Ele também enfatiza que com **a falta de registro do imóvel doado os donatários não têm o direito de anular a venda a terceiros do bem doado antes do registro da escritura respectiva, pois sem o registro não há aquisição de qualquer direito real**. Uma doação sem o registro constitutivo do domínio e sem a transmissão da posse só pode conferir aos donatários frustrados reclamações de conotação obrigacional, que podem se traduzir, se for o caso, em **perdas e danos**.

Ademais, o doador pode estipular que os bens doados retornem ao seu patrimônio se ele sobreviver ao donatário[122]. Nesse tipo de doação, conhecida como **doação com cláusula de reversão**, ocorrendo o falecimento do donatário antes do doador, o ato a ser praticado pelo oficial do registro de imóveis é a **averbação do óbito** e o **cancelamento do registro** da doação e eventualmente de outros registros que tenham por causa atos jurídicos do donatário[123].

A doação de todos os bens sem reserva de parte ou renda suficiente para a subsistência do doador é considerada **nula**[124], assim como a doação que excede o que o doador poderia dispor em testamento no momento da liberalidade[125].

Sobre a aceitação da doação, ela é um componente crucial para a conclusão de um contrato de doação, podendo ser **explícita**, como quando é declarada diretamente no contrato de doação, ou **presumida**, se o destinatário não responder no prazo estabelecido pelo doador, desde que a doação seja feita sem qualquer encargo. **Nas doações com**

---

[121] SILVA FILHO, Elvino. Efeitos da doação no registro de imóveis. *In*: DIP, Ricardo; JACOMINO, Sérgio. *Doutrinas essenciais do direito registral*. 2. ed. São Paulo: Revista dos Tribunais, 2013. v. 3.

[122] "Art. 547. O doador pode estipular que os bens doados voltem ao seu patrimônio, se sobreviver ao donatário. Parágrafo único. Não prevalece cláusula de reversão em favor de terceiro" (BRASIL. *Lei n. 10.406, de 10 de janeiro de 2002*. Institui o Código Civil. Disponível em: http://www.planalto.gov.br/ccivil_03/leis/2002/l10406compilada.htm. Acesso em: 24 maio 2024).

[123] SILVA FILHO, Elvino. Efeitos da doação no registro de imóveis. *In*: DIP, Ricardo; JACOMINO, Sérgio. *Doutrinas essenciais do direito registral*. 2. ed. São Paulo: Revista dos Tribunais, 2013. v. 3.

[124] "Art. 548. É nula a doação de todos os bens sem reserva de parte, ou renda suficiente para a subsistência do doador" (BRASIL. *Lei n. 10.406, de 10 de janeiro de 2002*. Institui o Código Civil. Disponível em: http://www.planalto.gov.br/ccivil_03/leis/2002/l10406compilada.htm. Acesso em: 24 maio 2024).

[125] "Art. 549. Nula é também a doação quanto à parte que exceder à de que o doador, no momento da liberalidade, poderia dispor em testamento" (BRASIL. *Lei n. 10.406, de 10 de janeiro de 2002*. Institui o Código Civil. Disponível em: http://www.planalto.gov.br/ccivil_03/leis/2002/l10406compilada.htm. Acesso em: 24 maio 2024).

prazo designado pelo doador para a aceitação do donatário, o registro não pode ser efetuado sem a prova da aceitação do donatário[126].

No entanto, se a doação incluir um **encargo**, a falta de resposta do destinatário é interpretada como uma **recusa da doação**. Em casos especiais, como quando a doação é feita a um nascituro, a aceitação deve ser dada pelo representante legal do nascituro[127].

Além disso, se a doação, que é pura e não tem encargos, for feita a uma pessoa absolutamente incapaz, a aceitação é presumida, a menos que o representante legal da pessoa recuse a doação[128]. Entende-se que é possível estender tal regra para as doações puras realizadas para relativamente incapazes.

Quanto às espécies, existem várias formas de doação além daquelas já citadas alhures, cada uma com suas próprias características e requisitos legais, como a doação de ascendente para descendente, prevista no art. 544 do CC[129] e que corresponde a uma doação feita por um ascendente (por exemplo, um pai) a um descendente (por exemplo, um filho) a qual será considerada um adiantamento da herança que o descendente receberia do ascendente.

Existe também a doação prevista no art. 549, conhecida como **doação inoficiosa**, que é aquela que excede a legítima de herdeiros necessários. Assim, se o doador tem herdeiro necessário, só poderá doar 50% de seu patrimônio.

> **Art. 549.** Nula é também a doação quanto à parte que exceder à de que o doador, no momento da liberalidade, poderia dispor em testamento.

É possível a **doação entre cônjuges ou companheiros**, porém só pode envolver bens particulares. O CC prevê, entretanto, que no caso de doação do cônjuge ou companheiro adúltero[130], ou seja, a doação que uma pessoa casada faz ao amante, ela pode ser anulada pelo cônjuge prejudicado ou pelos herdeiros necessários.

---

[126] SILVA FILHO, Elvino. Efeitos da doação no registro de imóveis. *In*: DIP, Ricardo; JACOMINO, Sérgio. *Doutrinas essenciais do direito registral*. 2. ed. São Paulo: Revista dos Tribunais, 2013. v. 3.

[127] "Art. 542. A doação feita ao nascituro valerá, sendo aceita pelo seu representante legal" (BRASIL. *Lei n. 10.406, de 10 de janeiro de 2002*. Institui o Código Civil. Disponível em: http://www.planalto.gov.br/ccivil_03/leis/2002/l10406compilada.htm. Acesso em: 24 maio 2024).

[128] "Art. 543. Se o donatário for absolutamente incapaz, dispensa-se a aceitação, desde que se trate de doação pura" (BRASIL. *Lei n. 10.406, de 10 de janeiro de 2002*. Institui o Código Civil. Disponível em: http://www.planalto.gov.br/ccivil_03/leis/2002/l10406compilada.htm. Acesso em: 24 maio 2024).

[129] "Art. 544. A doação de ascendentes a descendentes, ou de um cônjuge a outro, importa adiantamento do que lhes cabe por herança" (BRASIL. *Lei n. 10.406, de 10 de janeiro de 2002*. Institui o Código Civil. Disponível em: http://www.planalto.gov.br/ccivil_03/leis/2002/l10406compilada.htm. Acesso em: 24 maio 2024).

[130] "Art. 550. A doação do cônjuge adúltero ao seu cúmplice pode ser anulada pelo outro cônjuge, ou por seus herdeiros necessários, até dois anos depois de dissolvida a sociedade conjugal" (BRASIL. *Lei n. 10.406, de 10 de janeiro de 2002*. Institui o Código Civil. Disponível em: http://www.planalto.gov.br/ccivil_03/leis/2002/l10406compilada.htm. Acesso em: 24 maio 2024).

A **doação contemplativa** é uma doação feita em reconhecimento ao mérito do donatário, enquanto a doação remuneratória é uma doação feita em agradecimento a um serviço prestado gratuitamente.

É possível revogar a doação em alguns casos. Ela pode ser revogada por **ingratidão do donatário** ou por **inexecução do encargo**[131].

A **revogação da doação** por ingratidão é um conceito legal que permite ao doador cancelar a doação se o donatário cometer certos atos considerados ingratos, **e deve ser movida a ação judicial competente para tanto**. De acordo com o CC, esses atos incluem atentar contra a vida do doador, cometer ofensa física contra o doador, injuriar gravemente ou caluniar o doador, ou recusar-se a fornecer alimentos necessários ao doador quando capaz de fazê-lo.

Esses atos permitem a revogação quando a pessoa ofendida é o próprio doador, seu cônjuge ou companheiro, seu ascendente, seu descendente ou seu irmão.

A revogação deve ser solicitada em **um ano** a partir do momento em que o doador toma conhecimento do ato que autoriza a revogação e que o donatário é o autor do ato.

A **ação** de revogação é **pessoal ao doador**. Se o donatário falecer, a ação não pode ser proposta, mas se o doador ou o donatário falecer após o início da ação, ela pode continuar contra seus herdeiros. No caso de homicídio doloso, o herdeiro pode propor a ação. Este é o único caso em que isso é permitido. O perdão expresso do doador retira a legitimidade para a ação de revogação[132].

Uma vez revogada a doação, não é necessário devolver os frutos percebidos antes da citação. Existem certos casos em que a doação não pode ser revogada por ingratidão, como as doações puramente remuneratórias, as oneradas com encargo já cumprido, as feitas em cumprimento de obrigação natural e as feitas para um casamento específico. De acordo com o CC, não é possível renunciar antecipadamente ao direito de revogar a liberalidade por ingratidão do donatário[133].

Antonio Moura Borges[134] destaca que a **doação de propriedade imóvel** deve ser levada ao **registro de imóveis** para que seja operada a tradição em favor do donatário,

---

[131] "Art. 555. A doação pode ser revogada por ingratidão do donatário, ou por inexecução do encargo" (BRASIL. *Lei n. 10.406, de 10 de janeiro de 2002*. Institui o Código Civil. Disponível em: http://www.planalto.gov.br/ccivil_03/leis/2002/l10406compilada.htm. Acesso em: 24 maio 2024).

[132] "Art. 560. O direito de revogar a doação não se transmite aos herdeiros do doador, nem prejudica os do donatário. Mas aqueles podem prosseguir na ação iniciada pelo doador, continuando-a contra os herdeiros do donatário, se este falecer depois de ajuizada a lide" (BRASIL. *Lei n. 10.406, de 10 de janeiro de 2002*. Institui o Código Civil. Disponível em: http://www.planalto.gov.br/ccivil_03/leis/2002/l10406compilada.htm. Acesso em: 24 maio 2024).

[133] "Art. 556. Não se pode renunciar antecipadamente o direito de revogar a liberalidade por ingratidão do donatário" (BRASIL. *Lei n. 10.406, de 10 de janeiro de 2002*. Institui o Código Civil. Disponível em: http://www.planalto.gov.br/ccivil_03/leis/2002/l10406compilada.htm. Acesso em: 24 maio 2024).

[134] BORGES, Antonino Moura. *Registro de imóveis comentado*. 4. ed. Campo Grande: Contemplar, 2014.

complementando Maria Helena Diniz[135], ao dizer que uma doação de imóvel só pode ser registrada se for válida e contiver todos os requisitos gerais necessários para qualquer negócio jurídico, além de requisitos especiais que são peculiares à doação, conforme a legislação pátria.

Ela também menciona que o oficial de registro **não** pode registrar doações que apresentem vícios que as tornem **nulas**, dando alguns exemplos de doações que seriam consideradas nulas, como a doação que inclui todos os bens do doador, sem reserva de usufruto ou renda suficiente para a subsistência do doador ou a doação que excede a quota disponível, por não resguardar a legítima dos herdeiros necessários. **Apesar de concordar com a posição da autora pela impossibilidade de registro de títulos nulos, na prática, há casos que as nulidades não são patentes, possuindo vício intrínseco que foge da qualificação notarial e registral. Caso o doador tenha declarado no título que possuí renda suficiente para sua subsistência, a nulidade está afastada.**

Por fim, é perfeitamente admissível a **rescisão** ou **resilição** ou **distrato** da doação no registro de imóveis, celebrados mediante mútuo acordo entre o donatário e doador.

> A rescisão ou distrato da doação será objeto de registro por envolver a transmissão de domínio do imóvel do donatário ao doador[136].

Em conclusão, a doação é um contrato complexo e multifacetado, com várias formas e implicações legais. **Ela pode ser unilateral ou bilateral, gratuita ou onerosa, e pode envolver uma variedade de bens e circunstâncias.** A doação de bem imóvel requer o registro adequado para a transferência efetiva da propriedade. Além disso, existem várias restrições e condições que podem ser aplicadas à doação, incluindo a possibilidade de revogação em certas circunstâncias.

4.4.1.3. Permuta

A troca ou permuta de imóveis é um tipo de contrato onde as partes se obrigam a dar **uma coisa por outra**, que não seja dinheiro. Essa operação é regulada pelo art. 533 do CC.

> **Art. 533.** Aplicam-se à troca as disposições referentes à compra e venda, com as seguintes modificações:
>
> I — salvo disposição em contrário, cada um dos contratantes pagará por metade as despesas com o instrumento da troca;
>
> II — é anulável a troca de valores desiguais entre ascendentes e descendentes, sem consentimento dos outros descendentes e do cônjuge do alienante.

---

[135] DINIZ, Maria Helena. *Sistemas de registros de imóveis.* 3. ed. São Paulo: Saraiva, 2000.
[136] SILVA FILHO, Elvino. Efeitos da doação no registro de imóveis. *In*: DIP, Ricardo; JACOMINO, Sérgio. *Doutrinas essenciais do direito registral.* 2. ed. São Paulo: Revista dos Tribunais, 2013. v. 3.

De acordo com o **primeiro inciso do artigo**, a menos que haja um acordo em contrário, **os custos associados à transação, como taxas legais e impostos, serão divididos igualmente entre as partes**. Isso garante que ambas as partes compartilhem as despesas da transação de forma justa.

O segundo inciso do artigo estabelece que, se um ascendente, como um pai, trocar um imóvel com um descendente, como um filho, e o valor dos imóveis não for igual, a troca pode ser anulada se os outros descendentes ou o cônjuge do ascendente não concordarem com a troca. Essa regra é projetada para proteger os interesses de outros membros da família que possam ser afetados pela troca.

Com a decisão do STF de igualar os direitos sucessórios do cônjuge e do companheiro a partir da declaração de inconstitucionalidade do art. 1.790 do CC, o companheiro também tem que autorizar a permuta entre ascendente e descendente de valores desiguais, a não ser que o regime da união estável seja o da separação absoluta de bens.

Ademais, em vista da ausência de previsão legal sobre o prazo para anulação, aplica-se o art. 179 do CC, segundo o qual é de **2 anos** após o ato.

Quanto à prática registral, Nicolau Balbino Filho[137] informa que, sendo um processo em que duas partes trocam propriedades, **para que a permuta seja válida, os imóveis devem estar registrados e matriculados em nome dos respectivos proprietários**.

> Se os imóveis a serem permutados estão na **mesma jurisdição**, os registros são feitos nas respectivas matrículas, com indicações recíprocas e um único número de ordem no protocolo.

No entanto, se os imóveis pertencem a **jurisdições diferentes**, cada oficial de registro procederá ao registro do imóvel matriculado em seu próprio cartório, independentemente do outro.

4.4.1.3.1. Promessa de permuta

A promessa de permuta é um **contrato preliminar de troca** que tem grande aplicação em incorporações imobiliárias. É uma prática comum de construtoras sem capital para adquirir um terreno para a construção de um condomínio edilício oferecer ao proprietário a permuta da área por algumas unidades no futuro empreendimento. Da mesma forma, um loteador pode oferecer vários lotes ao proprietário de uma grande fazenda para realizar um loteamento.

No caso da permuta de terreno para a incorporação imobiliária de edifícios, o art. 32 da Lei de Condomínios e Incorporações autoriza expressamente o registro do contrato no cartório de imóveis, o que pode ser estendido também para o caso dos loteamentos.

> **Art. 32.** O incorporador somente poderá alienar ou onerar as frações ideais de terrenos e acessões que corresponderão às futuras unidades autônomas após o registro, no registro de imóveis competente, do memorial de incorporação composto pelos seguintes documentos:

---

[137] BALBINO FILHO, Nicolau. *Registro de imóveis*. 6. ed. São Paulo: Atlas, 1987.

> **a)** título de propriedade de terreno, ou de promessa, irrevogável e irretratável, de compra e venda ou de cessão de direitos ou de permuta do qual conste cláusula de imissão na posse do imóvel, não haja estipulações impeditivas de sua alienação em frações ideais e inclua consentimento para demolição e construção, devidamente registrado.

Nicolau Balbino Filho[138] aduz que antes dessa lei não havia um texto legal que permitisse o registro da promessa de permuta, o que levava os registradores a recorrer a contratos alternativos, como o compromisso de compra pelo incorporador e a construção de unidades equivalentes ao valor do terreno. Com a Lei n. 4.591, tornou-se possível efetivar a promessa de permuta com coisa futura, ou seja, com unidades a serem construídas. Isso refletiu a vontade e satisfez às reais necessidades das partes envolvidas.

O art. 32 da referida lei estabelece as condições sob as quais um incorporador pode negociar sobre unidades autônomas. De acordo com esse artigo, o incorporador só pode começar a negociar após ter arquivado certos documentos no cartório competente de registro de imóveis.

O documento principal que deve ser arquivado é o título de propriedade do terreno. No entanto, também pode ser uma promessa irrevogável e irretratável de compra e venda, cessão de direitos ou permuta. Esse documento deve conter uma **cláusula de imissão na posse do imóvel**, o que significa que o incorporador tem o direito de tomar posse do imóvel.

Além disso, o documento não deve conter estipulações que impeçam sua alienação em frações ideais. Em outras palavras, não deve haver restrições que impeçam o incorporador de vender partes do imóvel.

Por fim, o documento deve incluir o consentimento para demolição e construção, o que significa que o proprietário do terreno concorda que o incorporador pode demolir quaisquer estruturas existentes e construir novas no local. Esse consentimento deve ser devidamente registrado.

Frederico Henrique Viegas de Lima[139] destaca duas características principais da contratação da promessa de permuta: a **determinação prévia das unidades autônomas** a serem permutadas e o **registro simultâneo do memorial de incorporação**.

Na promessa de permuta, as partes devem definir as unidades autônomas que pertencerão ao promitente permutante no momento da contratação. Segundo o autor, isso é importante para evitar futuras disputas sobre o projeto arquitetônico entre o construtor e o antigo proprietário do terreno.

Além disso, há a necessidade de **registrar o memorial de incorporação** ao mesmo tempo que o contrato de promessa de permuta, para garantir a segurança do proprietário do terreno que promete permutá-lo por unidades autônomas.

Como visto anteriormente no tópico sobre promessa de compra e venda, o contrato preliminar é regulamentado pelo CC nos arts. 462 e 463, e pode ser definido como aquele que gera a obrigação de realizar o contrato definitivo.

---

[138] BALBINO FILHO, Nicolau. *Registro de imóveis*. 6. ed. São Paulo: Atlas, 1987.
[139] LIMA, Frederico Henrique Viegas de. Sobre o contrato de promessa de permuta imobiliária. *In*: DIP, Ricardo; JACOMINO, Sérgio. *Doutrinas essenciais do direito registral*. 2. ed. São Paulo: Revista dos Tribunais, 2013. v. 3.

Uma questão que era controversa dizia respeito sobre se esse tipo de promessa poderia ser registrada na matrícula do imóvel. O rol do art. 167, I, da LRP (Lei n. 6.015/73) prevê que a promessa de permuta será objeto de registro na matrícula do imóvel, com a inclusão do item 30 pela Lei n. 14.382/2022. Além disso, a Lei n. 14.711/2023 trouxe o item 48, que diz que podem ser registrados outros negócios jurídicos de transmissão do direito real de propriedade sobre imóveis ou de instituição de direitos reais sobre imóveis, tal rol passou a ser exemplificativo, sendo possível, portanto, o registro da promessa de permuta.

> Não há obstáculo para que a promessa de permuta possa ser registrada na matrícula do imóvel.

Porém, antes da alteração citada, já era pacificado o entendimento sobre a possibilidade de registro da permuta de compra e venda, existindo o enunciado 435 da V Jornada de Direito Civil, realizada em 2011 e que previa que o contrato de promessa de permuta de bens imóveis é título passível de registro na matrícula imobiliária.

Por fim, uma questão importante de ser levantada diz respeito à qualificação registral e a conferência sobre a real natureza jurídica do contrato. Para exemplificar o tema, tem-se a Apelação Cível n. 9000002-48.2013.8.26.0101[140], sobre um caso de registro de imóveis, onde houve uma disputa sobre a natureza jurídica de um contrato. O contrato foi rotulado como promessa de permuta de bens imóveis, mas o conteúdo indicava que era realmente um contrato de compromisso de compra e venda.

O CSMSP decidiu que, embora o contrato fosse rotulado como promessa de permuta, ele era na verdade um contrato de compromisso de compra e venda. Isso foi baseado no fato de que a parte em dinheiro envolvida no contrato era muito maior do que a parte em lotes de imóveis.

A decisão explicou que a **promessa de permuta** envolve duas partes que prometem trocar propriedades umas pelas outras, e a maior parte do pagamento é feita por meio da entrega de propriedades, e não em dinheiro. Já o **contrato de compromisso de compra e venda** envolve uma parte que promete vender uma propriedade e a outra parte que promete comprar a propriedade, sendo a maior parte do pagamento feita em dinheiro.

Portanto, se a maior parte do pagamento for feita em dinheiro, o contrato será considerado um contrato de compromisso de compra e venda, independentemente de como foi rotulado.

Portanto, a decisão deu provimento ao recurso para determinar o registro do título, com a observação de que o registrador, ao fazer a inscrição, deverá fazer menção a um contrato de compromisso de compra e venda. Dessa forma, o contrato foi registrado,

---

[140] "REGISTRO DE IMÓVEIS — DÚVIDA — INSTRUMENTO PARTICULAR DE PROMESSA DE PERMUTA DE IMÓVEIS — TÍTULO COM NATUREZA JURÍDICA DIVERSA DA DENOMINAÇÃO QUE LHE FOI DADA — VERDADEIRO CONTRATO DE COMPROMISSO DE COMPRA E VENDA — RÓTULO DO CONTRATO QUE NÃO PODE SERVIR DE ÓBICE AO SEU REGISTRO QUANDO SEU CONTEÚDO ESTÁ DE ACORDO COM OS PRINCÍPIOS REGISTRAIS — RECUSA AFASTADA, COM OBSERVAÇÃO" (CSMSP, Apelação Cível n. 9000002-48.2013.8.26.0101, Caçapava, j. 26-8-2024).

mas foi reconhecido como um contrato de compromisso de compra e venda, e não como uma promessa de permuta.

4.4.1.4. Dação em pagamento

A dação em pagamento é uma forma indireta de pagamento da obrigação, em que o credor aceita prestação diversa daquela incialmente contratada. Imagine uma situação em que João deve uma certa quantia a alguém, mas, por algum motivo, ele não consegue pagar essa quantia exata. No entanto, João tem um objeto de valor que o credor aceita no lugar do dinheiro originalmente devido. Isso é o que chamamos de dação em pagamento.

O art. 356[141] do CC estabelece que o credor pode concordar em **receber algo diferente** do que originalmente era devido a ele. Isso permite que as partes envolvidas tenham alguma flexibilidade na resolução de dívidas.

Uma vez que o preço da coisa dada em pagamento é determinado, as relações entre as partes são reguladas pelas normas do contrato de compra e venda, conforme estabelecido no art. 357[142]. Portanto, o título do contrato de dação em pagamento deve conter todas as informações e cumprir todas as regras que seriam necessárias em um contrato de compra e venda. **Isso inclui detalhes como a descrição do bem, o preço acordado, as identidades do comprador e do vendedor, e quaisquer outros termos e condições relevantes**[143].

Além disso, é importante que o título faça referência explícita ao fato de que a transação está sendo realizada como **forma de pagamento de uma obrigação existente**. Isso ajuda a esclarecer a natureza da transação e a distinguir a dação em pagamento de uma compra e venda regular.

Se a coisa dada em pagamento for um título de crédito, a transferência será considerada uma cessão. No entanto, se o credor for legalmente privado da coisa recebida em pagamento, a obrigação original será restabelecida e a quitação dada será sem efeito, ressalvados os direitos de terceiros. Tal determinação, contida no art. 359 do CC[144], protege o credor caso a coisa dada em pagamento seja posteriormente determinada como de propriedade de outra pessoa.

---

[141] "Art. 356. O credor pode consentir em receber prestação diversa da que lhe é devida" (BRASIL. *Lei n. 10.406, de 10 de janeiro de 2002*. Institui o Código Civil. Disponível em: http://www.planalto.gov.br/ccivil_03/leis/2002/l10406compilada.htm. Acesso em: 24 maio 2024).

[142] "Art. 357. Determinado o preço da coisa dada em pagamento, as relações entre as partes regular-se-ão pelas normas do contrato de compra e venda" (BRASIL. *Lei n. 10.406, de 10 de janeiro de 2002*. Institui o Código Civil. Disponível em: http://www.planalto.gov.br/ccivil_03/leis/2002/l10406compilada.htm. Acesso em: 24 maio 2024).

[143] GENTIL, Alberto. *Registros públicos*. Rio de Janeiro: GEN, 2022. E-book. Disponível em: https://app.minhabiblioteca.com.br/#/books/9786559644773/. Acesso em: 28 maio 2024.

[144] "Art. 359. Se o credor for evicto da coisa recebida em pagamento, restabelecer-se-á a obrigação primitiva, ficando sem efeito a quitação dada, ressalvados os direitos de terceiros" (BRASIL. *Lei n. 10.406, de 10 de janeiro de 2002*. Institui o Código Civil. Disponível em: http://www.planalto.gov.br/ccivil_03/leis/2002/l10406compilada.htm. Acesso em: 24 maio 2024).

> A dação em pagamento pode ter como objeto tanto bens **móveis** quanto bens **imóveis**.

No caso de bem imóvel, Nicolau Balbino Filho[145] expõe que se o imóvel estiver sendo usado como garantia para uma dívida hipotecária, o primeiro passo é cancelar a hipoteca, de forma a liberar o imóvel de quaisquer encargos. Sendo a hipoteca cancelada por averbação, o próximo passo é lançar o registro da dação do imóvel na folha da matrícula.

Dessa forma, a dação em pagamento é uma maneira de resolver uma dívida por meio da entrega de algo diferente do que foi originalmente acordado, desde que ambas as partes concordem com a nova disposição.

4.4.1.5. Integralização de capital

A integralização de capital social é um processo que ocorre quando um **bem imóvel** é oferecido como contribuição ao **capital social** de uma sociedade, em vez de um valor monetário. Esse processo é comum durante a formação de uma sociedade, onde os sócios contribuem para o capital social para estabelecer o patrimônio da sociedade. Nesse contexto, pode acontecer de um bem imóvel ser transferido para a empresa.

> **O capital social pode ser integralizado por meio da transferência de bens móveis (principalmente dinheiro) ou imóveis para a sociedade.**

A Lei n. 8.934/94 estabelece, no art. 64, que:

> **Art. 64.** A certidão dos atos de constituição e de alteração de empresários individuais e de sociedades mercantis, fornecida pelas juntas comerciais em que foram arquivados, será o documento hábil para a transferência, por transcrição no registro público competente, dos bens com que o subscritor tiver contribuído para a formação ou para o aumento do capital.

Para que os sócios transfiram um imóvel para a empresa, é desnecessário fazer isso por meio de uma escritura pública, conforme exposto anteriormente, e há inclusive imunidade de impostos de transmissão de bens imóveis como incentivo para alocar o bem para produzir riquezas e criar empregos[146].

Após a transferência de um imóvel para a sociedade, é necessário registrar a transação no registro imobiliário para formalizar definitivamente o ato, dar publicidade e informar terceiros. Isso ocorre porque o imóvel, que estava no nome do sócio como pessoa física, passa a pertencer à pessoa jurídica da sociedade constituída.

Portanto, quando há transferência de domínio, é necessário registrar a transação no cartório de registro de imóveis para estabelecer o direito real e formalizar o *jus in re*, como uma forma de tradição da propriedade, não bastando apenas que conste dos atos levados a arquivamento na junta comercial.

---

[145] BALBINO FILHO, Nicolau. *Registro de imóveis*. 6. ed. São Paulo: Atlas, 1987.
[146] BORGES, Antonino Moura. *Registro de imóveis comentado*. 4. ed. Campo Grande: Contemplar, 2014.

4.4.1.6. Desapropriação

A desapropriação é um termo jurídico que se refere ao ato do poder público de retirar a propriedade de alguém por meio de um ato de imposição unilateral para transferi-la para seu patrimônio. Isso é feito para fins de necessidade ou utilidade pública ou, ainda, por interesse social, sempre mediante justa e prévia indenização.

Juridicamente, **a desapropriação é um ato de império do poder público**. Portanto, é um ato administrativo com a finalidade do bem comum. Por isso, deve obedecer aos princípios de validade do ato administrativo, bem como respeitar as garantias constitucionais como o devido processo legal, a ampla defesa, inclusive, justa e prévia indenização.

> **É forma de aquisição originária, que é aquela que não depende de um ato de transferência de propriedade de uma pessoa para outra**, mas surge de modo independente.

Ao tratar sobre as exceções ao princípio da continuidade, Narciso Orlandi Neto[147] aduz que, mesmo que o imóvel esteja registrado em nome de quem não foi parte na ação de desapropriação, o título será registrado em nome do poder público.

Ainda que seja considero pelo poder público uma forma de aquisição, o autor destaca que, para o direito de propriedade do particular, a desapropriação é considerada uma forma de perda da propriedade. Nesse sentido, o art. 1.228 do CC[148] aborda as circunstâncias em que o proprietário pode ser privado da coisa, como na desapropriação, enquanto o art. 1.275[149] lista as causas pelas quais se perde a propriedade, incluindo a desapropriação.

> A finalidade da desapropriação é sempre atender ao interesse público e coletivo. O bem desapropriado destina-se a um fim determinado previamente nas hipóteses de necessidade, utilidade pública e interesse social.

A desapropriação foi a primeira forma de restrição para a perda do direito de propriedade e esteve presente em todas as disposições constitucionais, desde a Constituição de 1824 do Império do Brasil até a CF/88. A legislação sobre desapropriação é vasta, incluindo a CF, o CC, o Estatuto da Terra, diversos decretos-lei, leis e medidas provisórias.

---

[147] ORLANDI NETO, Narciso. *Retificação do registro público de imóveis*. São Paulo: Oliveira Mendes, 1997.

[148] "Art. 1.228. O proprietário tem a faculdade de usar, gozar e dispor da coisa, e o direito de reavê-la do poder de quem quer que injustamente a possua ou detenha. [...] § 3.º O proprietário pode ser privado da coisa, nos casos de desapropriação, por necessidade ou utilidade pública ou interesse social, bem como no de requisição, em caso de perigo público iminente" (BRASIL. *Lei n. 10.406, de 10 de janeiro de 2002*. Institui o Código Civil. Disponível em: http://www.planalto.gov.br/ccivil_03/leis/2002/l10406compilada.htm. Acesso em: 24 maio 2024).

[149] "Art. 1.275. Além das causas consideradas neste Código, perde-se a propriedade: [...] V — por desapropriação" (BRASIL. *Lei n. 10.406, de 10 de janeiro de 2002*. Institui o Código Civil. Disponível em: http://www.planalto.gov.br/ccivil_03/leis/2002/l10406compilada.htm. Acesso em: 24 maio 2024).

Ao analisar a evolução histórica da desapropriação no Brasil, Antonio Moura Borges[150] aduz que, **desde a primeira Constituição em 1824, o direito de propriedade foi garantido em toda sua plenitude**. No entanto, a Constituição de 1891 já estabelecia que o direito de propriedade poderia ser limitado pela desapropriação, por necessidade ou utilidade, mediante indenização prévia.

Desde então, o poder de propriedade tem sido progressivamente diluído em nome do interesse da sociedade. A CF/69 condicionou o direito de propriedade ao princípio da supremacia do interesse social. A CF/88 estabeleceu que a desapropriação por necessidade ou utilidade pública, ou por interesse social, deve ser feita mediante justa e prévia indenização em dinheiro.

A legislação atual disciplina três tipos de desapropriação: por necessidade ou utilidade pública, por interesse social e por interesse da defesa nacional em casos de perigo iminente, como guerra ou comoção interna.

A competência para a desapropriação para fins de reforma agrária é da União Federal, por meio do Instituto Nacional de Colonização e Reforma Agrária (Incra). As desapropriações de utilidade e necessidade pública são de competência do órgão expropriante, seja ele o poder público estadual, municipal ou federal.

O art. 519 do CC estabelece que:

> **Art. 519.** Se a coisa expropriada para fins de necessidade ou utilidade pública, ou por interesse social, não tiver o destino para que se desapropriou, ou não for utilizada em obras ou serviços públicos, caberá ao expropriado direito de preferência, pelo preço atual da coisa.

Outro direito que é preservado é o dos credores, hipotecários ou privilegiados, sobre o valor da indenização, se a coisa obrigada a hipoteca ou privilégio for desapropriada.

> **Art. 959.** Conservam seus respectivos direitos os credores, hipotecários ou privilegiados:
>
> [...]
>
> II — sobre o valor da indenização, se a coisa obrigada a hipoteca ou privilégio for desapropriada.

Na Lei n. 6.015, o art. 176[151] permite que o ente público proprietário ou **imitido na posse** a partir de decisão proferida em processo judicial de desapropriação em curso

---

[150] BORGES, Antonino Moura. *Registro de imóveis comentado*. 4. ed. Campo Grande: Contemplar, 2014.

[151] "Art. 176. O Livro n. 2 — Registro Geral — será destinado, à matrícula dos imóveis e ao registro ou averbação dos atos relacionados no art. 167 e não atribuídos ao Livro n. 3. [...] § 8.º O ente público proprietário ou imitido na posse a partir de decisão proferida em processo judicial de desapropriação em curso poderá requerer a abertura de matrícula de parte de imóvel situado em área urbana ou de expansão urbana, previamente matriculado ou não, com base em planta e memorial descritivo, podendo a apuração de remanescente ocorrer em momento posterior" (BRASIL. *Lei n. 6.015, de 31 de dezembro de 1973*. Dispõe sobre os registros públicos, e dá outras providências.

possa requerer a abertura de matrícula de parte de imóvel situado em área urbana ou de expansão urbana, **previamente matriculado ou não, com base em planta e memorial descritivo.**

Dessa forma, a desapropriação é um instrumento jurídico que evoluiu ao longo do tempo para equilibrar o direito individual de propriedade com o interesse coletivo da sociedade, sendo uma maneira de aquisição originária da propriedade, pois resulta na criação de um novo título de propriedade, independentemente do título anterior.

4.4.1.7. Imissão provisória na posse

A imissão provisória na posse é um conceito legal que se refere à transferência de posse de um imóvel. A Lei n. 12.424/2011 acrescentou o item 36 ao inciso I do art. 167 da Lei n. 6.015/73, determinando o registro "da imissão provisória na posse, quando concedida à União, aos Estados, ao Distrito Federal, aos municípios ou às suas entidades delegadas, e respectiva cessão e promessa de cessão"[152].

Venício Antonio de Paula Salles[153] discute o processo de registro de propriedades no contexto de desapropriação e parcelamento popular. O autor identifica três tipos de registros: a decisão judicial que concede a posse ao poder público, o registro do parcelamento e o registro das transferências de domínio para os novos proprietários.

Ele explica que o primeiro registro é a transferência do imóvel expropriado para o poder público, que é autorizado a tomar posse do imóvel. **Esse registro é feito com base em uma decisão judicial.** O imóvel expropriado passa para a posse provisória do poder público e só pode ser usado para a implantação de um parcelamento popular destinado às classes de menor renda.

> **A Lei n. 9.785/99 permite ao poder público registrar a posse, embora isso possa parecer contraditório, pois o sistema de registro geralmente não admite o registro de mera posse.**

Salles[154] argumenta que o registro do auto de imissão provisória na posse não é uma exceção à regra de registro, pois a ordem de imissão em uma ação expropriatória não é transitória, mas definitiva. Ele lembra que, nos processos de desapropriação, a

---

Disponível em: https://www.planalto.gov.br/ccivil_03/leis/l6015compilada.htm. Acesso em: 24 maio 2024).

[152] BRASIL. *Lei n. 6.015, de 31 de dezembro de 1973.* Dispõe sobre os registros públicos, e dá outras providências. Disponível em: https://www.planalto.gov.br/ccivil_03/leis/l6015compilada.htm. Acesso em: 24 maio 2024.

[153] SALLES, Venício Antonio de Paula. *Registro de imóveis. In*: ALVIM NETO, José Manuel de Arruda; CLÁPIS, Alexandre L.; CAMBLER, Everaldo A. *Lei de Registros Públicos comentada.* 2. ed. Rio de Janeiro: GEN, 2019. *E-book.* Disponível em: https://app.minhabiblioteca.com.br/#/books/9788530983468/. Acesso em: 29 maio 2024.

[154] SALLES, Venício Antonio de Paula. *Registro de imóveis. In*: ALVIM NETO, José Manuel de Arruda; CLÁPIS, Alexandre L.; CAMBLER, Everaldo A. *Lei de Registros Públicos comentada.* 2. ed. Rio de Janeiro: GEN, 2019. *E-book.* Disponível em: https://app.minhabiblioteca.com.br/#/books/9788530983468/. Acesso em: 29 maio 2024.

transferência de propriedade só ocorre no final do processo, quando a indenização é paga integralmente.

Com a CF/88, surgiu um novo entendimento de que a perda da propriedade ocorre no momento da imissão. Isso levou à redação do CC/2002, que excluiu expressamente os casos de desapropriação entre as formas de transferência patrimonial pelo registro.

O autor também discute o registro do parcelamento popular, que pressupõe o registro do parcelamento. Salles[155] explica que o poder expropriante deve apresentar a aprovação do loteamento e um comprovante de que as obras exigidas foram executadas. Se houver dúvidas sobre qual matrícula ou transcrição a área parcelada deve desfalcar, o registrador imobiliário deve resolver essa questão.

Antonio Moura Borges[156] discute o conceito de imissão provisória na posse no contexto do parcelamento do solo urbano, que pode ser feito por meio de loteamento ou desmembramento. O autor menciona a Lei n. 12.424/2011, que trata da imissão provisória na posse quando concedida à União, aos Estados, ao Distrito Federal, aos municípios ou às suas entidades delegadas, permitindo que o poder público seja imitido provisoriamente na posse de um imóvel para fins de loteamento ou desmembramento.

Além disso, o autor discute a possibilidade de cessão ou promessa de cessão de posse para pessoas de baixa renda. Ele menciona que, nesses casos, o beneficiado recebe um documento de imissão na posse, que deve ser registrado para constituir ônus real e dar publicidade a terceiros. Após o cumprimento de todas as obrigações do compromisso e estando no registro de imóveis, a posse provisória converte-se em propriedade.

4.4.1.8. Legitimação fundiária

A Lei n. 13.465/2017 criou uma forma de aquisição originária da propriedade sobre o solo público ou privado, desconhecida do CC. Trata-se da legitimação fundiária que pode ser concedida aos ocupantes de núcleos urbanos informais consolidados que estejam em situação consolidada até 22 de dezembro de 2016.

Pela leitura dos arts. 9.º e 11, III, da Lei n. 13.465/2017[157], a legitimação fundiária será **aplicada apenas aos núcleos urbanos informais consolidados**, ou seja, aqueles

---

[155] SALLES, Venício Antonio de Paula. *Registro de imóveis*. In: ALVIM NETO, José Manuel de Arruda; CLÁPIS, Alexandre L.; CAMBLER, Everaldo A. *Lei de Registros Públicos comentada*. 2. ed. Rio de Janeiro: GEN, 2019. *E-book*. Disponível em: https://app.minhabiblioteca.com.br/#/books/9788530983468/. Acesso em: 29 maio 2024.

[156] BORGES, Antonino Moura. *Registro de imóveis comentado*. 4. ed. Campo Grande: Contemplar, 2014.

[157] "Art. 9.º Ficam instituídas no território nacional normas gerais e procedimentos aplicáveis à Regularização Fundiária Urbana (Reurb), a qual abrange medidas jurídicas, urbanísticas, ambientais e sociais destinadas à incorporação dos núcleos urbanos informais ao ordenamento territorial urbano e à titulação de seus ocupantes. § 1.º Os poderes públicos formularão e desenvolverão no espaço urbano as políticas de suas competências de acordo com os princípios de sustentabilidade econômica, social e ambiental e ordenação territorial, buscando a ocupação do solo de maneira eficiente, combinando seu uso de forma funcional. § 2.º A Reurb promovida mediante legitimação fundiária somente poderá ser aplicada para os núcleos urbanos informais comprovadamente existentes, na forma desta Lei, até 22 de dezembro de 2016. [...] Art. 11. Para fins desta Lei, conside-

de difícil reversão, considerando o tempo de sua ocupação, a natureza das edificações, a localização de vias de circulação e a presença de equipamentos públicos, entre outras circunstâncias avaliadas pelo município.

O art. 23 da referida lei conceitua a **legitimação fundiária como uma forma originária de aquisição de um imóvel** por meio de uma decisão tomada por uma autoridade governamental. Segundo tal artigo, esse processo ocorre exclusivamente no contexto da Regularização Fundiária Urbana (Reurb), que se aplica a áreas urbanas que estão sendo regularizadas.

> **Art. 23.** A legitimação fundiária constitui forma originária de aquisição do direito real de propriedade conferido por ato do poder público, exclusivamente no âmbito da Reurb, àquele que detiver em área pública ou possuir em área privada, como sua, unidade imobiliária com destinação urbana, integrante de núcleo urbano informal consolidado existente em 22 de dezembro de 2016.

O direito de propriedade é concedido à pessoa que ocupa uma área pública ou que possui uma área privada e a considera sua. A área em questão deve ser um imóvel localizado em uma área urbana e deve fazer parte de um **assentamento urbano não oficial que já estava estabelecido em 22 de dezembro de 2016**. Portanto, o art. 23 permite que pessoas que ocupam áreas públicas ou possuem áreas privadas em assentamentos urbanos não oficiais possam se tornar proprietários legais dessas áreas por meio da legitimação fundiária.

A legitimação fundiária pode ser utilizada nos casos de Reurb-Social ou de Reurb-Específica, tratando-se de aquisição originária, mas não pode ser confundida com usucapião, pois não se admite usucapião sobre imóveis públicos e porque seu reconhecimento pela Administração é apenas uma das opções, dentre outras possíveis e elencadas pela norma. Flávio Tartuce[158] explica que **o instituto da legitimação fundiária se situa entre a legitimação de posse e a usucapião. Por se tratar de aquisição originária do direito real de propriedade, o ocupante adquire o imóvel urbano livre e desembaraçado de quaisquer ônus, direitos reais, gravames ou inscrições.**

Sobre o tema, Paola de Castro Ribeiro Macedo explica que a falta de critérios para concessão da legitimação fundiária é alvo de muitas críticas e deve ser observada pelos municípios no momento da outorga de títulos, analisando seus cadastros, bem como a apresentação de contratos, permanência do ocupante no local, dentre outros pontos[159].

---

ram-se: [...] III — núcleo urbano informal consolidado: aquele de difícil reversão, considerados o tempo da ocupação, a natureza das edificações, a localização das vias de circulação e a presença de equipamentos públicos, entre outras circunstâncias a serem avaliadas pelo município" (BRASIL. *Lei n. 13.465, de 11 de julho de 2017*. Dispõe sobre a regularização fundiária rural e urbana, sobre a liquidação de créditos concedidos aos assentados da reforma agrária e sobre a regularização fundiária no âmbito da Amazônia Legal; institui mecanismos para aprimorar a eficiência dos procedimentos de alienação de imóveis da União; [...]. Disponível em: https://www.planalto.gov.br/ccivil_03/_ato2015-2018/2017/lei/l13465.htm. Acesso em: 24 maio 2024).

[158] TARTUCE, Flávio. *Direito civil*: direito das coisas. 13. ed. Rio de Janeiro: Forense, 2021, p. 299.

[159] MACEDO, Paola de Castro Ribeiro. Regularização fundiária urbana e seus mecanismos de titulação de ocupantes: Lei n. 13.465/2017 e Decreto n. 9.310/2018. *In*: PEDROSO, Alberto Gentil de

Essa nova modalidade de aquisição da propriedade busca acelerar o reconhecimento de uma situação consolidada, encaminhando os ocupantes para a propriedade formal. Quando o instituto for aplicado na Reurb-Social, que inclui famílias com renda de até cinco salários mínimos, não haverá cobrança de tributos, emolumentos no registro de imóveis ou penalidades tributárias, ficando vedado ao registrador exigir essas comprovações. Flávio Tartuce[160] explica que o instituto foi criado para regularizar as numerosas ocupações irregulares, em especial as favelizadas.

A legitimação fundiária é a chave que leva à propriedade formal, podendo ser utilizada para imóveis públicos e privados, conjuntos habitacionais inacabados, condomínios irregulares, direito de laje, entre outros. É um remédio eficaz para promover o acesso à propriedade formal e, quando aplicado para regularizar moradias de pessoas carentes, trata-se da realização do mínimo existencial ou, em outras palavras, o acesso ao patrimônio mínimo. Ela também poderá ser aplicada para regularização de imóveis não residenciais, desde que reconhecido o interesse público na ocupação.

Infelizmente, o instituto, que serviria para acelerar a realização do acesso à propriedade, recebeu algumas interpretações negativas quanto à sua aplicação e vem sendo objeto de debate sobre quais documentos devem ser apresentados aos ofícios de registros de imóveis.

A Lei n. 13.465/2017 e o Decreto n. 9.310/2018 preveem, claramente, quais os documentos devem ser apresentados, dentre eles a **Certidão de Regularização Fundiária (CRF), que é um documento oficial emitido pelo município ao final do processo de Reurb**, que confirma a regularização de uma área, identifica os ocupantes, detalha seus direitos de propriedade e descreve como o processo de regularização foi realizado.

Apesar de menção expressa ao rol de documentos que deverão ser apresentados ao registro de imóveis, o Decreto n. 9.310/2018, regulamentador da Lei n. 13.465/2017, relativizou a apresentação de alguns documentos em casos especiais, buscando facilitar o acesso ao registro. Assim, analisando o decreto, encontram-se dispensas de documentos nos arts. 21, §§ 2.º e 3.º; 30, § 1.º; 37, § 2.º; 38, parágrafo único; 42, III e §§ 4.º a 6.º; 43; 46, § 3.º; 63, § 3.º; 68; 70; 72; 87; 89; e 94.

Ponto delicado vem sendo discutido quanto à possibilidade de regularização imobiliária com emissão de títulos individuais. Existem interpretações mais restritivas, justificando que não é possível, pois somente o núcleo inteiro pode ser regularizado. Outras interpretações mais brandas, e com vistas à realização do direito à moradia, entendem como possível a titulação individual, com base no art. 10, § 4.º, do Decreto n. 9.310/2018[161], que **estabelece que o registro do projeto de regularização fundiária e**

Almeida (coord.). *Coleção direito imobiliário*. São Paulo: Thomson Reuters Brasil, 2020, v. V, p. 229.

[160] TARTUCE, Flávio. *Direito civil*: direito das coisas. 13. ed. Rio de Janeiro: Forense, 2021, p. 299.

[161] "Art. 10. Na Reurb-S, promovida sobre bem público, o registro projeto de regularização fundiária e a constituição de direito real em nome dos beneficiários poderão ser feitas em ato único, a critério do poder público promovente. [...] § 4.º O procedimento previsto neste artigo poderá ser aplicado no todo ou em parte do núcleo urbano informal e as unidades que não se enquadrarem neste artigo poderão ser tituladas individualmente" (BRASIL. *Decreto n. 9.310, de 15 de março de 2018*. Institui as normas gerais e os procedimentos aplicáveis à Regularização Fundiária Urbana e esta-

a constituição de direito real em nome dos beneficiários podem ser feitos em um único ato, a critério do poder público. Além disso, o § 4.º indica que o procedimento pode ser aplicado integral ou parcialmente ao núcleo urbano informal, e as unidades que não se encaixam nesse artigo podem ser tituladas individualmente.

Colabora com essa ideia, de emissão de títulos individuais, os arts. 36, § 2.º, da Lei n. 13.465/2017 e 31, § 2.º, do Decreto n. 9.310/2018, que permitem a implementação da regularização fundiária por etapas, abrangendo o núcleo urbano de forma parcial, uma vez que determinam que o projeto deve conter, no mínimo, certas indicações. Além disso, o § 2.º de ambos os artigos permite que a **Reurb seja implementada por etapas**, abrangendo o núcleo urbano informal de forma total ou parcial. Isso significa que a regularização pode ser realizada em diferentes fases e não precisa cobrir todo o núcleo urbano informal de uma só vez.

Ao interpretar que a Reurb poderá ser implementada por etapas, alguns setores da sociedade defendem que, apesar de a implementação fática ocorrer parcialmente, os títulos devem chegar ao registro de imóveis na sua totalidade, ou seja, de todos os ocupantes de uma vez só. É como se o primeiro ocupante a receber o título de regularização tivesse que esperar o último para ter seu direito reconhecido. Considerando que existem núcleos urbanos que equivalem a bairros inteiros, com centenas de casas, parece-nos que o posicionamento de titular os ocupantes em conjunto não é o mais correto.

A implementação da Reurb não pode ser interpretada apenas como transformações fáticas, mas também como a titulação do direito real, especialmente quando se trata de acesso ao patrimônio mínimo, mediante legitimação fundiária em Reurb-S. A própria norma já limita a emissão do título de legitimação fundiária na Reurb-S, conforme art. 23, § 1.º, II, da Lei n. 13.465/2017.

O legislador diferenciou a aplicação da legitimação fundiária na Reurb-S e na Reurb-E, pois elas espelham o nível de desigualdade social do País. A Reurb-S recebe alguns requisitos próprios que relembram novamente o núcleo duro do art. 183 da CF/88, que prevê o meio, o caminho, para se alcançar a propriedade mínima, baseada na posse-moradia, no fato de não ser proprietário de outro imóvel e limitando esse direito a apenas uma vez. Além disso, a Lei n. 13.465/2017 determinou o registro imediato da legitimação fundiária, conforme o art. 23, § 5.º:

> Art. 23. [...]
> § 5.º Nos casos previstos neste artigo, o poder público encaminhará a CRF para registro imediato da aquisição de propriedade, dispensados a apresentação de título individualizado e as cópias da documentação referente à qualificação do beneficiário, o projeto de regularização fundiária aprovado, a listagem dos ocupantes e sua devida qualificação e a identificação das áreas que ocupam.

A norma não diferencia se o registro imediato do título de legitimação fundiária será aplicado no caso de Reurb-S ou Reurb-E; e, pela leitura, percebe-se que, em ambas

---

belece os procedimentos para a avaliação e a alienação dos imóveis da União. Disponível em: http://www.planalto.gov.br/ccivil_03/_ato2015-2018/2018/decreto/d9310.htm. Acesso em: 15 nov. 2023).

as Reurbs, a CRF de legitimação fundiária será objeto de registro imediato, porém entendemos que na Reurb-S, ela possui função diferente da Reurb-E e, aqui, novamente nos reportamos aos ensinamentos de Norberto Bobbio[162] sobre estrutura e função.

A legitimação fundiária, quando aplicada na Reurb-S, tem uma estrutura própria do direito à moradia, com núcleo duro da propriedade mínima, um direito que só pode ser concedido uma única vez quando não se tem um imóvel. Sua função é a realização dos direitos da personalidade, o mínimo existencial e, por isso, deve ter o acesso franqueado ao registro de imóveis. Aqui, entendemos que se trata de registro imediato, mesmo que por titulação individual, pois trata-se de direito fundamental de realização imediata; **diferentemente da Reurb-E**.

Marcelo Augusto Santana de Melo[163] explica os cuidados na qualificação registral, destacando que é essencial considerar os princípios estabelecidos na legislação urbanística atual, especialmente a natureza excepcional das regularizações e a simplificação dos procedimentos. Além disso, ele ressalta a necessidade de garantir a segurança jurídica, o que leva à concretização do direito à moradia.

Assim, **a legitimação fundiária é uma nova forma originária de aquisição da propriedade, a qual deve integrar o projeto de regularização fundiária de um núcleo urbano informal, permitindo a realização do direito à moradia e do acesso à propriedade**. Todavia, quando se tratar de direito ao patrimônio mínimo, nos casos de Reurb-S, poderá ser regularizada de forma individual, sendo relativizadas as exigências documentais por se tratar de direito fundamental vinculado à dignidade humana.

4.4.1.9. Legitimação de posse e sua conversão em propriedade

O instituto da legitimação de posse surgiu com a Lei de Terras. Seu objetivo era separar o domínio privado do domínio público. O instituto foi levado para outros diplomas, em especial, para o Decreto-lei n. 9.760/46 (bens da União), para a Lei n. 4.504/64 (Estatuto da Terra) e para a Lei n. 6.383/76 (terras devolutas).

Hely Lopes Meirelles **conceitua legitimação de posse como o "modo excepcional de transferência de domínio de terra devoluta, ou área pública sem utilização, ocupada por longo tempo por particular que nela se instala, cultivando-a ou levantando edificação para seu uso"**[164]. O Decreto-lei n. 9.760/46 trata da matéria entre os arts. 164 a 174; a Lei n. 4.504/64 trata do instituto nos arts. 11, 97 a 102; e a Lei n. 6.383/76, no art. 29, sempre incidindo sobre imóveis públicos.

---

[162] BOBBIO, Norberto. *Da estrutura à função*: novos estudos de teoria do direito. Tradução de Daniela Beccaccia Versiane; revisão técnica de Orlando Seixas Bechara e Renata Nagamine. Barueri, SP: Manole, 2007.

[163] MELO, Marcelo Augusto Santana de. A qualificação registral na regularização fundiária. *In*: NALINI, José Renato; LEVY, Wilson (coord.). *Regularização fundiária*. 2. ed. rev., atual. e ampl. Rio de Janeiro: Forense, 2014, p. 408.

[164] MEIRELLES, Hely Lopes. *Direito administrativo brasileiro*. 16. ed. atual. pela Constituição de 1988. São Paulo: Revista dos Tribunais, 1991, p. 441.

Aqui, **a legitimação de posse que nos interessa é sobre imóveis urbanos privados**, a qual estava prevista na Lei n. 11.977/2009 e, agora na Lei n. 13.465/2017, no art. 25[165], **que estabelece que a legitimação de posse é um ato do poder público que confere um título, reconhecendo a posse de um imóvel objeto da Reurb**. Esse título identifica os ocupantes do imóvel, o tempo de ocupação e a natureza da posse, e pode ser convertido em direito real de propriedade, conforme essa lei.

Além disso, **o artigo indica que a legitimação de posse pode ser transferida por** *causa mortis* **(após a morte do titular) ou por ato** *inter vivos* **(entre pessoas vivas), e esclarece que a legitimação de posse não se aplica a imóveis urbanos localizados em áreas de titularidade do poder público**.

Como se percebe pela redação dos dispositivos, a legitimação de posse de imóveis urbanos só ocorre sobre imóveis privados — diferentemente da legitimação de posse sobre imóveis rurais que se realiza sobre imóveis públicos —, sendo utilizada, exclusivamente, como instrumento de Reurb, a qual pode ser convertida em direito real de propriedade e pode ser herdada na sucessão *causa mortis*, ou cedida a terceiros por ato entre vivos.

Nesse caso de regularização, o município reconhece a posse dos ocupantes em um imóvel privado, mediante CRF, indicando que o instrumento de regularização é a legitimação de posse. Ou seja, o município reconhece a posse do ocupante e a torna um direito. O **possseiro** levará a CRF ao registro de imóveis e registrará na matrícula do imóvel sua posse, tendo sido alterada a Lei n. 6.015/73 para incluir o registro da posse na matrícula, conforme art. 167, I, n. 42.

Interessante é analisar: qual a natureza jurídica desse registro de posse? A posse é um fato ou um direito? E se a posse é um direito, nesse caso, é um direito pessoal ou real?

Antes de adentrarmos nesse ponto, é preciso destacar que essa posse, depois de **cinco anos a contar do registro**, será convertida automaticamente em propriedade, se atender aos requisitos da usucapião especial urbana, prevista no art. 183 da CF/88[166], que

---

[165] "Art. 25. A legitimação de posse, instrumento de uso exclusivo para fins de regularização fundiária, constitui ato do poder público destinado a conferir título, por meio do qual fica reconhecida a posse de imóvel objeto da Reurb, com a identificação de seus ocupantes, do tempo da ocupação e da natureza da posse, o qual é conversível em direito real de propriedade, na forma desta Lei. § 1.º A legitimação de posse poderá ser transferida por *causa mortis* ou por ato *inter vivos*. § 2.º A legitimação de posse não se aplica aos imóveis urbanos situados em área de titularidade do poder público" (BRASIL. *Lei n. 13.465, de 11 de julho de 2017*. Dispõe sobre a regularização fundiária rural e urbana, sobre a liquidação de créditos concedidos aos assentados da reforma agrária e sobre a regularização fundiária no âmbito da Amazônia Legal; institui mecanismos para aprimorar a eficiência dos procedimentos de alienação de imóveis da União; [...]. Disponível em: http://www.planalto.gov.br/ccivil_03/_ato2015-2018/2017/lei/l13465.htm. Acesso em: 15 nov. 2021).

[166] "Art. 183. Aquele que possuir como sua área urbana de até duzentos e cinquenta metros quadrados, por cinco anos, ininterruptamente e sem oposição, utilizando-a para sua moradia ou de sua família, adquirir-lhe-á o domínio, desde que não seja proprietário de outro imóvel urbano ou rural. § 1.º O título de domínio e a concessão de uso serão conferidos ao homem ou à mulher, ou a ambos, independentemente do estado civil. § 2.º Esse direito não será reconhecido ao mesmo possuidor mais de uma vez. § 3.º Os imóveis públicos não serão adquiridos por usucapião" (BRASIL. *Cons-*

limita essa forma de aquisição da propriedade a **área de 250 m², ininterrupta e sem oposição, utilizando o imóvel para moradia pessoal ou da família, desde que não seja proprietário de outro imóvel urbano ou rural e só poderá ocorrer uma única vez**. Ou seja, trata-se do direito de acesso à propriedade, para fins de moradia, mediante a regularização de uma situação de fato, consolidada. Como já mencionamos, o art. 183 da CF/88 foi regulamentado pelo Estatuto da Cidade entre os arts. 9.º a 14, e replicado no art. 1.240 do CC.

> **Art. 1.240.** Aquele que possuir, como sua, área urbana de até duzentos e cinquenta metros quadrados, por cinco anos ininterruptamente e sem oposição, utilizando-a para sua moradia ou de sua família, adquirir-lhe-á o domínio, desde que não seja proprietário de outro imóvel urbano ou rural.
>
> § 1.º O título de domínio e a concessão de uso serão conferidos ao homem ou à mulher, ou a ambos, independentemente do estado civil.
>
> § 2.º O direito previsto no parágrafo antecedente não será reconhecido ao mesmo possuidor mais de uma vez.

A Lei n. 13.465/2017, em seu art. 26, **trata da conversão automática do título de legitimação de posse em título de propriedade.** Esse artigo estabelece que, sem prejuízo dos direitos decorrentes do exercício da posse mansa e pacífica ao longo do tempo, o indivíduo que recebeu o título de legitimação de posse terá esse título automaticamente convertido em título de propriedade após cinco anos de seu registro. Isso ocorrerá desde que sejam atendidos os termos e condições do art. 183 da CF/88, independentemente de qualquer ação prévia ou prática de ato registral.

Observa-se que a conversão da posse em propriedade é automática, sem necessidade de provocação do interessado ou prática de ato registral. Por técnica registral, sugere-se o registro da conversão da posse em propriedade após o prazo legal, devendo o registrador criar mecanismos de lembretes no sistema informatizado, para que proceda o ato de ofício, sendo uma exceção ao princípio da rogação. **Para que ocorra essa conversão, deverá a CRF indicativa de legitimação de posse já apresentar todos os requisitos da usucapião especial urbana.** Para auferir a correta informação sobre o requisito de o possuidor não ser proprietário de outro imóvel, sugere-se uma consulta à Central de Registro de Imóveis do Brasil no momento da conversão, bem como ao município.

Caso a legitimação de posse registrada não se enquadre na modalidade de usucapião especial urbana, então a conversão não será automática, dependendo de requerimento do interessado com a comprovação dos requisitos da modalidade pretendida.

Nesse caso, é prudente que o registrador adote o procedimento da usucapião extrajudicial, previsto no Provimento n. 65 do CNJ, pois **não se trata de conversão automática**, abrindo expediente próprio após requerimento do interessado que poderá ser o próprio possuiro, ou de quem adquiriu a posse por ato *inter vivos* ou *causa mortis*.

---

tituição da República Federativa do Brasil de 1988. Brasília, DF: Presidência da República, 1988. Disponível em: http://www.planalto.gov.br/ccivil_03/Constituicao/Constituiçao.htm. Acesso em: 15 nov. 2021).

Percebe-se que o legislador tratou de maneira diferenciada a legitimação de posse em sede de Reurb, permitindo-lhe a cessão *inter vivos* de maneira expressa, e sua inscrição na matrícula do imóvel, gerando total publicidade, e determinando sua conversão em propriedade, seja de forma automática, seja a requerimento após o suprimento de requisitos próprios. É importante compreender o caráter dessa posse que escapa ao padrão sempre estudado, pois no momento em que a posse é inscrita na matrícula, recebe uma certa proteção jurídica, o que já foi defendido por Rudolf Von Ihering[167].

4.4.1.10. Partilha e adjudicação

A partilha e a adjudicação são processos jurídicos fundamentais na transferência de propriedades após a morte de uma pessoa. Ambos os processos estão intimamente ligados ao registro de imóveis.

A Lei n. 6.015/73 e o CC determinam a necessidade do registro do título para a transmissão da propriedade entre vivos (registro constitutivo) e mantêm nas transmissões *causa mortis* o registro declaratório para fins de disposição.

A partilha é o processo de distribuição da herança entre os herdeiros ou sucessores. Ela é um instrumento de finalização de um processo de inventário ou arrolamento, ou mesmo por escritura pública de inventário e partilha. Quando envolve imóveis ou direitos relacionados a eles, deve ser levada ao registro de imóveis.

Já **a adjudicação é o ato judicial de transferir a propriedade de um bem de seu antigo dono para uma única pessoa.** Geralmente ocorre em inventários, quando a herança é transmitida para uma única pessoa que figura como herdeiro ou sucessor. Quando a adjudicação envolve imóveis, ela deve ser registrada no cartório de registro de imóveis.

Maria Helena Diniz[168] explica que da adjudicação um título formal é emitido. Esse título, conhecido como "formal sem partilha", deve ser registrado no registro de imóveis, conforme a Lei n. 6.015/73, art. 167, I, n. 25. O mesmo ocorre com o inventário e a partilha, devendo ser levado a registro o formal de partilha advindo do processo sucessório da respectiva herança.

A Lei n. 6.015/73 elenca, em seu art. 221[169], os títulos que são admitidos para registro, dentre os quais constam os formais de partilha. Além disso, o art. 222[170] ressalta a necessidade de manter um registro claro e preciso de todas as transações imobiliárias.

---

[167] IHERING, Rudolf von. *Teoria simplificada da posse*. Tradução de Fernando Bragança. Belo Horizonte: Líder, 2009.

[168] DINIZ, Maria Helena. *Sistemas de registros de imóveis*. 3. ed. São Paulo: Saraiva, 2000.

[169] "Art. 221. Somente são admitidos registro: [...] IV — cartas de sentença, formais de partilha, certidões e mandados extraídos de autos de processo" (BRASIL. *Lei n. 6.015, de 31 de dezembro de 1973*. Dispõe sobre os registros públicos, e dá outras providências. Disponível em: https://www.planalto.gov.br/ccivil_03/leis/l6015compilada.htm. Acesso em: 15 maio 2024).

[170] "Art. 222. Em todas as escrituras e em todos os atos relativos a imóveis, bem como nas cartas de sentença e formais de partilha, o tabelião ou escrivão deve fazer referência à matrícula ou ao registro anterior, seu número e cartório" (BRASIL. *Lei n. 6.015, de 31 de dezembro de 1973*. Dispõe

De acordo com esse artigo, em todas as escrituras e em todos os atos relativos a imóveis, bem como nas cartas de sentença e formais de partilha, o tabelião ou escrivão deve fazer referência à matrícula ou ao registro anterior, seu número e cartório. Assim, sempre que uma propriedade é transferida ou dividida, o documento oficial que registra essa transação deve incluir informações sobre o registro anterior da propriedade.

O propósito desse artigo é garantir a transparência e a rastreabilidade nas transações imobiliárias. Ao fazer referência ao registro anterior, é possível rastrear a história da propriedade e garantir que todas as transações sejam legais e válidas. Isso ajuda a prevenir fraudes e disputas de propriedade.

4.4.1.11. Arrematação

A arrematação é um processo que envolve a venda judicial de bens de um devedor para satisfazer uma dívida com um credor. Esse processo pode ser dividido em duas categorias principais: a arrematação comum e a judicial.

A arrematação comum é realizada por um leiloeiro particular, onde o maior lance é considerado o melhor preço. Já a arrematação judicial ocorre por meio de uma hasta pública ou leilão determinados por um juiz em um processo de execução.

> O indivíduo que faz a oferta vencedora é conhecido como arrematante, enquanto aqueles que participam do leilão são chamados de licitantes.

Para que a arrematação ocorra, **é necessário seguir o devido processo legal da execução judicial ou extrajudicial**, garantindo ao executado o direito de defesa. Uma vez que a execução chega ao fim, após a avaliação do bem e a publicação dos editais de praceamento ou hasta pública, realiza-se o leilão judicial. Se houver uma oferta, o leiloeiro judicial aceita a oferta e considera a aquisição do bem em juízo.

Uma carta de arrematação é emitida e, se o bem for imóvel, deve ser registrada para formalizar a transferência da propriedade.

> No mesmo processo de execução, se não houver licitante ou interesse na arrematação, o próprio credor pode solicitar a adjudicação do bem pelo valor da avaliação, oferecendo seu crédito em pagamento, quando for o caso.

A adjudicação é sempre um ato judicial determinado por uma decisão ou sentença. Quando o processo de execução chega ao fim, o bem penhorado é avaliado e alienado judicialmente em realização de praça ou leilão judicial, ou é arrematado ou é adjudicado, expedindo-se as respectivas cartas para operar a transferência da propriedade.

Ambos os instrumentos jurídicos, a arrematação e a adjudicação, representam os títulos judiciais de transmissão da propriedade que foi objeto da constrição judicial contra o patrimônio de quem foi executado.

---

sobre os registros públicos, e dá outras providências. Disponível em: https://www.planalto.gov.br/ccivil_03/leis/l6015compilada.htm. Acesso em: 15 maio 2024).

Geralmente, esses atos judiciais de alienação de bens, mesmo depois de registrados, podem ser objeto de uma ação anulatória de praça e arrematação, nos termos do art. 486 do Código de Processo Civil (CPC). Nesse caso, o registro formulado é cancelado.

4.4.1.12. Usucapião

A usucapião é uma forma originária de aquisição da propriedade por meio do exercício da posse contínua por um período mínimo, somado a outros requisitos definidos em lei.

Para ter direito à posse *ad usucapionem*, o possuidor precisa manter a coisa como se fosse o proprietário (*animus domini*), de forma contínua e sem enfrentar resistência. Além disso, essa posse não pode ser obtida por meio de violência, clandestinidade ou precariedade.

Conforme estabelecido no § 3.º do art. 183 da CF/88, que é ecoado pelo art. 102 do CC, a usucapião não se aplica a imóveis públicos, inclusive aqueles classificados como dominicais. Isso se deve ao fato de que a aquisição de bens dominicais e outros bens públicos por usucapião é proibida, conforme indicado na Súmula 340 do STF:

> **SÚMULA 340 DO STF:** Desde a vigência do Código Civil, os bens dominicais, como os demais bens públicos, não podem ser adquiridos por usucapião.

Sobre o tema, insta destacar que no julgamento do agravo interno no agravo em recurso especial, **o STJ determinou que a falta de registro imobiliário de um imóvel que é alvo de uma ação de usucapião não implica automaticamente que o imóvel seja público, sendo responsabilidade do Estado comprovar a propriedade do terreno para impedir o reconhecimento da prescrição aquisitiva.**

> AGRAVO INTERNO. AGRAVO EM RECURSO ESPECIAL. ALEGAÇÃO DE OMISSÃO. INEXISTÊNCIA. USUCAPIÃO. TERRAS SEM REGISTRO. FALTA DE PRESUNÇÃO. TERRAS DEVOLUTAS. CONSTATAÇÃO DOS REQUISITOS AUTORIZADORES DA AQUISIÇÃO DA PROPRIEDADE. REVISÃO. SÚMULA 7/STJ. 1. Inexiste violação do art. 535 do CPC/73, porquanto não significa omissão quando o julgador adota outro fundamento que não aquele perquirido pela parte. 2. A inexistência de registro imobiliário do bem objeto de ação de usucapião não induz presunção de que o imóvel seja público (terras devolutas), cabendo ao Estado provar a titularidade do terreno como óbice ao reconhecimento da prescrição aquisitiva. Precedentes. 3. Rever a conclusão das instâncias ordinárias de que estão presentes os requisitos autorizadores para a aquisição da propriedade pela usucapião demandaria reexame de provas, o que é vedado pela Súmula 7/STJ. Precedentes. 4. Agravo interno não provido (AgInt no AREsp n. 936.508/PI, Rel. Min. Luis Felipe Salomão, 4.ª Turma, j. 13-3-2018, *DJe* 20-3-2018).

Orlando Gomes[171] **alerta que parte da doutrina conceitua a usucapião como uma forma de prescrição, no caso aquisitiva, mas que está incorreta.** Por mais que existam elementos comuns, como o decurso do tempo, a eliminação de incertezas, a

---

[171] GOMES, Orlando. *Direitos reais*. Rio de Janeiro: Forense, 1969, t. 1, p. 202.

produção de efeitos nas relações jurídicas e sua interrupção ou suspensão pelas mesmas causas, a prescrição é modo de extinguir pretensões pelo tempo inerte, e a usucapião é um modo de adquirir a propriedade e outros direitos reais pela posse continuada. Por fim, a prescrição opera sobre direitos pessoais e reais, e a usucapião somente sobre direitos reais.

Leonardo Brandelli[172] lembra que a doutrina já consolidou o entendimento de que a usucapião ocorre quando seus elementos se realizam, **independentemente do registro**[173] que possui apenas **natureza declaratória** e efeitos de oponibilidade *erga omnes*, a contar da inscrição. Todavia, Brandelli questiona se é possível adquirir um direito real sem registro, pois a posse, em si, não traz a publicidade desejada por todos, o que é característica determinante dos direitos reais. **Nesse sentido, concordamos que a usucapião é um modo de aquisição originária da propriedade, mas somente torna-se direito real** após sua inscrição na matrícula do imóvel, quando produz os efeitos para toda a sociedade, bem como os efeitos desejados pela Lei n. 13.097/2015[174].

Existem inúmeras modalidades de usucapião, cada qual com suas características e disposições legais específicas.

A **usucapião extraordinária** está prevista no art. 1.238 do CC, que estabelece a figura jurídica da usucapião como um instituto que permite a aquisição de propriedade de um imóvel mediante a posse prolongada e incontestada deste. Segundo o artigo, se um indivíduo detém a posse de um imóvel por um período ininterrupto de **15 anos**, sem oposição, ele adquire a propriedade do imóvel, **independentemente da existência de um título formal de propriedade ou da boa-fé**. O possuidor pode solicitar ao juiz uma sentença que declare a propriedade, a qual servirá de título para o registro no cartório de registro de imóveis.

> **Art. 1.238.** Aquele que, por quinze anos, sem interrupção, nem oposição, possuir como seu um imóvel, adquire-lhe a propriedade, independentemente de título e boa-fé; podendo requerer ao juiz que assim o declare por sentença, a qual servirá de título para o registro no cartório de registro de imóveis.
>
> **Parágrafo único.** O prazo estabelecido neste artigo reduzir-se-á a dez anos se o possuidor houver estabelecido no imóvel a sua moradia habitual, ou nele realizado obras ou serviços de caráter produtivo.

---

[172] BRANDELLI, Leonardo. *Usucapião administrativa*. De acordo com o novo Código de Processo Civil. São Paulo: Saraiva, 2016, p. 26-27.

[173] Lenine Nequete leciona que a sentença tem por único objetivo patentear o direito do adquirente e constituir título hábil para ser levado ao registro de imóveis (NEQUETE, Lenine. *Da prescrição aquisitiva (usucapião)*. 2. ed. rev. e ampl. Porto Alegre: Sulina, 1954, p. 27).

[174] BRASIL. *Lei n. 13.097, de 19 de janeiro de 2015*. Reduz a zero as alíquotas da Contribuição para o PIS/Pasep, da Cofins, da Contribuição para o PIS/Pasep-Importação e da Cofins-Importação incidentes sobre a receita de vendas e na importação de partes utilizadas em aerogeradores; [...]. Disponível em: http://www.planalto.gov.br/ccivil_03/_ato2015-2018/2015/lei/l13097.htm. Acesso em: 15 nov. 2021.

O parágrafo único do art. 1.238 **reduz o prazo de posse necessário** para a usucapião para **dez anos** se o possuidor tiver **estabelecido no imóvel sua residência habitual ou se tiver realizado obras ou serviços de caráter produtivo no imóvel**.

Já a **usucapião ordinária**, prevista no art. 1.242 do CC[175], significa que uma pessoa pode adquirir a propriedade de um imóvel se possui-lo de forma **contínua e incontestada, com justo título e boa-fé, por um período de dez anos**.

O **justo título** refere-se a um **documento** que, embora não seja efetivamente **válido ou eficaz para transferir a propriedade**, demonstra a intenção do possuidor de possuir o imóvel como proprietário, enquanto a boa-fé implica que o possuidor acredita sinceramente que o imóvel é seu.

A posse é de boa-fé se o possuidor não sabe do defeito ou empecilho que o impede de ser dono da coisa, conforme o art. 1.201 do CC. Esse artigo também diz que **o possuidor com justo título presume-se de boa-fé**, a não ser que haja prova contrária ou que a lei não permita essa presunção.

De acordo com o Enunciado 86 do Conselho da Justiça Federal (CJF), a expressão "justo título" presente nos arts. 1.242 e 1.260 do CC engloba **qualquer ato jurídico** que possa, em princípio, transferir a propriedade, sem depender de registro, considerando o STJ[176] o contrato de promessa de compra e venda um justo título capaz de determinar a aquisição da propriedade por usucapião.

O prazo de posse necessário para a usucapião ordinária cai para cinco anos em determinadas circunstâncias. Especificamente, se o imóvel foi adquirido **onerosamente** (ou seja, por meio de uma transação que envolveu um custo ou sacrifício para o comprador), com base em um **registro** que foi posteriormente cancelado, o prazo de

---

[175] "Art. 1.242. Adquire também a propriedade do imóvel aquele que, contínua e incontestadamente, com justo título e boa-fé, o possuir por dez anos. Parágrafo único. Será de cinco anos o prazo previsto neste artigo se o imóvel houver sido adquirido, onerosamente, com base no registro constante do respectivo cartório, cancelada posteriormente, desde que os possuidores nele tiverem estabelecido a sua moradia, ou realizado investimentos de interesse social e econômico" (BRASIL. *Lei n. 10.406, de 10 de janeiro de 2002*. Institui o Código Civil. Disponível em: http://www.planalto.gov.br/ccivil_03/leis/2002/l10406compilada.htm. Acesso em: 24 maio 2024).

[176] "AGRAVO REGIMENTAL NO AGRAVO EM RECURSO ESPECIAL. DESERÇÃO. ASSISTÊNCIA JUDICIÁRIA. RENOVAÇÃO DO PEDIDO. DESNECESSIDADE. PROCESSUAL CIVIL. VIOLAÇÃO DO ART. 535 DO CPC. NÃO OCORRÊNCIA. 1. A assistência judiciária gratuita estende-se a todas as instâncias e a todos os atos do processo. 2. A renovação do pedido ou a comprovação de que a parte recorrente é beneficiária da justiça gratuita não é necessária quando da interposição do recurso especial. 3. Afasta-se a alegada violação do art. 535 do CPC quando o acórdão recorrido, integrado pelo julgado proferido nos embargos de declaração, dirime, de forma expressa, congruente e motivada, as questões suscitadas nas razões recursais. 4. O contrato de promessa de compra e venda constitui justo título apto a ensejar a aquisição da propriedade por usucapião. 5. A hipoteca firmada entre o antigo proprietário do imóvel e o agente financiador da obra não atinge o terceiro adquirente. Incidência da Súmula 308/STJ. 6. A execução da garantia pelo agente financeiro em desfavor apenas do proprietário do imóvel não interrompe a prescrição da ação de usucapião por não constituir resistência à posse de quem pleiteia a prescrição aquisitiva. 7. Agravo regimental parcialmente provido" (AgRg no AREsp n. 600.900/SP, Rel. Min. João Otávio de Noronha, 3.ª Turma, j. 1.º-9-2015, *DJe* 8-9-2015).

posse necessário para a usucapião é reduzido para cinco anos. **No entanto, isso só se aplica se os possuidores estabeleceram sua moradia no imóvel ou realizaram investimentos de interesse social e econômico nele.**

Essa modalidade de usucapião **exige o cancelamento posterior do registro do imóvel, e por isso é chamada de usucapião tabular** ou de livro. **O STJ confirmou essa denominação no REsp n. 1.133.451-SP:**

> CIVIL. USUCAPIÃO TABULAR. REQUISITOS. MERO BLOQUEIO DE MATRÍCULA. APRESENTAÇÃO DE CERTIDÃO DO INSS INAUTÊNTICA PELOS VENDEDORES. LONGA INATIVIDADE POR PARTE DO ÓRGÃO. AUSÊNCIA DE TENTATIVAS DE ANULAÇÃO DO ATO OU RECEBIMENTO DO CRÉDITO. DECURSO DE TEMPO. CABIMENTO DA USUCAPIÃO. 1. A usucapião normalmente coloca em confronto particulares que litigam em torno da propriedade de um bem móvel. 2. Na hipótese dos autos, a constatação de que os vendedores do imóvel apresentaram certidão negativa de tributos previdenciários inautêntica levou o juízo da vara de registros públicos, em processo administrativo, a determinar o bloqueio da matrícula do bem. 3. O bloqueio da matrícula não colocou vendedores e compradores em litígio em torno da propriedade de um bem imóvel. Apenas promoveu uma séria restrição ao direito de propriedade dos adquirentes para a proteção do crédito financeiro do INSS. 4. Pelas disposições da Lei de Registros Públicos, o bloqueio da matrícula é ato de natureza provisória, a ser tomado no âmbito de um procedimento maior, no qual se discuta a nulidade do registro público. A lavratura de escritura de compra e venda sem a apresentação de certidão previdenciária é nula, pelas disposições do art. 47 da Lei n. 8.212/91. Assim, o bloqueio seria razoável no âmbito de uma discussão acerca dessa nulidade. 5. Do ponto de vista prático, o bloqueio produz efeitos em grande parte equivalentes ao do cancelamento da matrícula, uma vez que torna impossível, ao proprietário de imóvel com matrícula bloqueada, tomar qualquer ato inerente a seu direito de propriedade, como o de alienar ou de gravar o bem. 6. Se o INSS ou qualquer outro legitimado não toma a iniciativa de requerer o reconhecimento ou a declaração da nulidade da escritura, o bloqueio da matrícula, por si só, não pode prevalecer indefinidamente. Na hipótese em que, mesmo sem tal providência, o bloqueio acaba por permanecer, produzindo efeitos de restrição ao direito de propriedade dos adquirentes do bem, a inatividade do INSS deve produzir alguma consequência jurídica. 7. Num processo de usucapião tradicional, o prazo de prescrição aquisitiva só é interrompido pela atitude do proprietário que torne inequívoca sua intenção de retomar o bem. Se, por uma peculiaridade do direito brasileiro, é possível promover a restrição do direito de propriedade do adquirente para a proteção de um crédito, a prescrição aquisitiva que beneficia esse adquirente somente pode ser interrompida por um ato que inequivocamente indique a intenção do credor de realizar esse crédito. 8. Se, após dez anos a partir do bloqueio da matrícula, o INSS não requer a declaração de nulidade da compra e venda, não executa o crédito previdenciário que mantém perante o vendedor do imóvel, não requer o reconhecimento de fraude à execução, não penhora o bem controvertido, enfim, não toma providência alguma, é possível reconhecer, ao menos em *status assertionis*, a ocorrência de usucapião tabular, de modo que o indeferimento da petição inicial da ação que a requer é providência exagerada. 9. Recurso especial conhecido e provido, reformando-se a decisão que indeferiu a petição inicial do processo e determinando-se seu prosseguimento, com a citação dos interessados, nos termos da lei (REsp n. 1.133.451/SP, Rel. Min. Nancy Andrighi, 3.ª Turma, j. 27-3-2012, *DJe* 18-4-2012).

Outra modalidade é a **usucapião familiar**, prevista no art. 1.240-A do CC, que foi incluído pela Lei n. 12.424/2011, criando uma **nova modalidade de usucapião**.

Segundo o artigo, se uma pessoa exercer **posse direta e exclusiva, sem interrupção e sem oposição, por dois anos, sobre um imóvel urbano de até 250 m²**, que compartilhe a propriedade com um ex-cônjuge ou ex-companheiro que abandonou o lar, e utilizar esse imóvel para sua moradia ou de sua família, essa pessoa adquirirá a propriedade integral do imóvel. No entanto, isso só se aplica se a pessoa não for proprietária de outro imóvel urbano ou rural. **É propriamente usucapir a meação daquele que abandonou o lar.**

O § 1.º do art. 1.240-A estabelece que o direito previsto no *caput* não será reconhecido ao mesmo possuidor mais de uma vez, de forma que uma pessoa só pode **adquirir a propriedade de um imóvel por meio dessa forma de usucapião uma única vez**.

> **Art. 1.240-A.** Aquele que exercer, por 2 (dois) anos ininterruptamente e sem oposição, posse direta, com exclusividade, sobre imóvel urbano de até 250 m² (duzentos e cinquenta metros quadrados) cuja propriedade divida com ex-cônjuge ou ex-companheiro que abandonou o lar, utilizando-o para sua moradia ou de sua família, adquirir-lhe-á o domínio integral, desde que não seja proprietário de outro imóvel urbano ou rural.
>
> § 1.º O direito previsto no *caput* não será reconhecido ao mesmo possuidor mais de uma vez.

Algumas características dessa modalidade é que ela trata da usucapião **entre ex-cônjuges e ex-companheiros**, que podem adquirir a propriedade, incluindo, portanto, casados e companheiros em união estável. Logo, como envolve duas situações, a nomenclatura escolhida foi usucapião familiar, pois o casamento e a união estável são entidades familiares.

Ademais, a usucapião familiar é uma forma de aquisição de propriedade que se aplica a indivíduos que foram casados ou estiveram em uma união estável, incluindo relações heterossexuais e homoafetivas.

O termo "ex" indica o término de uma relação, seja um casamento ou uma união estável. Portanto, a usucapião familiar se aplica a pessoas que foram casadas ou estiveram em uma união estável ou que ainda estão casadas. Isso inclui indivíduos que se separaram judicialmente, extrajudicialmente ou de corpos (que possuem uma liminar em uma ação cautelar), divorciados e ex-companheiros que permaneceram no imóvel após o término do relacionamento.

Uma questão relevante é se a usucapião familiar se aplica a pessoas que estão separadas de fato. A resposta é sim, conforme o entendimento do STJ no REsp n. 1.065.209, que determinou que a separação de fato resulta na dissolução da sociedade conjugal e na consequente extinção do regime de bens. Importante salientar a possibilidade de lavrar a escritura de separação de fato, conforme **Resolução n. 571/2024 do CNJ, que alterou a Resolução n. 35/2007. Tal escritura pode ser considerada inclusive o marco temporal para a contagem do prazo acima de dois anos.**

DIREITO CIVIL. FAMÍLIA. SUCESSÃO. COMUNHÃO UNIVERSAL DE BENS. SUCESSÃO ABERTA QUANDO HAVIA SEPARAÇÃO DE FATO. IMPOSSIBILIDADE

DE COMUNICAÇÃO DOS BENS ADQUIRIDOS APÓS A RUPTURA DA VIDA CONJUGAL. 1. O cônjuge que se encontra separado de fato não faz jus ao recebimento de quaisquer bens havidos pelo outro por herança transmitida após decisão liminar de separação de corpos. 2. Na data em que se concede a separação de corpos, desfazem-se os deveres conjugais, bem como o regime matrimonial de bens; e a essa data retroagem os efeitos da sentença de separação judicial ou divórcio. 3. Recurso especial não conhecido (REsp n. 1.065.209/SP, Rel. Min. João Otávio de Noronha, 4.ª Turma, j. 8-6-2010, *DJe* 16-6-2010).

No caso de uma união estável, que é uma relação baseada na convivência, a única exigência é o término da convivência. Uma escritura ou sentença de dissolução da união estável pode servir como prova, mas a prova mais importante a ser apresentada é a do fim da convivência. Isso é reforçado pelo Enunciado 501 do CJF, que estabelece que as expressões "ex-cônjuge" e "ex-companheiro" correspondem à situação fática da separação, independentemente do divórcio.

É importante destacar que, após a decisão do STF na ADIn n. 4.277 e ADPF n. 132, que estendeu os efeitos da união estável para a união homoafetiva, e da Resolução n. 175 do CNJ, que reconheceu o casamento homoafetivo no Brasil, a usucapião familiar será aplicada tanto a casamentos e uniões estáveis heterossexuais quanto a homoafetivas. Isso é reforçado pelo Enunciado 500 do CJF, **que estende a usucapião familiar a uniões e casamentos homoafetivos.**

O Enunciado 595 do CJF reforça a necessidade de cautela na interpretação da expressão "abandono do lar". De acordo com esse enunciado, **o abandono do lar deve ser interpretado no contexto da usucapião familiar como o abandono voluntário da posse do imóvel, junto com a ausência da tutela da família, sem levar em conta a culpa pelo fim do casamento ou união estável.**

Existe também a **usucapião especial urbana ou *pro misero***, prevista nos arts. 183 da CF/88, 1.240 do CC[177] e 9.º da Lei n. 10.257/2001. **Trata-se de um modo de aquisição da propriedade de um imóvel urbano de até 250 m², por quem o possui de forma contínua, pacífica e exclusiva, por cinco anos, para sua habitação ou de sua família, desde que não tenha outro imóvel urbano ou rural em seu nome.**

Para comprovar a ausência de outra propriedade, basta apresentar uma **certidão negativa de propriedade, expedida pelo cartório de registro de imóveis da comarca onde se localiza o bem.** Nessa situação, o título de propriedade e a concessão de uso serão atribuídos ao homem ou à mulher, ou a ambos, independentemente do estado civil, e vale ressaltar que esse direito não será concedido ao mesmo possuidor mais de uma vez.

---

[177] "Art. 1.240. Aquele que possuir, como sua, área urbana de até duzentos e cinquenta metros quadrados, por cinco anos ininterruptamente e sem oposição, utilizando-a para sua moradia ou de sua família, adquirir-lhe-á o domínio, desde que não seja proprietário de outro imóvel urbano ou rural. § 1.º O título de domínio e a concessão de uso serão conferidos ao homem ou à mulher, ou a ambos, independentemente do estado civil. § 2.º O direito previsto no parágrafo antecedente não será reconhecido ao mesmo possuidor mais de uma vez" (BRASIL. *Lei n. 10.406, de 10 de janeiro de 2002.* Institui o Código Civil. Disponível em: http://www.planalto.gov.br/ccivil_03/leis/2002/l10406compilada.htm. Acesso em: 24 maio 2024).

De acordo com julgamento do STJ no Recurso Especial n. 1.777.404/TO, o fato de parte do imóvel ser usada para atividade comercial (mista — residencial e comercial) não impede o reconhecimento da usucapião especial urbana sobre todo o imóvel.

> RECURSO ESPECIAL. CIVIL. USUCAPIÃO ESPECIAL URBANA. REQUISITOS PREENCHIDOS. UTILIZAÇÃO MISTA, RESIDENCIAL E COMERCIAL. OBJEÇÃO NÃO EXISTENTE NA LEGISLAÇÃO DE REGÊNCIA. ANÁLISE PROBATÓRIA. DESNECESSIDADE. RECURSO ESPECIAL PROVIDO. 1. Ação ajuizada em 20-1-2003, recurso especial interposto em 28-6-2018, atribuído a este gabinete em 27-11-2018. 2. O propósito recursal consiste em determinar se, a área de imóvel objeto de usucapião extraordinária, nos termos do art. 1.240 do CC/2002 e art. 183 da CF/88, deve ser usada somente para fins residenciais ou, ao contrário, se é possível usucapir imóvel que, apenas em parte, é destinado para fins comerciais. 3. A usucapião especial urbana apresenta como requisitos a posse ininterrupta e pacífica, exercida como dono, o decurso do prazo de cinco anos, a dimensão da área (250 m² para a modalidade individual e área superior a esta, na forma coletiva), a moradia e o fato de não ser proprietário de outro imóvel urbano ou rural. 4. O art. 1.240 do CC/2002 não direciona para a necessidade de destinação exclusiva residencial do bem a ser usucapido. Assim, o exercício simultâneo de pequena atividade comercial pela família domiciliada no imóvel objeto do pleito não inviabiliza a prescrição aquisitiva buscada. 5. Recurso especial provido (REsp n. 1.777.404/TO, Rel. Min. Nancy Andrighi, 3.ª Turma, j. 5-5-2020, *DJe* 11-5-2020).

Flávio Tartuce[178] **alerta que o Estatuto da Cidade inseriu mais um requisito[179] nessa modalidade, prevendo que o herdeiro legítimo poderá somar o tempo de posse do seu antecessor, desde que resida no imóvel na abertura da sucessão.** Assim, está **permitida a *sucessio possessionis*, mas está afastada a *accessio possessionis***, a sucessão de posses *inter vivos*, também conhecida como cessão de posse. Como se observa, essa modalidade de usucapião afasta a regra do art. 1.243 do CC[180], o que é reforçado pelo Enunciado 317 da IV Jornada de Direito Civil do CJF[181].

Marco Aurélio Bezerra de Melo e José Roberto Mello Porto[182] lembram que não se pode desconsiderar que dentre as habitações mais comuns no Brasil estão os apartamentos, e que **a usucapião especial urbana se presta a regularizar esse tipo de unidade**

---

[178] TARTUCE, Flávio. *Direito civil*: direito das coisas. 13. ed. Rio de Janeiro: Forense, 2021, p. 224.
[179] "Art. 9.º [...] § 3.º Para os efeitos deste artigo, o herdeiro legítimo continua, de pleno direito, a posse de seu antecessor, desde que já resida no imóvel por ocasião da abertura da sucessão" (BRASIL. *Lei n. 10.257, de 10 de julho de 2001*. Regulamenta os arts. 182 e 183 da Constituição Federal, estabelece diretrizes gerais da política urbana e dá outras providências. Disponível em: http://www.planalto.gov.br/ccivil_03/leis/leis_2001/l10257.htm. Acesso em: 22 nov. 2021).
[180] BRASIL. *Lei n. 10.406, de 10 de janeiro de 2002*. Institui o Código Civil. Disponível em: http://www.planalto.gov.br/ccivil_03/leis/2002/l10406compilada.htm. Acesso em: 15 nov. 2021.
[181] BRASIL. Conselho da Justiça Federal. IV Jornada de Direito Civil. *Enunciado 317*. Disponível em: https://www.cjf.jus.br/enunciados/enunciado/317. Acesso em: 15 nov. 2021.
[182] MELLO, Marco Aurélio Bezerra de; PORTO, José Roberto Melo. *Posse e usucapião*: direito material e direito processual. 2. ed. rev., atual. e ampl. Salvador: Juspodivm, 2021, p. 124.

autônoma também, sendo considerada para fins de metragem a área privativa da unidade autônoma, vinculada à fração ideal do terreno. Nesse sentido, destaca-se o Enunciado 85[183] da I Jornada de Direito Civil do CJF: "Para efeitos do art. 1.240, *caput*, do novo Código Civil, entende-se por 'área urbana' o imóvel edificado ou não, inclusive unidades autônomas vinculadas a condomínios edilícios".

O tema apartamentos é polêmico, e levou o STF a se manifestar, em agosto de 2020, com julgamento em repercussão geral sobre a possibilidade de usucapião especial urbana em unidades autônomas de condomínios edilícios[184]. No mesmo caminho, o Enunciado 314[185] da IV Jornada de Direito Civil do CJF/STJ diz: "Para os efeitos do art. 1.240, não se deve computar, para fins de limite de metragem máxima, a extensão compreendida pela fração ideal correspondente à área comum, e não de todo o terreno onde estava o prédio".

Por outro lado, **o pedido de usucapião especial urbana foi negado pelo STJ quando se tratar de pedido de usucapião de imóveis pertencentes à Caixa Econômica Federal (CEF), financiados por políticas habitacionais, sem pagamento pelo mutuário, ou com outro adquirente que adquiriu com contrato de gaveta**. Como a CEF integra o Sistema Financeiro da Habitação (SFH), seus imóveis são considerados públicos e não podem ser usucapidos[186]. Todavia, como exceção à regra, o Tribunal Regional Federal (TRF) da 2.ª Região decidiu que se o imóvel for privado, mas apenas financiado pela CEF, será possível pleitear a usucapião[187].

Devido à grande demanda, **o STF, em sede de repercussão geral, analisou pedidos**[188] **de usucapião em lotes abaixo do tamanho mínimo previsto na legislação municipal, entendendo como possível**. A matéria também foi objeto do **Informativo n. 584 do STJ, que declarou que "não obsta o pedido declaratório de usucapião especial urbana o fato de a área do imóvel ser inferior à correspondente ao 'módulo urbano' (a área mínima a ser observada no parcelamento de solo urbano por determinação infraconstitucional)**. Isso porque o STF, após reconhecer a existência de repercussão geral da questão constitucional suscitada, fixou a tese de que, preenchidos os requisitos do art. 183 da CF, cuja norma está reproduzida no art. 1.240 do CC, o reconhecimento do direito à usucapião especial urbana não pode ser obstado por legislação infraconstitucional que estabeleça módulos urbanos na respectiva área em que situado o imóvel (dimensão do lote)"[189].

---

[183] BRASIL. Conselho da Justiça Federal. I Jornada de Direito Civil. *Enunciado 85*. Disponível em: https://www.cjf.jus.br/enunciados/enunciado/85. Acesso em: 29 nov. 2021.

[184] STF, RE n. 305.416/RS, Rel. Min. Marco Aurélio, j. 31-8-2020.

[185] BRASIL. Conselho da Justiça Federal. IV Jornada de Direito Civil. *Enunciado 314*. Disponível em: https://www.cjf.jus.br/enunciados/enunciado/314. Acesso em: 15 nov. 2021.

[186] STJ, 3.ª Turma, REsp n. 1.448.026/PE, Rel. Min. Nancy Andrighi, j. 17-11-2016, *DJe* 21-11-2016.

[187] TRF2, 5.ª Turma, AC n. 00019552420054025101 RJ 0001955-24.2005.4.02.5101, Rel. Min. Aluisio Gonçalves de Castro Mendes, j. 26-3-2014, publ. 4-4-2014.

[188] Tema de Repercussão Geral n. 815. STF, RE n. 422.349/RS, Rel. Min. Dias Toffoli, Plenário, *DJe* 5-8-2015.

[189] STJ, REsp n. 1.360.017/RJ, Rel. Min. Ricardo Villas Bôas Cueva, j. 5-5-2016, *DJe* 27-5-2016.

Outra espécie de **usucapião é a especial rural**, *pro labore* **ou agrária**, disposta nos arts. 191 da CF/88[190] e 1.239 do CC[191]. De acordo com esse artigo, **uma pessoa que não é proprietária de nenhum imóvel, seja rural ou urbano, pode adquirir a propriedade de uma área de terra em zona rural se possuir a terra como se fosse sua por um período contínuo de cinco anos, sem que ninguém conteste ou dispute essa posse. Além disso, a terra deve ser em uma zona rural e não pode ser maior do que cinquenta hectares.** A pessoa deve **tornar a terra produtiva**, seja por meio de seu próprio trabalho ou do trabalho de sua família, e deve residir nela. Se todas essas condições forem cumpridas, a pessoa adquire a propriedade da terra.

A **usucapião coletiva**, prevista no art. 10 da Lei n. 10.257/2001[192], é uma modalidade que se aplica a núcleos urbanos informais que existem há **mais de cinco anos sem oposição**. Para que um imóvel seja suscetível à usucapião coletiva, a área total do imóvel, quando dividida pelo número de possuidores, deve ser **inferior a 250 m² por possuidor**. Além disso, **os possuidores não devem ser proprietários de outro imóvel, seja urbano ou rural**. Para comprovar a inexistência de outra propriedade, uma certidão negativa de propriedade emitida pelo cartório de registro de imóveis da comarca onde o imóvel está localizado é suficiente.

---

[190] "Art. 191. Aquele que, não sendo proprietário de imóvel rural ou urbano, possua como seu, por cinco anos ininterruptos, sem oposição, área de terra, em zona rural, não superior a cinquenta hectares, tornando-a produtiva por seu trabalho ou de sua família, tendo nela sua moradia, adquirir-lhe-á a propriedade. Parágrafo único. Os imóveis públicos não serão adquiridos por usucapião" (BRASIL. *Constituição da República Federativa do Brasil de 1988*. Brasília, DF: Presidência da República, 1988. Disponível em: http://www.planalto.gov.br/ccivil_03/Constituicao/Constituiçao.htm. Acesso em: 15 nov. 2021).

[191] "Art. 1.239. Aquele que, não sendo proprietário de imóvel rural ou urbano, possua como sua, por cinco anos ininterruptos, sem oposição, área de terra em zona rural não superior a cinquenta hectares, tornando-a produtiva por seu trabalho ou de sua família, tendo nela sua moradia, adquirir-lhe-á a propriedade" (BRASIL. *Lei n. 10.406, de 10 de janeiro de 2002*. Institui o Código Civil. Disponível em: http://www.planalto.gov.br/ccivil_03/leis/2002/l10406compilada.htm. Acesso em: 24 maio 2024).

[192] "Art. 10. Os núcleos urbanos informais existentes sem oposição há mais de cinco anos e cuja área total dividida pelo número de possuidores seja inferior a duzentos e cinquenta metros quadrados por possuidor são suscetíveis de serem usucapidos coletivamente, desde que os possuidores não sejam proprietários de outro imóvel urbano ou rural. § 1.º O possuidor pode, para o fim de contar o prazo exigido por este artigo, acrescentar sua posse à de seu antecessor, contanto que ambas sejam contínuas. § 2.º A usucapião especial coletiva de imóvel urbano será declarada pelo juiz, mediante sentença, a qual servirá de título para registro no cartório de registro de imóveis. § 3.º Na sentença, o juiz atribuirá igual fração ideal de terreno a cada possuidor, independentemente da dimensão do terreno que cada um ocupe, salvo hipótese de acordo escrito entre os condôminos, estabelecendo frações ideais diferenciadas. § 4.º O condomínio especial constituído é indivisível, não sendo passível de extinção, salvo deliberação favorável tomada por, no mínimo, dois terços dos condôminos, no caso de execução de urbanização posterior à constituição do condomínio. § 5.º As deliberações relativas à administração do condomínio especial serão tomadas por maioria de votos dos condôminos presentes, obrigando também os demais, discordantes ou ausentes" (BRASIL. *Lei n. 10.257, de 10 de julho de 2001*. Regulamenta os arts. 182 e 183 da Constituição Federal, estabelece diretrizes gerais da política urbana e dá outras providências. Disponível em: https://www.planalto.gov.br/ccivil_03/leis/leis_2001/l10257.htm. Acesso em: 24 maio 2024).

Para cumprir o prazo exigido para a usucapião, **o possuidor pode somar sua posse à de seu antecessor, desde que ambas as posses sejam contínuas**. A usucapião especial coletiva de um imóvel urbano é declarada por um juiz por meio de uma sentença, que serve como título para o registro do imóvel no cartório de registro de imóveis.

Na sentença, o juiz atribui a cada possuidor uma fração ideal igual do terreno, independentemente do tamanho do terreno que cada um ocupa, a menos que haja um acordo escrito entre os condôminos estabelecendo frações ideais diferenciadas. **O condomínio especial formado é indivisível e não pode ser extinto**, a menos que haja uma **deliberação favorável tomada por pelo menos dois terços dos condôminos**, no caso de execução de urbanização após a constituição do condomínio.

Já na **usucapião indígena**, prevista no art. 33 da Lei n. 6.015/73, o índio, que **esteja ou não** integrado à sociedade, se tornará dono de um pedaço de terra de até 50 hectares se ele morar lá como se fosse seu, sem interrupção, por dez anos seguidos. Essa regra **não vale para as terras que pertencem à União e que são ocupadas por grupos tribais**, nem para as áreas reservadas que o Estatuto do Índio determina, nem para as terras que são de propriedade coletiva de um grupo tribal.

Por fim, **a usucapião extrajudicial ou administrativa**, prevista no art. 216-A da Lei n. 6.015/73, foi regulamentada pelo CNJ a partir do Provimento n. 65, que foi revogado pelo Provimento n. 149/2023, **sendo que ambos visam estruturar o procedimento**.

Os pedidos de usucapião extrajudicial refletem a irregularidade imobiliária em que o país está mergulhado. Loteamentos clandestinos ou irregulares, condomínios edilícios inacabados, condomínios fechados sem documentação, favelas, áreas de posse dentro de áreas maiores, edificações em lotes alheios, áreas sobrepostas, habitações populares abandonadas, herdeiros brigando entre si, lajes[193] sobre construções em imóveis não matriculados, áreas rurais inferiores à fração mínima de parcelamento, sítios de recreio, entre outros.

A crença popular de que a usucapião resolve tudo, em especial a extrajudicial, somada à publicidade da Lei n. 13.465/2017[194] que fala em "regularizar", gerou uma avalanche de pedidos de usucapião, muitos sem fundamento ou sem documentação adequada.

A usucapião extrajudicial é um procedimento feito para dar certo, desde que o direito esteja realmente claro, cristalino, em uma composição amigável e com o apoio do poder público. Havendo confronto ou não estando claro o direito pretendido, o Judiciário deve ser acionado.

---

[193] "O direito real de laje em terreno privado é passível de usucapião" (BRASIL. Conselho da Justiça Federal. VIII Jornada de Direito Civil. *Enunciado 627*. Disponível em: https://www.cjf.jus.br/cjf/corregedoria-da-justica-federal/centro-de-estudos-judiciarios-1/publicacoes-1/jornadas-cej/viii--enunciados-publicacao-site-com-justificativa.pdf. Acesso em: 15 nov. 2021).

[194] BRASIL. *Lei n. 13.465, de 11 de julho de 2017*. Dispõe sobre a regularização fundiária rural e urbana, sobre a liquidação de créditos concedidos aos assentados da reforma agrária e sobre a regularização fundiária no âmbito da Amazônia Legal; institui mecanismos para aprimorar a eficiência dos procedimentos de alienação de imóveis da União; [...]. Disponível em: http://www.planalto.gov.br/ccivil_03/_ato2015-2018/2017/lei/l13465.htm. Acesso em: 15 nov. 2021.

O **procedimento da usucapião extrajudicial, que serve para adquirir o direito de propriedade e outros direitos reais**, tem início com um **requerimento assinado por advogado** ao registrador de imóveis, com os mesmos requisitos da petição inicial, previstos no art. 319 do CPC[195]. No **requerimento serão indicados a modalidade da usucapião, a origem e características da posse e, se houve sucessão, o número da matrícula, transcrição ou a informação de que não existe registro.**

Junto com o requerimento, será apresentada uma **ata notarial de posse**, lavrada pelo tabelião da circunscrição do imóvel, uma planta do imóvel, um memorial descritivo, o justo título (se houver), certidões negativas judiciais, demonstrando a inexistência de ações que impeçam o procedimento, certidões demonstrando a natureza do imóvel (se urbano ou rural), dentre outros requisitos específicos de acordo com o caso concreto e a modalidade escolhida.

Em relação ao objeto da usucapião, Leonardo Brandelli[196] explica que as coisas imóveis podem ser usucapidas, salvo aquelas fora de comércio, como os bens públicos[197], os bens de família, os bens inalienáveis[198] por disposição legal ou decisão judicial. Por outro lado, Brandelli explana que **o imóvel rural, mesmo que abaixo da fração mínima de parcelamento, pode ser usucapido, bem como um lote em parcelamento de solo clandestino. Por fim, os direitos reais que estejam sujeitos à posse podem ser usucapidos, tais como: o usufruto, as servidões, o uso, a habitação, a laje etc.**

De regra, **devem os confrontantes manifestar anuência ao pedido**, salvo se o imóvel estiver **perfeitamente individualizado no registro de imóveis**, bem como os titulares de direitos que constam nas matrículas, se houver. Havendo algum falecido, serão intimados os herdeiros e meeiro. Serão intimados, também, a União, Estado e município e, após, será publicado edital para conhecimento de terceiros interessados. **O procedimento ocorre com publicidade total, existindo um pouco de subjetividade para o registrador trabalhar com as provas e fatos que surgirem durante o expediente.** O protocolo ficará aberto durante todo o expediente, limitando a entrada de títulos contraditórios. **Ao final, o registrador poderá deferir o pedido, mediante parecer fundamentado, o qual será o título para registro na matrícula do imóvel ou que resultará na abertura de nova matrícula. Havendo indeferimento, o interessado poderá suscitar dúvida ao juiz competente. Os ônus e gravames não impedem a**

---

[195] BRASIL. *Lei n. 13.105, de 16 de março de 2015*. Código de Processo Civil. Disponível em: http://www.planalto.gov.br/ccivil_03/_ato2015-2018/2015/lei/l13105.htm. Acesso em: 15 nov. 2021.

[196] BRANDELLI, Leonardo. *Usucapião administrativa*. De acordo com o novo Código de Processo Civil. São Paulo: Saraiva, 2016, p. 33-34.

[197] Porém, o domínio útil em caso de aforamento pode ser usucapido.

[198] Assim, um bem objeto de penhora da União não poderá ser usucapido por força do art. 53 da Lei n. 8.212/91, mas os bens gravados com cláusula de indisponibilidade voluntária, testamento e doação, podem. Também não há impedimento quanto aos bens de sociedade de economia mista (BRASIL. *Lei n. 8.212, de 24 de julho de 1991*. Dispõe sobre a organização da Seguridade Social, institui Plano de Custeio, e dá outras providências. Disponível em: http://www.planalto.gov.br/ccivil_03/leis/l8212cons.htm. Acesso em: 15 nov. 2021).

usucapião (art. 14); todavia, as restrições administrativas e gravames judiciais não serão extintos (art. 21).

Discute-se sobre a possibilidade de **averbação da posse na matrícula do imóvel durante o procedimento de usucapião**, logo após o protocolo, **em razão da ata notarial de posse que é apresentada junto com o requerimento**.

Conforme o Provimento n. 65 do CNJ, art. 4.º, I, a **ata notarial** conterá informações detalhadas sobre o requerente e seu respectivo cônjuge ou companheiro, se aplicável, bem como sobre o titular do imóvel registrado na matrícula objeto da usucapião. Isso inclui a qualificação, endereço eletrônico, domicílio e residência do requerente. A ata também deve atestar a descrição do imóvel conforme consta no registro da matrícula, seja ele individualizado ou não, incluindo características do imóvel, como a existência de edificações, benfeitorias ou qualquer acessão. Além disso, **a ata deve documentar o tempo e as características da posse do requerente e de seus antecessores, a forma como a posse foi adquirida, a modalidade de usucapião pretendida e sua base legal ou constitucional**. A ata também deve indicar o número de imóveis afetados pela pretensão aquisitiva e sua localização, seja em uma ou mais circunscrições, bem como o valor do imóvel. Por fim, a ata deve conter quaisquer outras informações que o tabelião de notas considere necessárias para instruir o procedimento, como depoimentos de testemunhas ou partes confrontantes.

O pedido de reconhecimento extrajudicial de usucapião será processado diretamente perante o cartório do registro de imóveis da comarca em que estiver situado o imóvel usucapiendo, a requerimento do interessado, representado por advogado.

O oficial de registro de imóveis dará ciência à União, ao Estado, ao Distrito Federal e ao município, pessoalmente, por intermédio do oficial de registro de títulos e documentos, ou pelo correio com aviso de recebimento, para que se manifestem, em 15 dias, sobre o pedido.

O registrador imobiliário promoverá a publicação de edital em jornal de grande circulação, onde houver, para a ciência de terceiros eventualmente interessados, que poderão se manifestar em **15 dias**.

Transcorrido o prazo acima, sem pendência de diligências, pois, para a elucidação de qualquer ponto de dúvida, poderão ser solicitadas ou realizadas diligências pelo oficial de registro de imóveis, e, achando-se em ordem a documentação, o oficial de registro de imóveis registrará a aquisição do imóvel com as descrições apresentadas, sendo permitida a abertura de matrícula, se for o caso.

Em qualquer caso, é lícito ao interessado suscitar o procedimento de dúvida, nos termos da LRP. Ao final das diligências, se a documentação não estiver em ordem, o oficial de registro de imóveis rejeitará o pedido. A rejeição do pedido extrajudicial não impede o ajuizamento de ação de usucapião.

No caso de o imóvel usucapiendo ser unidade autônoma de condomínio edilício, fica dispensado o consentimento dos titulares de direitos reais e outros direitos registrados ou averbados na matrícula dos imóveis confinantes, e bastará a **notificação do síndico** pelo registrador competente, pessoalmente ou pelo correio com aviso de recebimento, para **manifestar seu consentimento expresso em 15 dias, interpretado seu silêncio como concordância**. Se o imóvel **confinante contiver um condomínio**

edilício, bastará a notificação do síndico nos mesmos moldes, dispensada a notificação de todos os condôminos.

Se o registrador competente não encontrar o notificado, pessoalmente ou pelo correio com aviso de recebimento, ou caso ele esteja em lugar incerto ou não sabido, tal fato será certificado por ele, que deverá promover sua notificação por edital mediante publicação, por duas vezes, em jornal local de grande circulação, pelo prazo de 15 dias cada um, interpretado o silêncio do notificando como concordância.

Regulamento do órgão jurisdicional competente para a correição das serventias poderá autorizar a publicação do edital em meio eletrônico, caso em que ficará dispensada a publicação em jornais de grande circulação.

No caso de ausência ou insuficiência dos documentos exigidos em lei (justo título e outros que demostram o preenchimento dos requisitos), a posse e os demais dados necessários poderão ser comprovados em procedimento de **justificação administrativa perante a serventia extrajudicial**, que obedecerá, no que couber, ao disposto no § 5.º do art. 381 e ao rito previsto nos arts. 382 e 383 do CPC.

Em caso de impugnação do pedido de reconhecimento extrajudicial de usucapião, apresentada por qualquer um dos titulares de direitos reais e de outros direitos registrados ou averbados na matrícula do imóvel usucapiendo, e, na matrícula dos imóveis confinantes, por algum dos entes públicos ou por algum terceiro interessado, **o oficial de registro de imóveis remeterá os autos ao juízo competente da comarca da situação do imóvel, cabendo ao requerente emendar a petição inicial para adequá-la ao procedimento comum**.

Por fim, importa destacar algumas características comuns da usucapião, por exemplo, que ela é um instituto jurídico que exige posse contínua e incontestada. Sobre o tema **existem dois tipos de soma de posse:** *accessio possessiones* **e** *sucessio possessiones*.

Accessio possessiones ocorre quando uma pessoa adquire uma posse **específica e determinada**, como em casos de compra e venda, troca, doação e dação em pagamento. Já o *sucessio possessiones* ocorre quando **a posse é transmitida devido à morte do possuidor original**, como em casos de herança.

De acordo com o art. 1.243 do CC, a pessoa que busca a usucapião **pode somar sua posse à dos seus antecessores**, desde que **todas as posses sejam contínuas, pacíficas e, nos casos da modalidade ordinária, com justo título e de boa-fé**.

> **Art. 1.243.** O possuidor pode, para o fim de contar o tempo exigido pelos artigos antecedentes, acrescentar à sua posse a dos seus antecessores (art. 1.207), contanto que todas sejam contínuas, pacíficas e, nos casos do art. 1.242, com justo título e de boa-fé.

Por fim, restou definido no Recurso Especial 1.545.457/SC[199] que a usucapião é uma forma de aquisição originária da propriedade, o que significa que os ônus reais que pesavam sobre o imóvel antes da declaração de usucapião não permanecem.

---

[199] "ADMINISTRATIVO. USUCAPIÃO EXTRAORDINÁRIO. IMÓVEL OBJETO DE PENHORA EM FAVOR DA UNIÃO. ATENDIDO O REQUISITO DO JUSTO TÍTULO. INDUZ A BOA-FÉ DO ADQUIRENTE. SÚMULA 308 DESTA CORTE. AUSÊNCIA DE OPOSIÇÃO JUDICIAL À

4.4.2. OS PRINCIPAIS DIREITOS REAIS

Os direitos reais são uma categoria de direitos subjetivos que conferem ao seu titular um poder direto sobre uma coisa, com previsão no art. 1.225 do CC.

Esses direitos são **tipificados**, ou seja, são criados unicamente pela vontade legislativa e não pela vontade das partes, como ocorre nos contratos. Isso é destacado por Antonio Carlos Morato[200], que também observa que, **embora o rol de direitos reais seja frequentemente considerado taxativo, é possível criar um direito real até então inexistente no rol previsto pelo legislador.**

Carlos Alberto Bittar[201] enfatiza que o direito real adere, de forma imediata, à coisa a qual se refere, o que também é explicado por Clóvis Beviláqua[202], que afirma que o **direito real adere à coisa e a vincula ao titular.**

Dilvanir José da Costa[203] destaca que seu principal traço é o poder direto do titular sobre a coisa, ressaltando que, na **relação envolta no direito real, o titular está vinculado à coisa e pode exercer seu direito real de forma imediata, independentemente da prestação de outra pessoa.**

Quanto aos efeitos dos direitos reais, o autor explica que são inúmeros. Por exemplo, eles permitem ao titular extrair benefícios ou proveitos da coisa, seguir a coisa onde quer que esteja e reivindicá-la de quem a possua injustamente, além de ter preferência em relação a outros direitos no caso de direitos reais de garantia.

> A maioria desses direitos é estabelecida por meio de transações como compra e venda, permuta, doação e dação em pagamento. Outros métodos incluem acessão, usucapião, sucessão hereditária, entre outras[204].

Como visto anteriormente, no direito civil, o simples consentimento das partes em um contrato não é suficiente para adquirir a propriedade ou outro direito real. Nesse sentido, Dilvanir José da Costa[205] enfatiza a importância da publicidade nesse contexto.

POSSE DA AUTORA USUCAPIENTE. I — Consoante o decidido pelo Plenário desta Corte na sessão realizada em 9-3-2016, o regime recursal será determinado pela data da publicação do provimento jurisdicional impugnado. Assim sendo, *in casu*, aplica-se o Código de Processo Civil de 1973. II — A usucapião tem assento constitucional (art. 183 da Constituição da República) e se afirma como instrumento de realização da função social da propriedade, de modo a prestigiar aquele que confere uma destinação socialmente adequada ao bem. III — Se o título de propriedade anterior se extingue, tudo o que gravava o imóvel — e lhe era acessório — também extinguir-se-á. IV — A usucapião é forma de aquisição originária da propriedade, de modo que não permanecem os ônus que gravavam o imóvel antes da sua declaração. V — Recurso especial improvido" (REsp n. 1.545.457/SC, Rel. Min. Regina Helena Costa, 1.ª Turma, j. 27-2-2018, *DJe* 9-5-2018).

[200] MORATO, Antonio Carlos. Do direito das coisas. *In*: MACHADO, Costa; CHINELLATO, Silmara Juny. *Código Civil interpretado*. 8. ed. Barueri: Manole, 2015.

[201] BITTAR, Carlos Alberto. *Direitos reais*. Rio de Janeiro: Forense Universitária, 1991.

[202] BEVILÁQUA, Clóvis. *Direito das coisas*. 4. ed. Rio de Janeiro: Forense, 1959.

[203] COSTA, Dilvanir José da. O conceito de direito real. *Revista de Informação Legislativa*, 1999.

[204] COSTA, Dilvanir José da. O conceito de direito real. *Revista de Informação Legislativa*, 1999.

[205] COSTA, Dilvanir José da. O conceito de direito real. *Revista de Informação Legislativa*, 1999.

Se um direito real tem eficácia contra todos, como uma lei, é essencial que seja conhecido por todos, assim como as leis são publicadas para conhecimento público.

Os direitos reais previstos no art. 1.225 do CC incluem, entre outros, o direito de propriedade, o usufruto, o uso, a habitação, o direito do promitente comprador, o penhor, a hipoteca e a anticrese.

4.4.2.1. Usufruto

O usufruto, conforme os arts. 1.390 a 1.411 do CC, é um direito real temporário que não pode ser transferido ou penhorado. Ele é concedido a uma pessoa para que ela possa **usar e desfrutar de um objeto que pertence a outra pessoa, como se fosse o proprietário, sem alterar a essência do objeto.**

Esse direito pode ser aplicado a um ou mais bens, sejam eles móveis ou imóveis, e pode abranger todo o patrimônio ou apenas uma parte dele. **Para que o usufruto de imóveis seja constituído, ele deve ser registrado no cartório de registro de imóveis, a menos que seja resultado de usucapião — nessa hipótese, o registro regulariza a disponibilidade.**

O registro é feito no Livro n. 2 de Registro Geral, seguindo os requisitos do art. 176 da Lei n. 6.015/73. Nicolau Balbino Filho[206] aduz que se **o usufruto for estabelecido por testamento, o título a ser registrado é o formal de partilha**, e se houver substituição de usufruto, o registro será feito normalmente, cancelando posteriormente o registro do usufruto liberado.

Ademais, o art. 1.392 do CC[207] informa que o usufruto também se estende aos acessórios da coisa e seus acrescidos, a menos que haja disposição em contrário. Segundo tal artigo, o usufrutuário tem a obrigação de devolver os bens consumíveis que ainda existam após o término do usufruto, ou o equivalente em gênero, qualidade e quantidade, ou, se isso não for possível, seu valor estimado no momento da restituição.

Se o prédio onde o usufruto se aplica tem florestas ou recursos minerais, o proprietário e o usufrutuário devem definir a extensão do gozo e a maneira de exploração. Se o usufruto se aplica a uma universalidade ou quota-parte de bens, o usufrutuário tem direito a uma parte do tesouro encontrado por outra pessoa, e ao preço pago pelo vizinho do prédio usufruído para obter meação em parede, cerca, muro, vala ou valado.

---

[206] BALBINO FILHO, Nicolau. *Registro de imóveis*. 6. ed. São Paulo: Atlas, 1987.

[207] "Art. 1.392. Salvo disposição em contrário, o usufruto estende-se aos acessórios da coisa e seus acrescidos. § 1.º Se, entre os acessórios e os acrescidos, houver coisas consumíveis, terá o usufrutuário o dever de restituir, findo o usufruto, as que ainda houver e, das outras, o equivalente em gênero, qualidade e quantidade, ou, não sendo possível, o seu valor, estimado ao tempo da restituição. § 2.º Se há no prédio em que recai o usufruto florestas ou os recursos minerais a que se refere o art. 1.230, devem o dono e o usufrutuário prefixar-lhe a extensão do gozo e a maneira de exploração. § 3.º Se o usufruto recai sobre universalidade ou quota-parte de bens, o usufrutuário tem direito à parte do tesouro achado por outrem, e ao preço pago pelo vizinho do prédio usufruído, para obter meação em parede, cerca, muro, vala ou valado" (BRASIL. *Lei n. 10.406, de 10 de janeiro de 2002*. Institui o Código Civil. Disponível em: https://www.planalto.gov.br/ccivil_03/leis/2002/l10406compilada.htm. Acesso em: 15 maio 2024).

Nesse arranjo, **os poderes associados à propriedade são divididos entre duas partes: o nu-proprietário, que mantém os poderes de disposição e reivindicação, e o usufrutuário, que tem os poderes de uso e gozo, incluindo a retirada de frutos naturais, industriais e civis.**

O objeto do usufruto pode ser um bem imóvel, que deve ser registrado no ofício imobiliário para ser constituído; exceção também existe, além da usucapião, **no caso do usufruto dos pais em relação aos bens dos filhos menores**, conforme previsto no art. 1.689, I, do CC[208].

Além disso, o usufruto pode recair sobre direitos reais ou pessoais, desde que o direito seja transmissível, e sobre créditos, onde o usufrutuário cobra um crédito que pertence ao nu-proprietário e aplica o dinheiro em títulos.

> Existem várias modalidades de usufruto, incluindo o usufruto legal, indígena, judicial, convencional ou voluntário, por usucapião, simultâneo, pleno, restrito, universal, particular, temporário e vitalício. Cada modalidade tem suas próprias características e requisitos.

O **usufruto legal** é aquele estabelecido por **lei**, como o usufruto que os pais têm sobre os bens dos filhos menores. O usufruto indígena se aplica a terras públicas ocupadas por indígenas. Em casos de execução de crédito, um juiz pode estabelecer um usufruto judicial, concedendo o usufruto ao exequente por um período determinado até que a dívida seja paga.

O **usufruto convencional ou voluntário** é estabelecido por meio de um negócio jurídico, seja unilateral, seja bilateral, e pode ser estabelecido durante a vida das partes ou após a morte. Existem duas formas de usufruto convencional: o usufruto convencional por alienação, onde o proprietário concede o usufruto de seu bem por um determinado período, e o usufruto convencional por retenção, onde o proprietário doa um bem e retém o usufruto para si mesmo.

O **usufruto por usucapião** é adquirido por meio da prescrição aquisitiva, como no caso de uma pessoa que obtém a posse direta de um bem por meio do usufruto, que foi concedido por uma pessoa que já não é mais a legítima proprietária do bem.

Já o **usufruto simultâneo** é estabelecido em favor de vários usufrutuários. Se o usufruto vitalício é estabelecido em favor de duas ou mais pessoas, **a parte de cada uma delas será extinta à medida que elas morrerem, a menos que haja uma estipulação expressa que permita que a parte delas seja transferida para o sobrevivente.**

O **usufruto pleno** é um tipo de usufruto que **não possui restrições** e pode incidir sobre os acessórios da coisa, como construções, plantações e acessões naturais. **Esse tipo de usufruto é considerado a regra**, conforme estabelecido no art. 1.392 do CC, analisado alhures.

O **usufruto restrito**, por outro lado, limita o proveito da coisa. Por exemplo, o usufruto de uma fazenda pode ser limitado à sua sede.

---

[208] "Art. 1.689. O pai e a mãe, enquanto no exercício do poder familiar: I — são usufruários dos bens dos filhos" (BRASIL. *Lei n. 10.406, de 10 de janeiro de 2002*. Institui o Código Civil. Disponível em: https://www.planalto.gov.br/ccivil_03/leis/2002/l10406compilada.htm. Acesso em: 15 maio 2024).

O **usufruto universal** recai sobre a totalidade do patrimônio ou de uma fração dele. Isso significa que o usufrutuário tem o direito de usar e desfrutar de todo o patrimônio ou de uma parte dele.

O **usufruto particular** incide sobre um bem específico e determinado, enquanto o usufruto temporário tem um prazo certo de duração, terminando após um período de tempo.

Por fim, o **usufruto vitalício** se extingue com a morte do usufrutuário. **No Brasil, é proibido o usufruto sucessivo, ou seja, o usufruto que pode ser transmitido para terceiros.** É importante lembrar que a morte do nu-proprietário não extingue o usufruto, pois a nua propriedade será transferida aos herdeiros, que devem respeitar a existência do direito real.

O usufrutuário tem **inúmeros direitos**. De acordo com o art. 1.394, ele tem direito à posse, uso, administração e percepção dos frutos do bem. Se o usufruto recai em títulos de crédito, o usufrutuário tem direito a perceber os frutos e a cobrar as respectivas dívidas.

Além disso, o usufrutuário tem direito aos frutos naturais pendentes ao começar o usufruto, sem encargo de pagar as despesas de produção, e às crias dos animais, deduzidas quantas bastem para inteirar as cabeças de gado existentes ao começar o usufruto.

O usufrutuário também pode usar o bem pessoalmente ou pode arrendá-lo. No entanto, o usufrutuário não tem permissão para alterar a destinação econômica do prédio sem a autorização expressa do proprietário.

Por sua vez, o usufrutuário também tem várias obrigações. Antes de assumir o usufruto, ele deve fazer um inventário dos bens que receberá, determinando o estado em que se encontram. Também deve fornecer uma garantia, seja fidejussória, seja real, se o proprietário a exigir. Essa garantia serve para assegurar que o usufrutuário cuidará dos bens e os devolverá quando o usufruto terminar[209].

Se o usufrutuário não puder ou não quiser fornecer uma garantia suficiente, ele perderá o direito de administrar o usufruto. Nesse caso, os bens serão administrados pelo proprietário, que deverá entregar ao usufrutuário o rendimento dos bens, deduzidas as despesas de administração.

O usufrutuário não é responsável por pagar por danos que resultem do uso regular do usufruto. No entanto, ele é responsável pelas despesas ordinárias de conservação dos bens e pelos pagamentos e impostos devidos pela posse ou rendimento da coisa usufruída.

Se o proprietário não fizer as reparações necessárias para a conservação da coisa, o usufrutuário pode realizá-las e cobrar do proprietário a quantia gasta. Além disso, se

---

[209] "Art. 1.400. O usufrutuário, antes de assumir o usufruto, inventariará, à sua custa, os bens que receber, determinando o estado em que se acham, e dará caução, fidejussória ou real, se lha exigir o dono, de velar-lhes pela conservação, e entregá-los findo o usufruto. Parágrafo único. Não é obrigado à caução o doador que se reservar o usufruto da coisa doada" (BRASIL. *Lei n. 10.406, de 10 de janeiro de 2002*. Institui o Código Civil. Disponível em: https://www.planalto.gov.br/ccivil_03/leis/2002/l10406compilada.htm. Acesso em: 15 maio 2024).

o usufruto recair em um patrimônio ou parte dele, o usufrutuário será responsável pelos juros da dívida que onerar o patrimônio ou a parte dele.

O usufrutuário também deve informar o proprietário sobre qualquer dano causado à posse da coisa ou aos direitos do proprietário. Se a coisa estiver segurada, o usufrutuário deve pagar as contribuições do seguro durante o usufruto.

Se um edifício sujeito a usufruto for destruído sem culpa do proprietário, ele não será obrigado a reconstruí-lo, e o usufruto não será restabelecido, a menos que a indenização do seguro seja aplicada à reconstrução do prédio.

Por fim, a indenização paga, se o prédio for desapropriado, ou a quantia do dano, ressarcida pelo terceiro responsável no caso de danificação ou perda, substituirá o ônus do usufruto, em lugar do prédio. Dessa forma, o usufrutuário mantém seu direito de usufruto sobre o valor da indenização ou da quantia do dano.

Vale destacar que o usufruto **pode ser extinto por várias razões, incluindo a morte do usufrutuário, renúncia expressa ao usufruto, sentença judicial, destruição total da coisa concedida em usufruto, consolidação, termo de sua duração, implemento de condição resolutiva, decadência, cessação do motivo pelo qual se originou o usufruto, dentre outros**[210].

Nicolau Balbino Filho[211] discute o **cancelamento do usufruto**, que ocorre quando ele é extinto. Segundo o autor, o cancelamento só pode ser efetuado pelo oficial de registro quando **baseado em um título que comprove a causa da extinção**.

Em regra, o cancelamento pode ser feito **mediante solicitação do interessado, com documento hábil. Se o oficial não estiver convencido da suficiência da prova, ele deve suscitar dúvida**.

Por fim, se o usufruto for constituído em favor de duas ou mais pessoas, e uma dessas pessoas morrer, sua parte será extinta. No entanto, existe uma exceção a essa regra se houver uma estipulação expressa que declare que a parte do usufruto da pessoa que morreu deve ser transferida para o sobrevivente. **Esse direito de acrescer convencional será objeto de averbação na matrícula do imóvel, sendo a certidão de óbito e o requerimento os títulos necessários para tanto**.

---

[210] "Art. 1.410. O usufruto extingue-se, cancelando-se o registro no cartório de registro de imóveis: I — pela renúncia ou morte do usufrutuário; II — pelo termo de sua duração; III — pela extinção da pessoa jurídica, em favor de quem o usufruto foi constituído, ou, se ela perdurar, pelo decurso de trinta anos da data em que se começou a exercer; IV — pela cessação do motivo de que se origina; V — pela destruição da coisa, guardadas as disposições dos arts. 1.407, 1.408, 2.ª parte, e 1.409; VI — pela consolidação; VII — por culpa do usufrutuário, quando aliena, deteriora, ou deixa arruinar os bens, não lhes acudindo com os reparos de conservação, ou quando, no usufruto de títulos de crédito, não dá às importâncias recebidas a aplicação prevista no parágrafo único do art. 1.395; VIII — pelo não uso, ou não fruição, da coisa em que o usufruto recai (arts. 1.390 e 1.399)" (BRASIL. *Lei n. 10.406, de 10 de janeiro de 2002*. Institui o Código Civil. Disponível em: https://www.planalto.gov.br/ccivil_03/leis/2002/l10406compilada.htm. Acesso em: 15 maio 2024).

[211] BALBINO FILHO, Nicolau. *Registro de imóveis*. 6. ed. São Paulo: Atlas, 1987.

4.4.2.2. Uso

O uso é um direito real que permite a uma pessoa, conhecida como usuário, **utilizar um bem e colher seus frutos, de acordo com as necessidades do usuário e de sua família**. Esse direito é **temporário**, não pode ser dividido nem transferido, é extremamente pessoal e pode ser aplicado a bens móveis e imóveis.

Márcia Rezeke[212] menciona que essa concessão pode ser transferida por ato *inter vivos* ou por sucessão legítima, concedendo ao titular o direito de sequela e oponibilidade em face de terceiros.

Ela também destaca que o direito real relativo ao uso é de natureza resolúvel, ou seja, tem duração limitada, de acordo com a vontade das partes contratantes expressa no título constitutivo.

Sobre as necessidades do usuário, elas são avaliadas levando em consideração sua condição social e o local onde vive. Ou seja, o que é considerado uma necessidade pode variar dependendo do *status* social do usuário e de outros fatores.

As necessidades da família do usuário incluem as necessidades de seu cônjuge, filhos solteiros e pessoas que trabalham para ele em sua casa. Portanto, o usuário tem o direito de usar o bem e seus frutos para atender a essas necessidades.

É importante destacar que as regras que se aplicam ao usufruto também se aplicam ao uso, desde que não contradigam a natureza do uso. Em contraste com o usufruto, o titular do uso não tem o direito de gozo, ou seja, não pode desfrutar dos frutos do bem além do que é necessário para suas necessidades e as de sua família. Além disso, os bens imóveis sob uso podem ser destinados tanto para fins residenciais quanto comerciais, dependendo das necessidades do usuário e de sua família.

4.4.2.2.1. Direito real de uso especial para fins de moradia

O direito de uso especial para fins de moradia (DUEFM) é um direito real que foi incluído no CC pela Lei n. 11.481/2007 e é regulamentado pela Medida Provisória (MP) n. 2.220/2001.

De acordo com a MP n. 2.220/2001, o DUEFM é **concedido àquele que, até 22 de dezembro de 2016, possuiu como seu, por cinco anos, ininterruptamente e sem oposição, até 250 m² de imóvel público situado em área com características e finalidade urbana, e que o utilize para sua moradia ou de sua família**. O beneficiário **não pode ser proprietário** ou concessionário, a qualquer título, de outro imóvel urbano ou rural.

> A concessão de uso especial para fins de moradia é conferida de forma gratuita ao homem ou à mulher, ou a ambos, independentemente do estado civil, e não será reconhecida ao mesmo concessionário mais de uma vez.

Quanto aos imóveis com mais de 250 m², ocupados até 22 de dezembro de 2016, por população de baixa renda para sua moradia, por cinco anos, ininterruptamente e sem oposição, a medida provisória estipula que, **se a área total do imóvel, dividida pelo**

---

[212] REZEKE, Márcia. Da concessão real do uso. *In*: PAIVA, João Pedro Lamana *et al*. *Novo direito imobiliário e registral*. São Paulo: Quartier Latin, 2008.

número de possuidores, for inferior a 250 m² por possuidor, a concessão de uso especial para fins de moradia será conferida de forma coletiva.

Ademais, é permitido que o possuidor acrescente sua posse à de seu antecessor para cumprir o prazo exigido, desde que ambas as posses sejam contínuas.

Por fim, é importante ressaltar que, embora o beneficiário tenha o direito de uso do imóvel, ele não adquire a propriedade deste, pois os imóveis públicos não podem ser usucapidos.

Aspecto	Usufruto	Uso	DUEFM
Definição	Direito real temporário de usar e gozar de um bem pertencente a outra pessoa, sem alterar sua essência.	Direito real que permite ao usuário utilizar o bem e colher frutos apenas para suas necessidades.	Direito real concedido a possuidores de imóveis públicos para uso como moradia, com base em requisitos legais.
Objeto	Bens móveis ou imóveis, infungíveis, inconsumíveis; pode abranger direitos e créditos.	Bens móveis ou imóveis, aplicados conforme as necessidades do usuário e sua família.	Imóveis públicos urbanos de até 250 m², usados para moradia até 22-12-2016.
Finalidade	Uso, gozo e administração do bem; percepção de frutos (naturais, civis, industriais).	Atender às necessidades básicas do usuário e de sua família, conforme seu *status* social.	Moradia individual ou coletiva, com proibição de propriedade e usucapião.
Transferência e Divisão	Não transferível; pode ser simultâneo para várias pessoas, com extinção parcial em caso de falecimento.	Intransferível, extremamente pessoal, e com duração limitada por natureza resolúvel.	Concedido de forma gratuita ao beneficiário; não pode ser transferido e é exclusivo para uma única concessão.
Constituição	Necessário registro no registro de imóveis (Livro n. 2); não requerido para bens de filhos menores.	Segue regras do usufruto, com exigências específicas para uso e limitações ao gozo.	Regulamentado pela MP n. 2.220/2001 e Lei n. 11.481/2007; aplicação coletiva permitida sob condições específicas.
Extinção	Por morte do usufrutuário, renúncia, prazo, destruição do bem, ou consolidação com a propriedade.	Extinção por término do prazo ou por cessação das necessidades do usuário e sua família.	Cessação do uso ou não cumprimento dos requisitos legais; imóveis públicos permanecem inalienáveis.
Características Específicas	Modalidades: legal, judicial, convencional, voluntário, por usucapião, pleno, restrito, universal, temporário.	Avaliação de necessidades baseada na condição social e localização do usuário.	Inclui acréscimo de posses anteriores para cumprir o prazo de 5 anos; não reconhecido mais de uma vez ao mesmo indivíduo.

4.4.2.3. Habitação

A habitação é um **direito real especial** que permite ao titular residir de forma gratuita e temporária em um imóvel que pertence a outra pessoa, sendo um direito particularmente relevante quando se trata de uma residência familiar. **É um direito que é limitado à habitação e é intransferível, o que significa que o titular não pode alugar ou emprestar o imóvel, pois ele só tem o direito de ocupar o imóvel com sua família.**

Quando o direito de habitação é concedido a mais de uma pessoa, qualquer uma delas que habite o imóvel sozinha não terá que pagar aluguel para as outras. No entanto, ela não pode impedir as outras de exercerem seu direito de habitar o imóvel, se assim o desejarem[213].

O direito de habitação é frequentemente visto na prática no contexto do direito sucessório. O CC[214] estabelece que o cônjuge sobrevivente tem direito à habitação do imóvel destinado à residência da família, independentemente do regime de bens, sem prejuízo de sua participação na herança. Esse direito se aplica desde que o imóvel seja o único do tipo a ser inventariado.

No Recurso Administrativo n. 0011489-19.2019.8.26.0309[215], a Corregedoria-Geral de Justiça de São Paulo (CGJSP) julgou um caso relacionado à sucessão e partilha de bens, **especificamente sobre o registro de um direito real de habitação para o cônjuge sobrevivente e a cobrança de emolumentos relacionados.**

As partes buscavam o cancelamento do registro do direito real de habitação, bem como a restituição do décuplo da quantia que alegavam ter sido cobrada irregularmente sob o argumento de que o registro do direito real de habitação em favor da viúva meeira era impossível, pois não havia previsão legal ou jurisprudencial para tal, e que se tratava de um direito de família, em consonância com o art. 167, I, n.7, da Lei n. 6.015/73. Também foi argumentado que a cobrança de emolumentos relativos ao usufruto era inaplicável, por analogia, devido à inexistência de previsão na tabela de emolumentos e à ausência de autorização da CGJSP.

No entanto, **a decisão final foi de que o direito real de habitação não é oriundo do direito de família, mas sim do direito sucessório.** Portanto, o registro foi considerado correto à luz do título apresentado. **Além disso, a cobrança dos emolumentos referentes ao registro do direito real de habitação foi considerada regular, pois o registro do direito real de habitação se assemelha ao registro do usufruto, ambos sendo direitos reais de fruição sobre coisa alheia.**

Importa mencionar que o **direito temporário de estabelecer uma moradia gratuita em um imóvel deve ser registrado no cartório de registro de imóveis, ainda que o direito tenha origem na sucessão** *causa mortis*.

---

[213] "Art. 1.415. Se o direito real de habitação for conferido a mais de uma pessoa, qualquer delas que sozinha habite a casa não terá de pagar aluguel à outra, ou às outras, mas não as pode inibir de exercerem, querendo, o direito, que também lhes compete, de habitá-la" (BRASIL. *Lei n. 10.406, de 10 de janeiro de 2002*. Institui o Código Civil. Disponível em: https://www.planalto.gov.br/ccivil_03/leis/2002/l10406compilada.htm. Acesso em: 15 maio 2024).

[214] "Art. 1.831. Ao cônjuge sobrevivente, qualquer que seja o regime de bens, será assegurado, sem prejuízo da participação que lhe caiba na herança, o direito real de habitação relativamente ao imóvel destinado à residência da família, desde que seja o único daquela natureza a inventariar" (BRASIL. *Lei n. 10.406, de 10 de janeiro de 2002*. Institui o Código Civil. Disponível em: https://www.planalto.gov.br/ccivil_03/leis/2002/l10406compilada.htm. Acesso em: 15 maio 2024).

[215] "Registro de imóveis — Pedido de providências — Cancelamento do registro de direito real de habitação constante de escritura pública de inventário e partilha — Art. 1.831 do CC — Direito real oriundo do direito sucessório — Art. 167, I, item 7, da Lei de Registros Públicos — Regularidade da cobrança dos emolumentos — Item 1.5 da Tabela II da Lei Estadual n. 11.331/2002 — Desprovimento do recurso" (CGJSP, Recurso Administrativo n. 0011489-19.2019.8.26.0309, Rel. Ricardo Mair Anafe, Foro de Jundiaí, j. 15-10-2020).

Finalmente, é importante notar que as disposições relativas ao usufruto se aplicam à habitação, desde que não contradigam a natureza do direito de habitação.

4.4.2.4. Servidão

A **servidão**, conforme definida nos arts. 1.378 a 1.389 do CC, é um direito real que impõe **limitações a uma propriedade em benefício de outra, pertencente a um proprietário diferente**. Esse conceito envolve **duas propriedades distintas: a dominante, que se beneficia da restrição, e a serviente, que suporta a restrição**. A servidão de passagem e a servidão de aqueduto são exemplos comuns de servidão.

> A servidão é estabelecida por meio de uma declaração expressa dos proprietários ou por testamento, e deve ser registrada no cartório de registro de imóveis para ser oficialmente reconhecida. Se alguém exercer uma servidão aparente de maneira incontestada e contínua por dez anos, essa pessoa tem o direito de registrar a servidão em seu nome no registro de imóveis. **A sentença que declara a usucapião consumada serve como título para o registro**[216].

Afrânio de Carvalho[217] leciona sobre a **diferença entre os direitos de vizinhança e as servidões no contexto do CC**. Ele destaca que, ao contrário do CC francês, que mistura esses dois conceitos, o CC brasileiro mantém uma distinção clara, dedicando uma seção separada para os direitos de vizinhança.

Os direitos de vizinhança são adquiridos diretamente da lei e não dependem de registro para sua existência. Por outro lado, **as servidões, que são adquiridas não diretamente da lei, mas da vontade humana, sempre dependem de registro para sua existência**. O título de servidão, que geralmente é uma **escritura pública ou uma sentença de ação divisória, deve ser inscrito no registro de imóveis**.

Finalmente, o autor observa que a servidão subtrai um direito que antes fazia parte da propriedade de um imóvel e o adiciona à propriedade de outro imóvel, geralmente vizinho.

> Existem três elementos fundamentais para a constituição de uma servidão.
> **1.º)** A existência de um ônus ou encargo. Esse elemento sugere que a servidão deve criar uma obrigação de tolerância, devendo o proprietário da propriedade serviente se abster de realizar certas ações em sua propriedade.
> **2.º)** A incidência em uma propriedade em benefício de outra, o que exige a pluralidade de propriedades.
> **3.º)** As propriedades devem pertencer a proprietários diferentes, pois se ambas as propriedades pertencerem ao mesmo proprietário, o que ocorre é uma serventia, que não é considerada um direito real e, portanto, não é uma servidão.

---

[216] "Art. 1.379. O exercício incontestado e contínuo de uma servidão aparente, por dez anos, nos termos do art. 1.242, autoriza o interessado a registrá-la em seu nome no registro de imóveis, valendo-lhe como título a sentença que julgar consumado a usucapião. Parágrafo único. Se o possuidor não tiver título, o prazo da usucapião será de vinte anos" (BRASIL. *Lei n. 10.406, de 10 de janeiro de 2002*. Institui o Código Civil. Disponível em: https://www.planalto.gov.br/ccivil_03/leis/2002/l10406compilada.htm. Acesso em: 15 maio 2024).

[217] CARVALHO, Afrânio de. A vizinhança e o registro. *In*: DIP, Ricardo; JACOMINO, Sérgio. *Doutrinas essenciais do direito registral*. 2. ed. São Paulo: Revista dos Tribunais, 2013. v. 3.

A servidão pode ser constituída de várias maneiras. Uma delas é por meio de **negócios unilaterais, como um testamento**, onde uma pessoa declara sua vontade de estabelecer uma servidão em sua propriedade.

Não obstante, a forma mais frequente de estabelecer uma servidão é por meio de um **contrato, que pode ser gratuito ou oneroso**, mas deve ser **registrado no cartório de registro de imóveis** para ser oficialmente constituído. Mesmo que a lei não exija uma escritura pública para estabelecer uma servidão, o contrato pode ser feito por meio de um instrumento público ou particular, conforme permitido pelo CC, em seu **art. 108**.

Por fim, a terceira forma de constituir a servidão é por meio da usucapião. No caso, se alguém exercer **uma servidão de maneira pacífica e incontestada, sem a intenção de se tornar o proprietário da propriedade**, essa pessoa não poderá adquirir a propriedade, mas poderá adquirir a servidão. Isso lhe dará o direito de ser o **titular do direito real, mesmo sem um título adequado. No entanto, uma servidão não aparente, que não possui sinais claros de posse, será considerada um ato de mera tolerância e não permitirá a usucapião.**

O prazo para a usucapião de uma servidão é de 10 anos se o possuidor tiver um título e de 20 anos se ele não tiver um título. Esse prazo é consistente com o prazo para a usucapião ordinária de uma propriedade imobiliária. **No entanto, o prazo para a usucapião extraordinária de uma propriedade imobiliária, que é de 15 anos, não se aplica à servidão.**

As servidões podem ser classificadas em várias categorias, incluindo **servidão positiva**, que confere o poder de praticar algum ato, como a servidão de trânsito ou passagem; e **servidão negativa**, que impõe o dever de abster-se de algumas ações, como a proibição de construir acima de determinada altura.

Há também a **servidão contínua**, que é naturalmente imposta, como a servidão para a passagem de água; e a **servidão descontínua**, que é resultado da intervenção humana, como a servidão de passagem.

A **servidão aparente** é visível, como a servidão de passagem, enquanto a servidão não aparente não é visível, como a de não construir acima de determinada altura. Por fim, a servidão administrativa ocorre quando o Estado usa uma propriedade privada para realizar obras e serviços de interesse público. Nesse caso, não existe uma propriedade dominante, mas sim uma utilidade pública como beneficiária.

A servidão possui algumas características importantes. **É inalienável, pois é um direito acessório ao de propriedade, é indivisível, pois não pode ser instituída servidão da servidão, e é perpétua, pois só pode ser extinta nas hipóteses dos arts. 1.387 a 1.389 do CC**[218].

---

[218] "Art. 1.387. Salvo nas desapropriações, a servidão, uma vez registrada, só se extingue, com respeito a terceiros, quando cancelada. Parágrafo único. Se o prédio dominante estiver hipotecado, e a servidão se mencionar no título hipotecário, será também preciso, para a cancelar, o consentimento do credor. Art. 1.388. O dono do prédio serviente tem direito, pelos meios judiciais, ao cancelamento do registro, embora o dono do prédio dominante lho impugne: I — quando o titular houver renunciado a sua servidão; II — quando tiver cessado, para o prédio dominante, a utilidade ou a comodidade, que determinou a constituição da servidão; III — quando o dono do prédio serviente resgatar a servidão. Art. 1.389. Também se extingue a servidão, ficando ao dono do prédio servien-

Tais artigos preveem que a servidão geralmente só é extinta quando cancelada, exceto em casos de desapropriação. Se a propriedade dominante estiver hipotecada e a servidão for mencionada no título hipotecário, o consentimento do credor será necessário para o cancelamento.

Ademais, o proprietário da propriedade serviente tem o direito de **solicitar o cancelamento do registro da servidão** por meio de ações judiciais, mesmo que o proprietário da propriedade dominante se oponha. Isso pode ocorrer em **três situações**: quando o titular renuncia à sua servidão; quando a utilidade ou comodidade que levou à constituição da servidão cessa para a propriedade dominante; ou quando o proprietário da propriedade serviente resgata a servidão.

E, por fim, a lei prevê que a servidão também pode ser extinta em outras circunstâncias, permitindo ao proprietário da propriedade serviente cancelá-la ao provar a extinção. Isso pode ocorrer quando os dois prédios se tornam propriedade da mesma pessoa; quando as obras respectivas são suprimidas por contrato ou outro título expresso; ou quando a servidão não é usada por dez anos contínuos.

4.4.2.5. Superfície

O direito de superfície permite ao proprietário de um terreno conceder a outra pessoa o direito de construir ou plantar em seu terreno por um período de tempo determinado. Esse direito é estabelecido por meio de uma **escritura pública** que deve ser **registrada no cartório de registro de imóveis**. No entanto, é importante notar que o direito de superfície não permite obras no subsolo, a menos que seja inerente ao objeto da concessão.

Estela L. Monteiro Soares de Camargo[219] analisa a fundamentação legal do direito de superfície e inicia referindo-se à CF/88, que estabelece os princípios da ordem econômica do país, incluindo a propriedade privada e a função social da propriedade. A autora argumenta que é na intersecção desses dois princípios que encontramos a base legal para o direito de superfície.

O direito de superfície permite que um titular de um direito real faça uso de uma propriedade privada para cumprir a função social da propriedade. A autora menciona que **o direito de superfície foi instituído em imóveis urbanos pelo Estatuto da Cidade antes da promulgação do CC/2002.**

> Com a aprovação do referido CC, o direito de superfície passou a ser classificado entre os direitos reais, devendo ser estabelecido por escritura pública e registrado no registro imobiliário competente.

---

te a faculdade de fazê-la cancelar, mediante a prova da extinção: I — pela reunião dos dois prédios no domínio da mesma pessoa; II — pela supressão das respectivas obras por efeito de contrato, ou de outro título expresso; III — pelo não uso, durante dez anos contínuos" (BRASIL. *Lei n. 10.406, de 10 de janeiro de 2002*. Institui o Código Civil. Disponível em: https://www.planalto.gov.br/ccivil_03/leis/2002/l10406compilada.htm. Acesso em: 15 maio 2024).

[219] CAMARGO, Estela L. Monteiro Soares de. Direito de superfície. *In*: PAIVA, João Pedro Lamana *et al*. *Novo direito imobiliário e registral*. São Paulo: Quartier Latin, 2008.

Quanto à forma de **concessão da superfície, ela pode ser gratuita ou onerosa**. Se for onerosa, as partes envolvidas devem estipular se o pagamento será feito de uma só vez ou em parcelas.

Trata-se de um **direito alienável**, posto que o superficiário, ou seja, a pessoa a quem o direito de superfície é concedido, pode transferir o direito de superfície para terceiros, e, no caso de morte, será transferido aos seus herdeiros. No entanto, o concedente não pode estipular qualquer pagamento pela transferência.

> Em caso de venda do imóvel ou do direito de superfície, tanto o superficiário quanto o proprietário têm direito de preferência, em igualdade de condições.

Ademais, o direito de superfície é um **direito resolúvel**, podendo ser resolvido antecipadamente se o superficiário der ao terreno uma destinação diversa daquela para a qual foi concedido[220].

Quando a concessão é extinta, o proprietário passa a ter a propriedade plena sobre o terreno, construção ou plantação, independentemente de indenização, a menos que as partes tenham estipulado o contrário.

Se a causa da extinção do direito de superfície for desapropriação, a indenização é devida tanto ao proprietário quanto ao superficiário, no valor correspondente ao direito real de cada um.

Por fim, o direito de superfície, quando constituído por uma pessoa jurídica de direito público interno, é regido pelo CC, a menos que seja disciplinado de maneira diferente em lei especial.

4.4.2.6. Enfiteuse

A enfiteuse é um direito real que consiste no arrendamento perpétuo de terras improdutivas ou de terreno de marinha. O enfiteuta tem o direito de usar a terra de forma perpétua e pode até vender ou transferir esse direito para outra pessoa.

No entanto, em troca desse direito, o enfiteuta deve pagar uma taxa anual, chamada de foro, ao senhorio direto. Além disso, se o enfiteuta decidir vender seu direito de usar a terra, ele deve pagar uma taxa adicional, chamada de laudêmio, que é geralmente calculado como uma porcentagem do valor de venda da terra, normalmente 5%.

> No Brasil, com o início da vigência do CC/2002, a enfiteuse saiu do rol de direitos reais. É importante notar que, embora o atual CC tenha proibido a constituição de novas enfiteuses, as existentes continuam válidas e são regidas pelas disposições do CC anterior.

No Processo n. 1005255-45.2016.8.26.0297[221], a CGJSP analisou o caso envolvendo o registro de enfiteuse após a entrada em vigor do CC/2002. A decisão foi tomada com

---

[220] CAMARGO, Estela L. Monteiro Soares de. Direito de superfície. *In*: PAIVA, João Pedro Lamana et al. *Novo direito imobiliário e registral*. São Paulo: Quartier Latin, 2008.

[221] "ENFITEUSE. REGISTRO POSTERIOR À ENTRADA EM VIGOR DO CÓDIGO CIVIL DE 2002. IMPOSSIBILIDADE. PRECEDENTE DO E. CNJ. À luz do art. 2.038 do Código Civil de 2002, inviável o registro de enfiteuse depois de 1.º-11-2003, ainda que o título que a veicula seja

base no art. 2.038 do CC, que proíbe a constituição de novas enfiteuses após a entrada em vigor do CC, em 11 de janeiro de 2003. **Portanto, não é possível registrar uma enfiteuse após essa data, mesmo que o título que a veicula seja anterior.**

No entanto, a decisão também afirma que não é viável cancelar os registros de enfiteuse já efetuados. Em resumo, a decisão determinou que o oficial de registro de imóveis de Jales se abstivesse de proceder a novos registros de quaisquer títulos com pactuação de enfiteuse particular.

4.4.2.7. Dos direitos reais de garantia

Os direitos reais de garantia, conforme estabelecido nos arts. 1.419 a 1.430 do CC, são direitos que garantem o cumprimento de uma obrigação por meio de um bem. Esses direitos são considerados acessórios, pois sua existência depende da obrigação principal que visam assegurar[222].

Orlando Gomes[223] **explica a distinção entre os direitos reais de gozo e os de garantia. Segundo o autor, os direitos reais de gozo permitem ao titular usar e fruir de um bem, tendo posse direta sobre ele e permitindo o uso contínuo da coisa.**

Por outro lado, os direitos reais de garantia **não** conferem ao credor a fruição da coisa em si. Em vez disso, eles dão ao credor o poder de obter a satisfação da dívida garantida pela coisa. Esses direitos se manifestam no poder do titular de, por sua própria iniciativa, obter a satisfação da dívida garantida pela coisa.

> **Os direitos reais de garantia são divididos em quatro categorias: penhor, hipoteca, anticrese e alienação fiduciária em garantia.**

Cada um dos direitos reais de garantia tem requisitos específicos e efeitos legais distintos. No entanto, existem requisitos comuns para a constituição de um direito real de garantia, que são divididos em **subjetivos, objetivos e formais**.

Os **requisitos subjetivos** impõem que apenas aqueles que têm capacidade para alienar um bem podem dar esse bem em garantia. Dessa forma, se uma pessoa não tem poderes para vender um bem, ela também não pode dar esse bem em garantia.

Além disso, um bem que é propriedade comum de dois ou mais proprietários não pode ser dado em garantia real em sua totalidade sem o consentimento de todos os proprietários. No entanto, cada proprietário pode individualmente dar em garantia real a parte que possui[224].

---

anterior. Precedente do e. CNJ. Inviabilidade, porém, de cancelamento dos registros já efetuados, que exigem que os interessados sejam partes da lide. A exigência de comprovação de quitação do laudêmio, na forma do item 59, *j*, do Capítulo XIV, Tomo II, das NSCGJ, para registro de transferência da propriedade, não prevalece para hipóteses em que a enfiteuse, por inércia, desídia ou omissão do interessado, não esteja registrada. Recurso parcialmente provido" (CGJSP, Processo n. 1005255-45.2016.8.26.0297, Rel. Manoel de Queiroz Pereira Calças, Foro de Jales, j. 7-7-2017).

[222] PEREIRA, Caio Mário da Silva. *Instituições de direito civil*. São Paulo: Forense, 2007. v. IV.

[223] GOMES, Orlando. *Direitos reais*. 19. ed. São Paulo: Forense, 2004.

[224] "Art. 1.420. Só aquele que pode alienar poderá empenhar, hipotecar ou dar em anticrese; só os bens que se podem alienar poderão ser dados em penhor, anticrese ou hipoteca. § 1.º A propriedade

No mesmo sentido, os **requisitos objetivos** resumem-se ao fato de que apenas bens alienáveis podem ser dados em garantia, de forma que, por exemplo, o bem de família convencional não pode ser dado em garantia por ser inalienável.

Por fim, quanto aos **requisitos formais**, esses determinam que, para que um direito real de garantia tenha eficácia perante terceiros, é necessário que ele seja publicizado e especializado, sendo a publicidade dada pelo registro do bem imóvel ou pela tradição do bem móvel, e a especialização é a descrição minuciosa dos elementos que compõem a obrigação[225].

Ademais, os direitos reais de garantia têm vários efeitos legais. Um dos principais é a **preferência do credor em relação ao pagamento da dívida**, o que faz com que o valor da venda do bem dado em garantia seja destinado ao pagamento da dívida garantida. Se o valor do bem for insuficiente para quitar a dívida, o credor pode buscar a diferença no patrimônio do devedor.

Outro efeito importante é o **direito de sequela**, que é o direito do credor de perseguir o bem dado em garantia onde quer que ele esteja e na mão de quem quer que seja. Além disso, **os direitos reais de garantia são indivisíveis e o pagamento de parte da dívida não resulta na exoneração proporcional da garantia**[226].

Quanto às condições sob as quais uma dívida é considerada vencida, o art. 1.425 do CC[227] determina que isso pode ocorrer se o bem dado como garantia se deteriorar ou

---

superveniente torna eficaz, desde o registro, as garantias reais estabelecidas por quem não era dono. § 2.º A coisa comum a dois ou mais proprietários não pode ser dada em garantia real, na sua totalidade, sem o consentimento de todos; mas cada um pode individualmente dar em garantia real a parte que tiver" (BRASIL. *Lei n. 10.406, de 10 de janeiro de 2002*. Institui o Código Civil. Disponível em: https://www.planalto.gov.br/ccivil_03/leis/2002/l10406compilada.htm. Acesso em: 15 maio 2024).

[225] "Art. 1.424. Os contratos de penhor, anticrese ou hipoteca declararão, sob pena de não terem eficácia: I — o valor do crédito, sua estimação, ou valor máximo; II — o prazo fixado para pagamento; III — a taxa dos juros, se houver; IV — o bem dado em garantia com as suas especificações" (BRASIL. *Lei n. 10.406, de 10 de janeiro de 2002*. Institui o Código Civil. Disponível em: https://www.planalto.gov.br/ccivil_03/leis/2002/l10406compilada.htm. Acesso em: 15 maio 2024).

[226] "Art. 1.421. O pagamento de uma ou mais prestações da dívida não importa exoneração correspondente da garantia, ainda que esta compreenda vários bens, salvo disposição expressa no título ou na quitação" (BRASIL. *Lei n. 10.406, de 10 de janeiro de 2002*. Institui o Código Civil. Disponível em: https://www.planalto.gov.br/ccivil_03/leis/2002/l10406compilada.htm. Acesso em: 15 maio 2024).

[227] "Art. 1.425. A dívida considera-se vencida: I — se, deteriorando-se, ou depreciando-se o bem dado em segurança, desfalcar a garantia, e o devedor, intimado, não a reforçar ou substituir; II — se o devedor cair em insolvência ou falir; III — se as prestações não forem pontualmente pagas, toda vez que deste modo se achar estipulado o pagamento. Neste caso, o recebimento posterior da prestação atrasada importa renúncia do credor ao seu direito de execução imediata; IV — se perecer o bem dado em garantia, e não for substituído; V — se se desapropriar o bem dado em garantia, hipótese na qual se depositará a parte do preço que for necessária para o pagamento integral do credor. § 1.º Nos casos de perecimento da coisa dada em garantia, esta se sub-rogará na indenização do seguro, ou no ressarcimento do dano, em benefício do credor, a quem assistirá sobre ela preferência até seu completo reembolso. § 2.º Nos casos dos incisos IV e V, só se vencerá a hipoteca antes do prazo estipulado, se o perecimento, ou a desapropriação recair sobre o bem dado em

depreciar, se o devedor falir, se as prestações não forem pagas pontualmente, se o bem dado em garantia perecer e não for substituído, ou se o bem for desapropriado. E, no caso de vencimento antecipado da dívida, o artigo subsequente evidencia que os juros correspondentes ao tempo ainda não decorrido não estão incluídos.

4.4.2.7.1. Penhor (arts. 1.431 a 1.472 do CC)

O penhor é um tipo de garantia real que se constitui pela transferência efetiva da posse de um bem móvel ou de um direito apropriável pelo devedor ou por terceiro ao credor, para assegurar o cumprimento de uma dívida. Os sujeitos do penhor são o credor pignoratício, que é aquele que detém a posse direta, e o devedor pignoratício, que é aquele que detém a posse indireta.

Além de ser uma **forma de garantia**, o penhor é caracterizado como um **direito acessório** e sua existência depende de uma **obrigação principal** que ele garante. Além disso, sua constituição geralmente exige a tradição do bem do devedor para o credor. **No entanto, no penhor rural, industrial, mercantil e de veículos, os bens empenhados continuam em poder do devedor, que deve guardá-los e conservá-los**[228].

Com a transferência física do bem, o credor pignoratício se torna o depositário do bem, não podendo usá-lo, à luz do art. 652 do CC[229]. No mais, trata-se de um direito temporário que não pode ultrapassar o prazo contratual estabelecido pelas partes, tendo o credor pignoratício o direito de retenção até que a dívida seja paga.

Após o pagamento da dívida, o bem deve ser restituído ao devedor, junto com seus frutos e acessões.

> **O penhor pode ser constituído por convenção entre as partes, a partir de um instrumento particular ou público que deve ser levado a registro, ou por lei, que é um penhor que se constitui independentemente de convenção, em favor de certos credores, como os hospedeiros ou fornecedores de pousada ou alimento, e o dono do prédio rústico ou urbano.**

O credor pignoratício tem o direito de possuir o bem que foi dado como garantia. Além disso, pode reter o bem até que seja reembolsado por quaisquer despesas

---

garantia, e esta não abranger outras; subsistindo, no caso contrário, a dívida reduzida, com a respectiva garantia sobre os demais bens, não desapropriados ou destruídos" (BRASIL. *Lei n. 10.406, de 10 de janeiro de 2002*. Institui o Código Civil. Disponível em: https://www.planalto.gov.br/ccivil_03/leis/2002/l10406compilada.htm. Acesso em: 15 maio 2024).

[228] "Art. 1.431. Constitui-se o penhor pela transferência efetiva da posse que, em garantia do débito ao credor ou a quem o represente, faz o devedor, ou alguém por ele, de uma coisa móvel, suscetível de alienação. Parágrafo único. No penhor rural, industrial, mercantil e de veículos, as coisas empenhadas continuam em poder do devedor, que as deve guardar e conservar" (BRASIL. *Lei n. 10.406, de 10 de janeiro de 2002*. Institui o Código Civil. Disponível em: https://www.planalto.gov.br/ccivil_03/leis/2002/l10406compilada.htm. Acesso em: 15 maio 2024).

[229] "Art. 652. Seja o depósito voluntário ou necessário, o depositário que não o restituir quando exigido será compelido a fazê-lo mediante prisão não excedente a um ano, e ressarcir os prejuízos" (BRASIL. *Lei n. 10.406, de 10 de janeiro de 2002*. Institui o Código Civil. Disponível em: https://www.planalto.gov.br/ccivil_03/leis/2002/l10406compilada.htm. Acesso em: 15 maio 2024).

justificadas que tenha feito, desde que essas despesas não tenham sido causadas por sua própria culpa. Ele também tem direito a ser compensado por qualquer prejuízo que tenha sofrido devido a um defeito no bem dado como garantia.

Ademais, ele pode iniciar uma ação judicial para a execução da dívida, ou pode vender o bem de forma amigável, se isso for permitido pelo contrato ou se o devedor lhe der autorização por meio de uma procuração. O credor pode apropriar-se dos frutos do bem que está em seu poder, podendo se beneficiar de qualquer rendimento que o bem possa gerar.

O credor pignoratício também pode promover a venda antecipada do bem, com autorização judicial prévia, se houver um medo justificado de que o bem possa se perder ou deteriorar, sendo permitido que o proprietário do bem impeça a venda antecipada, substituindo o bem ou oferecendo outra garantia adequada.

Por fim, **o credor pignoratício não pode ser forçado a devolver o bem**, ou parte dele, antes de ser totalmente pago. Se o proprietário solicitar, o juiz pode determinar que apenas uma das coisas, ou parte da coisa dada como garantia, seja vendida para pagar o credor.

Não obstante, o credor pignoratício também tem obrigações previstas pela lei[230]. Ele é responsável pela custódia do bem como depositário e deve compensar o proprietário por qualquer perda ou deterioração pela qual seja culpado.

Além disso, o credor tem a obrigação de defender a posse do bem empenhado e deve informar o proprietário sobre quaisquer circunstâncias que tornem necessário o exercício de uma ação possessória. O credor também deve imputar o valor dos frutos de que se apropriar nas despesas de guarda e conservação, nos juros e no capital da obrigação garantida, sucessivamente.

Uma vez que a dívida seja paga, o credor deve restituir o bem, junto com seus respectivos frutos e acessões. Por fim, caso o credor promova a execução judicial ou a venda amigável do bem empenhado, ele deve entregar o que sobrar do preço.

O CC prevê regras específicas para cada modalidade de penhor, que podem ser também amparadas por leis específicas.

A primeira modalidade é o **penhor rural**, em que **não há a tradição da coisa empenhada, o qual pode ser agrícola ou pecuário**. O penhor agrícola se aplica a colheitas pendentes ou em formação, frutos armazenados ou preparados para venda, lenha cortada e carvão vegetal, máquinas e instrumentos agrícolas, e animais usados no serviço

---

[230] "Art. 1.435. O credor pignoratício é obrigado: I — à custódia da coisa, como depositário, e a ressarcir ao dono a perda ou deterioração de que for culpado, podendo ser compensada na dívida, até a concorrente quantia, a importância da responsabilidade; II — à defesa da posse da coisa empenhada e a dar ciência, ao dono dela, das circunstâncias que tornarem necessário o exercício de ação possessória; III — a imputar o valor dos frutos, de que se apropriar (art. 1.433, inciso V) nas despesas de guarda e conservação, nos juros e no capital da obrigação garantida, sucessivamente; IV — a restituí-la, com os respectivos frutos e acessões, uma vez paga a dívida; V — a entregar o que sobeje do preço, quando a dívida for paga, no caso do inciso IV do art. 1.433" (BRASIL. *Lei n. 10.406, de 10 de janeiro de 2002*. Institui o Código Civil. Disponível em: https://www.planalto.gov.br/ccivil_03/leis/2002/l10406compilada.htm. Acesso em: 15 maio 2024).

regular de um estabelecimento agrícola. Por outro lado, o penhor pecuário se aplica a animais que fazem parte da atividade pastoril, agrícola ou de laticínios.

No caso do penhor rural pecuário, o devedor não pode vender o animal empenhado sem o consentimento prévio por escrito do credor. Se animais morrerem, o devedor deve substituí-los.

> O prazo máximo que pode ser acordado para o penhor agrícola é de 3 anos, prorrogáveis por mais 3 anos, enquanto para o penhor pecuário o prazo máximo é de 4 anos, prorrogáveis por mais 4 anos.

Outra modalidade é o **penhor industrial**, regulamentado pelos arts. 1.447 e seguintes do CC[231]. Esse penhor pode ser aplicado a uma variedade de itens, incluindo máquinas, aparelhos, materiais, instrumentos que estão instalados e em funcionamento, com ou sem seus acessórios, animais usados na indústria, matérias-primas e produtos industrializados, entre outros.

Assim como no penhor rural, nessa modalidade, o devedor não precisa transferir a posse do bem ao credor. É importante notar que o devedor não pode alienar os bens empenhados sem a autorização do credor, conforme a segunda parte do art. 1.449 do CC[232]. Isso garante que o credor mantenha seus direitos sobre o bem até que a dívida seja paga.

Já o **penhor mercantil** é semelhante ao penhor industrial em termos de suas regras e regulamentos, a principal diferença entre os dois é a obrigação que cada um visa garantir.

O **penhor de direitos** se aplica a bens incorpóreos, como ações de uma sociedade anônima, frações do capital social de uma sociedade, patentes e direitos autorais. O titular do direito empenhado deve fornecer ao credor os documentos comprobatórios desse direito, a menos que tenha um interesse legítimo em mantê-los.

O **penhor de títulos de crédito** se aplica a títulos de crédito, como notas promissórias e letras de câmbio. Esse tipo de penhor, também conhecido como caução, impede que o credor receba crédito antes do vencimento da obrigação. O contrato deve ser registrado no cartório de títulos e documentos, e o devedor do título de crédito deve ser notificado e declarar sua ciência em um instrumento público ou particular.

---

[231] "Art. 1.447. Podem ser objeto de penhor máquinas, aparelhos, materiais, instrumentos, instalados e em funcionamento, com os acessórios ou sem eles; animais, utilizados na indústria; sal e bens destinados à exploração das salinas; produtos de suinocultura, animais destinados à industrialização de carnes e derivados; matérias-primas e produtos industrializados. Parágrafo único. Regula-se pelas disposições relativas aos armazéns-gerais o penhor das mercadorias neles depositadas" (BRASIL. *Lei n. 10.406, de 10 de janeiro de 2002*. Institui o Código Civil. Disponível em: https://www.planalto.gov.br/ccivil_03/leis/2002/l10406compilada.htm. Acesso em: 15 maio 2024).

[232] "Art. 1.449. O devedor não pode, sem o consentimento por escrito do credor, alterar as coisas empenhadas ou mudar-lhes a situação, nem delas dispor. O devedor que, anuindo o credor, alienar as coisas empenhadas, deverá repor outros bens da mesma natureza, que ficarão sub-rogados no penhor" (BRASIL. *Lei n. 10.406, de 10 de janeiro de 2002*. Institui o Código Civil. Disponível em: https://www.planalto.gov.br/ccivil_03/leis/2002/l10406compilada.htm. Acesso em: 15 maio 2024).

Por fim, o **penhor de veículos** se aplica a veículos usados para transporte ou condução. Esse tipo de penhor requer a criação de um instrumento público ou particular, que deve ser registrado no cartório de títulos e documentos do domicílio do devedor e anotado no certificado de propriedade emitido pelo Departamento Estadual de Trânsito (Detran).

Esse tipo de penhor permite que o devedor emita uma cédula pignoratícia em favor do credor, prometendo pagar a dívida em dinheiro. O penhor só pode ser feito após a contratação de um seguro para o veículo empenhado. O prazo máximo para esse tipo de penhor é de dois anos, prorrogável por um período igual.

Quanto à extinção do penhor[233], ela ocorre em várias circunstâncias.

1.º) O penhor é extinto quando a obrigação que ele garante é extinta, ou seja, uma vez que a dívida seja paga, o penhor não existe mais.

2.º) O penhor é extinto se o bem que foi dado como garantia perecer, de forma que, se o bem for destruído ou danificado além do reparo, o penhor será extinto.

3.º) O penhor pode ser extinto se o credor renunciar a ele.

4.º) O penhor é extinto se as qualidades de credor e dono da coisa se confundirem na mesma pessoa. É o caso, por exemplo, de o credor comprar o bem que foi dado como garantia.

5.º) O penhor é extinto se houver uma adjudicação judicial, uma remissão ou uma venda da coisa empenhada feita pelo credor ou autorizada por ele.

Além disso, presume-se a renúncia do credor quando ele consentir na venda particular do penhor sem reserva de preço, quando restituir sua posse ao devedor, ou quando anuir à sua substituição por outra garantia.

Finalmente, a extinção do penhor produz efeitos depois de averbado o cancelamento do registro, à vista da respectiva prova.

4.4.2.7.1.1. O registro do penhor

Normalmente, o penhor é registrado no cartório de títulos e documentos, de acordo com o art. 1.432 do CC e o art. 127, II, da Lei n. 6.015/73.

> **Art. 1.432.** O instrumento do penhor deverá ser levado a registro, por qualquer dos contratantes; o do penhor comum será registrado no cartório de títulos e documentos.

---

[233] "Art. 1.436. Extingue-se o penhor: I — extinguindo-se a obrigação; II — perecendo a coisa; III — renunciando o credor; IV — confundindo-se na mesma pessoa as qualidades de credor e de dono da coisa; V — dando-se a adjudicação judicial, a remissão ou a venda da coisa empenhada, feita pelo credor ou por ele autorizada. § 1.º Presume-se a renúncia do credor quando consentir na venda particular do penhor sem reserva de preço, quando restituir a sua posse ao devedor, ou quando anuir à sua substituição por outra garantia. § 2.º Operando-se a confusão tão somente quanto a parte da dívida pignoratícia, subsistirá inteiro o penhor quanto ao resto" (BRASIL. *Lei n. 10.406, de 10 de janeiro de 2002*. Institui o Código Civil. Disponível em: https://www.planalto.gov.br/ccivil_03/leis/2002/l10406compilada.htm. Acesso em: 15 maio 2024).

> **Art. 127.** No registro de títulos e documentos será feita a transcrição:
> [...]
> **II** — do penhor comum sobre coisas móveis.

Além disso, em regra, o penhor se aplica a bens móveis, mas no caso do penhor rural, industrial e de direitos, ele pode recair sobre bens imóveis por acessão física. **Nesses casos, o contrato que deu origem a esse direito de garantia deve ser registrado no cartório de registro de imóveis competente, prevendo o art. 167, I, n. 4**, o registro no registro de imóveis "do penhor de máquinas e de aparelhos utilizados na indústria, instalados e em funcionamento, com os respectivos pertences ou sem eles"; e n. 15, "dos contratos de penhor rural"[234].

> **No caso do penhor rural, ele deve ser registrado no cartório de registro de imóveis onde os bens ou animais empenhados estão localizados.**
> Se o devedor prometer pagar a dívida em dinheiro, ele pode emitir um título de crédito chamado **cédula rural pignoratícia em favor do credor. Esse título não mais deve ser registrado no ofício imobiliário — alteração trazida pela Lei n. 13.986/2020** — e dispensa protesto para constituição em mora e não enseja pedido de falência.

O penhor industrial segue a mesma regra, devendo ser registrado o contrato no ofício imobiliário onde os bens gravados estão localizados, conforme o art. 1.448 do CC. Se o pagamento for feito em dinheiro, pode ser emitida uma cédula de crédito industrial, conforme o parágrafo único do art. 1.448 do CC.

> **Art. 1.448.** Constitui-se o penhor industrial, ou o mercantil, mediante instrumento público ou particular, registrado no cartório de registro de imóveis da circunscrição onde estiverem situadas as coisas empenhadas.
> **Parágrafo único.** Prometendo pagar em dinheiro a dívida, que garante com penhor industrial ou mercantil, o devedor poderá emitir, em favor do credor, cédula do respectivo crédito, na forma e para os fins que a lei especial determinar.

Já o penhor de direitos, o penhor de títulos de crédito e o penhor de veículos devem ser registrados no cartório de títulos e documentos.

4.4.2.7.1.2. A averbação do penhor na matrícula do imóvel

Com foco na publicidade da garantia pignoratícia, a Lei n. 14.382/2022 incluiu a existência de penhores como um ato que pode ser **averbado** para fins de publicidade.

Moacyr Petrocelli de Ávila Ribeiro[235] explica que, com tal mudança, a Lei n. 6.015/73 passou a permitir a **averbação da existência de penhores em duas situações**:

---

[234] BRASIL. *Lei n. 6.015, de 31 de dezembro de 1973*. Dispõe sobre os registros públicos, e dá outras providências. Disponível em: https://www.planalto.gov.br/ccivil_03/leis/l6015compilada.htm. Acesso em: 18 abr. 2024.

[235] RIBEIRO, Moacyr Petrocelli de Ávila. Das atribuições. *In*: PEDROSO, Alberto Gentil de Almeida (org.). *Lei de Registros Públicos comentada*. Rio de Janeiro: Forense, 2023. cap. 4, p. 769-771.

quando o devedor pignoratício é o titular de um direito real sobre um imóvel ou quando há um registro de alguma relação jurídica subjacente. No primeiro caso, a averbação é claramente aplicável. No segundo caso, ele aponta uma possível contradição legislativa, pois o bem objeto do penhor pode estar situado em um imóvel de propriedade de terceiros, devido a uma relação jurídica contratual subjacente.

O autor sugere que, mesmo nesses casos, o oficial de registro de imóveis deve exercer algum controle, exigindo a concordância do proprietário registrado. Ele também acredita que a posição atual de negar a inscrição predial ao contrato de arrendamento seja revisada, ou que a averbação da existência do penhor seja autorizada nesses casos, desde que seja comprovado o registro do contrato agrário no ofício de registro de títulos e documentos.

Por fim, Ribeiro esclarece que a averbação da existência do penhor registrado no Livro n. 3 — Registro Auxiliar é uma averbação sem conteúdo financeiro, conforme esclarecido pela própria lei.

4.4.2.7.2. Hipoteca (arts. 1.473 a 1.505 do CC)

A hipoteca é um conceito fundamental no campo do direito imobiliário e financeiro. **Ela é um direito real de garantia que assegura o cumprimento de uma obrigação principal.** Esse direito é aplicado, em geral, a bens imóveis, mas também pode incidir sobre determinados bens móveis, conforme estabelecido no art. 1.473 do CC.

> **Art. 1.473.** Podem ser objeto de hipoteca:
>
> I — os imóveis e os acessórios dos imóveis conjuntamente com eles;
>
> II — o domínio direto;
>
> III — o domínio útil;
>
> IV — as estradas de ferro;
>
> V — os recursos naturais a que se refere o art. 1.230, independentemente do solo onde se acham;
>
> VI — os navios;
>
> VII — as aeronaves;
>
> VIII — o direito de uso especial para fins de moradia;
>
> IX — o direito real de uso;
>
> X — a propriedade superficiária;
>
> XI — os direitos oriundos da imissão provisória na posse, quando concedida à União, aos Estados, ao Distrito Federal, aos municípios ou às suas entidades delegadas e a respectiva cessão e promessa de cessão.

Ao analisar a função econômica da publicidade registral e a hipoteca, Fernando P. Méndez González[236] enfatiza que, uma vez que a propriedade é segura, ela está pronta

---

[236] GONZÁLES, Fernando P. Méndez. A função econômica da publicidade registral. *In*: DIP, Ricardo; JACOMINO, Sérgio. *Doutrinas essenciais do direito registral*. 2. ed. São Paulo: Revista dos Tribunais, 2013. v. 3.

para servir como garantia para o crédito, permitindo que o sistema cumpra sua principal finalidade econômica.

Para que uma hipoteca seja eficaz, González identifica várias condições necessárias, como a necessidade de a hipoteca ser pública, por meio de sua inscrição no registro, garantindo transparência e evitando problemas com hipotecas ocultas, que são incompatíveis com o crédito territorial.

> **No contrato de hipoteca, existem duas partes principais: o credor hipotecário, que possui o direito de sequela, e o devedor hipotecário, que tem a liberdade de usar, desfrutar e dispor do bem.**

A hipoteca envolve a entrega de um bem imóvel como garantia para o pagamento de uma dívida, sem a necessidade de transferir a posse, e, por se tratar de um contrato acessório, ela serve de garantia para o contrato principal e deve ser registrada no cartório de registro de imóveis.

Um aspecto interessante da hipoteca é que um imóvel pode ser hipotecado mais de uma vez, seja para o mesmo credor ou para outra pessoa. Isso confere ao credor o direito de promover a venda judicial do bem, permitindo que o devedor seja pago preferencialmente em caso de inadimplência.

A hipoteca possui várias características importantes. Por exemplo, **o bem deve ser de propriedade do devedor, a menos que um terceiro autorize. Além disso, a aquisição subsequente do bem valida o ônus real. No entanto, não podem ser hipotecados bens inalienáveis, como bens públicos de uso comum e de uso especial, bem de família voluntário, bens de menores — a menos que haja autorização judicial —, bens de menores órfãos sob tutela, direitos hereditários e bens gravados com cláusula de inalienabilidade.**

Ademais, existem várias espécies de hipoteca, incluindo a **convencional, a legal, a judicial e a cedular**. Cada uma delas tem suas próprias características e requisitos específicos.

A **hipoteca convencional** é formada por um acordo mútuo entre as partes envolvidas, enquanto a hipoteca legal é estabelecida por lei e não depende do consentimento das partes. Ela pode ser aplicada em várias situações, como para garantir os fundos e rendas de pessoas de direito público interno, para garantir a parte de um coerdeiro em uma partilha ou para garantir o pagamento do restante do preço de um imóvel arrematado[237].

---

[237] "Art. 1.489. A lei confere hipoteca: I — às pessoas de direito público interno (art. 41) sobre os imóveis pertencentes aos encarregados da cobrança, guarda ou administração dos respectivos fundos e rendas; II — aos filhos, sobre os imóveis do pai ou da mãe que passar a outras núpcias, antes de fazer o inventário do casal anterior; III — ao ofendido, ou aos seus herdeiros, sobre os imóveis do delinquente, para satisfação do dano causado pelo delito e pagamento das despesas judiciais; IV — ao coerdeiro, para garantia do seu quinhão ou torna da partilha, sobre o imóvel adjudicado ao herdeiro reponente; V — ao credor sobre o imóvel arrematado, para garantia do pagamento do restante do preço da arrematação" (BRASIL. *Lei n. 10.406, de 10 de janeiro de*

A **hipoteca judicial** é usada para garantir o cumprimento de uma futura decisão judicial. De acordo com o art. 495 do CPC/2015, uma sentença que condena o réu ao pagamento de uma prestação, seja em dinheiro ou em bens, servirá como título constitutivo de hipoteca judiciária. A inscrição da hipoteca será ordenada pelo juiz de acordo com a LRP.

Por fim, a **hipoteca cedular** garante o pagamento de um valor especificado em uma **cédula hipotecária**, um título representativo de crédito com esse ônus real, que é sempre nominativo, mas pode ser transferido por endosso. **A cédula é emitida pelo credor e deve ser averbada no registro de imóveis, na matrícula do imóvel.**

Quanto ao registro da hipoteca, ele deve ocorrer no cartório do local onde o imóvel está situado, e, se a hipoteca se refere a mais de um imóvel, o registro deve ser feito no cartório de cada um deles, sendo responsabilidade dos interessados solicitar o registro da hipoteca após a apresentação do título.

> Os registros e averbações são organizados na ordem em que são solicitados, determinada pela numeração sucessiva no protocolo. Essa numeração de ordem estabelece a prioridade e, consequentemente, a preferência entre as hipotecas.

Quando um título de hipoteca que menciona a constituição de uma hipoteca anterior não registrada é apresentado ao oficial do registro, o registro da nova hipoteca é adiado. O oficial faz uma prenotação e aguarda até trinta dias para que o interessado registre a hipoteca anterior. Se esse registro não for solicitado no prazo, a hipoteca subsequente é registrada e obtém preferência[238].

Se o oficial do registro tiver dúvidas sobre a legalidade do registro solicitado, ele ainda fará a prenotação do pedido. Sendo a dúvida considerada improcedente, o registro será realizado com o mesmo número que teria na data da prenotação; porém, caso contrário, a prenotação é cancelada e o registro recebe o número correspondente à data em que é novamente solicitado.

Especificamente sobre as hipotecas legais, independentemente de sua natureza, devem ser registradas e especializadas.

> **A responsabilidade pelo registro e especialização das hipotecas legais recai sobre quem está obrigado a fornecer a garantia.** No entanto, os interessados podem solicitar a inscrição dessas hipotecas ou pedir ao Ministério Público que o faça. As pessoas responsáveis pelo registro e especialização das hipotecas legais podem sofrer perdas e danos por omissão.

2002. Institui o Código Civil. Disponível em: https://www.planalto.gov.br/ccivil_03/leis/2002/l10406compilada.htm. Acesso em: 15 maio 2024).

[238] "Art. 1.495. Quando se apresentar ao oficial do registro título de hipoteca que mencione a constituição de anterior, não registrada, sobrestará ele na inscrição da nova, depois de a prenotar, até trinta dias, aguardando que o interessado inscreva a precedente; esgotado o prazo, sem que se requeira a inscrição desta, a hipoteca ulterior será registrada e obterá preferência" (BRASIL. *Lei n. 10.406, de 10 de janeiro de 2002.* Institui o Código Civil. Disponível em: https://www.planalto.gov.br/ccivil_03/leis/2002/l10406compilada.htm. Acesso em: 15 maio 2024).

Por fim, quanto à extinção da hipoteca, ela pode ocorrer por vários motivos, como a **extinção da obrigação principal, o perecimento da coisa, a resolução da propriedade, a renúncia do credor à garantia hipotecária, a remição e a arrematação ou adjudicação.**

Maria Helena Diniz[239] destaca que o cancelamento de uma hipoteca legal só pode ocorrer após as contas serem consideradas satisfatórias. Além disso, para o cancelamento de uma hipoteca, é válida a apresentação das notas promissórias vinculadas ao instrumento em que a hipoteca foi constituída.

A autora também menciona que a arrematação em execução promovida pelo credor hipotecário extingue a hipoteca e determina seu cancelamento no registro geral.

4.4.2.7.3. Da anticrese (arts. 1.506 a 1.510 do CC)

A anticrese é um direito real de garantia que permite ao devedor, ou a outra pessoa em seu nome, entregar o gozo de um imóvel ao credor. Em troca, o credor tem o direito de receber os frutos e rendimentos do imóvel para compensar a dívida[240].

É possível estipular que os frutos e rendimentos do imóvel sejam recebidos pelo credor como pagamento de juros. No entanto, se o valor desses frutos e rendimentos exceder a taxa máxima permitida por lei para operações financeiras, o excedente será aplicado ao capital da dívida.

> Quando a anticrese se aplica a um imóvel, este pode ser hipotecado pelo devedor ao credor anticrético ou a terceiros. Da mesma forma, um imóvel já hipotecado pode ser dado em anticrese.

Antonio Moura Borges[241] explica que a anticrese é sempre realizada por escritura pública ou, excepcionalmente, por contrato particular, caso o valor seja inferior ao limite legal — art. 108 do CC/2002 —, e, para ser oponível contra terceiros, precisa ser registrada na circunscrição do imóvel.

> O credor anticrético tem o direito de administrar os bens dados em anticrese e usufruir de seus frutos e utilidades. No entanto, ele deve apresentar anualmente um balanço preciso e fiel de sua administração. Se o devedor anticrético discordar do balanço por considerá-lo inexato ou por acreditar que a administração é ruim, ele pode contestá-lo e, se desejar, o devedor pode solicitar a transformação da anticrese em arrendamento, com o juiz fixando o valor mensal do aluguel, que pode ser corrigido anualmente.

---

[239] DINIZ, Maria Helena. *Sistemas de registros de imóveis*. 3. ed. São Paulo: Saraiva, 2000.

[240] "Art. 1.506. Pode o devedor ou outrem por ele, com a entrega do imóvel ao credor, ceder-lhe o direito de perceber, em compensação da dívida, os frutos e rendimentos. § 1.º É permitido estipular que os frutos e rendimentos do imóvel sejam percebidos pelo credor à conta de juros, mas se o seu valor ultrapassar a taxa máxima permitida em lei para as operações financeiras, o remanescente será imputado ao capital. § 2.º Quando a anticrese recair sobre bem imóvel, este poderá ser hipotecado pelo devedor ao credor anticrético, ou a terceiros, assim como o imóvel hipotecado poderá ser dado em anticrese" (BRASIL. *Lei n. 10.406, de 10 de janeiro de 2002*. Institui o Código Civil. Disponível em: https://www.planalto.gov.br/ccivil_03/leis/2002/l10406compilada.htm. Acesso em: 15 maio 2024).

[241] BORGES, Antonino Moura. *Registro de imóveis comentado*. Leme: Edijur, 2007.

O credor anticrético **pode** arrendar os bens dados em anticrese a terceiros, **desde que não haja um acordo em contrário**. Dessa forma, ele mantém o direito de retenção do imóvel até que seja pago, mesmo que o aluguel desse arrendamento não seja vinculativo para o devedor.

O credor anticrético é responsável por qualquer deterioração que o imóvel possa sofrer por sua culpa, bem como pelos frutos e rendimentos que deixar de perceber por negligência.

Além disso, ele pode reivindicar seus direitos contra o adquirente dos bens, os credores quirografários e os hipotecários posteriores ao registro da anticrese. No entanto, se ele executar os bens por falta de pagamento da dívida, ou permitir que outro credor o execute, sem opor seu direito de retenção ao executor, ele não terá preferência sobre o preço. Além disso, o credor anticrético não terá preferência sobre a indenização do seguro se o prédio for destruído, nem em relação à desapropriação se os bens forem desapropriados.

O art. 1.510 do CC[242] estipula que o adquirente dos bens dados em anticrese tem o direito de remi-los antes do vencimento da dívida, pagando a totalidade da dívida na data do pedido de remição.

Por fim, quanto à extinção da anticrese, Nicolau Balbino Filho[243] aduz que ela **se extingue quando extinguir-se a obrigação, uma vez que, sendo coisa acessória, segue a principal, o que pode ocorrer pelo pagamento da dívida, perecimento do imóvel gravado, renúncia do credor etc.**

4.4.2.7.4. Alienação fiduciária em garantia

A alienação fiduciária em garantia é um mecanismo legal que permite a um **devedor (fiduciante) transferir a propriedade de um bem para um credor (fiduciário) como garantia de uma dívida.**

> Existem dois tipos principais de alienação fiduciária em nossa legislação atual. O primeiro é a alienação fiduciária de bem móvel. O segundo tipo é a alienação fiduciária de **bem imóvel**, que é regulamentada pelos **arts. 22 a 33 da Lei n. 9.514/97**. Em caso de inadimplemento do devedor, o credor pode propor a reintegração de posse do bem imóvel alienado fiduciariamente.

Em ambos os casos, as normas da propriedade fiduciária descritas no CC são aplicáveis. No entanto, a Lei n. 13.043/2014 modificou alguns desses artigos e incluiu outros.

De acordo com o art. 1.367 do CC, a propriedade fiduciária em garantia de bens móveis ou imóveis está sujeita às disposições gerais do penhor, da hipoteca e da

---

[242] "Art. 1.510. O adquirente dos bens dados em anticrese poderá remi-los, antes do vencimento da dívida, pagando a sua totalidade à data do pedido de remição e imitir-se-á, se for o caso, na sua posse" (BRASIL. *Lei n. 10.406, de 10 de janeiro de 2002*. Institui o Código Civil. Disponível em: https://www.planalto.gov.br/ccivil_03/leis/2002/l10406compilada.htm. Acesso em: 15 maio 2024).

[243] BALBINO FILHO, Nicolau. *Registro de imóveis*. 6. ed. São Paulo: Atlas, 1987.

anticrese, bem como à legislação especial pertinente. No entanto, ela não se equipara à propriedade plena.

O art. 1.368-A do CC estabelece que as demais espécies de propriedade fiduciária ou de titularidade fiduciária estão sujeitas à disciplina específica das respectivas leis especiais, aplicando-se as disposições do CC apenas quando não forem incompatíveis com a legislação especial.

Já o art. 1.368-B do CC afirma que a alienação fiduciária em garantia de bem móvel ou imóvel confere **direito real de aquisição** ao devedor, seu cessionário ou sucessor. **Além disso, o credor fiduciário que se tornar proprietário pleno do bem, por efeito de realização da garantia, passa a responder pelo pagamento dos tributos sobre a propriedade e a posse, taxas, despesas condominiais e quaisquer outros encargos, tributários ou não, incidentes sobre o bem objeto da garantia, a partir da data em que vier a ser imitido na posse direta do bem.**

Luís Ramon Alveres[244] explica que a alienação fiduciária pode ser celebrada por escritura pública ou por instrumento particular com efeito de escritura pública, podendo ser contratada por qualquer pessoa, física ou jurídica, **não sendo exclusiva das entidades que operam no sistema de financiamento imobiliário.**

Até o fechamento desta edição, conforme Mandado de Segurança n. 39.930, de 13 de dezembro de 2024, o Min. Gilmar Mendes concedeu a segurança, entendendo que, ao editar os Atos Normativos n. 172, 175 e 177/2024 e restringir o alcance do art. 38 da Lei n. 9.514/97, o CNJ violou direito e extrapolou sua competência regulamentar. Ante o exposto, concedeu a ordem para garantir a possibilidade de formalização, por instrumento particular com efeitos de escritura pública, de alienação fiduciária em garantia sobre bens imóveis e de atos conexos, em todas as suas operações, nos termos autorizados pela Lei n. 9.514/97.

O autor destaca que a alienação fiduciária pode ter como objeto a propriedade plena, bens enfitêuticos, direito de uso especial para fins de moradia, o direito real de uso, desde que suscetível de alienação, e a propriedade superficiária.

Quanto ao registro da alienação fiduciária de bem imóvel, sabe-se que a constituição da alienação fiduciária é um ato que deve ser registrado. Não obstante, com a introdução das Leis n. 12.703/2012 e n. 12.810/2013, a existência da transferência de dívida de financiamento imobiliário com garantia real, de um credor (credor original) para outro (credor proponente), inclusive sob a forma de sub-rogação, **será por meio de averbação**.

Conforme explica Luís Ramon Alveres[245], a Lei n. 12.703/2012 introduziu o conceito de **"portabilidade" dos financiamentos imobiliários**. Isso significa que os contratos de sub-rogação de dívida (substituição de um devedor por outro, da respectiva garantia fiduciária e da alteração das condições contratuais, em nome de um novo credor) **serão averbados na matrícula do imóvel**.

---

[244] ALVERES, Luís Ramon. *Manual do registro de imóveis*: aspectos práticos da qualificação registral. São José dos Campos: Crono, 2015.

[245] ALVERES, Luís Ramon. *Manual do registro de imóveis*: aspectos práticos da qualificação registral. São José dos Campos: Crono, 2015.

Segundo o autor, esses atos **são averbados** com a cobrança dos emolumentos como um único ato, de acordo com o art. 167, II, n. 30, da Lei n. 6.015/73, conforme alterado pela Lei n. 12.810/2013. Dessa forma, todas as taxas e custos associados a esses atos são cobrados como se fossem um único ato, simplificando o processo e tornando-o mais eficiente.

Por fim, é importante evidenciar que o **Marco Geral das Garantias** trouxe diversas alterações relevantes na Lei n. 9.514/97, para modernizar e tornar mais eficiente o sistema de garantias no Brasil. Uma das mudanças mais significativas foi a introdução da possibilidade de **registro da alienação fiduciária sobre propriedade superveniente**. Isso permite que, mesmo antes de o imóvel estar regularizado em nome do devedor, a alienação fiduciária seja registrada desde a data de celebração do contrato. Além disso, caso existam **alienações fiduciárias sucessivas**, será respeitada a ordem cronológica dos registros para definir a **prioridade na execução**, e, em caso de venda do imóvel pelo credor anterior, os credores posteriores serão sub-rogados no valor obtido[246].

Outra mudança importante é que o credor fiduciário, ao quitar a dívida do devedor junto a outro credor, poderá se sub-rogar no crédito e na propriedade fiduciária[247]. O marco também introduz a possibilidade de **vencimento antecipado de todas as dívidas garantidas** pelo mesmo imóvel em caso de inadimplência de uma delas, oferecendo maior segurança ao credor e simplificando o processo de execução[248].

O novo texto prevê ainda maior eficiência nos procedimentos de intimação e consolidação da propriedade. A **intimação poderá ser realizada por meio eletrônico** e será considerada válida se o devedor não for encontrado no imóvel ou no endereço

---

[246] "Art. 22. [...] § 3.º A alienação fiduciária da propriedade superveniente, adquirida pelo fiduciante, é suscetível de registro no registro de imóveis desde a data de sua celebração, tornando-se eficaz a partir do cancelamento da propriedade fiduciária anteriormente constituída. § 4.º Havendo alienações fiduciárias sucessivas da propriedade superveniente, as anteriores terão prioridade em relação às posteriores na excussão da garantia, observado que, no caso de excussão do imóvel pelo credor fiduciário anterior com alienação a terceiros, os direitos dos credores fiduciários posteriores sub-rogam-se no preço obtido, cancelando-se os registros das respectivas alienações fiduciárias" (BRASIL. *Lei n. 9.514, de 20 de novembro de 1997*. Dispõe sobre o sistema de financiamento imobiliário e a alienação fiduciária de coisa imóvel. Disponível em: http://www.planalto.gov.br/ccivil_03/leis/l9514.htm. Acesso em: 28 out. 2024).

[247] "Art. 22. [...] § 5.º O credor fiduciário que pagar a dívida do devedor fiduciante comum ficará sub-rogado no crédito e na propriedade fiduciária em garantia, nos termos do inciso I do *caput* do art. 346 da Lei n. 10.406, de 10 de janeiro de 2002 (Código Civil)" (BRASIL. *Lei n. 9.514, de 20 de novembro de 1997*. Dispõe sobre o sistema de financiamento imobiliário e a alienação fiduciária de coisa imóvel. Disponível em: http://www.planalto.gov.br/ccivil_03/leis/l9514.htm. Acesso em: 28 out. 2024).

[248] "Art. 22. [...] § 6.º O inadimplemento de quaisquer das obrigações garantidas pela propriedade fiduciária faculta ao credor declarar vencidas as demais obrigações de que for titular garantidas pelo mesmo imóvel, inclusive quando a titularidade decorrer do disposto no art. 31 desta Lei. § 7.º O disposto no § 6.º aplica-se à hipótese prevista no § 3.º deste artigo" (BRASIL. *Lei n. 9.514, de 20 de novembro de 1997*. Dispõe sobre o sistema de financiamento imobiliário e a alienação fiduciária de coisa imóvel. Disponível em: http://www.planalto.gov.br/ccivil_03/leis/l9514.htm. Acesso em: 28 out. 2024).

informado. Outra novidade é a possibilidade de **estabelecer prazo de carência** no contrato antes do início da intimação, o que traz mais flexibilidade às partes envolvidas. Além disso, no caso de alienações fiduciárias decorrentes de financiamento para aquisição ou construção de imóvel residencial, se o segundo leilão do imóvel não atingir o valor mínimo necessário, a dívida será considerada extinta, com quitação mútua, e o credor poderá dispor livremente do bem (art. 26-A, § 4.º)[249]. Nas demais hipóteses, no entanto, o devedor continuará obrigado pelo saldo remanescente (art. 27, § 5.º-A)[250].

Foi garantido ao devedor o **direito de preferência** para recomprar o imóvel após a consolidação da propriedade pelo credor, mediante o pagamento da dívida acrescida das despesas e tributos. O marco também estabelece a obrigação de pagamento de uma **taxa de ocupação mensal** de 1% sobre o valor do contrato, enquanto o imóvel não for desocupado, e assegura a reintegração liminar de posse ao credor ou ao comprador em leilão, independentemente de discussões judiciais sobre o contrato.

Além disso, o novo regime permite que o credor realize leilões de vários imóveis em conjunto ou de forma sucessiva para satisfazer a dívida, otimizando o processo de execução. O texto também estabelece uma multa de 0,5% ao mês caso o credor não forneça o **termo de quitação** no prazo de 30 dias após a liquidação da dívida, garantindo mais proteção ao devedor contra atrasos[251].

4.4.2.7.5. Patrimônio rural em afetação em garantia

A **Lei n. 13.986/2020** ("**Lei do Agro**") trouxe várias mudanças, incluindo a criação uma nova forma de garantia obrigacional, o **patrimônio rural em afetação**, um instituto que permite ao produtor rural separar uma parte de sua propriedade para garantir uma dívida.

Dessa forma, o produtor rural pode usar uma fração de sua propriedade para garantir a dívida, sem que essa dívida comprometa a propriedade em sua totalidade.

---

[249] "Art. 26-A. [...] § 4.º Se no segundo leilão não houver lance que atenda ao referencial mínimo para arrematação estabelecido no § 3.º deste artigo, a dívida será considerada extinta, com recíproca quitação, hipótese em que o credor ficará investido da livre disponibilidade" (BRASIL. *Lei n. 9.514, de 20 de novembro de 1997*. Dispõe sobre o sistema de financiamento imobiliário e a alienação fiduciária de coisa imóvel. Disponível em: http://www.planalto.gov.br/ccivil_03/leis/l9514.htm. Acesso em: 28 out. 2024).

[250] "Art. 27. [...] § 2.º-B. Após a averbação da consolidação da propriedade fiduciária no patrimônio do credor fiduciário e até a data da realização do segundo leilão, é assegurado ao fiduciante o direito de preferência para adquirir o imóvel por preço correspondente ao valor da dívida, somado às despesas e encargos legais" (BRASIL. *Lei n. 9.514, de 20 de novembro de 1997*. Dispõe sobre o sistema de financiamento imobiliário e a alienação fiduciária de coisa imóvel. Disponível em: http://www.planalto.gov.br/ccivil_03/leis/l9514.htm. Acesso em: 28 out. 2024).

[251] "Art. 25. [...] § 1.º-A. O não fornecimento do termo de quitação no prazo previsto acarretará multa ao fiduciário equivalente a 0,5% ao mês sobre o valor do contrato" (BRASIL. *Lei n. 9.514, de 20 de novembro de 1997*. Dispõe sobre o sistema de financiamento imobiliário e a alienação fiduciária de coisa imóvel. Disponível em: http://www.planalto.gov.br/ccivil_03/leis/l9514.htm. Acesso em: 28 out. 2024).

> O imóvel ou sua parcela em afetação torna-se **incomunicável com os demais bens, direitos e obrigações** do patrimônio geral do proprietário ou de outros patrimônios rurais em afetação por ele constituídos. Além disso, o imóvel **torna-se impenhorável e não se sujeita a nenhuma espécie de constrição judicial, exceto aquelas advindas de obrigações trabalhistas, previdenciárias e fiscais.**

Para sua formalização, o patrimônio rural em afetação deve ser **registrado** no cartório de registro de imóveis da circunscrição do bem, inexistindo estipulação legal quanto ao prazo para a constituição do patrimônio rural em afetação.

Após a constituição do patrimônio rural em afetação, o proprietário pode emitir a cédula imobiliária rural, atendendo aos requisitos do art. 22 da n. 13.986/2020[252]. O proprietário registra a transmissão de propriedade rural em favor do credor, de acordo com o art. 28 da Lei n. 13.986/2020[253]. Assim, em caso de inadimplência, **o credor pode exercer o direito de transferência do imóvel para sua titularidade**. Uma vez cumprida a obrigação, a afetação do patrimônio rural permanece com todos os seus efeitos jurídicos até que seja averbado seu cancelamento.

---

[252] "Art. 22. A CIR conterá os seguintes requisitos lançados em seu contexto: I — a denominação 'Cédula Imobiliária Rural'; II — a assinatura do emitente; III — o nome do credor, permitida a cláusula à ordem; IV — a data e o local da emissão; V — a promessa do emitente de pagar o valor da CIR em dinheiro, certo, líquido e exigível no seu vencimento; VI — a data e o local do pagamento da dívida e, na hipótese de pagamento parcelado, as datas e os valores de cada prestação; VII — a data de vencimento; VIII — a identificação do patrimônio rural em afetação, ou de sua parte, correspondente à garantia oferecida na CIR; e IX — a autorização irretratável para que o oficial de registro de imóveis processe, em favor do credor, o registro de transmissão da propriedade do imóvel rural, ou da fração, constituinte do patrimônio rural em afetação vinculado à CIR, de acordo com o disposto no art. 28 desta Lei" (BRASIL. *Lei n. 13.986, de 7 de abril de 2020*. Institui o Fundo Garantidor Solidário (FGS); dispõe sobre o patrimônio rural em afetação, a Cédula Imobiliária Rural (CIR), a escrituração de títulos de crédito e a concessão de subvenção econômica para empresas cerealistas; [...] e dá outras providências. Disponível em: https://www.planalto.gov.br/ccivil_03/_ato2019-2022/2020/lei/l13986.htm. Acesso em: 3 jun. 2024).

[253] "Art. 28. Vencida a CIR e não liquidado o crédito por ela representado, o credor poderá exercer de imediato o direito à transferência, para sua titularidade, do registro da propriedade da área rural que constitui o patrimônio rural em afetação, ou de sua fração, vinculado à CIR no cartório de registro de imóveis correspondente. § 1.º Quando a área rural constitutiva do patrimônio rural em afetação vinculado à CIR estiver contida em imóvel rural de maior área, ou quando apenas parte do patrimônio rural em afetação estiver vinculada à CIR, o oficial de registro de imóveis, de ofício e à custa do beneficiário final, efetuará o desmembramento e estabelecerá a matrícula própria correspondente. § 2.º Na hipótese prevista no *caput* deste artigo, aplica-se, no que couber, o disposto nos arts. 26 e 27 da Lei n. 9.514, de 20 de novembro de 1997, respeitado o disposto no § 3.º deste artigo. § 3.º Se, no segundo leilão de que trata o art. 27 da Lei n. 9.514, de 20 de novembro de 1997, o maior lance oferecido não for igual ou superior ao valor da dívida, somado ao das despesas, dos prêmios de seguro e dos encargos legais, incluídos os tributos, o credor poderá cobrar do devedor, por via executiva, o valor remanescente de seu crédito, sem nenhum direito de retenção ou indenização sobre o imóvel alienado (BRASIL. *Lei n. 13.986, de 7 de abril de 2020*. Institui o Fundo Garantidor Solidário (FGS); dispõe sobre o patrimônio rural em afetação, a Cédula Imobiliária Rural (CIR), a escrituração de títulos de crédito e a concessão de subvenção econômica para empresas cerealistas; [...] e dá outras providências. Disponível em: https://www.planalto.gov.br/ccivil_03/_ato2019-2022/2020/lei/l13986.htm. Acesso em: 3 jun. 2024).

4.4.3. OUTROS ATOS, FATOS E CONTRATOS INSCRITÍVEIS

4.4.3.1. Direitos obrigacionais com eficácia real

Leonardo Brandelli[254] discute a importância da publicidade das situações jurídicas que afetam terceiros, tanto no âmbito dos direitos reais quanto dos direitos obrigacionais. Ele enfatiza que, ao longo da evolução do direito, diferentes respostas foram desenvolvidas para garantir que tais situações sejam conhecidas pela coletividade, assegurando assim a segurança jurídica e a proteção ao tráfego jurídico.

Brandelli destaca que os direitos reais só são efetivos quando são tornados públicos para que terceiros possam conhecê-los. Isso porque a oponibilidade *erga omnes* desses direitos depende de algum meio eficaz de publicidade que permita seu reconhecimento pela comunidade. O mesmo princípio se aplica aos direitos obrigacionais que devam ser oponíveis a terceiros, como certos direitos de preempção.

> Os **direitos obrigacionais com eficácia real** são aqueles que, embora continuem sendo direitos de exigir uma prestação, podem ser transmitidos e afetar terceiros que adquiram direitos sobre determinado bem[255]. Assim, são direitos que se originam de uma situação estritamente obrigacional e podem ter eficácia em relação a terceiros, como em um **contrato de locação com cláusula de vigência que foi devidamente registrado na matrícula do imóvel**[256].

Débora Fayad Misquiati[257] discute a relativização das fronteiras entre direitos obrigacionais e direitos reais, enfatizando que certas obrigações, mesmo mantendo sua natureza de prestação entre partes (horizontal), podem adquirir eficácia similar a direitos reais quando registradas em cartório, **tornando-se oponíveis a terceiros (eficácia *erga omnes*)**.

No contexto brasileiro, a LRP e o CC regulam essas situações, permitindo que obrigações relacionadas a imóveis sejam registradas, conferindo-lhes publicidade e eficácia ampliada. **Isso não as converte em direitos reais, que são taxativamente listados na legislação, mas amplia seu alcance mediante registro.**

A autora destaca que há uma **diferenciação entre obrigações com eficácia real e obrigações *propter rem*.** Enquanto as primeiras mantêm a natureza pessoal da relação e ganham eficácia mais ampla com o registro, as segundas estão intrinsecamente

---

[254] BRANDELLI, Leonardo. Eficácia dos direitos reais e obrigacionais em relação a terceiros: breves considerações. *GEN Jurídico*. Disponível em: https://blog.grupogen.com.br/juridico/areas-de-interesse/civil/eficacia-dos-direitos-reais-e-obrigacionais-em-relacao-a-terceiros-breves-consideracoes/. Acesso em: 4 jul. 2024.

[255] GONÇALVES, Carlos Roberto. *Direito civil Esquematizado®*. São Paulo: Saraiva, 2011, v. 1.

[256] ALVIM NETO, José Manuel de Arruda; CLÁPIS, Alexandre L.; CAMBLER, Everaldo A. *Lei de Registros Públicos comentada*. 2. ed. Rio de Janeiro: GEN, 2019. E-book. Disponível em: https://app.minhabiblioteca.com.br/#/books/9788530983468/. Acesso em: 8 jul. 2024.

[257] MISQUIATI, Débora Fayad. Direitos obrigacionais com eficácia real. Colégio Registral Rio Grande do Sul. Disponível em: https://colegioregistralrs.org.br/artigos/488/direitos-obrigacionais-com--eficacia-real-debora-fayad-misquiati/. Acesso em: 4 jul. 2024.

ligadas à titularidade de um bem e impõem deveres acessórios ao seu titular, como é o caso das despesas de condomínio.

4.4.3.1.1. Contrato de locação de prédios

A Lei n. 6.015/73 contempla diversos aspectos relacionados ao contrato de locação. Entre os artigos que tratam especificamente desse tema, destacam-se os arts. 167, I, n. 3, e II, n. 16; e 242.

O **registro dos contratos de locação de prédios com cláusula de vigência** no caso de alienação da coisa locada tem como finalidade assegurar que, caso o imóvel seja vendido, a **locação será mantida até o término do prazo acordado no contrato, desde que essa cláusula esteja expressamente consignada**, sendo fundamental para proteger o direito do locatário, garantindo-lhe a continuidade da locação mesmo diante da alienação do imóvel para um terceiro.

Já a **averbação do contrato de locação para fins de exercício de direito de preferência** tem o intuito de garantir ao locatário **o direito de ser preferido em igualdade de condições com terceiros em caso de venda do imóvel**, conferindo-lhe uma proteção adicional, uma vez que o art. 33 da Lei do Inquilinato[258] determina que se o contrato de locação estiver averbado na matrícula do imóvel pelo menos **trinta dias antes da alienação**, o locatário preterido no seu direito de preferência pode depositar o preço e as demais despesas do ato de transferência e haver para si o imóvel locado, caso o faça **no prazo de seis meses do registro** do ato no cartório de imóveis. **Se o contrato de locação não estiver averbado, o locatário apenas poderá reclamar do alienante as perdas e danos.**

Ainda, o art. 242 da Lei n. 6.015/73[259] detalha os requisitos para o contrato de locação com cláusula de vigência no caso de alienação do imóvel, sendo necessário que seja registrado no Livro n. 2 do registro de imóveis para que o contrato tenha eficácia perante terceiros, especialmente no caso de alienação do imóvel.

> O registro deve consignar, além da cláusula de vigência, os seguintes elementos: valor do contrato, renda, prazo, período de duração da locação, tempo e lugar do pagamento e pena convencional.

---

[258] "Art. 33. O locatário preterido no seu direito de preferência poderá reclamar do alienante as perdas e danos ou, depositando o preço e demais despesas do ato de transferência, haver para si o imóvel locado, se o requerer no prazo de seis meses, a contar do registro do ato no cartório de imóveis, desde que o contrato de locação esteja averbado pelo menos trinta dias antes da alienação junto à matrícula do imóvel. Parágrafo único. A averbação far-se-á à vista de qualquer das vias do contrato de locação desde que subscrito também por duas testemunhas" (BRASIL. *Lei n. 8.245, de 18 de outubro de 1991*. Dispõe sobre as locações dos imóveis urbanos e os procedimentos a elas pertinentes. Disponível em: https://www.planalto.gov.br/ccivil_03/leis/l8245.htm. Acesso em: 4 jul. 2024).

[259] "Art. 242. O contrato de locação, com cláusula expressa de vigência no caso de alienação do imóvel, registrado no Livro n. 2, consignará também, o seu valor, a renda, o prazo, o tempo e o lugar do pagamento, bem como pena convencional" (BRASIL. *Lei n. 6.015, de 31 de dezembro de 1973*. Dispõe sobre os registros públicos, e dá outras providências. Disponível em: https://www.planalto.gov.br/ccivil_03/leis/l6015compilada.htm. Acesso em: 18 abr. 2024).

O registro do contrato de locação deve ser feito no cartório da circunscrição do imóvel, e é necessário para garantir a publicidade e a segurança jurídica. Nicolau Balbino Filho[260] explica que o **registro pode ser solicitado a qualquer momento, desde que o contrato ainda esteja vigente**.

Quanto ao cancelamento, a extinção da locação é cancelada por averbação na matrícula do imóvel. Embora não seja obrigatório, **o cancelamento ocorre automaticamente com o término do prazo do contrato, pois cessada a causa, cessam-se os efeitos**[261].

Sobre o tema, na Apelação Cível n. 010854-0/5[262], o CSMSP analisou um recurso de apelação envolvendo o registro de um contrato de locação comercial para um imóvel já locado a terceiro. O apelante buscava registrar um novo contrato de locação para o mesmo imóvel que já tinha um contrato registrado anteriormente, onde a locatária era um terceiro.

O registro preexistente da locação ainda vigente com o terceiro inviabilizava o registro do novo contrato de locação pretendido pelo apelante. O relator, Milton Evaristo dos Santos, destacou que o princípio da presunção de eficácia do registro não cancelado (art. 252 da LRP[263]) **impede que dois contratos de locação válidos coexistam sobre o mesmo imóvel ao mesmo tempo**.

Além disso, permitir o registro de duas locações diferentes para pessoas distintas geraria uma publicidade equivocada e poderia comprometer a segurança jurídica. Argumentos sobre a verdadeira locatária ou quem efetivamente ocupa o imóvel não são pertinentes ao escopo da análise restrita da dúvida registrária.

Dessa forma, o recurso de apelação foi negado, mantendo-se a recusa ao registro do novo contrato de locação, em conformidade com o entendimento de que a vigência da locação já registrada exclui a possibilidade de registro de outra locação para terceira pessoa sobre o mesmo imóvel.

4.4.3.1.2. Contrato de pagamento por serviços ambientais que estipulem obrigações de natureza propter rem

A Lei n. 14.385/2022 incluiu o item 45 no inciso I do art. 167 da LRP, o qual determina ser título hábil para registro na matrícula do imóvel o **contrato de pagamento por serviços ambientais, quando este estipular obrigações de natureza** *propter rem*.

---

[260] BALBINO FILHO, Nicolau. *Registro de imóveis*. 6. ed. São Paulo: Atlas, 1987.

[261] BORGES, Antonino Moura. *Registro de imóveis comentado*. Leme: Edijur, 2007.

[262] "Se o imóvel já está locado a terceiro, por contrato devidamente registrado, impossível se torna o registro de nova locação feita a outra pessoa" (CSMSP, Apelação Cível n. 010854-0/5, Rel. Milton Evaristo dos Santos, Foro de Marília, j. 27-11-1989).

[263] "Art. 252. O registro, enquanto não cancelado, produz todos os efeitos legais ainda que, por outra maneira, se prove que o título está desfeito, anulado, extinto ou rescindido" (BRASIL. *Lei n. 6.015, de 31 de dezembro de 1973*. Dispõe sobre os registros públicos, e dá outras providências. Disponível em: https://www.planalto.gov.br/ccivil_03/leis/l6015compilada.htm. Acesso em: 18 abr. 2024).

O **STJ, no Tema Repetitivo n. 1.204**[264], decidiu que as obrigações ambientais são *propter rem*, permitindo que **o credor exija reparação tanto do atual proprietário ou possuidor quanto dos anteriores**, desde que o direito real não tenha cessão antes da causação do dano.

A relatora, Ministra Assusete Magalhães, mencionou que esse entendimento já estava consolidado na **Súmula 623**[265], baseada na jurisprudência do STJ, que aplica essa **responsabilidade a todos os proprietários rurais, mesmo que não tenham sido os causadores do desmatamento anterior**.

A ministra esclareceu que o proprietário atual que não toma medidas contra a degradação ambiental preexistente também comete ato ilícito, pois **áreas de preservação permanente (APPs) e reservas legais são obrigações impostas diretamente pela lei**. Assim, qualquer um que se beneficie, agrave ou continue a degradação ambiental é considerado responsável.

A **responsabilidade ambiental é objetiva e solidária**, conforme a **Lei n. 6.938/81**, permitindo ao demandante processar tanto o antigo quanto o atual proprietário.

O antigo proprietário que não causou o dano não é responsável, a menos que tenha contribuído direta ou indiretamente para a degradação. A jurisprudência exige a **existência de um nexo causal** entre a ação ou omissão e o dano causado para configurar a responsabilidade.

No entanto, se o antigo proprietário conviveu com o dano ambiental preexistente e vendeu a propriedade sem reparar o ilícito, ele também é considerado responsável, pois a omissão de reparar o dano não é aceitável, nem ética nem juridicamente.

A **Lei n. 14.119/2021** define serviços ambientais e ecossistêmicos, descrevendo o pagamento por serviços ambientais como uma **transação voluntária entre pagadores e provedores de serviços, devendo tais contratos serem qualificados pelo registrador imobiliário**.

Moacyr Petrocelli de Ávila Ribeiro[266] destaca a crescente importância da publicidade registral como instrumento de proteção ambiental, permitindo a divulgação qualificada de informações ambientais para a sociedade.

O autor menciona que as obrigações ambientais se consolidaram como *propter rem*, ou seja, obrigações inerentes à coisa, que acompanham o imóvel independentemente do proprietário. Ele enfatiza a necessidade de concentrar essas obrigações no registro imobiliário para que futuros contratantes possam ter **conhecimento eficiente dos ônus ambientais associados ao imóvel**. Segundo o autor, o regime de transparência

---

[264] "As obrigações ambientais possuem natureza *propter rem*, sendo possível exigi-las, à escolha do credor, do proprietário ou possuidor atual, de qualquer dos anteriores, ou de ambos, ficando isento de responsabilidade o alienante cujo direito real tenha cessado antes da causação do dano, desde que para ele não tenha concorrido, direta ou indiretamente" (STJ, Tema Repetitivo n. 1.204).

[265] "As obrigações ambientais possuem natureza *propter rem*, sendo admissível cobrá-las do proprietário ou possuidor atual e/ou dos anteriores, à escolha do credor" (Súmula 623 do STJ).

[266] RIBEIRO, Moacyr Petrocelli de Ávila. Das atribuições. *In*: PEDROSO, Alberto Gentil de Almeida (org.). *Lei de Registros Públicos comentada*. Rio de Janeiro: Forense, 2023. cap. 4, p. 769-771.

brasileiro, regido pelo **princípio da máxima divulgação**, reforça o dever do Estado de tornar públicas as informações ambientais, promovendo a participação social e a preservação do meio ambiente.

4.4.3.1.3. *Contrato de arrendamento*

O contrato de arrendamento é um acordo no qual o proprietário de um bem, conhecido como **arrendador, cede temporariamente o uso e gozo desse bem a outra pessoa, o arrendatário, em troca de uma contribuição periódica**. Esse contrato pode incluir a possibilidade de o arrendatário **adquirir o bem ao final do período contratual**, com o valor total pago sendo descontado do preço de compra, sendo essa a **principal diferença entre arrendamento e locação**.

Durante a vigência do contrato de arrendamento, o arrendatário **usufrui** do bem e assume **responsabilidades pelas despesas e manutenção**. Os pagamentos podem ser feitos de forma semanal, mensal ou anual, conforme acordado entre as partes, e todos os detalhes do contrato, como a duração, o valor das parcelas, a periodicidade do pagamento e as condições de uso, devem ser formalizados.

Existem várias formas de arrendamento, como o arrendamento comercial, o rural, o mercantil, também conhecido como *leasing*, e o arrendamento de *royalties*, que se aplica a ativos intangíveis.

Em 2015, a **CNJ editou o Provimento n. 43**, sobre o registro de **contratos de arrendamento de imóveis rurais celebrados por estrangeiros**, exigindo que os contratos sejam formalizados por **escritura pública** quando celebrados por pessoas físicas estrangeiras residentes no Brasil, pessoas jurídicas estrangeiras autorizadas a operar no Brasil ou pessoas jurídicas brasileiras controladas por estrangeiros. Os tabeliães devem seguir as disposições legais pertinentes, incluindo a Lei n. 8.629/93, a Lei n. 4.504/64 e o CC/2002.

Além disso, é **necessária a autorização do Incra** para o arrendamento, conforme o **Decreto n. 74.965/74**. Essa autorização tem validade de 30 dias, dentro dos quais a escritura pública deve ser lavrada e o contrato registrado na circunscrição do imóvel em até 15 dias.

Os cartórios de registro de imóveis **devem inscrever esses contratos no Livro de Registro de Aquisição de Imóveis Rurais por Estrangeiros**[267] e enviar relatórios trimestrais às Corregedorias-Gerais da Justiça e ao Incra. Se o imóvel estiver em **área de segurança nacional**, é preciso obter o **assentimento prévio da Secretaria-Geral do Conselho de Segurança Nacional**.

---

[267] "Art. 435. Os cartórios de registro de imóveis inscreverão os contratos de arrendamento de imóvel rural celebrados por pessoas indicadas no art. 375 deste Código no Livro de Registro de Aquisição de Imóveis Rurais por Estrangeiros, na forma prevista no art. 15 do Decreto n. 74.965/1974. Parágrafo único. Os registros relativos a imóveis situados em comarcas ou circunscrições limítrofes serão feitos em todas elas, devendo constar dos registros esta circunstância" (Provimento n. 149/2023 do CNJ).

A CGJSP, no **Recurso Administrativo n. 0002642-82.2018.8.26.0270**[268], tratou de um pedido de providência envolvendo a averbação de uma incorporação societária que resultaria na transferência de um imóvel rural para uma pessoa jurídica estrangeira. No caso específico, a parte apelou contra a recusa à averbação de incorporação da empresa, alegando que a aquisição do imóvel ocorreu em 2010 e que a alteração societária envolvia apenas empresas do mesmo grupo econômico, sem necessidade de nova aquisição.

A decisão, no entanto, manteve a exigência de autorização do Incra para a transferência de imóveis rurais para pessoas jurídicas estrangeiras ou para empresas brasileiras controladas por capital estrangeiro, conforme disposto na Lei n. 5.709/71 e no Decreto n. 74.965/74.

Essas normas estabelecem que qualquer transferência, fusão, incorporação ou alteração de controle acionário envolvendo imóveis rurais devem seguir as mesmas restrições aplicáveis à aquisição de imóveis rurais por estrangeiros.

Portanto, o recurso foi negado, mantendo-se a necessidade de autorização do Incra para a averbação da incorporação, uma vez que as alterações societárias entre empresas com participação de capital estrangeiro devem seguir as restrições legais aplicáveis à aquisição de imóveis rurais por estrangeiros.

4.4.3.2. Ônus e gravames

Sérgio Jacomino e Nataly Cruz[269] buscaram fornecer uma base teórica para a organização sistemática dos elementos que compõem o sistema registral brasileiro, por meio da criação de uma taxonomia estruturada em classes e atributos, que focou nas expressões frequentemente utilizadas na prática cartorária que envolvem a limitação, restrição ou definição do direito de propriedade, como gravames, ônus, entre outros.

Para os autores, **gravame** refere-se a um termo que evoluiu historicamente de seu significado original de "fardo" ou "problema" para uma definição mais específica no contexto jurídico atual. Inicialmente utilizado para descrever **restrições ou ônus sobre direitos, limitando seu pleno exercício**, o termo foi ampliado para incluir novas formas de restrições emergentes, como aquelas encontradas nas regulamentações financeiras e de valores mobiliários.

Recentemente, gravame também se refere a restrições registradas em um novo tipo de registro especializado para ativos financeiros e valores mobiliários, visando transparência e eficácia frente a terceiros. Esse registro foi estabelecido para acompanhar

---

[268] "PEDIDO DE PROVIDÊNCIA — Pessoa jurídica estrangeira — Averbação de incorporação envolvendo transferência de imóvel — Exigência de autorização do Incra — Disposições legais e normativas sobre o tema — Aplicação das mesmas restrições relativas à aquisição de imóvel rural por estrangeiro aos casos de fusão ou incorporação de empresas, de alteração de controle acionário de sociedade, ou de transformação de pessoa jurídica nacional para pessoa jurídica estrangeira — Recurso não provido" (CGJSP, Recurso Administrativo n. 0002642-82.2018.8.26.0270, Rel. Geraldo Francisco Pinheiro Franco, Foro de Itapeva, j. 8-10-2019).

[269] JACOMINO, Sérgio; CRUZ, Nataly. *SREI — Ontologia titular — Ônus, gravames, encargos, restrições e limitações*. Disponível em: https://www.migalhas.com.br/arquivos/2021/11/FB4065A49350A6_2021.11.09-GRAVAME.pdf. Acesso em: 4 jul. 2024.

mudanças paradigmáticas no sistema de registro, destacando-se pela sua função de publicidade e validade legal.

Assim, "gravame" não apenas abrange restrições tradicionais sobre direitos, mas também se adapta às novas modalidades de garantias e restrições emergentes, refletindo uma evolução na terminologia e na prática registral contemporânea.

Já o **ônus** é um termo jurídico que engloba diversos significados e contextos ao longo da legislação brasileira. Originalmente, ele denota um **encargo, dever ou obrigação que recai sobre um direito real, limitando seu exercício pleno**. Segundo Sérgio Jacomino e Nataly Cruz[270], esse conceito histórico remonta à legislação do Brasil Império, onde era usado para descrever obrigações vinculadas à propriedade de terras devolutas, como servidões e concessões para estradas públicas.

Contudo, sua definição moderna abrange também um aspecto mais técnico: é visto como **um vínculo imposto pela lei à vontade do sujeito, em benefício próprio, diferenciando-se de uma obrigação ou dever que visa interesses de terceiros**. Um exemplo citado pelos autores é a obrigação de registrar uma penhora no registro de imóveis para evitar fraude à execução, que é um ônus que não acarreta sanção direta ao sujeito, mas garante uma vantagem econômica pela preservação do direito pretendido.

Especificamente no contexto do registro de imóveis, a legislação brasileira, especialmente a partir do regulamento hipotecário de 1864, consolidou o conceito de **ônus reais**, referindo-se aos **direitos reais que impõem encargos sobre um bem imóvel, como servidões, uso, habitação, entre outros**. Esses direitos são distintos dos **ônus pessoais**, que são **obrigações impostas diretamente pelos proprietários aos seus bens**[271].

O CC/16 e os regulamentos subsequentes, como o Decreto n. 18.542/28 e o Decreto n. 4.857/39, mantiveram a terminologia e estabeleceram requisitos específicos para o registro de ônus reais no registro de imóveis. Por exemplo, os títulos constitutivos desses ônus deveriam ser transcritos de forma detalhada nas colunas específicas dos livros registrais, garantindo sua eficácia contra terceiros.

A Lei n. 6.015/73 também faz referência direta aos ônus, equiparando a hipoteca a um ônus real. O art. 197 da LRP[272] determina que qualquer novo título apresentado para registro deve vir acompanhado de certidão atualizada que comprove a existência ou inexistência de ônus anteriores sobre o imóvel, sendo essa informação essencial para a

---

[270] JACOMINO, Sérgio; CRUZ, Nataly. *SREI — Ontologia titular — Ônus, gravames, encargos, restrições e limitações.* Disponível em: https://www.migalhas.com.br/arquivos/2021/11/FB4065A49350A6_2021.11.09-GRAVAME.pdf. Acesso em: 4 jul. 2024.

[271] JACOMINO, Sérgio; CRUZ, Nataly. *SREI — Ontologia titular — Ônus, gravames, encargos, restrições e limitações.* Disponível em: https://www.migalhas.com.br/arquivos/2021/11/FB4065A49350A6_2021.11.09-GRAVAME.pdf. Acesso em: 4 jul. 2024.

[272] "Art. 197. Quando o título anterior estiver registrado em outro cartório, o novo título será apresentado juntamente com certidão atualizada, comprobatória do registro anterior, e da existência ou inexistência de ônus" (BRASIL. *Lei n. 6.015, de 31 de dezembro de 1973.* Dispõe sobre os registros públicos, e dá outras providências. Disponível em: https://www.planalto.gov.br/ccivil_03/leis/l6015compilada.htm. Acesso em: 18 abr. 2024).

segurança jurídica das transações imobiliárias, pois permite aos interessados conhecerem todos os encargos que possam afetar o bem.

O art. 230[273] da referida lei determina os passos a serem seguidos pelo oficial de registro de imóveis quando uma certidão indica a existência de ônus sobre um imóvel. Primeiramente, o oficial deve fazer a matrícula e, em seguida, deve averbar no registro a existência, a natureza e o valor desse ônus.

Além disso, normativas subsequentes, como a Lei n. 7.433/85 e seus regulamentos, reforçam a exigência de certidões de ônus reais para a lavratura de escrituras, assegurando que todas as obrigações e gravames sejam devidamente registrados e transparentes para todos os envolvidos[274].

4.4.3.2.1. Penhora, arresto e sequestro

No sistema jurídico brasileiro, existem diversas **medidas judiciais destinadas a assegurar o cumprimento de obrigações judiciais**. O arresto, o sequestro e a penhora são algumas delas, cada uma com características específicas e aplicabilidades distintas.

Essas medidas são previstas no CPC, e a Lei n. 6.015/73 estipula, em seu art. 167, I, n. 5, que deve ser feito o registro das penhoras, arrestos e sequestros de imóveis; assim, garante-se a publicidade das informações e a eficácia perante terceiros.

O **art. 301 do CPC** autoriza a adoção de **medidas cautelares como arresto e sequestro para assegurar direitos**, enquanto o art. 830 estabelece os procedimentos para a efetivação do arresto, incluindo a citação do executado.

> Art. 301. A tutela de urgência de natureza cautelar pode ser efetivada mediante arresto, sequestro, arrolamento de bens, registro de protesto contra alienação de bem e qualquer outra medida idônea para asseguração do direito.

O **arresto, contido no art. 828 do CPC**, é uma **medida cautelar** que permite a **apreensão de bens do devedor** logo no início do processo de execução, visando garantir sua efetividade por ser uma forma de **evitar que o devedor se desfaça de seus bens antes da conclusão do processo judicial**.

> Art. 828. O exequente poderá obter certidão de que a execução foi admitida pelo juiz, com identificação das partes e do valor da causa, para fins de averbação no registro de imóveis, de veículos ou de outros bens sujeitos a penhora, arresto ou indisponibilidade.

---

[273] "Art. 230. Se na certidão constar ônus, o oficial fará a matrícula, e, logo em seguida ao registro, averbará a existência do ônus, sua natureza e valor, certificando o fato no título que devolver à parte, o que o correrá, também, quando o ônus estiver lançado no próprio cartório" (BRASIL. *Lei n. 6.015, de 31 de dezembro de 1973*. Dispõe sobre os registros públicos, e dá outras providências. Disponível em: https://www.planalto.gov.br/ccivil_03/leis/l6015compilada.htm. Acesso em: 18 abr. 2024).

[274] JACOMINO, Sérgio; CRUZ, Nataly. *SREI — Ontologia titular — Ônus, gravames, encargos, restrições e limitações*. Disponível em: https://www.migalhas.com.br/arquivos/2021/11/FB4065A49350A6_2021.11.09-GRAVAME.pdf. Acesso em: 4 jul. 2024.

§ 1.º No prazo de 10 (dez) dias de sua concretização, o exequente deverá comunicar ao juízo as averbações efetivadas.

§ 2.º Formalizada penhora sobre bens suficientes para cobrir o valor da dívida, o exequente providenciará, no prazo de 10 (dez) dias, o cancelamento das averbações relativas àqueles não penhorados.

§ 3.º O juiz determinará o cancelamento das averbações, de ofício ou a requerimento, caso o exequente não o faça no prazo.

§ 4.º Presume-se em fraude à execução a alienação ou a oneração de bens efetuada após a averbação.

§ 5.º O exequente que promover averbação manifestamente indevida ou não cancelar as averbações nos termos do § 2.º indenizará a parte contrária, processando-se o incidente em autos apartados.

Já o **sequestro** é utilizado quando há disputa judicial sobre a propriedade de um **bem específico**, e tem como objetivo principal evitar a deterioração ou perda do bem durante a pendência da ação.

Por sua vez, a **penhora** consiste na **constrição judicial de um bem ou direito do devedor para garantir o pagamento da dívida executada**. Quando decretada, a penhora assegura que ele possa ser utilizado para quitar parcial ou integralmente o débito em questão. Ressalta-se, ainda, que a penhora nos processos de execução federal, promovida em favor da **Fazenda Pública Nacional, suas autarquias e fundações**, gera automaticamente a **indisponibilidade do imóvel**, conforme disposto no art. 53, § 1.º, da Lei n. 8.212/91.

O art. 831[275] do CPC detalha que a penhora deve incidir sobre bens suficientes para cobrir o valor principal da dívida, juros, custas e honorários advocatícios, enquanto os arts. 832 e 833[276] dispõem sobre os bens que não podem ser objeto de penhora, por serem considerados impenhoráveis ou inalienáveis pela lei.

---

[275] "Art. 831. A penhora deverá recair sobre tantos bens quantos bastem para o pagamento do principal atualizado, dos juros, das custas e dos honorários advocatícios" (BRASIL. *Lei n. 13.105, de 16 de março de 2015*. Código de Processo Civil. Disponível em: https://www.planalto.gov.br/ccivil_03/_ato2015-2018/2015/lei/l13105.htm. Acesso em: 4 jul. 2024).

[276] "Art. 832. Não estão sujeitos à execução os bens que a lei considera impenhoráveis ou inalienáveis. Art. 833. São impenhoráveis: I — os bens inalienáveis e os declarados, por ato voluntário, não sujeitos à execução; II — os móveis, os pertences e as utilidades domésticas que guarnecem a residência do executado, salvo os de elevado valor ou os que ultrapassem as necessidades comuns correspondentes a um médio padrão de vida; III — os vestuários, bem como os pertences de uso pessoal do executado, salvo se de elevado valor; IV — os vencimentos, os subsídios, os soldos, os salários, as remunerações, os proventos de aposentadoria, as pensões, os pecúlios e os montepios, bem como as quantias recebidas por liberalidade de terceiro e destinadas ao sustento do devedor e de sua família, os ganhos de trabalhador autônomo e os honorários de profissional liberal, ressalvado o § 2.º; V — os livros, as máquinas, as ferramentas, os utensílios, os instrumentos ou outros bens móveis necessários ou úteis ao exercício da profissão do executado; VI — o seguro de vida; VII — os materiais necessários para obras em andamento, salvo se essas forem penhoradas; VIII — a pequena propriedade rural, assim definida em lei, desde que trabalhada pela família; IX — os recursos públicos recebidos por instituições privadas para aplicação compulsória em educação,

Maria Helena Diniz[277] explica que, para registrar penhoras, arrestos e sequestros de imóveis, é necessário **um mandado judicial ou uma certidão emitida pelo escrivão do processo**. A autora menciona que esses registros devem ser realizados após o pagamento das custas de registro pela parte interessada, no momento do pedido ou da apresentação do título.

O registro pode ser solicitado pelo interessado, pela administração pública, ou ser feito *ex officio*. A certidão usada para o registro, lavrada pelo escrivão, deve incluir os nomes do juiz, do depositário, das partes e a natureza do processo, e deve ser lavrada com a finalidade específica a que se destina (**Lei n. 6.015/73, art. 239**[278]).

Sobre o ato registral a ser praticado (registro ou averbação), a Lei n. 6.015/73, em seu art. 167, I, n. 5, dispõe que no registro de imóveis, além da matrícula, serão feitos os registros das penhoras, arrestos e sequestros de imóveis. No entanto, o CPC/2015 levantou divergências quanto à natureza do ato para formalização dessas constrições judiciais no fólio real (art. 799, IX).

Na jurisprudência administrativa do estado de São Paulo, posicionou-se pelo ato sujeito à averbação e não de registro (CSMSP, Processo n. 0008999-63.2018.8.26.0566, Rel. Geraldo Francisco Pinheiro Franco, j. 9-1-2019), derrogando a disposição contida na LRP.

Por fim, Antonio Moura Borges[279] esclarece que quando a razão da averbação não existir mais ou o litígio for resolvido, o interessado pode solicitar o cancelamento da averbação.

---

saúde ou assistência social; X — a quantia depositada em caderneta de poupança, até o limite de 40 (quarenta) salários mínimos; XI — os recursos públicos do fundo partidário recebidos por partido político, nos termos da lei; XII — os créditos oriundos de alienação de unidades imobiliárias, sob regime de incorporação imobiliária, vinculados à execução da obra. § 1.º A impenhorabilidade não é oponível à execução de dívida relativa ao próprio bem, inclusive àquela contraída para sua aquisição. § 2.º O disposto nos incisos IV e X do *caput* não se aplica à hipótese de penhora para pagamento de prestação alimentícia, independentemente de sua origem, bem como às importâncias excedentes a 50 (cinquenta) salários mínimos mensais, devendo a constrição observar o disposto no art. 528, § 8.º, e no art. 529, § 3.º. § 3.º Incluem-se na impenhorabilidade prevista no inciso V do *caput* os equipamentos, os implementos e as máquinas agrícolas pertencentes a pessoa física ou a empresa individual produtora rural, exceto quando tais bens tenham sido objeto de financiamento e estejam vinculados em garantia a negócio jurídico ou quando respondam por dívida de natureza alimentar, trabalhista ou previdenciária" (BRASIL. *Lei n. 13.105, de 16 de março de 2015.* Código de Processo Civil. Disponível em: https://www.planalto.gov.br/ccivil_03/_ato2015-2018/2015/lei/l13105.htm. Acesso em: 4 jul. 2024).

[277] DINIZ, Maria Helena. *Sistemas de registros de imóveis*. 3. ed. São Paulo: Saraiva, 2000.

[278] "Art. 239. As penhoras, arrestos e sequestros de imóveis serão registrados depois de pagas as custas do registro pela parte interessada, em cumprimento de mandado ou à vista de certidão do escrivão, de que constem, além dos requisitos exigidos para o registro, os nomes do juiz, do depositário, das partes e a natureza do processo. Parágrafo único. A certidão será lavrada pelo escrivão do feito, com a declaração do fim especial a que se destina, após a entrega, em cartório, do mandado devidamente cumprido" (BRASIL. *Lei n. 6.015, de 31 de dezembro de 1973*. Dispõe sobre os registros públicos, e dá outras providências. Disponível em: https://www.planalto.gov.br/ccivil_03/leis/l6015compilada.htm. Acesso em: 18 abr. 2024).

[279] BORGES, Antonino Moura. *Registro de imóveis comentado*. Leme: Edijur, 2007.

4.4.3.2.2. Citações de ações reais ou pessoais reipersecutórias

Segundo Maria Helena Diniz[280], a **ação real** serve para **proteger um direito real sobre um bem**, como o direito de propriedade ou outros direitos reais limitados, e deve ser proposta pelo titular do direito contra quem não o reconhece. Essas ações incluem a **reivindicatória, negatória, de manutenção e de reintegração de posse, de usucapião**, entre outras, e sempre têm como objeto o bem imóvel ou algum direito real sobre ele.

A autora explica que as **ações pessoais reipersecutórias**, embora originadas de relações obrigacionais, também devem ser registradas se envolverem um imóvel, pois têm como objetivo a obtenção de um direito real ou o esclarecimento de dúvidas sobre o bem.

Quando uma ação real é proposta em relação a um imóvel, é necessário **registrar a citação no registro de imóveis da circunscrição do imóvel** para dar publicidade à demanda, garantindo a segurança dos negócios jurídicos.

O item 21 do inciso I do art. 167 da Lei n. 6.015/73, repetido no **art. 54 da Lei n. 13.097/2015**, visa garantir a publicidade formal, uma das principais funções do registro imobiliário. Após a proposição da ação e a citação do réu, o autor deve solicitar uma **certidão que comprove essa ocorrência para realizar o registro devido**.

Frederico Henrique Viegas de Lima[281] recorda que se o réu for casado, a citação do cônjuge é necessária, exceto se o casamento for sob o regime de separação absoluta de bens, sendo a competência territorial das ações reais determinada pela localização do imóvel.

O autor esclarece que o registro imobiliário não é um ato judicial realizado automaticamente pelo juiz, mas sim uma **faculdade do autor da ação**. Além disso, o registrador imobiliário não atua de ofício, mas sim mediante solicitação da parte interessada, conforme o **princípio da rogação do registro imobiliário**.

Assim, o risco de não realizar o referido registro é que a ação não surta os efeitos esperados, caso ocorra a alienação do bem, uma vez que o terceiro adquirente não teria ciência da situação jurídica do imóvel por falta de informações públicas.

4.4.3.3. Outras inscrições

4.4.3.3.1. Bem de família

Ivan Jacopetti do Lago[282] discute o registro do bem de família, destacando que ele pode ser instituído **voluntariamente** por meio de um ato jurídico, **diferentemente do bem de família legal previsto na Lei n. 8.009/90, que é reconhecido judicialmente e**

---

[280] DINIZ, Maria Helena. *Sistemas de registros de imóveis.* 3. ed. São Paulo: Saraiva, 2000.

[281] ALVIM NETO, José Manuel de Arruda; CLÁPIS, Alexandre L.; CAMBLER, Everaldo A. *Lei de Registros Públicos comentada.* 2. ed. Rio de Janeiro: GEN, 2019. E-book. Disponível em: https://app.minhabiblioteca.com.br/#/books/9788530983468/. Acesso em: 14 jul. 2024.

[282] *In*: PEDROSO, Alberto Gentil de Almeida (org.). *Princípios do registro de imóveis brasileiro.* São Paulo: Thomson Reuters Brasil, 2020.

não precisa de registro no registro de imóveis. Contudo, alguns doutrinadores defendem que, uma vez reconhecido judicialmente, ele também poderia ser averbado no registro imobiliário.

Os arts. 1.711 a 1.722 do CC e 260 a 265 da Lei n. 6.015/73 regulamentam o bem de família voluntário. Segundo o art. 1.712[283] do CC, o bem de família é uma instituição legal que visa proteger o **imóvel residencial** utilizado como domicílio familiar, **tornando-o impenhorável por dívidas, exceto em casos específicos, como tributos incidentes sobre o imóvel e despesas condominiais**.

A Lei n. 6.015/73 regulamenta sua instituição, que deve ser realizada por meio de **escritura pública**. O instituidor declara o imóvel como bem de família, destinando-o ao domicílio familiar, e fica protegido contra execuções. Após a escritura, esta deve ser apresentada ao oficial do registro, que providenciará sua **publicação em jornal local**, permitindo que terceiros possam contestar a instituição em um **prazo de 30 dias**. Se não houver contestação, o oficial transcreve a escritura **no Livro n. 3 e realiza a inscrição na matrícula do imóvel**. Caso haja **contestação, o registro é suspenso**, mas o instituidor pode requerer ao juiz que ordene o registro mesmo com a pendência.

O CC também regula o bem de família, permitindo que cônjuges ou entidades familiares destinem parte de seu patrimônio para instituí-lo, **desde que o valor não ultrapasse um terço do patrimônio líquido**. O bem de família **pode abranger imóveis urbanos ou rurais e valores mobiliários**, cuja renda será aplicada na manutenção do imóvel e no sustento da família.

Ivan Jacopetti do Lago[284] destaca a possibilidade de incluir vagas de garagem no bem de família e a questão da ineficácia do registro em face de dívidas anteriores. Ele enfatiza a necessidade de conformidade com os requisitos legais para garantir a validade e eficácia da proteção conferida pelo bem de família.

> A proteção conferida pelo bem de família **perdura enquanto um dos cônjuges estiver vivo ou até que os filhos completem a maioridade**. A **alienação ou a destinação diversa** do imóvel só pode ocorrer com o **consentimento dos interessados e a oitiva do Ministério Público**.

O bem de família pode ser instituído não apenas pelos proprietários diretos, mas também **por terceiros**, mediante **testamento ou doação**, desde que haja aceitação expressa dos beneficiários. Ademar Fioranelli[285] evidencia que titulares de direitos reais limitados (promitente comprador ou usufrutuário, por exemplo) não têm legitimidade para instituir o bem de família.

---

[283] "Art. 1.712. O bem de família consistirá em prédio residencial urbano ou rural, com suas pertenças e acessórios, destinando-se em ambos os casos a domicílio familiar, e poderá abranger valores mobiliários, cuja renda será aplicada na conservação do imóvel e no sustento da família" (BRASIL. *Lei n. 10.406, de 10 de janeiro de 2002*. Institui o Código Civil. Disponível em: https://www.planalto.gov.br/ccivil_03/leis/2002/l10406compilada.htm. Acesso em: 15 maio 2024).

[284] PEDROSO, Alberto Gentil de Almeida (org.). *Princípios do registro de imóveis brasileiro*. São Paulo: Thomson Reuters Brasil, 2020.

[285] FIORANELLI, Ademar. Bem de família no novo Código Civil e o registro de imóveis. *Revista de Direito Imobiliário*, v. 28, n. 59, p. 13-28, jul./dez. 2005.

Uma vez instituído e registrado, o imóvel é protegido contra execuções por dívidas posteriores à sua instituição, salvo as exceções legais. **A dissolução da sociedade conjugal não extingue automaticamente o bem de família**, exceto se solicitado pelo cônjuge sobrevivente, e ele **se extingue com a morte de ambos os cônjuges e a maioridade dos filhos, desde que não sujeitos a curatela**.

Além disso, em caso de impossibilidade de manutenção do bem de família nas condições em que foi instituído, o juiz pode, a pedido dos interessados e após ouvir o Ministério Público, autorizar a **sub-rogação** dos bens que o constituem por outros, ou mesmo sua extinção. O registro do bem de família é **constitutivo**, ou seja, ele só existe juridicamente após sua inscrição no registro de imóveis, conferindo proteção contra execuções futuras, mas permanecendo sujeito a dívidas anteriores à sua instituição.

Em um exemplo prático, na **Apelação Cível n. 1067433-97.2020.8.26.0100**, o CSMSP analisou caso no qual buscava-se registrar a instituição de bem de família de imóvel penhorado pela Fazenda Nacional. O apelante argumentou que o imóvel, sendo residência de sua família desde 1985, deveria estar protegido pela impenhorabilidade legal.

> REGISTRO DE IMÓVEIS. Escritura pública de instituição de bem de família. Título qualificado negativamente. Indisponibilidade decorrente de penhora em favor da Fazenda Nacional que impede qualquer ato de disposição do bem, que não a forçada. Exigência de levantamento da constrição averbada na matrícula. A situação registral a ser analisada é aquela existente no momento em que apresentada a escritura para registro. Inadmissibilidade de registro condicional. Instituição voluntária do bem de família, com o registro obrigatório no ofício imobiliário da situação do bem, que se destina ao abrigo ou proteção familiar. Ato que não importa em alienação do imóvel, o qual permanece sob o domínio do devedor do crédito que originou a penhora. Instituição do bem de família ineficaz em relação à credora que penhorou o imóvel anteriormente, por força do direito de sequela. Óbice afastado. Dá-se provimento ao recurso interposto (Apelação Cível n. 1067433-97.2020.8.26.0100, Rel. Ricardo Mair Anafe, CSMSP, j. 4-5-2021).

O oficial de registro de imóveis recusou o registro, alegando que a penhora em favor da Fazenda Nacional tornava o imóvel indisponível, conforme o art. 53, § 1.º, da Lei n. 8.212/91, que estabelece que bens penhorados por dívida ativa da União ficam indisponíveis, impedindo qualquer ato de disposição.

Na apelação, foi sustentado que o imóvel já era um bem de família protegido antes da penhora e que o registro condicional deveria ser permitido até a decisão final dos embargos à execução fiscal.

O CSMSP, ao analisar o caso, reconheceu que a **instituição de bem de família não equivale a uma alienação do imóvel, pois o bem permanece sob o domínio do devedor**. No entanto, essa instituição não é eficaz contra a Fazenda Nacional devido ao direito de sequela, que permite que o credor siga o bem, independentemente de mudanças em sua titularidade.

A decisão concluiu que a penhora não deve impedir o registro da instituição de bem de família. O Tribunal permitiu, então, o registro do bem de família, destacando a necessidade de proteger a residência familiar, mesmo diante de penhoras preexistentes.

4.4.3.3.2. Convenções antenupciais e pactos patrimoniais de união estável

O art. 167, I, n. 12, da Lei n. 6.015/73 informa que devem ser **registradas as convenções antenupciais**, enquanto o item 1 do inciso II afirma que devem ser **averbadas as convenções antenupciais e do regime de bens diversos do legal**, nos registros referentes a imóveis ou a direitos reais pertencentes a qualquer dos cônjuges, inclusive os adquiridos posteriormente ao casamento.

> Para que o pacto antenupcial tenha validade, é necessário que seja **formalizado em escritura pública e que o casamento efetivamente ocorra**, como estipulado pelo art. 1.653 do CC[286], pois sem o casamento, o pacto não produz os efeitos jurídicos almejados.
>
> Uma vez cumpridos esses requisitos, os noivos podem escolher entre diferentes regimes de bens, como a separação total, comunhão universal ou participação final nos aquestos. Esses regimes podem ser combinados, permitindo, por exemplo, que certos bens sejam separados e outros sejam comuns.

Além disso, para que o pacto antenupcial produza efeitos perante terceiros, ele deve ser registrado no cartório de registros do domicílio conjugal, conforme o **art. 1.657 do CC**[287]. O registro garante a publicidade do pacto, informando terceiros sobre a situação patrimonial dos cônjuges. Sem esse registro, o pacto só terá validade entre os próprios noivos e seus herdeiros.

Ralpho Waldo de Barros Monteiro Filho[288] explica que não se deve confundir o registro do pacto antenupcial com a averbação desse pacto nos registros de imóveis. O registro do pacto antenupcial é um ato principal e independente, que documenta a situação patrimonial dos cônjuges e torna essa informação acessível a terceiros interessados. O registro, **conforme art. 178, V, da Lei n. 6.015/73, ocorre no Livro n. 3 — Registro Auxiliar**.

Por outro lado, a averbação é um ato acessório, realizado com base no **inciso II, n. 1, do art. 167**. A averbação consiste em vincular o pacto antenupcial às matrículas dos imóveis pertencentes ao casal ou adquiridos sob regimes de bens específicos. Dessa forma, a averbação relaciona diretamente a situação patrimonial dos cônjuges com os imóveis envolvidos, mostrando como os bens serão administrados conforme o pacto. Portanto, o registro e a averbação servem a propósitos distintos e são realizados de maneiras diferentes.

---

[286] "Art. 1.653. É nulo o pacto antenupcial se não for feito por escritura pública, e ineficaz se não lhe seguir o casamento" (BRASIL. *Lei n. 10.406, de 10 de janeiro de 2002*. Institui o Código Civil. Disponível em: https://www.planalto.gov.br/ccivil_03/leis/2002/l10406compilada.htm. Acesso em: 15 maio 2024).

[287] "Art. 1.657. As convenções antenupciais não terão efeito perante terceiros senão depois de registradas, em livro especial, pelo oficial do registro de imóveis do domicílio dos cônjuges" (BRASIL. *Lei n. 10.406, de 10 de janeiro de 2002*. Institui o Código Civil. Disponível em: https://www.planalto.gov.br/ccivil_03/leis/2002/l10406compilada.htm. Acesso em: 15 maio 2024).

[288] *In*: ALVIM NETO, José Manuel de Arruda; CLÁPIS, Alexandre L.; CAMBLER, Everaldo A. *Lei de Registros Públicos comentada*. 2. ed. Rio de Janeiro: GEN, 2019. E-book. Disponível em: https://app.minhabiblioteca.com.br/#/books/9788530983468/. Acesso em: 15 jul. 2024.

4.4.3.3.3. Incorporação imobiliária

A incorporação imobiliária é uma atividade regulamentada pela **Lei n. 4.591/64**, que estabelece as diretrizes e normas que regem a incorporação no Brasil. Segundo a lei, a incorporação imobiliária é a atividade exercida com o intuito de promover e realizar a **construção de edificações ou conjuntos de edificações** compostas de unidades autônomas, **destinadas à alienação total ou parcial**.

O art. 29 da referida lei define quem pode ser considerado **incorporador**, que pode ser uma **pessoa física ou jurídica, comerciante ou não**, que, mesmo sem realizar a construção, comprometa-se ou efetive a **venda de frações ideais de terreno vinculadas a unidades autônomas em edifícios** a serem construídos ou em construção sob regime condominial. A responsabilidade do incorporador inclui a coordenação e a conclusão da incorporação, garantindo a entrega das obras no prazo, preço e condições estipuladas. Além disso, presume-se a vinculação entre a alienação das frações de terreno e o negócio de construção se, no momento da venda ou promessa de venda, o projeto de construção já estiver aprovado ou pendente de aprovação.

A lei também estende a condição de incorporador aos proprietários e titulares de direitos aquisitivos que contratem a construção de edifícios destinados à constituição em condomínio, **desde que iniciem as alienações antes da conclusão das obras**.

Quanto à responsabilidade pela incorporação imobiliária, o art. 31 informa que cabe ao incorporador, que pode ser o **proprietário** do terreno, o **promitente comprador**, o **cessionário** do terreno ou o **promitente cessionário**, o **construtor** ou **corretor de imóveis**, ou ainda o **ente da Federação imitido na posse** a partir de decisão judicial de desapropriação. A legislação exige que qualquer incorporação indique expressamente o nome do incorporador, que deve ser identificado de forma ostensiva no local da construção.

Ademais, o incorporador deve estar investido de **mandato outorgado por instrumento público** para concluir todos os negócios relacionados à alienação das frações ideais de terreno. A lei também determina que todos os **incorporadores, independentemente da forma de constituição da incorporação, são solidariamente responsáveis**.

Para que o incorporador possa alienar ou onerar as frações ideais de terrenos e acessões que corresponderão às futuras unidades autônomas, é necessário o **registro do memorial de incorporação** no cartório de registro de imóveis competente, conforme estipulado no art. 32 da Lei n. 4.591/64, com a redação dada pela Lei n. 14.382/2022. Esse memorial deve incluir diversos documentos essenciais para garantir a segurança jurídica e a transparência do processo.

Esse tema será explorado em maior profundidade no tomo 2 desta obra, que tratará dos procedimentos especiais do registro de imóveis.

4.4.3.3.4. Convenção de condomínio

O Título I da Lei n. 4.591/64 dispõe sobre o condomínio, regulamentando as edificações ou conjuntos de edificações compostas por unidades isoladas entre si, sejam elas destinadas a fins residenciais ou não residenciais. Segundo a norma, cada unidade constitui uma propriedade autônoma sujeita às limitações legais e deve ser identificada por designação especial, numérica ou alfabética, com uma fração ideal do terreno e das áreas comuns a ela vinculada.

> As **unidades autônomas são propriedades exclusivas dos seus titulares**, incluindo as áreas destinadas à guarda de veículos, as quais são tratadas como propriedade exclusiva e vinculadas às unidades habitacionais, conforme os §§ 1.º a 3.º do art. 2.º. Essas unidades **podem ser alienadas ou transferidas sem necessidade de consentimento dos demais condôminos**, desde que o alienante comprove a quitação das obrigações condominiais. As **partes comuns do condomínio**, como terreno, fundações, paredes externas, teto e áreas internas de ventilação, **são de propriedade de todos os condôminos e são indivisíveis**.

O **condomínio pode ser instituído por ato entre vivos ou por testamento, com inscrição obrigatória no registro de imóveis**, onde deve constar a individualização e discriminação de cada unidade, bem como a fração ideal do terreno e das partes comuns, conforme estabelece o art. 7.º.

A **convenção de condomínio** é elaborada pelos proprietários, promitentes compradores, cessionários ou promitentes cessionários das unidades autônomas e deve ser aprovada por contrato ou deliberação em assembleia. Essa convenção deve ser **registrada no registro de imóveis, e devem ser averbadas todas as suas alterações**, sendo obrigatória para todos os proprietários e ocupantes, atuais e futuros, desde que aprovada por titulares de direitos que representem, no mínimo, **2/3 das frações ideais que compõem o condomínio**.

A convenção deve conter a discriminação das partes de propriedade exclusiva e comum, o destino das diferentes partes, o modo de uso das coisas e serviços comuns, e as atribuições do síndico, entre outros requisitos.

Esse tema será explorado em maior profundidade no tomo 2 desta obra, que tratará dos procedimentos especiais do registro de imóveis.

4.4.3.3.5. Loteamento

O registro de loteamento e desmembramento, conforme previsto no **art. 18 da Lei n. 6.766/79**, requer a submissão do **projeto aprovado** ao registro imobiliário dentro de **180 dias**, de forma que a não observância desse prazo resulta na **caducidade da aprovação**.

Para efetuar o registro, o loteador deve apresentar uma série de documentos, que são descritos detalhadamente na lei.

Entre os documentos exigidos estão o **título de propriedade** do imóvel ou a certidão da matrícula, além de um **histórico dos títulos** de propriedade abrangendo os últimos 20 anos. É necessário também apresentar **certidões negativas** de tributos federais, estaduais e municipais incidentes sobre o imóvel, bem como certidões negativas de ações reais referentes ao imóvel, ações penais contra o patrimônio e a administração pública, ações cíveis e penais relativas ao loteador, e certidões dos cartórios de protestos de títulos em nome do loteador pelo período de cinco anos.

Além disso, é indispensável incluir uma **cópia do ato de aprovação** do loteamento e o **comprovante do termo de verificação** pelo município ou Distrito Federal das obras exigidas pela legislação municipal. Essas obras incluem, no mínimo, a execução das vias de circulação, demarcação dos lotes, quadras e logradouros, e as obras de escoamento das águas pluviais, **ou a aprovação de um cronograma** com duração máxima de **quatro anos, prorrogáveis por mais quatro, acompanhado de um instrumento de garantia para a execução das obras.**

Adicionalmente, a lei prevê dispensas e substituições para alguns documentos em casos específicos. Por exemplo, o título de propriedade é **dispensado** para **parcelamentos populares destinados às classes de menor renda** em imóveis declarados de utilidade pública com processo de desapropriação em curso e imissão provisória na posse, promovidos pela União, Estados, Distrito Federal, municípios ou suas entidades delegadas. As certidões exigidas podem ser substituídas por exibição de informações trimestrais e demonstrações financeiras anuais para companhias abertas, ou por impressões do andamento do processo digital, conforme o caso.

A regulamentação detalhada visa assegurar que o loteamento ou desmembramento do imóvel ocorra de forma ordenada e transparente, protegendo os direitos dos futuros adquirentes dos lotes e garantindo a infraestrutura necessária para o desenvolvimento urbano.

Esse tema será explorado em maior profundidade no tomo 2 desta obra, que tratará dos procedimentos especiais do registro de imóveis.

4.4.3.3.6. Divisão

Dividir um imóvel significa transformar uma propriedade existente em várias unidades autônomas, que podem ser destinadas a diferentes finalidades. Cada nova unidade criada recebe uma matrícula individualizada no registro de imóveis, representando sua fração ideal do terreno e das áreas comuns. Para realizar essa divisão, é necessário obter **aprovação dos órgãos competentes**, como a prefeitura, que emitirá o alvará de aprovação do projeto. A documentação exigida pode incluir projetos arquitetônicos, estudos de impacto ambiental, se aplicável, e o pagamento das taxas pertinentes.

Quando um imóvel pertence a dois proprietários, a divisão pode ser realizada de maneira **amigável ou judicial**, conforme o CC. O art. 1.320 permite que qualquer condômino exija a divisão da propriedade comum, com cada parte assumindo suas despesas correspondentes.

> Se houver acordo entre os proprietários, a divisão pode ser formalizada por meio de uma **escritura pública de divisão amigável**, processo que inicia com a solicitação de divisão na prefeitura e, após a autorização, a documentação é apresentada no cartório de notas para a realização da escritura pública, que possibilitará a abertura de matrículas individuais para cada unidade, assegurando a individualização das frações e a segurança jurídica.

O processo de divisão amigável começa com a avaliação da área total do imóvel e a individualização das frações. Com os lotes identificados, busca-se a regularização perante o município. A formalização da partilha se dá por meio de uma escritura pública, reconhecida legalmente, permitindo a **abertura de matrículas individuais** e conferindo segurança jurídica a todos os envolvidos.

Nota-se que a divisão de um imóvel é um processo complexo que requer o cumprimento de requisitos legais e técnicos. Na **Apelação Cível n. 1039805-36.2020.8.26.0100**, a CGJSP analisou o recurso interposto contra a recusa do oficial de registro de imóveis em registrar uma escritura de divisão amigável de imóvel com base na exigência de uma comprovação de que não haveria incidência do Imposto de Transmissão de Bens Imóveis (ITBI), por meio de uma certidão expedida pelo Sistema de Gestão de Benefícios Fiscais (GBF) da prefeitura de São Paulo.

A CJGSP avaliou que a divisão do imóvel foi igualitária, com a criação de **duas unidades de igual valor e área**, sem qualquer acréscimo patrimonial ou transferência de propriedade onerosa entre as partes. Portanto, **não ocorreu um fato gerador do ITBI**, uma vez que não houve transmissão *inter vivos* de bens imóveis por ato oneroso, como previsto no art. 35 do Código Tributário Nacional (CTN) e no art. 156, II, da CF/88.

O acórdão esclareceu que a exigência do registro, imposta pelo oficial de registro de imóveis, de uma certidão da prefeitura de São Paulo **confirmando a não incidência do ITBI, era desnecessária, pois a divisão foi feita sem torna ou reposição em dinheiro, mantendo os quinhões das partes sem alteração patrimonial**. Em razão disso, o Tribunal afastou o óbice ao registro da escritura e deu provimento ao recurso.

Essa decisão evidencia que, em casos de divisão igualitária de imóveis onde não há transferência onerosa de propriedade e os quinhões dos coproprietários são respeitados, não há incidência do ITBI. Consequentemente, não foi necessária a comprovação de não incidência desse imposto para o registro da escritura de divisão amigável no cartório de registro de imóveis.

4.4.3.3.7. *Demarcação*

Consta do art. 167, I, n. 23, da Lei n. 6.015/73 que no registro de imóveis, além da matrícula, serão feitos os registros dos julgados e atos jurídicos entre vivos que dividirem imóveis ou os demarcarem até mesmo nos casos de incorporação que resultarem em constituição de condomínio e atribuírem uma ou mais unidades aos incorporadores.

A demarcação pode ser conceituada como a maneira pela qual o proprietário e seu confinante extremam os respectivos prédios, fixando novos limites ou aviventando os limites já apagados, conforme consta do art. 569 do CPC.

Se a pretensão entre os proprietários contíguos for a mesma, é possível que a demarcação seja realizada de forma amigável, por meio de escritura pública. Se for alcançada, no entanto, por meio de ação demarcatória, ao final será expedida carta de sentença que será registrada na matrícula do imóvel.

4.4.3.3.8. *Certidão de Regularização Fundiária (CRF)*

A CRF é um **elemento central no processo de regularização fundiária urbana no Brasil**, introduzida pela **Lei n. 13.465/2017**. Esse documento desempenha um papel importante na formalização e legalização de ocupações em áreas urbanas, conferindo segurança jurídica tanto aos ocupantes quanto ao poder público.

Ricardo Dip[289] destaca a inclusão expressa do registro da CRF na Lei n. 6.015/73 por meio da Lei n. 13.465/2017, sublinhando a multiplicidade de perspectivas envolvidas na regularização fundiária, incluindo aspectos **econômicos, históricos, sociológicos e morais**.

Para o autor, a regularização registral é fundamental, permitindo que o imóvel acesse o sistema registral e o mercado formal. Tal processo beneficia os municípios, que ganham controle urbanístico e aumento na arrecadação de tributos; os posseiros, que podem acessar o sistema financeiro; a sociedade, que conhece os direitos que precisa respeitar; e o sistema registral, que proporciona segurança jurídica a todos os envolvidos.

A Lei n. 13.465/2017 definiu a CRF como um **documento emitido pelo município ao final do procedimento de Reurb**, composta pelo **projeto de regularização aprovado** e pela **listagem dos ocupantes do núcleo urbano informal regularizado**, incluindo a qualificação desses ocupantes e os direitos reais a eles conferidos. A apresentação da CRF no registro de imóveis, acompanhada de toda a documentação necessária, como **plantas, memoriais e certidões**, é essencial para garantir a segurança jurídica e a formalização do processo de regularização.

Essa certidão, por ser o **ato administrativo** de aprovação da regularização, deve conter, pelo menos, o nome do núcleo urbano regularizado, a localização, a modalidade de regularização, as responsabilidades das obras e serviços constantes no cronograma, a indicação numérica de cada unidade regularizada (se houver) e a **listagem com nomes dos ocupantes** que houverem adquirido a respectiva unidade, por título de legitimação fundiária ou mediante ato único de registro, bem como o estado civil, a profissão, o número de inscrição no Cadastro das Pessoas Físicas do Ministério da Fazenda e do registro geral da cédula de identidade e a filiação.

Ao focar no procedimento para **regularização fundiária urbana simplificada**, Jamilson Lisboa Sabino[290] explica que, na Reurb simplificada, a CRF é apresentada diretamente ao oficial de registro de imóveis, sem a necessidade de um projeto detalhado. Esse documento deve atestar a implantação do núcleo conforme o projeto registrado, contendo informações cruciais como a modalidade de regularização e a qualificação dos ocupantes. Sabino destaca ainda que a Reurb simplificada reduz custos, dispensando a execução de equipamentos urbanos e comunitários, e que, **na Reurb de interesse social (Reurb-S), há isenção de custas e emolumentos**.

Assim, a CRF é um instrumento fundamental para a legalização de imóveis urbanos, promovendo a inclusão de propriedades no sistema registral e no mercado formal. Ela oferece segurança jurídica aos ocupantes e ao poder público, facilitando a resolução de conflitos possessórios e promovendo benefícios econômicos e sociais.

---

[289] DIP, Ricardo. *Registro de imóveis (princípios)*: registros sobre registros. Tomo I. Campinas: Editora Primvs, 2017.

[290] SABINO, Jamilson Lisboa. *Regularização fundiária urbana simplificada — Reurb simplificada*. Disponível em: https://www.migalhas.com.br/depeso/401835/regularizacao-fundiaria-urbana--simplificada--reurb-simplificada. Acesso em: 4 jul. 2024.

4.4.3.3.9. Tombamento

A **Lei n. 14.382/2022** incluiu o item 46 ao inciso I do art. 167 da LRP, determinando o **registro do ato de tombamento definitivo, sem conteúdo financeiro**, e incluiu o item 36 ao inciso II do mesmo artigo, determinando a **averbação do processo de tombamento de bens imóveis e de seu eventual cancelamento, sem conteúdo financeiro**.

O objetivo dessa alteração foi tornar públicas as restrições e obrigações decorrentes desse ato administrativo. Moacyr Petrocelli de Ávila Ribeiro argumenta que, embora essa inclusão pudesse ser vista como desnecessária devido à legislação preexistente (**Decreto-lei n. 25/37**), é importante a harmonização entre os textos legais.

> O tombamento é uma forma de **intervenção estatal na propriedade privada**, onde o Estado impõe restrições ao uso da propriedade para preservá-la, **sem retirar do proprietário o direito de posse**. Diferentemente da desapropriação, que transfere a propriedade ao Estado, o tombamento mantém a propriedade com o particular, mas **limita seu uso** para atender a necessidades coletivas.

Ele é um **instrumento de tutela do patrimônio cultural**, conforme a CF/88, e trata-se de um procedimento administrativo que reconhece a natureza especial do bem tombado, preservando-o sem transferir a propriedade ao Estado.

Além disso, Ribeiro explica que o tombamento impõe um regime jurídico especial ao bem, limitando o direito de uso do proprietário em favor do interesse público. Ele enfatiza a importância do **registro do tombamento** tanto no Livro do Tombo quanto no cartório de registro de imóveis, conforme estabelecido pela Lei n. 14.382/2022.

O Decreto-lei n. 25/37, no art. 4.º, estabelece a criação de quatro Livros do Tombo pelo Serviço do Patrimônio Histórico e Artístico Nacional (SPHAN); o seu art. 13 determina que o tombamento definitivo de bens privados seja registrado no cartório de registro de imóveis e averbado ao lado da transcrição do domínio, garantindo publicidade e eficácia das restrições impostas.

Ao tratar dos procedimentos, existe uma diferença no tombamento de bens públicos e privados. Segundo a norma, o **tombamento de bens públicos** é realizado **de ofício**, enquanto o de **bens privados** pode ser **voluntário ou compulsório**. No caso do tombamento compulsório, se o proprietário não anuir à notificação de tombamento, um processo administrativo é iniciado, podendo culminar na inscrição compulsória do bem.

Os **bens tombados pertencentes à União, Estados ou municípios são inalienáveis e só podem ser transferidos entre essas entidades**, enquanto os bens privados tombados têm sua alienabilidade restrita e não podem ser destruídos, demolidos ou mutilados sem **autorização do SPHAN**. A lei também prevê multas para tentativas de exportação, extravio, furto ou impedimento de inspeção desses bens.

Percebe-se que o tombamento é uma forma de proteção administrativa que submete o bem a um regime jurídico especial, preservando seu valor cultural e histórico sem transferir a propriedade ao Estado.

4.4.3.3.10. Notificação para parcelamento, edificação ou utilização compulsórios

O **art. 182, § 4.º, da CF/88** busca assegurar o pleno desenvolvimento das **funções sociais da cidade e o bem-estar dos habitantes**, determinado que, por meio de uma **lei**

específica para áreas incluídas no **plano diretor**, **o poder público municipal pode exigir que proprietários de terrenos urbanos não edificados, subutilizados ou não utilizados promovam seu aproveitamento adequado**. Se essa exigência não for cumprida, podem ser aplicadas **penalidades como o parcelamento ou edificação compulsória, e a cobrança progressiva do Imposto Predial e Territorial Urbano (IPTU)**.

O plano diretor, instrumento básico de desenvolvimento e expansão urbana, é obrigatório para cidades com **mais de 20 mil habitantes** e estabelece normas e diretrizes técnicas para o desenvolvimento sustentável do município. O **Estatuto da Cidade** regulamenta essa obrigação, permitindo uma intervenção concreta na função social da propriedade, preservando os direitos dos proprietários e promovendo os interesses da coletividade.

Quanto à **notificação**, ela deve ser pessoalmente entregue ao proprietário ou seu representante legal, e, se não for possível, por edital. Caso o proprietário discorde da exigência, pode contestá-la judicialmente por meio de mandado de segurança. A **averbação dessa notificação no registro de imóveis é obrigatória** e visa dar publicidade ao descumprimento das obrigações e aos ônus que recaem sobre o imóvel, caracterizando essas **obrigações como** *propter rem*, ou seja, vinculadas à coisa, independentemente de quem seja o proprietário.

Se o proprietário não cumprir as exigências no prazo estipulado (**um ano para protocolar o projeto e dois anos para iniciar as obras**), o município pode aplicar **sanções como o aumento progressivo do imposto e, eventualmente, a desapropriação do imóvel com pagamento em títulos da dívida pública**. Essas medidas não retiram os direitos do proprietário de usar, dispor e gozar do imóvel, mas impõem responsabilidades adicionais para garantir a utilização adequada do terreno em benefício da sociedade.

4.4.3.3.11. Reserva legal

A **Lei n. 11.977/2006**, sobre a gestão de florestas públicas para a produção sustentável, incluiu os itens 22 e 23 ao inciso II do art. 167 da Lei n. 6.015/73, determinado a **averbação da reserva legal e da servidão ambiental, respectivamente**.

> A **reserva legal** é uma área de cada propriedade rural que deve ser **preservada para garantir a sustentabilidade dos recursos naturais e a conservação da biodiversidade**.

Desde o início do século XX, a legislação brasileira incluiu a reserva legal, com o Código Florestal de 1934 limitando o desmatamento a três quartos da vegetação original. A definição evoluiu com o tempo: o Código Florestal de 1965 estipulou que 20% das propriedades deveriam ser reservadas, e a MP n. 2.166-67/2001 redefiniu a reserva legal como uma área para uso sustentável e conservação ecológica.

José de Arimatéia Barbosa[291] destaca que a **CF/88, por meio do art. 225**, confere a todos o direito a um **meio ambiente ecologicamente equilibrado**, impondo ao poder

---

[291] BARBOSA, José de Arimatéia. *Quando deverá ocorrer averbação de reserva legal no registro de imóveis*. Disponível em: https://www.irib.org.br/obras/quando-devera-ocorrer-averbacao-de-reserva-legal-no-registro-de-imoveis. Acesso em: 4 jul. 2024.

público e à coletividade a obrigação de defendê-lo e preservá-lo. Esse dever de proteção ambiental não se limita à população rural, mas se estende a toda a sociedade, inclusive nas áreas urbanas.

O **Código Florestal de 2012** manteve o conceito, ajustando-o levemente e criando o **Cadastro Ambiental Rural (CAR)** para registrar essas áreas. A lei exige que **20% da área rural seja preservada, com exceções e percentuais diferentes para a Amazônia Legal**.

Alexandre Laizo Clápis e Fernanda Christina de Souza Rosa[292] reforçam que a manutenção da reserva legal é um **ônus real** que recai sobre os proprietários ou possuidores de imóveis rurais, independentemente da forma de aquisição. Ela deve ser **averbada no registro de imóveis ou inscrita no CAR**, o que facilita o controle, monitoramento e planejamento ambiental e econômico, além de combater o desmatamento.

A averbação da reserva legal no registro de imóveis é discutida como uma medida de publicidade. Porém, José de Arimatéia Barbosa[293] argumenta que não deve ser um pré-requisito para a validade de atos notariais. Ele sustenta que a exigência de averbação visa evitar desmatamentos ilegais e garantir a função social da propriedade rural, sem restringir indevidamente o direito de propriedade.

O **Recurso Administrativo n. 1000695-94.2018.8.26.0360**, julgado em 13 de janeiro de 2020 pelo CSMSP, discutiu a averbação de desdobro de imóvel situado em APP no município de Mococa. O pedido de averbação foi indeferido pelo juiz corregedor permanente da comarca, com fundamento na proximidade do imóvel ao leito de um rio, requerendo, portanto, a autorização do órgão competente para tal desdobro, além da inscrição no CAR.

O recorrente argumentou que a municipalidade havia aprovado o desdobro e que a área já estava inscrita no CAR, onde foram definidas as áreas de APP, reserva legal e áreas consolidadas. Ele sustentou que, com a incorporação da área ao perímetro urbano, não cabia ao registrador fiscalizar questões ambientais.

No entanto, não foi dado provimento do recurso. A decisão ressaltou que a publicidade registral serve a fins distintos da publicidade cadastral e que a continuidade da existência de APP impõe a necessidade de autorização do órgão competente para qualquer desdobro. A averbação das APPs é necessária para garantir a transparência e a conformidade com as disposições do Código Florestal de 2012 e do CC/2002, que determinam a proteção ambiental como parte da função social da propriedade.

O parecer reforçou que a demarcação e averbação das APPs são obrigações que se transferem automaticamente ao novo proprietário do imóvel, configurando uma obrigação *propter rem*. O princípio da especialidade objetiva exige uma descrição precisa do

---

[292] CLÁPIS, A. L; ROSA, F. C. S. Do registro de imóveis. In: NETO, José Manuel de Arruda A.; CLÁPIS, Alexandre L.; CAMBLER, Everaldo A. *Lei de Registros Públicos comentada*. 2. ed. Rio de Janeiro: Grupo GEN, 2019. E-book. Disponível em: https://app.minhabiblioteca.com.br/#/books/9788530983468/. Acesso em: 23 dez. 2023.

[293] BARBOSA, José de Arimatéia. *Quando deverá ocorrer averbação de reserva legal no registro de imóveis*. Disponível em: https://www.irib.org.br/obras/quando-devera-ocorrer-averbacao-de-reserva-legal-no-registro-de-imoveis. Acesso em: 4 jul. 2024.

imóvel no registro imobiliário para assegurar a identificação clara e inconfundível da propriedade e dos direitos nela inscritos.

Dessa forma, o CSMSP negou provimento ao recurso, mantendo a necessidade de **autorização ambiental para o desdobro de imóveis em APPs**, independentemente da aprovação municipal e da inscrição no CAR.

Por fim, destaca-se que há a previsão de **sanções** para a não averbação ou danos à reserva legal, incluindo **multas** significativas, uma vez que existe um vínculo entre a reserva legal, os registros públicos e a função de garantir a preservação ambiental para uso sustentável dos recursos naturais, conservação da biodiversidade e proteção da fauna e flora nativas.

4.4.3.3.12. Servidão ambiental

Andryelle Vanessa Camilo[294] explica a origem e a aplicação da **servidão ambiental**, destacando que o conceito se originou nos Estados Unidos como *conservation easement* e se expandiu para outros países, como Canadá, Costa Rica e México, onde é chamada de *servidumbre ecológica*.

> A servidão ambiental envolve a **limitação de uso de uma propriedade**, podendo ser **temporária ou perpétua**. O proprietário cede certos direitos sobre o **uso, fruição e disposição de sua terra para promover a conservação ambiental**.

No Brasil, conforme interpretado por Sônia Letícia de Mello Cardoso[295], a servidão não possui uma definição específica no texto legislativo, mas é composta por elementos como o proprietário rural, a renúncia voluntária de direitos sobre recursos naturais, **a anuência do órgão ambiental competente e o registro no cartório de imóveis**. A servidão é exclusivamente instituída por proprietários rurais e deve ser aprovada por todos os condôminos, se houver.

O proprietário rural, segundo o princípio da autonomia da vontade, **pode restringir o uso de sua propriedade para preservar recursos naturais, mas a servidão não se aplica a áreas urbanas**. Ela pode ser temporária ou permanente, sendo a última mais recomendada para garantir a continuidade da proteção ambiental.

Importante destacar que a **legislação exclui áreas de preservação permanente e de reserva legal de serem abrangidas pela servidão**, diferenciando áreas protegidas por lei e aquelas protegidas pela vontade do proprietário.

A servidão ambiental não só beneficia o proprietário, mas também a comunidade, ao proteger o patrimônio histórico, paisagístico e cultural, e ao conter a expansão

---

[294] CAMILO, Andryelle Vanessa. Da servidão ambiental como mecanismo de efetivação na defesa do meio ambiente. In: XVIII Congresso Nacional do CONPEDI, 2009, São Paulo. *Anais do XVIII Congresso Nacional do CONPEDI*, p. 2533-2552. Disponível em: http://www.publicadireito.com.br/conpedi/manaus/arquivos/Anais/sao_paulo/2246.pdf. Acesso em: 17 jul. 2024.

[295] CARDOSO, Sônia Letícia de Mello. *A servidão ambiental segundo a Lei n. 11.284/2006*. Disponível em: http://publicadireito.com.br/conpedi/manaus/arquivos/anais/manaus/direito_ambiental_sonia_leticia_m_cardoso.pdf. Acesso em: 4 jul. 2024.

urbana sobre áreas agrícolas, sendo possível que organizações não governamentais (ONGs) possam ser beneficiárias da servidão, promovendo um maior envolvimento da população na conservação ambiental.

Quanto à forma, a servidão é formalizada por **contrato**, requerendo os requisitos gerais de validade do negócio jurídico, conforme o CC. Pode ser estabelecida por contrato ou testamento e, em alguns casos, por prescrição, embora a natureza não aparente das servidões ambientais possa dificultar essa última forma.

A servidão deve ser **registrada** e segue a propriedade em todas as suas alterações, incluindo venda e desmembramento. Sônia Letícia de Mello Cardoso[296] destaca que a lei, no entanto, não oferece incentivos econômicos claros para os proprietários, o que pode desestimular sua adoção.

Em suma, a servidão ambiental é um instrumento flexível e poderoso para a conservação ambiental, beneficiando tanto os proprietários quanto a sociedade, e requer um cuidado especial na sua constituição e registro.

4.4.3.3.13. Auto de demarcação urbanística

A **Lei n. 11.977/2009**, que dispõe sobre o Programa Minha Casa, Minha Vida e a regularização fundiária de assentos localizados em áreas urbanas, incluiu o item 26 ao inciso II do art. 167 da Lei n. 6.015/73, determinando a averbação do auto de demarcação urbanística.

Ao analisar a regularização fundiária e sua função social, João Pedro Lamana Paiva[297] discorre sobre a criação de títulos de propriedade fora do âmbito judicial, destacando a inovação trazida pela legislação brasileira.

Esse processo permite a transformação da posse prolongada em um título de propriedade plena por meio da usucapião, com o poder público emitindo o título inicial de legitimação de posse, que se constitui a partir da **averbação do ato de demarcação urbanística** e de outras providências e, após o registro e de transcorrer o prazo da usucapião, converte-se em um título de propriedade plena.

A demarcação urbanística é um componente central dessa regularização, permitindo que o poder público demarque e regularize áreas ocupadas informalmente. Esse procedimento envolve a criação de um auto de demarcação, que reúne documentos que comprovam a demarcação, e a notificação de órgãos patrimoniais de diferentes entes federados.

A demarcação pode envolver múltiplas circunscrições imobiliárias e, nesse caso, o registrador responsável pela maior parte da área demarcada coordena o processo com os registradores das demais circunscrições.

O auto de demarcação é enviado ao registro de imóveis para averbação, e o processo de regularização continua até que os títulos de legitimação de posse sejam emitidos.

---

[296] CARDOSO, Sônia Letícia de Mello. *A servidão ambiental segundo a Lei n. 11.284/2006*. Disponível em: http://publicadireito.com.br/conpedi/manaus/arquivos/anais/manaus/direito_ambiental_sonia_leticia_m_cardoso.pdf. Acesso em: 4 jul. 2024.

[297] PAIVA, João Pedro Lamana. *Regularização fundiária de interesse social*. Instituto de Registro Imobiliário do Brasil, 2012.

Esses títulos podem ser outorgados em ações integradas entre diferentes municípios. Após a concessão da usucapião, os registros de propriedade são processados nas circunscrições territoriais dos imóveis regularizados, e o registrador da circunscrição com a maior área demarcada coordena todo o processo, garantindo a unificação das decisões e a resolução de conflitos emergentes.

Moacyr Petrocelli de Ávila Ribeiro[298] destaca que, com a **Lei n. 13.465/2017**, a demarcação urbanística passou a ser um procedimento preliminar e opcional, destinado a **identificar imóveis públicos ou privados** em núcleos urbanos informais e a **obter a concordância dos titulares de direitos registrados para a regularização fundiária**. A demarcação agora tem uma utilidade prática limitada, embora ainda possa ser usada em determinados casos.

Se utilizada, a demarcação urbanística deve ser acompanhada por documentos detalhados que descrevam a área a ser regularizada, incluindo **medidas perimetrais, confrontantes, coordenadas georreferenciadas e plantas de sobreposição**. A demarcação pode envolver imóveis em várias situações, como propriedades privadas com registros imprecisos ou propriedades públicas.

O poder público é responsável por **notificar** os proprietários e confrontantes, permitindo contestações em até 30 dias. Se não houver contestações, ou se estas forem parciais, o procedimento pode continuar para as áreas não contestadas.

O processo inclui ainda a possibilidade de mediação e arbitragem para resolver disputas, conforme a Lei n. 13.140/2015. Por fim, após a averbação da demarcação, a matrícula do imóvel fica restrita a atos relacionados ao processo de regularização fundiária, evitando alterações como registros de compra e venda, salvo ordem judicial específica.

4.4.3.4. Extinções e cancelamentos

O art. 167, II, n. 2, determina a **averbação por cancelamento, da extinção dos ônus e direitos reais**. O tema é retratado também nos arts. 248 a 259 da Lei n. 6.015/73.

Caleb Matheus Ribeiro de Miranda[299] conceitua o cancelamento nos registros públicos como o **ato de inutilizar um registro preexistente por meio de uma averbação**, sem necessariamente apagar fisicamente o conteúdo, mas retirando seu efeito jurídico.

O autor explica que o cancelamento pode ser entendido sob duas perspectivas: o **ato de cancelamento**, que é o procedimento registral específico para anular um registro anterior, e o **efeito cancelatório**, que é a consequência jurídica dessa anulação.

> O ato de cancelamento pode ser executado por diversas razões, como **determinações judiciais, acordos entre partes ou por disposições legais**, sendo classificado como **total ou parcial** conforme a extensão de seus efeitos.

---

[298] RIBEIRO, M. P. A. Das atribuições. In: PEDROSO, A. G. A. (Org.). *Lei de Registros Públicos comentada*. Rio de Janeiro: Forense, 2023.

[299] MIRANDA, C. M. R. Da averbação e do cancelamento. In: PEDROSO, A. G. A. (Org.). *Lei de Registros Públicos comentada*. Rio de Janeiro: Forense, 2023.

Segundo o autor, a doutrina ainda diferencia o **cancelamento direto**, realizado por meio de um assento negativo, e o **indireto**, que ocorre devido a registros subsequentes que anulam os anteriores, e menciona a controvérsia sobre o **cancelamento automático**, que ocorreria sem averbação formal, em situações em que a causa extintiva já está prevista na lei ou no título.

Além disso, ele discute as implicações jurídicas do **cancelamento por invalidade**, que ocorre quando o ato registral é **anulado devido a defeitos no título ou no procedimento de registro**, e por ato posterior, que pode ser continuativo ou extintivo, dependendo se o direito continua existindo como base para um novo ato ou se é completamente extinto.

Miranda[300] enfatiza a necessidade de distinguir entre diferentes tipos de cancelamento com base na razão de sua ocorrência e sugere que uma abordagem mais técnica na legislação seria usar o termo "**encerramento**" em vez de "**cancelamento**" para certas situações, como a **alienação parcial ou fusão de matrículas**, que não invalidam os atos anteriormente praticados, mas **encerram a matrícula anterior** em favor de uma nova.

O **art. 250 da Lei n. 6.015/73** estabelece situações específicas para o cancelamento: em cumprimento de decisão judicial transitada em julgado; a requerimento unânime das partes envolvidas no ato registrado, desde que capazes e com firmas reconhecidas; a requerimento do interessado, acompanhado de documento hábil; e a requerimento da Fazenda Pública, com certidão de conclusão de processo administrativo que declara a rescisão do título de domínio ou concessão de direito real de uso de imóvel rural, revertendo o imóvel ao patrimônio público.

A lei também aborda as condições para o cancelamento de hipoteca, que pode ser feito à vista de **autorização expressa ou quitação** pelo credor ou sucessor; em razão de **procedimento administrativo ou contencioso** com intimação do credor; ou **de acordo com a legislação das cédulas hipotecárias**.

Além disso, a norma também regula o **cancelamento do registro de compromisso de compra e venda** de imóvel por **falta de pagamento**, prevendo que o promitente comprador será intimado a satisfazer suas obrigações no **prazo de 30 dias**.

O oficial do registro de imóveis pode delegar a diligência de intimação a outro oficial competente e a mora pode ser purgada mediante pagamento ao oficial de registro de imóveis. Porém, se o pagamento não ocorrer, o oficial **certificará o ocorrido e intimará o promitente vendedor a recolher os emolumentos para efetuar o cancelamento**, sendo a certidão do cancelamento considerada prova relevante para concessão de medida liminar de reintegração de posse.

Ponto relevante é trazido pelo art. 252, segundo o qual **o registro produz todos os efeitos legais enquanto não for cancelado**, mesmo que o título esteja desfeito, anulado, extinto ou rescindido, permitindo-se ao terceiro prejudicado que faça prova da extinção dos ônus em juízo e a promoção do cancelamento do registro. Se, após o cancelamento, o título e os direitos dele decorrentes ainda subsistirem, o credor pode promover novo registro, que só produzirá efeitos a partir da nova data.

---

[300] MIRANDA, C. M. R. Da averbação e do cancelamento. In: PEDROSO, A. G. A. (Org.). *Lei de Registros Públicos comentada*. Rio de Janeiro: Forense, 2023.

Quanto à inscrição de incorporação ou loteamento, ela só será cancelada a requerimento do incorporador ou loteador, desde que nenhuma unidade ou lote tenha sido objeto de transação averbada, ou com consentimento de todos os compromissários ou cessionários.

No que diz respeito à servidão, o cancelamento, quando o prédio dominante estiver hipotecado, só pode ser feito com a aquiescência expressa do credor, e o art. 257 confere ao dono do prédio serviente o direito de cancelar a servidão nos termos da lei. Por fim, **a lei determina que o cancelamento não pode ser realizado com base em sentença sujeita a recurso.**

4.4.4. A ABERTURA DO ROL DE ATOS REGISTRÁVEIS COM A LEI N. 14.711/2023

O art. 167 da LRP abarca as hipóteses de registro, que antes constituía um **rol taxativo**. Contudo, a **Lei n. 14.711/2023** acrescentou o item 48 ao art. 167, I, da Lei n. 6.015/73, tornando o rol dos atos de registro **meramente exemplificativo**, com a possibilidade de registro de **outros negócios jurídicos de transmissão do direito real de propriedade sobre imóveis ou de instituição de direitos reais sobre imóveis, que não os previstos expressamente no referido artigo**.

Na redação dada pela Lei n. 14.711, há um exemplo, que é o art. 108 do CC. O referido artigo prevê que "não dispondo a lei em contrário, a escritura pública é essencial à validade dos negócios jurídicos que visem à constituição, transferência, modificação ou renúncia de direitos reais sobre imóveis de valor superior a trinta vezes o maior salário mínimo vigente no País".

A inclusão do item 48 pela Lei n. 14.711/2023 não apenas tornou o rol de atos passíveis de registro exemplificativo, mas também concretizou uma adaptação necessária da lei às demandas contemporâneas do mercado imobiliário.

Assim, **tornou-se viável registrar outros negócios jurídicos de transmissão do direito real de propriedade ou instituição de direitos reais sobre imóveis, para os quais não havia previsão expressa anteriormente**, trazendo maior segurança jurídica e adequação das práticas registrais às necessidades das partes envolvidas nos diversos tipos de transações imobiliárias.

4.5. QUESTÕES

5

PROCEDIMENTO COMUM DO REGISTRO DE IMÓVEIS

5.1. DEFINIÇÃO DE PROCEDIMENTO COMUM REGISTRAL

O **procedimento comum registral** é aquele que segue integralmente as disposições da Lei n. 6.015/73 (Lei de Registros Públicos), **sem a interferência ou a aplicação de legislações externas a essa norma**. Em outras palavras, trata-se de um procedimento padrão, regido unicamente pelas regras estabelecidas pela lei de regência, sem a inclusão de regras adicionais ou específicas de outras legislações.

Exemplos típicos desse procedimento comum são **os registros de escrituras de compra e venda, doações, inventários, entre outros**. Já os procedimentos que envolvem situações mais complexas, como loteamento, incorporação imobiliária e alienação fiduciária em garantia, apresentam características específicas que exigem um tratamento diferenciado, sendo classificados como **procedimentos especiais registrais**.

5.2. ATENDIMENTO PREFERENCIAL EM CARTÓRIOS

O atendimento preferencial nos cartórios é um direito assegurado por diversas leis e normas que visam beneficiar pessoas em condições de vulnerabilidade. O Estatuto do Idoso (Lei n. 10.741/2003), por exemplo, estabelece no art. 3.º, § 1.º, "o atendimento preferencial imediato e individualizado junto aos órgãos públicos e privados prestadores de serviços à população".

A Lei n. 10.048/2000 estende esse benefício a gestantes, lactantes, pessoas acompanhadas por crianças de colo e pessoas com deficiência. Normas estaduais e municipais, como a Lei Estadual paulista n. 10.294/99 e a Lei Municipal de São Paulo n. 11.248/92, também preveem atendimento prioritário para esses grupos.

> Art. 1.º As pessoas com deficiência, as pessoas com transtorno do espectro autista, as pessoas idosas com idade igual ou superior a 60 (sessenta) anos, as gestantes, as lactantes, as pessoas com criança de colo, os obesos, as pessoas com mobilidade reduzida e os doadores de sangue terão atendimento prioritário, nos termos desta Lei.

Esse direito é pautado por uma série de requisitos legais e tem aplicação variada, dependendo da natureza do serviço solicitado. O atendimento preferencial é um direito personalíssimo, ou seja, é inerente à condição pessoal do indivíduo e não pode ser transferido ou renunciado, integrando o conjunto de direitos da personalidade, como o direito à vida, à dignidade e à igualdade, compensando a situação de vulnerabilidade dessas pessoas nas interações sociais.

As Normas de Serviço da Corregedoria-Geral da Justiça de São Paulo (NSCGJSP) reforçam o atendimento preferencial no item 80, Capítulo XIII, Tomo II, estabelecendo que os notários e registradores devem, na prestação dos serviços, atender por ordem de chegada, mas garantir a prioridade das pessoas com deficiência, dos idosos, das gestantes, das lactantes, das pessoas com crianças de colo e dos obesos, exceto quanto à prioridade de registro prevista na lei. Assim, existe exceção ao atendimento preferencial.

5.2.1. A EXCEÇÃO À REGRA

Apesar do direito ao atendimento preferencial, há limitações na sua aplicação, especialmente em serviços de registro de títulos. A prioridade registral é regida por princípios específicos, como o da prioridade do título, que se estabelece pela ordem de prenotação no protocolo. Esse princípio, consubstanciado nos arts. 182 e seguintes da referida lei, não é alterado por outras legislações de atendimento preferencial.

A normativa prevê que, embora idosos, gestantes e pessoas com necessidades especiais devam ser atendidos prioritariamente, essa prioridade não se aplica ao registro de títulos.

> **A prenotação de títulos, que confere a prioridade e preferência registral, deve seguir a ordem de chegada, sem exceções baseadas na condição pessoal do apresentante**, o que visa garantir a segurança jurídica e a ordem cronológica dos registros, elementos essenciais no direito registral imobiliário.

Sobre o tema, Afrânio de Carvalho[1] explica que o princípio da prioridade no registro de imóveis estabelece que, quando há múltiplos direitos reais sobre um mesmo imóvel, esses direitos não são tratados igualmente, mas são organizados conforme a ordem cronológica de sua apresentação. Em outras palavras, os direitos que são registrados primeiro têm precedência sobre os que são registrados depois.

Esse princípio é essencialmente registral, baseado na ordem de apresentação e prenotação dos títulos no protocolo, não na data de elaboração ou assinatura dos documentos. E, se um título ocupa uma posição de prioridade, isso lhe garantirá a inscrição, desde que passe no exame de legalidade.

Decisões judiciais corroboram essa interpretação. Por exemplo, em processos administrativos, como o Processo n. 100.09.326136-4[2], ficou decidido que a prioridade de atendimento para idosos não interfere na prioridade registral dos títulos. No processo em questão, um idoso reclamou que não recebeu atendimento preferencial no cartório de registro de imóveis para regularizar um imóvel de sua propriedade, especificamente para o cancelamento de uma hipoteca.

---

[1] CARVALHO, Afrânio de. *Registro de imóveis*. 4. ed. Rio de Janeiro: Forense, 1998.

[2] "Os idosos e os portadores de necessidades especiais devem ser atendidos com preferência quando veiculem pedidos e entregas de certidões e demais documentos. Excetuam-se à regra os títulos que devam ser prenotados gerando o direito de prioridade" (1VRPSP, Processo n. 100.09.326136-4, Rel. Gustavo Henrique Bretas Marzagão, Foro de São Paulo, j. 22.1.2010).

O oficial do cartório informou que **idosos e pessoas com vulnerabilidades recebem atendimento preferencial para pedidos e entregas de certidões e documentos, mas não para a protocolização de títulos**, onde todos recebem senhas para garantir a ordem de prioridade estabelecida pela Lei n. 6.015/73.

A decisão baseou-se no princípio da prioridade, que determina que os direitos reais sobre um imóvel são classificados pela ordem cronológica de sua apresentação. Assim, a hipoteca, sendo um direito real, deve seguir essa ordem para garantir a prioridade registral. O juiz concluiu que, devido ao princípio da prioridade, o cancelamento da hipoteca não poderia receber atendimento preferencial em relação à ordem de protocolo dos títulos.

Em outro julgado, Processo n. 0014932-57.2018.8.26.0100[3], restou evidenciada a necessidade de diferir entre a **prioridade no atendimento**, garantida pela idade ou condição física conforme a Lei n. 10.048/2000, **e a prioridade na apresentação de títulos para registro**. Enquanto o atendimento preferencial é assegurado para serviços gerais, a apresentação de títulos deve seguir a ordem cronológica de protocolo, respeitando o princípio da prioridade, determinando o art. 11 da Lei n. 6.015/73 que os oficiais devem adotar o melhor regime interno para assegurar às partes a ordem de precedência na apresentação dos títulos.

Assim, a aplicação do atendimento preferencial em cartórios é essencial para garantir a dignidade e os direitos das pessoas em condições de vulnerabilidade. Entretanto, deve-se observar as limitações legais, especialmente no que se refere à prenotação de títulos. A correta aplicação dessas normas garante tanto a proteção dos direitos personalíssimos quanto a manutenção da ordem e segurança jurídica nos registros públicos.

5.3. ESCRITURAÇÃO (ARTS. 172 A 181)

O **processo de escrituração** no registro de imóveis envolve uma série de etapas e procedimentos que garantem a segurança jurídica e a publicidade dos atos relacionados aos direitos reais sobre imóveis. Esse processo é regido pela Lei de Registros Públicos em seus arts. 172 a 181, que especificam como devem ser feitos o registro e a averbação de títulos ou atos constitutivos, declaratórios, translativos e extintivos de direitos reais sobre imóveis, seja *inter vivos* ou *mortis causa*.

Ao tratar sobre o tema, Walter Ceneviva[4] esclarece diversos pontos essenciais sobre o funcionamento e as obrigações do registro imobiliário. Aborda a questão da **matrícula** dos imóveis, um aspecto fundamental que ele considera omitido no art. 172. Segundo o autor, sendo a matrícula crucial para a função registrária, definindo de forma clara a individualização dos imóveis e os atos a eles relacionados, essa omissão é um ponto fraco da legislação que precisa ser corrigido.

Além disso, Ceneviva discute a diferença entre **registro e averbação**. Embora ambos sejam mencionados sem distinção na lei, eles possuem funções diferentes, sendo o

---

[3] "Reclamação. Idoso. Atendimento preferencial. Princípio da prioridade" (1VRPSP, Pedido de Providências n. 0014932-57.2018.8.26.0100, Rel. Tânia Mara Ahualli, Foro de São Paulo, j. 18.6.2018).

[4] CENEVIVA, Walter. *Lei dos Registros Públicos comentada*. 10. ed. São Paulo: Saraiva, 1995. p. 303.

registro o ato principal, servindo a averbação para modificar ou complementar o registro.

Ceneviva também menciona a tipicidade dos direitos reais, indicando que apenas aqueles reconhecidos por lei podem ser registrados, o que evita que particulares criem direitos reais sem respaldo legal.

Por fim, o autor discute a oponibilidade dos direitos reais registrados. A publicidade conferida pelo registro garante que terceiros não possam alegar desconhecimento de um direito real registrado. Essa publicidade é um dos pilares do sistema registral, assegurando autenticidade, eficácia e segurança jurídica dos atos praticados.

Apesar de complexo, o sistema de escrituração descrito na Lei n. 6.015/73 é essencial para garantir a clareza e a eficiência na gestão de direitos reais sobre imóveis, assegurando que todos os títulos e atos relacionados aos imóveis sejam devidamente documentados, registrados e averbados, conforme as normas legais vigentes.

5.3.1. OS LIVROS DO REGISTRO DE IMÓVEIS

O registro de imóveis utiliza diversos livros para organizar e documentar, sendo possível verificar uma evolução na escrituração dos atos registrais no contexto contemporâneo, especialmente quanto à transição do sistema tradicional de livros encadernados para um sistema eletrônico. Moacyr Petrocelli de Ávila Ribeiro[5] menciona que, embora a lei ainda faça referência a livros, essa prática tornou-se uma ficção jurídica, uma vez que o registro de imóveis agora se dá de forma digital, caracterizado pelo tráfego eletrônico de informações e documentos.

> A modernização permitida pelo parágrafo único do art. 173 da Lei n. 6.015/73[6] autoriza a **escrituração por meio de fichas e sistemas informatizados**, o que facilita a impressão dos atos de registro, o arquivamento e a expedição de certidões, promovendo maior eficiência e agilidade.

Walter Ceneviva[7] enfatiza a vantagem da mecanização ao observar que, apesar de leis anteriores permitirem alguma forma de mecanização, os antigos métodos manuscritos não eram compatíveis com a rapidez exigida pela vida moderna. O art. 173, ao possibilitar a mecanização dos serviços, trouxe críticas devido à potencial insegurança, mas também proporcionou resultados positivos ao tornar os registros mais acessíveis e rápidos para quem precisa deles.

---

[5] RIBEIRO, Moacyr Petrocelli de Ávila. Das atribuições. In: PEDROSO, Alberto Gentil de Almeida (Org.). *Lei de Registros Públicos comentada*. Rio de Janeiro: Forense, 2023. Cap. 4. p. 769-771.

[6] "Art. 173. Haverá, no registro de imóveis, os seguintes livros: I — Livro n. 1 — Protocolo; II — Livro n. 2 — Registro Geral; III — Livro n. 3 — Registro Auxiliar; IV — Livro n. 4 — Indicador Real; V — Livro n. 5 — Indicador Pessoal. Parágrafo único. Observado o disposto no § 2.º do art. 3.º, desta Lei, os livros ns. 2, 3, 4 e 5 poderão ser substituídos por fichas" (BRASIL. *Lei n. 6.015, de 31 de dezembro de 1973*. Dispõe sobre os registros públicos, e dá outras providências. Disponível em: https://www.planalto.gov.br/ccivil_03/leis/l6015compilada.htm. Acesso em: 18 abr. 2024).

[7] CENEVIVA, Walter. *Lei dos Registros Públicos comentada*. 10. ed. São Paulo: Saraiva, 1995. p. 303.

Ainda sobre o tema, Moacyr Petrocelli de Ávila Ribeiro[8] destaca a importância da manutenção dos indicadores real e pessoal, que, embora repetitivos, ainda são úteis como referência cruzada durante a transição do sistema antigo para o novo. Segundo o autor, enquanto os indicadores real e pessoal puderem ser mantidos para garantir a segurança das informações, o sistema deve evoluir para simplificações futuras.

Além disso, é importante recordar a introdução do Serviço de Registro Eletrônico de Imóveis (SREI), que facilita a recepção de títulos e o fornecimento de informações e certidões em meio eletrônico.

5.3.1.1. Livro n. 1 — Protocolo

O Livro n. 1, conhecido como Protocolo, deve ser utilizado para o apontamento de todos os títulos apresentados diariamente, com exceção do disposto no parágrafo único do art. 12 da mesma lei, o qual dispõe que, mesmo que haja questões fiscais pendentes ou dúvidas sobre o título, ele deve ser registrado no Protocolo para garantir a prioridade de direitos do apresentante, **salvo no caso de títulos apresentados apenas para exame e cálculo dos respectivos emolumentos, que não precisam ser apontados no Protocolo**.

José Francisco Rezende dos Santos[9] discute a importância e a função do livro de protocolo no sistema registral imobiliário brasileiro e evidencia que a **prioridade dos registros imobiliários é controlada pelo livro de protocolo**, que garante a ordem de preferência dos direitos reais a partir do momento da apresentação do título.

Esse procedimento serve para assegurar a publicidade e a prevalência dos direitos reais sobre o imóvel, **retroagindo a eficácia do registro à data da apresentação do título no protocolo**, mesmo que o registro efetivo ocorra posteriormente.

> O art. 175 da Lei n. 6.015/73 especifica os requisitos para a escrituração do Livro n. 1 — Protocolo, detalhando os elementos essenciais que devem constar no protocolo. Entre eles, estão o número de ordem, a data da apresentação, o nome do apresentante, a natureza formal do título e os atos que formalizar, resumidamente mencionados.

O número de ordem deve ser contínuo e seguir indefinidamente nos livros da mesma espécie, assegurando uma sequência ininterrupta e facilitando a organização e o controle dos registros. A data da apresentação, que registra o momento exato em que o título foi apresentado, proporciona clareza e precisão no acompanhamento dos prazos e procedimentos relacionados aos registros.

O nome do apresentante identifica a pessoa que apresentou o título, garantindo a transparência e a responsabilização nos processos de registro. A natureza formal do título, que descreve a natureza do documento apresentado, auxilia na categorização e na correta execução dos atos de registro. E, finalmente, os atos que formalizar,

---

[8] RIBEIRO, Moacyr Petrocelli de Ávila. Das atribuições. In: PEDROSO, Alberto Gentil de Almeida (Org.). *Lei de Registros Públicos comentada*. Rio de Janeiro: Forense, 2023. Cap. 4. p. 769-771.

[9] In: ALVIM NETO, José Manuel de Arruda; CLÁPIS, Alexandre L.; CAMBLER, Everaldo A. *Lei de Registros Públicos comentada*. 2. ed. Rio de Janeiro: GEN, 2019. *E-book*. Disponível em: https://app.minhabiblioteca.com.br/#/books/9788530983468/. Acesso em: 2 ago. 2024.

mencionados de forma resumida, permitem uma visão geral e rápida dos procedimentos realizados com base no título apresentado.

5.3.1.2. Livro n. 2 — Registro Geral

O Livro n. 2 — Registro Geral é **destinado à matrícula dos imóveis e ao registro ou averbação dos atos relacionados**. Ele é regido pelo art. 176 da Lei n. 6.015/73 e suas subsequentes alterações.

Como visto ao longo desta obra, a matrícula é a base do registro de imóveis no Brasil, e cada imóvel deve ter uma matrícula própria, **que é aberta no primeiro ato de registro ou averbação**. A matrícula contém informações essenciais sobre o imóvel, incluindo o número de ordem, a data de abertura, a identificação do imóvel (com detalhes específicos para imóveis rurais e urbanos), o nome, domicílio e nacionalidade do proprietário, o número do registro anterior e a indicação da multipropriedade, se aplicável.

Para recordar a importância da matrícula para o registro de imóveis, vale abordar a visão de Afrânio de Carvalho[10], segundo o qual a matrícula possui um caráter jurídico e dominial essencial para o sistema de registros públicos. Sem reconhecer essa natureza jurídica da matrícula, qualquer ato subsequente de registro, como a inscrição de uma hipoteca, seria nulo por falta de objeto, posto que a existência e validade desses atos dependem da combinação dos aspectos físicos e de domínio do imóvel, que são estabelecidos pela matrícula.

Se a matrícula fosse vista como irrelevante, os direitos reais inscritos, como hipotecas, não teriam uma base jurídica sólida e ficariam "suspensos no ar". Ao considerar a matrícula como a primeira inscrição, ela ganha importância e significado no contexto da lei registral, definindo a situação jurídica do imóvel e abrangendo suas modalidades e limitações.

> Os atos registrados no Livro n. 2 incluem transferências de propriedade, constituição de ônus, entre outros. Os requisitos para o registro são a data do registro, o nome, domicílio e nacionalidade do transmitente ou do devedor, e do adquirente ou credor, o título da transmissão ou do ônus, a forma do título, procedência e caracterização, e o valor do contrato, da coisa ou da dívida, condições, inclusive juros.

A Lei n. 6.015/73 também detalha procedimentos para situações específicas, como o desmembramento, parcelamento ou remembramento de imóveis rurais, que exige um memorial descritivo com coordenadas georreferenciadas ao Sistema Geodésico Brasileiro. Em casos de multipropriedade, é criada uma matrícula para cada fração de tempo de uso do imóvel. Além disso, na aquisição originária, uma nova matrícula é aberta para o imóvel adquirido, especialmente em casos de usucapião, desapropriação, entre outros.

Moacyr Petrocelli de Ávila Ribeiro[11] aborda a complexidade da aplicação do princípio da unitariedade em situações contemporâneas, como a multiplicidade de usos de

---

[10] CARVALHO, Afrânio de. *Registro de imóveis*. 4. ed. Rio de Janeiro: Forense, 1998.
[11] RIBEIRO, Moacyr Petrocelli de Ávila. Das atribuições. In: PEDROSO, Alberto Gentil de Almeida (Org.). *Lei de Registros Públicos comentada*. Rio de Janeiro: Forense, 2023. Cap. 4. p. 769-771.

um imóvel ou a necessidade de registrar o direito de laje, que implica a criação de uma matrícula separada para a laje e a averbação dessa situação na matrícula do imóvel base. O princípio de unitariedade matricial deve ser adaptado para lidar com esses casos, refletindo as novas realidades socioeconômicas e as necessidades da sociedade.

O autor também destaca a importância do papel do registrador imobiliário, que deve interpretar e aplicar a lei de forma a garantir a segurança jurídica e a regularização eficaz dos imóveis, considerando as novas demandas e realidades do mercado imobiliário.

> O Livro n. 2 tem a função de garantir que todas as informações relevantes sobre um imóvel estejam disponíveis de forma organizada e acessível. Ele permite o **controle de propriedade e de quaisquer ônus** sobre o imóvel, oferecendo uma base confiável para a verificação de direitos e obrigações relacionados às propriedades imobiliárias.

Por fim, importa evidenciar que o art. 181 da Lei n. 6.015/73 permite a abertura e a escrituração simultânea de até dez livros de Registro Geral. Nesse caso, a escrituração deve seguir o algarismo final da matrícula, ou seja, as matrículas com número final 1 serão registradas no Livro 2-1, as com final 2 no Livro 2-2, as com final 3 no Livro 2-3, e assim sucessivamente. O parágrafo único desse artigo também autoriza, a critério do oficial, o desdobramento dos Livros n. 3 — Registro Auxiliar, n. 4 — Indicador Real e n. 5 — Indicador Pessoal.

5.3.1.3. Livro n. 3 — Registro Auxiliar

O Livro n. 3, conhecido como Registro Auxiliar, é destinado ao registro de atos atribuídos ao registro de imóveis por disposição legal, **mas que não se referem diretamente a um imóvel matriculado**. Esse livro é regulamentado pelos arts. 177 e 178 da Lei de Registros Públicos.

O art. 178 detalha os tipos de atos que devem ser registrados nesse livro. As **cédulas de crédito industrial** também são registradas aqui, sem prejuízo do registro da hipoteca cedular que pode ser feita na matrícula do imóvel. Além disso, as **convenções de condomínio**, abrangendo convenções de condomínio edilício, condomínio geral voluntário e condomínio em multipropriedade, também são incluídas no Livro n. 3.

O **penhor de máquinas e aparelhos** utilizados na indústria, que estão instalados e em funcionamento, com ou sem seus pertences, deve ser registrado no Livro n. 3, e as **convenções antenupciais**, que são acordos feitos antes do casamento, também encontram espaço no Registro Auxiliar. Além disso, contratos de penhor rural são registrados nesse livro. Finalmente, títulos que o interessado deseja registrar em seu inteiro teor podem ser incluídos no Livro n. 3, sem prejuízo do registro correspondente no Livro n. 2.

Regnoberto Melo Júnior[12] enfatiza que o uso adequado do Livro n. 3 é essencial para a eficácia e a organização do Sistema de Registro de Imóveis (SRI). Ele afirma que

---

[12] MELO JÚNIOR, Regnoberto. *Lei de Registros Públicos comentada*. Rio de Janeiro: Freitas Bastos, 2003.

o propósito imediato do art. 177[13] é definir claramente a natureza do Livro n. 3, e que seu objetivo final é garantir a segurança jurídica, que é um princípio fundamental do sistema registral.

5.3.1.4. Livro n. 4 — Indicador Real

O Livro n. 4, conhecido como Indicador Real, serve como um **índice geral de todos os imóveis** que aparecem nos demais livros do registro de imóveis. Conforme o art. 179 da Lei de Registros Públicos[14], esse livro deve conter a identificação completa de cada imóvel, bem como referências aos números de ordem nos outros livros e quaisquer anotações necessárias para facilitar a consulta e a organização dos registros.

Se o sistema de fichas não for utilizado, o Livro n. 4 também incluirá um número de ordem que seguirá indefinidamente, mantendo uma sequência contínua nos livros da mesma espécie. No caso de adoção do sistema de fichas, os oficiais de registro devem manter um livro-índice ou fichas auxiliares. Para imóveis urbanos, essas fichas são organizadas pelas **ruas**; e para imóveis rurais, são organizadas pelos nomes e pela localização dos imóveis.

5.3.1.5. Livro n. 5 — Indicador Pessoal

O Livro n. 5, denominado Indicador Pessoal, é um **repositório organizado alfabeticamente com os nomes de todas as pessoas envolvidas** nos registros dos demais livros do registro de imóveis.

Segundo o art. 180 da Lei n. 6.015/73[15], esse livro inclui tanto indivíduos quanto entidades coletivas que aparecem nos registros de forma ativa ou passiva, direta ou indiretamente.

---

[13] "Art. 177. O Livro n. 3 — Registro Auxiliar — será destinado ao registro dos atos que, sendo atribuídos ao registro de imóveis por disposição legal, não digam respeito diretamente a imóvel matriculado" (BRASIL. *Lei n. 6.015, de 31 de dezembro de 1973*. Dispõe sobre os registros públicos, e dá outras providências. Disponível em: https://www.planalto.gov.br/ccivil_03/leis/l6015compilada.htm. Acesso em: 18 abr. 2024).

[14] "Art. 179. O Livro n. 4 — Indicador Real — será o repositório de todos os imóveis que figurarem nos demais livros, devendo conter sua identificação, referência aos números de ordem dos outros livros e anotações necessárias. § 1.º Se não for utilizado o sistema de fichas, o Livro n. 4 conterá, ainda, o número de ordem, que seguirá indefinidamente, nos livros da mesma espécie. § 2.º Adotado o sistema previsto no parágrafo precedente, os oficiais deverão ter, para auxiliar a consulta, um livro-índice ou fichas pelas ruas, quando se tratar de imóveis urbanos, e pelos nomes e situações, quando rurais" (BRASIL. *Lei n. 6.015, de 31 de dezembro de 1973*. Dispõe sobre os registros públicos, e dá outras providências. Disponível em: https://www.planalto.gov.br/ccivil_03/leis/l6015compilada.htm. Acesso em: 18 abr. 2024).

[15] "Art. 180. O Livro n. 5 — Indicador Pessoal — dividido alfabeticamente, será o repositório dos nomes de todas as pessoas que, individual ou coletivamente, ativa ou passivamente, direta ou indiretamente, figurarem nos demais livros, fazendo-se referência aos respectivos números de ordem. Parágrafo único. Se não for utilizado o sistema de fichas, o Livro n. 5 conterá, ainda, o número de ordem de cada letra do alfabeto, que seguirá indefinidamente, nos livros da mesma espécie. Os oficiais poderão adotar, para auxiliar as buscas, um livro-índice ou fichas em ordem

Cada entrada no Livro n. 5 faz referência aos números de ordem correspondentes nos outros livros, facilitando a localização e a consulta dos registros relacionados a essas pessoas.

5.4. DO PROCESSO DE REGISTRO (ARTS. 182 A 216)

O processo de registro de títulos, regulado pelos arts. 182 a 216 da Lei n. 6.015/73, é um procedimento rigoroso, essencial para garantir a segurança jurídica e a precisão dos registros. Essa rigidez é justificada pela necessidade de assegurar a veracidade e a certeza na inscrição dos títulos, pois a qualidade do sistema registral está diretamente relacionada à confiança que a sociedade deposita nas informações ali anotadas.

5.4.1. APRESENTAÇÃO DO TÍTULO

A apresentação do título é o ponto de partida do processo de registro. Esse documento, que pode ser um **contrato particular, uma escritura pública ou outro documento necessário** para produzir efeitos jurídicos perante terceiros, é apresentado ao serviço de registro de imóveis.

Esse título pode ser submetido para um simples exame e cálculo de emolumentos ou para obtenção de publicidade imediata. No primeiro cenário, o objetivo é verificar se o título está em condições de ser registrado ou averbado, ou se precisa de ajustes adicionais, além de calcular os emolumentos. Embora a Lei dos Registros Públicos, em seu art. 12, parágrafo único, permita essa prática, é prudente que o pedido seja feito por escrito para evitar futuras controvérsias sobre a intenção da apresentação do título.

Por outro lado, se o objetivo é a imediata publicidade, o título deve ser registrado no protocolo, conforme estipulado pelo art. 182 da Lei dos Registros Públicos[16], o que assegura ao interessado a prioridade do título, garantindo a preferência dos direitos reais, como descrito no art. 186 da mesma lei[17].

Uma questão importante de ser recordada é que o título apresentado deve ser o **original**. Para explicar tal questão, toma-se por base a decisão no Processo n. 0013544-66.2011.8.26.0100[18], que envolveu uma dúvida quanto ao registro de um instrumento

---

alfabética" (BRASIL. *Lei n. 6.015, de 31 de dezembro de 1973*. Dispõe sobre os registros públicos, e dá outras providências. Disponível em: https://www.planalto.gov.br/ccivil_03/leis/l6015compilada.htm. Acesso em: 18 abr. 2024).

[16] "Art. 182. Todos os títulos tomarão, no Protocolo, o número de ordem que lhes competir em razão da sequência rigorosa de sua apresentação" (BRASIL. *Lei n. 6.015, de 31 de dezembro de 1973*. Dispõe sobre os registros públicos, e dá outras providências. Disponível em: https://www.planalto.gov.br/ccivil_03/leis/l6015compilada.htm. Acesso em: 18 abr. 2024).

[17] "Art. 186. O número de ordem determinará a prioridade do título, e esta a preferência dos direitos reais, ainda que apresentados pela mesma pessoa mais de um título simultaneamente" (BRASIL. *Lei n. 6.015, de 31 de dezembro de 1973*. Dispõe sobre os registros públicos, e dá outras providências. Disponível em: https://www.planalto.gov.br/ccivil_03/leis/l6015compilada.htm. Acesso em: 18 abr. 2024).

[18] "A ausência da via original do título torna a dúvida prejudicada, mesmo quando se trate de cópia autenticada. 2) Prejudica a dúvida a juntada de documento durante seu trâmite com o escopo de

particular de rerratificação de compra e venda. O registro foi recusado porque o documento apresentado era uma cópia autenticada, e não a via original exigida.

A decisão considerou que a ausência do título original prejudica a dúvida, seguindo a jurisprudência do Conselho Superior da Magistratura[19], que estabelece a necessidade da apresentação do título original para qualquer registro. Mesmo que a dúvida fosse superada, o título não poderia ser registrado devido à alteração de um elemento essencial do contrato de compra e venda.

O entendimento pacificado sobre o tema é que a apresentação da via original do título é imprescindível para o registro de imóveis. A jurisprudência do Conselho Superior da Magistratura, citada na decisão, reforça que a ausência do título original impede a admissão da dúvida registral e o registro subsequente, conforme estabelecido nos arts. 12 e 203, II, da Lei dos Registros Públicos (Lei n. 6.015/73).

5.4.1.1. Protocolo

O protocolo é o ato que marca a entrada do título no serviço de registro, garantindo a **prioridade** do ato em relação a outros que possam ser apresentados posteriormente.

> Segundo o art. 182, todos os títulos apresentados devem ser registrados no Livro n. 1 — Protocolo, um processo conhecido como **apontamento, prenotação ou protocolização**. Esse procedimento envolve a inclusão do título no livro de protocolo, onde é atribuído um número de ordem, assegurando assim a prioridade para análise e a preferência sobre eventuais direitos conflitantes.

Devem constar nesse registro a data e a hora da apresentação do título, a identificação do apresentante e uma descrição sumária do título. Além disso, o protocolo deve ser rigorosamente respeitado, sendo numerado e sequencial, sem intervalos.

O oficial não pode recusar o protocolo de um título com base em exigências fiscais ou dúvidas, exceto quando há uma previsão legal para cobrança de emolumentos. A única situação em que um título pode não ser registrado imediatamente é quando o pedido é feito para exame e cálculo dos emolumentos.

Após a protocolização, o oficial entrega uma nota ao apresentante e procede à qualificação do título para decidir se ele está apto para inscrição (registro ou averbação) na matrícula. Se, no mesmo dia, outro título for apresentado para o mesmo imóvel, o oficial deve avaliar se é necessário excluir um dos títulos ou adiar o registro do título mais

---

sanar exigência do oficial. 3) Versando o erro sobre o objeto do contrato de compra e venda, elemento essencial, não se pode corrigir por meio de retificação do título causal. 4) Registro excepcionalmente deferido" (IVRPSP, Processo n. 0013544-66.2011.8.26.0100, Rel. Gustavo Henrique Bretas Marzagão, Foro de São Paulo, j. 24.5.2011).

[19] "Registro de imóveis — Dúvida — Ausência de título original — Matéria prejudicial — Recurso não conhecido — Necessidade de apuração pelo juízo da corregedoria permanente, em autos próprios, da conduta do oficial, que não cumpriu devidamente o determinado no item 30 do capítulo XX das Normas de Serviço da E. CGJ — Remessa de cópias à Corregedoria-Geral da Justiça" (CSMSP, Apelação Cível n. 1.085-6/6, Rel. Ruy Pereira Camilo, Foro de Piracicaba, j. 2-6-2009).

recente até que o anterior seja registrado[20]. A prioridade é aplicada para beneficiar o apresentante que se apresentou primeiro[21].

Quando dois títulos são apresentados no mesmo dia e referem-se ao mesmo imóvel, o registrador deve verificar se eles geram direitos contraditórios ou compatíveis. Afrânio de Carvalho[22] esclarece que, **quando os direitos são contraditórios, a prioridade é exclusiva do título que chegou primeiro.**

Caso os direitos sejam compatíveis, há uma gradação dos direitos, determinando a ordem de registro conforme a data de protocolo. Marinho Dembinki Kern[23] indica que, **para serem considerados contraditórios, os títulos devem se referir ao mesmo imóvel, ter outorgantes diferentes e apresentar conteúdos que se oponham**, independentemente de serem totais, parciais, absolutos ou relativos.

Quanto aos efeitos da protocolização do título, existem dois principais. O primeiro é a **prioridade na qualificação**, que confere a preferência de registro ao melhor direito em casos de títulos conflitantes. O segundo é a **clausura provisória** do registro, que impede a inscrição de novos títulos enquanto o título prioritário estiver registrado.

Para exemplificar a questão retratada, utiliza-se do exemplo dado por Nicolau Balbino Filho[24], segundo o qual, em casos de prenotação envolvendo hipoteca, servidão e usufruto sobre o mesmo imóvel, esses direitos são compatíveis e podem coexistir. No entanto, em caso de dupla venda pelo mesmo transmitente, o direito da primeira venda exclui o da segunda, pois são direitos incompatíveis e excludentes.

Após a protocolização, inicia-se o prazo para o registro ou averbação, parte do qual é usado para a **qualificação**. O art. 205 da Lei n. 6.015/73, alterado pela Lei n. 14.382/2022[25], estabelece o prazo geral de 20 dias para o registro a partir do protocolo. Se o registrador determinar que o registro não é possível, deve emitir uma nota

---

[20] "Art. 190. Não serão registrados, no mesmo dia, títulos que constituam direitos reais contraditórios sobre o mesmo imóvel" (BRASIL. *Lei n. 6.015, de 31 de dezembro de 1973*. Dispõe sobre os registros públicos, e dá outras providências. Disponível em: https://www.planalto.gov.br/ccivil_03/leis/l6015compilada.htm. Acesso em: 18 abr. 2024).

[21] "Art. 191. Em caso de apresentação de títulos no mesmo dia, prevalecerá a prioridade para o título com o número de ordem mais baixo, adiando o registro dos apresentados posteriormente por pelo menos um dia útil" (BRASIL. *Lei n. 6.015, de 31 de dezembro de 1973*. Dispõe sobre os registros públicos, e dá outras providências. Disponível em: https://www.planalto.gov.br/ccivil_03/leis/l6015compilada.htm. Acesso em: 18 abr. 2024).

[22] CARVALHO, Afrânio de. *Registro de imóveis*. 4. ed. Rio de Janeiro: Forense, 2001.

[23] KERN, Marinho Dembinski; COSTA JUNIOR, Francisco José de Almeida Prado Ferraz. *Princípios do registro de imóveis brasileiro*. São Paulo: Thomson Reuters Brasil, 2020. (Direito Imobiliário, v. II.)

[24] BALBINO FILHO, Nicolau. *Direito imobiliário registral*. São Paulo: Saraiva, 2001.

[25] "Art. 205. Cessarão automaticamente os efeitos da prenotação se, decorridos 20 (vinte) dias da data do seu lançamento no Protocolo, o título não tiver sido registrado por omissão do interessado em atender às exigências legais. Parágrafo único. Nos procedimentos de regularização fundiária de interesse social, os efeitos da prenotação cessarão decorridos 40 (quarenta) dias de seu lançamento no Protocolo" (BRASIL. *Lei n. 6.015, de 31 de dezembro de 1973*. Dispõe sobre os registros públicos, e dá outras providências. Disponível em: https://www.planalto.gov.br/ccivil_03/leis/l6015compilada.htm. Acesso em: 18 abr. 2024).

devolutiva, fundamentada, para que o interessado possa atender às exigências. **Passado o prazo legal para o protocolo, os efeitos do protocolo cessam automaticamente.**

5.4.1.2. Exame e cálculo

O art. 12 da Lei n. 6.015/73 assegura que nenhuma exigência fiscal ou dúvida pode impedir a apresentação de um título e seu subsequente lançamento no Protocolo com o respectivo número de ordem, de forma que, uma vez apresentado um título, ele deve ser **imediatamente protocolizado**, garantindo ao apresentante a prioridade de direitos decorrente dessa prenotação.

O parágrafo único do art. 12 estabelece uma **exceção**: os títulos apresentados apenas para **exame e cálculo** dos emolumentos não precisam ser imediatamente apontados no Protocolo.

5.4.2. QUALIFICAÇÃO REGISTRAL NEGATIVA

No item 3.9, referente ao princípio da legalidade, foi estudado o conceito de qualificação registral, que é um processo essencial dos registros de imóveis, onde ocorre uma análise detalhada do título em relação aos requisitos de validade e de acordo com os registros já existentes no cartório. Esse procedimento permite que o título seja incorporado ao registro imobiliário, conferindo-lhe os efeitos legais esperados.

Tito Fulgêncio[26], ao analisar a inscrição de hipoteca no Código Civil de 1916, argumentava que o oficial do registro não atua como juiz do título, mas possui a competência para questionar a legalidade deste e, se necessário, indeferir o registro, mediante a qualificação negativa. Tal medida é vista como uma forma de prevenir a multiplicação de demandas de cancelamento de inscrições e evitar a aceitação de títulos inválidos.

Da mesma forma, Affonso Fraga[27] sustenta que a recusa do oficial não configura um ato de jurisdição, pois não envolve uma instância de julgamento. Se a parte interessada discordar da decisão do oficial, pode recorrer ao juiz, e da decisão judicial cabe **apelação** ao Tribunal.

Por outro lado, Ricardo Dip[28] oferece uma visão mais ampla da qualificação registral, entendendo-a como um juízo prudencial. Para Dip, essa atividade vai além de uma simples verificação; trata-se de uma operação **intelectiva reflexiva** e **abstrata**, resultando numa decisão que pode ser tanto positiva, permitindo a inscrição do título no fólio real, quanto negativa, impedindo seu acesso aos efeitos desejados.

De forma simplificada, Luís Ramon Alvares[29] classifica a qualificação registral como o processo pelo qual o oficial verifica o título e avalia se todos os requisitos legais e normativos necessários para a realização do ato registral estão cumpridos.

---

[26] FULGÊNCIO, Tito. *Direito real de hypoteca*. São Paulo: Acadêmica, 1928.
[27] FRAGA, Affonso. *Direitos reaes de garantia*: penhor, antichrese e hypotheca. São Paulo: Acadêmica, 1933.
[28] DIP, Ricardo. *Registro de imóveis*: vários estudos. Porto Alegre: SAFE, 2005.
[29] ALVARES, Luís Ramon. *Manual do registro de imóveis*: aspectos práticos da qualificação registral. São José dos Campos: Crono, 2015.

É importante recordar apontamento feito por Vitor Frederico Kumpel[30] ao destacar que o objetivo principal da qualificação é auxiliar o registro imobiliário, garantindo que o ato seja executado da maneira mais precisa possível.

> O registrador prefere uma qualificação positiva, mas quando um título é qualificado negativamente, isso ocorre para proteger o direito de propriedade do cidadão, um direito fundamental assegurado pelo art. 5.º da Constituição Federal.

Assim, quando a qualificação de um título é negativa devido a vícios que podem ser corrigidos ou defeitos documentais, o oficial emite uma nota devolutiva. Essa nota detalha os impedimentos ao registro e orienta sobre como resolvê-los. Durante o período de prenotação, o interessado pode atender às exigências e reinscrever o título utilizando o mesmo número de prenotação. No entanto, se o **prazo da prenotação expirar** e o título for reapresentado, será necessária uma **nova prenotação**.

Se os vícios forem insanáveis, a qualificação será negativa e a nota devolutiva indicará a impossibilidade de realizar o registro. Nessa situação, o apresentante tem o direito de solicitar a revisão da qualificação por meio do procedimento de dúvida, onde o juiz corregedor permanente reavaliará o título. Em casos específicos, como a apresentação de títulos que não podem ser registrados, o oficial negará o registro apontando a ausência de previsão legal, sendo necessário realizar um novo negócio jurídico válido para superar o defeito irreparável.

Também pode ocorrer uma qualificação **negativa parcial**, onde o registrador identifica defeitos que impedem o registro apenas em certos aspectos do título. Nesses casos, o **princípio da cindibilidade** permite que a parte válida, se for autônoma, possa ser registrada, desde que o interessado solicite a cisão do título por escrito.

Ana Paula Almada[31] critica a prática de devolver títulos por insegurança ou excesso de zelo, destacando a importância de evitar demandas excessivas ou detalhadas, especialmente quando se trata de pequenos erros no título que não afetam o direito expresso ou partes cruciais do negócio. A autora argumenta que a não realização do registro por causa de erros menores, como um número de CPF digitado incorretamente, causa um prejuízo maior do que a correção do erro em si.

Almada enfatiza a necessidade de aplicar o **princípio da razoabilidade** para evitar transformar o registro de imóveis em uma entidade focada na devolução de títulos, ressaltando que seu papel principal é **garantir** a **segurança** e a **publicidade** das transações imobiliárias.

---

[30] KUMPEL, Vitor Frederico. *Qualificação dos títulos judiciais pelo oficial de registro de imóveis*. Disponível em: https://www.migalhas.com.br/coluna/registralhas/190608/qualificacao-dos-titulos-judiciais-pelo-oficial-de-registro-de-imoveis. Acesso em: 4 jul. 2024.

[31] ALMADA, Ana Paula P. L. Registro de imóveis. In: GENTIL, Alberto. *Registros públicos*. Rio de Janeiro: GEN, 2022. *E-book*. Disponível em: https://app.minhabiblioteca.com.br/#/books/9786559644773/. Acesso em: 15 dez. 2023.

Um exemplo prático de qualificação negativa pode ser visto na Apelação Cível n. 9000001-98.2015.8.26.0099[32], julgada pelo Conselho Superior da Magistratura do Tribunal de Justiça de São Paulo.

O caso teve origem na tentativa de registrar a aquisição de 87,48% de parte ideal de um imóvel localizado na Comarca de Bragança Paulista, por meio de escrituras públicas de compra e venda outorgadas pelo 2.º Tabelião de Notas da sede da Comarca. O registro foi negado pelo oficial registrador com base no princípio da especialidade subjetiva, que exige a apresentação de documentos pessoais completos dos alienantes, incluindo RG, CPF e certidão de casamento.

A parte interessada apelou da decisão do juiz corregedor permanente, alegando a impossibilidade de cumprir as exigências documentais devido à ausência desses documentos pessoais. A dúvida inversa foi suscitada diretamente ao juízo corregedor, que manteve a recusa do oficial registrador.

No julgamento, o Conselho Superior da Magistratura decidiu por não conhecer o recurso de apelação, julgando prejudicada a dúvida inversa. A decisão foi fundamentada na falta de apresentação dos documentos originais necessários, que são essenciais para a análise e qualificação dos títulos apresentados para registro. Além disso, foi mencionado que a falta de documentação original constitui um obstáculo intransponível para o registro, conforme precedentes do próprio Conselho Superior da Magistratura.

5.4.3. QUALIFICAÇÃO REGISTRAL POSITIVA

Caso o título esteja em conformidade com as exigências legais, o oficial procederá à qualificação registral positiva. Se a qualificação for positiva, o registrador realiza as medidas necessárias na matrícula, pois o título está em condições de registro.

5.4.4. PROVIDÊNCIAS FINAIS

O art. 205 estabelece que os **efeitos da prenotação** cessarão automaticamente após **20 dias** da data do seu lançamento no Protocolo, caso o interessado não cumpra as exigências legais necessárias para o registro, sendo tal prazo estendido para **40 dias** para os procedimentos de **regularização fundiária de interesse social**.

5.5. PESSOAS E TÍTULOS

5.5.1. PESSOAS (ARTS. 217 A 220)

O **princípio da rogação**, também conhecido como **princípio da instância** ou **reserva de iniciativa**, determina que os atos de registro só podem ser realizados mediante **solicitação do interessado**.

---

[32] "Registro de imóveis — Dúvida inversa — Qualificação negativa — Escrituras públicas de compra e venda — Alienação de parte ideal de imóvel — Nota de devolução fundamentada no princípio da especialidade subjetiva — Documentos pessoais dos alienantes — Título original — Cópia — Prejudicialidade — Recurso não conhecido" (CSMSP, Apelação Cível n. 9000001-98.2015.8.26.0099, Rel. Manoel de Queiroz Pereira Calças, Foro de Bragança Paulista, j. 21.6.2016).

> O registrador não pode agir por conta própria, a menos que haja disposições específicas previstas em leis ou regulamentos.

Assim, o princípio da instância é uma garantia contra alterações nos dados registrados, estabelecendo que o registro deve permanecer inalterado até que haja um pedido formal do titular do direito. Essa perspectiva ressalta a importância de manter a segurança dos registros, permitindo sua correção apenas mediante solicitação da parte interessada, servindo como um limite para interferências, incluindo aquelas por parte do poder público[33].

No contexto do registro de imóveis, a legislação confere a qualquer pessoa o direito de solicitar tanto o registro quanto a averbação de atos, sendo essa pessoa responsável pelas despesas decorrentes. Essa prerrogativa é delineada no art. 217 da Lei n. 6.015/73[34], que **estabelece que o registro e a averbação podem ser provocados por qualquer pessoa, incumbindo-lhe as respectivas despesas**.

Walter Ceneviva[35] argumenta que a expressão "qualquer pessoa" deve ser entendida de maneira clara e que o oficial não tem a prerrogativa de questionar a capacidade do apresentante do título. Martin Woff[36], com um enfoque mais cauteloso, observa que a simples apresentação dos documentos para registro é suficiente para que o registrador inicie o protocolo, podendo, no entanto, decidir posteriormente se concede ou não o registro.

> Portanto, qualquer indivíduo pode apresentar um título para registro, que será protocolado. No entanto, **o registro só será concedido se o apresentante for de fato uma parte interessada no ato**.

Para atos realizados a título gratuito, a lei prevê uma particularidade. Conforme o art. 218, o registro pode ser promovido pelo transferente, desde que este apresente prova de aceitação do beneficiado. Isso implica que, em situações em que há uma transferência sem ônus, é possível ao transferente proceder ao registro, assegurando que o beneficiado está ciente e de acordo com a transferência.

Sobre o registro do **penhor rural**, a lei estabelece que este **independe do consentimento do credor hipotecário**. Essa disposição simplifica o processo de registro para penhor rural, eliminando a necessidade de consentimento adicional e agilizando os procedimentos.

Em relação à escrituração, o art. 220 detalha quem são considerados credores e devedores em diversos tipos de contratos e direitos reais, estabelecendo de forma clara as partes envolvidas. No caso das servidões, o dono do prédio dominante é o credor, enquanto o dono do prédio serviente é o devedor. Para o uso, o usuário é o credor e o

---

[33] SALLES, Venício. *Direito registral imobiliário.* 2. ed. rev. São Paulo: Saraiva, 2007.

[34] "Art. 217. O registro e a averbação poderão ser provocados por qualquer pessoa, incumbindo-lhe as despesas respectivas" (BRASIL. *Lei n. 6.015, de 31 de dezembro de 1973.* Dispõe sobre os registros públicos, e dá outras providências. Disponível em: https://www.planalto.gov.br/ccivil_03/leis/l6015compilada.htm. Acesso em: 18 abr. 2024).

[35] CENEVIVA, Walter. *Lei dos Registros Públicos comentada.* 15. ed. São Paulo: Saraiva, 2003.

[36] WOLFF, Martin. Derecho de cosas. In: ENNECCERUS, Ludwig; KIPP, Theodor; WOFF, Martin. *Tratado de direito civil.* 2. ed. Trad. Blas Pérez González e José Alguer. Barcelona: Bosh, 1951. v. I.

proprietário é o devedor. Na habitação, o habitante é o credor e o proprietário é o devedor. Na anticrese, o mutuante é o credor e o mutuário é o devedor. No usufruto, o usufrutuário é o credor e o nu-proprietário é o devedor. Na enfiteuse, o senhorio é o credor e o enfiteuta é o devedor. Na constituição de renda, o beneficiário é o credor e o rendeiro censuário é o devedor. Na locação, o locatário é o credor e o locador é o devedor. Nas promessas de compra e venda, o promitente comprador é o credor e o promitente vendedor é o devedor. Nas penhoras e ações, o autor é o credor e o réu é o devedor. Nas cessões de direitos, o cessionário é o credor e o cedente é o devedor. Nas promessas de cessão de direitos, o promitente cessionário é o credor e o promitente cedente é o devedor.

5.5.2. TÍTULOS (ARTS. 221 A 226)

Moacyr Petrocelli de Ávila Ribeiro[37] explica que no direito registral imobiliário **o conceito de título possui uma dimensão formal e outra material**.

O **aspecto formal** refere-se aos **requisitos legais** que um título deve cumprir para ser aceito no registro de imóveis. Para ser validamente registrado, um título precisa seguir uma **tipicidade legal específica**, ou seja, deve estar conforme as normas que definem a forma que ele deve ter. Por exemplo, uma escritura pública de compra e venda de um imóvel que exceda 30 salários mínimos precisa obedecer aos requisitos estabelecidos pelo Código Civil e pela Lei de Registros Públicos.

O **aspecto material**, por outro lado, diz respeito ao **conteúdo do título e à sua conformidade com o direito material** previsto em lei. Dessa forma, o título deve refletir um ato, fato ou negócio jurídico que tenha uma base legal para ser registrado.

O art. 221 da Lei n. 6.015/73 especifica quais tipos de títulos são formalmente aceitos para o registro de imóveis, estabelecendo um rol taxativo de modalidades que podem ser admitidas. Contudo, Moacyr Petrocelli de Ávila Ribeiro observa que esse rol não é exaustivo. Existem diversas disposições legais que permitem o registro de outros tipos de títulos que não estão diretamente listados no art. 221, por exemplo certidões da Junta Comercial, sentenças judiciais para hipoteca e cédulas de crédito podem ser registradas com base em previsões legais específicas, mesmo que não constem na lista do art. 221.

A Lei n. 14.382/2022 trouxe uma inovação importante ao permitir a utilização de títulos já registrados, digitalizados ou armazenados, dispensando a reapresentação física do documento. Em vez disso, basta referenciar o título ou apresentar uma certidão correspondente, facilitando o processo de registro e reduzindo a necessidade de manipulação de documentos físicos.

Petrocelli[38] também aborda a questão dos títulos que envolvem imóveis localizados em **diferentes circunscrições**. Nesses casos, **o título pode ser registrado em várias comarcas por meio de certidões que reflitam o título original**. Se o título já estiver registrado na mesma serventia, a simples referência ao número da prenotação anterior pode ser suficiente para o registro de novos atos relacionados a ele.

---

[37] RIBEIRO, Moacyr Petrocelli de Ávila. Das atribuições. In: PEDROSO, Alberto Gentil de Almeida (Org.). *Lei de Registros Públicos comentada*. Rio de Janeiro: Forense, 2023. Cap. 4. p. 769-771.

[38] RIBEIRO, Moacyr Petrocelli de Ávila. Das atribuições. In: PEDROSO, Alberto Gentil de Almeida (Org.). *Lei de Registros Públicos comentada*. Rio de Janeiro: Forense, 2023. Cap. 4. p. 769-771.

O autor destaca que, em todos os casos, **o princípio da legalidade é fundamental**. Os títulos apresentados para registro devem estar em conformidade com as exigências legais para garantir a autenticidade, a segurança e a publicidade dos registros imobiliários.

Além disso, **atos autênticos de países estrangeiros**, que tenham força de **instrumento público**, podem ser registrados se forem **legalizados**, traduzidos conforme a lei, e registrados no cartório de registro de títulos e documentos. As sentenças proferidas por tribunais estrangeiros, após homologação pelo Supremo Tribunal Federal, também são admitidas. Outro grupo de documentos que pode ser registrado inclui cartas de sentença, formais de partilha, certidões e mandados extraídos de processos judiciais.

Contratos ou termos administrativos assinados com a União, Estados, Municípios ou o Distrito Federal, em programas de regularização fundiária e habitacionais de interesse social, são admitidos **sem** a necessidade de **reconhecimento de firma**. Recentemente, foram incluídos contratos ou termos administrativos assinados no âmbito de desapropriações extrajudiciais.

Algumas especificidades são abordadas em parágrafos adicionais. Por exemplo, contratos e termos administrativos assinados a rogo (com a impressão digital do beneficiário, quando este é analfabeto ou não pode assinar), acompanhados de duas testemunhas, também podem ser registrados. Além disso, esses contratos podem ser celebrados apenas com o nome e número de documento oficial do beneficiário, com a qualificação completa sendo feita no momento do registro.

Quando se trata de registros de projetos de **regularização fundiária** e **constituição de direito real promovidos por ente público**, a apresentação de títulos individuais é dispensada. Se um título físico que já tenha sido registrado, digitalizado ou armazenado for necessário, basta a referência a ele ou a apresentação de uma certidão, **sem a necessidade de reapresentação física do título**. Especificamente para escritos particulares relativos a atos praticados por instituições financeiras autorizadas a celebrar instrumentos particulares com caráter de escritura pública, as testemunhas e o reconhecimento de firma são dispensados.

Por fim, contratos e termos administrativos relativos a desapropriações extrajudiciais devem passar por qualificação registral pelo oficial do registro de imóveis antes do pagamento ao expropriado.

Quanto ao procedimento que envolve os títulos, é exigido que todas as **escrituras e atos relativos a imóveis**, bem como cartas de sentença e formais de partilha, façam **referência à matrícula** ou **registro anterior**, com seu número e cartório. Essa obrigação é estendida às partes que celebrarem atos relativos a imóveis por instrumento particular; e, nas escrituras lavradas por autorização judicial, os respectivos alvarás devem ser mencionados em um breve relatório.

O art. 225[39] impõe que tabeliães, escrivães e juízes devem exigir que as partes indiquem com precisão as características, confrontações e localizações dos imóveis,

---

[39] "Art. 225. Os tabeliães, escrivães e juizes farão com que, nas escrituras e nos autos judiciais, as partes indiquem, com precisão, os característicos, as confrontações e as localizações dos imóveis, mencionando os nomes dos confrontantes e, ainda, quando se tratar só de terreno, se esse fica do

incluindo nomes dos confrontantes e, no caso de terrenos, detalhes sobre a localização em relação ao logradouro e edificações próximas. Essa mesma precisão deve ser observada nos instrumentos particulares apresentados para registro. **Títulos que não coincidam com a caracterização do imóvel no registro anterior são considerados irregulares para efeito de matrícula.**

Ademais, nos **autos judiciais** sobre **imóveis rurais**, a localização, os limites e confrontações devem ser obtidos a partir de **memorial descritivo assinado por profissional habilitado**, com as coordenadas georreferenciadas ao Sistema Geodésico Brasileiro.

5.6. PRAZOS NO REGISTRO DE IMÓVEIS

5.6.1. DOS PRAZOS GERAIS

Foram incluídos no art. 9.º da Lei n. 6.015/73[40] alguns incisos que tratam sobre os prazos para registro. Tal artigo já estabelecia que os registros feitos fora do horário regulamentar ou em dias sem expediente serão **nulos**, responsabilizando o oficial civil e criminalmente por essa nulidade, e os incisos incluídos pela Lei n. 14.382/2022 trouxeram mais informações sobre a contagem dos prazos.

Restou determinado que os prazos para vigência da prenotação, pagamento de emolumentos e prática de atos pelos oficiais devem ser contados em **dias** e **horas úteis**, exceto nos casos previstos em lei ou contados em meses e anos. Para trazer ainda mais

---

lado par ou do lado ímpar do logradouro, em que quadra e a que distância métrica da edificação ou da esquina mais próxima, exigindo dos interessados certidão do registro imobiliário. § 1.º As mesmas minúcias, com relação à caracterização do imóvel, devem constar dos instrumentos particulares apresentados em cartório para registro. § 2.º Consideram-se irregulares, para efeito de matrícula, os títulos nos quais a caracterização do imóvel não coincida com a que consta do registro anterior. § 3.º Nos autos judiciais que versem sobre imóveis rurais, a localização, os limites e as confrontações serão obtidos a partir de memorial descritivo assinado por profissional habilitado e com a devida Anotação de Responsabilidade Técnica (ART), contendo as coordenadas dos vértices definidores dos limites dos imóveis rurais, georreferenciadas ao Sistema Geodésico Brasileiro e com precisão posicional a ser fixada pelo Incra, garantida a isenção de custos financeiros aos proprietários de imóveis rurais cuja somatória da área não exceda a quatro módulos fiscais" (BRASIL. *Lei n. 6.015, de 31 de dezembro de 1973*. Dispõe sobre os registros públicos, e dá outras providências. Disponível em: https://www.planalto.gov.br/ccivil_03/leis/l6015compilada.htm. Acesso em: 18 abr. 2024).

[40] "Art. 9.º Será nulo o registro lavrado fora das horas regulamentares ou em dias em que não houver expediente, sendo civil e criminalmente responsável o oficial que der causa à nulidade. § 1.º Serão contados em dias e horas úteis os prazos estabelecidos para a vigência da prenotação, para os pagamentos de emolumentos e para a prática de atos pelos oficiais dos registros de imóveis, de títulos e documentos e civil de pessoas jurídicas, incluída a emissão de certidões, exceto nos casos previstos em lei e naqueles contados em meses e anos. § 2.º Para fins do disposto no § 1.º deste artigo, consideram-se: I — dias úteis: aqueles em que houver expediente; e II — horas úteis: as horas regulamentares do expediente. § 3.º A contagem dos prazos nos registros públicos observará os critérios estabelecidos na legislação processual civil" (BRASIL. *Lei n. 6.015, de 31 de dezembro de 1973*. Dispõe sobre os registros públicos, e dá outras providências. Disponível em: https://www.planalto.gov.br/ccivil_03/leis/l6015compilada.htm. Acesso em: 18 abr. 2024).

precisão e segurança, foi esclarecido que dias úteis são aqueles com expediente, e horas úteis são as do expediente regulamentar, seguindo a contagem dos prazos.

Além disso, o artigo determina que a **contagem dos prazos** nos registros públicos seguirá os critérios da legislação **processual civil**. Conforme o art. 219 do Código de Processo Civil[41], os prazos são contados em dias úteis, **excluindo-se o dia inicial e incluindo-se o dia final**. Se o prazo terminar em um dia com expediente encerrado ou com início fora do horário normal, ou em caso de indisponibilidade de comunicação eletrônica, a contagem é prorrogada para o próximo dia útil, conforme o art. 224 do mesmo Código[42].

A Lei n. 6.015/73 também define que as **certidões** devem ser emitidas em **até cinco dias**. No entanto, há prazos específicos: **quatro horas para certidões de inteiro teor em meio eletrônico, um dia para certidões de situação jurídica atualizada do imóvel** e **cinco dias para certidões de transcrições e outros casos**.

Celso Maziteli Neto[43] analisa a evolução da publicidade registral dos registros públicos antes e depois da promulgação da Lei n. 6.015/73. Antes dessa lei, a publicidade direta era comum, permitindo aos interessados acesso direto aos livros de registro nos cartórios, conforme o Decreto n. 4.857/39. Com a Lei n. 6.015/73, houve uma mudança fundamental para a publicidade indireta, em que as informações registradas são fornecidas por meio de certidões emitidas pelos cartórios, em vez de acesso direto aos livros.

A Lei de Registros Públicos estabeleceu que a publicidade registral deveria ocorrer principalmente por meio da emissão de certidões formais. No entanto, algumas **exceções para a publicidade direta permanecem**, como o acesso aos **autos de processos de loteamento**, conforme o art. 24 da Lei n. 6.766/79.

Com a digitalização progressiva dos registros públicos, a Lei n. 14.382/2022 trouxe a possibilidade de publicidade direta digital, permitindo o acesso remoto aos dados registrados, conforme regulamentação da Corregedoria Nacional de Justiça. Essa mudança moderniza a publicidade registral, mantendo a integridade e o controle das informações.

---

[41] "Art. 219. Na contagem de prazo em dias, estabelecido por lei ou pelo juiz, computar-se-ão somente os dias úteis. Parágrafo único. O disposto neste artigo aplica-se somente aos prazos processuais" (BRASIL. *Lei n. 13.105, de 16 de março de 2015.* Código de Processo Civil. Disponível em: https://www.planalto.gov.br/ccivil_03/_ato2015-2018/2015/lei/L13105compilada.htm. Acesso em: 4 jul. 2024).

[42] "Art. 224. Salvo disposição em contrário, os prazos serão contados excluindo o dia do começo e incluindo o dia do vencimento. § 1.º Os dias do começo e do vencimento do prazo serão protraídos para o primeiro dia útil seguinte, se coincidirem com dia em que o expediente forense for encerrado antes ou iniciado depois da hora normal ou houver indisponibilidade da comunicação eletrônica. § 2.º Considera-se como data de publicação o primeiro dia útil seguinte ao da disponibilização da informação no *Diário da Justiça eletrônico*. § 3.º A contagem do prazo terá início no primeiro dia útil que seguir ao da publicação" (BRASIL. *Lei n. 13.105, de 16 de março de 2015.* Código de Processo Civil. Disponível em: https://www.planalto.gov.br/ccivil_03/_ato2015-2018/2015/lei/L13105compilada.htm. Acesso em: 4 jul. 2024).

[43] MAZITELI NETO, Celso. Das atribuições. In: PEDROSO, Alberto Gentil de Almeida (Org.). *Lei de Registros Públicos comentada*. Rio de Janeiro: Forense, 2023. Cap. 5. p. 232-503.

Quanto aos prazos para emissão de certidões, o autor informa que são curtos, refletindo o foco na eficiência e uso da tecnologia. Para Celso Maziteli Neto[44], a nova legislação reforça o princípio da fé pública registral, destacando a matrícula como a unidade fundamental de individualização do imóvel e garantindo a força probante das certidões emitidas.

Especificamente quanto ao registro de imóveis, o **art. 188** determina que, após a protocolização do título, o registro ou emissão de nota devolutiva deve ocorrer em **até dez dias, salvo exceções**.

Se **não houver exigências** ou **falta de pagamento**, escrituras de **compra e venda sem cláusulas especiais, requerimentos de averbação de construção e cancelamento de garantias, documentos eletrônicos pelo Sistema Eletrônico dos Registros Públicos (Serp)** e **títulos reingressados com exigências cumpridas** devem ser registrados em **até cinco dias**.

Ivan Jacopetti do Lago[45] discute essa regra procedimental na Lei n. 6.015/73, destacando a importância dos princípios da prioridade e da eficiência dos serviços públicos. Com a Lei n. 14.382/2022, a distinção entre dois prazos se tornou mais clara: um material, concedido à parte, cuja expiração resulta na perda de prioridade, e outro procedimental, imposto ao registrador, cuja expiração resulta em sanções.

O prazo, geral ou especial, permite ao registrador realizar duas ações possíveis: concluir o registro ou emitir uma nota devolutiva com exigências. A Lei n. 14.382/2022 introduziu um prazo reduzido de cinco dias para certos títulos, desde que não haja exigências e as custas estejam pagas. Esses títulos incluem escrituras de compra e venda sem cláusulas especiais, requerimentos de averbação de construção e cancelamento de garantias, escolhidos pela sua simplicidade.

A interpretação das cláusulas especiais deve considerar a simplicidade dos títulos para garantir a rapidez no despacho. Documentos eletrônicos apresentados pelo **Serp** também têm **prazo reduzido**, especialmente se forem extratos eletrônicos, que são documentos estruturados e padronizados.

Se um título que foi devolvido com exigências for reapresentado com todas as exigências atendidas no prazo de prenotação, o registrador terá mais **cinco dias para concluir o registro**.

5.6.2. OUTROS PRAZOS

O *caput* do art. 188 da Lei de Registros Públicos prevê **exceções ao prazo geral de dez dias**, prorrogando-o em alguns casos, como nos arts. 189 a 192, onde prazos podem ser estendidos para **30 dias ou até o próximo dia útil**. Essas regras garantem que, mesmo em casos de documentos complexos ou conflitantes, os prazos sejam respeitados e a eficiência do serviço registral seja mantida.

O art. 190 estabelece que títulos que constituam **direitos reais contraditórios**, ou seja, que **não podem coexistir**, sobre o mesmo imóvel **não podem ser registrados no mesmo dia**, o que evita conflitos e garante clareza nos registros imobiliários.

---

[44] MAZITELI NETO, Celso. Das atribuições. In: PEDROSO, Alberto Gentil de Almeida (Org.). *Lei de Registros Públicos comentada*. Rio de Janeiro: Forense, 2023. Cap. 5. p. 232-503.

[45] LAGO, Ivan Jacopetti do. Do registro de imóveis. In: PEDROSO, Alberto Gentil de Almeida (Org.). *Lei de Registros Públicos comentada*. Rio de Janeiro: Forense, 2023. Cap. III. p. 611-717.

Já o art. 191 determina que, quando dois ou mais títulos são apresentados no mesmo dia, a prioridade de registro será dada ao título que foi prenotado primeiro no Protocolo, ou seja, aquele que recebeu o **número de ordem mais baixo**.

> Os títulos apresentados posteriormente só serão registrados após pelo menos um dia útil, o que assegura uma ordem clara de prioridade baseada na ordem de apresentação dos títulos.

Por sua vez, o art. 192 cria uma **exceção** às regras estabelecidas nos **arts. 190** e **191** para escrituras públicas que tenham a **mesma data** e que sejam **apresentadas no mesmo dia**, mas que especificam a **hora exata da sua lavratura**. Nesses casos, a prioridade será determinada pela **hora da lavratura**, prevalecendo a escritura que foi lavrada primeiro.

Mais além, Sergio Jacomino[46] explica que há exceções estabelecidas por normas específicas que determinam prazos distintos para certos tipos de registros e averbações.

Por exemplo, o Decreto-lei n. 167, de 14 de fevereiro de 1967, que regula a **cédula de crédito rural**, estipulava um prazo de **três dias** para o registro, as averbações e os aditivos subsequente. Esse prazo foi também adotado por outras cédulas de crédito, como a **cédula de crédito industrial** (Decreto-lei n. 413/69[47]), a **cédula de crédito à exportação** (Lei n. 6.313/75[48]), a **cédula de crédito comercial** (Lei n. 6.840/80[49]) e a **cédula de produto rural** (Lei n. 8.929/94[50]).

---

[46] In: ALVIM NETO, José Manuel de Arruda; CLÁPIS, Alexandre L.; CAMBLER, Everaldo A. *Lei de Registros Públicos comentada*. 2. ed. Rio de Janeiro: GEN, 2019. *E-book*. Disponível em: https://app.minhabiblioteca.com.br/#/books/9788530983468/. Acesso em: 7 ago. 2024.

[47] "Art. 38. As inscrições das cédulas e as averbações posteriores serão efetuadas no prazo de 3 (três) dias úteis a contar da apresentação do título sob pena de responsabilidade funcional do oficial encarregado de promover os atos necessários. § 1.º A transgressão do disposto neste artigo poderá ser comunicada ao juiz de direito da comarca pelos interessados ou por qualquer pessoa que tenha conhecimento do fato. § 2.º Recebida a comunicação, o juiz instaurará imediatamente inquérito administrativo" (BRASIL. *Decreto-lei n. 413, de 9 de janeiro de 1969*. Dispõe sobre títulos de crédito industrial e dá outras providências. Disponível em: https://www.planalto.gov.br/ccivil_03/decreto-lei/1965-1988/Del0413.htm. Acesso em: 4 jul. 2024).

[48] "Art. 3.º Serão aplicáveis à cédula de crédito à exportação, respectivamente, os dispositivos do Decreto-lei n. 413, de 9 de janeiro de 1969, referente à cédula de crédito industrial e à nota de crédito industrial" (BRASIL. *Lei n. 6.313, de 16 de dezembro de 1975*. Dispõe sobre títulos de crédito à exportação e dá outras providências. Disponível em: https://www.planalto.gov.br/ccivil_03/LEIS/L6313.htm. Acesso em: 4 jul. 2024).

[49] "Art. 5.º Aplicam-se à cédula de crédito comercial e à nota de crédito comercial as normas do Decreto-lei n. 413, de 9 de janeiro 1969, inclusive quanto aos modelos anexos àquele diploma, respeitadas, em cada caso, a respectiva denominação e as disposições desta Lei" (BRASIL. *Lei n. 6.840, de 3 de novembro de 1980*. Dispõe sobre títulos de crédito comercial e dá outras providências. Disponível em: https://www.planalto.gov.br/ccivil_03/leis/1980-1988/L6840.htm. Acesso em: 4 jul. 2024).

[50] "Art. 12. A CPR, bem como seus aditamentos, para não perder validade e eficácia, deverá: [...] § 2.º A validade e eficácia da CPR não dependem de registro em cartório, que fica dispensado, mas as garantias reais a ela vinculadas ficam sujeitas, para valer contra terceiros, à averbação no car-

A Lei n. 10.931, de 2 de agosto de 2004, que regula a **cédula de crédito imobiliário** e a **cédula de crédito bancário**, estabelece um prazo de quinze dias para que o oficial de registro de imóveis realize o registro ou a averbação, uma vez que todos os documentos necessários tenham sido protocolizados[51].

O autor[52] destaca que, além desses casos, existem outras **exceções** que podem alterar o prazo padrão de trinta dias, como os **registros de parcelamento do solo urbano, bem de família, retificações de registro, notificações diversas, parcelamentos, alienação fiduciária, entre outros**. Com a entrada em vigor do Código de Processo Civil de 2015, foi introduzido o processo de **usucapião extrajudicial** (art. 216-A da Lei n. 6.015/73), que também segue prazos específicos.

Tais normas específicas buscam atender à necessidade de celeridade e eficiência no registro de determinados tipos de atos, refletindo a importância de adaptar os prazos de acordo com a natureza e a urgência dos registros a serem realizados.

5.7. PROCEDIMENTO DE DÚVIDA REGISTRAL

O processo de registro de um título em um cartório de registro de imóveis segue um procedimento claro e previsível. Como visto, primeiramente, o título é apresentado e protocolado. Depois disso, passa por uma qualificação registral. Se a qualificação for positiva, o título será inscrito nos livros; caso contrário, será devolvido com uma nota de exigência, permanecendo no protocolo pelo prazo legal, que geralmente é de **vinte dias**.

Na qualificação registral, o registrador analisa o título com base nas regras e princípios do direito imobiliário para decidir se autoriza o registro ou devolve o título com exigências, conforme o art. 198 da Lei n. 6.015/73.

Se houver exigências, estas devem ser comunicadas por escrito pelo oficial, de forma clara e objetiva. Caso o interessado não concorde ou não consiga cumprir a exigência, pode requerer a suscitação de dúvida ao juiz competente. Esse procedimento de dúvida pode ocorrer em todos os atos registrais, dependendo das normas estaduais.

---

tório de registro de imóveis em que estiverem localizados os bens dados em garantia, devendo ser efetuada no prazo de 3 (três) dias úteis, contado da apresentação do título ou certidão de inteiro teor, sob pena de responsabilidade funcional do oficial encarregado de promover os atos necessários" (BRASIL. *Lei n. 8.929, de 22 de agosto de 1994*. Institui a cédula de produto rural, e dá outras providências. Disponível em: https://www.planalto.gov.br/cciviL_03/////LEIS/L8929.htm. Acesso em: 4 jul. 2024).

[51] "Art. 52. Uma vez protocolizados todos os documentos necessários à averbação ou ao registro dos atos e dos títulos a que se referem esta Lei e a Lei n. 9.514, de 1997, o oficial de registro de imóveis procederá ao registro ou à averbação, dentro do prazo de quinze dias" (BRASIL. *Lei n. 10.931, de 2 de agosto de 2004*. Dispõe sobre o patrimônio de afetação de incorporações imobiliárias, letra de crédito imobiliário, cédula de crédito imobiliário, cédula de crédito bancário, altera o Decreto-lei n. 911, de 1.º de outubro de 1969, as Leis n. 4.591, de 16 de dezembro de 1964, n. 4.728, de 14 de julho de 1965, e n. 10.406, de 10 de janeiro de 2002, e dá outras providências. Disponível em: https://www.planalto.gov.br/ccivil_03/_ato2004-2006/2004/lei/l10.931.htm. Acesso em: 4 jul. 2024).

[52] In: ALVIM NETO, José Manuel de Arruda; CLÁPIS, Alexandre L.; CAMBLER, Everaldo A. *Lei de Registros Públicos comentada*. 2. ed. Rio de Janeiro: GEN, 2019. E-book. Disponível em: https://app.minhabiblioteca.com.br/#/books/9788530983468/. Acesso em: 7 ago. 2024.

Josué Modesto Passos e Marcelo Benacchio[53] explicam que, em certos casos, quando não é cabível o procedimento de dúvida, pode-se adotar um **procedimento administrativo comum** ou **pedido de providências**, que segue o mesmo rito, mas com diferenças no recurso. João Pedro Lamana Paiva[54] enfatiza a necessidade de **legitimidade** para requerer a dúvida, normalmente cabendo ao apresentante ou ao interessado.

Ricardo Dip[55] destaca que, no âmbito jurídico, a dúvida registrária não é uma simples indecisão, mas sim uma objeção fundamentada à prática de um registro. Essa objeção é um juízo negativo sobre a qualificação de um título, que pode impedir seu registro ou averbação.

Quando um título é recusado, o registrador deve **justificar** essa decisão com base em normas jurídicas vigentes, garantindo que a recusa seja motivada e que o interessado possa contestá-la judicialmente. Esse procedimento assegura a transparência e a possibilidade de revisão judicial da decisão do registrador.

Quanto à legitimidade para requerer a suscitação de dúvida, Eduardo Sócrates Castanheira Sarmento Filho[56] aborda a diferença entre os termos **apresentante** e **interessado** no contexto do procedimento de suscitação de dúvida no registro de imóveis, conforme os arts. 198, 199 e 202 da Lei de Registros Públicos. Ele explica que o apresentante é a pessoa que entrega o título ao cartório, enquanto o interessado é aquele que tem um interesse jurídico no registro. Essas duas figuras não são equivalentes, e essa **distinção gera debates na doutrina**.

Alguns estudiosos defendem que qualquer interessado poderia iniciar a suscitação de dúvida, para não restringir a legitimidade de quem pode requerer a inscrição. No entanto, Sarmento Filho considera mais adequado o entendimento de Newton Cheron, que argumenta que permitir ao apresentante suscitar a dúvida poderia afetar os direitos do verdadeiro interessado sem que este fosse notificado.

Além disso, ele menciona que, mesmo que a abordagem mais liberal seja adotada, permitindo ao apresentante requerer a suscitação, o oficial de registro deve notificar o verdadeiro interessado para que este possa contestar a dúvida em juízo, não sendo suficiente a mera notificação do apresentante.

Sobre o tema, no caso do Processo n. 1079627-37.2017.8.26.0100[57], a decisão envolveu uma dúvida suscitada pelo Oficial do 10.º Registro de Imóveis da Capital, a pedido

---

[53] PASSOS, Josué Modesto; BENACCHIO, Marcelo. *A dúvida no registro de imóveis*. São Paulo: Thomson Reuters Brasil, 2020. (Direito Imobiliário, v. III.)

[54] PAIVA, João Pedro Lamana. *Procedimento de dúvida no registro de imóveis*: aspectos práticos e a possibilidade de participação do notário e a evolução dos sistemas registral e notarial no século XXI. 3. ed. São Paulo: Saraiva, 2011.

[55] In: ALVIM NETO, José Manuel de Arruda; CLÁPIS, Alexandre L.; CAMBLER, Everaldo A. *Lei de Registros Públicos comentada*. 2. ed. Rio de Janeiro: GEN, 2019. E-book. Disponível em: https://app.minhabiblioteca.com.br/#/books/9788530983468/. Acesso em: 7 ago. 2024.

[56] SARMENTO FILHO, Eduardo Sócrates Castanheira. *A dúvida registrária*. São Paulo: IRIB, 2012. (Cadernos IRIB.)

[57] "Incorporação societária. Escritura de compra e venda — compromisso quitado. ITBI — fiscalização. Qualificação registral — tributos. Dúvida — requerimento — legitimidade" (1VRPSP, Processo n. 1079627-37.2017.8.26.0100, Rel. Tânia Mara Ahualli, Foro de São Paulo, j. 1-12-2017).

do 25.º Tabelião de Notas de São Paulo. A questão surgiu após a negativa de registro de uma escritura de venda e compra de um imóvel, devido à falta de comprovação do pagamento ou isenção do Imposto de Transmissão de Bens Imóveis (ITBI), relacionado à operação societária onde a proprietária do imóvel foi incorporada pela outorgante da escritura.

O ponto central da decisão focou na legitimidade para suscitar a dúvida registral e na necessidade de comprovação do recolhimento do ITBI. O 25.º Tabelião de Notas solicitou a suscitação para evitar prejuízos ao comprador, mas o escrevente não possuía interesse jurídico na questão, o que invalidou o pedido de suscitação.

A fundamentação da decisão incluiu vários aspectos: a solicitação foi feita pelo escrevente do 25.º Tabelião de Notas, mas ele não tinha interesse jurídico no registro ou na dúvida suscitada, tornando a dúvida formalmente não reconhecível. No entanto, a necessidade do ITBI foi destacada.

Um procedimento administrativo na Corregedoria-Geral da Justiça decidiu que, para evitar insegurança jurídica, é prudente exigir a comprovação do pagamento do ITBI ou a isenção em operações que envolvem transformações societárias. A decisão administrativa enfatizou que, embora o registrador não seja uma autoridade tributária, ele deve verificar o cumprimento das exigências legais, incluindo o recolhimento de tributos, antes de realizar registros.

Como resultado, a dúvida foi julgada prejudicada por falta de interesse jurídico do solicitante, mas com a observação de que o ITBI deve ser recolhido ou a isenção comprovada para registrar a incorporação e, subsequente, a escritura de venda e compra. A decisão orientou os interessados a reapresentar o título com a devida comprovação do ITBI ou sua isenção para prosseguir com o registro. Além disso, foi expedido ofício ao corregedor permanente para ciência e apuração da conduta do escrevente e possível conivência do tabelião.

Em resumo, a decisão reforça a importância de seguir os procedimentos legais e tributários no registro de imóveis, especialmente em operações complexas como incorporações societárias, para garantir a segurança jurídica e o correto recolhimento de tributos.

Quando ao procedimento da dúvida, ele obedece aos seguintes passos: o oficial deve registrar a ocorrência da dúvida no Protocolo, à margem da prenotação; certificar a prenotação e a suscitação da dúvida no título, rubricando todas as folhas; informar o apresentante sobre a dúvida, fornecendo-lhe uma cópia e notificando-o para impugná-la perante o juízo competente, no **prazo de 15 dias**; e, após a notificação, encaminhar eletronicamente ao juízo competente as razões da dúvida e o título[58].

---

[58] "Art. 198. Se houver exigência a ser satisfeita, ela será indicada pelo oficial por escrito, dentro do prazo previsto no art. 188 desta Lei e de uma só vez, articuladamente, de forma clara e objetiva, com data, identificação e assinatura do oficial ou preposto responsável, para que: [...] V — o interessado possa satisfazê-la; ou VI — caso não se conforme ou não seja possível cumprir a exigência, o interessado requeira que o título e a declaração de dúvida sejam remetidos ao juízo competente para dirimi-la. § 1.º O procedimento da dúvida observará o seguinte: I — no Protocolo, o oficial anotará, à margem da prenotação, a ocorrência da dúvida; II — após certificar a prenotação e a suscitação da dúvida no título, o oficial rubricará todas as suas folhas; III — em seguida, o

Mesmo se o interessado não **impugnar** a dúvida no **prazo de 15 dias**, ela será julgada por sentença; e, caso o interessado impugne a dúvida, apresentando os documentos necessários, o **Ministério Público** será ouvido no **prazo de dez dias**.

Se não forem requeridas **diligências adicionais**, o juiz deve proferir a decisão no **prazo de quinze dias**, baseando-se nos elementos constantes dos autos, sendo possível interpor **apelação** com efeitos **devolutivo** e **suspensivo**, pelo interessado, Ministério Público ou terceiro prejudicado, contra a sentença que julgar a dúvida.

Após o trânsito em julgado da decisão da dúvida, seguem-se os procedimentos: se julgada procedente, os documentos são restituídos à parte, e o oficial é informado para cancelar a prenotação no Protocolo; se julgada improcedente, o interessado deve reapresentar os documentos com o mandado ou certidão da sentença para que o registro seja efetuado, anotando o fato na coluna de anotações do Protocolo.

É importante destacar que a decisão da dúvida tem natureza administrativa e **não produz coisa julgada material**, não impedindo o uso do processo contencioso competente, permitindo que a questão seja levada ao judiciário.

Sobre o tema, Ricardo Dip[59] elucida que a existência de um recurso de apelação contra sentenças no procedimento de dúvida registral não transforma esse procedimento em um processo judicial formal. O autor defende que, apesar da possibilidade de apelação, a natureza do procedimento de dúvida permanece administrativa, não se convertendo em uma ação judicial completa apenas por conta da previsão desse recurso.

Outro ponto de destaque sobre o tema é que a doutrina também discute sobre a **dúvida inversa**, na qual o interessado vai diretamente ao juízo competente devido à negativa do registrador em proceder ao ato registral. Esse procedimento, ainda que não previsto explicitamente na Lei n. 6.015/73, é aceito na prática. Lamana Paiva[60] explica que, nesse caso, o registrador deve protocolar o documento expedido pelo juiz para assegurar a prioridade, caso ao final seja atribuída razão ao interessado.

Um exemplo de dúvida inversa é o caso analisado pelo Conselho Superior da Magistratura do Tribunal de Justiça de São Paulo, referente à Apelação Cível n. 1000031-81.2022.8.26.0244[61], que tratou do recurso de apelação interposto contra a sentença de primeira instância que julgou prejudicado o procedimento de dúvida inversa e não

---

oficial dará ciência dos termos da dúvida ao apresentante, fornecendo-lhe cópia da suscitação e notificando-o para impugná-la perante o juízo competente, no prazo de 15 (quinze) dias; e IV — certificado o cumprimento do disposto no inciso III deste parágrafo, serão remetidos eletronicamente ao juízo competente as razões da dúvida e o título" (BRASIL. *Lei n. 6.015, de 31 de dezembro de 1973*. Dispõe sobre os registros públicos, e dá outras providências. Disponível em: https://www.planalto.gov.br/ccivil_03/leis/l6015compilada.htm. Acesso em: 18 abr. 2024).

[59] DIP, Ricardo. *Registro de imóveis: princípios*. Descalvado/SP: Primvs, 2018. t. II.

[60] PAIVA, João Pedro Lamana. *Procedimento de dúvida no registro de imóveis*: aspectos práticos e a possibilidade de participação do notário e a evolução dos sistemas registral e notarial no século XXI. 3. ed. São Paulo: Saraiva, 2011.

[61] "Registro de imóveis. *Dúvida inversa*. Registro de carta de adjudicação. Prenotação com exigências. *Dúvida inversa* suscitada após decurso do prazo de prenotação. *Dúvida* prejudicada. Apelação não conhecida" (CSMSP, Apelação Cível n. 1000031-81.2022.8.26.0244, Rel. Francisco Loureiro, Foro de Iguape, j. 17-7-2024).

conheceu da apelação. O caso envolveu o registro de uma carta de adjudicação para um imóvel localizado em Ilha Comprida.

A apelante apresentou a carta de adjudicação ao oficial de registro de imóveis, que gerou duas notas devolutivas devido a exigências documentais. A primeira nota devolutiva, gerada após a primeira prenotação em 21 de janeiro de 2021, indicou a necessidade de apresentar documentos adicionais. Após a apresentação desses documentos, uma segunda nota devolutiva foi emitida em 15 de outubro de 2021, com novas exigências relacionadas ao estado civil da apelante e ao ITBI.

A apelante então ajuizou um procedimento de dúvida inversa, questionando as exigências feitas pelo oficial de registro. Contudo, a dúvida inversa foi instaurada fora do prazo de 30 dias após a última prenotação, o que resultou em sua prejudicialidade. O Conselho Superior da Magistratura argumentou que, sem uma prenotação válida, o processo registral não pode prosseguir, pois a prioridade e a validade do título dependem do cumprimento dos prazos e procedimentos legais estabelecidos.

Diante disso, o Conselho concluiu que a dúvida inversa estava prejudicada e decidiu não conhecer da apelação, mantendo a decisão de primeira instância. Essa decisão enfatizou a importância de observar rigorosamente os prazos e os procedimentos legais para o registro de imóveis e como a falta de cumprimento pode resultar na perda do direito de questionar a qualificação do título.

Por fim, destaca-se que é inadmissível a dúvida doutrinária, onde o registrador consultaria o juiz para esclarecer um procedimento, posto que o registrador deve tomar a decisão com base no seu conhecimento e, se necessário, expedir uma nota devolutiva fundamentada.

5.8. QUESTÕES

QUESTÕES DE CONCURSOS
> https://uqr.to/1z6d6

6

PROCEDIMENTOS ESPECIAIS DO REGISTRO DE IMÓVEIS

6.1. DEFINIÇÃO DE PROCEDIMENTO ESPECIAL

Os procedimentos especiais no registro de imóveis são aplicáveis a determinados títulos que, por força da legislação, requerem **regras específicas de processamento registral**. Essas diferenciações são necessárias para assegurar a conformidade legal em casos que envolvem particularidades, garantindo a correta formalização dos direitos sobre a propriedade.

Alguns elementos caracterizam esses procedimentos especiais, como a autuação de diversos documentos necessários ao processo, a participação ou anuência de outras partes envolvidas, como confrontantes ou herdeiros, e a prorrogação do prazo da prenotação, conforme previsão legal específica, permitindo que o título permaneça válido por um período estendido.

Quando esses elementos diferenciados estão presentes, o título a ser registrado pode ser enquadrado nas especificações dos procedimentos especiais, o que garante que sua tramitação siga as diretrizes legais adequadas para a regularização da propriedade. Esses processos, além de obedecerem a regras mais detalhadas, são fundamentais para a segurança jurídica, protegendo tanto o titular quanto terceiros que possam ter interesse na situação do imóvel.

6.2. RETIFICAÇÃO DE REGISTRO — LEI N. 14.620/2023

A retificação de registro é o procedimento que visa corrigir omissões, imprecisões ou informações incorretas constantes do registro imobiliário. Esse procedimento pode ser solicitado pelo interessado ou realizado pelo próprio oficial do registro de imóveis, conforme previsão da Lei n. 6.015/73, nos arts. 212 e 213, alterados pela Lei n. 10.931/2004.

Baptista de Mello e Souza Neto[1] define a retificação como a **correção necessária para alinhar o registro à realidade fático-jurídica**, destacando que o processo tem como objetivo garantir a exatidão dos dados registrados, promovendo segurança jurídica.

---

[1] In: ALVIM NETO, José Manuel de Arruda; CLÁPIS, Alexandre L.; CAMBLER, Everaldo A. Lei de Registros Públicos comentada. 2. ed. Rio de Janeiro: GEN, 2019. E-book. Disponível em: https://app.minhabiblioteca.com.br/#/books/9788530983468/. Acesso em: 11 set. 2024.

O autor também ressalta a importância da retificação no contexto do princípio da presunção registral, onde o registro é presumido verdadeiro até prova em contrário, e indica que, quando a retificação é impossível, o cancelamento do registro pode ser a solução adequada.

Helvécio Duia Castello[2] destaca que a retificação de registros pela Lei n. 10.931/2004 permitiu um deslocamento do Judiciário para os registradores de imóveis, tornando o processo mais célere e menos burocrático. A nova sistemática facilita ajustes menores e permite maior flexibilidade para alterações consensuais, especialmente em casos de alterações de divisas intramuros.

A retificação do registro pode ocorrer por meio de **procedimento administrativo ou judicial**. O interessado tem a faculdade de escolher entre essas duas vias, e a opção pelo procedimento administrativo não exclui a possibilidade de ação judicial caso alguma das partes se sinta prejudicada.

O art. 213 especifica as formas de retificação, estabelecendo as **modalidades unilateral e bilateral ou consensual**, dependendo da necessidade de anuência de terceiros, como os confrontantes de um imóvel.

6.2.1. RETIFICAÇÃO UNILATERAL, DE OFÍCIO OU DE REQUERIMENTO

A retificação unilateral pode ser feita de ofício pelo oficial do registro de imóveis ou a requerimento do interessado. Nesse contexto, o registrador de imóveis tem o poder de corrigir o registro **sem a necessidade de anuência de terceiros ou intervenção judicial**, tornando o processo mais ágil e eficiente, sendo um mecanismo especialmente útil em **situações em que não há impacto nas divisas do imóvel ou alterações de área significativas**[3].

Em complementação, Baptista de Mello e Souza Neto[4] explica que em situações sem risco de prejuízo a terceiros, o oficial tem a autonomia para agir de ofício ou por requerimento do interessado, simplificando o procedimento.

O **art. 213, I, da Lei n. 6.015/73** lista situações em que essa retificação pode ser realizada, como nos casos de **omissão ou erro na transposição de elementos do título, indicação ou atualização de confrontação, alteração de denominação de logradouro público**, desde que comprovada por documento oficial, ou ainda na **indicação de**

---

[2] CASTELLO, Helvécio Duia. Retificação de registros: a nova sistemática adotada pela Lei n. 10.931/2004. Instituto de Registro Imobiliário do Brasil — IRIB. Disponível em: https://www.irib.org.br/obras/retificacao-de-registros-a-nova-sistematica-adotada-pela-lei-10-931. Acesso em: 11 set. 2024.

[3] CASTELLO, Helvécio Duia. Retificação de registros: a nova sistemática adotada pela Lei n. 10.931/2004. Instituto de Registro Imobiliário do Brasil — IRIB. Disponível em: https://www.irib.org.br/obras/retificacao-de-registros-a-nova-sistematica-adotada-pela-lei-10-931. Acesso em: 11 set. 2024.

[4] In: ALVIM NETO, José Manuel de Arruda; CLÁPIS, Alexandre L.; CAMBLER, Everaldo A. Lei de Registros Públicos comentada. 2. ed. Rio de Janeiro: GEN, 2019. E-book. Disponível em: https://app.minhabiblioteca.com.br/#/books/9788530983468/. Acesso em: 11 set. 2024.

rumos, ângulos de deflexão ou coordenadas georreferenciadas, desde que não haja alteração das medidas perimetrais.

Também pode ocorrer a retificação quando há necessidade de realizar **mero cálculo matemático** a partir das medidas perimetrais já constantes do registro, ou em situações que envolvam a **inserção ou modificação de dados de qualificação pessoal das partes**, desde que comprovada por documentos oficiais ou por despacho judicial, quando for necessária a produção de outras provas.

Esses casos de retificação não exigem a anuência de terceiros, como confrontantes, e podem ser realizados diretamente pelo oficial, sem necessidade de notificação ou manifestação de outras partes.

6.2.2. RETIFICAÇÃO BILATERAL OU CONSENSUAL

A retificação bilateral ou consensual **requer a anuência dos confrontantes do imóvel ou de outras partes interessadas**. Essa modalidade facilita a realização de **acordos diretos entre as partes**, permitindo que ajustes sejam feitos de forma mais eficiente e amigável, sem a necessidade imediata de litígio. Entretanto, destaca-se que, **em caso de discordância, o procedimento deve ser encaminhado ao Judiciário**[5].

De acordo com o **art. 213, II**, essa modalidade é necessária quando a retificação envolve a **inserção ou alteração de medidas perimetrais que possam resultar, ou não, em alteração de área**.

Nesse caso, é necessário que a retificação seja **instruída com planta e memorial descritivo assinados por profissional habilitado, com a Anotação de Responsabilidade Técnica (ART) no Conselho Regional de Engenharia e Agronomia (Crea)**, e também com a **assinatura dos confrontantes**. Caso algum confrontante **não assine**, ele deverá ser **notificado para se manifestar no prazo de 15 dias**. Se o confrontante **não for encontrado ou estiver em local incerto**, a notificação poderá ser feita **por edital**, e a **ausência de manifestação** será considerada **anuência tácita**.

Caso haja **impugnação** por parte de algum confrontante, o oficial **notificará o requerente e o profissional responsável** pela planta para que se manifestem. Se **não houver acordo** entre as partes, o procedimento será **encaminhado ao juiz competente**.

Em análise de caso prático — Recurso Administrativo n. 1001995-65.2020.8.26. 0152[6] —, a Corregedoria-Geral de Justiça de São Paulo (CGJSP) verificou um pedido de retificação de registro imobiliário. A requerente solicitava a correção das medidas do seu imóvel, argumentando que havia um erro aritmético na área total da matrícula, que

---

[5] CASTELLO, Helvécio Duia. Retificação de registros: a nova sistemática adotada pela Lei n. 10.931/2004. Instituto de Registro Imobiliário do Brasil — IRIB. Disponível em: https://www.irib.org.br/obras/retificacao-de-registros-a-nova-sistematica-adotada-pela-lei-10-931. Acesso em: 11 set. 2024.

[6] "Recurso Administrativo — Retificação de registro — Variação de ângulos de deflexão — Inviabilidade da retificação unilateral — Necessidade da retificação bilateral — Recurso não provido" (CGJSP, Recurso Administrativo n. 1001995-65.2020.8.26.0152, Rel. Ricardo Anafe, Foro de Cotia, j. 5-2-2021).

indicava uma metragem superior ao real. No entanto, a retificação unilateral do registro foi recusada, pois a nova planta apresentada incluía ângulos de deflexão que não constavam no registro original, o que exigia uma retificação bilateral.

A decisão destacou que a Lei de Registros Públicos permite retificações unilaterais em casos de erro material ou omissão, desde que não alterem as medidas perimetrais do imóvel. No entanto, para retificações que envolvem variações na descrição ou medidas perimetrais e que afetam o desenho do imóvel, é necessária uma retificação bilateral, isto é, com a anuência dos confrontantes e apresentação de documentação mais detalhada.

Aspecto	Retificação unilateral	Retificação bilateral
Definição	Retificação realizada para corrigir erro material ou omissão sem alteração nas medidas perimetrais do imóvel	Retificação necessária quando há alteração na descrição ou medidas perimetrais, afetando o desenho do imóvel
Requisitos	Não exige anuência dos confrontantes. Correção simples com base em documentos existentes	Exige anuência dos confrontantes e apresentação de documentação detalhada
Impacto no Imóvel	Sem impacto nas medidas perimetrais ou na configuração do imóvel	Pode alterar o desenho ou os limites do imóvel, afetando terceiros
Exemplos	Correção de erros de digitação ou omissões simples	Alteração de áreas ou redefinição de limites perimetrais do imóvel

A recorrente sustentou que apenas juntou a planta para demonstrar a incorreção na área total, mas a análise do órgão julgador considerou que os ângulos de deflexão indicados na nova planta não poderiam ser aceitos parcialmente, sem atualização de toda a descrição. Dessa forma, seria imprescindível uma planta e um memorial descritivo que respeitassem a descrição já existente na matrícula ou, então, a realização de uma retificação conforme o inciso II do art. 213, com a participação dos confrontantes e inclusão das novas medidas.

A CGJSP confirmou a decisão de primeira instância e manteve a necessidade de retificação bilateral, destacando a importância da precisão na descrição do imóvel, para evitar variações que poderiam comprometer a base física do bem. Assim, a decisão negou provimento ao recurso e reforçou a necessidade de observar rigorosamente os princípios da segurança e continuidade registral.

Dessa forma, a retificação bilateral visa assegurar que todos os envolvidos, direta ou indiretamente, com o imóvel sejam informados e tenham a oportunidade de concordar ou se opor às alterações propostas.

6.3. BEM DE FAMÍLIA VOLUNTÁRIO

O bem de família voluntário é um instrumento jurídico que permite ao proprietário de um imóvel destinar sua propriedade como residência da família, garantindo proteção contra execuções por dívidas. Essa proteção é estabelecida por meio de **escritura pública** e visa assegurar que o imóvel utilizado como moradia não seja tomado por credores, **exceto em casos específicos, como dívidas relacionadas ao próprio bem.** O procedimento para a instituição do bem de família voluntário está previsto nos arts. 260 a 265 da Lei de Registros Públicos (Lei n. 6.015/73).

Segundo Ari Álvares Pires Neto[7], o bem de família voluntário tem como objetivo assegurar ao devedor e à sua família o direito de permanecer na moradia, mesmo diante de dificuldades financeiras. Pires Neto ressalta que a constituição do bem de família voluntário **impõe à propriedade os ônus de inalienabilidade, indivisibilidade e impenhorabilidade**, garantindo a preservação do lar. O autor também destaca que, para que o instituto tenha validade, é **indispensável que o imóvel seja devidamente registrado no cartório competente**, o que assegura sua eficácia contra credores.

A instituição do bem de família voluntário começa com a **lavratura de uma escritura pública**, na qual o proprietário declara que o **imóvel será destinado ao domicílio de sua família**. Essa declaração deve ser apresentada ao **oficial do registro de imóveis** para que seja realizada a **inscrição** do bem de família.

Em seguida, o oficial do registro deve providenciar a **publicação da inscrição em um jornal de grande circulação na localidade ou, na ausência, na capital do Estado**. Como visto anteriormente, a publicação serve para dar publicidade ao ato, permitindo que terceiros que possam ser prejudicados tenham ciência da instituição e, se necessário, possam questioná-la.

O oficial do registro tem a obrigação de publicar a inscrição **em forma de edital**, que incluirá informações como o nome e a profissão do instituidor, as características do imóvel, e **um aviso para que qualquer interessado que se sinta prejudicado apresente sua contestação no prazo de 30 dias**.

Se não houver contestação, a escritura será transcrita integralmente no Livro n. 3 do cartório, e a inscrição será feita na matrícula do imóvel. Um exemplar do jornal com a publicação do edital será arquivado, e a escritura será devolvida ao instituidor, com a anotação de que a inscrição foi realizada com sucesso.

Caso haja contestação, o art. 264[8] estabelece que o oficial do registro deve **notificar o instituidor, fornecendo-lhe uma cópia da reclamação e suspendendo temporariamente o registro**. Nesse cenário, o instituidor tem a possibilidade de **recorrer ao Judiciário**, requerendo que o juiz **ordene a continuidade do registro**.

Se o juiz deferir o pedido, o reclamante ainda pode recorrer à ação competente para anular a instituição ou executar o imóvel, no caso de dívidas anteriores ao ato de instituição. **O despacho do juiz**, conforme o art. 264, § 3.º, **é irrecorrível** e, uma vez deferido, o registro do imóvel será formalizado.

---

[7] PIRES NETO, Ari Álvares. Bem de família (voluntário). São Paulo: IRIB, 2014.

[8] "Art. 264. Se for apresentada reclamação, dela fornecerá o oficial, ao instituidor, cópia autêntica e lhe restituirá a escritura, com a declaração de haver sido suspenso o registro, cancelando a prenotação. § 1.º O instituidor poderá requerer ao Juiz que ordene o registro, sem embargo da reclamação. § 2.º Se o Juiz determinar que proceda ao registro, ressalvará ao reclamante o direito de recorrer à ação competente para anular a instituição ou de fazer execução sobre o prédio instituído, na hipótese de tratar-se de dívida anterior e cuja solução se tornou inexequível em virtude do ato da instituição. § 3.º O despacho do Juiz será irrecorrível e, se deferir o pedido será transcrito integralmente, juntamente com o instrumento" (BRASIL. Lei n. 6.015, de 31 de dezembro de 1973. Dispõe sobre os registros públicos, e dá outras providências. Diário Oficial da União: Brasília, DF, 31 dez. 1973. Disponível em: http://www.planalto.gov.br/ccivil_03/leis/L6015compilada.htm. Acesso em: 10 set. 2024).

Etapas do procedimento
1. Lavratura da escritura pública: ▫ Proprietário declara que o imóvel será destinado ao domicílio familiar. ▫ A escritura é lavrada em cartório de notas.
2. Apresentação ao registro de imóveis: ▫ A escritura pública é apresentada ao oficial do registro para inscrição do bem de família.
3. Publicação do edital: ▫ O oficial do registro publica a inscrição em jornal de grande circulação ou, na ausência, na capital do Estado. ▫ O edital inclui: • nome e profissão do instituidor; • características do imóvel; • prazo de 30 dias para contestação.
4. Contestação (se houver): ▫ O oficial notifica o instituidor e suspende o registro temporariamente. ▫ O instituidor pode recorrer ao Judiciário para obter autorização para continuidade do registro.
5. Decisão Judicial (se necessário): ▫ O juiz pode deferir ou indeferir o pedido de registro. ▫ Despacho judicial é irrecorrível. ▫ Caso deferido, o registro é formalizado, mas o reclamante pode ajuizar ação para anular a instituição ou executar o imóvel, se houver dívidas anteriores.
6. Finalização: ▫ Se não houver contestação, a escritura é transcrita no Livro n. 3 e inscrita na matrícula do imóvel. ▫ Um exemplar do jornal é arquivado, e a escritura é devolvida ao instituidor com a anotação de conclusão.

Além disso, a legislação prevê a possibilidade de o bem de família voluntário ser **instituído no momento da transmissão da propriedade**. Nesse caso, o registro da transmissão e a inscrição do bem de família ocorrem **simultaneamente**, sem a necessidade de um procedimento separado.

No que diz respeito à evolução do instituto, Tania Mara Ahualli[9] observa que, com o advento do Código Civil de 2002, o bem de família voluntário sofreu importantes inovações. Entre as mais significativas está a possibilidade de **qualquer entidade familiar**, e não apenas os cônjuges, instituir o bem de família.

Além disso, o atual Código permitiu que o bem de família fosse **instituído também por terceiros, por meio de testamento ou doação**, ampliando a abrangência e a utilidade do instituto. Ahualli também destaca a possibilidade de **inclusão de valores mobiliários, pertenças e acessórios ao imóvel**, ampliando a proteção ao patrimônio familiar.

No entanto, a criação do **bem de família legal** pela Lei n. 8.009/90 restringiu, em muitos casos, a aplicação prática do bem de família voluntário, ao oferecer uma **proteção automática para a residência familiar contra penhoras**, o que diminuiu o uso do instituto voluntário.

---

[9] In: ALVIM NETO, José Manuel de Arruda; CLÁPIS, Alexandre L.; CAMBLER, Everaldo A. Lei de Registros Públicos comentada. 2. ed. Rio de Janeiro: GEN, 2019. E-book. Disponível em: https://app.minhabiblioteca.com.br/#/books/9788530983468/. Acesso em: 10 set. 2024.

Para trazer o tema para a prática, optou-se por analisar o processo de dúvida n. 1146173-30.2024.8.26.0100[10]. Nesse caso, analisado pela 1.ª Vara de Registros Públicos de São Paulo, discutiu-se a possibilidade de registrar a instituição de bem de família convencional sobre um imóvel que estava alienado fiduciariamente ao Banco Santander.

A dúvida foi levantada pelo 18.º Oficial de Registro de Imóveis de São Paulo, em resposta ao pedido da interessada, que buscava instituir o bem de família convencional no imóvel, o qual ela e seu marido haviam adquirido com financiamento garantido por alienação fiduciária. O oficial recusou o registro, fundamentando sua decisão nos princípios da continuidade e da disponibilidade do direito registral.

Como estudado anteriormente, tais princípios exigem que o imóvel esteja em nome do instituidor para que se proceda com o registro de qualquer direito real, como a instituição de bem de família. No caso, a propriedade plena do imóvel estava com o credor fiduciário, Banco Santander, devido à alienação fiduciária, enquanto a requerente mantinha apenas a posse direta do bem.

Importa destacar que esse tipo de alienação implica que o credor fiduciário tem a propriedade resolúvel do imóvel, ou seja, a propriedade só retorna ao devedor (fiduciante) após a quitação integral do financiamento. **Portanto, enquanto o financiamento não for pago, a requerente não possui a titularidade necessária para instituir o bem de família.**

A defesa da requerente alegou que, como o imóvel serve de residência para a família e é o único bem da família, ele deveria ser protegido pela impenhorabilidade prevista na Lei n. 8.009/90. Contudo, o tribunal destacou que essa proteção legal se aplica apenas ao bem de família legal e não se estende ao bem de família voluntário nos casos de alienação fiduciária, uma vez que o credor fiduciário mantém o direito de execução da garantia em caso de inadimplência, independentemente de tratar-se do único imóvel da família.

A decisão considerou procedente a dúvida e manteve o impedimento para o registro, reiterando que, conforme a Lei de Registros Públicos e a Lei de Alienação Fiduciária, o oficial tem a obrigação de impedir o ingresso de um título que não respeite os requisitos de continuidade e disponibilidade.

> A instituição do bem de família em um imóvel ainda alienado fiduciariamente é inadmissível, já que a requerente não detém a titularidade plena, condição essencial para o registro de bem de família convencional.

Portanto, a decisão fundamentou-se na proteção dos princípios do registro imobiliário e reafirmou o entendimento de que a propriedade plena do imóvel deve estar com o instituidor para a criação de bem de família convencional.

---

[10] "É inadmissível o registro de escritura pública de instituição de bem de família convencional sobre imóvel alienado fiduciariamente, sob pena de violação aos princípios da continuidade e da disponibilidade. A alienação fiduciária transfere a propriedade resolúvel do imóvel ao credor fiduciário, restando ao devedor fiduciante apenas a posse direta do bem. A instituição de bem de família convencional, nesse caso, exigiria que o instituidor fosse proprietário do imóvel, o que não se verifica na hipótese" (1VRPSP, Dúvida n. 1146173-30.2024.8.26.0100, Rel. Renata Pinto Lima Zanetta, Foro de São Paulo, j. 7-10-2024).

Em suma, o processo de instituição do bem de família voluntário envolve a lavratura de escritura pública e o registro no cartório de imóveis, visando proteger a residência familiar contra execuções e assegurar que o imóvel seja resguardado, salvo exceções previstas em lei, oferecendo uma importante garantia jurídica para a preservação do patrimônio familiar.

Trata-se, portanto, de um instituto que evoluiu ao longo dos anos, ampliando as possibilidades de proteção ao patrimônio familiar e destacando-se como um importante **instrumento de garantia da moradia e da dignidade familiar**.

6.4. REMIÇÃO DE IMÓVEL HIPOTECADO

A remissão do imóvel hipotecado é um **instituto que visa extinguir a hipoteca, liberando o imóvel de seu ônus por meio do pagamento da dívida garantida pela hipoteca**. Trata-se de um **benefício legal** assegurado a determinadas pessoas, como **o próprio devedor ou adquirentes do imóvel**, que permite o **resgate da obrigação garantida pela hipoteca, extinguindo a dívida** e, consequentemente, **cancelando o gravame** sobre o bem.

A remissão é realizada **exclusivamente por meio de processo judicial**, sendo uma das formas previstas em lei para a extinção da hipoteca. **A Lei de Registros Públicos dispõe, nos arts. 266 a 269, sobre a remissão pelo adquirente de imóvel hipotecado**, detalhando o procedimento necessário para que o adquirente possa efetuar o pagamento da dívida e liberar o imóvel do ônus hipotecário.

Conforme o art. 266[11] da referida lei, **o adquirente do imóvel hipotecado deve, no prazo legal, requerer a citação dos credores hipotecários, oferecendo, no mínimo, o valor pelo qual adquiriu o imóvel para a remissão da dívida**. Se o credor não se opuser ou não comparecer, conforme o art. 267[12], lavra-se o **termo de pagamento e quitação**, e o **juiz ordena o cancelamento da hipoteca por sentença**.

No caso de **impugnação do valor oferecido**, o art. 268[13] prevê que o juiz promova uma **licitação entre os credores, fiadores e o próprio adquirente**, e, **em igualdade de**

---

[11] "Art. 266. Para remir o imóvel hipotecado, o adquirente requererá, no prazo legal, a citação dos credores hipotecários propondo, para a remição, no mínimo, o preço por que adquiriu o imóvel" (BRASIL. Lei n. 6.015, de 31 de dezembro de 1973. Dispõe sobre os registros públicos, e dá outras providências. Diário Oficial da União: Brasília, DF, 31 dez. 1973. Disponível em: http://www.planalto.gov.br/ccivil_03/leis/L6015compilada.htm. Acesso em: 10 set. 2024).

[12] "Art. 267. Se o credor, citado, não se opuser à remição, ou não comparecer, lavrar-se-á termo de pagamento e quitação e o Juiz ordenará, por sentença, o cancelamento de hipoteca. Parágrafo único. No caso de revelia, consignar-se-á o preço à custa do credor" (BRASIL. Lei n. 6.015, de 31 de dezembro de 1973. Dispõe sobre os registros públicos, e dá outras providências. Diário Oficial da União: Brasília, DF, 31 dez. 1973. Disponível em: http://www.planalto.gov.br/ccivil_03/leis/L6015compilada.htm. Acesso em: 10 set. 2024).

[13] "Art. 268. Se o credor, citado, comparecer e impugnar o preço oferecido, o Juiz mandará promover a licitação entre os credores hipotecários, os fiadores e o próprio adquirente, autorizando a venda judicial a quem oferecer maior preço. § 1.º Na licitação, será preferido, em igualdade de condições, o lanço do adquirente. § 2.º Na falta de arrematante, o valor será o proposto pelo adquirente" (BRASIL. Lei n. 6.015, de 31 de dezembro de 1973. Dispõe sobre os registros públicos, e dá outras

condições, o lance do adquirente será preferido. Se não houver arrematante, prevalecerá o **valor proposto pelo adquirente**. Após a arrematação e o depósito do valor, o juiz cancelará a hipoteca, **sub-rogando os direitos do credor hipotecário no produto da venda**.

Etapas do procedimento
1. Requerimento do adquirente: ▪ O adquirente do imóvel hipotecado deve requerer a citação dos credores hipotecários. ▪ Deve oferecer, no mínimo, o valor pelo qual adquiriu o imóvel para a remissão da dívida.

2. Resposta dos credores:
▪ Se os credores não se opuserem ou não comparecerem:
  • Lavra-se o termo de pagamento e quitação.
  • O juiz ordena o cancelamento da hipoteca por sentença.
  • prazo de 30 dias para contestação.

3. Impugnação do valor:
▪ Caso os credores impugnem o valor oferecido:
  • O juiz promove uma licitação entre:
    – credores hipotecários;
    – fiadores;
    – o próprio adquirente.
▪ Em igualdade de condições, o lance do adquirente terá preferência.

4. Arrematação: ▪ Se houver arrematante, o bem é adjudicado ao maior lance. ▪ Se não houver arrematante, prevalece o valor proposto pelo adquirente.

5. Finalização:
▪ Após a arrematação e depósito do valor, o juiz:
  • Cancela a hipoteca.
  • Sub-roga os direitos do credor hipotecário no produto da venda.

Além da remissão pelo adquirente, a lei também prevê a possibilidade de **remissão pelo credor de uma segunda hipoteca**, conforme os arts. 270 a 273 da Lei de Registros Públicos. Nesse caso, o credor de segunda hipoteca pode requerer a remissão **mesmo que a dívida não esteja vencida, depositando o valor devido ao primeiro credor** e **citando** tanto o **devedor** quanto o **primeiro credor** para que este último levante o depósito. **Caso o devedor não exerça seu direito de remissão** no **prazo de cinco dias**, o **segundo credor se sub-roga nos direitos creditórios do primeiro credor**, conforme o art. 270[14].

---

providências. Diário Oficial da União: Brasília, DF, 31 dez. 1973. Disponível em: http://www.planalto.gov.br/ccivil_03/leis/L6015compilada.htm. Acesso em: 10 set. 2024).

[14] "Art. 270. Se o credor de segunda hipoteca, embora não vencida a dívida, requerer a remição, juntará o título e certidão da inscrição da anterior e depositará a importância devida ao primeiro credor, pedindo a citação deste para levantar o depósito e a do devedor para dentro do prazo de cinco dias remir a hipoteca, sob pena de ficar o requerente sub-rogado nos direitos creditórios, sem prejuízo dos que lhe couberem em virtude da segunda hipoteca" (BRASIL. Lei n. 6.015, de 31 de dezembro de 1973. Dispõe sobre os registros públicos, e dá outras providências. Diário Oficial da União: Brasília, DF, 31 dez. 1973. Disponível em: http://www.planalto.gov.br/ccivil_03/leis/L6015compilada.htm. Acesso em: 10 set. 2024).

Se o devedor desejar realizar a remissão, ele poderá comparecer e efetuar o pagamento, anulando o depósito feito pelo segundo credor. No entanto, **se o primeiro credor já estiver promovendo a execução da hipoteca**, a remissão somente poderá ocorrer **antes da primeira praça ou após o auto de arrematação**[15].

Etapa	Descrição	Detalhes específicos
1. Requerimento do segundo credor	O credor da segunda hipoteca requer a remissão, mesmo que a dívida não esteja vencida	▪ Depósito do valor devido ao primeiro credor ▪ Citação do devedor e do primeiro credor
2. Levantamento do depósito	O primeiro credor é citado para levantar o depósito	▪ O segundo credor se sub-roga nos direitos creditórios do primeiro credor caso o devedor não exerça a remissão no prazo
3. Direito de remissão do devedor	O devedor pode realizar a remissão efetuando o pagamento no prazo de cinco dias	▪ O pagamento anula o depósito realizado pelo segundo credor
4. Execução da hipoteca	Se o primeiro credor já estiver promovendo a execução da hipoteca, a remissão pelo devedor tem prazos específicos	▪ Pode ocorrer antes da primeira praça ou após o auto de arrematação

Independentemente da forma como se der a remissão — seja pelo adquirente, pelo credor sub-hipotecário ou pelo próprio devedor —, **o registro da remissão deverá ser qualificado com base em mandado judicial transitado em julgado**. Somente com a decisão judicial definitiva é que o cancelamento da hipoteca poderá ser efetivado no registro imobiliário, garantindo a extinção formal da dívida e a liberação do imóvel.

Ressalta-se, assim, a importância da remissão do imóvel hipotecado para a extinção de hipotecas, oferecendo aos interessados a possibilidade de liberar o imóvel do ônus por meio do pagamento judicial da dívida garantida, para garantir a segurança jurídica no cancelamento da hipoteca e na consequente regularização do imóvel.

6.5. REGISTRO TORRENS

O Registro Torrens foi introduzido no Brasil por meio do Decreto n. 451-B, de 31 de maio de 1890, regulamentado posteriormente pelo Decreto n. 955-A, de 5 de novembro de 1890. Esse sistema, ainda vigente sob a Lei de Registros Públicos (Lei n. 6.015/73, arts. 277 e seguintes), caracteriza-se como um **método especial e facultativo de registro imobiliário, direcionado exclusivamente para imóveis rurais**.

O sistema tem suas raízes na Austrália e foi idealizado pelo irlandês Sir Robert Richard Torrens, para simplificar o registro de imóveis e oferecer uma **presunção absoluta de domínio**.

---

[15] "Art. 273. Se o primeiro credor estiver promovendo a execução da hipoteca, a remição, que abrangerá a importância das custas e despesas realizadas, não se efetuará antes da primeira praça, nem depois de assinado o auto de arrematação" (BRASIL. Lei n. 6.015, de 31 de dezembro de 1973. Dispõe sobre os registros públicos, e dá outras providências. Diário Oficial da União: Brasília, DF, 31 dez. 1973. Disponível em: http://www.planalto.gov.br/ccivil_03/leis/L6015compilada.htm. Acesso em: 10 set. 2024).

Segundo João Pedro Lamana Paiva[16], em seu estudo sobre o Registro Torrens, esse sistema foi introduzido no Brasil **para facilitar a regularização fundiária e promover maior segurança jurídica**, especialmente em áreas onde a titulação de terras é mais conflituosa, como a Amazônia Legal.

O autor destaca que o Sistema Torrens, diferentemente do sistema tradicional, **oferece ao proprietário uma presunção** *juris et de jure***, ou seja, uma presunção absoluta, incontestável judicialmente**, salvo em casos de fraude. Essa segurança é crucial em regiões onde há disputas por terras e desafios para a regularização fundiária.

Além disso, conforme os arts. 277 a 288 da Lei n. 6.015/73, o processo de inscrição de um imóvel no Registro Torrens segue um rito bem estruturado, começando com a **solicitação protocolada pelo proprietário do imóvel rural**.

O **requerimento** deve ser acompanhado de **documentos comprobatórios de domínio**, provas de qualquer ato que modifique ou limite a propriedade, um **memorial** contendo os encargos do imóvel, e uma **planta detalhada**, autenticada por um agrimensor e seguindo normas específicas de precisão. Caso o imóvel esteja sujeito a hipoteca ou ônus real, o registro só será admitido com o **consentimento expresso do credor**.

O **oficial de registro** realiza uma **análise preliminar da documentação**, e, se estiver tudo em conformidade, o **pedido é enviado ao juiz competente**, que então **emite editais e define prazos para eventuais contestações**. Após essa fase, **se não houver oposição, o juiz autoriza a inscrição definitiva do imóvel no Sistema Torrens**, conferindo-lhe os efeitos legais desse registro especial.

Etapa do procedimento	Descrição
1. Solicitação Inicial	O proprietário do imóvel rural protocola o requerimento de inscrição no Registro Torrens
2. Documentação necessária	▪ - Documentos comprobatórios de domínio ▪ - Provas de atos que modifiquem ou limitem a propriedade ▪ - Memorial contendo os encargos do imóvel ▪ - Planta detalhada autenticada por agrimensor, seguindo normas específicas
3. Consentimento do credor	Se o imóvel estiver sujeito a hipoteca ou ônus real, o registro depende do consentimento expresso do credor
4. Análise preliminar	O oficial de registro verifica a conformidade da documentação apresentada
5. Envio ao juiz competente	Se a análise preliminar for aprovada, o pedido é enviado ao juiz, que emite editais e define prazos para contestações
6. Fase de oposição	Caso não haja contestações dentro do prazo estipulado, o procedimento segue para decisão judicial
7. Inscrição definitiva	O juiz autoriza a inscrição definitiva do imóvel no Sistema Torrens, conferindo os efeitos legais do registro especial

---

[16] PAIVA, João Pedro Lamana. Registro Torrens: as razões da sua integração ao atual sistema comum. In: CNJ. Registro Torrens: ferramenta para a regularização fundiária da Amazônia Legal, Brasília, 2011. Disponível em: http://www.lamanapaiva.com.br/banco_arquivos/SISTEMA_TORRENS_CNJ_2011_REVISADO.pdf. Acesso em: 21 abr. 2024.

No Brasil, o sistema foi introduzido em Estados como Rio Grande do Sul, Mato Grosso, Goiás, Minas Gerais, Bahia e Pará[17]. No entanto, sua adoção é **opcional**, o que significa que o proprietário pode optar por utilizá-lo ou permanecer com o registro no sistema comum. Vale ressaltar que o Registro Torrens é **aplicável apenas a imóveis rurais**, e seu principal benefício é **garantir a presunção absoluta de domínio**, algo que o sistema comum de registros não assegura com a mesma força.

A obra de Walter Ceneviva[18] oferece uma crítica ao sistema, destacando que, apesar de sua introdução no Brasil, o Registro Torrens nunca se incorporou completamente à prática jurídica nacional devido ao seu **alto custo** e à **complexidade de sua aplicação**. O autor aponta que, com o tempo, o sistema caiu em desuso, especialmente porque o sistema comum de registros imobiliários no Brasil já cumpre adequadamente suas funções.

João Afonso Borges[19] ressalta a importância histórica do sistema, explicando que Torrens, ao criar o registro, buscava assegurar os direitos de propriedade de maneira incontestável. Ele menciona que o sistema foi inspirado em modelos europeus, como o alemão e o suíço, e oferece uma proteção robusta contra ações de reivindicação, exceto em casos de fraude ou erro.

Por fim, Serpa Lopes[20] complementa ao afirmar que o grande mérito do Sistema Torrens reside em sua capacidade de conferir um direito de propriedade inatacável, garantindo que o proprietário registrado esteja protegido contra reivindicações futuras, exceto em situações muito específicas, como fraude. Ele também menciona a influência do Direito Germânico no desenvolvimento do Sistema Torrens, especialmente no que diz respeito ao caráter constitutivo da inscrição no registro.

> Enquanto o sistema comum de registro de imóveis oferece uma presunção relativa, sujeita a contestações, o subsistema Torrens assegura que o título registrado é incontestável, desde que cumpridos todos os requisitos legais.

Destaca-se que a efetividade do sistema Torrens depende de procedimentos rígidos, que envolvem a publicação de editais e notificações, participação de terceiros interessados e a solução de controvérsias no âmbito do próprio procedimento registral. Com esses mecanismos, o registro é consolidado com maior segurança jurídica para o titular, evitando disputas futuras sobre a propriedade do imóvel.

Em síntese, o Registro Torrens é um subsistema de registro de imóveis, opcional e facultativo, destinado exclusivamente a imóveis rurais, oferecendo uma segurança jurídica ampliada ao proprietário, com presunção absoluta de domínio, uma

---

[17] PAIVA, João Pedro Lamana. Registro Torrens: as razões da sua integração ao atual sistema comum. In: CNJ. Registro Torrens: ferramenta para a regularização fundiária da Amazônia Legal. Brasília, 2011. Disponível em: http://www.lamanapaiva.com.br/banco_arquivos/SISTEMA_TORRENS_CNJ_2011_REVISADO.pdf. Acesso em: 21 abr. 2024.

[18] CENEVIVA, Walter. Lei dos Registros Públicos comentada. 10. ed. São Paulo: Saraiva, 1995. p. 303.

[19] BORGES, João Afonso. O Registro Torrens no direito brasileiro. São Paulo: Saraiva, 1960.

[20] LOPES, Miguel Maria de Serpa. Tratado dos registros públicos. São Paulo: Freitas Bastos, 1955. v. 1.

proteção mais robusta em relação ao sistema comum de registros. Embora o sistema apresente grandes vantagens, sua complexidade e custos elevados o tornaram pouco utilizado no Brasil.

6.6. ESTREMAÇÃO

A estremação é um instituto utilizado no Brasil para **regularizar imóveis em condomínio**, onde os condôminos já ocupam uma **fração ideal** de uma gleba maior, geralmente **demarcada de fato**, mas ainda não formalmente registrada.

Essa ocupação, conhecida como *pro diviso*, implica que **cada condômino possui uma parte específica e determinada do imóvel, mesmo que o registro de propriedade ainda esteja conjunto.** O objetivo da estremação é **extinguir parcialmente o condomínio, individualizando juridicamente a fração já delimitada e ocupada pelo interessado.**

Conforme Narciso Orlandi Neto[21], a estremação, em alguns Estados brasileiros, foi estabelecida pelas Corregedorias-Gerais como uma alternativa mais ágil e menos custosa à divisão judicial. O autor explica que esse procedimento extrajudicial surgiu para responder à morosidade e aos custos elevados de ações divisórias formais e de processos de usucapião extraordinário.

A proposta é dar uma solução administrativa para o desmembramento do imóvel, **permitindo que a parte localizada de fato seja reconhecida legalmente, com a anuência dos confrontantes.** Orlandi Neto também critica o procedimento, ressaltando que, muitas vezes, há o risco de desconsiderar princípios constitucionais, como o devido processo legal, a segurança jurídica e a inafastabilidade da jurisdição.

A estremação, conforme explica Lamana Paiva[22], é uma medida que busca observar o **princípio da exclusividade**, permitindo que o condômino de um imóvel em situação de condomínio voluntário possa receber uma **matrícula de imóvel certa, determinada e regularizada**. O objetivo principal é garantir que o proprietário tenha a propriedade de sua fração devidamente individualizada e documentada, retirando-a da condição de condomínio.

Esse processo de regularização ganhou maior relevância com a publicação da **Lei n. 13.465/2017**, que trouxe importantes disposições sobre a regularização fundiária.

O art. 45[23] da lei prevê que, em casos de condomínios gerais, **o município pode, sob sua responsabilidade, indicar as unidades imobiliárias correspondentes às**

---

[21] ORLANDI NETO, Narciso. Registro de imóveis. Rio de Janeiro: GEN, 2024. E-book. Disponível em: https://app.minhabiblioteca.com.br/#/books/9788530994631/. Acesso em: 10 set. 2024.

[22] PAIVA, João Pedro Lamana. Estremação: regularização fundiária urbana e rural. Porto Alegre: 1.º Registro de Imóveis de Porto Alegre, ago. 2023. Disponível em: https://www.1ripoa.com.br/wp-content/uploads/2023/08/ESTREMACAO_agosto-2023.pdf. Acesso em: 10 set. 2024.

[23] "Art. 45. Quando se tratar de imóvel sujeito a regime de condomínio geral a ser dividido em lotes com indicação, na matrícula, da área deferida a cada condômino, o Município poderá indicar, de forma individual ou coletiva, as unidades imobiliárias correspondentes às frações ideais registradas, sob sua exclusiva responsabilidade, para a especialização das áreas registradas em comum. Parágrafo único. Na hipótese de a informação prevista no caput deste artigo não constar do proje-

frações ideais registradas, facilitando a especialização das áreas comuns. A norma também **dispensa** a necessidade de outorga de **escritura pública** quando essa indicação não constar do projeto de regularização fundiária aprovado pelo município, permitindo que as **matrículas sejam abertas mediante requerimento de especialização formulado pelos legitimados da lei**.

O Código de Processo Civil de 2015, no **art. 571**[24], oferece um respaldo normativo para o **processo de demarcação e divisão de imóveis por escritura pública, desde que haja concordância entre os interessados**. Isso permitiu que a estremação se tornasse um mecanismo amplamente utilizado na regularização de frações de imóveis. De acordo com o termo jurídico, a estremação deriva do latim *extremus*, e significa demarcar, dividir ou separar uma coisa de outra[25].

Na prática, a estremação é muito útil em situações em que o **condomínio** *pro diviso* já está **consolidado de fato**, ou seja, cada condômino ocupa uma fração delimitada do imóvel, seja por muros, cercas ou outras demarcações.

A principal vantagem do instituto é que ele **facilita a obtenção de matrícula própria para a fração do imóvel** sem necessidade da anuência de todos os condôminos, exigindo apenas a **participação dos confrontantes da área que será destacada**. Essa particularidade torna o processo mais ágil e menos conflituoso, já que **os condôminos que não confrontam diretamente a parte a ser regularizada não precisam participar do procedimento**.

A Corregedoria de Minas Gerais, através do Provimento n. 260/CGJ/2013[26], detalha os procedimentos para a estremação, tanto de imóveis urbanos quanto rurais.

Para imóveis rurais, a legislação estadual exige um prazo mínimo de ocupação de cinco ou dez anos, a depender da data de consolidação da posse, além da anuência dos

---

to de regularização fundiária aprovado pelo Município, as novas matrículas das unidades imobiliárias serão abertas mediante requerimento de especialização formulado pelos legitimados de que trata esta Lei, dispensada a outorga de escritura pública para indicação da quadra e do lote" (BRASIL. Lei n. 13.465, de 11 de julho de 2017. Dispõe sobre a regularização fundiária rural e urbana, sobre a liquidação de créditos concedidos aos assentados da reforma agrária, sobre a regularização fundiária no âmbito da Amazônia Legal, e dá outras providências. Diário Oficial da União: Brasília, DF, 12 jul. 2017. Disponível em: https://www.planalto.gov.br/cciviL_03/_Ato2015-2018/2017/Lei/L13465.htm. Acesso em: 10 set. 2024).

[24] "Art. 571. A demarcação e a divisão poderão ser realizadas por escritura pública, desde que maiores, capazes e concordes todos os interessados, observando-se, no que couber, os dispositivos deste Capítulo" (BRASIL. Lei n. 13.105, de 16 de março de 2015. Código de Processo Civil. Diário Oficial da União: Brasília, DF, 17 mar. 2015. Disponível em: http://www.planalto.gov.br/ccivil_03/_ato2015-2018/2015/lei/l13105.htm. Acesso em: 10 set. 2024).

[25] SILVA, José de Plácido e. Vocabulário jurídico. 31. ed. Rio de Janeiro: Forense, 2018.

[26] "Art. 1.012. Nas circunscrições imobiliárias possuidoras de condomínios rurais pro diviso que apresentem situação consolidada e localizada, a regularização de frações com abertura de matrícula autônoma, respeitada a fração mínima de parcelamento, será feita com a anuência dos confrontantes das parcelas a serem individualizadas" (MINAS GERAIS. Provimento n. 260/CGJ/2013. Código de Normas dos Serviços Notariais e Registrais do Estado de Minas Gerais. Diário Oficial do Estado: Belo Horizonte, MG, 12 dez. 2013. Disponível em: https://www.tjmg.jus.br. Acesso em: 10 set. 2024).

confrontantes e a apresentação de documentação técnica, como plantas e memoriais descritivos. Esse procedimento é semelhante ao aplicado para imóveis urbanos, onde também é necessário comprovar a situação consolidada de ocupação por meio de plantas e outros documentos que atestem a conformidade da fração com as exigências municipais.

Com a individualização da fração do imóvel, o condômino passa a ter maior facilidade para realizar transações imobiliárias, obter crédito ou registrar benfeitorias, uma vez que a área ganha autonomia e uma matrícula independente.

Por fim, **uma vez que o processo visa apenas formalizar uma ocupação já existente, não há incidência de impostos**. Trata-se de uma regularização, e não de uma alienação. Essa característica contribui para a popularidade do instituto entre os proprietários que buscam maior formalidade para seus bens, sem onerar o processo com tributações adicionais.

Em síntese, a estremação é uma solução prática e eficiente para a regularização de imóveis em condomínio *pro diviso*, trazendo para a formalidade jurídica a situação fática já consolidada. Contudo, é fundamental que o processo seja conduzido com cautela, respeitando os princípios constitucionais e garantindo a segurança jurídica tanto para os proprietários quanto para terceiros interessados.

6.7. QUESTÕES

QUESTÕES DE CONCURSOS
> https://uqr.to/1z6d7

7

IMÓVEIS RURAIS

7.1. CONCEITOS E DEFINIÇÕES

Embora a definição de imóvel rural pareça simples à primeira vista, considerando que poderia ser entendida como um bem localizado fora da zona urbana, é importante destacar que essa visão é excessivamente direta, simplista e incompleta. De forma concisa, a classificação de um imóvel como rural baseia-se em dois critérios distintos e complementares: o critério **geográfico (localização)** e o **critério de destinação (uso do imóvel)**.

> Consoante o critério geográfico, imóvel rural é aquele que se localiza fora da área urbana. Esse critério é considerado bastante objetivo, baseando-se na localização do imóvel. O critério da destinação leva em conta o uso que o imóvel tem ou pode ter. Segundo esse critério, imóvel rural é aquele destinado a atividades agrárias, destacando-se a agricultura, pecuária, extrativismo vegetal, florestal ou agroindustrial.

As legislações mais relevantes sobre o tema incluem a Lei n. 4.504, de 30 de novembro de 1964 (Estatuto da Terra), a qual define, em seu art. 4.º[27], que imóvel rural é o

---

[27] "Art. 4.º Para os efeitos desta Lei, definem-se: I — "Imóvel rural", o prédio rústico, de área contínua qualquer que seja a sua localização que se destina à exploração extrativa agrícola, pecuária ou agroindustrial, quer através de planos públicos de valorização, quer através de iniciativa privada; II — "Propriedade familiar", o imóvel rural que, direta e pessoalmente explorado pelo agricultor e sua família, lhes absorva toda a força de trabalho, garantindo-lhes a subsistência e o progresso social e econômico, com área máxima fixada para cada região e tipo de exploração, e eventualmente trabalho com a ajuda de terceiros; III — "Módulo rural", a área fixada nos termos do inciso anterior; IV — "Minifúndio", o imóvel rural de área e possibilidades inferiores às da propriedade familiar; V — "Latifúndio", o imóvel rural que: a) exceda a dimensão máxima fixada na forma do artigo 46, § 1.º, alínea *b*, desta Lei, tendo-se em vista as condições ecológicas, sistemas agrícolas regionais e o fim a que se destine; b) não excedendo o limite referido na alínea anterior, e tendo área igual ou superior à dimensão do módulo de propriedade rural, seja mantido inexplorado em relação às possibilidades físicas, econômicas e sociais do meio, com fins especulativos, ou seja deficiente ou inadequadamente explorado, de modo a vedar-lhe a inclusão no conceito de empresa rural; VI — "Empresa rural" é o empreendimento de pessoa física ou jurídica, pública ou privada, que explore econômica e racionalmente imóvel rural, dentro de condição de rendimento econômico (*Vetado*.) da região em que se situe e que explore área mínima agricultável do imóvel segundo padrões fixados, pública e previamente, pelo Poder Executivo. Para esse fim, equiparam-se às áreas cultivadas, as pastagens, as matas naturais e artificiais e as áreas ocupadas com benfeitorias;

prédio rústico, de área contínua, independentemente da sua localização, destinado à exploração extrativa agrícola, pecuária ou agroindustrial; e a Lei n. 8.629, de 25 de fevereiro de 1993 (popularmente conhecida como Lei da Reforma Agrária), a qual, em dispositivo de mesmo número que a anterior — art. 4.º[28] —, conceitua imóvel rural como o prédio rústico de área contínua, qualquer que seja sua localização, destinado ou que possa ser destinado à **exploração agrícola, pecuária, extrativa vegetal, florestal** ou **agroindustrial**.

O termo "prédio" não se limita às construções, como casas urbanas e a sede de uma fazenda, mas inclui especificamente o solo não edificado. Assim, um prédio rústico refere-se ao solo não construído, o terreno em si.

A expressão **área contínua** é um critério que não deve ser interpretado como a extensão física da terra, mas sim como a **continuidade econômica**. De acordo com o Ato Declaratório Normativo Cosit n. 9/98 da Receita Federal, a expressão denota a continuidade econômica e a utilidade econômica do aproveitamento da propriedade rural. Portanto, considera-se imóvel rural de área contínua a área do prédio rústico, seja ela um todo único e indivisível ou dividida fisicamente por estradas, rodovias, ferrovias ou rios.

A localização do imóvel rural, portanto, não é o fator decisivo para sua classificação, podendo o bem ser localizado tanto em zona urbana quanto rural. O critério mais relevante é a **destinação do imóvel**. Independentemente de onde esteja localizado, o imóvel será classificado como rural se for destinado à realização de atividades agrícolas, pecuárias, extrativas vegetais, florestais ou agroindustriais.

A legislação agrária caracteriza o imóvel rural pela formação de uma **unidade econômica**, que pode ser agrícola, pecuária, extrativa vegetal, florestal ou agroflorestal. Essa unidade pode ser composta por **uma ou mais matrículas de áreas contíguas**. Embora a propriedade possa ser dividida fisicamente por um rio, estrada ou ferrovia, resultando em várias parcelas com matrículas individuais, para o cadastro do **Instituto**

VII — "Parceleiro", aquele que venha a adquirir lotes ou parcelas em área destinada à reforma agrária ou à colonização pública ou privada; VIII — "Cooperativa Integral de Reforma Agrária (Cira)", toda sociedade cooperativa mista, de natureza civil, (*Vetado.*) criada nas áreas prioritárias de reforma agrária, contando temporariamente com a contribuição financeira e técnica do poder público, através do Instituto Brasileiro de Reforma Agrária, com a finalidade de industrializar, beneficiar, preparar e padronizar a produção agropecuária, bem como realizar os demais objetivos previstos na legislação vigente; IX — "Colonização", toda a atividade oficial ou particular, que se destine a promover o aproveitamento econômico da terra, pela sua divisão em propriedade familiar ou através de cooperativas (*Vetado.*)." (BRASIL. *Lei n. 4.504, de 30 de novembro de 1964.* Dispõe sobre o Estatuto da Terra, e dá outras providências. Brasília, DF: Presidência da República, 1964. Disponível em: https://www.planalto.gov.br/ccivil_03/leis/l4504.htm. Acesso em: 12 nov. 2024).

[28] "Art. 4.º Para os efeitos desta lei, conceituam-se: I — Imóvel rural — o prédio rústico de área contínua, qualquer que seja a sua localização, que se destine ou possa se destinar à exploração agrícola, pecuária, extrativa vegetal, florestal ou agroindustrial" (BRASIL. *Lei n. 8.629, de 25 de fevereiro de 1993.* Dispõe sobre a regulamentação dos dispositivos constitucionais relativos à reforma agrária, previstos no Capítulo III, Título VII, da Constituição Federal. Brasília, DF: Presidência da República, 1993. Disponível em: https://www.planalto.gov.br/ccivil_03/leis/L8629compilado.htm. Acesso em: 12 nov. 2024).

Nacional de Colonização e Reforma Agrária (Incra) e para a **Receita Federal** — entes que adotam o conceito agrário de imóvel rural —, ela é considerada um único imóvel, mesmo que possua várias matrículas[29].

A legislação registral segue o princípio da **unidade matricial**. Assim, um imóvel rural, ainda que de área contígua e de um único proprietário, constituído por várias matrículas, será considerado tantos imóveis quantas forem as matrículas. Cada matrícula deve descrever uma única parcela ou fração do imóvel rural. Portanto, não é permitido que uma matrícula descreva várias frações do mesmo imóvel rural.

Já a legislação tributária estabelece o critério da localização para a definição do imóvel e a aplicação do **Imposto sobre a Propriedade Predial e Territorial Urbana (IPTU)** e do **Imposto sobre a Propriedade Territorial Rural (ITR)**. Embora a legislação tributária considere a localização o critério principal, a decisão do **Superior Tribunal de Justiça (STJ)** confirma que a **destinação do imóvel é o fator predominante para a aplicação do imposto**, e essa decisão deve ser seguida por todos os órgãos do Judiciário e pelo Poder Executivo.

No julgamento do REsp n. 1.112.646/SP[30], sob a sistemática dos recursos repetitivos (Tema Repetitivo n. 174), o STJ reafirmou que a incidência do IPTU ou do ITR sobre um imóvel depende da sua localização e destinação, conforme previsto na Constituição Federal e nas legislações complementares. O caso em questão envolvia a cobrança de ITR sobre um imóvel classificado como rural, mesmo que estivesse localizado próximo a áreas urbanas.

O STJ destacou que, mesmo que um imóvel rural se situe próximo a uma zona urbana, ele não perde sua característica rural para fins tributários se for utilizado para atividades rurais, como a produção agrícola ou pecuária. Assim, o critério para a incidência do ITR sobre esse imóvel é a **destinação rural comprovada**, e não apenas sua localização em relação aos centros urbanos. Esse entendimento buscou **evitar a bitributação**, uma vez que o mesmo imóvel não pode ser sujeito a ambos os impostos (IPTU e ITR) simultaneamente.

---

[29] "Art. 46. O Instituto Brasileiro de Reforma Agrária promoverá levantamentos, com utilização, nos casos indicados, dos meios previstos no Capítulo II do Título I, para a elaboração do cadastro dos imóveis rurais em todo o país, mencionando: [...] § 3.º Os cadastros terão em vista a possibilidade de garantir a classificação, a identificação e o grupamento dos vários imóveis rurais que pertençam a um único proprietário, ainda que situados em municípios distintos, sendo fornecido ao proprietário o certificado de cadastro na forma indicada na regulamentação desta Lei" (BRASIL. *Lei n. 4.504, de 30 de novembro de 1964*. Dispõe sobre o Estatuto da Terra, e dá outras providências. Brasília, DF: Presidência da República, 1964. Disponível em: https://www.planalto.gov.br/ccivil_03/leis/l4504.htm. Acesso em: 12 nov. 2024).

[30] "Tributário. Imóvel na área urbana. Destinação rural. IPTU. Não incidência. Art. 15 do DL n. 57/66. Recurso repetitivo. Art. 543-C do CPC. 1. Não incide IPTU, mas ITR, sobre imóvel localizado na área urbana do município, desde que comprovadamente utilizado em exploração extrativa, vegetal, agrícola, pecuária ou agroindustrial (art. 15 do DL n. 57/66). 2. Recurso especial provido. Acórdão sujeito ao regime do art. 543-C do CPC e da Resolução n. 8/2008 do STJ" (REsp n. 1.112.646/SP, Rel. Min. Herman Benjamin, 1.ª Seção, j. 26-8-2009, *DJe* 28-8-2009).

Além disso, o Tribunal ressaltou que a legislação permite aos municípios definir áreas urbanas e rurais no plano diretor, mas a natureza da atividade exercida no imóvel é determinante para a escolha do imposto aplicável.

> A decisão consolidou a jurisprudência no sentido de que a destinação efetiva do imóvel como rural torna aplicável o ITR, independentemente da proximidade com áreas urbanas, desde que essa destinação rural esteja devidamente comprovada.

Essa orientação está fundamentada no Decreto-lei n. 57/66, que reforça a regra de não cumulatividade entre os dois impostos e estabelece que, em caso de dúvida quanto à incidência do ITR ou do IPTU, o critério de destinação do imóvel deve ser considerado. Por se tratar de um tema repetitivo, essa decisão tem efeito vinculante para outros tribunais e deve ser aplicada a casos semelhantes, promovendo uniformidade e segurança jurídica sobre a incidência de impostos em imóveis rurais situados próximos a áreas urbanas, mas destinados a atividades rurais.

Para compreender plenamente o conceito de imóvel rural, consequentemente, é necessário destacar sua inter-relação com várias áreas do conhecimento, além das legislações específicas sobre o tema. O conceito envolve a função cartorária, abrangendo normas relativas a cartórios, tabelionatos e registros de imóveis, essenciais para a formalização e validação dos documentos desses imóveis. Também está ligado à legislação ambiental, uma vez que os proprietários têm obrigações e responsabilidades com a preservação e o uso sustentável do meio ambiente.

No âmbito tributário, a legislação não se limita à compra do imóvel, mas também inclui sua **manutenção** e **exploração**. Além disso, o conceito abrange a normatização agrária, que regula os direitos e deveres dos proprietários rurais, sempre em consonância com a função social da propriedade.

Conclui-se, portanto, que a definição de um imóvel como rural envolve diferentes aspectos e interações entre várias áreas do direito, o que possibilita uma compreensão ampla e detalhada do conceito, destacando-se o critério de destinação do imóvel, que é o utilizado pela legislação com vistas a classificá-lo como rural ou urbano.

7.2. DESCRIÇÃO DO IMÓVEL RURAL

Conforme o *Manual técnico de georreferenciamento de imóveis rurais*[31], os limites de um imóvel rural são descritos por segmentos de reta interligados por vértices, não sendo permitida a utilização de elementos curvos, como arcos de circunferência ou elipse, para a delimitação de tais áreas.

Os segmentos de reta que aparecem nos títulos de domínio e são representados em plantas geralmente correspondem a elementos físicos que, no campo, delimitam o imóvel. Esses elementos, quando utilizados nos serviços de georreferenciamento, são classificados em dois tipos principais:

---

[31] INCRA. *Manual técnico de georreferenciamento de imóveis rurais*. 2. ed. Brasília, DF: Incra, 2013. Disponível em: https://www.gov.br/incra/pt-br/assuntos/governanca-fundiaria/Manual_Tecnico_de_Georreferenciamento_2_Edicao.pdf. Acesso em: 12 nov. 2024.

- **Limites artificiais (LA)**: definidos por estruturas como cercas, muros, estradas, valas, canais e linhas ideais, além de outros limites artificiais não tipificados.
- **Limites naturais (LN)**: definidos por características naturais como corpos d'água, cursos d'água, linha de cumeada, grotas, cristas de encosta e pés de encosta, entre outros limites naturais não tipificados.

Para uma descrição adequada, os limites que coincidem com elementos físicos ou naturais devem ser representados com **precisão** e de **forma compatível** com as condições de campo, refletindo as variações de direção (sinuosidade) desses elementos. Quando o limite é compartilhado entre imóveis, a quantidade de vértices que o define deve ser idêntica em ambos os lados.

- **Cerca**: quando uma cerca é utilizada como limite, especialmente em trechos longos e aparentemente retos, é recomendável que se levantem vértices ao longo de seu trajeto. Isso se deve ao fato de que as cercas, construídas sem instrumentos de medição precisos, podem apresentar mudanças de direção imperceptíveis visualmente.
- **Muro**: deve-se seguir as mesmas recomendações aplicadas às cercas.
- **Estrada**: quando a estrada for o limite entre o imóvel e uma área confrontante, o elemento físico que delimita a faixa de domínio deverá ser utilizado como limite, desde que haja um instrumento jurídico que o defina. Na ausência desse instrumento, o limite será a própria estrada.
- **Canal**: deve-se aplicar as mesmas recomendações definidas para as cercas.
- **Vala**: seguir as mesmas recomendações aplicadas às cercas.
- **Linha ideal**: como uma linha ideal é uma reta imaginária, sua descrição deve ser feita determinando os vértices extremos dessa linha, que devem ser materializados por elementos físicos preexistentes ou implantados.
- **Limite artificial não tipificado**: se for identificado um limite artificial que não esteja descrito no manual, o profissional responsável deverá classificá-lo como "limite artificial não tipificado". Exemplos de tais limites incluem cotas de inundação de reservatórios e a linha média das enchentes ordinárias (LMEO).
- **Corpo d'água ou curso d'água**: os limites coincidem com a margem ou o eixo do corpo ou curso d'água, conforme descrito no título de domínio. Devido à sinuosidade desses elementos, é essencial aumentar o número de vértices para garantir uma descrição fiel à realidade de campo.
- **Linha de cumeada**: não há necessidade de implantar marcos ao longo da linha de cumeada para delimitar o imóvel, ficando essa decisão a critério do responsável técnico e dos proprietários envolvidos. A densidade dos vértices deve seguir as mesmas recomendações aplicadas aos corpos ou cursos d'água.
- **Grota**: o levantamento deve seguir pelo eixo da grota, aplicando-se as mesmas recomendações de adensamento de vértices definidas para corpos ou cursos d'água.
- **Crista de encosta**: seguir as mesmas recomendações aplicadas aos corpos ou cursos d'água.
- **Pé de encosta**: seguir as mesmas recomendações aplicadas aos corpos ou cursos d'água.

■ **Limite natural não tipificado**: caso seja identificado um limite natural que não esteja descrito no manual, o responsável técnico deve classificá-lo como "limite natural não tipificado".

7.2.1. CERTIFICAÇÃO DO MEMORIAL DESCRITIVO

O memorial descritivo é o documento que detalha o perímetro do imóvel rural, especificando as confrontações, a área total e as coordenadas dos vértices, com base nos dados técnicos obtidos em campo. A certificação do georreferenciamento de imóveis rurais, criada pela Lei n. 10.267/2001 e realizada exclusivamente pelo Incra, garante que os limites de um imóvel não se sobreponham a outros e que o georreferenciamento seja realizado de acordo com as especificações técnicas legais.

Essa certificação é obrigatória para qualquer alteração relacionada às áreas ou aos proprietários nos registros de imóveis, como nos casos de compra, venda, desmembramento ou partilha, conforme os prazos estabelecidos pelo Decreto n. 4.449/2002, alterado pelos Decretos n. 5.570/2005, 7.620/2011 e 9.311/2018.

A certificação é feita por meio do **Sistema de Gestão Fundiária** (Sigef), uma plataforma eletrônica desenvolvida para garantir a certificação dos imóveis rurais. O georreferenciamento deve seguir as diretrizes estabelecidas na 2.ª edição do *Manual técnico para georreferenciamento de imóveis rurais*, aprovada pela Portaria Incra n. 2.502/2022[32].

Para a realização e demarcação georreferenciada do imóvel, o proprietário deve contratar um profissional técnico, habilitado pelo Conselho Regional de Engenharia e Agronomia (Crea) e credenciado pelo Incra, que deverá acessar a plataforma Sigef pela internet e enviar os arquivos digitais com os dados cartográficos do imóvel rural.

Se o sistema não detectar inconsistências ou sobreposições nos dados, a certificação será gerada automaticamente, com a emissão da planta e do memorial descritivo da área. Esses documentos, assinados digitalmente, devem ser impressos e levados ao cartório de registro de imóveis.

Caso sejam encontradas inconsistências, o sistema enviará uma notificação ao responsável para que os erros sejam corrigidos e os dados reenviados à plataforma Sigef. O sistema também permite que os cartórios de registro de imóveis acessem as informações para fins de atualização dos dados de domínio dos imóveis.

7.3. IMPOSTO SOBRE A PROPRIEDADE TERRITORIAL RURAL (ITR)

O **ITR** é um tributo de competência da **União Federal**, conforme estabelecido no art. 153, VI, da Constituição Federal de 1988, e regulamentado pela Lei n. 9.393/96, diferentemente do **IPTU**, que é de competência dos **municípios** e do **Distrito Federal**. No entanto, a Constituição permite que os **municípios**, mediante a celebração de convênio e existência de lei específica, assumam a responsabilidade pela **fiscalização** e **cobrança**

---

[32] INCRA. *Manual técnico de georreferenciamento de imóveis rurais*. 2. ed. Brasília, DF: Incra, 2013. Disponível em: https://www.gov.br/incra/pt-br/assuntos/governanca-fundiaria/Manual_Tecnico_de_Georreferenciamento_2_Edicao.pdf. Acesso em: 12 nov. 2024.

do **ITR**, determinação que vem prevista no art. 153, § 4.º, III, da Constituição, estabelecendo que essa delegação de competência não pode resultar em redução do imposto ou qualquer forma de renúncia fiscal.

Outra grande particularidade do **ITR** refere-se ao fato de que o imposto incide sobre a propriedade territorial rural, sem levar em consideração as construções existentes no local, mas apenas a **área total do terreno**.

A cobrança do ITR recai sobre a totalidade da área rural, independentemente da existência ou não de edificações no terreno. Dessa forma, o imposto não tributa as construções, mas sim a área rural em si.

> A legislação que cuida do assunto é a Lei n. 8.847, de 28 de janeiro de 1994, e a Lei n. 9.393, de 19 de dezembro de 1996, dispondo sobre o imposto em si, regulando a cobrança do ITR e tratando de aspectos relacionados ao pagamento de dívidas representadas por títulos da dívida agrária (TDA).

O fato gerador do ITR ocorre anualmente, incidindo sobre a propriedade, posse ou domínio útil de imóveis rurais no dia 1.º de janeiro de cada ano. O imposto é devido tanto por pessoas físicas quanto jurídicas. De acordo com o art. 1.º da Lei n. 9.393/96[33], o ITR incide sobre imóveis rurais, definidos como áreas localizadas fora da zona urbana do município.

Mesmo imóveis declarados de **interesse social** para fins de **reforma agrária** continuam sendo tributados pelo **ITR**, enquanto não houver transferência formal da posse, exceto em casos de imissão prévia. O Decreto-lei n. 57/66, em seu art. 15, também estabelece que o ITR incide sobre imóveis que, embora localizados em áreas urbanas, são comprovadamente utilizados para fins rurais. Nesses casos, o IPTU não incide, sendo aplicável apenas o ITR.

Além disso, a legislação estabelece que, para os efeitos do ITR, um imóvel rural é considerado uma área contínua, independentemente de ser composta por uma ou várias parcelas de terra. No caso de imóveis que atravessam mais de um município, a sede do imóvel determinará onde será feita a tributação. Se não houver sede, será considerado o município onde se encontra a maior parte da propriedade.

Conforme abordado no item 7.1, mesmo que um imóvel rural esteja localizado no perímetro urbano, ele continuará sujeito ao ITR caso seja utilizado para atividades de exploração agrícola, pecuária, extrativa vegetal, florestal ou agroindustrial.

Essa interpretação é corroborada pela jurisprudência do STJ, que, no REsp n. 1.112.646/SP, firmou entendimento de que o IPTU não se aplica a imóveis rurais situados em áreas urbanas quando comprovadamente destinados à exploração rural.

---

[33] "Art. 1.º O Imposto sobre a Propriedade Territorial Rural — ITR, de apuração anual, tem como fato gerador a propriedade, o domínio útil ou a posse de imóvel por natureza, localizado fora da zona urbana do município, em 1.º de janeiro de cada ano" (BRASIL. *Lei n. 9.393, de 19 de dezembro de 1996*. Dispõe sobre o Imposto sobre a Propriedade Territorial Rural — ITR, e dá outras providências. Brasília, DF: Presidência da República, 1996. Disponível em: https://www.planalto.gov.br/ccivil_03/leis/l9393.htm. Acesso em: 12 nov. 2024).

A **base de cálculo** do ITR é o **valor da terra nua** (VTN), ou seja, o valor do imóvel rural desconsiderando-se as construções, benfeitorias e áreas destinadas à produção agrícola ou pastagem.

Para a **determinação do VTN**, devem ser **excluídas áreas** como culturas, pastagens cultivadas, benfeitorias, florestas e outras áreas específicas que não são tributáveis. Entre essas **áreas isentas** estão a reserva legal (RL), áreas de preservação permanente (APP), reservas particulares do patrimônio natural (RPPN), áreas de interesse ecológico (AIE), áreas de servidão ambiental (ASA), áreas com florestas nativas (AFN) e áreas alagadas para usinas hidrelétricas (AUH). A exclusão dessas áreas deve ser formalizada junto ao Instituto Brasileiro do Meio Ambiente e dos Recursos Naturais Renováveis (Ibama) por meio do **ato declaratório ambiental (ADA)**, conforme estabelecido pela Lei n. 6.938/81.

O **ITR** possui **alíquotas progressivas**, que variam de acordo com dois fatores principais: **a área total do imóvel** e o **grau de utilização da terra**. Imóveis rurais de menor extensão possuem alíquotas menores, enquanto grandes propriedades são tributadas com alíquotas mais elevadas, especialmente quando apresentam baixo grau de utilização. Essa progressividade busca desestimular a manutenção de propriedades improdutivas, cumprindo a função social da propriedade, conforme determinado pelo art. 153, § 4.º, da Constituição Federal.

A legislação também **isenta pequenas glebas rurais da incidência do ITR**, desde que sejam exploradas diretamente pelo proprietário que não possua outro imóvel rural, conforme a previsão do art. 153, § 4.º, II, da Constituição Federal[34].

Em resumo, o **ITR** é um tributo que não apenas incide sobre a posse ou propriedade de áreas rurais, mas também **visa promover o uso produtivo da terra**, reforçando o princípio da função social da propriedade rural e incentivando a preservação ambiental e o uso sustentável.

7.4. FRAÇÃO MÍNIMA DE PARCELAMENTO (FMP)

O conceito mais importante para o parcelamento de imóveis rurais é definido pelo **Incra** e difere do parcelamento de solo urbano, que é regulamentado pela Lei n. 6.766/79. O parcelamento rural não possui uma norma única que o regule. O Estatuto da Terra (Lei n. 4.504/64), principal norma do direito agrário, foi a primeira a estabelecer limites para o parcelamento rural, determinando em seu art. 65 que "o imóvel rural não é divisível em áreas de dimensão inferior à constitutiva do módulo de propriedade rural"[35].

---

[34] "§ 4.º O imposto previsto no inciso VI do *caput*: [...] II — não incidirá sobre pequenas glebas rurais, definidas em lei, quando as explore o proprietário que não possua outro imóvel" (BRASIL. *Constituição da República Federativa do Brasil*. Brasília, DF: Senado Federal, 1988. Disponível em: https://www.planalto.gov.br/ccivil_03/constituicao/constituicao.htm. Acesso em: 12 nov. 2024).

[35] BRASIL. *Lei n. 4.504, de 30 de novembro de 1964*. Dispõe sobre o Estatuto da Terra e dá outras providências. Brasília, DF: Presidência da República, 1964. Disponível em: https://www.planalto.gov.br/ccivil_03/leis/l4504.htm. Acesso em: 12 nov. 2024.

Posteriormente, a Lei n. 5.868/72, que criou o Sistema Nacional de Cadastro Rural (SNCR), regulamentou a FMP, reafirmando no art. 8.º que **"nenhum imóvel rural poderá ser desmembrado ou dividido em área de tamanho inferior à do módulo calculado para o imóvel ou da fração mínima de parcelamento"**[36]. O § 3.º do mesmo artigo estabelece a nulidade de atos que não cumpram essa exigência, impedindo o registro desses atos, sob pena de responsabilização administrativa, civil e criminal dos envolvidos.

> É importante observar que, embora o art. 13 do Decreto n. 59.428/66 mencione o termo "**loteamento rural**", o uso desse **conceito** atualmente é **incorreto**. O termo "lote" está relacionado a terrenos urbanos, prontos para edificação e com infraestrutura adequada, o que não se aplica a áreas rurais.

Além da legislação federal, cada município deve regulamentar o parcelamento do solo em suas áreas urbanas e rurais por meio do plano diretor ou de leis municipais específicas. Nos estados, o código de normas das corregedorias dos tribunais, que se aplica aos serviços extrajudiciais (como cartórios de notas e de registro), define as regras para o registro de imóveis, influenciando diretamente as possibilidades de parcelamento de terras rurais.

> Os estados também podem legislar sobre o assunto em normas específicas de zoneamento, criando, por exemplo, regiões turísticas que abrangem mais de um município.

Os **imóveis rurais** devem obedecer a uma metragem mínima chamada de **fração mínima de parcelamento (FMP)**, que pode variar conforme o município, mas geralmente não é inferior a 2 hectares (20 mil metros quadrados). A FMP determina o tamanho mínimo que um imóvel rural deve ter.

> A **fração mínima de parcelamento (FMP)** é um conceito fundamental para o parcelamento de imóveis rurais, definido pelo Incra. **Ela estabelece a menor área que um imóvel rural pode ter após ser desmembrado, variando conforme o município.** A FMP corresponde ao módulo de exploração hortigranjeira da zona típica de módulo (ZTM) da região. **Quando um imóvel rural é parcelado para fins de transmissão, a área remanescente não pode ser inferior à FMP.**

A área da FMP varia de acordo com a vocação agrícola da região, podendo oscilar entre **2 e 5 hectares**, sempre para garantir que as glebas resultantes do parcelamento sejam suficientemente grandes para viabilizar atividades rurais, como a exploração hortigranjeira.

Esse conceito está previsto no art. 8.º da Lei n. 5.868/72[37], que determina que nenhum imóvel rural pode ser desmembrado ou dividido em área menor que o módulo

---

[36] BRASIL. *Lei n. 5.868, de 12 de dezembro de 1972.* Institui o Sistema Nacional de Cadastro Rural, sob a administração do Instituto Nacional de Colonização e Reforma Agrária (Incra), e dá outras providências. Brasília, DF: Presidência da República, 1972. Disponível em: https://www.planalto.gov.br/ccivil_03/leis/l5868.htm. Acesso em: 12 nov. 2024.

[37] "Art. 8.º Para fins de transmissão, a qualquer título, na forma do art. 65 da Lei n. 4.504, de 30 de novembro de 1964, nenhum imóvel rural poderá ser desmembrado ou dividido em área de tamanho

calculado ou a FMP, prevalecendo sempre a menor área. A legislação também define diferentes módulos de exploração conforme a localização do imóvel, variando entre **hortigranjeira, culturas permanentes** e **pecuária**, de acordo com a região.

A ideia central da FMP é garantir que o imóvel rural continue cumprindo sua função agrária. A proibição de desmembrar ou dividir o imóvel em áreas inferiores à FMP visa **preservar a viabilidade do uso produtivo da terra**.

A legislação prevê algumas exceções à observância da FMP para o parcelamento de imóveis rurais. O **Decreto n. 62.504/68**, por exemplo, permite o desmembramento de imóveis rurais com destinação diversa da exploração agrária, desde que **destinados a finalidades específicas**, como:

1. desmembramentos decorrentes de desapropriação por necessidade ou utilidade pública;
2. desmembramentos para instalação de estabelecimentos comerciais (postos de combustível, oficinas, lojas, silos etc.);
3. desmembramentos para fins industriais (barragens, represas, extração mineral, indústrias em geral);
4. desmembramentos para instalação de serviços comunitários na zona rural (portos, aeroportos, hospitais, igrejas, escolas etc.).

A **Lei n. 5.868/72** também prevê exceções ao registro de imóveis rurais com áreas inferiores à FMP. Entre essas **exceções** estão:

1. alienações destinadas à anexação a um imóvel rústico contíguo, desde que o remanescente mantenha o tamanho mínimo exigido;
2. programas de regularização fundiária de interesse social em áreas rurais, inclusive na Amazônia Legal;
3. imóveis de agricultores familiares, conforme definido pela Lei n. 11.326/2006;
4. imóveis rurais incorporados à zona urbana do município.

Essas exceções foram criadas para **atender a interesses públicos** e **sociais**, sem comprometer a viabilidade da exploração rural nas áreas remanescentes.

7.5. AQUISIÇÃO DE IMÓVEIS RURAIS POR ESTRANGEIROS

A aquisição de imóveis rurais por estrangeiros no Brasil é regulamentada pela **Lei n. 5.709/71**[38], normativa que elenca restrições e requisitos obrigatórios. O § 1.º do art. 1.º

---

inferior à do módulo calculado para o imóvel ou da fração mínima de parcelamento fixado no § 1.º deste artigo, prevalecendo a de menor área" (BRASIL. *Lei n. 5.868, de 12 de dezembro de 1972*. Institui o Sistema Nacional de Cadastro Rural, sob a administração do Instituto Nacional de Colonização e Reforma Agrária (Incra), e dá outras providências. Brasília, DF: Presidência da República, 1972. Disponível em: https://www.planalto.gov.br/ccivil_03/leis/l5868.htm. Acesso em: 12 nov. 2024).

[38] "Art. 1.º O estrangeiro residente no País e a pessoa jurídica estrangeira autorizada a funcionar no Brasil só poderão adquirir imóvel rural na forma prevista nesta Lei. § 1.º Fica, todavia, sujeita ao regime estabelecido por esta Lei a pessoa jurídica brasileira da qual participem, a qualquer título,

estabelece que a lei se aplica a "**pessoa jurídica brasileira que tenha participação, sob qualquer forma, de pessoas físicas ou jurídicas estrangeiras, que detenham a maioria do capital social e residam ou tenham sede no exterior**".

> O conjunto de regras aplicáveis confere um caráter especial à aquisição de imóveis rurais por estrangeiros, evidenciando o prisma burocrático, justamente por ser uma questão que atinge diretamente a soberania nacional.

A aquisição de imóveis rurais por estrangeiros no Brasil envolve diversos requisitos e procedimentos complexos, sendo necessária a obtenção de autorizações específicas, considerando fatores como o **tamanho da área** e a **nacionalidade do adquirente**. É obrigatório também a manutenção de cadastro específico no cartório de registro de imóveis da circunscrição do bem, onde as aquisições por estrangeiros são registradas em um **livro auxiliar** dedicado exclusivamente a tais atos.

Nessa perspectiva, Lutero de Paiva Pereira[39] infere que o objetivo é o Estado manter a supervisão sobre esses negócios, pois apenas por meio de instrumentos como esses é que o controle sobre a alienação de terras rurais com tais características pode ser efetivo.

Em 2010, a Advocacia-Geral da União (AGU) emitiu o Parecer n. LA-01[40], afirmando que o § 1.º do art. 1.º da Lei n. 5.709/71 foi recepcionado pela Constituição Federal de 1988. Com isso, pessoas jurídicas brasileiras que possuam participação no capital social de estrangeiros, sejam eles pessoas físicas ou jurídicas, residentes ou com sede no exterior, ficam sujeitas às disposições dessa lei, **equiparando-se a pessoas jurídicas estrangeiras autorizadas a operar no Brasil**.

Com base nesse parecer, aprovado pela Presidência da República e publicado no *Diário Oficial da União* em 28 de agosto de 2010, o Corregedor Nacional de Justiça, no âmbito do Pedido de Providências n. 002981-80.2010.02.00.0000[41], recomendou que os cartórios de registros de imóveis e tabeliães de notas cumprissem as disposições da Lei n. 5.709/71 ao lavrar escrituras de aquisição de terras rurais por empresas brasileiras com participação majoritária de estrangeiros.

Assim, é fato que os investimentos estrangeiros em atividades econômicas que envolvem o uso da terra são significativamente afetados pelas restrições impostas pela

---

pessoas estrangeiras físicas ou jurídicas que tenham a maioria do seu capital social e residam ou tenham sede no exterior" (BRASIL. *Lei n. 5.709, de 7 de outubro de 1971*. Regula a aquisição de imóvel rural por estrangeiro residente no País ou pessoa jurídica estrangeira autorizada a funcionar no Brasil, e dá outras providências. Brasília, DF: Presidência da República, 1971. Disponível em: https://www.planalto.gov.br/ccivil_03/leis/l5709.htm. Acesso em: 12 nov. 2024).

[39] PEREIRA, Lutero de Paiva. *Imóvel rural para estrangeiro*. 4. ed. Curitiba: Juruá, 2021. *E-book*.

[40] BRASIL. Advocacia-Geral da União. *Parecer n. LA-01, de 2010*. Aquisição de imóveis rurais por pessoas jurídicas brasileiras com participação estrangeira majoritária. Brasília, DF: AGU, 2010. Disponível em: https://www.planalto.gov.br/ccivil_03/AGU/PRC-LA01-2010.htm. Acesso em: 12 nov. 2024.

[41] CONSELHO NACIONAL DE JUSTIÇA. Pedido de Providências n. 002981-80.2010.02.00.0000. Requerente: Corregedoria Nacional de Justiça. Requerido: Tribunal de Justiça do Estado de São Paulo. Julgado em 2010. Disponível em: https://www.cnj.jus.br. Acesso em: 12 nov. 2024.

legislação brasileira. Do ponto de vista do Estado, essas restrições são necessárias, implicadas em razões como a **defesa da soberania nacional**, o **combate à biopirataria na Amazônia** e o **aumento da venda ilegal de terras públicas**. Porém, sob o aspecto econômico, logicamente essas limitações impactam nas atividades que dependem de investimentos estrangeiros, acarretando consequências negativas no que se refere à geração de empregos e renda.

Em um cenário de economia globalizada, os obstáculos jurídicos enfrentados pelos estrangeiros para investir e manter suas operações no Brasil acabam, em certa medida, desestimulando o crescimento econômico do país. Mas de outra perspectiva, as regulamentações são necessárias, pois envolvem assunto delicado, permeado pelo interesse público e pela soberania nacional.

7.5.1. DAS RESTRIÇÕES

Como visto anteriormente, o principal motivo das restrições e da burocracia envolvida na compra de imóveis nacionais por parte de estrangeiros está intrinsecamente ligado à proteção da soberania e à defesa do território nacional. Essas medidas estão diretamente associadas à segurança nacional, objetivando evitar que o controle do território brasileiro sofra qualquer ameaça ou possa ser — de alguma maneira — apoderado por aqueles.

Oliveira e Stoeberl[42] ressaltam que essas **restrições se aplicam exclusivamente a imóveis rurais** e **terras reservadas por motivos de segurança**, não havendo limitações para a aquisição de imóveis urbanos. A preocupação se concentra especialmente nas áreas de fronteira e na possibilidade de estrangeiros da mesma nacionalidade adquirirem grandes extensões de terras em uma única localidade, o que poderia comprometer a soberania nessas regiões.

Outro aspecto relevante envolve a economia, pois a legislação busca garantir que as terras sejam utilizadas por brasileiros em atividades agrárias, promovendo o desenvolvimento nacional. Além disso, há questões ambientais, como a preservação dessas áreas, que também servem de motivação para a criação desse arcabouço legal mais restritivo.

A Lei n. 5.709/71 impõe inúmeras ressalvas à aquisição de imóveis rurais por estrangeiros residentes no Brasil ou por pessoas jurídicas estrangeiras autorizadas a operar no país. Entre essas **restrições** estão: a **exigência de autorização prévia do Incra** e o **limite máximo de aquisição de áreas rurais**, equivalente a **três módulos de exploração indefinida (MEI)** por pessoa estrangeira.

Nessa medida, é importante trazer à baila o regramento específico que cuida do tema para situações em que exista intenção de adquirir imóvel rural por parte de um casal, no qual um deles não possua a nacionalidade brasileira. Diante desse cenário, a união entre um nacional e um estrangeiro acarreta consequências sob a possibilidade de aquisição de imóvel rural no Brasil.

---

[42] OLIVEIRA, Álvaro Borges de; STOEBERL, Jorge. *Aquisição de imóveis rurais por estrangeiros no Brasil*. Curitiba: CRV, 2014. E-book.

Se o brasileiro for casado com o estrangeiro pelo regime de comunhão de bens, as restrições para compra de imóvel rural por estrangeiro deverão ser observadas. No entanto, se o brasileiro adquiriu o imóvel quando solteiro e casou-se sob o regime de comunhão universal de bens, ao registrar essa mudança no registro de imóveis, o oficial poderá **informar aos órgãos competentes**, como a Corregedoria, o Incra e, eventualmente, o Conselho de Defesa Nacional (CDN), caso o imóvel situe-se em área considerada de **segurança nacional**, tais como as fronteiras, por exemplo.

Outra menção necessária a se fazer é a respeito da aquisição de bens imóveis por parte de pessoas de **nacionalidade portuguesa**. A legislação brasileira oferece tratamento privilegiado ao cidadão português, desde que haja reciprocidade de tratamento por parte de Portugal, o que será mais bem abordado e desenvolvido no item 7.5.7.

7.5.2. AQUISIÇÃO POR PESSOA FÍSICA ESTRANGEIRA

As regras para a aquisição de imóveis rurais por estrangeiros estão previstas na Lei n. 5.709/71, que foi alterada pela **Lei n. 13.986/2020**, como também no **Decreto n. 74.965/74**, que regulamenta a compra de terras consideradas rurais por estrangeiros residentes no país ou por pessoas jurídicas estrangeiras. Essas normas antecedem a Constituição Federal de 1988, diploma magno que terminou por ampliar as limitações, incluindo regras para o arrendamento de imóveis rurais por estrangeiros, conforme os arts. 20, § 2.º, e 190.

> Art. 20. (...)
> § 2.º A faixa de até cento e cinquenta quilômetros de largura ao longo das fronteiras terrestres, designada como faixa de fronteira, é considerada fundamental para defesa do território nacional, e sua ocupação e utilização serão reguladas em lei.

> Art. 190. A lei regulará e limitará a aquisição ou o arrendamento de propriedade rural por pessoa física ou jurídica estrangeira, e estabelecerá os casos que dependerão de autorização do Congresso Nacional.

Além das leis federais e do decreto regulamentador, o tema é regrado pela Instrução Normativa Incra n. 88/2017. Havia ainda a Instrução Normativa n. 94/2018, que foi revogada, mantendo-se em vigor apenas a Instrução Normativa n. 88/2017.

Enquanto a aquisição de imóveis urbanos por estrangeiros praticamente não enfrenta restrições específicas (exceto no caso de imóveis pertencentes à União, conforme os arts. 100 e 205 do Decreto-lei n. 9.760/46, que exigem autorização do Presidente da República), há várias limitações impostas à compra de imóveis rurais por estrangeiros.

Destaca-se que, para estrangeiros, a compra de imóveis rurais de **até 3 MEIs**, fora da faixa de fronteira e sendo a **primeira aquisição** ou **arrendamento, não requer autorização do Incra**. No entanto, imóveis localizados em **áreas de fronteira** ou **consideradas de segurança nacional** necessitam de autorização prévia do **CDN**.

Para a aquisição ou arrendamento de imóveis rurais com **área superior a 20 MEIs** por pessoas físicas estrangeiras, é **obrigatória** a apresentação de um **projeto de exploração**. Essa exigência também se aplica a pessoas jurídicas, sejam elas estrangeiras ou brasileiras equiparadas, independentemente do tamanho do imóvel.

Em 13 de dezembro de 2017, o Incra publicou a supracitada **Instrução Normativa n. 88**, que regulamenta a aquisição e o arrendamento de imóveis rurais por pessoas físicas estrangeiras residentes no Brasil e por pessoas jurídicas estrangeiras autorizadas a operar no país. Em 28 de dezembro de 2018, houve uma alteração no art. 28 dessa instrução, que revogou a Instrução Normativa n. 76/2013.

7.5.3. AQUISIÇÃO POR PESSOA FÍSICA ESTRANGEIRA NÃO RESIDENTE NO BRASIL

A legislação prevê que estrangeiros podem adquirir tanto imóveis urbanos quanto rurais localizados no território nacional. Para a compra de **imóveis urbanos**, não é exigido que o estrangeiro tenha **residência fixa no país**. No entanto, para aquisição de **imóveis rurais**, o estrangeiro deve obrigatoriamente **ser residente no Brasil** ou ser pessoa jurídica autorizada a operar no país.

Importa mencionar que, para o caso de estrangeiro empresário, que tencione investir no setor, a Resolução Normativa n. 36, de 9 de outubro de 2018, do Conselho Nacional de Imigração (CNIg), prevê a concessão de autorização de residência àqueles que realizarem investimentos imobiliários no valor mínimo de **R$ 1.000.000,00 (um milhão de reais)**.

Portanto, para comprar um imóvel rural, é exigido ao estrangeiro que o comprador pessoa física seja residente no país. Ademais, será necessário atentar-se para um leque de requisitos obrigatórios.

A escritura pública é requisito essencial para o ato, e deve obrigatoriamente incluir a identificação do adquirente, com menção ao documento de identidade, comprovante de residência no território nacional e, quando aplicável, a autorização do Incra ou o assentimento prévio da Secretaria-Geral do Conselho de Segurança Nacional (CSN), conforme previsão do art. 91 da Constituição Federal.

O estrangeiro deve ser identificado por sua nacionalidade, profissão, número de inscrição no Cadastro de Pessoas Físicas (CPF) da Receita Federal, estado civil, residência, domicílio e cadastro no Registro Nacional de Estrangeiros (RNE). Se não possuir RNE, recomenda-se que a escritura declare que o estrangeiro não está obrigado a registrar-se no Ministério da Justiça, conforme os arts. 30 e 33 da Lei n. 6.815/80 (Estatuto do Estrangeiro), por não ter sido admitido como permanente, temporário ou asilado.

Se o estrangeiro for casado, também é preciso apresentar a documentação do cônjuge, como o CPF e a certidão de casamento, devendo constar o regime de bens do casamento e a qualificação completa do cônjuge.

A **comprovação de residência no Brasil** pode ser feita por meio de uma **declaração** sob as penas da lei, presumindo-se sua veracidade, conforme o art. 1.º da Lei n. 7.115/83.

7.5.4. AQUISIÇÃO POR PESSOA JURÍDICA ESTRANGEIRA AUTORIZADA A FUNCIONAR NO BRASIL

A Constituição estabelece que a lei regulará a aquisição e o arrendamento de propriedades rurais por estrangeiros, definindo os casos que exigirão autorização do Congresso Nacional.

Conforme a Lei n. 5.709/71, recepcionada pela Constituição de 1988 seguindo o parecer mais recente da AGU, e regulamentada pelo Decreto n. 74.965/74, a aquisição de imóvel rural por pessoa jurídica estrangeira sempre requer a **comprovação de autorização para operar no Brasil**.

> As aquisições de imóveis rurais por empresas estrangeiras deverão seguir os princípios constitucionais da função social da propriedade, como o uso racional da terra, a utilização adequada dos **recursos naturais** e a **preservação do meio ambiente**. A identificação do adquirente, no caso de pessoa jurídica, deverá incluir informações sobre sua estrutura empresarial no Brasil e no exterior, sob pena de falsidade ideológica, conforme o Código Penal. Eduardo Augusto[43] afirma que a legislação limita a **análise ao controlador direto**, ou seja, deve-se verificar a nacionalidade e o domicílio/sede apenas do titular da maioria do capital votante.

Sobre o tema, em 2015, a Sociedade Rural Brasileira (SRB) ajuizou a ADPF n. 342 no Supremo Tribunal Federal (STF), com o objetivo de declarar a incompatibilidade de dispositivos da Lei n. 5.709/71 com a Constituição Federal de 1988. A SRB argumentou que a lei trata de forma diferenciada empresas nacionais de capital estrangeiro, violando preceitos fundamentais como a **livre-iniciativa**, o **desenvolvimento nacional**, a **igualdade**, o direito à propriedade e a **livre associação**.

> Constitucional. Aquisições de imóveis rurais por empresas brasileiras com a maior parte do capital social pertencente a pessoas físicas estrangeiras residentes no exterior ou jurídicas que tenham sede no exterior. Art. 1.º, § 1.º, da Lei n. 5.709/71. Medida cautelar deferida para determinar a suspensão de todos os processos judiciais em trâmite no território nacional até o julgamento final da ADPF n. 342 e da ACO n. 2.463. Ausência dos pressupostos. Não referendo da medida cautelar incidental. 1. A controvérsia constitucional refere-se à recepção, ou não, pela Constituição Federal de 1988 do § 1.º do art. 1.º da Lei n. 5.709/71, que equiparou as empresas brasileiras controladas por estrangeiros às empresas alienígenas para fins de aquisição de terras, submetendo-as às disposições do referido diploma legal. 2. Medida cautelar deferida para suspender todos os processos judiciais em trâmite no território nacional que versem sobre a validade do § 1.º do art. 1.º da Lei n. 5.709/71, até o julgamento final da ADPF n. 342 e da ACO n. 2.463, em razão de cenário de insegurança decorrente de posicionamentos opostos no âmbito do Supremo Tribunal Federal acerca da matéria. 3. Limitação de qualquer discussão existente quanto à submissão das empresas brasileiras controladas por estrangeiros ao regramento do § 1.º do art. 1.º da Lei n. 5.709/71, enquanto pendente pronunciamento deste Supremo Tribunal Federal. 4. Ausência de demonstração de

---

[43] AUGUSTO, Eduardo. Aquisição de imóveis rurais por empresas brasileiras sob controle estrangeiro. *Revista de Direito Imobiliário*, São Paulo, v. 71, jul./dez. 2011.

que exista uma correlação entre a suspensão dos processos judiciais pendentes e atendimento positivo a um cenário de insegurança jurídica. 5. Desproporção entre a suspensão de todos os processos judiciais que versem sobre a recepção do dispositivo impugnado e a finalidade pretendida em se resguardar a segurança jurídica. 6. Não referendo da medida cautelar incidental (ADPF n. 342 MC-Ref, Rel. André Mendonça, Rel. p/ acórdão Alexandre de Moraes, Tribunal Pleno, j. 5-5-2023).

A SRB sustentou que o § 1.º do art. 1.º da Lei n. 5.709/71 não foi recepcionado pela Constituição de 1988. Segundo a entidade, ao limitar a aquisição de terras por empresas nacionais com capital estrangeiro, a lei prejudica o financiamento do agronegócio, reduzindo a liquidez dos ativos imobiliários e afetando negativamente as empresas agrárias. Isso poderia levar à saída de investimentos do país, prejudicando o desenvolvimento nacional.

A SRB também trouxe como argumento o fato de que a Constituição só permite a "**discriminação positiva**", isto é, a criação de regimes favoráveis a empresas brasileiras de capital nacional, mas não a restrição imposta a empresas de capital estrangeiro.

Não há, no ordenamento constitucional, diferenciação entre empresas brasileiras de capital nacional e aquelas de capital estrangeiro. O art. 190 da Constituição Federal de 1988 refere-se apenas à aquisição e arrendamento de propriedades rurais por empresas estrangeiras, não abrangendo empresas brasileiras com capital estrangeiro. O art. 171 da Constituição, que fazia tal distinção, foi revogado pela Emenda Constitucional n. 6/95.

Em 2016, o Ministro Marco Aurélio, do STF, concedeu liminar na Ação Originária n. 2.463, suspendendo os efeitos de um parecer da Corregedoria-Geral da Justiça de São Paulo (CGJSP) que dispensava tabeliães e oficiais de registro de observar o § 1.º do art. 1.º da Lei n. 5.709/71, referente à aquisição de imóveis rurais por empresas brasileiras controladas por estrangeiros. A decisão foi tomada em ação movida pela União e pelo Incra, e determinou o apensamento desse processo à ADPF n. 342 para julgamento conjunto.

> Constitucional. Aquisições de imóveis rurais por empresas brasileiras com a maior parte do capital social pertencente a pessoas físicas estrangeiras residentes no exterior ou jurídicas que tenham sede no exterior. Art. 1.º, § 1.º, da Lei n. 5.709/71. Medida cautelar deferida para determinar a suspensão de todos os processos judiciais em trâmite no território nacional até o julgamento final da ADPF n. 342 e da ACO n. 2.463. Ausência dos pressupostos. Não referendo da medida cautelar incidental. 1. A controvérsia constitucional refere-se à recepção, ou não, pela Constituição Federal de 1988 do § 1.º do art. 1.º da Lei n. 5.709/71, que equiparou as empresas brasileiras controladas por estrangeiros às empresas alienígenas para fins de aquisição de terras, submetendo-as às disposições do referido diploma legal. 2. Medida cautelar deferida para suspender todos os processos judiciais em trâmite no território nacional que versem sobre a validade do § 1.º do art. 1.º da Lei n. 5.709/71, até o julgamento final da ADPF n. 342 e da ACO n. 2.463, em razão de cenário de insegurança decorrente de posicionamentos opostos no âmbito do Supremo Tribunal Federal acerca da matéria. 3. Limitação de qualquer discussão existente quanto à submissão das empresas brasileiras controladas por estrangeiros ao regramento do § 1.º do art. 1.º da Lei n. 5.709/71, enquanto

pendente pronunciamento deste Supremo Tribunal Federal. 4. Ausência de demonstração de que exista uma correlação entre a suspensão dos processos judiciais pendentes e atendimento positivo a um cenário de insegurança jurídica. 5. Desproporção entre a suspensão de todos os processos judiciais que versem sobre a recepção do dispositivo impugnado e a finalidade pretendida em se resguardar a segurança jurídica. 6. Não referendo da medida cautelar incidental (ACO n. 2.463 MC-Ref, Rel. André Mendonça, Rel. p/ acórdão Alexandre de Moraes, Tribunal Pleno, j. 5-5-2023).

A Medida Provisória n. 897/2019, convertida na Lei n. 13.986/2020 (conhecida como Nova Lei do Agro), trouxe inovações para o agronegócio, criando títulos de crédito e garantias mais seguras para fomentar o crédito privado no setor. A nova legislação alterou a Lei n. 5.709/71 (sobre a aquisição de imóveis rurais por estrangeiros) e a Lei n. 6.634/79 (sobre a faixa de fronteira), permitindo a constituição de garantias reais, como a **alienação fiduciária**, em favor de empresas estrangeiras ou empresas nacionais controladas por estrangeiros, incluindo a possibilidade de **consolidação da propriedade rural** após o trâmite adequado.

> Antes da Nova Lei do Agro, financiadores estrangeiros tinham acesso limitado a garantias hipotecárias. Agora, podem acessar a propriedade fiduciária de imóveis rurais, o que reduz o risco do credor e facilita o acesso ao crédito, pois a garantia fiduciária não está sujeita à falência ou recuperação judicial, exceto se o imóvel for considerado essencial para a recuperação da empresa.

O **Projeto de Lei n. 2.963/2019**, atualmente em análise na Câmara dos Deputados, visa facilitar a compra, posse e arrendamento de propriedades rurais no Brasil por estrangeiros, **dispensando** a necessidade de autorização ou licença para **imóveis de até 15 módulos fiscais**. No entanto, a soma das áreas pertencentes ou arrendadas por estrangeiros não pode ultrapassar **25% da área do município**, sendo esse limite reduzido para 10% no caso de sociedades formadas por pessoas ou empresas da mesma nacionalidade.

Ana Clara Boczar e Frederico Gabrich[44] observam que investidores do setor energético evitam a aquisição de imóveis para instalar usinas não apenas por causa da presença de sócios estrangeiros, mas também devido ao custo associado à imobilização da terra. Por isso, eles adotam de forma estratégica contratos, como o de arrendamento ou direito real de superfície.

7.5.5. A AQUISIÇÃO POR PESSOAS FÍSICAS E PESSOAS JURÍDICAS

A legislação vigente preceitua que **podem adquirir terras no Brasil**:

a) pessoas naturais estrangeiras residentes no país e registradas no RNE;
b) pessoas jurídicas estrangeiras com autorização para operar no Brasil; e

---

[44] BOCZAR, Ana Clara Amaral Arantes; GABRICH, Frederico de Andrade. Contratos utilizados na exploração de terras rurais para a geração de energia fotovoltaica. *Revista Brasileira de Direito Empresarial*, Florianópolis, v. 7, n.1, p. 20-40, jan./jul. 2021.

c) pessoas jurídicas brasileiras constituídas ou controladas por estrangeiros, respeitando o limite de MEIs, que varia entre 5 e 100 hectares, dependendo da região e do município onde o imóvel está localizado.

> Para pessoas naturais, a aquisição de áreas de até **3 MEIs** não exige autorização do Incra, **exceto** se o imóvel estiver em **faixa de fronteira ou se for uma segunda aquisição**. Para áreas entre 3 e 20 MEIs, é necessária a **autorização do Incra**; e para áreas acima de 20 MEIs, até o limite de 50 MEIs, além da **autorização do Incra**, é obrigatório apresentar um **projeto de exploração da área**.

No caso de pessoas jurídicas ou brasileiras equiparadas, a aquisição de até **100 MEIs** requer **autorização do Incra** e a **apresentação de um projeto de exploração**. Para aquisições acima de **100 MEIs**, além da autorização do Incra, será necessária a **aprovação do Congresso Nacional** e a **apresentação do projeto de exploração da área**.

Categoria	Área	Exigências
Pessoas Naturais	Até 3 MEIs	Não exige autorização do Incra, exceto em faixa de fronteira ou em caso de segunda aquisição.
Pessoas Naturais	Entre 3 e 20 MEIs	Exige autorização do Incra.
Pessoas Naturais	Acima de 20 MEIs e até 50 MEIs	Exige autorização do Incra e apresentação de projeto de exploração da área.
Pessoas Jurídicas	Até 100 MEIs	Exige autorização do Incra e apresentação de projeto de exploração.
Pessoas Jurídicas	Acima de 100 MEIs	Exige autorização do Incra, aprovação do Congresso Nacional e apresentação de projeto de exploração.

É **proibida** a aquisição de imóveis rurais por estrangeiros nas seguintes situações:

I. quando a soma das áreas de imóveis rurais pertencentes a estrangeiros **ultrapassar 25%** da superfície do município onde estão localizados;

II. quando a soma das áreas de imóveis rurais pertencentes a estrangeiros de mesma nacionalidade **ultrapassar 10%** da superfície do município (40% do limite permitido a estrangeiros em geral);

III. quando a aquisição de imóvel rural por pessoa física **exceder 50 MEIs**, seja em área contínua ou descontínua.

Estão **excluídas** das restrições mencionadas nos itens I e II os casos a seguir:

■ aquisição de áreas rurais menores que três módulos;
■ áreas que tenham sido objeto de compra e venda, promessa de compra e venda ou cessão, com escritura pública ou documento particular devidamente protocolizado na circunscrição imobiliária competente e cadastradas no Incra antes de 10 de março de 1969;
■ aquisição por estrangeiro que tenha filho brasileiro ou seja casado com pessoa brasileira em regime de comunhão de bens.

No caso de estrangeiros casados com brasileiros ou com filhos brasileiros, o imóvel rural não será considerado para o cálculo dos **limites de 25%** e **10%** da área do município. No entanto, o estrangeiro ainda precisará de **autorização do Incra para a aquisição**, quando esta for exigida.

Assim, é notório que, tanto para as pessoas físicas quanto para as pessoas jurídicas estrangeiras que desejem adquirir propriedade rural no território nacional, a legislação impôs certas condições que obrigatoriamente devem ser seguidas à risca, situação que se justifica primordialmente em razão da soberania nacional, tema que será objeto de análise a seguir.

7.5.6. IMÓVEIS EM ÁREAS CONSIDERADAS INDISPENSÁVEIS À SEGURANÇA NACIONAL

A compra de imóveis por estrangeiros em áreas consideradas **indispensáveis** à segurança nacional no Brasil depende de consentimento prévio da **Secretaria-Geral do CSN**. Estrangeiros podem comprar imóveis no Brasil, mas há restrições para áreas costeiras, de fronteira, rurais e de segurança nacional.

> Em **áreas costeiras**, a compra de imóveis por estrangeiros deve respeitar a distância de mais de **100 m** da linha da maré alta. Caso o imóvel esteja dentro dessa faixa, é necessária a **permissão do Presidente da República**. Para imóveis localizados a **até 150 km** de fronteiras internacionais, também é exigida permissão, visando garantir a segurança e a soberania nacional, especialmente em áreas estratégicas e de interesse militar.

Esse regramento é estabelecido pelo Decreto-lei n. 9.760/46, dispondo em seu art. 100[45] que, em **áreas de fronteira** ou **próximas a instalações militares**, a alienação de

---

[45] "Art. 100. A aplicação do regime de aforamento a terras da União, quando autorizada na forma deste Decreto-lei, compete ao SPU, sujeita, porém, a prévia audiência: a) dos Ministérios da Guerra, por intermédio dos Comandos das Regiões Militares; da Marinha, por intermédio das Capitanias dos Portos; da Aeronáutica, por intermédio dos Comandos das Zonas Aéreas, quando se tratar de terrenos situados dentro da faixa de fronteiras, da faixa de 100 (cem) metros ao longo da costa marítima ou de uma circunferência de 1.320 (mil trezentos e vinte) metros de raio em torno das fortificações e estabelecimentos militares; b) do Ministério da Agricultura, por intermédio dos seus órgãos locais interessados, quando se tratar de terras suscetíveis de aproveitamento agrícola ou pastoril; c) do Ministério da Viação e Obras Públicas, por intermédio de seus órgãos próprios locais, quando se tratar de terrenos situados nas proximidades de obras portuárias, ferroviárias, rodoviárias, de saneamento ou de irrigação; d) das Prefeituras Municipais, quando se tratar de terreno situado em zona que esteja sendo urbanizada. § 1.º A consulta versará sobre zona determinada, devidamente caracterizada. § 2.º Os órgãos consultados deverão se pronunciar dentro de 30 (trinta) dias do recebimento da consulta, prazo que poderá ser prorrogado por outros 30 (trinta) dias, quando solicitado, importando o silêncio em assentimento à aplicação do regime enfitêutico na zona caracterizada na consulta. § 3.º As impugnações, que se poderão restringir a parte da zona sobre que haja versado a consulta, deverão ser devidamente fundamentadas. § 4.º O aforamento, à vista de ponderações dos órgãos consultados, poderá subordinar-se a condições especiais. § 5.º Considerada improcedente a impugnação, a autoridade submeterá o recurso à autoridade superior, nos termos estabelecidos em regulamento. (Redação dada pela Lei n. 13.874, de 2019.) § 6.º Nos casos de aplicação do regime de aforamento gratuito com vistas na regularização fundiária de in-

terras da União a estrangeiros requer consulta aos **Ministérios da Defesa**. O art. 205 da referida legislação **proíbe** a alienação de imóveis da União nessas áreas a estrangeiros, **salvo** com **autorização presidencial**.

No caso de áreas rurais, conforme verificado, estrangeiros só podem adquirir propriedades com até **50 módulos rurais**, sendo que a soma das áreas rurais pertencentes aos não nacionais em um município não pode exceder 25% da superfície municipal. Além disso, estrangeiros da mesma nacionalidade não podem ser proprietários de mais de 40% dessa área, conforme o art. 12 da Lei n. 5.709/71.

Por fim, a aquisição de imóveis situados em áreas consideradas essenciais à **segurança nacional** requer autorização da **Secretaria-Geral do CSN**, em conformidade com o art. 7.º da Lei n. 5.709/71.

Estrangeiros estão **proibidos** de: adquirir qualquer modalidade de **posse por tempo indeterminado, arrendar** ou **subarrendar total** ou **parcialmente imóveis rurais** por tempo indeterminado, e se habilitar à concessão de florestas públicas destinadas à produção sustentável. No entanto, essa concessão é permitida para **pessoas jurídicas brasileiras** constituídas ou controladas, **direta** ou **indiretamente**, por estrangeiros.

Essas restrições não se aplicam quando a aquisição de imóveis rurais for destinada à execução ou exploração de concessões, permissões ou autorizações de serviços públicos, como as atividades de geração, transmissão e distribuição de energia elétrica, ou de concessão ou autorização de bem público da União.

7.5.7. AQUISIÇÃO POR PORTUGUESES

O Decreto n. 70.436/72 regula a igualdade de tratamento entre brasileiros e portugueses no que diz respeito aos direitos civis. Apenas os portugueses que atenderem às condições estabelecidas pelo decreto e solicitarem a igualdade, tendo-a reconhecida, não estarão sujeitos às restrições impostas a estrangeiros. Portanto, é necessário atentar--se ao fato de que não se trata apenas de solicitar a igualdade, precisando que esta seja inequivocamente reconhecida.

> Nem todos os cidadãos portugueses gozam dessa igualdade, apenas aqueles que a requererem e tiverem seu pedido aceito. A Lei n. 5.709/71 não se aplica aos portugueses que comprovarem ter recebido a condição de igualdade com brasileiros. Caso não apresentem tal comprovação, serão tratados como estrangeiros nesse contexto.

---

teresse social, ficam dispensadas as audiências previstas neste artigo, ressalvados os bens imóveis sob administração do Ministério da Defesa e dos Comandos do Exército, da Marinha e da Aeronáutica. (Incluído pela Lei n. 11.481, de 2007.) § 7.º Quando se tratar de imóvel situado em áreas urbanas consolidadas e fora da faixa de segurança de que trata o § 3.º do art. 49 do Ato das Disposições Constitucionais Transitórias, serão dispensadas as audiências previstas neste artigo e o procedimento será estabelecido em norma da Secretaria do Patrimônio da União" (BRASIL. *Decreto-lei n. 9.760, de 5 de setembro de 1946*. Dispõe sobre os bens imóveis da União e dá outras providências. Diário Oficial da União, Brasília, DF, 6 set. 1946. Disponível em: https://www.planalto.gov.br/ccivil_03/decreto-lei/Del9760compilado.htm. Acesso em: 12 nov. 2024).

Assim, o § 1.º do art. 12 da Constituição Federal[46] determina que "**aos portugueses com residência permanente no País, se houver reciprocidade em favor de brasileiros, serão atribuídos os direitos inerentes ao brasileiro, exceto nos casos previstos nesta Constituição**", de forma que o Decreto n. 70.436/72 regulamenta esses direitos e obrigações.

A Instrução Normativa n. **70/2011 do Incra**, no art. 10[47], estabelece que os portugueses que desejam adquirir ou arrendar imóveis rurais e não apresentarem o certificado de reciprocidade, conforme o § 1.º do art. 12 da Constituição Federal e os Decretos n. 3.927/2001 e 70.391/72, estarão sujeitos às exigências da Lei n. 5.709/71, do Decreto n. 74.965/74 e dessa instrução normativa.

Verifica-se, dessa maneira, que o cidadão português fica dispensado de obter autorizações para adquirir imóveis rurais, porém essa isenção não é automática. O certificado reconhecendo a igualdade de tratamento deve ser emitido pelo **Ministério da Justiça**, após pedido do cidadão português. Com o documento em mãos, o cidadão português poderá adquirir imóveis rurais sem restrições, com base no supracitado **Estatuto da Igualdade**.

7.6. CHÁCARAS E SÍTIOS DE RECREIO

A propriedade rural pode ser classificada como **chácara**, **sítio** ou **fazenda**, dependendo de sua extensão. A chácara é uma propriedade relativamente pequena, com área correspondente a **12,1 hectares** (121 mil m²). Atualmente, esse tipo de imóvel é, geralmente, utilizado pelo proprietário para fins de lazer.

Sítios de recreio são pequenas chácaras destinadas exclusivamente à moradia. Para Santos Neto[48], esses sítios são lotes resultantes do parcelamento de imóveis rurais que, após perderem sua capacidade produtiva e cumprirem certas condições legais e factuais, passam a ser usados para lazer e repouso, principalmente nos fins de semana.

Assim, trata-se de imóveis que, ao serem parcelados, perdem sua função produtiva e, consequentemente, deixam de ser caracterizados como rurais.

---

[46] BRASIL. *Constituição da República Federativa do Brasil*. Brasília, DF: Senado Federal, 1988. Disponível em: https://www.planalto.gov.br/ccivil_03/constituicao/constituicao.htm. Acesso em: 14 nov. 2024.

[47] "Art. 10. A pessoa natural de nacionalidade portuguesa que pretender adquirir ou arrendar imóvel rural e que não apresentar certificado de reciprocidade nos termos do § 1.º do art. 12 da Constituição Federal de 1988 e os Decretos n. 3.927, de 19 de setembro de 2001, e o Decreto n. 70.391, de 12 de abril de 1972, se submeterá às exigências da Lei n. 5.709/1971, do Decreto n. 74.965/1974, e desta Instrução Normativa" (BRASIL. *Instrução Normativa Incra n. 76, de 28 de agosto de 2013*. Dispõe sobre a aquisição e arrendamento de imóvel rural por pessoa física ou jurídica estrangeira, define procedimentos junto ao Instituto Nacional de Colonização e Reforma Agrária — Incra, e dá outras providências. Diário Oficial da União: seção 1, Brasília, DF, 29 ago. 2013. Disponível em: https://www.legisweb.com.br/legislacao/?id=78877. Acesso em: 14 nov. 2024).

[48] SANTOS NETO, Arthur Pio dos. Instituições de direito agrário. Recife: Universitária, 1979.

7.7. LOTEAMENTOS RURAIS

Importa ressaltar que as áreas de transição entre cidade e campo têm se expandido, tornando cada vez mais difícil diferenciar claramente os espaços urbanos dos rurais. Esse processo provoca uma sobreposição das formas espaciais.

Contudo, conforme Sposito[49], essa expansão não significa o desaparecimento da cidade e do campo como entidades distintas, mas sim o surgimento de uma área de contato entre ambos. Nesse novo espaço, as formas se mesclam e as interações se intensificam, resultando em um *habitat* que combina o uso do solo, práticas socioespaciais e interesses políticos e econômicos, unindo o rural e o urbano.

Nesse ínterim, o **loteamento rural** é o processo de subdivisão de uma grande área de terra em lotes menores, regulamentado no Brasil pela Lei n. 6.766/79, que estabelece as regras gerais para a criação dos loteamentos. Contudo, os loteamentos possuem particularidades que são reguladas por legislações estaduais e municipais. Quando há abertura, prolongamento, modificação ou ampliação de vias públicas, temos caracterizado um loteamento. Após a edição da **Lei n. 13.465/2017**, surgiram **três** tipos de loteamentos no Brasil:

a) **Loteamento tradicional**: aquele em que os lotes são imóveis autônomos (art. 2.º, § 7.º, da Lei n. 6.766/79).

b) **Loteamento de acesso controlado** (loteamento fechado): é um tipo de loteamento tradicional que, com autorização municipal, permite que os representantes dos proprietários (geralmente uma associação) controlem o acesso de pessoas e veículos por meio de identificação e cadastramento. No entanto, é proibido impedir o trânsito de pessoas devidamente identificadas (art. 2.º, § 8.º, da Lei n. 6.766/79), já que as vias de circulação são bens públicos municipais, garantindo o direito de passagem a qualquer pessoa identificada. Portanto, os chamados **loteamentos "fechados"** são, na verdade, áreas muradas com controle de acesso. A diferença em relação ao **condomínio de lotes** é que, neste último, as vias de circulação interna são bens privados e podem ser permanentemente fechadas ao acesso público.

c) O **loteamento condominial** (condomínio de lotes): é caracterizado por lotes que constituem **unidades autônomas** em um condomínio, com áreas privativas de uso exclusivo e áreas comuns que englobam todo o terreno (art. 2.º, § 7.º, da Lei n. 6.766/79). Nesse modelo, a unidade autônoma é o lote, não a construção sobre ele. Cada proprietário pode utilizar e construir livremente em seu lote, desde que respeite as normas públicas e as disposições da convenção de condomínio, aprovada por dois terços dos condôminos. As vias de circulação interna são áreas comuns do empreendimento e, por serem bens privados, podem ser fechadas ao acesso público.

É importante destacar que, antes da Lei n. 13.465/2017, não havia uma legislação federal específica para os condomínios de lotes. Apesar disso, muitos condomínios

---

[49] SPOSITO, Maria E. B. *A questão cidade-campo*: perspectivas a partir da cidade. São Paulo: Expressão Popular, 2006. p. 111-130.

desse tipo foram criados em vários municípios brasileiros com base na legislação dos condomínios edilícios, especialmente o art. 8.º da Lei n. 4.591/64 (que regula os condomínios de casas) e o art. 3.º do Decreto-lei n. 271/67.

De acordo com a Lei n. 4.591/64, era necessário haver edificações (casas) para instituir um condomínio. No entanto, com base no art. 3.º do Decreto-lei n. 271/67, que equipara obras de infraestrutura às de construção de edificações, muitos registradores, mesmo antes da Lei n. 13.465/2017, aceitavam o registro de condomínios de lotes. Isso ocorria desde que houvesse uma lei municipal específica (conforme o art. 30, VIII, da Constituição Federal de 1988) autorizando tal empreendimento.

Para a realização do **loteamento rural**, o empreendedor deve apresentar ao registro de imóveis a **licença de instalação ambiental (LAI)**. Essa licença deve conter uma declaração confirmando que o parcelamento não viola nenhum dos incisos do parágrafo único do art. 3.º da Lei n. 6.766/79.

> **Art. 3.º** Somente será admitido o parcelamento do solo para fins urbanos em zonas urbanas, de expansão urbana ou de urbanização específica, assim definidas pelo plano diretor ou aprovadas por lei municipal.
>
> Parágrafo único. Não será permitido o parcelamento do solo:
>
> I — em terrenos alagadiços e sujeitos a inundações, antes de tomadas as providências para assegurar o escoamento das águas;
>
> II — em terrenos que tenham sido aterrados com material nocivo à saúde pública, sem que sejam previamente saneados;
>
> III — em terrenos com declividade igual ou superior a 30% (trinta por cento), salvo se atendidas exigências específicas das autoridades competentes;
>
> IV — em terrenos onde as condições geológicas não aconselham a edificação;
>
> V — em áreas de preservação ecológica ou naquelas onde a poluição impeça condições sanitárias suportáveis, até a sua correção.

O loteador deve apresentar também, ao registro de imóveis, uma planta com levantamento planialtimétrico que abranja todo o empreendimento e seus lotes, comprovando que o terreno a ser parcelado não possui **declividade igual** ou **superior a 30%** (conforme o inciso III do art. 3.º da Lei n. 6.766/79), o que, por si só, impede o registro. Caso exista **APP**, também deve ser apresentada uma planta detalhando sua localização e dimensões.

Além disso, para os lotes afetados pela APP, é necessário informar o percentual de cada lote sobre o qual incide a limitação ambiental, para que o registrador avalie a viabilidade do registro do parcelamento, conforme o inciso V do art. 3.º da Lei n. 6.766/79. Também é exigida a apresentação de uma **licença ambiental específica**, de acordo com o art. 5.º da Resolução n. 237/97 do Conama.

Nessa medida, o registrador, atuando como representante do Estado, verificará se a faixa de **APP está sendo preservada**. Em caso de desrespeito ou invasão da área protegida por lei, ele pode — e deve — negar o registro solicitado e comunicar o

Ministério Público Estadual, que tomará as providências necessárias, conforme o art. 6.º da Lei n. 7.347/85.

7.8. CONDOMÍNIOS RURAIS

O condomínio rural é um contrato de exploração agrária regido pelo Código Civil, cujas disposições estão descritas na Seção VI, incluída pela Lei n. 13.777/2018. No entanto, os condôminos, ou seja, os envolvidos no condomínio, podem estabelecer regras próprias que melhor atendam às suas necessidades operacionais, tanto individuais quanto coletivas.

Trata-se de uma forma de propriedade **conjunta** ou **solidária**, em que os proprietários, chamados de condôminos, possuem frações de toda a propriedade, sem divisão em lotes. Nesse tipo de contrato agrário, todos são coproprietários de uma única matrícula.

> Normalmente, os condomínios rurais são formados por herança ou por grupos familiares que optam por manter a propriedade em quotas.

As regras que regem essa relação condominial são estabelecidas pelo Código Civil e pelo contrato firmado entre os condôminos. Esse contrato define o funcionamento da relação condominial e pode prevenir potenciais conflitos. Caso não haja regras específicas, o condomínio deve seguir as normas do Código Civil, que abordam temas como a destinação do bem comum, posse da terra, administração e venda.

7.9. DIREITO AMBIENTAL: BREVES APONTAMENTOS

O direito ambiental é um ramo essencial do direito, especialmente diante da necessidade global de promover o desenvolvimento de forma sustentável, surgindo como ferramenta crucial no enfrentamento dos desafios globais, como as mudanças climáticas, a perda de biodiversidade e a degradação dos ecossistemas, para assegurar um futuro sustentável ao planeta e todas as formas de vida terrestre.

> As legislações ambientais estão profundamente conectadas aos imóveis rurais devido à presença de recursos naturais nas propriedades (hídricos, geológicos, fauna, florestas nativas etc.).

Esses imóveis rurais são naturalmente compostos por um conjunto de elementos naturais. Quando se explora economicamente a terra, seja para lavoura ou pecuária, muitas vezes também se estende a exploração aos recursos naturais presentes, o que é permitido pela legislação, desde que devidamente licenciada e aprovada pelo órgão competente.

As leis ambientais também influenciam os imóveis rurais no que diz respeito ao cumprimento das exigências de registro. Além disso, impactam os negócios imobiliários, pois, na aquisição de imóveis rurais, é obrigatório verificar o atendimento das exigências ambientais previamente destacadas.

A Constituição de 1988 reconhece o meio ambiente como um direito fundamental, exigindo o estudo prévio de impacto ambiental (EIA) para atividades que possam causar degradação. Além de exigir o uso adequado dos recursos naturais como parte da **função social da propriedade rural** (art. 186[50]), o art. 225 da Constituição[51] estabelece o direito ao meio ambiente ecologicamente equilibrado para todos, mantendo o poder público em vigilância constante.

7.9.1. CONCEITO

O conceito jurídico de meio ambiente é dividido, pela doutrina e jurisprudência, em quatro principais aspectos: **meio ambiente natural**, **artificial**, **cultural** e do **trabalho**. O meio ambiente natural refere-se aos recursos naturais propriamente ditos e suas interações. O meio ambiente artificial envolve as **áreas construídas** ou **alteradas** pelo ser humano, como edifícios urbanos e equipamentos comunitários. O meio ambiente cultural abrange o patrimônio **histórico**, **artístico**, **paisagístico**, **ecológico**, **científico** e **turístico**, incluindo bens materiais e imateriais. O meio ambiente do trabalho refere-se às condições relacionadas ao ambiente de trabalho. Além desses, alguns autores incluem o patrimônio genético como um quinto aspecto, que se refere às informações de origem genética dos seres vivos, sejam animais, vegetais, microrganismos ou fungos.

O direito ambiental é o ramo do direito que regula as atividades humanas que possam causar impacto no meio ambiente, com o objetivo de protegê-lo, melhorá-lo e preservá-lo, de acordo com os padrões de qualidade estabelecidos, para garantir a sustentabilidade das gerações presentes e futuras.

7.9.2. OBJETIVO

O direito ambiental objetiva proteger o meio ambiente e garantir a qualidade de vida da coletividade. Esse ramo do direito não se limita a regulamentar as relações humanas relacionadas ao uso dos recursos naturais, mas busca, principalmente, promover a preservação e a melhoria da qualidade ambiental. No entanto, essa proteção não é absoluta, sendo realizada dentro de padrões previamente estabelecidos.

---

[50] "Art. 186. A função social é cumprida quando a propriedade rural atende, simultaneamente, segundo critérios e graus de exigência estabelecidos em lei, aos seguintes requisitos: I — aproveitamento racional e adequado; II — utilização adequada dos recursos naturais disponíveis e preservação do meio ambiente; III — observância das disposições que regulam as relações de trabalho; IV — exploração que favoreça o bem-estar dos proprietários e dos trabalhadores" (BRASIL. *Constituição da República Federativa do Brasil*. Brasília, DF: Senado Federal, 1988. Disponível em: https://www.planalto.gov.br/ccivil_03/constituicao/constituicao.htm. Acesso em: 14 nov. 2024).

[51] "Art. 225. Todos têm direito ao meio ambiente ecologicamente equilibrado, bem de uso comum do povo e essencial à sadia qualidade de vida, impondo-se ao poder público e à coletividade o dever de defendê-lo e preservá-lo para as presentes e futuras gerações" (BRASIL. *Constituição da República Federativa do Brasil*. Brasília, DF: Senado Federal, 1988. Disponível em: https://www.planalto.gov.br/ccivil_03/constituicao/constituicao.htm. Acesso em: 14 nov. 2024).

O objetivo do direito ambiental é assegurar o uso sustentável dos recursos naturais, mantendo um nível de qualidade ambiental que permita a sobrevivência humana e das demais espécies, sem esgotar esses recursos.

Nesse aspecto, Mirra[52] aponta a necessidade de mencionar a figura da responsabilidade ambiental, que deve ser encarada em sua **tríplice vertente: penal, administrativa e civil.**

Atualmente, o princípio do poluidor-pagador é um dos pilares da responsabilidade ambiental brasileira, dispondo que aquele que causa danos ao meio ambiente deve arcar com os custos da reparação ou prevenção desses danos.

- **Responsabilidade penal ambiental**: as condutas que prejudicam o meio ambiente podem acarretar sanções criminais para os responsáveis, sejam pessoas físicas ou jurídicas. Isso significa que, em casos de crimes ambientais, os infratores estão sujeitos a penalidades como multas, prisão, suspensão de atividades, entre outras.
- **Responsabilidade administrativa ambiental**: a imposição de sanções administrativas é realizada por órgãos competentes, como agências ambientais ou órgãos de fiscalização. Essas sanções podem incluir multas, embargos, apreensão de bens e outras medidas destinadas a punir e/ou corrigir condutas prejudiciais ao meio ambiente.
- **Responsabilidade civil ambiental**: refere-se à obrigação de reparar os danos causados ao meio ambiente. Além das sanções penais e administrativas, os infratores podem ser obrigados a indenizar os danos ambientais causados por suas atividades, o que pode incluir a restauração do ambiente degradado, o pagamento de compensações financeiras, entre outras formas de reparação.

A tríplice responsabilidade ambiental visa garantir a proteção e preservação do meio ambiente, conforme estabelecido no art. 225, § 3.º, da Constituição Federal de 1988, que reconhece o meio ambiente ecologicamente equilibrado como um direito fundamental e impõe a **responsabilidade aos infratores**, independentemente da obrigação de reparar os danos causados.

Além disso, ela é uma forma de abordar os diferentes aspectos da responsabilidade por danos ambientais, garantindo que os infratores sejam responsabilizados de maneira abrangente, sem que isso represente uma dupla punição pelo mesmo ato, ou seja, afasta-se a aplicação do princípio do *bis in idem* pela aplicação da regra da cumulatividade.

7.9.3. ÁREA DE PRESERVAÇÃO PERMANENTE (APP)

O Novo Código Florestal, conforme o art. 3.º, II, da Lei n. 12.651/2012, define termos fundamentais da legislação ambiental brasileira, incluindo a APP. Essa área é protegida por normas de direito ambiental, independentemente de estar coberta por vegetação nativa, e possui várias funções importantes para o meio ambiente, tais como:

---

[52] MIRRA, Álvaro Luiz Valery. Ação civil pública e a reparação do dano ao meio ambiente. 2. ed. São Paulo: Juarez de Oliveira, 2004.

- **Preservação dos recursos hídricos**: protege e mantém corpos d'água, como rios, lagos e nascentes, garantindo a qualidade e quantidade de água.
- **Preservação da paisagem**: contribui para manter a beleza cênica e a integridade visual das áreas naturais.
- **Estabilidade geológica**: ajuda a prevenir erosões, deslizamentos de terra e enchentes, estabilizando o solo.
- **Proteção da biodiversidade**: abriga uma grande diversidade de espécies, promovendo a conservação dos ecossistemas.
- **Facilitação do fluxo gênico**: permite a movimentação de organismos entre diferentes *habitats*, favorecendo a diversidade genética.
- **Proteção do solo**: previne erosões e conserva a fertilidade do solo.
- **Bem-estar humano**: fornece serviços ecossistêmicos essenciais, como regulação do clima, água limpa e ar puro.

As APPs são cruciais para o equilíbrio ambiental e o bem-estar das comunidades humanas, cumprindo diversas funções essenciais. O art. 6.º da Lei n. 12.651/2012[53] define situações em que áreas com florestas ou vegetação podem ser declaradas APPs de interesse social pelo chefe do Poder Executivo, com finalidades específicas, como:

- **Prevenção de erosão e enchentes**: protege o solo e minimiza os impactos de eventos climáticos extremos.
- **Proteção de restingas e veredas**: fundamentais para a biodiversidade e recursos hídricos.
- **Proteção de várzeas**: regula ciclos hidrológicos e preserva a biodiversidade.
- **Abrigo de espécies ameaçadas**: garante *habitat* para espécies em risco de extinção.
- Preservação de áreas de valor paisagístico, cultural ou científico.
- Formação de faixas de proteção em rodovias e ferrovias.
- **Bem-estar público**: assegura a prestação de serviços ecossistêmicos essenciais, como purificação do ar e recreação.

---

[53] "Art. 6.º Consideram-se, ainda, de preservação permanente, quando declaradas de interesse social por ato do chefe do Poder Executivo, as áreas cobertas com florestas ou outras formas de vegetação destinadas a uma ou mais das seguintes finalidades: I — conter a erosão do solo e mitigar riscos de enchentes e deslizamentos de terra e de rocha; II — proteger as restingas ou veredas; III — proteger várzeas; IV — abrigar exemplares da fauna ou da flora ameaçados de extinção; V — proteger sítios de excepcional beleza ou de valor científico, cultural ou histórico; VI — formar faixas de proteção ao longo de rodovias e ferrovias; VII — assegurar condições de bem-estar público; VIII — auxiliar a defesa do território nacional, a critério das autoridades militares; IX — proteger áreas úmidas, especialmente as de importância internacional" (BRASIL. *Lei n. 12.651, de 25 de maio de 2012*. Dispõe sobre a proteção da vegetação nativa; altera as Leis n. 6.938, de 31 de agosto de 1981, 9.393, de 19 de dezembro de 1996, e 11.428, de 22 de dezembro de 2006; revoga as Leis n. 4.771, de 15 de setembro de 1965, e 7.754, de 14 de abril de 1989, e a Medida Provisória n. 2.166-67, de 24 de agosto de 2001; e dá outras providências. Diário Oficial da União, Brasília, DF, 28 maio 2012. Disponível em: https://www.planalto.gov.br/ccivil_03/_ato2011-2014/2012/lei/l12651.htm. Acesso em: 14 nov. 2024).

■ **Defesa nacional**: áreas importantes para a segurança do país.

■ **Proteção de áreas úmidas**: preserva ecossistemas de grande importância para a biodiversidade e o clima.

Essas diretrizes demonstram a relevância das APPs para a conservação dos recursos naturais e o bem-estar humano. O art. 4.º da Lei n. 12.651/2012 especifica as áreas que devem ser consideradas APPs, tanto em zonas rurais quanto urbanas, incluindo:

■ Faixas marginais de cursos d'água, com larguras mínimas que variam de 30 a 500 metros, dependendo da largura do curso.

■ Áreas no entorno de lagos e lagoas, com faixas marginais de 100 metros em zonas rurais (ou 50 metros para corpos d'água menores) e 30 metros em zonas urbanas.

Por fim, o **art. 8.º da Lei n. 12.651/2012**[54] permite que APPs sejam consideradas de utilidade pública em situações específicas, como obras de segurança nacional, infraestrutura pública, defesa civil e restauração ambiental, desde que não haja alternativas viáveis.

7.9.4. ÁREA DE RESERVA LEGAL

A reserva legal é uma área situada em uma **propriedade** ou **posse rural**, conforme estabelecido no art. 3.º, III, do Novo Código Florestal[55]. Sua principal função é garantir

---

[54] "Art. 8.º A intervenção ou a supressão de vegetação nativa em área de preservação permanente somente ocorrerá nas hipóteses de utilidade pública, de interesse social ou de baixo impacto ambiental previstas nesta Lei. § 1.º A supressão de vegetação nativa protetora de nascentes, dunas e restingas somente poderá ser autorizada em caso de utilidade pública. § 2.º A intervenção ou a supressão de vegetação nativa em área de preservação permanente de que tratam os incisos VI e VII do *caput* do art. 4.º poderá ser autorizada, excepcionalmente, em locais onde a função ecológica do manguezal esteja comprometida, para execução de obras habitacionais e de urbanização, inseridas em projetos de regularização fundiária de interesse social, em áreas urbanas consolidadas ocupadas por população de baixa renda" (BRASIL. *Lei n. 12.651, de 25 de maio de 2012*. Dispõe sobre a proteção da vegetação nativa; altera as Leis n. 6.938, de 31 de agosto de 1981, 9.393, de 19 de dezembro de 1996, e 11.428, de 22 de dezembro de 2006; revoga as Leis n. 4.771, de 15 de setembro de 1965, e 7.754, de 14 de abril de 1989, e a Medida Provisória n. 2.166-67, de 24 de agosto de 2001; e dá outras providências. Diário Oficial da União, Brasília, DF, 28 maio 2012. Disponível em: https://www.planalto.gov.br/ccivil_03/_ato2011-2014/2012/lei/l12651.htm. Acesso em: 14 nov. 2024).

[55] "Art. 3.º Para os efeitos desta Lei, entende-se por: [...] III — Reserva legal: área localizada no interior de uma propriedade ou posse rural, delimitada nos termos do art. 12, com a função de assegurar o uso econômico de modo sustentável dos recursos naturais do imóvel rural, auxiliar a conservação e a reabilitação dos processos ecológicos e promover a conservação da biodiversidade, bem como o abrigo e a proteção de fauna silvestre e da flora nativa" (BRASIL. *Lei n. 12.651, de 25 de maio de 2012*. Dispõe sobre a proteção da vegetação nativa; altera as Leis n. 6.938, de 31 de agosto de 1981, 9.393, de 19 de dezembro de 1996, e 11.428, de 22 de dezembro de 2006; revoga as Leis n. 4.771, de 15 de setembro de 1965, e 7.754, de 14 de abril de 1989, e a Medida Provisória n. 2.166-67, de 24 de agosto de 2001; e dá outras providências. Diário Oficial da União, Brasília, DF, 28 maio 2012. Disponível em: https://www.planalto.gov.br/ccivil_03/_ato2011-2014/2012/lei/l12651.htm. Acesso em: 14 nov. 2024).

o uso **econômico sustentável** dos **recursos naturais da propriedade**, permitindo a exploração econômica sem comprometer a capacidade dos ecossistemas de se regenerar e de fornecer recursos de maneira contínua.

> A definição da **reserva legal** é baseada nas regras do art. 12 da mesma legislação, considerando o **tamanho total da propriedade** e sua **localização geográfica**. A proporção da área destinada à reserva legal varia conforme o bioma onde a propriedade está inserida, sendo geralmente **20%** da área total na Amazônia Legal e entre **20%** e **35%** nas demais regiões do Brasil.

A Lei Federal n. 12.651/2012 e a Lei Estadual n. 15.684/2015, de São Paulo, estabelecem exceções à regra geral que exige a destinação de **20% da área de imóveis rurais para reserva legal**.

As exceções incluem pequenos imóveis rurais, ou seja, propriedades com até **4 módulos** fiscais utilizadas para atividades agrossilvipastoris, que podem aderir ao Programa de Regularização Ambiental (PRA) e considerar como reserva legal a vegetação nativa existente em 22 de julho de 2008, mesmo que a **área seja inferior a 20%**.

Além disso, imóveis desmatados conforme a legislação anterior também estão incluídos, e proprietários ou possuiros que comprovem que o desmatamento de suas propriedades foi realizado de acordo com a legislação vigente à época e que aderirem ao PRA podem ter a área de reserva legal ajustada após análise da documentação e de regulamentação específica.

Por fim, a **Lei n. 12.651/2012** dispensa alguns imóveis da obrigação de manter reserva legal, conforme previsto nos §§ 6.º a 8.º do art. 12, abrangendo situações relacionadas à **agricultura familiar** e **áreas de preservação permanente** ou de **interesse social**.

Para atender ao percentual de reserva legal exigido pela legislação ambiental, os proprietários ou possuidores de imóveis rurais podem optar por duas principais medidas. A primeira é a **recomposição da reserva legal**, que consiste na restauração da vegetação nativa em áreas degradadas ou desmatadas do imóvel, com o objetivo de atingir o percentual mínimo previsto por lei. Essa recomposição pode ser feita por meio do plantio de mudas de espécies nativas da região, respeitando as características ecológicas do local. Para isso, o proprietário pode buscar apoio técnico de órgãos ambientais, organizações não governamentais (ONGs) ou especialistas em restauração florestal para planejar e executar o processo.

A segunda medida é permitir a **regeneração natural da vegetação na área de reserva legal**, uma alternativa viável quando a vegetação em áreas anteriormente degradadas começa a se regenerar espontaneamente devido à ausência de interferências humanas prejudiciais. Nesse caso, o proprietário deve permitir que esse processo ocorra, evitando práticas que possam interromper ou atrasar o crescimento da vegetação nativa. A regeneração natural pode ser monitorada para garantir que o percentual mínimo exigido seja atingido e mantido ao longo do tempo.

Em ambos os casos, é essencial seguir as **regulamentações ambientais** específicas e buscar orientação técnica para garantir a eficácia das medidas e o cumprimento das obrigações legais relativas à reserva legal.

Ademais, para cumprir o percentual de reserva legal exigido pela legislação ambiental, os proprietários ou possuidores de imóveis rurais podem optar pela **compensação da reserva legal**, que envolve medidas para garantir a preservação ou recuperação de vegetação nativa em áreas equivalentes às que deveriam ser reservadas no próprio imóvel.

As principais formas de compensação incluem a aquisição de cota de reserva ambiental (CRA), o arrendamento de área sob servidão ambiental ou reserva legal, a doação ao poder público de áreas em unidades de conservação e o cadastramento de outra área equivalente e excedente à reserva legal.

A **aquisição de CRA** consiste na compra de cotas de reserva de proprietários que possuem áreas excedentes de reserva legal. Cada cota representa uma quantidade específica de hectares de vegetação nativa preservada, que pode ser usada para compensar a falta de reserva legal em outro imóvel.

Já no **arrendamento de área sob servidão ambiental** ou **reserva legal**, o proprietário pode arrendar áreas de outros imóveis com vegetação nativa preservada para compensar a ausência de reserva legal em sua propriedade. Essas áreas devem estar sob proteção ambiental, como servidão ambiental ou reserva legal, assegurando sua conservação a longo prazo.

Na **doação ao poder público de áreas em unidades de conservação**, o proprietário pode doar ao poder público áreas localizadas em unidades de conservação de domínio público que ainda não foram regularizadas. Essa medida ajuda a expandir e consolidar áreas protegidas, contribuindo para a preservação de ecossistemas importantes.

Por fim, no **cadastramento de outra área equivalente e excedente à reserva legal**, o proprietário pode cadastrar áreas excedentes de reserva legal em outro imóvel de sua titularidade ou adquirir áreas de terceiros para compensar a falta de reserva legal. Essas áreas devem estar no mesmo bioma e conter vegetação nativa preservada, em regeneração ou em processo de recomposição, garantindo a preservação dos ecossistemas.

As opções de compensação permitem que os proprietários cumpram suas obrigações ambientais, contribuindo para a conservação da biodiversidade e dos recursos naturais, conforme as exigências da legislação ambiental.

7.10. QUESTÕES

QUESTÕES DE CONCURSOS
> https://uqr.to/1z6d8

REFERÊNCIAS

ABREU, J. Capistrano de. *O descobrimento do Brasil*. Rio de Janeiro: Anuário do Brasil, 1929.

ALMADA, A. P. P. L. Registro de imóveis. In: GENTIL, Alberto. *Registros públicos*. Rio de Janeiro: Grupo GEN, 2022. E-book. Disponível em: https://app.minhabiblioteca.com.br/#/books/9786559644773/. Acesso em: 15 dez. 2023.

ALMEIDA, T. Das inexatidões registrais e sua retificação. In: DIP, Ricardo; JACOMINO, Sérgio. (Orgs.). *Registro imobiliário*: temas atuais. 2. ed. São Paulo: Revista dos Tribunais, 2013. (Coleção Doutrinas essenciais).

ALMEIDA, Francisco de Paula Lacerda de. *Direito das cousas*: exposição sistemática desta parte do direito civil pátrio. Rio de Janeiro: Ribeiro dos Santos Livreiro Editor, 1908.

ALVERES, L. R. *Manual do registro de imóveis*: aspectos práticos da qualificação registral. São José dos Campos: Editora Crono, 2015.

AMADEI, V. C.; AMADEI, V. A. Desdobro de lote. In: AHUALLI, T. M.; BENACCHIO, M. (Coord.). *Direito notarial e registral*: homenagem às Varas de Registros Públicos da Comarca de São Paulo. São Paulo: Quartier Latin, 2016.

ARONE, Ricardo. *Propriedade e domínio*: reexame sistemático das noções nucleares de direitos reais. Rio de Janeiro: Renovar, 1999.

ASSIS, Araken de. Fraude contra execução no registro de imóveis. In: DIP, Ricardo (Coord.). *Direito registral e o novo Código de Processo Civil*. Rio de Janeiro: Forense, 2016.

AUGUSTO, Eduardo Agostinho Arruda. Aquisição de imóveis rurais por empresas brasileiras sob controle estrangeiro. *Revista de Direito Imobiliário*, São Paulo, v. 71, jul./dez. 2011.

AUGUSTO, Eduardo Agostinho Arruda. *Registro de Imóveis, retificação e georreferenciamento*: fundamento e prática. São Paulo: Saraiva, 2013.

BALBINO FILHO, Nicolau. *Registro de imóveis*: doutrina, prática e jurisprudência. 16. ed. rev. e atual. São Paulo: Saraiva, 2012.

BARBOSA, José de Arimatéia. *Quando deverá ocorrer averbação de reserva legal no registro de imóveis*. Disponível em: https://www.irib.org.br/obras/quando-devera-ocorrer-averbacao-de-reserva-legal-no-registro-de-imoveis. Acesso em: 4 jul. 2024.

BDINE JR., H. C. Compromisso de compra e venda em face do Código Civil de 2002. In: DIP, R.; JACOMINO, S. *Doutrinas essenciais do direito registral*. 2. ed. São Paulo: Revista dos Tribunais, 2013. v. 3.

BERTHE, M. M. Da inscrição. In: NETO, José Manuel de Arruda A.; CLÁPIS, Alexandre L.; CAMBLER, Everaldo A. *Lei de Registros Públicos comentada*. 2. ed. São Paulo: Grupo GEN, 2019. E-book. Disponível em: https://app.minhabiblioteca.com.br/#/books/9788530983468/. Acesso em: 13 fev. 2024.

BEVILÁQUA, Clóvis. *Direito das coisas*. Rio de Janeiro: Freitas Bastos, 1941.

BEVILÁQUA, Clóvis. *Direito das obrigações*. 3. ed. rev. e acrescentada. Rio de Janeiro: Freitas Bastos, 1931.

BEVILÁQUA, Clóvis. *Código Civil dos Estados Unidos do Brasil*. 6. ed. Rio de Janeiro: Francisco Alves, 1940.

BITTAR, Carlos Alberto. *Direitos reais*. Rio de Janeiro: Forense Universitária, 1991.

BOBBIO, Norberto. *Da estrutura à função*: novos estudos de teoria do direito. Trad. Daniela Beccaccia Versiane; revisão técnica de Orlando Seixas Bechara, Renata Nagamine. Barueri: Mano, 2007.

BOBBIO, Norberto. *Teoria do ordenamento jurídico*. 10. ed. Trad. Maria Celeste Cordeiro Leite Santos. Brasília: Editora Universidade de Brasília, 1999.

BOCZAR, Ana Clara Amaral Arantes; GABRICH, Frederico de Andrade. Contratos utilizados na exploração de terras rurais para a geração de energia fotovoltaica. *Revista Brasileira de Direito Empresarial*, Florianópolis, v. 7, n. 1, p. 20-40, jan./jul. 2021.

BORGES, A. M. *Registro de imóveis comentado*. Leme: CL Edijur, 2007.

BORGES, João Afonso. *O Registro Torrens no direito brasileiro*. São Paulo: Saraiva, 1960.

BRANDELLI, L. Compromisso de compra e venda no Código Civil de 2002. In: PAIVA, J. P. L. et. al. *Novo direito imobiliário e registral*. São Paulo: Quartier Latin, 2008.

BRANDELLI, L. Eficácia dos direitos reais e obrigacionais em relação à terceiros: breves considerações. *Blog Grupo GEN*. Disponível em: https://blog.grupogen.com.br/juridico/areas-de-interesse/civil/eficacia-dos-direitos-reais-e-obrigacionais-em-relacao-a-terceiros-breves-consideracoes/. Acesso em: 4 jul. 2024.

BRANDELLI, L. *Registro de imóveis*: eficácia material. Rio de Janeiro: Forense, 2016.

BRANDELLI, Leonardo. *Usucapião administrativa*: de acordo com o novo Código de Processo Civil. São Paulo: Saraiva, 2016.

BRASIL. Arquivo Nacional MAPA — Memória da Administração Pública Brasileira. *Repartição-Geral de Terras Públicas*, 7 ago. 2019. Disponível em: http://mapa.an.gov.br/index.php/menu-de-categorias-2/337-reparticao-geral-de-terras-publicas-reparticoes-especiais-de-terras-publicas-inspetorias-gerais-de-medicao-de-terras. Acesso em: 23 out. 2021.

BRASIL. Biblioteca Digital de Direito Registral. *Resolução 76, de 17 de julho de 1822*. Manda suspender a concessão de sesmarias futuras até a convocação da Assembléia Geral Constituinte. Disponível em: https://arisp.wordpress.com/2011/03/11/resolucao-76-de-17-de-julho-de-1822/. Acesso em: 15 nov. 2021.

BRASIL. Câmara dos Deputados. *Decreto n. 451-B, de 31 de maio de 1890*. Estabelece o registro e transmissão de immoveis pelo systema Torrens. Disponível em: https://www2.camara.leg.br/legin/fed/decret/1824-1899/decreto-451-b-31-maio-1890-516631-publicacaooriginal-1-pe.html. Acesso em: 15 nov. 2021.

BRASIL. Câmara dos Deputados. *Parlamento brasileiro foi fechado ou dissolvido 18 vezes*, 27 set. 2018. Disponível em: https://www.camara.leg.br/noticias/545319-parlamento-brasileiro-foi-fechado-ou-dissolvido-18-vezes/. Acesso em: 24 set. 2021.

BRASIL. Conselho da Justiça Federal. VI Jornada de Direito Civil. *Enunciado 545*. Disponível em: https://www.cjf.jus.br/enunciados/enunciado/181. Acesso em: 15 nov. 2021.

BRASIL. Conselho da Justiça Federal. VIII Jornada de Direito Civil. *Enunciado 627*. Disponível em: https://www.cjf.jus.br/cjf/corregedoria-da-justica-federal/centro-de-estudos-judiciarios-1/publicacoes-1/jornadas-cej/viii-enunciados-publicacao-site-com-justificativa.pdf. Acesso em: 15 nov. 2021.

BRASIL. Conselho Nacional de Justiça. *Provimento n. 45, de 13 de maio de 2015*. Revoga o Provimento 34 de 9.7.2013 e a Orientação 6 de 25.11.2013 e consolida as normas relativas à manutenção e escrituração dos livros Diário Auxiliar, Visitas e Correições e Controle de Depósito Prévio pelos titulares de delegações e responsáveis interinos do serviço extrajudicial de notas e registros públicos, e dá outras providências. Disponível em: https://atos.cnj.jus.br/atos/detalhar/2508. Acesso em: 15 nov. 2021.

BRASIL. Conselho Nacional de Justiça. *Provimento n. 76, de 12 de setembro de 2018.* Altera a periodicidade do recolhimento do valor da renda líquida excedente, pelos responsáveis interinos do serviço extrajudicial de notas e registros públicos, ao tribunal de justiça, previsto no Provimento n. 45 de 13.5.2015. Disponível em: https://atos.cnj.jus.br/atos/detalhar/2692. Acesso em: 15 nov. 2021.

BRASIL. Conselho Nacional de Justiça. *Provimento n. 77, de 7 de novembro de 2018.* Dispõe sobre a designação de responsável interino pelo expediente. Disponível em: https://atos.cnj.jus.br/atos/detalhar/2736. Acesso em: 15 nov. 2021.

BRASIL. Conselho Nacional de Justiça. *Resolução n. 363, de 12 de janeiro de 2021.* Estabelece medidas para o processo de adequação à Lei Geral de Proteção de Dados Pessoais a serem adotadas pelos tribunais. Disponível em: https://atos.cnj.jus.br/atos/detalhar/3668. Acesso em: 15 nov. 2021.

BRASIL. Constituição Politica do Imperio do Brazil (de 25 de março de 1824). Constituição Política do Império do Brasil, elaborada por um Conselho de Estado e outorgada pelo Imperador D. Pedro I, em 25.03.1824. Carta de Lei de 25 de Março de 1824. Manda observar a Constituição Politica do Imperio, offerecida e jurada por Sua Magestade o Imperador. Disponível em: http://www.planalto.gov.br/ccivil_03/constituicao/constituicao24.htm. Acesso em: 15 nov. 2021.

BRASIL. *Declaração de Independência do Brasil no dia 7 de setembro de 1822.* Disponível em: https://www.al.sp.gov.br/noticia/?07/09/2021/independencia-do-brasil-completa-199-anos-nesta-terca-feira--7-de-setembro. Acesso em: 15 nov. 2021.

BRASIL. *Decreto n. 482, de 14 de novembro de 1846.* Estabelece o Regulamento para o Registro Geral das Hypothecas. Disponível em: https://www2.camara.leg.br/legin/fed/decret/1824-1899/decreto-482-14-novembro-1846-560540-publicacaooriginal-83591-pe.html. Acesso em: 30 mar. 2024.

BRASIL. *Decreto n. 1.318, de 30 de janeiro de 1854.* Manda executar a Lei n. 601, de 18 de setembro de 1850. Disponível em: http://www.planalto.gov.br/ccivil_03/decreto/1851-1899/d1318.htm. Acesso em: 15 nov. 2021.

BRASIL. *Decreto n. 3.079, de 15 de setembro de 1938.* Regulamenta o Decreto-Lei n. 58, de 10 de dezembro de 1937, que dispõe sobre o loteamento e a venda de terrenos para pagamento em prestações. Disponível em: http://www.planalto.gov.br/ccivil_03/decreto/1930-1949/d3079.htm. Acesso em: 23 jan. 2023.

BRASIL. *Decreto n. 3.453, de 26 abril de 1865.* Manda observar o Regulamento para execução da Lei n. 1.237, de 24 de setembro de 1854, que reformou a legislação hypothecaria. Disponível em: http://www.planalto.gov.br/ccivil_03/decreto/historicos/dim/DIM3453.htm. Acesso em: 15 nov. 2021.

BRASIL. *Decreto n. 4.449, de 30 de outubro de 2002.* Regulamenta a Lei n. 10.267, de 28 de agosto de 2001, que altera dispositivos das Leis n. 4.947, de 6 de abril de 1966; 5.868, de 12 de dezembro de 1972; 6.015, de 31 de dezembro de 1973; 6.739, de 5 de dezembro de 1979; e 9.393, de 19 de dezembro de 1996, e dá outras providências. Disponível em: http://www.planalto.gov.br/ccivil_03/decreto/2002/d4449.htm. Acesso em: 15 nov. 2021.

BRASIL. *Decreto n. 4.827, de 7 de fevereiro de 1924.* Reorganiza os registros publicos instituidos pelo Codigo Civil. Disponível em: http://www.planalto.gov.br/ccivil_03/decreto/historicos/dpl/DPL4827-1924.htm. Acesso em: 15 nov. 2021.

BRASIL. *Decreto n. 9.310, de 15 de março de 2018.* Institui as normas gerais e os procedimentos aplicáveis à Regularização Fundiária Urbana e estabelece os procedimentos para a avaliação e a alienação dos imóveis da União.

BRASIL. *Decreto n. 9.580, de 22 de novembro de 2018*. Regulamenta a tributação, a fiscalização, a arrecadação e a administração do Imposto sobre a Renda e Proventos de Qualquer Natureza. Disponível em: http://www.planalto.gov.br/ccivil_03/_ato2015-2018/2018/decreto/D9580.htm. Acesso em: 15 nov. 2021.

BRASIL. *Decreto n. 18.542, de 24 de dezembro de 1928*. Approva o regulamento para execução dos serviços concernentes nos registros publicos estabelecidos pelo Codigo Civil. Disponível em: http://www.planalto.gov.br/ccivil_03/decreto/1910-1929/d18542.htm. Acesso em: 15 nov. 2021.

BRASIL. *Decreto-lei n. 58, de 10 de dezembro de 1937*. Dispõe sôbre o loteamento e a venda de terrenos para pagamento em prestações. Disponível em: http://www.planalto.gov.br/ccivil_03/decreto-lei/1937-1946/del058.htm. Acesso em: 15 nov. 2021.

BRASIL. *Decreto-lei n. 271, de 28 de fevereiro de 1967*. Dispõe sôbre loteamento urbano, responsabilidade do loteador concessão de uso e espaço aéreo e dá outras providências. Disponível em: https://www.planalto.gov.br/ccivil_03/decreto-lei/Del0271.htm. Acesso em: 23 jan. 2023.

BRASIL. *Decreto-lei n. 3.365, de 21 de junho de 1941*. Dispõe sobre desapropriações por utilidade pública. Disponível em: http://www.planalto.gov.br/ccivil_03/decreto-lei/del3365.htm. Acesso em: 15 nov. 2021.

BRASIL. *Decreto-lei n. 9.760, de 5 de setembro de 1946*. Dispõe sôbre os bens imóveis da União e dá outras providências. Disponível em: http://www.planalto.gov.br/ccivil_03/decreto-lei/del9760.htm. Acesso em: 15 nov. 2021.

BRASIL. *Emenda Constitucional n. 103, de 12 de novembro de 2019*. Altera o sistema de previdência social e estabelece regras de transição e disposições transitórias. Disponível em: http://www.planalto.gov.br/ccivil_03/constituicao/emendas/emc/emc103.htm Acesso em: 15 nov. 2021.

BRASIL. Instrução Normativa RFB n. 1.112, de 28 de dezembro de 2010. Aprova o programa e as instruções para preenchimento da Declaração sobre Operações Imobiliárias, versão 6.1, define regras para a sua apresentação e dá outras providências. *Diário Oficial da União*, 30.12.2010, p. 95. Disponível em: http://normas.receita.fazenda.gov.br/sijut2consulta/link.action?visao=anotado&idAto=16084. Acesso em: 15 nov. 2021.

BRASIL. *Lei n. 317, de 21 de outubro de 1843*. Fixando a Despesa e orçando a Receita para os exercícios de 1843-1844, e 1844-1845. Disponível em: https://www.planalto.gov.br/ccivil_03/leis/lim/LIM317.htm. Acesso em: 30 mar. 2024.

BRASIL. *Lei n. 601, de 18 de setembro de 1850*. Dispõe sobre as terras devolutas do Império. Disponível em: http://www.planalto.gov.br/ccivil_03/leis/l0601-1850.htm. Acesso em: 15 nov. 2021.

BRASIL. *Lei n. 840, de 15 de setembro de 1855*. Fixando a Despeza e orçando a Receita para o exercício de 1856 — 1857. Disponível em: https://www2.camara.leg.br/legin/fed/leimp/1824-1899/lei-840-15-setembro-1855-558295-publicacaooriginal-79437-pl.html. Acesso em: 25 nov. 2021.

BRASIL. *Lei n. 1.237, de 24 de setembro de 1864*. Reforma a Legislação Hypothecaria, e estabelece as bases das sociedades de credito real. Disponível em: http://www.planalto.gov.br/ccivil_03/leis/lim/LIM1237.htm. Acesso em: 15 nov. 2021.

BRASIL. *Lei n. 3.071, de 1.º de janeiro de 1916*. Código Civil dos Estados Unidos do Brasil. Disponível em: http://www.planalto.gov.br/ccivil_03/leis/l3071.htm. Acesso em: 15 nov. 2021.

BRASIL. *Lei n. 4.504, de 30 de novembro de 1964*. Dispõe sobre o Estatuto da Terra, e dá outras providências. Disponível em: http://www.planalto.gov.br/ccivil_03/leis/l4504.htm. Acesso em: 15 nov. 2021.

7 ◼ Referências

BRASIL. *Lei n. 4.591, 16 de dezembro de 1964*. Dispõe sobre o condomínio em edificações e as incorporações imobiliárias. Disponível em: https://www.planalto.gov.br/ccivil_03/leis/L4591compilado.htm. Acesso em: 4 jul. 2024.

BRASIL. *Lei n. 5.972, de 11 de dezembro de 1973*. Regula o procedimento para o registro da propriedade de bens imóveis discriminados administrativamente ou possuídos pela União. Disponível em: http://www.planalto.gov.br/ccivil_03/leis/L5972.htm. Acesso em: 15 nov. 2021.

BRASIL. *Lei n. 6.015, de 31 de dezembro de 1973*. Dispõe sobre os registros públicos, e dá outras providências. Disponível em: https://www.planalto.gov.br/ccivil_03/leis/l6015compilada.htm. Acesso em: 18 abr. 2024.

BRASIL. *Lei n. 6.383, de 7 de dezembro de 1976*. Dispõe sobre o Processo Discriminatório de Terras Devolutas da União, e dá outras Providências. Disponível em: http://www.planalto.gov.br/ccivil_03/leis/l6383.htm. Acesso em: 22 nov. 2021.

BRASIL. *Lei n. 6.766, de 19 de dezembro de 1979*. Dispõe sobre o Parcelamento do Solo Urbano e dá outras Providências. Disponível em: http://www.planalto.gov.br/ccivil_03/leis/l6766.htm. Acesso em: 15 nov. 2021.

BRASIL. *Lei n. 6.840, de 3 de novembro de 1980*. Dispõe sobre títulos de crédito comercial e dá outras providências. Disponível em: https://www.planalto.gov.br/ccivil_03/leis/1980-1988/L6840.htm. Acesso em: 4 jul. 2024.

BRASIL. *Lei n. 8.935, de 18 de novembro de 1994*. Regulamenta o art. 236 da Constituição Federal, dispondo sobre serviços notariais e de registro. (Lei dos Cartórios). Disponível em: https://www.planalto.gov.br/ccivil_03/leis/l8935.htm. Acesso em: 18 abr. 2024.

BRASIL. *Lei n. 10.048, de 8 de novembro de 2000*. Dá prioridade de atendimento às pessoas que especifica, e dá outras providências. Disponível em: https://www.planalto.gov.br/ccivil_03/leis/l6015compilada.htm. Acesso em: 18 abr. 2024.

BRASIL. *Lei n. 10.169, de 29 de dezembro de 2000*. Regula o § 2.º do artigo 236 da Constituição Federal, mediante o estabelecimento de normas gerais para a fixação de emolumentos relativos aos atos praticados pelos serviços notariais e de registro. Disponível em: http://www.planalto.gov.br/ccivil_03/leis/l10169.htm. Acesso em: 15 nov. 2021.

BRASIL. *Lei n. 10.257, de 10 de julho de 2001*. Regulamenta os arts. 182 e 183 da Constituição Federal, estabelece diretrizes gerais da política urbana e dá outras providências. Disponível em: http://www.planalto.gov.br/ccivil_03/leis/leis_2001/l10257.htm. Acesso em: 22 nov. 2021.

BRASIL. *Lei n. 10.406, de 10 de janeiro de 2002*. Institui o Código Civil. Disponível em: http://www.planalto.gov.br/ccivil_03/leis/2002/l10406compilada.htm. Acesso em: 15 nov. 2021.

BRASIL. *Lei n. 10.741, de 1 de outubro de 2003*. Dispõe sobre o Estatuto da Pessoa Idosa e dá outras providências. Disponível em: https://www.planalto.gov.br/ccivil_03/leis/l6015compilada.htm. Acesso em: 18 abr. 2024.

BRASIL. *Lei n. 11.977, de 7 de julho de 2009*. Dispõe sobre o Programa Minha Casa, Minha Vida — PMCMV e a regularização fundiária de assentamentos localizados em áreas urbanas; altera o Decreto-lei n. 3.365, de 21 de junho de 1941, as Leis n. 4.380, de 21 de agosto de 1964, 6.015, de 31 de dezembro de 1973, 8.036, de 11 de maio de 1990, e 10.257, de 10 de julho de 2001, e a Medida Provisória n. 2.197-43, de 24 de agosto de 2001; e dá outras providências. Disponível em: https://www.planalto.gov.br/ccivil_03/_ato2007-2010/2009/lei/L11977compilado.htm. Acesso em: 18 abr. 2024.

BRASIL. *Lei n. 12.424, de 16 de junho de 2011*. Altera a Lei n. 11.977, de 7 de julho de 2009, que dispõe sobre o Programa Minha Casa, Minha Vida — PMCMV e a regularização fundiária de assentamentos localizados em áreas urbanas, as Leis n. 10.188, de 12 de fevereiro de 2001, 6.015, de 31 de dezembro de 1973, 6.766, de 19 de dezembro de 1979, 4.591, de 16 de dezembro de 1964, 8.212, de 24 de julho de 1991, e 10.406, de 10 de janeiro de 2002 — Código Civil; revoga dispositivos da Medida Provisória n. 2.197-43, de 24 de agosto de 2001; e dá outras providências. Disponível em: **http://www.planalto.gov.br/ccivil_03/_ato2011-2014/2011/lei/l12424.htm**. Acesso em: 15 nov. 2021.

BRASIL. *Lei n. 13.089, de 12 de janeiro de 2015*. Institui o Estatuto da Metrópole, altera a Lei n. 10.257, de 10 de julho de 2001, e dá outras providências. Disponível em: https://www.planalto.gov.br/ccivil_03/_ato2015-2018/2015/lei/l13089.htm. Acesso em: 23 jan. 2023.

BRASIL. *Lei n. 13.097, de 19 de janeiro de 2015*. Reduz a zero as alíquotas da Contribuição para o PIS/PASEP, da COFINS, da Contribuição para o PIS/PASEP — Importação e da COFINS — Importação incidentes sobre a receita de vendas e na importação de partes utilizadas em aerogeradores; [...]. Disponível em: http://www.planalto.gov.br/ccivil_03/_ato2015- 2018/2015/lei/l13097.htm. Acesso em: 15 nov. 2021.

BRASIL. *Lei n. 13.465/17, de 11 de julho de 2017*. Dispõe sobre a regularização fundiária rural e urbana, sobre a liquidação de créditos concedidos aos assentados da reforma agrária e sobre a regularização fundiária no âmbito da Amazônia Legal; institui mecanismos para aprimorar a eficiência dos procedimentos de alienação de imóveis da União; altera as Leis n. 8.629, de 25 de fevereiro de 1993 , 13.001, de 20 de junho de 2014 , 11.952, de 25 de junho de 2009, 13.340, de 28 de setembro de 2016, 8.666, de 21 de junho de 1993, 6.015, de 31 de dezembro de 1973, 12.512, de 14 de outubro de 2011 , 10.406, de 10 de janeiro de 2002 (Código Civil), 13.105, de 16 de março de 2015 (Código de Processo Civil), 11.977, de 7 de julho de 2009, 9.514, de 20 de novembro de 1997, 11.124, de 16 de junho de 2005, 6.766, de 19 de dezembro de 1979, 10.257, de 10 de julho de 2001, 12.651, de 25 de maio de 2012, 13.240, de 30 de dezembro de 2015, 9.636, de 15 de maio de 1998, 8.036, de 11 de maio de 1990, 13.139, de 26 de junho de 2015, 11.483, de 31 de maio de 2007, e a 12.712, de 30 de agosto de 2012, a Medida Provisória n. 2.220, de 4 de setembro de 2001, e os Decretos-leis n. 2.398, de 21 de dezembro de 1987, 1.876, de 15 de julho de 1981, 9.760, de 5 de setembro de 1946, e 3.365, de 21 de junho de 1941; revoga dispositivos da Lei Complementar n. 76, de 6 de julho de 1993, e da Lei n. 13.347, de 10 de outubro de 2016; e dá outras providências. Disponível em: https://www.planalto.gov.br/ccivil_03/_ato2015-2018/2017/lei/l13465.htm. Acesso em: 24 maio 2024.

BRASIL. Lei n. 13.709, de 14 de agosto de 2018. Dispõe sobre a proteção de dados pessoais e altera a Lei n. 12.965, de 23 de abril de 2014 (Marco Civil da Internet). Disponível em: http://www.planalto.gov.br/ccivil_03/_ato2015-2018/2018/lei/l13709.htm. Acesso em: 15 nov. 2021.

BRASIL. *Lei. n. 14.382, de 27 de junho de 2022*. Dispõe sobre o Sistema Eletrônico dos Registros Públicos (Serp); altera as Leis n. 4.591, de 16 de dezembro de 1964, 6.015, de 31 de dezembro de 1973 (Lei de Registros Públicos), 6.766, de 19 de dezembro de 1979, 8.935, de 18 de novembro de 1994, 10.406, de 10 de janeiro de 2002 (Código Civil), 11.977, de 7 de julho de 2009, 13.097, de 19 de janeiro de 2015, e 13.465, de 11 de julho de 2017; e revoga a Lei n. 9.042, de 9 de maio de 1995, e dispositivos das Leis n. 4.864, de 29 de novembro de 1965, 8.212, de 24 de julho de 1991, 12.441, de 11 de julho de 2011, 12.810, de 15 de maio de 2013, e 14.195, de 26 de agosto de 2021. Disponível em: https://www.planalto.gov.br/ccivil_03/_ato2019-2022/2022/lei/l14382.htm. Acesso em: 18 abr. 2024.

BRASIL. *Provimento n. 88, de 1.º outubro de 2019*. Dispõe sobre a política, os procedimentos e os controles a serem adotados pelos notários e registradores visando à prevenção dos crimes de lavagem de dinheiro, previstos na Lei n. 9.613, de 3 de março de 1998, e do financiamento do terrorismo, previsto na Lei n. 13.260, de 16 de março de 2016, e dá outras providências. Disponível em: https://www.26notas.com.br/blog/?p=15020. Acesso em: 15 nov. 2021.

BRASIL. Superior Tribunal de Justiça. *Recurso Especial n. 791.147/SP*. Rel. Min. Humberto Gomes de Barros, j. 27.2.2007.

BRASIL. Superior Tribunal de Justiça. *REsp 1.360.017/RJ*, Rel. Min. Ricardo Villas Bôas Cueva. j. 5.5.2016, *DJe* 27.5.2016. Disponível em: https://stj.jusbrasil.com.br/jurisprudencia/862070426/recurso-especial-resp-1360017-rj-2011-0149923-6/inteiro-teor-862070435?ref=juris-tabs. Acesso em: 22 nov. 2021.

BRASIL. Superior Tribunal de Justiça. *REsp. 1.770.760/SC*. Rel. Min. Benedito Gonçalves. Disponível em: https://www.jusbrasil.com.br/jurisprudencia/stj/1205151427/inteiro-teor-1205151457. Acesso em: 2 fev. 2023.

BRASIL. Superior Tribunal de Justiça. *REsp 1.863.999-SP (2020/0048011-4)*, Rel. Min. Nancy Andrighi, j. 03/08/2021. Disponível em: https://stj.jusbrasil.com.br/jurisprudencia/1273385305/recurso-especial-resp-1863999-sp-2020-0048011-4/inteiro-teor-1273385316. Acesso em: 15 nov. 2021.

BRASIL. Superior Tribunal de Justiça. *Súmula n. 375*. O reconhecimento da fraude à execução depende do registro da penhora do bem alienado ou da prova de má-fé do terceiro adquirente. Disponível em: https://www.stj.jus.br/docs_internet/revista/eletronica/stj-revista-sumulas-2013_33_capSumula375.pdf. Acesso em: 15 nov. 2021.

BRASIL. Superior Tribunal de Justiça (1.ª Turma). AgInt no REsp 1630011/RJ, Rel. Min. Regina Helena Costa, j. 21.3.2017, *DJe* 30.3.2017. Disponível em: https://www.stj.jus.br/internet_docs/jurisprudencia/jurisprudenciaemteses/Jurisprud%C3%AAncia%20em%20teses%2080%20-%20Registros%20P%C3%BAblicos.pdf. Acesso em: 15 nov. 2021.

BRASIL. Superior Tribunal de Justiça (2.ª Turma). AgRg no RMS 44635/PR, Rel. Min. Assusete Magalhães, j. 1.3.2016, *DJe* 14.3.2016. Disponível em: https://www.stj.jus.br/internet_docs/jurisprudencia/jurisprudenciaemteses/Jurisprud%C3%AAncia%20em%20teses%2080%20-%20Registros%20P%C3%BAblicos.pdf. Acesso em: 15 nov. 2021.

BRASIL. Supremo Tribunal Federal. ADI n. 1.183/DF, Rel. Min. Nunes Marques, j. 7.6.2021. *Informativo 1020 do STF*. Disponível em: https://informativos.trilhante.com.br/julgados/stf-adi-1183-df. Acesso em: 15 mar. 2024.

BRASIL. Supremo Tribunal Federal. ADI 4.275/DF, Rel. Min. Marco Aurélio, Plenário, *DJ*, 1.3.2018. Disponível em: https://redir.stf.jus.br/paginadorpub/paginador.jsp?docTP=TP&docID=749297200. Acesso em: 15 nov. 2021.

BRASIL. Supremo Tribunal Federal. *ADI n. 3.089/DF,* Rel. Min. Carlos Britto, Tribunal Pleno, 13.2.2008. Disponível em: https://redir.stf.jus.br/paginadorpub/paginador.jsp?docTP=AC&docID=539087. Acesso em: 15 nov. 2021.

BRASIL. Supremo Tribunal Federal. *RE n. 842.846*, Rel. Min. Luiz Fux. *DJ*, 27 fev. 2019. Disponível em: https://jurisprudencia.stf.jus.br/pages/search/sjur408487/false. Acesso em: 15 nov. 2021.

CALEB, M. R. M. Da averbação e do cancelamento. In: PEDROSO, A. G. A. (Org.). *Lei de Registros Públicos comentada*. Rio de Janeiro: Forense, 2023.

CALMON, Pedro. *História do Brasil*: século XVI: as origens. Rio de Janeiro: José Olympio Editora, 1959.

CAMILO, Andryelle Vanessa. Da servidão ambiental como mecanismo de efetivação na defesa do meio ambiente. In: XVIII Congresso Nacional do CONPEDI, 2009, São Paulo. *Anais do XVIII Congresso Nacional do CONPEDI*. p. 2533-2552. Disponível em: http://www.publicadireito.com.br/conpedi/manaus/arquivos/Anais/sao_paulo/2246.pdf. Acesso em: 17 jul. 2024.

CAMARGO, E. L. M. S. Direito de Superfície. In: PAIVA, J. P. L. et. al. *Novo direito imobiliário e registral*. São Paulo: Quartier Latin, 2008.

CARDOSO, Sônia Letícia de Mello. *A servidão ambiental segundo a Lei n. 11.284/2006*. Disponível em: http://publicadireito.com.br/conpedi/manaus/arquivos/anais/manaus/direito_ambiental_sonia_leticia_m_cardoso.pdf. Acesso em: 4 jul. 2024.

CARVALHO, Afrânio de. *Registro de imóveis*: comentários ao sistema de registro em face da Lei n. 6.015 de 1973, com alterações da Lei n. 6.216 de 1975, Lei n. 8.009 de 1990 e Lei n. 8.935 de 18.11.1994. 4. ed. Rio de Janeiro: Forense, 2001.

CARVALHO, A. Loteamento e seu registro. In: DIP, Ricardo; JACOMINO, Sérgio. (Orgs.). *Registro imobiliário*: temas atuais. 2. ed. São Paulo: Revista dos Tribunais, 2013. (Coleção Doutrinas essenciais).

CASAL, Manuel Aires de. *Corografia brasílica ou relação histórico-geográfica do reino do Brasil composta e dedicada a sua Majestade Fidelíssima*. Tomo I. São Paulo: Edições Cultura, 1943.

CASSETTARI, Christiano. Da propriedade imobiliária. In: SALOMÃO, Marcos Costa; CASSETTARI, Christiano. *Registro de imóveis*. São Paulo: Foco, 2022.

CASSETARI, Christiano. *Elementos de direito civil*. 7. ed. São Paulo: Saraiva Educação, 2019.

CASTELLO, Helvécio Duia. Retificação de registros: a nova sistemática adotada pela Lei n. 10.931/2004. Instituto de Registro Imobiliário do Brasil — IRIB. Disponível em: https://www.irib.org.br/obras/retificacao-de-registros-a-nova-sistematica-adotada-pela-lei-10-931. Acesso em: 11 set. 2024.

CASTRO, Manuella Santos de. *Registro de imóveis na era digital*: impacto das novas tecnologias no sistema registral brasileiro. 2021. Tese (Doutorado em Direito Civil) — Faculdade de Direito, Universidade de São Paulo, São Paulo, 2021. DOI:10.11606/T.2.2021.tde-26092022-094802. Acesso em: 15 abr. 2024.

CENEVIVA, W. *Lei dos Registros Públicos comentada*. 10. ed. São Paulo: Saraiva, 1995.

CGJSP. Recurso Administrativo: 1084452-82.2021.8.26.0100; Relator(a): Fernando Antônio Torres Garcia; Órgão Julgador: Corregedoria Geral da Justiça de São Paulo; Foro de São Paulo; Data do Julgamento: 4.3.2022.

CGJSP. Recurso Administrativo: 1000695-94.2018.8.26.0360; Relator(a): Ricardo Mair Anafe; Órgão Julgador: Corregedoria Geral de Justiça de São Paulo; Foro de Mococa; Data do Julgamento: 13.1.2020.

CGJSP. Processo: 1005255-45.2016.8.26.0297; Relator(a): Manoel de Queiroz Pereira Calças; Órgão Julgador: Corregedoria Geral da Justiça de São Paulo; Foro de Jales; Data do Julgamento: 7.72017.

CGJSP. Recurso Administrativo: 0011489-19.2019.8.26.0309; Relator(a): Ricardo Mair Anafe; Órgão Julgador: Corregedoria Geral da Justiça de São Paulo; Foro de Jundiaí; Data do Julgamento: 15.10.2020.

CGJSP. Recurso Administrativo: 1057614-05.2021.8.26.0100; Relator(a): Fernando Antônio Torres Garcia; Órgão Julgador: Corregedoria Geral da Justiça de São Paulo; Foro de São Paulo; Data do Julgamento: 20.10.2022.

CGJSP; Recurso Administrativo: 0004380-64.2018.8.26.0510; Relator(a): Fernando Antônio Torres Garcia; Órgão Julgador: Corregedoria Geral da Justiça de São Paulo; Foro de São Paulo; Data do Julgamento: 23.2.2022.

CLÁPIS, A. L. Do Registro de imóveis. In: NETO, José Manuel de Arruda A.; CLÁPIS, Alexandre L.; CAMBLER, Everaldo A. *Lei de Registros Públicos comentada*. 2. ed. Rio de Janeiro: Grupo GEN, 2019. E-book. Disponível em: https://app.minhabiblioteca.com.br/#/books/9788530983468/. Acesso em: 23 dez. 2023.

7 ◼ Referências

COSTA JUNIOR, Francisco José de Almeida Prado Ferraz. Princípio da unitariedade da matrícula. In: KERN, Marinho Dembinski; COSTA JUNIOR, Francisco José de Almeida Prado Ferraz. *Princípios do registro de imóveis brasileiro*. São Paulo: Thomson Reuters Brasil, 2020. (Coleção de Direito imobiliário).

CNJ. *Provimento n. 89, de 18 de dezembro de 2019*. Regulamenta o Código Nacional de Matrículas — CNM, o Sistema de Registro Eletrônico de Imóveis — SREI, o Serviço de Atendimento Eletrônico Compartilhado — SAEC, o acesso da Administração Pública Federal às informações do SREI e estabelece diretrizes para o estatuto do Operador Nacional do Sistema de Registro Eletrônico — ONR. Disponível em: https://atos.cnj.jus.br/atos/detalhar/3131. Acesso em: 18 abr. 2024.

CNJ. *Provimento n. 149, de 30 de agosto de 2023*. Institui o Código Nacional de Normas da Corregedoria Nacional de Justiça do Conselho Nacional de Justiça — Foro Extrajudicial (CNN/CN/CNJ-Extra), que regulamenta os serviços notariais e de registro. Disponível em: https://atos.cnj.jus.br/atos/detalhar/5243. Acesso em: 18 abr. 2024.

CNJ. *Provimento n. 150, de 11 de setembro de 2023*. Altera o Código Nacional de Normas da Corregedoria Nacional de Justiça do Conselho Nacional de Justiça — Foro Extrajudicial (CNN/CN/CNJ-Extra), instituído pelo Provimento n. 149, de 30 de agosto de 2023, para estabelecer regras para o processo de adjudicação compulsória pela via extrajudicial, nos termos do art. 216-B da Lei n. 6.015, de 31 de dezembro de 1973; e dá outras providências. Disponível em: https://atos.cnj.jus.br/atos/detalhar/5258. Acesso em: 18 abr. 2024.

CNJ. Acordão: 0003703-65.2020.2.00.0000; Relator(a): Humberto Martins; Órgão Julgador: Conselho Nacional de Justiça; Localidade: Minas Gerais; Data do Julgamento: 23.6.2020.

COORDENAÇÃO NACIONAL DAS CENTRAIS ESTADUAIS DE SERVIÇOS ELETRÔNICOS COMPARTILHADOS. *Termo de compromisso*. Disponível em: https://irib.org.br/arquivos-2016/termo-compromisso.pdf. Acesso em: 9 maio 2024.

COSTA, Emília Viotti da. *Da monarquia à República*: momentos decisivos. 9. ed. São Paulo: Editora Unesp, 2010.

COSTA, J. M. S. T.; MONTEIRO, A. O. A regularização fundiária urbana e a teoria do patrimônio morto: uma análise da experiência da REURB no território de identidade do Sisal do Estado da Bahia. *Revista de Desenvolvimento Econômico — RDE.*, ano XXIV. v. 3, n. 53, set./dez. 2022.

CSMSP. Conselho Superior da Magistratura do Estado de São Paulo, Apelação Cível n. 9000021-81.2013.8.26.0577, São José dos Campos, rel. José Carlos Gonçalves Xavier de Aquino, *DJU*, 09.11.2015.

CSMSP. Apelação cível n. 1067433-97.2020.8.26.0100; Relator(a): Ricardo Mair Anafe; Órgão Julgador: Conselho Superior da Magistratura de São Paulo; Foro de São Paulo; Data do Julgamento: 4.5.2021.

CSMSP. Apelação cível n. 9000001-98.2015.8.26.0099; Relator(a): Manoel de Queiroz Pereira Calças; Foro de Bragança Paulista; Data do Julgamento: 21.6.016.

CSMSP. Apelação Cível: 9000002-48.2013.8.26.0101; Órgão Julgador: Conselho Superior de Magistratura de São Paulo; Localidade: Caçapava; Data do Julgamento: 26.8.2024.

CSMSP. Apelação Cível: 1007897-24.2021.8.26.0100; Órgão Julgador: Conselho Superior de Magistratura de São Paulo; Localidade: São Paulo; Data do Julgamento: 30.7.2021.

CSMSP. Apelação Cível: 1010491-71.2014.8.26.0224; Órgão Julgador: Conselho Superior de Magistratura de São Paulo; Localidade: Guarulhos; Data do Julgamento: 7.10.2015.

CSMSP. Apelação Cível: 3002501-95.2013.8.26.0590; Órgão Julgador: Conselho Superior de Magistratura de São Paulo; Localidade: São Vicente; Data do Julgamento: 7.10.2014.

CSMSP. Apelação Cível: 1003007-96.2021.8.26.0664; Órgão Julgador: Conselho Superior de Magistratura de São Paulo; Localidade: Votuporanga; Data do Julgamento: 2.12.2021.

CSMSP. Apelação cível n. 1.085-6/6; Relator(a): Ruy Pereira Camilo; Foro de Piracicaba; Data do Julgamento: 2.6.2009.

CSMSP. Apelação Cível: 1000050-19.2019.8.26.0236; Órgão Julgador: Conselho Superior de Magistratura de São Paulo; Localidade: Ibitinga; Data do Julgamento: 6.2.2020.

CSMSP. Apelação Cível 9000023-58.2008.8.26.0405; Relator(a): Elliot Akel; Órgão Julgador: Conselho Superior da Magistratura; Foro de Osasco; Data do Julgamento: 11.2.2014.

CSMSP. Apelação cível n. 1000031-81.2022.8.26.0244; Relator(a): Francisco Loureiro; Foro de Iguape; Data do Julgamento: 17.7.2024.

CSMSP. Conselho Superior da Magistratura do Estado de São Paulo, Apelação Cível n. 262.486, Itaporanga, rel. Acácio Rebouças, *DJU*, 15.8.1977.

CSMSP. Apelação Cível 1024562-15.2017.8.26.0405; Relator(a): Geraldo Francisco Pinheiro Franco; Órgão Julgador: Conselho Superior da Magistratura; Foro de Osasco; Data do Julgameto: 12.11.2018; Data de Registro: 14.12.2018.

CSMSP. Conselho Superior da Magistratura do Estado de São Paulo, Apelação Cível n. 029141-0/5, Mogi das Cruzes, rel. Márcio Martins Bonilha, *DJU*, 31.5.1996.

CSMSP. Conselho Superior da Magistratura do Estado de São Paulo, Apelação Cível n. 1015670-19.2021.8.26.0554, Santo André, rel. Fernando Antônio Torres Garcia, *DJU*, 12.05.2022.

CSMSP; Apelação Cível 82.313-0/9; Relator (a): Luiz Tâmbara; Órgão Julgador: Conselho Superior da Magistratura; Foro de Serra Negra; Data do Julgamento: 25.6.2002; Data de Registro: 12.8.2002.

COUTO, M. B. Das atribuições. In: NETO, José Manuel de Arruda A.; CLÁPIS, Alexandre L.; CAMBLER, Everaldo A. *Lei de Registros Públicos comentada*. 2. ed. Rio de Janeiro: Grupo GEN, 2019. Disponível em: https://app.minhabiblioteca.com.br/#/books/9788530983468/. Acesso em: 13 fev. 2024.

COUTO, M. B. Título V — do registro de imóveis. In: NETO, José Manuel de Arruda A.; CLÁPIS, Alexandre L.; CAMBLER, Everaldo A. *Lei de Registros Públicos comentada*. 2. ed. Rio de Janeiro: Grupo GEN, 2019. Disponível em: https://app.minhabiblioteca.com.br/#/books/9788530983468/. Acesso em: 19 mar. 2024.

DA COSTA, Dilvanir José. O conceito de direito real. *Revista de Informação Legislativa*, 1999.

DALLARI, A. A. Parcelamento do solo — desmembramento — concurso voluntário. In*:* DIP, Ricardo; JACOMINO, Sérgio. (Orgs.). *Registro imobiliário*: temas atuais. 2. ed. São Paulo: Revista dos Tribunais, 2013. (Coleção Doutrinas essenciais).

DINIZ, M. H. *Sistemas de registros de imóveis*. 3. ed. São Paulo: Saraiva, 2000.

DI PIETRO, Maria Sylvia Zanella. *Direito administrativo*. 33. ed. Rio de Janeiro: Forense, 2020.

DIP, Ricardo. *Registro de imóveis (princípios)*: registros sobre registros. Tomo I. Campinas: Editora Primvs, 2017.

DIP, Ricardo. *Registro da certidão de regularização fundiária (CRF)*. Disponível em: https://www.anoregpr.org.br/registros-sobre-registros/registro-da-certidao-de-regularizacao-fundiaria-crf/. Acesso em: 4 jul. 2024.

ERPEN, Décio Antônio; PAIVA, João Pedro Lamana. A autonomia registral e o princípio da concentração. *Revista de Direito imobiliário*, São Paulo, v. 49, p. 46-52, jul./dez. 2000.

FACHIN, Luiz Edson. *Questões do direito civil brasileiro contemporâneo*. Rio de Janeiro: Renovar, 2008, p. 71.

FAORO, Raimundo. *Os donos do poder*. 3. ed. rev. Porto Alegre: Globo, 1976, v. II.

7 ◼ Referências

FARIAS, C. C.; ROSENVALD, N. *Curso de direito civil*: direitos reais. 17. ed. Salvador: JusPodivm, 2021.

FERNANDES, Rodrigo Pacheco. Direito intertemporal processual e o registro imobiliário. In: DIP, Ricardo (Coord.). *Direito registral e o novo Código de Processo Civil*. Rio de Janeiro: Forense, 2016.

FERREIRA, Waldemar Martins. *O loteamento e a venda de terrenos em prestações*. São Paulo: Revista dos Tribunais, 1938.

FIORANELI, A. Da compra e venda no registro imobiliário. In: Dip, R.; JACOMINO, S. *Doutrinas essenciais do direito registral*. 2. ed. São Paulo: Revista dos Tribunais, 2013. v. 3.

FIORANELLI, A. A cindibilidade dos títulos. Exemplos práticos. In: AHUALLI, Tania Mara; BENACCHIO, Marcelo. (Coords.). *Direito notarial e registral*: homenagem às varas de registros públicos da Comarca de São Paulo. São Paulo: Quartier Latin, 2016.

FIORANELLI, Ademar. Bem de família no novo Código Civil e o registro de imóveis. *RED*, v. 59, 2005.

FRAGA, Affonso. *Direitos e reaes de garantia*: penhor, antichrese hypotheca. São Paulo: Editoria Livraria Acadêmica, 1933.

FREITAS, Augusto Teixeira de. *Consolidação das leis civis*. 3. ed. Rio de Janeiro: B. L. Garnier, 1876, p. CVII.

FULGENCIO, Tito. *Direito real de hypoteca*. São Paulo: Livraria Acadêmica, 1928.

GAETTI, W. A. Condomínio de lotes: viabilidade, benefícios e restrições. In: DIP, Ricardo; JACOMINO, Sérgio. (Orgs.). *Registro imobiliário*: temas atuais. 2. ed. São Paulo: Revista dos tribunais, 2013. (Coleção Doutrinas essenciais).

GARCIA, Lysippo. *O registro de imóveis*: a transcrição. São Paulo: Livraria Francisco Alves, 1922.

GENTIL, Alberto; ALMADA, Ana Paula P. L.; GIGLIOTTI, Andrea et al. *Registros públicos*. Rio de Janeiro: Grupo GEN, 2023. E-book. Disponível em: https://app.minhabiblioteca.com.br/#/books/9786559648368/. Acesso em: 18 abr. 2024.

GENTIL, Alberto. *Registros públicos*. Rio de Janeiro: Grupo GEN, 2022. E-book. Disponível em: https://app.minhabiblioteca.com.br/#/books/9786559644773/. Acesso em: 28 maio 2024.

GOMES, O. *Direitos reais*. 4. ed. Rio de Janeiro: Forense, 1973.

GONÇALVES, Albenir Itaboraí Querubini. *O regramento jurídico das sesmarias*: o cultivo como fundamento normativo do regime sesmarial no Brasil. São Paulo: Leud, 2014.

GONZÁLES, F. P. M. A função econômica da publicidade registral. In: DIP, R.; JACOMINO, S. *Doutrinas essenciais do direito registral*. 2. ed. São Paulo: Revista dos Tribunais, 2013. v. 3.

GUIMARÃES, P. C. Das atribuições. In: NETO, José Manuel de Arruda A.; CLÁPIS, Alexandre L.; CAMBLER, Everaldo A. *Lei de Registros Públicos comentada*. **2. ed.** Rio de Janeiro: Grupo GEN, 2019. E-book. Disponível em: https://app.minhabiblioteca.com.br/#/books/9788530983468/. Acesso em: 6 jan. 2024.

IHERING, Rudolf von. *Teoria Simplificada da posse*. Trad. Fernando Bragança. Belo Horizonte: Livraria Líder e Editora, 2009.

IRIB. *Coordenação Nacional das Centrais de Serviços Eletrônicos Compartilhados*. Disponível em: https://www.irib.org.br/registro-eletronico/centrais-registros. Acesso em: 9 maio 2024.

JACOMINO, S. Lei 14.382/2022. SERP e a função pública delegada. *Migalhas*. Disponível em: https://www.migalhas.com.br/coluna/migalhas-notariais-e-registrais/372594/lei-14-382-22--serp-e-a-funcao-publica-delegada. Acesso em: 18 abr. 2024.

JACOMINO, S. CRUZ, N. SREI — Ontologia titular - Ônus, gravames, encargos, restrições e limitações versão 1.6, 9/11/2021. *Migalhas*. Disponível em: https://www.migalhas.com.br/arquivos/2021/11/FB4065A49350A6_2021.11.09-GRAVAME.pdf. Acesso em: 4 jul. 2024.

JACOMINO, Sérgio. Requisitos formais do registro e a parêmia "tempus regit actum": registro de títulos lavrados na vigência da lei anterior: hipóteses de exceção. In: AHUALLI, Tania Mara; BENACCHIO, Marcelo. (Coords.). *Direito notarial e registral*: homenagem às varas de registros públicos da Comarca de São Paulo. São Paulo: Quartier Latin, 2016.

JARDIM, M. O sistema registral germânico. In: DIP, R.; JACOMINO, S. *Doutrinas essenciais do direito registral*. 2. ed. São Paulo: Revista dos Tribunais, 2013. v. 1.

KERN, Marinho Dembinski; COSTA JUNIOR, Francisco José de Almeida Prado Ferraz. *Princípios do registro de imóveis brasileiro*. São Paulo: Thomson Reuters Brasil, 2020. (Coleção de Direito Imobiliário).

KERN, Marinho Dembinski. *Condomínio de lotes e loteamentos fechados*. São Paulo, 2019.

KUMPEL, Vitor Frederico. *Qualificação dos títulos judiciais pelo oficial de registro de imóveis*. Disponível em: https://www.migalhas.com.br/coluna/registralhas/190608/qualificacao-dos-titulos-judiciais-pelo-oficial-de-registro-de-imoveis. Acesso em: 4 jul. 2024.

KUNRATH, Yasmine Coelho. *Direito fundamental à segurança jurídica*: elementos de construção e efetividade sob a perspectiva notarial e registral. 2017. Dissertação (Mestrado). UNIVALI, Itajaí/SC, 2017.

LACERDA, Manoel Linhares de. *Tratado das terras do Brasil*. Rio de Janeiro: Editora ALBA Limitada, 1960.

LAGO, I. J. *O tratamento jurídico da venda de imóvel com divergência de área na evolução do direito brasileiro*: venda ad corpus e ad mensuram. 2014. Tese (Doutorado em Direito Civil) — Faculdade de Direito, Universidade de São Paulo, São Paulo, 2014, p. 54-59. Disponível em: https://www.teses.usp.br/teses/disponiveis/2/2131/tde-02032015-153942/pt-br.php. Acesso em: 15 nov. 2021.

LAGO, I. J. Da ordem de serviço. In: PEDROSO, A. G. A. (Org.). *Lei de Registros Públicos comentada*. Rio de Janeiro: Editora Forense, 2023.

LAGO, I. J. A Lei 13.097 de 2015 e sua contribuição para a governança fundiária. *Revista de Direito Imobiliário*, São Paulo, v. 39, n. 81, p. 155-184, jul./dez. 2016. Disponível em: https://www.lexml.gov.br/urn/urn:lex:br:rede.virtual.bibliotecas:artigo.revista:2016;1001086474. Acesso em: 15 nov. 2021.

LIMA, F. H. Sobre o contrato de promessa de permuta imobiliária. In: DIP, R.; JACOMINO, S. *Doutrinas essenciais do direito registral*. 2. ed. São Paulo: Revista dos Tribunais, 2013. v. 3.

LIMA, Ruy Cirne. *Pequena história territorial do Brasil*: sesmarias e terras devolutas. 2. ed. Porto Alegre: Livraria Sulina, 1954.

LOPES, M. M. S. *Tratado dos registros públicos*. 6. ed. rev. e atual. Brasília: Brasília Jurídica, 1997. v. I.

LOUREIRO, F. E. Da averbação e do cancelamento. In: NETO, José Manuel de Arruda A.; CLÁPIS, Alexandre L.; CAMBLER, Everaldo A. *Lei de Registros Públicos comentada*, 2; ed. Rio de Janeiro: Grupo GEN, 2019. E-book. Disponível em: https://app.minhabiblioteca.com.br/#/books/9788530983468/. Acesso em: 8 jan. 2024.

LOUREIRO, F. E. In: PELUSO, C. (Coord.). *Código Civil comentado*: doutrina e jurisprudência. Barueri: Malone, 2020.

LOURENÇO, M. Cartórios de registro de imóveis concluem integração ao SAEC, que completa dois anos de existência. *Agência CNJ de Notícias*. 21 set. 2023. Disponível em: https://www.cnj.jus.br/

cartorios-de-registro-de-imoveis-concluem-integracao-ao-saec-que-completa-dois-anos-de-existencia/. Acesso em: 9 maio 2024.

MACEDO, Paola de Castro Ribeiro. Regularização fundiária urbana e seus mecanismos de titulação de ocupantes: Lei 13.465/2017 e Decreto n. 9.310/2018. In: PEDROSO, Alberto Gentil de Almeida (Coord.). *Coleção Direito imobiliário*. São Paulo: Thomson Reuters Brasil, 2020.

MAESTRI, Mário. *Os senhores do litoral*: conquista portuguesa e agonia tupinambá no litoral brasileiro. 2. ed. ver. e ampl. Porto Alegre: Editora UFRGS, 1995.

MATSZEWSKI, Lorruane. A abertura de matrícula de imóveis públicos no Brasil. In: PEDROSO, Alberto Gentil de Almeida. São Paulo: Thomson Reuters Brasil, 2020. (Coleção Direito imobiliário).

MAZITELI NETO, C. Das atribuições. In: PEDROSO, A. G. A. (Org.). *Lei de Registros Públicos comentada*. Rio de Janeiro: Forense, 2023.

MEIRELES, Hely Lopes. *Direito administrativo brasileiro*. 16. ed. atual. pela Constituição de 1988. São Paulo: Revista dos Tribunais, 1991.

MELO FILHO, A. Princípios do direito registral imobiliário. In: DIP, Ricardo; JACOMINO, Sérgio. (Orgs.). *Registro imobiliário*: temas atuais. 2. ed. São Paulo: Revista dos Tribunais, 2013. (Coleção Doutrinas essenciais).

MELO JUNIOR, Regnoberto. *Lei de Registros Públicos comentada*. Rio de Janeiro: Freitas Bastos Editora, 2003.

MELO, Marcelo Augusto Santana de. *Teoria geral do registro de imóveis*: estrutura e função. Porto Alegre: Sergio Antonio Fabris Editor, 2016.

MELO, Marcelo Augusto Santana de. A qualificação registral na regularização fundiária. In: NALINI, José Renato; LEVY, Wilson (Coords.). *Regularização fundiária*. 2. ed. ver. atual. e ampl. Rio de Janeiro: Forense, 2014.

MELO, Marcos Bernardes de. *Teoria do fato jurídico*: plano da validade. 15. ed. São Paulo: Saraiva Educação, 2019.

MELO, M. A. S. Papel do registro de imóveis na regularização fundiária. In: DIP, Ricardo; JACOMINO, Sérgio. (Orgs.). *Registro imobiliário*: temas atuais. 2. ed. São Paulo: Revista dos Tribunais, 2013. (Coleção Doutrinas essenciais).

MESGRAVIS, Laima. *História do Brasil Colônia*. São Paulo: Contexto, 2017.

MESSINEO, Francesco. *Manual de Derecho Civil y Comercial*. Tomo III. Traduzido para o espanhol por Santiago Sentis Melendo. Buenos Aires: EJEA, 1954.

MIRANDA, Francisco Cavalcanti Pontes de. *Comentários à Constituição de 1946*. 3. ed. rev. e aum. Tomo IV. Rio de Janeiro: Borsoi, 1960.

MIRANDA, Francisco Cavalcanti Pontes de. *Tratado de direito predial*. 3. ed. Rio de Janeiro: José Konfino Editor, 1948.

MIRANDA, Francisco Cavalcanti Pontes de. *Tratado de direito privado*: direito das coisas: propriedade: aquisição da propriedade imobiliária. Tomo XI. 2. ed. Rio de Janeiro: Borsoi, 1954.

MIRRA, Álvaro Luiz Valery. *Ação civil pública e a reparação do dano ao meio ambiente*. 2. ed. São Paulo: Juarez de Oliveira, 2004.

MISQUIATI, D. F. *Direitos obrigacionais com eficácia real*. Colégio Registral Rio Grande do Sul. Disponível em: https://colegioregistralrs.org.br/artigos/488/direitos-obrigacionais-com-eficacia-real-debora-fayad-misquiati/. Acesso em: 4 jul. 2024.

NALINI, J. R. Do registro de títulos e documentos. In: NETO, José Manuel de Arruda A.; CLÁPIS, Alexandre L.; CAMBLER, Everaldo A (Coord.). Lei de Registros Públicos Comentada. 2. ed. Rio de Janeiro: Grupo GEN, 2019. *E-book*. Disponível em: https://app.minhabiblioteca.com.br/#/books/9788530983468/. Acesso em: 16 dez. 2023.

NALINI, J. R. F. Flexibilização do princípio da especialidade no registro imobiliário. In: AHUALLI, Tania Mara; BENACCHIO, Marcelo. (Coords.). *Direito notarial e registral:* homenagem às varas de registros públicos da Comarca de São Paulo. São Paulo: Quartier Latin, 2016.

NASCIMENTO, Tupinambá Miguel Castro do. *Introdução ao direito fundiário*. Porto Alegre: Sergio Antonio Fabris Editor, 1984.

NEQUETE, Lenine. *Da prescrição aquisitiva (usucapião)*. 2. ed. rev. e ampl. Porto Alegre: Livraria Sulina Editora, 1954.

NETO, C. M. Da publicidade. In: PEDROSO, A. G. A. (Org.). *Lei de Registros Públicos comentada*. Rio de Janeiro: Forense, 2023.

NETO, José Manuel de Arruda A.; CLÁPIS, Alexandre L.; CAMBLER, Everaldo A. *Lei de Registros Públicos comentada*. 2. ed. Rio de Janeiro: Grupo GEN, 2019. *E-book*. Disponível em: https://app.minhabiblioteca.com.br/#/books/9788530983468/. Acesso em: 10 maio 2024.

NETO, Narciso O. *Registro de imóveis*. Rio de Janeiro: Grupo GEN, 2024. *E-book*. Disponível em: https://app.minhabiblioteca.com.br/#/books/9788530994631/. Acesso em: 10 set. 2024.

NEVES, Marcelo. Entre Hidra e Hércules: princípios e regras constitucionais como diferença paradoxal do sistema jurídico. São Paulo: Editora WMF Martins Fontes, 2013.

OLIVEIRA, Álvaro Borges de; STOEBERL, Jorge. *Aquisição de imóveis rurais por estrangeiros no Brasil*. Curitiba: Editora CRV, 2014.

OLIVEIRA, Carlos Eduardo Elias de. *Direito real de laje à luz da Lei n. 13.465/2017*: nova lei, nova hermenêutica. Brasília: Núcleo de Estudos e Pesquisas/CONLEG/Senado, 2017. (Texto para Discussão n. 238). Disponível em: www.senado.leg.br/estudos. Acesso em: 21 nov. 2021.

OLIVEIRA, C. E. E. Novo direito real com a Lei 14.620/23: uma atecnia utilitarista diante da imissão provisória na posse. Migalhas, 17 jul. 2023. Disponível em:
https://www.migalhas.com.br/coluna/migalhas-notariais-e-registrais/390037/novo-direito-real-com-a-lei-14-620-23. Acesso em: 27 mar. 2024.

OLIVEIRA, Carlos Eduardo Elias de. Doação com encargo e a eficácia contra terceiros no registro de imóveis. *JusBrasil*. Disponível em:
https://direitocivilbrasileiro.jusbrasil.com.br/artigos/1103126690/doacao-com-encargo-e-a-eficacia-contra-terceiros-e-o-registro-de-imoveis. Acesso em: 15 nov. 2021.

OLIVEIRA, M. A. M. Disposições gerais. In: GENTIL, Alberto. *Lei de Registros Públicos comentada*. Rio de Janeiro: Forense, 2023.

OLIVEIRA, M. S. *Institucionalização da publicidade registral imobiliária no ordenamento jurídico brasileiro*. Dissertação de Mestrado, Faculdade de História, Direito e Serviço Social da Universidade Estadual Paulista "Júlio de Mesquita Filho", Franca, 2006. Disponível em: https://repositorio.unesp.br/server/api/core/bitstreams/81fb3444-fa3e-4f60-aa8d-72f7a426d59e/content. Acesso em: 30 mar. 2024.

ORLANDI NETO, Narciso. *Retificação no registro de imóveis*. São Paulo: Editora Oliveira Mendes, 1997.

PAIVA, João Pedro Lamana. Nulidade do título e seus efeitos no registro imobiliário. In: AHUALLI, Tania Mara; BENACCHIO, Marcelo. (Coords.). *Direito notarial e Registral*: homenagem às varas de registros públicos da Comarca de São Paulo. São Paulo: Quartier Latin, 2016.

PAIVA, João Pedro Lamana. *Regularização fundiária de interesse social*. Instituto de Registro Imobiliário do Brasil, 2012.

PAIVA, Lamana. João Pedro. *Registro Torrens*: as razões da sua integração ao atual sistema comum. Registro Torrens: ferramenta para a regularização fundiária da Amazônia Legal, Brasília, 2011. Disponível em: http://www.lamanapaiva.com.br/banco_arquivos/SISTEMA_TORRENS_CNJ_2011_REVISADO.pdf. Acesso em: 21 abr. 2024.

PASSOS, Josué Modesto. *Arrematação no registro de Imóveis*: continuidade do registro e natureza da aquisição. 2. ed. São Paulo: Revista dos Tribunais, 2015.

PEDROSO, A. G. A. (Org.). *Princípios do registro de imóveis brasileiro*. São Paulo: Thomson Reuters Brasil, 2020.

PEREIRA, C. M. S. *Instituições de direito civil*. v. IV. São Paulo: Forense, 2007.

PEREIRA, Lafayette Rodrigues. *Direito das cousas*. Rio de Janeiro: B. L. Garnier Livreiro Editor, 1877.

PEREIRA, Lutero de Paiva. *Imóvel rural para estrangeiro*. 4. ed. Curitiba: Juruá, 2021. *E-book*.

PERÓ, N. N. La evolución de los sistemas registrales en Europa. In: DIP, R.; JACOMINO, S. *Doutrinas essenciais do direito registral*. 2. ed. São Paulo: Revista dos Tribunais, 2013. v. 1.

PIRES NETO, Ari Álvares. *Bem de família (voluntário)*. São Paulo: IRIB, 2014.

PORTO, Costa. *Estudo sobre o sistema sesmarial*. Recife: Imprensa Universitária, 1965.

PORTUGAL. *Carta Régia de 27 de dezembro de 1695*. Carta de Sua Majestade escrita ao Governador e Capitão Geral deste Estado, Dom João de Alencastro, sobre os ouvidores, criados de novo, examinarem as sesmarias que se tem dado se estão cultivadas. (Sesmarias — 4 x 1 légua = 2400 ha). Disponível em: http://portal.iterpa.pa.gov.br/wp-content/uploads/2021/03/CARTA-REGIA-DE-27-DE-DEZEMBRO-DE-1695.pdf. Acesso em: 15 nov. 2021.

REZEKE, M. Da concessão real do uso. In: PAIVA, J. P. L. et al. *Novo direito imobiliário e registral*. São Paulo: Quartier Latin, 2008.

RIBEIRO, M. P. A. Das atribuições. In: PEDROSO, A. G. A. (Org.). *Lei de Registros Públicos comentada*. Rio de Janeiro: Forense, 2023.

RIGHI, E. Das atribuições. In: NETO, José Manuel de Arruda A.; CLÁPIS, Alexandre L.; CAMBLER, Everaldo A. *Lei de Registros Públicos comentada*. 2. ed. Rio de Janeiro: Grupo GEN, 2019. Disponível em: https://app.minhabiblioteca.com.br/#/books/9788530983468/. Acesso em: 8 jan. 2024.

RODRIGUES, M. *Tratado de registros públicos e direito notarial*. 4. ed. São Paulo: Editora JusPodivm, 2022.

ROSENVALD, Nelson; FARIAS, Cristiano Chaves de. *Curso de direito civil*: parte geral e LINDB. 13. ed. rev. ampl. e atual. São Paulo: Atlas, 2015.

RUGGIERO, Roberto de. *Instituições de direito civil*. Tradução da 6. ed. italiana com notas remissivas aos Códigos Civis brasileiro e português por Ary dos Santos. São Paulo: Saraiva, 1958.

SABINO, Jamilson Lisboa. *Regularização fundiária urbana simplificada — REURB simplificada*. Disponível em: https://www.migalhas.com.br/depeso/401835/regularizacao-fundiaria-urbana-simplificada--reurb-simplificada. Acesso em: 4 jul. 2024.

SALLES, Venício. *Direito registral imobiliário*. 2. ed. rev. São Paulo: Saraiva, 2007.

SALLES, V. A. P. Registro de imóveis. In: NETO, José Manuel de Arruda A.; CLÁPIS, Alexandre L.; CAMBLER, Everaldo A. *Lei de Registros Públicos comentada*. 2. ed. Rio de Janeiro: Grupo GEN, 2019. Disponível em: https://app.minhabiblioteca.com.br/#/books/9788530983468/. Acesso em: 29 maio 2024.

SALOMÃO, Marcos Costa. O direito do transexual a alteração do prenome e do gênero no registro civil das pessoas naturais após o julgamento da ADI 4.275. *XXVII Encontro Nacional do CONPEDI*. GT Gênero, Sexualidades e Direito II. Salvador, 2018.

SANCHES, Almir Teubl. A questão de terras no início da República: o Registro Torrens e sua (in) aplicação. Dissertação de Mestrado. São Paulo: Universidade de São Paulo, 2008. Disponível em: https://www.teses.usp.br/teses/disponiveis/2/2139/tde-03072009-161245/publico/A_questao_de_terras_no_inicio_da_Republica.pdf. Acesso em: 30 mar. 2024.

SANTA HELENA, B. A. Z. Os riscos ocultos nas transmissões imobiliárias e o princípio da concentração. **civilistica.com**, v. 6, n. 1, p. 1-25, 2017.

SANTOS, F. J. R. Princípio da prioridade. In: DIP, R.; JACOMINO, S. *Doutrinas essenciais*: direitos registrais. 2 ed. São Paulo: Revista dos Tribunais, 2013. 7 v.

SANTOS, Flauzilino Araújo dos. Princípio da legalidade e registro de imóveis. In: DIP, Ricardo; JACOMINO, Sérgio. (Orgs.). *Registro imobiliário*: temas atuais. 2. ed. São Paulo: Revista dos Tribunais, 2013, v. 2, p. 1017. (Coleção Doutrinas essenciais).

SANTOS, Boaventura de Souza (Org.). *Reconhecer para libertar*: os caminhos do cosmopolitismo multicultural. Rio de Janeiro: Civilização Brasileira, 2003.

SANTOS NETO, Arthur Pio dos. *Instituições de direito agrário*. Imprenta: Recife, Editora Universitária, 1979.

SARMENTO FILHO. Eduardo Sócrates Castanheira. *Direito registral imobiliário*: teoria geral. Curitiba: Juruá, 2017. v. I.

SERRA, M. G.; SERRA, M. H. Princípios do registro de imóveis. In: CASSETTARI, C. (Org.). *Registro de imóveis*. Indaiatuba: Editora Foco, 2020.

SILVA FILHO, E. Efeitos da doação no registro de imóveis. In: DIP, R.; JACOMINO, S. *Doutrinas essenciais do direito registral*. 2. ed. São Paulo: Revista dos Tribunais, 2013. v. 3.

SILVA, José Afonso da. *Curso de direito constitucional positivo*. 42. ed. rev. e atual. São Paulo: Malheiros, 2019.

SILVA, José de Plácido e. *Vocabulário jurídico*. 31. ed. Rio de Janeiro: Forense, 2018.

SILVA, Lígia Osorio. *Terras devolutas e latifúndio*: efeitos da Lei de 1850. Campinas: Editora da Unicamp, 1996.

SOUZA, Eduardo Pacheco Ribeiro de. Noções fundamentais de direito registral e notarial. São Paulo: Saraiva, 2022. E-book. Disponível em: https://app.minhabiblioteca.com.br/#/books/9786553620087/. Acesso em: 5 mar. 2024.

SPOSITO, Maria E. B. *A questão cidade-campo*: perspectivas a partir da cidade. São Paulo: Expressão Popular, 2006.

STJ; REsp n. 1.424.275/MT; Relator(a): Ministro Paulo de Tarso Sanseverino, Terceira Turma; Órgão Julgador: Superior Tribunal de Justiça; julgado em 4. 12.2014, *DJe*, 16.12.2014.

STJ. Tema Repetitivo 1204. Disponível em: https://processo.stj.jus.br/repetitivos/temas_repetitivos/pesquisa.jsp?novaConsulta=true&tipo_pesquisa=T&cod_tema_inicial=1204&cod_tema_final=1204&_gl=1%2a1pg32pt%2a_ga%2aODg0MDM2NjIzLjE2Nzg5MTA1ODE.%2a_ga_F31N0L6Z6D%2aMTY5Njg4NDc5OC4xMDkuMS4xNjk2ODg0ODc2LjUyLjAuMA. Acesso em: 4 jul. 2024.

STJ. Súmula n. 623. Disponível em: file:///C:/Users/mosca/Downloads/5052-18974-1-PB.pdf. Acesso em: 4 jul. 2024.

TAKEDA, George. Princípio da eficiência em face da segurança jurídica no serviço notarial e registral. In: AHUALLI, Tania Mara; BENACCHIO, Marcelo. (Coords.). *Direito notarial e registral*:

homenagem às varas de registros públicos da Comarca de São Paulo. São Paulo: Quartier Latin, 2016.

TARTUCE, Flávio. *Direito civil*: direito das coisas. 13. ed. Rio de Janeiro: Forense, 2021.

TEIXEIRA, C. H. F. Registro de atos relativos a ferrovias: uma questão em aberto. In: DIP, Ricardo; JACOMINO, Sérgio. (Orgs.). *Registro imobiliário*: temas atuais. (Coleção Doutrinas essenciais). 2. ed. São Paulo: Revista dos Tribunais, 2013.

TEPEDINO, G. et al. *Fundamentos do direito civil*. São Paulo: Forense.

TORRES, Marcelo Krug Fachin. *Assentos registrais provisórios*. Rio de Janeiro: Lumen Juris, 2021.

TRISTÃO, E. Compromisso de compra e venda. In: DIP, R.; JACOMINO, S. *Doutrinas essenciais do direito registral*. 2. ed. São Paulo: Revista dos Tribunais, 2013. v. 3.

VENOSA, Silvio de Sálvo. *Lei do Inquilinato comentada*: doutrina e prática. 15. ed. São Paulo: Atlas, 2020.

VIEIRA, Júlia Rosseti Picinin Arruda. Transmissão da propriedade imóvel pelo registro do título e segurança jurídica: um estudo de história do direito brasileiro. Dissertação de Mestrado. São Paulo: Universidade de São Paulo, 2009. Disponível em: https://www.teses.usp.br/teses/disponiveis/2/2131/tde-02022012-094543/publico/Julia_Rosseti_Picinin_Arruda_Vieira_Dissertacao.pdf. Acesso em: 30 mar. 2024.

WOLFF, Martin. Derecho de Cosas. In: ENNECCERUS, Ludwig; KIPP, Theodor; WOFF, Martin. *Tratado de direito civil*. 2. ed. Trad. Blas Pérez González e José Alguer. Barcelona: Bosh, 1951.